INTRODUÇÃO AO ESTUDO DO DIREITO

Humanismo, democracia e justiça

www.editorasaraiva.com.br/direito
Visite nossa página

Eduardo C. B. Bittar

INTRODUÇÃO AO ESTUDO DO DIREITO

Humanismo, democracia e justiça

4ª edição

2024

saraiva jur

saraiva EDUCAÇÃO | **saraiva** jur

Av. Paulista, 901, 4º andar
Bela Vista – São Paulo – SP – CEP 01310-100

SAC | sac.sets@saraivaeducacao.com.br

Diretoria executiva	Flávia Alves Bravin
Diretoria editorial	Ana Paula Santos Matos
Gerência de produção e projetos	Fernando Penteado
Gerência de conteúdo e aquisições	Thais Cassoli Reato Cézar
Gerência editorial	Livia Céspedes
Novos projetos	Aline Darcy Flôr de Souza
	Dalila Costa de Oliveira
Edição	Samantha Rangel
Design e produção	Jeferson Costa da Silva (coord.)
	Camilla Felix Cianelli Chaves
	Guilherme H. M. Salvador
	Lais Soriano
	Rosana Peroni Fazolari
	Tiago Dela Rosa
Planejamento e projetos	Cintia Aparecida dos Santos
	Daniela Maria Chaves Carvalho
	Emily Larissa Ferreira da Silva
	Kelli Priscila Pinto
Diagramação	Mia Santos
Revisão	Viviane Oshima
Capa	Lais Soriano
Produção gráfica	Marli Rampim
	Sergio Luiz Pereira Lopes
Impressão e acabamento	Gráfica Paym

DADOS INTERNACIONAIS DE CATALOGAÇÃO NA PUBLICAÇÃO (CIP)
VAGNER RODOLFO DA SILVA – CRB-8/9410

B624i   Bittar, Eduardo Carlos Bianca

     Introdução ao Estudo do Direito: Humanismo, Democracia e Justiça / Eduardo Carlos Bianca Bittar. - 4. ed. - São Paulo : SaraivaJur, 2024.

     656 p.

     ISBN: : 978-85-5362-350-1

     1. Direito. 2. Razão científica. 3. Ciências Normativas. 4. Teoria do Direito. I. Título.

2023-1843
CDD 3403
CDU 34

Índices para catálogo sistemático:

1. Direito   340
2. Direito   34

Data de fechamento da edição: 12-09-2023

Dúvidas? Acesse www.saraivaeducacao.com.br

Nenhuma parte desta publicação poderá ser reproduzida por qualquer meio ou forma sem a prévia autorização da Saraiva Educação. A violação dos direitos autorais é crime estabelecido na Lei n. 9.610/98 e punido pelo art. 184 do Código Penal.

CÓD. OBRA 17125   CL 608801   CAE 840552

*Dedico este livro à minha família,
Priscilla e Fernanda.*

Que o direito distribua a justiça, e que os quatro ventos, Bóreas, Zéfiro, Euro e Noto, possam aspergi-la para todos os lados.

Quem sobe uma montanha não é para fugir do mundo, mas sim, na distância, compreendê-lo melhor.

SUMÁRIO

Nota do autor à 4ª edição XVII
Introdução XIX
Instruções para a aplicação dos casos práticos XXVII

Capítulo I
Direito e Ciência: razão científica, humanismo e Direito 1

1. Razão científica, saber e Ciência do Direito 1
2. Razão científica, especialização do saber jurídico e Ciências Normativas do Direito 7
3. Razão científica, Ciências Normativas do Direito e a reconstrução da Teoria do Direito 16
4. Razão científica, Teoria do Direito e Teoria do Humanismo Realista 18
5. Razão científica e Teoria do Direito como Teoria do Humanismo Realista 23
6. A Teoria do Humanismo Realista e o Humanismo Social, Democrático e Republicano 26
7. A Teoria do Humanismo Realista e a Teoria da Democracia Deliberativa 30

Capítulo II
O conceito de Direito 33

1. Os usos linguísticos do termo Direito 33
2. O conceito de Direito na tradição filosófica moderna 38
   - 2.1. O conceito de Direito em Immanuel Kant: proposta racionalista 39
   - 2.2. O conceito de Direito em Karl Marx: proposta materialista 40
   - 2.3. O conceito de Direito em Hans Kelsen: proposta normativista 41
3. Direito, poder e arbítrio 42
4. Direito, regulação social e justiça 43
5. Direito, regulação social e conflito social 46
6. O conceito de Direito em Jurgen Habermas 47
   - 6.1. O Direito em face da moral: diferenciando as esferas normativas 48
   - 6.2. O Direito e o mundo da vida 51
   - 6.3. Direito e esfera pública 52
   - 6.4. Por uma teoria pós-metafísica do Direito 53
     - 6.4.1. O que o Direito não é 53
     - 6.4.2. O que o Direito é 54

Caso prático 57

Capítulo III
O conceito de Direito e o conceito de dignidade da pessoa humana 59

1. O conceito de dignidade da pessoa humana.. 59
2. A dignidade e o respeito a todos e a cada um(a)... 60
3. A construção histórico-filosófica do conceito de dignidade da pessoa humana 64
4. A centralidade do conceito de "pessoa" para o Direito................................. 69
5. O conceito filosófico de "pessoa" 70
6. Humanismo, humanidade e "pessoa" 72

Caso prático 75

Capítulo IV
O conceito de pessoa do Direito, sujeitos de Direito e dignidade da pessoa humana 77

1. Os conceitos de "pessoa" e "pessoa do direito".. 77
2. O reconhecimento histórico-jurídico da dignidade da pessoa humana........... 82
3. A dignidade da pessoa humana como utopia concreta.................................. 83
4. "Pessoa do Direito" como pessoa física 84
5. "Pessoa do direito" como pessoa física: igualdade, diferenças e luta por reconhecimento 87
6. "Pessoa do Direito" como pessoa jurídica.. 88
7. Sujeitos de direito 89
8. Novos sujeitos de direito 90
   8.1. Natureza, futuras gerações e animais não humanos 90
   8.2. Sujeito pós-humano de direitos... 96
9. "Pessoa", sujeitos de direito e realidade social... 99

Caso prático 100

Capítulo V
Sociedade, relações humanas e relações jurídicas 103

1. Teoria do Direito, Teoria social e ação social 103
2. Relações humanas, relações sociais e relações de poder 106
3. A variedade e a complexidade das relações humanas 109
4. Relações sociais e relações jurídicas 112
5. Relações jurídicas, mediação normativa e vínculo jurídico........................... 112

Caso prático 116

Capítulo VI
Direito, história e formas jurídicas 119

1. Teoria do Direito e Teoria da História 119
2. Teoria do Direito e história da justiça 121
3. Tempo, história e Direito.. 122
4. Tempo, relatividade e formas jurídicas.. 124
5. História do Direito e formas jurídicas 126
   5.1. Direito arcaico 126
   5.2. Direito antigo... 128
      5.2.1. Direito antigo: Grécia 128

Sumário

XI

       5.2.2. Direito antigo: Roma 133
  5.3. Direito medieval 141
       5.3.1. Direito medieval: a ruralização da Europa e o Direito romano -germânico.. 141
       5.3.2. Direito medieval: a feudalização da Europa e o Direito feudal..... 143
       5.3.3. Direito medieval: a espiritualização da Europa e o Direito canônico 144
       5.3.4. Direito medieval: o surgimento da Universidade e a Ciência do Direito 151
  5.4. Direito moderno 157
       5.4.1. Direito moderno: a modernidade das cidades e dos mercadores... 159
       5.4.2. Direito moderno: a modernidade do capitalismo mercantil......... 160
       5.4.3. Direito moderno: a modernidade do capitalismo industrial 168
           5.4.3.1. O juspositivismo: razão e dogmática jurídica 173
           5.4.3.2. A modernidade social: reivindicação e igualdade 178
       5.4.4. Direito moderno: a modernidade do capitalismo de massas......... 181
  5.5. Direito pós-moderno.. 183
       5.5.1. Direito pós-moderno: a modernidade em crise............................ 183
       5.5.2. Direito pós-moderno: a revisão da modernidade 184
       5.5.3. Direito pós-moderno: as características do contexto pós-moderno... 184
       5.5.4. Direito pós-moderno: as características do Direito na pós-modernidade 186
Caso prático.. 187

Capítulo VII
Direito e história brasileira.. 189

1. Teoria do Direito e realidade histórica brasileira 189
2. O Direito na história do Brasil 190
   2.1. O Direito no Brasil Colônia 190
   2.2. O Direito no Brasil Império 201
   2.3. O Direito no Brasil República 206
Caso prático.. 212

Capítulo VIII
Direito, cultura brasileira e transformação social... 215

1. Teoria crítica para a cultura e a realidade brasileiras 215
2. A cultura das leis e do direito na realidade brasileira 219
3. Direito, conservação social e transformação social 231
4. Direito, cultura e transformação individual 232
Caso prático.. 233

Capítulo IX
Teoria das fontes do Direito 235

1. Fontes sociais do Direito e fontes jurídicas... 235
2. Teoria tradicional e Teoria crítica das fontes do direito 238
3. Fontes jurídicas e poder de vinculação 241

4. Fontes jurídicas em espécie 242
   4.1. Legislação 243
   4.2. Direito Internacional 247
   4.3. Convenções coletivas do Direito do Trabalho 252
   4.4. Princípios do Direito 253
   4.5. Negócio jurídico 258
   4.6. Analogia 259
   4.7. Jurisprudência 260
   4.8. Costumes, práticas tradicionais e costumes comunitários 263
   4.9. Doutrina jurídica 268
   4.10. Equidade 272
   4.11. Práticas contemporâneas de cidadania 274
5. Hierarquia das fontes jurídicas 277
6. Diálogo das fontes jurídicas 280

Caso prático 284

Capítulo X
Estado Social e Democrático de Direito e Teoria da legislação **287**

1. Estado-legislador e Estado Social e Democrático de Direito 287
   1.1. Conceito de Estado 287
   1.2. Estado e consciência regulatória 289
   1.3. As mutações do Estado moderno 290
2. Estado-legislador e Teoria da legislação 293
3. Processo legislativo e modalidades de leis 297
4. Funções da legislação e modalidades de leis 300
   4.1. Emendas 302
   4.2. Leis Complementares 303
   4.3. Leis Ordinárias 304
   4.4. Leis Delegadas 305
   4.5. Medidas Provisórias 306
   4.6. Decretos Legislativos 308
   4.7. Resoluções 308
   4.8. Decretos Regulamentares 309
   4.9. Instruções Ministeriais 310
   4.10. Regimentos Internos 310
   4.11. Portarias 311
   4.12. Circulares 311
   4.13. Ordens de Serviço 311
   4.14. Provimentos Administrativos 311
5. Teoria da legislação e eficácia da legislação 312

Caso prático 315

Capítulo XI
Teoria das fontes do Direito e Constituição **317**

1. A Constituição como fonte jurídica 317
2. A Constituição na história moderna 318

Sumário

3. A Constituição na história brasileira 321
4. O conceito de Constituição e o conceito de Direito 324
5. O conceito de Constituição na doutrina e na Teoria do direito 326
6. O conceito de Constituição e a tipologia das Constituições 328
7. Constituição, publicidade e discurso 331
8. Constituição e direitos humanos fundamentais 334

Caso prático 337

Capítulo XII
Direito, democracia e participação social 339

1. Legalidade, legalismo e legitimidade do Direito 339
2. Individualismo, legitimidade e participação social 343
3. O sentido técnico-jurídico de democracia 345

Caso prático 348

Capítulo XIII
Instituições, serviços de justiça e humanização 349

1. Teoria do Direito, Teoria das instituições e acesso à justiça 349
2. A cultura burocrática na realidade brasileira 352
3. A cultura burocrática e o serviço-cidadão 354
4. A cultura burocrática, os serviços de justiça e a gestão pública 357
5. Os serviços de justiça e o Estado Democrático de Direito 359
6. A cultura burocrática, a desumanização e a humanização dos serviços de justiça . 361

Caso prático 364

Capítulo XIV
Direito e norma jurídica: conceito, enunciado e funções 367

1. Normas sociais e normas jurídicas 367
2. A sociogênese das normas jurídicas 368
3. O conceito de norma jurídica 370
4. Norma jurídica e enunciado normativo 371
5. Norma jurídica e tipologia das normas jurídicas 373
6. Norma jurídica, sanção punitiva e sanção premial 375
7. Norma jurídica e modalidades de sanção: sanção jurídica e sanção social ... 380
8. O papel do legislador na formação democrática das normas jurídicas 382

Caso prático 383

Capítulo XV
Direito, atributos e camadas normativas 385

1. Norma jurídica, faticidade e validade 385
2. Atributos das normas jurídicas 386
   - 2.1. Atributos éticos 386
   - 2.2. Atributos políticos 387
   - 2.3. Atributos históricos 387
   - 2.4. Atributos sociais 387
   - 2.5. Atributos jurídicos e camadas normativas 388

2.5.1. Validade	389
2.5.2. Vigência	392
2.5.3. Vigor	396
2.5.4. Eficácia	397
2.5.5. Justiça	400
Caso prático	401

Capítulo XVI
Subsistemas sociais e sistema jurídico: ordem, estrutura e funcionamento — 403

1. O conceito de direito e o conceito de sistema jurídico	403
2. A autonomia relativa do sistema jurídico	407
3. Sistema jurídico e sociedade moderna	408
4. Sistema jurídico e razão moderna	409
5. A representação e a justificação do sistema jurídico	411
6. Teorias sobre o sistema jurídico	412
6.1. Teoria normativista	412
6.2. Teoria dos sistemas	415
6.3. Teoria do discurso	419
6.4. Teoria semiótica	422
6.4.1. Semiótica: estudo dos sistemas de significação	422
6.4.2. Juridicidade, signos e textos jurídicos	423
6.4.3. O conceito semiótico de sistema jurídico	424
6.4.4. Características do conceito semiótico de sistema jurídico	426
6.4.5. A representação semiótica do sistema jurídico	432
7. Sistema jurídico, função social e justiça	433
Caso prático	434

Capítulo XVII
Sistema jurídico, antinomias e lacunas — 437

1. Sistema jurídico e modernidade	437
2. Sistema jurídico fechado, completo e consistente: paradigma positivista	438
3. Sistema jurídico aberto, incompleto e inconsistente: paradigma pós-positivista	439
4. Segurança e certeza do sistema jurídico	440
5. Inconsistência do sistema jurídico: antinomias jurídicas e critérios de solução	440
5.1. Conceito de antinomia jurídica	441
5.2. Requisitos da antinomia jurídica	442
5.3. Critérios e metacritérios de solução de antinomias jurídicas	443
5.4. A técnica do diálogo entre fontes jurídicas e a solução de antinomias jurídicas	445
5.5. A técnica da ponderação e a colisão de direitos fundamentais	448
6. Incompletude do sistema jurídico: lacunas normativas e integração do direito	449
6.1. Conceito de lacuna normativa	450
6.2. Integração da lacuna normativa	450
6.3. Limites à integração normativa	452
7. O papel do intérprete diante do sistema jurídico	452
8. As qualidades do sistema jurídico	453

Sumário

Caso prático... 454

Capítulo XVIII
Raciocínio jurídico, linguagem e aplicação do Direito **455**

1. Raciocínio jurídico e aplicação do direito 455
2. Raciocínio jurídico e linguagens 458
3. Raciocínio jurídico e o uso da linguagem jurídica........................... 459
4. Raciocínio jurídico e o *poder-de-dizer-o-Direito*............................. 462
5. Raciocínio jurídico, ritual de justiça e decisão jurídica 463
6. Raciocínio jurídico, decisão político-administrativa, decisão político-legislativa e decisão judicial.. 464

Caso prático... 467

Capítulo XIX
Raciocínio jurídico, interpretação e textos jurídicos **469**

1. Interpretação, textos jurídicos e signos legais................................. 469
2. Interpretação e teorias de interpretação.. 472
3. Interpretação, textualização e produção de sentidos 475
4. Interpretação e segurança jurídica 478
5. Interpretação, paradigma napoleônico e segurança jurídica.......... 480

Caso prático... 481

Capítulo XX
Raciocínio jurídico e aplicação do sistema jurídico: a decisão jurídica **483**

1. Raciocínio jurídico e lógica da decisão... 483
2. Raciocínio jurídico, ritual de justiça e decisão................................. 485
3. Raciocínio jurídico e decisão 487
4. Decisão jurídica: traços e características... 489
5. Decisão jurídica: intertextualidade e nó semiótico......................... 491
6. Decisão jurídica, irracionalidade decisória e prova......................... 496
7. Decisão jurídica e democracia 500
8. Decisão jurídica, mídia, comunicação e democracia 503
   8.1. Decisão jurídica, mídia, poder e justiça 504
   8.2. Decisão jurídica, mídia, raciocínio jurídico e poder midiático....... 506

Caso prático... 508

Capítulo XXI
Raciocínio jurídico, decisão jurídica e arbítrio **511**

1. Decisão jurídica, arbítrio e ato de vontade...................................... 511
2. Decisão jurídica, interpretação autêntica e interpretação científica 513
3. Decisão jurídica, raciocínio jurídico e verdade jurídica................... 515
4. Decisão jurídica e verdade jurídica nas teorias contemporâneas...... 517
5. Decisão jurídica, democracia e argumentação 519
6. Decisão jurídica, algoritmo e verdade jurídica: a justiça digital........ 521

Caso prático... 522

Capítulo XXII
Raciocínio jurídico, razoabilidade e ponderação.. **523**

1. Racional e razoável: o raciocínio jurídico em altas cortes................................ 523
2. Racional e razoável: teorias contemporâneas.. 526
   2.1. Ronald Dworkin: regras, princípios e o juiz-Hércules 526
      2.1.1. Ronald Dworkin e o positivismo jurídico 526
      2.1.2. A atividade interpretativa: razões e desrazões da justiça 529
      2.1.3. Hermenêutica, razoabilidade e a coerência do Direito................... 531
      2.1.4. Argumentos de princípio e argumentos de política: *hard cases* e o desafio à aplicação do Direito 534
      2.1.5. O juiz-Hércules 537
   2.2. Jürgen Habermas: argumentação, diálogo e procedimento democrático 538
      2.2.1. Justiça, argumentação e moralidade 538
      2.2.2. Justiça, aplicação e fundamentação 543
   2.3. Robert Alexy: princípios, colisões e sopesamento.................................. 546
      2.3.1. Direito, regras e princípios 546
      2.3.2. Direito, razão prática e interpretação... 547
      2.3.3. Direito, ponderação e direitos fundamentais 548
      2.3.4. Direito, certeza e racionalidade 549
Caso prático.. 550

Capítulo XXIII
Raciocínio jurídico, argumentação jurídica e modalidades de interpretação **553**

1. Raciocínio jurídico e paradigmas para a função decisória 553
2. Raciocínio jurídico, regras da argumentação e argumentação jurídica.......... 557
3. Raciocínio jurídico, argumentação, interpretaçãoe modalidades de interpretação... 563
4. Raciocínio jurídico e decisão jurídica: a tensão entre objetividade e subjetividade.. 569
Caso prático.. 572

Capítulo XXIV
Direito, injustiça e justiça **575**

1. As interfaces do Direito 575
2. Teoria Tradicional, Teoria do Humanismo Realista e o campo teórico da justiça 577
3. Os sentidos do termo justiça 578
4. As várias faces da justiça.. 581
5. A justiça em face das injustiças e das violências 583
6. O conceito de justiça: os verbos da justiça... 585
7. O esforço no Direito por justiça 587
Caso prático.. 589

Avaliação final **591**
Caso prático.. 591

Referências **593**

NOTA DO AUTOR À 4ª EDIÇÃO

A 4ª edição aprofunda a compreensão da singularidade em *Teoria do Direito*, da *Teoria do Humanismo Realista*, considerando a proposta conceitual e a abordagem metodológica contida nesta obra. Além disso, a proposta da obra dialoga com um contexto social, político, econômico e cultural absolutamente marcado por uma profunda crise de legitimidade do Direito. E é exatamente na fronteira desta luta por afirmação do Direito, que a *Teoria do Humanismo Realista* se coloca. Isso porque ela se projeta na visão de mundo que desenvolvem juristas contemporâneos de todo o mundo, e, também, realiza-se na mentalidade comum de leitores(as), estudantes, professores(as), pesquisadores(as) e estudiosos(as) que nela tem se apoiado e dela têm se valido.

Do ponto de vista da dinâmica de trabalho com a obra, o lançamento da 1ª edição foi capaz de entregar uma obra inovadora ao campo de estudos da *Introdução ao Estudo do Direito*. A notícia do esgotamento da 1ª edição, em apenas 3 meses, veio como algo surpreendente do ponto de vista da absorção de seus conteúdos no ensino do Direito. A partir de então, a editora teve de preparar nova tiragem, de prontidão, enquanto a revisão da 2ª edição ainda estava em curso. Os trabalhos de preparação da 2ª edição se desenvolveram ao longo de todo o 1º semestre de 2018. Sabendo-se que a 1ª edição foi lançada no início de 2018, toda a tarefa de preparação de novos estudos e de correção textual foi mais acurada para esta fase. Os estudos e as pesquisas e o trabalho artesanal de revisão foram muito intensos e geraram enorme tarefa. A equipe editorial se desdobrou em acolher uma multidão de modificações que fizeram parte das correções da 1ª edição para a 2ª edição.

Desde a 2ª edição, um enorme esforço de filtrar correções foi feito, alcançando-se uma obra com menor número de erros de ortografia e com melhor padronização textual. Nesta 3ª edição, a revisão foi mais pontual, e procurou acrescentar diálogo com Autores e Autoras, aprimorar debates, acentuar a diferença da *Teoria* com relação a outras posições, ampliar a bibliografia com novos estudos, aprimorando a *qualidade conceitual* da obra.

São Paulo, 30 de junho de 2022.

O Autor

INTRODUÇÃO

A 4ª edição desta obra aprimora ainda mais a proposta nela contida. As edições anteriores, a saber, a 3ª edição, mais, especialmente, a 2ª edição, já haviam registrado uma sequência de revisões e aprimoramentos, desde o lançamento da obra em 2018, em sua 1ª edição. Este livro, portanto, obedeceu a um longo processo de produção, entrecortado por diversas etapas. Em suma, ele vem sendo escrito e reescrito há 25 anos. No entanto, nenhuma linha havia sido escrita até bem pouco tempo. Estas começaram a se tracejar apenas mais recentemente, no ano de 2017, como frutos de leituras, estudos didáticos, pesquisas, preparação de aulas, desenvolvimento de conteúdos didáticos, leitura cruzada de temas práticos, atualização dos debates sobre questões centrais e atuais, releitura dos teóricos da área, instigantes perguntas dos estudantes, sinergias entre conteúdos de graduação e de pós-graduação, publicações isoladas, que vieram convergindo e se somando para formar o conteúdo deste livro. Mas, sobretudo, se há algo estável nesse acumulado é o fato de ensinar *Introdução ao Estudo do Direito* desde 1994, quando pela primeira vez entrei numa sala de aula para ministrar a disciplina. Em alguns semestres, aprimorei leituras; em outros, mudei conteúdos de aulas, e, ao longo desse percurso, somou-se um material que agora alcança consolidação editorial. Ele revela, portanto, uma visão teórica sobre o Direito. Somente a fase de escrita e de revisão do conteúdo exigiu um percurso de algo em torno de uns três anos de intenso trabalho.

Por isso, esta obra respeita todas as rigorosas etapas para a sua preparação, desenvolvimento e produção intelectual. Em primeiro lugar, esperou o seu amadurecimento. Este é um livro de registro de apontamentos que vieram sendo desenvolvidos ao longo de muitos anos de estudos e pesquisas, em várias temáticas consecutivas. Em segundo lugar, aguardou o exercício docente do conteúdo, e foi, por isso, experimentado, antes de ser publicado. Em terceiro lugar, a reflexão procedeu à elaboração, o pensamento precedeu a escrita, e, somente então, veio a sistematização e, por fim, a redação final, após muita *escrita* e *reescrita* dos conteúdos. No entanto, engana-se quem toma este estudo em mãos e acredita que seu conteúdo brotou de jorro, ou ainda, que foi fruto do gabinete de estudos. A redação veio sendo feita, sobretudo, respondendo ao estímulo de interação no espaço público, na relação com problemas reais, pessoas, desafios concretos, análise de casos e situações, experimentação de ideias, situações jurídicas por serem resolvidas, diálogos profissionais e acadêmicos, surgindo aos fragmentos. A sistematização foi, por si, um esforço final adicional.

O texto acaba revelando mais do que uma obra de *Introdução ao Estudo do Direito*, pois encapsula também uma contribuição à *Teoria do Direito*, de modo mais amplo. Por isso, a palavra "*Introdução*" aqui não pode enganar o leitor. Ao se afirmar na "*Introdução ao Estudo do Direito*" uma iniciação, um primeiro contato, uma abertura de caminhos, o desbastamento preliminar dos conceitos basilares, pode-se dar a falsa impressão de que se está diante de conteúdos simples, quando, em verdade, encontramo-nos face a face – por meio da disciplina de *Introdução ao Estudo do Direito*, e, mediante um primeiro contato –, com os mais centrais conceitos e problemas que a *Teoria do Direito* e a *Filosofia do Direito* procuram tratar, dissolver, debater e construir, com consensos ou dissensos, de forma mais aprofundada, aquela mais voltada para os problemas do *Direito Positivo*, esta mais voltada para a *Teoria da Justiça*. Não por outro motivo, este é o livro mais difícil de ser escrito, como de fato o foi. É nesta medida que, apesar de ser um escrito de *Introdução ao Estudo do Direito*, não significa que seus conteúdos não sejam de relevo para estudiosos, pesquisadores, estudantes de pós-graduação, teóricos do direito, profissionais do direito, cientistas sociais, pois os estudos introdutórios contêm os problemas mais centrais do Direito. Não por outro motivo, o esforço pelo didatismo está acompanhado pelo rigor das pesquisas, pela busca de precisão dos conceitos, pela inovação teórica e, também, pela atualidade e coerência que organizam este trabalho, em relação às demais premissas conceituais e etapas anteriores de pesquisa que organizaram as descobertas epistêmicas até aqui empreendidas, sobretudo relacionadas a uma intensa mudança do direito na realidade brasileira.

***

Existem excelentes e variadas obras de *Introdução ao Estudo do Direito*, anteriores a esta, publicadas no Brasil e no exterior. Por isso, este livro segue a linha geral de temas, questões e problemas, de seus congêneres de *Introdução ao Estudo do Direito*[1] e de *Teoria Geral do Direito*[2] atualmente existentes, seja no Brasil, seja na Argentina,[3] no

---

[1] Reale, *Lições preliminares de direito*, 27. ed., 2004; Telles Junior, *Iniciação na ciência do direito*, 2001; Ferraz Junior, *Introdução ao estudo do direito*: técnica, decisão, dominação, 6. ed., 2010; Diniz, *Compêndio de introdução à ciência do direito*, 22. ed., 2011; Gusmão, *Introdução ao estudo do direito*, 30. ed., 2001; Batalha, *Nova introdução do direito*, 2000; Nader, *Introdução ao estudo do direito*, 19. ed., 2000; Roque, *Introdução ao estudo do direito*, 1996; Mascaro, *Introdução ao estudo do direito*, 2. ed., 2011; Poletti, *Introdução ao direito*, 4. ed., 2012; Betioli, *Introdução ao direito*, 12. ed., 2013; Dimoulis, *Manual de introdução ao estudo do direito*, 6. ed., 2014.

[2] Abboud, Carnio, Oliveira, *Introdução à teoria e à filosofia do direito*, 3. ed., 2015; Pugliesi, *Por uma teoria do direito*, 2005; Maciel, *Teoria geral do direito*, 2004.

[3] Nino, *Introdução à análise do direito*, 2015.

Introdução

Chile,[4] Portugal,[5] Espanha,[6] Itália,[7] França,[8] Suíça[9] e Finlândia.[10] Ao mergulhar no interior das obras existentes, o que se poderá perceber é que existem várias linhas de análise, correntes de pensamento, abordagens, perspectivas teóricas e escolas, contidas nas obras de *Introdução ao Estudo do Direito*. Assim sendo, a ideia de *"Introdução"* faz gerar outra falsa impressão de que "toda" introdução ao estudo do direito sempre seria feita do "mesmo modo", ou seguindo uma "mesma linha de análise". Isso é simplesmente impossível do ponto de vista metodológico. Dessarte, é importante situar o leitor quanto à postura assumida neste livro.

É, sem dúvida, enorme a contribuição à Ciência do Direito que vieram trazendo as diversas abordagens conferidas à *Introdução ao Estudo do Direito*. Em específico, e considerando o contexto no qual me encontro inserido, é enorme a contribuição para a consolidação dos conteúdos da disciplina decorrentes das gerações do Departamento de Filosofia e Teoria Geral do Direito da Faculdade de Direito da Universidade de São Paulo, especialmente se tomarmos três grandes obras de referência na matéria: *Lições preliminares de direito*, de Miguel Reale,[11] com ênfase na culturalidade e na experiência jurídica; *Introdução à ciência do direito*, de Goffredo da Silva Telles Júnior,[12] com ênfase na ciência e na ética; *Introdução ao estudo do direito*: técnica, decisão, dominação, de Tercio Sampaio Ferraz Junior,[13] com ênfase na técnica e na função social do sistema jurídico. Em particular, esta última foi a que mais me marcou, pois me acompanhou como material didático durante pelo menos 20 anos em que leciono na área. Se é necessário reconhecer essas referências, também se deve ressaltar as aulas magistrais e instigantes de *Introdução ao estudo do direito*, de Alaôr Caffé Alves. A concepção deste livro, apesar de diferir em método e propósitos, se assume legatária e devedora das concepções precedentes.

Por conseguinte, quando se dá título ao livro é importante qualificar a *abordagem adotada*. Foi assim que *optei* pela proposta de uma *Introdução ao Estudo do Direito*: humanismo, democracia e justiça. E isso porque a *visão aqui abrangida* acerca do

---

[4] Perelló, *Teoría y fuentes del derecho*, 2016.
[5] Machado, *Introdução ao direito e ao discurso legitimador*, 22. reimpressão, 2014; Ascensão, *Introdução à ciência do direito*, 3. ed., 2005; Bronze, *Lições de introdução ao direito*, 2. ed., 2006; Hespanha, *O caleidoscópio do direito. O direito e a Justiça nos dias e no mundo de hoje*, 2. ed., 2009; Ferreira da Cunha (org.), *Instituições de direito*, 1998; Campos, *Nós*: estudos sobre o direito das pessoas, 2004; Consciência, *Breve introdução ao estudo do direito*, 5. ed., 2012; Sousa, *Introdução ao direito*, 2012.
[6] Latorre, *Introdução ao direito*, 2002; Falcón y Tella, *Lições de teoria geral do direito*, 4. ed., 2011.
[7] Bobbio, *Teoria do ordenamento jurídico*, 10. ed., 2011; Barberis, *Introduzione allo studio del diritto*, 2014; Catania, *Manuale di teoria generale del diritto*, 2010; D'Agostino, *Direito e justiça*: para uma introdução ao estudo do direito, 2014; Santi Romano, *O ordenamento jurídico*. Tradução de Arno Dal Ri Junior, 2008; Guastini, *Das fontes às normas*, 2005.
[8] Miaille, *Introdução crítica ao direito*, 1994; Bergel, *Teoria geral do direito*, 2006; Terré, *Introduction générale au droit*, 2015.
[9] Moor, *Dynamique du système juridique*: une théorie générale du droit, 2010.
[10] Aarnio, *Lo racional como razonable*: un tratado sobre la justificación jurídica, 2016.
[11] Reale, *Lições preliminares de direito*, 27. ed., 2004.
[12] Telles Junior, *Iniciação na ciência do direito*, 2001.
[13] Ferraz Junior, *Introdução ao estudo do direito*: técnica, decisão, dominação, 6. ed., 2010.

Direito confere ênfase de análise aos três conceitos-organizadores, quais sejam: humanismo, democracia e justiça. Desse modo, este estudo não nega outras perspectivas teóricas, mas é simplesmente diferente das demais, pois parte de premissas filosófico-sociológicas muito específicas, e, assim, do ponto de vista do método, autônomas. Este livro desenvolve os fundamentos da chamada Teoria do Humanismo Realista, uma perspectiva de *tratamento teórico* do Direito, que vem estruturada em torno de conceitos-organizadores que buscam suas raízes na tradição da Teoria Crítica da Escola de Frankfurt (*Frankfurt Schüle*).[14] Tendo em vista que esta tradição deu origem a variadas metodologias, procura-se trabalhar na linha do "giro teórico-democrático" operado na tradição frankfurtiana, por Jürgen Habermas (*Faktizität und Geltung*: Beiträge zur Diskurstheorie des Rechts und des democraktischen Rechtsstaats, 1992),[15] Axel Honneth (*Das Recht der Freiheit*, 2011)[16] e Rainer Forst (*Kontexte der Gerechtigkeit, Politishe Philosophie jenseits von Liberalismus und Kommunitarismus*, 1994).[17] Não obstante a proposta estrutural da reflexão contida no livro acompanhar a tradição da Escola de Frankfurt, cada capítulo segue em outros diálogos privilegiados com autores e autoras de variadas tradições, cujas contribuições são valiosas para as subdivisões internas da obra, em campos interdisciplinares e provocações de conteúdos paralelos ao estrito estudo do Direito, considerando que as literaturas específicas fornecem os subsídios mais precisos e direcionados para o estabelecimento das conclusões parciais contidas nos diversos capítulos do livro.

Ademais, é importante, além de *qualificar* o tema, também *delimitar* os objetivos aos quais se dirigem os *conceitos-chave* da obra, o que influencia a abordagem que guia e orienta a escrita, do início ao fim do livro. Este estudo de *Introdução ao Estudo do Direito* se diferencia por sua abordagem, enquanto *Teoria do Humanismo Realista*, pois se propõe a estar voltado para a compreensão da *realidade brasileira*, com os seus desafios atuais e etapas a serem ainda cumpridas, para que a efetivação de uma "cultura social de respeito aos direitos" esteja consolidada. Afinal, aquele que toma este estudo em mãos, está entrando no "território dos direitos e deveres". Esse "território", especialmente em nosso país, tem algo de terra não arroteada, ou de *terra-em-construção*. Vê-se, assim, que a atividade do cultivo requer um conjunto de esforços, por parte de quem prepara a terra, que como metáfora etimológica (*colere* – cultura), aponta para a construção da "cultura dos direitos e dos deveres" no convívio social comum, algo ainda precariamente desenvolvido entre nós. Assim, o livro se propõe a trabalhar os conceitos mais amplos e abstratos provenientes da *Teoria do Direito*, enquanto também os devolve à realidade e seus desafios, operando um encontro sinérgico entre o *conceito-Direito* e a *realidade-concretude*.

---

[14] "A Teoria Crítica da Escola de Frankfurt recebe do marxismo, e projeta nos *Critical Legal Studies*, as suas categorias de inteligibilidade principais – a *ideologia*, a *alienação*, a *emancipação* – e alguns dos seus conceitos fundamentais – a *dominação*, a *reificação*, a *crítica interna*" (Gaudêncio, *Entre o centro e a periferia*: a perspectivação ideológico-política da dogmática jurídica e da decisão judicial no *critical legal studies movement*, 2013, p. 19).

[15] Habermas, *Direito e democracia*: entre facticidade e validade, v. I e II, 2. ed., 2003.

[16] Honneth, *O direito da liberdade*, 2015.

[17] Forst, *Contextos da justiça*: filosofia política para além de liberalismo e comunitarismo, 2010.

Introdução

Esta obra traz consigo uma visão abrangente e crítica, e que permite alguns avanços, em alguns setores específicos da *Teoria do Direito:* o giro do positivismo à teoria discursiva do Direito, no conceito de Direito; a compreensão da emergência dos novos sujeitos, no tema dos sujeitos de Direito; o mergulho na autocompreensão histórica e nos desafios específicos da realidade brasileira, no âmbito da história brasileira; a superação do olhar positivista sobre as fontes do Direito; a compreensão da relação dinâmica entre legalidade e legitimidade, no campo da teoria da democracia; a humanização das instituições, no tema dos serviços de justiça; a compreensão do enunciado da norma, a partir da teoria da linguagem; a noção de sistema jurídico, em direção ao institucionalismo, ademais da reconstituição da noção de sistema jurídico, a partir da noção de rede intersemiótica de textos, sob a contribuição da teoria da linguagem; o raciocínio jurídico e o ritual de justiça, como ritual da palavra, no campo da lógica jurídica; a interpretação e a produção do sentido como operação complementar entre autor e intérprete, no campo do raciocínio jurídico; a discussão sobre a verdade jurídica, com as teorias contemporâneas da argumentação, no âmbito da decisão jurídica; a aproximação das faces da justiça, e a reaproximação da relação entre Direito e justiça, considerando-se a tensão entre o local e o universal.

A *Introdução* serve ao importante propósito de promover uma amarração consistente de conceitos-chave do Direito, que permite uma visão ampla da complexidade do Direito, especialmente diante da *realidade-concretude*, considerada a condição histórica pós-moderna. Impera, em nossos tempos, a *des-razão*, a *des-medida* e a *des-mesura*. É contra isso que o preparo no Direito deve nos devolver à consciência dos pilares que organizam a matéria e fornecem os subsídios para a atuação jurídica. Daí a importância da *volta às bases* representar não um *retorno* simples e direto aos temas da *Teoria do Direito*, mas um reforço da importância e da significação do Direito em tempos revoltos, em que todas as categorias que o circundam se diluem e se desmancham.

A partir daí, o que se procura fazer, também mediante a ideia de que uma *Introdução* acaba por *formar* o entendimento que temos do Direito, é promover, por seu meio e ao seu modo, uma educação em direitos humanos, já no início da preparação basilar do estudioso em Direito, colocando com clareza as dificuldades que ainda remanescem em nossa *realidade-concretude* para a consolidação da cultura de respeito à pessoa humana.

***

Normalmente se diz, com base no senso comum, que o que se estuda nas Faculdades de Direito como conteúdo é somente o conjunto das leis positivas. Parodiando *Shakespare*, pode-se dizer que existem mais coisas entre o céu e a lei, entre a lei e a realidade, do que sonha a nossa vã filosofia. E isso porque, há muitas coisas *acima da lei, abaixo da lei, no interior da lei, no entorno da lei, para além da lei*, que organizam e circundam o funcionamento da própria lei, como, por exemplo, as disputas pela conquista dos conteúdos legais, os estudos preparatórios, os debates acadêmicos e políticos, a interpretação, a aplicação, a efetivação, que tornam injustificável afirmar que nas Faculdades de Direito o que se estuda é somente o conteúdo das leis. Isso nos faz deslocar o olhar da ideia de que o objeto de estudo do jurista, atualmente, continue gravitando apenas a partir de uma visão fundada numa *obsessão legalista*, e se compreenda que o verdadeiro objeto de estudo nas Faculdades de Direito é o "Direito", em sua inteireza. E, o "Direito", em sua inteireza, é mais do que as leis, é mais do que o contido nos Códigos de leis.

Essa parece ser uma pequena diferença semântica, mas não é. E isso porque o jurista precisa estar a par de muitas coisas para bem saber operar com a lei. Por isso, é necessário saber mais do que a lei, para que a lei seja o que de fato é: *o instrumento da justiça*. Essa constatação nos faz perceber a riqueza do estudo do "Direito", caso este seja assumido com toda a complexidade que comporta. Afinal, o "Direito" não é um *corpus* hermético, oferecido apenas a especialistas, os juristas. É, acima de tudo, de seu potencial cidadão que se alimenta toda a sua *publicidade democrático-cidadã*. Por isso, o "Direito" é alvo do interesse de juristas, filósofos, cientistas sociais e cidadãos, o que faz da interdisciplinaridade em sua abordagem uma exigência intrínseca do método científico, e a *publicidade democrático-cidadã*, uma exigência normativa de seu conteúdo. E se assim for lido e entendido, torna-se impossível compreendê-lo sem um exercício *intercognitivo de diálogo* nas humanidades, de modo mais amplo, em que se encontra o repouso do Direito como objeto de estudo. Se for dessa forma abordado, o Direito pode preparar para o enfrentamento das agruras da *realidade histórico-social* e, também, realizar de forma melhor a *função emancipatória* cujo potencial remanesce adormecido em seu interior, se não ativado de forma adequada para a melhoria das condições de socialização nas quais todo(a)s se encontram imerso(a)s.

***

A disciplina de *Introdução ao Estudo do Direito* é disciplina obrigatória ao ensino do Direito no país, desde o Decreto n. 19.852/31 do MEC, até as regulamentações mais recentes, tais como a Portaria n. 1.886/94 do Ministério da Educação (MEC) e a Resolução n. 9/2004 do Conselho Nacional de Educação do Ministério da Educação (CNE/ MEC), onde se encontrava no Eixo I, a preocupação com a Formação Fundamental. O Parecer n. 1.351, de 17.12.2018, vem inovar na organização curricular, para prever que, obrigatoriamente, o curso de Direito seja capaz de disponibilizar Formação Geral, Formação Técnico-Jurídica, Formação Prático-Profissional, sabendo-se que a IED se encontra no campo da Formação Geral, tendo a vocação de agir no sentido de "...oferecer ao graduando os elementos fundamentais do Direito, em diálogo com as demais expressões do conhecimento filosófico, humanístico, das ciências sociais e das novas tecnologias da informação, abrangendo estudos que, em atenção ao PPC, envolvam saberes de outras áreas formativas, tais como: Antropologia, Ciência Política, Economia, Ética, Filosofia, História, Psicologia e Sociologia". Assim, a disciplina acaba por cumprir função única e insubstituível no currículo de formação em Direito, a saber: prepara para a compreensão abrangente, crítica e teórica do Direito; produz uma amarração de conceitos-chave que traduzem a complexidade do mundo do Direito; fornece um vocabulário mínimo da área do Direito, elementar e comum para operar com as diversas subáreas nas quais o Direito se projeta por meio de suas ciências; colabora para o desenvolvimento do raciocínio próprio ao Direito; promove uma formação humanística e reflexiva.

Isso porque a formação do *jurista-humanista* é mais do que a formação do *jurista-legalista*, pois para este a lei é seu único horizonte, sendo que para aquele outro a justiça é seu horizonte e a lei é seu instrumento, a profissão é seu modo de vida, mas a *tarefa social* é sua responsabilidade e seu mister. Trafegar pelos espaços do Direito é também conviver com as tempestades políticas, com as tormentas morais, com a mutabilidade das leis, com a inconstância da sociedade, o que exige do jurista a capacidade de caminhar com um olhar aberto. Assim, a atitude do *jurista-humanista* é a de mobilizar as palavras pela justiça e pela transformação social, em prol da conquista de direitos, da consolidação da democracia, e da mitigação das formas da injustiça, contribuindo por ações, intervenções, pensamentos e palavras para o aprimoramento das soluções pré-jurídicas e jurídicas aos conflitos sociais. Daí, seu compromisso ser também o de *humanizar* relações, instituições, práticas e posturas na área do Direito, e, especialmente, diante de conflitos sociais, mobilizando estruturas, instituições, leis e técnicas, fazendo-as convergir à Justiça e ao Bem Comum.

Assim, o trabalho do *jurista-humanista* acaba sendo o exercício de uma luta incessante, às vezes diária, contra a opressão, as formas da injustiça, as desigualdades e os atentados à dignidade humana. O compromisso social do *jurista-humanista* se expressa por este exercício, cuja contribuição é a de deixar um rastro de maiores avanços legados a uma sociedade mais igualitária, mais livre, mais solidária, mais diversa, mais pacífica e socialmente mais justa. O *jurista-humanista* não se coloca apenas no exercício de uma "profissão de mercado", mas exerce papel social de relevante capacidade de transformação do convívio, considerando os limites de quais sejam as parcelas de contribuição em suas funções e papéis específicos.

***

Para finalizar, devo deixar registrados os meus agradecimentos aos(às) colegas do Departamento de Filosofia e Teoria Geral do Direito da Faculdade de Direito da USP, pelo ambiente epistemológico sério e fértil, de alto nível. Meus agradecimentos a José Reinaldo Lima Lopes, a Ronaldo Porto Macedo Júnior e a Celso Fernandes Campilongo. A Guilherme Assis de Almeida devo um companheirismo de longa data. A José Manuel Aroso Linhares, da *Faculdade de Direito da Universidade de Coimbra*, a amistosa recepção em intercâmbio acadêmico que muito contribuiu para meus estudos e pesquisas. Devo, da mesma forma, sincera gratidão a Carla Faralli, pelo período em que desenvolvi o Convênio com a *Scuola di Giurisprudenza – Dipartimento di Scienze Giuridiche e il Centro Interdipartamentali di Ricerca in Storia del Diritto, Filosofia e Sociologia del Diritto e Informática* (CIRSFID, Bologna, Itália) dell'*Alma Mater Studiorum – Università di Bologna* (Itália), e o período de estada em que pude aprimorar meus estudos e escritos. Tenho especiais agradecimentos a Axel Honneth, pela recepção em diversas ocasiões, na *Johann Wolfgang Goethe-Universität Frankfurt am Main*, a Universidade de Frankfurt, que vieram permitindo o aprimoramento de meus estudos mais recentes. Ademais, a Jürgen Habermas, cujo trabalho inspirador pôde despertar gerações de estudiosos, de quem pude receber a última correspondência datada de 22 de dezembro de 2017, com notícias sobre a iniciativa da publicação deste livro ("My best wishes for your ongoing academic work"). Devo agradecimentos ao Sr. José Ortiz, que se ocupou da transcrição dos manuscritos, com enorme zelo e cuidado. Na etapa editorial, tiveram especial atenção com esta obra Renata Müller e Daniel Pavani. Devo agradecimentos ao CNPq, pelo desenvolvimento de minhas pesquisas, especialmente na condição de Pesquisador e Bolsista de Produtividade.

Uma última notícia é aquela relativa à recepção deste livro, especialmente, em sua 1ª edição, tendo-se em vista o fato de ter tido acolhida incentivadora através dos lançamentos realizados no Brasil, tanto em São Paulo (Universidade de São Paulo) quanto em Porto Alegre (Pontifícia Universidade Católica do Rio Grande do Sul), e, também, em Portugal (Universidade de Coimbra), em Paris (Université Paris-Nanterre) e em Praga (Czech Academy of Sciences). Muito menos pode-se deixar de trazer à memória os ecos da proposta teórica contida nesta obra, considerando-se a sua acolhida na *Revue Interdisciplinaire d'Études Juridiques* (RIEJ, Belgique, n. 85, 2020)[18] e, igualmente, a *Resenha* que insere o conjunto dos estudos contidos em livro na Espanha, por meio da *Revista Derechos y Libertades*.[19]

---

[18] Bittar, Pieret, *L'humanistic turn* dans la théorie critique du droit: naissance d'une nouvelle conception dans la théorie du droit au Brésil. *Revue Interdisciplinaire d'Études Juridiques*, n. 85, 2020, p. 3-23.

[19] Zezza, Resenha: Introdução ao estudo do direito: humanismo, democracia e justiça. *Revista Derechos y Libertades*, n. 44, Época II, enero 2021, p. 379-387.

INSTRUÇÕES PARA A APLICAÇÃO DOS CASOS PRÁTICOS

É usual na *Introdução ao Estudo do Direito* recorrer à utilização de *casos práticos*. Há uma interessante tradição formada em torno de *casos práticos*, e o *Caso dos exploradores de cavernas*, de Lon L. Fuller,[1] parece ser o mais disseminado, mas há outros casos interessantes, como *O caso dos denunciantes invejosos*, de Lon L. Fuller,[2] e *O caso do matemático homicida*, de Victor Gabriel Rodríguez.[3] Com estes casos, venho desenvolvendo ao longo dos últimos anos o trabalho de apoio didático às aulas de seminários de *Introdução ao Estudo do Direito*. Entende-se que o trabalho com *casos práticos* desperta o *raciocínio jurídico*, convoca o(a) estudante à ação, à pesquisa, à busca de soluções possíveis, favorecendo-se, com isso, um *método de ensino dinâmico e interativo*, em que a proatividade do(a) estudante passa a fazer toda a diferença. Além de tudo, o *método de ensino* acaba estimulando uma forma de pensar situacionalmente, considerando problemas concretos a serem resolvidos, investindo o(a) estudante no exercício de um *papel específico*, diante de um caso concreto, levando-o(a) a exercer por meio da *pesquisa de conteúdos* uma forma desafiante de lidar com fontes do Direito e situações concretas. Ademais, este método de ensino cobra do(a) estudante as habilidades de pesquisar, escrever, sistematizar o conhecimento, ouvir, selecionar, definir, recortar, participar, sustentar, representar, opinar. Se devidamente aplicado, *o método de ensino com casos práticos* faz com que o aproveitamento dos estudos teóricos passe a ter outro valor.

Para a construção dos *casos práticos*, foram consideradas situações hipotéticas e reais, questões passadas e presentes, dando-se ênfase a situações que envolvem a lesão a direitos, especialmente referidos a temas de violação de direitos humanos. Sobretudo considerando os alunos dos primeiros anos do curso de Direito, entende-se que os *casos práticos* ajudam a fortalecer a *educação em direitos humanos*, por meio do exercício da prática efetiva dos direitos, bem como gerando a sensibilidade para questões da vida quotidiana que precisam do olhar atento do estudante de Dircito.[4] No geral, os

---

[1] A este respeito, consulte-se Bittar, *Introdução* ao livro de Lon L. Fuller, *O caso dos exploradores de cavernas*, 2019.
[2] Dimoulis, *O caso dos denunciantes invejosos*: introdução prática às relações entre direito, moral e justiça, com a tradução do texto Lon L. Fuller, 2003.
[3] Rodríguez, *O caso do matemático homicida*: julgamento simulado para introdução ao direito, 2014.
[4] Aliás, como a *Resenha* de Samuel Mendonça demonstrou, muito claramente, a relação entre Educação em Direitos Humanos e Ensino Jurídico. A este respeito, consulte-se Mendonça, Ensino

casos ajudam o(a) estudante a conhecer melhor a *realidade brasileira* e seus *desafios de justiça*. Em alguns casos, situações reais ocorreram de fato, mas a narrativa e os nomes dos personagens foram alterados. Toda a narrativa dos casos práticos serve apenas de pretexto para a aproximação do *olhar* do estudante à realidade de situações de injustiça, a episódios quotidianos de vida que reclamam encaminhamentos e às mais usuais situações de grupos minoritários que sofrem qualquer tipo de opressão social, favorecendo a reflexão a respeito de questões contemporâneas e desafiadoras do Direito, uma imersão em situações reais de decisão, além de um melhor preparo à prática do Direito.

Assim, mediante uma metodologia de ensino mais instigante, pode-se também oferecer maior apoio didático-pedagógico aos(as) Professores(as) que lidam com a disciplina de *Introdução ao Estudo do Direito*. Por isso, os *casos práticos* estão relacionados aos temas dos capítulos do livro, para que o aproveitamento dos conteúdos discutidos de forma teórica possa ser alvo de avaliação e exercícios práticos em sala de aula, favorecendo-se uma relação de ensino/aprendizagem mais dinâmica, em que as *aulas expositivas* se complementam com as *aulas de seminários*, e vice-versa.

É importante que a sala de aula seja dividida em grupos de trabalho, que passam a fazer parte de dinâmicas, que servem para a avaliação de desempenho. Os casos práticos devem favorecer trabalhos em grupos, simulações, dinâmicas de debates, teatralizações, exercícios de pesquisa, reconstituição dos fatos, a exploração das fontes do Direito, a elaboração de saídas *legais* e *paralegais*, a produção de textos escritos e apresentações orais, podendo se reportar à retomada da matéria desenvolvida no capítulo e devendo ser estudada com apoio em outros textos adicionais de ramos aplicados do Direito, mediante leituras dirigidas específicas.

---

jurídico e educação em direitos humanos: como o estudo de casos pode alavancar uma visão realista e humanista para o Direito, *Revista Interdisciplinar de Direitos Humanos*, Observatório de Educação em Direitos Humanos da Unesp, Bauru, v. 6, n. 1, jan.-jul. 2018 (10), p. 251-255. Disponível em: <http://www2.faac.unesp.br/ridh/index.php/ridh/article/view/580/249>. Acesso em: 22 jun. 2018.

CAPÍTULO I
DIREITO E CIÊNCIA: RAZÃO CIENTÍFICA, HUMANISMO E DIREITO

Sumário: 1. Razão científica, saber e Ciência do Direito; **2.** Razão científica, especialização do saber jurídico e Ciências Normativas do Direito; **3.** Razão científica, Ciências Normativas do Direito e a reconstrução da Teoria do Direito; **4.** Razão científica, Teoria do Direito e Teoria do Humanismo Realista; **5.** Razão científica e Teoria do Direito como Teoria do Humanismo Realista; **6.** A Teoria do Humanismo Realista e o Humanismo Social, Democrático e Republicano; **7.** A Teoria do Humanismo Realista e a Teoria da Democracia Deliberativa.

1. RAZÃO CIENTÍFICA, SABER E CIÊNCIA DO DIREITO

A ciência nos apoia, por meio dos métodos, a iluminar a vasta escuridão da existência humana. E isso porque ignoramos basicamente tudo que é relativo ao mundo objetivo, ao mundo subjetivo e ao mundo social.[1] Como é raro, difícil, complexo ter acesso à totalidade dos fenômenos, à globalidade das coisas, e à unidade da vida, as ciências cumprem o importante papel de "dividir" a "realidade" para conhecê-la, e foi dessa forma que, especialmente a partir da modernidade, o desenvolvimento das ciências representou uma fragmentação dos saberes e uma especialização dos conhecimentos. A Ciência permite, por isso, decifrar "porções do mundo", tornando possível um acesso restrito a determinados compartimentos de realidade, que formam nossas opiniões, visões, concepções e compreensões das dimensões analisadas do mundo objetivo, do mundo subjetivo e do mundo social.

---

[1] Sobre a distinção entre mundo objetivo, mundo subjetivo e mundo social, veja-se: "Sólo el concepto de acción comunicativa presupone el *lenguaje* como un medio de entendimiento sin más abreviaturas, en que hablantes y oyentes se refieren, desde el horizonte preinterpretado que su mundo de la vida representa, simultáneamente a algo en el mundo objetivo, en el mundo social y en el mundo subjetivo, para negociar definiciones de la situación que pueden ser compartidas por todos. Este concepto interpretativo de lenguaje es el que subyace a las distintas tentativas de pragmática formal" (Habermas, *Teoría de la acción comunicativa*: racionalidad de la acción y racionalización social, I, 1988, p. 138).

Em particular, a Ciência do Direito está inserida em meios às grandes preocupações do mundo social,[2] enquanto mundo de *inter-ações* humanas dentro de vínculos sociais estabelecidos mediante processos de socialização. A Ciência do Direito se confronta, no mundo social, enquanto mundo das interações humanas, com a ambígua e contraditória expressão de nossa humanidade. Por isso, a Ciência do Direito deve ser vista como Ciência humana, histórica e social, na medida em que o Direito tem por desafio versar sobre o que há de *melhor* em nossas *inter-ações* humanas (justiça, liberdade, igualdade, diversidade, solidariedade, organização social, inteligência, trabalho, equilíbrio, criatividade, equidade, afeto) e, também, com o que há de *pior* em nossas *inter-ações* humanas. É, assim, na expressão de Stephan Kirste, Ciência do Espírito.[3]

Por isso, a Ciência do Direito exerce sua tarefa por meio de uma *epistéme* das relações sociais (enquanto disciplinada pela sociedade e seu campo de regulamentos) voltada à compreensão das relações entre as regras jurídicas e as dinâmicas sociais fundadas em vínculos de socialização. Assim é que a Ciência do Direito estuda os *processos de regulação* dos valores humanos e dos interesses sociais conflitantes. Sendo assim, manifesta-se como um tipo de saber racional que une teoria (*theoría*) e prática (*práxis*) num único horizonte de trabalho,[4] pois a Ciência do Direito é impensável sem reflexão racional, assim como é impensável sem que sua preocupação seja eminentemente prática e conectada às necessidades concretas de solução de conflitos oriundos dos vínculos de *inter-ação* humana em processos de socialização no universo do mundo social.[5]

É nesta medida que a Ciência do Direito é uma ciência de enorme importância social. Mas, para melhor enxergá-la, quando dela nos aproximamos, não se pode

---

[2] Sobre o conceito de mundo social, segue-se o esclarecimento: "Chamo comunicativas às interações nas quais as pessoas envolvidas se põem de acordo para coordenar seus planos de ação, o acordo alcançado em cada caso medindo-se pelo reconhecimento intersubjetivo das pretensões de validez. No caso de processos de entendimento mútuo linguísticos, os atores erguem com seus atos de fala, ao se entenderem uns com os outros sobre algo, pretensões de validez, mais precisamente, pretensões de verdade, pretensões de correção e pretensões de sinceridade, conforme se refiram a algo no mundo objetivo (enquanto totalidade dos estados de coisas existentes), a algo no mundo social comum (enquanto totalidade das relações interpessoais legitimamente reguladas de um grupo social) ou a algo no mundo subjetivo próprio (enquanto totalidade das vivências a que têm acesso privilegiado). Enquanto que no agir estratégico um *atua* sobre o outro para *ensejar* a continuação desejada de uma interação, no agir comunicativo um é *motivado racionalmente* pelo outro para uma ação de adesão – e isso em virtude do efeito ilocucionário de comprometimento que a oferta de um ato de fala suscita" (Habermas, *Consciência moral e agir comunicativo*, 1989, p. 79).

[3] "Nessa medida, a Ciência do direito é Ciência do Espírito. Do mesmo modo como o seu conhecimento é produzido, também é produzido o conhecimento jurídico. Ele não é preexistente. Essa geração de conhecimentos sempre acontece de modo direcionado pelo método" (Kirste, *Introdução à filosofia do direito*, 2013, p. 48).

[4] "Com seus conhecimentos, a Ciência do Direito influencia a prática jurídica e também a política" (Kirste, *Introdução à filosofia do direito*, 2013, p. 49).

[5] É o que assinala o jurista português Miguel Teixeira de Sousa: "A Ciência do Direito (*Scientia iuris; Iurisprudentia; Science of Law, Legal Dogmatic; Legal Doctrine*) procura orientar a resolução de casos concretos, normalmente através de determinação do significado das fontes do direito e do enunciado de proposições e de teorias que possibilitam a resolução desses casos" (Sousa, *Introdução ao direito*, 2012, p. 25).

abordá-la isoladamente. Ela deve ser vista rodeada por outras duas ciências que lhe definem os rumos e o sentido, tais como: a Política; a Economia. Desta forma, quando estamos na dimensão do mundo social, iremos perceber que as três ciências que possuem o caráter mais estruturante para a vida social são: a Ciência do Direito; a Ciência Política; e a Ciência Econômica. Estas podem, inclusive, ser chamadas de ciências arquitetônicas do mundo social, pois dele extraem os fragmentos de compreensão que mais decisivamente interferem nas dinâmicas de funcionamento da realidade no mundo social. Mas, o que está sendo considerado é o nível mais efetivo de interferência na realidade, de praticidade e direta correlação com as forças em andamento na vida social, pois não se poderia, de forma alguma, deixar de considerar que estas estão ladeadas, agora num nível mais amplo de análise, pela História, pela Sociologia e pela Antropologia.

Durante o tempo em que o "paradigma positivista" de compreensão do papel da Ciência do Direito vigorou, acabou-se por direcionar o *olhar* para o Direito na perspectiva de um "tecnicismo jurídico", que veio amolecendo o caráter de Ciência Humana da Ciência do Direito. Isso veio provocando um perigoso processo de desligamento – enquanto *autoalienação epistemológica* – da Ciência do Direito com as demais Ciências Humanas e Sociais. Disso, resultou uma compreensão equivocada de Ciência do Direito, agora ossificada na *autocompreensão* do universo das leis, isoladas dos demais fatores circundantes do mundo social, do mundo subjetivo e do mundo objetivo. Daí, a importância contemporânea de rever esse ponto, para devolver à Ciência do Direito sua qualidade de Ciência Humana e Social, mantida a sua autonomia científica, considerando que os métodos mais contemporâneos da Ciência permitem que a autonomia de um campo de conhecimento seja mantida, enquanto se praticam diálogos estratégicos com os demais saberes, de cujas conquistas em suas especialidades não se pode abrir mão para ampliar e fortalecer as descobertas mais recentes do conhecimento científico.

Por isso, reconsiderar este ponto, significa superar o "tecnicismo jurídico", vazio e oco de sentido, deslocado das práticas sociais, mas manter a "qualidade técnica" da contribuição própria da Ciência do Direito, insubstituível pelo fazer de outras áreas do conhecimento social. Isso significa criticar o "tecnicismo jurídico", sem abrir mão da contribuição que a *técnica jurídica* traz para a construção de soluções jurídicas provenientes da experiência de lidar com o justo e com o injusto. Então, deve-se conferir à *técnica jurídica* não mais do que o seu *status* dentro da Ciência do Direito: de um lado, não é a *técnica jurídica* que metaformata a Ciência do Direito, mas, ao contrário, serve como *instrumento* que fortalece a realização dos objetivos últimos da Ciência do Direito; de outro lado, não é a *técnica jurídica* alienada sobre si mesma, mas enquanto serve às causas humanas e às causas sociais que confere sentido à sua instrumentalidade e utilidade para a Ciência do Direito.[6] Nisso, se pode encon-

---

[6] A este respeito, leia-se: "De saber eminentemente ético, nos termos da prudência romana, foi atingindo as formas próximas do que se poderia chamar hoje de saber tecnológico" (Ferraz Junior, *Introdução ao estudo do direito*: técnica, decisão, dominação, 6. ed., 2010, p. 59). Em outro estudo, leia-se: "O problema não está na tecnologia, como implemento para a existência humana.

trar o esforço da Ciência do Direito por retomar sua qualidade e sua distinção como Ciência *Humana* dos *problemas humanos e sociais*.

Tendo este melhor enquadramento, a Ciência do Direito – vista como *Ciência Humana dos problemas humanos e sociais* – irá lidar com o Direito considerando-o um *lugar social racionalizador do convívio social* e *regulador dos conflitos sociais*, que *canaliza o exercício da repressão a condutas antissociais* e a *desentendimentos da inter-ação social*, possibilitando saídas institucionais, tomadas de decisão, realização de conteúdos de regras, estímulo à prevenção de comportamentos socialmente danosos. Afinal, o material a partir do qual o Direito irá trabalhar demandas, problemas e soluções, advém da experiência de interação social humana, onde se sentem e vivenciam: dores; derrotas; frustrações; injustiças; exploração; interesses; carências; exclusões; vilezas; intolerâncias; violências; conflitos; desentendimentos; jogos sociais. A tarefa social do Direito será a de triar e diferenciar, a partir do material bruto que lhe chega, envolvido geralmente em discursos, ideologias e grupos organizados, aquilo que será considerado lícito (*legal; recht*) daquilo que será considerado ilícito (*ilegal; unrecht*). Ter uma conduta social como lícita, significa tomá-la dentro do *corpus* das ações e interações sociais, e considerá-la avaliada a partir de sua não reprovabilidade, enquanto a conduta social ilícita gerará da parte do sistema sua avaliação como reprovável, e, portanto, passível de desestímulo. E, para operar esta transposição, a tarefa de mediação das instituições não é simples, pois geralmente envolve juízos fundados em preconceitos, visões de mundo, opinião pública, paixões discursivas e irracionalidades políticas. Por isso, no plano do exercício do Direito, requer-se competência (técnica e humana) para *solver* conflitos humanos e sociais; no plano da Ciência do Direito, requer-se especial *sagesse* para lidar com a interpretação e a vocalização das formas de traduzir soluções efetivas e competentes aos conflitos humanos e sociais.

Se já se viu que a Ciência do Direito é *Ciência Humana dos problemas humanos e sociais*, é certo que a Ciência do Direito requer, como toda e qualquer Ciência, método, objeto, racionalidade e sistematicidade. Mas, pensar o estatuto da Ciência do Direito significa pensar, enquanto se está diante de uma Ciência Aplicada, as quatro constantes centrais que definem sua qualidade própria de Ciência autônoma, que se exprimem da seguinte forma: a Ciência do Direito mantém *preocupação constante* em torno da *regulação social positiva* – esta tarefa é, geralmente, levada adiante pelas frentes de trabalho das Ciências Normativas do Direito; a Ciência do Direito mantém *preocupação proeminente* em torno da *coerência, unidade e estruturação da totalidade do sistema jurídico positivo* – esta tarefa é, geralmente, levada adiante pelas frentes de trabalho da Teoria Geral do Direito; a Ciência do Direito mantém *preocupação incidente* com *mudanças e transformações sociais* – esta tarefa é, geralmente, levada adiante pela frente de trabalho intitulada Sociologia do Direito; a Ciência do Direito mantém

---

O problema está no apossamento da técnica sobre o homem, na conversão do raciocínio humano em pensamento tecnocentrado e no destacamento e autonomização da técnica sobre o natural e o humano. A técnica ganha independência com relação ao homem, e se sobrepõe a ele e à natureza" (Bittar, Ética, técnica e direitos humanos, *Revista de Estudos Políticos*, Belo Horizonte, n. 103, p. 139-182, jul./dez. 2011, p. 158).

preocupação latente com *justiça* – esta tarefa é, geralmente, levada adiante pela frente de trabalho intitulada *Filosofia do Direito*. É claro que estas preocupações por vezes se embaralham, e não são necessariamente definições precisas de campos de trabalho, mas ajudam a compreender quais as linhas gerais que organizam as preocupações abrangentes e as pretensões específicas pelas quais a Ciência do Direito, em face de outras ciências, procura enfrentar.

O grave desafio epistemológico é que "tudo" (mundo social, mundo objetivo e mundo subjetivo) está em constante movimento, gerando transformações dinâmicas, simultâneas e dialéticas, no *modus* de nossa compreensão sobre as coisas. De qualquer forma, esta parece ser uma regra fundamental de todo o universo, ao menos da forma como o conhecemos atualmente. Se isto é verdade, com os saberes e com o conhecimento, isto não seria diferente para a Ciência do Direito. Isso faz com que a Ciência do Direito esteja marcada por intensa *dinamicidade*, pois é impactada por todas as transformações que ocorrem no mundo social, como mundo em movimento de *interações humanas* em processos de socialização. Por área, pode-se pensar que: as mudanças no trabalho, levam a novos entendimentos no mundo das relações de trabalho, e, por sua vez, no Direito do Trabalho; as mudanças no consumo, levam a novas relações de consumo, que se traduzem em impactos reativos no Direito do Consumidor; as relações de famílias e os laços da vida privada ressignificam o universo dos valores familiares, levando a uma nova compreensão do Direito das Famílias; o progresso técnico e a revolução tecnológica nos levam ao mundo virtual, e este gera a necessidade do Direito Virtual; o impacto do uso do solo, da água, da natureza, leva à consciência planetária e ambiental, e a compreensão de que um Direito Ambiental merece autonomia científica; as relações de gênero impactam o universo da compreensão sobre a *inter-ação* social, a noção de sujeito, levando a intensos debates sobre heteronormatividade, autonomia e Direitos Humanos. E, assim por diante.

A sociedade moderna demanda uma adaptação constante de atores sociais imersos em relações no mundo social, especialmente diante das transformações dos paradigmas científicos, da tecnologia, da economia, da política, dos costumes sociais, da predominância das ideologias. Isso nos permite identificar algo de relevo para a análise, pois se passa a perceber que a legislação muda com um ritmo constante, sendo que a necessidade de *atualização*, *re-visão* e *re-consideração* dos *significados jurídicos* é incessante e permanente; se considerado o ritmo contemporâneo das mudanças, isto se mede cada dia mais em medidas de tempo ainda menores, sendo cada vez mais *mudanças frenéticas*, à carreira da *revolução digital* e da *ligeireza*, na definição da hipermodernidade por Gilles Lipovesty,[7] ou, ainda, à carreira da *aceleração da velocidade* e da *rapidez no consumo do tempo*, dentro das condicionantes relações tecnológicas e econômicas contemporâneas, na definição da *sociedade moderna* como *sociedade da ace-*

---

[7] "Hoje, um novo paradigma predomina: antes de revelar uma qualidade estética, a leveza designa um desempenho técnico, dos objetos que, miniaturizados e conectados, permitem a mobilidade, a fluidez, a facilidade das operações informacionais e cotidianas" (Lipovestky, *Da ligeireza*: rumo a uma civilização sem peso, 2016, p. 127).

leração, por Hartmut Rosa.[8] Não por outro motivo, a Ciência do Direito é desafiada a se *renovar* e a *abandonar* conceitos, pré-conceitos teóricos, modelos ideais e categorias epistêmicas a cada novo *impulso histórico* de transformação da sociedade. Isso faz com que, por exemplo, numa sociedade de risco, a teoria contratual do Direito Civil tenha que sair do modelo teórico fundado no *pacta sunt servanda*, em direção à ideia da *onerosidade excessiva*, que leva à proteção da "parte fraca" das relações contratuais; a teoria da responsabilidade civil do Direito Civil tenha de migrar da centralidade da ideia de *culpa* à ideia de *responsabilidade objetiva*; numa sociedade complexa, a teoria do ato administrativo do Direito Administrativo tenha de caminhar em direção à teoria das políticas públicas; o conceito de família do Direito de Família tenha de se dispor ao reconhecimento da pluralidade de laços familiares, e por isso, migrar em direção à centralidade da noção de afeto e de vínculos e formas diversas de famílias.

Dentre as Ciências Sociais, a Ciência do Direito é, sem dúvida alguma, a que mais é afetada em tantas de suas facetas simultâneas, sendo ainda onerada com o dever – quase instantâneo – de reagir com soluções, argumentos e fundamentos. Sua situação epistêmica nem se compara à *mutabilidade* sofrida pelas Ciências Naturais, cujo quadro de descobertas e interpretações do mundo natural é, sem dúvida alguma, mais estável.[9] Há paradigmas que sofrerão alterações, mas estas alterações, a exemplo da Astronomia, podem levar séculos (de Aristóteles a Arquimedes; de Copérnico a Newton; deste, a Einstein),[10] para se consolidarem. Mas, o que é fato é que: as "leis" da física estão mudando; as "leis" da química estão mudando; as "leis" matemáticas estão mudando; as "leis" sociais estão mudando. Se os diversos mundos (social, objetivo e subjetivo) estão em constante transformação, fica claro que as "leis" sociais mudam, com frequência proporcional ao acentuado grau de avanço dos processos de modernização (modernização social, política, econômica, técnica, científica, cultural). Isso entrega aos juristas uma tarefa que não é simples de ser

---

[8] "Thus the guiding hypothesis of this work runs as follows: *modern society can be understood as an 'acceleration society' in the sense that it displays a highly conditioned structural and cultural linkage of both forms of acceleration* – technical acceleration and an increase in the pace of life due to shortage of time resources – and therefore also a strong linkage of acceleration and growth" (Rosa, *Social acceleration*: a new theory of modernity, 2013, p. 68).

[9] É, sem dúvida, mais estável, mas não completamente suscetível à certeza, pois nenhum sistema teórico que explica o mundo natural é certo até seu teste intersubjetivo: "A possibilidade de teste intersubjetivo implica em que outros enunciados suscetíveis de teste possam ser deduzidos dos enunciados que devam ser submetidos a teste. Assim, se os enunciados básicos devem ser, por sua vez, suscetíveis de teste intersubjetivo, *não podem existir enunciados definitivos em ciência* – não pode haver, em Ciência, enunciado insuscetível de teste e, consequentemente, enunciado que não admita, em princípio, refutação pelo falseamento de algumas das conclusões que dele possam ser deduzidas" (Popper, *A lógica da pesquisa científica*, 1993, p. 49).

[10] "São essas tradições que o historiador descreve com rubricas como: Astronomia Ptolomaica (ou Copernicana), Dinâmica Aristotélica (ou Newtoniana), Óptica Corpuscular (ou Óptica Ondulatória), e assim por diante" (p. 30). "Do mesmo modo, uma nova teoria não precisa entrar necessariamente em conflito com qualquer de suas predecessoras. Pode tratar exclusivamente de fenômenos antes desconhecidos, como a teoria quântica, que examina fenômenos subatômicos desconhecidos até o século XX – mas e isso é significativo, não examina apenas esses fenômenos" (Kuhn, *A estrutura das revoluções científicas*, 7. ed., 2003, p. 129).

executada, na medida em que são afetados por mudanças, enquanto mantém acesa a tarefa de se verem conectados às necessidades, às mudanças e às soluções às situações concretas da vida social.[11]

2. RAZÃO CIENTÍFICA, ESPECIALIZAÇÃO DO SABER JURÍDICO E CIÊNCIAS NORMATIVAS DO DIREITO

Em termos abrangentes e contemporâneos, quando se verifica a crise da verdade e a crise da ciência, numa análise semiótica da *Ciência do Direito*, podem-se elencar as suas grandes características, tomando-a como manifestação do *discurso científico* no Direito:

(i) objetividade (efeito de objetividade do uso opinativo e persuasivo da linguagem científica);

(ii) autonomia (autonomia como diferenciação, mas não como desconexão das demais Ciências Humanas e Sociais);

(iii) especialização (aprofundamento de uma microvisão do universo de sentido do Direito);

(iv) heurística (o raciocínio jurídico é dialético, controvertido e argumentativo);

(v) linguagem técnica (utiliza termos técnicos que acrescentam especificidade e determinação à língua natural);

(vi) interdisciplinaridade (implica troca permanente com outras disciplinas);

(vii) ambiente técnico-científico (a linguagem é própria da comunidade dos juristas, navegando entre preservação e inovação)[12].

Nestes termos, a preocupação atual em torno da Ciência do Direito passa a ser a de compreender o seu estatuto. Assim, ao tratar, no item anterior, da Ciência do Direito, a partir da compreensão da própria noção de Ciência, utilizou-se a expressão "Ciência do Direito", sem que a ela fossem agregadas algumas explicações que aclaram de forma melhor o seu sentido, o que se procura fazer a partir de agora. Para que estas explicações encontrem seu melhor posicionamento, inúmeras questões precisam ser melhor aclaradas, entre elas alguns postulados que definem e contornam de forma mais específica o seu estatuto epistemológico:

---

[11] Não por outro motivo, o jurista português José de Oliveira Ascensão irá afirmar: "(...) só um ensino crítico permite ao jurista em formação ser um agente da mudança e sobreviver a ela. Se todo ensino do direito fosse ensino de leis, o formativo, ele terá a base a qual poderá enquadrar as alterações legislativas que surgirem. Apreender-se-á por si a importância deste aspecto em tempo de turbulentas mudanças, como o nosso" (Ascensão, *Introdução à ciência do direito*. 3. ed., 2005, p. 213).

[12] Cf. Bittar, Semiotics of Law, Science of Law and Legal Meaning: analysis of the status of legal dogmatics, Translated by Kavita Lamba, *in Signata: Annales des Sémiotiques*, Varia, Presses Universitaires de Lièges, Belgium, 2022, n. 13, p. 93-116.

1) A "Ciência do Direito" não é uma unidade, mas a reunião de um repertório de inúmeras ramificações. Sobre este primeiro postulado, é preciso dizer o que segue.

A "Ciência do Direito" não é uma unidade, mas a reunião de um repertório de inúmeras "ramificações", de modo que é mais apropriado falar das *Ciências do Direito*, no plural, a exemplo de Ricardo Guastini,[13] manifestando-se com isso a aproximação do olhar com a diversidade de conteúdos ramificados que se irá encontrar em seu interior, afinal as *Ciências do Direito* se multiplicaram em vários ramos, a partir de um *núcleo histórico pré-moderno* inicial (Direito Romano; Direito Canônico) oriundo da Baixa Idade Média, momento em que as primeiras Universidades se formavam, encontrando no mundo moderno as condições ótimas para o seu desenvolvimento e autonomia, num primeiro ciclo de modernização científica (Direito Civil; Direito Comercial; Direito Romano; Direito Canônico; Direito Natural; Direito Administrativo), e, a partir de então, num segundo ciclo de modernização científica, de sua multiplicação (Direito Constitucional; Direito Penal; Direito Processual; Direito Tributário; Direito do Trabalho; Direito Internacional) e, em seu último movimento, já no terceiro ciclo de modernização científica, de sua especialização e diversificação fragmentária (Direito Ambiental; Direito do Consumidor; Direito Animal; Direito Marítimo; Direito Indigenista; Direitos Humanos; Direito Virtual; entre outros). A tendência destes ramos e especialidades não é somente a diversificação, mas também a atualização e incorporação de novas fronteiras de regulação social, na medida das próprias transformações histórico-sociais. Por isso, multiplicam-se, especializam-se e, cada vez mais, diferenciam-se em relação à ultraespecialidade. O alcance e a amplitude regulatória do Direito sobre diversas e multicromáticas dimensões internas do *mundo social* se espalham por territórios os mais variados, considerando os objetivos cruciais da Ciência do Direito.[14]

É fato que esta ramificação cria uma certa percepção caótica de dispersão dos ramos científicos do Direito, mas este esforço de *setorialização* favorece a *intracompreensão* das especificidades de *novos direitos*, de modo a permitir o desenvolvimento de: visão microscópica e pontual da realidade; compreensão especializada de problemas; ramificação de soluções a partir de princípios gerais; maior apuro técnico no tratamento das questões; convivência mais direta com a ambiência e a cultura dos problemas sociais de um determinado círculo de questões sociais; favorecimento da escuta e compreensão, na valorização da experiência de convívio com os atores sociais que

---

[13] "(...) de sorte que não parece adequado falar de "ciência jurídica" no singular, sendo melhor falar de "Ciências Jurídicas", no plural" (Guastini, *Das fontes às normas*, 2005, p. 166).

[14] Estão aqui bem desenhados pelo jurista português António dos Santos Justo: "Para desempenhar estas funções, a dogmática desenvolve um trabalho complexo que se distribui sucessivamente em vários planos: a interpretação, a construção de conceitos jurídicos; a sistematização do ordenamento jurídico numa unidade; a orientação do legislador na transformação e reforma do direito positivo; e a reflexão crítica sobre o método da judicativo-decisória realização do direito, preparando ou facilitando o diálogo entre o juiz e o legislador sobre o fundamento da decisão legislativa e se é susceptível de ser aproveitado pelo juiz" (Justo, *Introdução ao estudo do direito*, 7. ed., 2015, p. 299).

se encontram imersos nos problemas sociais, seus usos e costumes, bem como das práticas locais; prontidão ferramental para o uso e a aplicação de conceitos e categorias *prêt-à-porter*; melhoria da precisão técnico-cirúrgica para operar com problemas concretos. Isso nos ajuda a perceber que o *"eu epistemológico"* das Ciências do Direito não atua universalmente, senão, situacionalmente, ou seja, atua na compreensão e decodificação dos problemas oriundos de fragmentos de experiências extraídos do *mundo da vida (Lebenswelt)*,[15] compreendido como unidade da experiência mundana, traduzindo os *problemas reais* em *linguagem técnica*, de modo a formar *universos de discurso científico-jurídicos especializados*, o que significa dizer, do ponto de vista científico, terminologizados e diferenciados.[16]

Uma metáfora pode facilitar e aprimorar a análise desse ponto: os *ramos* especializados do Direito podem ser vistos como destaques da grande e longeva *árvore* da Ciência do Direito. O que isso indica? Que não podemos esquecer que a árvore é apenas uma *unidade* no meio de uma densa *floresta*. A árvore da Ciência do Direito participa da densa floresta dos saberes, sendo, por isso, vizinha de outras Ciências, tais como a Antropologia, a Sociologia, a História, a Ciência Política, a Filosofia, a Economia, a Comunicação Social, a Linguística, a Pedagogia, a Psicologia, entre outras. Mas, ainda nesta metáfora, o *humus* comum a todos é a experiência do *mundo da vida (Lebenswelt)*.[17]

A partir desta metáfora, fica claro afirmar que a especialização dos *ramos* da Ciência do Direito é importante para o alcance de precisão e definição locais. Mas, as especialidades não podem se apartar do tronco e das raízes da grande árvore da Ciência do Direito, aqui vista como reunião das especialidades, sob pena de perda de *visão geral*, da compreensão de todo, que assegura o sentido comum dos "porquês" e dos "para quês" do Direito. Daí a importância de operar uma diferenciação, qual seja, identificando o que são as *especialidades* da Ciência do Direito e o que é o *especialismo* na Ciência do Direito.[18] Neste, a aproximação com o campo estrito é tão grande que a vitória alcançada com a precisão técnica é perdida pela cegueira da

---

[15] Para esclarecimento do conceito de *Lebenswelt*, *re-apropriado* por Jürgen Habermas do pensamento de Edmund Husserl, leia-se: "O 'mundo da vida', enquanto *práxis* natural e enquanto experiência adquirida do mundo, forma o contra-conceito para aquelas idealizações às quais se devem os campos científicos dos objetos" (Habermas, *Textos e contextos*, 1991, p. 34).

[16] A respeito do modo de formação do discurso científico-jurídico, consulte-se Bittar, *Linguagem jurídica*: semiótica, discurso e direito, 6. ed., 2015, p. 330-364.

[17] "Em *The crisis of European Sciences*, Husserl apresenta-nos o conceito de mundo da vida no contexto de uma crítica da razão" (Habermas, Ações, atos de fala, interações linguisticamente mediadas e o mundo da vida, In: *Racionalidade e comunicação*, 2002, p. 129). Para maior detalhamento, consulte-se: "O *Lebenswelt* é o mundo extracientífico ou pré-científico, que se desenha com 'seu peculiar modo de ser' e, deste modo, apresenta-se como o horizonte no qual se realiza a experiência concreta do mundo e da vida" (Pizzi, *O mundo da vida*: Husserl e Habermas, 2006, p. 109).

[18] A diferenciação parte da advertência feita por Goffredo da Silva Telles Junior, para quem: "Um especialista que for só especialista não é uma pessoa culta, uma pessoa *sage*. Um especialista, mesmo o mais notável, o mais célebre, só pode ser tido como pessoa culta se, além de especialista, ele tiver percepção do todo a que pertence o elemento, a parte, em que se especializou" (Telles Junior, Duas palavras, In: *O que é a filosofia do direito*, 2004, p. 13-32, p. 19).

compreensão geral. Esta é uma tendência alienadora da sociedade de massas e do *frenesi* da cissiparação científica. É, também, uma exigência do mercado de trabalho, mas, sobretudo, uma decorrência radicalizada da ciência moderna, exposta à fragmentação do conhecimento, à cultura da pós-verdade, às linguagens específicas e ao exame unifocal dos objetos analisados. Naquelas, a busca de conhecimentos especializados e ramificados não se faz em prejuízo da compreensão geral, e, por isso, a cada passo que se avança na compreensão local, se retomam os fundamentos e a visão do todo, de modo a garantir um resultado local, além de preciso, governado pelas mesmas leis que amplamente regem o espectro de compreensão abrangente de toda a Ciência do Direito. E, como as práticas contemporâneas das Ciências do Direito está exposta a alto nível de risco neste campo, tamanha a fragmentação, percebe-se, simultaneamente, uma outra tendência reativa das práticas epistêmicas do Direito, no sentido de retomar, por meio da Teoria e da Filosofia do Direito, a capacidade de reagir à patologia de nossos tempos, às incongruências e às irracionalidades oriundas do desvirtuamento das *especialidades* em *especialismos*. As áreas que procederam desta forma, conseguiram renunciar ao movimento descendente a que este "empuxo" tende a arrastar as várias Ciências ramificadas.

2) As "Ciências do Direito" podem ser chamadas "Ciências Normativas do Direito". Sobre este segundo postulado, é preciso dizer o que segue.

Sob o paradigma do positivismo jurídico, as Ciências do Direito foram tradicionalmente chamadas *dogmáticas jurídicas*. Sob o paradigma do pós-positivismo[19] e da interdisciplinaridade, as Ciências do Direito reclamam ser intituladas *Ciências Normativas do Direito*. As Ciências (ramificadas, especializadas, diferenciadas) do Direito podem ser chamadas "Ciências Normativas do Direito",[20] atualmente, pois são normalmente chamadas "dogmáticas jurídicas" dentro da tradição de *civil law* do direito continental europeu e latino-americano,[21] algo que, com toda a equivocidade da expressão,[22] ainda assim se encontra mais disseminada, mas que encripta a ideia do cerramento do horizonte do *especialista* à *regra jurídica* vista como "dogma",[23] e isso,

---

[19] Na linha de Mauro Barberis, se assume aqui a ambiguidade da expressão, para significar o conjunto das doutrinas contemporâneas que criticam o paradigma positivista: "Come conseguenza di lungo periodo dei processi innescati da Auschwitz, esiste oggi una famiglia di dottrine più normative che conoscitive, chiamate in modi differenti – non positivismo, costituzionalismo, post-positivismo, e anche giuspositivismo inclusivo – che qui verranno chiamate *neocostituzionalismo*" (Barberis, *Introduzione allo studio del diritto*, 2014, p. 31).

[20] No mesmo sentido: "Assim mesmo, não se pode restringir o âmbito do Direito pelo que, no limite, melhor cogitar-se de ciências (e não ciência) do Direito" (Fachin, *Teoria crítica do direito civil*, 2. ed., 2003, p. 180).

[21] "A dogmática jurídica é típica dos países em que predomina o direito legislado – os do continente europeu e os hispano-americanos, entre outros –, não tendo sido difundida, por outro lado, no âmbito do *common law*" (Nino, *Introdução à análise do direito*, 2015, p. 378).

[22] "Na linguagem comum dos juristas, a locução 'dogmática jurídica' está sujeita a usos constantes e equívocos" (Guastini, *Das fontes às normas*, 2005, p. 163).

[23] Na precisa e exata definição de João Maurício Adeodato: "A dogmática jurídica tem como dogma prefixado a norma jurídica" (Adeodato, *Ética e retórica: para uma teoria da dogmática jurídica*, 3. ed., 2007, p. 143).

até que esta expressão entrasse em crise, na passagem da modernidade à pós-modernidade,[24] diante da *nova temporalidade*, da *imediatidade*, da *hiperaceleração*,[25] da *virtualidade* e da *complexidade* das relações sociais no mundo contemporâneo. De certa forma, as dogmáticas jurídicas se encontram em crise e revisão,[26] uma crise que gera *desnorteio* e *liquidez*,[27] e, portanto, cria condições para a crise de sentido e de conexão, entre parte e todo.

Em especial, a dogmática jurídica brasileira veio passando por vertiginosas alterações, que confirmam e registram o estado de crise das Ciências do Direito, tais como: a repersonalização do Direito de Família; o Direito Civil da função social do contrato; a publicização do Direito Privado;[28] a unificação do tratamento codificado do Direito Civil e do Direito Comercial; a pulverização dos Estatutos (Estatuto da Criança e do Adolescente; Estatuto do Idoso; Estatuto da Igualdade Racial; Estatuto da Cidade; Estatuto da Juventude; Estatuto da Pessoa com Deficiência; Estatuto da Primeira Infância); a socialização dos riscos, na Teoria dos Contratos, no Direito Civil;[29] a jurisprudencialização do Processo Civil, voltado aos precedentes normativos,[30] à uniformização do Direito e à vinculatividade das súmulas; a principiologização do Direito Constitucional, com a distinção entre regras e princípios; a busca por efetividade dos direitos fundamentais, especialmente no âmbito dos direitos sociais fundamentais; a remoralização do debate aplicativo do direito, no Direito Processual, na

---

[24] A respeito dessa constatação, leia-se: "A dogmática jurídica tradicional já não se mostra tão eficiente como outrora (século XIX, até meados do século XX) na absorção e controle dos conflitos sociais, e vários são os fenômenos implicados nessa crescente inoperância, dentre os quais se poderia destacar: a complexidade progressiva da sociedade contemporânea, gerando situações que exige decisões não apenas rápidas, mas viáveis (...)" (Adeodato, *Ética e retórica*: para uma teoria da dogmática jurídica, 3. ed, 2007, p. 149).

[25] "Thus the guiding hypothesis of this work runs as follows: *modern society can be understood as an 'acceleration society' in the sense that it displays a highly conditioned structural and cultural linkage of both forms of acceleration* – technical acceleration and an increase in the pace of life due to chronic shortage of time resources – and therefore also a strong linkage of acceleration and growth" (Rosa, *Social acceleration*: a new theory of modernity, 2015, p. 68).

[26] Isso já era apontado pelo jurista argentino Carlos Santiago Nino, que afirma: "Apesar dessa extraordinária influência, a dogmática jurídica está começando a ser questionada, sendo objeto das reivindicações que se proceda a uma revisão profunda de seus pressupostos e de seus métodos de justificações de soluções" (Nino, *Introdução à análise do direito*, 2015, p. 399).

[27] Bauman, *O mal-estar da pós-modernidade*, 1998, p. 25-30.

[28] "A constitucionalização do direito civil é o processo de elevação ao plano constitucional dos princípios fundamentais do direito civil, que passa a condicionar a observância pelos cidadãos, e a aplicação pelos tribunais, de legislação infraconstitucional pertinente" (Lôbo, *Direito civil – Parte geral*, 3. ed., 2012, p. 49).

[29] É exemplo: "De erupção do sistema individualista chegou-se à função social. Da família matrimonializada por contrato chegou-se à família informal, precisamente porque o afeto não é um dever, e a coabitação é uma opção, um ato de liberdade. Os contratos, especialmente os de colisão, recebem a presença do interesse público, atento às cláusulas abusivas" (Fachin, *Teoria crítica do direito civil*, 2. ed., 2003, p. 321).

[30] A respeito, consulte-se Zaneti Junior, *O valor vinculante dos precedentes*: teoria dos precedentes normativos formalmente vinculantes, 2. ed., 2016.

perspectiva da otimização dos resultados às partes; a *pancriminalização* como tendência do Direito Penal, e a espetacuralização dos processos de acusação criminal.

Isso tudo vem rendendo um novo norte ao Direito brasileiro e à sua compreensão, em função do fato de existir uma *reemergência* das Ciências Normativas do Direito, ali onde se registrou a capacidade de inovação conceitual e readequação de certos ramos do Direito,[31] de modo que, muitos deles, fundem horizontes *aplicativos* a horizontes *hermenêuticos*, fundem horizontes *disciplinares* a horizontes *interdisciplinares*, além de fundirem horizontes *dogmáticos* a horizontes *zetéticos*,[32] horizontes de *experimentação* e horizontes de *certeza*. Isso tudo pode ser visto em todas as áreas do Direito, mas algumas são mais diretamente sensíveis a mudanças e mais diretamente impactadas por alterações de categorias de pensamento e por paradigmas conceituais, estas que foram capazes de: a) interconexão de conhecimentos com outras áreas do conhecimento; b) desenvolvimento de visão sistemática do direito, holista e sensível à efetividade dos direitos fundamentais; c) evoluir registrando aquisições de saberes e práticas genuínas, inovadoras, paralegais, muitas vezes inspiradas por modelos teóricos e filosóficos.[33] Mas, numa visão mais ampla que *considera* e *reputa* estas mudanças, percebe-se que formam um leque diverso e construtivo dentro da Ciência do Direito, nos permitindo enxergar no *diálogo* compreensivo entre as Ciências Normativas do Direito, que as *unidades* exercem papéis complementares entre si, representando *estágios* mais ou menos avançados de *cognição* e *interpretação* acerca das mudanças sociais.

3) As Ciências Normativas do Direito possuem quatro identificadores que as qualificam e distinguem. Sobre este terceiro postulado, é preciso dizer o que segue.

As Ciências Normativas do Direito, apesar de suas especializações e ramificações, além de sua contínua renovação, possuem características comuns por elas compartilhadas e que nos permite enxergá-las por identidades que lhes são próprias. Essas identidades são quatro. A partir destas quatro identidades, pode-se fixar e estabilizar a definição do campo de atuação das Ciências Normativas do Direito, considerando que são: a) ciências normativas aplicadas; b) ciências baseadas em conceitos, regras e valores; c) ciências técnicas operatórias; d) ciências preparatórias de ação jurídica.[34]

---

[31] A exemplo do ocorrido no Direito das Famílias: "Por isso, no âmbito das demandas familiares, é indispensável mesclar o direito com outras áreas do conhecimento que têm, na família, seu objeto de estudo e identificação. Nessa perspectiva, a psicanálise, a psicologia, a sociologia, a assistência social ensejam um trabalho muito mais integrado" (Dias, *Manual de direito das famílias*, 11. ed., 2016, p. 68).

[32] Ferraz Junior, *Introdução ao estudo do direito:* técnica, decisão, dominação, 6. ed., 2010, p. 21 a 24.

[33] A título exemplificativo, registrem-se, em três ramos diferentes estas modificações: no Direito do Consumidor: Marques, *Diálogo das fontes*: do conflito à coordenação de normas do direito brasileiro, 2012; no Direito das Famílias: Dias, *Manual de direito das famílias*, 11. ed., 2016; no Direito Constitucional: Barroso, *Curso de direito constitucional contemporâneo*: os conceitos fundamentais e a construção do novo modelo, 4. ed., 2013; nos Direitos Humanos: Comparato, *A afirmação histórica dos direitos humanos*, 1999.

[34] É esclarecedora a metáfora de Mário Losano, a este respeito: "Da mesma forma que no circo romano as bigas deviam girar ao redor de duas *metae*, as pequenas colunas que delimitavam a

Capítulo I | Direito e Ciência: razão científica, humanismo e Direito

Ademais, as Ciências Normativas do Direito desempenham seu papel por meio de: a) *análise*, o que significa, etimologicamente, *partir* para *compreender*, o que não se faz sem que se gere além de *ciência* (*epistéme*, gr.), também, *opinião fundada* (*dóxa*, gr.); b) *conceituação*, pois é necessário conceituar, para bem definir, distinguir, classificar, ordenar, em se tratando de fenômenos e objetos múltiplos de análise, o que não se faz sem a contribuição de processos lógicos, cognitivos e hermenêuticos. Por isso, para as Ciências Normativas do Direito a conceituação não é uma atividade de somenos importância, na medida em que os *conceitos jurídicos* (o conceito de *família*, no Direito das Famílias;[35] o conceito de *posse*, no Direito Civil; o conceito de *vulnerabilidade*, no Direito do Consumidor) formam os núcleos técnicos de aspersão e derivação de consequências jurídicas.

É nesta medida que desempenham papel de central importância, na medida em que, ao cumprirem seus propósitos: permitem a discussão dos enunciados jurídicos prescritivos;[36] servem para instrumentalizar práticas; padronizam compreensões; respondem de modo útil a contextos decisórios; tem utilidade contingente, no tempo e no espaço, sendo circunstanciais e históricos; fazem sentido e são úteis se tomados no quadro mais amplo de paradigmas científicos vigentes; fornecem os instrumentos para agir no interior da cultura jurídica. Por isso, os conceitos jurídicos desempenham um papel tão central para *mobilizar* direitos e deveres na prática. Não é inusual que os conceitos jurídicos, gerados no ambiente científico, extravasem para o ambiente legislativo, e, nesse sentido, acabem se incorporando ao texto de lei, aumentando o rigor e a precisão das regras jurídicas. Além disso, também podem sobreviver à mudança de legislação, funcionando como categorias que estabilizam o pensamento jurídico e facilitam a tomada de decisão.

Ainda, os conceitos jurídicos, podem ainda formar: a) *núcleos de sentido* para o exercício de direitos, deles derivando inúmeras consequências, pois em torno destes se criam institutos, direitos, deveres e efeitos jurídicos. Por exemplo, do conceito de "casamento", no Direito Civil, derivam direitos (art. 1.511 do CC), deveres (art. 1.566 do CC), impedimentos (arts. 1.521 e 1.522 do CC), celebração (arts. 1.533 e 1.542 do CC), dissolução (arts. 1.571 e 1.582 do CC), entre outros; b) famílias de palavras e hierarquizar critérios de classificação entre "termos técnicos". Por exemplo, a *culpa* no Direito Penal, que comporta o gênero *culpa* (em sentido lato), que se desdobra em espécies, a saber, o *dolo* (art. 18, inc. I, do CP: "doloso, quando o agen-

---

extremidade do circuito, assim também a atividade do jurista prático deve mover-se entre dois limites intransponíveis: de um lado, o dogma, ponto de partida indiscutível; de outro lado, o obrigatório ponto de chegada, a solução do caso concreto" (Losano, *Sistema e estrutura no direito*, v. 1, 2008, p. 296-297).

[35] Esta pode ser classificada, considerando as famílias: monoparental; informal; homoafetiva; paralelas ou simultâneas; poliafetiva; parental ou anaparental; composta, pluriparental ou mosaico; natural, extensa ou ampliada; substituta; eudemonista. Cf. Dias, *Manual de direito das famílias*, 11. ed., 2016, p. 135 a 149.

[36] "Dire que la science du droit décrit le droit existant veut plus vraisemblablement dire que la science du droit décrit les significations prescriptives des énoncés juridiques" (Millard, *Théorie Générale du Droit*, 2006, p. 26).

te quis o resultado ou assumiu o risco de produzi-lo"), que compreende o dolo direto e o dolo eventual, e, em segundo lugar, a *culpa* (em sentido estrito), entendida como ação ou omissão que envolva negligência, imperícia ou imprudência (art. 18, inc. II, do Código Penal: "quando o agente deu causa ao resultado por imprudência, negligência ou imperícia").

4) As Ciências Normativas do Direito estão implicadas num quadro de progresso das ciências no âmbito da esfera pública científica. Sobre este quarto postulado, é preciso dizer o que segue.

As Ciências Normativas do Direito, além de *conceitos*, estes formulados lógica e epistemologicamente, também envolvem *opinião* (*opinio*, lat.; *doxa*, gr.), *postura-de--mundo*, e se constroem, *em-relação-com-o-outro*, considerando os pares cientistas, sendo de enorme importância a *troca simbólica* gerada na *esfera pública* acadêmico--científica. Assim, a Ciência do Direito não deixa de se inserir dentro de uma "comunidade hermenêutica".

De um lado, as Ciências Normativas do Direito não se confundem com a mera *opinião comum* e *pré-científica*. Não que a opinião comum não possa estar dotada de bom senso, ou seja, do devido estoque de experiência não desprezível de saber pré-cognitivo e pré-científico que permite elaborar a existência e orientar a ação no *mundo da vida* (*Lebenswelt*). Desse bom senso da opinião comum, muitas vezes, podem-se extrair o alarme sobre novas situações que reclamam tratamento jurídico, a sensibilidade e a percepção sobre novas dimensões da injustiça, a intuição social de que um problema carece de atenção das autoridades públicas, das ciências e das instituições. Mas, o tratamento científico dos problemas pressupõe a busca de: a) linguagem especializada; b) capacidade técnica; c) discurso embasado; d) razões para a justificação da solução; e) critérios objetivos e fundamentação racional. De outro lado, as Ciências Normativas do Direito pressupõem: a) posições científicas; b) posições teórico-metodológicas; c) lugares de discurso; d) representações de grupos sociais, de ideologias, de interesses, de concepções, de visões do mundo. Isso aponta para o fato de que a Ciência também envolve opinião e subjetividade autoral. Por isso, tradicionalmente, costumava-se chamar a doutrina de *opinio doctoris*. A opinião do jurista deve ser embasada, pesquisada, sensata, fundamentada, criteriosa e convincente.

Mas, a esfera que faz mesmo a triagem entre aquilo que se afirma como *modelo epistemológico*, ou como *opinião influente*, ou como *doutrina prevalecente*, ou como *pensamento hegemônico* é o incessante trabalho de processamento de interpretação, operações de cognição, comunicação, discussão e reconhecimento de conquistas, encontrado na esfera pública (*Öffentlichkeit*) científica,[37] dimensão intersubjetiva e dialógica da esfera do mundo social que constitui o lugar de encontro das opiniões

---

[37] A respeito, consulte-se sobre o conceito em Habermas, *Mudança estrutural da esfera pública*: investigação quanto a uma categoria da sociedade burguesa, 1984, p. 15. Também, consulte-se Avritzer, *A moralidade da democracia*: ensaios em teoria habermasiana e teoria democrática, 1996, p. 32 e seguintes.

e visões sobre os sentidos das regras jurídicas. Assim, em seu percurso por reconhecimento na esfera pública, os *projetos-de-sentido* trazidos pelas *opiniões doutrinárias* das diversas Ciências Normativas do Direito, se encontram em espaços de discussão, onde são, direta ou indiretamente, submetidos à avaliação, ao julgamento, ao debate público, ao diálogo conceitual, à crítica, à citação acadêmica, à aparição em julgados da jurisprudência, ao uso e disseminação de posições teóricas, entre outras formas de aparição. Normalmente, os critérios aplicados para a avaliação de *opiniões doutrinárias*, na área do Direito, giram em torno de quesitos, tais como: atualidade; completude; pertinência; rigor; qualidade analítica; capacidade de promover soluções; capacidade de embasar decisões; perfil dos resultados práticos aplicados.

5) As Ciências Normativas do Direito podem ser *metacompreendidas* e *suprainterpretadas* no plano de uma Teoria Geral do Direito. Sobre este quinto postulado, é preciso dizer o que segue.

As Ciências Normativas do Direito podem ser *metacompreendidas* e *suprainterpretadas* no plano de uma Teoria Geral do Direito.[38] De fato, esta favorece uma *macrovisão* das espécies de Ciências Normativas, considerando-se o papel de uma Teoria Geral de exercer visão macroscópica sobre os movimentos setoriais e segmentados do Direito,[39] de exercer a compreensão da totalidade dos fatores em jogo, de conectar elos (com subsídios lógicos, sociológicos, históricos, antropológicos) que geram a desagregação das visões de especialidades, de modo que a Teoria do Direito tenha papel de *background* estrutural para a compreensão de todo da Ciência do Direito.[40] Não por outro motivo, a Teoria Geral do Direito deve servir de *ponto-de-partida* (1) para as Ciências Normativas do Direito e, ao mesmo tempo, de *ponto-de-chegada* (2). Enquanto *ponto-de-partida* (1), ela deve ser capaz de estabelecer as premissas comuns de trabalho do Direito no quadro histórico atual, preocupando-se com a *unidade*, *coerência* e a *totalidade* do universo de questões comuns que organizam o sistema jurídico; e, enquanto *ponto-de-chegada* (2), ela deve significar o *locus teórico de diálogo* para a diversidade das questões específicas de cada Ciência Normativa do Direito. Não por outro motivo, uma Teoria Contemporânea do Di-

---

[38] No Prefácio (1944) à *Teoria Geral do Direito e do Estado*, Hans Kelsen afirma: "A teoria que será exposta na primeira parte deste livro é uma teoria geral do Direito positivo. O direito positivo é sempre o Direito de uma comunidade definida: o Direito dos Estados Unidos, o Direito de França, o Direito mexicano, o Direito internacional" (Kelsen, *Teoria Geral do Direito e do Estado*, 3. ed., 1998, p. XXVII).

[39] "(...) falou-se de teoria 'geral' num sentido mais fraco, para designar a análise dos princípios e das noções comuns não a todos os ordenamentos jurídicos, porém, mais modestamente, aos diversos setores de um dado ordenamento jurídico (o direito civil, o direito administrativo, etc.). Por exemplo, a noção de compra e venda é específico do direito civil, e como tal estranha à investigação teórico geral; em contrapartida, a noção de obrigação é comum e todos os ramos do direito, e constitui, portanto, um objetivo apropriado para a teoria geral" (Guastini, *Das fontes às normas*, 2005, p. 378).

[40] "Tem-se, assim, ao lado de um sentido tradicional de teorias do direito, identificada com a ciência do direito, uma teoria do direito como metateoria". (Almeida, *Formação da teoria do direito administrativo no Brasil*, 2015, p. 65).

reito deve se constituir a partir do diálogo com as demais Ciências Normativas do Direito, captando-lhes os desafios, os princípios, as inovações, os limites, as fronteiras, as transformações.[41]

3. RAZÃO CIENTÍFICA, CIÊNCIAS NORMATIVAS DO DIREITO E A RECONSTRUÇÃO DA TEORIA DO DIREITO

A reconstrução da Teoria Geral do Direito[42] é um desafio contemporâneo que decorre do próprio estado de crise, no qual se encontra imersa a sociedade global.[43] O estado dos saberes acompanha o estado da condição histórico-política. Não por outro motivo, nota-se que a Teoria Geral do Direito tem sido alvo de poucos estudos nas últimas décadas,[44] apesar de sua importância para oferecer subsídios não apenas a um ou outro ramo do Direito, mas ao Direito como um todo, considerando seus diversos ramos. Mas isso se deve à própria crise do positivismo jurídico, tendo-se gerado junto com a erosão de seu paradigma teórico a suspeita de impossibilidade epistemológica da Teoria Geral do Direito, como lugar de discussão sobre a unidade e o caráter analítico do sistema jurídico positivo.[45] Mas, outros fatores vieram contribuindo para o estado de crise da Teoria Geral do Direito, tais como a elevada complexidade da sociedade, acompanhada da dispersão e especialização dos novos ramos do Direito, especialmente os não derivados do Direito Privado, o que ensejou o desenvolvimento de Teorias Gerais das especialidades (Teoria Geral do Direito Penal; Teoria Geral do Direito Civil; Teoria Geral dos Direitos Humanos; Teoria Geral do Direito Administrativo; Teoria Geral do Processo Civil), esvaziando-se, com isso, o lugar da Teoria Geral do Direito, deixando-a, de certa forma, deslocada e em suspenso.

O curioso de se notar, no tratamento da Teoria Geral do Direito, é o fato de que é inevitável que o processo de sua construção se faça sem que se incorporem: elementos da Teoria Geral do Direito Privado;[46] elementos da Teoria Geral do

---

[41] A respeito, consulte-se Adeodato, Bittar (orgs.), *Filosofia e Teoria Geral do Direito*, 2011.

[42] "A Teoria do Direito analisa o direito vigente e procura construí-lo como sistema. Para prosseguir estas finalidades, a Teoria do Direito recebe contributos de outras áreas do saber (como a filosofia, a sociologia, a linguística, a economia), procurando, em especial, delimitar a ordem jurídica perante outras ordens normativas..." (Sousa, *Introdução ao direito*, 2012, p. 23).

[43] A respeito, consulte-se, na perspectiva histórica, Kelly, *Uma breve história da Teoria do Direito Ocidental*, 2010.

[44] Destacam-se, pontualmente, estudos que conferem exceção à regra, tais como, Abboud, Carnio, Oliveira, *Introdução à Teoria e à Filosofia do Direito*, 3. ed., 2015; Adeodato, *Uma teoria retórica da norma jurídica e do direito subjetivo*, 2011; Marques, *Diálogo das fontes*: do conflito à coordenação de normas do direito brasileiro, 2012.

[45] "(...) teoria do direito para a atitude mais cientificamente voltada à compreensão e descrição do direito tal como ele é, tal como se apresenta na realidade concreta" (Almeida, *Formação da teoria do direito administrativo no Brasil*, 2015, p. 71).

[46] "O trato dessa matéria como integrante do Direito Civil decorria da tradição do direito francês de atribuir ao direito civil, no ensino e na doutrina, a ministração dos conteúdos gerais que se enquadram na disciplina introdução ao direito ou teoria geral do direito" (Lôbo, *Direito civil – Parte geral*, 3. ed., 2012, p. 43). A respeito, consulte-se Diniz, *Compêndio de introdução à ciência do*

Direito Público;[47] elementos da Teoria Geral do Direito, enquanto parte dos estudos mais amplos de Filosofia do Direito.[48] O conhecimento do Direito e das Ciências Normativas do Direito, como tarefa do jurista, compromete qualquer tentativa de uma Teoria Geral do Direito que parta ou de um "olhar externo" ao sistema jurídico-positivo, ou ainda, *des-construtor* do próprio "lugar regulatório do Direito". Toda Teoria Geral do Direito parte, antes de tudo, do próprio Direito e de suas práticas, para se afirmar em *metanível* de compreensão, e, então, torna-se um saber analítico, sempre tendo um sistema filosófico como arcabouço de pré-compreensão.

Assim é que uma Teoria Geral do Direito continua útil para uma compreensão abrangente do Direito, desde que baseada na *interdisciplinaridade*[49] com outras fronteiras científicas, no *diálogo* interáreas das Ciências Normativas do Direito e, também, situada diante dos *desafios concretos* da realidade brasileira. A capacidade de trânsito *interáreas*, em face dos diversos ramos específicos do Direito, retrata sua característica de *Teoria Geral*, enquanto *teoria poliglota*, e, também, enquanto *teoria polivalente*, *abrangente* e *basilar* para o conhecimento geral e crítico do Direito.[50] É aí que se insere a tarefa de *"re-construção"* que, em verdade, aqui quer apenas dizer *"re-significação"*. A partir daí, percebe-se que a *Teoria Geral do Direito* está desafiada a se *"re-mon-tar"*, por todas as suas peças, engrenagens e esquemas, pois o desafio se deve não somente ao impacto transformador trazido pela Constituição Federal de 1988, como paradigma constitucional cidadão, mas também em função das profundas transformações socioculturais das últimas três décadas, considerando-se, atualmente: a ascensão da tecnociência; a preponderância dos princípios; os novos direitos; a inserção de novos valores; a preponderância do debate sobre a efetividade dos direitos humanos; a crise da democracia representativa.

Em especial, quando se trata da realidade brasileira, pois, no quadro de uma sociedade *desigual*, *injusta*, *violenta* e que preserva *traços autoritários* nos processos de socialização, é decisivo o papel de uma *Teoria Geral do Direito* afinada com os desafios

---

direito. Introdução à Teoria Geral do Direito, à Filosofia do Direito, à Sociologia Jurídica e à Lógica Jurídica. Norma Jurídica e Aplicação do Direito, 22. ed., 2011; Tartuce, *Direito civil*. Lei de Introdução e Parte Geral, 12. ed., 2016.

[47] Barroso, *Curso de direito constitucional contemporâneo*: os conceitos fundamentais e a construção do novo modelo, 4. ed., 2013.

[48] "As locuções 'filosofia do direito' e 'teoria geral do direito' não designam assuntos particulares ou teorias científicas, sendo sim nomes de duas disciplinas acadêmicas. Estas duas disciplinas, contudo, estão estreitamente ligadas entre si, uma vez que a segunda constitui parte (e parte principal) da primeira". (Guastini, *Das fontes às normas*, 2005, p. 367).

[49] "A interdisciplinaridade, hoje tão em voga nas ciências sociais e no direito – vivemos o momento do 'Direito e...' (economia, sociedade, raça, moral, interpretação, etc.) – trouxe novos desafios metodológicos, tanto no *sentido filosófico*, como também no *sentido mais tradicional e comum de métodos de investigação* para a teoria do direito (como os métodos empíricos, sociológicos, etc." (Macedo Junior (org.), Teoria, filosofia e dogmática jurídica: rigor e método, *Teoria do Direito Contemporânea*, 2017, p. 29).

[50] "Graças ao seu poliglotismo, a filosofia pode tratar de semelhantes intuições, feridas do 'mundo da vida', e fazê-las valer perante modelos científicos que não atingem estas mesmas intuições. Uma filosofia que permanece consciente da sua dependência do 'mundo da vida' e não se fixa, imperialmente, por entre ou para lá deste, pode, igualmente, emprestar ao 'mundo da vida' a sua voz crítica da ciência, de forma esta não ser subordinada às descrições sociológicas mas também consiga responder por elas"(Habermas, *Textos e contextos*, 1991, p. 46).

concretos, sociais e históricos,[51] que seja capaz de lidar com as mutações recentes dos paradigmas do direito positivo e da Ciência do Direito, e que seja capaz de renovar o compromisso com a *justiça social*, a *democracia* e os *direitos humanos*, apesar do contexto histórico refratário. Também, que seja capaz de motivar os profissionais do direito ao enfrentamento dos desafios da política e do Direito, em meio à alta complexidade, em meio à pós-modernidade, em meio à mutação paradigmática.

4. RAZÃO CIENTÍFICA, TEORIA DO DIREITO E TEORIA DO HUMANISMO REALISTA

Há várias abordagens possíveis para a *Teoria do Direito*, considerando-se inclusive que existe certa ambiguidade na expressão,[52] como constata o jurista francês Jean-Louis Bergel.[53] Mas, seguindo-se a pista deixada por Joseph Raz, é possível afirmar que a *Teoria do Direito* se refere a toda vertente que procura explicar o que o Direito é, e ainda, como o Direito funciona.[54] Aqui, se procura *pensar*, *abordar* e *conhecer* o Direito sob uma ótica específica, e que pode ser conhecida com o nome de: *Teoria do Humanismo Realista*. A *Teoria do Humanismo Realista* representa a consolidação de um conjunto de esforços, na direção da formação de uma Teoria Humanista e Crítica *para* o Direito. Mas, como o termo "*crítica*" possui vários usos, é importante apontar o que se quer significar e o que se tem como ponto de partida. Diante de vários modelos de Teoria Crítica,[55] o termo "crítica" aqui é empregado para designar o processo que se segue ao "giro filosófico-linguístico", já operado na *Teoria do Direito*, em direção ao que aqui se pode chamar de *humanistic and democratic turn*, ou seja, ao "giro humanístico-democrático",[56] a ponto de se conectar a *Teoria do Direito* com

---

[51] "O direito é um fenômeno profundamente social, o que revela a impossibilidade de se estudar o Direito Civil sem que se conheça a sociedade no qual ele se integra, bem como a imbricação entre suas categorias e essa sociedade" (Fachin, *Teoria crítica do direito civil*, 2. ed., 2003, p. 188).

[52] E esse não é um problema apenas da língua portuguesa, expressando-se em outros idiomas da mesma forma: "A inexistência de uniformidade semântica no uso da expressão teoria do direito não é uma característica da língua portuguesa. Também em inglês, com frequência observamos o uso das expressões *Legal Theory*, *Jurisprudence*, *General Jurisprudence*, *Legal Doctrine* e *Philosophy of Law* sendo utilizadas de maneira intercambiável ou segundo significados distintos e não uniformes" (Macedo Junior (org.), Teoria, filosofia e dogmática jurídica: rigor e método, *Teoria do direito contemporânea*, 2017, p. 18).

[53] "A noção de teoria geral do direito mostra-se então ambivalente, até mesmo ambígua, pois é, para uns, uma emanação da filosofia do direito e, para outros, uma abordagem científica, próxima da 'dogmática jurídica', ou seja, da parte do direito consagrado à interpretação e à sistematização das normas" (Bergel, *Teoria geral do direito*, 2. ed., 2006, p. XVIII).

[54] "Therefore, as here understood, a theory of law provides an account of the nature of law. The thesis I will be defending is that a theory of law is successful if it meets two criteria: First, it consists of propositions about the law wich are *necessarily* true, and, second, they *explain* what the law is" (Raz, *Between authority and interpretation*, 2009, p. 17).

[55] "A teoria crítica estreia onde finalizam usualmente os propósitos da tradicional teoria geral" (Fachin, *Teoria crítica do direito Civil*, 2. ed., 2003, p. 86).

[56] Aqui, se parte da matriz da Teoria Crítica da Sociedade, tal como desenvolvida pela *Escola de Frankfurt*, na esteira de Habermas (*Direito e democracia*: entre facticidade e validade, Volumes I e

processos cognitivos e sociais dialógicos contemporâneos. Estes processos estão ligados a desafios delimitados dentro da realidade social e histórica, considerados os processos de modernização social inclusivos, democráticos, participativos e pluralistas dos tempos atuais, em conexão com a luta pela igualdade, diversidade, liberdade e solidariedade que definem conteúdos de efetivação de direitos humanos na realidade brasileira. Por isso, a *Teoria do Humanismo Realista* acaba por diferir das abordagens da *Teoria Tradicional do Direito*.

Então, a *Teoria do Humanismo Realista*, enquanto Teoria Humanista e Crítica *para* o Direito, não se oferece à crítica do lugar do Direito, mas subsidia o Direito a ser mais *crítico* e revisor de suas próprias práticas, exercendo antes de tudo a autoconsciência epistemológica; aprofunda a ideia *revisionista* de aprimoramento do iluminismo contido no Direito moderno; incentiva que a formação jurídica crítico-reflexiva esteja direcionada por um *olhar realista*, conectado à dimensão das condições sociais reais de justiça, em face da situação concreta e do cenário de injustiças e violências; incentiva a promoção das formas de *emancipação*, considerando o potencial do Direito, enquanto somado ao potencial de outras forças sociais; procura promover o *esclarecimento*, no sentido do *Aufklärung*, pelo cultivo do *humanismo social, democrático e republicano*; retoma a noção de *justiça* como força axiológica centrípeta da cultura do Direito; faz face ao processo de tecnificação da vida, à colonização do mundo da vida e à instrumentalização do Direito como experiência prática fundada na repetitividade e no maquinismo; enfatiza a noção de *dignidade humana*, tomando-a como fundamento do Direito; reforça a importância da luta pela *efetividade* dos direitos fundamentais e pela *consolidação democrática* na realidade brasileira; identifica na *transformação social construtiva* e na *mudança qualitativa dos procedimentos inclusivos* das instituições formas de promoção de cidadania e justiça social; entende na razão comunicativa, dialógica, participativa e democrática, o esteio político para o exercício do controle social, legítimo e soberano dos poderes; valoriza a *desrepressão*, onde a liberdade é sufocada, e a *autonomia* dos sujeitos, onde a heteronomia se tornou a regra; desperta a análise com o olhar mais voltado para a *história-do-amanhã* (ou para os processos de transformação em germinação no "*hoje-fronteiriço*") do que para a *história-do-passado*.

A *Teoria do Humanismo Realista* é crítica do desenraizamento que certas teorias do Direito provocaram na forma de se conceber e pensar o Direito diante dos desafios empíricos, concretos, estruturais da justiça, e, em especial, da justiça social, na vida social corrente e quotidiana. Por isso, a *Teoria do Humanismo Realista* se constitui sobre as bases de um *humanismo social, democrático e republicano*, segundo o qual a Ciência do Direito deve: cultivar no Direito uma forma de exercício da responsabilidade ativa pela *cidadania* e pela *justiça social*; tomar e compreender a Ciência do Direito em sua *incompletude*, em meio às demais Ciências Humanas; manter acesa a curiosidade *transfronteiriça* nas humanidades; cultivar de forma permanente o estado de

---

II, 2. ed., 2003), Honneth (*O direito da Liberdade*, 2015) e Forst (*Contextos da justiça*: filosofia política para além de liberalismo e comunitarismo, 2010).

criticidade e renovação *metodológica* dos saberes jurídicos; promover visão *aberta* e *ampla* acerca da pessoa humana, tomada na vida social; incentivar a *visão integrada* acerca dos múltiplos fatores que codeterminam a condição humana; tomar a lei como meio para escopos mais amplos de garantia de *justiça social* e *dignidade humana*. Este *humanismo social, democrático e republicano* chama os atores jurídicos à reflexão e ao exercício da capacidade de inovação na prática do Direito e ao exercício da autonomia intelectual e à originalidade de criação e ação responsáveis e consequentes, no plano da prática do Direito e, portanto, se trata de uma forma de humanismo voltado para a prática da *humanização* das *relações*, *interações* e *instituições* que funcionam em torno do Direito.

Em seu momento de síntese construtiva, a *Teoria do Humanismo Realista* não é nem pura teoria e nem pura prática, mas uma teoria que se quer prática, ou ainda, uma teoria que não se considera superior à prática, uma teoria que não considera a prática apenas como acessória, uma teoria que não se opõe à prática, tendo na prática o motor da teoria. E isso porque a *ação social* é o foco das preocupações da *Teoria do Direito*, sendo a tarefa de promover justiça o seu grande desafio. Especialmente no âmbito da *Teoria do Direito*, a posição crítica deve entender: a *theoría* como momento privilegiado de preparação das consciências para a *práxis*. E isso porque entre "nós", "nossa visão do mundo" e a "realidade" existe um turbilhão de coisas, tais como pré-compreensões, conceitos, categorias, abordagens, interpretações, visões de mundo, sistemas culturais de significação, que turbam um "acesso direto" à realidade. Assim é que a *Teoria do Humanismo Realista*, sem pretensões metafísicas, parte de uma evidência empírica central, qual seja, a de que não se tem "acesso direto à realidade", enquanto tal. O acesso à realidade é e será sempre mediado pelas atividades da linguagem, como demonstram os estudos semióticos.[57] Aliás, o que se chama de 'realidade' não é, enquanto totalidade, acessível ao conhecimento unidisciplinar. As porções de realidade iluminadas pela Ciência são recomponíveis com o auxílio dos múltiplos esforços empreendidos nos diversos campos do saber que se interconectam para fornecer um "quadro de realidade". E é com este "quadro de realidade" que se opera na prática diuturna do Direito. Ao jurista é útil operar com ele, na medida em que irá trabalhar com atos e fatos jurídicos, tomando decisões individualmente/socialmente impactantes e podendo promover transformação social, sempre considerando esse trasfundo "quadro de realidade" sobre o qual se manifestam suas ações. O recurso ao "humanismo" é o recurso à complementaridade de saber que, de forma interdisciplinar, pode fazer face à complexidade multicromática da realidade e, aí sim, exercer a tarefa de colaborar para oferecer uma abordagem teórica do Direito que favoreça o desenvolvimento do *olhar crítico* e *humanizado* para o entendimento do Direito em suas conexões com a sociedade. Não por outro motivo, a formação do jurista deve se dar com base numa compreensão *reflexiva*, *crítica* e *humanista* das coisas do mundo e das coisas que circundam o universo do Direito, servindo aqui a *Teoria do Direito*

---

[57] "Porque não se tem acesso direto à realidade, uma vez que ele é sempre mediado pela linguagem. O real apresenta-se para nós sempre semioticamente, ou seja, linguisticamente" (Fiorin, *Introdução ao pensamento de Bakhtin*, 2. ed., 2020, p. 22).

como o *aparato metodológico* para a mediação entre o que se faz no campo da Ciência do Direito e propriamente o que se faz no campo da prática do Direito.

Mas, quando se pergunta por que o Direito carece de uma *Teoria do Humanismo Realista*, a resposta não pode ser outra, senão pelo fato de lidar com conflitos sociais, temas morais e situações casuísticas provenientes do mundo social de forma que os regula, de modo que para lidar com as contradições entre a teoria e a prática, a cultura do Direito e a realidade da sociedade, o subdesenvolvimento e o progresso modernizante, se faz necessário um aparato conceitual mais amplo do que aquele tradicionalmente encontrado no âmbito do paradigma positivista. A contribuição é notável, se levada a sério, para que a cultura do Direito não se isole da compreensão dos demais fatores que compõem a totalidade social, para que a cultura do Direito não se estagne no culto fetichizado da forma jurídica e da legalidade estática, e, por último, para que a cultura do Direito seja capaz de acompanhar as mudanças sociais, e lidar com os desafios daí provenientes.

A *Teoria do Humanismo Realista*, na Teoria do Direito, é uma teoria com potencial de universalização, ou se circunscreve a ser uma teoria marcada pela dimensão do local? Na medida em que parte de referenciais filosóficos que lhe são estruturantes, e trabalha com exigências universais, ademais de centrar-se na *humanidade* como problema reflexivo comum em todas as partes, fica evidente que sua exposição tem caráter universal. Mas, isso deve ser compreendido com certas mediações conceituais. Ao incitar o *olhar universal* sobre a subjetividade-intersubjetividade de nossa *humanidade*, deve-se destacar que ela só se realiza através do *olhar local*, ali onde se concretiza, mediada por pressões contextuais que decorrem de histórias, arranjos de relações, condições sociológicas, dimensões antropológicas e político-econômicas *situadas* em *realidades locais*, em cada território de Direitos. Por isso, ao Direito brasileiro interessa a *realidade brasileira* e seus desafios, sempre conectados às globalidades das questões que a cercam, e, desta forma, assim também com os demais Direitos Positivos de outros Estados-nação, ou Blocos e configurações que seguem o paradigma da União Europeia, em direção à universalização do Direito.

O *humanismo realista* é a atitude teórica (visão geral; atitude universal) na abordagem do Direito que permite o desenvolvimento de elos com a Antropologia, a História, a Filosofia, a Ciência Política, a Economia, a Sociologia, a Psicologia, a Semiótica, para atender às necessidades decorrentes da realidade concreta na qual estão inseridos os cidadãos parceiros do Direito (realidade situada; saberes locais). Esta abordagem ajuda a manter a dupla função da teoria, para lidar com *conceitos abstratos*, de um lado, sem prescindir de topar com *desafios empíricos*, de outro lado, superando-se com isso toda expressão de *déficit sociológico* ou de *déficit de racionalidade*. Isso porque se entende, por esta lente, que a *positividade* do Direito exige do jurista um compromisso com um conhecimento holista, capaz de cercar a *positividade* do Direito – enquanto traço de sua *universalidade* – com o que é da esfera antropológica, sociológica, política, social, econômica e cultural, em seus traços, características, desafios e arranjos *locais* – enquanto traço de sua *contextualidade*.[58] A tensão entre a *forma do Direito* e a *contextualidade da incidência do Direito* não é aqui eliminada, mas considerada como o fator de distinção da forma como a *Teoria do Humanismo Realista* considera o *desafio* de regência e tutela dos direitos e da dignidade de *cada humano*, situado e circunscrito a contextos muito diferenciados entre si.

Assim, a *Teoria do Humanismo Realista* aponta para a interdisciplinaridade na Ciência do Direito, na medida do reconhecimento de que se faz *Teoria do Direito* ali onde se convocam os múltiplos saberes (filosóficos; científicos; antropológicos; históricos; econômicos; sociológicos; semióticos) a *agirem em conjunto*, para que se possa dar conta da *complexidade* de cada *realidade empírica*, sempre determinada por esquemas multifatoriais a serem analisados contextualmente. É aí onde o Direito Positivo é convocado a agir *local e situadamente*. Por isso, a *Teoria do Humanismo Realista* pode ser entendida como *atitude teórica*, considerada a ética da teoria, e como *atitude metódica*, considerado o caminho universal-local para chegar a mobilizar o Direito a cumprir com Justiça sua função social. Ademais, do ponto de vista epistemológico, a *Teoria do Humanismo Realista* assume que a *Teoria do Direito* não se faz sem um franco exercício de interdisciplinaridade, considerando-se a *incompletude* das ciências singulares, em darem conta da explicação mais abrangente do Direito, exercendo-se, portanto, pelo diálogo interdisciplinar, que a abastece, a cada capítulo estruturante da *Teoria do Direito*, com uma aproximação pontual com linhas, concepções e teorias convergentes e que, localmente, permitem conferir-lhe conteúdo em sua autoconstrução normativa.

A *Teoria do Humanismo Realista* mantém acesos, da tradição da *Teoria Crítica*, seus ideais emancipatórios. Neste ponto, é importante verificar que a *Teoria do Humanismo Realista* surge como perspectiva latino-americana da *Teoria Crítica*. A *Teoria do Humanismo Realista*, por conter proposta *realista*, aproxima-se das perspectivas de *realismo jurídico*, sem, no entanto, coincidir exatamente com as concepções do *realismo americano* (Karl Llewellyn; Jerome Frank; Carl Sustein; H. Oliphant), do *realismo escandinavo* (Axel Hägerström; Alf Ross), do *realismo genovês* (Giovanni Tarello; Ricardo Guastini)[59] e do *realismo jurídico* que embasou a formação do *Critical Legal Studies Movement* (Roberto Mangabeira Unger; Elisabeth Mensch; Morton Horwitz; Mark Tushnet; Dunkan Kennedy). Quanto a este último, irá compartilhar a crítica à *Teoria Tradicional*, enquanto irá diferir da matriz de influência de *Teoria Crítica*, considerando-se a atualidade dos modelos de Jürgen Habermas e Axel Honneth, diferindo em alguns de seus aspectos, conceitos e categorias.[60] Por isso, ao se projetar no

---

[58] A respeito dos argumentos do contextualismo, *vide* Bittar, Crise política e Teoria da Democracia: contribuições para a consolidação democrática no Brasil contemporâneo, *Revista de Informação Legislativa*, ano 53, n. 211, p. 11 a 33, jul./set., 2016. Acerca da tensão entre *validade* e *facticidade*, consulte-se Habermas, *Direito e democracia*: entre facticidade e validade, 2003. A respeito da correlação entre universalismo e contextualismo, *vide* Forst, *Contextos da justiça*: filosofia política para além de liberalismo e comunitarismo, 2010.

[59] Guastini, *Das fontes às normas*, 2005.

[60] A este respeito, consultar: Fischl, Some realism about Critical Legal Studies, *in University of Miami Law Review*, Miami, 41, 1987, p. 505-532; Godoy, O *Critical Legal Studies Movement* de Roberto

campo da *Teoria do Direito*, se distancia do *jusnaturalismo*, por não lidar com essências fixas e pressupostos pré-contratuais; do *juspositivismo*, por não exaurir o Direito na legalidade estatal; do *realismo*, por não enxergar nos simples fatos e nas decisões das autoridades do sistema jurídico condições suficientes para a explicação sobre o Direito; do *idealismo*, por não buscar na transcendência as condições de exercício do Direito Positivo; do *jurisprudencialismo*, por entender que a inteligência de casos não exaure todo o exercício do Direito; do *funcionalismo*, por não assumir na segurança jurídica o único elemento a guiar a função social do sistema jurídico.[61]

5. RAZÃO CIENTÍFICA E TEORIA DO DIREITO COMO TEORIA DO HUMANISMO REALISTA

A *Teoria do Humanismo Realista* é uma Teoria Humanista e Crítica *para* o Direito, pois o Direito se dá em sociedade. E, para que a compreensão da sociedade se faça de modo democrático, a crítica é necessária.[62] Aliás, do ponto de vista da sociedade moderna, a crítica é constitutiva dos próprios processos de socialização, na medida em que instituições modernas são sempre criticáveis, como afirma Agnes Heller,[63] visando-se, com isso, ao alcance de mais justiça, e, junto com esta, de mais progresso moral, intelectual, social, econômico e político. Nessa linha de entendimento, uma teoria crítica contemporânea não precisa escolher entre a predominância dos "valores privados" sobre os "valores públicos" – dicotomia esta que ocupou o século XX –, inclusive com desastrosas consequências políticas na formação de governos autocráticos. E isso porque uma Teoria Humanista e Crítica contemporânea trabalha na base de uma concepção que considera a *complementaridade* entre "valores privados" e "valores públicos", considerando o ponto ótimo de passagem e equilíbrio destas duas dimensões, a democracia e os direitos humanos.

Mangabeira Unger, *Revista Jurídica da Presidência*, Brasília, v. 8, n. 82, 2007, dez.-jan., p. 49-63; Tushnet, Some current controversies in Critical Legal Studies, *in German Law Review*, 12, 01, 2011, p. 290-299; Unger, *The Critical Legal Studies Movement*: another time, a greater task, 2015; Unger, The Critical Legal Studies Movement, *in Harvard Law Review*, v. 96, n. 3, 1983, p. 561-675.

[61] A respeito da revisão e crítica destas concepções, *vide* Justo, *Introdução ao estudo do direito*, 7. ed., 2015, p. 95 até 136.

[62] "Chegaria a dizer que o humanismo é crítica, uma crítica dirigida à situação tanto dentro como fora da universidade (o que não é certamente a posição adotada pelo humanismo censurador e estreito que se vê como formação de uma elite) e que adquire a sua força e relevância pelo seu caráter democrático, secular e aberto" (Said, *Humanismo e crítica democrática*, 2007, p. 42).

[63] "Na modernidade, a justiça dinâmica é generalizada de três maneiras. Primeiro, nenhuma instituição está fora dos limites: cada uma delas pode ser testada e considerada injusta ou injustificada. Segundo, qualquer um pode levantar uma reivindicação deslegitimada. Terceiro, todos os argumentos em favor de uma alternativa podem recorrer à liberdade e à vida como valores gerais (universais). Na verdade, esses três aspectos se desenvolvem em conjunto, e sua combinação final indica que se chegou ao ponto de não retorno no surgimento inicial (originário) do ordenamento social moderno" (Heller, Féher, O pêndulo da modernidade, *In: Tempo Social, Revista de Sociologia da USP*, São Paulo, 6 (1-2), 1994, p. 53-54).

É nesta medida que a *Teoria do Humanismo Realista* preserva a noção de *utopia concreta* no interior do horizonte de ação do Direito, procurando trabalhar numa vertente de *realismo emancipatório*, mas preservada de recair no *utopismo distópico*, ou de recair nos *desvãos dos autoritarismos históricos* e *antidemocráticos* que marcaram as formas históricas de arbítrio do passado. Isso significa que a *Teoria do Humanismo Realista* mantém a percepção de que a *emancipação* pode e deve ser realizada pelo Direito, em conjunto com outras forças sociais, buscando-se a maximização da justiça em sociedade, preservando-se a legalidade, a liberdade, a diversidade, a igualdade, a redistribuição, o reconhecimento, a solidariedade, a democracia e dos direitos humanos como valores centrais da cultura do direito na realidade brasileira. E, um dos fatores que nenhuma ciência ou disciplina do Direito pode negar é a imensa desproporção entre a concentração de riqueza e a pobreza, característica que assola a realidade brasileira, consentindo as injustiças e disparidades sociais que apenas avolumam os níveis de intolerâncias, violências e criminalidade. Por isso, quando se fala em abordagem *crítica*, o seu núcleo repousa em exigências humanistas e solidárias.

No entanto, quando se menciona o termo humanismo um abismo se abre, pois são muitas as formas de humanismo. Mas, de que humanismo se está a falar, já que vários humanismos já se passaram? Trata-se de um *humanismo realista*, voltado para a *transformação qualitativa moral*, *social* e *política* da realidade brasileira, visando à emancipação social das injustiças, da fome, da miséria, da ignorância, da pobreza cultural e espiritual que mantém a cidadania refém, fragilizada e subserviente. Entende-se, por meio desta concepção de *humanismo realista*, que a noção de "desenvolvimento humano integral"[64] é um importante objetivo a ser seguido. Nessa linha de análise não é o "capital" o centro da vida e do mundo, mas sim o *desenvolvimento integral da pessoa humana*, esta considerada em suas várias dimensões.

Entende-se, ainda, que se o Direito não tem todas as condições, os instrumentos e a responsabilidade de superar estes desvãos, ainda assim, não é que não tenha nenhuma condição de contribuir, e é aí que o papel do Direito se insere, pois considerada esta matriz complexa de pensamento, o Direito se insere no conjunto das tramas da vida social, ao lado da economia, do trabalho, das mentalidades, da política, da cultura, das ideologias, das instituições, dos grupos sociais organizados, de forma a ladear dimensões da vida social. Isso significa que o Direito é *codeterminado* por estes fatores, que são indissociáveis entre si, e que não se baseia e não depende exclusivamente de um deles.

Como todo *humanismo*, procura-se *dilatar* o horizonte de ação para além das resoluções patológicas e das distorções sociais, tais como, por exemplo, o legalismo, o tecnicismo, o economicismo, o racionalismo irracional, o ideologismo, que consomem a possibilidade de entendimento, diálogo e emancipação. Essa dilatação implica "olhar o mundo" guardando pontos de contato com os estudos de Antropologia, da Psicanálise, da História, da Filosofia, da Lógica, da Ciência Política, da Economia, da Ética, como exercício de compreensão das limitações de nosso próprio horizonte de

---

[64] A respeito, consulte-se <http://pnud.org.br>. Acesso em: 4 dez. 2015.

autocompreensão a partir de dentro da cultura do Direito. Essa *dilatação* também permite ir além da pura aposta moderna na razão (*Vernunft*), para compreender a complexa união dialética destes fatores que servem aos intentos do Direito, sendo que este deve estar preservado diante: da razão instrumental (*Instrumentellen Vernunft*), que pode levar ao irracional; das paixões, que podem levar ao desprezo de critérios; da vontade, tanto política quanto decisória, que pode levar ao arbítrio; da pura política, que pode fazer seus jogos e *alea* dos critérios de justiça, e soterrar pessoas, princípios e necessidades reais. E já que toda teoria se abastece da noção de razão (*Vernunft*), é neste ponto que se quer acompanhar de perto a crítica da Escola de Frankfurt, de Horkheimer a Adorno, de Adorno a Habermas, de Habermas a Honneth, na percepção autocrítica da noção de *razão* que normalmente orienta as Ciências, para "ler" a *razão* (*Vernunft*) também considerando as irracionalidades e patologias[65] que pode produzir. Por isso, quando se evoca a noção de *razão*, deve-se considerá-la dentro das correlações, quais sejam: a razão e as irracionalidades políticas (arbítrio, extremização política, exceção política, corrupção, desvio de poder); a razão e as irracionalidades econômico-instrumentais (poder econômico, monopólio, concentração, dominação, exploração, alienação, perpetuação do poder, promoção de desigualdades); a razão e as irracionalidades culturais (cordialidade, "jeitinho") a razão e as irracionalidades discursivo-comunicativas (manipulação, distorção, intimidação, coação, alienação).

Por isso, essa concepção de *humanismo* se vê acautelada diante de certos desvios históricos de modernidade, diante de certas patologias sociais da vida contemporânea, diante de certas autoilusões proporcionadas pela própria teoria quando fetichiza o espaço da própria razão. É assim que esse *humanismo realista* irá se apresentar de forma *mais modesta*, e *menos hiperbólica* no solo das tempestades da vida contemporânea, enquanto um *humanismo social, democrático e republicano*. O *humanismo social, democrático e republicano* é uma doutrina teórica que interpreta o Direito numa posição que: não opõe os negócios privados aos negócios públicos; não supervaloriza os negócios privados por sobre os negócios públicos; não fetichiza os negócios públicos além do que podem fazer; avalia de forma igualmente significativa o valor dos negócios públicos e dos negócios privados. O *humanismo social, democrático e republicano* é uma doutrina que interpreta o Direito da forma diversa de outras doutrinas, se diferenciando, por isso, das tradições de leitura do Direito conhecidas pelas grandes linhas, seja do juspositivismo, seja do jusnaturalismo, seja do idealismo, seja do materialismo, seja do decisionismo. Por esse caminho, entende-se um modo teórico de *humanizar* o Direito e devolver ao Direito o seu compromisso social.

---

[65] "No contexto de teoria social, podemos falar em 'patologia social' sempre que o relacionamos com desenvolvimentos sociais que levam a uma notável deterioração das capacidades racionais de membros de sociedade ao participar da cooperação social de maneira competente" (Honneth, *O direito da liberdade*, 2015, p. 157). Mais adiante: "Nessa medida, as patologias sociais apresentam o resultado de violação de uma racionalidade social materializada como 'espírito objetivo' na gramática normativa dos sistemas de ação institucionalizadas" (Honneth, *O direito da liberdade*, 2015, p. 209).

6. A TEORIA DO HUMANISMO REALISTA E O HUMANISMO SOCIAL, DEMOCRÁTICO E REPUBLICANO

Aliás, é aqui o ponto para afirmar que o termo *humanismo* é um destes vocábulos disputados do dicionário, e que já recebeu usos e interpretações os mais variados, abrindo-se em correntes históricas e atuais de pensamento.[66] É certo que o *humanismo* da tradição clássica e ocidental foi *re-inventado* e *re-pensado* inúmeras vezes,[67] tantas vezes quantas foi criticado e superado, mas é desta fortuna que as férteis ideias e os bons espólios da história padecem, abrindo alternativas e possibilidades infinitas a partir de sua inseminação original, que, neste caso, foi, sem dúvida, a tradição greco-romana.[68] O humanismo significa a atitude de mundo que valoriza o homem, em sua condição e limites, em qualquer época histórica, enfatizando-se a sua potência como ser de ação e de reflexão, mesmo num contexto de emergência do debate acerca do *pós-humano*.[69] Não há humanismo que se recuse a ser fonte de *utopias* e *horizontes normativos* mais largos, dentro da humana condição, fomentando o desenvolvimento e a cuidadosa proteção das qualidades e potencialidades, atributos e faculdades de cada/toda pessoa, em suas condições históricas, culturais, sociais, políticas e econômicas. Por isso, aqui, quando se fala de humanismo, se está a falar de um humanismo realista e concreto,[70] ligado ao plano da ação, que afeta positivamente a *interação*, transformando-a, pois é na ação que nos fazemos com o Outro.

É possível falar dos *humanismos* de ontem, mas é sobretudo possível falar do *humanismo* de hoje, ou seja, daquele ajustado aos nossos tempos e desafios. Nessa perspectiva, a defesa inarredável de uma sociedade mais justa, livre, igualitária e solidária é o *centro de força* da proposta teórica de um *humanismo social, democrático e republicano*.[71] As fronteiras do humanismo não estão cerradas, mas abertas a possibilidades de revisão, sendo esta mais uma dentre muitas, visando espaços múltiplos para o exercício da fabricação de nosso ser na *continuidade da história* e na *descontinuidade de nossas restri-*

---

[66] Mezzaroba, O humanismo latino, a soberania popular e a democracia representativa brasileira contemporânea, *In Humanismo latino e Estado no Brasil*, 2003, p. 59.

[67] A respeito, *vide* Cunha, *Para uma ética republicana*, 2010, p. 75.

[68] A respeito, consulte-se Faralli, *A filosofia contemporânea do direito*, 2011, p. 09-15. Também, Wolkmer, *Humanismo e cultura jurídica no Brasil*, 2003, p. 36.

[69] "Seria o caso, contudo, de indagar se o avanço da tecnociência já não tornou obsoletos os critérios que balizavam a concepção moderna do homem" (Santos, *Politizar as novas tecnologias*: o impacto sociotécnico da informação digital e genética, 2. ed., 2011, p. 265).

[70] O realismo aqui desenvolvido é diferente do chamado realismo escandinavo, que encontra em Alf Ross seu ilustre expoente: "Esse filósofo escandinavo é um realista enquanto caracteriza o direito com base na previsão das decisões judiciais" (Nino, *Introdução à análise do direito*, 2015, p. 56).

[71] O humanismo democrático e republicano encontra no pensamento de Edward Said sua mais clara expressão: "Pois não há de fato nenhuma contradição entre a prática do humanismo e a prática da cidadania participativa. O humanismo não consiste em retraimento e exclusão. Bem ao contrário: seu objetivo é tornar mais coisas acessíveis ao escrutínio crítico como o produto do trabalho humano, as energias humanas para a emancipação e o esclarecimento, e, o que é igualmente importante, as leituras e interpretações humanas errôneas do passado e do presente coletivos." (Said, *Humanismo e crítica democrática*, 2007, p. 42).

tas biografias, eivadas de incongruências, incompletudes, limitações e inacabamentos existenciais. O *humanismo realista* não é um *humanismo metafísico*, ou seja, da *completude do humano*, mas sim aquele que se afirma pelo reconhecimento da incompletude e finitude biográfica do humano, o que atrai a ideia da *complementaridade* e da *reciprocidade* entre *ego* e *alter*.

Assim sendo, o *humanismo* de hoje e o *humanismo situado no contexto das sociedades modernas* têm a ver com o cultivo de ações, virtudes, espaços, projetos, intervenções, pesquisas e reflexões que congregam possibilidades de realização da integralidade dos aspectos de nossa histórica e própria *humanidade*, enquanto comunidade ética, jurídica, política e cultural específica. Na esteira do que afirma *Charles Taylor*, fica evidente que aquilo de que mais necessitamos é de um "...humanismo sóbrio, secular, científico".[72] A inspiração formadora de um *humanismo contemporâneo* para *sociedades modernas* integra as *heranças políticas liberal* e *social*, em conjunto, pois o mais integral respeito à pessoa humana não se pode fazer, política e juridicamente, sem que se levem a sério as dimensões de ambas as citadas concepções políticas modernas.[73]

Um passo a mais, e se pode afirmar que o *humanismo* adequado às sociedades modernas tem a ver com *reflexão* e com *crítica*,[74] na linha do pensamento de *Edward Said*, e, por isso, tem a ver com *participação* e com *virtude cívica*, seguindo a concepção de Rainer Forst,[75] pois sem estas qualidades, não temos *linguagem* para nos reportar aos fenômenos sociais e históricos que nos determinam e situam, em busca da emancipação e dos novos horizontes de possibilidades utópicas. Isso significa, também, que o *humanismo* tem a ver com *ação* e *transformação*, expressa e realizada por indivíduos e por grupos, e que suas possibilidades estão depositadas na concretude de *fazeres transformadores* em favor da defesa da condição humana, em suas múltiplas manifestações.

As capacidades de *reflexão* e *crítica* nos fornecem condições para exercer o potencial de *"afirmar"*. Isso, pois, "acusar a injustiça" é relativamente "negá-la", e isso porque ao concentrar todos os esforços na "negativa", o "afirmativo" acaba não podendo exsurgir. É, sem dúvida alguma, importante "constatar a injustiça", mas em seu lugar é necessário "propor a justiça", "afirmar" as formas de "superação da injustiça" e agir para construir os *novos horizontes normativos*. Por isso, é necessário *saber reflexivo*, *conhecimento situado* e *sensibilidade humana*; é, também, requerida capacidade de *ação* e *mobilização*, não se olvidando que para isso é imperioso o exercício da coragem para "afirmar", pois "afirmar" é "negar o estado de negatividade".

---

[72] Taylor, *As fontes do self*: a construção da identidade moderna, 4. ed., 2013, p. 662.
[73] Forst, *Contextos da justiça*: filosofia política para além de liberalismo e comunitarismo, 2010, p. 130.
[74] Cf. Said, *Humanismo e crítica democrática*, 2007, p. 69.
[75] "Uma interpretação republicana da democracia deliberativa reage frente à necessidade de que a comunidade política, enquanto lugar das lutas por reconhecimento, somente pode ser o lugar de realização desse reconhecimento se o for de modo solidário e reconciliado. Segundo a interpretação republicana, a democracia deliberativa apoia-se na virtude do cidadão de, numa discussão desta natureza, subordinar seu interesse individual ao bem comum" (Forst, *Contextos da justiça*: filosofia política para além de liberalismo e comunitarismo, 2010, p. 167).

Entende-se com isto que a pura crítica da negatividade se esgota na *impossibilidade do hoje criticado*, mas a positiva propulsão da diferença torna possível o amanhã que se afirma no agora. Por isso, entende-se que a *crítica afirmativa* tem mais a ver com as formas de se evitar simplesmente "acusar a injustiça", para de fato ser capaz de *"afirmar"* a *"justiça que substitui a injustiça"*. É nisso que seu "caráter afirmativo" acaba se dando, enquanto resultado de uma forma de pensar e de agir, pela capacidade propositiva de trazer à tona aquilo que a *sociedade contemporânea* obscurece, nega e recusa. Trata-se de um desafio democrático aos processos de socialização, especialmente considerado o quadro de desenvolvimento atual das sociedades modernas, caracterizadas por serem tecnológicas, consumistas, desiguais, violentas e desumanizadas pelo individualismo, pela homogeneização e pela massificação.

Nesta medida, na linha da análise de Edward Said,[76] o *humanismo* não é uma força que "está fora" de cada um de nós, que deve ser buscado "fora" de cada um de nós, ou que signifique um caminho independente daquilo que já possuímos em nós mesmos como *recurso suficiente* para alcançarmos sua trilha de ação. Ele se define, então, pela *potência* que temos em nossa própria *humanidade*. O *humanismo*, na acepção aqui desenvolvida, é pós-metafísico, e não se expressa pela detenção de saberes especiais, não se constitui num privilégio de classes, mas tem a ver com a *postura biófila, ativa e criativa* implicada na *abertura democrática*, favorável ao florescimento das muitas e plurais formas de vida, de entendimento e de visões de mundo.[77]

O *humanismo social, democrático e republicano* afirma que, para sermos mais em nossa *humanidade*, devemos cultivar os traços de seres de cuja *in-completude* se retiram: a indispensável presença do outro (*alter*); a igualdade humana que leva em conta as diferenças; a indignação diante das injustiças; a capacidade de fazer-se vivo pela incessante busca que nos faz *re-significar* a experiência e transformar as camadas dos mundos subjetivo, objetivo e social que habitamos.[78] Este *humanismo* se abastece seja de *ação*, seja de *reflexão*, e encontra subsídios numa *ética republicana*.[79]

Assim, os humanos de hoje e de ontem estão marcados pelo traço da *humanidade*, qual seja, a *incompletude de sua condição*. Mas é justamente ela que favorece o processo de descoberta, alteridade e construção, ênfase dada na inexistência de certezas e de uma tábua cerrada de valores absolutos. Esta visão implica que a *in-completude humana* é sempre preenchida na construção histórica e intersubjetiva, o que apenas reclama da *cidadania* e da *esfera pública* dimensões fundamentais de afirmação da correlação entre o *eu* e o *outro*.[80] É desta forma que se faz uma *ética dinâmica* e *sempre*

---

[76] "O humanismo é a realização da forma pela vontade e ação humanas; não é um sistema nem uma força impessoal, como o mercado ou o inconsciente, por mais que se acredite no funcionamento de ambos" (Said, *Humanismo e crítica democrática*, 2007, p. 34-35).
[77] Cf. Said, *Humanismo e crítica democrática*, 2007, p. 42.
[78] Said, *Humanismo e crítica democrática*, 2007, p. 78.
[79] A respeito, vide Cunha, *Para uma ética republicana*, 2010, p. 29.
[80] "Portanto, a 'cidadania' se define mais por um processo de obtenção e expansão de direitos de cidadãos do que por um *status* bem definido. Direitos devem ser entendidos como 'direitos ao

atualizável, reflexiva no coletivo, em sua tarefa de atuar e pensar os desafios de *humanização* do convívio.

Por isso, o *humanismo social, democrático* e *republicano* não se exprime pelo cultivo da exaltação patriótica,[81] mas na busca incessante de expansão dos horizontes de *cidadania* de todos e de cada um. E, para isso, um dos elementos de fundamental importância deste processo está na base da linguagem, da argumentação e da razão política que nos faz interpretar, compreender, criticar e perscrutar as condições de *exercício da justiça*, buscando a sua afirmação concreta. Isso também implica o combate às formas de *injustiça*, consideradas as particularidades das injustiças que atingem diferentemente os grupos sociais e os indivíduos de acordo com as formas de expressão da cultura, do poder, da economia, das tradições, dos preconceitos, das formas de violência, dos interesses predominantes, dos arranjos de circunstâncias históricas. Em busca de cidadania, o *humanismo* visa a *transformação social responsável* e a *emancipação dos homens e mulheres concretos*, de situações injustas, violentas, restritas, distorcidas, reprimidas, opressoras, desiguais e perversas.[82]

Com esta ênfase, trata-se de considerar o potencial de *fazeres humanistas reflexivos e práticos* na promoção de um modelo de sociedade mais justa, ou seja, de um modelo de sociedade que não mata, exclui, desagrega, desiguala, rejeita, violenta, abandona, oprime, manipula, considerando suas tarefas de defesa, capazes de iniciativas de promoção de inclusão, bem-estar, igualdade, solidariedade, oportunidades, diversidade. É certo que toda opção por qualquer forma de expressão do *humanismo* implica certa medida de *utopia*, mas fica claro que o seu oposto, qual seja, o *anti-humanismo*[83] pode ser encontrado em todas as manifestações sociais que se tornam *indiferentes* a estes fenômenos, que *anulam* as forças de promoção do *equitativo* no trato das trocas sociais, naturalizando a opressão e as formas da injustiça.

Nesta visão, a tensão entre *indivíduo* e *coletividade* é inerente à política democrática e inelimiinável de sua forma de ser. Por isso, se considera que a democracia tem o potencial de representação das *humanidades* (diversas, plurais e autodefinidas) existentes dentro da *humanidade* (universal, comum e compartilhada como destino). A *autonomia popular da democracia* aposta na ideia de que a realização da *humanitas* é um *desforço da própria humanidade* de cultivo de práticas, saberes e fazeres universalmente valiosos. O exercício da soberania popular, enquanto manifestação das forças populares no poder, colabora para a construção de uma *rede de triagens* de valores e práticas oriundas da *esfera pública*, daquilo que é drenado de *poder comunicativo* em *poder normativo* da vida social, tal como afirma Jürgen Habermas, e que se realiza pela capaci-

---

reconhecimento igual', no sentido de serem em todas aquelas dimensões" (Forst, *Contextos da justiça*: filosofia política para além de liberalismo e comunitarismo, 2010, p. 342).

[81] Said, *Humanismo e crítica democrática*, 2007, p. 48.
[82] Silveira, Bentes, *A arte de ensinar a estudar o direito*: mediar, sensibilizar, humanizar, 2012, p. 81.
[83] "Se a República não ocupar, de forma aberta, democrática e pluralista, como é óbvio, o terreno dos valores, ele será ocupado por valores sectários, particularistas, fechados totalitários, ou pelos antivalores relativistas, niilistas, etc." (Cunha, *Para uma ética republicana*, 2010, p. 45).

dade de afirmação do argumento e do debate racional como aspectos centrais da vida *democrática deliberativa*, na leitura de Joshua Cohen.[84]

7. A TEORIA DO HUMANISMO REALISTA E A TEORIA DA DEMOCRACIA DELIBERATIVA

A *Teoria do Humanismo Realista*, enquanto exercício de *humanismo social, democrático e republicano*, se apoia, pois, sobre a concepção da teoria democrática deliberativa contemporânea, e entende que para que se possa alcançar novos patamares civilizatórios com os *instrumentos do direito moderno*, é necessário renovar os horizontes e os instrumentos da democracia moderna. Esta tem de ser efetiva, e não nominal, tem de ser inclusiva, e não distante ou fictícia,[85] para que os processos de participação popular e as políticas públicas possam servir como instrumentos indutores *de valores da integração social*.

E, nisso, nenhum outro regime político histórico é capaz de superar o *valor da democracia* como forma de atuação que possibilita a garantia da coexistência de modelos os mais diversos de vida e concepções as mais diversas de mundo. Os desrumos da história moderna vieram comprovando quão perigosas são as experiências políticas que envolvem radicalismos violentos, autoritarismos políticos, utopias distópicas e ideologias irracionais. Por isso, a *democracia deliberativa* somente pode afirmar que a política é o lugar da promoção do interesse de todos(as), mediado pelo papel que as instituições têm a desempenhar, ao lado do controle social popular *plural, inclusivo, argumentativo* e *participativo*.

Nesse sentido, mais que um conjunto de regras sobre a transição política no poder, mais que um regime político, a *democracia deliberativa* aqui é entendida como um *celeiro de garantia e preservação de valores* para o convívio *aberto, pluralista* e *livre*,[86] na medida em que é próspera para a solidariedade, a igualdade, a diversidade, o respeito, a não violência, o reconhecimento, a tolerância,[87] a dignidade, a paz, a convivência entre as diferenças, o diálogo social, a participação e a promoção dos direitos humanos.

A *democracia deliberativa* e a *política participativa* superam, pois, na concepção de democracia que se tem, o traçado da *democracia liberal* e *representativa*, agregando-lhe

---

[84] "A deliberative conception of democracy puts public reasoning at the center of political justification. I say *public reasoning* rather than *public discussion* because a deliberative view cannot be distinguished simply by its emphasis on discussion rather than bargaining or voting as methods of collective decision making" (Cohen, Democracy and liberty, *in* Deliberative democracy (Elster, John, org.), 1998, p. 193).

[85] Cf. Comparato, *A civilização capitalista*, 2013, p. 296.

[86] "A primeira virtude republicana a exigir hoje é de verdadeiro amor à República, e de amor aos seus valores: à Liberdade, Igualdade, Fraternidade, e aos caminhos para esta, como a Solidariedade e Justiça" (Cunha, *Para uma ética republicana*, 2010, p. 189).

[87] A respeito da relação entre os valores de fraternidade e tolerância como fronteiras do Direito, *vide* Gaudêncio, Fraternity and tolerance as *juridical boundaries, in* Boletim da Faculdade de Direito, v. XCII, t. II, 2016, p. 849-865.

experiências e elementos que não são contemplados em seu desenho tradicional, inclusive aquele que parece ser o seu caráter mais importante, a saber, o fortalecimento da centralidade do *argumento racional* no *debate público*, tal como o demonstra Jon Elster.[88] Em especial, as *virtudes da democracia deliberativa* apontam para uma concepção da política democrática racional, que fortalece na *imparcialidade do argumento politicamente relevante* a construção de um espírito de *solidariedade cívica*, dotada da capacidade de vocalização – na luta por um direito – do *direito de muitos e/ou de todos*, universalizando o valor dos discursos públicos.[89]

É assim que se considera a *democracia deliberativa*, com o apoio da análise de James Bohman, um *projeto político* de atualidade e viabilidade, especialmente se for considerado seu papel na reconstrução do sentido do termo democracia no mundo contemporâneo, tornando possível e viável a participação mais acentuada das *razões públicas* na legitimação dos processos de *deliberação democrática* em torno do *bem comum*. Isso porque a *democracia deliberativa* se propõe a realizar o diferencial da ampliação dos espaços públicos de *diálogo*, fortalecendo a *esfera pública*, para que os cidadãos possam racionalizar o convívio social e qualificar uma forma de vida politicamente partilhada em torno do bem comum.[90]

Na linguagem de Rainer Forst, a *democracia deliberativa* aposta nos processos e nas formas, nos conteúdos e nas instituições, fortalecendo as práticas discursivas que legitimam as normas, as regras e os parâmetros das decisões de interesse coletivo e público.[91] Na cultura política deliberativa, *argumento de um* se encontra com o *argumento do outro*, viceja na *política democrática deliberativa* uma forma de perceber a diversidade de opiniões, formas de entendimento e construção de interesses coletivos em espaços comuns, como uma forma de entendimento participativo e de amadurecimento social deliberativo, confirmando a ideia de que todos são iguais no exercício da liberdade cidadã, tal como o demonstra Joshua Cohen.[92]

---

[88] "In deliberative contexts, force-based threats are inadmissible, not because they are necessarily based on self-interest but because the only force that is supposed to count is 'the force of the better argument" (Habermas)" (Elster, *Deliberative democracy*, 1998, p. 103).

[89] "Another important way in wich deliberation may contribute to impartiality is by forcing each person to modify his or her argument in order to make it acceptable to others. So deliberation may help impartiality by forcing people to filter out mere self-interested arguments" (Gargarella, Full representation, deliberation, and impartiality, *in Deliberative democracy* (Elster, John, org.), 1998, p. 261).

[90] Cf. Souza Neto, *Teoria constitucional e democracia deliberativa*: um estudo sobre o papel do direito na garantia das condições para a cooperação na deliberação democrática, 2006, p. 87.

[91] A respeito, Forst, *Contextos da justiça*: filosofia política para além de liberalismo e comunitarismo, 2010, p. 154.

[92] "Thus, an ideal deliberative procedure, participants are and regard one another as *free*: recognizing the fact of reasonable pluralism, they acknowledge, as I noted earlier, that no comprehensive moral or religious view provides a defining condition of participation or a test of the acceptability of arguments in support of the exercise of political power" (Cohen, Democracy and liberty, *in Deliberative democracy* (Elster, John, org.), 1998, p. 194).

CAPÍTULO II
O CONCEITO DE DIREITO

Sumário: 1. Os usos linguísticos do termo Direito; **2.** O conceito de Direito na tradição filosófica moderna: **2.1.** O conceito de Direito em Immanuel Kant: proposta racionalista; **2.2.** O conceito de Direito em Karl Marx: proposta materialista; **2.3.** O conceito de Direito em Hans Kelsen: proposta normativista; **3.** Direito, poder e arbítrio; **4.** Direito, regulação social e justiça; **5.** Direito, regulação social e conflito social; **6.** O conceito de Direito em Jürgen Habermas: **6.1.** O Direito em face da moral: diferenciando as esferas normativas; **6.2.** O Direito e o mundo da vida; **6.3.** Direito e esfera pública; **6.4.** Por uma teoria pós-metafísica do Direito: **6.4.1.** O que o Direito não é; **6.4.2.** O que o Direito é; Caso prático.

1. OS USOS LINGUÍSTICOS DO TERMO DIREITO

A primeira pergunta que assalta o estudioso do Direito é aquela: "Afinal, que é o Direito?". Essa primeira *estupefação* é o ponto de início da reflexão, que se tornará uma inquietação prolongada, complexa e perturbadora. Um termo, aparentemente, tão simples e de experiência tão presente na vida social, e, ao mesmo tempo, uma enorme dificuldade de conceituá-lo. Em verdade, acaba-se de tropeçar num conceito dotado de elevado nível de *indeterminação*, ou seja, que é ambíguo, vago e genérico.[1] A dificuldade somente aumenta quando agregamos a esta primeira pergunta – e talvez, a mais importante do curso de Direito – uma segunda: "Qual a função social do Direito?".[2] É certo que existe uma conexão interna muito grande entre estas duas

---

[1] Seguindo-se, aqui, de perto, a análise terminológica desenvolvida por Mauro Barberis: "Come vedremo, la definizione del diritto è sempre stata problematica proprio perché 'diritto' presente tutt'e tre le indeterminatezze: ambiguità, vaghezza, genericità. Ambiguità: il termine ha tre connotazioni: dottrina, diritti soggettivi e diritto oggettivo. Vaghezza: risolta l'ambiguità, per esempio scegliendo il senso di diritto oggettivo, la denotazione è abastanza vaga da far chiedere ancora se include, per esempio, diritto internazionale o *soft law* " (Barberis, *Introduzione allo studio del diritto*, 2014, p. 70).

[2] Aqui, se abre campo para a análise da definição sociológica do Direito, a partir de Alberto Febbrajo, consideradas as suas funções: "Per isolare gli elementi che possono caratterizzare una definizione sociologica del concetto di diritto, prendiamo le mosse, in linea di prima approssimazione, da una definizione alquanto generica, secondo la quale il diritto è una specifica struttura normativa, più complessa di altre in quanto: a) è dotata di un apparato sanzionatorio proprio; b) è capace di predeterminare procedure con cui reagire agli stimoli provenienti dalla società; c) è

perguntas, quando vistas em conjunto, mas, de qualquer forma, uma apenas fortalece a outra, no sentido de nos inquietar na busca de respostas.

Para responder a estas duas perguntas, é necessário partir para a análise do *conceito* de Direito. Esta *entrada* no universo da significação do conceito de Direito é a que melhor se incumbe da tarefa de promover uma abordagem *filosófica* do Direito, obtendo-se aqui intensa conexão entre a *Teoria do Direito* e a *Filosofia do Direito*.[3] Mas, considerando as dificuldades impostas por estes questionamentos, será necessário partir de evidências semióticas, a partir de onde se procederá ao movimento de compreensão que estes questionamentos impõem. Assim, devem-se seguir algumas pistas recolhidas, inicialmente, a partir do *significante* e da *simbólica*, considerando-se, portanto, as seguintes estratégias de análise: a) análise etimológica; b) análise simbólica.

a) análise etimológica:

O termo *Direito* (*diritto; derecho; Recht; droit; right*) provém do latim medieval, enquanto contração de *de-rectum* (*directus*, adjetivo; *dirigere*, verbo).[4] A análise etimológica aponta para algumas "*operações*", passíveis de serem aplicadas à ação humana em sociedade: endireitar; tornar reto; alinhar; dirigir; dispor; corrigir.[5] Isso indica que é possível *avaliar* as *ações humanas do Outro* a partir de um *parâmetro-de-avaliação-da-ação* (ou *critério-de-avaliação-da-ação*) que é o que normalmente se chama de *justiça*.

Mas esse *parâmetro-de-avaliação-da-ação* (ou *critério-de-avaliação-da-ação*) não pode ser dado (isoladamente ou individualmente) pelo *Eu* (*ego*) em face do *Outro* (*alter*), pois se trata de um parâmetro *comum* de avaliação das ações de todos para com todos em todas as ocasiões, tarefa que é confiada ao legislador sintetizar, formular e prescrever. Assim, o papel do legislador é o de definir o que é *rectum*, diferenciando o *lícito* do *ilícito*, com base no *justo* e no *injusto*, para coordenar e estabelecer regras socialmente válidas como parâmetros das ações humanas na vida comum.

b) análise simbólica:

A evocação da *Justiça* é muito comum, num nível simbólico e artístico. O símbolo da justiça tem forte *apelo estético* e *uso emocional* para a comunidade *dos juristas*, serve

---

in grado di mantenere accettabili livelli di coesione sociale; d) è applicabile in linea di principio a ogni campo della vita sociale" (Febbrajo, *Sociologia del diritto* 2. ed., 2013, p. 31). Ainda, segundo o sociólogo italiano, as funções do Direito são de composição de conflitos, de regulação dos comportamentos, de legitimação e ordanização do poder em sociedade, de estruturação das condições de vida e de administração da justiça (Febbrajo, *Sociologia del diritto* 2. ed., 2013, p. 83 e 84).

[3] A respeito da abordagem, consulte-se Bittar, A discussão do conceito de direito: uma reavaliação a partir do pensamento habermasiano, *Boletim da Faculdade de Direito da Universidade de Coimbra*, Coimbra, n. 81, 2005, p. 797-826.

[4] "Aparentemente, el término derecho es de origen medieval. En efecto, parece provenir de la contracción de la expresión latina '*de-rectum*', expressando la idea de encontrarse recto el fil de la balanza (lo que permite pesar)" (Perelló, *Teoría y fuentes del Derecho*, 2016, p. 18).

[5] "A palavra portuguesa direito provém do adjetivo latino *directus* (*directus, directa, directum*), que, por sua vez, deriva do particípio passado do verbo latino *dirigere* (*dirigo, dirigis, direxi, directum, dirigere*). Este verbo significa: endireitar, tornar reto, alinhar, traçar, marcar uma divisa, dirigir, dispor, ordenar, conformar, lançar em linha reta, ir em linha reta" (Telles Junior, *Iniciação na ciência do direito*, 2001, p. 375).

Capítulo II | O conceito de Direito

como um *símbolo-evocativo* (de uma história) e *enquanto signo-público* (de uma projeção ideal), estabelecendo o elo entre *indivíduo* e *comunidade*.[6] Ao entrarmos em Palácios de Justiça, ou ainda, em Faculdades de Direito, logo topamos com o *símbolo da Justiça* (em vitrais; em afrescos; em pinturas; em estátuas; em tapeçarias). No Brasil, o edifício histórico do Largo de São Francisco (São Paulo) e o edifício da Faculdade de Direito de Olinda (Recife) podem ser tomados como dois exemplos arquitetônicos muito representativos desta dimensão simbólica. E, o que acaba por se encontrar, nas representações artísticas do *símbolo* da *justiça* – tomado o *símbolo* como a síntese semiótica que representa o conteúdo do que é o justo –, aponta para: a) a representação da Justiça: deusa, balança, espada, venda:[7] elementos que indicam que a justiça requer, ao mesmo tempo, força, avaliação, equidistância, prudência, interiorização, sopesamento;[8] b) a arquitetura e os palácios de justiça: pórticos; guardiões, leões, escudos, martelos, togas: lembrança imemorial de que o mundo da *não justiça* é o *mundo-da-violência*, sobre o qual se deve lançar a possibilidade da razão, da medida, do julgamento, do critério, do parâmetro, da igualdade, enfim, da *Justiça*.[9]

Estas duas estratégias iniciais de análise, etimológica e simbólica, conferem à análise algumas pistas importantes, mas ainda não *resolvem*, por si mesmas, ou, tomadas isoladamente, o problema do *conceito* do Direito. Por isso, temos que avançar considerando um outro tipo de estratégia de análise, que nos coloca mais próximos de nosso objeto de estudo, devendo-se assim distinguir entre: a) o olhar do leigo; b) o olhar do cientista:

---

[6] "A imagem da justiça condensa, como imagem simbólica, as aspirações, as buscas, as lutas, as crenças, as projeções e as representações do desejo comum de coordenação da esfera pública" (Bittar, *Semiótica, Direito & Arte*: entre Teoria da Justiça e Teoria do Direito, 2020, p. 144 e 145).

[7] Sobre a questão da introdução moderna da venda sobre a tradição anterior, leia-se: "A justiça vendada, com o tempo, deixa de ser uma crítica, uma piada ou um deboche e passa a demarcar uma ruptura topográfica e institucional do homem urbano, protestante, iconoclasta, burguês e pioneiro em matéria de organização cívica da Europa central com aquela justiça medieval, personalíssima, subjetiva, consuetudinária, agrária, religiosa e preocupada com as aparências. Novos tempos exigem novas musas, de modo que a justiça vendada é agora símbolo do poder temporal e coletivo do burgo. E para sinalizar e celebrar essa ruptura, justiças vendadas passam a ser vistas em muitos locais públicos, abertos ou cobertos, como mercados, prefeituras, salões oficiais, praças e fontes, mas sempre distantes das igrejas e dos conventos, em uma região que ía de Siena, no norte da Itália, ao Flandres belga" (Franca Filho, *A cegueira da justiça*: diálogo iconográfico entre Arte e Direito, 2011, p. 42).

[8] Aqui, se segue de perto, a análise do sociólogo e antropólogo francês, Antoine Garapon: "Com o templo e o aparecimento da justiça enquanto alegoria, cujo exemplo mais popular é a sua representação sob a forma de uma mulher com os olhos vendados, transportando numa mão um gládio e na outra uma balança, a simbólica jurídica não só se laiciza como se emancipa dos seus tutores sucessivos (...) doravante, e sua legitimidade é completamente interior" (Garapon, *Bem julgar*: ensaio sobre o ritual judiciário, 1999, p. 31).

[9] "Poder-se-ia pensar que a concórdia seria fomentada pela simbólica judiciária, através de imagens serenas inspiradoras da paz. Nada disso acontece: essa simbólica exibe sobretudo bocarras de leões impressionantes, objetos de corte e corpos trespassados" (Garapon, *Bem julgar*: ensaio sobre ritual judiciário, 1999, p. 200). Em outra parte: "Todos estes símbolos são outras tantas referências aos tempos fundadores da nossa civilização" (Garapon, *O guardador de promessas*: justiça e democracia, 1998, p. 203).

a) o olhar do leigo:

O termo *Direito*, quando observado a partir do olhar do leigo, é mais um termo do dicionário, que evoca um fenômeno socialmente conhecido de todos(as), e que parece se referir a algo de cuja significação não se tem a menor dúvida na capacidade de designar um *objeto-do-mundo* (ou *referente*). Assim, o olhar do leigo é de uma visão externa (superficial), e se utiliza do termo *Direito* no seu uso cotidiano, captando-se nele a sua capacidade de traduzir responsabilização social por seus atos, evocando tribunais, julgamentos, atos de polícia, e, com isso, o termo acaba dando a entender que o que está dado nas *leis* do país é certo, seguro, reto. Nesta visão *desde fora*, o objeto-de-análise está sendo considerado como um *objeto* monolítico, sólido, impartível, lógico, racional, fechado, estático, unívoco. Por meio de uma analogia, seria possível afirmar que o que se olhar, *desde fora*, é o átomo, como partícula e unidade mínima da matéria, um pouco à semelhança da visão que os atomistas gregos tinham, antes da química moderna.

b) o olhar do cientista:

O termo *Direito*, agora, pode ser observado ainda de mais perto. Aprofundando a analogia anteriormente utilizada, é agora utilizado um *instrumento-de-análise-científica*, e se passa a observar o *Direito*, cientificamente, sob uma lupa. Da visão superficial e externa, se passa a ter uma visão próxima e interna do *Direito*, considerando sua estrutura, seu funcionamento, seu movimento internos. E o que se passa a perceber é que a visão externa cede, e passamos a enxergar os prótons, neutros, elétrons, e onde, inclusive, atualmente, se pode encontrar a menor unidade da matéria conhecida, os *quarks*. A partir daqui, se passa a encontrar uma dinâmica interna, uma variedade de elementos e fatores de codeterminação estrutural, de cujo funcionamento se passa a ter de conhecimento. Então, encontra-se elevada complexidade interna, destacando-se alguns dos elementos encontrados sob a lupa: conflitos; normas; valores; sanções; poderes; instituições; aplicação; interpretação; justiça. Isso já faz perceber, por esta observação, o quão complexo, contraditório, socialmente instável, histórico e culturalmente variável, dinâmico e estruturado sobre tensões entre *ser* e *dever ser* é o que se convenciona chamar por *Direito*. Assim, passa-se a ter algo mais a considerar, superando-se a visão do leigo.

Agora, somem-se a estas duas estratégias de análise iniciais, etimológica/simbólica e ângulo de visão, a perspectiva do universal/local, com a qual também exsurgem algumas características interessantes, sem as quais fica difícil avançar na compreensão do termo *Direito*. Por isso, aqui, avança-se considerando um outro tipo de estratégia de análise: a) a análise local; b) a análise universal.

a) análise local:

Antes de tudo, deve-se considerar o quanto o *Direito* é um produto das determinantes e especificidades de uma cultura, uma tradição, um arranjo de forças e poderes fáticos, uma conjuntura política, um estado da arte do desenvolvimento social, histórico e político. Esta qualidade do que se *faz* se chamando a *regulação social* de *Direito*, garante ao termo *Direito* um colorido de modelos, experiências, culturas muito diversificado. A riqueza das diferenças entre tradições e práticas do Direito no mundo se deve à própria riqueza e diversidade dos povos, tradições e culturas de todo o mundo, o que torna o *Direito* um fenômeno jungido aos *saberes locais*.[10]

b) análise universal:

Mas, por mais que o *Direito* se dê localmente, é, também, um fato conhecido de todos que o *Direito* é um *fenômeno universal*, se manifestando historicamente desde sempre, estando presente na estrutura de sociedades em todo o mundo, no passado e no presente. Por mais que as *práticas de cada Direito local* sejam diferentes,[11] é fato que as autoridades locais estruturam no *Direito* algo que serve a propósitos, instituições, funções, finalidades e regras que possuem traços comuns em todo o mundo e em várias culturas, e os termos aparentados que designam o fenômeno são testemunhas disto (hebraico: *halakha;* árabe: *shari;* chinês: *fa;* hindu: *dharma; patut,* Sudeste Asiático).[12] Daí, sua universalidade, sua constância, mas não sua uniformidade. Assim, o *Direito* é, sem dúvida, um fenômeno universal, pois em todas as partes precisamos resolver problemas práticos e equacionar conflitos.[13]

A estratégia de abordagem anteriormente desenvolvida permitiu, ao refinarmos a nossa análise do termo *Direito*, perceber que tropeçamos num "termo" complexo e difícil do vocabulário, e é este exatamente o objeto de estudo que se tem diante dos olhos. Por isso, se irá constatar, que o termo tem diversos usos e se aplica a designar coisas diferentes, tais como: ciência do direito; direito subjetivo; sistema jurídico; regras de justiça.[14] Por isso, mesmo após toda essa análise preambular, persiste em aberto a pergunta: "Mas, afinal, o que é o direito, e como posso defini-lo?".[15] E se

---

[10] Aqui, se segue de perto análise do antropólogo norte-americano Clifford Geertz: "O direito (...) é saber local; local não somente com respeito ao lugar, à época, à categoria e variedade de seus temas, mas também com relação a sua nota característica – caracterizações vernáculas do que acontece ligadas a suposições vernáculas sobre o que é possível. É a esse complexo de caracterizações e suposições, estórias sobre ocorrências reais, apresentadas através de imagens relacionadas a princípios abstratos, que venho dando o nome de sensibilidade jurídica" (Geertz, *O saber local*, 2014, p. 218).

[11] "Come i comparatisti sanno perfettamente, infatti, parole come l'ebraico 'halakha', l'arabo 'shari', il cinese 'fa', l'indianno 'dharma', indicano certo norme, sanzioni e istituzioni, ma molto diverse da quelle indicate dall'italiano 'diritto' e dai suoi corrispondenti nelle altre lingue occidentali" (Barberis, *Introduzione allo studio del diritto*, 2014, p. 90).

[12] "*Sari'a* ('trilha', 'caminho') e *fiqh* ('conhecimento', 'compreensão') certamente são pontos de partida mais comuns em reflexões sobre as tendências características do direito islâmico. *Agama* ('preceito', 'doutrina') ou *sastra* ('tratado', 'cânon') podem conduzir mais diretamente às concepções índicas da legalidade. E *patut* ('apropriado', 'condizente') ou *pantas* ('adequado', 'ajustado'), no caso do Sudeste Asiático, teria pelo menos a vantagem de ser um termo nativo e não um palavra importada indiretamente e retrabalhada" (Geertz, *O saber local*, 2014, p. 187).

[13] Aqui, se segue de perto a análise do jurista italiano Mário Losano: "Desde as sociedades pré-letradas às pós-industriais, os homens se movem no interior de sistemas de regras, cuja complexidade é diretamente proporcional à intensidade das transações e ao nível das culturas" (Losano, *Os grandes sistemas jurídicos*, 2007, p. 03).

[14] A respeito, consulte-se Ferraz Junior, *Introdução ao estudo do direito*: técnica, decisão, dominação, 6. ed., 2010.

[15] "A polêmica acerca do conceito de direito é uma polêmica sobre o que é o direito" (Alexy, *Conceito e validade do direito*, 2011, p. 06).

quisermos avançar neste ponto, abre-se diante de nosso olhar um leque enorme de respostas e possibilidades, que faz desaparecer qualquer pretensão de redução do sentido do termo *Direito*. Esta passa a ser uma pergunta genuinamente *filosófica*, pois é nas perguntas mais simples e ingênuas que a Filosofia costuma retirar seus maiores problemas de análise. Não por outro motivo, e considerando o perfil, o peso e a importância desta pergunta, é que se poderá encontrar uma *Filosofia do Direito* que ampare um diferente *conceito de Direito*.[16] Por isso, à expectativa inicial que se tem de *definir* o termo *Direito* não se irá encontrar "a" resposta, mas sim, linhas, correntes, visões, teorias, perspectivas de análise, metodologias. Para isso, não existe "a" resposta, mas "respostas possíveis". As *Filosofias do Direito* acabam, assim, cumprindo a função de: definir o conceito de Direito; fundamentar o Direito; propor horizontes normativos para o Direito.

Mesmo para cada uma destas linhas filosóficas, o exercício de "traduzir" todas as interfaces do *Direito* num único conceito é um grande desafio filosófico. E isso porque o termo *Direito* traz consigo a companhia de outros tantos termos, a saber: ordem; regulação; razão; poder; igualdade; justiça; liberdade; equilíbrio; solidariedade; ética; culpa; força; responsabilidade. Trata-se de um *termo* cercado de outros *termos*, que se traduz num *arranjo-de-termos* que faz da análise teórico-conceitual um desafio por si mesmo. Conhecendo estas dificuldades, as teorias filosóficas costumam se apoiar na redução do *Direito* a um de seus aspectos, e assim procedem com vistas a melhor descrevê-los: em Immanuel Kant, *Direito* tem a ver com razão; em Hans Kelsen, *Direito* tem a ver com norma; em Chaïm Perelman, *Direito* tem a ver com interpretação. Ora, aqui o que se percebe é que a ênfase do observador acaba operando a *redução do objeto-de-análise*. E é esta redução que dá origem a diversas tradições filosóficas, que se procurará observar de mais perto, para poder melhor compreendê-las.

2. O CONCEITO DE DIREITO NA TRADIÇÃO FILOSÓFICA MODERNA

Dentro do arco histórico da modernidade, podem-se destacar algumas concepções centrais para o debate acerca do conceito de direito. O destaque a algumas é seletivo, na medida em que a análise mais ampla deste conceito é uma tarefa própria de um curso de Filosofia do Direito. Aqui, ter-se-ão presentes os conceitos de Immanuel Kant (séc. XVIII), Karl Marx (séc. XIX), Hans Kelsen (séc. XX), Robert Alexy (séc. XX/XXI), Jürgen Habermas (século XX/XXI), o que nos permite, inclusive em termos históricos, perceber algumas transformações do próprio debate acerca do conceito, inserido no circuito das relações circunstanciais de sua produção.

---

[16] "Cada filosofia do direito é, explícita ou implicitamente, expressão de um conceito de direito" (Alexy, *Constitucionalismo discursivo*, 2007, p. 19).

Capítulo II | O conceito de Direito

2.1. O conceito de Direito em Immanuel Kant: proposta racionalista

O direito em Kant aparece não só como um problema fundamental das suas especulações, a dirigir mesmo o fim da história, na medida em que a racionalização da sociedade vem acompanhada da tarefa que o Direito traz consigo, desbarbarizando a experiência da luta de todos contra todos, mas aparece claramente conceituado como um instrumento de *coordenação do convívio* entre os *arbítrios individuais*, de modo a garantir a coexistência social sem que o excesso de liberdade de um sufoque o déficit de liberdade de outro.[17]

O direito é liberdade e é dever, na medida em que somente é possível afirmar o diferencial do humano a partir da capacidade que possui de afirmar sua natureza racional pelas leis do mundo moral pelo domínio do espírito e da razão. Por isso, é na natureza racional e universal de todos que se inscreve o imperativo categórico kantiano, segundo o qual: "O imperativo categórico é, pois, único, e é como segue: *age só, segundo uma máxima tal, que possas querer ao mesmo tempo que se torne lei universal*". E, ainda: "A universalidade da lei pela qual sucedem efeitos constitui o que se chama natureza no seu sentido mais amplo (segundo a forma); isto é, a existência das coisas, enquanto for determinada por leis universais. Resulta daqui que o imperativo universal do dever pode formular-se assim: *age como se a máxima de tua ação devera tornar-se, por tua vontade, lei universal da natureza*".[18]

Assim, cumpre-se a regra de direito enquanto dever externo, mas que cumpre função importante na ordenação da vida comum.[19] O conceito de Direito, portanto, implica em considerá-lo à luz da ideia de coerção, caso contrário se desfaz em mera recomendação de cunho moral. É certo que o direito não se resume a ser aquele dado pelo legislador (o nazismo não é justificável à luz do kantismo), pois o verdadeiro Direito decorre do respeito ao *a priori* da natureza racional humana e de seu imperativo categórico, a partir de onde se pode pensar a dignidade de todos e de cada qual de nunca serem utilizados como instrumento da vontade alheia; este viés ético-universal, bússola racional de orientação e identificação do verdadeiro sentido jusracionalista de Direito, protege o conceito kantiano de Direito de se expor diante das barbáries da história, e vem servindo como importante ponto liberal de debate sobre as características do Direito moderno.[20] Aliás, alguns autores vêm considerando o quanto o conceito kantiano de *razão* já não possui fortes indícios de uma *razão públi-*

---

[17] "O Direito, pois, segundo Kant, reduz-se a disciplinar as ações externas dos homens e a tornar possível a sua coexistência. Define-o assim: *O Direito é o conjunto das condições segundo as quais o arbítrio de cada um pode coexistir com o arbítrio dos restantes, de harmonia com uma lei universal de liberdade*" (Del Vecchio, *Lições de filosofia do direito*, 1979, p. 137).
[18] Kant, *Fundamentos da metafísica dos costumes*, p. 70-71.
[19] "Como Tomásio, Kant considera a coercibilidade nota essencial do direito, mas num sentido mais radical, pois se refere, não a um dado extrínseco, como seja a necessidade de conservar a paz externa, mas ao próprio conceito de Direito" (Serra, *História da filosofia do direito e do estado*, 1990, p. 365).
[20] "O direito natural ou racional é, para Kant, o conjunto de leis jurídicas cuja obrigatoriedade pode ser estabelecida *a priori*; o Direito positivo ou estatuído, pelo contrário, é o que dimana da vontade de um legislador" (Serra, *História da filosofia do direito e do estado*, 1990, p. 367).

ca e, por isso, evidencia a tendência da modernidade no sentido do juízo ético-político sobre o outro, fundado no respeito e na intersubjetividade.[21]

2.2. O conceito de Direito em Karl Marx: proposta materialista

Enquanto o Direito ocupa um importante espaço de reflexão, e cumpre até mesmo um papel definidor no campo da afirmação da própria humanidade por si mesma e de fim da história, no pensamento de Immanuel Kant, o pensamento de Karl Marx haverá de desconstruir todo o idealismo que marca a formação da cultura liberal e burguesa. Na visão marxiana, do materialismo histórico-dialético, o conceito de *"Direito"*, no lugar de ser *afirmado*, é subvertido, e no lugar desta discussão, no conjunto de sua obra, o que se encontra é uma *crítica* do lugar do Direito.[22] Isso tendo em vista que as relações econômicas de dominação fazem das *leis* apenas o aparato que sustenta o processo de dominação de uma classe por outra, servindo como superestrutura ideológica de dominação. A relação do *"Direito"* com a mercadoria,[23] e, portanto, com a dominação econômica,[24] que se dá ao nível das relações econômicas e históricas concretas, encobre o jogo econômico real de exploração de uns pelos outros, e, por isso, serve de ideologia.[25] Isto significa que o "fim da história" não pode estar marcado por uma cultura do Direito, na medida em que o Direito está associado à justificação da dominação de uma classe sobre outra, mascarado em normas jurídicas positivadas pelo Estado moderno, onde o jogo das relações econômicas reais é determinado pela exploração e dominação impostas pelo capital.

Somente com a ruptura da forma econômica do capital, baseado na propriedade privada, é possível superar o modelo de sociedade capitalista que sustenta o Direito moderno do modo como se conhece, ou seja, como forma histórica e que, enquanto tal, como tudo que é histórico, encontra seu fim.[26] Afinal, a forma burguesa de sociedade é, em Marx, apenas uma forma histórica das relações dialéticas mais longevas de

---

[21] "Portanto, repensar a racionalidade kantiana implica também repensar o seu potencial público e social" (Guedes de Lima, *A teoria da justiça de Immanuel Kant*: esfera pública e reconstrução social da normatividade, 2017, p. 161).

[22] "Minha investigação desembocou no seguinte resultado: relações jurídicas, tais como formas de Estado, não podem ser compreendidas nem a partir de si mesmas, nem a partir do assim chamado desenvolvimento geral do espírito humano, mas, pelo contrário, elas se enraízam nas relações matérias de vida, cuja totalidade foi resumida por Hegel sob o nome de "sociedade civil" (*bürgerliche Gesellschaft*), seguindo os ingleses e franceses do século XVIII; mas que a anatomia da sociedade burguesa (*bürgerliche Gesellschaft*) deve ser procurada na Economia Política" (Marx, Prefácio, *in Os economistas* (Para a crítica da economia política; Salário, preço e lucro; O rendimento e suas fontes), 1982, p. 25).

[23] Casalino, *O direito e a mercadoria*: para uma crítica marxista da teoria de Pachukanis, 2011.

[24] Kashiura Junior, *Sujeito de direito e capitalismo*, 2014.

[25] Melo, *Direito e ideologia*: um estudo a partir da função social da propriedade rural, 2. ed., 2013.

[26] "Ao atingir certo nível de desenvolvimento, ele engendra os meios materiais de sua própria destruição. A partir desse momento, agitam-se no seio da sociedade forças e paixões que se sentem travadas por esse modo de produção. Ele tem de ser destruído, e é destruído. Sua destruição, a transformação dos meios de produção individuais e dispersos em meios de produção socialmente concentrados e, por conseguinte, a transformação da propriedade nanica de muitos em propriedade gigante de poucos, portanto, a expropriação que despoja grande massa da população de sua própria terra e de seus próprios meios de subsistência e instrumentos de trabalho, essa terrível e

exploração, como se pode ser no Prefácio de *Para a Crítica da economia política:* "Em grandes traços podem ser caracterizados como épocas progressivas da formação econômica da sociedade, os modos de produção: asiático, antigo, feudal e burguês moderno. As relações burguesas de produção constituem a última forma antagônica do processo social de produção, antagônicas não em um sentido individual, mas de um antagonismo nascente das condições sociais de vida dos indivíduos; contudo, as forças produtivas que se encontram em desenvolvimento no seio da sociedade burguesa criam ao mesmo tempo as condições materiais para a solução desse antagonismo. Daí que com essa formação social se encerra a pré-história da sociedade humana".[27]

Após a revolução, a ditadura do proletariado é apenas uma etapa do processo de transição em direção a uma nova ordem social, que se pode identificar com o nome de comunismo. Por isso, o proletariado é visto como sendo o *sujeito da história*, responsável a partir de seu sofrimento e de suas lutas pelo fim do processo dialético--histórico de alternância de dominações de uma classe por outra (senhor/escravo; senhor/servo; burguês/proletário). O *"Direito"* torna-se, da forma como é conhecido, dispensável numa sociedade revolucionada, e que haverá de experimentar outras formas de regulamentação.

2.3. O conceito de Direito em Hans Kelsen: proposta normativista

A *Teoria Pura do Direito* define contornos muito específicos à forma como irá abordar o Direito, considerando as categorias do ser (*Sein*) e do dever-ser (*Sollen*). Enquanto obra da Ciência do Direito, ela se propõe a uma análise formal do conceito de *"Direito"*.[28] O conceito de Direito elaborado por Hans Kelsen parte para uma inflexão claramente focada no aspecto formalista, na medida em que assume que o Direito se resume à perspectiva da norma, assim como discute toda a noção de norma a partir da ideia de validade como pertinência formal ao sistema jurídico hierarquicamente organizado. Na medida em que a ordem jurídica é vista como um "...sistema hierárquico de normas legais",[29] toda a discussão sobre o Direito se estrangula na linha de avaliação do que está dado como válido pelo sistema. Afinal, se pode dizer que um direito positivo "...pode ser justo ou injusto; a possibilidade de ser justo ou injusto é uma consequência essencial do fato de ser positivo".[30]

Isso nos permite ter um arco de análise histórico-conceitual bem presente, do século XVIII ao início do século XX. Mas, para que se possa avançar no entendimento das demais concepções, será necessário mergulhar em alguns outros problemas, que serão estudados ao longo dos próximos itens.

---

dificultosa expropriação das massas populares, tudo isso constitui a pré-história do capital" (Marx, *O capital:* crítica da economia política, Livro I, 2013, p. 831).

[27] Marx, *Prefácio*, Para a crítica da economia política, 1982, p. 26.
[28] A respeito, Kelsen, *Teoria pura do direito*, 4. ed., 1976; Kelsen, *O que é justiça? A justiça, o direito e a política no espelho da ciência*, 1998, p. 291-293.
[29] Kelsen, *O que é justiça? A justiça, o direito e a política no espelho da ciência*, 1998, p. 215.
[30] Idem, p. 364.

3. DIREITO, PODER E ARBÍTRIO

O conceito positivista de *"Direito"* foi aquele que teve maior longevidade ao longo do século XX. Este conceito se espalhou de tal forma que se tornou um verdadeiro *discurso-hegemônico* no entendimento sobre o Direito. Talvez Hans Kelsen seja a linha teórica mais notável e mais conhecida, a do positivismo normativista, mas certamente não é a única e nem a primeira. E isso porque os positivismos jurídicos modernos se sucedem desde as Escolas positivistas do século XIX,[31] e, mesmo após Hans Kelsen, haverá tantas outras linhas de análise com a dele convergentes, ou construídas em diálogo de entendimentos. A exemplo disto, podem-se citar concepções extraídas de tantos outros juristas, atualmente, na França,[32] na Espanha[33] e na Alemanha,[34] para os quais o conceito de Direito continua se dando de acordo com a concepção positivista.

Mas, para que se possa problematizar o conceito de direito proveniente da tradição de Hans Kelsen, pode-se questionar se o *conceito positivista* de fato contém todos os elementos necessários para exercer a suficiente proteção social das pessoas. Afinal, a pergunta passa a ser: "será que tudo o que é Norma/ Estado é sempre Direito/ Justiça?". Essa pergunta encontra motivação pelo fato de que o mundo moderno legou um enorme problema para a reflexão filosófica ocidental, considerando a *cisão* entre *Direito* e *Moral* iniciada por Immanuel Kant, e radicalizada por Hans Kelsen. Essa pergunta ainda encontra motivação ainda maior, pois a modernidade também nos legou um desafiador avanço da técnica, planejado no século XIX e consolidado no século XX,[35] desacompanhado de um avanço da moral. E, aí sim, nos debruçamos sobre a *cicatriz histórica da modernidade,* no seio do século XX, que desafia o conceito do Direito a se *re-problematizar* e, por isso, a se atualizar: *Auschwitz,* como fruto da doutrina do nacional-socialismo antissemita,[36] como fenômeno histórico-mortífero, como estrutura de dizimação humana, como símbolo do horror, como barbárie pla-

---

[31] A este respeito consulte-se Grzegorczyk, Michaut, Troper, *Le positivisme juridique*, 1992.

[32] A exemplo da concepção de Jean-Louis Bergel: "(...) o direito é uma disciplina social constituída pelo conjunto de regras de conduta que, numa sociedade com maior ou menor organização, regem as relações sociais e cujo respeito é garantido, quando necessário, pela coerção pública" (Bergel, *Teoria geral do direito*, 2006, p. 06).

[33] A exemplo da concepção de Angel Latorre, para quem: "Direito, num Estado moderno, é, portanto, o conjunto de normas de conduta obrigatórias estabelecidas ou autorizadas pelo próprio Estado e garantidas pelo seu poder" (Latorre, *Introdução ao direito*, 2002, p. 18).

[34] Na discussão feita entre Robert Alexy e John Austin: "(...) pode-se dizer que Austin define o direito como a totalidade dos comandos de um soberano que são reforçados por sanções" (Alexy, *Conceito e validade do direito*, 2011, p. 21).

[35] "Essa perda de fé do Ocidente em suas próprias categorias fundadoras da humanidade foi a marca do Século XX. E as razões para isso, pois, como ainda acreditar na humanidade do homem depois que a Primeira Guerra Mundial revelou a todos o poderio mortífero da técnica?" (Supiot, *Homo Juridicus*: ensaio sobre a junção antropológica do Direito, 2007, p. 39).

[36] "É da *Volksgemeinschaft* que emana – não em termos de representação, mas de gestação natural, quase biológica – o *Führer* (guia) da comunidade, que virá a constituir o eixo em torno do qual funciona todo o sistema nacional-socialista" (Novais, *Contributo para uma Teoria do Estado de Direito*, 2013, p. 147).

nejada que desafia a concepção de civilização.³⁷ Aliás, a este respeito, e considerando a situação histórica da Segunda Guerra Mundial, o historiador Eric Hobsbawm, no ensaio *Barbárie: Manual do usuário* (1994), afirma algo de extrema importância sobre a noção de barbárie.³⁸

Essa questão é um enorme desafio, para fins da análise do conceito de Direito, na medida em que, aparentemente, uma *"lei nazista"* é ato de Estado, é dotada de coercitividade, e faz parte de um sistema jurídico-positivo nacional. Mas, o que se passa a perguntar, a partir daí, é: "Se *"isto"* é *"Direito"*, apesar de ser norma posta e imposta?"; ou ainda: "será que se deve satisfazer com a simples *lei posta*, na busca do *conceito* de Direito?"; ou ainda: "Se houver um divórcio entre *Direito posto* e *Justiça*, será que o que se chama *"direito"* é, de fato, *"Direito"*? Estas perguntas devem continuar acompanhando a nossa investigação e, por isso, devem ser levadas adiante, nos próximos itens.

4. DIREITO, REGULAÇÃO SOCIAL E JUSTIÇA

A discussão provocada pelo fenômeno de *Auschwitz* é aquela que trará inúmeros impactos para o Direito contemporâneo: a criação da ONU (1945); a Declaração Universal dos Direitos Humanos (1948); a relativização da soberania do Estado, entre

---

[37] Toma-se, aqui, este exemplar histórico de uma das "Leis" de Nüremberg, a chamada Lei "Para a proteção do sangue e da honra alemãs", de 15 de setembro de 1935: "Firmemente persuadido de que a pureza do sangue alemão é a condição primordial da duração futura do Povo Alemão, e animado da vontade inabalável de garantir a existência da Nação Alemã nos séculos futuros, o *Reichstag* aprovou por unanimidade a seguinte lei, agora promulgada: Art. 1º – 1) São proibidos os casamentos entre Judeus e cidadão de sangue alemão ou aparentado. Os casamentos celebrados apesar desta proibição são nulos e de nenhum efeito, mesmo que tenham sido contraídos no estrangeiro para iludir a aplicação desta lei; 2) – Só o procurador pode propor a ação de declaração de nulidade; Art. 2º – As relações extramatrimoniais entre Judeus e cidadão de sangue alemão ou aparentado são proibidas; Art. 3º – Os Judeus são proibidos de terem como criados em suas casas cidadãos de sangue alemão ou aparentado com menos de 45 anos; Art. 4º – 1) Os Judeus ficam proibidos de içar a bandeira nacional do Reich e de envergarem as cores do Reich. 2) – Mas são autorizados a engalanarem-se com as cores judaicas. O exercício desta autorização é protegido pelo Estado. Art. 5º – 1) Quem infringir o art. 1º será condenado a trabalhos forçados. 3) – Quem infringir os arts. 3º e 4º será condenado a prisão que poderá ir até um ano e a multa, ou a uma ou outra destas duas penas. Art.6º – O Ministro do Interior do Reich, com o assentimento do representante do *Führer* e do Ministro da Justiça, publicarão as disposições jurídicas e administrativas necessárias 'a aplicação desta lei'" (Nüremberg, 15 de setembro de 1935).
[38] "Nesse contexto, entendo que "barbárie" significa duas coisas: Primeiro, a ruptura e colapso dos sistemas de regras e comportamento moral pelos quais todas as sociedades controlam as relações entre seus membros, e, em menor extensão, entre seus membros e as de outras sociedades. Em segundo lugar, ou seja, mais especificamente, a reversão do que poderíamos chamar de projeto do Iluminismo do séc. XVIII, e sobre o estabelecimento de um sistema universal de tais regras e normas de comportamento moral, corporificado em instituições do Estado e dedicado ao progresso racional da humanidade: 'a Vida, Liberdade' e 'Busca da Felicidade', 'a Igualdade, Liberdade e Fraternidade', ou seja lá o que for. As duas coisas estão agora acontecendo e reforçam seus respectivos efeitos negativos em nossas vidas. A relação entre meu tema e a questão dos direitos humanos deve, portanto, ser óbvia" (Hobsbawm, *Sobre história*: ensaios, 2005, p. 268-269).

outros. Mas, um impacto deve ser destacado, qual seja, a tendência para a discussão filosófica sobre o conceito de Direito, que leva à *re-moralização* do *conceito de Direito* no pós-guerra, formando-se as três grandes linhas de pensamento atuais, quais sejam, o jusnaturalismo, o realismo e o neoconstitucionalismo.[39] Esta tendência irá ocupar todo o debate filosófico, dos anos 50 do século XX, até hoje, não sem enorme razão.[40] É dessa *tendência revisionista* que irá surgir a *re-conexão* entre *Direito* e *Justiça*, que havia sido separada pela tradição positivista, ou ainda, marginalizada, promovendo-se com isso uma restauração da possibilidade de se afirmar que o *Direito* quando se divorcia da *Justiça*, se confunde como mero sinônimo e como mera manifestação de poder.

É a esta conclusão que chega, por exemplo, Robert Alexy, para quem o Direito não é sinônimo de poder, mas sem dúvida emana do poder; o poder pode andar sem o Direito, e será vontade de um ou de alguns. Mas o *Direito*, para se exprimir, exige algo mais, pois ele resulta dos atos do poder, no sentido de ser a qualificação direcional destes, enquanto praticam *Justiça*. Por isso, de acordo com o *neoconstitucionalismo* de Robert Alexy, o *Direito* não é o arbítrio do poder e nem a anarquia generalizada, mas sim, se opõe a estes dois extremos, para significar a organização e regulação pautada pela pretensão de correção.[41] O exemplo trazido por Robert Alexy é ilustrativo deste ponto:

> "Temos um ordenamento absurdo quando um grupo de indivíduos é dominado de tal modo que é impossível tanto conhecer finalidades consistentes do(s) dominador(es) quanto perseguir de forma duradoura a finalidade dos dominados. Imagine-se uma grande quantidade de pessoas dominadas por um grupo de bandoleiros armados. Os dominados não têm direito algum. Dentro do grupo dos indivíduos armados, toda forma de violência é permitida. Afora essa norma permissiva, não vigora outra norma geral(...). Um ordenamento assim, já por razões conceituais, *não é um sistema jurídico*" (grifo nosso).[42]

---

[39] "Dopo Auschwitz, insomma, le relazioni fra diritto e morale, di cui né giuspositivismo si erano mai occupati expressamente, sono ritornate al centro dela discussione, sino a far addirittura pensare a una possibile inversione del processo di diferenziazione fra diritto e morale: neogiusnaturalisti e neoconstituzionalisti, in particolare, sembrano chiedere un diritto rimoralizatto, rispettoso dei diritti e della dignità umana" (Barberis, *Introduzione allo studio del diritto*, 2014, p. 03).

[40] Seguindo a análise da Escola de Frankfurt, desde Adorno e Horkheimer, colhe-se em Habermas a seguinte e importante afirmação a respeito: "(...) Auschwitz tornou-se o símbolo de toda uma época – algo que diz respeito a todos nós. Aqui aconteceu uma coisa que até então ninguém tinha podido imaginar como possível. Aqui se tocou numa camada profunda da solidariedade existente entre tudo que ostenta feições humanas; até então todos tinham suposto, sem titubear, a integridade desta camada profunda, apesar de todas as bestialidades da história mundial. Neste momento, porém, rasgou-se um laço de ingenuidade, da qual tradições inquestionáveis tinham extraído sua autoridade e continuidades históricas tinham se alimentado. Auschwitz modificou as condições para a continuação de contextos vitais históricos – e isso não apenas na Alemanha" (Habermas, *Diagnósticos do tempo*: seis ensaios, 2005, p. 108).

[41] "A organização necessária pressupõe direito. A renúncia à instalação, fundamentada pelo argumento do conhecimento, da imposição e da organização, da sociedade na forma do direito seria anarquia" (Alexy, *Direito, razão, discurso*: estudos para a justiça do direito, 2015, p. 114).

[42] Alexy, *Conceito e validade do direito*, 2011, p. 39.

Capítulo II | O conceito de Direito

Desta forma, Robert Alexy resolve o problema do *arbítrio-do-poder* e da *violência-de-Estado*, definindo-os enquanto *uso ilegítimo da força*. Mas, a partir daí, como é possível resolver a tensão entre *Direito* e *Justiça*, sabendo que pode haver *Direito Positivo Injusto*? Neste ponto, Robert Alexy invoca a *fórmula* de Gustav Radbruch:[43]

> "A versão possível mais conhecida do argumento da injustiça relacionada a normas individuais provém de Gustav Radbruch, sua célebre fórmula diz: "O conflito entre a justiça e a segurança jurídica pode ser resolvido da seguinte maneira: O direito positivo, assegurado por seu estatuto e por seu poder, tem prioridade mesmo quando, do ponto de vista do conteúdo, for injusto e não atender a uma finalidade, a não ser que a contradição entre lei positiva e a justiça atinja um grau tão insustentável que a lei, como "direito incorreto", deva ceder lugar "a justiça" ".[44]

É esta recuperação da *fórmula de Radbruch*[45] que permite a Robert Alexy apresentar a proposta de um conceito de direito, considerando a pretensão de correção do Direito.[46] Esta *fórmula* tem sido invocada, atualmente, não somente por Robert Alexy, mas por autores do *neoconstitucionalismo*, e aceita até por *juspositivistas*, pois permite lidar com situações-limites, como a do *nazismo*, ou ainda, como a dos ati-

---

[43] Note-se a mudança da concepção de Gustav Radbruch, de positivista à crítica do positivismo: "Radbuch era positivista antes dos tempos do nacional-socialismo. Depois de 1945, mudou sua concepção e passou a defender a opinião de que o positivismo deixou, tanto os Juristas quanto o povo desarmados contra leis ainda tão arbitrárias, ainda tão cruéis, ainda tão criminosas. A inclusão de elementos morais no conceito de direito por ele reclamadas tem por função 'armar... [os juristas] contra o retorno de semelhante Estado injusto'" (Alexy, *Conceito e validade do direito*, 2011, p. 55). "Del concepto del Derecho se desprende así: – Que el derecho debe tener una realidad, presentes, por ejemplo, la forma empírica de una ley o un costumbre, dichos en otros términos, que debe ser positivo; – Que, en cuanto materialización de la Idea del Derecho, debe elevarse valorativa e imperativamente sobre el resto de la realidad; es decir, que debe ser normativo; – Que, por proponerse la realización de la justicia, debe regular la convivência humana; debe tener, por tanto, carácter social; – Que, por virtud de la justicia a que aspira, debe establecer la igualdad para todos a cuantos afecte; debe tener, por consiguiente, carácter general" (Radbruch, *Introducción a la Filosofia del Derecho*, 1993, p. 47).

[44] Alexy, *Conceito e validade do direito*, 2011, p. 34. Na obra de Gustav Radbruch, a fórmula se exprime desta forma: "(...) allí donde la injusticia del Derecho positivo alcance tales proporciones que la seguridad Jurídica garantizada por el Derecho positivo no represente ya nada en comparación con aquel grado de injusticia, no cabe duda de que el Derecho positivo injusto deberá ceder el paso a la justicia" (Radbruch, *Introducción a la Filosofia del Derecho*, 1993, p. 44).

[45] Sobre a mudança de posição, do juspositivismo ao jusnaturalismo, por parte de Gustav Radbruch, ante a passagem da Segunda Guerra Mundial, leia-se: "Il pubblico colto del dopoguerra fu soprattutto impressionato dalla pubblicizzata conversione al giusnaturalismo di autori giuspositivisti come Gustav Radbruch: per il quale, beinteso, il diritto positivo ingiusto continuava a essere diritto e a dover essere obbedito, salvo quando diveniva *intollerabilmente* ingiusto (cosidetta *formula di Radbruch*)" (Barberis, *Introduzione allo studio del diritto*, 2014, p. 03).

[46] "O direito é um sistema normativo que: 1)- Formula uma pretensão à correção; 2)- Consiste na totalidade das normas que integram uma constituição socialmente eficaz em termos globais e que não são extremamente injustas, bem como na totalidade das normas estabelecidas em conformidade com essa constituição e que apresentam um mínimo de eficácia social ou de possibilidade de eficácia e não são extremamente injustas; 3)- Ao qual pertencem os princípios e outros argumentos normativos, nos quais se apoia e/ou deve se apoiar o procedimento de aplicação do direito para satisfazer a pretensão à correção" (Alexy, *Conceito e validade do direito*, 2011, p. 151).

radores do muro de Berlim, na Alemanha Oriental, como aponta o jurista italiano Mauro Barberis.[47]

5. DIREITO, REGULAÇÃO SOCIAL E CONFLITO SOCIAL

Mesmo a partir destas bases e discussões extraídas dos itens anteriores, a busca pelo conceito de Direito ainda nos acompanha. E, agora, se acentua a pergunta sobre a função social do Direito. Neste ponto, valeria imaginar uma sociedade de perfeito convívio, com elevado nível de idealização da forma como se dá o convívio entre as pessoas. Esta imagem rapidamente cederia, diante do fato de que toda *sociedade real*, em face das *sociedades imaginárias*, gera um certo nível de comportamentos patológicos, de conflitos de interesses, de ruídos decorrentes da interação comunicativa, de desentendimentos nos níveis moral, político, social, econômico, cultural, ideológico. E, então, para lidar com todas estas questões, aparece a pergunta de como se deve lidar, prevenir, antecipar, solucionar, renovar a inteligência das soluções e de seus critérios, para este tipo de situações reais e concretas com as quais todos se deparam no convívio social. Aqui, está-se diante da função social do Direito.

E, de fato, o *conflito* é uma marca da vida em sociedade. É porque existem incontornáveis espécies de conflitos,[48] que o Direito existe e cria estratégias para enfrentá-los.[49] Por isso, os juristas partem desta premissa para pensar *com as leis* e *com as instituições* o "como", o "por que meios", o "de que forma", o "por quais critérios" enfrentá-los, analisá-los, tratá-los, solucioná-los.[50] Aliás, os conflitos não somente são uma marca da vida em sociedade, como são de variadas naturezas e caracterizam-se basicamente por serem: a) *conflitos intrassubjetivos*: psicológicos; afetivos; morais; intelectuais; espirituais; b) *conflitos intersubjetivos*: b.1) *bilaterais* (exs.: vizinhança; acidentes de automóvel; disputa comercial); b.2) *grupais* (exs.: partidos; religiões; classes sociais; etnias; grupos de interesses; guerra civil). Os conflitos intrassubjetivos e intersubjetivos não estão separados, pois uns podem gerar os outros. Daí por que, o melhor caminho para a redução (e não extinção) de conflitos sejam as *revoluções mi-*

---

[47] "La formula di Radbruch, cioè, toglieva ai gerarchi nazisti processati da Norimberga (1945-6) – ma anche alle guardie di frontiera della Germania orientale processate dopo la caduta del Muro di Berlino (1989), e ancora a tutti coloco che violano i diritti umani – il loro comune argomento difensivo: essersi limitati a obbedire al diritto" (Barberis, *Introduzione allo studio del diritto*, 2014, p. 4).

[48] Na Teoria Processual, a questão aparece de forma muito clara: "A existência de conflitos dentro da sociedade é inevitável. Somente em um plano ideal, como quimera, pode-se conceber uma sociedade perfeita, integrada por seres relacionados em absoluto e perene harmonia" (Lima, *Teoria Geral do Processo Judicial*, 2013, p. 07).

[49] "De fato o homem aspira à ordem. Em qualquer grupo que se forme, mesmo acidental, logo se esboça uma ordenação de condutas" (Ascensão, *Introdução à ciência do direito*, 3. ed., 2005, p. 49).

[50] Seu papel é tão relevante, que, ao prevenir e solucionar conflitos, sua 'necessidade' parece desaparecer, como analisa José Pinto Bronze: "O societariamente mais relevante efeito da Ordem Jurídica é, portanto, o de prevenção dos conflitos: quando isso acontece nem sequer nos damos conta da existência do seu conteúdo. E daí que possa acrescentar-se ser a ruptura revolucionária a maior prova do fracasso de uma ordem jurídica..." (Bronze, *Lições de introdução ao direito*, 2. ed., 2006, p. 139).

Capítulo II | O conceito de Direito

croscópicas operadas no interior ético do microcosmo de cada ser humano, no sentido de uma mais ampla revolução antropológica.[51]

É fato que talvez se imaginasse uma sociedade mais pacífica, de interações humanas mais bem realizadas, de níveis de solidariedade mais intensos, com outras formas de prevenção de punição de delitos, onde se pudesse inclusive vivenciar um sistema social mais humano e integrado. Tudo isto está, historicamente, ao nosso alcance e é possível de ser realizado. Mas, exigiria *níveis éticos* de entrelaçamento da vida comum e *níveis morais* de socialização em outros patamares. E, tudo isso, nos coloca de novo diante de nossa *humanidade* e seus desafios, o que abre a pergunta clássica da *Filosofia do Direito*, sobre a "natureza humana", que foi muito pesquisada pelas correntes do jusnaturalismo, às quais se podem atrelar as três hipóteses seguintes: a) *hipótese hobbesiana*: a natureza humana é egoísta, e levará a uma guerra de todos contra todos, por isso o Direito precisa ser instituído pelo pacto social; b) *hipótese rousseauniana*: a natureza humana é boa, mas a sociedade a corrompe, por isso o Direito gerado pela sociedade deve estar baseado num Direito Natural; c) *hipótese kantiana*: a natureza humana não é boa, nem má, mas sim de uma sociabilidade insociável, desempenhando o Direito um papel de coordenação da ação humana a partir de parâmetros da razão humana.[52] Estas três hipóteses fornecem subsídios e pontos de apoio para diferentes visões, fundamentações e tradições de análise do Direito. Em específico, é partindo desta terceira hipótese, a hipótese kantiana, que Jürgen Habermas irá se apoiar para afirmar a *função social regulatória* do Direito, e daí extrair o *conceito de Direito*. É a este exercício de compreensão, que se procederá a seguir.

6. O CONCEITO DE DIREITO EM JÜRGEN HABERMAS

O *Direito* pensado a partir do pensamento de Jürgen Habermas é analisado como razão comunicativa,[53] pela ética do discurso (*Diskursethik*).[54] Isto significa que o uso público da razão é o lugar de encontro das possibilidades de construção de regras comuns, uma vez congruentemente construídas a partir das deliberações no espaço público. Ora, é o procedimento garantidor da participação e do consenso que estabelece a eticidade do agir comunicativo, condição *sine qua non* para a formação legítima da vontade jurídico-política. A formação discursiva da vontade é questão central de discussão habermasiana, que vem claramente influenciada pelo pressuposto extraído das regras do jogo democrático, segundo as quais os atores e participantes

---

[51] Heller, *Agnes Heller entrevistada por Francisco Ortega*, 2002, p. 43.
[52] A respeito, *vide* Bittar, O jusnaturalismo e a filosofia moderna dos direitos: reflexão sobre o cenário filosófico da formação dos direitos humanos, *In Boletim da Faculdade de Direito da Universidade de Coimbra*, volume 80, 2004, p. 641-664.
[53] Cf. versão anterior desta mesma reflexão, Bittar, A discussão do conceito de direito: uma reavaliação a partir do pensamento habermasiano, *Boletim da Faculdade de Direito da Universidade de Coimbra*, Coimbra, n. 81, 2005, p. 797-826.
[54] Habermas, *Direito e Democracia*: entre facticidade e validade, V. I, 2003, p. 19. A respeito, consulte-se Bittar, *Democracia, justiça e emancipação social*: reflexões jusfilosóficas a partir do pensamento de Jürgen Habermas, 2013, p. 457-544.

atuam conforme pautas e procedimentos previamente constituídos para a garantia do exercício do direito à voz e à participação.

O Direito tem uma participação expressiva, significativa e necessária na constituição e determinação dos modos de ação social, determinando, desta forma, o esquema de atuação de cada um dentro do jogo de troca social. Por isso mesmo, se torna importante pensar o Direito, fundando-o em um solo muito concreto, que parte de evidências reais e possibilidades concretas de realização. Mas esta realidade é plural e se dá no mundo da vida, de onde se extraem as múltiplas experiências que atravessam a condição humana (injustiças, sentimentos, dificuldades, debilidades, instituições, tradições, moralidades...), e que não pode ser reduzido a uma categoria única e organizadora de todo o real, como o econômico em Marx. Se há um atributo, diferentemente do pensamento marxista, que marca a condição humana, este atributo é a capacidade de produção de linguagem e de interação comunicativa por meio da linguagem.

Isto porque se o direito não for considerado um sistema empírico coordenador de ações,[55] a própria discussão filosófica fica vazia, exatamente porque ideal e descolada da realidade.[56] Se torna especialmente importante pensar o Direito, de forma concreta e empírica, seja pela necessidade de sua existência, seja pelo fato de se constatar uma clara crise de fundamentação do direito e das práticas políticas, especialmente se considerada a problemática necessidade de refundar a ideia de Estado de Direito dentro de nossa cultura, como único mecanismo possível de manutenção da coesão social, sabendo-se que o estado atual da questão é exatamente o de crise, talvez gerada pela carência de efetiva presença e exercício de seus próprios princípios.[57]

6.1. O Direito em face da moral: diferenciando as esferas normativas

Para pensar o Direito, é necessário assumi-lo em toda a sua problemática condição. Isto está a comandar a ideia de que a base de moralidade estrutura o Direito. Então, é da tensão entre coerção e liberdade, assim como entre faticidade e validade, que se alimenta a ideia de Direito.[58] Isto significa aproximá-lo também das experiências sociais que lhe são próximas, ou das quais retira também grande parcela de seu *modus*. Eis a aproximação existente entre a experiência do Direito e a experiência da moral.

---

[55] Eis um ponto de convergência com a análise de Angel Latorre: "Na verdade, o Direito é o produto dum conjunto de transações e equilíbrios mais ou menos estáveis entre os interesses dos diversos grupos e um sistema de forças resultantes da combinação e interação de múltiplos poderes de facto" (Latorre, *Introdução ao direito*, 2002, p. 77).

[56] Habermas, *Direito e democracia:* entre facticidade e validade, 2003, p. 94.

[57] "Os indícios de uma erosão do Estado de direito assinalam, sem dúvida, tendências de crise; no entanto, nelas se manifesta muito mais a *insuficiente institucionalização de princípios do Estado de direito* do que uma sobrecarga da atividade do Estado, tornada mais complexa através desses princípios" (Habermas, *Direito e democracia:* entre facticidade e validade II, 2003, p. 180).

[58] Habermas, *Direito e democracia:* entre facticidade e validade, 2003, p. 52-54.

Capítulo II | O conceito de Direito

Para distinguir o Direito da moral, dada a sua proximidade deontológica de outras esferas de normação, já destacadas por Jhering,[59] é imperioso passar pela compreensão da dinâmica da vida social. Quando se está a falar de Direito, esclareça-se, se está a falar desta forma assumida pelo direito desde a modernidade, qual seja, juntamente com Habermas, a de um Direito além de normatizado, que se pretende sistemático, de interpretação obrigatória e predisposto pela força ao exercício da imposição do comportamento obrigatório. Quando se está a falar de moral, considere-se que se está a considerar uma forma do saber cultural, fator relevante para a manutenção das instituições sociais.

O Direito é mais que isto, exatamente porque o Direito reclama mais que saber, reclama ação, e é desta forma que se trata de um sistema que preside as ações, que intercede sobre as ações, que define e pauta as ações e que comanda pela força o cumprimento de determinadas ações. O Direito forma "...um complexo de reguladores da ação", na concepção de Habermas, que não deixa de compartilhar com a moral a capacidade de influenciar na tomada de decisão, mas que não se define por isso, e sim pela capacidade de produzir uma eficácia direta sobre a ação. É de um elevado grau de racionalidade que se nutrem as práticas institucionais do Direito, contrariamente ao que ocorre com as normas morais, cujo apelo sentimental, emocional, axiológico, por vezes, são turbadores da sua própria consistência. É isto que lhe garante um forte traçado autônomo, a partir da ideia de validade (Hans Kelsen), que consente à teoria a sua descrição como sendo um sistema diferenciado de outros sistemas sociais (Niklas Luhmann).[60] Enquanto sistema, no entanto, o Direito recolhe da moral os princípios vitais e constitutivos dos processos de eleição de valores e formas de compreensão de conteúdos de ações humanas específicas.[61]

É isto que define o Direito para além da moral, ou seja, se trata de um "...sistema de saber e, ao mesmo tempo, sistema de ação; ele pode ser entendido como um texto repleto de proposições e interpretações normativas ou como uma instituição, isto é, como um complexo de regulativos da ação".[62] As ações individuais, portanto, se coordenam e se organizam a partir de preceitos normativos escalados como sendo referenciais do modo de agir em sociedade (pagar o tributo; omitir-se de causar dano material a outrem; dirigir como licença administrativa etc.). Como comando para a

---

[59] "A ordem ética do mundo contém três categorias desses imperativos abstratos: do direito, da moralidade e da ética" (Jhering, *A finalidade do direito, apud*, Morris, p. 413).

[60] "Kelsen desengata o conceito do direito do da moral, e inclusive do da pessoa natural, porque um sistema jurídico que se tornou inteiramente autônomo tem que sobreviver com suas ficções autoproduzidas; ele introduz as pessoas naturais no seu próprio ambiente ou 'mundo circundante', nos termos da nova guinada naturalista de Luhmann" (Habermas, *Direito e democracia:* entre facticidade e validade, 2003, p. 118). Também, e seguindo Luhmann: "Do ponto de vista sociológico, ambos se diferenciaram simultaneamente do *ethos* da sociedade global, no qual o direito tradicional e a ética da lei ainda estavam entrelaçados entre si. Com o abalo dos fundamentos sagrados desse tecido de moral, têm início, processos de diferenciação." (Habermas, *Direito e democracia:* entre facticidade e validade, 2003, p. 141).

[61] Cf. Habermas, *Direito e democracia:* entre facticidade e validade, 2003, p. 110-111.

[62] Habermas, *Direito e democracia:* entre facticidade e validade, 2003, p. 150.

ação, o Direito age organizando os mecanismos de interação do convívio social, modulando desta forma os encontros entre subjetividades e interesses de cunho social. A legalidade é, sem dúvida alguma, importante face do Direito moderno, mas não sua única e última fonte de legitimidade.[63]

O Direito que se organiza como sistema, que se funda na coerção, e que realiza pela força seus preceitos, e assim o é desde a modernidade, retira dos indivíduos "...o fardo das normas morais e as transfere para as leis que garantem compatibilidade das liberdades de ação".[64] Se a moral, como forma de influenciação sobre os comportamentos sociais demanda a consciência do agente para condicionar-se a ter esta ou aquela escolha, o direito cumpre a função de predizer quais escolhas são válidas e quais não são válidas, tolhendo, de certa forma, a possibilidade de exercício de liberdades de escolha para além daquelas normadas como essenciais para o convívio social. Mas, ao tolher a livre-arbitrariedade das decisões de consciência individuais, também regula o encontro das vontades no espaço público. O Direito, neste sentido, reclama menos consciência e mais obediência.

Uma sociedade regulada pelo Direito não significa uma sociedade esvaziada de preceitos morais. O Direito incorpora-os em suas interfaces discursivas, e, ao fazê-lo, desdobra a sua pretensão de validade para que se torne também legítima do ponto de vista moral. Certamente, o direito pode se fechar autopoieticamente e autorreferir-se a si mesmo, porém isto não garante que sua condição de sobrevivência social se dê independentemente da moral, ou de qualquer mínimo moral. No entanto, há que se reconhecer que em sociedades racionalizadas, burocratizadas e normatizadas, exatamente porque complexas, os preceitos da moral somente encontram efetividade objetiva quando transformados para a linguagem do Direito.[65] Mais que isto, para uma teoria do agir comunicativo, não interessa simplesmente pensar, ao modo kantiano, acentuado na perspectiva kelseniana, a diferenciação destes sistemas, mas sobretudo pensar no não acantonamento da moral provocado pela intensa especificação dos

---

[63] "O surgimento da legitimidade a partir da legalidade não é paradoxal, a não ser para os que partem da premissa de que o sistema do direito tem que ser representado como um processo circular que se fecha recursivamente, legitimando-se *a si mesmo*. A isso opõe-se a evidência de que instituições jurídicas da liberdade decompõem-se quando inexistem iniciativas de uma população *acostumada* à liberdade. Sua espontaneidade não pode ser forçada através do direito; ele se regenera através das tradições libertárias e se mantém nas condições associacionais de uma cultura política liberal. Regelações jurídicas podem, todavia, estabelecer medidas para que os custos das virtudes cidadãs pretendidas não sejam muito altos. A compreensão discursiva do sistema dos direitos conduz o olhar para dois lados: De um lado, a carga da legitimação da normatização jurídica das qualificações dos cidadãos desloca-se para os procedimentos da formação discursiva da opinião e da vontade, institucionalizados juridicamente. De outro lado, a juridificação da liberdade comunicativa significa também que o direito é levado a explorar fontes de legitimação das quais ele não pode dispor" (Habermas, *Direito e democracia:* entre facticidade e validade, 2003, p. 168).

[64] Habermas, *Direito e democracia:* entre facticidade e validade, 2003, p. 114.

[65] Habermas, *Direito e democracia:* entre facticidade e validade, 2003, p. 145.

subsistemas sociais, na medida em que quanto mais a moral "se interioriza e se torna autônoma, tanto mais ela se retrai para domínios privados".[66]

Para esta visão, portanto, esta relação não é de mera complementaridade, entre a esfera da interioridade e da exterioridade, mas sim de entrelaçamento, na medida em que o agir comunicativo pressupõe esta participação do juízo moral na produção de decisões social e juridicamente relevantes.[67] De fato: "Por conseguinte, se as qualidades formais do direito são encontráveis na dimensão dos processos institucionalizados juridicamente, e se esses processos regulam discursos jurídicos que, por seu turno, são permeáveis a argumentações morais, então pode-se adotar a seguinte hipótese: a legitimidade pode ser obtida através da legalidade, na medida em que os processos para a produção de normas jurídicas são racionais no sentido de uma razão prático-moral procedimental. A legitimidade da legalidade resulta do entrelaçamento entre processos jurídicos e uma argumentação moral que obedece à sua própria racionalidade procedimental".[68]

6.2. O Direito e o mundo da vida

A percepção dos sofrimentos, das injustiças, da opressão, da privação, da dor e do compartilhamento destas, por processos comunicação quotidianos, se dá no domínio da experiência ordinária da vida, ou seja, no *mundo da vida* (*Lebenswelt*). É dentro dele, portanto, que se deve perceber e acolher a definição de Direito. O mundo da vida resume a complexidade de fatores que condicionam o agir social. O mundo da vida está impregnado de consensos da experiência de vida. O mundo da vida cria as condições para o diálogo e o consenso, para o encontro das vontades e para a deliberação político-jurídica na dimensão da esfera pública. Isto porque os indivíduos "...compartilham do chamado mundo da vida, onde possuem uma tradição cultural comum e crescem internalizando valores, expectativas e identidades em comum".[69]

O mundo da vida, como forma condensada de saber e poder,[70] com suas evidências e consensos admitidos, é o pano de fundo da ideia de que o agir comunicativo se dará a partir das experiências extraídas desta esfera. O mundo da vida cor-

---

[66] Habermas, *Direito e democracia:* entre facticidade e validade II, 2003, p. 217.
[67] "A questão acerca da legitimidade da legalidade fez com que o tema do direito e da moral predominasse. Esclarecemos como o direito, exteriorizado de modo convencional, e a moral interiorizada se complementam. Porém não nos interessamos apenas nessa relação complementar, e sim no *entrelaçamento* simultâneo entre moral e direito" (Habermas, *Direito e democracia:* entre facticidade e validade II, 2003, p. 218).
[68] Habermas, *Direito e democracia:* entre facticidade e validade II, 2003, p. 203.
[69] Tendrich, *O conceito de espaço público na concepção de J. Habermas, in* Direito, Estado e sociedade, PUC-Rio, 1997, p. 167.
[70] "Durante o agir comunicativo o mundo da vida nos envolve no modo de uma certeza imediata, a partir da qual nós vivemos e falamos diretamente. Essa presença do pano de fundo do agir comunicativo, latente e imperceptível, que tudo perpassa, pode ser descrita como uma forma condensada e, mesmo assim, deficiente, de saber e de poder" (Habermas, *Direito e democracia:* entre facticidade e validade, 2003, p. 41).

responde a "...um complexo de tradições entrelaçadas, de ordens legítimas e de identidades pessoais",[71] e o agir comunicativo extrai a sua vivacidade daí. Extraído da teoria da comunicação, o conceito de mundo da vida evita que a realidade seja encarada de modo partilhado, na medida em que significa esta "...rede ramificada de ações comunicativas que se difundem em espaços sociais e épocas históricas". Ora, é evidente que todas as práticas que assumem ao nível da comunicação alguma significação, já incorporaram tradições culturais, valores, instituições, sabedorias acumuladas. A originariedade, o imprevisto e o indeterminado são a marca do processo de constituição desta grande trama constituída a partir do convívio de indivíduos socializados, que buscam apoio nas condições de reconhecimento recíproco. Esta é mesmo a condição para, em meio ao social, afirmar-se como sujeito. Isto é o que faz com que sejam reciprocamente pressupostas e condicionantes a pessoa, a cultura e a sociedade.[72]

6.3. Direito e esfera pública

A esfera pública é uma noção evidente da vida social, tão comum e tão instantaneamente presente na estrutura do convívio quanto a ação, os atores sociais, o grupo e a coletividade. Trata-se de uma noção evidente na medida em que o próprio homem, na concepção habermasiana, é "... um ser plural, nascido em comunidade linguística e convivendo em um mundo marcado pela intersubjetividade e no qual compartilha expectativas, visões culturais, ideais comuns".[73] Quando se fala em espaço público, esta noção não retrata uma instituição, uma organização, pois não permite a formação de papéis e competências específicos e funcionalmente diferenciados, assim como também não é um sistema, uma vez que seus horizontes são abertos, permeáveis e maleáveis. Trata-se sim de uma verdadeira rede de feixes comunicacionais, de encontros e desencontros de tomadas de posição e de ações comunicativas, que pressupõe a base da linguagem natural para se realizar, lugar onde se sintetizam as opiniões públicas. É para ela que convergem as dicotomias, as disputas, as diferenças, os dilemas, os debates, as contraposições axiológicas.[74]

A existência de uma esfera pública sólida e consistente, sistematicamente predisposta à vivência da condição dialogal, é a garantia da radicalização da capacidade de produzir vontades democráticas nas tomadas de decisão que marcam a vida política, e que determinam as decisões formadoras do discurso jurídico. Ante os déficits de democracia, ante a crise de legitimação, ante o excesso de burocracia, ante a distância entre o poder instituído e o representado do poder, deve-se caminhar no sentido de, pela esfera pública "...alargar e aprofundar o campo político participativo em todos os espaços estruturais de interação social, revalorizando o primado da comunidade com todas as suas feições solidárias e permitindo uma libertação da sociedade civil,

---

[71] Habermas, *Direito e democracia:* entre facticidade e validade, 2003, p. 42.
[72] Habermas, *Direito e democracia:* entre facticidade e validade, 2003, p. 111-112.
[73] Tendrich, *O conceito de espaço público na concepção de J. Habermas, in* Direito, Estado e sociedade, PUC-Rio, 1997, p. 158.
[74] Cf. Habermas, *Direito e democracia:* entre facticidade e validade II, 2003, p. 92.

quer dos controles burocráticos empreendidos, quer dos imperativos econômicos impostos pelo mercado".[75]

Nesta esfera, a disputa é por hegemonia de influenciação. O reconhecimento das capacidades e habilidades de influenciação da opinião pública dependem da habilidade e da competência políticas adquiridas, o que faz com que haja convergências significativas de determinados grupos, instituições e/ou partidos cuja conquista de notoriedade lhes confere também o prestígio necessário para determinar opiniões na *esfera pública*. A esfera pública é aberta e democrática, indeterminada e informe, e por isso está sempre acolhendo a divergência, a diversidade e a pluralidade. O novo sempre pode irromper e, inclusive, o que se considera *Direito* está sempre em debate na esfera pública, pronto para ser modificado e alterado, conforme as tendências e condições de desenvolvimento da esfera pública. Ainda que a mídia alcance cada vez mais predominância na determinação das orientações da esfera pública, ainda carece do público como destinatário e assentidor último de suas práticas.[76] O espaço público pressupõe liberdade de encontros comunicativos, o que de certa forma significa que seu caráter espontâneo não é determinado nem pela mídia, nem pelo governo e nem por outras forças totalizantes.

6.4. Por uma teoria pós-metafísica do Direito

A proposta de Jürgen Habermas é a de pensar a legitimidade do *Direito* e de discuti-lo a partir da ideia de radicalização da democracia, algo de grande significação para a cultura do direito positivo contemporâneo.[77] Sem apelos metafísicos, e considerando o estado atual da cultura hodierna, é mister assumir como premissa de argumentação a necessidade de trabalhar o Direito como um fundamental instrumento de solidificação racional do convívio humano em sociedade. Neste sentido, o pensamento habermasiano reafirma a necessidade do *Direito*, na exata medida em que representa uma alternativa aos sistemas que funcionam capitaneados pelo poder ou pelo dinheiro. O *Direito* representa a alternativa fundada na *razão* (*Vernunft*) de constituição de um agir comum, determinado por mecanismos e procedimentos, que garantam aos interessados o envolvimento na produção dos consensos sociais expressados por meio de normas.

A necessidade do *Direito* decorre do fato, concreto e real, de que pensar em sua abolição só pode conduzir a uma anarquia, na medida em que os níveis éticos para a integração social não são suficientes para suportar o imperativo da socialização.

6.4.1. O que o Direito não é

Se na busca por um conceito de *Direito* se está a dar voltas em torno do termo "*Direito*", uma das necessárias atitudes frente a esta problemática é exatamente o cui-

---

[75] Tendrich, *O conceito de espaço público na concepção de J. Habermas*, in Direito, Estado e sociedade, PUC-Rio, 1997, p. 156.
[76] Cf. Habermas, *Direito e democracia:* entre facticidade e validade II, 2003, p. 95-96.
[77] Cf. Castelo Branco, O paradoxo de Habermas, in *Direito, Estado e sociedade*, v. 9, n. 20, jan./jul., 2002, p. 145.

dado com o uso linguístico e com o emprego do termo "*Direito*" em diversos contextos. De fato, sempre que se está diante de algum conjunto de normas, rapidamente se diz estar diante de um "*Direito*". Este tipo de atitude, certamente franquearia um arbitrário uso do termo "*Direito*", que ora se quer evitar.

Para fins desta perspectiva aqui assumida, o termo "*Direito*" não cabe para designar quaisquer grupos de normas. Pode-se mesmo invocar algumas lições do pensamento de Agostinho, para dizer que não se pode chamar a toda instituição social arbitrária de "direito"; o termo direito deve estar reservado para fins mais precisos, e, porque não, mais nobres. Parte-se, portanto, deste ponto mínimo de consenso para estabelecer o raciocínio.[78] De fato, "Suprimida a justiça que são os grandes reinos senão vastos latrocínios" (*De civitate Dei*, cap. IV: "*Remota itaque iustitia quid sunt regna nisi magna latrocinia*"). Um conceito de direito necessariamente afasta de sua continência a possibilidade de abrigar justificativa para o agasalhamento de instituições arbitrárias.

É nesta medida que se pode, com clareza, dizer que a anteriormente citada "Lei para a proteção do sangue e da honra alemães", de 15 de setembro de 1935 não pode ser batizada sob o signo de "*Direito*", revelando-se como mero arbítrio, expressão do voluntarismo político do *Führer*, revestido com a "forma jurídica" que lhe confere a característica externa e exterior de "*Direito*". Ou seja, veste-se da mesma roupagem do "Direito" escrito e legalizado, assim como é expressada pelo "Estado", e nem por isso pode ser considerada "Direito", pois não alberga o cumprimento de finalidades necessárias para a completa circunvisão de sua responsabilidade social. Assim, um sistema jurídico marcado por este tipo de características é menos "*Direito*" do que é arbítrio político. As ditaduras valem-se da legitimidade do "*Direito*" e utilizam-se do aparato do "Estado", para imporem seus sistemas de ideias e poderes aos cidadãos, o que não deve contaminar, na análise que faz, aquilo que efetivamente se quer chamar por "*Direito*".

6.4.2. O que o Direito é

Se a aproximação do "Direito" pode se dar pela exclusão, ou seja, pela definição do que não é, também deve se definir pelo que reúne em si de condições para afirmar o que é. Neste sentido, vale abrir campo para a ampla discussão da questão. O "Direito" tem por função primordial evitar o risco permanente da desagregação social, afastando a brutalidade invasiva e lesiva da liberdade pelo arbítrio, e fundando um sentido vetorial para o agir social (normas são prescritivos de conduta inscritos na forma de *dever-ser* e projetados para o futuro como indicadores do agir em comum). E, não se pode negar, é a corrigibilidade permanente que estabelece o direito como sendo o que é. Ou seja, onde há a possibilidade de estabelecer, pelos mecanismos institucionais, a busca do justo, inclusive pela superação da regra legislada por meio da aplicação judi-

---

[78] Discordo explicitamente da concepção de Kelsen, para quem: "Um Direito Positivo pode ser justo ou injusto; a possibilidade de ser justo ou injusto é uma consequência essencial do fato de ser positivo" (Kelsen, *O que é justiça? A justiça, o direito e a política no espelho da ciência*, 1998, p. 364). Na verdade, este Direito que assim se constrói e se identificada em dissonância clara e ostensiva contra a justiça, simplesmente não é Direito.

Capítulo II | O conceito de Direito

cial, está-se diante do direito. Isso significa que não é distintivo do direito o fato de se manter a regra escrita pelo legislador (ainda que injusta), a todo preço e a todo custo, mas a possibilidade de corrigir a injustiça legislada mediante os sistemas institucionais de controle e correção do próprio poder que garante a uma sociedade o fato de que suas instituições estão, formal e materialmente, revestidas do compromisso com o direito. Isto é o que, na verdade, faz o direito poder ser chamado de "Direito".

O "Direito" se distingue por sua alta mobilidade, por esta virtude de se torcer e contorcer, como sistema, para que a "Justiça" concreta seja produzida, de acordo com as necessidades e exigências únicas de cada situação. É claro que todo sistema possui "regras injustas", de modo que todo "Direito" haverá de encontrar dentro de si partes injustas. Mas, não é aí que está a descrição de sua conceituação. O "Direito", como sistema, conceito que não coincide puramente com o de "Justiça", não pode de fato ser chamado de direito se não houver em sua estrutura a pretensão de correção, no sentido de Robert Alexy, ou seja, com a pretensão de reencontrar-se a justiça das decisões mesmo a despeito de um sistema legislado desviado ou injusto. Esta é a máxima revelação da proximidade entre *Direito* e *Moral*.[79] Para alguns, como José de Oliveira Ascensão, a tradução da proximidade entre moral e direito se dá a partir da ideia de que o direito deve buscar o Bem Comum, e com isso estabelecer parâmetros sociais de administração do convívio social.[80]

É aí que mora o diferencial, o distintivo, a marca específica daquilo que podemos chamar de *"Direito"*. Ao renovar-se e abrir-se, no sentido de encampar a justiça, está-se definitivamente conduzindo as instituições para o atendimento das pretensões de justiça, infinitas e inexauríveis socialmente, o que torna a mobilidade do sistema em direção a diante a sua específica forma de manifestação. Se, por exemplo, a norma é injusta, há a possibilidade de discutir seu conteúdo, e de adaptar-se o seu conteúdo para a justiça concreta. Esta era uma exigência já contida na *Ética a Nicômaco* de Aristóteles, como medida de correção do justo legal. Há a possibilidade de corrigi-la judicialmente, quando da aplicação do direito, há a possibilidade de pleitear sua revogação, por meio do procedimento legislativo, há a possibilidade de deixar de aplicá-la, substituindo-as por nova regra. O retorno ao *rectum*, já que o torto foi estabelecido pelo legislador, é função do aplicador do sistema, daí derivar da mobilida-

---

[79] "Não posso aprofundar essa discussão moral teórica. E a existência de candidatos sérios, interessados em assumir a autoria de uma teoria procedimental da justiça, constitui um indício seguro de que minha tese, segundo a qual o direito procedimentalista depende de uma fundamentação moral de princípios, e vice-versa, não é mera suposição sem fundamento. A legalidade só pode produzir legitimidade, na medida em que a ordem jurídica reagir à necessidade de fundamentação resultante da positivação do direito, a saber, na medida em que forem institucionalizados processos de decisão jurídica *permeáveis* a discursos morais" (Habermas, *Direito e democracia:* entre facticidade e validade II, 2003, p. 215-216).

[80] "As condições exteriores que a ordem jurídica pretende criar bem podem ser designadas pela expressão tradicional *bem comum* – que é o bem duma sociedade e simultaneamente o bem das pessoas que vivem nessa sociedade" (Ascensão, *Introdução à ciência do direito*, 2005, p. 96).

de das práticas deste sistema a permanente condição de reconfiguração interna de suas regras, na medida em que se são construídas, também são refeitas pelos seus operadores.

É claro que todo sistema jurídico contém regras discrepantes e injustas, mas estas regras devem estar submetidas à possibilidade de sua correção, pela via procedimental normativa ou pela via concreta e aplicativa. Quando se afirma que não é uma norma injusta que macula todo o sistema, está-se a dizer que não é uma injustiça que desvirtua toda a estrutura do sistema, mas sim se este sistema tem como característica estável e permanente a fuga da pretensão de correção, ou ainda, a indiferença à justiça como forma de expressão e garantia de seu funcionamento (direito do totalitarismo, direito dos regimes de repressão etc.). Um sistema que se constrói sobre estes pilares, ainda que suas normas sejam formalmente válidas, não é, neste sentido, "*Direito*".

Não é, portanto, como afirma a teoria de Bobbio,[81] a coatividade que define ou distingue o direito. Se o que distingue as normas jurídicas, tomadas como um todo, de outras experiências institucionais sociais é só a possibilidade de sua imposição coativa à condutas, o "*Direito*" passa a ter um traçado gritante de exercício da força legitimado pelo procedimento.[82] Um sistema totalitário usa das formas tradicionais do direito e se vale especialmente da força como ingrediente de coesão social. Então, a pura coercitividade do direito é sentida como manifestação do arbítrio e da dominação (ainda que revestida do aspecto normativo), o que é argumento suficiente para espancar a visão que caracteriza o distintivo do direito pela sanção, pois, neste momento, nele se localiza não seu diferencial, mas seu ponto de convergência com os sistemas de poder instituídos.

Descortinar o conceito de Direito significa aproximar-se daquilo que distingue o Direito, não daquilo que define sua proximidade com a experiência pura e crua do poder. De qualquer forma, o Direito representa uma força normativa que antecipa aos comportamentos individuais, predeterminando opções válidas, as condutas a serem seguidas, de modo a cercear a amplitude de escolhas, em nome da escolha da própria vida em comum. A ampla e irrestrita liberdade de escolha significa a liberdade absoluta. O Direito não convive com a liberdade absoluta, mas se *cria* e *re-cria* à luz das condições sócio-humanas de convívio.

Isso significa que o "*Direito*" tem uma dupla missão, pois, por vezes, agasalha o indivíduo para protegê-lo socialmente (direito ao sigilo bancário como proteção do direito à intimidade), por vezes o desveste para proteger a sociedade (ruptura do sigi-

---

[81] "Aceitamos aqui a teoria escalonada do ordenamento jurídico, elaborada por Kelsen" (Bobbio, *Teoria do ordenamento jurídico*, 1999, p. 49). "Diremos, então, com base nestes critérios que 'normas jurídicas' são aquelas cuja execução é garantida por uma sanção externa e institucionalizada" (Bobbio, *Teoria da norma jurídica*, 2001, p. 160).

[82] "(...) quando se fala em sanção organizada como elemento constitutivo do direito, nos referimos não às normas singulares, mas ao ordenamento normativo tomado no seu conjunto" (Bobbio, *Teoria da norma jurídica*, 2001, p. 167).

lo bancário em caso de corrupção). Trata-se de um permanente processo de abertura e fechamento em torno da questão da liberdade. Esta sua função lhe confere esta dupla tarefa de ora proteger o indivíduo, furtando à sociedade o poder de exercer sem critérios o controle de seu comportamento (direito à privacidade), ora proteger a sociedade, furtando ao indivíduo o poder de praticar atos que corrompam com o sentido do compartilhar fins sociais (improbidade administrativa).

Nesta análise, chega-se, então, à proposta de se afirmar que o Direito positivo exerce simultaneamente *pretensão de validade formal* (correção formal), *pretensão de justeza moral* (correção axiológica), *pretensão de legitimidade na adesão das vontades individuais* (correção política) e *pretensão de vinculação das condutas* (correção impositiva). Estes traços demarcam os atributos do Direito, o que permite acessar o seu conceito. O *"Direito"* tem por diferencial e, portanto, por função, *coordenar os esforços sociais* de modo a presidi-los para a produção de *justiça*, consentindo que fins comuns consensuados estabeleçam os parâmetros de avaliação das condutas sociais.[83]

CASO PRÁTICO
O CASO DO TRIBUNAL DE NUREMBERG

Uma das Leis de Nuremberg (*Nürnberger Gesetze*), a Lei de proteção do sangue e honra alemães, de 15 de setembro de 1935 (*Gesetz zum Schutze des deutschen Blutes und der deutschen Ehre*), de caráter antissemita, conferiu legalidade à perseguição aos judeus, no período da Alemanha nazista. O julgamento que se estabelece pelas forças aliadas, ao final da Segunda Guerra Mundial, para apurar os crimes nazistas, se realiza na cidade de Nuremberg, na Alemanha, e fica conhecido como o Tribunal de Nuremberg. São julgados perante o Tribunal 24 indiciados, entre eles, Rudolf Hess, Erich Raeder, Hermann Goering, Wilhelm Keitel, Julius Streicher, Wilhelm Frick, além de outras lideranças nazistas. As acusações que pendem contra os indiciados giram em torno do conceito de "crimes contra a humanidade", que vieram a ser regulamentados através do Acordo de Londres, de 08 de agosto de 1945, responsável pela própria criação do Tribunal de Nuremberg, nos termos do art. 6º, "c":

"O Tribunal instituído pelo Acordo mencionado no Artigo 1 acima, para julgamento e punição dos principais criminosos de guerra dos países do Eixo Europeu, é competente para julgar e punir pessoas que, agindo no interesse dos países do Eixo Europeu tenham cometido, quer a título individual ou como membros de organizações, algum dos seguintes crimes:

c) Crimes contra a Humanidade: nomeadamente, assassínio, extermínio, redução à escravatura, deportação ou outros atos desumanos cometidos contra qualquer população civil, antes ou durante a guerra; ou perseguições por motivos políticos, raciais ou religiosos, quando estes atos ou perseguições são cometidos ou estão relacionados com qualquer crime

---

[83] "O direito é a ordem normativa vigente em cada sociedade, destinada a estabelecer os aspectos fundamentais da convivência que condiciona a paz social e a realização das pessoas, que se funda em critérios com exigência absoluta de observância" (Ascensão, *Introdução à ciência do direito*, 3. ed., 2005, p. 200).

abrangido pela competência deste Tribunal, quer violem ou não o direito interno do país onde foram perpetrados".

As acusações, no entanto, carecem de provas e de fundamentação, perante o Tribunal Militar Internacional. Para esta tarefa, foram designados Robert H. Jackson (Estados Unidos), François de Menthon (França), Roman A. Rudenko (União Soviética) e Sir Hartley Shawcross (Grã-Bretanha).

Discuta o conceito de Direito, considerando-se, perante a situação de acusação, defesa e julgamento do Tribunal de Nüremberg, nas posições de:

1. Robert H. Jackson, e adote a Teoria de Immanuel Kant sobre o conceito de Direito, e os crimes contra a humanidade, apontando a violação da dignidade da pessoa;

2. François de Menthon, e adote a Teoria de Jürgen Habermas sobre o conceito de Direito, e os crimes contra a humanidade, apontando os limites do positivismo jurídico.

CAPÍTULO III
O CONCEITO DE DIREITO E O CONCEITO DE DIGNIDADE DA PESSOA HUMANA

Sumário: 1. O conceito de dignidade da pessoa humana; **2.** A dignidade e o respeito a todos e a cada um(a); **3.** A construção histórico-filosófica do conceito de dignidade da pessoa humana; **4.** A centralidade do conceito de "pessoa" para o Direito; **5.** O conceito filosófico de "pessoa"; **6.** Humanismo, humanidade e "pessoa"; Caso prático.

1. O CONCEITO DE DIGNIDADE DA PESSOA HUMANA

A dignidade da pessoa humana serve como fundamento da cultura contemporânea dos direitos humanos.[1] Não por outro motivo, o direito contemporâneo reforça a *interdependência* do direito, da democracia (e, da soberania popular) e dos direitos humanos (e, da dignidade da pessoa humana). Não por outro motivo, também, a *Filosofia do Direito* contemporânea, seja em Jürgen Habermas,[2] seja em Robert Alexy,[3] aponta exatamente neste sentido, reforçando seus pressupostos. Sob a cultura universal de busca por uma *ética dos direitos humanos*, a dignidade da pessoa humana passa a significar princípio fundante, valor-fonte, ideal universal, dela derivando e tendo nela de se equilibrar, os demais valores, a saber, a liberdade, a ordem, a igualdade, a segurança, a solidariedade, a paz, a diversidade, a justiça.[4]

Neste sentido, ela é princípio-base e importante fonte-matriz para ordenamentos jurídicos nacionais. A Constituição Federal de 1988 se preocupou em abraçar o conceito de dignidade, inscrevendo-o no art. 1º, inciso III, onde se lê: "A República Federativa

---

[1] A respeito, *vide* Bittar, Verbete: Dignidade, *In: Dicionário de Família* (Caetano Lagrasta Neto e José Fernando Simão, Coordens. Gerais; Consultor Sidnei Agostinho Beneti), Volume I, São Paulo, GEN/Atlas, 2015, p. 276-280.
[2] "Por isso, o princípio da democracia só pode aparecer como núcleo de um sistema de direitos. A gênese lógica desses direitos forma um processo circular, no qual o código do direito e o mecanismo para a produção de direito legítimo, portanto, o princípio da democracia, se constituem de *modo co-originário*" (Habermas, *Direito e democracia*, I, 2003, p. 158).
[3] "Como os direitos do homem dizem respeito não só à autonomia privada, mas também à pública, a sua fundamentação abarca, necessariamente, a fundamentação da democracia" (Alexy, *Direito, razão, discurso:* estudos para a Filosofia do Direito, 2015, p. 114).
[4] "A dignidade do ser humano fonte e medida de todos os valores, está sempre acima da lei, vale dizer, de todo o direito positivo. Mas a expressão jurídica dessa dignidade se enriquece continuamente no curso da História..." (Comparato, *A afirmação histórica dos direitos humanos*, 1999, p. 30).

do Brasil constitui-se em Estado Democrático de Direito e tem como fundamentos: (...) III. a dignidade da pessoa humana". Daí a atualidade da preocupação, pois a Constituição ao abrigar o conceito, evocando-o, compromete-se com todo o histórico que a formulou e com todo o significado que carrega consigo.[5] Isso é simbolicamente relevante, pois a Constituição não tem apenas posição de *hierarquia* perante as demais normas do sistema jurídico, mas sim de *supremacia*, tecendo os valores-guia eleitos para a arquitetura de todo o sistema jurídico. Por isso, a noção de "dignidade da pessoa humana" funciona como: a) princípio determinante do ordenamento jurídico brasileiro; b) fundamento do Direito e das políticas do Estado; c) fim das ações e práticas sociais; d) a posição topográfica da expressão, no texto constitucional, irradia sentido a todas as demais normas do sistema;[6] e) serve de diretriz para a legislação infraconstitucional, vinculando-se a tarefa do legislador infraconstitucional;[7] f) funciona como ponto de partida para a hermenêutica do ordenamento jurídico. É, sem dúvida alguma, resumo das ambições axiológicas constitucionais, suma ideológica e fundamento do direito positivo brasileiro, que por ela deve se pautar e guiar todas as demais normas jurídicas positivas.

2. A DIGNIDADE E O RESPEITO A TODOS E A CADA UM(A)

A expressão "dignidade da pessoa humana" pode ser lapidarmente definida e conceituada, a exemplo de como o faz Ingo Wolfgang Sarlet.[8] Mas, a expressão é aberta, colocando-nos diante dos dilemas de nossa humana condição. É com sua abertura que a expressão exibe aos nossos olhos a *humanidade* de que somos constituídos, em todas as suas *dimensões*, como um *problema em aberto*, trazendo no espaço linguístico da interrogação, o campo para a necessária reflexão, e no espaço linguístico da luta, o campo para a necessária atuação política em torno de sua realização concreta e real. Sua abertura é sua virtude, pois permite abraçar a humanidade em sua amplitude horizontal (histórica) e vertical (ontológica), sabendo-se que estamos diante de

---

[5] "Uma Constituição que se compromete com a dignidade humana lança, com isso, os contornos da sua compreensão do Estado e do Direito e estabelece uma premissa antropológico-cultural" (Häberle, *A dignidade humana como fundamento da comunidade estatal*, in *Dimensões da dignidade:* ensaios de Filosofia do Direito e Direito Constitucional (Sarlet, Ingo Wolfgang, org.), 2005, p. 128).

[6] "A vinculação do legislador aos direitos fundamentais conduz necessariamente a leis que observem a proporcionalidade e recusem intervenções desproporcionais" (Ledur, *Direitos fundamentais sociais*, 2009, p. 58).

[7] "Com isso, os direitos fundamentais se irradiam para as relações privadas regradas em nível infraconstitucional, nas quais as funções clássicas em nada incidiam" (Ledur, *Direitos fundamentais sociais*, 2009, p. 39).

[8] "Assim sendo, tem-se por dignidade da pessoa humana *a qualidade intrínseca e distintiva reconhecida em cada ser humana que o faz merecedor do mesmo respeito e consideração por parte do Estado e da comunidade, implicando, neste sentido, um complexo de direitos e deveres fundamentais que asseguram a pessoa tanto contra todo e qualquer ato de cunho degradante e desumano, como venham a lhe garantir as condições existenciais mínimas para uma vida saudável, além, de propiciar e promover sua participação ativa e corresponsável nos destinos da própria existência e da vida em comunhão com os demais seres humanos*" (Sarlet, As dimensões da dignidade humana: construindo uma compreensão jurídico-constitucional necessária e possível, in *Dimensões da dignidade:* ensaios de Filosofia do Direito e Direito Constitucional, 2. ed., 2005, p. 37).

um campo de buscas, de pesquisas, de lutas, de interrogações e de achados. É, nesse sentido, uma expressão fugidia e que, por isso, parece abstrata e geral demais.

Mas, apesar de sua *abstração* e *generalidade*, compreender o sentido da expressão significa dar a ela carne e osso, ou seja, *significação* mais do que *terminológica, significação realista*. Nesta perspectiva, o que a expressão procura recolher são os milhares de casos e de situações aflitivas para uma enorme diversidade de grupos humanos atingidos pela violação de seus direitos humanos fundamentais, a exemplo de: crianças e adolescentes vítimas de violência sexual; idosos relegados ao abandono e à privação de assistência; população em situação de rua, em desamparo de teto, saúde e alimentação; imigrantes vítimas de xenofobia, desamparados do ponto de vista documental, político, econômico e social; populações vitimadas pelo racismo e pela intolerância religiosa; pessoas em tráfico para trabalho escravo ou escravidão sexual; pessoas com deficiência, diante dos obstáculos sociais para a sua inclusão, respeito e participação na vida comum. Essas são algumas das situações cobertas pelo quadro dos direitos humanos.

Se uma pesquisa mais precisa for oferecer alguns indicadores reais e concretos, sobre a situação do cumprimento da dignidade da pessoa humana, na realidade brasileira, ter-se-á presente o quão distante se está deste princípio que é vetor da norma constitucional brasileira, funcionando exatamente por isso como uma utopia concreta a ser perseguida, enquanto desafio ao cumprimento dos direitos neste contexto histórico.

São exemplos de dados concretos:

1) no *II Inquérito Nacional sobre Vigilância Alimentar*, de 2022, aponta-se para a situação dos 33 milhões de brasileiros em situação de fome, ano de 2022;[9]

2) no Relatório *Ouvidoria Nacional de Direitos Humanos: balanço anual*, constante do *site* do *Ministério da Mulher, da Família e dos Direitos Humanos*, se registra, a respeito do Disque 100, Canal de Denúncia do Governo Federal: "Em 2018, o Disque 100 completou 15 anos de história, em defesa e busca de direitos humanos e que estão à mercê de diversas situações de violações. (...) Nos últimos 5 anos o Disque 100 atendeu uma média de 2,5 milhões de ligações e registrou um número superior a 130 mil denúncias de violações de direitos ao ano. Sendo que crianças e adolescentes são em maior número as vítimas de violações, seguido de Pessoa Idosa e Pessoa com Deficiência. Em 15 anos de história somaram-se mais de 1.133.000 denúncias e mais de 1.700.000 vítimas".[10]

3) no Relatório *Violência LGBTfóbica no Brasil: dados da violência, de 2018*, produzido pelo Ministério dos Direitos Humanos, pode-se ler: "Deste modo o quinto relatório sobre violência LGBTfóbica no Brasil confirma as exposições que já haviam sido constatadas por meio dos relatórios anteriores. Os dados de 2016 apontam para um panorama de violência LGBTfóbica sistemática no Brasil. Neste ano foram registradas um total de 2.964 violações de direitos humanos de

---

[9] Cf. REDE PENSSAM. *II VIGISAN*: Inquérito Nacional sobre Vigilância Alimentar no contexto da Pandemia Covid-19 no Brasil, 2022, p. 37.

[10] Ouvidoria Nacional dos Direitos Humanos, Relatório *Ouvidoria Nacional dos Direitos Humanos: Balanço Anual, Disque Direitos Humanos*, Ministério da Mulher, da Família e dos Direitos Humanos. Disponível em: <https://www.mdh.gov.br/>. Acesso em: 19 dez. 2019, p. 70.

caráter LGBTfóbico. Ao contrário do que ocorreu no ano anterior, em 2016, o total dos registros de denúncias recebidos pelo *Disque Direitos Humanos* (Disque 100) permaneceram relativamente próximos. De acordo com os dados apresentados é possível concluir que a LGBTfobia no Brasil é estrutural, operando de forma a desqualificar as expressões de sexualidade divergentes do padrão heteronormativo, atingindo a população de lésbicas, gays, bissexuais, travestis e transexuais em diferentes faixas etárias e nos mais diversos locais, desde a rua até o nível familiar. Os dados apontam que a sociedade brasileira ainda é extremamente sexista, machista e misógina".[11]

4) no que se relaciona à violência contra Transexuais e Travestis: "O Brasil é o país que mais mata travestis e transexuais no mundo. Entre janeiro de 2008 e março de 2014, foram registradas 604 mortes no país (...)".[12]

5) no Relatório contido no *Atlas da Violência 2019*, produzido pelo *Fórum Brasileiro de Segurança Pública* e pelo *Instituto de Pesquisas Econômicas Aplicadas* (IPEA): "A presente edição do *Atlas da Violência* indica que houve um crescimento dos homicídios femininos no Brasil em 2017, com cerca de 13 assassinatos por dia. Ao todo, 4.936 mulheres foram mortas, o maior número registrado desde 2007"; (...) "Verificamos crescimento expressivo de 30,7% no número de homicídios de mulheres no país durante a década em análise (2007-2017), assim como no último ano da série, que registrou aumento de 6,3% em relação ao anterior"; no *site Violência contra a Mulher em Dados*,[13] o *Cronômetro da Violência* registra que "Uma mulher é vítima de estupro a cada 9 minutos"; em 2019, no período entre janeiro e outubro, a *Central de Atendimento à Mulher* (Ligue 180) do *Ministério da Mulher, da Família e dos Direitos Humanos*, registrou um aumento de 272% de casos de feminicídio, ou de tentativa de feminicídio, com relação ao mesmo período de 2018.[14]

6) segundo o Relatório contido no *Atlas da Violência 2019*, produzido pelo *Fórum Brasileiro de Segurança Pública* e pelo *Instituto de Pesquisas Econômicas Aplicadas* (IPEA): "No Atlas da Violência 2019, verificamos a continuidade do processo de aprofundamento da desigualdade racial nos indicadores de violência letal no Brasil, já apontado em outras edições. Em 2017, 75,5% das vítimas de homicídios foram indivíduos negros...".[15]

---

[11] Relatório *Violência LGBTfóbicas no Brasil: dados da violência* (Marcos Vinícius Moura Silva, org.), Ministério dos Direitos Humanos, Brasília, 2018. Disponível em: <https://www.mdh.gov.br/biblioteca/consultorias/lgbt/violencia-lgbtfobicas-no-brasil-dados-da-violencia>. Acesso em: 19 dez. 2019, p. 74-75.

[12] Cazarré, *Com 600 mortes em seis anos, Brasil é o que mais mata travestis e transexuais*. Disponível em: <http://agenciabrasil.ebc.com.br>. Acesso em: 12 set. 2016.

[13] Dados contidos na plataforma *Violência contra a mulher em dados*. Disponível em: <https://dossies.agenciapatriciagalvao.org.br/violencia-em-dados/>. Acesso em: 19 dez. 2019.

[14] Léo Arcoverde e Milena Teixeira, *Denúncias de feminicídio e tentativas de assassinato a mulheres mais que triplicam no país*, GloboNews, São Paulo, publicada em 17.12.2019. Disponível em: <https://g1.globo.com/sp/sao-paulo/noticia/2019/12/17>. Acesso em: 19 dez. 2019.

[15] *Fórum Brasileiro de Segurança Pública* e pelo *Instituto de Pesquisas Econômicas Aplicadas* (IPEA), *Atlas da Violência 2019*, Brasília; Rio de Janeiro; São Paulo, 2019, p. 49. Disponível em: <http://www.

7) no *Atlas da violência 2016*, registra-se: "Segundo o Sistema de Informações sobre Mortalidade (SIM), do Ministério da Saúde, em 2014 houve 59.627 homicídios no Brasil – o que equivale a uma taxa de homicídios por 100 mil habitantes de 29,1. Este é o maior índice de homicídios já registrado (...)". "Para situarmos o problema, estas mortes representam mais de 10% dos homicídios registrados no mundo e colocam o Brasil como o país com o maior número absoluto de homicídios".[16]

8) no *Índice de vulnerabilidade juvenil à violência e desigualdade racial 2014*, da Secretaria Nacional de Juventude, lê-se: "A prevalência de jovens negros serem mais vítimas de assassinatos do que jovens brancos é uma tendência nacional: em média, jovens negros têm 2,5 mais chances de morrer do que jovens brancos no país".[17]

9) De acordo com dados do IBGE, as condições precárias de moradia mostram um cenário em que 11,4 milhões de pessoas se encontram morando em favelas ("aglomerados subnormais"), um dado relativo a 6% da população brasileira (6.329 favelas, em 323 municípios de todo o país).[18]

10) no *Terceiro Relatório Nacional do Estado Brasileiro ao Mecanismo de Revisão Periódica Universal do Conselho de Direitos Humanos das Nações Unidas – 2017*, no item II, c) (Defensores de Direitos Humanos), pode-se constatar que: "Apesar dos esforços, ainda persistem desafios para a proteção de defensores de direitos humanos no Brasil, em especial quanto a profissionais de comunicação, lideranças rurais, indígenas, quilombolas e ambientalistas".[19]

11) também, no *Terceiro Relatório Nacional do Estado Brasileiro ao Mecanismo de Revisão Periódica Universal do Conselho de Direitos Humanos das Nações Unidas – 2017*, no item II, d) (Povos Indígenas), parágrafo 64o, apesar de registrarem-se 817.963 indígenas em todo o país (305 etnias; 274 línguas), deve-se ter presente que: "Os povos indígenas permanecem dentre os segmentos de maior vulnerabilidade na população brasileira quando considerados indicadores como renda, mortalidade infantil, desnutrição, saúde, escolarização e acesso a saneamento básico".[20]

Por meio dessa breve aproximação empírica e por esses dados de realidade, é possível apenas *aproximar-se* da concretude dos enfrentamentos e desafios que con-

---

forumseguranca.org.br/wp-content/uploads/2019/06/Atlas-da-Violencia-2019_05jun_vers%C3%A3o-coletiva.pdf>. Acesso em: 19 dez. 2019.

[16] *Atlas da Violência* 2016, Brasília, Março de 2016, n. 17, Instituto de Pesquisa Econômica Aplicada – IPEA, Governo Federal, disponível em: <http://www.forumseguranca.org.br>. Acesso em: 12 set. 2016, p. 6.

[17] *Índice de vulnerabilidade juvenil à violência e desigualdade racial 2014*, Secretaria Nacional de Juventude/Ministério da Justiça, Brasília, 2015, disponível em: <http://nacoesunidas.org>. Acesso em: 12 set. 2016, p. 21.

[18] Agência IBGE, *Dia Nacional da Habitação*: Brasil tem 11,4 milhões de pessoas vivendo em favelas. Disponível em: <https://agenciadenoticias.ibge.gov.br>. Acesso em: 16 jan. 2018.

[19] Ministério dos Direitos Humanos, *3º Relatório Nacional do Estado Brasileiro ao Mecanismo de Revisão Periódica Universal do Conselho de Direitos Humanos das Nações Unidas – 2017*, SEDH, 2017. <www.mdh.gov.br/sdh>. Acesso em: 20 mar. 2018.

[20] Ministério dos Direitos Humanos, *3º Relatório Nacional do Estado Brasileiro ao Mecanismo de Revisão Periódica Universal do Conselho de Direitos Humanos das Nações Unidas – 2017*, SEDH, 2017. <www.mdh.gov.br/sdh>. Acesso em: 20 mar. 2018.

cernem a temas de justiça e violência, para que a dignidade deixe de ser *puro conceito* e se torne *valor-efetivo* para milhares de pessoas. Não por outro motivo, Jürgen Habermas afirma: "O apelo aos direitos humanos alimenta-se da indignação dos humilhados pela violação de sua dignidade humana".[21] A luta em favor da dignidade da pessoa humana concerne a temas tão variados quanto delicados, tais como: tortura; discriminação e racismo; intolerâncias; idosos; juventude; meio ambiente; violências; genocídio; trabalho escravo; violência contra a mulher; pessoas com deficiência; entre outros.

3. A CONSTRUÇÃO HISTÓRICO-FILOSÓFICA DO CONCEITO DE DIGNIDADE DA PESSOA HUMANA

Do ponto de vista histórico, a luta social é o motor de toda a trajetória de conquista, reconhecimento, positivação e efetivação dos direitos humanos, seguindo-se de perto a compreensão de Axel Honneth.[22] Não há desde sempre uma coincidência conceitual entre indivíduo e pessoa, e entre pessoa e pessoa digna, sabendo-se que estas aproximações no sentido do *universal abstrato ocidental* percorreram longa trajetória antes de se inscreverem nas Declarações liberais, e, daí, para dentro da maior parte dos ordenamentos jurídicos contemporâneos.[23]

Essa história, portanto, passa por contribuições filosóficas, culturais e religiosas, que fizeram com que a noção de "dignidade" viesse despontando já na tradição antiga. Mas, entre os romanos, a *dignitas* está ligada ao *status* do indivíduo perante o grupo. Aqui, a noção não é igualitária, ou universal, vinculando dentro da comunidade, pois não existe o reconhecimento de um sujeito de direito independente da *urbs*. Essa concepção começa a se alterar sob a influência do estoicismo e do cristianismo, na igualdade que faz de todos pertencentes ao mesmo destino comum ou igualizados pela morte. Desde o cristianismo, as características da fraternal igualdade, da universalidade e da essência da pessoa digna passam a ser constitutivas da pessoa humana.

No mundo moderno, a dignidade cunhada pelo humanismo, coloca o homem no centro das concepções de mundo (antropocentrismo), sabendo-se que no Renascimento se vai consolidando a libertação dos laços da pessoa digna diante da impositiva cultura teológica medieval, para daí emergir o indivíduo da cultura liberal (individualismo). A partir do Iluminismo, com a destradicionalização dos costumes, e

---

[21] Habermas, O conceito de dignidade humana e a utopia realista dos direitos humanos, *in Sobre a Constituição da Europa*, 2012, p. 11.

[22] "O motor e o meio dos processos históricos da realização dos princípios da liberdade institucionalizada não é o direito, ao menos não é em primeiro lugar, mas as lutas sociais pela adequada compreensão desses princípios e as mudanças de comportamento daí resultantes" (Honneth, *O direito da liberdade*, 2015, p. 630).

[23] "Foi preciso um longo encaminhamento histórico, do Direito romano até as modernas declarações dos direitos, para que se afirmasse a nossa concepção ocidental de Homem como universal abstrato, nascido livre e dotado de razão e igual a todos os outros homens" (Supiot, *Homo juridicus*: ensaio sobre a função antropológica do Direito, 2007, p. 13-14).

consideradas as influentes premissas do pensamento de Immanuel Kant (a não instrumentalidade do sujeito, a potência da razão crítica, a significação deontológica do "mundo dos fins"),[24] todos estão igualizados na razão e, por isso, tem a mesma "dignidade universal", perante uma moral transcendental, que fundamenta o direito.

As lutas sociais, trabalhistas e sindicais do século XIX inscrevem no coração da cultura do "indivíduo livre", a força do "coletivo organizado" e da "luta pela redistribuição" dos recursos econômicos e materiais, em face do capitalismo. Agora, a existência digna tem a ver com a redução da exploração do trabalho e com a emancipação da opressão econômico-social, ativando no Estado Social o desenvolvimento de mecanismos de prestação e assistência. Nessa esteira, a Constituição de Weimar (1919), consagra o termo "dignidade" em seu art. 151, inciso III, associado à redistribuição e à liberdade econômica, conferindo-lhe cunho social.

Pelo visto, até o século XX, as "filosofias" e as "religiões" contribuem mais para o reconhecimento e a universalização da "dignidade" do que o "direito positivo". Em seu último ensaio sobre o tema, intitulado *O conceito de dignidade humana e a utopia realista dos direitos humanos* (*Sobre a Constituição da Europa*, 2012),[25] Habermas deixa claro que a "dignidade da pessoa humana" é um conceito que desabrocha para o direito posteriormente a ter sido esculpido pela força da história, no cinzel da religião e da filosofia, cujo surgimento é posterior à aparição do discurso dos direitos humanos. Por isso, do ponto de vista jurídico, a remissão textual normativa à "dignidade da pessoa humana" se encontra consolidada desde o século XX, a partir de quando a expressão se dissemina.

Em outras palavras, os "direitos humanos" surgiram, desde o século XIII, antes do uso disseminado do termo "dignidade" em documentos jurídicos, fruto de lutas e embates sociais, pois foram necessárias experiências de luta por reconhecimento de intenso desgaste e aflição para sua conquista e consolidação normativa. Mas, o extremo da irracionalidade mortífera deu-se no contexto de Auschwitz, dos totalitarismos e do uso da energia atômica em Hiroshima e Nagasaki, no contexto da Segunda Guerra Mundial. Esse *tour de force* da história, marcado por desastrosas experiências humanas, fez da expressão "direitos humanos" um bastião de síntese das lutas mais fundamentais da humanidade unida em torno da necessidade de proteção humana, que se expande às constituições nacionais e irradia por sobre a legislação interna dos países, a cultura de busca de seus contornos e definições.

---

[24] "O deslocamento definitivo é, no entanto, a moralização da compreensão da liberdade individual em Hugo Grotius e Samuel von Pufendorf. Kant aguçou essa compreensão do ponto de vista deontológico com o conceito de autonomia, mas cuja radicalidade foi paga com o *status* incorpóreo da vontade livre no 'reino dos fins' além do mundo" (Habermas, O conceito de dignidade humana e a utopia realista dos direitos humanos, *in Sobre a Constituição da Europa*, 2012, p. 26).

[25] "Em contrapartida, o conceito de dignidade da pessoa humana como conceito jurídico não aparece nem nas declarações clássicas dos direitos humanos do século XVII, nem nas codificações do século XIX. Porque no direito o discurso dos direitos humanos surgiu tão mais cedo que o da 'dignidade da pessoa humana' " (Habermas, O conceito de dignidade humana e a utopia realista dos direitos humanos, *in Sobre a Constituição da Europa*, 2012, p. 09).

Consagra-se, então, do ponto de vista jurídico, na reação da ONU, e na criação da universal exigência de seu cumprimento, a partir da Declaração Universal dos Direitos Humanos (DUDH, 1948, art. 1º: "Todas as pessoas nascem livres e iguais em dignidade e direitos"), que funda o Direito Internacional dos Direitos Humanos (1º Considerando da DUDH: "Considerando que o reconhecimento da dignidade inerente a todos os membros da família humana e de seus direitos iguais e inalienáveis é o fundamento da liberdade, da justiça e da paz no mundo"). Por isso, desde a Declaração Universal, abre-se uma série de referências na seara internacional, que irão se apoiar na ideia da dignidade para daí derivar inúmeros direitos.[26] Percebe-se, por esta releitura da cadeia serial de declarações e documentos internacionais que a DUDH veio fortalecendo a expressão da democracia e dos direitos humanos em todo o mundo, como constata Axel Honneth.[27]

Na esteira da Declaração Universal, como a maioria das constituições democráticas contemporâneas, a nossa Constituição Cidadã (Constituição Federal de 1988), que age normativamente com supremacia sobre todo o ordenamento jurídico brasileiro, se preocupou em abraçar a "dignidade da pessoa humana" como suma das ambições axiológicas do texto constitucional, e o fez logo no art. 1º, inciso III, voltando a recorrer ao seu conceito nos arts. 226, 7º, 227 e 230.[28] No sentido atual da expressão "dignidade da pessoa humana" fica o rastro semântico de que é nela que mora a ética dos direitos humanos, enquanto expressão de uma ética pública. Nesse sentido, a expressão funciona como um "metavalor", "ideal regulativo", "regra-matriz" para a cultura dos direitos que garante a liberdade, a igualdade, a diversidade, a solidariedade, a segurança, a paz, a distribuição. É nestes termos que se impõe como um "metaprincípio", pois está acima dos

---

[26] A exemplo das normativas internacionais: Pacto Internacional de Direitos Civis e Políticos (1966, Preâmbulo); Pacto Internacional de Direitos Econômicos, Sociais e Culturais (1966, Preâmbulo); Declaração sobre a Raça e os Preconceitos Raciais (1978, art. 1ª); Declaração sobre a Eliminação de Todas as Formas de Intolerância e Discriminação fundadas na Religião ou nas Convicções (1981, art. 3ª); Convenção contra a Tortura e Outros Tratamentos ou Penas Cruéis, Desumanos ou Degradantes (1984, Preâmbulo); Declaração sobre os Direitos das Pessoas Pertencentes a Minorias Nacionais ou Étnicas, Religiosas e Linguísticas (1992, Considerandos); Declaração Universal dos Direitos dos Povos Indígenas (1993, parágrafo 1ª); Convenção Interamericana para Prevenir, Punir e Erradicar a Violência contra a Mulher (Convenção de Belém do Pará) (1994, Considerandos); Declaração Universal do Genoma Humano e dos Direitos Humanos (1997, art. 1º e art. 2º); Declaração Universal sobre Direitos Genéticos Humanos (2003, art. 1ª); Declaração Universal sobre Bioética e Direitos Humanos (2005, art. 3ª).

[27] "A Declaração Universal dos Direitos Humanos das Nações Unidas, contudo, não apenas fortaleceu o contexto da formação da vontade democrática nos países signatários, mas também abriu margens para ações civilizatórias além das fronteiras nacionais" (Honneth, *O direito da liberdade*, 2015, p. 535).

[28] Na legislação infraconstitucional, o Estatuto da Criança e do Adolescente (Lei n. 8.069/1990, arts. 3º, 4º, 15 e 18), o Estatuto do Idoso (Lei n. 10.741/2003, art. 2º), a Lei Maria da Penha (Lei n. 11.340/2006, art. 3ª), o Estatuto da Igualdade Racial (Lei n. 12.288/2010), o Estatuto da Pessoa com Deficiência (Lei n. 13.146/2015), o Plano Nacional de Educação em Direitos Humanos – PNEDH (Introdução) e o 3º Programa Nacional de Direitos Humanos (Decreto n. 7.037/2009) mencionam a expressão.

demais princípios e valores socialmente relevantes, devendo estes sempre serem filtrados por este "eixo orientador" da ação racional.

O conceito de dignidade, ao se atualizar desta forma, deve pautar ações e condutas, nisto se compondo em *utopia realista*[29] para sociedades modernas e democráticas que assumiram, no compromisso com a cultura dos direitos humanos, a tarefa de construção das formas de respeito à pessoa. Nestas, o grau de consolidação da cidadania de todos e de cada um pode, por aí, ser aferido. Não por outro motivo, Jürgen Habermas afirma que a dignidade humana é:

> "...um sismógrafo que mostra o que é constitutivo para uma ordem jurídica democrática – a saber, precisamente os direitos que os cidadãos de uma comunidade política devem se dar para poderem se *respeitar* reciprocamente como membros de uma associação voluntária de livres e iguais. *Somente a garantia desses direitos humanos cria o status de cidadãos que, como sujeitos de direitos iguais, pretendem ser respeitados em sua dignidade humana*".[30]

Tendo-se presente essa visão, segundo a qual os direitos humanos e a dignidade humana não emergem como naturais, mas como conquistas e lutas históricas, como exercício de autorreflexão e de conquistas de novas fronteiras de direitos, é que, atualmente, essas fronteiras se encontram em movimento de transformação. Assim, se foram conhecidos os direitos de primeira dimensão, nos séculos XVII e XVIII, os direitos de segunda dimensão, no século XIX e início do século XX, e os direitos de terceira dimensão ao longo da metade e do final do século XX, será a partir do final do século XX, em transição para o século XXI, que começarão a se esboçar os direitos de quarta e de quinta dimensões. Aqui, trata-se das revoluções que estamos vivendo no mundo, e, portanto, presentes aos olhos da história atual. Ao analisar a emergência dos novos direitos, Antônio Carlos Wolkmer irá afirmar que os direitos de quarta dimensão são aqueles relacionados à biotecnologia, à bioética e à engenharia genética, tamanhas as transformações trazidas pela nanotecnologia.[31] Em seguida, irá afirmar que os direitos de quinta dimensão são aqueles relacionados às tecnologias da informação e ao ciberespaço.[32]

---

[29] Cf. Habermas, O conceito de dignidade humana e a utopia realista dos direitos humanos, *in Sobre a Constituição da Europa*, 2012.

[30] Habermas, O conceito de dignidade humana e a utopia realista dos direitos humanos, *in Sobre a Constituição da Europa*, 2012, p. 12.

[31] "São os 'novos' direitos referentes à biotecnologia, à bioética e à regulação da engenharia genética. Trata dos direitos específicos que têm vinculação direta com a vida humana, como a reprodução humana assistida (inseminação artificial), aborto, eutanásia, cirurgias intrauterinas, transplantes de órgãos, engenharia genética ('clonagem'), contracepção e outros" (Wolkmer, Introdução aos fundamentos de uma teoria geral dos novos direitos, *in Os novos direitos no Brasil*: natureza e perspectivas – uma visão básica das novas conflituosidades jurídicas (Wolkmer, Antonio Carlos; Leite, José Rubens Morato, orgs.), 3. ed., 2016, p. 29).

[32] "São os 'novos' direitos advindos da sociedade e das tecnologias de informação (*internet*), do ciberespaço e da realidade virtual em geral" (Wolkmer, Introdução aos fundamentos de uma teoria geral dos novos direitos, *in Os novos direitos no Brasil*: natureza e perspectivas – uma visão básica das novas conflituosidades jurídicas (Wolkmer, Antonio Carlos; Leite, José Rubens Morato, orgs.), 3. ed., 2016, p. 31).

Isso permite, em síntese, que se possa considerar a perspectiva histórica de que os direitos humanos são *conquistas históricas*, além de serem *construção social* envolvendo *reciprocidade e intersubjetividade*, e que devem ser vistos como direitos universais, interdependentes, interconectados e complementares entre si. Na figura a seguir, pode-se compreender que o *núcleo* desses direitos é a *dignidade da pessoa humana*, enfeixada por *dimensões de direitos humanos*[33] que se afirmam em cada etapa histórica, em cinco dimensões:[34]

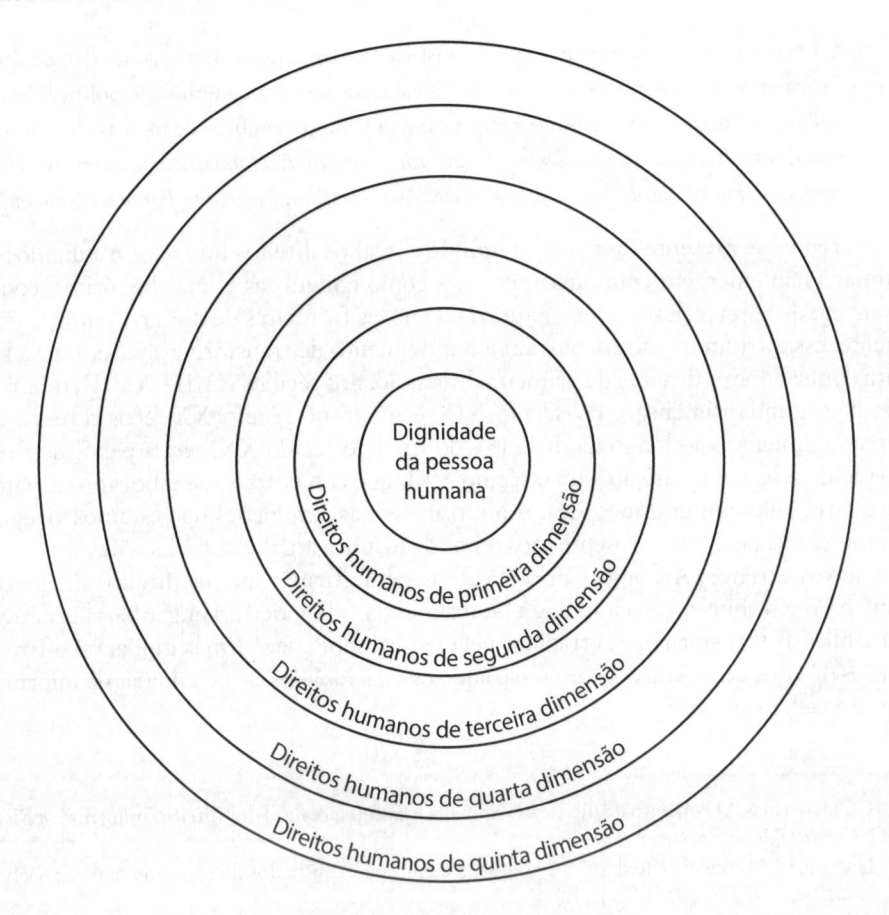

Dignidade da pessoa humana

Direitos humanos de primeira dimensão

Direitos humanos de segunda dimensão

Direitos humanos de terceira dimensão

Direitos humanos de quarta dimensão

Direitos humanos de quinta dimensão

---

[33] "Em suma, o que se pretende sustentar de modo mais enfático é que a dignidade da pessoa humana, na condição de valor (e princípio normativo) fundamental, exige e pressupõe o reconhecimento e proteção dos direitos fundamentais de todas as dimensões (ou gerações, se assim preferirmos), muito embora – importa repisar – nem todos os direitos fundamentais (pelo menos não no que diz com os direitos expressamente positivados na Constituição Federal de 1988) tenham um fundamento direto na dignidade da pessoa humana" (Sarlet, *Dignidade da pessoa humana e direitos fundamentais na Constituição de 1988*, 9. ed., 2011, p. 101-102).

[34] Cf. Wolkmer, Introdução aos fundamentos de uma teoria geral dos novos direitos, *in Os novos direitos no Brasil*: natureza e perspectivas – uma visão básica das novas conflituosidades jurídicas (Wolkmer, Antonio Carlos; Leite, José Rubens Morato, orgs.), 3. ed., 2016, p. 30 e s.

4. A CENTRALIDADE DO CONCEITO DE "PESSOA" PARA O DIREITO

O longo processo histórico serviu para que o direito contemporâneo incorporasse a *centralidade da pessoa humana digna* à lógica dos direitos. É assim que o conceito de "dignidade da pessoa humana" leva-nos a pensar a *centralidade antropológica da pessoa humana* para a cultura do direito que se tem atualmente, através do uso do termo "pessoa" no vocabulário corrente. E é este o caminho mais claro para a afirmação de um Estado Constitucional (*Verfassungstaat*).[35] Esta tendência é, no entanto, sentida em todo o direito contemporâneo, não importa se direito público ou direito privado.[36]

Em seu uso cotidiano, costuma-se banalizar o emprego do termo "pessoa", dando-o por *evidente, claro, óbvio*. Mas, pelo que se percebe da análise anterior, ele é fruto de longa conquista, e sua carga semântica atual não pode ser desprezada ou mal interpretada; o ônus do mal uso do termo tem a força do esquecimento da *história de luta pelos direitos humanos*. Por isso, esse conceito é chave, pois é tomado como de central importância, seja para a cultura filosófica, seja para a cultura do direito. Apesar da neutralidade da qual aparenta se revestir, o termo "pessoa" é fruto de longa luta de conquista e reconhecimento. E isso porque a noção de "pessoa" foi forjada na história e se constituiu por processos sociais e culturais. Assim, chega-se ao entendimento de que: existir "biológica, física e naturalmente" não basta para "ser pessoa"; estar "em sociedade", não basta para "ser pessoa"; ser um "ser humano", não basta para "ser pessoa". Em diversos momentos da história, a pessoa não era pessoa, mas sim coisa, como ocorria no direito romano.[37]

A luta imensa de líderes, gerações, ideologias, religiões, grupos sociais, partidos políticos, filosofias por promover a identidade entre ser "*ser humano*" e ser "*pessoa*" permitiu que o direito contemporâneo construísse essa equivalência, mas é importante grifar que ela não é "dada", mas sim "construída", ou seja, historicamente "adquirida". Assim é que se chega a essa noção de *centralidade antropológica da pessoa humana* para a cultura do direito contemporâneo, considerando-se, especialmente, o caráter único, singular, original, biográfico de cada "pessoa humana", na existência de cada um de seus indivíduos, que o *direito contemporâneo* deve ter como *centro de suas preocupações*. É da complementaridade das diferentes histórias de vida, das personalidades, das visões de mundo, das habilidades e competências, das experiências, saberes e práticas que se miscigena e forma a nossa coletiva e histórica humanidade. A *diversidade* de todos(as) e

---

[35] Barberis, *Introduzione allo diritto*, 2014, p. 7.
[36] No Direito Civil, se fala em repersonalização do Direito Privado: "A repersonalização reencontra a trajetória da longa história da emancipação humana, no sentido de repor a pessoa humana como centro do direito civil, passando o patrimônio ao papel de coadjuvante, nem sempre necessário" (Lôbo, *Direito civil* – Parte geral, 3. ed., 2012, p. 59).
[37] "No direito romano, por exemplo, o escravo era tratado como coisa, era desprovido da faculdade de ser titular de direitos, de ser sujeito da relação jurídica" (Betioli, *Introdução ao direito*, 12. ed., p. 333). E, também: "A personificação do homem foi uma resposta cristã à distinção, na Antiguidade, entre cidadãos e escravos" (Ferraz Junior, *Introdução ao estudo do direito*, 6. ed., 2010, p. 125).

de cada um(a) é, pois, a maior grandeza da *humanidade*, pois *diferentes* se somam na *complementaridade* de seus seres. É no respeito a essa *multiplicidade* que se realizam os direitos, para proteger pessoas, preservar direitos e deveres, conservar conquistas civilizatórias, realizar segurança e ordem, e consolidar formas racionais de solução de conflitos interpessoais.

5. O CONCEITO FILOSÓFICO DE "PESSOA"

O conceito *filosófico* de "pessoa" se apresenta como um "complexo de interfaces" do ser humano. Seguindo a concepção de Rainer Forst,[38] a "pessoa" se constitui, ao mesmo tempo, social e intersubjetivamente, local e universalmente. Por isso, a simultaneidade destes processos torna tão complexo separar o que é um conceito de pessoa, para o direito, para a política, para a moral e para a ética; a *Filosofia* aqui pode colaborar, pois permite o acesso a esta visão de todo.[39] A unidade desta reflexão vem dada pela capacidade de realizar o *vínculo interno*[40] das múltiplas interfaces e inserções da noção de "pessoa". É por meio de complexos processos de reconhecimento que se chega à construção da imagem conceitual de "pessoa".

E, neste exercício, não se quer uma busca ontológica sobre a "pessoa", mas a busca das esferas de autonomia da "pessoa". Isso faz com que se considere a noção de "pessoa humana" atravessada, ao mesmo tempo, por: a) *características contextuais*: condição de classe; condição de gênero; nacionalidade; língua; condição étnico-racial; idade; deficiência físico-mental; b) *características universais*: gênero humano; planeta; corpo físico; razão. Isso faz com que se perceba que: a) não existe "a pessoa" (isolada) sem o "outro-pessoa", pois a *intersubjetividade* define a *subjetividade*; b) é da reciprocidade "eu-outro" que se dá a autoidentificação dos "seres" como "pessoas"; c) é das "relações de reciprocidade" que nasce o reconhecimento político de pertencimento a uma comunidade local, a um grupo, a uma sociedade e cultura; d) o reconhecimento político se cristaliza em regras que conferem sentido social formal sobre as pessoas; e) a justiça destes laços se constrói pela cidadania ativa e participativa, inclusive consideradas as lutas por reconhecimento, os caminhos da noção de 'pessoa' como noção socialmente válida. Daí, a tarefa da cidadania ser tão árdua e complexa, por envolver indivíduo, família, grupo, sociedade, Estado.[41]

---

[38] Forst, *Contextos da justiça*, 2010, p. 171.
[39] "Para a Filosofia, pessoa é o ser humano. Para o Direito, pessoa é o titular de direitos e obrigações. É o sujeito de direito. É verdade que a pessoa definida pela Filosofia é também pessoa para o Direito (é pessoa natural ou física). Mas certas pessoas do Direito não são pessoas para a Filosofia. Nem todo sujeito de direito é ser humano. Associações ou corporações de pessoas não são pessoas para a Filosofia" (Telles Junior, *Iniciação na ciência do direito*, 2001, p. 277).
[40] "As pessoas do direito são, como indivíduos, responsáveis diante do direito; os cidadãos são em comum responsáveis pelo direito. Os cidadãos criam e realizam o direito no qual pessoas éticas (particulares) são reconhecidas como pessoas do direito (iguais). As autonomias ética, jurídica e política formam um vínculo interno" (Forst, *Contextos da justiça*, 2010, p. 280).
[41] "A cidadania, frente a esse pano de fundo, é um conceito complexo, pois tem de abranger igualmente diferenças ético-culturais, igualdade jurídica e características comuns. Os cidadãos devem reconhecer

Capítulo III | O conceito de Direito e o conceito de dignidade...

Assim, para compreender a noção de "pessoa", é necessário tomá-la como "unidade" de contextos simultâneos e diferentes, mas integrados entre si:

(1) como pessoa ética: autonomia ética;

(2) como pessoa do direito: autonomia perante o sistema jurídico;

(3) como cidadão com plenos direitos: autonomia político-democrática;

(4) como pessoa moral: autonomia perante uma moral universal.

A figura a seguir ilustra de forma mais clara este trecho:

```
                pessoa
                 ética
                (ordem
                 ética)

  pessoa                        pessoa
   moral         pessoa        do direito
  (ordem                        (ordem
   moral)                       jurídica)

                cidadão
                (ordem
                política)
```

A "pessoa" é "pessoa" em diversas ordens ou dimensões, simultaneamente. O resultado desta análise é uma avaliação integrada das diversas dimensões nas quais o indivíduo-pessoa está inserido, perante sua própria consciência (responsável perante si, e sua consciência), perante uma ordem moral (responsável perante uma comunidade universal vinculada a princípios morais universais comuns), perante uma ordem política (responsáveis perante o outro como cidadãos ativos, diante da comunidade política) e perante uma ordem jurídica (responsáveis por direitos e deveres, por papéis jurídicos, perante o sistema jurídico).[42] Daí, se chega ao conceito de que a "pessoa" é a unidade, enquanto força vital consciente, desejante e responsável, perante diversas dimensões da vida.

---

suas diferenças bem como sua igualdade como pessoas éticas, como pessoas de direito e como concidadãos" (Forst, *Contextos da justiça*, 2010, p. 171). Na perspectiva do direito: "A pessoa humana é um ser que pertence a mundo particular e público, à comunidade familiar e à comunidade universal, nos quais interage com dever de solidariedade" (Lôbo, *Direito civil* – Parte geral, 3. ed., 2012, p. 85).

[42] "Os cidadãos são responsáveis pelo direito, enquanto que as pessoas do direito são responsáveis diante do direito. No plano da pessoa do direito, justificação significa que as pessoas têm de

6. HUMANISMO, HUMANIDADE E "PESSOA"

Os seres humanos são seres de relações;[43] neste sentido, não são em "essência" nem bons, nem maus, mas seres de *incompletude*.[44] Essa específica condição de seres de *sociabilidade*,[45] *ética* e *incompletude*, ou seja, de seres em *estado-de-transição*, na visão de Paulo Freire,[46] é o que propriamente nos caracteriza. Somos seres em *estado-de-transição*, não ainda pré-constituídos, senão apenas em parte, migrando de uma "condição" a "outra", de uma "fronteira" a "outra", de um "momento" a "outro", de um "estado" a "outro", a partir de *escolhas*, *atos* e *marcas de experiência*. Não podemos nos definir senão *"enquanto estamos na caminhada"*, ou seja, processualmente na história, e diante dos estímulos provenientes do convívio e das transformações sociais. Enquanto humanos, somos seres altamente condicionados e complexos, repletos de necessidades e carências, sendo *perfectíveis*, em perspectiva e processualmente, por *atos* e *escolhas*, por *liberdade* e *responsabilidade*, por *ação conjunta* e *construtiva* com o outro. Enquanto humanos, somos também seres racionais, simbólicos, atravessados por necessidades físicas, materiais, psicológicas, espirituais e morais; ademais, é do convívio com a alteridade que nos fazemos nós mesmos, na necessidade comunicativa de troca com o outro, convívio este que nos atiça a conviver com interesses e disposições, vícios e virtudes, potencialidades e capacidades, que nos desafiam à autoelaboração e à heterocolaboração. Sabendo-se que não nos é acessível a "essência das coisas", nossa *humanidade* aparece assim, especularmente, diante de nossos olhos, e ela é muito mais do que a cultura do direito projeta sobre ela.[47]

A nossa humanidade se revela livre em *escolha* e, por isso, se torna *responsável*, pois não há nenhuma *causa* que não esteja lógica, física, e, consequencialmente,

---

justificar suas ações, e com referência à legalidade dessas ações conforme o direito vigente" (Forst, *Contextos da justiça*, 2010, p. 313).

[43] "A humanidade específica do homem está intrínseca e inseparavelmente ligada à sua sociabilidade: onde quer que se nos deparem fenômenos especificamente humanos estaremos já dentro de uma ordem social" (Machado, *Introdução ao direito e ao discurso legitimador*, 22. reimpr., 2014, p. 11).

[44] "(...) aquela incompletude da ontogénese carece forçosamente de ser completada pela sociogénese" (Machado, *Introdução ao direito e ao discurso legitimador*, 22ª. reimpressão, 2014, p. 08).

[45] Aliás, este reconhecimento é longevo, e encontra raízes na antropologia aristotélica: "Assim, a primeira característica que se destaca da antropologia aristotélica apresenta o homem como um ser agente, que supera o quadro da biologia, uma vez que não se reduz à necessidade natural, e que realiza a perfeição por ser o princípio de suas ações na realidade, este é uma das definições aristotélicas do homem: "o homem é o princípio de suas ações". Essa definição se completa com a outra, que compreende o homem como um ser vivo, político por natureza, diferente de qualquer animal gregário justamente pelo fato de possuir *logos*" (Perine, *Quatro lições sobre a ética de Aristóteles*, 2006, p. 83).

[46] "Mulheres e homens, seres histórico-sociais, nos tornamos capazes de comparar, de valorar, de intervir, de escolher, de decidir, de romper, por tudo isso nos fizemos seres éticos. Só somos porque estamos sendo. Estar sendo é a condição, entre nós, para ser. Não é possível pensar os seres humanos longe, sequer, da ética, quanto mais fora dela" (Freire, *Pedagogia da autonomia*: saberes necessários à prática educativa, 25. ed., 2002, p. 34).

[47] A crítica é de Alain Supiot: "Enquanto na maior parte das outras civilizações, o homem se vê como a parte de um todo que o envolve e o ultrapassa, que o precedeu e sobreviverá a ele, nossa cultura jurídica nos conduz, ao contrário, a ver o homem como a partícula elementar de toda sociedade humana, como um indivíduo nos dois sentidos, qualitativo e quantitativo, do termo" (Supiot, *Homo Juridicus*: ensaio sobre a função antropológica do Direito, 2007, p. 16).

Capítulo III | O conceito de Direito e o conceito de dignidade...

seguida de um *efeito*. Assim, pois, administrar *liberdade* e *responsabilidade* é algo próprio do Direito – tarefa inerente à nossa humanidade – como desafio do convívio e forma de promoção da vida comum.

Nossa humanidade também é feita de "inteligência biológica", que aprendeu a se adaptar à agrura do meio ambiente e de "inteligência cultural", "social" e "política". É da união destas "várias facetas" de *nossa humanidade*, em processo de superação histórica constante, na lida com a natureza, com os outros e com a consciência, que nos fazemos processualmente *humanos*. Enquanto seres de *sociabilidade*, *ética* e *incompletude*, somos também capazes de manifestar agressividade, além de reagirmos a um meio (natural e social) agressivo, repleto de dificuldades, intempéries e barreiras à própria sobrevivência. Assim, na perspectiva *desde dentro*, convivemos com a nossa própria agressividade, e na perspectiva *desde fora*, convivemos com a agressividade do meio natural e do meio social. Por isso, a questão não é se somos agressivos ou não, mas *o que fazemos* com esta agressividade.[48]

Aliás, esta última preocupação é também espelhada por Sigmund Freud (*Por que a guerra?*, 1932), em discussão com Albert Einstein sobre a questão da guerra e da paz. Para Freud, *razão* e *instinto* acompanham a humanidade. Por isso, não se pode desprezar "...o fato de que a lei, originalmente, era força bruta e que, mesmo hoje, não pode prescindir do apoio da violência".[49] Assim, a humanidade não é boa, mas oscila entre *éros e tánatos*. Daí, para Freud, como para Kant, a ideia de que somente é possível regular o convívio humano considerando a necessidade de estabelecer uma ordem. E essa ordem é definitivamente importante para o convívio comum, pois, especialmente, o *horror* pode habitar entre os homens. O *horror* de Auschwitz ou do *Gulag*. O arbítrio da escravidão ou o genocídio indescritível. Mas, o *horror* do cotidiano, também. Assim, ele pode aparecer nas ruas, nos crimes hediondos, nos crimes de Estado, nas violações aos direitos humanos.

Como "seres em transição" (sociais e históricos), por escolhas, podemos nos aproximar mais do que *realiza* a nossa *humanidade* ou nos *aproximar* mais do que *contradiz* a nossa humanidade, e nos aproxima de nossa possível bestialidade. Este é, se assim se pode dizer, o divisor de águas entre a *civilização* e a *barbárie*, se seguirmos a pista deixada por Sigmund Freud.[50]

---

[48] A respeito do tema da agressividade, na perspectiva da psicanálise, leia-se: "O fato de que a agressividade estar presente em todos nós pode nos levar tanto a uma maior consciência quanto a maior inconsciência face à Violação dos Direitos Humanos" (Groeninga, Direitos Humanos e o Direito a ser humano, *in Educação e Metodologia para os direitos humanos*, Eduardo C. B. Bittar (coord.), 2008, p. 312).

[49] "As guerras somente serão evitadas com certeza, se a humanidade se unir para estabelecer uma autoridade central a que será conferido o direito de arbitrar todos os conflitos de interesse. Nisto estão envolvidos claramente dois requisitos distintos: criar uma instância suprema e dotá-la do necessário poder" (Freud, Por que a guerra?, in *Sigmund Freud*: novas conferências introdutórias sobre psicanálise e outros trabalhos, v. XXII, 1996, p. 201).

[50] Freud, Por que a guerra?, *in Sigmund Freud*: novas conferências introdutórias sobre psicanálise e outros trabalhos, v. XXII, 1996, p. 201.

1) Na *civilização*, usamos *o impulso instintual* para sublimá-lo em trabalho, defesa da vida, arte, educação, refinamento do caráter, trabalho espiritual, dedicação familiar;
2) Na *barbárie*, a agressividade não filtrada encontra *mímesis* imperfeita na "selvageria" e nos rebaixamos para fazer convertê-la em violência, opressão, força e dominação, ao modo dos animais.

Por isso, o esforço *civilizatório* deve ser capaz de converter o *meio social* em *meio racional*, sendo a racionalização um conceito aqui sinônimo de ampliação das condições de entendimento e socialização. Uma das características da nossa *humanidade* é o fato de não podermos ser o outro; cada um é apenas aquilo que é, e, por isso, precisamos dos valores como *pontes de acesso* e *negociação* com o outro. Somos aquilo que somos, dentro dos condicionamentos que nos foram dados, mas podemos compartilhar e necessitamos do outro para completar nossas experiências. Assim, ao nos afastarmos da *civilização*, podemos nos *barbarizar*, e, com isso, *desumanizar* as *inter-ações*. Esse processo de *"desumanização"* pode ser consciente ou inconsciente, pode decorrer da sociedade e de sistemas de imposição, pode ser fruto da técnica e da produção econômica. Por isso, *"desumanizar"* significa retirar a característica de "humano" que qualifica as *inter-ações* entre as pessoas, ou seja, retirar o que estende a todos o *invólucro* da dignidade como traço inerente da pessoa humana. É de Charles Taylor esta impressionante síntese sobre o tema: "Para discriminar com maior discernimento o que há nos seres humanos que os torna dignos de respeito, é preciso lembrar o que é sentir o peso do sofrimento humano, o que há de repugnante na justiça ou o assombro que se sente diante do fato da vida humana".[51]

Assim, não precisamos escolher, filosoficamente, a partir da tradição jusnaturalista, entre o "bom selvagem", de Jean-Jacques Rousseau, e o "egoísmo por natureza", de Thomas Hobbes, pois nos basta reconhecer que o ser humano possui o *bem* e o *mal*, o *vício* e a *virtude*, a *justiça* e a *injustiça*, ou seja, ambas as dimensões *em si*, sendo eticamente, capaz de escolhas. É de Charles Taylor que se extrai a seguinte lição: "Nosso caráter é formado pelas associações que se estabelecem em nossa história. Elas nos inclinam a servir a felicidade geral ou não, e com base nisso somos julgados bons ou maus. Mas não somos nenhum dos dois por natureza; podemos transformar-nos em um ou outro. Esta é a única questão relevante".[52] É assim que cada um *se faz ser humano agindo e escolhendo*, desfazendo-se de seu "eu" anterior e *fazendo-se* novo "eu", a cada novo ato ou a cada nova escolha. Sua condição é, portanto, processual. Cada um possui, então, a *faculdade* de deliberar e escolher entre meios e fins. Por isso, não é *nem bom nem mal por natureza*, mas possui o bem e o mal como possibilidades de *ação responsável* no mundo.

Este ponto também pode ser tomado a partir do pensamento de Immanuel Kant, onde o que aparece da análise filosófica é a *insociável sociabilidade humana* (*ungesellige Geselligkeit*).[53] Exatamente por isso, somos capazes do *melhor* (justiça; solida-

---

[51] Taylor, *As fontes do self*: a construção da identidade moderna, 4. ed., 2013, p. 21.
[52] Taylor, *As fontes de self*: a construção da identidade moderna, 4. ed., 2013, p 23.
[53] Na quarta proposição de *Ideia de uma história universal de um ponto de vista cosmopolita*, Kant afirma: "O meio de que a natureza se serve para realizar o desenvolvimento de todas as suas

riedade; diálogo; distribuição; cuidado; honestidade; equidade; prudência) e do *pior* (domínio; trapaça; manipulação; violências; ódio; exploração; inveja; ganância, egoísmo; usurpação). O melhor e o pior das expressões humanas estão incorporados ao *"Direito"*, que lida com a ambiguidade da condição humana, incentivando soluções e saídas, desestimulando atitudes que consistam em rebaixar as expressões de nossa humanidade ao nível instintual, irracional e inconsequente. O que se percebe, portanto, é que a *natureza humana* não é apenas ou boa ou má. Existe uma *tensão interna* à natureza humana que justifica o papel do Direito. É pela contradição, pelo choque, pela oposição, que é possível a passagem da *barbárie* à *civilização*, da *ignorância* à *cultura*, da *anomia* ao *Direito*, da *guerra* à *paz*.

Eis aí, a nossa *humanidade* exibida, e posta a nu, enquanto reveladora desta nossa *inconclusão, incompletude, complexidade, polaridade*. Aliás, o caráter de seres binários, entre *razão* e *instintos*, entre *cultura* e *biologia*, entre *consciência* e *inconsciência*, entre *virtudes* e *vícios*, entre *sabedoria* e *irracionalidade*, entre *escolha* e *paixões*, é que nos faz movimentar neste torvelinho cotidiano no qual somos inseridos, e dentro do qual somos instados a agir. É, portanto, assumindo a *complexidade* que melhor compreendemos a nossa própria *humanidade*, nela encontrando a *diversidade*, a *pluralidade*, a *contradição*, o *paradoxo*, a *opacidade*, a *dúvida existencial*. Enquanto seres de *verdade* e *mentira*, de *alma* e de *corpo*, de *individuação* e *socialização*, de *poder* e *liberdade*, de *inteligência* e *paixão*, de *prazer* e *dor*, de *sensações* e *razões*, de *necessidades* e *carências*, de *incompletudes* e *ambiguidades*, nos fazemos históricos e sociais e nos constituímos na relação com os outros. Na nossa *imperfeita, inconclusa, complexa* e variada *humanidade*, há que se esperar relações conflitivas, desajustes de conduta, manifestações de domínio, revoltas sociais, atitudes reveladoras das paixões, do vício, do ódio, da ganância, do interesse, da manipulação, do poder, do ódio de classe, do controle, da inveja, da violência, do desprezo, da exploração. O Direito serve, ainda, nestes casos todos, de meio de amparo, de instância de legitimação ou como último recurso de regulação do convívio.

CASO PRÁTICO
O CASO DE ASSÉDIO MORAL

Ana é funcionária pública e trabalha no ambulatório do sistema municipal de saúde, de uma pequena cidade no interior do Espírito Santo. Prestou concurso e é efetiva, mas desde a chegada de uma nova equipe de médicos na cidade, liderados pelo Dr. Astor, apenas vem assistindo ao crescimento da intolerância no ambiente de trabalho. Isso porque a indicação deste médico, para assumir o posto de Diretor do Hospital Municipal, se deu a

---

disposições é o antagonismo delas na sociedade, na medida em que ele se torna ao fim a causa de uma ordem regulada por leis desta sociedade. Eu entendo aqui por antagonismo a insociável sociabilidade dos homens, ou seja, sua tendência a entrar em sociedade que seja ligada a uma oposição geral que ameaça constantemente dissolver essa sociedade. O homem tem uma inclinação para associar-se porque se sente mais como homem em tal estado, pelo desenvolvimento de suas disposições naturais" (Kant, *Idéia de uma história universal de um ponto de vista cosmopolita*, 2004, p. 08).

partir de critérios estritamente políticos, o que levou a uma forte reação por parte do sindicato dos trabalhadores da saúde. Ana é filiada ao sindicato, mas nunca teve ligações políticas fortes, além de ser mulher de idade, com responsabilidades familiares extensas, considerando seus quatro filhos.

A nova equipe médica, sob a orientação do Dr. Astor, resolve dispensar tratamento diferenciado aos diversos profissionais, abrindo chances e readequando o serviço, para os "amigos", e relegando os "inimigos". Sem saber, nas reuniões veladas da equipe médica, Ana foi considerada da "turma de lá". Por isso, seu superior começou a tratá-la com rispidez, denegrindo os resultados de seu trabalho, e colocando-a em posição sistematicamente inferior à dos demais. Ana passa a receber tratamento discriminatório, a ter de lidar com as piores emergências médicas, são-lhe suprimidos instrumentos mínimos de trabalho e sua escala recai sobre os piores horários, além de sua sala ter sido desmontada, para atender às "modificações institucionais necessárias". A supressão de informações lhe era constante, de forma que dificilmente conseguia concluir com êxito uma tarefa, contando, inclusive, com pouco apoio dos colegas de trabalho. Nos corredores, no dia a dia do trabalho, passa por constrangimentos e humilhações, ouvindo sarcasmos, zombarias, sendo exposta a situações vexatórias perante os pacientes do Hospital, chegando a ouvir frases tais como "lá vem ela", "ah, não, essa mulher", "passa pra Ana esse atendimento, ela vai adorar resolver esta situação", "não falamos com qualquer um(a)", seja de seu superior, seja dos demais colegas de trabalho.

A situação perdura já há 3 anos, e os expedientes visam, exatamente, a que a servidora se desligue daquele hospital, ou peça a aposentadoria. Um incidente, claramente persecutório, fez com que Ana tomasse as medidas necessárias. Após o desaparecimento de materiais de enfermagem do almoxarifado, um processo administrativo é aberto com o seu nome. Não sendo responsável pela área, e nem utilizando daquele tipo de produto, sendo sua área o atendimento ao público, Ana se vê encurralada. Sob intensa pressão, acaba tendo de pedir afastamento profissional, após um susto de pânico e convulsões, tendo que procurar atendimento médico-psicológico em função de transtornos e outros sintomas. Após atendimento, é diagnosticada com situação de forte tensão e estado avançado de transtornos psicológicos.

Sabendo-se que a situação é de assédio moral na relação de trabalho, Ana acaba procurando o sindicato, que lhe faz diversas reuniões e recomendações:

1. Enquanto sindicalista, apresente a Ana as medidas que podem ser tomadas por ela no ambiente de trabalho, e ajude-a a identificar as provas que poderão ser utilizadas para eventual embasamento de ação judicial. Ao final, demonstre a Ana as medidas que o sindicato irá tomar, considerando a relação entre assédio moral e improbidade administrativa;

2. Enquanto advogado do sindicato, e profissional designado para mover uma ação judicial em seu favor, apresente a Ana a relação entre o conceito de "dignidade da pessoa humana" e o "conjunto de dispositivos legais" violados pela prática do "assédio moral na relação de trabalho". Ao final, apresente a Ana a modalidade de ação judicial cabível, e esclareça a ela a expectativa que pode ter, relativa à possível decisão judicial, considerando-se os critérios para a análise e quantificação do dano, e, portanto, da avaliação do "grau de violação da dignidade da pessoa humana".

CAPÍTULO IV
O CONCEITO DE PESSOA DO DIREITO, SUJEITOS DE DIREITO E DIGNIDADE DA PESSOA HUMANA

Sumário: 1. Os conceitos de "pessoa" e "pessoa do direito"; **2.** O reconhecimento histórico-jurídico da dignidade da pessoa humana; **3.** A dignidade da pessoa humana como utopia concreta; **4.** Pessoa do Direito como pessoa física; **5.** Pessoa do direito como pessoa física: igualdade, diferenças e luta por reconhecimento; **6.** Pessoa do Direito como pessoa jurídica; **7.** Sujeitos de direito; **8.** Novos sujeitos de direito; **8.1.** Natureza, futuras gerações e animais não humanos; **8.2.** Sujeito pós-humano de direitos; **9.** Pessoa, sujeitos de direito e realidade social; Caso prático

1. OS CONCEITOS DE "PESSOA" E "PESSOA DO DIREITO"

Para o direito contemporâneo, a "pessoa humana" é o *sujeito universal dos direitos*, portador de direitos na ordem interna e na ordem internacional. Este reconhecimento decorre do *Direito Constitucional*, e simultaneamente, do *Direito Internacional dos Direitos Humanos*. Isso não significa que a "pessoa humana" seja o único, ou o exclusivo, "ente" tratado pelo direito contemporâneo. Adiante, será estudado um extenso elenco de "entes" qualificados e tratados pelo Direito, sabendo-se que é elástica, na história e na cultura, a determinação destas categorias, que estão em permanente estado de transformação. Por isso, é importante frisar, logo de início, que o Direito *reconhece a existência* de vários "entes", além da "pessoa humana". Na linguagem jurídica, estes "entes" serão distinguidos como *pessoa física, pessoa jurídica* e *entes não personificados* (exs.: herança jacente; condomínio; gerações futuras; espólio; sociedades de fato; massa falida; nascituro; animais; natureza). É importante ressaltar que, mesmo do ponto de vista histórico, como do ponto de vista conceitual, todos estes "entes" são de alguma forma "derivativos" (ou ainda, "aproximativos", ou "decorrentes") da centralidade da *pessoa humana*.

Mas, se estamos querendo humanizar as relações jurídicas, tarefa de uma *Teoria do Humanismo Realista*, torna-se válido o exercício de ressaltar a atualidade do conceito de "pessoa", do ponto de vista filosófico, e de "pessoa do Direito", do ponto de vista jurídico. Assim, nesta perspectiva, terá de se tomar enorme cuidado, ao adentrar esta seara, na medida em que os conceitos *modernos* de pessoa, sujeito e demais entes podem trair a análise, conduzindo-nos a evidenciar a tendência na qual a impessoalidade, a generalidade e a abstração, inerente à linguagem jurídica moderna, acabou por impregnar os conceitos, as palavras e as categorias jurídicas. Esta advertência é importante, pois aqui está em questão a capacidade do Direito de lidar com o reconhecimento de direitos a *ego* e *alter*, da forma como estes aparecem socialmente como demandantes de direitos. Nesta medida é que este cuidado nos acautela no sentido de evitar que se enxergue a *dimensão concreta e realista* do termo "*pessoa*", da forma como o contexto histórico atual reclama atenção. Daí, a importância de verificar que o que estas noções comportam, em seu interior, é o reconhecimento de sujeitos concretos, de modo que o que se deve enxergar atrás do termo "pessoa" é: pessoa-trabalhador; pessoa-idoso; pessoa-deficiente; pessoa-negro; pessoa-jovem; pessoa-mulher; pessoa-LGBT; pessoa-migrante; pessoa-indígena; pessoa-refugiado; pessoa-criança etc.

Este é um ponto de partida importante da análise e que representa propriamente o *giro filosófico da modernidade à pós-modernidade*,[1] no campo da Teoria Tradicional do sujeito de direito. Este giro deve ser feito no plano da *Teoria do Direito*,[2] na medida em que o impacto da teoria pós-moderna vem representando uma mudança significativa dos paradigmas do Direito moderno, e deve ser incorporada ao tratamento específico do capítulo da teoria tradicional do sujeito de direito, na medida da própria importância do debate do feminismo para as teorias filosóficas contemporâneas, em especial a partir do pensamento de Seyla Benhabib.[3] O debate feminista trouxe à reflexão filosófica contemporânea a distinção entre o *Outro Generalizado*, do sujeito universal moderno, e o *Outro Concreto*, do sujeito pós-moderno, e é neste sentido que a *Teoria do Direito* tem de ser capaz de operar a atualização deste debate, incorporando a crítica da filosofia moral moderna, para uma mudança de seu dicionário e de sua gramática.[4] No entanto, é interessante observar que este giro já foi incorporado e completado pela legislação positiva brasileira, que pelo conjunto dos Estatutos veio adequando a *linguagem genérica* do sujeito de direito universal moderno das codificações oitocentistas, e, no caso do Brasil, do Código Civil de 1916, para uma nova lógica de Direito Privado, especialmente, onde ao lado do Código Civil de 2002, subsistem inúmeros outros Estatutos (Estatuto da Criança e do Adolescente; Estatuto da Juventude; Estatuto do Idoso; Estatuto da Igualdade Racial; Estatuto da Pessoa com Deficiência).[5]

---

[1] Bittar, *O direito na pós-modernidade*, 2. ed., 2009, p. 176-183.

[2] "Pós-moderno é o direito a ser (e continuar) diferente" (Marques, *O diálogo das fontes como método da nova Teoria Geral do* Direito: um tributo a Erik Jayme, *in* Diálogo *das fontes*: do conflito à coordenação de normas no direito brasileiro (Marques, Claudia Lima, Coord.), 2012, p. 60-61).

[3] Neste ponto, a teoria feminista traz valiosa contribuição, ressaltando-se a diferenciação elaborada por Seyla Benhabib entre o 'Outro generalizado' e o 'Outro concreto' da filosofia moral moderna: "O ponto de vista do outro generalizado exige que enxerguemos todo e cada indivíduo como um ser racional habilitado aos mesmos direitos e deveres que gostaríamos de atribuir a nós mesmos. Ao admitirmos o ponto de vista, abstraímos a individualidade e a identidade concreta do outro" (Benhabib, O outro generalizado e o outro concreto, *in: Feminismo e crítica da modernidade* (Seyla Benhabib; Drucilla Cornell, coords.), 1987, p. 97).

[4] "Por outro lado, o ponto de vista do outro concreto exige que enxerguemos todo e cada ser racional como um indivíduo com uma história concreta, identidade e constituição afetivo-emocional" (Benhabib, O outro generalizado e o outro concreto, *in: Feminismo e crítica da modernidade* (Seyla Benhabib; Drucilla Cornell, coords.), 1987, p. 98).

[5] "De um ponto de vista metaético e normativo argumento, portanto, pela validade de uma teoria moral que nos permite reconhecer a dignidade do outro generalizado mediante um reconhecimento

Capítulo III | O conceito de Direito e o conceito de dignidade...

O conceito jurídico de "pessoa" é a forma pela qual uma determinada *ordem jurídica* nacional, no caso, o direito brasileiro positivo contemporâneo, se apropria de uma das facetas da pessoa, mas não de sua totalidade.[6] Assim, o Direito resgata uma parcela, uma parte e confere um revestimento à *"pessoa"*, mas isto *não é a totalidade da pessoa*, e nem a essência da pessoa, mas sim a *forma-pela-qual-o-Direito-capta-e-regula--o-papel-social-da-pessoa*. Por isso, é importante trabalhar com o conceito filosófico de *"pessoa"*, pois este é mais abrangente, profundo e complexo, do que o conceito de *"pessoa do Direito"*. Já que um sentido mais abrangente, profundo, completo e complexo de "pessoa" revela-o como *microcosmo* em meio a um *macrocosmo* de relações (com a ética, com a moral, com a política, com o direito).[7] O conceito de *"pessoa do Direito"* aponta para um fechamento, uma determinação, ou ainda, para uma restrição de sua abordagem. Por isso, se costuma referir à origem etimológica do termo (grego: *prosopon* / latim: *persona*). Na Filosofia do Direito, é Stephan Kirste quem aponta para esta ideia, retomando pela análise etimológica algo de relevo para a presente análise, a noção de *papel social* e sua regulação pelo Direito.[8] Fica claro, então, que o Direito capta apenas a *máscara*,[9] o *papel social*, a *face-que-se-exibe*, aqui que se vê no *personagem* (contribuinte, empregado, segurado, contratante, incapaz, nascituro, *de cujus*), que é algo diferente da *"pessoa"*.

A "pessoa", o ser humano em sua totalidade, em seu caráter *indecifrável* e *complexo*, está lá atrás da máscara, do(a) personagem. A *Teoria Crítica e Humanista* aqui se detém para apontar a importância do Direito contemporâneo ser capaz de harmonizar *"a pessoa do Direito"* e o *"ser humano"*, procurando *não desumanizar seus personagens*. Isto implica, do ponto de vista da *teoria* e da *prática* do Direito contemporâneo que: 1) cada vez mais, características do ser humano estejam protegidas na dimensão da "pessoa do Direito", harmonizando a relação entre "pessoa" e "pessoa do Direito"; 2) cada vez mais, a "máscara" não seja uma desculpa para atitudes humanamente injustificáveis; 3) cada vez mais, a soma dos "papéis sociais" vem

---

da identidade moral do outro concreto" (Benhabib, O outro generalizado e o outro concreto, *in: Feminismo e crítica da modernidade* (Seyla Benhabib; Drucilla Cornell, coords.), 1987, p. 103-104).

[6] "A atuação de cada pessoa no âmbito político ou público é objetivo dos vários ramos de direito público, principalmente do direito constitucional, do direito tributário, do direito administrativo, qualificando-se como cidadão ou eleitor, contribuinte e administrado" (Lôbo, *Direito civil – Parte geral*, 3. ed., 2012, p. 18).

[7] No âmbito da *teoria do Direito*, Paulo Luiz Neto Lôbo já destacou este nota, referindo-se à ideia de que 'pessoa' é, antes de tudo, relação: "No plano da teoria jurídica, o conceito de pessoa envolve relação jurídica ou relacionamento com outras pessoas. Ninguém é pessoa sem estar em relação a alguém" (Lôbo, *Direito civil – Parte geral*, 3. ed., 2012, p. 98).

[8] "Conceito de pessoa deriva do conceito antigo de máscara (*prosopon*). A pessoa apresenta como máscara quer dizer, por um lado, o homem, assim como ele é visto pelos expectadores; por outro lado, porém, como ele vê os expectadores ou a sociedade através da abertura da máscara. *Expresso dessa forma menos metafórica, a pessoa designa o homem, como ele age socialmente e como ele é reconhecido socialmente: o papel social*" (Kirste, *Introdução à filosofia do direito*, 2013, p. 160).

[9] O antropólogo francês Alain Supiot confirma esta leitura: "Nos primórdios de nossa ideia de personalidade humana encontram-se as *personae*, as máscaras mortuárias dos ancestrais" (Supiot, *Homo Juridicus*: ensaio sobre a junção antropológica do Direito, 2007, p. 26).

significando um esquartejamento da personalidade humana, entendida apenas como *a-resultante-da-somatória-de-seus-direitos*, na crítica de Axel Honneth,[10] e não uma caminhada no sentido da integralidade da personalidade humana, cuidado este que o Direito contemporâneo tem de ter para uma *repersonalização* do sentido dos institutos, das categorias e da compreensão que se tem da esfera de reconhecimento dos direitos, seja no Direito Público, seja no Direito Privado. E isso porque o sujeito moderno é um sujeito profundamente dividido, de modo que *recuperar* e *reconhecer* a unidade das diversas interfaces, é caminhar em direção à integralidade da pessoa humana.

Assim, pelo que se vem analisando, a "pessoa do Direito" é apenas um dos aspectos da "pessoa" em sentido filosófico. Seguindo a concepção de Rainer Forst, a noção de "pessoa" retoma as dimensões ética, política, moral e, também, jurídica, da inserção da "pessoa" em meio a relações que são do indivíduo-consciência, do indivíduo-comunidade, do indivíduo-globo, do indivíduo-leis, sendo capaz de *reconhecer* as múltiplas interfaces de projeção do *ego-em-relação-ao-outro*, inserido em vários contextos e projeções.[11] A "pessoa do Direito", aqui, é apenas o sujeito ativo/passivo de relações jurídicas medidas por normas jurídicas. O conceito de "pessoa do Direito" trata apenas do reconhecimento jurídico e institucional que o ordenamento jurídico confere para qualificar papéis sociais. Assim, o *reconhecimento jurídico* é importante para a atuação da "pessoa" diante de uma *ordem jurídica nacional positiva* específica.

Atualmente, chegou-se ao desenvolvimento da concepção segundo a qual *todo ser humano nascido com vida é reconhecido pessoa do Direito pelo direito positivo brasileiro contemporâneo*, mas nem sempre esta equação foi logicamente desta forma. Esta concepção retrata a ideia de que, perante o Direito positivo, todo ser humano nascido com vida é titular de direitos, e, por isso, potencialmente capaz de direito de adquirir e transmitir direitos e deveres jurídicos.[12] Toda "*pessoa*" (todo indivíduo, independente de idade, origem, sexo, condição social, crença, raça, etnia, deficiência, condição econômica) é "*pessoa do Direito*", pois foi *reconhecida* por uma *ordem jurídica específica* como portadora de direitos e obrigações. É desta forma que o Código Civil de 2002 anuncia em seu art. 1º: "Toda *pessoa* é capaz de direitos e deveres na ordem civil" (grifo nosso).[13]

---

[10] "Perde-se a capacidade de distinguir o primeiro plano estratégico e o pano de fundo da vida real na contraparte de interação, e a pessoa passa a ser vista apenas como soma de suas reivindicações jurídicas" (Honneth, *O direito de liberdade*, 2015, p. 165).

[11] Forst, *Contextos da justiça*, 2010, p. 171.

[12] Aqui, segue-se de perto a concepção de Paulo Luiz Neto Lôbo: "Pessoa é o sujeito de direito em plenitude, capaz de adquirir e transmitir direitos e deveres jurídicos. Todo ser humano nascido com vida é pessoa do direito. Vê-se que pessoa é atributo conferido pelo direito, ou seja, não é conceito que se extrai da natureza. É, por tanto, conceito cultural e histórico, que o direito traz para seu âmbito" (Lôbo, *Direito civil* – Parte geral, 3. ed., 2012, p. 96).

[13] "Liga-se à pessoa a ideia de personalidade, que exprime a aptidão genérica para adquirir direitos e contrair obrigações. Deveras, sendo a pessoa natural (ser humano) ou jurídica (agrupamentos humanos) sujeito das relações jurídicas e a personalidade, a possibilidade de ser sujeito, ou seja,

Capítulo III | O conceito de Direito e o conceito de dignidade...

Assim, a "pessoa do Direito" consiste na aptidão para agir perante o ordenamento jurídico como portador de qualidades que fazem movimentar direitos e deveres, ou seja, é a potência para ser titular de direitos e obrigações.[14] Em seu sentido antropológico-filosófico, seguindo a concepção de Alain Supiot, a "pessoa do Direito" é o *instrumento* de que o Direito dispõe para conceder à pessoa a condição de se movimentar, social e juridicamente, em meio a relações de reconhecimentos que passam pelo crivo das normas jurídicas e a investem de papéis sociais.[15] É desta forma que *estar investido da condição de pessoa do Direito* é uma das mais importantes lutas do ser humano, e não por outro motivo, em face da posição dos *displaced person*, e dos estudos a este respeito por parte de Hannah Arendt,[16] indicam como um dos mais elementares direitos da pessoa humana, em contextos nacionais, ou em contexto internacional, o *direito a ter direitos*.[17]

Foi nesta medida que a Declaração Universal dos Direitos Humanos (1948), enquanto reação moral, política e jurídica à *barbárie*, passou a reconhecer, em nível internacional, e, a partir de então, a influenciar as ordens jurídicas nacionais, este *tão elementar direito a toda pessoa*, qual seja: "*Toda pessoa* tem o direito de ser, em todos os lugares, reconhecida como pessoa perante a lei" (grifo nosso) (art. 6º, DUDH, 1948). Repare-se que, onde se destaca *toda pessoa*, isto quer significar que não se trata de *alguns/ algumas, poucos/ poucas*, mas toda "*pessoa*" tem o direito de ser reconhecida como "*pessoa do Direito*", ou seja, como pessoa perante a lei.[18] Mas, para chegar a este ponto, foi necessária uma longa trajetória de conquistas, até o século XX.

---

uma aptidão a ele reconhecida, toda pessoa é dotada de personalidade" (Diniz, *Compêndio de introdução ao estudo do direito*, 22. ed., 2011, p. 511).

[14] "Aliás, pessoa, no mundo do Direito, é a entidade titular de direitos subjetivos. Para o Direito, pessoa é o sujeito de direito" (...) "Em suma, pessoa é o titular de direitos e obrigações" (Telles Junior, *Iniciação na ciência do direito*, 2001, p. 275).

[15] "A personalidade jurídica não é mais, portanto, do que um meio que a lei garante a cada qual a fim de que ele possa realizar aqui na terra sua personalidade própria, aquela que o identificará aos olhos de seus contemporâneos e das gerações seguintes" (Supiot, *Homo Juridicus*, 2007, p. 29).

[16] "Muito mais persistentes na realidade e muito mais profundas em suas consequências têm sido a condição de apátrida, que é o mais recente fenômeno de massas da história contemporânea, e a existência de um novo grupo humano, em contínuo crescimento, constituído de pessoas sem Estado, grupo sintomático do mundo após a Segunda Guerra Mundial" (Arendt, *Origens do totalitarismo*, 1989, p. 310).

[17] "A condição de apátrida provoca igualmente a perda de um elemento de conexão com a ordem jurídica de maneira inédita e nada tem a ver com a clássica distinção entre nacionais e estrangeiros. Com efeito, o apátrida, sem direito à residência ou ao trabalho, vivia permanentemente à margem da lei, transgredindo a ordem jurídica do país em que se encontrava" (Lafer, *A reconstrução dos direitos humanos*, 4. reimpr., 1988, p. 146-147).

[18] "Ter liberdade jurídica significa, como ainda mostraremos em seguida, possuir direitos subjetivos. A capacidade de liberdade é, assim, a capacidade de ser portador de direitos subjetivos. Portador desses direitos é, então, o sujeito de Direito ou pessoa de Direito. A proteção da dignidade humana significa, portanto, o direito ao reconhecimento como pessoa de Direito. Esta é uma compreensão pouco familiar do conceito de dignidade humana" (Kirste, *Introdução à filosofia do direito*, 2013, p. 159).

2. O RECONHECIMENTO HISTÓRICO-JURÍDICO DA DIGNIDADE DA PESSOA HUMANA

A *Filosofia* e as *Religiões* reconheceram universalidade e dignidade à "pessoa humana" muito antes que o *Direito*. Ademais, os *direitos humanos* surgiram em *documentos normativos de Estado* antes do uso do termo *dignidade* em *documentos jurídicos*. E, para essa história de *construção* e *conquistas*, foram necessárias experiências de intenso *sofrimento*, *lutas sangrentas* e *momentos revolucionários*, como afirma Jürgen Habermas,[19] especialmente considerando o surgimento histórico dos direitos humanos e o reconhecimento do peso jurídico ao termo dignidade, estes representando o escudo diante da *opressão*, da *injustiça* e da *barbárie*.[20] Em especial, considerando o potencial mortífero da *técnica*, do desenvolvimento atômico e científico, o século XX tornou-se o epicentro de discussão do potencial de *desumanização* e de *eliminação do outro*, no encontro entre *razão instrumental* e *delírio*, como nota Alain Supiot,[21] a exemplo dos extremos da barbárie encontrados em *Auschwitz*, no *Gulag* e em *Hiroshima e Nagasaki*. A reação elaborada pela Declaração Universal dos Direitos Humanos (1948) é o símbolo desta retomada da possibilidade de crença na *moralidade* de nossa *humanidade*. Foi a partir do fim da Segunda Guerra Mundial que o termo *dignidade da pessoa humana* iniciou sua trajetória inscrita em textos propriamente jurídicos, seja na esfera internacional, seja na esfera das Constituições nacionais, como apontam Stephan Kirste,[22] Peter Häberle[23] e Jürgen Habermas.[24]

Do ponto de vista do *alinhamento* do direito positivo brasileiro, a este comando fundamental da ordem internacional, o Brasil se encontra plenamente integrado com a mais avançada concepção a este respeito, e este movimento é, sem dúvida nenhuma,

---

[19] "Os direitos humanos resultaram de lutas por reconhecimento violentas, e às vezes revolucionárias" (Habermas, O conceito de dignidade humana e a utopia realista dos direitos humanos, *in Sobre a Constituição da Europa*, 2012, p. 28).

[20] "Direitos humanos sempre surgiram primeiro a partir da oposição à arbitrariedade, opressão e humilhação" (Habermas, O conceito de dignidade humana e a utopia realista dos direitos humanos, *in Sobre a Constituição da Europa*, 2012, p. 11).

[21] "A eliminação, em nome da Ciência, do sujeito de direito é o ponto delirante no qual se ancora o *pensamento totalitário*" (Supiot, *Homo juridicus*: ensaio sobre a função antropológica do Direito, 2007, p. 70).

[22] "A dignidade do homem é, hoje, protegida em textos constitucionais ou nas decisões jurisprudenciais de praticamente todos os ordenamentos jurídicos europeus" (Kirste, *Introdução à filosofia do direito*, 2013, p. 159).

[23] "A cláusula da dignidade humana prevista no art. 1º, inc. I, da Lei Fundamental não constitui uma particularidade da nossa Lei Fundamental, mas sim um 'tema típico' e atualmente central para muitos Estados Constitucionais integrantes da 'Família das Nações', conforme revela uma comparação de seus respectivos textos constitucionais" (Häberle, *A dignidade humana como fundamento da comunidade estatal*, 2005, p. 90).

[24] "É interessante a circunstância em que somente após o final da Segunda Guerra Mundial o conceito filosófico de dignidade humana, que entrou em cena já na Antiguidade e adquiriu em Kant sua acepção válida atualmente, tenha sido introduzido nos textos do direito das gentes e nas diferentes constituições nacionais desde então em vigor" (Habermas, O conceito de dignidade humana e a utopia realista dos direitos humanos, *in Sobre a Constituição da Europa*, 2012, p. 9).

Capítulo III | O conceito de Direito e o conceito de dignidade...

fruto de enormes conquistas inauguradas com o fim da ditadura civil-militar (1964-1985), e com a promulgação da Constituição Federal de 1988 (art. 1º, inciso III). Sem isto, hoje, é praticamente impossível pensar o sentido do termo *justiça* e sem isto é completamente ininteligível o modo de luta e organização em torno da efetividade dos direitos humanos.[25]

3. A DIGNIDADE DA PESSOA HUMANA COMO UTOPIA CONCRETA

No sentido atual da expressão "dignidade da pessoa humana" fica o rastro semântico de que é nela que mora a *ética dos direitos humanos*, enquanto expressão de uma ética pública.[26] Nesse sentido, a expressão funciona como um "ideal regulativo" para a *cultura humanizadora dos direitos*, a garantir que a liberdade, a igualdade, a diversidade, a solidariedade, a segurança, a ordem, a justiça, a paz, a distribuição não se façam sem o *respeito primordial* à pessoa humana. O conceito de dignidade, ao se atualizar desta forma, deve pautar ações e condutas, nisto se compondo em *"utopia realista"* para sociedades modernas. Nestas, o grau de consolidação da cidadania de todos(as) e de cada um(a) pode, por aí, ser aferido, e este constitui o maior desafio social, educacional e democrático de nossos tempos.[27]

De fato, é no tempestuoso e tumultuado, confuso e turbulento, cenário do mundo contemporâneo (crise política, crise ecológica, crise do direito, crise moral) que se inscreve a tarefa de efetivação da dignidade da pessoa humana. Mas, é ainda, *diante do nevoeiro do contexto pós-moderno*, que a noção de dignidade da pessoa humana comparece como sendo, na imagem metafórica de Jürgen Habermas, um *sismógrafo da cidadania*,[28] fornecendo, a todos e todas, um horizonte de trabalho de importante orientação, enquanto *bússola de organização das lutas sociais*, em direção a uma *utopia realista*[29] e *concre-*

---

[25] "Somente esse vínculo interno entre dignidade humana e direitos humanos produz aquela fusão explosiva da moral no médium do direito, no interior do qual deve ser efetuada a construção das ordens políticas justas" (Habermas, O conceito de dignidade humana e a utopia dos direitos humanos, *in Sobre a Constituição da Europa*, 2012, p. 37).

[26] No mesmo sentido, afirma o jurista espanhol Francisco Ansuátegui Roig: "Pues bien, se podría afirmar que los derechos fundamentales forman parte de la ética pública. Los derechos fundamentales son medios respectos a los valores superiores y en última instancia respecto a la idea de dignidad" (Roig, *De los Derechos y el Estado de Derecho*, 2007, p. 238).

[27] Cf. Habermas, O conceito de dignidade humana e a utopia realista dos direitos humanos, *in Sobre a Constituição da Europa*, 2012, p. 31.

[28] "*A dignidade é um sismógrafo que mostra o que é construtivo para uma ordem jurídica democrática* – a saber, precisamente os direitos que os cidadãos de uma comunidade política devem se dar para poderem se respeitar reciprocamente com membros de uma associação voluntária de livres e iguais. *Somente a garantia desses direitos humanos cria o status de que cidadãos, como sujeitos de direitos iguais, pretendem ser respeitados em sua dignidade humana*" (Habermas, O conceito de dignidade humana e a utopia realista dos direitos humanos, *in Sobre a Constituição da Europa*, 2012, p. 17).

[29] No mesmo sentido do pensamento de Jürgen Habermas, a indicação do caráter avançado e utópico da DUDH, nas palavras de Francisco Javier Ansuátegui Roig: "La Declaración Universal constituye en este sentido un paradigma, que no es un punto final sino un punto de partida; y la

ta[30] pela qual se podem movimentar forças sociais em direção a lutas legítimas e significativas. Neste ponto, é importante que se indique que a expressão *utopia realista e concreta* espanta a concepção tradicional e etimológica de *utopia* (grego, *ou-topos*; lugar nenhum), ou seja, o sentido de que aquilo que se imagina pela utopia é impossível de ser realizado, de tão distante, longínquo e imagético. Ela também espanta qualquer evocação a *distopias*, ou seja, a *utopias que levam ao horror, à barbárie*, em nome de um ideal, e, por isso, se convertem de *sonho* em *pesadelo*.

4. "PESSOA DO DIREITO" COMO PESSOA FÍSICA

Atualmente, toda *pessoa física* é, simultaneamente, *pessoa do Direito* pelo simples fato de ser *pessoa física*.[31] Mas, isso por força da história de luta pela universalização dos direitos humanos e extensão da compreensão de *dignidade humana a todos(as)*. A Declaração Universal dos Direitos Humanos (1948), em seu art. 1º, afirma: "*Todas* as pessoas nascem livres e iguais em dignidade e direitos. São dotadas de razão e consciência e devem agir em relação umas às outras com espírito de fraternidade". E é nesta toada que a Constituição Federal de 1988, no *caput* do art. 5º, também afirma: "*Todos* são iguais perante a lei, sem distinção de qualquer natureza, garantindo-se aos brasileiros e aos estrangeiros residentes no País a individualidade do direito à vida, à liberdade, à igualdade, à segurança, à propriedade, nos termos seguintes: (...)" (grifos nossos).[32] Mas, para que se perceba este *direito* como *conquista* é necessário rememorar a conhecida história de sofrimento, exploração e invisibilidade de estrangeiros escravizados (na Antiguidade), de pessoas com deficiências expostas à morte eugenista (na Antiguidade), de africanos e indígenas escravizados (nas Américas), de judeus, apátridas e refugiados (após a Segunda Guerra Mundial), enquanto exemplos históricos que testemunham a importância do significado deste direito.

---

universidad de los derechos tiene un gran componente utópico" (Roig, *De los Derechos y el Estado de Derecho*, 2007, p. 246).

[30] "*Os direitos humanos formam uma utopia realista na medida em que não mais projetam a imagem decalcada da utopia social de uma felicidade coletiva; antes, eles ancoram o próprio objetivo ideal de uma sociedade justa nas instituições de um Estado constitucional*" (Habermas, O conceito de dignidade humana e a utopia realista dos direitos humanos, *in Sobre a Constituição da Europa*, 2012, p. 31).

[31] "A cada homem é garantido um direito de reconhecimento como pessoa de direito; na medida em que a ele é garantido esse direito, ele é, ao mesmo tempo, reconhecimento como pessoa de Direito" (Kirste, *Introdução à filosofia do direito*, 2013, p. 162).

[32] "O conceito de pessoa física foi enriquecido com a expansão do conceito de direitos humanos, máxima a partir da Declaração Universal dos Direitos do Homem, de 1948, cujo art. 1º enuncia: "Todos os homens nascem livres e iguais em dignidade e direitos. São dotados de razão e consciência e devem agir uns aos outros com espírito de fraternidade" (Lôbo, *Direito civil* – Parte geral, 3. ed., 2012, p. 97). "Isso ocorreu através do reconhecimento da dignidade humana como princípio jurídico. Porque a dignidade do homem seria lesada se ele não fosse reconhecido como sujeito de Direito, mas transformado em objeto do Direito, a proteção da dignidade humana obriga a reconhecê-lo como sujeito de Direito. Ninguém deve estar excluído dessa proteção" (Kirste, *Introdução à filosofia do direito*, 2013, p. 162).

É assim que, a partir daí, a legislação infraconstitucional brasileira pode partir para a afirmação mais precisa, relativa à *pessoa física* ou *pessoa natural*, tal como o faz o Código Civil de 2002, em seu art. 2º: "A personalidade civil *da pessoa* começa do nascimento com vida; mas, a lei põe a salvo, desde a concepção, os direitos do nascituro". E, mais adiante, completa esta dicção com o art. 6º: "A existência da pessoa natural termina com a morte(...)". Assim, a pessoa física, ou natural,[33] tem seus direitos reconhecidos do "início da vida" (vida extrauterina)[34] ao "fim da vida" (morte encefálica), sabendo-se que o significado jurídico de *vida* se tornou um conceito extremamente complexo, diante dos avanços da ciência, da tecnologia e da engenharia genética.[35] O risco que a possibilidade de intervenção médico-tecnológica possibilita hoje é aquele já dado, em que a fronteira das decisões sobre a vida e a morte passa pelo domínio moral das decisões humanas, demandando um novo tipo de autoconsciência sobre os problemas do mundo, como constata Jürgen Habermas, em *O futuro da natureza humana*.[36]

Isto se torna ainda mais evidente quando questões mais complexas aparecem, que vêm causando modificações na compreensão das Ciências Normativas do Direito, em especial no Direito Civil, quando se depara com temas: a) relativos ao "nascituro",[37] que é *pessoa* e é sujeito de Direito, mas ainda não é *pessoa do Direito*, e, por isso, lhe são reservados direitos (direitos da personalidade), seguindo-se a teoria *concepcionista*,[38] que se encontram em expectativa, e dependem do nascimento com vida para se consolidar; b) relativos à reprodução humana assistida,[39] à inseminação artificial, à fecun-

---

[33] Note-se que o Código Civil exclui o tratamento de pessoa física a certos entes: "Observe-se que o conceito de pessoa natural exclui os animais, os seres inanimados e as entidades místicas e metafísicas, todos tidos, eventualmente, como objetos do direito" (Tartuce, *Direito civil*, 12. ed., 2016, p. 118).

[34] "A pessoa física começa a existir quando nasce com vida. O nascimento é um fato jurídico, cuja eficácia independe da vontade de quem quer que seja" (Lôbo, *Direito civil* – Parte geral, 3. ed., 2012, p. 105).

[35] "No tocante à engenharia genética, os riscos abertos pelos desenvolvimentos da biotecnologia instam os intelectuais a refletir sobre as consequências éticas das formas presentes de conhecimento e do âmbito de liberdade de pesquisadores e cientistas" (Maia, Biopoder, biopolítica e o tempo presente, *in O homem-máquina:* a ciência manipula o corpo (NOVAES, Adauto, org.), 2003, p. 100).

[36] "O limite conceitual entre a prevenção do nascimento de uma criança gravemente doente e o aperfeiçoamento do patrimônio hereditário, ou seja, de uma decisão eugênica, não é mais demarcado" (...) " 'Protagonistas da evolução' ou até 'brincar de Deus' são as metáforas para uma *autotransformação da espécie*, que parece iminente" (Habermas, *O futuro da natureza humana*, 2004, p. 30).

[37] "Pessoa do direito é o ser humano nascido com vida; nascituro é ser humano não nascido e que ainda está no ventre materno. Ambos são sujeitos de direito, a primeira personalizada e o segundo não personalizado" (Lôbo, *Direito civil* – Parte geral, 3. ed. 2012, p. 99).

[38] "Colocamo-nos entre os adeptos da doutrina verdadeiramente concepcionista, isto é, aquela que considera o início da personalidade desde a concepção" (Chinellato, *Tutela civil do nascituro*, Tese de Doutorado, Faculdade de Direito, USP, 1983, p. 185).

[39] A este respeito, consulte-se Resolução do Conselho Federal de Medicina n. 2.168/2017.

dação artificial, ao zigoto,[40] e os direitos que daí decorrem;[41] c) relativos ao debate sobre a "morte digna", a ortotanásia, a eutanásia, à distanásia e ao suicídio assistido que se relaciona a temas da bioética e da redução do sofrimento de pacientes.[42]

Isto constatado, é importante avançar e considerar que a capacidade para o exercício dos direitos pela pessoa física é considerada, de um lado, *capacidade de direito*, ou seja, a capacidade para ser "pessoa do Direito", o que a toda pessoa humana é reconhecido pelo Direito contemporâneo[43] (Código Civil de 2002, art. 1º: "Toda pessoa é capaz de direitos e deveres na ordem civil"), e, de outro lado, *capacidade de fato*, ou seja, *capacidade de exercer factualmente direitos e deveres* diante de limitações que são próprias da existência humana, tais como a idade, o estado de saúde, a condição de deficiência. Assim, surgem restrições ao *exercício* da titularidade de direitos e deveres, que levam à: *incapacidade civil de fato absoluta* (Código Civil de 2002, art. 3º: "São absolutamente incapazes de exercer pessoalmente os atos da vida civil os menores de 16 anos"; *incapacidade civil de fato relativa* (Código Civil de 2002, art. 4º: "São incapazes, relativamente a certos atos ou à maneira de os exercer: I. Os maiores de 16 anos e os menores de 18 anos; II. Os ébrios habituais e os viciados em tóxico; III. Aqueles que, por causa transitória ou permanente, não puderem exprimir a sua vontade; IV. Os pródigos; parágrafo único: A capacidade dos indígenas será regulada por legislação especial").[44]

Perceba-se, no entanto, o quanto a questão da *capacidade de fato* é sensível a mudanças, o que demonstra o quanto o Direito se transforma na medida das alterações de "paradigmas sociais". Os arts. 3º e 4º do Código Civil de 2002 foram profundamente impactados e operou-se verdadeira "revolução de conceitos", se considerarmos, numa leitura histórica, apenas os cem anos de história brasileira legislativa, especialmente se consideradas as seguintes pessoas: a) juventude; b) indígenas; c) mulheres; e d) pessoas com deficiência. No Código Civil de 1916, eram considerados absolutamente incapazes, pelo art. 5º, os menores de dezesseis anos, os loucos de todo o gênero, os surdos mudos, que não puderem exprimir a sua vontade, os ausentes, declarados tais por ato do juiz, e, eram considerados relativamente in-

---

[40] "A reprodução humana assistida relaciona-se com direitos da personalidade das pessoas que dela participam – doadores e receptores de gametas ou de embrião pré-implantatório – bem como do próprio embrião pré-implantatório e da criança e adulto que dele resultarão, no processo de desenvolvimento contínuo do próprio ser" (Chinellato, *Reprodução humana assistida*: aspectos civis e bioéticos, Tese de Livre-Docência, Faculdade de Direito, Universidade de São Paulo, 2000, p. 158).

[41] A respeito, *vide* Bittar, *Os direitos da personalidade*, 8. ed., 2015, p. 120.

[42] A respeito, consulte-se Lopes, Lima, Santoro, *Eutanásia, ortotanásia e distanásia*: aspectos médicos e jurídicos, 2011.

[43] "Tem integral procedência, então a defesa de atribuição da capacidade de direito a todos os seres humanos, sob pena de ofensa aos direitos da personalidade. Nela, limite de atribuição não há e nem pode haver" (Fachin, *Teoria crítica do direito civil*, 2 ed., 2003, Renovar, p. 98).

[44] "A capacidade jurídica da pessoa natural é limitada, pois uma pessoa pode ter o gozo de um direito, sem ter o seu exercício por ser incapaz; logo, seu representante legal é que o exerce em seu nome" (Diniz, *Compêndio de introdução ao estudo do direito*, 21. ed., 2011, p. 513).

capazes (art. 6º), os maiores de dezesseis anos e menores de vinte e um anos, as mulheres casadas, enquanto subsistir a sociedade conjugal, os pródigos, os silvícolas. A situação alterou-se profundamente, do Código Civil de 1916, para o Código Civil de 2002, com a redução do rol de incapacidades e, este último, é ainda impactado pelo Estatuto da Pessoa com Deficiência (Lei n. 13.146/ 2015, art. 6º: "A deficiência não afeta a plena capacidade civil da pessoa (...)"; art. 84: "A pessoa com deficiência tem assegurado o direito ao exercício de sua capacidade legal em igualdade de condições com as demais pessoas").

Por fim, pode-se dizer que à pessoa física são atribuídos direitos, e estes direitos se subdividem em *direitos da pessoa* e *direitos da personalidade*,[45] devendo-se destacar estes últimos, por elaborar a transposição dos direitos humanos à esfera privada.

5. "PESSOA DO DIREITO" COMO PESSOA FÍSICA: IGUALDADE, DIFERENÇAS E LUTA POR RECONHECIMENTO

Foi-se o tempo em que a *igualdade jurídica* significava a *igualdade de todos perante a lei*. Sob forte influxo dos debates provenientes das teorias pós-modernas, das teorias feministas,[46] da emergência dos direitos das mulheres,[47] das teorias do multiculturalismo e da interculturalidade, das teorias étnico-raciais e de gênero, no âmbito dos direitos humanos, tornou-se possível demonstrar que *igualdade jurídica* e *igualdade real* andavam divorciadas. A partir daí, tornou-se possível trabalhar o *reconhecimento (Annerkenung)* dos diversos e plurais sujeitos, seus movimentos, suas organizações e suas lutas, desmontando as peças que montavam a distância abstrata do *sujeito universal do Direito*, proveniente do discurso moderno, liberal e formal.

Assim, foi possível perceber que atrás da capa do *sujeito universal liberal e abstrata* se encontravam o burguês, o homem, o branco, as nações euro-americanas, os

---

[45] A este respeito: "Do reconhecimento dos valores essenciais à personalidade humana e dos estados em que se mostram as pessoas na vida social, duas categorias distintas de direitos diferem, a saber, a dos direitos da personalidade e a dos direitos da pessoa" (Bittar, *Teoria geral do direito civil*, 2. ed., atual. Carlos A. B. Filho e Marcia S. Bittar, 2007, p. 100). Ainda, em específico: "Consideram-se de personalidade os direitos reconhecidos à pessoa humana tomada em si mesma e em suas projeções na sociedade, previstos no ordenamento jurídico exatamente para a defesa de valores inatos no homem, como a vida, a higidez física, a intimidade, o segredo, o respeito, a honra, a intelectualidade e outros tantos" (Bittar, *Os direitos de personalidade*, 8. ed., 2015, p. 29).
[46] "Nesse sentido, o outro concreto é um conceito crítico que designa os limites ideológicos do discurso universalista" (Benhabib, O outro generalizado e o outro concreto, *in*: *Feminismo e crítica da modernidade* (Seyla Benhabib; Drucilla Cornell, coords.), 1987, p. 103).
[47] A emergência do Direito das Mulheres vem se afirmando com conquistas legais claramente delineadas: "Os novos direitos, no que tange especificamente ao caso das mulheres no Brasil, são fruto de muitas batalhas travadas em diferentes esferas do meio social. Muitas das demandas femininas encontram-se no momento tuteladas juridicamente" (Gomes, Os novos direitos na perspectiva feminina: a constitucionalização dos direitos das mulheres, *in Os novos direitos no Brasil*: natureza e perspectivas – uma visão básica das novas conflituosidades jurídicas (Wolkmer, Antonio Carlos; Leite, José Rubens Morato, orgs.), 3. ed., 2016, p. 97).

países desenvolvidos, os interesses do capital, categorias estas que estavam encriptadas no interior de *discursos jurídicos*. Daí, a importância do discurso contemporâneo para a luta por direitos, que passa pela ideia de *iguais na diferença*. Isto permite trabalhar, no lugar da *falsa igualdade jurídica*, uma legalidade de outra ordem, a saber, uma *legalidade inclusiva*, uma legalidade pluralista, descentrada de sua formatação hegemônica e tradicionalista.

Enfim, para que uma *legalidade inclusiva e pluralista* possa operar, é necessário *descentrar* o discurso jurídico, para ouvir, entender, qualificar e reconhecer movimentos que operam com necessidades, lógicas, sensibilidades e preocupações diversas, que, muitas vezes, passam ao largo da legalidade, e, por isso, se submetem ao sofrimento de indeterminação, apontado por Axel Honneth.[48] Neste sentido, percebe-se uma outra forma de operar o Direito, agora sob o influxo do importante impacto destas lutas, movimentos e teorias, no interior da *Teoria do Direito* e da própria *legalidade pós-moderna*, que passa a atribuir um novo estatuto às diferenças, ao tratar dos direitos e deveres a partir da centralidade do Código Civil, ladeada pela significação especializada dos Estatutos: Estatuto do Idoso; Lei Maria da Penha; Estatuto da Criança e do Adolescente; Estatuto da Igualdade Racial; Estatuto da Pessoa com Deficiência. A partir desta nova lógica, é possível lidar com as diferenças para *superar as desigualdades* – sabendo-se que o valor da *redistribuição* continua sendo um critério forte da justiça contemporânea –, e é possível reconhecer as diferenças, para *cultivar a diversidade* – sabendo-se que o valor do *reconhecimento* é uma conquista importante para o debate sobre a qualidade da justiça contemporânea, seguindo as pistas deixadas por Nancy Fraser.[49]

6. "PESSOA DO DIREITO" COMO PESSOA JURÍDICA

Desde a Idade Média, vem se ampliando, com a história da modernidade, o conceito de *"pessoa"*, de "pessoas naturais ou físicas" para as "pessoas morais, coletivas ou jurídicas",[50] de modo a ampliar a proteção a entidades, corporações e comerciantes, além de associações. Neste processo, houve, portanto, extensão do campo semân-

---

[48] Honneth, *Luta por reconhecimento*: a gramática moral dos conflitos sociais, 2003.
[49] "Estas, já discutidas em outro lugar, são antíteses falsas. A justiça hoje exige tanto a redistribuição quanto o reconhecimento; nenhum dos dois por si só é suficiente" (Fraser, Reconhecimento sem ética? In: SOUZA, Jessé; MATTOS, Patrícia (org.), *Teoria crítica no século XXI*, 2007, p. 1140).
[50] "As entidades assim personalizadas se chamam pessoas jurídicas, intelectuais, morais ou coletivas. São unidades jurídicas que resultam de comunidades humanas organizadas sob formas próprias e que, com o registro público correspondente, assumem personalidades distintas das de seus componentes" (Bittar, *Teoria geral do direito civil*, 2. ed, atualizada por Carlos Alberto Bittar Filho e Márcia Sguizardi Bittar, 2017, p. 130). "A pessoa é classificada como natural ou jurídica havendo, como exceções, entes despersonalizados, com 'status' aproximado ao de pessoa. Entre eles, o espólio, a massa falida, o condomínio. Entretanto, não é desses entes que aqui se trata. É preciso verificar novos sujeitos em face de alguns direitos constitucionais" (Fachin, *Teoria crítica do direito civil*, 2. ed., 2003, p. 266).

tico para abranger *situações artificiais*. Esse tipo de aproximação se consolidou no século XIX, quando a legislação absorveu de modo definitivo a terminologia de "pessoa jurídica" para o vocabulário jurídico.[51] Atualmente, reconhecem-se às pessoas morais ou jurídicas, até mesmo direitos da personalidade,[52] tamanha a aproximação que se veio produzindo entre estes *sujeitos de direito*.

O Direito Civil reconhece a existência de pessoas jurídicas através do Código Civil de 2002 (art. 40: "As pessoas jurídicas são de direito público, interno ou externo, e de direito privado"). E, ainda, define as modalidades de pessoa jurídica, da seguinte forma: a) pessoa jurídica de direito público: a.1) interno: União; Estado; Municípios; autarquias; fundações; empresas estatais (art. 41 do CC); a.2.) externo: União; organizações internacionais; outros Estados; b) pessoa jurídica de direito privado: b.1) civis: sociedades; associações; fundações; organizações religiosas; partidos políticos; empresas individuais de responsabilidade limitada (art. 44 do CC); b.2) empresariais: (art. 966 do CC).

A pessoa jurídica serve de *sobre-máscara*, ou ainda, de invólucro, que leva a responsabilidade jurídica ao *ente artificial*, limitando-se à sua modalidade e ao seu estatuto específico. Este invólucro permite uma diferenciação clara da pessoa física, que age por trás da estrutura da pessoa jurídica, de forma a fazer recair sobre a pessoa jurídica o conjunto de direitos e deveres que decorrem do exercício de suas atividades e funções estatutárias, salvo as flagrantes e evidentes atividades ilícitas e desviantes, que são tomadas como exceção, e autorizam a perseguição dos bens pessoais da pessoa física. Afinal, não pode permitir a fraude e o abuso, a ilegalidade e os atos irresponsáveis; por isso, surgiu a teoria da *disregard of legal entity*, visando a desconstituir a *persona artificial* para responsabilizar a pessoa física que dela se valia para a prática de ilícitos.

7. SUJEITOS DE DIREITO

O direito também trabalha com a categoria (ampla) dos *sujeitos de direito*. A categoria dos *sujeitos de direito* é o espaço conceitual abrangente que abriga: pessoa

---

[51] "Pessoa jurídica é expressão e conceito de origem relativamente recente: a sua primeira formulação aparece no começo do séc. XIX; sua mais completa elaboração e seu ingresso na linguagem legislativa são da segunda metade desse século" (Lôbo, *Direito civil* – Parte geral, 3. ed., 2012, p. 161). Com esta recuperação histórica, também concorda Stephan Kirste: "Ao lado do homem enquanto pessoa natural, o ordenamento jurídico também pôde conferir a entidades do tipo direitos e deveres e, como isso, torná-las pessoas jurídicas. Tais entidades tornam-se através disso, portadoras de direitos, paralelamente aos homens que nelas e para elas atuam. No final do século XIX, difundiu-se a concepção de que também o homem não seria sujeito de Direito por si mesmo, mas receberia essa capacidade através do ordenamento jurídico, assim como a pessoa jurídica" (Kirste, *Introdução à filosofia do direito*, 2013, p. 160).

[52] "É preciso acentuar que, tanto no âmbito dos direitos da personalidade como no dos pessoais, estão incluídas também as pessoas jurídicas, que gozam dos direitos compatíveis em cada categoria" (Bittar, *Teoria geral do direito civil*, 2. ed., atual. Carlos A. B. Filho e Marcia S. Bittar, 2007, p. 100).

física; pessoa jurídica; e os assim chamados *entes não personalizados*, ou *sujeitos de direito sem personalidade*.[53] Estes *entes não personalizados* são: herança jacente; condomínio; gerações futuras; espólio; sociedades de fato; massa falida; nascituro; animais; natureza.

O conceito de *sujeito de direito* é estudado, seja pela *Teoria do Direito*,[54] seja pelo *Direito Civil*,[55] considerando-se sua decisiva importância para a regulação de espaços conceituais de determinante valor para o sistema jurídico, e outra conclusão não se pode extrair, na fronteira entre *Filosofia* e *Ciência Normativa do Direito*,[56] senão que toda "pessoa do Direito" é *sujeito de direito*, mas nem todo *sujeito de direito* é "pessoa do Direito".[57]

8. NOVOS SUJEITOS DE DIREITO

8.1. Natureza, futuras gerações e animais não humanos

A teoria do *sujeito de direito* nasce na modernidade muito marcada pela noção de *sujeito moderno*.[58] A base de inspiração da categoria vem da relação *Sujeito-objeto* (S-o), derivada do método cartesiano, onde "*o*" é a "natureza". Eis aí a abertura conceitual e histórica para o início de um processo de *objetualização* do mundo ob-

---

[53] "A melhor tese para solucionar a questão é a de sujeitos de direitos sem personalidade" (Fiuza, Teoria filosófico-dogmática dos sujeitos de direito sem personalidade, *in XX CONPEDI*, disponível em: <www.conpedi.org.br>, p. 13347-13366, Vitória, 2011, acesso em: 13 abr. 2016, p. 13.359).

[54] "Toda pessoa física ou jurídica é um sujeito jurídico. A recíproca, porém não é verdadeira. A herança jacente, os bens em inventário, é sujeito de direito, mas não é pessoa. O sujeito nada mais é do que o ponto geométrico de confluência de diversas normas. Esse ponto pode ser uma pessoa, física ou jurídica, mas também um patrimônio" (Ferraz Júnior, *Introdução ao estudo do direito*, 6 ed. 2010, p. 127).

[55] "Sujeitos de direito são todos os seres e entes dotados de capacidade para adquirir ou exercer titularidades de direitos e respondem por deveres jurídicos. Nesse sentido, o conceito de sujeito de direito é mais amplo que o de pessoa jurídica, que fica abrangido por ele. Em outras palavras, há sujeitos de direito que não são pessoas físicas ou jurídicas" (Lôbo, *Direito civil – Parte geral*, 3. ed., p. 99).

[56] "Essas questões interessam não só à Filosofia do Direito (Ontologia Jurídica), mas também à dogmática..." (Fiuza, Teoria filosófico-dogmática dos sujeitos de direito sem personalidade, *in XX CONPEDI*, disponível em: <www.conpedi.org.br>, p. 13.347 – 13.366, Vitória, 2011, acesso em: 13 abr. 2016, p. 13348).

[57] "Toda pessoa é sujeito de direitos, mas nem todo sujeito de direitos é pessoa. Há casos em que o ordenamento jurídico atribui direitos a entes despidos de personalidade, como o nascituro e a herança jacente, sem lhes atribuir personalidade" (Fiuza, Teoria filosófico-dogmática dos sujeitos de direito sem personalidade, *in XX CONPEDI*, disponível em: <www.conpedi.org.br>, p. 13.347 – 13.366, Vitória, 2011, acesso em: 13 abr. 2016, p. 13359).

[58] A esse respeito, leiam-se: "Assim, na filosofia de Descartes, a doutrina cristã de que os animais não possuem alma imortal tem a extraordinária consequência de levar à negação de que eles tenham consciência. Segundo Descartes, os animais são meras máquinas, autômatos" (Singer, *Libertação animal*, 2013, p. 291). "Com essa guinada subjetivista, Descartes vai levar a tradição aristotélica e estoicista às últimas consequências, de modo que os animais vão ser concebidos como máquinas, destituídos de alma e incapazes de qualquer emoção ou sofrimento" (Gordilho, *Direito ambiental pós-moderno*, 2009, p. 128).

jetivo, e, por isso, do mundo natural e do mundo animal. Esta será uma marca da modernidade, enquanto característica da sociedade das mercadorias, em que o predomínio da *razão instrumental* reduz tudo a coisas, até o abismo dos campos de concentração, em que até mesmo pessoas são reduzidas a coisas.

A crítica da modernidade pressupõe, hoje, o reconhecimento dos animais, do meio ambiente e das futuras gerações (sujeitos transgeracionais),[59] enquanto disputam um novo espaço de sentido, no âmbito dos novos direitos[60] e no campo da categoria de *sujeitos de direito*. E isso em função de uma série de avanços e mudanças de concepção que advieram da emergência contemporânea do *Direito Ambiental* e do *Direito Animal*, sendo importante destacar que a expressão *Direitos Humanos* hoje também engloba o direito dos animais. Por isso, além destes conhecidos limites dados à concepção de *sujeitos de direitos*, decorrentes da *Teoria Tradicional*, hoje se está em pleno processo de mudança paradigmática e ampliação do espaço semântico da expressão que uma *Teoria Crítica e Humanista* deve ser capaz de reconhecer. E, aqui, o *Humanismo* da *Teoria Crítica* não é o humanismo exclusivista, em que o ser humano se autoarroga a condição de *Senhor-do-mundo*, mas o humanismo solidarista, que compartilha o universo com outros seres, todos detentores de *igual respeito e consideração*.[61]

Neste sentido, hoje, é necessário operar a *viragem teórico-conceitual do moderno ao pós-moderno na Teoria do Direito*, o que aqui passa a significar do *antropocentrismo ao biocentrismo*, algo já consolidado no âmbito dos *Direitos da Natureza*,[62] dos *Direitos*

---

[59] "O art. 225 consagra a ética da solidariedade entre as gerações, pois as gerações presentes não podem usar o meio ambiente fabricando a escassez e a debilidade para as gerações vindouras" (Machado, *Direito ambiental brasileiro*, 24. ed., 2016, p. 156). É a crise de paradigmas que toca de perto esta questão: "Entretanto, tal previsão fez surgir um outro problema. Esse diz respeito aos paradigmas dominantes no Direito, na medida em que a construção de um novo sujeito de direito – o sujeito transgeracional – não limitado espacial e temporalmente, trouxe algumas implicações. A proposição de uma nova categoria de sujeito de direito, decorrente da consagração do direito ao meio ambiente – sujeito transgeracional – será aqui considerada, pois implicaria na vinculação de direitos a um sujeito em parte não nascido, ou seja, implicaria na imposição constitucional de um dever para com quem ainda não existe" (Marques, Meio ambiente, solidariedade e futuras gerações, *Revista do Programa de Pós-Graduação da UFC*, v. 32, 2, p. 37-56, jul.-dez., 2012. Disponível em: <http://www.repositorio.ufc.br/bitstream/riufc/12199/1/2012_art_cmarques.pdf>. Acesso em: 30 nov. 2016, p. 50).

[60] "O estudo atento desses 'novos' direitos relacionados às esferas individual, social, metaindividual, bioética, ecossistêmica, tecnocientífica e virtual exige pensar e propor instrumentos jurídicos adequados para viabilizar sua materialização e para garantir sua tutela jurisdicional, seja por meio de um novo Direito Processual, seja por meio de uma Teoria Geral das Ações Constitucionais" (Wolkmer, Introdução aos fundamentos de uma teoria geral dos novos direitos, in *Os novos direitos no Brasil*: natureza e perspectivas – uma visao básica das novas conflituosidades jurídicas (Wolkmer, Antonio Carlos; Leite, José Rubens Morato, orgs.), 3. ed., 2016, p. 19).

[61] A este respeito, o estudo do jurista português José Manuel Aroso Linhares, onde aponta: "Um mundo *humano*... e que não obstante se especifica (e se constrói) *repensando a natureza* e a nossa relação com a natureza" (Linhares, A ética do *continuum* das espécies e a resposta civilizacional do Direito, *Boletim da Faculdade de Direito*, v. LXXIX, 2003, p. 203).

[62] Na linha do que já ocorre nas Constituições do Equador (2008) e da Bolívia (2009): "(...) ao reconhecer direitos para a natureza, reconhece-se que todos os seres vivos têm o mesmo valor ontológico, sem que precisem ser idênticos, de forma que toda espécie viva tenha a mesma importância e merecimento de proteção. Rompe-se, assim, com uma visão instrumental de ambiente, reconhecendo-se valores próprios à natureza que não são atribuídos pelos seres humanos, porque

Humanos, do *Direito Ambiental* e do *Direito Animal*. E é exatamente a percepção de que a violência infligida à natureza nos atinge e nos violenta, e de que a sensibilidade humana para com a degradação do mundo natural,[63] e consequente desaparecimento de inumeráveis espécies vegetais, e para com o sofrimento do mundo animal,[64] e consequente violentação de seres vivos desenvolvidos, deve ser o motivo suficiente para a *humanização* das figuras jurídicas que cercam a noção de *sujeitos de direitos*.

Assim, para todos os efeitos, deve-se considerar que, do ponto de vista jurídico, entre os *sujeitos de direitos*, que são *entes não personificados*, estejam presentes os animais, momento de concretização da *consciência global, holística e planetária* da pessoa diante do mundo, e de manifestação do respeito a toda forma de vida. Esta proposta gera incômodo ao antropocentrismo especista ao qual se acostumou a visão de mundo moderna, e advém propriamente dos debates contemporâneos protagonizados pelo movimento chamado *animal rights*, tendo grande expressão em Peter Singer. É certo, no entanto, que antes mesmo da questão dos *direitos dos animais* se colocar no final do século XX, várias correntes de *Filosofia* já haviam se pronunciado sobre o respeito aos animais (na Antiguidade, Pitágoras; na Idade Média, Francisco de Assis; no Renascimento, Leonardo Da Vinci),[65] além de muitas tradições orientais.[66] Mas, no geral, a crítica de Peter Singer, e outros,[67] é a de que os seres humanos agem, pensam e se alimentam de forma especista.[68] Assim, não se justifica que, no estado atual

---

nos direitos da natureza o centro está posto na natureza em si mesma, independentemente da utilidade ou do uso que lhe dê o ser humano, embora este esteja incluído na natureza" (Freitas, Os novos direitos da natureza: horizontes a conquistar, *in Os novos direitos no Brasil*: natureza e perspectivas – uma visão básica das novas conflituosidades jurídicas (Wolkmer, Antonio Carlos; Leite, José Rubens Morato, orgs.), 3. ed., 2016, p. 304-305).

[63] "É certo, porém, que a ameaça ecológica global requer uma revisão do individualismo monista – que visa proteger apenas a esfera da liberdade – em direção à proteção prioritária dos interesses vitais das futuras gerações" (Gordilho, *Direito ambiental pós-moderno*, 2009, p. 85).

[64] "Ainda hoje, no entanto, milhões de animais sencientes, nascidos livres, são roubados, capturados, mutilados, vendidos como mercadoria, espoliados na realização de trabalhos forçados, ou simplesmente mortos e devorados, sem qualquer direito à defesa, e poucos de nós se compadece com o sofrimento desses seres, muitos deles tão próximos de nós na cadeia evolutiva. Será mesmo que nós temos o direito de tratar assim as demais espécies?" (Gordilho, *Direito ambiental pós-moderno*, 2009, p. 124).

[65] "As atitudes ocidentais para com os animais têm raízes em duas tradições: o judaísmo e a antiguidade grega. Essas raízes confluem no cristianismo e é por meio dele que se tornam prevalecentes na Europa" (Singer, *Libertação animal*, 2013, p. 270).

[66] Cf. Singer, *Libertação animal*, 2013, p. 273 até 291.

[67] "Especismo foi um termo criado em 1970 pelo psicólogo Richard Ryder, professor da Universidade de Oxford, para estabelecer um paralelo entre nossas atitudes perante as demais espécies e as atitudes racistas, pois ambas representam comportamentos parciais ou preconceituosas em favor dos membros do nosso próprio grupo em relação aos interesses dos membros dos demais" (Gordilho, *Direito ambiental pós-moderna*, 2009, p. 125).

[68] "A maioria dos seres humanos é especista" (Singer, *Libertação animal*, 2013, p. 15). "O especismo – a palavra não é atraente, mas não consigo achar um termo melhor – é um preconceito ou atitude parcial em favor dos interesses de membros de nossa própria espécie e contra os interesses dos membros de outras espécies" (Singer, *Vida Ética*, 2002, p. 52). A respeito, consulte-se Levai, *Os animais sob a visão da ética*, disponível em: <http://www.mp.gov.br>, acesso em: 12 mar. 2016.

Capítulo III | O conceito de Direito e o conceito de dignidade...

da cultura, da técnica e da razão, se continuem a tratar animais não humanos como *coisas*, e produzindo sobre eles a enorme desconsideração que os inferioriza além de sua determinação em relação a nós, violando-se o dever moral de não causar danos, como dever moral na relação do animal humano com o animal não humano (relação entre agentes morais e pacientes morais).[69]

E, a partir deste estímulo reflexivo, e diante deste debate filosófico, formaram-se fundamentalmente duas correntes teóricas, na Ética, na Moral e no Direito. A primeira corrente, mais radical, disputa a elevação dos animais à condição de *"pessoa"*, e, por conseguinte, de "pessoa do Direito". A segunda corrente, utilitarista, disputa a proteção dos animais em face dos maus-tratos e a redução de todas as formas de crueldade e sofrimento, sob os argumentos do respeito aos animais, da dignidade de todas as formas de vida e do dever moral de redução do sofrimento de outros seres.[70] Este debate, hoje, está bem avançado e aprofundado e vem encontrando cada vez mais eco em autores contemporâneos (Tom Regan, Mark Rowlands, Martha Nussbaum, Christine Krosgaard, Gary Francione, Steven Wise, Sue Donaldson e Will Kymlicka), na proposta dos direitos.[71] Mas, este não é apenas um debate *filosófico*, pois os movimentos sociais e ambientalistas o protagonizam, a ponto de ter-se gerado transformações na direito internacional, no direito nacional, na doutrina, na Teoria do Direito,[72] e já na jurisprudência, da seguinte forma:

1) no direito internacional, a *Declaração Universal dos Direitos dos Animais* (UNESCO, Bruxelas, 27.01.1978), reconhece *"direitos"* aos animais, através de seu art. 1º ("Todos os animais nascem iguais perante a vida e têm os mesmos direitos à existência");

---

[69] O argumento é de Carlos Frederico Ramos de Jesus: "Pacientes e agentes morais podem ser, assim, iguais? Isto é, têm características moralmente relevantes que permitem incluí-los em uma mesma classe – a de destinatários do dever *prima facie* de abstenção de danos? Sim, pois o moralmente relevante neste ponto é apenas ser alguém para quem as coisas importam de forma original. Nenhum ser precisa de entendimento para ser capaz de sofrer danos que afetam sua vida relevantemente (...) É o quanto basta para serem destinatários do dever de justiça de abstenção de danos" (Jesus, *Entre pessoas e coisas*: o *status* moral-jurídico dos animais, Tese de Doutorado, USP, 2017, p. 199).

[70] Eis os argumentos centrais: "Quase todos os sinais externos que nos levam a inferir a existência de dor em seres humanos podem ser observados em outras espécies, sobretudo naquelas mais intimamente relacionadas a nós: os mamíferos e as aves" (Singer, *Libertação animal*, 2013, p. 18); "Os animais são capazes de sentir dor. Como vimos anteriormente, não há justificativa moral para considerar que a dor (ou o prazer) sentida pelos animais seja menos importante do que a mesma intensidade de dor (ou prazer) experimentada pelos seres humanos" (Singer, *Libertação animal*, 2013, p. 24); "Se um ser está sofrendo, não pode haver justificativa moral para a recusa a levar em consideração aquele sofrimento" (Singer, *Vida Ética*, 2002, p. 54).

[71] Estas teorias são analisadas na Tese de Doutorado de Carlos Frederico Ramos de Jesus: "(...) as contribuições de Tom Regan, Mark Rowlands, Martha Nussbaum, Christine Krosgaard, Gary Francione, Steven Wise, Sue Donaldson e Will Kymlicka..." (Jesus, *Entre pessoas e coisas*: o *status* moral-jurídico dos animais, Tese de Doutorado, USP, 2017, p. 04).

[72] A Teoria do Direito começa a esboçar esta preocupação, como desponta da breve indicação feita em *Introdução à análise do direito*, pelo jurista argentino Carlos Santiago Nino: "No caso dos direitos morais, cada vez é mais frequente falar dos direitos dos animais" (Nino, *Introdução à análise do direito*, 2015, p. 240).

2) na Constituição Federal de 1988, o art. 225, § 1º, VII afirma um *dever* de não submissão dos animais à crueldade: "Proteger a fauna e a flora, vedadas, na forma da lei, as práticas que coloquem em risco sua função ecológica, provoquem a extinção de espécies ou submetam os animais a crueldade";[73]

3) Esse *dever de proteção ambiental* incumbe a todos, mas o Ministério Público do Meio Ambiente tem atribuição constitucional e institucional neste campo, a ter-se presente o que dispõe o art. 129, inciso III da Constituição Federal de 1988 ("Promover o inquérito civil e a ação civil pública, para a proteção do patrimônio público e social, do meio ambiente e de outros interesses difusos e coletivos");

4) a Lei de Crimes Ambientais (Lei n. 9.605/98) procura tutelar de forma criminal a *crueldade para com os animais*, guindando-os à condição de **sujeitos de direitos** (na medida em que são tomados como sujeito passivo do tipo penal), a exemplo do disposto no art. 32 ("Praticar ato de abuso, maus-tratos, ferir ou mutilar animais silvestres, domésticos ou domesticados, nativos ou exóticos. Pena: detenção, 3 meses a 1 ano, e multa");

5) no Estado de São Paulo, o Código de Proteção aos Animais (Lei Estadual n. 11.977/2005) regula, por meio dos arts. 2º ("É vedado: I – Ofender ou agredir fisicamente os animais, sujeitando-os a qualquer tipo de experiência, prática ou atividade capaz de causar-lhes sofrimento o dano, bem como as que promovem condições inaceitáveis de existência."), 20 ("É vedado realizar ou promover lutas entre animais da mesma espécie ou de espécies diferentes, touradas, simulações de tourada e vaquejadas, em locais públicos e privados") e 30 ("Serão utilizados, em atividades de pesquisa e ensino, animais criados em centros de criação ou biotérios"."), matérias de extrema relevância neste campo;

6) há decisões do STF sobre a farra do boi (Rec. Extr. n. 153.531-8/SC) e a rinha de galo (Ação Direta de Inconstitucionalidade n. 1.856/RJ);

7) a alteração do art. 32 da Lei n. 9.605/98, para aumentar as penas cominadas para o crime de maus-tratos a animais, quando se tratar de cães e gatos;

8) a tendência contemporânea a integrar animais domésticos no conceito de "família multiespécie", atribuindo-lhes direito de visita, pensão alimentícia, guarda compartilhada, afeto, proteção contra maus-tratos e dano moral.[74]

Mas o Código Civil de 2002, em seu art. 82, dentro da tradição antropocêntrica romano-germânica, irá tratar os animais como coisas, ou seja, como *bens móveis semoventes* ("São móveis os **bens** suscetíveis de movimento próprio, ou de remoção por força alheia, sem alteração da substância ou da destinação econômica-social"). Esta visão está claramente defasada e superada, em face dos avanços dos *Direitos*

---

[73] "A Constituição Federal de 1988 impôs ao Poder Público e à coletividade o dever de defender e preservar o meio ambiente para as presentes e futuras gerações" (Machado, *Direito ambiental brasileiro*, 24. ed., 2016, p. 154).

[74] "O afeto e a igual consideração moral demonstram o reconhecimento familiar" (Vieira, Entrevista. *Revista IBDFAM*, ed. 53, out./nov. 2020, p. 5).

Humanos não antropocêntricos, do *Direito Ambiental* e do *Direito Animal*. Por isso, é papel da *Teoria do Direito* hoje afirmar que *ao nos humanizarmos, humanizamos o nosso entorno*. É papel da *Teoria Humanista do Direito* reconhecer dignidade, vida, ausência de sofrimento, não instrumentalidade ao tratamento conferido aos animais, o que significa alçar à condição de *direitos* as demandas por cessão dos abusos em face dos animais. Aliás, fazendo eco aos resultados da Conferência do Rio de Janeiro sobre Direito Animal, os animais hoje devem ser considerados autênticos *sujeitos de direitos*.[75] Este entendimento e diversas outras frentes de luta e trabalho pelos direitos dos animais têm feito sensíveis progressos nesta seara, inclusive com relação aos experimentos em animais.[76]

Daí, se não é possível em certos contextos o reconhecimento dos animais não humanos como "pessoas",[77] o avanço no sentido da compreensão de que a categoria jurídica dos *sujeitos de direito* é elástica (histórica, cultural e conceitualmente) a ponto de ser capaz de abrigar os animais, ao lado da massa falida, espólio, herança jacente, sociedades de fato, condomínio, nascituro, futuras gerações.[78] Esse reconhecimento como *sujeitos de direito*,[79] ou ainda, como *sujeito não humano de direito* é importante porque habilita entidades, associações, movimentos, Ministério Público Ambiental, Delegacias do Meio Ambiente a reagirem juridicamente em defesa da atual fragilidade dos animais. Dessa forma, grifa-se a natureza como titular de direitos, numa concepção de Estado Socioambiental e Democrático de Direito. Isso também reforça a ideia de que

---

[75] No "Manifesto do Rio de Janeiro", carta de 25 de julho de 2009, lançada no I Encontro Carioca de Direito dos Animais, os especialistas chegaram às seguintes conclusões: "1) Reconhecem: c) que o ordenamento jurídico vigente supera uma visão meramente antropocêntrica e já traz em si um sistema que possibilita o pleno reconhecimento da titularidade de interesses e direitos subjetivos fundamentais para os animais não humanos, que, portanto, devem ser encarados como autênticos sujeitos de direitos; (...) h) que todas as práticas que explorem a vida animal como objetos, instrumentos, ou propriedade, são inconstitucionais, violam a dignidade animal e devem ser prontamente coibidas" (Gordilho, Santana, Silva (coords.), *Revista Brasileira de Direito Animal*, ano 4, n. 5, jan.-dez. 2009, p. 361-362).

[76] "Felizmente, tem havido muito avanço na eliminação de experimentos em animais desde a primeira edição deste livro" (Singer, *Libertação animal*, 2013, p. 85).

[77] "Em certos contextos, pode ser mais fácil aprovar medidas favoráveis aos animais que não usem o termo 'pessoas' e prefiram, simplesmente, 'sujeitos de direito', 'entres despersonalizados" (Jesus, *Entre pessoas e coisas*: o *status* moral-jurídico dos animais, Tese de Doutorado, USP, 2017, p. 228).

[78] E, de fato, as futuras gerações são titulares de direitos, perante a ordem jurídica nacional: "Com o reconhecimento pela Constituição brasileira de que as futuras gerações são titulares do direito ao meio ambiente, rompe-se o paradigma do sujeito determinado e constrói-se a possibilidade de um direito ter como titular um sujeito que hoje não é determinado e que também é indeterminável, na medida em que opera ao mesmo tempo com as gerações presentes e com as gerações futuras" (Marques, Meio ambiente, solidariedade e futuras gerações, *Revista do Programa de Pós--Graduação da UFC*, v. 32, 2, jul.-dez., 2012, p. 37-56. Disponível em: <http://www.repositorio.ufc.br/bitstream/riufc/12199/1/2012_art_cmarques.pdf>. Acesso em: 30 nov. 2016, p. 47).

[79] Esta é a conclusão central para o debate atual sobre o Direito dos Animais: "Em suma: entre pessoas e coisas, os animais sencientes não devem ser coisas e podem ser pessoas. Fundamental é que sejam sujeitos de direito" (Jesus, *Entre pessoas e coisas*: o *status* moral-jurídico dos animais, Tese de Doutorado, USP, 2017, p. 228).

se os animais são titulares desses direitos, gera-se o dever de seres humanos não agirem como animais para com os animais! Assim, o Direito passa a incorporar uma visão que não é antropocêntrica, nem biofóbica, nem antropofóbica, considerando-se os extremos deste debate, mas afirmativamente *biocêntrica*, e isto na medida em que tudo que cerca a nossa humanidade interessa também à nossa humanização, em direção a um *humanismo* de todos os seres compatível com os avanços da visão moral contemporânea da humanidade.

8.2. Sujeito pós-humano de direitos

Os avassaladores avanços da tecnologia, da tecnociência, da inteligência artificial, dos sistemas de robótica e de informática avançada colocam, ainda, uma importante questão, de instigante importância para a teoria dos sujeitos de direito. O próximo passo de toda essa discussão passa a ser, indeclinavelmente, a discussão no âmbito do Direito, e, portanto, da *Teoria do Direito*, da situação do *sujeito pós-humano*, que irá incomodar a reflexão pelo deslocamento que irá provocar nas categorias até o presente conhecidas. Será um *ser-híbrido-homem-máquina*, como um ciborgue do *Manifesto Ciborgue* de Donna Haraway,[80] pessoa física ou sujeitos de direitos como entes não personificados? Essa questão estará presente, cada vez mais, na discussão sobre o *Direito Virtual* e o *Direito da Tecnologia*,[81] tornando possível a compreensão de uma mudança de ótica na compreensão do objetos-virtuais como simples *objetos do Direito*. Aí, caberá um *rediscussão* sobre a posição do *sujeito* e a posição do objeto, num contexto de franca *tecnificação* da vida e de *redimensionamento* dos limites do corpo físico, da matéria e de sua integração com dimensões tecnicamente induzidas. Quando estas fronteiras se diluírem, a questão será posta para o âmbito dos direitos. E isso porque, para a Teologia e para a Filosofia, ela já está posta, e o debate tem avançado no sentido de conceitos tais quais os de *pós-humano* e de *transhumano*. Ora, num contexto em que emerge o pós-humano, a robótica, a biotecnologia, a genética e a nanotecnologia serão investidas de um *poder técnico* de interferência crescente que *redefini-*

---

[80] "A cultura *high-tech* contesta – de forma intrigante – esses dualismos. Não está claro quem faz e quem é feito na relação entre o humano e a máquina. Não está claro o que é mente e o que é corpo em máquinas que funcionam de acordo com práticas de codificação. Na medida em que nos conhecemos tanto no discurso formal (por exemplo, na biologia) quanto na prática cotidiana (por exemplo, na economia doméstica do circuito integrado), descobrimo-nos como sendo ciborgues, híbridos, mosaicos, quimeras" (Haraway, Donna J., Manifesto ciborgue: ciência, tecnologia e feminismo socialista no final do século XX, *in Antropologia do ciborgue:* as vertigens do pós-humano (Haraway, Donna; Kunzru, Hari; Tadeu, Tomaz, org.), 2. ed., 2009, p. 91).

[81] A respeito do Direito Digital e do crescimento de sua regulamentação, leia-se o que afirma Patrícia Peck: "Logo, o legislador também está estudando e aplicando o direito digital na formação de marcos legais mais específicos, tais como a Lei do Processo Eletrônico (2006), a Lei da Pornografia Infantil na Internet (2008), a Lei do Teletrabalho (2011), a Lei de Acesso a Informação (2011), a Lei de Crimes Eletrônicos (2012), a Lei de Digitalização (2012), o Decreto do Comércio Eletrônico (2013), a Lei de Obtenção de Provas Eletrônicas no Processo Penal (2013), a Lei do Marco Civil da Internet (2014) e as discussões dos anteprojetos de Proteção de Dados Pessoais (2015) e de Direitos Autorais (2015)" (Pinheiro, O direito digital como paradigma de uma nova era, *in Os novos direitos no Brasil*: natureza e perspectivas – uma visão básica das novas conflituosidades jurídicas (Wolkmer, Antonio Carlos; Leite, José Rubens Morato, orgs.), 3. ed., 2016, p. 413).

Capítulo III | O conceito de Direito e o conceito de dignidade...

rá as fronteiras do humano. Portanto, este conceito, o *humano*, que não se encontra em estado de *obsolescência*,[82] como querem algumas teorias, se tornará ainda mais amplo e problemático. A relação entre *animais, homens, meio ambiente e tecnologia* se darão de formas cada vez mais imbricadas, chegando-se à necessidade de regulação dos *limites da ciência e da tecnologia e da tutela jurídica dos entes cibernéticos.*

A noção de sujeito de direito é elástica e histórica, e se oferece a mudanças constantes.[83] Diante da era digital, é normal imaginar que essa categoria volte a se reconfigurar, para abranger aí também o *homem-máquina*. É aqui que devem começar a aparecer os novos estatutos com os quais o Direito pode e deve começar a regular as novas fronteiras dos *sujeitos pós-humanos de direito*. Afinal, são mais do que concretos os riscos a que se expõe a vida, podendo-se destacar uma série mínima (e atual) desses já bem identificados: a) o risco da *eugenia*[84] e o controle de um mercado de *seleção genética* da vida, como face macabra do *nanopoder*; b) os riscos decorrentes das aplicações das novas tecnologias na guerra, considerando-se os avanços da robótica militar e, inclusive, a possibilidade de refundar a competição em escala global por esses novos armamentos;[85] c) o risco da *superação* do homem pela máquina, diante de uma crescente atitude de *desmoralização* do corpo em prol da vitória técnica; d) o risco da *escravidão* de seres humanos criados laboratorialmente, pela manipulação genética da vida, conservando-se a propriedade jurídica sob o condicionamento de empresas; e) o risco da *coisificação* da vida humana; f) o risco da construção de uma *hierarquização* entre hiper-humanos (corporalmente modificados), superiores em capacidades e habilidades, e humanos (fisicamente inalterados), inferiores em capacidades e habilidades.

Diante desses riscos, parece significativamente importante a rota em direção às seguintes orientações a serem traduzidas em corpos legislativos:

1) *Clonagem do corpo humano*: a proibição legal da *clonagem humana*, tendo-se como preocupação que o *homem* se converta de sujeito de direito em objeto de direi-

---

[82] "Partimos, portanto, do pressuposto de que não há obsolescência do humano" (Santos, Demasiadamente pós-humano: entrevista com Laymert Garcia dos Santos, *in Novos Estudos*, n. 72, jul. 2005, p. 165).

[83] "Sujeitos de direito são todos os seres e entes dotados de capacidade para adquirir ou exercer titularidades de direitos e respondem por deveres jurídicos. Nesse sentido, o conceito de sujeito de direito é mais amplo que o de pessoa jurídica, que fica abrangido por ele. Em outras palavras, há sujeitos de direito que não são pessoas físicas ou jurídicas" (Lôbo, *Direito civil*: parte geral, 3. ed., p. 99).

[84] "Se na eugenia a centralidade era ocupada pelos corpos hereditariamente bem-nascidos, na eugenia isso já não faz tanto sentido, sobretudo porque carrega o desejo de superação pela biotecnologia. São justamente os investimentos nos corpos deficientes que se tornam elementos fundantes dessa neoeugenia" (Goellner, Silva, *Biotecnologia e neoeugenia*: olhares a partir do esporte da cultura *fitness, in O triunfo do corpo*: polêmicas contemporâneas (Couto, Edvaldo Souza; Goellner, Silvana Vilodre, orgs.), Rio de Janeiro: Vozes, 2012, p. 197).

[85] Neste ponto, prevê-se um crescimento do setor de 16,8 bilhões (2017) para 30 bilhões (2022). Cf. Kato, Rafael. A nova arma de guerra, *in Exame*, ano 52, n. 4, 7-3-2018, p. 58-60.

to.⁸⁶ Deve-se evitar que o *corpo-objeto* da indústria farmacêutica, da engenharia genética e da nanomedicina faça da vida humana um sucedâneo da *substitutividade* do mundo das mercadorias, para que se crie uma nova realidade de *substitutividade* do corpo humano, agora feito *corpo-coisa* e, por isso, rebaixado ao seu *novo estatuto objetual*. Nesta perspectiva, em três importantes artigos da década de 1990, intitulados "Escravidão genética? Fronteiras morais dos progressos da medicina da reprodução" (1998),⁸⁷ "Não é a natureza que proíbe clonar. Nós mesmos devemos decidir" (1998) ⁸⁸ e "A pessoa clonada não seria um caso de dano ao direito civil" (1998),⁸⁹ o filósofo alemão Jürgen Habermas nos fornece argumentos contundentes contrários à *clonagem humana*, aos avanços indiscriminados da *biogenética*, das *ciências biomédicas* e da *neoeugenia*.⁹⁰

2) *Corpos híbridos*: os corpos híbridos entre *homem* e *máquina*, ou o *ciborgue*, devem ser objeto de proteção legal, na medida em que aqui se configura apenas uma nova dimensão física do corpo humano modificado, conhecendo-se a necessidade de cura de doenças, o uso de próteses e a liberdade estética que cada qual possui ao lidar com o seu próprio *corpo físico*, cujos limites ainda não se conhecem por completo.⁹¹ Na era do *pós*, fica claro que o *pós-corpo*, o *tecnocorpo* e o *transcorpo* são e devem ser alvo de proteção jurídica e política.⁹² Nesta perspec-

---

86 Foi esta a tese discutida e defendida neste artigo, fundada na defesa dos Direitos da Personalidade. A este respeito, consulte-se: Bittar, Clonagem: fenômeno e disciplina jurídica, *in Repertório IOB de Jurisprudência*, 2a quinzena de junho de 1998, n. 12, texto 3/14482.
87 "Escravidão é uma relação jurídica e significa que uma pessoa dispõe de uma outra como de sua propriedade. Portanto, ela é incompatível com os conceitos constitucionais vigentes hoje em dia de direitos humanos e de dignidade humana" (Habermas, *A constelação pós-nacional*: ensaios políticos, 2001, p. 201); "De qualquer modo, no âmbito da ordem jurídica democrática, os cidadãos só podem usufruir da autonomia igualitária, privada e pública caso todos se reconheçam *reciprocamente* como autônomos" (Habermas, *A constelação pós-nacional*: ensaios políticos, 2001, p. 211).
88 "A biologia não pode nos tomar as reflexões morais. E a bioética não deveria nos levar por descaminhos biológicos" (Habermas, *A constelação pós-nacional*: ensaios políticos, 2001, p. 214).
89 "O *designer* fixa de modo irrevogável e assimétrico a figura inicial do seu produto – fundamentalmente sem deixar aberta a possibilidade de uma troca de papéis" (Habermas, *A constelação pós-nacional*: ensaios políticos, 2011, p. 218).
90 "Indicações como essas apontam a emergência de um neoeugenismo, pois, de certo modo, trazem para outro tempo e lugar alguns preceitos edificados pela eugenia, ciência da melhoria da espécie; um movimento político e científico que visava melhorar a condição hereditária humana" (Goellner, Silva, *Biotecnologia e* neoeugenia: olhares a partir do esporte da cultura *fitness, in O triunfo do corpo*: polêmicas contemporâneas (Couto, Edvaldo Souza; Goellner, Silvana Vilodre, orgs.), Rio de Janeiro, Vozes, 2012, p. 189).
91 "Se estamos no caminho de um corpo perfeito (eficaz, belo, jovem, duradouro e multissexuado), do aperfeiçoamento sem fim, é preciso considerar que não somos movidos por um processo de *tunning* (incremento externo) da carcaça de nosso corpo. Não sabemos, ainda, quais serão as transformações que os componentes bioeletrônicos, moleculares e prostéticos extensores ao nosso corpo obsoleto, nos trarão no futuro" (Camargo, Vaz, *De humanos e pós-humanos*: ponderações sobre o corpo *queer* na arena esportiva, *in O triunfo do corpo*: polêmicas contemporâneas (Couto, Edvaldo Souza; Goellner, Silvana Vilodre, orgs.), 2012, p. 138).
92 "Se o *queer* produz desidentificação, caoticidade e tensiona o sistema-corpo da forma como ainda é colocado, independente de nossas concordâncias e discordâncias, há que se admitir que talvez estejamos diante de um momento *pós* de considerações sobre o bio/trans/tecno/metacorpo

tiva, fica claro que o fundamento dessa proteção legal repousa nos Direitos da Personalidade, da forma como o próprio Código Civil brasileiro atualmente os reconhece (arts. 11 a 21 do CC/2002). Com isso, cria-se aqui o que alguns autores estão chamando de cidadania ciborgue, como é o caso de Le Breton.[93]

3) *Robôs e inventos mecanizados*: os robôs e os inventos mecanizados, criados pela indústria, devem receber o tratamento de objetos de direito. Afinal, a repetitividade matricial e serial do *objeto-máquina* patenteado faz de sua essência uma posse espiritualizada da indústria. Para lidar com isso, o Direito Civil comum, especialmente considerado o Direito de Propriedade, e a Teoria da Responsabilidade Civil criaram fórmulas e conceitos que conferem tratamento adequado a essa matéria, sendo *objeto de propriedade*, e, portanto, o proprietário é responsável por todos os atos e defeitos que decorrem do uso e dos atos maquinais promovidos pelo robô.

9. "PESSOA", SUJEITOS DE DIREITO E REALIDADE SOCIAL

Pela análise que se veio fazendo das noções de pessoa, pessoa do Direito, pessoa física, pessoa jurídica, sujeitos de direito, percebe-se, agora, o quanto o movimento de conquista do *espaço da norma* é lento, gradativo e dificultoso. Assim, a luta pela *"investidura jurídica"*, pelo *"reconhecimento simbólico"*, por parte do Direito, é uma luta que envolve quatro significativas frentes de conquistas: a) *o reconhecimento estatal*: da marginalidade e da extraoficialidade ao reconhecimento estatal, segue-se uma conquista importante, na medida do *status* conferido a um determinado sujeito, ou a uma determinada luta por direitos; b) *a oficialização normatizada*: a discursivização de um direito permite a entrada da questão e sua problematização, conferindo-se linguagem jurídica e universos de significação ao direito; c) *a institucionalização*: a partir das etapas anteriores, criam-se as condições de acolhimento de demandas, com destinação de pessoal especializado, treinamento e combate sistemático a práticas lesivas ao direito; d) *a instrumentalização da ação*: na medida das etapas anteriores, todo sujeito afetado, ou aquele que representa o direito, encontra os mecanismos práticos para promover a tutela do direito violado.

Apesar de sua importância, é fato que não basta a *"investidura jurídica"*, pois é necessária a construção social e real de reciprocidade no intercâmbio concreto entre atores sociais. Toda a história anteriormente visitada demonstra que uma mudança de consciência gera uma nova esfera ou dimensão de direitos, e que, mesmo que estes

---

humano" (Camargo, Vaz, *De humanos e pós-humanos*: ponderações sobre o corpo *queer* na arena esportiva, *in O triunfo do corpo*: polêmicas contemporâneas (Couto, Edvaldo Souza; Goellner, Silvana Vilodre, orgs.), 2012, p. 142).

[93] "Para Hugues, a cidadania não é mais privilégio do humano, mas doravante ela deve ser compartilhada com o *citizen cyborg*, tornado nosso próximo" (Le Breton, Individualização do corpo e tecnologias contemporâneas, *in O triunfo do corpo*: polêmicas contemporâneas (Couto, Edvaldo Souza; Goellner, Silvana Vilodre, orgs.), Rio de Janeiro, Vozes, 2012, p. 27).

existam, se não existir a *correlativa* consciência e prática do *respeito aos direitos*,[94] em nível sociológico e antropológico, de nada adiantam as conquistas dos *direitos-no-papel*. Em especial, quando a questão é pensada na *realidade brasileira*, isto fica ainda mais evidente, na medida do: crescimento pandêmico da violência; da descrença nas instituições jurídico-políticas; do consumismo e do individualismo; da coisificação das relações humanas; do predomínio da cultura do desrespeito; do desconhecimento dos instrumentos de cidadania; do estado alarmante dos indicadores sociais em direitos humanos; da cultura naturalizada de preconceitos e de violações; da "naturalização" das desigualdades raciais; do "autoritarismo" social enraizado; da invisibilidade de muitos atores sociais.[95]

CASO PRÁTICO
O CASO DO MORADOR DE RUA

Carlos é um jovem estudante de Direito, inclinado a questões sociais. Inconformado com o imenso número de pessoas em situação de rua no grande centro velho da cidade de São Paulo, numa manhã, resolve abordar um indivíduo que sempre amanhecia na rota de seu caminho para a Faculdade. Ali conhece Raimundo, retirante nordestino que foi aproveitado como mão de obra na construção civil nos anos 70, até sofrer um acidente de trabalho e ter sua mão decepada. Sem conhecimentos técnicos outros que não aqueles próprios de ajudante de obras, seu rumo foi o desemprego, o alcoolismo, e, então, as ruas, o conformismo e as madrugadas frias ao relento, com medo da polícia, de transeuntes e de assaltantes.

Certa feita, dois policiais corruptos, sedentos por ascensão profissional rápida, aproveitam da condição de invisibilidade em que vive a população de rua, para envolvê-lo num crime que não cometeu. Numa madrugada, prendem-no por sua semelhança física com a fisionomia de um criminoso procurado pela polícia. Sem a posse de documentos e nem mesmo sendo informado dos motivos de sua prisão, Raimundo acredita que foi preso por "vadiagem". Carlos, após algumas semanas, passando pelo local em que conhecera Raimundo, nota o desaparecimento de Raimundo, e, como estagiário de Direito, tira-o da prisão, alegando a atipicidade normativa do crime de "vadiagem", provando por "documentos cartorários" a confusão de pessoas.

A partir de então, Carlos se engaja na pauta política e no debate sobre o tema "população em situação de rua", sempre procurando acompanhar eventos, seminários e estudos.

---

[94] "Proponho que nas dimensões do reconhecer, do ser reconhecido e do reconhecer-se se pode distinguir os quatro modos de estima ética, do ser estimado e da autoestima (em diferentes intensidades), do respeito jurídico (e autorrespeito), de responsabilidade política e do respeito moral" (Forst, *Contextos de justiça*, 2010, p. 335).

[95] "(...) onde não houver respeito pela vida e pela integridade física e moral do ser humano, onde as condições mínimas para uma existência digna não forem asseguradas, onde não houver limitação do poder, enfim, onde a liberdade e a autonomia, a igualdade (em direitos e dignidade) e os direitos fundamentais não forem reconhecidos e minimamente assegurados, não haverá espaço para a dignidade da pessoa humana e esta (a pessoa), por sua vez, poderá não passar de mero objeto de arbítrio e injustiças" (Sarlet, *Dignidade da pessoa humana e direitos fundamentais na Constituição Federal de 1988*, 9. ed., p. 71).

Ao ficar sabendo de uma Audiência Pública, convocada na Câmara dos Vereadores, a pedido da Secretária de Assistência Social, com a finalidade de dar início à formulação de "uma política permanente, sistemática e contínua de assistência à população em situação de rua da Cidade", Carlos comparece à audiência, e ali encontra pessoas, grupos e opiniões muito diferentes das suas.

Após horas de debates, o grupo resolve deliberar, considerando que três das opiniões apresentadas, reuniam os principais argumentos sustentados pelos demais que fizeram uso da palavra, ao longo dos debates.

1. A opinião do Vereador Coutinho. Sustente a opinião do Vereador, considerando que seu discurso foi lido em público, centrado em argumentos de urbanismo higienista, e na dicotomia entre "pessoas de bem" e "pessoas de rua";

2. A opinião do Militante Raul, do Movimento de População de Rua. Sustente a opinião do Militante, considerando que sua fala foi baseada nos dados do último censo de população em situação de rua, no país, e em defesa dos direitos da população de rua;

3. A opinião da Assistente Social Arlete, debatendo o conceito de "pessoa", "pessoa do Direito" e "dignidade humana", listando o conjunto dos direitos constitucionais e infraconstitucionais da População em Situação de Rua.

CAPÍTULO V
SOCIEDADE, RELAÇÕES HUMANAS E RELAÇÕES JURÍDICAS

Sumário: 1. Teoria do Direito, Teoria social e ação social; **2.** Relações humanas, relações sociais e relações de poder; **3.** A variedade e a complexidade das relações humanas; **4.** Relações sociais e relações jurídicas; **5.** Relações jurídicas, mediação normativa e vínculo jurídico; Caso prático.

1. TEORIA DO DIREITO, TEORIA SOCIAL E AÇÃO SOCIAL

Se a *Teoria do Direito* já pôde andar divorciada da *Teoria Social*, a crise do positivismo jurídico gerou uma sensação de morte da *Teoria Geral do Direito*, que a deslocou de lugar – e, também, de sentido –, nas últimas de décadas. A *Teoria Positivista do Direito* dispensava apoio de uma *Teoria Social*, enquanto Teoria da Ação Social, considerando-se as teses fundamentais do positivismo relativas à autonomia do Direito e à separação radical entre Direito e Moral e, também, entre Direito e Sociedade. Mas, no quadro de sua renovação, é possível afirmar uma *Teoria Geral do Direito* enquanto *Teoria Crítica* e *Humanista do Direito*. Nesta perspectiva, a *Teoria Social* funciona como *pano de fundo*, da forma como a concebe Jürgen Habermas, no Capítulo 9 (*Paradigmas do Direito*) do volume II de *Direito e democracia*,[1] para a identidade de uma *Teoria Crítica e Humanista do Direito*.

E isso porque sérias e profundas mudanças vieram afetando, nas últimas décadas, práticas sociais, usos e costumes, mentalidades, estruturas sociais e econômicas, conceitos e concepções, além de paradigmas científicos. Por isso, a *Teoria do Direito* desnorteou-se, à procura de seu próprio *centro sociofilosófico*, para a ancoragem de sua tarefa em torno da reflexão sobre a *regulação social*. E isso não sem razão, em função de alguns fatores:

– a *rapidez* das transformações da sociedade, da economia, da tecnologia, da informação, dos valores nas últimas décadas;
– a *erosão* dos fundamentos da tradição *positivista*, que foi hegemônica e imperou durante os dois últimos séculos;

---

[1] "Hoje em dia, a doutrina e a prática do direito tomaram consciência de que existe uma *teoria social* que serve como pano de fundo. E o exercício da justiça não pode mais permanecer alheia ao seu modelo social" (Habermas, *Direito e democracia*, 2. ed., 2003, p. 129).

- o *impacto* da *pós-modernidade* sobre a cultura do direito, e as rápidas mudanças trazidas pela cultura teórica do pós-positivismo;
- a *ascensão* do debate sobre a dignidade da pessoa humana, a importância dos direitos humanos, e, também, dos princípios constitucionais para o direito contemporâneo, *re-situando* a relação entre direito público e direito privado;
- a *fragmentação* crescente dos grupos sociais, da ascensão das novas formas das violências contemporâneas, da *rápida* alteração da legislação;
- a renovação ocorrida no interior dos *conhecimentos jurídicos*, em função da interdisciplinaridade, do diálogo nas ciências sociais, e da expansão das fronteiras da ciência do Direito com as fronteiras abertas pelos "novos direitos".

Tendo em vista a presença e as consequências da atuação destes fatores de transformação, atualmente, a *Teoria do Direito* requer outro tipo de fundamento para se afirmar, estando baseada na ideia central de *"ação social"*, na esteira de Jürgen Habermas. A "ação social" é o *centro de gravitação* da *Teoria do Direito*, enquanto *Teoria Crítica e Humanista do Direito*, na medida em que a *"ação social"* é o centro dos processos de socialização, e envolve:

(1) o *indivíduo-da-individuação*;

(2) o *indivíduo-da-socialização*;

(3) a *sociedade-da-individuação*;

(4) a *sociedade-da-socialização*.

Considerando sua importância para a *Teoria do Direito*, a noção de *"ação social"* pode ser definida como toda ação que tem impacto, relevo e/ou influência, gera mudanças no mundo, e afeta a *vida social* e a *esfera pública*.[2] E isso porque os indivíduos que falam, agem e trabalham, agem por impulsos de ação (psíquicos; morais; materiais; sociais; políticos; religiosos; culturais; instintuais; ideológicos) gerando reflexos *na vida comum*, afetando o Outro, a Comunidade, a Sociedade. A noção de *"ação social"* é importante de ser estudada, enquanto centro de compreensão de uma *Teoria Social* que fornece as bases para uma *Teoria do Direito*, na medida da própria dinâmica das transformações sociais.

A *"ação social"*, uma vez colocada sob análise, nos revela a forma pela qual estamos nos socializando. Por isso, as expressões habitualmente utilizadas ("sociedade do trabalho"; "sociedade do consumo"; "sociedade hedonista"; "sociedade do controle"; "sociedade do espetáculo"; "sociedade da informação") costumam denotar as *tempestades históricas* que codeterminam a ação social, a cada novo contexto sócio-histórico. E estes padrões de comportamento planificam atitudes, geram a repetição impensada de atitudes, dão consentimento a certos tipos de práticas sociais, respondendo a estágios de evolução da técnica, ao perfil do mercado, à sobressalência da economia, aos traços da cultura, a espectros da ideologia predominante, criando *formas-históricas-*

---

[2] "Segundo Von Wright, a noção de ação está relacionada a uma mudança no mundo. Agir é provocar ou realizar uma mudança, é interferir no curso da natureza" (Nino, *Introdução à análise do direito*, 2015, p. 84).

Capítulo V | Sociedade, relações humanas e relações jurídicas

-de-sociedade, e *formas-de-socialização-padrão*, que trazem consigo formas de *exclusões--tipo*. Não por outro motivo, geram ações sociais, tais quais: a ação social alienada; a ação social consumista; a ação social hedonista; a ação social espetacularizada; a ação social reificada; a ação social informatizada. Daí, a importância da *Teoria do Direito* compreender a *ação social*, na medida em que irá sobre ela incidir, ou seja, na medida em que irá regulá-la, tratá-la, tirar-lhe consequências, discipliná-la. Neste sentido, a *Teoria Social* fornece subsídios de fundamental importância para a *Teoria do Direito*, na medida em que não é possível regular algo que se ignora.

Isso acaba dizendo um pouco o quanto a *ação social* é *condicionada* por fatores sociais, sem ser, ao mesmo tempo e por isso, *completamente determinada* por estes mesmos. A ação social tem preservada a *autonomia* de cada ator social no modo de sua atuação, na medida em que *autonomia* significa *ética*, *responsabilidade* e *consciência*. Nessa perspectiva, a *Teoria do Direito* tem como *centro sociofilosófico* a *"ação social"*, pois é da subjetividade e da intersubjetividade de todos, e de cada um, que nascem e se regulam, extraindo-lhes consequências jurídicas: o negócio jurídico; a lesão patrimonial; a responsabilidade civil; os deveres sociais do empregador; os direitos do consumidor; os direitos em família; a responsabilidade do Estado; as necessidades das políticas públicas; as violações de direitos humanos.

Assim, tendo a *"ação social"* como centro de gravitação, a *Teoria do Direito* irá considerar a atuação de *"atores sociais"* na vida social. Esta é uma categoria importante, na medida em que "atores sociais" são responsáveis por *"ações sociais"* em diversas esferas sociais de atuação. Nesta medida, podem-se distinguir: como modalidades de *"atores sociais"*:[3] atores econômicos; atores políticos; atores culturais; atores administrativos; atores comunicativos; atores educacionais; atores religiosos; atores de cidadania, e, inclusive, atores jurídicos. Os *"atores sociais"* desempenham *"papéis sociais"*.[4] Aliás, neste ponto, vale recordar que a própria noção de *"pessoa"* (*prósopon*, grego) aponta para a ideia de máscara, que serve a um *papel*. Assim, a pessoa humana, engajada em relações sociais, assume papéis específicos, sendo a partir daí vista no desempenho de suas tarefas como ator social engajado numa esfera específica de atuação. Assim, as "pessoas do direito" são "atores jurídicos", na medida em que exercem papéis sociais sob a incidência de normas específicas, como ocorre, exemplificativamente, com o: consumidor, diante do art. 2º do Código de Defesa do Consumidor; eleitor, considerado aquele que tem o direito de votar e de ser votado, desde que esteja em conformidade com suas obrigações eleitorais pelo Código Eleitoral; contribuinte, aquele que está protegido pelo princípio da anualidade pelo Código Tributário Nacional.

---

[3] O uso da terminologia que evoca a noção de "ator social", reportando-se à "ação social", é adotada em sua evocação de sentido enquanto percepção sociológica, e se reporta à reflexão contida em Habermas, *Direito e democracia*, 2003, v. II, p. 96 (onde é importante atentar, especialmente, para a explicação contida na nota do tradutor Flávio Beno Siebneichler).

[4] Isto permite entrever, além dos 'atores sociais' aqueles que são tornados 'atores sociais excluídos e invisíveis', a exemplo da população em situação de rua, que à sociedade incumbe incluir. Assim: "Certas relações não são ditas jurídicas porque pertencem ao não direito; estão na dobra do Direito, não fazem parte do continente, não integram a fotografia que está circunscrita pela moldura" (Fachin, *Teoria crítica do direito civil*, 2 ed., 2003, p. 185).

Em especial, no que tange aos *"atores jurídicos"*, que a todo o tempo mobilizam as palavras do direito, podem também serem chamados *"atores discursivos"*, que exercem "papéis actanciais", dentro de uma *gramática de relações sociais*, participando de estruturas narrativas em contextos histórico-sociais determinados. No desempenho de suas funções e papéis sociais (legislador(a); advogado(a); promotor(a); defensor(a); procurador(a); relator(a); mediador(a); assessor(a); delegado(a); juiz(a)), dos quais são exercentes a partir de investiduras próprias, desenvolvem a ação social juridicamente relevante, com impacto decisório-jurídico, encarnando papéis institucionais específicos, grafados por funções, códigos de conduta, funções indutoras e operatórias do sistema burocrático, procedimental e de justiça.

2. RELAÇÕES HUMANAS, RELAÇÕES SOCIAIS E RELAÇÕES DE PODER

Os seres humanos são seres de relações, seres de trocas, seres de *interações*, seres em *estado-de-transição*, na visão de Paulo Freire.[5] Ora, é *nas relações* que nos constituímos como *seres-de-linguagem*, como *seres-de-cultura*, como *seres-de-cidadania*, como *seres-de-moralidade*, e assim por diante. Assim é que nossa *humanidade* nos faz: 1) em nossa originalidade, únicos e protagonistas biográficos; 2) em nossa complementaridade, *codependentes* uns dos outros. Assim, não é em outra medida que *"estar em relação"* é algo próprio da condição humana. Isso significa que não somos "sujeitos-indivíduo" e, depois entramos em "relações de interação social", mas que somos feitos de *intersubjetividade*, e isto ao longo do próprio processo de constituição de nossa *subjetividade*. Afinal, somos atravessados pela linguagem (de onde, a ação social ser chamada ação comunicativa)[6] e somos criados em grupos socialmente reduzidos geradores de identidades (família, comunidade, cidade, país). Aliás, seguindo as pistas deixadas pelo pensamento social de Axel Honneth, especialmente em *O direito da liberdade*,[7] as *relações sociais* não se dão no abstrato, mas na *realidade social* mediada por *instituições sociais* que formaram o desenvolvimento de certos vínculos: mundo das relações familiares; mundo das relações de trabalho; mundo das relações de mercado; mundo das relações com o Estado e seus organismos; etc. Nestes círculos de interações, onde se nutre o "reconhecimento recíproco", acabam se cristalizando valores nas instituições, de onde são absorvidos pelo Direito.

---

[5] "Mulheres e homens, seres histórico-sociais, nos tornamos capazes de comparar, de valorar, de intervir, de escolher, de decidir, de romper, por tudo isso nos fizemos seres éticos. Só somos porque estamos sendo. Estar sendo é a condição, entre nós, para ser. Não é possível pensar os seres humanos longe, sequer, da ética, quanto mais fora dela" (Freire, *Pedagogia da autonomia*: saberes necessários à prática educativa, 25. ed., 2002, p. 34).

[6] Cf. Habermas, *Teoria de la acción comunicativa*: racionalidad de la acción y racionalización social, 1988, p. 15.

[7] "O esquema do comportamento, que se impõe aos sujeitos no seio da relação jurídica, é aquele de um ator solitário com objetivos que, a princípio, são unicamente estratégicos: enquanto se depara com os outros somente em seus papéis de portadores do direito, deve haver uma limitação recíproca e uma posição de mera influência sobre o outro, a fim de chegar a um acordo bem sucedido na comunicação" (Honneth, *O direito da liberdade*, 2015, p. 151).

Capítulo V | Sociedade, relações humanas e relações jurídicas

Assim, somos socializados "testando" (por erros e acertos) relações humanas, onde se destacam os saberes, os fazeres, os vínculos, as virtudes e os vícios, os encontros e desencontros, as rupturas, as aprendizagens e as experiências. Nossa experiência de *mundanidade* é maturada com o Outro. Em sociedade, *nosso-fazimento-com-o--Outro* se dá por meio da troca de necessidades, afetos, interesses, experiências, fins com os outros. Assim, nos constituímos por meio de trocas materiais, simbólicas, afetivas, culturais, religiosas, educacionais, políticas, de forma a que a alteridade afeta e dimensiona a subjetividade, de modo a assim se poder falar da "intersubjetividade do sujeito". Havendo uma variedade de trocas possíveis, é assim que se exercem, social e simultaneamente, vários papéis sociais que nos fazem múltiplos(as) atores(as) (atores econômicos; atores políticos; atores culturais; atores de cidadania; atores jurídicos; atores educacionais) que constroem *relações* de *interação* socialmente relevantes.

A ação social, de cada um dos atores sociais, é posta aqui em movimento contínuo e socialmente situado, de modo a formarem *interações* (ação social interfere em outra ação social) e feixes de *interações* recíprocas, tal como na figura a seguir:

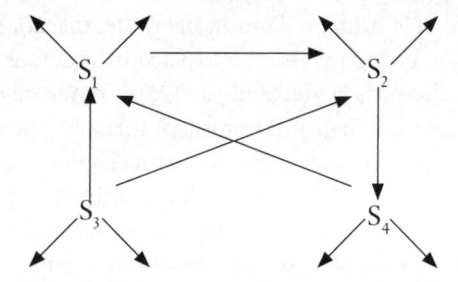

Isso nos faz ver que estamos envolvidos numa *trama-de-relações-sociais*, onde a ampla e abstrata reciprocidade é formadora dos tecidos de interações sociais, geradores de sentidos e práticas. E, nesta trama, existem vários tipos de relações, em ambiente social, tais como: a) relação Homem-coisa; b) relação Homem-Homem; c) relação Homem-grupo; d) relação grupo-grupo; e) relação Homem-Estado; f) relação grupo-Estado; g) relação Homem-pessoa jurídica; h) relação pessoa jurídica-pessoa jurídica; e, inclusive, a combinatória entre elas. Assim é que *trocamos* o tempo todo, quer queiramos, quer não queiramos. Inclusive, somos influenciados pelo estado de coisas das trocas em sociedade, mesmo que estejamos alheios ao estado das trocas sociais, pois todo novo arranjo de trocas sociais gera influências sobre a vida e o comportamento dos atores sociais. Portanto, a formação social da personalidade humana é uma das grandes características do reconhecimento da existência de um elo indissolúvel entre subjetividade e intersubjetividade.

E, de fato, individualmente, exercemos nas relações humanas diversas formas de trocas (materiais; simbólicas; afetivas; políticas; religiosas; culturais; educacionais) de forma a que, basicamente, dependemos do Outro, para tudo. E, se é no *jogo das relações humanas* que nos constituímos como humanos (ou *inumanos*; ou *desumanos*), *o jogo das relações* de todos com cada um define muita coisa, entre elas: a exclusão; a inclusão; o preconceito; a discriminação; o ódio de classe; o privilégio; a justiça ou a injustiça. Ora, esses arranjos relacionais definem muito da condição do indivíduo em sociedade. Aliás, a própria noção de *sociedade* se define um pouco nestes termos, querendo-se com isto significar que se está diante de um *conjunto-de-relações*, correspondendo, portanto, à *totalidade de correlações enquanto massa de ações sociais enredadas entre si*, em interação recíproca e simultânea (relações de produção, relações de consumo, relações familiares, relações de trabalho, relações afetivas, relações educacionais, relações naturais, relações políticas, relações culturais, relações espirituais). Das relações que existem e se dão, às relações que não existem e não se dão, tem-se o mapa dos fazeres sociologicamente aferíveis, em determinados estágios de desenvolvimento social.

Isso porque as relações humanas e sociais estão marcadas por relações de *poder*.[8] Aí incide o *poder-de-determinação-da-conduta-do-Outro*, quando o elo e o interlúdio entre o Eu e o Outro vem marcado pela capacidade de determinação da conduta do Outro. E, neste jogo, em que o poder (o poder familiar, que incide nas relações familiares; o poder econômico, que incide nas relações de mercado; o poder do empregador, que incide nas relações de trabalho) comparece, os vários elementos da vida social aí passam a determinar as formas de interação, pela técnica, pela ciência, pela riqueza, pela cultura, pela comunicação, pela força, pelo trabalho, pelos meios de produção, pelo gênero, pela etnia, pela raça, pela informação, pela educação, criando-se condicionamentos que atravessam as relações humanas de forma a que uns atraiam o que há de *melhor* para si, deixando ao Outro o que há de *pior*. É desta forma que surgem discursos que irão legitimar práticas, tornando possível a dominação de classes, a dominação de gênero, a dominação de raça, a dominação geracional, a dominação da força, a dominação da ciência, a dominação da riqueza, a dominação da técnica. Há, por isso, que se considerar, no cálculo da avaliação da *"ação social"* a sempre constante presença do peso social que *sobredetermina*, por meio do *poder*, as relações de *inter-ação* social.

A figura a seguir procura ilustrar este processo, na interação entre S1 e S2:

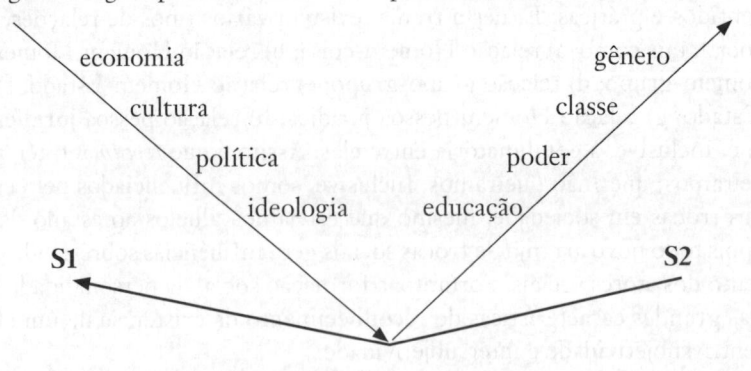

```
        economia              gênero
          cultura            classe
           política         poder
            ideologia    educação
    S1                              S2
```

---

[8] "Somente na modernidade o poder político pode desenvolver-se como poder legal, em formas do direito positivo. A contribuição do poder político para a função própria do direito, que é a de estabilizar expectativas de comportamento, passa a consistir, a partir deste momento, no desenvolvimento de uma segurança jurídica que permite aos destinatários do direito calcular as consequências do comportamento próprio e alheio" (p. 182); "Para Hannah Arendt, o fenômeno básico do poder não é, como para Max Weber, a chance de impor, no âmbito de uma relação social, a própria vontade contra vontades opostas, e sim, o potencial de uma vontade comum formada numa comunicação não coagida" (Habermas, *Direito e democracia*, I, p. 187).

Mas, aí também vem a capacidade do *agir-em-conjunto*, a que se refere Hannah Arendt, e, por isso, a capacidade de reagir aos domínios impostos pelo *poder* através dos meios da *justiça*.[9] E isso porque a *justiça* visa a compensar a *desmedida* na interação social. Neste sentido, a *justiça* é o *contrapeso* ao *peso-do-poder* nas relações humanas e sociais.

3. A VARIEDADE E A COMPLEXIDADE DAS RELAÇÕES HUMANAS

É importante afirmar que o terreno das *relações humanas* vem marcado por algumas características fundamentais, que as qualificam e permitem a sua compreensão mais próxima, quais sejam: 1) variedade; 2) complexidade; 3) multidimensionalidade; 4) instabilidade; 5) condicionamento. Essas características fazem das "relações humanas" talvez o maior *desafio existencial* de nossa *humana condição*.

Cada uma destas características é analisada, a seguir:

1) variedade: as relações humanas são muito variadas. Isso significa que existem relações de todo tipo, e que se projetam por inúmeros setores da vida social, tais como relações econômicas, familiares, de consumo, de trabalho, pedagógicas, afetivas etc., e cada um mantém relações em vários ambientes sociais diferentes, de modo mais ou menos intenso e frequente, de modo a desempenhar *papéis sociais* em várias esferas de processos de socialização;

2) complexidade: as relações humanas são complexas. Toda relação humana envolve disputas, desentendimentos, negociações, acertos/desacertos, dinâmicas, movimentos, etapas, fases, frustrações, idas/vindas, expectativas, compreensões, aprendizagens, ajustes, ruídos etc. Por isso, as relações humanas e sociais são tão trabalhosas, a exemplo das relações entre pais e filhos, na esfera das relações familiares, entre cônjuge e cônjuge, na esfera das relações afetivas, entre empregador e empregado, na esfera das relações de trabalho, entre eleitor e representante, na esfera da democracia representativa;

3) multidimensionalidade: as relações humanas são multidimensionadas. Toda interação pressupõe níveis internos de complexidade, e se estruturam de forma a que é necessário atentar para diversos de seus aspectos, simultaneamente em funcionamento, sob pena de haver prejuízos à interação. Assim, as dimensões internas são: comunicativa; psicológica; social; afetiva; racional; material; econômica etc. Desta forma, olhar para as relações humanas e sociais por uma única dimensão pode significar o empobrecimento de seus múltiplos significados;

---

[9] "O *poder* corresponde à habilidade humana não apenas para agir, mas para agir em concerto. O poder nunca é propriedade de um indivíduo; pertence a um grupo e permanece em existência apenas na medida em que o grupo conserva-se unido. Quando dizemos que alguém está 'no poder', na realidade nos referimos ao fato de que ele foi empossado por um certo número de pessoas para agir em seu nome. A partir do momento em que o grupo, do qual se originara o poder desde o começo (*potestas in populo*, sem um povo ou grupo não há poder), desaparece, 'seu poder' também se esvanece. Em seu uso corrente, quando falamos de um 'homem poderoso' ou de uma 'personalidade poderosa', já usamos a palavra 'poder' metaforicamente; aquilo a que nos referimos sem a metáfora é o 'vigor' [*strenght*]" (Arendt, *Sobre a violência*, 1994, p. 36).

4) instabilidade: as relações humanas são instáveis, seja do ponto de vista cognitivo e psicológico, seja do ponto de vista social, político, histórico e cultural. Considerando o próprio quadro de constante mutação social em que estão envolvidos os atores sociais, as mudanças são esperadas nas interações humanas e sociais. Somam-se à mutabilidade social, e, portanto, do meio ambiente social das interações e da intersubjetividade compartilhada, os microciclos biográficos e existenciais a que estão sujeitas as pessoas, em função de seu perfil psico-humano, enquanto *individualidade* em percurso biográfico único, singular e irrepetível, onde avultam interesses, escolhas, visões de mundo, leituras de realidade sempre em constante mudança;

5) condicionamento: as relações humanas são condicionadas por múltiplos fatores. É possível, por isso, considerar os níveis de violência, os interesses individuais, as demandas prioritárias do mundo do trabalho, os preconceitos étnico-raciais, os padrões de cultura, as formas de inclusão/exclusão sociais, as pautas políticas, as relações de gênero, o estado das instituições públicas como exemplos do condicionamento sócio-histórico das relações humanas, que não se dão num nível puro ou abstrato, mas dentro de conjunturas, contextos e situações empiricamente verificáveis.

O conjunto destas características leva a engates e a desengates em relações humanas, o que acaba por se traduzir em resultados e consequências que afetam pessoas, instituições, famílias, grupos e a sociedade como um todo. As *relações humanas e sociais* são frágeis, precárias, complexas e transitórias, e se encontram o tempo todo sujeitas ao desentendimento, à desonestidade, ao engodo. Por isso, quando se observam estes fenômenos de perto, deve-se considerar que uma grande parte das demandas humanas e sociais que vem parar "na barra dos tribunais" e são levadas ao conhecimento das autoridades públicas, tem a ver com inúmeras formas de desentendimentos intersubjetivos, tais como: divórcios; disputas de vizinhança; dissolução de sociedades comerciais; acidentes de trânsito; desconstituição de sociedade comercial; disputa de guarda de menor; transição de herança; práticas de violências; interesses patronais e laborais discordantes; entre outros.

Assim é de modo a constituir um dos maiores desafios da *coexistência* humana o equilíbrio nas relações humanas interpessoais e a qualidade do vínculo relacional entre atores sociais dentro do vínculo de "pertencentes à sociedade", pertencentes à esfera do respeito aos direitos de uns, de todos e de cada qual. Por isso, a "capacidade de negociação", o "trânsito comunicativo" e a "prática do diálogo" – e todas estas são práticas atravessadas por valores – são tão decisivos para a *qualidade* das relações humanas e para as *trocas sociais*. A figura a seguir procura sinalizar este ponto:

(respeito / cooperação / comunicação/ compreensão)

S_1 ←――――――――→ S_2

(não violência / reconhecimento/ diálogo)

Capítulo V | Sociedade, relações humanas e relações jurídicas

E, de fato, se for tomado como exemplo a singularidade de um único relacionamento, e destacada a sua complexidade, isso já serve de demonstração suficiente para apontar como a complexidade se agiganta, quando se tomam os relacionamentos em escala social. Se o convívio social implica a *codependência* material insuperável entre as pessoas, percebe-se o quanto o relacionamento humano em *microescala* se projeta em complexidade para a *macroescala* de relações sociais, onde pessoas em interação dividem tarefas, funções, papéis, espaços, responsabilidades, projetos, direitos e deveres. Na *escala das relações sociais*, a qualidade da *interação sociocomunicativa* define muito a própria qualidade dos processos *de socialização*. Em sociedades capitalistas, no geral, estes elos estão completamente tomados pela *reificação* e pela troca mediada pela *mercadoria*, de modo a formarem-se patologias sociais passíveis de serem reconhecidas, onde os *vínculos estão desumanizados*, de um lado, e *reificados*, de outro lado. Este tipo de qualidade dos elos sociais leva a que tenham a mesma utilidade furtiva da materialidade fugaz das relações econômicas, fundadas na utilidade das mercadorias. Assim, por exemplo, vínculos sociais medidos pela mercadoria empobrecem e estiolam o mais amplo rol de trocas sociais possíveis, atomizam o sentido dos valores e desqualificam *interações* que não estejam pautadas pelo interesse econômico. Por isso, nos tempos atuais, é tão complexo pensar a qualidade vínculos sociocomunicativos, senão em termos de uma luta por *descolonização do mundo de vida* pelos imperativos de mercado.[10]

Não por outro motivo, o Direito assume um papel social relevante de regência das *macrorrelações sociais*. O Direito é necessário, na medida em que traduz regras às interações comportamentais, dotando-lhes de pontos de apoio regulamentares, e abrindo chances para soluções preventivas e repressivas nos casos de interações disruptivas, patológicas ou desviantes. Nesse sentido, o Direito *não é* apenas uma forma de controle social, mas, sobretudo, um meio de regramento dos relacionamentos humanos que escapam a filtros anteriores do próprio convívio social. A forma de atuação do Direito, ao incidir sobre vínculos humanos e sociais, é no sentido de *qualificar* relações humanas, estabilizando *padrões-de-vínculos*, afirmando com isso maior confiança, definição de critérios e responsabilidades, maior segurança, maior previsibilidade às relações sociais e humanas, traduzindo-as em vínculos juridicamente determinados, tais como: locador-locatário; tutor-tutelado; empregador-empregado; empresário-consumidor; entre outros. Estes *padrões-de-vínculos* levam a direitos e deveres, trazendo consequências e responsabilidades predefinidas, podendo-se aguardar a aplicação de sanções em caso de condutas ilícitas. Ora, isso significa que cuidar de relações humanas e sociais é sempre um desafio. E, muitas vezes, isso acabará por significar que incumbe ao Direito cuidar daquelas relações que já se esgarçaram e *trouxeram* consequências várias (às vezes extremas) para os envolvidos, para

---

[10] "La problemática de la cosificación no resulta entonces tanto de una racionalidad con arreglo a fines absolutizada al servicio de la autoconservación de una razón instrumental convertida en salvaje, como de que la razón abandonada a su propio movimiento, pasa por encima de la pretensión de razón radicada en socialización comunicativa haciendo que la racionalización del mundo de la vida discurra en vacío" (Habermas, *Teoría de la acción comunicativa*: racionalidad de la acción y racionalización social, I, 1988, p. 508).

terceiros, para a sociedade. Mas, em muitos campos, não basta ao Direito apenas uma atuação *a posteriori*, quando diversos danos já se produziram, devendo-se também agir na prevenção de fatos e atos, de forma proativa, conciliadora, formativa, cidadã, mediadora, restauradora, informativa, dialógica.

4. RELAÇÕES SOCIAIS E RELAÇÕES JURÍDICAS

Para exercer o seu papel regulatório, o Direito parte de uma concepção bastante objetiva a respeito das relações humanas e sociais, qual seja, relações humanas estão fundadas em *trocas sociais, necessidades e interesses*, como afirma Antoine Garapon,[11] que perpassam as diversas dimensões do convívio, a saber, as dimensões econômica, política, cultural, moral, entre outras. Mas estas trocas podem estar fundadas em *interesses próprios* (vantagens consentidas) ou *interesses impróprios* (prejuízos impostos), o que o Direito traduz como *lícitos/ilícitos*. O Direito costuma regular e modular os limites entre estas conexões de conduta, avaliando-as como *lícitas* (contrato de compra e venda que aliena imóvel) e *ilícitas* (tráfico de pessoas para fins de exploração sexual), visando à proteção da pessoa humana, valores morais e interesses sociais gerais.

Com essa diferenciação, clareia-se nas *interações sociais* as possibilidades de ação social, levando-se por consequência, após o conhecimento dos direitos e dos deveres, cabíveis a cada vínculo humano e social, quais as condutas passíveis de serem eleitas, e quais aquelas que levariam a consequências e sanções, por serem qualificadas ilícitas. É desta forma que alguns autores afirmam surgir uma *moldura*, ali onde o Direito determina um padrão de comportamento.[12] Assim, o fato das relações sociais estarem *pré-medidas* e *mediadas* pelo Direito, faculta aos atores sociais: a previsão de seus papéis jurídicos; o lícito e o ilícito no jogo dos interesses e das trocas; o equilíbrio de prestações e contraprestações; a estabilização do modo de negociação racional entre partes; os limites do campo de ação de cada ator; as saídas institucionais previstas, em caso de desentendimentos; a pré-compreensão das consequências derivadas das violações.

5. RELAÇÕES JURÍDICAS, MEDIAÇÃO NORMATIVA E VÍNCULO JURÍDICO

O que se percebe é que a incidência do Direito *sobre* as relações humanas sociais é responsável pela *qualificação* dos vínculos humanos e sociais. Assim, relações "rela-

---

[11] "As relações jurídicas são relações de interesse que preparam – ou facilitam – as relações penais. O direito, tal como o ritual, só deve conhecer a aparência e ignorar o resto, sem nunca pretender atingir a interioridade dos indivíduos" (Garapon, *Bem julgar*: ensaio sobre o ritual judiciário, 1999, p. 92).

[12] "A relação paradigmática é aquela que estabelece uma moldura, em face da qual o desenho da realidade do vínculo estabelecido entre as pessoas deve se amoldar" (Fachin, *Teoria crítica do direito civil*, 2. ed., 2003, p. 86).

Capítulo V | Sociedade, relações humanas e relações jurídicas

ções sociais" se tornam "*relações jurídicas*",[13] de modo que se possa definir *relação jurídica*,[14] considerando-se o conceito a ela atribuído pelo jurista português Eurico Heitor Consciência: "O Direito é um sistema de normas de conduta social. Regula as relações que se estabelecem entre os homens. Pode, por isso, definir-se relação jurídica como relação da vida social disciplinada pelo Direito, atribuindo direitos subjetivos e os correspondentes deveres".[15]

Mas, esta interferência do Direito sobre as "ações sociais" e os "fatos sociais" se dá quando estes entram no campo de incidência de uma *norma jurídica*. E isso porque a norma jurídica promove uma *qualificação-do-sentido* do vínculo social ao acrescentar a ele, além de suas características, aquelas próprias das *normas jurídicas*, qual seja, um estímulo juridicamente induzido, nos termos de uma *sanção premial* ou de uma *sanção punitiva*.

A figura a seguir, esquematizada a partir da noção de Sujeitos, Vínculo, Objeto, Efeitos[16] permite melhor visualizar esta interferência da norma jurídica sobre as relações e interações humanas e sociais:

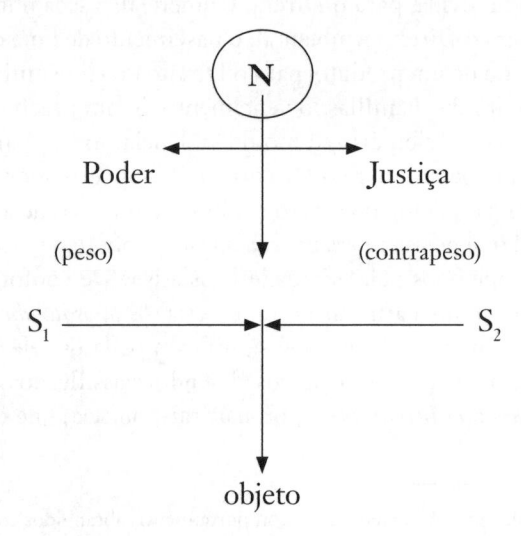

N

Poder ← → Justiça

(peso) ↓ (contrapeso)

S_1 ——→ ←—— S_2

↓

objeto

---

[13] "Le droit, c'est un ensemble de règles de conduite qui, dans une société donnée – et plus ou moins organisée –, régissent les rapports entre les hommes" (Terré, *Introduction génerale au droit*, 10. ed., 2015, p. 03).

[14] A este respeito, leia-se: "A relação jurídica, portanto, vem a ser o vínculo entre pessoas, do qual derivam consequências obrigatórias, por corresponder a uma hipótese normativa" (Betioli, *Introdução ao direito*, 12. ed., 2013, p. 326).

[15] Consciência, *Breve introdução ao estudo do direito*, 5. ed., 2012, p. 47.

[16] A este respeito, leia-se: "A relação jurídica compõe-se dos seguintes elementos: Sujeitos (ativo e passivo), objeto e vínculo. Os sujeitos (do poder e o do dever) reúnem-se em torno do objeto (certa ação), por força de um vínculo (nexo), decorrente de fenômeno produtor de efeitos jurídicos (fato gerador)" (Bittar, *Teoria geral do direito civil*, 2. ed., 2007, p. 75). E, também, leia-se: "Fatos jurídicos são todos os fatos naturais ou de conduta aos quais. Fá-lo mediante a incidência de norma jurídica sobre o suporte fático que se concretizou" (Lôbo, *Direito civil* – Parte geral, 3. ed., 2012, p. 211).

Neste sentido, o Direito – através da norma jurídica – irá incidir sobre relações sociais,[17] disciplinando-as, utilizando-se para isso do *poder-de-dizer* o Direito que é conferido ao Estado moderno, que exerce o monopólio do exercício legítimo e controlado da força. A norma jurídica, neste sentido, ao *incidir* sobre as relações humanas e sociais, *impera*, para *sobredizer* por cima da linguagem e do entendimento dos atores sociais envolvidos, o sentido, o peso, a dimensão, os efeitos, as consequências das ações e interações humanas e sociais. Assim é que a norma jurídica,[18] ao fazê-lo, irá determinar as relações sociais ao seu modo, não se podendo deixar de constatar que ao fazê-lo, a norma jurídica também será determinada pelas relações sociais. Assim é que o *Direito se cria e recria no curto-circuito permanente e mutável das relações humanas e sociais*.

Assim, *ações sociais* e *fatos sociais* advêm de contextos do mundo objetivo (natureza), do mundo subjetivo (subjetividade) e do mundo social (intersubjetividade), e do entrechoque entre estes. Afinal, justiças e injustiças se dão por meio de *fatos socialmente relevantes* oriundos:[19] da natureza; de pessoas; de animais; de pessoas jurídicas; do Estado. Por isso, a origem das *relações jurídicas* são os assim chamados *fatos jurídicos* (o pagamento de uma dívida, para o Direito Comercial; a seca numa região, para o Direito Agrário e para o Direito Ambiental; o nascimento de uma criança, para o Direito Civil; o consumo de um produto, para o Direito do Consumidor; o divórcio de um casal, para o Direito das Famílias; o vencimento de um prazo de pagamento de imposto, para o Direito Tributário; o ato de violência sexual, para o Direito Penal; o falecimento de uma pessoa, para o Direito Civil; a aposentadoria de um trabalhador, para o Direito do Trabalho), ou seja, o conjunto das ocorrências do mundo objetivo, subjetivo e social que possuem *relevo regulatório* do ponto de vista dos *recortes normativos de realidade* operados pela atividade legislativa. De conformidade com o que a doutrina jurídica costuma afirmar nesta matéria, os *fatos jurídicos* são relevantes para a *Teoria do Direito*, na medida em que significam os fatos selecionados pelo Direito para comportarem resultados jurídicos,[20] sendo classificados em duas espécies, a saber:[21] a) *fatos jurídicos involuntários*, ou naturais, ou seja, que correspondem a fatos

---

[17] "Na regulação da vida em sociedade, os comportamentos abrangidos constituem relações jurídicas, ou seja, relações sociais que produzem efeito no âmbito do direito" (Bittar, *Teoria geral do direito civil*, 2. ed., 2007, p. 72).

[18] "Só haverá relação jurídica se o vínculo entre pessoas estiver normado, isto é, regulado por norma jurídica, que tem por escopo protegê-lo" (Diniz, *Compêndio de introdução à ciência do direito*, 2. ed., 2011, p. 532).

[19] "Assim, em primeiro lugar, apenas as relações sociais relevantes para a vida em convivência ingressam no mundo do direito" (Betioli, *Introdução ao direito*, 12. ed., 2013, p. 326).

[20] "Fato jurídico não é um conceito de direito civil, mas de todo o direito. Assim, seu estudo é mais apropriado na teoria geral do direito, pois não apenas se aplica às situações juscivilistas, mas também às de todos os demais ramos do direito privado ou público (por exemplo, fato jurídico tributário, empresarial, administrativo, penal, processual). O fato jurídico é o fato do mundo da vida ou do mundo da natureza que o direito selecionou para si, para fins de regulação de conduta das pessoas (direito posto ou positivo), ou para conhecimento (filosofia ou ciência do direito)" (Lôbo, *Direito civil* – Parte geral, 3. ed., 2012, p. 210-211).

[21] "As forças geradoras de relações jurídicas são os fatos humanos, ou não, ou seja, fenômenos naturais, volitivos, ou legais, que produzem efeitos na órbita do direito (fatos jurígenos)" (Bittar,

relacionados ao mundo objetivo;²² b) *fatos jurídicos voluntários* (ou, *atos jurídicos*), ou seja, relacionados à vontade humana, abrangendo os mundos subjetivo e social.

Assim é que a relação jurídica estará caracterizada em meio a um *macrouniverso* de relações sociais, formando um *microuniverso* de relações regidas pela legislação, que altera a qualidade do vínculo humano e social, para *transpassá-lo pelo valor da justiça*, de acordo com o esquema a seguir:

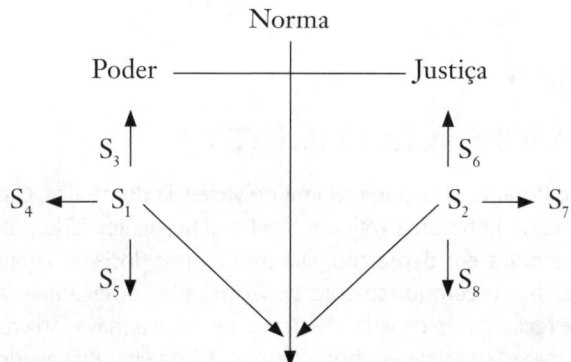

$$
\begin{array}{c}
\text{Norma} \\
\text{Poder} \longrightarrow\!\!\!\!\!\!\!\!| \longrightarrow \text{Justiça} \\
S_3 \uparrow \qquad \uparrow S_6 \\
S_4 \longleftarrow S_1 \qquad S_2 \longrightarrow S_7 \\
S_5 \downarrow \qquad \downarrow S_8
\end{array}
$$

(direitos; deveres; prestações; valores; coisa corpórea ou incorpórea; ação; omissão)

Objeto

Assim é que os elementos da relação jurídica são: a) sujeitos; b) vínculo mediado pela norma jurídica; c) objeto; d) valor de justiça qualificador das consequências jurídicas. A norma jurídica, ao incidir sobre o vínculo entre atores sociais, estabelece a *mediação racional* e *antecipada* entre campos de interesse dos atores sociais, oferecendo e parametrizando saídas, soluções, limites, formas de responsabilização.²³ Assim, o esforço do Direito, ao se inserir em vínculos entre sujeitos de direito, é por incutir *justiça* – aqui é tomada como sendo critério, medida, proporção, responsabilidade, previsão de consequências – nos vínculos humanos e sociais (contratuais, afetivos, biológicos, econômicos, políticos, familiares, materiais etc.). O Direito – em especial, em tempos pós-modernos de *liquidez dos vínculos humanos e sociais*²⁴ – cumpre sua tare-

---

Teoria geral do direito civil, 2. ed., 2007, p. 73).

[22] "Os fatos da natureza que interessam ao direito civil são apenas os que interferem nas relações humanas, de modo a propiciar a aquisição, a modificação e extensão de direitos e deveres jurídicos" (Lôbo, *Direito civil* – Parte geral, 3. ed., 2012, p. 220).

[23] "Estreitamente vinculada com a anterior encontra-se a seguinte nota característica da relação jurídica: o ser causa para a realização de uma função social ou econômica merecedora de tutela jurídica. Efetivamente, a relação jurídica deve estar tutelada ou regulada pelo Direito. Fora da norma – sem norma – não existem relações jurídicas, sendo o direito que atribui valor e efeitos jurídicos à relação social" (Falcón y Tella, *Lições de teoria geral do direito*, 4. ed., 2011, p. 355).

[24] "Uma coisa que a comunidade estética definitivamente não faz é tecer entre seus membros uma rede de responsabilidades éticas e, portanto, de compromissos a longo prazo. Quaisquer que sejam os laços estabelecidos na explosiva e breve ida da comunidade estética, eles não vinculam verdadeiramente: eles são literalmente 'vínculos sem consequências'. Tendem a evaporar-se quando os laços humanos realmente importam – no momento em que são necessários para

fa ao operar uma verdadeira transmutação nos *vínculos humanos e sociais*, que passam a ser medidos pela *medida-da-justiça* (igualdade; limites; liberdade; autonomia, respeito; equilíbrio; responsabilidade), que oferece *contrapeso* à presença do *poder* nas interações humanas e sociais. Assim, onde antes se tinha apenas a relação fundada em afeto, após a incidência da norma jurídica, este afeto é seguido de *direitos* e *deveres*, onde antes se tinha apenas uma relação fundada em trabalho, agora se tem uma relação fundada em limites da jornada de trabalho, direitos e deveres, para ficar em dois exemplos.

CASO PRÁTICO
O CASO DA VIOLÊNCIA DOMÉSTICA

No Estado de Roraima, Josielde é vítima de violência doméstica. Casada há oito anos com Armelindo, o casal tinha uma rotina estável e almejava ter filhos, até que Armelindo perde o emprego e entra em depressão. Durante 2 anos, Josielde continua segurando o orçamento familiar, mas o comportamento de Armelindo começa a se alterar, pois "volta para casa bêbado e reclamando da vida, chegando tarde", e andava "arrumando uns amigos esquisitos e, vira e mexe, se metia em briga de rua". Certa vez, Armelindo entra em casa e tenta manter relações sexuais com Josielde, em estado de completo alcoolismo. Josielde se recusa, mas Armelindo é mais forte e amarra Josielde na cama, e, depois de espancá-la, tem relações com ela. Este foi só o começo do fim. Josielde amava seu marido, e, por isso, não denunciou os fatos à delegacia da mulher, numa primeira oportunidade, crendo que seria possível uma recuperação. Ademais, caso viesse a denunciar os fatos, acredita, teria de enfrentar a vergonha de expor em público a fragilidade da situação de seu marido. Assim, procura o sistema de apoio psicológico e uma associação de alcoólicos anônimos, inscrevendo e levando Armelindo, que frequenta as sessões, até ter uma forte recaída, e se tornar ainda mais violento, começando a espancar Josielde, por inúmeras vezes. Sem coragem para denunciar, são suas amigas que, no trabalho, começam a perceber a alteração de comportamento de Josielde, as faltas no trabalho, e, sobretudo, as marcas de violência física, sempre negadas por ela, perante as amigas. Após inúmeras conversas, uma de suas amigas, Carolina, resolve apoiar Josielde a sair de casa, denunciar as violências, oferecendo-lhe abrigo temporário em sua casa.

Josielde denuncia a violência doméstica à Delegacia da Mulher, com base na Lei Maria da Penha, e entra com processo de divórcio. Após 2 meses morando com sua amiga, Josielde está a caminho do trabalho, quando é surpreendida por Armelindo, que gritava "Você quer se separar! Você quer se separar!?", armado de uma faca, com a qual lhe bate na cabeça, e, ao final, amputa as suas duas mãos.

Após o ocorrido, toda a pequena cidade onde mora Josielde fica escandalizada, e se mobiliza em seu favor, por moções de apoio e ampla campanha de discussão da situação nos jornais locais, demonstrando conscientização da necessidade de prevenção e desestímulo para que outros casos não venham a ocorrer.

---

compensar a falta de recursos ou a impotência do indivíduo" (Bauman, *Comunidade*: a busca por segurança no mundo atual, 2003, p. 67-68).

Capítulo V | Sociedade, relações humanas e relações jurídicas

A entidade de mulheres feministas VIOLÊNCIA NUNCA MAIS assume a luta por justiça, e coloca o debate em pauta, mobilizando mídias, blogs, políticos, grupos ativistas e igrejas, seja em favor de Josielde, seja em favor de outras mulheres que se encontram na mesma situação, reconhecendo-se a lentidão da justiça, as dificuldades de lidar com a dor, o desamparo das condições de vida e a fragilidade psicológica, econômica e social das vítimas da violência, considerando-se a carência de serviços públicos neste campo.

Mediante pressão, uma consulta pública é aberta, e as autoridades públicas querem identificar, na opinião da população, vários aspectos relevantes para a formação de uma política pública de atendimento à mulher vítima da violência. É marcada uma data de audiência pública, e neste dia, comparecem algumas entidades, que opinam por diversas abordagens.

1. Enquanto representante da entidade VIOLÊNCIA NUNCA MAIS, apresente as estatísticas de violência contra a mulher no Brasil, e aponte os méritos e avanços da Lei Maria da Penha, e, também, da criação das Delegacias de Defesa da Mulher, apontando, no entanto, a insuficiência da criminalização para o adequado tratamento das situações de violência;

2. Enquanto representante da entidade MULHERES UNIDAS, apresente as soluções concretas preventivas e os serviços públicos necessários a serem implementados, considerando os desafios e a complexidade da violência doméstica e a situação do atendimento à vítima;

3. Enquanto representante da LIGA DAS RELIGIÕES, apresente a proposta de criação do Núcleo de Atendimento à Família e aos Autores de Violência Doméstica, visando a envolver os homens agressores em programas de conscientização.

CAPÍTULO VI
DIREITO, HISTÓRIA E FORMAS JURÍDICAS

Sumário: 1. Teoria do Direito e Teoria da História; **2.** Teoria do Direito e história da justiça; **3.** Tempo, história e Direito; **4.** Tempo, relatividade e formas jurídicas; **5.** História do Direito e formas jurídicas: **5.1.** Direito arcaico; **5.2.** Direito antigo: **5.2.1.** Direito antigo: Grécia; **5.2.2.** Direito antigo: Roma; **5.3.** Direito medieval: **5.3.1.** Direito medieval: a ruralização da Europa e o Direito romano-germânico; **5.3.2.** Direito medieval: a feudalização da Europa e o Direito feudal; **5.3.3.** Direito medieval: a espiritualização da Europa e o Direito canônico; **5.3.4.** Direito medieval: o surgimento da Universidade e a ciência do Direito; **5.4.** Direito moderno: **5.4.1.** Direito moderno: a modernidade das cidades e dos mercadores; **5.4.2.** Direito moderno: a modernidade do capitalismo mercantil; **5.4.3.** Direito moderno: a modernidade do capitalismo industrial: **5.4.3.1.** O juspositivismo: razão e dogmática jurídica; **5.4.3.2.** A modernidade social: reivindicação e igualdade; **5.4.4.** Direito moderno: a modernidade do capitalismo de massas; **5.5.** Direito pós-moderno: **5.5.1.** Direito pós-moderno: a modernidade em crise; **5.5.2.** Direito pós-moderno: a revisão da modernidade; **5.5.3.** Direito pós-moderno: as características do contexto pós-moderno; **5.5.4.** Direito pós-moderno: as características do Direito na pós-modernidade; Caso prático.

1. TEORIA DO DIREITO E TEORIA DA HISTÓRIA

As relações sociais e as relações jurídicas já foram compreendidas, no capítulo anterior. Agora, um passo adiante, requer-se compreender que as relações sociais são, antes de tudo, relações históricas. Na perspectiva da *Teoria do Direito*, isso significa algo de enorme interesse e importância, na medida em que se afirma que o modo pelo qual o Direito *sobredetermina* os vínculos nas relações sociais é histórico. Em outras palavras, e bem compreendido, a *forma jurídica* é determinada pelo *tempo histórico* e varia com intensa relatividade (não somente no tempo, mas também, no espaço).[1] Por isso, para melhor compreender a *prática do direito* é imprescindível a *compreensão histórica e reflexiva*. E, para isso, é preciso entender o papel da *Teoria do Direito* em relação com a *Teoria da História*. Assim é que se pode afirmar que a *Teoria do Direito* precisa de uma

---

[1] "Se o direito surge para dar resposta a um problema universal, o da coexistência/convivência humana, as soluções apresentadas para a resolução desse problema hão de ser historicamente contingentes" (Gaudêncio, Do *historicismo* materialista à *historicidade* da *sociedade* aberta: poderá o direito ser *reflexo* ou *instrumento* da história?, in Boletim da Faculdade de Direito, v. 90, p. 515-550).

Teoria da História para melhor compreender o seu objeto, a saber, o Direito, em *movimento* no *tempo* e na *dinâmica* da *história*.² É imprescindível que o jurista desenvolva a capacidade de exercer um distanciamento crítico das fontes empíricas e históricas do direito, existentes ao seu tempo, para compreender o Direito *imerso* na história.

É nesta medida que se pode acompanhar, pela Escola de Budapeste, através do pensamento de Agnes Heller, a concepção segundo a qual a "A história é a substância da sociedade. A sociedade não dispõe de nenhuma substância além do homem, pois os homens são os portadores da objetividade social, cabendo-lhes exclusivamente a construção e transmissão de cada estrutura social".³ Ao ignorar este aspecto, as Ciências Normativas do Direito se alienam de aspectos determinantes da vida social. Por isso, é importante detectar, logo de início, que do ponto de vista teórico, a *Teoria Tradicional Positivista do Direito* permitiu a estabilização de parâmetros fundamentais para a ciência racional e para o avanço do direito escrito, a partir da Europa. Mas, pela acomodação do "direito-texto" na "linguagem universal" do "sujeito de direito" também foi gerada a "falsa consciência" aos juristas no que tange à isenção, à neutralidade do Direito, em face do fluxo histórico. A pretensão da codificação, advinda do século XIX, de haver Códigos *"trans-históricos"*, a exemplo do *Code Civil* francês (1804), do BGB alemão (1900), do Código Civil brasileiro (1916), ou seja, de uma legislação que fosse capaz de resistir ao caráter implacável do tempo, gerando uma estabilidade e uma segurança *ad aeternum*, está fundada num *fetichismo* das fontes empíricas e históricas do Direito. Esta é uma ideologia de compreensão do valor das fontes do Direito que leva à busca de uma *estabilidade total das relações*, que se converte em controle, e isso o Direito não consegue fazer, pois não está acima da História. Isso já nos diz algo de suma importância, ou seja, que o Direito é tão "objeto" da História quanto a economia, a religião, a ciência, a arte, a política, a moral.

Ter presente esta compreensão é um passo de enorme qualidade no mais preciso dimensionamento do território onde opera o Direito, enquanto incide sobre relações humanas e sociais. É possível, sem dúvida nenhuma, fazer o Direito sem a História, mas fazê-lo com a *compreensão histórica* aprimora a qualidade da análise, na medida em que a História permite uma *compreensão dilatada* dos fenômenos analisados. Mas é importante destacar também que esta recuperação não impõe a necessidade de optar entre compreender o Direito na perspectiva antipositivista, ou na perspectiva positivista, pois aqui a *Teoria Crítica e Humanista do Direito* opta por compreender o *valor-histórico-do-texto-de-lei*, e ter nele o termo-médio que permite corrigir a autoideologização do Direito produzida pelo positivismo. Assim entendi-

---

² "A História do Direito propicia-nos o grande laboratório do Tempo" (Cunha, *Filosofia do Direito*, 2. ed., 2013, p. 289).
³ Heller, *O cotidiano e a história*, 7. ed., 2004, p. 2.

do, o texto-Direito é síntese da história, é artifício humano,[4] produto social, tem valor relativo e é objeto mutável das lutas históricas por direitos.[5]

2. TEORIA DO DIREITO E HISTÓRIA DA JUSTIÇA

A relação do Direito com o tempo é complexa e envolve várias temporalidades, operando com o passado, com o presente e com o futuro. Seguindo-se de perto a análise de François Ost, é possível dizer que: a lei sedimenta as conquistas do passado e as estabiliza na *forma do Direito;* a lei presentifica a possibilidade da decisão e nisso *realiza o Direito;* a lei projeta consequências no futuro, enfrenta as incertezas, oferecendo certezas e saídas, e, ainda, inaugura a possibilidade de tornar o passado uma parte significante no futuro, na medida em que torna possível proteger certos valores centrais à pessoa humana da possibilidade de uma derrogação furtiva no *Direito que se lança para vigência futura indeterminada*.[6]

Por isso, o Direito, para ser conhecido, para ser compreendido, para ser vislumbrado, pressupõe uma incursão na ideia de história. Não simplesmente numa história linear, como sucessão de fatos, mas numa história enquanto condição de realização da própria justiça. A história humana é uma história que retrata a persecução da ideia de justiça, e vê, muitas vezes, a ideia de justiça envolvida nas condições históricas de sua produção, o que permite perceber que a justiça assume formas na história. Neste sentido, não somente o Direito se dá na história (é determinado pela história e torna-se, por isso, histórico), instaurado pela tradição imemorial,[7] como também se torna um problema ligado ao sentido da história. É desta forma que se torna absolutamente imprescindível, para lições sobre o Direito, uma discussão que se abeire da problemática histórico-filosófica da justiça. O Direito não nasce espontaneamente na vida social, mas desenvolve-se, na história de cada povo e de cada cultura, na forma das condições de predominância do poder e na perspectiva de conformação das formas materiais de desenvolvimento econômico, estando condicionado aos modos de produção.[8] A história é, sem dúvida nenhuma, um lugar onde podem ser colhidos traços

---

[4] "Subtrair-se a esta destemporalização empirista, produzir um tempo realmente humano, significa pelo contrário assumir a incerteza da mudança e a finitude de uma condição mortal" (Ost, *O tempo do direito,* 2001, p. 28).

[5] "A constante mutabilidade do direito, sua relatividade no tempo, é um de seus traços característicos" (Bergel, *Teoria Geral do Direito,* 2. ed., 2006, p. 136).

[6] "Em cada caso, o direito institui um tempo próprio pela força dos seus performativos: contra a naturalidade do esquecimento, instaura a tradição; face ao irrecusável do erro e ao inextinguível da dívida, arrisca o perdão que assinala a vitória da liberdade; confrontado com a incerteza do amanhã, institui a aliança, a promessa e a lei que são como o mapa de um país ainda inexplorado; e, contra a força da sua própria letra, sabe inventar ainda os processos do requestionamento para reencontrar o vestígio do espírito que aí se tinha perdido" (Ost, *O tempo do direito,* 2001, p. 46).

[7] "Tudo começa, sobretudo para o Direito, pelo acto de memória: uma tradição imemorial, dos costumes ancestrais, dos precedentes judiciários, uma doutrina canónica, dos direitos inderrogáveis" (Ost, *O tempo do direito,* 2001, p. 43).

[8] Nas reflexões de Michel Miaille, lê-se: "(...) na verdade, cada sistema social, cada modo de produção da vida social produziu o sistema jurídico e a ideologia jurídica correspondentes. O que é

e evidências sobre noções do justo e do injusto, a partir do que se poderá compreender a mutação dentro do universo das concepções que marcam a ideia de Direito. Isto porque a ideia de Direito não é algo estável no arcabouço cultural ocidental.

As variações sofridas são determinadas no tempo e no espaço, e, pode-se perceber, este é um processo de milênios no desenvolvimento e aprimoramento de determinadas categorias que são absorvidas hodiernamente como herança do passado. Se a irrepetibilidade dos eventos passados é aquilo que marca a história, de certa forma é a partir dela que se poderão considerar as roupagens com as quais se apresentou o Direito. A investigação histórica e a noção de tempo na avaliação do Direito e das instituições jurídicas[9] permitem reconstituir um traçado distinto da ideia de Direito, já que este termo é equívoco, e interage com a historicidade da mesma forma que esta própria consciência se altera no tempo e no espaço.

3. TEMPO, HISTÓRIA E DIREITO

Há muitas concepções de *história*. A história como evolução, numa visão kantiana. A história como decadência, numa visão platônica. A história como sucessão linear, numa visão historicista. A história como dialética, numa visão marxista. E, também, a história pode ser *reconstruída* e *ressignificada* com base em inúmeros estereótipos, dogmáticos, pessimistas, negativistas, religiosos, revolucionários. No centro de todas estas linhas, está um elemento comum, a saber, o *tempo histórico*. Por isso, é importante destacar, juntamente com Agnes Heller, que o "...tempo é a irreversibilidade dos acontecimentos. O tempo histórico é a irreversibilidade dos acontecimentos sociais".[10]

Uma vez imersos na história, vive-se o "tempo histórico" segundo as categorias do passado/presente/futuro como forma de lidarmos com o fluxo histórico. Esta tripartição é artificial, mas ajuda a conferir *medida* e a *diferenciar* a experiência mundana e existencial do *tempo histórico*. O passado é marcado pela irrepetibilidade e imutabilidade dos eventos passados; o presente é marcado pela fugacidade, transitividade, instantaneidade dos eventos presentes; o futuro é marcado pela imprevisibilidade, impossibilidade de controle e antecipação, continuidade indeterminável dos eventos futuros. É nesta linha de raciocínio que a história tem a ver com a irrepetibilidade do passado, com a construção da memória coletiva, com a consolidação dialética da experiência do mundo, com aquilo que nos ilustra a pensar o presente e construir o

---

preciso perceber bem é que estes sistemas de reflexão jurídica não aparecem por acaso ou por via desta ou daquela personalidade, mas corresponderam às necessidades políticas e sociais do modo de produção dominante..." (Miaille, *Introdução crítica ao direito*, p. 241).

[9] De fato, o passado, não se pode negar, constitui o futuro: "Quien crea que el progreso de la ciencia jurídica se halla por completo separado del pasado es prisionero de una vacía y funesta ilusión" (Bretone, *Derecho y tiempo en la tradición europea*, 2000, p. 132).

[10] Heller, *O cotidiano e a história*, 7. ed., 2004, p. 3.

futuro.[11] É possível, neste passo, repetir com Eric Hobsbawm: "A história só fornece orientação, e todo aquele que encarar o futuro sem ela não só é cego, mas perigoso, principalmente na era da alta tecnologia".[12]

Sem dúvida alguma, o homem e as lutas humanas imersos no tempo histórico, no uso da liberdade, da responsabilidade e ao lado do destino, determinam o *empuxo histórico*. Desta forma, influencia na conquista e aquisição de direitos, na perda e no retrocesso de direitos, na medida em que determina e é determinado pela *história*. É certo que a humanidade não é passiva diante da História, mas também não é Senhora da História. Não há um homem-objeto-da-história (fruto de uma cultura objetual), mas também não há um homem-senhor-da-história, pois a relação com a História não se reduz a uma relação cartesiana bipolar, composta por Sujeito e Objeto. E isso se deve a vários fatores, entre os quais se quer destacar os seguintes: (1) existem várias *"histórias"* simultâneas:[13] a história da natureza, relativa ao mundo objetivo; a história do indivíduo, relativa ao mundo subjetivo; a história social, relativa ao mundo social, sentido este último ao qual se refere geralmente o uso mais corrente do termo história; (2) existem múltiplos fatores (modo de produção; técnica; arte; política; moral; lutas sociais; injustiças; disputas territoriais; religião; fanatismo; fundamentalismo; ideologias; doutrinas; filosofias) determinando evoluções/involuções nos eventos históricos, sabendo-se que os "eventos históricos" aparecem como fruto do entrechoque de múltiplos feixes de fatores. Daí, na História estarem presentes eventos-traumáticos, eventos-conquistas, eventos-revolucionários, eventos-golpistas, eventos-econômicos, eventos-transformadores da consciência, entre outros.

É, por isso, importante destacar que as histórias nos colocam como testemunhas do tempo, e assiste-se o tempo todo, o *devir histórico* como corrosivo da lei, das instituições, dos poderes e das formas jurídicas conhecidas. Tomando-se o sentido de História como História social, no que tange ao Direito, isso significa que se passa a enxergar a passagem e as transformações das *formas jurídicas* no tempo, o que ajuda a compreender o quanto as significações do Direito são dinâmicas, e o quanto dependem de um colorido multidimensional de condicionantes para se efetivar. Assim, fica claro o quanto o Direito é um fenômeno social relativo no tempo e no espaço, em função de seu condicionamento por múltiplos fatores, tais quais, o estado da técnica, a religião, os costumes sociais, as pressões econômicas, a cultura e suas manifestações, o estado da política.

---

[11] "A história não é uma escatologia secular, quer concebamos seu objetivo como um progresso universal interminável... Isso são coisas que lemos nela, mas não podemos deduzir dela. O que ela pode fazer é descobrir os padrões e mecanismos da mudança histórica em geral, e mais particularmente das transformações das sociedades humanas durante os últimos séculos de mudança radicalmente acelerados e abrangentes" (Hobsbawm, *Sobre história*: ensaios, 2005, p. 43).

[12] Hobsbawm, *Sobre história*: ensaios, 2005, p. 64.

[13] "Mas o tempo é plural, evidentemente, e o seu domínio é tanto o da simultaneidade (tudo o que se passa 'ao mesmo tempo') como o da sucessividade" (Ost, *O tempo do direito*, 2001, p. 37).

É importante e estratégico para as práticas do Direito, exatamente pelo que se disse, pensar, agir e decidir, considerando análises de conjuntura, tendo-se no *diagnóstico do tempo presente* uma importante ferramenta crítica à disposição dos intérpretes do Direito. Aliás, eis aí um legado atual da *Teoria Crítica* para a *Teoria do Direito*.[14] Mas, sem história isso não é possível, daí a importância dos diagnósticos do tempo presente operados pela *Teoria Social*. Assim, já se percebe que não há *"formas do Direito"* estáveis na história, pois a *forma* é antes de tudo, *fôrma*. Não por outro motivo, a compreensão que se tem do Direito deve levar à compreensão de que é um corpo textual em movimento, com significações mutáveis, levando-se em conta este *seu-ser-em-trânsito*.

A *instabilidade* é a regra na História e a transformação é inevitável, quando em verdade, a forma jurídica procura contrastar com esta realidade histórica, e efetivar a *estabilidade histórica* com base na *segurança jurídica*. Mas, o Direito é e será sempre acossado pelas tempestades de mudanças da História. O que apenas reforça a ideia de que o Direito não é um "fim em si mesmo", mas uma *"forma histórica possível"* da justiça alcançável a cada estágio social. É isto que permite a cada instante histórico, diferenciar e admitir: o progresso moral e o regresso moral; o progresso técnico e o regresso técnico; o progresso político e o regresso político; e, juntamente com estes, o progresso jurídico e o regresso jurídico.

Com esta visão, consegue-se identificar *horizontes normativos* mais largos, a partir de reflexões teórico-empíricas, *utopias concretas*, projetadas como desafios históricos, formas de *ação social* prospectivas, a definir desafios de futuro, e, ainda, novos *horizontes civilizatórios*, onde sejamos capazes de almejar incrementos na justiça, na liberdade, na igualdade, na democracia, na solidariedade, na diversidade, na tolerância, no respeito, na dignidade. Assim, apesar do termo história comportar muitas significações, aqui o termo estará invocando *o sentido de trajetória civilizatória da humanidade em torno de si mesma*. Isto põe o desafio ao Direito, de participar como parceiro deste processo, ou não, confirmando-se sua aproximação com a civilização, ou com a barbárie.

4. TEMPO, RELATIVIDADE E FORMAS JURÍDICAS

A exigência de justiça é uma exigência da humanidade na escala dos valores morais. Não por outro motivo, o Direito é uma generalização da experiência mundana, calcada especialmente no desenvolvimento dos valores morais, intercalada à pluralidade de outros fatores que formam a dimensão do *mundo da vida*. Mas, o entendimento sobre esses valores, o consenso social a respeito desses valores, o uso desses valores, a hierarquia entre esses valores, o entrechoque destes valores, a predominân-

---

[14] "Uma teoria crítica deveria provocar a autorreflexão e deste modo produzir esclarecimento e emancipação" (Geuss, *Teoria Crítica*: Habermas e a Escola de Frankfurt, 1988, p. 115).

cia desses valores variam na história.[15] Na história e no "teatro" das relações humanas, pode-se assistir os homens realizando absurdos, com base em *des-valores* (escravizando; abandonando; castigando; oprimindo; reprimindo; agindo perversamente; destruindo; etc.) e maravilhas, com base em *valores* (cuidando; educando; responsabilizando; colocando limites; protegendo; lutando por direitos; exercendo solidariedade; etc.).[16] Aí, se mostra o papel do Direito de agir, tendo de processar seleções de condutas sociais, e, a partir daí, chegar a decisões, que encontram nas formas históricas da justiça suas justificações (sociais; políticas; ideológicas; teológicas; revolucionárias; racionais; científicas).[17] Tendo-se por ponto de partida, a partir da percepção que se tem, de que desde os seus mais remotos e arcaicos registros,[18] o Direito como experiência milenar das civilizações,[19] aparece fundido à religião, a convenções sociais e à moral. Não há sociedade ou civilização que não tenha estruturado um "Direito" ou uma "proto-forma" de Direito, algo que cumpre à *Etnologia* e à *Antropologia* investigarem.[20]

Em particular, para entrar nesta seara, os historiadores do Direito costumam trabalhar com vestígios históricos para se aproximar de períodos mais arcaicos, e considerar que, na Antiguidade Remota, a *vingança* e a *retribuição* é a principal medi-

---

[15] "Basta pensar nos valores morais mais arcaicos e, ao mesmo tempo, mais persistentes, como a honradez, a justiça, a valentia..." (Heller, *O cotidiano e a história*, 7. ed., 2004, p. 06). "A história é a história de colisão de valores de esferas heterogêneas" (p. 07).

[16] "Tous les systèmes que l'on précédemment éoqués n'ont évidement pas vécu au même rythme dans le temps. Et ils n'ont pas nécessairement évolué les uns et les autres de la même manière. Il y a eu des périodes d'expansion et des périodes de régression du droit; il y a eu aussi des éclipses et des renaissances d'institutions juridiques..." (Terré, *Introdcution générale au droit*, 10. ed., 2015, p. 60).

[17] "Nem um só valor conquistado pela humanidade se perde de modo absoluto; tem havido, continua a haver e haverá sempre ressurreição. Chamaria a isso de invencibilidade da substância humana, a qual só pode sucumbir com a própria humanidade, com a história" (Heller, *O cotidiano e a história*, 7. ed., 2004, p. 10).

[18] "Nem tudo sobreviveu. Mas, alguma coisa foi preservada: Encontraram-se manuscritos e monumentos e até, como se diz hoje, 'códigos' inteiros, como o Código de Hamurábi. Há também um direito egípcio e um direito hitita, por volta dos anos 1.500 A.C." (Lopes, *O direito na história*, 3. ed., 2008, p. 16).

[19] "Históricamente, la existencia de normas jurídicas escritas es bastante antigua. Los cuerpos legislativos encontrados em Mesopotamia, como el celebérrimo Código de Hammurabi, datan del segundo milênio a.C., uma época formativa en que algunas de las ciudades de la región han establecido impérios que abarcan extensas zonas agrícolas" (Perelló, *Teoría y fuentes del Derecho*, 2016, p. 34-35).

[20] A exemplo da investigação esboçada pelo jurista chileno Carlos Amunátegui Perelló: "Compartimos con los demás primates superiores un instinto gregário que nos permite vivir en grupos, pero nos diferenciamos de los chimpancés y gorilas crucialmente en que ellos no pueden establecer comunidades de más de 25 individuos – y, em el caso de los gorilas, aún menos –, mientras que nosotros participamos de comunidades imaginarias que abarcan a millones de seres humanos. Nuestra capacidade organizativa se articula en torno al habla y somos capazes de ordenar nuestra convivência en grupos mayores, voluntariamente construídos gracias al habla" (Perelló, *Teoría y fuentes del Derecho*, 2016, p. 23).

da do *justo*,[21] e que, na medida em que as civilizações arcaicas evoluem, o Direito vai passando dos costumes e religiões a *Direito escrito*, algo que já se processa pelas mãos dos egípcios, macedônios e hebreus, para encontrar sua melhor expressão com os gregos e os romanos.[22] Mas, sabendo-se as dificuldades que encobrem as primeiras manifestações do Direito na História, e considerando que uma visão mais aprofundada desta matéria somente é possível de ser amplamente desenvolvida na *História do Direito*, nos próximos itens, com finalidades didáticas, estar-se-á a atentar apenas para o *recorte histórico* que parte do Direito arcaico ao Direito antigo, deste ao Direito medieval, e, sem seguida, do Direito moderno ao Direito pós-moderno. Nos itens seguintes, o que se procurará fazer tem o sentido de uma "parada histórica" para refletir acerca do tempo das "fontes do Direito". Por isso, iremos nos deter no enxuto quadro dos particularismos históricos que compreende: o Direito arcaico; o Direito antigo; o Direito medieval; o Direito moderno; o Direito pós-moderno.

5. HISTÓRIA DO DIREITO E FORMAS JURÍDICAS

5.1. Direito arcaico

A grande marca das primeiras manifestações do Direito na história é a sua indistinção entre as diversas esferas normativas (moral, costumes, religião e direito), de modo que seu surgimento pode ser descrito a partir de um constante processo de autonomização, a partir de uma experiência onde a totalidade das ordens normativas consentia uma visão de mundo onde imperava a intrincada relação entre a ordem da punição divina e a ordem da punição humana, entre a ordem da defesa do grupo e a ordem da defesa do indivíduo. Esta fusão original pode ser a descrição dos primórdios da experiência do julgamento, da punição e da normatização social a partir da autoridade religiosa, pois o destino é colocado em jogo quando os temas da justiça ameaçam a existência do próprio grupo.

As normas, portanto, conservam o grupo, contra o inimigo comum, ou contra a ameaça da punição divina. Elas não são mero ato de volição da autoridade, mas deduções a partir da natureza ou dos indícios da divindade no mundo, de modo que pela heteronomia se proveem os destinos dos povos. Assim, a ordem coletiva é governada por forças externas (cósmicas, naturais, divinas, míticas), forças estas capazes de traçarem o *destino* dos povos, e as crenças religiosas e míticas pareciam render graças e culto para aplacar (pelo sangue, pelo sacrifício) a fúria dos deuses. Daí a emulação

---

[21] "A significação da ideia de retribuição na vida primitiva aparece de vária formas. Há para o homem primitivo uma grande importância de socialização que tem, dentre várias funções, uma das mais importantes: a proteção da vida do grupo como um todo" (Abboud, Carnio, Oliveira, *Introdução à teoria e à filosofia do direito*, 3. ed., 2015, p. 64).

[22] A este respeito, consulte-se Gilissen, *Introdução histórica do direito*, 1988, e, também, Wieacker, *História do direito privado moderno*, 2. ed., 1993. Ademais, consulte-se Hespanha, *Cultura jurídica europeia*: síntese de um milénio, 3. ed., 2003. Ainda, consulte-se Fonseca, Seelaender, *História do direito em perspectiva*: do antigo regime à modernidade, 2008.

Capítulo VI | Direito, história e formas jurídicas

do desgosto dos deuses ser a revelação da justiça para o grupo, única forma de conservação da vida social primitiva, dentro de suas crenças e regras.

Também há que se considerar que as sociedades antigas, no geral, são orientadas pelo princípio do parentesco. O coletivo, ancestral e tradicional são os liames que dão sentido à existência, impensável enquanto autonomia do indivíduo perante o grupo; a norma é, neste sentido, o liame entre a existência individual e a existência grupal. O critério de punição geralmente é o da expulsão da comunidade (quebra do liame de ligação como sanção máxima), ou o da exposição do faltoso ao suplício divino (sacerdote-juiz).[23] A noção de responsabilidade neste período assume a forma de uma reação em grupo contra lesões injustas praticadas entre indivíduos, baseando-se numa reação vindicativa, geralmente servindo como modo-exemplar de punição para a pedagogia do grupo.[24] Não é de se estranhar por vezes a desproporção entre o delito e a punição, na medida em que não se trata de praticar proporção, mas de devolver ao indivíduo a consciência – bem como ao grupo – de que por seu comportamento expôs a existência do próprio grupo a perigo (pena de morte; retaliação; lapidação; flagelação; e outras formas de punição, como a expulsão do indivíduo do grupo). Há uma sobrecarga social na ideia da prática da justiça, como razão da desproporção entre ação e reação. A *vindicatio* é a forma de exercício da justiça, especialmente conferida à família do agredido, contra o agressor, como forma de satisfação do ímpeto, por vezes cruel, de realização de justiça.

Os primeiros registros de efetiva manifestação de existência de leis acenam por indícios no Egito e na Mesopotâmia atestadoras do surgimento e do desenvolvimento de práticas propriamente do Direito arcaico. Aliás, o Direito do Egito antigo, que se desenvolveu por longos séculos de história (XXVIII até XI a.C.), pode ser considerado o primeiro sistema jurídico da história da humanidade, desenvolvido entre os séculos XXVIII e XXIII a.C., no período do Antigo Império, do qual não resta nenhum grande documento como fonte jurídica, mas a referência constante a um Direito não escrito (*maât*), que cumpre o objetivo de conferir grande arbítrio aos faraós, como se pode verificar neste trecho da instrução dada ao Vizir Rekmara, no século XVIII a.C.: "*Atenta em que se espera o exercício da Justiça na maneira de ser de um vizir. Atenta em que o que é a lei justa, segundo o Deus Râ. Atenta no que se diz do escriba do vizir: Escriba de Maât a Justiça é o seu nome. A sala onde darás audiência, é a sala das Duas Justiças, em que se julga: e quem distribui a Justiça perante os homens é o vizir*".[25]

Na Mesopotâmia, o ponto alto da organização jurídica arcaica é o Código de Hammurabi, documento de origem divina que representa a inspiração do Deus-Sol (Samas) ao rei da Babilônia (Hammurabi), datado de 1694 a.C., possuindo 282 artigos escritos em pedra, na medida em que revela um requintado conjunto de categorias jurídicas (arrendamento, depósito, empréstimo, título de crédito etc.).

---

[23] Cf. Ferraz Junior, *Introdução ao estudo do direito*, 2001, p. 10-20.
[24] Cf. Bittar, *Responsabilidade civil*, 2001, 4. ed., p. 39 e ss.
[25] Texto reproduzido de Gilissen, *Introdução história ao direito*, 1988, p. 57.

O Código de Hammurabi, na descrição das punições previstas para os delitos, exige já claras definições de proporcionalidade onde antes existia o arbítrio, o impulso, a ira, e a mera vingança, constituindo um importante documento da formação de uma cultura jurídica acima da *vindicatio* mais arcaica. Este Código impõe um traçado claro à relação punição-delito, predefinindo as formas pelas quais se vinculará o comportamento a uma determinada consequência. A clássica regra do olho por olho, dente por dente aqui encontra resguardo: Art. 196º: "Se alguém vazou um olho de um homem livre, ser-lhe-á vazado o olho"; Art. 197º: "Se alguém partiu um osso de um homem livre, ser-lhe-á partido o osso".[26] Então a justiça deixa de ser mera expressão da ira e da revolta, ou reação evocativa da força espiritual do grupo, e passa a se conduzir à institucionalização da proporcionalidade.

Esta mesma exigência de proporção vai-se encontrar nos textos sagrados da mais remota tradição de formação da cultura judaica. No Êxodo, XXI, 12 se lê: "Aquele que agride um homem mortalmente será condenado à morte". Esta cultura é também praticada na lógica da indistinção entre direito, religião e moral, e é bastante clara quando se remonta à grande fonte de organização da vida judaica, na medida em que os livros sagrados são fruto de uma Aliança de Deus (Jeová) com o povo, no Monte Sinai, por intermédio de Moisés (Decálogo), algo que acaba por produzir forte inspiração por sobre toda a cultura ocidental. Toda a importante cultura judaica, que se desenvolve a partir daí, estará na base da lei escrita, ou seja, da *Thora*, que compreende a Gênese, o Êxodo, o Levítico, os Números, o Deuteronômio, os profetas e os Hagiógrafos, e dos posteriores comentários e ensinos sobre a lei escrita (*Talmude*).[27] Eis aí os indícios primeiros de uma cultura que começa a se identificar a partir de rubricas normativas, e a nascer sob a presidência de regras independentes e que reclamam proporcionalidade e medida, como critérios de verificação e realização do justo.

5.2. Direito antigo

5.2.1. Direito antigo: Grécia

Dentre os povos antigos, os gregos foram aqueles que mais de perto influenciaram: a formação das instituições ocidentais; o processo de constituição da cultura ocidental; o desenvolvimento da ciência, da razão e da filosofia; o desenvolvimento da gestão administrativa democrática do comum; o conhecimento acerca das coisas do "Bem Comum" e do "justo" e do "injusto". São admirados, na Antiguidade, por macedônios e romanos, por sua cultura, por seus valores, por suas conquistas, por sua arte, e serão retomados, posteriormente, durante a Idade Média e na Modernidade. De certa forma, o caráter duradouro da arte e da filosofia, inclusive de uma filosofia sobre a justiça,[28] permanecerão inspirando diversos momentos da cultura e do pensamento ocidentais, até os dias de hoje. Mas, especificamente, quando se passa a

---

[26] Gilissen, *Introdução história ao direito*, 1988, p. 65-66.
[27] Cf. Gilissen, *Introdução história ao direito*, 1988, p. 70 e ss.
[28] A respeito, consulte-se Bittar, *A justiça em Aristóteles*, 2016.

Capítulo VI | Direito, história e formas jurídicas

tratar do legado grego para o Direito, a partir de um "direito grego", esbarra-se em certas dificuldades que devem ser melhor analisadas, em função do fato de que:[29]

1) sobraram poucas fontes e registros da *nómos* grega, mas há alguns testemunhos interessantes e valiosos. Os temas que geralmente aparecem na *legislação* grega são relativos às esferas da casa (*oikós*),[30] da praça (*ágora*)[31] e da cidade (*pólis*),[32] além daquelas relativas aos estrangeiros e às relações com outras *póleis*. Os costumes predominam em períodos mais antigos, e a palavra oral é sua portadora, mas com o passar do tempo e a expansão da Grécia, os costumes cederão lugar às leis escritas (*nómoi graphoi*), sabendo-se que esta forma de impor a legislação se torna obrigatória;[33]

2) quando se utiliza a expressão "direito grego", dá-se a impressão de que se está diante de um direito único, qual se estivéssemos sob as mesmas condições de vida dos Estados nacionais modernos, que possuem um mesmo território, dentro do qual a soberania se exerce organizando a vigência e a validade da legislação. No entanto, não se pode enxergar o direito antigo grego como se enxerga o direito moderno. Por isso, é importante assinalar que o "direito grego" como unidade nunca existiu; o que existia era a legislação (*nómos*), que se em seu con-

---

[29] O historiador belga Raoul C. Van Caenegem se ressente da mesma falta de interesse do mundo ocidental pelo Direito grego, e aponta que: "Não havia nenhuma coletânea em que estivesse reunida a flor do pensamento jurídico grego que se comparasse ao *Corpus Juris*, que fazia um inventário de tudo o que havia de melhor nos escritos jurídicos romanos e foi o ponto de partida para o ensino dos glosadores. Informações sobre o Direito grego devem ser coletadas em escritos retóricos, históricos e filosóficos dispersos" (Caenegem, *Juízes, legisladores e professores*, 2010, p. 57).

[30] Em Atenas, a Lei de Proteção de Órfãos e Herdeiras (século VI a.C.): "O arconte (epônimo) será responsável pelos órfãos e pelas herdeiras e pelos *oîkoi* em risco de extinguir-se, e pelas viúvas que permanecerem nas casas de seus falecidos maridos, alegando estarem grávidas. É seu dever zelar por todos eles e garantir que ninguém os humilhe. E se alguém os humilha ou lhes faz alguma coisa interdita por lei, o arconte terá direito de impor-lhe uma multa, respeitado o limite estabelecido por lei. Se o arconte achar que o autor da ofensa merece uma pena mais severa, deverá intimá-lo por meio de uma notificação com prazo de cinco dias, e levá-lo ao tribunal informando por escrito a pena que, a seu ver, ele merece. E caso o autor da ofensa seja então convicto, a corte decidirá o que ele terá de sofrer ou pagar" (Arnaoutoglou, *Leis da Grécia antiga*, 2003, p. 06).

[31] Em Gortina (Creta), a Lei sobre a captura ilegal (480-460 a.C.): "Deuses. Caso alguém pretenda questionar em juízo a condição de livre ou de escravo de um homem, não poderá fazê-lo cativo antes do julgamento. Se o fizer, e tratar-se de homem livre, o juiz o multará em dez estáteres, e se a parte contrária for um escravo, cinco estáteres, e lhe ordenará libertar o cativo em um prazo de três dias. Caso não o liberte, sendo um homem livre, o juiz o multará em cinco estáteres por dia, ou em um dracma por dia, se for escravo, até que lhe liberte a pessoa aprisionada indevidamente" (Arnaoutoglou, *Leis da Grécia antiga*, 2003, p. 33).

[32] Em Atenas, a Lei sobre o suborno (século VI a.C.): "Se um ateniense aceita suborno, ou se ele mesmo a oferece a um outro (ateniense), ou corrompe alguém com promessas em detrimento das pessoas ou de qualquer dos cidadãos individualmente, por quaisquer meios ou dispositivos, será destituído de seus direitos, ele e seus filhos, e sua propriedade será confiscada" (Arnaoutoglou, *Leis da Grécia antiga*, 2003, p. 79).

[33] "As autoridades não têm permissão para usar uma lei não escrita, em caso algum. Nenhum decreto do Conselho ou da assembleia deve prevalecer sobre uma lei. Não é permitido fazer uma lei para um indivíduo se ela não se estender a todos os cidadãos atenienses e se não for votada por seis mil pessoas, por voto secreto" (Arnaoutoglou, *Leis da Grécia antiga*, 2003, p. 104).

junto era encimada pela *politeía*, pertinente a cada cidade-estado (*pólis*). A obra de Aristóteles intitulada *Constituição dos atenienses* é, por exemplo, uma obra de registro de um estudo da *politeía* de mais de 180 cidades-estado. De fato, não havendo unidade política entre os gregos, as *cidades-estado* viviam em disputas territoriais, comerciais e marítimas, em constante estado de beligerância (salvo em breves momentos históricos de união, em que se ressaltam a Liga de Delos e a Liga do Peloponeso, por razões comerciais ou pela existência de um inimigo comum). Neste sentido, a própria noção de cidade-estado (*pólis*) revela uma relação muito próxima como a origem clânica (*génos*) de cada grupo, o que fazia com que cada *cidade* se mantivesse em estado de autonomia permanente e de associação ocasional, não raro entremeadas por graves situações de violência, vingança e guerra;[34]

3) o "direito grego" não permaneceu o mesmo durante os séculos de desenvolvimento da civilização grega antiga, e, por isso, atravessou fases, que podem ser registradas da seguinte forma, em três grandes períodos: a) período do século IX a.C. ao século V a.C. (o direito é costumeiro; a família é patriarcal e o clã familiar funciona como núcleo social; a economia está centrada em pastoreio e agricultura; a cultura é fundamentalmente oral, destacando-se o papel de Homero; a virtude é cavalheiresca, e o guerreiro define o *éthos* do grupo; as leis se transmitem pelo seu caráter ancestral, e funcionam a partir de uma pedagogia pública dos anciãos; subsiste uma indiferenciação entre as esferas mítica, costumeira, religiosa, moral e legal; a representação da justiça está dada pela figura de *Thémis*, deusa distante e divina da justiça; a filosofia esboça o seu nascimento, nas iniciações da fase cosmológica e das reflexões sobre a *phýsis*); b) período do século VI a.C. ao século V a.C. (esta fase é atravessada por grandes revoltas campesinas; a figura dos legisladores aparecerá associada a grandes reformadores, tais como Drácon, Licurgo e Péricles;[35] o período registra uma passagem da sociedade latifundiária a uma sociedade urbana, centrada na *pólis*; há predomínio do comércio e da escravidão; no século V a.C., destaca-se o papel de Péricles, como legislador de Atenas, e este fica conhecido como o século de Péricles, em que florescem as artes, a filosofia (Sócrates), a arquitetura (Fídias), o teatro (Sófocles); a virtude, agora, está na garantia da *igualdade* de participação na *democracia*, onde cada cidadão contribui com os afazeres comuns da cidade-estado; a figura que representa a justiça é *Diké*, uma representação virtuosa, humana e igualitária da justiça; ainda que a noção de *democracia* do período seja de uma forma de *democracia antiga*, da qual mulheres, escravos, estrangeiros e menores estão alijados, os cargos públicos são rotativos e existem diversas práticas de

---

[34] Os estudos penais bem o demonstram, deixando o registro de que a noção de vingança acompanhou durante largo período a história grega: "Durante muito tempo, contudo, as famílias que constituíam as *gênes* mantiveram-se em guerras que, por sua vez, desencadeavam as chamadas vinganças de sangue" (Marques, *Fundamentos da pena*, 2008, p. 31).

[35] "(...) entre os séculos VIII e VI a.C., com o desenvolvimento do pensamento político, houve debilitação da ideia teocrática do Estado, o que ocasionou a necessidade de leis escritas, cuja principal fonte foi o Código de Drácon, de 621 a.C." (Marques, *Fundamentos da pena*, 2008, p. 35).

Capítulo VI | Direito, história e formas jurídicas

Assembleias e instâncias de decisão dentro da cidade-estado que funcionam em torno do comum (*koinón*); c) período do século IV a.C. ao século II a.C. (esta fase é marcada pela decadência, e pelo helenismo alexandrino, que tem o mérito de levar a cultura grega para além dos limites da Grécia, mas que acaba por realizar uma fusão do helenismo com o orientalismo; sucedem-se os domínios da Macedônia e de Roma; o estoicismo difunde-se como filosofia).

Visto isto, fica claro que a grande inovação das cidades-estado gregas foi o seu centro geométrico, a *ágora*. A *ágora* é o lugar do comum, o lugar da publicidade, o lugar do comum (*koinón*), o lugar da política (*politikón*), o lugar do encontro, o lugar do comércio, o lugar do templo e o lugar da palavra (*lógos*). É aí, no centro da cidade--estado que estão as leis (*nómoi*). Ora, é na *ágora* que as leis exercem o seu papel de *paidéia* do grupo. É assim que a lei acaba representando a defesa da possibilidade da vida em comum (*koinós bíous*) na *ágora*, e isso porque, para os gregos, a lei significa ordem (*táxis*), razão (*lógos*), equilíbrio (*diké*), convenção da cidade, e palavra (*lógos*), arte de persuasão nos tribunais (*logógraphoi*).

Esse será um forte fator de distinção entre os gregos e os demais povos, na medida em que a *cidade-estado* se torna exemplo de governo, organização e esforço comum, sendo a arte da democracia desenvolvida para que no lugar do despotismo, da barbárie e da vontade do líder guerreiro predominem as forças da razão, da persuasão e da lei. Assim, a liberdade (*eleutería*) na cidade antiga era a liberdade enquanto *liberdade-de-estar-com-o-outro*, ou seja, era *liberdade política* de ação no espaço do comum, ou seja, ação entre cidadãos.

Assim, o legado grego para a posteridade se constitui em torno de alguns traços que podem ser destacados: a) da noção de medida, de proporção, e na noção de virtude, para que o termo justiça encontre sua melhor expressão como *dikaiosýne*, como aparece descrita na *Ética a Nicômaco*, de Aristóteles (livro V, 1133b, 40); b) da noção de participação dos cidadãos como leigos nos tribunais e cargos públicos da cidade-estado, como em Conselhos, Tribunais e Assembleias;[36] c) a prática da justiça era estruturada como cultivo da palavra, na base da retórica e da oratória, gerando-se persuasão e convencimento; d) a longa tradição de reflexão filosófica sobre o justo e sobre o injusto, que vai dos pré-socráticos (Demócrito, Pitágoras) aos sofistas, e destes aos socráticos (Sócrates; Platão; Aristóteles) e aos estoicos, cria grandes bases conceituais a partir das quais se torna possível refletir de forma racional e sistemática o tema da justiça como um centro de reflexões com implicações éticas e políticas; e) a clássica representação da justiça com a balança nas mãos e sem a venda nos olhos, que traz à cultura ocidental a noção de busca de equilíbrio, medida, proporção e observação, essenciais para a apuração, responsabilização e definição do que é de cada um.[37]

---

[36] "O direito, presumia-se, devia ser aprendido vivenciando-o. As leis deveriam fazer parte da educação do cidadão. As discussões sobre a justiça são discussões sobre a justiça na cidade, entre cidadãos e iguais" (Lopes, *O direito na história*, 2008, p. 21).

[37] "Os gregos promoveram o debate e a reflexão sobre o justo (*díkaion*) e sobre a justiça (*diké*) que ultrapassaram a discussão sobre as normas (*nómoi*), escritas ou não" (Lopes, *O direito na história*, 2008, p. 28).

O legado grego não envolve tanto aquilo que se produziu a partir das instituições jurídicas gregas,[38] mas sim a partir daquilo que se conhece como sendo o conjunto de suas instituições políticas (Conselhos, Assembleias, legislação...), o conjunto de suas formas de ação política (*isagoría*, *isonomía*, cidadania, *ágora* e *lógos*...), o conjunto de suas conquistas no plano da reflexão filosófica acerca do justo e do injusto (sofistas, socratismo, aristotelismo, estoicismo...). Os gregos não foram grandes juristas, não construíram uma ciência do Direito, e muito menos organizaram um grande sistema de regras jurídicas, mas desenvolveram enormemente a política e a filosofia em torno da justiça (*diké*). Serão a política e a filosofia gregas que haverão de trazer uma grande influência para a cultura ocidental. Por exemplo, a noção de cidadania, praticada em Atenas, é de grande significação para a política ocidental. Quando se menciona a cidadania grega como paradigma ocidental para a democracia política direta, deve-se recordar o que sobre o tema desenvolve Aristóteles (*Politeia*, III, 1274 b): "Aquele que tem o direito de aceder à comunhão do poder de deliberar e de julgar, esse, dizemos, é cidadão da cidade considerada; e a cidade é um conjunto de pessoas desta qualidade, em quantidade conveniente a fim de realizar uma autarquia vital, para dizer tudo numa palavra".

O simbolismo da justiça grega (*diké*), no entanto, está a revelar muita coisa. A deusa da justiça está representada de olhos abertos (daí o caráter especulativo da cultura filosófica grega sobre a justiça), de pé, e segura uma espada na mão direita e a balança na mão esquerda (como que a significar que justiça não é só o que se diz, é como se faz cumprir pela imposição da força), e somente declara a situação de igualdade (*íson*), quando o fiel da balança encontra seu ponto de equilíbrio.[39]

Ainda que em seus períodos mais remotos a cultura grega estivesse fundamentalmente ligada à mitologia e à crença nos deuses, o que estava impregnado na visão de mundo, na literatura e na poesia do período homérico, a sociedade grega haveria de conhecer seu máximo esplendor com a transferência de todas as suas forças e energias para o plano da *pólis*, convergência e culminância de fatores que criaram o esplendor da Grécia antiga, por suas diversas cidades-estado, especializadas ou na estratégia e na guerra, ou no comércio e nas atividades produtivas, ou na navegação, ou nas atividades políticas.

Esta contingência enorme que decorre do permanente estado de beligerância e interferência dos deuses sobre os homens é o que determina não somente a concepção cíclica de história que acaba se generalizando na cultura helênica, como também determina, em parte, o estado de beligerância natural das próprias cidades-estado entre si. A hostilidade dos deuses é curiosamente associável à permanente beligerância entre as cidades-estado, e destas com os bárbaros (*barbarophonói*). Centrados numa educação guerreira, não somente não vão desenvolver nenhum tipo de união permanente (daí não se poder falar de um estado grego), como terão uma parca noção coo-

---

[38] Não obstante, o conjunto de suas instituições é considerado de notória importância para a historiografia jurídica: "O sistema jurídico da Grécia antiga é uma das principais fontes históricas dos direitos da Europa Ocidental" (Gilissen, *Introdução história ao direito*, 1988, p. 73).

[39] Cf. Ferraz Junior, *Introdução ao estudo do direito*, 2001, p. 32.

perativa, à exceção de momentos episódicos ao tempo dos jogos olímpicos e das uniões militares (Confederação de Delos, séc. VII a.C. e de Delfos, VII a.C. a IV a.C.). Como se viu, se nunca houve unidade política entre os gregos, fora o período alexandrino, conclui-se que quando se fala em "direito grego", é melhor que se fale em "direitos das cidades-estado gregas" (Atenas, Esparta, Tebas, Corinto, Creta). Ainda assim, o enorme legado para a justiça, a razão e a proporção são marcas distintivas da enorme contribuição deixada para a posteridade.

5.2.2. Direito antigo: Roma

O direito romano tem papel decisivo e seminal para o direito ocidental.[40] Sua influência será da escala de um Império e alcançará toda a Europa conhecida, mas, mesmo em seu período posterior, de decadência, se mesclará aos costumes bárbaros para formar o direito romano-germânico medieval, para ser posteriormente retomada por Glosadores, e outras escolas modernas, constituindo-se em forte inspiração do processo iluminista de unificação do direito moderno e da codificação napoleônica na Europa, na transição dos séculos XVIII ao XIX. Mas, para compreender o direito romano é de fundamental importância entender o sentido e o peso que algumas instituições possuem – à época da fundação de Roma (754-3 a.C.): a casa (*domus*); a família (*família*); o pai de família (*pater famílias*); a cidade (*civitas*); a liberdade (*libertas*) por *status*; a tradição (*traditio*).

É a partir destas estruturas que o resto florescerá. E isso porque: na casa, o fogo doméstico é o centro da tradição e repete o ato de fundação, sendo a economia da casa e dos negócios privados de caráter agrário, e dependente da escravidão;[41] a família é composta pelos descendentes, ascendentes escravos e agregados, além de ser patriarcal;[42] o pai de família tem poder de governo e justiça sobre a família, inclusive de vida e morte, e é livre;[43] a cidade (*civitas*) é o lugar dos *cives*, e tem matiz multicultural e tendente à expansão, sendo o centro dos afazeres comuns, espaço do comércio, das tradições, da religião, da organização espácio-territorial dos papéis sociais e da política e dos negócios públicos; a tradição é entrega entre as gerações do que se acumula pelos costumes (*mores*),[44] que devem ser mantidos para a preservação da vida, da casa e da cidade; a liberdade obedecia ao *status civitatis*, ao *status familiae*, e ao *status libertatis*.

---

[40] A respeito, consulte-se os estudos mais aprofundados: Bretone, *História do direito romano*, 1998; Gilissen, *Introdução histórica do direito*, 1988; Corrêa, Sciascia, *Manual de direito romano*, 6. ed., 1988; Lopes, *O direito na história*, 3. ed., 2008; Hespanha, *Cultura jurídica europeia*, 3. ed., 2003.

[41] "(...) O sujeito é o pai de família, capaz de deter propriedade, realizar negócios, dar unidade de ação a este complexo produtivo que é a "casa" (Lopes, *O direito na história*, 3. ed., 2008, p. 47).

[42] "A sociedade que se reflete nas XII Tábuas é uma sociedade fundamentalmente agrícola. A família agora como antes, é patriarcal e agnatícia" (Bretone, *História do direito romano*, Trad., 1998, p. 74).

[43] "Em princípio, o pai de família conduz a casa" (Veyne, O Império Romano, *in História da vida privada* (Ariés, Philippe; Duby, Georges), v. I, 1990, p. 82).

[44] "O direito radicado nos *mores*, mais ainda que o legislativo, é o sinal característico da experiência jurídica romana, no tempo das XII Tábula e depois" (Bretone, *História do direito romano*, 1998, p. 78).

Assim considerando a totalidade destes elementos estruturais da vida romana, é possível afirmar o núcleo central do direito romano, qual seja, o direito civil (*ius civile*), a partir do qual se desenvolverá toda a longa história do direito romano. É importante desde logo destacar este aspecto, na medida em que a *civitas* é o local onde o *cives* está protegido pelo *ius civile*. O direito civil aparece como uma revelação da forma de vida romana, e, por isso, em sua origem, o *direito civil* nada mais é do que a organização jurídica da cidade.[45]

Esse é o ponto de partida para se compreender o decurso dessa história, que pode ser abordada, considerando-se: a) diferentes periodizações: da monarquia inicial de Rômulo ao império de Augusto; b) diversas fontes do direito: dos *mores* aos decretos imperiais (*decretum*); c) profundas transformações estruturais da abrangência do direito romano: do *ius civile* ao *ius gentium*.[46] Esses traços de abordagem permitem uma aproximação de considerável valor para evitar alguns equívocos, ainda que em abordagens mais sumárias, na medida em que o direito romano: a) não se desenvolveu de forma unilinear; b) não se apoiou unicamente na *lex*, como fonte de expressão do direito;[47] c) foi sendo modificado, na medida histórica das transformações das várias instâncias de poder, entre poderes religiosos (sacerdotes), poderes executivos (monarca, príncipe), poderes legislativos (senado) e poderes jurisdicionais (pretores); d) sua fôrma inicial de *ius civile* foi se tornando inadequada para se amoldar a um modelo mundial-cristão-imperial de seu período mais avançado, tendo de receber inúmeras modificações e adaptações, para dar conta da enorme transformação de valores, práticas e tradições havida ao largo dos séculos da civilização romana antiga; e) foi sendo construído, por diversas fontes de expressão, aos poucos, fundamentalmente como uma *práxis*, em constante estado dinâmico de transformação.

Os treze séculos de cultura romana (754 a.C. – 565 d.C.) traduzem-se em variações significativas no que tange à concepção prevalecente do direito. Ora o direito é expressão do patriarcalismo, da religiosidade originária (*fas* e *ius*) da cidade de Roma, dos costumes e dos valores da tradição (*mores*) – período régio (754-510 a.C.) –, ora se pratica através de magistraturas, com clara distinção entre o *fas* e o *ius* – período da república (510-27 a.C.) – ora é expressão da vontade do Imperador – período a Monarquia Absoluta (284-565 d.C.). A própria noção de responsabilidade sofre variações, pois na Lei das XII Tábuas ainda é uma reação individual idêntica à proporção do dano causado (olho por olho, dente por dente), adquirindo, posteriormente, caráter indenizatório (*Lex Aquilia de Damno*, quando se refere à *bona debitoris non corpus obnixium pecuniae creditae*), convertendo o caráter da res-

---

[45] "*Ius civile*, que traduzido literalmente por 'direito civil', indica no seu conjunto a organização jurídica da cidade (pelo menos no que diz respeito às relações entre indivíduos)" (Bretone, *História do direito romano*, 1998, p. 46).

[46] "Para nós o direito romano já não tem estrutura monolítica e uma continuidade unilinear. Ele percorre itinerários diferentes e por vezes contrastantes, numa pluralidade de planos" (Bretone, *História do direito romano*,1998, p. 31).

[47] "As fontes normativas no direito romano não foram sempre as mesmas" (Lopes, *O direito na história*, 2008, p. 44).

Capítulo VI | Direito, história e formas jurídicas

ponsabilidade civil de vingança a processo de compensação a partir do patrimônio do ofensor.[48]

O próprio *ius civile* da cultura romana passa a comportar uma outra divisão, que se conhece ao longo de sua expansão cultural, reconhecendo-se a existência de um direito das gentes. Então, o direito passa a ser *ius civile*, dos cidadãos romanos (*cives*) e *ius gentium* (*peregrini*), isto é, um *ius commune omnium hominum*, segundo uma *ratio iuris*. Nas Instituições de Gaio se haverá de reconhecer: "Todos os povos que se regem por leis e costumes, se utilizam em parte de um direito que lhes é próprio, em parte um que é comum a todos os homens; na verdade, aquele direito que o próprio povo institui para si mesmo é-lhe próprio e chama-se direito civil (direito dos cidadãos), como direito próprio da cidade; no entanto, aquele que é instituído entre todos os homens pela razão natural (*quod vero naturalis ratio inter omnes homines constituit*), esse é observado em geral entre todos os povos e chama-se direito das gentes, como direito de todas as nações. E assim o povo romano usa um direito que em parte lhe é próprio e em parte comum a todos os homens".[49]

Visto isto, é assim que o direito romano poderá ser lido, considerando algumas fases históricas, em que as fontes do direito variam de peso, presença e intensidade em sua conformação, a saber: a) direito arcaico (753 a 510 a.C.); b) direito clássico (510 a.C. e 27 a.C.); c) direito imperial (27 a.C. e 284 d.C.); d) direito da monarquia absoluta (284 d.C. e 565 d.C.).[50]

No período (a) do direito romano arcaico (753 a.C. a 510 a.C.), a fundação de Roma (753 a.C.) está encoberta pelo mito de Rômulo e Remo, o chamado "mito de fundação", pela escassez de fontes de pesquisa, mas a própria lenda revela a disputa cruel pela terra e pelo poder. Desde então, manter a *civitas* romana tornou-se tarefa a que se incumbiram os seus herdeiros e descendentes, quais sejam, os proprietários quiritários (*quirites*), ou seja, descendentes do mítico Rômulo-*Quirites*.[51] Desde sua fundação, Roma será uma monarquia e terá sete monarcas (Rômulo; Numa Pompílio; Túlio Hostílio; Anco Márcio; Tarquínio Prisco; Sérvio Tulio; Tarquínio). Neste período, o direito romano: será determinado pelos pontífices e patrícios; terá natureza oracular; será fundamentalmente não escrito e terá caráter costumeiro;[52] terá a característica de indistinção entre *ius*, *fas* e *mores*; servirá aos patrícios, deixando em suas margens os clientes, os plebeus e os escravos; os *mores* terão grave peso cultural, pois os laços sociais são estreitos, familiares e o poder é patriarcal; a lex será introduzida aos poucos, como espelho dos *mores*, com papel transformador; os rituais e as

---

[48] Cf. Bittar, *Responsabilidade civil*, 2001, 4. ed., p. 39 e ss.
[49] Gilissen, *Introdução histórica ao direito*, 1988, p. 96.
[50] Sobre a periodização, e para todo este trecho, segue-se Matos, *O estoicismo imperial como momento de ideia de justiça*, 2009, p. 28 a 48.
[51] "O que determina o perfil do direito arcaico é que ele só se aplica aos romanos, cidadãos, descendentes dos *quirites*. Por ser um direito dos cidadãos é que se dirá *ius civile*" (Lopes, *O direito na história*, 3. ed., 2008, p. 32).
[52] "Nas origens de Roma, como nas de qualquer outro povo, não houve normas jurídicas escritas" (Corrêa, Sciascia, *Manual de direito romano*, 6. ed., 1988, p. 22).

fórmulas processuais são estritos; o arbítrio predomina, a lei tem pouca presença cotidiana e o direito é tradicional e patrício (para poucos), sendo o Senado a expressão da *auctoritatis patrum*.[53]

No período (b) do direito romano clássico (510 a.C. a 27 a.C.), constata-se que corresponde ao período histórico em que, desde a rebelião de Lucius J. Brutus (510 a.C.) diante dos abusos dos monarcas, se põe fim à monarquia dando início à República. A República irá durar até quando, em 27 a.C., Octaviano é designado *pontifex maximus*, *imperator* e *Augustus*, dando início ao período imperial. Este será um período de grandes transformações, devendo-se registrar, para efeitos das transformações do direito romano: uma grande divisão do poder, que será redistribuído em Magistraturas (cônsules; pretores; censores; edis curuis; questores), Senado (sede do poder tradicional e das consultas que governavam Roma), Assembleias Populares (*comitia curiata*; *comitia centuriata*; *concilio plebis*);[54] neste período, tem início o predomínio e a importância do *praetor urbanus*, figura criada em 367 a.C., além do *praetor peregrinus*, figura criada em 241 a.C.; este será também um período de enorme tensão entre patrícios e plebeus, no qual ocorrerão guerras civis; a *lex* predominará em relação aos *mores*, especialmente considerando o valor simbólico e público da Lei das XII Tábuas (*Lex Duodecim Tabularum*, de 451 a.C.);[55] as *formulae* do *ius civile* vão perdendo força diante de uma forma de direito mais dinâmico, produzido pelo *ius pretorium* até o *Edictum Perpetuum*, de 125 d.C., que irá codificar as ações do direito pretoriano; desde a *Lex Poetelia Papilia* (326 a.C.), as penas por dívidas são abolidas (*non corpus sed bona debitorum*), caminhando-se em direção a uma redução do caráter mais cruel das penas; a expansão territorial irá se dar especialmente entre 270 a.C. e 120 a.C. (sobre Germânia, Gália, Hispania, Groetia, Egito, Macedônia) e a tradição, os laços consanguíneos, e o *ius quiritário* irão, aos poucos, perdendo lugar e significação; neste período, a cidadania será, por isso, imensamente expandida;[56] uma "civilização mundial" romana se fermentava ali, não fossem as lutas fratricidas, os desvios do poder e a diluição dos propósitos civilizatórios de Roma, que irão aos poucos levar a extensão do Império à ruína.

No período (c) do direito romano imperial (27 a.C. a 284 d.C.), constata-se que as guerras civis, o eclipse do período republicano, as lutas fratricidas pelo poder irão exaurir os "pilares" de um importante processo civilizatório em curso. A concentração

---

[53] "Roma, como todos sabem, foi a civilização da tradição: o Senado exercia e simbolizava a *auctoritas patrum*, autoridade dos pais fundadores" (Lopes, *O direito na história*, 3. ed., 2008, p. 31).

[54] "Houve muitas magistraturas cônsules, questores, pretores, excepcionalmente os ditadores" (Lopes, *O direito na história*, 3. ed., 2008, p. 31).

[55] Na opinião do historiador John Gilissen: "A lei das XII Tábuas não é um código, no sentido moderno do termo; não é talvez um conjunto de leis, antes a redução a escrito dos costumes, sob a forma de fórmulas lapidares. A sua violação tendeu a resolver um certo número de conflitos entre plebeus e patrícios; mas a sua interpretação permaneceu secreta, porque confiada aos pontífices" (Gilissen, *Introdução histórica do direito*, 1988, p. 87).

[56] "Na República Romana, ao contrário, existiam cidadãos – e não súditos – que poderiam almejar estar entre os senhores do orbe, desde que aceitassem as regras do jogo republicano" (Matos, *O estoicismo imperial como momento da ideia de justiça*, 2009, p. 33).

Capítulo VI | Direito, história e formas jurídicas

do poder será a solução que, ao mesmo tempo, porá fim à República e dará início ao Império.[57] Isto é feito por Octaviano, em 27 a.C., que será *Augustus*, ou seja, "sagrado por desígnio divino". Desde Octaviano (27 a.C.) até Deocleciano (284 d.C.), o poder apenas se concentrará, até se tornar absolutismo monárquico do Imperador. A situação, agora, será muito diferente da inicial, e de Roma não se governa a *urbs*, a *domus* e os *patrícios*, pois agora Roma é a sede de um Império Global.[58] Parte-se do *ius civile* tradicional, cada vez mais em direção a um *ius naturale* de todos os povos, ao *ius gentium*. Neste período, as várias dispersas instâncias de poder vão sendo sugadas pelo *princeps*, e o Senado vai conhecendo a perda de seu papel, presença consultiva, atividade e vigor. Por isso, para as fontes do direito: a *lex* passa a ser a vontade do príncipe (*quod princeps placuit legis habet vigorum*); os jurisconsultos se consolidam em seu papel (130 a.C. a 230 d.C.) e a autoridade das opiniões dos jurisconsultos passa pela autoridade imperial e as autoridades doutrinária e política se unem no *ius respondendi ex auctoritate princeps*. Neste período, os romanos irão se confrontar com duas influências decisivas para o direito romano posterior, quais sejam: os núcleos dos primeiros cristãos, que desde a crucificação do Cristo, serão perseguidos e dizimados inúmeras vezes até se tornarem influentes a ponto do reconhecimento de culto oficial do Império, quando em 381 d.C., com Teodósio, o cristianismo se torna a religião oficial do Estado, o que passa a modificar de forma intensa, de um lado, o poder da Igreja Católica, e, de outro lado, o próprio caráter do direito romano; a influência da filosofia estoica grega, que se traduzirá no estoicismo romano dos sécs. I e II d.C., de Sêneca (4 a.C. – 65 d.C.), de Epicteto (50 d.C. – 120 d.C.) e de Marco Aurélio (121 d.C. – 180 d.C.), que irá influir na forma de tratamento dado aos escravos, inspirar o reconhecimento da existência de um *ius naturale*; inspirar a *Cosmópolis*, muito para além da concepção da *urbs*, culminando-se com o reconhecimento, em 212 d.C., pelo Edito de Caracala, da cidadania a todos do Império Romano.

No período (d) da monarquia absoluta (284 d.C. a 565 d.C.), constata-se que, a partir de Diocleciano (284 d.C.), o poder se converte num absolutismo monárquico, degenerando-se todas as funções anteriormente conhecidas pelo direito romano na figura do Imperador, iniciando-se com isso a fase de decadência do Império Romano e do Direito Romano, pois não cumpriu sua missão civilizatória. Num período de decadência, o direito longínquo das províncias se torna mero aparato burocrático, as *constitutiones principum* se tornam expressão máxima do direito romano enquanto *lex*[59] e as opiniões dos jurisconsultos são hierarquizadas, a exemplo do que ocorre no interior do Código Teodosiano, 438 d.C. Neste período, registra-se também a divisão do Império Romano em dois, no final do séc. III d.C.: o Império Romano do

---

[57] "A partir do final das guerras civis e do estabelecimento do Principado de Augusto, a ideia de que a centralização do poder numa Monarquia do tipo imperial seria o único remédio para estancar as rivalidades particularistas de grupos sociais inimigos tornou-se um lugar comum na Filosofia Política" (Matos, *O estoicismo imperial como momento da ideia de justiça*, 2008, p. 44).

[58] "Durante o Principado, Roma organizou-se como um estado mundial" (Bretone, *História do direito romano*, 1998, p. 33).

[59] "A legislação, obra dos Imperadores, fica a ser a principal fonte do direito" (Gilissen, *Introdução histórica ao direito*, 1988, p. 91).

Ocidente, sendo sua capital Roma; o Império Romano do Oriente, sendo sua capital Bizâncio, depois chamada de Constantinopla. A queda oficial do Império Romano do Ocidente se dará em 476 d.C., sendo Rômulo Augusto deposto pelo visigodo Odoacro, após longo e gravoso esforço militar e econômico frente às invasões de visigodos, ostrogodos e vândalos.[60] A derrocada culmina com a queda do Império Romano do Ocidente (476 d.C.), mantendo-se intacto o Império Romano do Oriente até 1453 d.C. O período vem marcado pelas iniciativas, que se multiplicam, de "codificação" do direito romano, desde o séc. III d.C. até o séc. VI d.C., destacando-se: em 291 d.C., a codificação privada, em 15 livros, do *Código Gregoriano* (*Codex Gregorianus*); em 295 d.C., a codificação privada, do *Código Hermogeniano* (*Codex Hermogenianus*); em 438 d.C., a codificação pública e oficial do Imperador Teodósio II, no Oriente, em 16 livros; entre 529-534 d.C., advém a mais famosa codificação e legado do Imperador cristão Justiniano, fruto de seu universalismo estoico-cristão, no Império Romano do Oriente, tendo-se ordenado, sob a orientação do jurista Triboniano, a reunião de 10 juristas e especialistas, com a tarefa de reunir, coligir e sistematizar todo o direito romano, dando origem ao *Corpus Iuris Civilis*, dividido em quatro partes, a saber, o Digesto (*Digestum*, ou *Pandectas*, reunindo um enorme corpo de textos de jurisconsultos), as Institutas (*Institutae*, como manual com elementos classificatórios e noções elementares do direito romano), as Novelas (*Novelae*, que reúnem as constituições de Justiniano) e o Código (*Codex*, como compilação de *leges*). Este será um documento extremamente importante para a posteridade, pois será o ponto de retomada da leitura do direito romano, para os séculos seguintes,[61] em especial diante das contendas modernas dos séculos XVIII-XIX.[62] Mas, sobretudo, o perfil deste documento máximo da cultura romana é mais compilador do que criador, expressando a vontade de universalidade que se colhe dentro de uma cultura agora marcadamente traçada sob o signo do espírito de igualdade cristã e de universalidade estoica. O *Codex* traduz este espírito ao conceber um *ius commune ominum*, confortável ao império e à sua extensão territorial.

No entanto, o *Codex* acaba se tornando o principal portal de entrada para a cultura jurídica romana, exatamente por ter reunido em seu bojo e sintetizado sob a sua rubrica, a suma das atividades jurídicas desenvolvidas ao longo de centenas de anos do desenvolvimento jurídico de Roma. Toda vez que se debruçar com o *renascimento* do direito romano na história ocidental, seja com os glosadores, seja com os positivistas, tratar-se-á sempre de um alvorecer fundado na revitalização e releitura da importância dos institutos contidos no *Corpus Iuris*.

Não por outro motivo, o legado romano é inquestionavelmente importante para o Ocidente, pois é derivado da prática do direito e torna-se estruturante das

---

[60] Cf. Paradisi, *Storia del Diritto Medievale e Moderno*, 3. ed., 2010, p. 8-10.
[61] Cf. Gilissen, *Introdução histórica do direito*, 1988, p. 92.
[62] "Por isso, falar de "sistema" a propósito da disposição da matéria jurídica em uma compilação romanística constitui um uso moderno (aliás, quase um abuso) do termo, devido provavelmente também ao eco das disputas do século XIX..." (Losano, *Sistema e estrutura no direito*, v. 1, 2008, p. 25).

Capítulo VI | Direito, história e formas jurídicas

concepções, categorias e conceitos que irão se enraizar nos próximos períodos históricos. São conhecidas as ideias romanas sobre o direito e a justiça, além de amplamente disseminadas pela cultura moderna. Por exemplo, a ideia contida de *Ulpianus* (*Libro Primo Regularum*):

> "A justiça é a vontade constante e perpétua de atribuir a cada um o seu (*Iustitia est constans et perpetua voluntas ius suum cuique tribuendi*). Os preceitos do direito são os seguintes: viver honestamente; não prejudicar outrem, atribuir a cada um o seu. A jurisprudência é a ciência do justo e do injusto, baseada num conhecimento das coisas divinas e humanas (*Iuris prudentia est divinarum atque humanarum rerum notitia, iusti atque iniusti scientia*)".[63]

A própria simbologia cultural da deusa da justiça (*Iustitia*) está a traduzir esta ideia, pois se expressa de olhos vendados (daí a prevalência cultural da atividade de *dizer* o Direito e não de especular a seu respeito), segura a balança com as duas mãos e profere o *ius* quando o fiel da balança encontra-se completamente em situação vertical.[64]

Este direito romano que vai se esculpindo ao longo de séculos de paulatina evolução (V a.C. até V d.C.), da Lei das XII Tábuas ao Código de Justiniano, não pode ser dissociado da cultura e da formação do direito que hoje se conhece. Isto porque esta civilização e esta cultura desenvolveram uma história que possui 22 séculos de desenvolvimento (desde o século VII a.C.), considerando-se a subsistência, após a queda do Império Romano do Ocidente, do Império Bizantino (em Constantinopla, Bizâncio, Istambul) até o século XV d. C., enraizando suas práticas na cultura ocidental, como na oriental. Este direito é, fundamentalmente, fruto de uma atitude jurisprudencialista,[65] de uma lógica do uso do direito e da solução do caso, mais do que do legislador e dos conceitos. Por exemplo, os pretores criaram três figuras de delitos, conhecidos como pretorianos (*vis, fraus, dolus*), que não existiam no direito civil (*ius civile*), exatamente por atuarem na prática criando regras de responsabilidade mais condizentes com a realidade dos casos para os quais nem sempre havia uma resposta do direito civil legislado.

---

[63] Gilissen, *Introdução histórica ao direito*, 1988, p. 97.
[64] Cf. Ferraz Junior, *Introdução ao estudo do direito*, 2001, p. 33.
[65] "Antecedentes del principio fundamental según el cual lo que el jurista no logra 'pensar' ni 'construir' no puede tener existencia jurídica, se encuentran ya, de hecho, entre los juristas romanos. Al respecto hay que citar también principios puramente lógicos como *quod universitati debetur singulie non debetur o quod ab initio vitiosum est, non potest tractu temporis convalescere*, y muchos otros del mismo tipo. Sólo que se trataba de producciones ocasionales no sistemáticas de lógica jurídica abstracta, que eran aducidas para la fundamentación de la solución concreta de un caso dado, pero en otros eran hechas a un lado, incluso por los mismos juristas que las habían aplicado. El carácter esencialmente inductivo y empírico del pensamiento jurídico no se alteró por esto, o se alteró poco. La situación fue completamente distinta en la recepción del derecho romano. Primeramente prosiguió el proceso de abstracción de las instituciones jurídicas mismas, que había principiado con la transformación del derecho civil romano en derecho imperial y continuó después en mucho mayor medida. Para poder ser recibidas, las instituciones jurídicas romanas tenían que ser despojadas – como lo ha subrayado certeramente Ehrlich –, de todos los resto de nacionalismo y elevadas a la esfera abstracta de la lógica, siendo el derecho romano absolutizado como el derecho 'lógicamente recto'" (Weber, *Sociologia del Derecho*, 2001, p. 199).

Apesar de se tributar forte importância aos pensamentos de Sêneca, Marco Aurélio e de Cícero ("Assim, existe só um Direito, aquele que constitui o vínculo da sociedade humana e que nasce de uma só Lei; e esta Lei é a acertada em tudo quanto ordena e proíbe. Quem a ignora é injusto, esteja ela escrita ou não em alguma parte" – Cícero, *Das leis*, trad., p. 49), não é propriamente a filosofia romana o maior legado desta cultura ao Ocidente – até mesmo porque seus pensamentos se inspiraram nas filosofias gregas, especialmente no estoicismo –, mas sim o corpo de práticas e instituições jurídicas consolidadas ao longo de um processo de maturação muito extenso de uma civilização exuberante e que predominou no mundo conhecido desde a extinção dos grandes impérios orientais (egípcios, persas, macedônios).

Assim, o legado das instituições, bem como o direito como *ars boni et aequi* dos jurisconsultos é que tomam a cena quando se trata de investigar o papel do romanismo na constituição da cultura do Direito no Ocidente. Bem determinado este papel, percebe-se que os romanos contemplaram na arte de fazer o Direito um papel importante à arte de sopesar, de prudencialmente decidir (*iuris prudentia*), e de proclamar (*ius dicere*), traduzindo decisões – e por isso sua racionalidade é prática e operacional, porque resolutória –, mas não um papel realizador da liberdade. O Direito Romano lida com a condição estamental de cada um na medida em que cada qual possui uma condição perante a ordem política da *civitas*, com mais ou menos direitos decorrentes deste estatuto; o estatuto define a condição política do indivíduo, conforme as regras do direito da cidade (*ius civile*), do direito das gentes (*ius gentium*) ou do direito natural (*ius naturale*), mas não propriamente com o direito subjetivo.[66]

O direito subjetivo não existe porque não existe uma liberdade da pessoa, mas sim uma liberdade que o grupo definiu a partir de seu estatuto coletivo, onde uns possuem mais e outros menos. Ou seja, a reciprocidade assimétrica se incorpora às práticas da cidadania romana, condicionando o exercício dos direitos ao respeito à tradição do grupo, na conservação da identidade que o mantém ligado à civilização do Lácio, da fundação de Roma. O compromisso do indivíduo com o todo é o que define a constituição e o papel do Direito na corporificação da cidadania comum. Como se pode ler em Papinianus (*Liber Primus Definitionum*), ao definir lei, vê-se que: "A lei é um preceito geral, baseado no conselho dos homens sabedores: coerção de delitos, cometidos intencionalmente ou por ignorância, compromisso comum da república" (*Lex est commune praeceptum, virorum prudentium consultum: delictorum, quae sponte vel ignorantia, coercitio: communis reipublicae sponsio*)".[67] Nem mesmo a noção de *lex* (de *legere*), que parece identificar o nosso Direito hodierno com o Direito Romano auxilia nesta equiparação que redundaria num anacronismo, e isto por um motivo muito simples: a ideia de lei reafirma a lógica da reciprocidade assimétrica.[68]

---

[66] Cf. Ferraz Junior, *Estudos de filosofia do direito*, 2002, p. 83-86.
[67] Gilissen, *Introdução histórica ao direito*, 1988, p. 98.
[68] "Nenhuma *lex* romana, portanto, valia fora do âmbito da cidadania estamental" (Ferraz Junior, *Estudos de filosofia do direito*, 2002, p. 86).

Capítulo VI | Direito, história e formas jurídicas

5.3. Direito medieval

No período medieval, será possível identificar processos históricos, alguns simultâneos e outros sucessivos, que podem ser vistos da seguinte forma: a ruralização da Europa; a feudalização da Europa; a espiritualização da Europa; o aburguesamento da Europa.[69] Esses processos históricos irão possibilitar extrair consequências que impactam diretamente na compreensão do direito medieval.

5.3.1. Direito medieval: a ruralização da Europa e o Direito romano-germânico

A Alta Idade Média corresponde a um período decisivo para a determinação das raízes da Europa. Este período corresponde aos séculos V d.C. a X d.C. Mas, alguns historiadores como Jaques Le Goff preferem indicar no período do séc. IV ao VIII, a assim definida Antiguidade Tardia.[70] Será um período decisivo, pois após a queda do Império Romano do Ocidente (476 d.C.), a falta de *unidade política* irá determinar mudanças substanciais com relação ao que se conhecia na Antiguidade. A perda de *unidade política* é algo muito significativo, e isto veio se dando numa escalada tal que, em 395 d.C., o Império Romano é dividido em Império Romano do Ocidente e Império Romano do Oriente, e, em 476 d.C., o Império Romano do Ocidente cai, por força das invasões dos povos bárbaros. Somente em 1453 d.C., o Império Romano do Oriente, por sua vez, cairá. O que se perceberá neste período será o desaparecimento da esfera pública antiga, o desaparecimento da vida urbana, a derrocada da organização social antiga, a perda da hegemonia cultural e o enfraquecimento da presença do direito romano, precipitando-se o processo de *ruralização* da Europa.[71]

E tudo isso, pois, os hunos, provenientes da Ásia Central, ao se deslocarem em direção ao centro da Europa, pressionaram os povos bárbaros para os limites das fronteiras do Império Romano do Ocidente, dando início às invasões. O Império Romano do Ocidente se dilacera, já enfraquecido por guerras civis, crise econômica, acordos com milícias locais, e com a incorporação dos povos bárbaros nas regiões de fronteira que irá conceder crescente dependência, influência e peso político dos mesmos junto aos poderes do Império Romano, a ponto do visigodo Odoacro depor Rômulo Augusto em 476 d.C.[72]

Esse impulso de movimentação e invasão dos povos bárbaros (visigodos; ostrogodos; anglo-saxões; francos; suevos; turíngios; germanos; burgúndios; lombardos; vândalos), irá prosseguir ao longo dos séculos V e VI d.C.,[73] devendo-se ressaltar que,

---

[69] Cf. Le Goff, *As raízes medievais da Europa*, 2007.
[70] Cf. Le Goff, *As raízes medievais da Europa*, 2007, p. 29.
[71] "A primeira mudança, de ordem econômica, que já foi mencionada, é a ruralização de um mundo que fora fortemente urbanizado pelos romanos. É a ruína das estradas, das oficinas, dos entrepostos, dos sistemas de irrigação, das culturas" (Le Goff, *As raízes medievais da Europa*, 2007, p. 47).
[72] Cf. Paradisi, *Storia del Diritto Medievale e Moderno*, 3. ed., 2010, p. 8.
[73] "O impulso germânico se prolonga durante os séculos V e VI, depois da entrada dos germanos do leste, visigodos e ostrogodos, e a grande onda dos suevos, vândalos e alanos que transpuseram

na medida de sua expansão, trouxeram consigo seus valores, organização e passarão a definir o *modus vivendi* europeu do período. Os povos bárbaros são: etnicamente distintos entre si; de organização social clânica e tribal; politeístas; guerreiros e, geralmente, nômades; orientados pelos costumes bárbaros; liderados por um monarca germânico (cuja escolha se dava entre os guerreiros, ou seja, força é poder, e que governava de forma absoluta).

É curioso notar que, aos poucos, e ao longo dos próximos séculos, o convívio entre o universo costumeiro dos povos germânicos e o legado romano clássico irá acabar por gerar o desaparecimento paulatino do direito romano como um regulador forte, sendo substituído pelos costumes dos povos bárbaros. Por isso, em primeiro lugar, irão se consolidando as *leges barbarorum*, que consolidam em forma de legislação aquilo que até então era conhecido como o conjunto dos costumes dos povos bárbaros.[74] Em segundo lugar, o *direito romano clássico* irá se germanizar, dando início ao chamado *direito romano vulgar* (*Vulgarrecht*),[75] que ganha características de direito local, adequado às tradições dos povos bárbaros assentados em reinos e territorializados.[76]

Por isso, o direito medieval em formação neste período será regido pelo *princípio da pessoalidade das leis*, segundo o qual, se o infrator é germânico, a ele se aplica o direito germânico, e, se o infrator é romano, a ele se aplica o direito romano.[77] A concepção de justiça estampada nas leis praticadas pelos reinos romano-germânicos,[78] era primitiva, e se baseava: na *faida* (vingança familiar decorrente de uma ofensa); no "preço" das querelas (tarifado nas leis bárbaras); no "duelo judiciário" (fundado no ultraje); na "ordália" ou juízo divino (prova de fogo, no aguardo do "Juízo de Deus", que era declarado pelo juiz).[79] A partir do século VI d.C., o *direito romano-germânico*

---

o Reno no começo do século V; é o lento impulso para o oeste e o sul da Gália dos burgúndios, dos francos e dos alamanos" (Le Goff, *As raízes medievais da Europa*, 2007, p. 37).

[74] "Conhece-se uma dezena de *leges barbarorum* no quadro geográfico: carolíngio: *lex Salica*, *lex Ribuaria*, *lex Burgundiarum*, *lex Alemanorum*, *lex Frisiarum* etc." (Gilissen, *Introdução histórica ao direito*, 1988, p. 172).

[75] "Neste mundo dividido, duas ordens de direito se estabelecem: O direito dos bárbaros e o direito romano vulgarizado, ou direito romano bárbaro" (Lopes, *O direito na história*, 3. ed., 2008, p. 53).

[76] "Mas o direito romano continuou a evoluir, sobretudo no contacto com as populações germânicas. Um direito romano 'vulgar' (*Vulgarrecht*) no qual dominavam os costumes locais próprios de cada região, suplanta assim progressivamente os textos da época clássica" (Gilisen, *Introdução histórica ao direito*, 1988, p. 169).

[77] "Le due civiltà, quella romana e quella germanica, possedevano, quindi, caratteristiche tropo differenti perché potessero emalgamarsi con facilità. Per questo motivo venne a realizzarsi un criterio di coesistenza tra i diversi sistemi giuridici, il regime della personalità della lege (o del diritto)" (Paradisi, *Storia del diritto Medievale e Moderno*, 3. ed., 2005, p. 17). Ainda, se pode ler: "Com o advento dos reinos bárbaros, crê-se que houve uma progressiva 'pessoalidade das leis'. Isto significa que a lei se aplicava conforme a etnia. Assim, no mesmo espaço do reino dos francos sobrevivem comunidades de galo-romanos" (Lopes, *O direito na história*, 3. ed., 2008, p. 51).

[78] "Afinal, as leis publicadas por esses reis têm um caráter bárbaro marcante. São listas de tarifas, de multas, de compensações monetárias ou corporais, que castigam os crimes e os delitos, e diferentes segundo a pertença étnica e a classe social dos culpados" (Le Goff, *As raízes medievais da Europa*, 2007, p. 48).

[79] Cf. Paradisi, *Storia del diritto medievale e moderno*, 3. ed., 2010, p. 15 e 16.

também começará a ser compilado, a exemplo da *Lex Romanorum Wisigothorum* (506 d.C.), que revoga todo o direito romano clássico precedente, e da *Lex Burgundionum* (502 d.C.), que contém inúmeros costumes germânicos.[80]

5.3.2. Direito medieval: a feudalização da Europa e o Direito feudal

Será a partir do reino franco de Carlos Magno que, no século VIII d. C., o imaginário de unidade política-ideológica perdida desde a queda do Império Romano do Ocidente, será reacesa novamente.[81] O rei bárbaro Carlos Magno é coroado como imperador pelo Papa Leão III, em 800 d.C., nascendo desde então o Império Romano-Germânico, com dupla missão, de um lado, missão político-militar, de outro lado, missão religiosa. O estreitamento dos laços entre Igreja e Estado se dará na forma de uma aliança em que a força imperial é atraída para as leis da Igreja.

O legado carolíngio será importante para o período posterior, na medida em que promoverá a unificação jurídica, com leis, promoverá a unificação religiosa, valendo-se das regras monásticas e da generalização das regras de São Bento, assim como promoverá a unificação territorial, dando as primeiras linhas ao regime feudal.[82]

E, de fato, no período carolíngio, nascerá o feudalismo, caracterizado por: a) liame de fidelidade (*fidelitas*) entre senhor e vassalo, onde homens livres são assujeitados a um soberano, em troca de proteção; b) territorialização das relações, na medida da defesa de um território, como garantia de sobrevivência e de proteção ante a insegurança generalizada; c) prevalecimento da administração privada sobre a pública, na medida em que a autoridade era desconhecida ou distante; d) dependência econômica do modo de produção agrícola-feudal; e) direito costumeiro feudal, quando as leis escritas desaparecem; f) luta permanente contra a insegurança das invasões, gerando-se um *éthos* cavalheiresco; g) diferenciações sociais tradicionais, com base numa reciprocidade assimétrica e imóvel.

Não por outro caminho, o *direito medieval* da Baixa Idade Média, responderá ao perfil das mudanças que se sucedem entre os séculos IX, X e XI d.C., e que giram em torno deste processo de feudalização da Europa. Essa feudalização implicará o encastelamento da população, a centralização do poder na territorialização cercada e protegida,[83] a divisão social por estamentos sociais imóveis (reis; clérigos; nobres; cavaleiros; servos), onde cada parte cumpre funções distintas.[84] Neste qua-

---

[80] Cf. Paradisi, *Storia del diritto medievale e moderno*, 3. ed., 2010, p. 19.

[81] "La vittoria riportata da Carlo Magno sui Lomgobardi nel 774 segnò l'inizio di una nuova fase nella vita istituzionale e culturale dell'Italia centro-settentrionale e dell'Europa" (Paradisi, *Storia del diritto medievale e moderno*, 3. ed., 2010, p. 47).

[82] Cf. Le Goff, *As raízes medievais da Europa*, 2007, p. 54 e 55.

[83] "O parcelamento territorial do direito consuetudinário é fornecido pela divisão do poder entre as mãos dum grande número de senhores, pelo desenvolvimento do sistema dominial, no quadro da economia fechada" (Gilissen, *Introdução histórica ao direito*, 1988, p. 190).

[84] "A sociedade medieval, em que o sistema feudal vigora para as relações de detenção da terra, é uma sociedade de ordens e estamentos. Seu direito é um direito de ordens: os homens dividem-se em *oratores, bellatores, laboratores*, isto é, aqueles que oram (clérigos), aqueles que lutam (cavaleiros e senhores) e aqueles que trabalham (servos)" (Lopes, *O direito na história*, 3. ed., 2008, p. 59).

dro, os direitos são, na verdade, privilégios por estamentos, e são consanguíneos e hereditários, sendo que a mobilidade social é estática, tendo-se presente que os espaços público e privado se confundem,[85] na medida em que a unidade político-territorial desapareceu.[86] Numa etapa seguinte, especialmente a partir dos séculos XI e XII d.C., o direito feudal terá se desenvolvido de tal modo que passará, também, a ser compilado.[87]

5.3.3. Direito medieval: a espiritualização da Europa e o Direito canônico

Ao lado do movimento inicial de *ruralização* da Europa, dar-se-á um outro movimento, que aqui se identifica como o de *espiritualização* da Europa, que se dá a partir de um processo crescente, em que se destaca a longa caminhada desde os primeiros cristãos, que viviam na clandestinidade e sujeitos à perseguição pelos romanos, até o Edito de Milão (313 d.C.), em que o Imperador Constantino reconhece autonomia à Igreja Católica, e a sistematização da teologia cristã, por meio do neoplatonismo do Bispo de Hipona, Santo Agostinho, que passa a ser visto como *Pater Ecclesiae*. Ao longo deste processo, é certo que a Igreja irá se organizar juridicizando seus mandamentos e organizando suas estruturas de funcionamento, expandindo o seu *modus faciendi* à comunidade cristã, na base do legado de Cristo e seus apóstolos, tendo-se a Bíblia como documento e fonte primeira de todas as fontes,[88] seja da Teologia, seja do Direito, de onde se extrairão as diferenças entre a *lex aeterna* e a *lex humana*.

A *lex humana* será conservada numa esfera própria, a secular, diferente da esfera da *lex divina*, enquanto *lex aeterna*, sendo a Igreja preservadora da interpretação, do

---

[85] "Durante a Idade Média europeia, a contraposição entre *publicu*s e *privatus*, embora corrente, não tinha vínculo de obrigatoriedade. Exatamente a precária tentativa de uma explicação nas relações jurídicas da dominação feudal fundiária e de vassalagem fornece, sem querer, indícios de que não existiu uma antítese entre esfera pública e esfera privada segundo o modelo clássico antigo (ou moderno). Certamente também aqui a organização econômica do trabalho social faz da casa do senhor o centro de todas as relações de dominação; a posição do senhor da casa no processo de produção não pode, no entanto, ser comparada com o poder 'privado' de dispor que gozavam o *oiko-despotes* ou o *pater familias*. Dominação fundiária (e a vassalagem que dela deriva), quintessência de todos os direitos individuais de dominação, pode ser ainda entendida como *jurisdictio*; não se submete à antítese de domínio privado (*dominium*) e autonomia pública (*imperium*). Há "autoridades" superiores e inferiores, "privilégios" maiores e menores, mas não nenhum estatuto que possa ser fixado no âmbito jurídico privado a partir do qual, por assim dizer, pessoas privadas pudessem aparecer numa esfera pública. O domínio fundiário plenamente consolidado na alta Idade Média. Na Alemanha só no século XVIII é que, no embalo da libertação dos camponeses e franquia da terra, torna-se propriedade privada do solo". (Habermas, *Mudança estrutural da esfera pública*: investigação quanto a uma categoria da sociedade burguesa, 1984, p. 17-18).

[86] "O direito fica assim restringido às relações feudo-vassálicas e às relações dos senhores com os servos dos seus domínios, ou seja, o laço de dependência de homem para homem. Toda a organização estatal desapareceu" (Gilissen, *Introdução histórica ao direito*, 1988, p. 189-190).

[87] "O direito feudal passa a ser também compilado por escrito. Há compilações de diversos sistemas feudais: assim os Usos de Barcelona (1.068), a Carta de Pisa (1.142), os *Libri Feudorum* de Milão (1.095 – 1.130)" (Lopes, *O direito na história*, 3. ed., 2008, p. 61).

[88] "A Bíblia constitui a fonte primeira – do decálogo aos mandamentos evangélicos – no universo jurídico" (Prodi, *Uma história da justiça*, 2005, p. 28-29).

Capítulo VI | Direito, história e formas jurídicas

acesso e do conhecimento das leis divinas, conservando também o seu direito eclesiástico, que irá crescentemente se encorpar, na medida da ascensão do próprio poder temporal da Igreja.[89] A lei eterna inspira a lei humana, da mesma forma que a natureza divina inspira a natureza humana. Sem dúvida alguma, a natureza humana pode ser dita uma natureza divina, isto porque todo o criado é fruto do Criador. Neste sentido, a lei humana também é divina, ou seja, também participa da divindade.[90] Em outras palavras, a fonte última de toda lei humana seria a própria lei divina.[91] Porém, sua imperfeição, seus desvios, sua incorreção derivam direta e francamente das imperfeições humanas.

A justiça divina, mais que tudo, por sua onisciência e onipresença,[92] não confunde o que a justiça humana confunde, criando, por vezes, a desordem, ou mesmo a injustiça. O alcance do julgamento divino permite identificar o mal onde há mal e o bem onde há bem, e, a partir disto, separar aquele que é justo, daquele que é injusto, ou seja, "o joio do trigo". Não só a lei divina é perfeita, mas também o julgamento que se faz com base na lei divina é perfeito. Deus separa os bons dos maus e lhes confere o que merecem (*separat inter bonos et malos, et sua cuique tribuit*); nisto reside o verdadeiro sentido da justiça, e esta parece ser a esperança de todo homem justo. Mais que isto, esta parece ser a melhor definição de justiça, como afirma mesmo Agostinho.[93] Esta melhor forma de justiça é a ordem que se dá em Deus.[94]

---

[89] "Não obstante tudo, no Ocidente é conservada uma separação entre a esfera da justiça secular e a esfera da justiça eclesiástica e – dentro da Igreja – entre a justiça eclesiástica e o perdão dos pecados, mas não temos nítida distinção entre o foro interior da consciência e o foro exterior" (Prodi, *Uma história da justiça*, 2005, p. 46).

[90] "Em *As Confissões*, hino de louvor a Deus e autorretrato espiritual, Agostinho considera que a verdadeira justiça interior não adota o costume como parâmetro, mas a lei divina, que seria a fonte legítima do costume. Fundado na lei retíssima de Deus onipotente, o costume se formaria de acordo com os países e tempos. Essa lei seria universal e imutável, não obstante a variação de latitudes e épocas. O texto agostiniano sugere uma contradição, pois ao mesmo tempo em que preconiza a mutabilidade do costume em razão do tempo e lugar, retrata a lei-fonte como imutável. Na realidade a contradição estaria somente na aparência, pois a lei divina, consubstanciando-se em princípio, pode oferecer um leque de modelos que se diversificam de acordo com a policromia social" (Nader, *Filosofia do Direito*, 1997, p. 120).

[91] "A própria lei humana ou terrena seria a própria lei eterna adaptada pelo legislador à realidade concreta" (Nader, *Filosofia do Direito*, 1997, p. 121).

[92] A ordem se deve ao fato de tudo reconduzir a Deus, que tudo dirige e governa em sua onipresença (*De ordine*, I, liber secundus, sectio prima, 2: *Ex quo fit ut omnia simul, quae Deus administrat, ordine administrentur*).

[93] *De ordine*, liber secundus, sectio secunda, VII, 22: *Justitiam Dei, quae separat inter bonos et malos et sua cuique tribuit. Nam nulla est, quantum sentio, manifestior justitiae definitio.*

[94] A partir do texto da Cidade de Deus se pode dizer que a ordem do todo se dá por Deus: "De cette histoire, ce n'est ni l'hasard, ou ce que nous appelons de ce nom, – car les causes fortuites ne sont que des causes cachées dues à la volonté de Dieu (V, 9), – ni le destin ou la fortune, – ils n'ont joué aucun rôle dans la destinée exceptionnelle de Rome (V, 1), – ni les desseins ou les passions des hommes qui disposent; car tout cela, en dernier ressort, est ordonné à Dieu et rentre dans ses conseils, sans que sa prescience contraigne la volonté de l'homme et son libre choix (V, 10). C'est dire qu'il n'y a de causes efficientes que les causes volontaires (V, 9), et que toutes sont assujetties à la volonté de Dieu; car elles n'ont d'efficacité que celle que Dieu leur donne" (Chevalier, *Histoire de la pensée: la pensée chrétienne*, 1956, p. 110).

A ocupação do espaço "vazio",⁹⁵ entre os séculos V, VI, VII, VIII d.C., junto às aldeias e pequenas comunidades agrícolas, será tarefa da Igreja, na medida em que recolhe seu rebanho e dele cuida, nos mais profundos rincões da Europa de então, já atribuindo à pessoa um caráter de reconhecimento independente de sua situação política ou citadina.⁹⁶ Esta ideia de um ser humano inserido numa ordem cósmica não é propriamente original da cultura cristã, porque a filosofia estoica já consagra esta identidade. No entanto, a concepção introduzida pela pregação de Paulo é fundamental para produzir um giro na definição de liberdade (política) dos antigos, em direção à liberdade (interna) dos medievais. De fato, quando Paulo diferencia a esfera do querer da esfera do poder ("Porque eu sei que em mim, isto é, na minha carne, não habita bem algum; e com efeito o querer está em mim, mas não consigo realizar o bem"; "Acho então esta lei em mim; que, quando quero fazer o bem, o mal está comigo"),⁹⁷ acaba por permitir uma profunda alteração da consciência da liberdade, esta que passará a ser uma espécie de pertinência da consciência aos mandamentos cristãos, especialmente considerando-se que Deus a tudo vigia, em virtude de seus atributos (onisciência, onipresença e onipotência). Assim sendo, pode-se ser livre (na consciência, na interioridade, na fé, no respeito a Deus), mesmo estando preso (julgado pela sociedade, jogado a um calabouço, aprisionado pelos poderes temporais), na medida em que nada pode constranger a vontade.⁹⁸ A liberdade medieval é acrisolada na consciência individual. Se a liberdade antiga era uma liberdade para o exterior, a medieval se torna manifestação da capacidade de interiorização, de autoconsciência e de pertinência da mente do crente perante a onisciência divina.

No entanto, a noção de liberdade como *liberum arbitrium*, e como questão da consciência, permite introduzir na visão de mundo ocidental, a concepção do ser humano como pessoa, a quem se deve atribuir uma condição muito específica, a de merecedor do reconhecimento da *dignidade humana*, que lhe é inerente por pertencer à Criação, como obra de Deus, na exata medida em que o cristianismo, a partir de sua visão de mundo criacionista (criatura é feita à imagem e semelhança do Criador: "*E criou Deus o homem à sua imagem; à imagem de Deus os criou; macho e fêmea os criou*"),⁹⁹ bem como a partir de sua missão ecumênica (espalhar a salvação através da expansão da fé cristã) contribui para a formação de uma consciência da igualdade de todos perante Deus que abole com as distinções e com as discriminações que pudessem se fundar em outros critérios (estrangeiros e cidadãos; senhor e escravo; mulher e homem).

---

⁹⁵ "Para compreender a importância que a Igreja detém nos séculos V a XI, é preciso destacar duas coisas: O vazio político, ou incompletude política, da civilização medieval e as instituições eclesiásticas que passam a existir" (Lopes, *O direito na história*, 3. ed., 2008, p. 56).
⁹⁶ "(...) se antes a *persona* só tinha valor junto à *pólis*, com o cristianismo a valorização existia simplesmente pelo ser *persona*, independentemente do exercício político e, assim, individualizador em sua essência" (Gama, *Direito civil*: sistema dos direitos da personalidade, 2014, p. 48).
⁹⁷ Paulo, *Epístola aos romanos*, 7, 21.
⁹⁸ Cf. Ferraz Junior, *Estudos de filosofia do direito*, 2002, p. 87-88.
⁹⁹ *Gênesis*, 1, 27.

Capítulo VI | Direito, história e formas jurídicas

Assim, com base nesta noção de liberdade como livre-arbítrio, mecaniza-se a relação entre homem-destino, e a compreensão da história é vista como algo determinado desde fora, pela *potestas* divina. O destino é presidido pela inescapável justiça divina, e o máximo que a lei humana pode fazer é estar de acordo com a lei divina. A justiça divina é aquela que a tudo governa, que a tudo preside dos altiplanos celestes; de sua existência brota a própria ordenação das coisas em todas as partes, ou seja, em todo o universo. A justiça divina se baseia na lei divina, que é aquela que é exercida sem condições temporais para sua execução, não sujeita, portanto, ao relativismo sociocultural que marca as diferenças legislativas entre povos, civilizações e culturas diversas. Mais que isto, a lei divina, além de absoluta, imutável, perfeita e infalível, é infinitamente boa e justa. O *verbum* divino só pode ser a raiz última de formação do que é, e também do que não é. Porém, quando se trata de falar sobre a justiça divina, deve-se advertir de que não se está a falar somente da justiça de Deus como justiça d'O Criador, mas sim de uma justiça que se desdobra na própria justiça humana. Grife-se que a lei divina não é somente a lei d'Ele, mas também a que Ele produz nos homens; neste sentido, e somente neste sentido, a lei dos homens também é divina, na medida em que é dada por Deus.[100]

No século V d.C., o Papa já reúne privilégio de foro sobre os clérigos, e, aos poucos, a Igreja é a única instituição que detém a cultura erudita, detém seminários e escolas, fala a língua oficial do *latim*, detém a documentação civil e os arquivos da vida privada das pessoas, e tem ascendência espiritual a todos os membros das comunidades. A grande dispersão das fontes jurídicas do período carecia de ser organizada, e a esta tarefa os letrados da Igreja e os escriturários eclesiásticos se incumbiam de manter, em meio à ausência de um Estado ou equivalente que concentrasse poder, a unidade documental das fontes em meio à fragmentariedade.[101] Seja um processo, seja um documento, seja um contrato, a linguagem corrente e comum era a do direito romano tardio, constituída na base da atividade escriturária da Igreja.[102]

A ampliação de legitimidade e poderes, com o braço laico e armado, do Império franco-carolíngeo, enquanto aspirante à Universalidade Cristã, entre os sécs. VIII e IX d.C., irá criar forte aproximação entre Igreja e Estado, apenas ampliando a capacidade de ação da Igreja enquanto instituição. A crescente acumulação de poderes temporais, a presença enquanto instituição-árbitro de "conflitos internacionais", entre

---

[100] *De civitate Dei*, Liv. XXII, Par. II: *Sicut iustitia Dei, non solum qua ipse iustus est dicitur, sed illa etiam quam in homine, qui ab illo justificatur, facit: sic et lex eius vocatur, quae potius est hominum, sed ab ipso data.*

[101] "Os ordenamentos jurídicos escritos baseavam-se nos resíduos do direito romano imperial e das leis romanas dos povos bárbaros, nas compilações escritas dos direitos tribais levadas a cabo pelo domínio franco, nos capitulares e, por fim, nas fontes do direito da igreja; todas estas fontes eram redigidas e aplicadas pelos letrados e clérigos" (Wieacker, *História do direito privado moderno*, 2. ed., 1967, p. 22).

[102] "Significou, depois, que cada redução a escrito de um processo jurídico, de uma lei, de uma minuta ou documento, ficava à linguagem da igreja e da escola e que as formas jurídico-negociais do direito romano vulgar tardio faziam parte da circulação sanguínea da cultura jurídica alto-medieval" (Wieacker, *História do Direito Privado Moderno*, 2. ed., 1967, p. 19-20).

outros fatores, vão proporcionando o ambiente de consagração da jurisdição eclesiástica, ali onde ela também se mescla ao próprio direito feudal. Já no século X d.C., matérias civis como o casamento já são alvo exclusivo da jurisdição da Igreja.[103]

O aumento exponencial dos poderes da Igreja será cada vez mais motivo de atritos e conflitos entre Papa e Imperador, entre os séculos X e XII d.C. Este, em busca de autonomia e centralização, e aquela, em busca da hegemonia temporal, fundada numa hegemonia espiritual derivada de um direito divino, a partir da teologia agostiniana. Em 1075, o Papa Gregório VII já pleiteia a autonomia dos clérigos face aos poderes temporais, a sujeição dos poderes temporais ao Papado, e, também, a superioridade do direito canônico sobre o direito civil. O direito divino não basta, portanto, sendo o direito canônico – o direito por excelência da Igreja –,[104] que tem aplicação em jurisdição civil e em jurisdição eclesiástica,[105] um desdobramento lógico do direito divino, na medida em que a Igreja é a instituição que faz a intermediação entre a *ordem das coisas terrenas* e a *ordem das coisas divinas*.[106] O direito canônico terá seu papel e suas funções profundamente ampliados, espraiando-se, nos séculos XI e XII d.C., por meio de decretos de concílios, estatutos diocesanos e constituições pontifícias. Há tamanha expansão do *corpus* do direito canônico que as compilações começam a surgir, a exemplo da Concórdia dos cânones discordantes, o *Decretum Gracianum*, de 1140 d.C., as Decretais que extravasam o Decreto de Graciano, de 1234 d.C., até propriamente a aparição, já no século XV d.C., do *Corpus Iuris Canonici*.

A intromissão crescente da Igreja em assuntos temporais revela a crescente presença da Igreja por sua vocação divina, universalista e pacifista, além de sua estruturante presença na vida escolar, erudita e registrária,[107] em assuntos os mais variados da vida ordinária, entre eles a perseguição do pecado onde quer que ele estivesse. Na medida em que se percebe, entre os séculos XI e XII, na Alta Idade Média, em direção à Baixa Idade Média, a situação de dissolução de valores, a ampliação das seitas hereges, a dissolução de costumes e tradições, também ascende no interior da Igreja

---

[103] "No século X, a Igreja arroga-se a jurisdição sobre todas as matérias relativas aos sacramentos, nomeadamente, sobre o casamento" (Hespanha, *Cultura jurídica europeia*, 3. ed., 2003, p. 109).

[104] "A Igreja era a força espiritual de longe mais importante; era, ao mesmo tempo, a mais coerente e a mais extensa organização social da Idade Média; finalmente, a sua ordem jurídica interna era a mais poderosa da Idade Média, em termos gerais" (Wieacker, *História do direito privado moderno*, 2. ed., 1993, p. 67).

[105] "Tinha interesse prático e não apenas especulativo o conhecimento do direito canônico. Esse sistema jurídico aplicava-se, quer nos tribunais eclesiásticos, quer nos tribunais civis ou seculares. Existia, com efeito, uma organização judiciária da Igreja, ao lado da organização judiciária do Estado" (Costa, *História do direito português*, 3. ed., 2003, p. 252).

[106] "A teoria canônica das fontes de direito proclamava a subordinação dos direitos humanos (secular e eclesiástico) ao direito divino, revelado pelas Escrituras ou pela Tradição" (Hespanha, *Cultura jurídica europeia*, 3. ed., 2003, p. 112).

[107] "Significou, depois, que cada redução a escrito de um processo jurídico, de uma lei, de uma minuta ou documento, ficava ligado à linguagem da igreja e da escola e que as formas jurídico-negociais do direito romano vulgar tardio faziam parte da circulação sanguínea da cultura jurídica alto-medieval" (Wieacker, *História do direito privado moderno*, 2. ed., 1993, p. 19-20).

Capítulo VI | Direito, história e formas jurídicas

um conjunto de forças que irá trazer, já no século XIII, a orientação de que ímpios e cristãos, além de hereges e cristãos, deveriam ser separados pelas forças da Guerra Santa e da Inquisição. Em 1199, o Papa Inocêncio III cria o processo inquisitório, e em 1233 o Papa Gregório IX cria o Tribunal da Inquisição.[108] Visando a expurgar a heresia na Europa, sobretudo também para fazer face às seitas heréticas, quais as dos albigenses, fortificam-se os laços de combate da Igreja contra toda e qualquer espécie de poder espiritual desgarrante da ortodoxia eclesiástica. A codificação de regras para o combate à heresia começa a surgir e a se apresentar como um forte instrumento da Igreja na defesa de seus cânones e valores, interesses e ideologias.[109]

Sua terrível atuação na Europa foi causa de muita arbitrariedade e muito destempero. A heresia foi eleita causa-mor das preocupações do Tribunal do Santo Ofício, e herético foi eleito todo aquele que fez uma escolha, diferente daquela apregoada pelo dogma católico-cristão. A própria etimologia da palavra heresia (*airesis*, greg.) vem a confirmar esta significação dada ao termo e a sua representação enquanto motivo das condenações,[110] pois a perda da centralidade religiosa representava uma ameaça, que deveria ser severamente punida e rechaçada, à coesão do rebanho cristão.

Hereges serão os que fabulam teorias que negam ou contrariam as Escrituras, aqueles que praticam dogmas diversos dos cristãos, aqueles que praticam a bruxaria, aqueles que blasfemam contra a Igreja, aqueles que causam a desordem, aqueles que não seguem a ortodoxia do culto institucionalizado pelos procedimentos eclesiásticos.[111] Na vagueza da palavra heresia e de suas sutilezas, inúmeras pessoas foram

---

[108] "Nesse quadro, consideramos o nascimento e o desenvolvimento do tribunal da Inquisição, entre o final do século XII e as primeiras décadas do século XIII, como parte da justiça da Igreja: como a sua fronteira externa, voltada a atingir aqueles que são suspeitos de heresia, mas também – o que muitas vezes é esquecido – como um instrumento para impor a disciplina interna contra a corrupção e, sobretudo, contra a simonia, instrumento que substitui os antigos processos de interrogatório, baseados na infâmia pública e no juramento purgatório do clero indagado" (Prodi, *Uma história da justiça*, 2005, p. 94-95). Ainda: "Em 1252, Inocêncio IV permitiu o uso da tortura (tormento) para obter-se uma confissão do suspeito" (Lopes, *O direito na história*, 3. ed., 2008, p. 93).

[109] "Para sublinhar bem esta vontade, o Santo Padre publica por sua vez, em fevereiro de 1231, uma constituição contra os heréticos onde ele confirma o direito exclusivo da Igreja de os condenar: "Só os que forem condenados pela Igreja – *Damnati per Ecclesiam* – serão abandonados ao poder secular onde suportarão as outras penas." Por outro lado, declara que os acusados que quisessem voltar de novo à unidade da fé seriam presos, para fazerem penitência, até à morte. Nesse mês de fevereiro de 1231, o senador de Roma Annibaldo instrui o processo de alguns cátaros e publica ao mesmo tempo um *estatuto contra os heréticos* onde, pela primeira vez ao que parece, a palavra latina *inquisitor* significa "inquisidor" e não "inquiridor" (Testas, Guy e Jean, *A Inquisição*, p. 15 e 16).

[110] "Heresia significa escolha. A origem do termo encontra-se na palavra grega *airesis* e na latina *electio*. Essa definição, no entanto, é extremamente vaga ante o complexo fenômeno social e mental que envolve a heresia na Europa durante a Idade Média. Permite vislumbrar, entretanto, a repercussão de uma escolha dentro de uma comunidade ideologicamente orientada a uma coesão monolítica" (Pereira de Queiroz, *As heresias medievais*, 1988, p. 10).

[111] "O emprego pela Igreja da palavra *ortodoxia* já exclui, *a priori*, qualquer tentação de desvario por parte do crente. Ortodoxo é o que tem a opinião certa. Diante da certeza, ficam eliminadas as

condenadas por conveniência política e por delações infames. Enfim, herege é aquele que a Igreja, através do Tribunal do Santo Ofício, define como sendo herege.

Assim foi que a atuação do Santo Ofício se expandiu para alcançar um grande número de sectos e delatores, de oficiais e juízes, de autoridades eclesiásticas, carrascos, soldados, etc. a ponto de se constituir num poder temporal irrefratável, até mesmo para reis e imperadores, autoridades civis e membros do próprio clero. A Inquisição, sobretudo na Espanha e na França, destaca-se por uma forte presença no combate à heresia.

A partir da expansão da burocracia interna do Santo Ofício pela Europa, passou-se a organizar a atuação dos inquisidores (*inquisitor*), não somente através de bulas e decretais, mas também através de manuais de atuação e procedimento. No século XIV, em 1320, o inquisidor dominicano Bernardo Gui escreve o manual do inquisidor (*Practica Inquisitiores Herecticae Pravitatis*), e, em 1487, o *Malleus Maleficorum*[112] é escrito por Jacob Springer e Heinrech Kramer. Neste particular, vale destacar a significativa importância do manual dos inquisidores dominicanos (Guilherme Raimundo, Pedro Durand, Bernard de Caux e Jean de Saint-Pierre), datado de 1244/1245, e o manual dos inquisidores, de autoria do Frei dominicano Nicolau Eymerich, datado de 1376. Não é enganoso dizer que se formou uma cultura do combate à heresia, bem organizada e compilada ao longo dos tempos.[113]

Em Portugal, com a Bula *Meditatio Cordis*, de Paulo III, a Inquisição vem a instalar-se oficialmente em 1547, sem embargo de sua anterior presença e atuação desde 1536. O Santo Ofício, em Portugal, atuava através de três grandes centros de organização: Coimbra, Lisboa e Évora.[114] Para que se possa quantificar esta atuação, é um medidor importante dizer que, em nome da fé, entre 1700 e 1778, em Lisboa foram condenadas aproximadamente 2.636 pessoas.[115] Na prática, as pesquisas demonstram que a maior parte das pessoas condenadas, que faziam parte do rol dos culpados, na verdade, eram judeus, ou cristãos-novos, convertidos à força ao catolicismo.[116]

---

possibilidades de escolha ou a simples noção de tolerância. O herético é, justamente, aquele que escolhe" (Pereira de Queiroz, *As heresias medievais*, 1988, p. 10).

[112] "Para ele, o primeiro modelo integrado de criminologia se dá com o *Malleus Maleficorum*, ou o "martelo das feiticeiras", obra de 1487 e escrito por Jacob Springer e Heinrech Kramer. (...) O livro, com características misóginas, identificava nas mulheres um ser inferior e que, pois, tinha menos fé, suscetível de tentação diabólica" (Shecaira, *Criminologia*, 6. ed., 2014, p. 74).

[113] Testas, Guy e Jean, *A Inquisição*, 1968, p. 34.

[114] "Funcionavam em Portugal três Inquisições, a de Lisboa, a de Évora e a de Coimbra, sendo a de Lisboa encarregada de tratar dos casos ocorridos no Brasil. Onde não havia Tribunal operavam toda sorte de funcionários, intitulados 'Comissários', que eram representantes do Santo Ofício, espécie de Inquisidores locais, com poderes para fazer prisões e a obrigação de denunciar tudo que lhes parecesse suspeito" (Novinsky, *Cristãos novos na Bahia: a inquisição*, 1992, p. 106).

[115] Cf. Fernandes, *A Inquisição em Minas Gerais no Século XVIII*, 2000, p. 111.

[116] "O estabelecimento do Tribunal do Santo Ofício em Portugal data de 1536. Formalmente, seu objetivo consistia em combater heresias, isto é, zelar pela pureza da prática da religião católica bem como de seus princípios doutrinários. (...) Os hábitos seculares dos judeus convertidos à força – e que não poderiam desaparecer por um passe de mágica – iriam ser denominados de

5.3.4. Direito medieval: o surgimento da Universidade e a Ciência do Direito

A partir dos séculos XII e XIII d.C., a Europa conhecerá um outro processo, destacando-se: a) o surgimento das cidades burguesas, os burgos, sendo que alguns realizarão feiras e serão considerados pontos efervescentes de desenvolvimento econômico comercial, considerando-se a entroncadura de rotas de comércio, e mesmo de ligações de caravanas que circulavam com mercadorias entre o Oriente e o Ocidente; b) a efervescência cultural, o surgimento do humanismo cristão, e o encontro do cristianismo com os escritos antigos de Aristóteles, através das traduções árabes; c) a afluência de pessoas de "todas as partes" (culturas, línguas, conhecimentos, condições, tradições), que passam a se reunir em Flandres, Paris, Londres, Toledo, fazendo destas cidades também centros culturais; d) o surgimento da Universidade medieval (*universitas*), ambientada de princípio nos estudos da Teologia, a partir da célula do *studium generale*, para estudar-se o *trivium* e o *quadrivium*,[117] onde irá germinar o método da *disputatio* medieval.

Como característica geral do período medieval, os clérigos seguiram com a tarefa de preservação da cultura religiosa, dogmática, filosófica, histórica, poética, literária, alquímica, entre outras, salvaguardando a continuidade e a integridade de grande parte da cultura antiga intacta das perturbações características do período.[118] O que provavelmente teria sido destruído por culturas primitivas como a dos povos bárbaros que assolaram por vários anos a Europa, ou, na melhor das hipóteses, o que teria se dispersado de forma irrecuperável, foi centralizado nos mosteiros, conventos, abadias, paróquias. Isto porque a cultura religiosa católica predominante previa entre seus objetos de austeridade o entretenimento intelectual, a formação espiritual e a difusão do saber não conflituoso com as Escrituras. Por consequência, os núcleos de ensino formaram-se caracteristicamente em torno dos mosteiros, das igrejas, dos templos, locais sagrados para a alma e sagrados para o intelecto. Por isso, será em torno dos *collegia* que surgirão os primeiros núcleos de ensino livre que deram origem às Universidades. São antigos professores dos *collegia* e seminaristas que irão fomentar o surgimento do ensino laico. Mas, até então não existiam ainda condições sociopolítico-econômicas suficientes para a formação do que se chama de cultura univer-

---

práticas judaizantes, equiparáveis às heresias surgidas no interior do próprio catolicismo" (Novinsky, *Inquisição: rol dos culpados. Fontes para a História do Brasil (Século XVIII)*, 1992, p. XIII).

[117] Em Bolonha, por exemplo, a remissão constante à lógica, gramática e retórica gregas. "A técnica expositiva da escola de Bolonha liga-se, assim, à tradição do ensino trivial. Mantêm-se ainda as figuras de explicação e de raciocínio elaboradas originariamente pela lógica, gramática e retórica gregas, aplicadas inicialmente pelos eruditos alexandrinos à exegese dos textos filológicos: a glosa gramatical ou semântica, a exegese ou interpretação do texto, a concordância e a distinção" (Wieacker, *História do direito privado moderno*, 2. ed., 1993, p. 47).

[118] "A lista das disciplinas universitárias, retomada pelos Padres da Igreja, e, em seguida, pelos autores do século XII, pretendia refletir as classificações do saber elaboradas na Antiguidade. Em vista disso, ela acreditava poder cobrir todo o domínio da cultura erudita, deixando de fora apenas as artes mecânicas e as ciências lucrativas, vítimas do duplo desprezo que atingia o trabalho manual e o lucro pecuniário" (Charle, Verger, *História das universidades*, 1996, p. 31).

sitária, que somente florescerá no ambiente do século XIII, quando da eclosão contemporânea dos centros universitários de Paris, Oxford e Bolonha.[119]

A adoção à esta época da chamada *disputatio*, onde mestres e alunos interagiam no debate lógico-argumentativo para a construção de discussões, modifica os quadros do ensino. O culto às antigas artes clássicas, a saber, à gramática, à retórica, à lógica, à aritmética, à música, à astronomia, à geometria favorecem o fortalecimento da independência do ensino e à laicização dos ambientes de ensino.[120] A introdução da leitura de Aristóteles no Ocidente, após diversos expurgos, sobretudo através de Alberto Magno e Tomás de Aquino, cristaliza este processo de formação da cultura universitária, que requeria autonomia, mas que para isto demandava maior sedimentação da formação filosófica e científica dos espíritos. Mas o ensino não desgarrou tão rápido do controle da Igreja: era necessária a autorização eclesiástica para o ensino (*licentia docendi*).[121]

Este poder ia além mesmo da autoridade para determinar os métodos de ensino, autorizar o funcionamento dos cursos e escolher os mestres que iriam ensinar nas escolas em formação. Se estendia à possibilidade de controlar, *a posteriori* da ocorrência de infrações e desvios de conduta ou comportamento, pela competência de seus tribunais eclesiásticos, o fazer e o não fazer dos membros das universidades e centros de ensino.[122] De fato, estudantes e professores se viam jungidos em seus comporta-

---

[119] "As primeiras universidades, no sentido indicado em nossa introdução, surgiram na Europa ocidental no início do século XIII. Não se pode atribuir a nenhuma delas sua data precisa de nascimento, mas pode-se considerar praticamente contemporâneas as universidades de Bolonha, Paris e Oxford; um pouco mais recente foi, certamente, a universidade de Medicina de Montpellier. Tanto por sua estrutura institucional quanto por seu papel social e intelectual, tais universidades não tinham nenhum precedente histórico. Contudo, elas não surgiram *ex nihilo*; foram, em muitos sentidos, as herdeiras de uma longa história" (Charle, Verger, *História das universidades*, 1996, p. 13).

[120] "As disciplinas que eram ali ensinadas referiam-se efetivamente ao essencial, àquelas que a Antiguidade – entendamos a Antiguidade cristianizada dos padres da Igreja – já havia considerado continuadoras da cultura erudita, a forma mais alta de saber intelectual à qual um homem livre poderia almejar: as "artes liberais (gramática, retórica, lógica, aritmética, música, astronomia, geometria) formando sua base e a ciência sagrada (que mais tarde será denominada teologia), seu coroamento" (Charle, Verger, *História das universidades*, 1996, p. 13).

[121] "Por fim, em determinados centros, surgiram o que poderíamos denominar escolas particulares. Nelas, os mestres instalavam-se por conta própria e, contando apenas com sua reputação, ensinavam aqueles que aceitassem pagar para matricular-se em suas escolas. Na França, sobretudo as Artes Liberais foram professadas dessa maneira. O centro mais ativo era Paris. Abelardo (1079-1142) foi um dos iniciadores do movimento, mas desde a metade do século contavam-se às dezenas mestres ensinando, o mais das vezes na margem esquerda do Sena, a Gramática ou a Lógica. Em Orléans, a disciplina principal foi primeiro a retórica. Esse desenvolvimento espontâneo inquietou a Igreja que, desde a alta Idade Média, afirmava seu monopólio em matéria escolar e colocou em funcionamento o sistema da *licentia docendi* para abrir-se uma escola, mesmo que particular, fazia-se necessário doravante ter em mãos uma 'autorização de ensino' outorgada em cada diocese pela autoridade episcopal. Esse sistema se impôs principalmente porque, de toda forma, a maioria dos mestres continuava sendo, por seu estatuto pessoal, de clérigos" (Charle, Verger, *História das universidades*, 1996, p. 14/15).

[122] Sobre a competência dos tribunais eclesiásticos: "Competência *ratione personae*: Os tribunais eclesiásticos são competentes para julgar: (...) os membros das universidades (professores e

Capítulo VI | Direito, história e formas jurídicas

mentos, em suas atitudes, em seus pensares e modos de proceder, aos cânones eclesiásticos, sob pena de severas censuras *a priori* (impedimento de abertura de centros de ensino) ou *a posteriori* (fechamento de centros de ensino) para o próprio ensino; estas as formas de se coarctar a livre desenvoltura do saber durante o período em que a Igreja exerceu sua hegemonia sobre os espíritos medievais.

As primeiras notícias e os primeiros registros do surgimento das escolas de Direito durante o Medievo datam do século XI, e teriam sua origem na Itália, mais especificamente em Bolonha.[123] Estas escolas recebem o nome de *studium generale*, local de encontro de alunos e professores de diversas origens.[124] Aos poucos, ao longo desta história, o *studium generale* irá cedendo, para remanescer apenas o simbólico nome de Universidade (*universitas*).[125] A primeira delas bem organizada é a de Bolonha, que em 1215 possui até mesmo estatutos. Curioso é notar que o Direito Civil e o Direito Canônico eram as matérias curriculares que primeiro despontaram no contexto universitário, como se verifica na Universidade de Bolonha desde 1230.[126]

Esta evolução do ensino do Direito, no entanto, não foi regular em toda a Europa, mas encontra ecos em momentos contemporâneos, além de possuir como fator comum a identificação na necessidade de resistência aos métodos de ensino tradicionais e às normas vigentes quanto à estrutura administrativa da atividade pedagógi-

---

estudantes), uma vez que todas as universidades eram (até o século XVI) instituições eclesiásticas" (Gilissen, *Introdução histórica ao direito*, 1988, p. 140).

[123] "Mais independentes ainda e nitidamente mais laicas foram as primeiras escolas de Direito e de Medicina que surgiram na mesma época, sobretudo nos países mediterrâneos. Ainda aqui, tratava-se de escolas particulares, funcionando de maneira autônoma, sob a única responsabilidade do mestre que firmava contrato com seus ouvintes. As primeiras escolas de Direito surgiram no Norte da Itália desde o final do século XI, em particular em Bolonha" (Charle, Verger, *História das universidades*, 1996, p. 15).

[124] "O primeiro nome dado às novas instituições de ensino foi o de *studium generale*. Isto, no entanto, não significa que tais instituições, em seu início, incluíssem todos os ramos do saber; significa apenas que era um instituto geral (não local) para todos os estudantes preparados, sem distinção de raça e nacionalidade. Em sua origem, um *studium generale* podia cultivar e ensinar apenas um ramo do saber, podia, por exemplo, ensinar só Direito" (Piletti, Piletti, *História da educação*, 7. ed., 1997, p. 56).

[125] "O nome de Universidade surgiu depois e foi usado, durante certo tempo, paralelamente com o Estudo Geral. Acabaria por transformar-se em designação exclusiva. Só que o termo Universidade (*universitas*) não tinha na época o significado que assumiu posteriormente de conjunto de escolas superiores (*universitas facultatum*), mas o de corporação de mestres e escolares (*universitas magistrorum e scholarium*)" (Costa, *História do direito português*, 3. ed., 2003, p. 220).

[126] "Em Bolonha, o desenvolvimento remonta ao início do século XII. Em 1155, as escolas de Direito bolonhesas já detinham uma importância suficiente para que o imperador Frederico Barba-Ruiva lhes concedesse sua proteção especial (constituição *habita*). (...) Por volta de 1230, a Universidade de Bolonha, pelo menos quanto aos direitos civil e canônico, estava solidamente constituída. Seus mais antigos estatutos datam de 1252. Mas somente depois de 1270 é que a Comuna acabará reconhecendo oficialmente sua existência e os privilégios dos estudantes (taxação dos aluguéis, isenções fiscais). Por volta desse mesmo período, uma outra universidade surge em Bolonha para as Artes e Medicina" (Charle, Verger, *História das universidades*, 1996, p. 17).

ca.[127] O ensino independente em Paris, por exemplo, ganhou forças quando os mestres, e não os alunos, passaram a ter maior representatividade em face dos poderes estabelecidos. Direito Canônico e Teologia não foram os primeiros, mas vieram na sequência das Artes Liberais. Desde 1215 a comunidade parisiense tem a seu favor a *Bula Parens Scientiarum* que garante segurança e autonomia para o ensino livre.[128]

O ensino do Direito, a esta época, incorporava muito do legado romanístico, dos resquícios feudais de organização social, do Direito Canônico, do Processo Canônico, e congregava fortes influências da Retórica, da Lógica e de disciplinas afins. Aliás, o ensino do Direito começou a ser difundido através do próprio enquadramento das letras jurídicas em meio às letras ensinadas dentro do *trivium* e do *quadrivium*. Mas, o que mais diretamente se estudava, num momento mais desenvolvido dos estudos jurídicos, eram o *Corpus iuris civilis* e o *Corpus iuris canonici*.[129] Aí se inscreve o surgimento das primeiras Universidades, tais como a *Universitas Scholarium*, de Bologna, com estudos centrados no Direito,[130] que já se declara existente desde a Constituição de Frederico Barbarossa, em 1158 d.C.,[131] e, também, a *Universitas Studiorum*, de Paris, com estudos centrados em filosofia e teologia, já reconhecida desde

---

[127] "O mais importante é sua comum dependência em relação ao movimento associativo bastante forte no início do século XIII. Por toda parte, mestres e/ou estudantes reuniram-se para constituir uma universidade juramentada. Eles estabeleceram seus próprios estatutos, representantes eleitos, organizaram-se para garantir entre eles o auxílio mútuo, assegurar sua proteção diante das ameaças possíveis da população e das autoridades locais e regulamentar o exercício autônomo da atividade, que era a própria razão de ser de sua associação, a saber, o estudo e o ensino" (Charle, Verger, *História das universidades*, 1996, p. 19).

[128] "Em Paris, foi pouco depois de 1200 que os mestres, em todo caso os mestres independentes que ensinavam principalmente as Artes Liberais, começaram a se associar. Os das disciplinas superiores (Direito Canônico e Teologia) os seguiram com um pouco de atraso, nos anos de 1210-1220. Em sua totalidade, a evolução foi rápida. O rei da França não se opôs a nada. O bispo de Paris e seu chanceler, que concediam a *licentia docendi*, bem que tentaram frear o movimento, o que suscitou alguns conflitos, mas desde 1215 um legado pontifical outorgou à jovem *universitas magistrorum et scolarium parisiensium* seus primeiros estatutos. Sua autonomia estava garantida; o chanceler via seus poderes fortemente abalados e sentia-se desde então obrigado a conceder gratuitamente a licença aos candidatos apresentados pelos mestres. Tais liberdades e privilégios foram confirmados de maneira solene pela bula pontifical *Parens Scientiarum*, de 1231" (Charle, Verger, *História das universidades*, 1996, p. 17).

[129] "Prisciano (por volta de 500) na Gramática, Aristóteles na Lógica e na Filosofia, a Bíblia na Teologia, os dois Corpus (iuris civilis; iuris canonici) no Direito, um conjunto mais compósito (tratados hipocráticos, galênicos e árabes) na Medicina constituíam as autoridades principais" (Charle, Verger, *História das universidades*, 1996, p. 35).

[130] "Nel volgere di pochi anni Bologna divenne il centro degli studi di diritto. Da tutta Europa vi accorsero studenti desiderosi di apprendere un diritto che per la maggior parte di essi era sconosciuto" (Paradisi, *Storia del Diritto Medievale e Moderno*, 3. ed., 2010, p. 89).

[131] "A primeira *universitas* a se tornar um corpo regularmente organizado e um ser coletivo análogo a nossas universidades modernas é a de Bolonha, mas ela foi, antes de mais nada, um centro de estudos Jurídicos e só obteve uma faculdade de teologia regular em 1352, do papa Inocêncio VI. Do ponto de vista filosófico e teológico, foi Universidade de Paris a primeira a se constituir; sua influência no século XIII foi tamanha, que eclipsou completamente Bolonha, sua irmã mais velha, e particularmente Oxford, sua irmã mais nova" (Gilson, *A filosofia na Idade Média*, 1998, p. 483).

Capítulo VI | Direito, história e formas jurídicas

1159 d.C., considerando o Decreto do Papa Alessandro III, além das Universidades de Vicenza (1204), Padova (1222). A Universidade de Coimbra, em Portugal, é criada como *Studium Generale*, em 1290 d.C., e, posteriormente, confirmada pela Bula Papal de Nicolau IV, sendo fixada definitivamente em Coimbra, por Dom João III, apenas em 1537.[132]

Este será um período de renascimento jurídico do direito romano justinianeu, através das Universidades, destacando-se o papel da Universidade de Bologna, enquanto Escola influente com Irnério e seus discípulos (Iacopo, Ugo, Bulgaro, Martino). Será a partir de Bolonha que o método jurídico das glosas[133] irá se estruturar (na retomada dos textos clássicos romanos, em especial do *Corpus Iuris Civilis*) para dar origem à Ciência moderna do Direito,[134] e, em especial, para proporcionar as condições de uma metodologia da Ciência Moderna do direito, que, enquanto dogmática, deriva diretamente da autoridade sacra que o texto romano possuía, enquanto cânone de orientação do direito.[135] Deste modo, foram plantadas as sementes para o desenvolvimento, durante o século XIII, da Escola dos Glosadores, que irá contribuir enormemente para a criação de uma escola científica sobre o Direito, com nomes como Irnerius (fundador da escola dos glosadores), Acúrsio e Baldo.[136]

A Escola de Bolonha foi a principal responsável por esta recuperação do direito romano, entre os séculos XII e XIII d.C., e isto porque a Escola dos Glosadores (a partir de Irnerius) nasce revolucionando os métodos até então tradicionais de preleção do Direito a partir do *trivium* e do *quadrivium* (glosa gramatical, exegese, concordância e distinção). Na sequência das contribuições bolonhesas (séc. XII), estão: a escola francesa de Orleães (Revigny e Belleperche – séc. XIII); a escola italiana dos pós-glosadores (Bártolo, Baldo – séc. XIV); a escola humanista (Budé, Zasius, Cujá-

---

[132] "A sede da Universidade, como não se ignora, oscilou entre Lisboa e Coimbra, desde a sua criação até D. João III. Foi este rei que a fixou definitivamente em Coimbra, no ano de 1537" (Costa, *História do direito português*, 3. ed., 2003, p. 336).

[133] "A técnica adotada para essa finalidade é a glosa, ou seja, a anotação do jurista ao lado de um excerto do texto latino" (Losano, *Sistema e estrutura no direito*, 2008, p. 52).

[134] "Na Itália, no século XII, noutros lados no século XIII, as compilações de direito romano redigidas outrora por ordem de Justiniano são objeto de estudo cada vez mais aprofundados. Os juristas – a quem chamarão 'legistas' – formados nas universidades no estudo do direito romano e do direito canônico ocupam nos séculos XIV e XV altas funções na justiça e na administração dos reis, dos duques, dos condes e dos bispos" (Gilissen, *Introdução histórica ao direito*, 1988, p. 240-241).

[135] "Nas últimas décadas do século XI começou, provavelmente em Bolonha, a recensão crítica do *Digesto* justinianeu que, conhecido por *littera Bononiensis* (vulgata do Digesto), se havia de transformar no texto escolar básico do *ius civile* europeu" (Wieacker, *História do direito privado moderno*, 2. ed., 1993, p. 39).

[136] "No que concerne ao Direito, foi de Bolonha que primeiramente vieram as inovações, ou seja, a ressurreição do Direito Romano e seus princípios fundamentais, ao mesmo tempo que a elaboração do Direito Canônico. Depois dos glosadores do século XIII, como François Accurse, os grandes juristas do século XIV, como Jean d'André, Bartole ou Balde, sistematizaram tudo o que o Direito Romano poderia trazer de contribuição para a educação da monarquia pontifícia e para o renascimento do Estado. Houve, contudo outras escolas jurídicas originais, especialmente a de Orléans" (Charle, Verger, *História das universidades*, 1996, p. 38).

cio – séc. XV); a escola do direito nacional (Dumoulin, D´Argentré, Coquille – séc. XVI); a escola do direito natural (Grotius, Hobbes, Pufendorf, Domat – sécs. XVII e XVIII).[137]

A partir de Bolonha se esparge um modo de compreensão e interpretação do Direito a partir do *Digesto* justinianeu (*littera Bononiensis* – Vulgata do Digesto), que se tornaria a técnica de ensino fundamental do *jus civile* europeu, concepção que sem dúvida nenhuma deriva de uma supervalorização da ideia do *imperium romanum*, ou seja, "...como única forma pensável do corpo de Cristo no Ocidente: o império de Constantino permaneceria até ao fim dos tempos como constituindo a própria comunidade cristã".[138] Comentando e reavivando o direito romano, como princípio de autoridade, respeito às fontes jurídicas antigas e culto à forma textual,[139] bem como criando até mesmo uma sistematização de textos e noções fundamentais em torno do Direito, os Glosadores dão o primeiro passo no sentido da superação da dispersão medieval, inclusive reunindo as fontes em forma organizada e as glosas em compilações (como a Glosa Ordinária),[140] na medida em que a exegese demandava uma atitude fundamentalmente centrada numa cultura de organização, compilação e comentário aos textos. Apesar disto, os glosadores não chegam a desenvolver um conceito geral de direito subjetivo que fosse suficiente para servir de instrumento de sistematização do direito.[141]

Num sentido bem amplo da expressão, pode-se dizer que os glosadores são fundadores de uma dogmática jurídica.[142] A interpretação dos textos não é aleatória, mas busca coerência e confirmação textual permanente, no sentido da construção de uma harmonia, que tem a ver com um culto da autoridade da letra.[143] A dogmática medieval cristã, na leitura dos textos bíblicos, é convertida numa dogmática do texto jurídico romano, e desta transposição surge o *modus* de atuação da escola dos glosadores. Como derivação deste método, é por obra dos glosadores que surge uma dogmática da culpa, pois a noção de responsabilidade civil fundada na culpa alcança diferenciações que permitem distinguir claramente os graus de culpa (dolo e culpa *stricto sensu*),

---

[137] Cf. Gilissen, *Introdução histórica ao direito*, 1988, p. 342-366.

[138] Wieacker, *História do direito privado moderno*, 2. ed., 1967, p. 39 e p. 43 e 44.

[139] "Importa, pois, tornar presentes as circunstâncias externas em que surgiu esta paixão científica. Elas podem ser descritas como um composto estranho à atitude espiritual moderna, de crença na autoridade e de formalismo intelectual" (Wieacker, *História do direito privado moderno*, 2. ed., 1967, p. 42).

[140] "As glosas dos anteriores juristas foram reunidas por *Acúrsio* (1185-1263?) na Glosa *Ordinária*, uma obra 'em cadeia' que, como suma canônica da famosa escola, encerra a primeira grande fase da ciência jurídica europeia e, por isso, adquire posteriormente uma autoridade que iguala a das *Pandectas*, sobrepondo-lhes na prática." (Wieacker, *História do direito privado moderno*, 2. ed., 1967, p. 58-59).

[141] Cf. Ferraz Junior, *Estudos de filosofia do direito*, 2002, p. 92.

[142] "Através da exegese, da harmonização, da construção de regras, constitui-se um edifício doutrinal de princípios harmônicos, talvez a primeira dogmática jurídica autônoma da história universal; a sua forma externa de manifestação é a *Summa* ordinária" (Wieacker, *História do direito privado moderno*, 2. ed., 1967, p. 53-54).

[143] Wieacker, *História do direito privado moderno*, 2. ed., 1967, p. 47-48.

Capítulo VI | Direito, história e formas jurídicas

como forma de proporcionalidade ao dano causado.[144] Ao lado desta forma escolar de entendimento do direito, prepondera também esforço dos canonistas, no sentido de produzir as primeiras grandes compilações do direito canônico ocidental.[145]

A Escola dos Glosadores continuará a repercutir, com suas contribuições, especialmente porque os traços de uma dogmática jurídica se desenvolvem neste período, após o que se desenvolvem outros movimentos e novas formas doutrinárias (Escola dos Pós-Glosadores, Escola dos Humanistas, Escola da Jusnacionalismo, Escola do Jusracionalismo), e seus ecos continuam vigorosos ainda no período do final da Baixa Idade Média e de início da Modernidade, em função da recepção do Direito Romano pelo *usus modernus pandectarum* (praxe moderna e atualizada do direito romano) ou *mores hodiernae* (usos de hoje).[146] De fato, até que se chegue ao período do jusnaturalismo, mais adiante, atravessa-se um largo período de estruturação do direito sobre as matrizes do direito romano, já alçado à condição de elemento estruturante das práticas jurídicas pelos Glosadores, e jamais abandonado da Europa medieval. Este período transitivo, em direção à formação do direito moderno, é extremamente importante para o traçado e a distribuição geográfica do direito comum na Europa de então, especialmente na Alemanha,[147] passo substancial para a continuidade transitiva entre estes momentos históricos.

5.4. Direito moderno

Para compreender o direito moderno, é necessário antes de tudo compreender o processo histórico da *modernização*. Daí, a importância de situar a modernidade e suas etapas. Em verdade, o que se chama hoje por "modernidade" não foi um fenô-

---

[144] Cf. Bittar, *Responsabilidade civil*, 2001, 4. ed., p. 39 e ss.
[145] "Para o conjunto das fontes publicadas dos canonistas, desde o *Decretum* de Graciano até às *Clementinas*, triunfou a designação conjunta de *Corpus Iuris Canonici*, por evidente contraposição ao *Corpus Iuris Civilis*, designação que, no entanto, só a partir de Gregório XIII (1580) entrou na linguagem oficial da cúria. Pouco depois, apareceu uma edição crítica oficial (1582), sobre a qual se baseiam as posteriores." (Wieacker, *História do direito privado moderno*, 2. ed., 1967, p. 73).
[146] Wieacker, *História do direito privado moderno*, 2. ed., 1967, p. 227.
[147] Vejam-se as considerações de Wieacker: "O *Usus modernus* constitui a longa e multifacetada época entre, por um lado, a jurisprudência da Baixa Idade Média e a sua recepção na Alemanha e, por outro, a revolução cultural do jusracionalismo. Uma época destas não pode ser reduzida sem violência a um denominador comum. Ela encerra formas mentais e estilos tão multifacetados como a filologia histórico-jurídica e a sistemática da jurisprudência elegante; o poligrafismo histórico e a pesquisa de antiguidades de um Conring e dos seus discípulos juristas; a construção autônoma do direito do estado e das igrejas estaduais e as grandes sumas e compêndios da incansável praxe da Alemanha central. Deve-se evitar, ainda mais, deduzir da natureza multifacetada deste período a sua caracterização como uma época de transição desprovida de fisionomia própria ou estagnada. Sobretudo na Alemanha, abandonado pelo espírito do humanismo, competiu ao *usus modernus* uma tarefa especial. Em lugar do *jus commune* da Europa recebido sem mais nas fontes, literatura e princípios, construiu uma dogmática jurídica positiva adequada ao conjunto do direito vigente na Alemanha. O seu objeto não foi já o *Corpus Iuris* na elaboração científica que dele fora feita pela glosa de Acúrsio e pelos conciliadores, mas os componentes romanístico e alemão dos direitos territoriais e dos direitos privado, processual, penal, constitucional e eclesiástico gerais e comuns a toda a Alemanha tal como eram aplicadas na praxe contemporânea dos tribunais superiores." (Wieacker, *História do direito privado moderno*, 2. ed., 1967, p. 237).

meno histórico que se processou em pouco tempo, do dia para a noite, mas que envolveu um longo processo de transformações. Seguindo a análise de Cornelius Castoriadis, a modernidade possuiria três fases: a da formação do Ocidente (séc. XII ao XVII), com as primeiras manifestações da acumulação e da revolução que se preparava no bojo da Idade Média; a da crítica da modernidade, com sua afirmação (séc. XVIII até II Guerra Mundial), quando se solidificam os grandes pilares da mudança social, econômica e política das sociedades; a da retirada para o conformismo (II Guerra Mundial em diante), com a queda das hegemonias ideológicas e a retirada para a crítica dos arquétipos da modernidade.[148] A partir desta análise histórico-sociológica, pelo que se vê, a modernidade envolve um período de maturação que se processa por etapas, e que vai do século XII d.C. ao século XX d.C., envolvendo 900 anos de história. Além disso, seguindo-se de perto a interpretação de Jürgen Habermas, é possível afirmar que o termo *moderno* (lat., *modernus*) tem sua aparição mais conhecida a partir do século V d.C., período em que se buscava diferenciar, no vocabulário cristão, o novo (cristão) em face do antigo (pagão); a partir de então, o termo passa a ser *re-adotado* pela filosofia medieval escolástica a partir do século XIII d.C., e seu uso mais difundido irá se consolidar apenas a partir dos séculos XV e XVI d.C., para significar algo sinônimo da consciência da nova época, do novo, daquilo que está ligado ao futuro.[149]

Em verdade, quando se fala de *modernidade* para expressar um período histórico preciso, está-se a falar de um período que envolveu uma acumulação de fatores que permite entrever "segmentos de modernização", tais como, a modernização cultural, a modernização econômica, a modernização científica, a modernização técnica, a modernização política, a modernização religiosa, e, por fim, ao que interessa neste estudo, a *modernização jurídica*. Por isso, o longo percurso de afirmação da modernidade implicará na leitura que realiza a plena acumulação de fatores econômicos e sociais (burgos e economia capitalista), culturais (antropocentrismo e retomada dos ideais antigos), políticos (concentração do poder, soberania e unificação territorial), técnicos (desenvolvimento de habilidades manuais e técnicas inovadoras de produção), científicos (empirismo, método, razão e ciências especializadas) e religiosos (Reforma e crise da hegemonia católica) para se realizar. A *modernidade jurídica*, alcançada ao fim e ao cabo deste longo processo, somente aparecerá melhor configurada, considerando-se a longa acumulação destes fatores, que agem como pressupostos,

---

[148] Cf. Castoriadis, *O mundo fragmentado*, 2000, p. 16 a 18.

[149] Na pesquisa etimológica elaborada por Jürgen Habermas: "A palavra *modernus* foi utilizada inicialmente no final do século V para diferenciar um presente tornado "cristão" de um passado romano "pagão". Desde então a expressão possui a conotação de uma descontinuidade proposital do novo diante do antigo. A expressão "moderno" continuou a ser utilizada na Europa – cada vez com conteúdos diferentes – para expressar a consciência de uma nova época. O distanciamento com relação ao passado imediato é alcançado inicialmente com a referência à Antiguidade ou a qualquer outro período indicado como "clássico", ou seja, como digno de imitação" (Habermas, *A constelação pós-nacional*, 2001, p. 168).

Capítulo VI | Direito, história e formas jurídicas

para que se possa falar propriamente da formação de um direito moderno, cuja autonomia estará mais clara apenas no século XIX d.C.[150]

Para efeitos desta análise, este longo percurso será abordado considerando quatro etapas fundamentais: a) a modernidade das cidades e dos mercadores; b) a modernidade do capitalismo mercantil; c) a modernidade do capitalismo industrial; d) a modernidade do capitalismo de massas. Estas etapas serão analisadas, em separado, apontando-se, em cada momento histórico, suas principais características.

5.4.1. Direito moderno: a modernidade das cidades e dos mercadores

A primeira etapa da modernidade envolve a dissolução do modo de vida feudal pelo modo de vida das vilas, cidades, burgos, mercados e rotas de comércio (entre os séculos XIII d.C. e XV d.C.).[151] Pode-se considerar a modernidade econômica como sendo o ponto de partida das grandes transformações que haveriam de afetar o quotidiano de vida medieval, donde decorre o processo de degradação da importância da ideia de territorialidade e de propriedade da terra, substituída pela política econômica urbana e centrada no comércio, como analisa Max Weber.[152] Essa primeira etapa se dá na Alta Idade Média e envolve: o renascimento da vida urbana, e são notáveis as condições de efervescência econômica e cultural de cidades exemplares do período, como Flandres, Florença, Veneza e Amalfi, que irão aos poucos conquistar seus estatutos como cidades autônomas; a prosperidade econômica, que agora não tem mais a ver com a terra, ou o sangue, ou a posse de virtudes cavalheirescas, na medida em que agora o poder circula na moeda e no comércio de mercadorias, e a acumulação de riquezas cria nas cidades uma nova classe em ascensão, a burguesia;[153] as profissões dos mercadores se afirmam (conhecidos como "pés poeirentos") na relação Oriente-Ocidente; as limitações cristãs e feudais vão perdendo terreno (servidão; agricultura; proibição de usura; dificuldades de locomoção; moedas não unificadas; perigos nas estradas e rotas de comércio). Será a partir do século XIII d.C., em função das próprias necessidades do comércio, que irão surgir as primeiras corporações de ofício, o estatuto dos comerciantes, as ligas de comerciantes. A partir de então, começa a surgir um *ius mercatorum*, que irá ganhar regulamentações, tais quais os estatutos locais da cidade de Gênova, etapa apenas inicial em direção ao ápice desse processo, qual seja, o *Code de Commerce*, de 1807, na França, com sentido amplo, nacional, racional e sistemático.

---

[150] A respeito, consulte-se Wieacker, *História do direito privado moderno*, 2. ed., 1993.

[151] "O século XIII é o século das cidades e também, por outro lado, de uma maneira estritamente ligada ao desenvolvimento urbano, o século do despertar e do progresso comercial" (Le Goff, *As raízes medievais da Europa*, 2007, p. 161).

[152] "En el Occidente, una política económica planeada pudo desarrollarse hasta el siglo XIV sólo en la medida en que para ello entraban en consideración las ciudades" (Weber, *Sociologia del derecho*, 2001, p. 247).

[153] "O prestígio e o poder crescente dos mercadores levaram a grandes mudanças nas mentalidades europeias. Como disse Michel Mollat, o dinheiro tornou-se, por intermédio do mercador, 'o fundamento de uma sociedade'." (Le Goff, *As raízes medievais da Europa*, 2007, p. 175).

Trata-se de um período de crise e morte do sistema anterior, e de paulatina ascensão do prestígio da riqueza comercial e sem título nobiliárquico, que vai se transferindo do mundo rural ao mundo urbano, das terras protegidas aos portos e cidades de encontro de rotas marítimas, a exemplo de Veneza, onde as novas mediações entre o poder político e o poder econômico estão se dando. É nesse sentido que começa a emergir uma *esfera pública burguesa*,[154] que fará das garantias ao contrato, da autonomia do sujeito e da ascensão da liberdade os três grandes eixos de condução em direção ao direito moderno, na medida em que será na esfera pública burguesa que se passará a reivindicar, pela reunião pública em torno dos interesses mercantis, benefícios para a regulamentação do comércio,[155] a registrar-se, por exemplo, o próprio surgimento histórico da Câmara dos Comuns, na Inglaterra, em 1265, o que significa a conversão do novo poder econômico em nova estrutura de poder político.

Mas, quando se fala em longo processo, é porque existem "várias modernidades" dentro da *modernidade*. Aqui, se pôde ver apenas a primeira etapa: a modernidade econômica em seu surgimento, do que segue a necessidade de entender suas próximas etapas.

5.4.2. Direito moderno: a modernidade do capitalismo mercantil

Numa segunda etapa do processo de modernização, que segue dos séculos XV a XVIII d.C., tem-se como central a expansão dos horizontes europeus, com a descoberta das Américas,[156] donde decorrerá a tarefa de lidar com os índios, de garantir a exploração da terra pelo uso da mão de obra escrava negra e de manter a dominação das terras novas, momento em que, por exemplo, Portugal coloniza o Brasil, sendo o direito metropolitano medieval português de então, estendido e projetado para abarcar as relações entre a metrópole e as colônias. Esta etapa da modernidade também é marcada por enormes tensões no campo religioso, no período de 1524 a 1648, com as guerras religiosas, em função da emergência do luteranismo e do calvinismo contra

---

[154] "A esfera pública burguesa pode ser entendida inicialmente como a esfera das pessoas privadas reunidas em um público; elas reivindicam esta esfera pública regulamentada pela autoridade, mas diretamente contra a própria autoridade, a fim de discutir com ela as leis gerais da troca na esfera fundamentalmente privada, mas publicamente relevante, as leis do intercâmbio de mercadorias e do trabalho social. O meio dessa discussão política não tem, de modo peculiar e histórico, um modelo anterior: a racionalização pública" (Habermas, *Mudança estrutural da esfera pública*: investigação quanto a uma categoria da sociedade burguesa, 1984, p. 24).

[155] "A esfera pública com atuação política passa a ter o *status* normativo de um órgão de automediação da sociedade burguesa com um poder estatal que corresponda às suas necessidades. O pressuposto social dessa esfera pública "desenvolvida" é um mercado tendencialmente liberado, que faz da troca na esfera da reprodução social, à medida do possível, um assunto particular das pessoas privadas entre si, completando assim, finalmente, a privatização da sociedade burguesa" (Habermas, *Mudança estrutural da esfera pública*: investigação quanto a uma categoria da sociedade burguesa, 1984, p. 93).

[156] "Com a profundidade histórica, a evolução marcante da Europa no fim do século XV, foi o fato de ela estender e acelerar a sua expansão extra-europeia" (Le Goff, *As raízes medievais da Europa*, 2007, p. 270).

Capítulo VI | Direito, história e formas jurídicas

a hegemonia católica. Quando, em 1517, Martinho Lutero publica suas 95 teses contra a Igreja Católica, inicia-se na Europa Ocidental, e, principalmente, na Europa do Norte, a Reforma Protestante, instaurando-se forte crise no campo dos valores e crenças anteriormente propagados pela Igreja Católica.

Mas, sobretudo, o que se destaca neste período é a afirmação da lógica do indivíduo, do sujeito, do contrato e da troca mercantil, que tornam possível uma visão de mundo que irá se afirmar cada vez mais como metamodelo de interação social. Daí, o fortalecimento do indivíduo e do contratualismo como marcas da sociedade e do direito moderno desta etapa.[157] É aí que – já no século XVI – emerge a palavra *privado* (*privat*, al; *private*, ingl.; *privé*, franc.), em face de *público* (*publikum*, al; *public*, ingl.; *publique*, franc.),[158] e desde então a ascensão do domínio das classes burguesas irá se expandir nas formas da troca, da mercadoria e do direito.

A noção de Direito caminha de encontro à liberdade, tendo-a como centro de orientação. Ademais, a noção de Direito que começa a se entrever, com o desmoronamento paulatino da indistinção entre ordem eclesiástica e ordem temporal, acaba por galgar importantes ingredientes de autonomia. A *liberdade moderna* acaba por ser encravada na *legalidade* (ninguém será obrigado a fazer ou deixar de fazer algo senão em virtude de lei), e isto aparecerá mais claramente ao se perceber que a lei é o instrumento de realização da liberdade, pois a identifica, a publiciza e a salvaguarda. A noção de contrato, pressupondo a ideia de *liberdade* como *autonomia da vontade* (vincular-se por curto tempo, com quem for necessário, para efeitos de objetivos imediatos), neste período assume a feição de uma forma de garantia da mobilidade mercantil, necessária ao empreendimento do capital burguês, cuja capacidade de circulação já se fazia suficientemente distinta no período.

Haverá de se consagrar maximamente através do preceito que identifica a vontade autônoma de contratar com a liberdade de mercado através da fórmula do *pacta sunt servanda*. Isto de certa forma não somente impedia, na lógica liberal, a intervenção do Estado sobre a autonomia dos contratantes, mas também a execução concreta de obrigações de fazer que dependessem de uma prestação positiva do devedor (*nemo*

---

[157] "A sociedade passa gradativamente a ser encarada como soma de indivíduos isolados, que se organizam por formas de contrato social. O novo direito será, pois, contratualista" (Lopes, *O direito na história*, 3. ed., 2008, p. 162).

[158] "Em alemão, só após a metade do século XVI é que também se encontra, então a palavra "*privat*" (privado) emprestada do latim *privatus*, e isso no sentido que, naquela época, também assumiram em inglês "*private*" e em francês "*privé*", significando tanto quanto: *not holding public office or oficial position, sans emploi qui l'engage dans les affaires publiques*. *Privat* significa estar excluído, privado do aparelho do Estado, pois "público" refere-se entrementes ao Estado formado com o Absolutismo e que se objetiva perante a pessoa do soberano. *Das Publikum, the public, le public* é, em síntese ao "sistema privado", o "poder público" Os servidores do Estado são *öffentlich Personen public persons, personnes publiques*; ocupam uma função pública, suas atividades são públicas (*public office, servisse public*) e chamados de "públicos" os prédios e estabelecimentos da autoridade. Do outro lado, há pessoas privadas, cargas privados, negócios privados e casas privadas; Gotthelf fala, por fim, do homem privado. À autoridade estão contrapostos os súditos, dela excluídos; aquela serve, diz-se, ao bem-comum, enquanto estes perseguem os interesses privados" (Habermas, *Mudança estrutural da esfera pública*: investigação a uma categoria da sociedade burguesa, 1984, p. 24).

ad factum potest cogi), pois este era protegido pela ideia liberal de que ninguém pode ser compelido a fazer ou deixar de fazer algo *contra voluntatis*.[159] Ao lado do liberalismo político, capitaneado por John Locke,[160] que se define pelo Estado de Direito e pela noção de liberdade como não intervenção, o liberalismo econômico parece ser a força-motriz dos processos de aceleração das modificações da condição moderna. A empresa capitalista necessita da razão como instrumento para alcançar as condições produtivas, seguindo-se a linha de análise de Max Weber,[161] e é nesta medida que boa parte do próprio ideário de modernização acaba se voltando exclusivamente para a formação da cultura empresarial, produtiva, liberal e burguesa, que culminará nos movimentos do liberalismo político e econômico.

A liberdade de acumular, como relação fundamental da esfera privada, haverá de se tornar um ingrediente marcante, não somente sobre o qual a projeção dos direitos se dá (para proteger a liberdade de produção), pois os talentos são diferentes, o que possui fundamento na própria natureza ("O trabalho de seu corpo e obra de suas mãos, podemos dizer, são propriamente dele. Então, tudo o que lhe retire do estado que a natureza proporcionou, misturando-o a seu trabalho e juntando-lhe algo que é seu, converte-se por isso em propriedade sua"),[162] e a moeda permite a acumulação ilimitada, mas sobretudo porque nada poderá impedir a desigualdade privada, apesar da igualdade jurídica estar garantida na esfera público-jurídica. Isto porque são as leis do mercado que constroem condições para a afirmação da diferença de cada um, o que por si mesmo não é mau. Cada um produzindo por si mesmo, haverá de robustecer o processo de formação de uma riqueza que se alastra em benefício do todo; a "mão invisível" coordena a distribuição da justiça em sociedade, e o progresso (econômico e acumulativo) é considerado um bem individual com frutos concretos para o bem geral (Adam Smith); quanto maior a acumulação, melhor.[163] O utilitarismo de Stuart Mill haveria de converter este otimismo em regra geral de felicidade, e o critério de medição de toda legitimidade pela capacidade de satisfazer a este anseio humano e social.

---

[159] "O correlato econômico da mobilidade trazida pela função social do contrato moderno é, então, a sociedade do burguês livre-empreendedor, em que a iniciativa é restrita por algumas poucas regras" (Ferraz Junior, *Estudos de filosofia do direito*, 2002, p. 103).

[160] "John Locke inicia esta linha de pensadores. Poderíamos remeter a Calvino ou a Francis Bacon, mas é preciso limitar o tempo. John Locke é o ponto de partida do liberalismo *político*; se tivéssemos que dizer quem é o fundador do liberalismo, diríamos 'Locke'. Na realidade, na época em que John Locke escreve, no final do século XVII, há outros escritores políticos similares" (Grondona, *Os pensadores da liberdade*, 2000, p. 18).

[161] De fato, capital e cálculo racional andam lado a lado: "La empresa capitalista moderna descansa internamente ante todo en el cálculo. Necesita para su existencia una justicia y una administración cuyo funcionamiento puede calcularse racionalmente, por lo menos en principio, por normas fijas generales con tanta exactitud como puede calcularse el rendimiento probable de una máquina" (Weber, *Sociologia del derecho*, 2001, p. 265).

[162] Locke, *Dois tratados sobre o governo*, apud Morris, os grandes filósofos do direito, 2002, p. 138.

[163] Cf. Grondona, *Os pensadores da liberdade*, 2000, p. 19-39. Mais explicitamente: "Smith está empenhado em promover o comércio. Essa é a chave econômica de sua obra. Quanto mais amplo for o circuito comercial, mais especialização e mais progresso haverá. Se cada um se dedica a uma tarefa especial, cada um vai desenvolver o que faz melhor. Logo, terá todo o tempo para dedicar-se exclusivamente a isso" (Grondona, *Os pensadores da liberdade*, 2000, p. 59).

A riqueza das cidades também leva ao florescimento das artes, das ciências, da técnica, e da cultura: é o Renascimento Cultural, e a recuperação dos ideais antigos ganha força. Em 1620, Francis Bacon publica o *Novum Organum*, definidor do novo método de raciocínio indutivo e de valorização do empirismo; em 1637, o *Discurso do método*, de René Descartes dá forma ao racionalismo moderno, e faz do método a alavanca de uma nova compreensão do mundo. As formas humanas ganham evidência no pincel de Miguel Ângelo, e as invenções têm lugar na polivalência de Leonardo da Vinci. No lugar das convicções religiosas e das incertezas das disputas medievais em torno da fé, vai se cristalizando o lugar da razão e da ciência, e, junto com isso, a convicção de que a ciência moderna tem papel determinante para garantir os contornos da sociedade moderna.

Também, outro processo histórico importante desta etapa é que o poder dissolvido nas cidades e ligas mercantis vai sendo transferido e concentrado no Estado Absoluto, em busca de unificação política, padronização de impostos, monopólio da violência, soberania e absolutismo personificado. A concentração de poder acaba sendo uma exigência mesmo da liberdade comercial, na medida da própria contraparte do Estado moderno, no processo de regulação da vida moderna. Isso tornará possível que a marca do princípe que se vale da soberania, um conceito precisamente desenvolvido por Jean Bodin, no texto da *República*, se afirme a qualidade própria do Estado Moderno: a soberania, conceito que engloba o poder de dar leis ao povo. Por isso, o Estado Moderno é ambição de organização, em face de tudo aquilo que o mundo medieval significava. O Estado Moderno é *unidade moderna*, em face de *regionalismos medievais*; é *território unificado*, em face de *fragmentos feudais* e *cidades esparsas*; é *segurança comum*, em face da *insegurança das estradas* e da *desordem* que decorre da ausência de autoridade comum; é *unificação de impostos* e de moedas, em face dos usos locais e das *cobranças arbitrárias* dos senhores feudais; é *sistematização* e *universalização* das leis e do direito, em face da *dispersão das fontes* do direito medieval.

Por isso, o Estado Moderno fará emergir um direito unificado, de fundamental importância para a segurança jurídica do comércio, da circulação de coisas e pessoas, que implicará o fim do pluralismo das fontes medievais, o predomínio do direito escrito sobre o não escrito, a busca de estabilidade nas trocas econômicas, a unificação da legislação, a sistematização de codificações, que se impõem ante os usos e costumes locais dos burgos, ao direito romano-germânico e ao direito canônico. Essa tendência irá se acentuar ao longo dos séculos XV, XVI e XVII, encontrando sua máxima culminância nos séculos XVIII e XIX, sendo estes dois últimos considerados os séculos da grande positivação do direito europeu continental. São exemplos, em 1454, a consolidação de costumes empreendida por Carlos VII, na França, as *Ordenanzas Reales de Castela*, em 1484, empreendidas por Isabel, na Espanha, e as Ordenações Filipinas, em 1603, empreendida por Filipe I e II, em Portugal.

Aos poucos, o recurso ao direito romano, às glosas da Escola de Bolonha, trará a sucessão de novas Escolas e novas metodologias para a Ciência do Direito, como a

Escola Humanista, e, em seguida, a Escola Jusnaturalista.[164] As Escolas tardo-medievais e modernas (Escola dos Comentadores; Escola Humanista; Escola do *Usus Modernus Pandectarum*) representam uma etapa de passagem, entre os glosadores e o jusnaturalismo que reinará entre os séculos XVII e XVIII.[165] Assim é que as diversas correntes de jusnaturalismos, que cercam o panorama das discussões jusfilosóficas do período de 1600 a 1800 d.C., irão se destacar pelo esforço de naturalização e racionalização da moderna Teoria do Direito, em face da exegese medieval, da autoridade do direito romano, em face da extensão do direito canônico, seja a Escola Ibérica (em Salamanca, Francisco de Vitória; em Valhadolide, Francisco Suárez; em Coimbra, Luiz de Molina), seja a Escola Inglesa do jusnaturalismo individualista (Thomas Hobbes; John Locke), seja a Escola dos jusnaturalismos objetivistas (Montesquieu, Gottfried Wilhelm Leibniz, Jeremy Bentham). Esse conjunto de esforços procura superar o direito medieval, conferindo novas dinâmicas de compreensão, que irão permitir aos poucos o racionalismo que trará à compreensão do direito a forma moderna da Ciência do Direito.[166]

O jusnaturalismo cumpre uma função essencial na formação da cultura político-jurídica moderna. É mesmo difícil divisar a modernidade sem o papel fundamental do pensamento jusnaturalista e suas influências nos principais vórtices decisórios do período.[167] O jusnaturalismo rompe as barreiras da tradição medieval, para instalar em seu lugar uma nova cultura de pensar os direitos, que revela uma espécie de pacto entre a *natureza* e a *razão*, não mais extraídos da *lex divina*, mas agora da razão humana.[168] Assim é que se torna uma espécie de bandeira para a libertação da cultura europeia dos cânones, da Teologia, da autoridade do Direito Canônico, enfim,

---

[164] "(...) a nova teoria do direito, que será elaborada nos séculos XVII e XVIII sob o nome de direito natural, deita suas raízes nestes processos e eventos históricos: desenvolvimento capitalista do mercado, fim da cristandade, conquista da América, afirmação do Estado nacional" (Lopes, *O direito na história*, 3. ed., 2008, p. 160).

[165] "Com isto se libertava finalmente o espaço para um sistema jusracionalista no qual os princípios do direito natural aparecessem como leis naturais da sociedade" (Wieacker, *História do direito privado moderno*, 2. ed., 1993, p. 304).

[166] Cf. Hespanha, *Cultura jurídica europeia*: síntese de um milénio, 2003, p. 180-240.

[167] É expressivo o comentário de Wieacker a respeito: "Pode designar-se por época do jusnaturalismo os dois séculos (1600-1800) nos quais a antiga filosofia jurídica e social do ocidente (*jusnaturalismo*), na forma que lhe foi dada pelo primeiro iluminismo, adquiriu uma influência directa sobre a ciência jurídica, a legislação e a jurisprudência da maior parte dos povos da Europa" (Wieacker, *História do direito privado moderno*, p. 279).

[168] "Frente al irracionalismo de estos axiomas se hallan en oposición contradictoria los axiomas iusnaturalistas del racionalismo jurídico y sólo éstos pueden dar origen a normas de tipo formal, por lo cual, y con toda razón, por derecho natural sólo se entiende *a posteriori* el conjunto de esos axiomas. Su formación en la época moderna fue, al lado de los fundamentos religiosos que les ofrecían las sectas racionalistas, obra del concepto de naturaleza del Renacimiento, que aspiraba siempre a descubrir el canon de lo querido de acuerdo con lo 'naturaleza'; y en parte surgieron apoyándose en el pensamiento, arraigado principalmente en Inglaterra, de ciertos derechos racionales innatos de cada súbdito" (Weber, *Sociologia del Derecho*, 2001, p. 210).

Capítulo VI | Direito, história e formas jurídicas

construindo um novo referencial de mundo capaz de consentir um raciocínio jurídico independente de um raciocínio teológico-moral.[169]

A vinculação entre o nome de Hobbes e a formação do Estado Moderno, bem como o nome de Rousseau e a construção da soberania popular que marcou o despertar revolucionário francês. Mas, Grócio, Pufendorf, Thomasius, Leibniz são considerados os fundadores do direito natural, autores que, sem dúvida nenhuma, ainda desenvolvem pensamentos oscilantes entre uma visão do direito fundamentada pelo naturalismo e uma visão de direito fundamentada pela lei divina. Pode-se mesmo falar que existem duas grandes gerações de autores jusnaturalistas: 1) Althusius e Grotius: teólogos morais e juristas, com tendência oscilante entre a racionalização e o respeito à tradição jusnaturalista de origem teológico-cristã; 2) Hobbes, Espinosa, Pufendorf e Wolff, responsáveis, em sua diversidade teórica, pela formação de um universalismo que torna possível sustentar um "sistema propriamente jusnaturalista" (sistema de leis naturais anteriores à vida social),[170] na medida em que pensam sob o influxo de Descartes, Dilthey e Galileu,[171] passo que será fundamental para a criação de uma cultura que viesse a suportar a criação de uma ciência jurídica positiva enquanto ciência dogmática do Direito (*Rechtswissenchaft*), pois se trata de criar um *lógos* sobre a vida social, algo de que o positivismo jurídico novecentista haverá de se aproveitar com grande fôlego (coesão, logicismo, racionalismo, unitarismo).

O jusnaturalismo, por seu método conceitual, diverso do praticismo jurisprudencialista de caráter medieval, abstrato, diverso do casuísmo romano, e, dedutivo, diverso do indutivismo empírico, no tratamento da fundamentação do Direito, estabelece múltiplas frentes de batalha: 1) contra a exegese medieval, formador de um sistema de leis naturais, aos quais a justiça civil deve se equiparar; 2) contra a dispersão política, formadora da cultura que entroniza o Estado Moderno; 3) contra a autoridade do direito romano recepcionado, favorável ao incremento da codificação; 4) contra a guerra, e, portanto, formadora de uma consciência universal (Grotius,

---

[169] Cf. Wieacker, *História do direito privado moderno*, 2. ed., 1967, p. 306.

[170] "Só uma segunda geração (Hobbes, Espinosa, Pufendorf) elaborou as bases metodológicas de um sistema jusracionalista autônomo e combateu a dependência metodológica da ética social profana em relação à teologia moral. O seu método foi estabelecido por Hobbes sob a directa influência de Descartes e de Galileu; Pufendorf tentou utilizar a racionalização e matematização tornada com ela possível para a tentativa de criar um sistema jusnaturalista *geral*, enquanto que, ao mesmo tempo, completava a emancipação em relação à teologia moral da ortodoxia luterana. Com isto se libertava finalmente o espaço para um sistema jusracionalista no qual os princípios do direito natural aparecessem como leis naturais da sociedade. Um epígono deste estádio, Christian Wolff, desdobrou e pormenorizou tanto o sistema que, a partir de então, este ficou em condições de ser adotado pela ciência jurídica positiva" (Wieacker, *História do direito privado moderno*, 2. ed., 1967, p. 304).

[171] Segue-se a linha de interpretação de Wieacker: "Assim, ele foi ultrapassado, a partir do inicio do séc. XVII, pelas novas vanguardas do pensamento europeu. Só então os movimentos de renovação da Baixa Idade Média – a descoberta pelo nominalismo da irracionalidade do mundo criado, a descoberta da alma individual do homem espiritual através de *devotio moderna* e a intuição eidética do platonismo – se uniram na exigência de um 'sistema natural' (Dilthey), isto é, de um modelo imanente da natureza e da sociedade que se pudesse exprimir num sistema científico coerente e autônomo" (Wieacker, *História do direito privado moderno*, 2. ed., 1967, p. 284).

Tomasius, Pufendorf, Vitória); 5) contra a divisão social em diversos ordenamentos desconexos, e a favor da unificação em um direito nacional; 6. contra o irracionalismo, e, portanto, favorável ao desenvolvimento da divisão entre direito e religião; 7) contra a dispersão, e, portanto, favorável ao desenvolvimento de uma cultura do Direito enquanto legalidade em face de um Direito enquanto costume. As ideias de declaração da vontade, negócio jurídico, entre outras, não são nada mais do que extensões do pensamento jusnaturalista para dentro da cultura do direito privado.[172]

É rica também a contribuição do jusnaturalismo à cultura do período, bem como para a formação e estruturação do discurso jurídico moderno, porque o dominicano espanhol Francisco de Vitória, em suas *Relectiones* desenvolve uma reflexão sobre a proteção dos índios e o jesuíta espanhol Francisco Suárez, em seu *De legibus ac Deos legislatore*, haverá de defender que os Estados podem criar normas internacionais por tratados, usos e costumes internacionais, assim como o diplomata holandês Hugo Grotius, que, em seu *De iure belli ac pacis*, defende que ainda que Deus não existisse, o Direito natural existiria, sabendo-se que os três são legítimos representantes do pensamento jusnaturalista e haverão de colaborar para o desenvolvimento de ideias favoráveis ao incremento, teórico e prático, de um direito das gentes (*ius gentium*), que somente se consolida desde quando a Paz de Westfália (1648) põe fim à Guerra dos trinta anos, bem como às querelas religiosas do período, permitindo a delimitação das fronteiras e a garantia da igualdade, da soberania, da autonomia e do território de cada Estado, fundando a territorialidade e dando condições para o aparecimento do Estado Moderno.

É rico, também, o impacto do jusnaturalismo e do liberalismo na forma da Escola Humanista do Direito Penal, com Cesare Beccaria, na Itália. É, sem dúvida alguma, a partir de seus estudos, que, efetivamente retomam as discussões dos jusnaturalistas, como Rousseau e Hobbes, reproduzindo em vários momentos o utopismo que marcou a lógica deste pensamento ("Ponde o texto sagrado das leis nas mãos do povo e, quanto mais homens o lerem, menos delitos haverá"),[173] dentro do contexto de aplicação dos direitos ligados à pena. Legítimo representante da concepção de um Estado liberal, Beccaria haverá de intentar o desenvolvimento de um modelo que haverá de cumprir uma meta fundamental: desenvolver uma cultura da pena fundada numa identidade legal. A partir de então, funda as bases para a sistemática do Direito Penal Moderno, este que aparece calcado no princípio da legalidade ("apenas as leis podem indicar as penas de cada delito e que o direito de estabelecer leis penais não pode ser senão da pessoa do legislador, que representa toda a sociedade ligada por um

---

[172] "Estas figuras favorece também as doutrinas privatísticas do sujeito de direito, da declaração da vontade e do negócio jurídico, doutrinas que o antigo direito comum não tinha construído ainda de forma expressa como *teorias gerais*. Estas peças fundamentais da dogmática privatística, ainda hoje válidas (cf. §§ 1 ss; 104 ss., 305 do BGB), não são outra coisa senão princípios jusnaturalistas transformados em princípios de carácter técnico-jurídico (sem prejuízo do incomensurável trabalho prévio da jurisprudência romanística e canonística da Idade Média e do *usus modernus*)" (Wieacker, *História do direito privado moderno*, 2. ed., 1967, p. 310-311).

[173] Beccaria, *Dos delitos e das penas*, 1983, V, p. 19.

Capítulo VI | Direito, história e formas jurídicas

contrato social"),[174] escudado por uma lógica segundo a qual nenhum delito pode ser efetivamente considerado manifestação de uma conduta ilícita se não houver anterioridade de previsão penal fixa em lei (*nullum crimen sine lege*).[175] Ademais, a preocupação do humanismo de Beccaria está não somente na previsão da legalidade, mas na proporcionalidade da pena.[176] Seu sistema teórico, contido sobretudo em *Dos delitos e das penas* (1764) se oporá, portanto, à prova da confissão, à tortura como mecanismo de obtenção de prova, voltado para a política da prevenção dos delitos ("É preferível prevenir os delitos do que precisar puni-los"),[177] e não da mera repressão delitual, contrário ostensivamente à pena capital,[178] mas favorável a penas duras e cujo *metus cogendi poenae* possua visibilidade maior entre a população (trabalhos forçados e prisão perpétua), assim como francamente oposto à cultura da arbitrariedade judicial e favorável à objetividade legal.

De outra parte, é importante ressaltar, o Estado Moderno, ao mesmo tempo que, em seus primeiros tempos, é uma exigência da classe burguesa, num segundo momento, após o abuso da autoridade real, será também alvo do rechaço da burguesia, na medida da própria concentração de poder. Não por outro motivo, sob a influência dos interesses burgueses, da disseminação dos ideais liberais e do estado de opressão social do período, eclodem as primeiras legislações emancipadoras do século XVII, cujos maiores exemplos, simbólicos no processo de afirmação dos direitos liberais e da cultura dos direitos humanos, são o *Bill of Rights*, de 1689, e o *Habeas Corpus*, de 1679, na Inglaterra. Em seguida, as Revoluções Liberais (A Revolução Americana, de 1776, e a sucedânea Constituição de 1787, e a Revolução Francesa, de 1789, e a sucedânea Declaração Universal dos Direitos do Homem e do Cidadão, de 1789) irão consolidar um cenário de derrocada do Estado Absoluto, e a inscrição do Estado de Direito com o reconhecimento de direitos naturais universais,[179] como único caminho possível à mitigação do poder real, ao fim do *Ancien Régime* e à cristalização de direitos em cartas de reconhecimento de direitos humanos.

A noção de revolução – como mudança abrupta da história – é, por isso, moderna, e vulgariza-se após a Revolução Gloriosa, e se torna comum no século XVIII, em transição para o século XIX. Não por outro motivo, o breve espaço de tempo entre a

---

[174] Beccaria, *Dos delitos e das penas*, 1983, III, p. 15/16.
[175] "Assim sendo, a lei deve estatuir, de maneira fixa, por que indícios de delito um acusado pode ser preso e submetido a interrogatório" (Beccaria, *Dos delitos e das penas*, 1983, VI, p. 21).
[176] "Bastará, pois, que o legislador sábio estabeleça divisões principais na distribuição das penalidades proporcionadas aos crimes..." (Beccaria, *Dos delitos e das penas*, 1983, XXIII, p. 63); e, "(...) a pena deve ser, de modo essencial, pública, pronta, necessária, a menor das penas aplicáveis nas circunstâncias referidas, proporcionada ao delito e determinada pela lei" (Beccaria, *Dos delitos e das penas*, 1983, XLII, p. 97).
[177] Beccaria, *Dos delitos e das penas*, 1983, XLI, p. 92.
[178] "A pena de morte, pois, não se apoia em nenhum direito" (Beccaria, *Dos delitos e das penas*, 1983, XVI, p. 45).
[179] "Tanto a Revolução Francesa quanto a Americana, apropriam-se do jusnaturalismo nascido no século XVII e enriquecido pela filosofia das luzes e dos enciclopedistas" (Lopes, *O direito na história*, 3. ed., 2008, p. 188).

Revolução Francesa e a metade do século XIX será estudada pelo historiador Eric Hobsbawn como sendo a era das revoluções.[180] Em específico, a Revolução Francesa (1789) torna possível que a igualdade formal perante a lei se entrone, em face dos abusos das classes nobres, e se universalize a cidadania de todos, sendo a unificação do direito racional o símbolo destas transformações, cuja ruptura emergiu na base da guilhotina. É desta forma que, no seio da sociedade moderna, se passa da reciprocidade assimétrica para a reciprocidade simétrica. A mais clara demonstração do império da lei, como expressão jurídica da razão e da vontade geral, aliás, vem dada pela Declaração Francesa de 1789, onde se pode ler: "*La loi est l'expréssion de la volonté générale*" (art. 6º, *Déclaration Universelle des droits de l´homme et du citoyen*, 1789).

A partir de então, a modernidade, em suas dimensões social, cultural, religiosa, econômica e política, está bem consolidada. A modernidade jurídica dá esboços de sua plenificação, ambientada nestes pressupostos históricos, mas irá se consolidar em definitivo, na etapa seguinte.

5.4.3. Direito moderno: a modernidade do capitalismo industrial

Nesta terceira etapa do processo de modernização, afora a modernização política, cultural, científica e religiosa, já consolidadas nas etapas anteriores, dá-se entre os sécs. XVIII e XIX, profunda emancipação das modernidades tecnológica, social e jurídica. Já a partir da Revolução Francesa (1789), o processo de *positivação* do direito moderno apenas irá se acentuar, se consolidando no século XIX.[181] O intenso processo de positivação do direito europeu é o próximo passo na sequência do desenvolvimento do jusnaturalismo, que não cessará de redundar em progressivas textualizações normativas e redundará no *modus* de atuação do direito contemporâneo (Código Civil Francês, 1804; Código Civil Austríaco, 1811; Código Civil Alemão, 1900; Código Penal Alemão, 1871; Código Civil Português, 1867;[182] Constituição de Weimar, 1919; Carta del Lavoro, 1927; Declaração Universal, 1948).[183]

Sem direitos escritos que deem consistência aos direitos deduzidos da razão humana, é impossível pensar na solidificação do ideário iluminista e jusnaturalista. Sem a lei positiva que racionalize e documentalize os direitos, é impossível pensar no

---

[180] *Vide* Hobsbawn, *A era das revoluções*: 1789-1848, 21. ed., 2007.
[181] Cf. Gilisen, *Introdução histórica ao direito*, 1988, p. 420.
[182] "(...) dedicam-se maiores referências ao primeiro Código Civil português. Assentou no projecto de António Luís de Seabra, desembargador da Relação do Porto, e foi aprovado pela Carta de Lei de 1 de Julho de 1867" (Costa, *História do direito português*, 3. ed., 2003, p. 432).
[183] Na França, a partir do Código Civil de 1804: "O novo Código constituía o último elo de uma cadeia de importantes códigos. Em 1806 seguiu-se-lhe o *Code de Commerce*, preparado por uma longa tradição desde a *Ordonnance des marchands et negociants de Savary* (1673), mas ao mesmo tempo uma das obras mais características do liberalismo econômico inicial do Primeiro Império. Em 1807, segue-se-lhe o *Code de procédure civile* – (...) e, em 1810, o *Code Pénal* que, juntamente com o seu predecessor de 1791, foi o primeiro código penal ao mesmo tempo iluminista e adaptado a um Estado de Direito de toda a Europa" (Wieacker, *História do direito privado moderno*, 2. ed., 1993, p. 389).

Capítulo VI | Direito, história e formas jurídicas

desenvolvimento do próprio mercado, que requer segurança econômica e jurídica.[184] Pode-se mesmo dizer que é parte da exigência filosófica do jusnaturalismo que os direitos encontrados na natureza sejam transformados em objeto de proteção dentro do contrato social, bem como sejam respeitados pelo Estado como limites e aparas ao exercício do poder.

A *positivação* consente que os direitos individuais, liberais, naturais, mais evidentes da necessidade de exercício da liberdade humana, sejam regulados por documentos que oficializam o pacto do Estado com o indivíduo, evitando-se o arbítrio e por consequência o deslimite do poder pela lei.[185] É exemplo disso a passagem do direito de autor da condição de privilégio de imprensa concedido pelos monarcas aos editores, por dez anos, para uma condição na qual se protege o autor pelo *copy right*, revertendo-se ao autor e inventor os benefícios e frutos da criação, como ocorre a partir de 1710, com o ato da rainha Ana (Inglaterra), e, depois, nos diversos textos que darão ampla guarida a este direito, como ocorre em 1783, com a Constituição dos EUA, com a lei de 1793, na França, que reconhece direitos exclusivos ao autor, para sua admissão definitiva nos documentos de caráter internacional (Convenção de Berna – 1886).

Trata-se, na leitura da relação entre o direito moderno e a economia, de uma exigência da burguesia,[186] que tinha um claro interesse na definição de direitos legais, especialmente no que tange à propriedade (propriedade privada), na medida da própria necessidade de superação do sistema feudal (territorialismo) ainda prevalecente na Europa como um todo. O surgimento de um novo Direito Processual é expressão disso, na medida em que a defesa de direitos perante a justiça deve ser feita de modo claro, objetivo e controlado, garantindo-se a expressão da livre disposição das partes que negociam e postulam direitos.[187]

---

[184] "En cuanto tuvieron participación en la formación de los rasgos específicamente modernos del actual derecho occidental, la dirección de su influencia consistió en la racionalización y sistematización del derecho, lo que en general significó para los interesados en el mercado, con la reserva de una limitación posterior, una creciente posibilidad de cálculo del funcionamiento de la administración de justicia, que es una de las más importantes condiciones previas de las explotaciones económicas de carácter permanente, especialmente aquellas de tipo capitalista que han menester de la 'seguridad del tráfico'." (Weber, *Sociologia del Derecho*, 2001, p. 225).

[185] "Com o crescimento do movimento do constitucionalismo, e a dicotomias entre leis constitucionais e leis ordinárias, no final do século XVIII, o princípio da irretroatividade da lei chegou às constituições. Como exemplos de documentos que defenderam a irretroatividade das leis estão a Constituição norte-americana e a Declaração dos Direitos do Homem e do Cidadão, anexa à Constituição de 1795, do mesmo país, que declarava, no art. 14, que 'nenhuma lei, criminal ou civil, terá efeito retroativo" (Weyne, *Direitos adquiridos*, 2005, p. 18).

[186] A ligação entre burocracia e economia é, neste sentido, estreita: "Por outro lado, o capitalismo constitui a base econômica mais racional para a administração burocrática e lhe possibilita o desenvolvimento sob a forma mais racional porque, do ponto de vista fiscal, fornece-lhe os recursos monetários requeridos" (Weber, *Os fundamentos da organização burocrática*: uma construção do tipo ideal, *in Sociologia e burocracia* (Edmundo Campos, org.), 1966, p. 25).

[187] Aí se percebe a "(...) desconfiança no poder absolutista do Estado e no corpo dos juristas e a esperança no sentido de cidadania; o oposto a estes ideais era, pelo contrário, o processo secreto e

O Estado Moderno surge, portanto, como fruto de uma nova lógica conjuntural, favorecendo o desenvolvimento de condições únicas para a *burocratização* e a *legalização*, bem como para a instalação de uma cultura da *especialização funcional* e da *textualização jurídica*.[188] O Direito Administrativo será somente uma exigência que decorre como exigência do próprio contexto, e isto porque a formação do Direito Administrativo vem inspirada na tripartição de poderes de Monstesquieu, consolidada na sua obra de 1748, em oposição ao forte absolutismo centralizador de poderes do período da Monarquia europeia. Neste sentido, houve um franco desenvolvimento desta nova modalidade de direito, logo após a Revolução de 1789, na França, como decorrência da operação das autoridades administrativas, criando-se por decreto de Luís XVIII, em 1817, uma vez restaurada a monarquia francesa, a cadeira de Direito Administrativo na Universidade de Paris.[189]

Ademais, a cultura da unificação do direito moderno vem se produzindo pela prática e reconstruindo a tecitura das relações jurídicas do período medieval, pela presença do *imperium* do príncipe, bem como, e sobretudo, pelos funcionários do monarca incumbidos de produzirem a coerência das regras a serem aplicadas dentro do sistema.[190] Isto significa que, sem o período transitivo, entre o puro feudalismo medieval e a modernidade dos direitos, deve-se destacar a importância do período do absolutismo, que faz nascer e dá campo às grandes *conquistas codificadas* do Direito, pela vontade de *unificação* trazida a lume pelos grandes príncipes do período, em face da dispersão medieval.[191]

---

escrito conduzido perante o juiz nomeado ou dependente da autoridade ou pertencente a uma ordem privilegiada" (Wieacker, *História do direito privado moderno*, 2. ed., 1967, p. 532).

[188] "En el Estado moderno, el verdadero dominio, que no consiste ni en los discursos parlamentarios ni en las proclamas de monarcas sino en el manejo diario de la administración, se encuentra necesariamente en manos de la burocracia, tanto militar como civil. Porque también el oficial moderno superior dirige las batallas desde su despacho (*Bureau*). Lo mismo que el llamado progreso hacia el capitalismo a partir de la Edad Media constituye la escala unívoca de la modernización de la economía, así constituye también el progreso hacia el funcionario burocrático, basado en el empleo, en sueldo, pensión y ascenso, en la preparación profesional y la división del trabajo, en competencias fijas, en el formalismo documental y en la subordinación y la superioridad jerárquica, la escala igualmente unívoca de la modernización del Estado, tanto del monárquico como del democrático" (Weber, *Sociologia del derecho*, 2001, p. 263).

[189] Cf. Meirelles, *Direito administrativo brasileiro*, 19. ed. 1994, p. 41.

[190] "El sistema y la ratio jurídica son introducidos – en extensión limitada – por los prácticos del derecho. En primer término, por las necesidades de la enseñanza jurídica y, en toda su plenitud, por el trabajo de los funcionarios principescos. Son éstos los auténticos sistemáticos de la codificación, por ser los naturalmente interesados en una sistemática clara y fácil. Por ello las codificaciones de los príncipes poseen en el aspecto sistemático un carácter mucho más racional que el de las más amplias reglamentaciones assimétricas o proféticas" (Weber, *Sociologia del Derecho*, 2001, p. 195).

[191] "Para la época de la codificación, la confusión reinante en materia de fuentes hacía que la mayor parte de los derechos europeos se encontrasen ante uma pluralidade enorme de fuentes materiales a las cuales se enfrentaba el juzgador a la hora de emitir um fallo" (Perelló, *Teoría y fuentes del Derecho*, 2016, p. 120).

Capítulo VI | Direito, história e formas jurídicas

O Código Civil francês não foi o primeiro documento a codificar o sistema de normas num único documento oficial de Estado, pois a experiência anterior do *Codex juris bavaricis criminalis* já havia dado prenúncios desta iniciativa, em 1751 na Baváriaria.[192] No entanto, o Código Civil Francês foi o primeiro documento a efetivamente consagrar os princípios iluministas em sua formatação, como afirma Franz Wieacker,[193] sob o influxo das ideias de Domat, Pothier, Wolff e outros juristas do período. Desde então, os códigos passam a exercer fascínio na consciência jurídica de época.[194]

O Código Civil Francês (*Code Civil des français*), de 1804 (republicado em 1807 sob a insígnia de *Code Napoléon*), trouxe consigo um conjunto de promessas afirmadoras dos ideais da modernidade,[195] e também da própria Revolução Francesa de 1789 (liberdade, igualdade, fraternidade),[196] corroborada pela doutrina e jurisprudência de seu tempo, conforme o que o próprio espírito de época entendia como missão do direito legislado codificado.[197] Abraçando as reivindicações liberais do período, o art. 1.134 do Código de Napoleão consagra ampla liberdade contratual, fundando o laço

---

[192] "Como primeiro precursor deste estilo de codificação deve apontar-se a legislação civil bávara do séc. XVIII. Destruída desde cedo a coerência interna e a hegemonia rígida do direito privado anterior por medidas pontuais do direito territorial, ela mostra, no entanto, a lentidão com que o jusracionalismo se foi instilando no direito comum" (Wieacker, *História do direito privado moderno*, 2. ed., 1967, p. 369-370).

[193] "Todos estes códigos foram ultrapassados pelo enorme impacto formal e de conteúdo do *Code Civil* de 1804. Também o grande código civil da França nasceu da crença jusracionalista na lei" (Wieacker, *História do direito privado moderno*, 2. ed., 1993, p. 386).

[194] Como afirma o jurista argentino Carlos Santiago Nino: "Aqueles códigos exerciam um fascínio real entre os homens do direito, a ponto de os mais tenazes contestadores da ordem antes existente se transformarem nos mais severos conservadores dos novos corpos legais" (Nino, *Introdução à análise do direito*, 2015, p. 381).

[195] "Contudo, a paixão das leis só atingiria o sublime se essas leis pudessem ordenar-se sob a forma do Código. Essa reivindicação já figurava nos cadernos de lamentações dirigidos aos Estados Gerais de 1789; a Revolução e o Império farão disso a sua primeira prioridade. Reunir num livro único o direito de uma nação, declinar em algumas centenas de artigos, redigidos numa língua clara e acessível, as soluções jurídicas outrora dispersas num emaranhado de costumes e sentença, era aceder ao mesmo tempo aos desejos de unificação, de simplificação e de estabilização do direito" (Ost, *O tempo do direito*, 2001, p. 286-287).

[196] "Le droit dérive directement de la conscience individuelle" (Huc, Théophile, *Commentaire théorique et pratique du Code Civil*, Paris, Librairie Cotillon, 1892, Tome I, p. 14). "Le droit positif maintenu dans les limites légitimes, assurera au contraire l'équtpe, en faisant respecter l'égalité, cést-à-dire l'équité, c'est-à-dire la justice" (Huc, Théophile, *Commentaire théorique et pratique du Code Civil*, Paris, Librairie Cotillon, 1892, Tome I, p. 20).

[197] "Il faut reconnaitre en effet que le Code civil repose sur des principes qui contiennent en quelque sorte le résumé des coqnuêtes de la Révolution dans l'ordre civil; ces principes sont les suivants: 1. L'égalité des Français devant la loi; 2. L'indépendance absolue du droit civil à l'égard des croyances religieuses; 3. La protection par la loi de la liberté individuelle; 4. La garantie de l'inviolabilité de la propriété dans toutes ses formes; 5. La prohibition des conventions particulières tendant à établir d'une manière permanente l'inégalité des fortunes; La prohibition des conventions tendant à détruire ou à restreindre la liberté individuelle, et celle du travail, du commerce ou de l'industrie" (Huc, Théophile, *Commentaire théorique et pratique du Code Civil*, Paris, Librairie Cotillon, 1892, Tome I, p. 36).

obrigacional na liberdade individual e na igualdade das vontades manifestadas pelos contratantes, sendo que a teoria da culpa domina a cultura das obrigações. A partir do movimento de codificação, a noção de responsabilidade civil adquire matizes claros, ao diferenciar a culpa contratual da culpa delitual de modo organizado na própria estrutura sistemática do Código.[198]

O *Code Napoléon* supera todos os demais códigos anteriores, nascendo como expressão da crença jusracionalista na superioridade da lei ante qualquer outra forma de direito (jurisprudência, costumes, direito canônico, direito romano).[199] É enorme o impacto mundial da cultura do *Código* como centro da cultura jurídica do direito europeu continental e do direito latino-americano.[200] Também, será esta mesma presença de lei positiva que fará com que as Escolas positivistas do século XIX se afinizem em certos conceitos e ideias: sistemismo; unidade; exegese literal; ciência do direito como abstração de institutos; ausência de lacunas; exegese como forma de interpretação autêntica.[201] Todo este arcabouço que entrelaça poder e saber jurídico é que será extremamente favorável à intensificação da positivação dos direitos e à formação dos grandes sistemas de direitos contemporâneos. A intensificação do aparecimento de documentos legislativos se dá a partir do século XVIII,[202] obviamente, não por coincidência. Como se pode perceber, o século XIX é o momento de convergência das ideologias que determinariam a formação dos sistemas legislados contemporâneos (apesar das resistências historicistas, como a de Savigny), a exemplo desta breve relação de referências legislativas dos séculos XIX e XX: Declaração Universal dos Direitos do Homem e do Cidadão, 1789; Código Civil Francês, 1804; Código Comercial Francês, 1806; Código de Processo Civil Francês, 1807; Código Penal, 1810; Código Civil Austríaco, 1811; Código Penal Alemão, 1871; Código Civil Alemão, 1900; Constituição de Weimar, 1919; Carta del Lavoro da Itália, 1927; Declaração Universal dos Direitos Humanos, 1948.

Este crescente movimento de positivação, que redundará, no século XIX, na consagração da doutrina do *positivismo jurídico*, não terá a mesma acolhida na Europa insular, encontrando resistências suficientes para não ser assumido pela tradição medieval de *common law* da Inglaterra. Pouco afeita às abstrações e muito ligada à pratica do direito como *legal procedure*, o direito inglês não receberá com bons olhos a onda codificadora e sistematizadora que encontra na Europa continental fértil

---

[198] Cf. Bittar, *Responsabilidade civil*, 2001, 4. ed., p. 39 e ss.

[199] Wieacker, *História do direito privado moderno*, 2. ed., 1967, p. 389.

[200] "Depois disto, não é de admirar o impacto *mundial* do *Code*, sobretudo nos países latinos" (Wieacker, *História do direito privado moderno*, 2. ed., 1993, p. 394).

[201] A função do código é reunir as regras de Direito, de modo que o Direito torna-se uma espécie de agrupamento de todas as regras jurídicas, como afirma Demolombe, no seu *Cours*: "La loi véritable et proprement dite, la loi qui fait l'objet de nos études comme jurisconsultes, est donc une règle sanctionnée par la puissance publique, une règle civilement et juridiquement obligatoire. Le droit est le résultat, ou bien encore l'ensemble et la collection de ces règles" (Demolombe, *Cours de code Napoléon*, 4. ed., Paris, Auguste Durand, Hachette et Cie., 1869, p. 03).

[202] Sobre esta especial aceleração a partir do século XVIII do aparecimento de normas escritas, consulte-se Gilissen, *Introdução histórica ao direito*, 1988, p. 420.

terreno de desenvolvimento, especialmente na França.[203] O continente europeu foi extremamente sensível a este movimento, que funda uma cultura da abstração dedutivista, enquanto que a Inglaterra se mantém pela *equity* filiada a outras raízes, por condições históricas que são peculiares ao desenvolvimento das instituições jurídicas e políticas anglo-saxãs, este mais acentuadamente vinculado à razão do caso concreto, e, portanto, à saída pelo jurisprudencialismo e pela cultura do Tribunal.[204] Isto é o que, de certa forma, funda a divisão que haverá de orientar a cultura contemporânea, e que divide os continentes em sistemas jurídicos diferentes, entre *civil law* e *common law*.

5.4.3.1. O juspositivismo: razão e dogmática jurídica

Os códigos surgem dentro de um contexto otimista e progressista que define o amanhã revolucionário (unidade, nacionalismo, centralismo) como um alvorecer melhor que o hoje da tradição (falta de unidade, assistematicidade, divisão, diversidade, cultura). Há nesta radical ruptura com a cultura tradicional, especialmente a medieval e canônica, uma forte presença do espírito da filosofia da história (grande narrativa do futuro d'"As Luzes") nascente desde o final do século XVIII, com um claro acento na história como progresso. A ideia de progresso é de fato uma invenção moderna, além de ser a base da nascente filosofia da história que a partir do final do século XVIII inicia sua contribuição teórica no sentido de caracterizar grandes narrativas orientadoras do futuro-da-história. Em Kant, por exemplo, o devir futuro da história humana haverá de encontrar no Direito a sua reavaliação, enquanto forma de racionalização do convívio e eliminação das condições pré-modernas de vida. Portanto, o Direito não tem pequeno papel no desenvolvimento cultural e moral da humanidade, o que gera, em última escala, uma cumplicidade entre o progresso material e o progresso dos saberes jurídicos, que redunda na formação da *Rechtswissenchaft* de Rudolf Von Savigny. A noção de progresso haverá de guiar todos os grandes esforços no sentido da realização do ideário moderno (centralização do poder; estatização das responsabilidades sociais; unificação das fontes jurídicas; concentração do direito no Estado; positivação de todo o direito aplicável), pois, afinal, o amanhã haverá de ser colhido por uma condição superior à do passado. O ontem deve ser esquecido em favor de um presente que instrumentaliza o futuro enquanto mediatizado pelo Direito. O Direito está na aurora da história racional, da história que projeta o sonho iluminista.

---

[203] "Assim, a influência teórica do jusracionalismo sobre a jurisprudência permaneceu diminuta dada a enraizada negação do espírito do direito inglês em relação ao sistema e aos conceitos gerais" (Wieacker, *História do direito privado moderno*, 2. ed., 1967, p. 314).

[204] "En Inglaterra, patria del capitalismo, no hubo recepción del derecho romano, porque existía allí, en unión con el Tribunal del rey, un estamento de los abogados que nunca permitió que se tocaran las instituciones jurídicas nacionales. Dominaba éste la enseñanza del derecho, salían de su seno (y salen hoy todavía) los jueces, y impidió, por consiguiente, que en las universidades inglesas se enseñara derecho romano, con el fin de que no llegaran a las poltronas de los jueces personas que no salieran de sus filas." (Weber, *Sociología del Derecho*, 2001, p. 244).

O resultado disto é que a positivação do Direito europeu traz consigo uma nova ideologia teórica, a do *juspositivismo* e suas *Escolas*,[205] como consequência da absolutização da visão de mundo segundo a qual todo o Direito se esgota na *lei moderna*. Também, de que o Direito é a culminância dos modos pelos quais se organiza a vida social, e, portanto, o único instrumento de acesso ao futuro. O ponto de mutação entre o jusnaturalismo e o juspositivismo é o pensamento de Kant e sua doutrina do *dever-ser* e do racionalismo ético (imperativo categórico), no sentido da garantia da construção de um abstracionismo que suportasse a conceitualística da ciência dogmática do direito (*Rechtswissenchaft*) nascente no século XIX.[206]

A lógica da modernidade jurídica será, sem dúvida nenhuma, responsável por construir uma ideia de liberdade, agora, diferente daquela conhecida no início da modernidade (liberdade natural protegida na lei), na medida em que vem se transformando até ser tornada liberdade como resquício das proibições do direito do Estado. Hobbes já expressava a ascensão desta concepção, ao afirmar: "Porque o direito é a liberdade que a lei nos deixa".[207] Deixa de haver uma liberdade que é regulada pela lei, substituída que vai sendo pela liberdade que é o exercício resquicial do que se pode fazer se o Estado não proibir a conduta ("Quanto às outras liberdades, dependem do silêncio da lei").[208]

Antes, está o Estado e seu poder de regular comportamentos sociais, depois, está a liberdade do cidadão, nas brechas do que foi legislado pelo Estado. O direito positivo é a expressão do poder do Estado, e a legalização representa o movimento de consagração da modernidade, na medida em que a liberdade institucionalizada (no Estado-Leviatã) é o único mecanismo de salvaguarda da própria sociedade. Mais que isto, a nova forma de dominação, agora não se fundamenta mais simplesmente no carisma ou na tradição, se baseia no poder burocrático e abstrato do Estado, através de suas regras e procedimentos (legitimidade decorre da legalidade).[209]

---

[205] A respeito das Escolas Positivistas, leia-se Larenz, *Metodologia da ciência do direito*, 2. ed., 1989.

[206] "Da ética de Kant (que, em si mesma, não era de modo algum formal) provem, portanto, um dos veios principais do formalismo científico, ou seja, do positivismo científico que havia de transformar o *usus modernus* tardio numa ciência autônoma do direito positivo." (Wieacker, *História do direito privado moderno*, 2. ed., 1967, p. 402).

[207] Hobbes, *Elementos de direito natural e político*, p. 232.

[208] Hobbes, *O leviatã*, 1999, p. 177.

[209] "Motivos de justificación interior, o sea motivos de legitimidad de una dominación – para empezar con ellos – hay tres en principio. Primero, la autoridad del 'pasado', de la costumbre consagrada por una validez inmemorial y por la actitud habitual de su observancia: es ésta la dominación 'tradicional' tal como la han ejercido el patriarca y el príncipe patrimonial de todos los tipos. Luego, la autoridad del don de gracia personal extraordinario (carisma), o sea la devoción totalmente personal y la confianza personal en revelaciones, heroísmo y otras cualidades de caudillaje del individuo: dominación 'carismática', tal como lo ejercer el profeta o – en el terreno político – el príncipe guerrero escogido o el conductor plebiscitado, el gran demagogo y jefe político de un partido. Y, finalmente, la dominación en virtud de 'legalidad', o sea en virtud de la creencia en la validez de un estatuto legal y de la 'competencia' objetiva fundada en reglas racionalmente creadas, es decir: disposición de obediencia en el cumplimiento de deberes conforme a estatuto; ésta es la dominación tal como la ejercen el moderno 'servidor del Estado' y todos aquellos otros elementos investidos de poder que en este aspecto se le asemejan." (Weber, *Sociologia del Derecho*, 2001, p. 256-257).

Capítulo VI | Direito, história e formas jurídicas

Assim, a liberdade será aquilo que o soberano disser, ou a sobra de todas as proibições trazidas pelo soberano pelas leis; ela é resquicial. É paulatino, portanto, o esvaziamento da noção de Direito como uma dimensão de poder temporal fundada em uma ordem metafísica, ou natural, ou transcendental-natural, faculta o aparecimento de uma noção de Direito tecnicizada, esvaziada de conteúdo axiológico, voltado mais para a compreensão da ideia de que o Direito só pode ser entendido como Direito positivo (*ius positum*) e o que está fora dele, ou é invenção ou é idealismo relativista.[210] Esta mentalidade ascendente no período constrói a força de um movimento que consome o jusnaturalismo e o converte em expressão de uma ideologia fracassada na demonstração teórica do conceito de Direito, ao lado da superação que já se operava no destronamento do direito medieval ou do modo de pensamento dos glosadores e comentadores do direito romano.[211]

A culminância da positivação e da história da legalização e normatização de documentos jurídicos, dar-se-á, é claro, apenas no século XIX, especialmente com o desenvolvimento das Escolas: 1) *Escola Pandectística*, que vê o direito como corpo de regras cujo modelo era o direito romano – o *usus modernus pandectarum* (Alemanha, Glück, Windscheid; Jellinek); 2) *Escola da Exegese*, que vê a codificação como uma espécie de iconização dogmático-exegética, guiada pelo axioma da intocabilidade do sentido normativo atribuído pelo legislador (França, Demolombe; Troplong; Laurent; Aubry et Rau); 3) *Escola da Jurisprudência dos Conceitos*, que traça a arquitetura dos conceitos e do ordenamento jurídico cientificamente interpretado num sistema de regras (Rudolf Von Jhering; Puchta); 4) neste contexto, é voz dissonante a *Escola Histórica*, com Rudolf von Savigny (*Da vocação de nosso tempo para a legislação e a jurisprudência* – 1814), uma vez que se opõe à criação de um Código Alemão por acreditar no *Volksgeist* e na força dos costumes, não deixando, não obstante, de pensar também lógico-dedutivamente as fontes históricas do Direito.[212]

---

[210] No *Cours* de Demolombe: "Or, il ne semble qu'il serait plus exact, plus logique, et aussi plus prudent de dire que la loi véritable, c'est-à-dire la règle civilement obligatoire, est toujours positive, et que, sous ce rapport, nous n'avons qu'une espèce de droit, qu'une espèce de lois, savoir: le droit, les lois, sanctionnés par la puissance publique" (Demolombe, *Cours de code Napoléon*, 4. ed., Paris, Auguste Durand, Hachette et Cie., 1869, p. 06).

[211] "Ao grande Donellus seguiu-se no séc. XVII um Jean *Domat* (1625-1692), cujo 'Sistema Natural das Leis' (*Les loix civiles dans leur ordre naturel*, 1694) pôs de pé um 'sistema claro e transparente' das leis não suficientemente ordenadas pelos romanos; e, já no séc. XVIII, Robert Josèphe *Pothier* (1699-1772), cujos trabalhos de direito civil (em especial *Les digestes*) haveriam de dominar, na última fase da sua elaboração, o sistema e em particular a dogmática obrigacional do *Code Civil*" (Wieacker, *História do direito privado moderno*, 2. ed., 1967, p. 387).

[212] Sobre as Escolas Positivistas, consulte-se Larenz, *Metodologia da Ciência do Direito*, 2. ed., 1989. "Isto constituía um pressuposto necessário do seu método cientifico. Puchta é o fundador da jurisprudência clássica dos conceitos do séc. XIX. As suas *Pandekten* {Pandectas} e o seu *Cursus der Institutionen* {Curso de Instituições} fizeram desta herança jusracionalista um princípio metodológico próprio da pandectística, tendo tido uma influência mais duradoura e mesmo anterior do que o *System* de Savigny, que chegaram mesmo a influenciar de forma visível. Uma vez que Putcha renunciou de facto às relações jurídicas orgânicas e às 'instituições' de Savigny, a pirâmide conceitual, i.e., a hierarquia dos conceitos a partir dos axiomas, é construída de forma continua e sem lacunas e a dedução das normas jurídicas isoladas e das decisões jurídicas concretas só se

O juspositivismo representa um movimento teórico-científico que descreve a natureza do Direito a partir de suas manifestações normativas, decorrentes do poder de decisão do legislador. Só existe uma forma e uma manifestação do Direito possível, aquele definido como sendo o Direito do Estado, ou o Direito Oficial; o resto, ou não existe, ou é julgado à conta de elementos estranho ao Direito. Rapidamente, a excessiva demonstração de apego ao Estado, à figura do legislador racional, ao Código, aos conceitos abstratos, às definições e aos rituais de aplicação do direito normativo conduz o movimento a se transformar numa ideologia que fetichiza a lei e a torna, em vez de meio, fim em si mesma. A própria noção de sistema, herdada do jusnaturalismo, agora é utilizada para descrever a unidade do ordenamento jurídico, e se torna uma concepção fundamental para a identificação do *modus operandi* de um direito tornado uma cadeia de normas positivas inter-relacionadas entre si. Sua contribuição é notória no sentido de que fornece uma dimensão integrada e científica do Direito, porém a metodologia do positivismo jurídico identifica que o que não pode ser provado racionalmente não pode ser conhecido; sem dúvida nenhuma, retira os fundamentos e as finalidades, contentando-se com o que *ictu oculi* satisfaz às exigências da observação e da experimentação, daí sua restrição ao posto (*positum – ius positivum*).[213]

Reflexo do positivismo científico do séc. XIX,[214] o positivismo jurídico,[215] como movimento de pensamento antagônico a qualquer teoria naturalista, metafísica, sociológica, histórica, antropológica... adentrou de tal forma nos meandros jurídicos que suas concepções se tornaram estudo indispensável e obrigatório para a melhor compreensão lógico-sistemática do Direito.[216] Também, o puramente empírico, como o tradicional e o direito consuetudinário, são vistos fora do sistema de referências do período, e sofrem o expurgo da constelação das buscas juspositivistas.[217] A máxima culminância do juspositivismo dar-se-á no normativismo teórico do sistema da *Teoria Pura* de Hans Kelsen, no início do século XX.

---

torna possível observando o estrito rigor lógico" (Wieacker, *História do direito privado moderno*, 2. ed., 1967, p. 456-457).

[213] "A sua teoria pura do direito constitui a mais grandiosa tentativa de fundamentação da ciência do Direito como ciência – mantendo-se embora sob império do conceito positivista desta última e sofrendo das respectivas limitações – que o nosso século veio até hoje a conhecer" (Larenz, *Metodologia da ciência do direito*, 1989, p. 82).

[214] "Il est généralement admis que la théorie de Kelsen est radicalement positiviste, et ceci dans plusieurs sens de ce terme. Tout d'abord, elle l'est sur le plan philosophique: les liens qui unissaient Kelsen aux penseurs néo-positivistes groupés dans le Wiener Kreiss se manifestent dans son approche de la connaissance en tant que *valeur en êlle-même*. Ceci explique d'ailleurs le refus catégorique que le maître autrichien opposait à toute forme de 'métaphysique', comme stérile sur le plan cognitif" (Grzegorczyk, Michaut, Troper, *Le positivisme juridique*, 1992, p. 56).

[215] "A pureza metodológica perseguida por Kelsen baseia-se na ausência de juízos de valor, de que acabamos de falar, e na unidade sistemática da ciência: volta-se, portanto, para uma nova noção de ciência fundada em pressupostos filosóficos da escola neokantiana" (Losano, Introdução, *in O problema da justiça* (KELSEN, Hans), p. XIII).

[216] Cf. Weber, *Sociologia del derecho*, 2001, p. 230.

[217] Cf. Weber, *Sociologia del Derecho*, 2001, p. 202.

Capítulo VI | Direito, história e formas jurídicas

As características do sistema jurídico, que se passa a descrever a partir de então são: coerência e ausência de lacunas, contradições e antinomias;[218] logicismo concêntrico das relações internormativas e interconceituais;[219] centralização; unitarismo; racionalidade legal; cientificização; escala de produção procedimental; controle prévio do lícito em face do ilícito; objetividade da avaliação dos comportamentos; segurança jurídica pela oferta de garantias ao capitalismo ascendente; triunfo da sistematização jurídica; nacionalização do direito e consolidação dos direitos civis dos cidadãos nacionais; aplicação do direito por meio de um método dedutivo. O *BGB* pode ser descrito como um documento jurídico da cultura alemã que expressa esta visão e que procura consolidar os esforços de eliminação da casuística, substituída pela força vinculante de seus princípios e regras sistêmicas, ordenada e conceitualmente distribuídas ao longo das coerentes e lúcidas páginas do código.[220] O jurista, portanto, da cultura do juspositivismo será um letrado formado dentro de uma cultura lógico-dedutiva, já entendido como um profissional técnico e especializado no tratamento dos mandamentos legais.[221]

Esta marca do Direito enquanto expressão da legalidade e do ritualismo conservador das formas de Estado vem sendo construído especialmente desde quando a efervescência do *legalismo fetichizado* se deu através das diversas correntes filosóficas do século XIX.[222] Isto daria condições para que o século XX herdasse uma tradição

---

[218] "Pero debido a la aplicación de ese derecho a hechos jurídicos enteramente diversos, desconocidos por la Antiguedad, se planteó la tarea de 'construir el hecho jurídicamente, sin contradicción ninguna' y esa preocupación pasó casi de modo absoluto al primer plano y, con ella, apareció la concepción de derecho ahora dominante, como un complejo compacto de 'normas', lógicamente exento de contradicción y de lagunas, que debe ser 'aplicado'; y esa concepción resultó ser la decisiva para el pensamiento jurídico. Esta forma específica de localización del derecho no fue en modo alguno esencialmente codeterminada, como en el caso de la tendencia hacia el derecho formal en sí mismo, por necesidades de la vida como, por ejemplo, las de los burgueses interesados en un derecho 'calculable', previsible" (Weber, *Sociologia del derecho*, 2001, p. 200).

[219] A Escola da Jurisprudência dos Conceitos, especialmente com Puchta, consagra este ideário: "Isto constituía um pressuposto necessário do seu método científico. Puchta é o fundador da jurisprudência clássica dos conceitos do séc. XIX. As suas *Pandekten* {Pandectas} e o seu *Cursus der Institutionen* {Curso de Instituições} fizeram desta herança jusracionalista um princípio metodológico próprio da pandectística, tendo tido uma influência mais duradoura e mesmo anterior do que o System de Savigny, que chegaram mesmo a influenciar de forma visível. Uma vez que Putcha renunciou de facto às relações jurídicas orgânicas e às 'instituições' de Savigny, a pirâmide conceitual, i.e., a hierarquia dos conceitos a partir dos axiomas, é construída de forma continua e sem lacunas e a dedução das normas jurídicas isoladas e das decisões jurídicas concretas só se torna possível observando o estrito rigor lógico" (Wieacker, *História do direito privado moderno*, 2. ed., 1967, p. 456-457).

[220] Wieacker, *História do direito privado moderno*, 2. ed., 1967, p. 544.

[221] "El desenvolvimiento general del derecho y del procedimiento, estructurado en 'etapas teórica' de desarrollo, conduce de la revelación carismática a través de profetas jurídicos, a la creación y aplicación empírica del derecho por notables (creación cautelar de acuerdo con los precedentes); después al 'otorgamiento' del derecho por el imperium profano y los poderes teocráticos y, por último, al 'derecho sistemáticamente estatuido' y a la 'aplicación' del mismo por juristas especializados, sobre la base de una educación letrada de tipo lógico-formal." (Max Weber, *Sociologia del derecho*, 2001, p. 223).

[222] "A redução do jurídico ao legal foi crescendo durante o século XIX, até culminar no chamado legalismo. Não foi uma exigência política, mas econômica" (Ferraz Junior, *Introdução ao estudo do direito*, 2001, p. 74).

já solidificada de culto à lei. O austríaco Hans Kelsen bem percebeu e expressou esta identidade de um novo Direito, que vem sendo esculpido desde a modernidade. De fato, ao proferir suas lições na *Teoria Pura do Direito*, conserva ao jurista um papel diminuto em meio ao grande universo de problemas e questões das ciências sociais: a leitura da norma jurídica enquanto relação de validade. A autonomia científica é garantida à custa de uma diferenciação, ainda que artificial, entre as fronteiras dos conhecimentos em ciências sociais. Daí a facilidade com que Hans Kelsen consegue expulsar a questão da *justiça* como sendo um algo externo ao universo de compreensão do Direito, exatamente porque o seu relativismo conceitual conduz à sua incognoscibilidade por uma ciência precisa do Direito, para fora da esfera das preocupações do jurista como sendo uma questão própria para filósofos. Que noção de Direito que se tem desde então? O Direito como forma para um conteúdo (qualquer), o Direito como forma que tudo comporta e tudo suporta (democracia, oligarquia, tirania), o Direito como conjunto de relações entre normas, dentro de esquemas abstratos de validade (pertinência ao *mundus iuris*). A tecnicização da tarefa do jurista corresponde a um esvaziamento da noção de Direito; este se esgota em sua definição como conjunto de normas postas pelo Estado.

5.4.3.2. A modernidade social: reivindicação e igualdade

Uma outra face da modernidade está representada pela luta contra os excessos produzidos por ela mesma, e o século XIX será o palco histórico deste enfrentamento. O mesmo século XIX da positivação do Direito e da autonomização científica do Direito, será o século da industrialização, da mecanização, e, portanto, o das grandes contradições de classes, pois após a Revolução Francesa (1789), consagrou-se a liberdade, mas se esqueceu da igualdade e da fraternidade. Na leitura de Eric Hobsbawn, neste período destaca-se uma dupla revolução, a Francesa e a Industrial.[223]

De fato, a ascensão da burguesia permitiu a afirmação econômica dos interesses de uma classe hegemônica, cuja reprodução do capital se deu a partir da exploração das horas excedentes de produção do trabalhador. A Revolução Industrial foi capaz de guiar o avanço tecnológico-produtivo em direção a mecanismos mais eficientes de atendimento de demandas de mercado, de lucratividade e de intensa produtividade, mas foi, sobretudo, capaz de criar profundas desigualdades sociais entre detentores dos mecanismos de produção e não detentores. A associação entre a proteção do capital pelo sistema jurídico-político e o crescimento econômico é somente uma face da modernidade, na medida em que seus concretos abusos são de imediato sentidos como distorções à ideia originária de igualdade, a serem compensados através de mecanismos de justiça distributiva, capazes de redistribuir pela força e pelo poder do Estado os benefícios sociais e de fixar mecanismos de limitação ao exercício irrestrito do controle de produção por parte do capitalista.

---

[223] "Este livro traça a transformação do mundo entre 1789 e 1848 na medida em que essa transformação se deveu ao que aqui chamamos de 'dupla revolução': a Revolução Francesa de 1789 e a revolução industrial (inglesa) contemporânea" (Hobsbawn, *A era das revoluções*: 1789-1848, 21. ed., 2007, p. 13).

Capítulo VI | Direito, história e formas jurídicas

As desigualdades, a exploração, a reificação,[224] a apropriação de bens pela classe burguesa são temas que estão flagrantes para Karl Marx (séc. XIX), que inaugura, por sua vez, uma análise crítica da economia e da política, especialmente em *O capital*, na medida em que a dominação de classes, a revolução industrial e a exploração do homem pelo homem se tornam evidências e resultantes do próprio processo de acumulação primitiva, desde o final da Idade Média. Na passagem do Medievo à Modernidade, o crescimento econômico era um fato escancarado para os olhos dos teóricos, e Marx enfrenta a questão detectando que a riqueza das nações estaria sendo dirigida a uma só classe, dela excluída a classe proletária.[225] Sua crítica ao capitalismo, bem como seu idealismo revolucionário pelas classes exploradas (proletariado) em direção ao comunismo, conduzem a um acirramento das necessidades de revolução social e econômica que insculpem na mentalidade do século XIX (1848 e 1871)[226] e do século XX a ideia de oposição de classes e a dicotômica oposição capitalismo/comunismo. A crítica marxista, unida aos escritos de seus contemporâneos e intérpretes posteriores (Lênin, Bakunin, Gramsci, Mao-Tsé Tung, Lukács), forma um grande caudal de fundamentos filosóficos para a reivindicação social e para a luta trabalhista que inauguraria décadas de lutas sociais e econômicas ao longo do século XX. O ideal comunista é exatamente a manifestação direta de uma reação opositiva ao imaginário geral da modernidade, reagindo modernamente à indesejada modernidade, como afirma o sociólogo Zygmunt Bauman.[227]

Daí o surgimento contextual de legislações protetivas da condição do trabalhador, à carreira do desenvolvimento das reivindicações sociais e trabalhistas, especialmente considerada a relevante atuação de Marx e Engels na conscientização das massas trabalhadoras na organização do sindicalismo internacional,[228] que começam a

---

[224] "A reificação é um processo cuja origem deve ser buscada nos começos da sociedade organizada e do uso de instrumentos. Contudo, a transformação de todos os produtos da atividade humana em mercadorias só se concretizou com a emergência da *sociedade industrial*. As funções outrora preenchidas pela razão objetiva, pela religião autoritária, ou pela metafísica, tem sido ocupadas pelos mecanismos reificantes do anônimo sistema econômico" (Horkheimer, *Eclipse da razão*, 2003, p. 48).

[225] "O homem vivera estagnado por milênios. Anos de vacas gordas e anos de vacas magras, sim, mas nunca um 'processo' de crescimento. É justamente a surpresa ante o crescimento que o obriga a escrever nos séculos XVIII e XIX. Smith o interpreta como algo positivo, Marx negativamente. Smith se surpreende do fato 'escandaloso' de que as nações estejam começando a crescer, a enriquecer" (Grondona, *Os pensadores da liberdade*, 2000, p. 31).

[226] "A Comuna Parisiense de 1871 é certamente a mais prestigiosa e mítica das revoluções abortadas" (Löwy (org.), *Revoluções*, 2009, p. 23).

[227] "O comunismo moderno foi um discípulo super-receptivo e fiel da Idade da Razão e do Iluminismo e, provavelmente, o mais consistente dos seus herdeiros do ponto de vista intelectual" (Bauman, *Modernidade e ambivalência*, 1999, p. 45).

[228] "Surgiram os socialismos e as ideias coletivistas. O meio-termo foi representado pelo Direito social inspirado nas ideologias do individualismo concreto. Surge o direito ao trabalho, o direito dos trabalhadores a se agruparem para as reivindicações sociais, o sindicalismo, as ideias de participação, a elevação do nível de vida do trabalhador, as preocupações com o desemprego, a velhice, a enfermidade, a segurança do trabalho e do trabalhador" (Batalha, *Nova introdução do direito*, 2000, p. 495).

despontar como formas de limitação à exploração da mão de obra assalariada pelo capital. A modernidade social inaugura, portanto, a oposição entre liberdade individual e liberdade social, a partir da oposição de forças antagônicas e opostas, no embate entre liberais e socialistas, especialmente desde quando a filosofia da história constrói as utopias sobre o fim da história e a eliminação dos mecanismos de diferenciação entre indivíduos. Parece que a liberdade social (coletiva, igualitarismo) caminha num sentido paradoxalmente contrário ao princípio da liberdade individual (privada, diversidade), produzindo uma espécie de oposição insuperável entre as duas dimensões da liberdade.[229]

Na Inglaterra, em 1802, é a lei de Peel que limita a jornada de menores a 12 horas diárias. Na França, em 1814, é a lei que proíbe trabalho de menores de 8 anos. Em 1833, surgem as leis sociais de Bismarck. Na Itália, surge a lei de proteção do trabalho da mulher e do menor, em 1886, sendo que, na França, em 1901, surge pela primeira vez o *Code du Travail*, conferindo regulamentação sistematizada sobre a matéria trabalhista. As primeiras normas constitucionais vão surgir no início do século XX, com especiais expressões, em 1917, na Constituição do México (art. 123 estabelece a jornada máxima de 8 horas diárias, o direito ao salário mínimo, seguros sociais etc.), em 1919, a Constituição de Weimar, na Alemanha, que cria e desenvolve a concepção de uma democracia social, assegurando diversos direitos de caráter trabalhista, inclusive a possibilidade de participação do trabalhador nos fóruns de decisão dos conselhos de empresa, não se podendo ignorar a importância da *Carta del Lavoro*, na Itália, em 1927. Este é exatamente o contexto de formação e de criação de um Direito do Trabalho plenamente consciente de sua missão, de sua autonomia e de sua importância para a construção de uma cidadania plena que incluísse as reivindicações do trabalho como única forma de garantir dignidade humana ao trabalhador.[230]

Mas, o movimento de luta pela igualdade econômica, para além da igualdade liberal e política, não para nestas conquistas, pois a Revolução Russa (1917) vai adiante no sentido de estabelecer historicamente a possibilidade de enraizamento das conquistas do proletariado sobre o czarismo. A lei não será simplesmente a representação da soberania popular, mas se fará pela mão do povo no poder, até que seja possível se realizar a abolição completa dos mecanismos históricos que criaram as condições para a exploração do homem pelo homem. A utopia marxista é a meta da transição de um Estado que se constrói como instrumento para o alcance do comunismo pleno.

Daí a necessidade de uma crítica do direito liberal, no sentido da consecução dos objetivos de um Estado que seja capaz de praticar igualdade material. O Direito

---

[229] Cf. Ferraz Junior, *Estudos de filosofia do direito*, 2002, p. 117.
[230] "Só com a vitória parcial da classe operária alemã e a sua representação política e profissional através dos sindicatos em 1918, o direito de trabalho se destacou completamente do direito privado. O decreto sobre contratos colectivos de trabalho de 1919 legitimava uma organização do trabalho na qual as associações patronais e sindicais se confrontavam sob a arbitragem do estado, – em que se permitiam as lutas operárias legais – elevava os contratos coletivos de trabalho entre grupos profissionais afins à categoria de princípio regulamentar e submetia – com base nos princípios do caráter vinculativo geral e da indispensabilidade da adesão – cada um dos membros à unidade contratual dos grupos" (Wieacker, *História do direito privado moderno*, 2. ed., 1967, p. 635-636).

que se estuda pela Jurisprudência tradicional estabelecida a partir do juspositivismo é, em verdade, mera expressão da ideologia burguesa, e, como tal, merece ser superado por novas concepções de mundo, fundadas agora na instrumentalização do poder no sentido do alcance da igualdade.[231] Torna-se necessário pensar o direito surgido dos fatos e das reivindicações sociais, o que dá campo para uma longa tradição do início do século XX que haverá de afirmar o surgimento e a criação da *Sociologia do Direito*, especialmente após os estudos de Georges Gurvitch, Max Weber, Roscoe Pound, Eugen Ehrlich.[232]

5.4.4. Direito moderno: a modernidade do capitalismo de massas

Nesta 4ª etapa do processo de modernização, já plenificadas as etapas anteriores, a modernidade dá a entender que o século XX teria tudo para ser o ápice da civilização. As grandes promessas da modernidade, até aqui, tinham tudo para desaguar num século XX de plena realização, envolvendo o desenvolvimento material, a cura de doenças pelas descobertas das ciências, a integralização da civilização de paz, o controle do medo da natureza, o progresso dos saberes, entre outros fatores. Do ponto de vista do desenvolvimento do direito, chega-se à modernidade jurídica no século XIX, e, no início do século XX, se consolida na *Teoria Pura do Direito* (*Reine Rechtslehre*), de 1934, do austríaco Hans Kelsen, a maior expressão da autonomia da Ciência do Direito. Nesta obra, o Direito poderá ser distanciado, em sua compreensão, da ideologia, da religião, da política, dos costumes, da moral. Esta seria a feição de uma ciência ainda mais criteriosamente, de acordo com a concepção de ciência moderna, afinada com a ideia de razão. Não por outro motivo, seria um forte indicador de civilização.

Mas o fenômeno da massificação é o subsequente lógico-econômico da industrialização. Após o amplo desenvolvimento da indústria e da técnica, a massificação se torna a nova forma de relacionamento entre o mundo das pessoas e o mundo das mercadorias. Sob estas condições, instaura-se na consciência do tempo a noção de que a propaganda é disseminadora, e, não por outro motivo, a televisão, o rádio, o cinema, encontram enorme eco no início do século XX. Na lógica da massificação, a quantidade se substitui à qualidade, a personalidade é tomada pela massa, e a consciência é treinada na rítmica produtiva de larga escala. Essa percepção de uma fratura na com-

---

[231] "Uma vez que a sensibilidade típica do Estado social da actualidade condena o liberalismo social e económico, tornou se natural a censura – pela primeira vez antecipada por Karl Marx, mas partilhada por quase todos os teóricos socialistas responsáveis do séc. XIX – de que a pandectística havia se tornado, com a liberdade contratual e de propriedade, num instrumento da sociedade de classes burguesa" (Wieacker, *História do direito privado moderno*, 2. ed., 1967, p. 505).

[232] "Directamente a partir das ciências sociais surge a *sociologia do direito*, para a qual a Alemanha contribuiu, a partir da viragem do século, com os nomes importantes de Ehrlich e, sobretudo, de Max Weber. Após a sua destruição na Alemanha pela ideologia nacional-socialista, ela tem sido cultivada principalmente em França, na Escandinávia e nos Estados Unidos. Uma sociologia do direito renovada transformar-se-á no centro da explicação cientifica das condições do direito, podendo coordenar os resultados da história do direito e da ciência do direito comparado" (Wieacker, *História do direito privado moderno*, 2. ed., 1967, p. 662-663).

preensão de mundo, oriunda da alienação do trabalho e de repetição fabril ergue, no lugar de uma vitória da civilização no século XX, a vitória da razão instrumental (*Instrumentellen Vernunft*).[233] Não por outro motivo, também a degeneração de certas dimensões da vida, como a dimensão do estético e do artístico, por exemplo, são alvo imediato e direto da chamada indústria cultural. Será por isso, tarefa da Escola de Frankfurt pensar os desafios trazidos e inaugurados pela era da técnica.[234]

Essa "vitória da técnica sobre o homem" irá permitir a aparição do "total" na política, onde a "dizimação em massas" se torna possível, com a colaboração das forças das armas, da ciência, da engenharia, da tecnologia e da indústria. É de Theodor Adorno e de Max Horkheimer, em Dialética do Esclarecimento, a frase, segundo a qual: "A maldição do progresso irrefreável é a irrefreável regressão".[235] Todo o aparato da razão moderna, agora, não foi capaz de proteger as pessoas da vivência do holocausto, da barbárie e da cascata de eventos que levou à Segunda Guerra Mundial, e aos totalitarismos do século XX. Não por outro motivo, o historiador Eric Hobsbawn, ao batizar o século XX, irá chamá-lo de *Era dos Extremos*, percebendo-se com isso seus enormes efeitos históricos e catastróficos.[236]

Em especial, a Constituição da República de Weimar, democrática e social, imersa num período de enormes instabilidades econômicas e incertezas, será substituída em sua força inovadora como documento jurídico, na concessão de plenos poderes a Hitler em 24-3-1933, e na revogação implícita do texto da Constituição. A trucidante experiência que decorre da ascensão ao poder do nazifascismo faz de Auschwitz o ápice da destrutividade humana, da banalidade da vida e da absurdização do poder. Ademais, a experiência marcante da Segunda Guerra Mundial (1939-45) trouxe consigo outros terrores que são fruto da aplicação da técnica, da pesquisa científica e da engenharia de guerra, a exemplo das armas nucleares,[237] suficientes para determinarem, desde 1948, o giro ontológico do sentido dos direitos, quando a partir do 1º. Considerando e do Art. 1º. da *Declaração Universal dos Direitos Humanos* (1948) a ideia de "dignidade humana" se positiva em nível internacional. É certo que as marcas deste período conduzirão à necessidade de reavaliação do sentido do Direito, e reconduzirão a Teoria do Direito em direção a outros rumos, ainda mais cautelosos,

---

[233] "Uma nova forma de miséria surgiu com esse monstruoso desenvolvimento da técnica, sobrepondo-se ao homem" (Benjamin, Experiência e pobreza, *in Magia e técnica*, arte e política, Obras Escolhidas, v. 1, 1994, p. 115).

[234] Neste ponto, Walter Benjamin afirma: "A massa é a matriz do qual emana, no momento atual, toda uma atitude nova com relação à obra de arte. A quantidade converteu-se em qualidade. (Benjamin, A obra de arte na era de sua reprodutibilidade técnica, in magia e técnica, arte e política, *in Obras Escolhidas*, v.1, 7. ed., 1994, p. 192).

[235] Adorno, Horkheimer, *Dialética do Esclarecimento*: fragmentos filosóficos, 1985, p. 46.

[236] Hobsbawn, *Era dos extremos*: o breve século XX, 1914-1991, 2. ed., 1995.

[237] "A humanidade sobreviveu. Contudo, o grande edifício da civilização do século XX desmoronou nas chamas da guerra mundial, quando suas colunas ruíram. Não há como compreender o breve século XX sem ela. Ele foi marcado pela guerra" (Hobsbawn, *Era dos extremos*: o breve século XX, 1914-1991, 2. ed., 1995, p. 30).

Capítulo VI | Direito, história e formas jurídicas

conforme já se pôde analisar em outra parte. A crise do positivismo jurídico se torna, desde então, algo que participa da cultura jurídica contemporânea.

5.5. Direito pós-moderno

O que se chama hoje de "contexto pós-moderno" tem muito a ver com a erosão da modernidade, ao longo do século XX e início do século XXI. Após o longo excurso feito até o presente momento, aqui se constata o último período indicado por Cornelius Castoriadis,[238] dos anos 1950 em direção aos tempos atuais. Este contexto será analisado,[239] considerando este quadro de mudanças recentes e contemporâneas, tendo-se presente os seguintes tópicos: a modernidade em crise; a revisão da modernidade; as características do contexto pós-moderno; as características do direito na pós-modernidade.

5.5.1. Direito pós-moderno: a modernidade em crise

A erosão dos ideais modernos e da visão de mundo iluminista é um processo de desgaste que leva o discurso moderno, ao longo de sua trajetória de afirmação, a uma perda paulatina de legitimidade. Por isso, a "crise da modernidade" não é uma invenção das Ciências Sociais, mas uma constatação dos estudos mais recentes na área, especialmente após o balanço do século XX. Também, a expressão "pós-modernidade" não surgiu da invenção da Filosofia, mas é fenômeno percebido como crise dos tempos presentes. Neste sentido, os saberes críticos apenas captam a insatisfação e traduzem os problemas históricos, ambientando a reflexão social, e, por isso, seus reflexos sobre as dinâmicas do Direito.

Aos olhos o século XIX, o século XX estaria marcado pela aurora do progresso, do desenvolvimento, da tecnologia e da liberdade. No entanto, ao se chegar ao final do século XX, a constatação é outra, qual seja, duas guerras de escala mundial, diversos genocídios, o maior número de mortos e excluídos da história da humanidade. Não por outro motivo, o diagnóstico se altera, na base dos próprios resultados históricos, entrevendo-se, no breve século XX, o que o historiador Eric Hobsbawn convencionou chamar de Era dos Extremos.[240] Se a modernidade estivesse efetivamente voltada para a realização da civilização (*Kultur*),[241] certos fenômenos poderiam estar sendo evitados, e determinados desvios poderiam não ter lugar. A revisão crítica da modernidade aponta, portanto, para a visão segundo a qual os ideais de progresso, liberdade e luzes chegam ao final do século XX desgastados. Por isso, a *revisão crítica* dos insumos civilizatórios do processo de modernização, dos anos 1950 até os dias de hoje, nas Ciências Sociais, ganham o nome de *pós-modernidade*. O prefixo *pós-* aposto ao termo *modernidade* desafia o entendimento, dando a impressão de estar-se *num*

---

[238] Castoriadis, *O mundo fragmentado*, 2003, p. 20 e ss.
[239] Em análise mais aprofundada, *vide* Bittar, *O direito na pós-modernidade*, 2. ed., 2009.
[240] Hobsbawn, *Era dos extremos:* o breve século XX, 1914-1991, 2. ed., 1995.
[241] "A palavra civilização (*Kultur*) descreve a soma integral das realizações e regulamentos que distinguem nossas vidas de nossos antepassados animais, e que servem a dois instintos, a saber: o de proteger os homens contra a natureza e o de ajustar os seus relacionamentos mútuos" (Freud, *O mal-estar na civilização*, 2002, p. 42).

novo tempo, quando, em verdade, apenas se vive a *crise* da modernidade, na inconstância do presente histórico. Esta tendência do pensamento social contemporâneo aponta para vários sentidos à expressão *pós-modernidade*, quais sejam: a) após a modernidade; b) quebra da modernidade plena; c) indefinição histórica.

5.5.2. Direito pós-moderno: a revisão da modernidade

A expressão *pós-modernidade* gera polêmicas, linhas e tendências de pensamento. Encontram-se outras expressões equivalentes ou contrapostas, apontando para a análise sócio-histórica de nossos tempos: *modernidade tardia*, em Anthony Giddens; *modernidade reflexiva*, em Ulrich Beck; *supermodernidade*, em Georges Balandier; *hipermodernidade*, em Gilles Lipovetsky; *pós-modernidade*, em Boaventura de Souza Santos, Zygmunt Bauman e Agnes Heller. O símbolo histórico deste processo é *maio de 1968*, em meio às tormentas estudantis e juvenis, e manifestações de rua, em Paris, Berlim e Nova York.[242] Se o momento simbólico icônico do mundo moderno foi a *Revolução Francesa de 1789*, para onde escoaram todas as energias utópicas, *maio de 68* será o símbolo das mudanças pós--modernas, onde o pluralismo e a diversidade emergem como questões, e onde se inscreverá no direito à diferença a marca central do período histórico presente.

A pós-modernidade tem como grande signo de sua *definição* exatamente a *indefinição*. A própria forma de designar o tempo pós-moderno é reveladora desta sua identidade *desidentitária*. O que marca a pós-modernidade é a sensação de *insegurança*,[243] exatamente o que consente perceber na pós-modernidade a diluição dos arquétipos e instituições modernos acompanhada da ausência de paradigmas fortes de orientação estrutural em meio a uma complexidade crescente e definidora de esquemas cada vez mais interdependentes de vida. Neste sentido, há um claro processo de perda de sentido da história, causado pela exaustão e pelo desgaste dos últimos embates da própria humanidade em torno de si mesma, temperado pelos desatinos do próprio uso e da manipulação decorrente deste uso, da razão instrumental. Trata-se não somente do fim da filosofia da história, como forma e método de entender o papel da ciência e da filosofia em direção à projeção do futuro (e determinação enclausurada de seu sentido), como forma de dação de sentido à expectativa sobre o incognoscível, mas sobretudo de uma perda de expectativa sobre a *história-futura*, que esvazia a vivência do *presente-projetado-para-o-futuro*, fazendo com que o hoje seja uma inesgotável condição de mergulho sobre a própria exauribilidade da vivência transitória e passageira, circunstancial e momentânea, dos instantes vividos.

5.5.3. Direito pós-moderno: as características do contexto pós-moderno

Algumas características definem de forma mais precisa o contexto pós-moderno, quais sejam: o fim das grandes metanarrativas históricas; a desesperança histórica dian-

---

[242] "Embora fracassado, ao menos a partir dos seus próprios termos, o movimento de 1968 tem de ser considerado, no entanto, o arauto cultural e político da subsequente virada para o pós-modernismo. Em algum ponto entre 1968 e 1972, vemos o pós-modernismo emergir como um movimento moderno..." (Harvey, *A condição pós-moderna*, 1992, p. 44).

[243] Cf. Bauman, *Modernidade líquida*, 2001.

Capítulo VI | Direito, história e formas jurídicas

te de projetos utópicos; a perda de hegemonia dos paradigmas universalistas, totalizantes e redentores; o esfumaçamento da percepção da realidade;[244] a ampliação dos espaços de luta em torno de diferenças; a pluralização das bandeiras dos movimentos sociais; a perda da pretensão de *pré-visão* do futuro histórico; a liquefação das categorias rígidas e racionais da ciência moderna. Em sua análise, Cornelius Castoriadis aponta como características do contexto pós-moderno: rejeição ideia da história como progresso; rejeição da forma moderna da razão, enquanto universal; rechaço da diferenciação das esferas culturais.[245] Por isso, do ponto de vista conceitual, o contexto pós-moderno é o de "transição paradigmática", na expressão de Boaventura de Souza Santos,[246] o que transfere à condição histórica presente a sensação de esgotamento da modernidade, a sensação de passagem em direção a um futuro-sem-projeto e a sensação de fim das metanarrativas históricas. Em *Condição pós-moderna*, David Harvey define com clareza o cenário pós-moderno, apontando na fragmentação e na indeterminação seus grandes traços.[247] Há distanciamento de toda ideia do que é macro, do que é geral, do que é universal, em direção ao que é individual, do que é micro, do que é local, do que é tópico, como destaca o historiador português António Manuel Hespanha.[248]

Uma de suas principais marcas é a liquidez, insegurança e a incerteza. Aí se coloca, por exemplo, o deslocamento da análise do sociólogo Zygmunt Bauman, que passa a utilizar a expressão *modernidade líquida*,[249] em substituição à expressão *pós-modernidade*. Deixando à parte a questão dos nomes, a sensação generalizada de insegurança se projeta em várias escalas, ganhando a feição de crise econômica-financeira, de crise do trabalho,[250] de crise ambiental, de ideologias, de crise político-representativa, de crise de paradigmas nas ciências, de crise civilizatória. E os indi-

---

[244] "Como todas as transições são simultaneamente semi-invisíveis e semicegas, é impossível nomear com exactidão a situação actual. Talvez seja por isso que a designação inadequada de 'pós-moderno' se tornou tão popular. Mas, por essa mesma razão, este termo é autêntico na sua inadequação" (Santos, *A crítica da razão indolente:* contra o desperdício da experiência, 3. ed., 2001, p. 49).

[245] Cf. Castoriadis, *O mundo fragmentado*, 2003, p. 21 e 22.

[246] "Uma transição paradigmática é um longo processo caracterizado por uma suspensão anormal das determinações sociais que dá origem a novos perigos, riscos e inseguranças, mas que também aumenta as oportunidades para a inovação, a criatividade e a opção moral" (Santos, *A crítica da razão indolente:* contra o desperdício da experiência, 3. ed., 2001, p. 49).

[247] "A fragmentação, a indeterminação e a intensa desconfiança de todos os discursos universais ou 'totalizantes' são o marco de pensamento pós-moderno" (Harvey, *Condição pós-moderna*, 1992, p. 19).

[248] "Ele decorre do tópico, claramente pós-moderno, do horror ao 'macro' e ao 'igual' e da busca de pequena dimensão, do particular e do flexível" (Hespanha, *Cultura jurídica europeia*: síntese de um milénio, 2003, 354).

[249] "Ouve-se algumas vezes a opinião de que a sociedade contemporânea (que aparece sob o nome de última sociedade moderna ou pós-moderna, a sociedade de 'segunda modernidade' de Ulrich Beck ou, como prefiro chamá-la, a 'sociedade da modernidade líquida' é inóspita para a crítica" (Bauman, *Modernidade líquida*, 2001, p. 31).

[250] "(...) nos últimos vinte anos, para a maior parte dos assalariados, as oportunidades de se integrar no mercado capitalista como um de seus pares mais diminuiu do que aumentou" (Honneth, *O direito da liberdade*, 2015, p. 472).

víduos irão perceber as esferas da crise, na falta de referências, na relativização de tudo, na ausência de ideais e utopias, no consumismo desenfreado, no imediatismo econômico, na desregulamentação do trabalho[251] e na instabilidade do cotidiano, de onde derivação a percepção generalizada e compartilhada entre os indivíduos, de desnorte e desbussolamento.[252]

5.5.4. Direito pós-moderno: as características do Direito na pós-modernidade

Acompanhando a tendência do contexto pós-moderno,[253] de pluralismo, fragmentação, enfraquecimento de categorias universais, globalização, insegurança, incerteza, financeirização da economia, crise das legendas partidárias, esfacelamento das utopias,[254] excessivo apelo ao consumismo,[255] liquefação da solidariedade nos laços humanos, virtualização do convívio e giro tecnocêntrico, o Direito também se liquefaz, e não por outro motivo, o Direito entra em crise,[256] senão pelo fato de que se encontrava profundamente marcado pelas categorias que organizaram o discurso moderno. No âmbito do Direito, portanto, a sensação é de crise de eficácia sistêmica, crise de legitimidade do Estado e das instituições jurídicas, tendo-se presente: a) a incapacidade da lei resolver a complexidade dos conflitos atuais; b) a insuficiência dos procedimentos tradicionais do sistema jurídico contencioso e litigioso; c) a inoperância burocrática do Estado diante da rapidez dos novos e complexos conflitos; d) a indefinição de valores para subsidiar políticas públicas e ações de Estado. Daí, se perceber a tendência, interna à *Teoria do Direito*, de desviar o foco de análise da *validade* para a *eficácia*, da *legalidade* para a *política pública*, do *universalismo abstrato* para o

---

[251] "Nessa impressão, isto é, na sensação de ser o único responsável por seu próprio destino no mercado de trabalho, talvez esteja a chave para o opressivo mutismo com que hoje se aceitam todas as perdas de garantia e flexibilização na esfera do trabalho em sociedade" (Honneth, *O direito da liberdade*, 2015, p. 475-476).

[252] "O novo individualismo, o enfraquecimento dos vínculos, humanos e o definhamento da solidariedade estão gravados num dos lados da moeda cuja outra face mostra os contornos nebulosos da 'globalização negativa'" (Bauman, *Tempos líquidos*, 2007, p. 30).

[253] "Enquanto diagnóstico da mudança de 'estatuto do saber', que o é também de emergência (simultânea e correlativa) de uma 'cultura pós-moderna', e de uma 'sociedade pós-industrial, a proposta de demarcação defendida por Lyotard em *Le condition postmoderne* (1979) suporta com dificuldade os desafios dos binómios que acabamos de introduzir (ruptura/ continuidade, determinação histórico-estruturante/emancipação intencional)" (Linhares, Entre a escrita pós-moderna da modernidade e o tratamento narrativo da diferença ou a prova como um exercício de passagem nos limites da juridicialidade, *Boletim da Faculdade de Direito da Universidade de Coimbra*, Coimbra, n. 59, 2001, p. 222).

[254] "(...) nossa reconstrução normativa vê-se na incômoda situação de, como já foi dito, não mais poder contar, nesse momento, com contra-ataques normativos" (Honneth, *O direito da liberdade*, 2015, p. 482).

[255] "Se o consumo é a medida da vida bem-sucedida, da felicidade e mesmo da decência humana, então foi retirada a tampa dos desejos humanos (...)" (Bauman, *O mal-estar da pós-modernidade*, 1998, p. 56).

[256] A respeito, Bittar, *O direito na pós-modernidade*, 2. ed., 2009, p. 208-210.

pluralismo, do *cientificismo* para a *interdisciplinaridade*, da *hierarquia das leis* para o *diálogo das fontes*.[257]

Assim é que o direito é capaz de reagir à sensação de crise da matriz moderna dos direitos, considerando a necessidade de *transição paradigmática* de seus próprios cânones, daí a emergência, na cultura contemporânea do direito, de uma legislação que opera a partir da concepção central de *direito à diferença*, como grande característica do direito pós-moderno.[258] Não por outro motivo, a tendência do legislador contemporâneo é a de reconhecer, nas bordas do *Código Civil*, a existência de toda uma legislação que confere estatuto, reconhecimento, legitimidade, a uma série de direitos, na medida em que a crise leva a uma regulação por *setores fragmentários* da sociedade, fora de *metanarrativas* ou de *representações totais* da pessoa e/ou da sociedade, a exemplo do que ocorre com o Código de Defesa do Consumidor, com o Estatuto da Igualdade Racial, com o Estatuto da Pessoa com Deficiência, com o Estatuto do Idoso, com o Estatuto da Juventude, com o Estatuto da Criança e do Adolescente. Percebe-se que o mote "É necessário diferenciar para regular" se tornou o *modo de atuação* da legislação no contexto pós-moderno.

Assim, a crise do Direito incita à revisão de seus paradigmas internos e traz a *Teoria Crítica* ainda mais para perto da *Teoria do Direito*, pela capacidade de oferecer alternativas e apontar rumos, em meio ao nevoeiro do contexto, no sentido da construção de novos padrões que sejam capazes de atender às expectativas do século XXI, quando vem se acentuando as discussões sobre o reconhecimento do outro,[259] sobre o diálogo e as interações sociais comunicativas,[260] sobre a participação e a democracia deliberativa,[261] sobre o pluralismo e as diversidades, sobre a igualdade e a diferença, sobre justiça social e distributiva,[262] e sobre a efetividade dos direitos humanos.

CASO PRÁTICO
O CASO DA DISPUTA SAVIGNY – THIBAUT

Após a Revolução Francesa de 1789, e já sob o regime de Napoleão Bonaparte, em 14 de agosto de 1.800, é designada uma Comissão cuja missão é a de se entregar à tarefa

---

[257] "Como já escrevi a noção de igualdade irá influenciar a aplicação casuística do novo Código Civil de 2002, que é um Código para iguais, e a aplicação do Código de Defesa do Consumidor, que está ligado a um novo paradigma de diferença, de tratamento de grupos ou plural, de interesses difusos e de equidade, em uma visão mais nova do moderno ou pós-moderno, é um Código para desiguais" (Marques, O novo direito privado brasileiro após a decisão da ADIN dos Bancos, *Revista de Direito do Consumidor*, 61/40, p. 51-93, jan.-maio, 2007, p. 63).

[258] "Pós-moderno é o direito a ser (e continuar) diferente" (Marques, O dialogo das fontes como método da nova teoria geral do direito: um tributo a Erik Jayme, *in Diálogo das fontes* (Marques, Claudia Lima, coord.), 2012, p. 60-61).

[259] Honneth, *Luta por reconhecimento*: a gramática moral dos conflitos sociais, 2003.

[260] Habermas, *Direito e democracia*: entre facticidade e validade, 2003.

[261] Forst, *Contextos da justiça*: filosofia política para além de liberalismo e comunitarismo, 2010.

[262] Fraser, Reconhecimento sem ética?, *In: Teoria crítica no século XXI* (Souza, Jessé; Mattos, Patrícia, orgs.), p. 113-140, 2007.

de conformar e dar nascimento ao mais importante símbolo jurídico do processo de positivação do Direito europeu: o *Code Civil*. São chamados a executar esta tarefa os juristas Jacques de Maleville, François Denis Tronchet, Félix Julien Jean Bigot de Préameneu, Jean-Étienne-Marie Portalis. A França será, neste sentido, pioneira, e o exemplo do *Code Civil* será seguido em várias parte da Europa.

A influência da França sobre toda a Europa já é notável, e está em questão a transição dos costumes para as leis modernas. A questão da sistematização do Direito encontra um forte eco no debate que se forma em torno de dois juristas alemães da época, Friedrich Carl von Savigny, da Escola Histórica do Direito, e Anton Friedrich Justus Thibaut, da Escola Jusracionalista. A disputa se dá em função da publicação, em 1814, por Thibaut do trabalho intitulado *Da Necessidade de um Direito Civil Geral para a Alemanha* (*Notwendigkeit eines allgemeinen bürgerlichen Rechst für Deutschland*), que desperta a reação de Savigny, com o trabalho *A vocação do nosso tempo para a legislação e jurisprudência* (*Vom Beruf unserer Zeit für Gesetzgebung und Rechtswissenschaft*).

Ao retomar o contexto em que se dá o debate, influente no direito alemão, assuma o lugar dos juristas e sustente as seguintes posições:

1. A partir da noção de razão (*Vernunft*), assuma a posição do jurista Thibaut, e defenda os argumentos jusracionalistas a favor da codificação do Direito;

2. A partir da noção de espírito do povo (*Volksgeist*), assuma a posição do jurista Savigny, e defenda os argumentos históricos e costumeiros, em face da posição de Thibaut.

CAPÍTULO VII
DIREITO E HISTÓRIA BRASILEIRA

Sumário: 1. Teoria do Direito e realidade histórica brasileira; **2.** O Direito na história do Brasil: **2.1.** O Direito no Brasil Colônia; **2.2.** O Direito no Brasil Império; **2.3.** O Direito no Brasil República; Caso prático.

1. TEORIA DO DIREITO E REALIDADE HISTÓRICA BRASILEIRA

Uma *Introdução ao estudo do Direito*, enquanto prepara para o conhecimento do Direito Brasileiro, não pode prescindir de tratar de questões mais especificamente atinentes à história brasileira e, em específico, atinentes à história do direito brasileiro.[1] Sob pena de se construir um conhecimento eurocêntrico, deve-se ter presente a importância de pensar as etapas, as fases, os desafios e as características que são inerentes à particularidade *desta história*, na medida em que estes elementos, uma vez ausentes do conhecimento e da formação jurídicas, impedirão uma compreensão *situada*, *crítica* e presentemente capaz de *reagir aos específicos desafios da realidade brasileira*. Enquanto manifestação de uma *Teoria Crítica para o Direito*, aqui se pode encontrar uma importante aproximação, de modo algum exaustiva, que aponta alguns traços desta trajetória, que projetam as características e incongruências próprias da realidade do Direito Brasileiro.

Sob a forte influência do positivismo jurídico, o conhecimento jurídico das últimas décadas padeceu da capacidade de gerar conhecimento crítico, e, neste sentido, a criticidade também está associada a uma compreensão *situada* dos problemas e questões jurídicas. É nesta medida que se torna imperativa a reflexão a partir do lugar de uma *Teoria Crítica*, que aponta rumos a uma racionalidade do Direito Brasileiro, enquanto forma de contribuição ao incremento do cultivo do humanismo democrático, da cultura de respeito aos direitos humanos, e do desenvolvimento dos valores republicanos. É nesta medida que a *entrada teórica* da *Teoria Crítica* pode trazer uma contribuição à *Teoria do Direito*, na medida da própria aliança entre a generalidade dos conceitos teóricos e da ambientação das categorias jurídicas à realidade histórica brasileira.

Por mais que a *Teoria do Direito* se estruture em torno de conceitos compartilhados pela comunidade científica internacional, e, por mais que estes conceitos possam

---

[1] Para estudos mais aprofundados, leia-se Lopes, *O direito na história*, 3. ed., 2008; Bittar, *História do direito brasileiro*, 4. ed., 2017.

ser filosoficamente concebidos num plano racional, o dimensionamento histórico dos conceitos filosófico-racionais é sempre algo que atrita com a dimensão concreta, e, portanto, com a realidade contextual de cada sistema jurídico. Esta tensão é, e sempre será, ineliminável de qualquer realidade de *direito positivo*, na medida em que nenhum direito positivo se dá fora do espaço e dos limites dos atualmente conhecidos Estados-nação, ou dos Sistemas de Direitos Regionais, ou dos Sistemas Comunitários. Assim, há sempre a margem de uma realidade histórica, político-institucional, cultural, moral e social específicas, contornando a dimensão do processo de aculturação e recepção de conceitos, categoriais e elementos sistêmicos que, ainda que se reconheçam universais, são sempre transformados em saberes e práticas situados.

2. O DIREITO NA HISTÓRIA DO BRASIL

2.1. O Direito no Brasil Colônia

As causas da expansão marítima europeia, e, em particular, de Portugal, que o levam a conquista do Norte da África (Ceuta, 1415) e à descoberta do Brasil (1500) são várias, entre elas podem ser apontadas algumas principais: o esgotamento da vida medieval; o crescimento dos interesses comerciais ultramarinos das cidades burguesas europeias; as novas técnicas de navegação; o gosto pela aventura; a busca de caminhos para as Índias; a descoberta de ouro, especiarias e riquezas exóticas.[2] Assim, interesses comerciais, militares e de evangelização se somam, na aventura de descoberta e colonização das novas terras.[3] A expansão europeia, que atravessa os limites do Oceano conhecido, dá origem a novas narrativas históricas eurocêntricas sobre as Américas, entre elas, a da "descoberta" do Brasil e a das visões edênicas sobre o "novo mundo".[4] Mas, o "novo mundo" será forjado à imagem e semelhança do "velho mundo" e de seus cânones e interesses, onde modernidade e tradição se encontram em choque,[5] o que ajuda a marcar o conjunto dos traços que atravessam a particularidade do processo de colonização, daí derivando-se consequências estruturantes das men-

---

[2] Cf. Fausto, *História do Brasil*, 9. ed., 2001, p. 21 e 33.
[3] "Desde o princípio o impulso para o expansionismo em Portugal seria pautado por interesses comerciais, militares e evangelizadores, equilibrados em boas doses" (Schwarcz, Starling, *Brasil: uma biografia*, 2015, p. 23).
[4] "As notícias que chegavam acerca dessa porção portuguesa das Américas, com sua natureza paradisíaca a contrastar com as práticas humanas consideradas diabólicas, acenderam também a imaginação europeia, e a ideia da existência de um território desconhecido aos olhos e ao coração abria outro capítulo na história da humanidade" (Schwarcz, Starling, *Brasil*: uma biografia, 2015, p. 22).
[5] "A conquista criou aqui uma sociedade nova, mas, desde o início, marcada pela continuidade de algumas tradições da velha sociedade ibérica e medieval. Embora tenha custado, na prática, algumas rupturas com a tradição, a nova sociedade se apoiou na convicção da continuidade dos valores. Essa continuidade é um dos traços constitutivos, 'uma das marcas e cicatrizes' do nosso caráter, com sua peculiar capacidade de conviver em meio a tendências diferentes, e mesmo contraditórias, de comportamento" (Weffort, *Espada, cobiça e fé*: as origens do Brasil, 2012, p. 216).

Capítulo VII | Direito e história brasileira

talidades, das práticas, das instituições e, também, das relações socioeconômicas instauradas no Brasil.[6]

O processo de colonização será capitaneado pelo Estado e pela Igreja,[7] a Igreja participando ativamente do processo de aculturação dos ameríndios, na medida em que a ideologia da Contrarreforma determina e define a forma como a cultura lusitana, e, ibérica, de forma geral, irá reagir à Reforma na Europa, e, por isso, como a Igreja irá ter um papel central, mas conservador, no processo de colonização, através do jesuitismo.[8]

A observação o período colonial brasileiro pode ser feita, considerando três grandes períodos, quais sejam: a) o período de 1500 até 1549, conhecido como o início do período de colonização do Brasil, pelos portugueses; b) o período de 1549 até o fim do século XVIII, em que se dá a montagem da administração colonial; c) o período do fim do século XVIII até 1822, período marcado pela crise do sistema colonial.[9]

O contato inicial do período 1500 até 1549 vem marcado pelo convívio com as comunidades indígenas variadas, fundadoras da ancestralidade das terras brasileiras (há mais de 30 ou 35 mil anos atrás),[10] num modo de vida tradicional, em estreita convivência e profunda adaptação com a natureza tropical. Os povos indígenas são muito variados, mas dois grandes blocos se distinguem, no período, os tupis-guaranis e os tapuias.[11] Não obstante a enormidade da população indígena que ocupava as Américas, no período, a cultura, a tradição, o modo de vida, os costumes e o *direito indígena* serão dizimados, em função de uma série de fatores, entre eles a superioridade armada do colonizador, na medida em que o *direito metropolitano* se impunha sobre a Colônia.[12] A questão da escravidão dos povos indígenas se fez presente, e perdurou por longo tempo,[13] especialmente para a fase do extrativismo do pau-brasil, fator que se tornou conflituoso na relação entre evangelizar os indígenas ou escravizá-los, que

---

[6] "De um lado, ela é moderna e eletrônica, mas de outro é uma chave antiga e trabalhada pelos anos" (DaMatta, *O que faz o brasil, Brasil?*, 1986, p. 19).

[7] "As duas instituições básicas que, por sua natureza, estavam destinadas a organizar a colonização do Brasil foram o Estado e a Igreja Católica" (Fausto, *História do Brasil*, 9. ed., 2001, p. 39).

[8] "Apesar de terem tido um papel importante durante a expansão marítima e ao longo da conquista, os Estados ibéricos acabaram absorvendo e implementando a filosofia da Contra-Reforma, distintamente daqueles países, como Holanda, Inglaterra e Alemanha, em que o ideário da Reforma Protestante acabou impondo-se" (Wolkmer, *História do direito no Brasil*, 4. ed., 2007, p. 52).

[9] Cf. Fausto, *História do Brasil*, 9. ed., 2001, p. 41.

[10] "Um verdadeiro morticínio teve início naquele momento: uma população estimada na casa dos milhões em 1500 foi sendo reduzida aos poucos a cerca de 800 mil, que é a quantidade de índios que habitam o Brasil atualmente" (Schwarcz, Starling, *Brasil: uma biografia*, 2015, p. 40).

[11] "Podemos distinguir dois grandes blocos que subdividem essa população: os tupis-guaranis e os tapuias" (Fausto, *História do Brasil*, 9. ed., 2001, p. 37).

[12] "Se a contribuição dos indígenas foi relevante para a construção de nossa cultura, o mesmo não se pode dizer quanto à origem do Direito nacional, pois os nativos não conseguiram impor seus *mores* e suas leis, participando mais 'na humilde condição de objeto do direito real', ou seja, objetos de proteção jurídica" (Wolkmer, *História do direito no Brasil*, 4. ed., 2007, p. 57).

[13] "No entanto, diferentemente do que se popularizou na historiografia – que ocorrera uma substituição do trabalho escravo dos índios pelo dos africanos –, hoje se sabe que, a despeito do

opunha o papel dos colonizadores e dos jesuítas, a ponto de se culminar na emissão da Carta Régia de 1570, que passou a proibir a escravidão indígena, à exceção das situações de "guerra justa".[14]

Mas, desde o início do processo de colonização, a imensidade do território representava um desafio para Portugal, diante das comunidades indígenas, e, também, das invasões estrangeiras[15] que se sucederão entre os séculos XVI e XVII, por parte de espanhóis, franceses, holandeses, ingleses,[16] de modo que a ocupação das terras descobertas por Portugal se fará por meio das *sesmarias*,[17] através de capitanias hereditárias,[18] instituto luso-medieval que transfere a *ocupação da terra* junto com *poderes de administração*, o que desde o início do processo de ocupação das terras brasileiras produziu uma íntima e indistinta aproximação entre o público e o privado. Isto faz, propriamente, com que os donatários tenham concessão imperial para atuar no Brasil, no âmbito de seus territórios, com delegação de poderes provenientes da Coroa,[19] tendo em vista a impossibilidade de ocupação das terras brasileiras por outros meios, seja para colonizar, ocupar, extrair, produzir, seja para impor a ordem, a justiça e a lei portuguesas, controlando o território. E, de fato, a extensão destes poderes era enorme, tendo em vista a distância e o custo da relação entre a Metrópole e a Colônia, fazendo dos senhores donatários administradores, juízes e chefes militares,[20] fator este que certamente irá influenciar na ascensão de forças locais, que trarão enormes dificuldades e conflitos ao processo de centralização do poder, no período do Império. Assim, o que se constata é que os *senhores locais* dificilmente ti-

---

discurso oficial, os indígenas foram escravizados por um logo período" (Schwarcz, Starling, *Brasil:* uma biografia, 2015, p. 65).

[14] "A pressão resultou na Carta Régia de 1570, que proibia a escravização de indígenas, exceto quando motivada por "guerra justa"" (Schwarcz, Starling, *Brasil:* uma biografia, 2015, p. 42).

[15] "Entre os séculos XVI e XVII, tão logo os demais países europeus se deram conta da 'descoberta' de uma nova colônia nas Américas, a costa brasileira foi alvo de frequentes invasões. Piratas argelinos e marroquinos que viajavam entre a ilha da Madeira e Lisboa; corsários franceses, holandeses e ingleses que rondavam a costa de ambos os lados do Atlântico e atacavam todos os navios carregados de açúcar" (Schwarcz, Starling, *Brasil:* uma biografia, 2015, p. 56).

[16] "Espanhóis já estavam na costa nordeste da América do Sul, e ingleses e franceses, contestando a divisão luso-espanhola do globo, logo invadiriam diferentes pontos do litoral" (Schwarcz, Starling, *Brasil:* uma biografia, 2015, p. 30).

[17] "Sesmarias eram, pois, doações de terras cujo domínio eminente pertencia à Coroa" (Lopes, *O direito na história*, 3. ed., 2008, p. 332).

[18] "O sistema administrativo adotado foi o das capitanias hereditárias (ver imagem 14), que já era utilizado com bastante sucesso em domínios lusitanos como Cabo Verde e Ilha da Madeira. A filosofia era simples: como a Coroa tinha recursos e pessoal limitados, delegou a tarefa de colonização e de exploração de vastas áreas a particulares, doando lotes de terras com posse hereditária" (Schwarcz, Starling, *Brasil:* uma biografia, 2015, p. 30 e 31).

[19] "A estrutura judicial começara, no Brasil, portanto, nas mãos dos capitães-donatários, com poderes para estabelecer atividades econômicas e organizar a vida civil na terra" (Lopes, *O direito na história*, 3. ed., 2008, p. 242).

[20] "(...) a administração da justiça, no período das capitanias hereditárias, estava entregue aos senhores donatários que, como possuidores soberanos da terra, exerciam as funções de administradores, chefes militares e juízes" (Wolkmer, *História do direito no Brasil*, 4. ed., 2007, p. 73).

Capítulo VII | Direito e história brasileira

nham qualquer intromissão da Metrópole sobre os seus negócios locais.[21] Não se pode mascarar aquilo que é fundador da economia colonial, ou seja, a Colônia existe como economia complementar da economia central, a da Metrópole,[22] que usurpa e expolia as riquezas da Colônia.[23] A própria forma de ocupação do território e o modo de exploração da terra são registros disso.[24]

Nas *Ordenações Filipinas* (1603) se revela o quão penosa era a retirada por *degredo* para o Brasil, e o que o *Brasil-imaginário* significa para o próprio Reino de Portugal no século XVII (Livro V, Capítulo 140),[25] pois esta é considerada a pena mais elevada que possa receber alguém por crime de feitiçaria; os crimes mais graves são punidos com degredo para o Brasil e os mais brandos, com degredo para a África. O Brasil, aos poucos, vai-se constituindo como *terra-de-degredados*, na medida em que as dificuldades de viagem, a distância geográfica e ultramarina, a comunicação precária significavam praticamente um abandono ao estado de natureza para os condenados, constituindo-se desde aí um *éthos* marginal, excluído e subalternizado, em infração à lei.

Desta forma, a colonização se dará pela ocupação da imensidão do território com os afazeres da extração e da agricultura, o que levará a Metrópole, primeiramente, a tentar a escravidão indígena para gerar mão de obra para a produção agrícola,[26] e, logo em seguida, com a importação de escravos negros provenientes da África em enormes quantidades (4,9 milhões de escravos provenientes de África),[27]

---

[21] "Nos 'distantes e largos brasis', o proprietário da região reinava quase só, raramente havendo interferência da Coroa portuguesa nesses que se consideravam negócios internos" (Schwarcz, Starling, *Brasil:* uma biografia, 2015, p. 72).

[22] "Como se pode notar, a ideia era obter lucro com a nova terra, antes que ela se transformasse num problema. Era esse o "sentido da colonização": povoar, mas sempre pensando no bem da metrópole" (Schwarcz, Starling, *Brasil:* uma biografia, 2015, p. 54).

[23] "O país se edificou como uma sociedade agrária baseada no latifúndio, existindo, sobretudo, em função da Metrópole, como economia complementar, em que o monopólio exercido opressivamente era fundamental para o emergente segmento social mercantil lusitano" (Wolkmer, *História do direito no Brasil*, 4. ed., 2007, p. 47).

[24] Na leitura de Domenico De Masi: "Os portugueses, que buscavam riqueza sem cansaço, encontraram na vastidão do Brasil e nos hábitos dos índios as condições adequadas e complementares à sua modalidade de invasão, à sua natureza transumana que os levava a desfrutar, destruir e dissipar a·terra como se faz com minas, para então abandoná-la e migrar para outro sítio em vez de afeiçoar-se a um lugar, cuidar dele com amor e protegê-lo zelosamente" (De Masi, *O futuro chegou*: modelos para uma sociedade desorientada, 2014, p. 657).

[25] Sobre o degredo nas Ordenações Filipinas, Livro V, Capítulo 140: "*Mandamos que os delinquentes que por suas culpas houverem de ser degredados para lugares certos, em que hajam de cumprir seus degredos, se degredem para o Brasil ou para os lugares de África, ou para como o couto de Castro-Marim ou para as partes da Índia, nos casos em que por nossas ordenações é posto certo degredo para as ditas partes*". No parágrafo 1º: "*E os que houverem de ser degredados para o Brasil, o não serão por menos tempo que cinco anos. E quando as culpas forem de qualidade que não mereçam tanto tempo de degredo, será o degredo para África ou para Castro-Marim, ou para galés ou para fora do Reino, ou fora da vila e termo, segundo culpas o merecerem*".

[26] "Ao lado da empresa comercial e da grande propriedade, acrescentamos um terceiro elemento: o trabalho compulsório" (Fausto, *História do Brasil*, 9. ed., 2001, p. 48).

[27] "O Brasil recebeu 40% dos africanos que compulsoriamente deixaram seu continente para trabalhar nas colônias agrícolas da América portuguesa, sob regime de escravidão, num total de 3,8

que se sedimentarão de modo definitivo em terras brasileiras, gerando ampla miscigenação étnico-racial.[28] As populações negras vêm escravizadas a partir do tráfico negreiro,[29] e já despossuídas de qualquer direito, e são assimiladas pelo Brasil-colônia sob um estatuto já inferiorizado. São populações de diversas etnias, nações, povos, não se compondo numa identidade única, mas escravizados e comercializados em África e na Europa, são misturados para chegarem à Colônia em estado de grande alienação de sua própria condição, e viverem em estado de necessidade permanente, subjugação e promiscuidade material.[30] Em seu estudo *Religião e dominação de classe*, Pedro de Oliveira afirma que os escravos figuram como uma classe social despossuída de direitos.[31]

Neste período há que se pressupor não somente certa oposição de classes, mas também uma curiosa oposição de valores. Entre o relativo interesse religioso do cristianismo pela conversão dos negros ao catolicismo, e à salvação de suas almas, e o interesse direto do senhorio sobre a sua propriedade, ou seja, o corpo do escravo como máquina de trabalho, predomina este último, como constata Roger Bastide.[32] Em oposição ao corpo surrado do escravo, se implanta também uma tradição de *nobilitação* enquanto manifestação da condição de *quem-não-é-escravo*, afirmando-se a condição de classe associada à condição econômica, social, cultural e racial.[33] Será do entrecruzamento e da combinatória destes fatores que nascerá um acasalamento de estruturas econômicas e ideologias religiosas que fará nascer o fenômeno do *paternalismo social*,[34] evitando o efeito de uma luta de classes que eclodisse, por exemplo, em

---

milhões de imigrantes. Hoje, com 60% de sua população composta de pardos e negros, o Brasil pode ser considerado o segundo mais populoso país africano, depois da Nigéria" (Schwarcz, Starling, *Brasil*: uma biografia, 2015, p. 82).

[28] "O Brasil foi uma colônia de ocupação pela agricultura, que obrigou a interação com os índios e os escravos africanos" (Lopes, *O direito na história*, 3. ed., 2008, p. 223).

[29] Cf. Bittar, O direito à tradição, as religiões de matrizes africanas e os direitos humanos, *Revista Seqüência: Estudos Jurídicos e Políticos*, Revista do Programa de Pós-Graduação da UFSC, ano XXXI, n. 61, 2010, p. 309-330.

[30] O sincretismo terá seu nascedouro aí. Por isso, Alcântara aí enxerga na desventura do negro africano sua situação religiosa: "A promiscuidade em que vivia toda aquela gente, oriunda de regiões distantes umas das outras. Diferentes na língua, costumes e crenças, mas irmanadas pela desventura, deu azo a que desde logo misturasse os ritos que transportou para nossa terra. O catolicismo, com a sua intolerância, fez o resto" (Alcântara, *A Umbanda em julgamento*, 1949, p. 66).

[31] "Embora seja sua condição social de escravo que determina sua posição no processo produtivo, e não o inverso, como no caso de outras classes, em tudo mais o grupo de escravos enquadra-se no conceito de classe social" (Oliveira, *Religião e dominação de classe*: gênese, estrutura e função do catolicismo romanizado no Brasil, 1985, p. 81).

[32] No estudo *As religiões africanas no Brasil*: contribuição a uma sociologia das interpenetrações de civilizações, destaca-se o seguinte trecho: "Ilusão porque os senhores ou proprietários de escravos não estavam interessados em suas almas e sim em seus corpos" (Bastide, *As religiões africanas no Brasil*: contribuição a uma sociologia das interpenetrações de civilizações, 1989, p. 182).

[33] "Num território marcado pela escravidão de africanos, o mero fato de ser de uma cor diversa do negro já representava mérito com direito a nobilitação"(Schwarcz, Starling, *Brasil*: uma biografia, 2015, p. 68).

[34] "O paternalismo consiste em ajustar as relações sociais entre senhor e escravo por um relacionamento de tipo familiar. Ou seja, o relacionamento entre senhor e escravo se dá como se o senhor

Capítulo VII | Direito e história brasileira

atividades revolucionárias. O catolicismo entra, nesta componente, como uma variável justificadora da dominação, e, no lugar de contrastar a humanidade do escravo à sua condição servil, acomoda o interesse de manter a estrutura de classes e operar pela conversão dos gentios. Por isso, o catolicismo se sobrepôs à religião africana no período colonial.[35]

Desde o início do processo de colonização e utilização das terras brasileiras, a distância entre o *colonizador-proprietário* (plenipotenciário) e o *colonizado-escravizado* (desprovido de direitos) é notável, e, ainda que a economia colonial tenha girado em torno de interesses sazonais, os ciclos produtivos que se sucederão, ao longo de todo o período colonial, serão: ciclo do extrativismo do pau-brasil; ciclo da plantação da cana de açúcar;[36] ciclo do ouro (1690 a 1750).[37] A grande propriedade, a ampliação paulatina do território e sua ocupação em direção ao interior, a exploração do trabalho escravo das populações afrodescendentes e o massacre das comunidades indígenas são traços, igualmente, característicos do período.

O processo de colonização do Brasil, no entanto, não é simples, pois, vários fatores contribuem para tornar as terras novas um imenso desafio para a Metrópole, a saber: a) as longas distâncias; b) a falta de funcionários; c) a falta de estruturas privadas e públicas para a vida nos vilarejos e vilas; d) as dificuldades de cobrança de impostos; e) a dificuldade de fiscalização das riquezas; f) o isolamento do território; g) a lida entre jesuítas, senhorios, escravos e indígenas. Tudo isso irá fazer crescerem os poderes locais, na medida em que o próprio direito oficial é pouco

---

fosse uma espécie de pai – autoritário e benévolo, ao mesmo tempo – ao qual o escravo deve submeter-se como um filho. Assim, a humanidade do escravo era reconhecida sem que fosse colocada em questão sua condição de propriedade de outrem... Os escravos deviam ser batizados, pois o batismo é a primeira condição para a salvação terrena" (Oliveira, *Religião e dominação de classe*: gênese, estrutura e função do catolicismo romanizado no Brasil, 1985, p. 84).

[35] "(...) o catolicismo se sobrepôs à religião africana, durante o período colonial, mas não a substituiu. À sombra da Cruz, da capela do engenho e da igreja urbana, o culto ancestral continuou, o que levou Nina Rodrigues a afirmar, no fim do período escravista, 'a ilusão da catequese' " (Bastide, *As religiões africanas no Brasil*: contribuição a uma sociologia das interpenetrações de civilizações, 1989, p. 181).

[36] "Foi o caso do reino de Portugal, que fez desse tipo de economia uma solução para o problema que enfrentava em seus domínios tanto na África como na América. Como estímulo adicional à decisão da monarquia lusitana, a produção açucareira que florescera no Mediterrâneo, e principalmente na Sicília e na Espanha moura, começava na época a decair. Assim, por iniciativa do infante d. Henrique importaram-se da Sicília as primeiras mudas de cana, plantadas, inicialmente, na ilha da Madeira, que logo se tornou o maior monocultor do Ocidente, produzindo no princípio do século XVI mais de 177 mil arrobas de açúcar branco e 230 mil de açúcar mascavado, além de outras qualidades inferiores" (Schwarcz, Starling, *Brasil*: uma biografia, 2015, p. 51). E, também: "Agora, o projeto tinha envergadura maior e pedia investimento mais vultoso, já que significava transformar a empresa colonial num sistema produtivo de fluxo constante, tendo por base produtos diretamente dirigidos para o mercado europeu. Não se tratava apenas de ocupar a terra, e sim de explorá-la de maneira proveitosa. Assim, a escolha da monocultura do açúcar veio bem a calhar" (Schwarcz, Starling, *Brasil*: uma biografia, 2015, p. 53).

[37] "As minas foram ocupadas com muita rapidez e num curto período: a exploração do ouro teve início na década de 1690, atingiu seu auge entre 1730 e 1740, e começou a definhar a partir dos anos 1750" (Schwarcz, Starling, *Brasil*: uma biografia, 2015, p. 121).

respeitado,[38] sendo o maior esforço da Metrópole concentrado propriamente na cobrança de impostos, e não propriamente na introdução de benefícios à população assentada. Na medida em que os órgãos administrativos começam a ser estruturados, eles virão nas figuras de órgãos militares, fazendários e de justiça.[39] Mas, talvez, seja esta uma das determinantes raízes que estruturam a forma como o *Direito brasileiro* até hoje se estrutura, ou seja, de uma legislação fraca para direitos, mas forte para a cobrança de impostos e a punição de pequenos infratores.[40]

Assim, fica claro que, as causas do atraso brasileiro estão dadas pelo período colonial.[41] Fica claro, também, que no período do Brasil Colônia, não se pode falar propriamente de um *direito brasileiro*. O que existe é um *direito uno* como *direito português* Império-Colônia, pois o Império Português administra suas colônias de forma centralizada, segundo uma lógica típica do *Antigo Regime*. O principal documento jurídico do período colonial serão as Ordenações Filipinas (1603),[42] dentro da tradição medieval das Ordenações do Reino de Portugal,[43] e as punições aos infratores cumprem caráter ritual, público[44] e espetacular,[45] afirmando-se com força despro-

---

[38] "As próprias condições materiais da colônia determinam que a autoridade chegue com uma força esmaecida nas enormes distâncias do Brasil (e do Maranhão)" (Lopes, *O direito na história*, 3. ed., 2008, p. 214).

[39] "Os demais órgãos administrativos podem ser agrupados em três setores: Militar, o da Justiça e o da Fazenda" (Fausto, *História do Brasil*, 9. ed., 2001, p. 63).

[40] "O governo português ultramar evidenciava pouca atenção na aplicação da legislação no interior do vasto espaço territorial, pois seu interesse maior era criar regras para assegurar o pagamento dos impostos e tributos aduaneiros, bem como estabelecer um ordenamento penal rigoroso para precaver-se de ameaças diretas à sua dominação" (Wolkmer, *História do direito no Brasil*, 4. ed., 2007, p. 61).

[41] "Nesse quadro histórico o Brasil foi um dos países retardatários que apenas realizaram sua revolução capitalista no século XX. Por isso o Brasil não é um país rico, como aqueles que a realizaram nos séculos XVIII e XIX, nem pobre ou então pré-industrial como são aqueles que ainda não a completaram. Porque o Brasil ficou para trás, especialmente quando comparado aos Estados Unidos, cuja colonização começou quase um século depois da colonização brasileira? Em 1776, quando declarou sua independência da Inglaterra, já era um país bem mais desenvolvido que o Brasil" (Bresser-Pereira, *A construção política do Brasil*: sociedade, economia e Estado desde a Independência, 2. ed., 2015, p. 35).

[42] "No Brasil, vigoram como leis gerais por toda vida colonial as Ordenações do Reino, ou Ordenações Filipinas" (Lopes, *O direito na história*, 3. ed., 2008, p. 247).

[43] "De fato, o Direito vigente no Brasil-Colônia foi transferência da legislação portuguesa contida nas compilações de leis e costumes conhecidos como Ordenações Reais, que englobavam as Ordenações Afonsinas (1446), as Ordenações Manuelinas (1521) e as Ordenações Filipinas" (Wolkmer, *História do direito no Brasil*, 4. ed., 2007, p. 59).

[44] "Punições públicas, o tronco exemplar, a utilização do açoite como forma de pena e humilhação, os ganchos e pegas no pescoço para evitar as fugas nas matas, as máscaras de flandres para inibir o hábito de comer terra e assim provocar o suicídio lento e doloroso, as correntes prendendo ao chão, construiu-se, no Brasil, uma arqueologia da violência que tinha por fito constituir a figura do senhor como autoridade máxima, cujas marcas, e a própria lei, ficavam registradas no corpo do escravo" (Schwarcz, Starling, *Brasil: uma biografia*, 2015, p. 92).

[45] "As punições, claro, tinham um caráter espetacular, querendo com isso instruir e advertir os outros. Em 1718, 26 piratas ingleses foram enforcados de uma só vez" (Lopes, *O direito na história*, 3. ed., 2008, p. 245).

Capítulo VII | Direito e história brasileira

porcional a relação de mando/obediência e de servilidade às leis da Coroa impostas pela Metrópole,[46] sendo datada de 1609 a criação do Tribunal de Relação, na Bahia. É, de toda forma, importante destacar, para fins desta análise, que o principal traçado do Direito do período será seu caráter estamental e medieval.[47] O controle das terras recém-descobertas se dava pela própria presença do *Direito da Metrópole*, exercendo um papel de conceder a alguns mais direitos do que a outros, na medida da própria definição estamental da sociedade medieval portuguesa, onde se distinguiam os nobres, o clero e o povo; a reciprocidade social é, portanto, assimétrica.[48] Durante o período colonial, chega-se a se desenvolver um Direito Canônico, que, a partir do início do século XVIII, já terá suas mais expressivas manifestações.[49] No entanto, a emancipação do *direito brasileiro* será paulatina, e percorrerá os períodos a), b) e c), considerando especialmente sua mais plena definição entre os séculos XIX e XX.[50]

O conjunto das revoltas, rebeliões, sedições não é pouco significativo na história brasileira, e provém de 1690, com a Revolta da Cachaça.[51] É enganosa a visão segundo a qual a colonização se deu sem resistência dos povos indígenas, ou que a escravidão se deu sem resistência dos negros africanos, ou que a ocupação pelo processo de colonização portuguesa foi sem oposição de outros povos e nações inte-

---

[46] No século XVIII, as tentativas de emancipação da Colônia serão severamente reprimidas pela Metrópole, a exemplo desta: "No início do ano de 1798, na Cidade de Salvador, amanheceu queimada a forca instalada no largo em que se erguia o Pelourinho – símbolo máximo do poder da Coroa portuguesa, onde se anunciavam os decretos do rei e se açoitavam publicamente os escravizados" (Schwarcz, Starling, *Brasil*: uma biografia, 2015, p. 147). "O corpo de cada um deles foi esquartejado e exposto nos lugares públicos da cidade – e as mãos de Luiz das Virgens, acusado da redação dos panfletos, permaneceram pregadas na forca, como exemplo, para a população, do desequilíbrio e do excesso que marcavam as relações de poder na colônia: do súdito que se atreveu a violar a lei: da Coroa que quis fazer valer seu direito e sua força" (Schwarcz, Starling, *Brasil*: uma biografia, 2015, p. 150).

[47] "A vida colonial brasileira tem início nesta espécie de ordem jurídico-política. Já foi descrita como feudal, por alguns (Waldemar Ferreira, Izidoro Martins Jr.) e tal discrição já foi contestada por outros (Caio Prado Jr.). O que importa distinguir é que do ponto de vista das instituições jurídicas de fato a vida começa sob o signo de práticas do direito comum (*ius commune*) que carregam em si, além da tradição do direito civil romano, a sua impostação medieval, estamental e corporativa" (Lopes, *O direito na história*, 3. ed., 2008, p. 221).

[48] "Em teoria, as pessoas livres da Colônia foram enquadradas em uma hierarquia de ordens (nobreza, clero e povo), uma característica do Antigo Regime" (Fausto, *História do Brasil*, 9. ed., 2001, p. 70).

[49] "E não é de desprezar a fonte eclesiástica: no Brasil, a partir de 1707, pode-se contar com as Constituições Primeiras do Arcebispado da Bahia" (Lopes, *O direito na história*, 3. ed., 2008, p. 252).

[50] "Nossa história jurídica nacional passa, assim, pelo entendimento do direito português. Foram as fontes lusitanas que influenciaram o direito brasileiro na sua formação inicial, só apresentando uma ruptura mais radical no final do século XIX e início do séc. XX" (Zaneti Jr., *O valor vinculante dos precedentes*, 2. ed., 2016, p. 85).

[51] "A revolta da Cachaça foi a primeira, mas não seria a última: em muitas outras ocasiões colonos exasperados e ressentidos usariam a rebelião como instrumento de pressão para sustentar reivindicações, atacar abusos de autoridades locais, reagir contra a rigidez administrativa de Lisboa ou exprimir descontentamento político. A América portuguesa concentrou uma série de protestos, espalhados por todo o seu território, que no limite apresentava sério risco para a estabilidade do Império no Atlântico" (Schwarcz, Starling, *Brasil*: uma biografia, 2015, p. 133).

ressados nas terras brasileiras, ou ainda, de que os períodos colonial e imperial foram sem tropeços, revoltas, rebeliões, sedições, conjurações e outros tipos de manifestações. Em vários momentos da história do Brasil, e por diversos motivos, seja na luta contra a opressão, seja na oposição política, seja no confronto entre colonizadores e colonizados, seja na disputa pelo controle das riquezas, seja na resistência ao abuso do poder pelos mandatários da Metrópole, seja na idealização de horizontes de autonomia, são inúmeras as manifestações de lutas, resistências e disputas que pontuam diversos episódios. No entanto, o padrão de reação no período colonial será sempre de lealdade dos súditos com relação à Metrópole.[52]

Não por outro motivo, a *cultura de cidadania* desabrocha com alguma dificuldade entre os colonos: o trabalho é agrícola; a riqueza é escassa; as vilas são pequenas; a cultura é detida por poucos; as distâncias oceânicas, no contato com outros países, constituem fator de isolamento; a imprensa é apenas germinativa; e, os poderes são repressores.[53] Com isso, fica evidente que, os próprios *déficits de cidadania*, tão presentes, até os dias de hoje, guardam suas raízes históricas no período colonial. Na leitura de Darcy Ribeiro, a *ordenação colonial* fez do povo brasileiro, desde a sua origem, um proletariado exterior aos interesses europeus, constituído na base da exploração, da violência da dominação e da ausência de todo e qualquer direito.[54] O resultado do processo de colonização, e o ápice das três etapas do período colonial (a., b. e c., indicados acima) se darão no final do século XVIII, quando se acumula enorme proporção da população em estado de exclusão e para a qual o sentido de nacionalidade é baixo.[55] Por isso, o século XVIII, não somente no Brasil, mas também na América do Norte e na Europa,[56] será de agitação colonial, de dispersão dos ideais liberais, espocando revoltas e tentativas de independência, sabendo-se que a mais célebre será a Inconfidência Mineira.[57]

---

[52] "Fosse qual fosse seu formato, em pelo menos um aspecto as revoltas de colonos eram incrivelmente semelhantes: nenhuma delas confrontou a Coroa portuguesa. (...) Quase todas as revoltas procederam assim, exceto uma: a de 1710, em Pernambuco, responsável por introduzir uma nova tópica no padrão até então característico das sublevações coloniais e pôr em questão a autoridade da Coroa" (Schwarcz, Starling, *Brasil*: uma biografia, 2015, p. 139).

[53] "Foram raras, em consequência, as manifestações cívicas durante a Colônia" (Carvalho, *Cidadania no Brasil*, 21. ed., 2016, p. 30).

[54] "As causas desse descompasso devem ser buscadas em outras áreas. O ruim aqui, e efetivo fator causal do atraso, é o modo de ordenação da sociedade, estruturada contra os interesses da população, desde sempre sangrada para servir a desígnios alheios e opostos aos seus. Não há, nunca houve, aqui um povo livre, regendo seu destino na busca de sua própria prosperidade. O que houve e o que há é uma massa de trabalhadores explorada, humilhada e ofendida por uma minoria dominante, espantosamente eficaz na formulação e manutenção de seu próprio projeto de prosperidade, sempre pronta a esmagar qualquer ameaça de forma da ordem social vigente" (Ribeiro, *O povo brasileiro*, 2. ed., 1995, p. 452).

[55] "Chegou-se se ao fim do período colonial com a grande maioria da população excluída dos direitos civis e políticos e sem existência de um sentido de nacionalidade" (Carvalho, *Cidadania no Brasil*, 21. ed., 2016, p. 31).

[56] "Em 1776, as colônias inglesas da América do Norte proclamaram sua independência. A partir de 1789, a Revolução Francesa pôs fim ao Antigo Regime na França..." (Fausto, *História do Brasil*, 9. ed., 2001, p. 108).

[57] "(...) a intenção da maioria era a de proclamar uma República, tomando como modelo a Constituição dos Estados Unidos" (Fausto, *História do Brasil*, 9. ed., 2001, p. 117).

Capítulo VII | Direito e história brasileira

E, de fato, há algo novo nas lutas e reivindicações do século XVIII, pois desde 1710 em Pernambuco, quando se pôs em questão o poder real, se iniciou uma série de novas sublevações que irão desaguar na Inconfidência Mineira, e na ampla disseminação do moderno termo[58] "revolução" ("motim"; "rebelião") no horizonte do mundo colonial.[59] A célebre Conjuração Mineira antecedeu a própria Revolução Francesa,[60] e teve por motivação a tentativa de implantação do ideário republicano e autonomista da Colônia com relação à Metrópole, e, portanto, contestou com toda a firmeza o conjunto das estruturas do regime de dominação português. Entre os inconfidentes, estão exatamente os poucos que, membros ou aliados das elites locais de Minas Gerais,[61] no Brasil, acessaram e conviveram com os conteúdos dos saberes jusnaturalistas, liberais e iluministas, em função de sua formação e seu contato com esta literatura, no período de estudos e formação em Coimbra.[62] A Conjuração Mineira é tão célebre quanto as punições severas, atrozes, públicas, impostas aos seus líderes, com especial atenção para a pena que fora imposta ao Alferes Tiradentes.[63]

A partir daí, diante das pressões políticas, militares e diplomáticas da Europa de então, que complicam a situação de Portugal, o país receberá não somente a vinda da família real em 1808,[64] como também sofrerá o impacto das ideias liberais, em voga na

---

[58] "Revolução" é um vocábulo típico da modernidade: descreve um acontecimento ocorrido em distintos espaços da vida social – costumes, direito, religião, política, economia, nações, Estados ou continentes – sempre enfocando uma perspectiva que inclua transformação, e com muita agitação. Por isso a palavra designa derrubada do que é considerado velho, concentração de uma experiência de aceleração do tempo e inauguração de um futuro, o qual, por suposto, seria não só melhor como até então desconhecido" (Schwarcz, Starling, *Brasil: uma biografia*, 2015, p. 152).

[59] "No final do século XVIII, palavras como "revolução", "motim", "rebelião", "sedição" começavam a fazer parte do vocabulário cotidiano, anunciando muita comoção e grandes doses de mudança" (Schwarcz, Starling, *Brasil: uma biografia*, 2015, p. 151).

[60] "A conjuração Mineira foi o mais relevante movimento anticolonial da América portuguesa: pôs em dúvida o próprio sistema e adaptou para as Minas um projeto de poder de natureza nitidamente republicana. Essa conjuração – disso às vezes nos esquecemos – também antecedeu a Revolução Francesa" (Schwarcz, Starling, *Brasil: uma biografia*, 2015, p. 129).

[61] Cf. Schwarcz, Starling, *Brasil: uma biografia*, 2015, p. 142.

[62] "Desses autores, interessam-nos, principalmente, os inconfidentes, que – com exceção de um, nascido em Portugal – foram estudar em Coimbra, e voltaram impregnados duma visão literária da nação que se formava e uma concepção de vida toda ela diferente da que lhes nutria a inteligência quando daqui saíram" (Scantimburgo, *O Brasil e a revolução francesa*, 1989, p. 105).

[63] "Esse motivo pelo qual a pena aplicada a ele pela Coroa foi exemplar, espetacular e "pública" – para que o horror do castigo não se apagasse jamais da memória dos colonos. Tiradentes foi enforcado no dia 21 de abril de 1792, no Largo da Lampadosa, no Rio de Janeiro. O corpo, esquartejado e salgado. Os braços e as pernas foram pregados nos mais destacados pontos de trânsito do Caminho Novo. A cabeça deveria permanecer exposta até finalmente apodrecer, fincada num poste erguido na praça central de Vila Rica, em frente ao palácio do governador – onde hoje se encontra o monumento a Tiradentes" (Schwarcz, Starling, *Brasil: uma biografia*, 2015, p. 146 e 147).

[64] "Não eram indivíduos isolados que fugiam às pressas, e sim a sede do Estado português que mudava de endereço, com seu aparelho administrativo e burocrático, seu tesouro, suas repartições, secretarias, tribunais, arquivos e funcionários. Acompanhava a rainha e o príncipe regente tudo aquilo que representasse a monarquia: os personagens, os parâmetros, os costumeiros rituais de corte e cerimoniais religiosos, as instituições e erário, os problemas..." (Schwarcz, Starling, *Brasil: uma biografia*, 2015, p. 163). "No dia 22 de janeiro de 1808, uma sexta-feira, d. João e parte da corte chegaram à colônia d'além-mar" (Schwarcz, Starling, *Brasil: uma biografia*, 2015, p. 172).

Europa pós-Revolução Francesa.[65] Ouvem-se por todas as partes que os direitos são universais, que existem direitos de igualdade e fraternidade, e o cerne do liberalismo começa a demonstrar a incompatibilidade de manutenção de uma sociedade de classes com base na exploração agrária da mão de obra escrava.[66] É neste período que, aos poucos, a legislação portuguesa, sob a pressão do reformismo modernizante pombalino, tende à busca do esclarecimento e da racionalidade, o que significa a morte para os referenciais canônicos e medievalizantes, bem como a ruína dos sustentáculos da escravidão como regime de sustentação da economia. No entanto, a legislação imperial avança nos tratos da formação da nova codificação imperial, mas aumenta a repressão dirigida aos negros e aborígenes, destinatários preferenciais das leis criminais.[67]

Se o século XIX consagrará a vitória das lutas abolicionistas, e será sua culminância, após a repressão dos movimentos mineiros por independência no século XVIII, pode-se dizer que a história da luta pela alforria e pela liberdade é mais complexa que a mera somatória das leis abolicionistas da segunda metade do século XIX (Lei Eusébio de Queirós, de 4 de setembro de 1850, que vedava o tráfico de escravos; Lei do Ventre Livre, de 28 de setembro de 1871, que concedia liberdade aos filhos de mães escravas; Lei dos Sexagenários, de 1885, que liberava do trabalho escravos sexagenários; a Lei Áurea, n. 3353, de 13 de maio de 1888, que enfim abolia a escravidão no país),[68] considerando-se especialmente o processo de resistência dos escravos, as fugas em massa, as rebeliões, os suicídios, a formação dos quilombos (desde o século XVI)[69] e as lutas abolicionistas.[70] A liberação de uma grande massa de trabalhadores

---

[65] Cf. Bittar, O direito à tradição, as religiões de matrizes africanas e os direitos humanos, *Revista Sequência: Estudos Jurídicos e Políticos*, Revista do Programa de Pós-Graduação da UFSC, ano XXXI, n. 61, 2010, p. 309-330.

[66] "Em fins do século XVIII e ao longo do século XIX, começam a chegar ao Brasil os ecos do ciclo de ideias representados pelo iluminismo pombalino e pelas primeiras manifestações do liberalismo engendrados na Metrópole lusitana" (Wolkmer, *História do direito no Brasil*, 4. ed., 2007, p. 56).

[67] Não havendo previsão para os direitos dos povos indígenas e muito menos dos negros, na nova legislação civil imperial, não se pode esquecer que legislação criminal imperial prevê penas aos escravos negros: "(...) tendo em conta que a obediência irrestrita e passiva era um valor essencial para a mentalidade escravista, as penas mais graves previstas na nova legislação criminal eram sempre destinadas aos escravos" (Wolkmer, *História do direito no Brasil*, 4. ed., 2007, p. 109).

[68] Cf. Lara, Silvia Hunold, Para além do cativeiro: legislação e tradições jurídicas sobre a liberdade no Brasil escravista, *in História do direito em perspectiva*: do Antigo Regime à modernidade (Fonseca, Ricardo Marcelo; Seelaender, Airton Cerqueira Leite, orgs.), 2008, p. 315 e ss.

[69] "A confederação quilombola manteve intensa relação de comércio com vilas e arraiais vizinhos; ao mesmo tempo, estimulou fugas em massa de escravos, promoveu um sem-número de assaltos aos engenhos, fazendas e povoações, e resistiu por um século às incursões militares enviadas para destruí-la" (Schwarcz, Starling, *Brasil: uma biografia*, 2015, p. 101).

[70] "Mas reagiram ao cotidiano violento também de forma violenta, sendo frequentes as fugas – individuais e em massa –, os assassinatos de feitores e senhores, e as insurreições organizadas. A resistência escrava deu origem a mocambos ou quilombos guerreiros, surgidos na América portuguesa a partir do século XVI" (Schwarcz, Starling, *Brasil: uma biografia*, 2015, p. 98). E, também: "Além das fugas, existiram outras formas de resistência, como o assassinato e envenenamento de senhores, suicídios, abortos; escravizados sempre negaram sua condição e reivindicaram direitos" (Schwarcz, Starling, *Brasil: uma biografia*, 2015, p. 104).

Capítulo VII | Direito e história brasileira

(700 mil escravos) para a liberdade do mercado[71] significa também uma consolidação de uma etapa de modernização da sociedade brasileira.[72] Até então, a escravidão havia impedido a formação de um mercado interno e a realização de uma verdadeira revolução industrial.[73] Ao mesmo tempo, é a consolidação de um processo de exclusão, pois à população liberta não foi dada nenhuma condição de disputar em pé de igualdade, o mercado de trabalho, tais como, educação, preparo técnico, acesso aos conhecimentos e habilidades, além de processos indenizatórios e emprego.[74]

2.2. O Direito no Brasil Império

Os resultados do processo de colonização do Brasil são marcas muitas acentuadas, com as quais o país haverá de se bater o resto de sua história posterior.[75] A independência desejada e reprimida no século XVIII, somente virá no século XIX, mas as bases sobre as quais se estabelecerá serão muito determinantes: população analfabeta; economia monocultora, latifundiária e escravocrata; Estado Absolutista; ausência de cidadania.[76] Enquanto os Estados Unidos, na mesma época, já se faziam acenar como um país mais avançado, o atraso do Brasil era imenso.[77] O curioso a notar, in-

---

[71] "O Treze de Maio redimiu 700 mil escravos que representavam, a essas alturas, um movimento pequeno no total da população geral, estimada em 15 milhões de pessoas" (Schwarcz, Starling, *Brasil*: uma biografia, 2015, p. 310).

[72] "A abolição terá, por conseguinte, uma influência importante no plano econômico; liberando uma massa de capital que se encontrava imobilizada na pessoa do escravo, a sociedade passa a dispor deste capital para investi-lo na indústria nascente" (Ortiz, *A morte branca do feiticeiro negro*: umbanda e sociedade brasileira, 1988, p. 23).

[73] "O sistema escravista foi, assim, uma condição de estabilidade do Império, porque mantinha as elites latifundiárias solidárias com o Estado, mas foi também um obstáculo maior ao seu desenvolvimento na medida em que não criava, do lado da oferta, mão de obra educada, e, do lado da demanda, um mercado interno, as duas condições para a industrialização" (Bresser-Pereira, *A construção política do Brasil*: sociedade, economia e Estado desde a Independência, 2. ed., 2015, p. 53).

[74] "No Brasil, aos libertos não foram dadas nem escolas, nem terras, nem empregos" (Carvalho, *Cidadania no Brasil*, 21. ed., 2016, p. 57).

[75] Luiz Carlos Bresser-Pereira, em sua análise histórico-social e econômica, também ratifica este mesmo entendimento: "A colonização portuguesa, definida pelo Exclusivo Colonial (o monopólio de Portugal do comércio externo brasileiro), foi também um obstáculo maior ao desenvolvimento do Brasil porque o governo português agiu de forma deliberada contra ele, seja não criando universidades aqui, seja exercendo o monopólio do comércio, seja impedindo formalmente qualquer atividade industrial" (Bresser-Pereira, *A construção política do Brasil*: sociedade, economia e Estado desde a Independência, 2. ed., 2015, p. 38).

[76] "Ao proclamar sua independência de Portugal em 1822, o Brasil herdou uma tradição cívica pouco encorajadora. Em três séculos de colonização (1500-1822), os portugueses tinham construído um enorme país dotado de unidade territorial, linguística, cultural e religiosa. Mas tinham também deixado uma população analfabeta, uma sociedade escravocrata, uma economia monocultora e latifundiária, um Estado absolutista. À época da independência, não havia cidadãos brasileiros, nem pátria brasileira" (Carvalho, *Cidadania no Brasil*, 21. ed., 2016, p. 23 e 24).

[77] "Na virada do século XVIII para o século XIX, enquanto os Estados Unidos já haviam realizado sua revolução nacional, declarado a sua independência, e, dotados de um mercado interno bem estruturado, de uma população livre e de bom nível educacional, preparavam-se para sua revolução industrial, o Brasil continuava um país radicalmente atrasado e dual, com uma pequena elite

clusive, sobre a conquista da Independência é que ela se deu pelas próprias mãos do colonizador, ou seja, do Imperador Dom Pedro I, logo após a partida de Dom João VI em retorno a Portugal, e se estabelece como uma forma de negociação, em que, no lugar de *conquistada* pela população, é *declarada* pelo Imperador, e, diferentemente do que ocorre em outras partes do mundo, é uma Independência em que não se afirma a República, mas sim uma Monarquia, em que não se rompe a escravidão, mas se mantém ativa, e em que os poderes senhoriais se mantém intactos.[78]

O século XIX vem marcado por grandes transformações, quais, a vinda da família real ao Brasil (1808), a definição da sede da monarquia no Brasil (1810),[79] a Independência do Brasil (1822),[80] a criação dos cursos Jurídicos (1827), a Constituição (1824), a abolição da escravidão (1888) e o processo paulatino de autonomização do Direito brasileiro. O movimento mais completo da família real será exatamente o de transplantar a burocracia ultramarina para o solo da Colônia, e, agora, fundar os métodos de administração que se espelham nas rotinas instauradas em Lisboa.[81] A *legislação autônoma brasileira* começará a despontar, desde então, permitindo aos poucos o desgarramento de dependência estrita das "Ordenações Filipinas" (1603), aparecendo na forma de uma verdadeira enxurrada de novos documentos oficiais:[82] o Código de Processo Penal (1832); o Código Comercial (1850); o Regulamento n. 737 (1850), que funcionará como o Código de Processo Civil; a Lei de Terras (1850); a Consolidação das Leis Civis (1858), encomendada pelo governo a Teixeira de Freitas.

A adaptação do século XIX corresponde àquela do sistema de produção escravista, paulatinamente, em direção ao sistema de produção capitalista, cujos marcos

---

participando da cultura e do consumo da Europa, enquanto a massa de uma economia de subsistência" (Bresser-Pereira, *A construção política do Brasil:* sociedade, economia e Estado desde a Independência, 2. ed., 2015, p. 41).

[78] "E assim se completava o ato da emancipação. Uma emancipação singular no elenco das independências americanas, que tinham gestado repúblicas e não monarquias. O fato é que a emancipação chegava sem mudanças radicais, embora tenha reduzido uma rica literatura de comentário político – sob a forma de panfletos –, evidência de que independência era uma questão do maior interesse em toda a sociedade e todo tipo de pessoa tomou parte nesse debate" (Schwarcz, Starling, *Brasil:* uma biografia, 2015, p. 221).

[79] "Tudo isto teve enormes repercussões políticas para o Reino e para o Brasil. Para o Brasil estaria na base da construção de uma estrutura administrativa que garantiria, por um lado, a unidade política do território e, por outro, a fermentação de uma consciência autonomista que levaria, mais tarde, à sua independência (1822). Para o Reino porque subalternizou a regência e interferiu no 'orgulho' de algumas elites mais 'iluminadas', acabando por levar à revolução liberal (1820)" (Subtil, *Actores, territórios e redes de poder, entre o Antigo Regime e o liberalismo*, 2011, p. 312).

[80] "A principal característica política da independência brasileira foi a negociação entre a elite nacional, a coroa portuguesa e a Inglaterra, tendo como figura mediadora o príncipe D. Pedro" (Carvalho, *Cidadania no Brasil*, 21. ed., 2016, p. 32).

[81] "Também as instituições que existiam em Portugal foram transplantadas para o Brasil, com o mesmo espírito de rotina burocrática. A ideia era criar a nova sede tomando a administração de Lisboa como espelho: (...)" (Schwarcz, Starling, *Brasil:* uma biografia, 2015, p. 181).

[82] "O que estava acontecendo era realmente novo, não tinha como haver sido imitado: a colônia transformava-se em sede da metrópole. Foi se produzindo uma enxurrada de documentos para concretizar tal inversão: decisões, legislação, papéis diplomáticos, e todos os atos das repartições do real serviço" (Schwarcz, Starling, *Brasil:* uma biografia, 2015, p. 182).

Capítulo VII | Direito e história brasileira

são encontrados na Lei de Terras (1850) e no Código do Comércio (1850), sinais de modernidade e civilização, mas por um processo perverso que permite uma convivência harmônica entre os ideais liberais, válidos para os portugueses brancos, e inválidos para os escravos e negros.[83] Por isso, é explicável que o liberalismo brasileiro seja muito peculiar, pois nunca assumiu a feição radical dos revolucionários franceses, e nunca partiu de uma plena conscientização da massa de seu próprio poder cidadão.[84]

A primeira Constituição brasileira de 1824, ao lado de tantas outras constituições do mundo já preexistentes, como a Francesa (1791) e a Norte-Americana (1787), terá importante papel na definição de um *direito brasileiro*, o que nos faz rememorar que o *direito brasileiro*, propriamente, não tem uma história de desenvolvimento autônomo de mais de 200 anos, o que historicamente, pode ser dito, revela um processo de afirmação muito recente. A Constituição brasileira de 1824, enquanto Constituição liberal, é sim pioneira e avançada para o período,[85] iniciando todo um importante processo de redesenho das instituições brasileiras, mas, ao mesmo tempo, é sim reveladora de uma *reciprocidade social*, à época, *assimétrica*, onde mulheres não votam,[86] onde escravos não possuem cidadania,[87] onde há franca presença da Igreja na definição dos contornos do Estado brasileiro, sabendo-se que a Igreja é religião oficial do Estado brasileiro,[88] revelando-se nisto um liberalismo distorcido, ou ainda, um verniz liberal, já em sua origem, o que aponta para a predominância política da tendência de um liberalismo aristocrático e conservador, em plena dissonância com a prática dos valores liberais, o que faz desta forma de apropriação do ideário discursivo liberal apenas uma casca que coloca os direitos na superfície, mantendo-se as estruturas sociais e econômicas à margem da transformação social.[89] Essa nota se acentua,

---

[83] "Na verdade, como aponta Viotti da Costa, a principal limitação do liberalismo brasileiro foi sua peculiar convivência com a institucionalização do escravismo" (Wolkmer, *História do direito no Brasil*, 4. ed., 2007, p. 94).

[84] Cf. Bittar, O direito à tradição, as religiões de matrizes africanas e os direitos humanos, *Revista Seqüência: Estudos Jurídicos e Políticos*, Revista do Programa de Pós-Graduação da UFSC, ano XXXI, n. 61, 2010, p. 309-330.

[85] "Para os padrões da época, a Constituição de 1824, a despeito de ter sido "outorgada", foi até avançada: podiam votar todos os homens a partir de 25 anos com renda mínima anual de 100 mil-réis. Os libertos votavam nas eleições primárias, e o critério de renda acabava por não excluir do direito de voto a maior parte da população pobre, uma vez que a maioria dos trabalhadores ganhava mais de 100 mil-réis por ano. Por fim, analfabetos também tinham direito a voto" (Schwarcz, Starling, *Brasil*: uma biografia, 2015, p. 235).

[86] "A Constituição regulou os direitos políticos, definiu quem teria direito de votar e ser votado. Para os padrões da época, a legislação brasileira era muito liberal. Podiam votar todos os homens de 25 anos ou mais que tivessem renda mínima de 100 mil-réis. Todos os cidadãos qualificados eram obrigados a votar. As mulheres não votavam, e os escravos, naturalmente, não eram considerados cidadãos" (Carvalho, *Cidadania no Brasil*, 21. ed., 2016, p. 35).

[87] "Com todo o seu liberalismo, a Constituição ignorou a escravidão, como se ela não existisse" (Carvalho, *Cidadania no Brasil*, 21. ed., 2016, p. 34).

[88] "A Constituição do Império havia aceitado a existência de uma religião de Estado" (Lopes, *O direito na história*, 3. ed., 2008, p. 302).

[89] "Já no Brasil, o liberalismo expressaria a 'necessidade de *re-ordenação* do poder nacional e a dominação das elites agrárias', processo esse marcado pela ambiguidade da junção de 'formas liberais

ao se reconhecer que a abolição da escravidão, apesar de ocorrer no final do século XVIII em Portugal, apenas se dará no Brasil no final do século XIX, tendo-se atravessado um século sob a influência do discurso liberal sem que sua prática se convertesse em libertação dos escravos negros.[90]

Ademais, é importante pontuar, ainda a respeito da Constituição de 1824, que se trata de uma Constituição Outorgada pelo Imperador Dom Pedro I, que, no processo de discussão dos termos da Constituição, juntamente com o descontentamento do partido português favorável ao Absolutismo, invade e dissolve o Congresso Nacional em 12 de novembro de 1823,[91] outorgando de forma autoritária a Constituição em 25 de março de 1824.[92] Esta será a única Constituição do Império, e de longa duração, marcada pelo individualismo e pelo centralismo.[93] Assim, o *constitucionalismo brasileiro* nasce, não de um processo democrático, mas por vias autocráticas, produzindo-se a portas fechadas, à distância do povo, sendo redigida no espaço privado,[94] e imposta à força,[95] pelo Imperador. A história do *constitucionalismo brasileiro* nasce, assim, enquanto fruto do trauma-instaurador, fator que continuará a ecoar e a repercutir na história dos autoritarismos, golpes e interrupções democráticas que o país haverá de viver, ao longo de toda a sua história.

---

sobre estruturas do conteúdo oligárquico', ou seja, a discrepante dicotomia que iria perdurar ao longo de toda a tradição republicana: a retórica liberal sob a dominação oligárquica, o conteúdo conservador sob a aparência de formas democráticas" (Wolkmer, *História do direito no Brasil*, 4. ed., 2007, p. 94).

[90] "Não pretendo explorar aqui as dimensões econômicas, políticas e sociais da abolição do tráfico e da escravidão em Portugal, mas apenas observar que a promulgação destas leis na metrópole não implicou um questionamento da escravidão na América portuguesa" (Lara, Para além do cativeiro: legislação e tradições jurídicas sobre a liberdade no Brasil escravista, *in História do direito em perspectiva*: do Antigo Regime à Modernidade (Fonseca, Ricardo Marcelo; Seelander, Cerqueira Leite, Airton orgs.), 2008, p. 321).

[91] "A disputa entre os poderes acabará resultando na dissolução da Assembleia Constituinte por Dom Pedro, com o apoio dos militares. Foram presos vários deputados, entre eles os Andradas. Logo a seguir, cuidou-se de elaborar um projeto de Constituição que resultou na Constituição promulgada a 25 de março de 1824" (Fausto, *História do Brasil*, 9. ed., 2001, p. 149).

[92] "O ambiente era nervoso, e demonstrações de xenofobismo tornaram-se cada vez mais frequentes. O conjunto das propostas soava como clara provocação, e em 12 de novembro de 1823 o imperador cercou e dissolveu a Assembleia Constituinte, mostrando que não aceitava ter seus poderes limitados e se transformar num mero símbolo. Apesar da pressão do Exército, que se manteve leal ao imperador, os deputados reunidos permaneceram em sessão durante a madrugada e declararam d. Pedro I um "fora da lei". Foi então que o monarca assinou decreto fechando a Constituinte" (Schwarcz, Starling, *Brasil:* uma biografia, 2015, p. 233).

[93] "Tratava-se de uma Constituição outorgada que institucionalizou uma monarquia parlamentar, impregnada por um individualismo econômico e um acentuado centralismo político. Naturalmente, essa Lei Maior afirmava-se idealmente mediante uma fachada liberal que ocultava a escravidão e excluía a maioria da população do país" (Wolkmer, *História do direito no Brasil*, 4. ed., 2007, p. 106).

[94] "Para evitar equívocos, dessa vez o imperador reuniu a portas fechadas dez pessoas de sua inteira confiança: todos brasileiros natos e juristas, membros do Conselho de Estado, criado em 1823, e formados em Coimbra" (Schwarcz, Starling, *Brasil:* uma biografia, 2015, p. 234).

[95] "Não passaria desapercebido o fato de o imperador dissolver a Assembleia e impor uma nova Constituição ao país" (Schwarcz, Starling, *Brasil:* uma biografia, 2015, p. 236).

Capítulo VII | Direito e história brasileira

A renúncia de Dom Pedro I, em 1831, será assim, após um tenso período de confronto entre o centralismo autoritário português e o autonomismo regional-local, a culminância de um processo de luta[96] por afirmação do espaço da autonomia da ex-Colônia.[97] Não por outro motivo, a instabilidade tomará conta do período das Regências,[98] sendo o início do Império coalhado de tensões, e aquelas que mais se destacam estão em torno da relação entre a *centralidade do Imperador* e a *localidade dos poderes* que haviam se estabelecido, no período colonial, como governanças-locais, nas ausências deixadas por Portugal nestas terras longínquas e inóspitas.[99] São marcantes os movimentos na Bahia,[100] a Sabinada, de Farrapos, no Sul,[101] e a Balaiada, no Maranhão,[102] para ficar em alguns exemplos notórios do período.

Assim, a tentativa de construção de um Estado Brasileiro, bem como de um ideário nacional,[103] se fará na base de uma luta contínua entre o poder central, pode-

---

[96] A exemplo do que ocorrera em Pernambuco: "Mas era tarde demais: em 2 de julho de 1824 os revolucionários proclamaram a independência de Pernambuco, e ainda convidaram as demais províncias do Norte e do Nordeste a se unirem a eles, formando a Confederação do Equador" (Schwarcz, Starling, *Brasil:* uma biografia, 2015, p. 237).

[97] "No Brasil, a euforia tomou conta do ambiente, e de tal modo, que abdicação foi entendida como um marco inaugural e fundador. Muitos a consideraram uma revolução exemplar, pois fora pacífica e não levara a derramamento de sangue. Outros a chamaram "regeneração brasileira", tal seu caráter popular. Toda uma memória foi criada em torno do evento, como se ele representasse um tempo novo: a verdadeira independência. O importante é que o Sete de Abril, muito mais do que o Sete de Setembro, consagrou o espaço público como uma arena política e com ele o grupo dos exaltados, assim como suas práticas informais de cidadania" (Schwarcz, Starling, *Brasil:* uma biografia, 2015, p. 242).

[98] "Não há como analisar o período das Regências sem lembrar o conjunto das revoltas que eclodiram no país" (Schwarcz, Starling, *Brasil:* uma biografia, 2015, p. 250).

[99] "O sentimento autonomista era, porém, forte nas províncias: desfeita a unidade do Império luso-brasileiro como consequência da ruptura com Lisboa, o debate girava ao redor de dois programas políticos decididamente antagônicos: o centralismo da corte, de um lado, e o autogoverno provincial de outro" (Schwarcz, Starling, *Brasil:* uma biografia, 2015, p. 243).

[100] "A Bahia atravessou a primeira metade do século XIX em plena turbulência política" (Schwarcz, Starling, *Brasil:* uma biografia, 2015, p. 255).

[101] "Com o fim da Sabinada, o regente mal pôde dormir satisfeito: uma revolução no Sul do país continuava a dar trabalho e crescia a olhos vistos. Os motivos eram sempre os mesmos, só mudavam de lugar: condenava-se a concentração de poder na corte, e apoiava-se a reversão da autonomia às províncias. E foi assim que em 1835 se iniciou nova revolta, na qual brasileiros lutaram como "farrapos" – termo que lembra a pouca roupa, esfarrapada, das camadas mais pobres" (Schwarcz, Starling, *Brasil:* uma biografia, 2015, p. 259).

[102] "E ela vinha de outro canto do país: no igualmente longínquo Maranhão, província outrora ligada ao Grão-Pará, eclodiu uma revolta, em 1838, que aglutinou a população pobre da região: a Balaiada" (Schwarcz, Starling, *Brasil:* uma biografia, 2015, p. 263).

[103] "Por outro lado, se uma nova unidade política foi implantada, prevaleceu uma noção estreita de cidadania, que alijou do exercício da política uma vasta parte da população e ainda mais o extenso contingente de escravizados. Com isso, noções bastante frouxas de representatividade das instituições políticas se impuseram, mostrando como a Independência criou um Estado mas não uma Nação. Criar uma cultura, imaginar uma formação, pretender uma nacionalidade: aí estava uma tarefa para a agenda futura do Primeiro e, sobretudo, do segundo Reinado" (Schwarcz, Starling, *Brasil:* uma biografia, 2015, p. 222).

res locais e revoltas populares.[104] Afirmar a existência de um Estado brasileiro foi, assim, um longo processo, tendo ocupado a primeira metade do século XIX,[105] e implicou, sem dúvida alguma, um esforço de centralidade e negociação com as autoridades locais. Porém, a Administração Pública Imperial seguirá toda a estratégia de organização do governo tal como em Portugal se havia implantado,[106] e, exatamente por isso, será, certamente, central.[107] Trata-se, sem dúvida alguma, de uma monarquia conservadora,[108] mas que teve por mérito garantir a manutenção do território e estabilizar a unidade do Estado brasileiro.[109]

2.3. O Direito no Brasil República

A Proclamação da República, antes de atividade popular, e orientada por valores populares, é resultado do confronto entre as elites civis e os militares organizados.[110] Assim, o golpe sobre o Império afasta o Imperador e desterra-o para Portugal, abrindo-se campo para o período do Brasil República. O Brasil República, desde 1889, além da alteração da forma de governo, viverá enormes transformações jurídico-administrativas.[111] Uma das grandes ferramentas desta mudança será o processo de federalização e a autonomização dos direitos dos Estados-Membros.[112] Outra delas, o controle da constitucio-

---

[104] "A revolta popular mais violenta e dramática foi a Cabanagem, na província do Pará, iniciada em 1835. Os rebeldes eram na maioria índios, chamados 'tapuios', negros e mestiços" (Carvalho, *Cidadania no Brasil*, 21. ed., 2016, p. 74).

[105] "O Brasil atravessa a primeira metade do século XIX dividido por conflitos e tentativas de secessão, muito especialmente no período da regência. Só após 1848 (Revolução Praieira), cessam as tentativas de revolta. Mesmo assim, considera-se que a centralização monárquica foi suficientemente forte para dar estabilidade ao país" (Lopes, *O direito na história*, 3. ed., p. 257).

[106] "A estratégia deste governo irá consistir em replicar no Brasil toda a estrutura da administração central que vigorava no Reino" (Subtil, *Actores, territórios e redes de poder, entre o Antigo Regime e o liberalismo*, 2011, p. 311).

[107] "O Brasil Imperial será um Estado Unitário" (Lopes, *O direito na história*, 3. ed., 2008, p. 289).

[108] "Poder moderador, Conselho de Estado, Senado Vitalício, Religião de Estado: tudo somado mostra a face conservadora da monarquia" (Lopes, *O direito na história*, 3. ed., 2008, p. 304).

[109] "O Império não caiu, mesmo que sacudido em suas estruturas por tantos movimentos que eclodiram de norte a sul do país" (Schwarcz, Starling, *Brasil: uma biografia*, 2015, p. 265).

[110] "Enquanto isso, os militares encontravam-se em seu clube, para começar a confabular. Na agenda apertada do golpe os dias passavam rápido, e já no dia 10 Deodoro da Fonseca, Benjamin Constant, Sólon Ribeiro, Rui Barbosa e os chefes republicanos Quintino Bocaiuva, Francisco Glicério e Aristides Lobo se reuniam na casa do próprio general: Deodoro precisava ainda ser convencido, e insistia dizendo que preferia esperar pela morte do imperador: Para animar o velho militar, sobravam boatos e denúncias intrigando o Exército e a realeza. Faltavam apenas quatro dias para o fim da monarquia no Brasil" (Schwarcz, Starling, *Brasil:* uma biografia, 2015, p. 314). E, mais adiante: "É preciso destacar, também, o papel fundamental que desempenhou o Exército durante o novo regime. A República foi produto da ação de um grupo de oficiais social e intelectualmente antagônico à elite civil do Império, insatisfeito com a situação do país e com seu próprio *status* político. Mas esses oficiais estavam divididos internamente, e não conseguiram chegar a um acordo sobre o significado de republicanismo ou quanto aos objetivos institucionais do novo regime" (Schwarcz, Starling, *Brasil:* uma biografia, 2015, p. 320).

[111] Cf. Almeida, *Formação da teoria do direito administrativo no Brasil*, 2015, p. 225 e ss.

[112] "A república altera substancialmente algumas instituições. Em primeiro lugar, a federalização rompe com a tradicional unidade de fontes legislativas e introduz uma política estadual legitimada pela Constituição" (Lopes, *O direito na história*, 3. ed., 2008, p. 339).

Capítulo VII | Direito e história brasileira

nalidade das leis, definido a partir da criação do Supremo Tribunal Federal, em 1890.[113] A primeira Constituição da República,[114] de 1891, que institui o presidencialismo, o federalismo e o sistema bicameral,[115] terá forte espírito liberal-conservador e, apesar de representar grande avanço e de incorporar grande parte das conquistas liberais, especialmente as de igualdade de todos os cidadãos entre si, não proíbe discriminações.[116]

A legislação passará por gradativo, mas intenso, processo de modificação, afetando-se a legislação processual, penal, comercial e civil,[117] culminando-se na edição do primeiro Código Civil brasileiro, após extensos debates que advinham do século XIX com as três tentativas de codificação do período imperial,[118] até sua publicação em 1916, e início de vigência em 1917. Este Código, projeto de Clóvis Beviláqua, será o retrato de uma sociedade latifundiária, machista, proprietária, individualista e rural,[119] mas, ainda assim, atravessará o século XX inteiro como sendo a espinha dorsal do Direito Privado, até a edição do Código Civil de 2002.

Será no final do século XIX, em 1894, que haverá de ocorrer a primeira eleição para a Presidência da República, que estará marcada por baixíssima e insignificante participação da população na votação (2,2%), em função dos critérios eleitorais de época que excluíam mulheres, analfabetos e militares, restringindo-se à população maior de idade, masculina e alfabetizada.[120] Outro aspecto importante de ser ressaltado é o fato de que, em seu início, o direito de votar vinha acompanhado de forte pressão política e por forte controle sobre o voto, na medida em que a população era enormemente rural e controlada pelos poderes locais.[121] Como a cidadania não é algo que surge do dia para a noite, o

---

[113] "O Supremo Tribunal Federal, criado por decreto do governo provisório (Decreto n. 848, de 11 de outubro de 1890), passava a ter controle de constitucionalidade das leis" (Lopes, *O direito na história*, 3. ed., 2008, p. 349).

[114] Cf. Bittar, O direito à tradição, as religiões de matrizes africanas e os direitos humanos, *Revista Seqüência: Estudos Jurídicos e Políticos*, Revista do Programa de Pós-Graduação da UFSC, ano XXXI, n. 61, dez. 2010, p. 309-330.

[115] "A Constituição de 1891 definiu as bases institucionais do novo regime – presidencialismo, federalismo e sistema bicameral – e implementou uma série de mudanças, para bem marcar a ruptura" (Schwarcz, Starling, *Brasil*: uma biografia, 2015, p. 319-320).

[116] "(...) não constavam as proibições de discriminação por motivo de cor, de raça e de sexo em um país de tanta variedade étnica como o Brasil" (Atchabahian, *Princípio da igualdade e ações afirmativas*, 2. ed., 2006, p. 66).

[117] "Muita legislação foi reformada: o Código Penal, a lei de sociedades anônimas, o processo civil e penal, que foi delegado à competência dos Estados" (Lopes, *O direito na história*, 3. ed., 2008, p. 353).

[118] "As três tentativas de Codificação Civil que atravessaram o Império malograram sem que tivessem obtido sucesso: o avançado Esboço de Teixeira de Freitas, publicado em 1860, que exerceu profunda influência na feitura da legislação de outros países, principalmente da Argentina; o projeto do Senador Nabuco de Araújo, de 1872; e, finalmente, a proposta de Felício dos Santos, de 1881. Com o advento da República, dois novos projetos: o de Coelho Rodrigues, em 1890, que acabou sendo abandonado, e o de Clóvis Beviláqua, concluído em 1899" (Wolkmer, *História do direito no Brasil*, 4. ed., 2007, p. 151).

[119] Cf. Wolkmer, *História do direito no Brasil*, 4. ed., 2007, p. 154.

[120] "Na primeira eleição popular para presidência da República, em 1894, votaram 2,2% da população" (Carvalho, *Cidadania no Brasil*, 21. ed., 2016, p. 45 e 46).

[121] "Mais de 90% da população vivia em áreas rurais, sob o controle ou influência dos grandes proprietários. Nas cidades, muitos votantes eram funcionários públicos controlados pelo governo" (Carvalho, *Cidadania no Brasil*, 21. ed., 2016, p. 38).

processo de consolidação política, enquanto efeito da busca de um sentimento nacional, de uma cultura comum, de uma solidariedade e de uma certa unidade do povo, somente se dará por volta de 1930.[122] Em nossa história política republicana, de 1889 até 2016, fica claro o padrão brasileiro de política, onde 24 Presidentes foram eleitos pelo voto popular e 17 foram escolhidos ou pelo Congresso ou pelo Exército.[123]

Ainda, a transição do século XIX para o século XX será expressivamente significativa para a constituição da enorme diversidade étnico-racial do Brasil, na medida em que a imigração se avoluma,[124] cotando com diversas origens (poloneses, espanhóis, portugueses, italianos, alemães e japoneses),[125] e será um dos principais fatores de miscigenação.[126] A imigração está intimamente associada à necessidade nacional de expansão da mão de obra livre, em face do fim do regime escravista,[127] e as razões europeias como a guerra, a fome e a falta de oportunidades.[128] Ela será empregada na agricultura e no processo de industrialização, considerando o crescimento das cidades e a paulatina transferência da população do campo para as cidades, processo este que se acentuará a partir da metade do século se consolidará no final do século XX. Enquanto ocorre o processo de urbanização e aumento exponencial da população,[129] também se degradam as condições de vida, e se acentuam os fatores que levam aos desvãos da imensa exclusão social contemporânea.[130]

---

[122] "Pode-se concluir, então, que até 1930 não havia povo organizado politicamente nem sentimento nacional consolidado" (Carvalho, *Cidadania no Brasil*, 21. ed., 2016, p. 88).

[123] Cf. Garattoni, D'Ângelo, *Quase metade dos presidentes do Brasil não foi eleita pelo povo*, disponível em: <http://super-abril.com.br/historia>, acesso em: 1º set. 2016.

[124] Cf. Fausto, Imigração: cortes e continuidades, in *História da vida privada no Brasil*: contrastes da intimidade contemporânea (Novais, Fernando A., coord.; Schwarcz, Lilia Mortitz, org.), 1998, p. 14-61.

[125] "Enganados por uma propaganda ilusória, poloneses, alemães, espanhóis, italianos, portugueses e, mais tarde, a partir dos últimos anos da década de 1910, japoneses, foram tomados por uma febre imigratória" (Schwarcz, Starling, *Brasil:* uma biografia, 2015, p. 323).

[126] Cf. Fausto, *História do Brasil*, 9. ed., 2001, p. 275.

[127] "Com o fim da escravidão e a consequente desorganização momentânea do sistema de mão de obra, uma série de esforços foi feita no sentido de atrair imigrantes, sobretudo europeus, para o Brasil" (Schwarcz, Starling, *Brasil:* uma biografia, 2015, p. 323).

[128] "Estima-se que mais de 50 milhões de europeus abandonaram seu continente de origem em busca da tão desejada 'liberdade', que vinha sob forma de propriedade e emprego" (Schwarcz, Starling, *Brasil:* uma biografia, 2015, p. 323). Em maiores detalhes: "A maior parte dos imigrantes transatlânticos dirigiu-se para a América do Norte, mas 22% deles – em torno de 11 milhões – desembarcaram na América Latina: 38% eram italianos, 28% espanhóis, 11% portugueses, e 3% franceses e alemães. Desse contingente, 46% se dirigiram à Argentina; 33% ao Brasil; 14% a Cuba, e o restante dividiu-se entre Uruguai, México, Chile. Entre 1877 e 1903, cerca de 71 mil imigrantes entraram por ano no Brasil, sendo 58% provenientes da Itália. Entre 1904 e 1930, o número chegou a 79 mil, com os portugueses alcançando 37% do total de entradas. Em 1908, aportaria aqui a primeira leva de imigrantes japoneses, radicalizando ainda mais a babel de culturas que afluíam ao país. E, se as origens eram muitas, em comum havia o desejo de 'fazer a América'" (Schwarcz, Starling, *Brasil:* uma biografia, 2015, p. 323).

[129] "A população concentrou-se em algumas grandes cidades. O Rio de Janeiro seria o coração da República" (Schwarcz, Starling, *Brasil:* uma biografia, 2015, p. 326).

[130] "Uma das questões decisivas dos anos que estão por vir será o de preservação do regime democrático, apesar das carências e da desigualdade social" (Fausto, *História do Brasil*, 9. ed., 2001, p. 555).

Capítulo VII | Direito e história brasileira

Outro importante destaque do século XX, no Brasil, à carreira do processo de industrialização brasileira, que vem ocorrendo desde 1840,[131] será a luta por direitos sociais,[132] o que fez despontarem em torno de 400 greves entre 1900 e 1920,[133] considerando a situação de vulnerabilidade social do trabalhador e a enorme ampliação da mão de obra da indústria. A partir da Era Vargas,[134] dar-se-á a consolidação destas lutas numa mais ampla política de sistematização da legislação trabalhista[135] e na afirmação dos direitos sociais como constitucionais,[136] através da edição da Constituição de 1934.[137]

O Brasil República terá 7 Constituições, a de 1891, a de 1934, de 1937 (outorgada), a de 1946, a de 1967 (outorgada), a de 1969 (outorgada), a de 1988. À Exceção da Constituição Federal de 1988, o constitucionalismo brasileiro que se afirma ao longo do período republicano é de matiz não democrático, em função da ausência da participação popular ostensiva, direta e transformadora.[138] A Constituição de 1946[139] traz consigo a aurora da democracia,[140] que logo será interrompida por um longo período

---

[131] "A industrialização brasileira se iniciou por volta de 1840, quando as novas fábricas demandaram mão de obra operária – especialmente na construção civil e ferroviária" (Schwarcz, Starling, *Brasil:* uma biografia, 2015, p. 335).

[132] "No século XX, a luta pela cidadania se confundiu com a luta pelos direitos sociais, ou seja, por condições materiais que permitissem seu pleno exercício. Bem antes de a simples igualdade perante a lei ter sido universalizada, a percepção de que aquela não bastava para o exercício cabal do direito caracterizou os movimentos operários europeus do século XIX, e toda a sensibilidade social e cultural da época" (Coggiola, Osvaldo, Autodeterminação nacional, *in História da cidadania* (Pinsky, Jaime; Pinsky, Carla Bassanezi, orgs.), 2003, p. 311).

[133] "Entre 1900 e 1920 estouraram cerca de quatrocentas greves organizadas em torno de da luta por melhores condições de trabalho e de vida (aumento de salário, proteção ao trabalhador, redução de jornada de trabalho, direito de organização) ou de natureza explicitamente política: greve contra a Primeira Guerra e em solidariedade às lutas internacionais dos operários" (Schwarcz, Starling, *Brasil:* uma biografia, 2015, p. 336).

[134] "Aqui, primeiro vieram os direitos sociais, implantados em período de supressão dos direitos políticos e de redução dos direitos civis por um ditador que se tornou popular. Depois vieram os direitos políticos, de maneira também bizarra" (Carvalho, *Cidadania no Brasil*, 21. ed., 2016, p. 219).

[135] "Um assunto dominava a atenção de Getúlio: a política trabalhista. Foi nessa área que ele mostrou quem era e a que viera. Dividiu sua política em duas metades. Numa, criou as leis de proteção ao trabalhador – jornada de oito horas, regulação do trabalho da mulher e do menor, lei de férias, instituição de carteira de trabalho e do direito a pensões e à aposentadoria" (Schwarcz, Starling, *Brasil:* uma biografia, 2015, p. 362).

[136] "O ano de 1930 foi um divisor de águas na história do país. A partir dessa data, houve aceleração das mudanças sociais e políticas, a história começou a andar mais rápido. No campo que aqui nos interessa, a mudança mais espetacular verificou-se no avanço dos direitos sociais" (Carvalho, *Cidadania no Brasil*, 21. ed., 2016, p. 91).

[137] "É a Constituição de 1934 que contempla pela primeira vez diversos direitos sociais sob a forma de diretrizes políticas" (Lopes, *O direito na história*, 2008, p. 362).

[138] Cf. Wolkmer, *História do direito no Brasil*, 4. ed., 2007, p. 142 e ss.

[139] "A Constituição de 1946 manteve as conquistas sociais do período anterior e garantiu os tradicionais direitos civis e políticos" (Carvalho, *Cidadania no Brasil*, 21. ed., 2016, p. 131).

[140] "(...) em janeiro de 1946, ano em que a assembleia constituinte concluiu seu trabalho e promulgou a nova constituição. O país entrou em fase que pode ser descrita como a primeira experiência democrática de sua história" (Carvalho, *Cidadania no Brasil*, 21. ed., 2016, p. 131).

de exceção. Ademais, o progresso dos direitos civis, ao longo do século XX, também será lento e gradativo, com interrupções e enorme vão entre a legislação e a realidade social.[141] O século XX irá assistir duas ditaduras, uma primeira, uma ditadura comandada por um civil apoiado pelos militares, da Era Vargas (1937),[142] e, uma segunda, uma ditadura civil-militar comandada por militares (1964-1985), períodos durante os quais inclusive os direitos civis foram interrompidos e suprimidos, devendo-se registrar as graves violações aos direitos humanos ocorridas no país.[143]

A edição da Constituição Federal de 1988,[144] enquanto Constituição Cidadã,[145] será uma resposta cidadão a todo o acúmulo dos abusos do poder do Estado, e será um documento de enorme importância para a cultura político-jurídica, cívica e democrática da história do constitucionalismo brasileiro, na medida em que inverte a relação entre os direitos humanos e os poderes do Estado, dando abrigo ao princípio da dignidade da pessoa humana em seu interior. Mas, o país, contendo enormes déficits de cidadania, fraca e pouco consolidada tradição democrática, recente conquista de direitos sociais, elevados índices de exclusão social, que afetam especialmente a população negra,[146] viverá, na cena contemporânea, o peso do passado histórico colonial e autoritário, de forma muito acentuada, com enormes dívidas acumuladas, e uma grande incapacidade de vencer suas próprias mazelas, entre elas, a imensa tarefa da injustiça social e a da complexa situação das violências.[147] Não obstante significativos

---

[141] "Os direitos civis progrediram lentamente. Não deixaram de figurar nas três constituições do período, inclusive na ditatorial de 1937. Mas sua garantia na vida real continuou precária para a grande maioria dos cidadãos. Durante a ditadura, muitos deles foram suspensos, sobretudo a liberdade de expressão do pensamento e de organização" (Carvalho, *Cidadania no Brasil*, 21. ed., 2016, p. 92).

[142] "O centro de sustentação do Estado Novo estava corporificado funcional e pessoalmente na figura de Vargas – o único civil a comandar uma ditadura no Brasil, garantida pelas Forças Armadas, em especial pelo Exército, e apoiada numa política de massas" (Schwarcz, Starling, *Brasil:* uma biografia, 2015, p. 374).

[143] "No comando da Desp – e da Polícia Civil – Vargas entronizou o capitão do Exército Filinto Müller. Na condição de chefe de polícia, Müller não vacilou em mandar matar, torturar ou deixar apodrecer nos calabouços da Desp suspeitos e adversários declarados do regime" (Schwarcz, Starling, *Brasil:* uma biografia, 2015, p. 375).

[144] "A Constituição de 1988, por sua vez, deu forma e solidez às instituições que podem sustentar a vivência democrática do país, e o Plano Real estabilizou a moeda – firmou a base por onde uma agenda democrática poderá caminhar" (Schwarcz, Starling, *Brasil:* uma biografia, 2015, p. 497).

[145] "A constituinte de 1988 redigiu e aprovou a constituição mais liberal e democrática que o país já teve, merecendo por isso o nome de Constituição Cidadã" (Carvalho, *Cidadania no Brasil*, 21. ed., 2016, p. 201).

[146] "As consequências disso foram duradouras para a população negra. Até hoje essa população ocupa posição inferior em todos os indicadores de qualidade de vida. É a parcela menos educada da população, com os empregos menos qualificados, os menores salários, os piores índices de ascensão social" (Carvalho, *Cidadania no Brasil*, 21. ed., 2016, p. 58).

[147] "Essas ameaças à segurança quebram o equilíbrio das tensões em que se monta a paz social, vindo a alimentar os círculos viciosos da violência cotidiana em que os pobres tornam-se os mais temidos e os mais acusados, justificando a violência e injusta repressão que sofrem" (Zaluar, Para não dizer que não falei de samba: os enigmas da violência no Brasil, *in História da vida privada no Brasil*: contrastes da intimidade contemporânea (Novais, Fernando A., coord.; Schwarcz, Lilia Mortiz, org.), 1998, p. 252).

progressos nos últimos governos democráticos,[148] os traços de ontem são as definições de hoje,[149] como se constata a partir das análises de José Murilo de Carvalho, sendo que as ausências e lacunas não são acidentais, e a história definiu muito do jogo do presente, na ausência de direitos, nas assimetrias socioeconômicas e na privação do acesso a direitos, o que confirma a ideia de que o Brasil vive de uma *modernidade incompleta*.[150] Essa *modernidade incompleta* está baseada na mais profunda diferença de classes, que se herda desde as estruturas coloniais, e que é preservada durante o período imperial e republicano, legando ao Brasil contemporâneo um desafiador quadro de *assimetrias socioeconômicas abissais*.[151] As consequências seja do processo de *modernização*, seja dos déficits vividos em seu interior, inclusive e sobretudo, em choque entre si, constituem os grandes desafios da consolidação democrática no Brasil contemporâneo, tornando a sensação de que a utopia perdeu o seu lugar, seja no discurso, seja na prática das ações sociais.[152] Do ponto de vista da realidade brasileira, para a qual sequer os ideais liberais foram plenamente absorvidos,[153] atualmente, ocupando a 87ª posição no IDH (2021-2022), cujas marcas da baixa credibilidade das instituições e das funções essenciais à justiça, da pobreza, de altas desigualdades sociais, clivagem classista, elevadas taxas de encarceramento, discriminação, graves violações de direitos humanos, elevados índices de violência, convívio diuturno com casos de tortura, e déficits sociais profundos, tem-se de considerar que estes fatores têm de traduzir a capacidade analítica de identificar que na realidade brasileira colhem-se os indícios da falta de consolidação de uma consciência sobre o valor do respeito à dignidade da pessoa humana, aos direitos e à igualdade, encontrando-se aí elementos que traçam o precário estágio de consolidação dos valores contidos nas normas de direitos humanos. Por isso, os desafios à justiça social, à consolidação democrática e à cultura dos direitos humanos são inúmeros.

---

[148] "A partir de 2003, o Brasil assistiu a uma ampliação democrática da República. As grandes marcas dos dois governos de Lula foram o combate à miséria, a redução da pobreza, a diminuição da desigualdade e a expansão da inclusão social" (Schwarcz, Starling, *Brasil:* uma biografia, 2015, p. 503).

[149] "A herança colonial pesou mais na área dos direitos civis. O novo país herdou a escravidão, que negava a condição humana do escravo, herdou a grande propriedade rural, fechada à ação da lei, e herdou um Estado comprometido com o poder privado" (Carvalho, *Cidadania no Brasil*, 21. ed., 2016, p. 50).

[150] Cf. Bittar, Decreto n. 8.243/2014 e os desafios da consolidação democrática brasileira, *Revista de Informação Legislativa*, ano 51, n. 203, p. 7-38, 2014. Em outro estudo anterior, vale a mesma conclusão: "Se se vai tratar da realidade brasileira, é necessário destacar o problema do subdesenvolvimento como característica determinante da simultaneidade entre pré-modernidade, modernidade e pós-modernidade" (Bittar, *O direito na pós-modernidade e reflexões frankfurtianas*, 2. ed., 2009, p. 220-221).

[151] "Com efeito, no Brasil, as classes ricas e as pobres se separam umas das outras por distâncias sociais e culturais quase tão grandes quanto as que mediam entre povos distintos" (Ribeiro, *O povo brasileiro*, 2. ed., 1995, p. 210).

[152] "O crime organizado e armado – que também conta com o envolvimento de adolescentes –, a omissão prolongada do Estado e a situação de pobreza da maior parte da nossa população parecem compor um cenário pouco favorável para se trabalhar com e a partir da utopia" (Bazílio, Kramer, *Infância, educação e direitos humanos*, 4. ed., 2011, p. 120).

[153] A respeito, *vide* o estudo historiográfico de Mota, *A ideia de revolução no Brasil e outras ideias*, 2008, especialmente p. 339 e 395.

Nesta medida é que o diagnóstico histórico e empírico permite identificar evidências a respeito da *incompletude* do processo de *modernização* na realidade brasileira.[154] É certo que a participação social corrige, permanentemente, e redireciona prioridades, escolhas, poderes, relações e políticas, daí sua necessidade estratégica, daí a importância da decisão das arenas deliberativas e participativas na constituição do espaço público plural e democrático.[155] Acima de tudo, diante da perda de coesão social, a retomada do seu sentido é de todo determinante, para a qualidade da democracia e o futuro de perspectivas de atuação da participação social e da democracia das instituições.[156]

As mazelas mais profundas da sociedade brasileira devem ser enfrentadas, para que o lastro social se faça aliado de uma perspectiva de futuro social-democrático, consolidado, distributivo, justo e desenvolvimentista.[157] Mais que isto, da história brasileira também se pode tirar alguns tipos de proveito e projeção, estes que podem ser os traços de perspectiva de futuro, que podem alavancar condições exemplares de vida a partir do Brasil.[158]

CASO PRÁTICO
O CASO DO MILITAR APOSENTADO

Um militar aposentado, de nome Uberaldo, que integrou ativamente o governo civil-militar no Brasil (1964-1985), aos 87 anos de idade, faz uma confissão num *blog* nacionalis-

---

[154] Tem-se por base o *4º Relatório Nacional sobre os Direitos Humanos no Brasil*, Núcleo de Estudos da Violência, NEV- Universidade de São Paulo, São Paulo, 2010. A respeito, *vide* Bittar, Decreto n. 8.243/2014 e os desafios da consolidação democrática brasileira, *Revista de Informação Legislativa*, ano 51, n. 203, p. 7-38, 2014.

[155] Nesta linha, sobre o direito à democracia: "Revela-se plausível, e, sob vários aspectos, inadiável reinventar a democracia, já em sua arquitetura conceitual, já em sua prática, de modo a nela fazer preponderar a participação social o mais diretamente possível (sem prejuízo das competências constitucionais), no processo das escolhas públicas e na execução das prioridades eleitas" (Freitas, Direito constitucional à democracia, *in Direito à democracia: ensaios transdisciplinares*, 2011, p. 11).

[156] "Vimos, assim, no Brasil, um processo de perda de coesão social que é preocupante, não porque punha em risco a democracia, mas sua qualidade, que depende do grau de coesão da sociedade. Essa coesão nunca foi muito grande, por bons motivos, mas foi suficiente para nos levar à democracia. O problema, agora, é saber o quanto todos estão dispostos a fazer concessões mútuas para construir uma nação forte e um Estado democrático capaz" (Bresser-Pereira, *A construção política do Brasil*: sociedade, economia e Estado desde a Independência, 2. ed., 2015, p. 286).

[157] "O que é hoje o Brasil, depois dessa longa construção? É uma nação incompleta, é uma sociedade nacional-dependente, é uma nação em busca de uma estratégia nacional de desenvolvimento; é uma nação que rejeita o Estado liberal mas não logrou ainda reconstruir e renovar o Estado desenvolvimentista; é uma economia que cresce lentamente desde 1980, e que precisa aumentar de modo durável sua taxa de investimento (...); é uma sociedade civil viva e atuante, que garante uma democracia consolidada; é uma sociedade em que ainda impera a desigualdade mas a luta pela justiça social está viva, é uma sociedade que participa da proteção mundial do ambiente; é, finalmente, uma democracia viva, quase participativa" (Bresser-Pereira, *A construção política do Brasil*: sociedade, economia e Estado desde a Independência, 2. ed., 2015, p. 399).

[158] A exemplo da projeção elaborada pelo sociólogo italiano Domenico De Masi: "Hoje também o Brasil está só, entre dois modelos velhos em declínio e um novo modelo que deve nascer" (De Masi, *O futuro chegou*: modelos de vida para uma sociedade desorientada, 2014, p. 707).

Capítulo VII | Direito e história brasileira

ta-conservador que mantém na *internet*. Na Carta que escreve, divulgada em ambiente virtual, a princípio dirigida aos seus seguidores virtuais, ele afirma: "Caros militantes desta República: Acredito que ou tomamos decisões com convicções na vida, ou deixamos que outras pessoas as tomem em nosso lugar! As minhas, vocês sabem quais foram, e não me arrependo. Persegui, torturei e até matei, em nome da nação! Fiz meu serviço e cumpri ordens superiores. Além disso, agi com a crença de um futuro melhor para o nosso país. Falo com destemor, porque não creio em punições. Já estou velho e nada mais temo".

Um militante digital de esquerda, ao tomar conhecimento da Carta, imediatamente espalha o documento para conhecimento de seus amigos, e a Carta se viraliza nas redes sociais, sendo considerada por estudantes e militantes de esquerda como uma "Carta-Confissão", uma "afronta à democracia e aos seus valores", uma "incitação ao crime", além de uma "ode à impunidade".

Dada a repercussão negativa da Carta, isso motiva a que a OAB entre com uma medida judicial, a Arguição de Descumprimento de Preceito Fundamental – ADPF, para que seja dada nova interpretação à Lei de Anistia, a Lei n. 6.683/1979, visando a que os militares que praticaram crimes comuns, durante o regime de exceção, possam ser, juridicamente, responsabilizados por suas ações. A intenção da OAB é a de que a cultura da impunidade seja revista no que tange ao passado, para que seja superada no que tange ao futuro, consagrando-se a defesa dos direitos humanos sobre os demais valores.

A União Nacional dos Estudantes – UNE se junta à OAB, na ação, solicitando, e tendo sido aceita nos autos do processo, enquanto *amicus curiae*.

1. Faça a sustentação oral do caso, junto aos Ministros do STF, como representante da Diretoria da UNE, em face do caso concreto, utilizando argumentos históricos e jurídicos, solicitando o provimento jurisdicional almejado.

CAPÍTULO VIII
DIREITO, CULTURA BRASILEIRA E TRANSFORMAÇÃO SOCIAL

Sumário: 1. Teoria crítica para a cultura e a realidade brasileiras; **2.** A cultura das leis e do direito na realidade brasileira; **3.** Direito, conservação social e transformação social; **4.** Direito, cultura e transformação individual; Caso prático.

1. TEORIA CRÍTICA PARA A CULTURA E A REALIDADE BRASILEIRAS

Há alguns capítulos atrás, se pôde trabalhar o conceito de direito. Naquele tópico, o debate sobre o conceito de direito se dá no nível filosófico de compreensão, afinal o conceito de direito permite uma *entrada filosófica* na compreensão do direito. Mas, é igualmente válido considerar que todo esforço por *realização* de determinado conceito de direito se dá no quadro de uma história e de uma cultura específica. Por isso, deve-se somar à *entrada filosófica*, esta outra, qual seja, a *entrada antropológica*,[1] tendo-se nisto uma outra importante via de compreensão do direito na história e na cultura, na medida, inclusive, da vocação crítica inscrita na própria tarefa da *Antropologia* como ciência.[2]

Isso está a apontar que não basta que uma *Teoria do Direito* seja Crítica e Humanista, pois, em nosso caso, deve ser adaptada à *compreensão específica* dos desafios próprios e concretos da *realidade brasileira*, marcada por injustiças sociais, desigualdades, violências, impunidade, subdesenvolvimento, subcidadania, grupos sociais estigmatizados, exclusão social, autoritarismo político e social. Mas, toda vez que se toca na expressão realidade brasileira se tangencia um universo complexo, na medida em que somente pode ser explicado, desvelando-se o véu que a encobre, e trazendo-se à luz suas diversas subcamadas. Quando se fala de *realidade brasileira*, em verdade, se está a falar de: realidade social; realidade política; realidade econômica; realidade cultural;

---

[1] A esse respeito, vide Oliveira, *Administração de conflitos e justiça:* as pequenas causas em um juizado nos EUA, 2023.
[2] No capítulo *A vocação crítica da Antropologia*, Luís Roberto Cardoso de Oliveira explica com clareza esta visão, na obra intitulada *Desvendando evidências simbólicas*: compreensão e conteúdo emancipatório da Antropologia, 2018, p. 39-52.

realidade histórica; realidade técnica; realidade científica; realidade moral. Tendo-se presente esta complexa teia de elementos em que se decompõe a ideia de *realidade brasileira*, ainda assim, se deve prosseguir a análise, considerando-se a importância de *situar* esta *práxis teórica*. Assim, quando se está a analisar a *realidade brasileira contemporânea*, a realidade histórica precedente lhe determina de forma muito marcante, daí a importância de *situar* a análise, para que a compreensão seja ainda mais precisa.[3]

E isso porque, numa tarefa de reconstrução do sentido da *práxis* do direito, em meio aos escombros da sociedade moderna em crise (*a-utópica*, fragmentada, insegura, líquida e instável), é de fundamental importância reparar os danos produzidos pelo *positivismo jurídico*, ao longo de décadas de hegemonia ideológica sobre a cultura jurídica contemporânea, que levou os juristas ao beco sem saída em que se encontram, na incapacidade de afirmar e lidar com certos fenômenos, na medida do autofechamento do jurista, insulado no universo das leis, na medida da alienação social do jurista, esgotado pelo formalismo de sua atuação, na medida do isolamento cognitivo do jurista, nas cercanias da forma jurídica.[4] Com estas amarras, seria difícil à cultura jurídica aproximar-se da *realidade brasileira*, onde se operam, mediam e trabalham conflitos jurídicos contemporâneos, prescindindo da compreensão da *realidade cultural* que subjaz a ela.

O contrário disso seria pensar que uma *Teoria do Direito* que forma as convicções dos juristas nos conceitos básicos e estruturais, geralmente abstratos, tais como os conceitos de fontes, de norma, de sistema, de aplicação, fosse capaz de fornecer todos elementos para que se possa aplicar o direito na *realidade concreta e fenomênica*. Em não poucas ocasiões, juristas são desafiados a confrontarem os conceitos abstratos e gerais a fatos e situações singulares, quando se constata que os problemas concretos, muitas vezes, desafiam a vigência, a abstração e a perfeição dos conceitos gerais e abstratos. Em não poucas oportunidades, os juristas vêm se dando conta da importância de redimensionar esta forma de compreensão da ciência do direito.[5]

E isso se deve ao fato de que, quando se forma em *conceitos*, a explicação dos fenômenos é deixada *no abstrato*, na perfeição *ideal da razão*, quando o desafio passa a ser de outra dimensão, a saber: a) pensar a dinâmica real das instituições, dentro do *legado histórico-cultural brasileiro* (e as irracionalidades do passado e do presente);

---

[3] É o que faz o historiador do Direito, Antonio Carlos Wolkmer, quando afirma este atrelamento sobre a cultura jurídica moderna: "Toda e qualquer apreciação acerca da cultura jurídica moderna contemporânea na América Latina há de se ter em conta a herança e a influência do processo de colonização ibérica a partir do século XVI" (Wolkmer, Cenários da cultura jurídica moderna na América Latina, *in* História do Direito em perspectiva (Ricardo Marcelo Fonseca, Airton Cerqueira Leite Sulsender, orgs.), 2008, p. 203).

[4] A *crítica antropológica* ao estado da cultura jurídica se fundamenta nestas dimensões, a propósito da afirma do antropólogo Roberto Kant de Lima: "A própria tradição do saber jurídico no Brasil, dogmático, normativo, formal, codificado e apoiado numa concepção profundamente hierarquizada e elitista da sociedade refletida numa hierarquia rígida de valores auto demonstráveis (...)" (Kant de Lima, *Ensaios de Antropologia e de Direito*, 2009, p. 13).

[5] "Essa ruptura não se dá apenas no Direito Civil: o Direito sofre a crise que o sistema jurídico moderno sofreu" (Fachin, *Teoria crítica do direito civil*, 2. ed., 2003, p. 224).

Capítulo VIII | Direito, cultura brasileira e transformação social

b) pensar as etapas a serem vencidas para a efetiva implantação de uma *cultura de direitos*; c) ter na *transformação individual e social* a rota de trabalho no processo de formação dos futuros profissionais do direito, preparados para os desafios específicos da *realidade brasileira*.

Tendo-se em vista este olhar para a realidade brasileira, tem-se presente o quanto se constitui um desafio do direito brasileiro – e não importa qual seja o ramo, pois isto afeta *todo o direito brasileiro* – a transição da *cultura da cordialidade* para a *cultura dos direitos*. Esse desafio implica um processo social complexo e cotidiano de desconstrução da *cultura do jeitinho*,[6] da *cultura da amizade vantajosa*, da *cultura do patrimonialismo*, da *ética da malandragem*, traços que formam o *éthos* social que caracteriza a forma como se lida com o direito na realidade brasileira. Este arranjo sociocultural que é próprio da *realidade brasileira* tem suas determinantes específicas que precisam ser compreendidas.

Este *éthos* social que está estruturado na base de práticas que decorrem da *cultura da cordialidade* traz consigo o permanente estado de aceitação e justificação dos padrões comportamentais da malandragem (traquinagem, esperteza, traição, rapinagem, traiçoeiro, drible, solução precária, adaptação, fuga da regra). Tudo indica no *desrespeito* a *alter* o modo de afirmação do *eu*. Por isso, o centro destas preocupações parece apontar para a necessidade de superar a *cultura do tirar proveito* (vulgarmente conhecida como "Lei de Gerson"), ou a *cultura da esperteza* – que demonstra a continuidade histórica do *éthos* do *colonizador-predador* sobre o *colonizado-explorado* dentro da lógica do "usurpar e voltar", própria da cultura colonial na qual se estruturou a relação entre Portugal e Brasil. Este *éthos* também traduz a ideia do *colonizado-explorado*, para quem a ideia de lei se confunde com o jugo do *colonizador-predador* e que, por isso, na sua ausência, deveria ser colocada em suspensão, enquanto a fiscalização não retomasse os seus mandamentos. Este tipo de *eco do passado*, estruturado por *práticas socioculturais*, se bem compreendido, permite entrever as enormes consequências que traz para a ineficácia do direito brasileiro contemporâneo.

Para bem compreender este ponto, ninguém melhor do que Antônio Cândido retratou, em *Dialética da malandragem*, através da análise literária, este *traço identitário* da *ética da malandragem* no Brasil. E, para Antônio Cândido, o personagem Leonardo é o protótipo do *malandro brasileiro* no séc. XIX.[7] Leonardo é o protagonista de *Memórias de*

---

[6] A antropologia do termo *jeitinho* bem traduz esta preocupação: "Often described as a difficulty to separate personal and impersonal attitudes in the public space, associated with spirit of cordiality (Holanda, 1963/1997) or expuned in the difficulty to deny favor to friends (Da Matta, 1991,1999) and in the ability to always find a way to help a friend (the famous *Brazilian jeitinho*), such orientation contrast with the rules that predominate in the market and in State bureaucracy" (Oliveira, Equality, dignity and fairness: Brazilian citizenship in comparative perspective, *in Critique of Anthropology*, 33(2), 2013, p. 132).

[7] "Digamos então que Leonardo não é um pícaro, saído da tradição espanhola; mas o primeiro grande malandro que entra na novelística brasileira, vinda de uma tradição quase folclórica e correspondendo, mais do que se costuma dizer, a certa atmosfera cômica e popularesca de seu tempo, no Brasil. Malandro que seria elevado à categoria de símbolo por Mário de Andrade em

um sargento de milícias, de Manoel António de Almeida, de 1852. É a partir daí que se torna possível uma incursão tal, na vida e na história do personagem, o que lhe permite uma genuína análise da *cultura brasileira* entremeada pela *dialética da malandragem*. E o que se ressalta na análise do personagem por Antônio Cândido é a capacidade de trânsito entre *ordem* e *desordem*, e entre o *lícito* e o *ilícito*, a partir da astúcia de sua atuação.[8] Eis o retrato de uma sociedade jovem,[9] constituída à imagem e semelhança do Velho Mundo, e que procura na *forma-da-lei* e nas *fórmulas-perfeitas* a equiparação cultural ao Velho Mundo,[10] penosamente conseguida na realidade efetiva.

Esta breve incursão numa *figura literária* nos permite enxergar o desafio de caminhar em direção à construção de uma *cultura dos direitos*, ainda hoje, o que significa, na prática: o cultivo de valores republicanos; o funcionamento efetivo de instituições legítimas; a prática de uma ética pública; implementação efetiva dos direitos em concreto; o respeito ao outro, independentemente de qualquer condicionante. Mas, a *cultura dos direitos*, para que seja capaz de sobrepujar a *cultura da cordialidade*,[11] carece de muitos e coletivos esforços, tendo-se em vista o arraigamento, a ancestralidade e a tradição de matriz cultural brasileira, há de se ter presente os desafios culturais, políticos, econômicos e sociais aí implicados.[12]

Esse é um *ponto nevrálgico* para os juristas que operam com a justiça e lidam com a construção da cidadania e/ou efetivação de direitos. Se aí se pôde encontrar uma importante *determinante cultural* no campo direito, é também necessário afirmar que

---

Macunaíma..." (Cândido, Dialética da malandragem, *Revista do Instituto de Estudos Brasileiros*, n. 8, p. 71, 1970).

[8] "O malandro, como o pícaro, é espécie de um gênero mais amplo de aventureiro auspicioso, comum a todos os folclores. Já notamos, com efeito, que Leonardo pratica a astúcia pela astúcia, manifestando um amor pelo jôgo-em-si que o afasta do pragmatismo dos pícaros..." (Cândido, Dialética da malandragem, *in Revisa do Instituto de Estudos Brasileiros*, n. 08, 1970, p. 71).

[9] "Ordem dificilmente imposta e mantida, cercada de todos os lados por uma desordem vivaz, que antepunha vinte mancebias a cada casamento e mil uniões fortuitas a cada mancebia" (Cândido, Dialética da malandragem, *Revista do Instituto de Estudos Brasileiros*, n. 8, p. 82, 1970).

[10] "Uma sociedade jovem, que procura disciplinar a irregularidade de sua seiva para se equiparar às velhas sociedades que lhe servem de modelo, desenvolve normalmente certos mecanismos ideais de contensão, que aparecem em todos os setores. No campo jurídico, normas rígidas e impecavelmente formuladas, criando a aparência e a ilusão de uma ordem regular que não existe e que por isso mesmo constitui o alvo ideal" (Cândido, Dialética da malandragem, *Revista do Instituto de Estudos Brasileiros*, n. 8, p. 85, 1970).

[11] Em Sergio Buarque de Holanda: "Não há dúvida que, desse comportamento social, em que o sistema de relações se edifica essencialmente sobre laços diretos, de pessoa a pessoa, procedam os principais obstáculos que na Espanha, e em todos os países hispânicos – Portugal e Brasil inclusive –, se erigem contra a rígida aplicação das normas de justiça e de quaisquer prescrições legais" (Holanda, *Raízes do Brasil*, 26. ed., 2004, p. 134).

[12] "Uma das maneiras de caracterizar o momento atual vivido pelo Brasil, é dizer que precisamos continuar a democratizar a república pela inclusão social, sem abandonar o esforço de republicanizar a democracia pelo governo da lei, eficaz e transparente, requisito indispensável para o fortalecimento das instituições" (Carvalho, *Cidadania no Brasil*, 21. ed., 2016, p. 245).

Capítulo VIII | Direito, cultura brasileira e transformação social

a transformação é sempre possível, pois toda *cultura*[13] é móvel na medida em que se constitui em exercício de linguagem.[14] Esse esforço civilizatório de *transformação da cultura na linguagem* é, no entanto, lento, gradativo e acumulativo, mas propenso a tropeços, recuos e desvios, sendo de êxito relativo.

2. A CULTURA DAS LEIS E DO DIREITO NA REALIDADE BRASILEIRA

Assim, fica clara a necessidade de *situar* o lugar de onde se fala acerca do Direito. Se a contribuição da *Filosofia ao Direito* se dá pela explicitação do conceito de Direito, enquanto exercício de razão, a contribuição da *Antropologia do Direito*[15] se dá pela explicitação dos atritos entre o conceito e a realidade do direito, enquanto exercício de *cultura*, considerado o sentido especial que possui este termo.[16] Por isso, é tão importante a pergunta acerca da percepção da *realidade brasileira*, e do conjunto de questões que coloca à *Teoria contemporânea do Direito*. Em especial, neste ponto, o aporte da antropologia interpretativa de Clifford Geertz[17] vem afirmar que o direito é, sobretudo, um *saber local*[18] dependente de específicas *sensibilidades jurídicas*, que nos faz relativizar o ponto de vista e assumir a existência de realidades múltiplas e variadas que precisam ser observadas com atenção e cuidado na linha de um *pluralismo*

---

[13] Cf. Eagleton, *A ideia de cultura*, 2005, p. 09.
[14] "Um dos fatores mais importantes no progresso da cultura até sua situação presente tem sido o uso da linguagem" (Linton, *O homem*: uma introdução à antropologia, 2000, p. 87). E, também: "Como todo animal vivo, de início o homem está no mundo por seus sentidos, mas, diferentemente de todos os outros, tem acesso, mediante a linguagem, a um universo que transcende o aqui e o agora dessa experiência sensível" (Supiot, *Homo juridicus*: ensaio sobre a função antropológica do Direito, 2007, p. 05).
[15] A este respeito, consulte-se Cardoso de Oliveira, A dimensão simbólica dos direitos e a análise de conflitos, *in História do Direito Brasileiro* (Bittar, Eduardo C. B., org.), p. 493-506.
[16] Sobre o sentido do termo cultura, leia-se a abordagem sociológica de Alberto Febbrajo: "Se si intende, in modo estremamente generale, il concetto di 'cultura' come l'insieme degli atteggiamenti, delle opinioni e delle convinzioni che caratterizzano un certo aggregato sociale e assicurano in quest'ambito l'attribuzione di significati condivisi, il concetto, più specifico, di 'cultura giuridica' dovrebbe essere caratterizzato dal fatto che in esso prevale l'orientamento a vedere il diritto non come ordinamento ma come istituzione, intendo con ciò l'insieme, non solo delle norme giuridiche, ma anche degli apparati che le statuiscono e ne controllano l'osservanza" (Febbrajo, *Sociologia del diritto* 2. ed., 2013, p. 52).
[17] "(...) o direito une-se, uma vez mais, às outras grandes formações culturais da vida humana – a moral, a arte, a tecnologia, a ciência, a religião, a divisão de trabalho, a história... sem ser tragado por elas, nem transformando-se em uma espécie de auxiliar de serviços gerais de sua força construtiva" (Geertz, *O saber local*: fatos e leis em uma perspectiva comparativa, *in O saber local*: novos ensaios de antropologia interpretativa, 2014, p. 222).
[18] "Assim como a navegação, a jardinagem e a poesia, o direito e a etnografia também são artesanatos locais: funcionam à luz do saber local" (Geertz, *O saber local*: fatos e leis em uma perspectiva comparativa, *in O saber local*: novos ensaios de antropologia interpretativa, 2014, p. 169).

jurídico,[19] e esta posição teórica colabora precisamente com a análise que se empreende, no sentido de identificar as específicas *sensibilidades jurídicas brasileiras*.

Nesta direção, a tarefa de considerar a *cultura dos direitos* para abordar os desafios do Direito na *realidade brasileira* é de fundamental importância. E isso porque não se pode tratar dos desafios da *realidade brasileira* considerando o *Direito brasileiro* como se fosse *Direito europeu*. Os riscos são de repetir a história alheia, de desconsiderar as particularidades brasileiras e de não pontuar quais são os desafios desta realidade em específico, considerada a particular história de construção do Direito e da cidadania no Brasil.[20] Neste sentido, este tipo de análise permite divisar, separar e compreender que há problemas e desafios que são típicos do Direito; há problemas e desafios que são típicos da modernidade, globalmente; mas, há problemas e desafios que são específicos da *realidade brasileira*, e que, por isso, afetam de modo muito particular o Direito brasileiro.[21] Isso significa que, de um lado, o Direito brasileiro possui características de um *saber local*, possuindo *sensibilidades jurídicas* específicas, mas nada impede o alcance da universalidade de seus conteúdos, ou ainda, o compartilhamento de esferas de comunhão com outros povos e práticas culturais do mundo.[22]

Considerados estes problemas e desafios que são específicos da *realidade brasileira*, enfim, compreender o Direito brasileiro é mais do que conhecer as *fontes do direito positivo brasileiro atual*, pois é sim conhecer as linhas cruzadas e derivações da ex-colônia portuguesa diante de uma específica história de colonização, diante do genocídio indígena e suas marcas, diante de um duradouro período de escravidão, diante de uma organização social que carrega valores predominantes, diante de uma economia periférica e agroexportadora, diante de tradições enraizadas em costumes e práticas, diante da *cultura do jeitinho*, diante de fortes diferenças socioeconômicas, diante da *lei-autoridade* e não da *lei-cidadania*. Isso permite identificar que os desafios

---

[19] "(...) adotarei o termo 'pluralismo jurídico' sobretudo porque parece comprometer-nos menos, na realidade, só nos comprometendo com a mera afirmação de que a variedade existe..." (Geertz, *O saber local*: fatos e leis em uma perspectiva comparativa, *in O saber local: novos ensaios de antropologia interpretativa*, 2014, p. 223).

[20] A exemplo do que é apontado por José Murilo de Carvalho: "Aqui, primeiro vieram os direitos sociais, implantados em período de supressão dos direitos políticos e de redução dos direitos civis por um ditador que se tornou popular. Depois vieram os direitos políticos, de maneira também bizarra" (Carvalho, *Cidadania no Brasil*, 21. ed., 2016, p. 219).

[21] A exemplo, da análise antropológica do campo da segurança pública no Brasil: "Tal fato é mais uma demonstração de que as rotinas relacionadas ao registro de uma *morte violenta* revelam uma diversidade de interpretações das normas legais que explicita uma *sensibilidade jurídica* (Geertz, 2006) própria, marcada por uma tradição inquisitorial de construção da verdade, onde o segredo, a suspeição e a desigualdade jurídica são os princípios básicos de intervenção, que conflita com um modelo de transparência e publicidade dos dados que orienta as atuais políticas públicas de segurança" (Miranda, Pita, O que as cifras cifram?, *in Burocracias, direitos e conflitos* (Roberto Kant de Lima, Lucia Eilbaum, Lenin Pires, orgs.), 2011, p. 175-202, p. 197).

[22] Para uma discussão mais aprofundada, e que recupera o pensamento de Jürgen Habermas, consulte-se o capítulo *Comparação e intertrepação na antropologia jurídica*, em Oliveira, *Desvendando evidências simbólicas*: compreensão e conteúdo emancipatório da Antropologia, 2018, p. 91-114.

Capítulo VIII | Direito, transformação social

da *lei brasileira* são outros, se co[mparados a outros] países, povos, Estados, nações, culturas e tradições.

Se os desafios da *lei brasileira* são ou[tros, é preciso considerar a] visão que a população tem do Direito brasile[iro ...] mas são necessárias? E, para responder a estas p[erguntas, cabe p]erguntar: quais são?; qual a questionem, mas é necessário que tenham present[e ...s]eus gargalos?; que refor[mas ...] dizendo sobre o Direito. Assim, aqui, inverte-se o po[nto, não] basta que os juristas se visão que a sociedade tem do Direito e que precisa ser ob[servada. A so]ciedade brasileira vem se trata de uma *visão externa* à *cultura do direito*, daquela conh[ecida e p]ara se ressaltar a juristas e especialistas, e que se pode chamar de *cultura social sobre* [o direito. p]medida em que lidade brasileira contemporânea, se podem encontrar *percepções várias*,[...] E, na rea[...]raticada pelos traços são constantes nas opiniões do senso comum: "o direito é burocrá[tico]; alguns reito é obstáculo aos negócios"; "o direito é moroso"; "o direito possui ling[uagem] "o di[reito é]empolada"; "o direito é caro de ser exercido"; "o direito é inacessível"; "o direito e[stá] ausente da tarefa de proteger um grande número de pessoas, especialmente as mais vulneráveis"; "o direito é ineficiente"; "o direito é para poucos"; "o direito está associado ao litígio"; "há grande impunidade no direito"; "os direitos" são para poucos, a "lei" é para muitos"; "a justiça não é para todos". Todas estas opiniões possuem respaldo nas pesquisas antropológicas,[23] históricas e sociológicas,[24] a ponto de se demonstrarem que as percepções populares não são ingênuas, mas sim corretas,[25] apenas generalizantes e não demonstradas de forma empírica.

---

[23] A exemplo da clara demonstração na antropologia política da administração de conflitos: "A aproximação tentativa a essas quatro diferentes intensidades da administração estatal de conflitos produz um quadro em que há claramente desigualdades jurídicas que são reflexos, mas também produtoras, de desigualdade social. Um dos resultados importantes da dinâmica desse campo é a percepção popular, extremamente difundida, de que a quantidade de dinheiro que se tem afeta as chances de sucesso no acesso à justiça, de que 'há uma justiça para ricos e outra para pobres', 'rico não vai para a cadeia', o que sustenta uma desconfiança importante das instituições policiais e judiciais e da justiça das leis" (Sinhoretto, Campo estatal de administração de conflitos: reflexões sobre a prática de pesquisa para a construção de um objeto, *in Burocracias, direitos e conflitos* (Roberto Kant de Lima, Lucía Eilbaum, Lenin Pires, orgs.), 2011, p. 36).

[24] "A última expressão é reveladora, a lei, que deveria ser a garantia da igualdade de todos, acima do arbítrio do governo e do poder privado, algo a ser valorizado, respeitado, mesmo venerado, torna-se apenas instrumento de castigo, arma contra os inimigos, algo a ser usado em benefício próprio. Não havia justiça, não havia poder verdadeiramente público, não havia cidadãos civis. Nessas circunstâncias, não poderia haver cidadãos políticos. Mesmo que lhe fosse permitido votar, eles não teriam condições necessárias para o exercício independente do direito público" (Carvalho, *Cidadania no Brasil*, 21. ed., 2016, p. 62).

[25] "Além do mais, a antropologia política da administração de conflitos tem constatado que as instituições estatais, ao menos na experiência brasileira, não são cegas como deveria ser a *Thémis*, deusa da justiça, mas, ao contrário, enxergam muito bem as clivagens sociais, raciais, de gênero, culturais e religiosas, e reservam tratamento diferenciado para tipos de conflitos e para indivíduos conforme a posição que ocupam numa hierarquia de valores, pessoas, coisas e lugares" (Sinhoretto, Campo estatal de administração de conflitos: reflexões sobre a prática de pesquisa para a construção de um objeto, *in Burocracias, direitos e conflitos* (Roberto Kant de Lima, Lucía Eilbaum, Lenin Pires, orgs.), 2011, p. 25-41, p. 29).

Vistos estes traços *culturais do direito brasileiro*, que as pesquisas mais recentes da antropologia brasileira vêm demonstrando, a exemplo do choque entre os *direitos universais* (modernos) e as *práticas sociais hierarquizadas*.²⁶ Esses *traços culturais* apontam para afirmar que ainda paira sobre nós o *superego colonialista* e predatório, que impediu de firmar a nossa autonomia, afinal, um país "descoberto" (e, não, usurpado de povos tradicionais) sob a ótica do capitalismo-mercantilista (para atender interesses de riqueza e poder da Europa) e *colonizado* com a *atitude de rapina* (e, não, para construir e permanecer, e sim, para extrair e levar), haveria de engendrar *traços culturais* e *contradições notáveis* até os dias de hoje, tais quais os indicados nas próximas páginas.

Por isso, nos itens seguintes, proceder-se-á à indicação de seus principais aspectos, apontando-se, na lista a seguir, também, os rumos de superação, na medida em que não basta criticar, mas é necessário apontar rumos e indicar caminhos necessários a processos de *transformação cultural*:

1) a presença e a manutenção do espírito do "aventureiro" sobre o espírito do "trabalhador", seguindo-se a figura construída por Sérgio Buarque de Holanda,²⁷ e que conduz ao *superego colonialista predatório do enriquecimento rápido e fácil*,²⁸ e ao espírito de rapina sem esforço, ou seja, do "aqui nada fica" proveniente do papel que o Brasil desempenhou de Colônia de exploração,²⁹ um dos ingredientes fa-

---

26 "De um lado, uma vertente antropológica que remonta aos estudos de Louis Dumont (1966), sobre as relações hierárquicas, e que se consolidou pela contribuição de Roberto DaMatta, segundo a qual a sociedade brasileira viveria um dilema entre práticas sociais hierárquicas – onde cada um tem o seu lugar, com direitos e deveres particulares – e uma representação das relações jurídicas como sendo igualitárias, incorporada ao direito constitucional de pretensão universalista. O dilema entre duas ordens de classificação produz atritos nas relações, os quais são frequentemente negociados em ritos de hierarquização, como o tornado célebre 'você sabe com quem está falando?' (DaMatta, 1979)" (Sinhoretto, Campo estatal de administração de conflitos: reflexões sobre a prática de pesquisa para a construção de um objeto, in *Burocracias, direitos e conflitos* (Roberto Kant de Lima, Lucía Eilbaum, Lenin Pires, orgs.), 2011, p. 25-26).

27 "E essa ânsia de prosperidade sem custo, de títulos honoríficos, de posições e riquezas fáceis, tão notoriamente característica da gente de nossa terra, não é bem uma das manifestações mais cruas do espírito de aventura?" (Holanda, *Raízes do Brasil*, 26. ed., 2004, p. 46). A confirmação desta hipótese vem, também, da análise empreendida pelo sociólogo italiano Domenico De Masi: "À diferença dos espanhóis, que vinham à América do Sul para ficar definitivamente e transformar as colônias em extensão da pátria mãe, os portugueses tinham, em relação ao Brasil, o comportamento do comerciante que vem, pega o que encontra e leva embora" (De Masi, *O futuro chegou*: modelos para uma sociedade desorientada, 2014, p. 636-637).

28 "Demorou quase dois séculos, mas Portugal jamais perdeu a esperança – a busca de metais preciosos estava no centro de sua obsessão por enriquecimento rápido" (Schwarcz, Starling, *Brasil*: uma biografia, 2015, p. 107).

29 "Portugal garantia as duas pontas do mercado: o provimento de mão de obra e o monopólio da cana. Mas quase nada permanecia no Novo Mundo: nem a cana, nem o lucro por ela produzido" (Schwarcz, Starling, *Brasil*: uma biografia, 2015, p. 65).

cilitadores da corrupção[30] (fenômeno este, aliás, bem conhecido desde o período colonial no país),[31] enquanto característica do agir,[32] do fazer e do trabalhar, que impede de firmar a *noção de república*, pois onde "se faz a América" não há uma responsabilidade pelo que se faz e nem pelo que fica,[33] ao lado da noção de utilidade e autonomia econômica,[34] e de autorresponsabilidade pelo destino em comum;

Rumo de superação: desenvolvimento social e econômico, com igualdade de oportunidades para todos e empreendedorismo social.

2) o descompromisso com o que há de comum, a negligência com a construção do que é público no país, no sentido de se deixar de ser "lugar de passagem", qual a Colônia para a Metrópole,[35] mero lugar de *feitorização*,[36] enfim, de assentamento e fixação do homem na terra, para tornar-se "lugar de permanência", a exemplo do tema da educação, que nunca fora incentivada,[37] pois o destino da Colô-

---

[30] Sobre a presença histórica da corrupção na história brasileira: "Corrupção não é coisa nova entre nós, sempre existiu de um modo ou de outro. Contra ela se tem reclamado desde que o Brasil é Brasil" (Carvalho, *Cidadania no Brasil*, 21. ed., 2016, 2004, p. 235).

[31] "O Xumbergas fez parte de uma linhagem de governantes locais prepotentes, corruptos e venais que se aproveitavam da investidura régia para enriquecer depressa, em geral de forma ilícita" (Schwarcz, Starling, *Brasil: uma biografia*, 2015, p. 135).

[32] E que não chega a formar uma cultura, pois há inúmeras iniciativas de contraposição, resistência e indignação, como apontam Schwarcz e Starling: "A corrupção não é um fenômeno exclusivo do Brasil – ela ocorre na grande maioria dos países. Também entre nós, ela sempre existiu, de um modo ou de outro. Tanto que, com frequência, a corrupção costuma ser associada à própria identidade do brasileiro, como se fosse um destino inevitável; quase uma questão endêmica. Segundo essa visão, o Brasil seria forçosa e definitivamente corrupto devido a certas práticas e comportamentos – o 'jeitinho', a malandragem, o político ladrão – que, desde sempre presentes na nossa história, fazem parte de um suposto caráter do brasileiro, o que formaria uma espécie de "cultura de corrupção". Essa abordagem, além de preconceituosa, naturaliza a corrupção no país, simplifica e congela sua compreensão, assim como impede o combate a um fenômeno de alta complexidade – além de desvalorizar as atitudes e os movimentos de opinião pública que expressam a revolta dos brasileiros contra essa prática" (Schwarcz, Starling, *Brasil: uma biografia*, 2015, p. 504).

[33] "O colono não vinha para se estabelecer definitivamente... O colonos vinham para 'fazer a América'; esperavam enriquecer rapidamente na produção agrícola e mineral, ou então no tráfico de escravos, e sem seguida voltar para Portugal. A grande maioria dos imigrantes portugueses não trouxe suas famílias e, por isso, se miscigenou com as mulheres índias e negras" (Bresser-Pereira, *A construção política do Brasil*: sociedade, economia e Estado desde a Independência, 2. ed., 2015, p. 38).

[34] "É compreensível, assim, que jamais se tenha naturalizado entre gente hispânica a moderna religião do trabalho e o apreço à atividade utilitária. Uma digna ociosidade sempre pareceu mais excelente, e até mais nobilitante, a um bom português, ou a um bom espanhol, do que a luta insana pelo pão de cada dia" (Holanda, *Raízes do Brasil*, 26. ed., 2004, p. 38).

[35] "Dir-se-ia que, aqui, a colônia é simples lugar de passagem, para o governo como para os súditos" (Holanda, *Raízes do Brasil*, 26. ed., 2004, p. 99).

[36] "Mesmo em seus melhores momentos, a obra realizada no Brasil pelos portugueses teve um caráter mais acentuado de feitorização do que de colonização. Não convinha que aqui se fizessem grandes obras, ao menos quando não produzissem imediatos benefícios" (Holanda, *Raízes do Brasil*, 26. ed., 2004, p. 107).

[37] "A metrópole proibia a existência de escolas superiores no Brasil, diferentemente da Espanha, cuja política cultural havia muito tempo a tinha liberado em suas colônias" (Schwarcz, Starling, *Brasil: uma biografia*, 2015, p. 175).

nia era a exploração de riquezas naturais, era o de uma empresa comercial,[38] retardou por demais o analfabetismo, a violência, a ignorância e a submissão;[39]

Rumo de superação: dedicação a tudo aquilo que concerne ao interesse público, ou àquilo que é de interesse social e de interesse comum.

3) a cultura do "mito da brasilidade", conforme analisa o sociólogo Jessé Sousa,[40] fundada na autoimagem que se ancora na ideia da "índole pacífica", no repúdio à "explicitação de conflitos" e na valorização da "mestiçagem" como traços que ajudam na construção de uma autoimagem distorcida da realidade social brasileira,[41] capaz de mascarar a realidade mais viva, atual e complexa da sociedade brasileira.

Rumo de superação: autoconsciência crítica e empírica, realista e profunda, capaz de fazer enxergar as deficiências, os desrumos e as patologias dos processos de socialização, com vistas à superação da "naturalização" das desigualdades sociais, das injustiças sociais e das demais mazelas nacionais.

4) a sustentação de elos de convívio fundados numa *ética emotiva*,[42] onde a dinâmica da *cordialidade*, *amizade* e *particularidade* determina como privadas todas as relações, impedindo a formação das relações públicas, a construção da cidadania universal e regras objetivas de justiça para todos;[43]

Rumo de superação: universalização da cidadania e fortalecimento do *éthos* público, com despatrimonialização do Estado.

---

[38] "Desde o início da colonização o Brasil foi tratado pelos colonizadores como uma empresa comercial, mas, dada a natureza do latifúndio, que não era o feudo medieval mas nele se inspirava, como anteriormente haviam se inspirado as capitanias hereditárias, foi ao mesmo tempo patriarcal e mercantil-escravista" (Bresser-Pereira, *A construção política do Brasil*: sociedade, economia e Estado desde a Independência, 2. ed., 2015, p. 40).

[39] "A elite brasileira de então poderia ser caracterizada ainda como "uma ilha de letrados num mar de analfabetos". A educação tornou-se inclusive uma marca distintiva de tais grupos, num país em que o recenseamento de 1872 mostrava que apenas 16% da população era alfabetizada, sendo 23,43% a proporção homens e 13,43% a de mulheres. Isso sem falar da população escravizada, na qual o índice de analfabetismo chegava a 99,9%" (Schwarcz, Starling, *Brasil*: uma biografia, 2015, p. 280).

[40] "Como vimos acima, o mito da brasilidade tem a ver tanto com a construção de uma ficção de homogeneidade e de unidade entre brasileiros tão desiguais quanto com 'horror ao conflito'" (Sousa, *A ralé brasileira*, 3. ed., 2018, p. 54).

[41] "Vimos acima que Gilberto Freyre, um sociólogo de muitas facetas e que produziu tanto 'ideologias' quanto ciência da melhor qualidade, foi o grande sistematizador do 'mito da brasilidade'" (Sousa, *A ralé brasileira*, 3.ed., 2018, p. 61).

[42] "O desconhecimento de qualquer forma de convívio que não seja ditada pela ética de fundo emotivo representa um aspecto da vida brasileira que raros estrangeiros chegam a penetrar com facilidade" (Holanda, *Raízes do Brasil*, 26. ed., 2004, p. 148).

[43] "Não há dúvida que, desse comportamento social, em que o sistema de relações se edifica essencialmente sobre laços diretos, de pessoa a pessoa, procedam os principais obstáculos que na Espanha, e em todos os países hispânicos – Portugal e Brasil inclusive –, se erigem contra a rígida aplicação das normas de justiça e de quaisquer prescrições legais" (Holanda, *Raízes do Brasil*, 26. ed., 2004, p. 134).

Capítulo VIII | Direito, cultura brasileira e transformação social

5) a debilidade de um *espaço público* consolidado como *espaço cívico*,[44] e não como *espaço particular*,[45] onde a *cidadania* possa se afirmar de forma isonômica,[46] universal[47] e garantida a todos e todas, não como privilégios,[47] mas como direitos;

Rumo de superação: consolidação de um espaço cívico e de práticas de cidadania fundadas em valores republicanos.

6) o predomínio da vontade e interesse particulares na política, inclusive das famílias centralizadoras,[49] considerando a tradição da presença histórica contínua de certos personagens na política brasileira,[50] nas instituições de representação e governo, bloqueando o exercício da vontade soberana e plural de interesses públicos legítimos, populares e ligados às exigências do bem-estar comum;[51]

Rumo de superação: democratização e pluralização da representação política e novos foros de democracia participativa.

---

[44] Está bem diagnosticada, em várias análises antropológicas, aquilo que Luís Roberto Cardoso de Oliveira bem expressa, neste trecho: "(...) caracterizando a existência de um mundo cívico bem conformado entre nós" (Oliveira, Concepções de igualdade e cidadania, *in Contemporânea*, 1, Jan-Jun., 2011, p. 37).

[45] "O espaço público não é um espaço construído consensualmente por uma coletividade, mas um espaço definido previamente, cujas regras são desconhecidas da maioria de seus componentes" (Kant de Lima, *Ensaios de Antropologia e Direito*, 2009, p. 275).

[46] Neste ensaio de antropologia comparativa, entre Brasil e França, isto fica ainda mais nítido: "Como buscarei discutir, no espaço público brasileiro, tal noção está relacionada a uma concepção hierárquica em que os diferentes direitos estão disponibilizados de acordo com a categoria ou *status* das pessoas. A igualdade é assegurada pela particularização do acesso ao público, que é nesse caso concebido como do Estado. Em contrapartida, no espaço público francês, a igualdade vincula-se a uma noção de grandeza cívica, atrelada a uma ideia de bem comum, em que ela se manifesta através de uma concepção de unidade e consistência do coletivo em prol do interesse geral" (Mota, Qual é a regra da igualdade?, *in Burocracias, direitos e conflitos* (Roberto Kant de Lima, Lucía Eilbaum, Lenin Pires, orgs.), 2011, p. 44-45).

[47] "Sendo assim, os direitos da cidadania estão relacionados a uma concepção hierárquica em que os diferentes direitos estão disponibilizados de acordo com a categoria ou *status* dos indivíduos ou grupos. Desse modo, a atribuição moral à categoriais sociais representadas no espaço público determinam, em grande medida, o reconhecimento ou não dos direitos dos indivíduos. Portar ou não certas identidades públicas, ter dignidade reconhecida ou não, permite uma complexa interação na 'busca dos direitos' " (Mota, Qual é a regra da igualdade?, *in Burocracias, direitos e conflitos* (Roberto Kant de Lima, Lucía Eilbaum, Lenin Pires, orgs.), 2011, p. 60).

[48] "Ou seja, no Brasil, como salientado acima, nem no contexto legal somos formalmente iguais, tendo em vista os diversos instrumentos legais que atribuem tratamentos desiguais. Uma consequência direta dessa cosmologia é que a demanda de direitos diferenciados está, liminarmente, associada à noção de privilégios" (Mota, Qual é a regra da igualdade?, *in Burocracias, direitos e conflitos* (Roberto Kant de Lima, Lucía Eilbaum, Lenin Pires, orgs.), 2011, p. 63).

[49] "Nos domínios rurais é o tipo de família organizada segundo as normas clássicas do velho direito romano-canônico, mantidas na península Ibérica através de inúmeras gerações, que prevalece como base e centro de toda a organização" (Holanda, *Raízes do Brasil*, 21. ed., 2004, p. 81).

[50] "Na Monarquia eram ainda os fazendeiros escravocratas e eram filhos de fazendeiros, educados nas profissões liberais, quem monopolizava a política, elegendo-se ou fazendo eleger seus candidatos, dominando os parlamentos, os ministérios, em geral todas as posições de mando, e fundando a estabilidade das instituições nesse incontestado domínio" (Holanda, *Raízes do Brasil*, 21. ed., 2004, p. 73).

[51] "Uma colônia marcada por uma dualidade básica – composta de grandes proprietários de terra de um lado, e escravos de outro" (Schwarcz, Starling, *Brasil*: uma biografia, 2015, p. 500).

7) a profunda desigualdade entre atores sociais, que mantém intacta a estrutura de classes desde o período colonial,[52] justificando um tratamento social desigual e hierárquico[53] que leva a "igualdade formal perante a lei" a manter-se apesar da "desigualdade real perante as necessidades essenciais para a vida digna", sendo a lei algo de fora da realidade dos sujeitos, e não algo de dentro da realidade dos sujeitos;[54]

Rumo de superação: busca da redistribuição econômica e da igualdade socioeconômica.

8) a idealização da *autoimagem* de país, que nega as contradições, os conflitos reais, a explosão de violências, para promover a ideologia da conciliação, da ordem, que impedem o enfrentamento das raízes reais dos problemas nacionais;[55]

Rumo de superação: *des-ideologizar* a autoimagem para compreender os desafios a serem superados, através da cultura, da arte, da educação, da comunicação e das ciências.

9) uma relação ambivalente e contraditória com as leis, que vai de seu "desprezo" (a lei como sinônimo de "lei-autoritária" e de "lei-assujeitamento"),[56] ao desejo da "liberdade absoluta",[57] mundo para o qual se escapa na tentativa de construção de vidas paralelas aos domínios da *lei-autoridade*, enquanto o espaço de

---

[52] As raízes históricas estão claras: "Mas as maiores dificuldades na área social têm a ver com a persistência das grandes desigualdades sociais que caracterizam o país desde a independência, para não mencionar o período colonial" (Carvalho, *Cidadania no Brasil*, 21. ed., 2016, p. 209).

[53] A conexão entre desigualdades e institucionalidades, no Brasil, na análise de Roberto Kant de Lima: "Ora, sabe-se que a desigualdade é um dos princípios organizadores da sociedade brasileira, oriundo da sociedade tradicional dos tempos coloniais que, entranhado na estrutura social, organiza, com frequência, as relações nas instituições" (Kant de Lima, *Ensaios de Antropologia e Direito*, 2009, p. 266).

[54] No Ensaio "Prevenção e responsabilidade ou punição e culpa?": "Decorre daí que as estratégias repressivas de controle social próprias das sociedades de desiguais em que as regras, por definição, não representam a proteção para todos, mas encontram-se externalizadas, isto é, exteriores aos sujeitos – ensejam justificativas aparentemente consistentes para sua violação sistemática pelos indivíduos, enquanto as estratégias preventivas, próprias das sociedades desiguais, em que o controle se faz pela internalização das regras pelos indivíduos, ensejam justificativas consistentes para sua obediência" (Kant de Lima, in *Ensaios de Antropologia e Direito*, 2009, p. 262).

[55] No Ensaio "Usos contextualizados da Mentira na Tradição Brasileira", pode-se ler: "Ora, nossa cultura associa, há séculos, a explicitação de conflitos à ausência de ordem, à desordem, ao caos, e à violência, situações tradicionalmente invocadas em nosso país para justificar intervenções com meios extraordinariamente violentos que seriam inevitáveis para o 'restabelecimento' da ordem, dado o precário nível de sociabilidade e educação da maioria da população. O pressuposto de tal sistema de valores é o de que a ordem corresponde à ausência de conflitos" (Kant de Lima, *Ensaios de Antropologia e Direito*, 2009, p. 224).

[56] "No sistema social brasileiro, então, a lei universalizante e igualitária é utilizada frequentemente para servir como elemento fundamental de sujeição e diferenciação política e social. Em outras palavras, as leis só se aplicam aos indivíduos e nunca às pessoas; ou, melhor ainda, recebe a letra fria e dura da lei é imediatamente um indivíduo" (Da Matta, *Carnavais, malandros e heróis*: para uma sociologia do dilema brasileiro, 6. ed., 1999, p. 237).

[57] "(...) a obediência ou a desobediência às leis e regras não se coloca como questão de transgressão moral a regulamentos explícitos facilmente acessíveis, a serem literalmente interpretados, mas como o resultado da escolha entre a liberdade de aqui e o constrangimento externo..." (Kant de Lima, *Ensaios de Antropologia e Direito*, 2009, p. 165).

construção da lei-democracia se dilui e fica ao vazio da apropriação indevida,[58] da vontade dos juristas,[59] ou da vontade e dos interesses dos legisladores, e não dos cidadãos e das práticas republicanas de convívio;

Rumo de superação: construção participativa e respeito à lei-democracia.

10) a ausência de "povo" em processos de construção do poder e do direito, com "elos de democracia" frágeis e sempre sujeitos ao período de ditadura e "supressão de direitos",[60] "violência institucional",[61] "retrocesso de direitos", "retrocesso político", "autoritarismo social" e à cultura política do "golpe"[62] e "contragolpe",[63] a despeito do povo,[64] da diversidade das pessoas e das ideias,[65] da atitude de prevenção de conflitos[66] e da consolidação da democracia;[67]

---

[58] "Confirma-se, assim, de maneira prática e indiscutível, a ocupação que a categoria pública tem em nosso país, associada à apropriação particularizada, seja pelo Estado, seja pelos aventureiros que o expropriam" (Kant de Lima, *Ensaios de Antropologia e Direito*, 2009, p. 192).

[59] "Escapa-nos esta verdade de que não são as leis escritas, fabricadas pelos jurisconsultos, as mais legítimas garantias de felicidade para os povos e de estabilidade para as nações. (...) No que nos distinguimos dos ingleses, por exemplo, que não tendo uma constituição escrita, regendo-se por um sistema de leis confuso e anacrônico, revelam, contudo, uma capacidade de disciplina espontânea sem rival em nenhum outro povo" (Holanda, *Raízes do Brasil*, 26. ed., 2004, p. 178).

[60] A exemplo da ditadura civil-militar, e da forte influência militar no poder desde o início do período republicano: "A presença dos militares na política brasileira começou na proclamação da República" (Carvalho, *Cidadania no Brasil*, 21. ed., 2016, p. 163).

[61] "Como em 1937, o rápido aumento da participação política levou em 1964 a uma reação defensiva e à imposição de mais um regime ditatorial em que os direitos civis e políticos foram restringidos pela violência" (Carvalho, *Cidadania no Brasil*, 21. ed., 2016, p. 161).

[62] Para apontar alguns: "Em 1891 eclodiu a primeira revolta da Armada, também conhecida como Revolta da Esquadra. O estopim estava ligado ao governo autoritário de Deodoro, que, em flagrante violação da Constituição daquele ano, ordenou o fechamento do congresso" (Schwarcz, Starling, *Brasil: uma biografia*, 2015, p. 320). Outro episódio de significação histórica: "Os generais queriam um exército moderno, com armas e indústria; em troca, dariam a Getúlio apoio militar para o golpe e sustentariam a ditadura" (Schwarcz, Starling, *Brasil: uma biografia*, 2015, p. 373).

[63] "Após a morte do presidente, seguiram-se golpes e contra-golpes, para impedir ou garantir a posse do novo presidente Juscelino Kubitschek" (Carvalho, *Cidadania no Brasil*, 21. ed., 2016, p. 136).

[64] No Ensaio "Polícia, Justiça e Sociedade no Brasil", Roberto Kant de Lima constata o que segue: "Já no Brasil, ao contrário, o sistema jurídico não reivindica origem "popular" ou "democrático". Ao contrário, alega ser o produto de uma reflexão iluminada, uma "ciência normativa", que tem por objetivo o controle de uma população sem educação, desorganizada e primitiva" (Kant de Lima, *Ensaios de Antropologia e Direito*, 2009, p. 164).

[65] No Ensaio "Por uma Antropologia do Direito, no Brasil", Roberto Kant de Lima afirma: "Se queremos levar a sério a proposta de pensar democraticamente a diferença em nossa sociedade, libertando-nos dos prismas do colonialismo econômico e cultural, interno e externo, bem como explicitar as tendências etnocêntricas e homogeneizantes por ele suscitada, há que aprender com a perspectiva antropológica a valorização heurística das diferenças" (Kant de Lima, *Ensaios de Antropologia e Direito*, 2009, p. 35).

[66] "Essa cultura jurídica, fundada na supressão, repressão e punição de explicitação de conflitos – incompatível, portanto, com processos de prevenção, controle e resolução de conflitos – é que representa a tradição responsável pela sua administração institucional no país" (Kant de Lima, *Ensaios de Antropologia e Direito*, 2009, p. 229).

[67] Na análise de Gilberto Velho: "Embora na lei tenhamos, de um modo geral, definidos direitos e liberdades extensivas a todos os membros da sociedade brasileira, na prática temos cidadãos de

Rumo de superação: participação popular e fortalecimento da democracia.

11) a intransparência das *leis-implícitas* que governam as *leis-do-direito*, já que apesar das *leis-dos-códigos* cada lugar, cada instituição, cada espaço institucional – em verdade – é governado por *leis-paralelas* e *invisíveis*, ou seja, por *leis-locais*, das quais o(a) cidadão(ã) tem que se apropriar, e tomar conhecimento, caso pretenda obter êxito no processo de luta por direitos. E, de fato, existe a *lei-dos-códigos*, mas existem outras *leis-paralelas* que vigem com mais força do que aquela, quais sejam: as *leis-do-morro*; a *lei-das-ruas*; as *leis-da-carceragem*; o *código de honra dos policiais*;[68] a *lei-do-mercado*; a *lei-do-funcionário-público*; a *lei-do-jeitinho*; as *leis-da-política*.

Rumo de superação: harmonização dos espaços de legalidade e padronização dos procedimentos institucionais.

12) a imatura e ainda não perfeccionada cultura do respeito cívico incondicional a toda e qualquer pessoa,[69] independente de raça, credo, etnia, sexo, gênero, classe, condição econômica, origem, condição social, deficiência, levando à proliferação de barreiras ao respeito, à inclusão, à igualdade e à justiça;[70]

Rumo de superação: generalização da cultura de respeito à dignidade de todos(as) e de cada um(a).

13) a simplificação e o confinamento do direito ao papel simbólico da "restrição", da "limitação", da "punição", da "ameaça", diante das patologias geradas pelas inseguranças diante do Outro-inimigo, em face da possibilidade do Direito simbolizar a promoção e salvaguarda do Bem-Estar e da justiça distributiva;[71]

Rumo de superação: consolidação do Estado Social e Democrático de Direito.

---

primeira, segunda e terceira classes e mesmo não cidadãos, isto é, indivíduos sem voz, sem espaço e sem nenhum respaldo real nas instituições vigentes" (Velho, *Individualismo e cultura*: notas para uma antropologia de sociedade contemporânea, 7. ed., 2004, p. 146).

[68] No estudo aplicado, Roberto Kant de Lima, no Ensaio "Cultura jurídica e práticas policiais: e tradição inquisitorial", afirma: "As ações policiais, portanto, desenvolvem-se informadas por uma ética implícita, um código de honra ao qual todos os policiais são compelidos a aderir, colocando-o em vigor ao lidar com os 'criminosos'" (Kant de Lima, *Ensaios de Antropologia e Direito*, 2009, p. 58).

[69] "No entanto, sem a garantia dos direitos civis cujo princípio normativo é a liberdade individual e sem o entendimento de que pessoas obrigadas a obedecer às leis devem ter igual direito, a despeito das diferenças que houver entre elas, a noção de cidadania não tem como ser exercida contemporaneamente de forma plena" (Schwarcz, Starling, *Brasil*: uma biografia, 2015, p. 500).

[70] A constatação parte dos estudos de Roberto Damatta: "No Brasil, são inúmeras as expressões que denotam desprezo pelo 'indivíduo', usado como sinônimo de gente sem princípios, um elemento desgarrado do mundo humano e próximo da natureza, como os animais" (Damatta, *Carnavais, malandros e heróis*: para uma sociologia do dilema brasileiro, 1999, p. 231).

[71] "(...) a expansão dos direitos de cidadania no Brasil não seguiu o processo tradicional descrito por Marschall (1976), no qual os direitos civis, os políticos e os sociais foram institucionalizados nesta ordem. (...) foram estabelecidos e expandidos mais ou menos ao mesmo tempo no Brasil" (Oliveira, Direitos republicanos, identidades coletivas e esfera pública no Brasil e no Québec, in *Direito legal e insulto moral*, 2002, p. 97).

Capítulo VIII | Direito, cultura brasileira e transformação social

14) na falta de instituições eficientes, isonômicas e com tratamento institucional a problemas de direitos,[72] ante o risco de lidar com a ineficiência, a frustração do Direito e a inércia institucional, o recurso alastrado às "amizades", aos "conhecimentos" e à resolução "pessoal" de demandas impessoais, ou à violência institucional;[73]

Rumo de superação: fortalecimento das instituições públicas e dos serviços públicos de qualidade.

15) a predominância da cultura das violências, dentro da pobreza simbólica que atravessa as determinações culturais,[74] como forma de resolução de conflitos de todas as espécies, o que banaliza e reduz relações humanas a interações frustradas e lastreadas na força;

Rumo de superação: pacificação social, prevenção e canalização institucional de conflitos interpessoais.

16) a cultura do faroeste, na resolução de conflitos, que se afigura como forma de reforçar "poderes locais" a despeito do Estado Democrático de Direito ou "em paralelo informal" à atuação do Estado Democrático de Direito, forçando os "direitos" a serem tratados como "ameaças" (especialmente, os direitos sociais), que acabam por receber a resposta violenta do próprio Estado;[75]

Rumo de superação: garantia da presença integral do Estado Democrático de Direito, através de políticas de acesso aos direitos, em todos os territórios;

---

[72] Como é exemplo o tratamento desumano no sistema carcerário: "A naturalização da violação dos direitos formais de pessoas presas não pode ser desassociada do filtro discriminatório, racista e classista, da seletividade criminal no Brasil. Isso porque a população presa é composta, em grande medida, por grupos sociais marginalizados – especialmente jovens negros/as que moram em periferias urbanas – cujos direitos foram historicamente negados" (Lemos, Quem são os direitos humanos? Desconsideração e personificação em cadeias do Distrito Federal. *Revista Antropolítica*, n. 47, 2019, p. 41).

[73] Este traço deve ser destacado: "A carteira de trabalho também se formou um símbolo importante de identidade social, que poderia ser exigido pela polícia em suas rondas, ou em diligências nas favelas urbanas, quando o documento é frequentemente solicitado de forma arbitrária, ainda que sob o argumento de suspeição (Kant de Lima, 1995: 58). Nesse contexto, a carteira de trabalho é tomada como símbolo de correção e de dignidade, que identifica os cidadãos respeitadores da lei, fazendo com que aqueles que não tem carteira possam ser tratados pela polícia como vagabundos (...)" (Oliveira, *Direito legal e insulto moral*, 2002, p. 99).

[74] "Aqui, os conflitos tendem a tomar a forma total de lutas de extermínio, pela impossibilidade de negociação que poderia limitá-lo a proporções parciais. Deste modo, não é apenas a pobreza material e a escassez que se constitui como fator explicativo básico do horizonte moral do dependente, mas especialmente a sua pobreza espiritual, moral e simbólica em sentido amplo, que transforma a violência no único código legítimo" (Souza, *A construção social da subcidadania*: para uma Sociologia Política da Modernidade Periférica, 2003, p. 124).

[75] Este exemplo histórico, de José Murilo de Carvalho, é característico: "Durante a Primeira República, a presença do governo nas relações entre patrões e empregados se dava por meio da ingerência da polícia. Eram os chefes de polícia que interferiam em casos de conflito, e sua atuação não era exatamente equilibrada" (Carvalho, *Cidadania no Brasil*, 21. ed., 2016, p. 68).

17) a cultura do estupro,[76] que inferioriza a mulher e usurpa o corpo, objetualiza a integridade, repetindo-se a forma de espoliação violenta do corpo da mulher-indígena e da mulher-negra, decorrente do processo de colonização e miscigenação da história brasileira,[77] retratando um *éthos* social machista e pré-moderno no que tange ao plano da *simetria social* de gênero;

Rumo de superação: promoção da cultura de respeito e da igualdade entre gêneros, inclusive no mercado de trabalho e perante a violência doméstica, com a devida proteção dos direitos humanos.

18) a cultura do grito, por meio da qual se faz calar, se ameaça, se constrange e, também, se intimida, se "fazem realizar direitos" que assim se conquistam, confirmando a lógica da colônia[78] e do colonizador do "mandar" e "ser mandado a força",[79] que é parte da explicação da pavorosa e alarmante situação de violência pandêmica em todo o país.[80]

Rumo de superação: cultura do diálogo, cultivo de valores de mediação e desrepressão democrática.

Estes são apenas alguns *traços socioculturais*, que são apontados como alarmantes, quando se trata de pontuar o conjunto dos desafios do Direito na *realidade brasileira*, considerando a dimensão de sua cultura e seus problemas e questões. Suas evidências são extraídas das contribuições da *História*, da *Sociologia* e da *Antropologia*, e servem de importantes balizas para a análise do Direito. De forma alguma, estes pontos podem ser considerados de forma exaustiva, para a caracterização do conjunto dos desafios da realidade brasileira. Mas, se ao menos forem levados em conta no momento de formulação de políticas públicas, e se forem tomados como pontos de estímulo para a transformação social e cultural, já significam um ponto de partida de relevantes e desafiadores enfrentamentos.

---

[76] "Mesmo assim, segundo o Anuário Brasileiro de Segurança Pública, registrou-se no Brasil, em 2015, uma média de um estupro a cada onze minutos" (Schwarcz, *Sobre o autoritarismo brasileiro*, 2019, p. 191).

[77] "Não havia mulheres para acompanhar os homens. Miscigenar era uma necessidade individual e política. A miscigenação se deu em parte por aceitação das mulheres indígenas, em parte pelo simples estupro. No caso das escravas africanas, o estupro era regra. Escravidão e grande propriedade não constituíam ambiente favorável à formação de futuros cidadãos" (Carvalho, *Cidadania no Brasil*, 21. ed., 2016, p. 26 e 27).

[78] "O atraso decisivo do Brasil em relação aos Estados Unidos ocorreu, portanto, no período colonial, porque a colonização de exploração mercantil não estabeleceu aqui as condições para uma revolução capitalista, enquanto a colonização de povoamento criou as condições para ela no Norte" (Bresser-Pereira, *A construção política do Brasil*: sociedade, economia e Estado desde a Independência, 2. ed., 2015, p. 46).

[79] Este exemplo histórico é simbólico: "As eleições eram frequentemente tumultuadas e violentas" (Carvalho, *Cidadania no Brasil*, 21. ed., 2016, p. 39).

[80] "A incapacidade do Estado para desempenhar as diversas funções que se arvora enseja ainda dos fenômenos importantes de mencionar nessas sugestões para a descrição da sociedade brasileira contemporânea: o crescimento da violência em níveis de guerra civil e o consequente e inusitado papel social e jurídico desempenhado por grupos marginais organizados" (Adeodato, *Ética e retórica*: para uma teoria da dogmática jurídica, 3. ed., 2007, p. 73).

3. DIREITO, CONSERVAÇÃO SOCIAL E TRANSFORMAÇÃO SOCIAL

Um traço do Direito é o de que ele vale para todos, e, por isso, está presente em todos os espaços institucionais e não institucionais, com maior ou menor eficiência e/ou competência. O Direito atravessa vários espaços pela via da regulação das relações, tais como, a casa, a escola, o quartel, o presídio, a igreja, a fábrica, a fazenda, a empresa, o mercado, o comércio, o banco, a praça, a rua. O que a Sociologia e Antropologia demonstram é que, ao lado das *leis-dos-códigos*, vigem outros códigos paralelos, tais como as *leis-do-cárcere*, paralelas ao Código de Processo Penal.[81]

Assim, o Direito deve ser capaz de induzir transformação social, visando a maior aproximação da sociedade da justiça, da liberdade, da democracia, da solidariedade, da igualdade, da diversidade. Mas o Direito não pode fazê-lo senão por sua fronteira mais avançada, a partir de diagnósticos de realidade e injustiça. O diagnóstico no plano de cultura e da *realidade brasileira*, derivado de sua *matriz cultural*, indica um conjunto de desafios à *lei-dos-códigos*, de forma que: a cidadania não está consolidada; o respeito à pessoa não está consolidado; as injustiças não são adequadamente tratadas; a democracia não está consolidada; o ciclo das violências é incomum. Este diagnóstico não convida ao pessimismo, mas, ao contrário, à *transformação social* da *realidade brasileira*,[82] pelo caminho das reformas institucionais.

Daí a importância de inúmeras iniciativas, no sentido do alcance de novas formas e práticas de um direito efetivo e transformador, que passa por: desburocratizar o Direito, superando a *cultura cartorial*; promover a efetividade, em tempo equilibrado, das soluções jurídicas; descomplicar a apresentação de "desafios técnicos" da linguagem jurídica para a população e a mídia; promover o acesso aos direitos, especialmente às classes mais vulneráveis; consolidar as políticas públicas de direitos sociais básicos; promover o direito nas fronteiras onde se constatam a ausência de serviços e de iniciativas do Estado; promover uma cultura de pacificação, prevenção e mediação dos conflitos, além de uma educação e cultura para os direitos e a cidadania (direitos, deveres, limites e responsabilidades).

Aqui, tem-se algumas indicações de rumo sobre como lidar e promover reformas no ambiente sistêmico do Direito, gerando transformação, com a agregação da participação popular. Isso deixa claro um *aspecto* (ou uma face) do *Direito*: promover mudanças induzindo *estados de mais elevada aquisição de justiça*. Mas há outro *aspecto*

---

[81] "Os jovens não têm outra possibilidade do que se integrarem, não já na Lei comum, mas nas *suas* leis, nos *seus* códigos, no *seu* território" (Garapon, *O guardador de promessas:* justiça e democracia, 1998, p. 136).

[82] A exemplo do que afirma Luiz Edson Fachin: "No estudo tradicional do Direito Civil, o movimento a que somos convidados a fazer não é o de compreender a realidade subjacente para ver a diversidade. Aquela introdução ao Direito Civil é o modo pelo qual se aprende a manejar conceitos, mas não entender a realidade para transformá-la" (Fachin, *Teoria crítica do direito civil*, 2. ed., 2003, p. 59).

(ou face) *do Direito*: para gerar mudanças, também, é necessário estabilizar conquistas de direitos. Assim, se de um lado, deve promover *transformação social* (vanguarda jurídica), ao mesmo tempo, se deve promover *estabilização social* (conservação jurídica), preservando conquistas sociais e jurídicas já produzidas. Isso faz com que se perceba a intensa atividade interna que existe no âmbito do Direito, onde forças estão sempre em estado de tensão dialética.

4. DIREITO, CULTURA E TRANSFORMAÇÃO INDIVIDUAL

A cultura é um elemento tão potente da vida em comum, que ela "nos atravessa" e "nos constitui", seja como indivíduos, seja como sociedade. Assim, para que se esteja imerso numa *cultura dos direitos* é necessária tanto a *transformação social* (externa), quanto a *transformação individual* (interna). E isso porque é do *esforço entrecruzado* de mudança das *práticas sociais*, das *práticas institucionais* e das *práticas dos indivíduos* que podem resultar: as conquistas de justiça; a consolidação de valores e práticas republicanas; o fortalecimento do respeito à cidadania.[83]

Assim, ao se pesquisar na história, podem-se constatar inúmeras *transformações sociais* abruptas que não cuidaram de *transformações individuais*, e que, por isso, tenderam ao malogro. Daí a importância de se reconhecer a vizinhança entre *direito* e *ética*. Daí, a importância da *consciência-dos-direitos* mais do que a *vigência-dos-direitos*. Daí a relevância da *internalização* das regras no padrão de ação social de cada indivíduo, que acaba por afetar inúmeros espaços socialmente relevantes. Daí a importância do *respeito* e do *cuidado* estarem presentes na dimensão do espaço público. Apontar para estes caminhos, é já apontar para a conexão necessária entre *transformação social* e *transformação individual*, o que por hora já significa algo de extrema relevância para *processos culturais de transformação*, que são históricos, circunscritos e de maturação lenta, mas de modo algum desnecessários para a superação do conjunto dos elementos que determinam a forma pela qual a *ação social* pode ser significativamente relevante para *influir* na dimensão da *esfera pública*.[84]

---

[83] "In this connection, I would like to turn back our attention to the importance of inquiries on the implications of the tension between the two conceptions of equality that have social currency in Brazil, in order to articulate them with notions of dignity and fairness wich are shared by actors: be it at the courts, in debates publicized through the midia, or in all starts of disputes in the public sphere" (Oliveira, Equality, dignity and fairness: Brazilian citizenship in comparative perspective, *in Critique of Anthropology*, n. 33(2), 2013, p. 137).

[84] "Obviously, projects of low such as this one and their eventual internalization by the Brazilian population are not enough to significantly advance changes towards the institutionalization of a well-structured civic world in Brazil" (Oliveira, Equality, dignity and fairness: Brazilian citizenship in comparative perspective, *in Critique of Anthropology*, n. 33 (2), 2013, p. 141).

Capítulo VIII | Direito, cultura brasileira e transformação social

CASO PRÁTICO
O CASO DO JOVEM SKATISTA

Isaías é um jovem negro da periferia de Belo Horizonte.

Certa feita, quando estava a andar de *skate* com amigos nas ruas de seu bairro, é parado por três guardas, revistado e levado para a delegacia, sendo preso sob a acusação de tráfico de drogas. Os policiais sabem que ele é apenas "usuário", e sua prisão não poderá ser mantida por muito tempo legalmente, mas querem chegar ao "peixe grande", e, por isso, submetem Isaías a sessões de tortura para que revele o nome de seu "chefe". A tortura é o meio mais rápido de obtenção de informações, diante da cultura da impunidade e da falta de cidadania e respeito à lei que medra no país.

Isaías é solto, após revelar um nome falso, que leva à perseguição de um "chefe de tráfico" da "favela vizinha" à sua, na verdade, um antigo inimigo. Isaías é, agora, jurado de morte na região, por ter revelado o nome do "chefe do tráfico", enquanto seu irmão, Lucas, colhe provas contra os policiais que violaram a lei e o papel das instituições.

Sabendo que existe tipificação legal para o crime das autoridades policiais, mas não conhecendo de perto a realidade das corporações policiais, um grupo de estudantes de Direito resolve estudar o caso. Até o fim dos estudos do grupo, o caso permanecia sem solução, em suspenso, mas os estudantes de Direito encontraram algumas formas de compreender porque o *Direito-da-lei* não correspondia à *realidade-dos-fatos*, e, assim, porque o *dever-ser jurídico* mantinha tão grave distância com relação ao *ser histórico, cultural e social*.

Você fez parte do grupo de estudos e anotou bem os resultados das reuniões, onde se registraram duas importantes conclusões. Assim:

1. Reescreva a primeira conclusão, apresentando estudos e estatísticas a respeito da impunidade policial no país, e explicando o porquê da impunidade ser um fator de tão impactante presença na realidade brasileira;

2. Reescreva a segunda conclusão, onde se discutia a relação entre validade, vigência, vigor, eficácia e justiça das normas jurídicas à luz do caso.

CAPÍTULO IX
TEORIA DAS FONTES DO DIREITO

Sumário: 1. Fontes sociais do Direito e fontes jurídicas; **2.** Teoria tradicional e Teoria crítica das fontes do direito; **3.** Fontes jurídicas e poder de vinculação; **4.** Fontes jurídicas em espécie: **4.1.** Legislação; **4.2.** Direito Internacional; **4.3.** Convenções coletivas do Direito do Trabalho; **4.4.** Princípios do Direito; **4.5.** Negócio jurídico; **4.6.** Analogia; **4.7.** Jurisprudência; **4.8.** Costumes, práticas tradicionais e costumes comunitários; **4.9.** Doutrina jurídica; **4.10.** Equidade; **4.11.** Práticas contemporâneas de cidadania; **5.** Hierarquia das fontes jurídicas; **6.** Diálogo das fontes jurídicas; Caso prático.

1. FONTES SOCIAIS DO DIREITO E FONTES JURÍDICAS

A palavra "fonte", na expressão corrente entre juristas "fontes do direito", é utilizada em sentido metafórico (*fons et origo*) para designar o início, a raiz, a origem, o surgimento, de onde brota o Direito. Do ponto de vista histórico, esta metáfora surgida na antiguidade romana,[1] guarda razões específicas a cada contexto, permitindo variadas fundamentações,[2] mas se pode dizer que propriamente uma *teoria das fontes* é uma construção recente, moderna, liberal e estatal, remontando ao século XIX, à fundação da Ciência do Direito e seus métodos modernos. Enquanto *teoria moderna*, o que se busca é conferir unidade, clareza, certeza e segurança, ao processo de uso e aplicação do Direito moderno, e, neste sentido, é fruto de uma concepção histórica de Direito, vinculada à construção do direito europeu, enquanto direito codificado, unificado, estatalizado, positivado, sistematizado, racionalizado. Não por outro motivo, se costuma afirmar que esta construção está estreitamente associada ao paradigma do *monismo das fontes do direito*, que responde à lógica liberal-burguesa.[3] É deste período que provém a classificação da *Teoria tradicional das fontes do direito*, reproduzida por grande parte da doutrina, que costuma

---

[1] O jurista português António dos Santos Justo afirma que a metáfora foi "(...) introduzida quiçá por Cícero e logo a seguir usada por Tito Lívio, foi usada insistentemente a partir do século XVI com vários sentidos..." (Justo, *Introdução ao estudo do direito*, 7. ed., 2015, p. 189).

[2] "Durante alguns séculos, esta ideia de fontes que jorram de uma mãe-d'água comum – fosse ela a Providência Divina, a razão natural, ou o espírito do povo – propiciou a ideia de uma harmonia fundamental entre todas as normas, de modo a que todo o sistema de fontes devesse produzir um ordenamento jurídico harmônico e coerente" (Hespanha, *O caleidoscópio do direito*, 2. ed., 2009, p. 524).

[3] "(...) um paradigma jurídico, marcado pelos princípios do monismo (univocidade), da estatalidade, da racionalidade formal, da certeza e da segurança jurídica" (Wolkmer, *Fundamentos de uma nova cultura no Direito*, 3. ed., 2001, p. 26).

enxergá-las sob dois enfoques, considerando-as como *fontes materiais do direito* (a) e como *fontes formais do direito* (b).

Seguindo-se esta lógica, as *fontes materiais do direito* (a) seriam o conjunto dos *fatores reais* que determinam a remota formação do Direito, enquanto influenciado pela religião, cultura, história, política, violência e costumes sociais.[4] Este campo de análise quer apontar para o fato de que as fontes do direito não são mera expressão de arbítrio, mas que possuem raízes em outros fatores, como aponta o jurista francês Jean-Louis Bergel.[5] Por sua vez, as *fontes formais do direito* (b) seriam as *formas de expressão* do Direito *positivo* reconhecidas como capazes de *exprimir o Direito* para a atividade do jurista, aí se encontrando, por exemplo, a lei, como ato do legislativo, o contrato, como convenção entre as partes, a convenção internacional, como expressão da soberania dos Estados-nação.

Esta distinção é útil didaticamente e largamente reproduzida pelos juristas contemporâneos, mas tem caráter racionalizador e ideológico, pois a própria *Teoria tradicional das fontes do direito* está marcada por certas determinantes epistêmicas, quais sejam: a) funciona como cortina de fumaça, impedindo ao jurista conectar-se às bases sociais da experiência social do Direito, vinculando-se apenas ao estatalismo do Direito;[6] b) opera um recorte cartesiano, liberando a Ciência do Direito para se dedicar exclusivamente às *fontes formais do direito*, ou seja, a uma porção limitada da experiência do Direito; c) neutraliza a reflexão sobre as origens mais complexas do Direito;[7] d) desvia o olhar das fontes de legitimação popular do exercício do poder, passando-se a observar apenas os resultados de processos de formalização do Direito; e) refreia a pesquisa científica e reflexiva sobre a origem complexa, porque axiológica e sociológica, do Direito;[8] f) produz apagamento de outras realidades sociológicas e antropológicas de produção de justiças legítimas, mas não exatamente identificadas

---

[4] "Um sistema de fontes não é fruto do acaso ou do capricho, mas sim consequência de múltiplos factores políticos, sociológicos e ideológicos, e através dele transparece um conjunto de ideias e de factos dominantes na comunidade a que se aplica" (Latorre, *Introdução ao direito*, 2002, p. 68).

[5] "As regras de direito não são arbitrárias e sem causas e procedem de certo número de dados profundos. São os mais diversos princípios morais, religiosos, filosóficos, políticos, sociais, ideológicos, etc. que dirigem e inspiram os direitos positivos..." (Bergel, *Teoria geral do direito*, 2. ed., 2006, p. 53).

[6] "O ordenamento jurídico não provém exclusivamente do Estado. Vários focos sociais ou instituições geram normas jurídicas de sentido geral ou mais particularmente, de sentido específico a grupos ou categorias" (Batalha, *Nova introdução ao direito*, 2000, p. 331).

[7] "Se bem nos recordamos, ainda há pouco dizíamos que os juristas costumavam utilizar a noção de fontes materiais para excluir do discurso jurídico, a dos 'puros factos sociais' (factores sociais) que incidiam sobre o Direito mas não eram contemplados" (Regla, *Teoria geral das fontes do Direito*, 2014, p. 53).

[8] "O elenco das fontes de direito deve ser, nos quadros de uma posição realista quanto ao conceito de direito, extraído da observação das normas admitidas como jurídicas pela nossa jurisprudência, pela nossa prática burocrática, pela nossa doutrina e, finalmente, pelos sentimentos de comunidade acerca do que é direito" (Hespanha, *O caleidoscópio do direito*, 2. ed., 2009, p. 539).

com a hegemonia estatal, liberal e legalista, reduzindo o espectro de compreensão do que se chama de Direito.⁹

Tendo-se em vista estas observações, é que se pode preferir, atualmente, trabalhar esta distinção de outra forma, que altera não apenas a nomenclatura, mas também a vinculação teórica e a matriz conceitual que abastece o paradigma teórico, numa perspectiva que se destaca em direção à teoria pós-positivista,¹⁰ ao pluralismo jurídico e às práticas discursivas do Direito em sociedade, para considerar a distinção entre *fontes sociais do Direito* e *fontes jurídicas*. Assim:

I) Por *fontes sociais do Direito* poder-se-ia compreender o *complexo de fatores relevantes* que advêm dos demais *subsistemas sociais* e da experiência do *mundo da vida*, e que podem *afetar* a *forma* e o *conteúdo* do *fazer-Direito*.¹¹ Em verdade, o Direito nunca se desliga das *fontes sociais*, sendo artificial considerar, de um lado, as *fontes materiais do Direito*, em oposição, de outro, às *fontes formais do Direito*. Por isso, o mérito desta nova forma de compreensão da divisão entre *fontes sociais do Direito* e *fontes jurídicas* é mesmo o de vincar a diferenciação entre o universo sistêmico (*system*) e o universo experiencial (*mundo da vida*), seguindo a concepção de Jürgen Habermas,¹² para então considerar que as demais esferas da vida moderna (Ciência; Economia; Política; Moral; Religião; Cultura) estão em estreita e permanente correlação com a formação do que se chama de Direito, de modo que a retroalimentação do sistema jurídico por *novos elementos constitutivos* do Direito Positivo, é algo de se esperar do funcionamento e renovação do Direito. Assim é que as *fontes sociais do Direito* são, propriamente, o *substrato social e material do Direito como prática social*. Tendo-se por base esta visão, nela se deve valorizar a ideia de *diálogo interssistêmico*, de *irritação recíproca* entre os subsistemas e o *estado permanente de mutação* da ordem jurídica positiva. O esquema a seguir procura apresentar esta relação de conexão entre o Direito e os demais fatores que o determinam desde uma visão externa:

---

9   A advertência acerca da necessidade de revisão da *teoria tradicional das fontes do Direito* é largamente enfatizada por Antônio Carlos Wolkmer: "Este pluralismo legal ampliado e de 'novo tipo' impõe a rediscussão de questões consubstanciais como as 'fontes', os 'fundamentos' e o 'objeto' do Direito" (Wolkmer, *Pluralismo jurídico*, 3. ed., 2001, p. 233).

10 "A superação histórica do jusnaturalismo e o fracasso político do positivismo abriram caminho para um conjunto amplo e ainda inacabado de reflexões acerca do Direito, sua função social e sua interpretação" (Barroso, *Curso de direito constitucional contemporâneo*, 4. ed., 2013, p. 264).

11 Esta concepção segue a classificação que Josep Agiló Regla admite para as teorias de base social para o Direito, em seu *Teoria Geral das Fontes do Direito*: "Neste caso, a questão central consiste em considerar o ordenamento jurídico como um ordenamento social (como uma instituição social). Incluem-se, portanto, nesta perspectiva, todas aquelas correntes de pensamento que, assumindo um determinado ponto de vista externo, concentraram os seus esforços em compreender a base social do Direito" (Regla, *Teoria geral das fontes do Direito*, 2014, p. 33).

12 Cf. Habermas, *Direito e democracia*, I, 2003, p. 145-150.

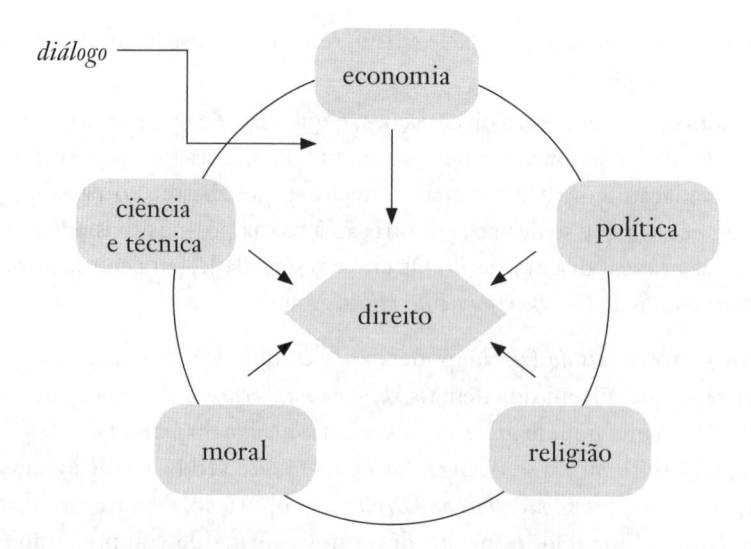

diálogo — economia, ciência e técnica, política, direito, moral, religião

II) Por *fontes jurídicas* poder-se-ia compreender o conjunto das fontes sistêmicas *imediatamente disponíveis* para embasar *decisões técnico-jurídicas, discursivamente sustentadas* e *racionalmente justificáveis*, expressando valores de justiça reconhecidos e validados pelo sistema jurídico-positivo de um Estado-nação. Ou seja, este aspecto da *teoria das fontes do Direito* valoriza o lugar da "entrada sistêmica" de tudo aquilo que pertence à *experiência imediata* do direito positivo [*internalizado pelo discurso sistêmico do direito*] e fortalece o *processo argumentativo* em direção à obtenção de soluções justificadas e fundamentadas a conflitos sociais. Assim, as *fontes jurídicas* formam, propriamente, o conjunto dos *recursos textuais imediatamente disponíveis* para afirmar decisões juridicamente sustentáveis no quadro de um determinado ordenamento jurídico-positivo. É aqui que o Direito Positivo se *revela*, e se faz visível, útil e apreensível,[13] porque aqui, o conjunto de suas anteriores *proto-formas*, se realiza em *forma*, e se põe ao mundo na condição própria do Direito, ou seja, na condição de *texto jurídico plasmado em signos verbais ou não verbais*, e se faz presente e significante dentro de uma trama de relações interssemióticas.

2. TEORIA TRADICIONAL E TEORIA CRÍTICA DAS FONTES DO DIREITO

A *teoria das fontes do direito* é um dos capítulos mais centrais da *Teoria do Direito* como um todo. Exatamente por isso pode ser considerada um dos capítulos mais *sensíveis à mudança*, ademais de ser um dos capítulos mais afetados por quaisquer alterações nas práticas do Direito. Na *inconstância* do Direito, a *constância da compreen-*

---

[13] "Em sentido técnico-jurídico, as fontes do direito são modos de formação e revelação de regras jurídicas" (Ascensão, *Introdução à ciência do Direito*, 3. ed., 2000, p. 242).

Capítulo IX | Teoria das fontes do Direito

são das fontes do Direito, no entanto, não deve manter na inércia a compreensão teórica acerca das alterações que se processam no nível da *práxis* jurídica, que não somente é fruto das transformações do entorno social, mas também uma ativa produtora de mudanças sociais.

Por isso, a posição da *teoria das fontes* é *nevrálgica*, *estratégica* e *convergente* do conjunto das transformações que afetam todos os campos do Direito. Em especial, deve-se ressaltar o quanto a *teoria das fontes do direito* é, enquanto capítulo da *Teoria do Direito*, afetada por mudanças especialmente advindas dos seguintes campos do Direito: do direito romano-germânico,[14] por conta da origem do próprio *civil law*; do Direito Civil, por conta do caráter estruturante da vida civil; do Direito Processual Civil, por conta da questão do acesso à justiça e da praxe litigiosa do foro; da Sociologia Jurídica, por conta da reflexão concreta sobre a eficácia/ineficácia das práticas jurídicas; do Direito Constitucional, em função do impacto da reflexão sobre princípios e regras, e por conta da supremacia da Constituição por sobre todas as demais fontes positivas do sistema jurídico; do Direito Internacional, por conta do cosmopolitismo em movimento global e pelo desenvolvimento do direito comunitário.[15]

O que mais de perto registra o caráter de *marcha-em-movimento* da *teoria das fontes do Direito*, nas últimas quatro décadas, são as transformações que devem voltar a compatibilizar *teoria* e *prática* do Direito, na medida em que, no meio deste caminho, percebeu-se forte desconexão e falta de paralelismo entre uma dimensão e outra, estando o discurso teórico do Direito descompassado da *práxis* do Direito,[16] especialmente considerada a situação de *práticas novas* e de um *pluralismo jurídico* contemporâneo, que devem ser melhor avaliadas no âmbito de sua recepção na *Teoria do Direito*.[17] E, neste período, de intensas transformações, pode-se perceber que: a) a

---

[14] Desde a origem memorial dos romanos: "Los romanos fueron los primeiros en sintetizar las fuentes de su próprio derecho y decían que este consta en las leyes, los plebiscitos, los senadoconsultos, los edictos de los magistrados, las constituciones de los príncipes y la jurisprudencia" (Perelló, *Teoría y fuentes del Derecho*, 2016, p. 50).

[15] Esta preocupação está estampada na opinião de Mireille Delmas-Marty: "Mas não se pode esquecer que a paisagem mudou. Com a multiplicação das fontes do direito e a diversificação delas, marcada pelo aparecimento de fontes não estatais (notadamente, mas não exclusivamente, internacionais), extralegislativas e variáveis no tempo, a mudança, a um só tempo quantitativa e qualitativa, impõe uma renovação completa dos métodos legislativos. Pois a grande novidade é a inter-relação entre textos e contextos ou, mais amplamente, entre os diversos conjuntos normativos que funcionam simultaneamente" (Delmas-Marty, *Por um direito comum*, 2004, p. 215-216).

[16] A respeito, *vide* Ribeiro, Braga, A teoria das fontes do direito revisitada: uma reflexão a partir do paradigma do Estado Democrático de Direito, *in Anais do CONPEDI*, 2008, p. 3862-3878.

[17] Aqui, se segue de perto a percepção deste pluralismo: "A produção legal alternativa emerge de novas e diversificadas formas cotidianas consensuais de se fazerem negociações ou acordos individuais e coletivos; arranjos sócio-políticos de agregação de interesses; convenções coletivas de trabalho, consumo e uso social; regulação de interesses pela ação dos grandes grupos plurais de pressão; efetivação de processos legislativos via iniciativa, plebiscito, *referendum* popular, tribunais e audiências públicas; disposições deliberadas democraticamente por comitês comunitários, juntas executivas e conselhos distritais, etc." (Wolkmer, *Pluralismo jurídico*, 3. ed., 2001, p. 315).

Teoria tradicional das fontes do Direito sofreu franca erosão,[18] em função da crise do paradigma legalista-positivista, causando um estado de desbussolamento no Direito; b) a *Teoria tradicional das fontes do Direito* passa a ter de se modernizar, para acompanhar o ritmo das transformações do próprio Direito;[19] c) a *Teoria tradicional das fontes do Direito* tenha de se abrir ao diálogo interdisciplinar, para integrar as conquistas das demais Ciências Sociais, das Ciências Normativas do Direito, e, também, do próprio estado da arte da *Teoria contemporânea do Direito*.[20]

É verdade que, neste curto, mas intenso período de tempo, não se pode desprezar vários fatores de transformação da cultura do Direito, quais sejam: a) o impacto do pós-positivismo no Direito Constitucional; b) o impacto do cosmopolitismo no Direito Internacional; c) o impacto do pluralismo e da teoria do reconhecimento na Filosofia do Direito; d) o impacto das novas práticas de justiça; e) o impacto na tecnologia sobre os métodos e as formas de pesquisa sobre as fontes jurídicas. Em verdade, o estado da arte da *teoria das fontes* é bastante sensível, complexo e delicado, na medida em que se combinam, atualmente, na atmosfera de trabalho dos juristas, o excesso de informação dispersa com o pluralismo difuso de fontes, gerando-se assim um *estado-de-incertezas*, ou ainda, um cenário de *crise da teoria das fontes*,[21] o que, evidentemente, também irá afetar o campo da aplicação do Direito. Não por outro motivo, o que tem acompanhado o aplicador do sistema jurídico é angústia, incerteza e insegurança.

De fato, seguindo de perto o que a este respeito afirma Mireille Delmas-Marty, se constata que o cenário de reflexão sobre as fontes do Direito é de *desestatização, desestabilização* e de *deslegalização*.[22] Não por outro motivo, os juristas de variadas tradições, a exemplo do jurista português António Manuel Hespanha, irão constatar a emergência de um *pluralismo normativo* no interior da *teoria das fontes do Direito*.[23]

---

[18] A constatação é precisamente observada e destacada neste trecho: "Atualmente, essa tradicional classificação das fontes do direito está defasada, seja porque diversos outros institutos podem ser considerados fontes do direito, tal como as súmulas vinculantes, medidas provisórias e precedentes judiciais, seja porque a distinção entre imediata e mediata não faz mais sentido, haja vista que a própria jurisprudência tem sido cada vez mais dotada de efeito vinculante com o intuito de assegurar a sua efetividade (...) A referida teoria tradicional das fontes do direito está alicerçada no paradigma positivista que alçava a legislação como a fonte praticamente exclusiva do direito" (Abboud, Carnio, Oliveira, *Introdução à teoria e à filosofia do direito*, 3. ed., 2015, p. 262).

[19] "Uma dispersão que se pode, parece, atribuir a um fenômeno tríplice: de retirada de marcos, de surgimento de fontes novas que acabariam relegando o Estado e a lei à categoria de acessórios e de deslocamento das linhas que modificam o plano de composição" (Delmas-Marty, *Por um direito comum*, 2004, p. 04).

[20] A este respeito, consulte-se Abboud, Carnio, Oliveira, *Introdução à teoria e à filosofia do direito*, 3. ed., 2015.

[21] "Juristas afirmam que o direito atravessa uma gravíssima crise porque não consegue cumprir suas promessas; torna-se caótico, inflacionário, ultrapassado, ineficaz e, frequentemente injusto" (Dimoulis, *Manual de introdução ao estudo do direito*, 6. ed., 2014, p. 261).

[22] "Uma paisagem revolucionada em que as regras de direito parecem surgir de todo lado, a todo momento e em todos os sentidos: relatividade espacial, temporal e conceptual que embaralha todos os pontos de referência habituais, deixando ver um espaço normativo 'desestatizado', um tempo 'desestabilizado' e uma ordem 'deslegalizada'" (Delmas-Marty, *Por um direito comum*, 2004, p. 46).

[23] "O pluralismo normativo é, assim, um facto, antes mesmo de ser ou um ideal ou um perigo; qualquer que seja o modo como avaliemos os seus custos ou benefícios, ele está aí" (Hespanha, *O caleidoscópio do direito*, 2. ed., 2004, p. 524).

Capítulo IX | Teoria das fontes do Direito

Por isso, a *Teoria Crítica do Direito*, na fronteira da renovação da própria *Teoria do Direito*, trabalha a *teoria das fontes do Direito* como uma teoria: a) para a realidade e os desafios operatórios e discursivos concretos; b) democrática, pluralista e voltada à efetividade da justiça; c) que seja capaz de absorver as fontes do Estado Democrático e Social do Direito; d) conectada à teoria da democracia deliberativa; e) expressiva das fontes de cidadania e reconhecimento do poder social, legítimo, transformador e democrático; f) aberta às dimensões do público e do privado; g) voltada aos princípios e à garantia da efetividade dos direitos fundamentais da pessoa humana; h) que seja capaz de valorizar as formas amigáveis, consensuadas, mediadas e conciliatórias de resolução de conflitos; i) pluralista das fontes do direito; j) que seja capaz de valorizar o diálogo entre fontes do direito para a definição de seu enquadramento e resolução de conflitos internormativos.

Assim compreendida, a *Teoria Crítica*, no capítulo da *teoria das fontes do Direito*, se abre como uma *teoria democrática e pluralista das fontes do Direito*, para com considerar os dois (2) eixos de compreensão desta dimensão, quais sejam:

1) *o pluralismo das fontes do Direito*: pluralismo da manifestação das fontes, das práticas, das manifestações sociais e, por consequência, das *formas de expressão do direito* (pluralidade fenomênica);

2) *a unidade das fontes do Direito*:

   2.1) *a unidade teórica*, enquanto unidade de cognição teórica da multifária expressão das fontes do Direito;

   2.2) *a unidade institucional*, enquanto unidade de reconhecimento do valor das fontes como não conflitantes com a ordem constitucional por autoridades estatais;

   2.3) *a unidade hermenêutica*, enquanto unidade de aplicação e interpretação do Direito, considerado o filtro dos órgãos aplicadores do Direito.[24]

Será com este *olhar* que se deverá observar o rol das fontes do Direito, e partir, capítulos adiante, para o estudo individualizado e pormenorizado de cada fonte do direito, em específico.

3. FONTES JURÍDICAS E PODER DE VINCULAÇÃO

A *Teoria tradicional do Direito*, enquanto teoria moderna, se manteve atrelada à visão estatalista e positivista, que avalia por fontes do Direito apenas a fonte que pos-

---

[24] Na esteira das lições de António Manuel Hespanha: "A unidade da constelação das fontes provirá, portanto, do facto de que todas elas, qualquer que seja a sua origem e os sentidos que possam ter em outras ordens jurídicas, dentro de uma certa ordem jurídica têm que se moldar aos princípios constitucionais dessa ordem, cujo caráter estritamente é tido em conta pela norma de reconhecimento; ou seja, que tem que se incorporar numa ordem jurídica determinada, com a estrutura e hierarquia que é testemunhada pela norma de reconhecimento" (Hespanha, *O caleidoscópio do direito*, 2. ed., 2009, p. 537).

sui *poder de vinculação*. E, nisso, segue-se outra dimensão de questões de importante relevo de ser analisada, antes mesmo que se proceda à compreensão das fontes em específico. Segundo esta avaliação tradicional, por exemplo, se costuma dizer que a *lei* e o *negócio jurídico* são fontes do Direito, ou seja, são fontes imediatas e diretas do Direito, e, ao contrário, que a *doutrina* e a *jurisprudência* não são fontes do Direito, enquanto fontes imediatas e diretas, cabendo-lhes, portanto, uma compreensão de que são fontes mediatas ou indiretas. À parte da consideração de que esta diferenciação se encontra defasada,[25] é importante, neste ponto, o esforço de libertar a *teoria das fontes do Direito* do vício de sua *estatalidade*, conferindo-se maior crédito à experiência discursiva do Direito como um todo, enquanto prática social. Desta forma é que a presença ou não do *poder de vinculação* deixa de ser um critério forte para a declaração de que uma fonte *é* ou *não é* uma *fonte do Direito*.

Esta postura passa a possibilitar uma avaliação mais detida e centrada na *prática-textual-do-Direito*, tendo-se presente que o Direito é uma prática de discurso, especialmente considerado o momento do uso e da aplicação dos direitos na prática, considerando-se: a) os critérios de uso discursivo de cada fonte do Direito; b) os recursos discursivos à disposição dos atores jurídicos; c) a força elocutiva, o juízo de oportunidade, o bom senso e a autoridade retórica para "fazer valer" um argumento centrado no uso de uma ou outra fonte do Direito. Deslocando-se o olhar da autorização prévia do legislador para que a fonte estatal pudesse declarar esta ou aquela como sendo uma fonte do Direito, as fontes do Direito podem ser entendidas, agora, mais como *recursos à disposição* dos atores jurídicos para resolver *problemas* de *aplicação*, *interpretação* e *uso* do Direito, a partir de estímulos concretos, desafiados por situações agulhadas pela realidade social.

Com estas considerações, deixa-se de, pelos caminhos abertos pela metáfora das "fontes do Direito" de se buscar chegar à "essência" ou à "origem" dos direitos, para enfatizar a pesquisa sobre quais são os *recursos plurais, textuais e discursivos* à disposição dos atores jurídicos para solucionar conflitos sociais, acompanhando-se uma tendência teórica que ocupa a *Teoria do Direito*, e, também, a *Lógica Jurídica*, desde a metade do século passado.[26]

4. FONTES JURÍDICAS EM ESPÉCIE

A seguir o rumo da *Teoria tradicional do Direito*, toda a *cultura moderna, legalista e positivista* levará o jurista a dirigir o seu *olhar* para a *fonte-lei*, esta que passa a se sobrepor a todas as demais fontes do Direito. Não por outro motivo, as concepções mais conhecidas sobre o conceito de Direito, como a de Hans Kelsen, chegará ao ponto de identificar *Direito* e *Lei (norma jurídica)*. Apesar do Direito não se reduzir à sua legislação, o *princípio da legalidade* ("Ninguém será obrigado a fazer ou a deixar de

---

[25] Cf. Abboud, Carnio, Oliveira, *Introdução à teoria e à filosofia do direito*, 3. ed., 2015, p. 260 e seguintes.
[26] A este respeito, consulte-se Ferraz Junior, *Introdução ao estudo do direito*: técnica, decisão, dominação, 6. ed., 2010.

fazer alguma coisa senão em virtude de lei"; art. 5º, inc. II, CF/88) centraliza o *olhar* do jurista e, por isso, é importante tê-lo presente na formulação de qualquer raciocínio jurídico. Pode-se até mesmo dizer que o *princípio da legalidade* é uma bússola que regula o *modus* de atuação do Estado Democrático de Direito.

Mas o Direito é uma experiência muito mais multifária, plural e complexa do que a mais tradicional visão legalista costuma identificar. Tendo-se presente a Lei de Introdução às Normas do Direito Brasileiro (Decreto-Lei n. 4.657, de 4 de setembro de 1942, com redação dada pela Lei n. 12.376/2010), que traça e reconhece normativamente o lugar de outras "fontes do Direito", para além da *lei*, e, em seu art. 4º ("Quando a lei for omissa, o juiz decidirá o caso de acordo com a analogia, os costumes e os princípios gerais do direito"), afirma o lugar da analogia, dos costumes e dos princípios gerais do direito, pode-se aí identificar o movimento do legislador de reconhecer que a *lei* não basta para a boa aplicação do Direito. Somente isto já aponta que o rol das fontes é muito mais vasto e amplo, fazendo do Direito um fenômeno complexo e dinâmico, cuja coordenação de fatores não é simples. E isso se deve ao fato de que os casos práticos, os conflitos sociais e as transformações da sociedade reclamam inúmeras outras fontes jurídicas para operar, tais quais: legislação; direito internacional; convenções coletivas do direito do trabalho; princípios; negócio jurídico; analogia; jurisprudência; costumes; doutrina jurídica; equidade; práticas contemporâneas de cidadania. Esse será o rol que se haverá de estudar, de forma particularizada, a partir de agora, levando-se em conta que a organização do rol das fontes costuma seguir uma *escala relativa*, que vai das fontes mais objetivas e gerais em direção às fontes mais subjetivas e particulares.

4.1. Legislação

4.1.a. Conceito: A palavra "legislação" (ou, ainda, "lei") aponta, dentre as demais fontes do Direito, para uma fonte estatal, vinculativa, geral, principal e nacional. A legislação abarca um núcleo muito variado de regras jurídicas, e, seguindo-se a advertência de Robert Alexy,[27] não há melhor forma de abordá-la senão apresentando seus múltiplos sentidos. A palavra "legislação" pode ser empregada em *sentido amplo* (1), ou ainda, em *sentido filosófico* (2), em *sentido sociológico* (3), em sentido antropológico (4), em *sentido educativo* (5), e, por fim, em *sentido técnico-jurídico* (6).

1) Legislação em sentido amplo: empregada para designar *padrões, regras, convenções, exigências* (exs.: "as leis físicas"; "as leis da vida"; "as leis da academia"; "as leis da sobrevivência"; "as leis gramaticais");[28]

---

[27] "Tal palavra tanto quanto outras a ela relacionadas (...) são de uso corrente, não só na linguagem coloquial como também em outras ciências, como na Sociologia, na Etnologia, na Filosofia Moral e na Linguística" (Alexy, *Teoria dos direitos fundamentais*, 2008, p. 51).

[28] "São várias as acepções ou sentidos com que podemos entender a palavra lei. No seu significado mais amplo, é o conjunto de princípios que regem todos os seres. Porém, afastado este entendimento que compreende leis físicas e normativas e limitando-nos ao campo do direito, importa mesmo aqui, distinguir várias acepções: a lei como sinónimo do direito; a lei como um

2) Legislação em sentido filosófico: a lei é convenção humana, que regula expectativas comunicativas de modo antecipado, visando a regulamentação social e a parametrização de relações humanas (exs.: o conceito de lei em Rousseau; o conceito de lei em Kant; o conceito de lei em Habermas);

3) Legislação em sentido sociológico: a legislação é vista como um campo de disputas, sabendo-se que as forças sociais requerem o conteúdo de regras jurídicas, com vistas a alcançar a vinculatividade e a generalidade que os preceitos legais costumam oferecer (exs.: a disputa pela regulamentação de temas moralmente controversos; a oposição de grupos sociais em torno de determinadas bandeiras conceituais e políticas, na regulamentação de matérias alvo de interesses em disputa);

4) Legislação em sentido antropológico: a legislação assume significados e usos culturais e sociais, servindo de *código de poder* nas relações sociais, considerando o perfil dos arranjos sociológicos que sustentam a *pessoalidade* ou a *impessoabilidade* dos nexos sociais (exs.: "aos amigos tudo, aos inimigos a lei!"; a lei como encobrimento de estruturas sociais hierarquizadas que, na prática, operam por códigos de pessoalidade e não de individualidade);[29]

5) Legislação em sentido educativo: a lei fornece elementos para uma pedagogia da ação social e do convívio cidadão. O caráter educativo da legislação se destaca como uma forma de atuação do poder do Estado, visando a trazer orientação coletiva à ação humana e à imitação de condutas sociais, através de estímulos positivos e negativos, para favorecer a vida em sociedade (exs.: a lei como estímulo a modos de vida comunitários; a lei como desestímulo a condutas antissociais; a lei como fomento à virtude e como punição aos vícios);

6) Legislação em sentido técnico-jurídico: designa a regra jurídica,[30] em forma de *norma estatal* de determinado ordenamento jurídico-positivo que veicula conteúdos definidores de direito e deveres. Este uso do termo é o mais aproximado do universo das práticas do Direito, e designa os *atos normativos*, em suas várias modalidades (leis, decretos-leis, portarias, circulares),[31] pelos quais se regula-

---

dos modos de formação das normas jurídicas; e a lei como diploma emanado da Assembleia da República por oposição aos decretos-leis do governo" (Justo, *Introdução ao estudo do direito*, 7. ed., 2015, p. 192-193).

[29] "Legislar, assim, é mais básico do que fazer cumprir a lei. Mas, vejam o dilema, é precisamente porque confiamos tanto na força fria da lei como instrumento de mudança do mundo que, dialeticamente, inventamos tantas leis e as tornamos inoperantes. Sendo assim, o sistema de relações pessoais que as regras pretendem enfraquecer ou destruir fica cada vez mais forte e vigoroso, de modo que temos, de fato, um sistema alimentando o outro" (Da Matta, *Carnavais, malandros e heróis*: para uma sociologia do dilema brasileiro, 6. ed., 1997, p. 238).

[30] "Já as regras consistem em normas preliminarmente decisivas e abarcantes, na medida em que, a despeito da pretensão de abranger todos os aspectos relevantes para a tomada de decisão, têm a aspiração de gerar uma solução específica para o conflito entre razões" (Ávila, *Teoria dos princípios*, 16. ed., 2015, p. 100).

[31] Sobre este sentido técnico: "Num sentido amplo, pode dizer-se que lei é toda norma formalmente prescrita por um órgão estadual com poderes normativos (v.g., decreto-lei, decreto

menta a vida social a partir do Estado, sendo as regras constitucionais ou infraconstitucionais.

4.1.b. Histórico: a legislação, do ponto de vista histórico, desde as civilizações arcaicas, surgiu como forma de grafismo dos costumes, e, com a evolução da escrita, foi se transformando na principal fonte do Direito, em função da estabilidade da escrita (*verba volant, scripta manent*). De modo mais recente, desde o século XVIII,[32] com a positivação do direito europeu continental, veio se consolidando como *lei objetiva, racional e republicana*, se tornando a *fonte do direito estatal*, por excelência. Por isso, a partir do direito moderno, a legislação se tornou a principal fonte do Direito. Sabe-se, no entanto, que os processos de modernização implicam transformações da economia, da técnica, das ciências, dos saberes práticos, e das tendências sociais hegemônicas, que desestabilizam qualquer possibilidade de permanência e, por isso, *destradicionalizam* tudo. Com a legislação não haveria de ser diferente, pois esta é reflexo das condições sociais modernas, de forma que: a legislação moderna muda o tempo todo; o movimento interno da legislação obedece a um estado de insegurança e ignorância permanente sobre os direitos, considerando-se os fluxos de *regulação, des-regulação* e *re-regulação* que atendem aos fluxos de mudanças sociais.

4.1.c. Características: A legislação se afirma por seu caráter de *regra jurídica*,[33] por isso, compartilha com os princípios o conceito mais amplo de norma jurídica, sendo seus atributos – grife-se que estes atributos serão estudados mais adiante – a validade, a vigência, a eficácia, a legitimidade e a justiça. A legislação oferece segurança jurídica para a sociedade, parâmetros para a aferição de condutas pelas instituições, racionalidade e definição de formas de convívio legítimas, critérios de justiça específicos, de forma a regular papéis, expectativas, direitos e deveres. Não é por outro motivo que a legislação, modernamente, monopoliza o conjunto das fontes do Direito. Sua importância social não pode ser menosprezada, como é tendência hodierna,[34] e nem diminuída, na medida de seu próprio valor histórico. A legislação deve ser pensada por sua existência (claro), mas também por sua ausência (escuro), para que se perceba que sociedades modernas sem legislação viveriam: insegurança; incerteza; medo; desentendimento; desorientação; falta de parâmetros; anarquismo relacional; abismo da anomia. Por isso, a legislação não é todo o Direito, mas é sem dúvida nenhuma, uma parte muito importante do Direito.[35] Um passo adiante, e

---

regulamentar, portaria, etc.)" (Costa, *Da lei*, in *Instituições de Direito* (Cunha, Paulo Ferreira da, org.), Coimbra, Almedina, 1998, p. 383).

[32] "Desde o início do séc. XIX que a lei constitui a principal fonte de direito nos Estados ocidentais" (Hespanha, *O caleidoscópio do direito*, 2. ed., 2009, p. 581).

[33] "Já as regras são normas que são sempre ou satisfeitas ou não satisfeitas" (Robert Alexy, *Teoria dos direitos fundamentais*, 2008, p. 91).

[34] Humberto Ávila problematiza com exatidão esta questão, e aponta: "Ao contrário do que a actual exaltação dos princípios poderia fazer pensar, as regras não são normas de segunda categoria" (Ávila, *Teoria dos princípios*, 16. ed., 2015, p. 141).

[35] "Em suma, a conclusão é que a lei não é o teto para as interpretações jurídicas, mas o seu peso mínimo" (Tartuce, *Direito civil*: lei de introdução e parte geral, 12. ed., 2016, p. 06).

torna-se também importante pensar a legislação em suas diversas correlações, na medida em que não apenas "habita" o ambiente sistêmico do Direito, mas também "habita" outros espaços da vida social, de modo a aparecer concreta e realisticamente, inserida em outras dimensões ("lei-rua"; "lei-cidade"; "lei-territórios"; "lei-cidadania"; "lei-justiça"; "lei-democracia"; "lei-violência"), de forma a que, deste modo, se possa evitar a visão abstrata, *de-situada*, distante, genérica e ideológica da legislação.

4.1.d. Massificação legislativa: A legislação vem se avolumando, de forma a dar nascimento a um processo moderno de *massificação da legislação*. Assim, a legislação forma *malhas-de-textos-legais*, que dão origem a *redes-de-sentido-textuais*, que criam enormes dificuldades no momento da aplicação concreta do Direito, tendo-se em vista a dúvida sobre a norma aplicável à situação fática *sub judice*. Eis o fenômeno da profileração legislativa ou da inflação legislativa, do qual decorre a *poluição-sistêmico-normativa*, um dos maiores fatores de complexificação da aplicação do Direito nos sistemas jurídicos contemporâneos.

4.1.e. Veículos da legislação: É em face da massificação da legislação que se manifesta a importância dos códigos (1), consolidações (2), compilações (3) e da informática jurídica (4).

1) **Códigos**: Os Códigos correspondem a um conjunto de dispositivos normativos postos por lei que disciplinam de modo sistemático uma matéria (ex.: Lei n. 10.406, de 10 de janeiro de 2002, que institui o Código Civil). Apesar de se conhecer o termo *códex* desde os romanos, os códigos modernos surgiram no século XVIII, em transição para o século XIX, simbolizando uma forma de unificação do direito estatal, tendo-se no Código Civil francês de 1804, o *Code Napoléon*, e, no Brasil, o Código Civil de 1916, o *Código Clóvis Beviláqua*, seus grandes representantes. A codificação é, enquanto fenômeno moderno, um esforço de segurança e unificação, em face da dispersão e da fragmentação dos costumes medievais;[36]

2) **Consolidações:** As consolidações, por sua vez, diferem dos Códigos, pois não instituem um direito inovador, mas agregam regras preexistentes, conformando-as por meio de um único documento-instituidor (ex.: Decreto-Lei n. 5.452, de 1º de maio de 1943, que institui a Consolidação das Leis do Trabalho), de forma a organizar a matéria;

3) **Compilações:** As compilações são coletâneas de legislação, com fins práticos e didáticos, auxiliando na difusão e no acesso à legislação vigente. Trata-se de um recurso útil, sejas das Casas Legislativas, seja de Editoras, visando a disseminar informação segura sobre o direito vigente, ante a massificação, profusão, dispersão e mutação da legislação;

4) **Informática jurídica:** Em face do desenvolvimento da tecnologia da informação, tornou-se muito mais fácil, rápido, barato, acessível e democrático o acesso

---

[36] Sobre as causas da codificação moderna, *vide* Justo, *Introdução ao estudo do direito*, 7. ed., 2015, p. 274.

Capítulo IX | Teoria das fontes do Direito

à legislação, pelos meios tecnológicos e virtuais disponíveis (*site* da Imprensa Oficial; *CD-Rom* com coletâneas de legislação; *sites* de consulta a jurisprudência dos Tribunais; plataformas de disponibilização de conteúdos jurídicos). O apoio da tecnologia da informação e, também, da inteligência artificial (IA) à disseminação do acesso à legislação apenas favorece a transparência, a cidadania e a pesquisa jurídica.

4.1.f. Destinatários: A legislação, afora aquela própria dos direitos humanos, não lida com a integralidade da pessoa humana, e não tem como alvo o homem-pessoa. Por via de regra, os destinatários da legislação são os *papéis-sociais-dos-atores-sociais*, obviamente sempre respeitada a incidência dos direitos fundamentais em relações públicas e privadas. Por isso, os destinatários da legislação são: (a) *destinatários gerais*, ou seja, todas as pessoas, na medida em que a legislação é de interesse geral e concerne ao interesse público geral a ciência de seus conteúdos e dispositivos; (b) *destinatários técnicos*, ou seja, os aplicadores do Direito, em geral, servidores públicos municipais, estaduais e federais, a quem incumbe dar executividade e aplicação aos dispositivos contidos na legislação; (c) *destinatários específicos*, aqueles que são os atores sociais imediatamente afetados pela incidência das regras jurídicas na vida social, ou seja, a pessoa investida de um papel social em específico, quais sejam: a pessoa-contribuinte (Lei n. 5.172, de 25-10-1966, Código Tributário Nacional); a pessoa-autor/a (Lei n. 9.610, de 19-2-1998, Lei de Direito de Autor); a pessoa-consumidor/a: Lei n. 8078, de 11-9-1990, Código de Defesa do Consumidor); a pessoa-trabalhador/a (Decreto-Lei n. 5.952, de 1º-5-1943, Consolidação das Leis do Trabalho); a pessoa-estudante (Lei n. 9.394, de 20-12-1996, Lei de Diretrizes e Bases da Educação); a pessoa-empresário/a (Lei n. 10.303, de 31-10-2001, Lei das Sociedades Anônimas); a pessoa-pai/mãe (tutor/a) (Lei n. 10.406, de 10-1-2002, Código Civil); a pessoa-usuário/a da *internet* (Lei n. 12.965, de 23-4-2014, Marco Civil da Internet); a pessoa-eleitor/a (Lei n. 4.737, de 15-7-1965, Código Eleitoral); a pessoa-torcedor/a (Lei n. 10.671, de 15-5-2003, Estatuto do Torcedor); a pessoa-motorista (Lei n. 9.503, de 23-9-1997, Código de Trânsito Brasileiro).

4.1.g. Modalidades: Há muitas modalidades de leis, com várias funções dentro do ordenamento jurídico, respondendo a competências, validações e finalidades específicas. Aqui se tem uma pluralidade de *formas de revestimento* dos atos normativos, desde a Constituição, ato normativo originário e central, até Portarias e Circulares, que dão estrutura formal a conteúdos normativos. A legislação costuma, assim, ser subdivida em leis primárias (Constituição; Emendas à Constituição; Tratados de Direito Internacional dos Direitos Humanos; Lei Complementar; Lei Ordinária; Lei Delegada; Medidas Provisórias; Decreto Legislativo; Resoluções do Senado) e leis secundárias (Decretos Regulamentares; Instruções Ministeriais; Circulares; Portarias; Ordens de Serviço), considerando-se que estas últimas pressupõem a existência de norma anterior (lei primária), a partir da qual partem para garantir sua executividade e implementação regulatória.

4.2. Direito Internacional

4.2.a. Conceito: O Direito Internacional é fonte explícita do Direito, e tem a ver com as relações internacionais enquanto relações de Estado, entidades e pessoas, num mundo globalizado, interconectado e interdependente.[37] As várias fontes do Direito Internacional se expressam como fontes estatais ou não estatais, vinculativas ou não vinculativas, gerais, principais/acessórias e internacionais.

4.2.b. História: A integração global implica a tendência à integração também do Direito. Não por outro motivo, o Direito Comunitário, em experiências como da União Europeia,[38] avança para ampliar em importância a predominância do Direito internacional sobre o Direito interno, especialmente considerando: a integração dos mercados; a relativização da soberania no pós-1945; a predominância universal da Declaração Universal dos Direitos Humanos (1948); o processo de internacionalização dos direitos humanos; a criação e o fortalecimento dos sistemas regionais de direitos.

4.2.c. Fundamento: O fundamento normativo da vigência do Direito Internacional está dado pelo texto do art. 4º da CF/88 ("A República Federativa do Brasil rege-se nas suas relações internacionais pelos seguintes princípios: incisos I a X").[39]

4.2.d. Tratados de direitos humanos: Os Tratados de Direitos Humanos tinham nível hierárquico de *lei ordinária*, mas sua incorporação ao direito interno, atualmente, se dá em nível de emenda constitucional,[40] nos moldes do § 3º, art. 5º da CF/88, conforme redação dada pela Emenda Constitucional n. 45/2004 ("Os tratados e convenções internacionais sobre direitos humanos que forem aprovados, em cada Casa do Congresso Nacional, em 2 turnos, por 3/5 dos votos dos respectivos membros, serão equivalentes às emendas constitucionais"). A proposta aqui é a de fortalecer o compromisso e o cumprimento do Direito internacional dos direitos humanos, de forma a conectar o ordenamento jurídico brasileiro às exigências universais nesta matéria.[41] Em matéria tributária, igualmente, o tratamento é diversificado, e a hierarquia é de legislação especial.[42]

4.2.e. Hierarquia: O quadro das fontes do Direito Internacional é mais ofuscado e complexo do que o quadro das fontes do Direito interno. No Direito interno,

---

[37] Cf. Rezek, *Direito internacional público*, 15. ed., 2014, p. 10 e seguintes.
[38] "O direito europeu aplica-se nos vinte e sete países que constituem a União Europeia, ainda que haja algumas especificidades, nomeadamente quanto a regras relativas à união monetária que, em parte, só se aplicam nos países que adoptaram o euro. A fiscalização do direito europeu, sem prejuízo da competência interna de cada Estado membro, cabe aos órgãos da União Europeia, com destaque para o Tribunal de Justiça" (Martinez, *Introdução ao Estudo do Direito*, 2021, p. 410).
[39] Rezek, *Direito internacional público*, 15. ed., 2014, p. 30.
[40] "Os tratados e convenções internacionais de direitos humanos são equivalentes às emendas constitucionais..." (Carvalho, *Técnica legislativa*, 6. ed., 2014, p. 225).
[41] Desde a decisão do Supremo Tribunal Federal (RE – Recurso Extraordinário n. 466.343/2008), reconhece-se a supralegalidade dos tratados internacionais de direitos humanos. A respeito, consulte-se Maués, Supralegalidade dos tratados internacionais de Direitos Humanos e interpretação constitucional, *In SUR*, v. 10, número 18, jun.2013, p. 215-235.
[42] "Se o tratado envolver matéria tributária, dispõe o art. 98 do Código Tributário Nacional que tem ele força de lei especial e, por isso, prevalece sobre a lei ordinária que lhe é antecedente e não é regrado pela lei geral posterior" (Carvalho, *Técnica legislativa*, 6. ed. 2014, p. 246).

a hierarquia das fontes, a competência dos órgãos, as funções do poder estão mais esclarecidas, sistematizadas e assentadas. No Direito Internacional, esbarra-se nas questões da autonomia soberana dos Estados, no desenvolvimento mais recente do Direito Internacional, na falta de hierarquia, na ausência de organismos e instituições que lhe confiram efetividade. Atualmente, as fontes do Direito Internacional se relacionam não somente aos Estados-nação, mas também a pessoas, a entidades (ex.: Santa Sé), a organizações internacionais (ex.: ONU, OEA), e a ONG's. É importante destacar que o principal objetivo da ONU é o de sistematizar um Direito internacional forte e consensuado, visando a evitar a impunidade nas relações internacionais, estabilizar a paz permanente entre os povos, consolidar direitos e deveres, promovendo o respeito à dignidade humana, criando práticas, protocolos e procedimentos internacionais. Mas, esta sistematização é um desafio, que esbarra em duas dificuldades: a falta de clareza na hierarquia das fontes; o risco de extrema fragmentação das fontes; a falta de coercitividade e o risco de guerra.

4.2.f. Modalidades: O art. 38 do *Estatuto da Corte Internacional de Justiça* (ONU, 24-10-1945), menciona como fontes do Direito internacional os Tratados internacionais, os costumes internacionais, os princípios gerais, a jurisprudência, a doutrina e a equidade ("A Corte, cuja função é decidir de acordo com o direito internacional as controvérsias que lhe forem submetidas, aplicará: a. as convenções internacionais, quer gerais, quer especiais, que estabeleçam regras expressamente reconhecidas pelos Estados litigantes; b. o costume internacional, como prova de uma prática geral aceita como sendo o direito; c. os princípios gerais de direito, reconhecidos pelas nações civilizadas; d. sob ressalva da disposição do artigo 59, as decisões judiciárias e a doutrina dos juristas mais qualificados das diferentes nações, como meio auxiliar para a determinação das regras de direito. A presente disposição não prejudicará a faculdade da Corte de decidir uma questão *ex aequo et bono*, se as partes com isto concordarem"). Dessas fontes, os tratados internacionais, os costumes internacionais e os princípios gerais são, geralmente, considerados fontes principais. Por sua vez, a jurisprudência e a doutrina são tratadas como meios auxiliares, e a equidade fica condicionada à aceitação das partes envolvidas. Ainda, a doutrina procura considerar de modo adicional a este rol os atos unilaterais, as decisões das organizações internacionais, a analogia. O importante a considerar é que o rol do art. 38 não hierarquiza as fontes entre si, não contempla todas as modalidades de fontes, mas organiza a forma como se tem entendido o papel das fontes.[43]

4.2.g. Modalidades em Espécie: A seguir serão sumariamente descritas as fontes do Direito Internacional, na seguinte ordem: Tratados internacionais (1); costumes internacionais (2); princípios gerais de direito (3); jurisprudência (4); doutrina (5); equidade (6); atos unilaterais (7); decisões das organizações internacionais (8); analogia (9).

---

[43] Cf. Rezek, *Direito internacional público*, 15. ed., 2014, p. 30.

1) **tratados internacionais:** Os Tratados internacionais são acordos formais,[44] escritos entre Estados, e correspondem à fonte mais importante da praxe internacional, por oferecerem objetividade e segurança, criando direitos e deveres. Suas formas mais usuais são o pacto, a convenção, o protocolo, a carta. Para que adquiram validade, no Direito interno de cada Estado-nação, carecem normalmente de ratificação do ato pelo Legislativo;

2) **costumes internacionais:** Os costumes internacionais foram a principal fonte do direito internacional até o século XIX. Os costumes correspondem a práticas, usuais e habituais, comumente aceitas entre Estados-nação. Os elementos que caracterizam os costumes são: a) objetivo: prática reiterada no tempo; b) subjetivo: convicção de sua vinculatividade, utilidade e correção. Aquele que invoca costumes internacionais, deve prová-lo, utilizando-se de documentos oficiais, discursos diplomáticos, praxe comercial, preâmbulos de Tratados, documentos da mídia e de testemunhas;[45]

3) **princípios gerais de direito:** Os princípios gerais de direito são, normalmente, considerados os princípios moralmente relevantes reconhecidos em comum pelas nações (exs.: princípio do *pacta sunt servanda*; princípio do dever de reparação, para aquele que causa um dano; princípio da boa-fé; princípio da limitação da transferência de direitos, *nemo plus ius transferre potest quam ipse habet*);[46]

4) **jurisprudência internacional:** Sendo considerada uma fonte auxiliar, a jurisprudência internacional corresponde ao conjunto de decisões emanadas dos tribunais internacionais, no exercício regular de suas funções, atribuições e competências de julgamento de causas internacionais (exs.: Tribunal Penal Internacional; Corte Internacional de Justiça ONU; Corte Internacional de Direitos Humanos);[47]

5) **doutrina dos publicistas:** Considerada uma fonte auxiliar, a doutrina corresponde à ciência, ao ensinamento e à doutrina de juristas reconhecidos, a isso se somando os resultados de Congressos Internacionais;[48]

6) **equidade:** A equidade corresponde a um juízo de aprimoramento da norma, ou ao preenchimento de falta de norma, a ser exercício por um julgador, que se guia pelo senso de justiça, para estabelecer por critérios específicos, um desfecho adequado e proporcionado à situação do caso concreto. A equidade internacional depende da autorização das partes envolvidas para ser empregada;[49]

---

[44] "Tratado é todo acordo formal concluído entre pessoas jurídicas de direito internacional público, e destinado a produzir efeitos jurídicos" (Rezek, *Direito internacional público*, 15. ed., 2014, p. 38).
[45] Cf. Rezek, *Direito internacional público*, 15. ed., 2014, p. 115 e ss.
[46] Idem, p. 169 e ss.
[47] Idem, p. 178 e ss.
[48] Idem, p. 181.
[49] Idem, p. 182.

7) **atos unilaterais:** Os atos unilaterais são atos jurídicos praticados pelo Estado--soberano unilateralmente, mas com repercussão internacional (ex.: decreto nacional sobre regulamentação de portos);[50]

8) **decisões das organizações internacionais:** As decisões das organizações internacionais são atos jurídicos emanados de organizações internacionais (ONU, OEA, OIT), em suas diversas instâncias internas, colegiados, conselhos e hierarquias, e que se expressam na forma de diretivas, de resoluções, de recomendações, de declarações;[51]

9) **analogia:** a analogia corresponde a um raciocínio que estende efeitos de norma de sentido próximo, para solver falta de norma específica, para outra situação semelhante ou análoga.[52]

4.2.h. Cenário atual: No cenário atual, é importante destacar que as fontes de Direito internacional podem entrar em conflito antinômico entre si, especialmente considerando a globalização e a intensificação da interdependência dos Estados-nação, a superposição entre Direito Internacional e Direito Interno dos Estados-nação, a fluidez e a fragmentação das fontes e a intensificação da produção normativa local /regional/ internacional/ global. Para lidar com este desafio, a doutrina mais avançada atualmente, vem propondo o diálogo entre fontes internacionais. Este diálogo favoreceria: o aumento da segurança jurídica e a efetividade da ordem internacional; a busca de coerência e unidade na ordem internacional; o estímulo ao entendimento e ao diálogo internacionais.[53] Ainda mais, o futuro de um direito cosmopolita depende do aprimoramento do estado atual do Direito internacional.

4.2.i. Direito Canônico: pela via do Direito Internacional, enquanto manifestação do Acordo entre a Santa Sé e o Estado Brasileiro, nos termos do Decreto n. 7.107/2010,[54] o Direito Canônico está conciliado com o ordenamento jurídico brasi-

---

[50] Idem, p. 172 e ss.
[51] Idem, p. 174 e ss.
[52] Idem, p. 182.
[53] "O diálogo das fontes é condição necessária para a ordem e a justiça do direito internacional ao enfatizar a coerência das normas que o integram" (Júnior, Em busca de uma nova perspectiva das fontes de direito internacional, *in Filosofia e Teoria Geral do Direito* (Adeodato, João Maurício; Bittar, Eduardo C. B., orgs.), 2011, p. 121).
[54] O Decreto n. 7.107/2010, em seu art. 3º afirma: "A República Federativa do Brasil reafirma a personalidade jurídica da Igreja Católica e de todas as Instituições Eclesiásticas que possuem tal personalidade em conformidade com o direito canônico, desde que não contrarie o sistema constitucional e as leis brasileiras, tais como Conferência Episcopal, Províncias Eclesiásticas, Arquidioceses, Dioceses, Prelazias Territoriais ou Pessoais, Vicariatos e Prefeituras Apostólicas, Administrações Apostólicas, Administrações Apostólicas Pessoais, Missões *Sui Iuris*, Ordinariado Militar e Ordinariados para os Fiéis de Outros Ritos, Paróquias, Institutos de Vida Consagrada e Sociedades de Vida Apostólica.
§ 1º A Igreja Católica pode livremente criar, modificar ou extinguir todas as Instituições Eclesiásticas mencionadas no *caput* deste artigo.
§ 2º A personalidade jurídica das Instituições Eclesiásticas será reconhecida pela República Federativa do Brasil mediante a inscrição no respectivo registro do ato de criação, nos termos da

-leiro, e pode se aplicar às matérias e aos jurisdicionados, concernentes aos assuntos internos da Igreja. O Direito Canônico tem como fonte principal o Código de Direito Canônico de 1983 (*Codex Iuris Canonici*) (João Paulo II), e se concilia com o direito nacional nos termos do art. 5º, VI, da CF/88,[55] aplicando-se aos seus jurisdicionados e com os limites da soberania nacional, ordem pública e bons costumes (art. 17 da LINDB)[56].

4.3. Convenções coletivas do Direito do Trabalho

4.3.a. Modalidades: No âmbito do Direito do Trabalho, subsistem várias fontes do Direito, e, após a reforma trabalhista de 2016, a predominância do acordado coletivamente passa a ter mais força do que o legislado, mas de acordo com o art. 8º da CLT ("As autoridades administrativas e a Justiça do Trabalho, na falta de disposições legais ou contratuais, decidirão, conforme o caso, pela jurisprudência, por analogia, por equidade e outros princípios e normas gerais de direito, principalmente do direito do trabalho, e, ainda, de acordo com os usos e costumes, o direito comparado, mas sempre de maneira que nenhum interesse de classe ou particular prevaleça sobre o interesse público. Parágrafo único. O direito comum será fonte subsidiária do direito do trabalho, naquilo em que não for incompatível com os princípios fundamentais deste"), o Direito do Trabalho terá o Direito Comum como fonte subsidiária, considerando-se que se trata de uma modalidade do Direito de natureza polêmica, ou seja, de um Direito Social, modalidade entre o Direito Privado e o Direito Público. Com esta leitura, é possível identificar que o Direito do Trabalho reconhece figuras usuais em outras áreas do Direito como fontes do Direito, tais como a lei, o contrato, a jurisprudência, os princípios do Direito,[57] mas também aquelas que são próprias deste setor e das particularidades das relações do mundo do trabalho.

4.3.b. Especificidades: Por isso, no âmbito do Direito do Trabalho, vigoram determinadas formas de regulamentação que diferem de outras mais convencionais do Direito Civil, tais como as convenções coletivas de trabalho, as sentenças normativas de dissídios coletivos, os acordos em dissídio coletivo, os acordos coletivos de trabalho,[58] os regulamentos de empresas, os contratos individuais de trabalho, além dos princípios

---

legislação brasileira, vedado ao poder público negar-lhes reconhecimento ou registro do ato de criação, devendo também ser averbadas todas as alterações por que passar o ato".

[55] A Constituição Federal de 1988, em seu art. 5º, VI, reconhece a liberdade religiosa, nos seguintes termos: "é inviolável a liberdade de consciência e de crença, sendo assegurado o livre exercício dos cultos religiosos e garantida, na forma da lei, a proteção aos locais de culto e a suas liturgias".

[56] Nos termos da LINDB, art. 17: "As leis, atos e sentenças de outro país, bem como quaisquer declarações de vontade, não terão eficácia no Brasil, quando ofenderem a soberania nacional, a ordem pública e os bons costumes".

[57] "O exame do que sejam princípios jurídicos tem como pressuposto a certeza de que o Direito não se esgota em bem formuladas regras jurídicas" (Ledur, *Direitos fundamentais sociais*: efetivação no âmbito da democracia participativa, 2009, p. 27).

[58] "Acordo coletivo de trabalho: são também formas de negociação coletiva de trabalho, mas de âmbito mais restrito que as convenções, envolvendo parte de uma categoria apenas, ou mesmo uma ou algumas empresas" (Manus, *Direito do Trabalho*, 15. ed., 2014, p. 18-19).

Capítulo IX | Teoria das fontes do Direito

gerais do direito, dos usos e costumes, da analogia, da doutrina e da equidade.[59] Daí a importância de destacar, para efeitos desta análise, que algumas destas modalidades de fontes (convenções coletivas de trabalho, as sentenças normativas de dissídios coletivos, os acordos em dissídio coletivo, os acordos coletivos de trabalho), especialmente aplicáveis às tão estruturais relações de trabalho, irão figurar, do ponto de vista da *hierarquia* das fontes do Direito, logo após a legislação ordinária.[60]

4.3.c. Conceito: Esta matéria é de evidente interesse especializado do Direito do Trabalho, por isso, aqui, irá se destacar apenas o conceito de Convenção Coletiva do Trabalho, que corresponde à convenção entre sindicatos, dentro dos polos do empregador e do empregado, respondendo à lógica própria e específica das relações de trabalho e suas entidades representativas.[61]

4.3.d. Fundamento legal: Nos termos do disposto no art. 611 da CLT, a convenção coletiva de trabalho é o acordo de caráter normativo, pelo qual dois ou mais Sindicatos representativos de categorias (econômicas e profissionais) determinam as condições de trabalho aplicáveis nas relações de trabalho individual, respeitado o âmbito de suas representações.

4.4. Princípios do Direito

4.4.a. Introdução: Há princípios em inúmeros campos do conhecimento e da ação, que nada mais são do que *máximas* que contêm *generalizações* favoráveis à orientação da ação, formando *sínteses* ou *fórmulas-orientadoras* de ação social. Nesse sentido, mencionam-se várias modalidades de princípios, em vários âmbitos, tais como os princípios políticos, os princípios morais, os princípios filosóficos, os princípios religiosos. A palavra "princípio" provém do latim (*principiu*) e designa algo que tem a ver com o começo, a base, o fundamento, a origem. Assim, o princípio designa uma máxima evocativa daquilo que é fundamental, original, basilar, em determinada matéria, âmbito, ramo ou ciência.

4.4.b. Os princípios do Direito: O Direito não ficaria fora de ter os seus próprios princípios, na medida em que sua significação social abrangente e regulatória, desempenha papel esclarecedor de fundamental importância às interações sociais. Por isso, os *princípios do Direito* são aqueles internos ao *direito positivo* de um determi-

---

[59] "Os regulamentos de empresa e os contratos individuais de trabalho também constituem fontes de Direito do Trabalho e colocam-se abaixo dos textos normativos, assim como os usos e costumes" (Manus, *Direito do Trabalho*, 15. ed., 2014, p. 36).

[60] "As convenções coletivas de trabalho, as sentenças normativas dos dissídios coletivos, os acordos em dissídio coletivo e os acordos coletivos de trabalho colocam-se logo após a lei ordinária, do ponto de vista hierárquico" (Manus, *Direito do Trabalho*, 15. ed., 2014, p. 36).

[61] "Convenção coletiva de trabalho: são as tentativas de negociação entre entidades sindicais de empregados e empregadores, que chegam a bom termo e estabelecem regras salariais e de conduta aos que a ela estão submetidos, em função dos sindicatos que celebram a convenção" (Manus, *Direito do Trabalho*, 15. ed., 2014, p. 18).

nado ordenamento jurídico, e que apontam que apenas a legislação não dá conta de disciplinar, orientar e regular todas as relações sociais.[62]

4.4.c. História: Já foi o tempo em que os princípios do Direito tinham *incidência lateral* no Direito positivo, *valor relativo* e eram normalmente lidos como *válvulas morais* do sistema jurídico, aparecendo apenas de forma supletiva à falta da lei. Assim, contemporaneamente, a constitucionalização do Direito Privado, o debate pós-positivista no Direito Constitucional, a renovação dos estudos e debates no âmbito da Filosofia do Direito, especialmente a partir das contribuições de Ronald Dworkin, Jürgen Habermas e Robert Alexy, remodelaram o perfil do conceito e o peso dos princípios no interior da *teoria das fontes do Direito*. De fato, fala-se muito hoje na *re-significação* e na *re-emergência* dos princípios do Direito para a *Teoria do Direito*, não se podendo furtar à nova dinâmica de compreensão de seu papel junto ao sistema jurídico.

4.4.d. Debate contemporâneo: O debate contemporâneo implica na consideração de que princípios do Direito e regras jurídicas são espécies do gênero *norma jurídica*. Assim, este *status* dos princípios do Direito, reconquistado a partir do ambiente do Direito Constitucional, tem inúmeras consequências, que se perceberão a seguir. No entanto, vale ressaltar que a primeira diferenciação que afeta a conceituação entre regras e princípios como espécies de normas jurídicas é aquela que aponta, seguindo-se a proposta de Robert Alexy – diferenciação esta que remonta à crítica de Ronald Dworkin ao positivismo –,[63] para a ideia de que as regras são objetivas e funcionam como *mandamentos definitivos* e os princípios do Direito são vagos,[64] fornecem razões fracas e gerais,[65] funcionando como *mandamentos de otimização*.[66] Ademais, essa discussão levou os juristas a operarem uma mutação na compreensão e no uso dos princípios do Direito, de forma a modificar-se o cenário que existia sob o positivismo jurídico, algo que se pode considerar um avanço na cultura do Direito. No entanto, os desvios e os excessos também têm de ser apontados e denunciados, atualmente, e não por outro motivo, se destaca um tal uso dos princípios do Direito, que se pode falar em "panprincipiologismo",[67] com efeitos perniciosos para a aplicação do Direito.

---

[62] "O exame do que sejam princípios jurídicos tem como pressuposto a certeza de que o Direito não se esgota em bem formuladas regras jurídicas" (Ledur, *Direitos fundamentais sociais*: efetivação no âmbito da democracia participativa, 2009, p. 27).

[63] "É questo il caso della filosofia del diritto di Ronald Dworkin, che già negli anni Sessanta lancia il primo attacco sistematico contro il 'modello delle regole' giuspositivista: distinguendo appunto due tipi di norme, le regole e i principi" (Barberis, *Introduzione allo studio del diritto*, 2014, p. 08).

[64] "(...) pode-se convir que os princípios são, habitualmente, normas bastante vagas" (Guastini, *Das fontes às normas*, 2005, p. 189).

[65] "Os princípios, são, justamente por serem razões *prima facie*, razões fracas e devem ser necessariamente completadas por regras" (Zaneti Jr., *O valor vinculante dos precedentes*, 2. ed., 2016, p. 280).

[66] "O ponto decisivo para a distinção de regras e princípios é que princípios são mandamentos de otimização, enquanto regras têm o caráter de mandamentos definitivos" (Alexy, *Direito, razão, consenso*, 2015, p. 164).

[67] Aqui se destaca a contribuição da análise de Lenio Luiz Streck: "Assim, está diante de um fenômeno que pode ser chamado de 'panprincipiologismo', caminho perigoso para um retorno à 'completude' que caracterizou o velho positivismo novecentista, mas que adentrou ao século XX..." (Streck, *Verdade e consenso*, 3. ed., 2009, p. 493).

4.4.e. Conceito: Os princípios do Direito são *máximas* que contém orientações abrangentes, valores orientadores e de dicção aberta. Os princípios do Direito conferem orientação a ramos interiores do Direito, norteiam a interpretação do Direito, facilitando a intelecção por nortes axiológicos, além de incidir na aplicação do Direito.[68]

4.4.f. Espécies: A partir desta visão geral, estabelecida sobre o conceito de princípios do Direito como *máximas*, podem-se divisar, a partir do debate contemporâneo, várias modalidades de princípios do Direito a serem identificadas, como se faz a seguir: princípios gerais do Direito (1); princípios constitucionais (2); princípios especiais do Direito (3).[69] Seguindo esta divisão, parte-se para a análise de cada uma das espécies:

1) **Princípios gerais do Direito:** os princípios gerais do Direito são máximas gerais do direito positivo de um determinado ordenamento,[70] e possuem valor técnico-jurídico,[71] aplicando-se para todos os ramos do Direito. Muitos dos princípios gerais do Direito sobreviveram por séculos, advindos da herança do direito romano, e outros tantos são propriamente basilares do ordenamento jurídico moderno, derivados da influência do jusnaturalismo (exs.: "a ninguém lesar"; "dar a cada um o seu"; "viver honestamente"; "igualdade de todos perante as leis"; "ninguém pode invocar a própria torpeza em juízo"; "ninguém pode transferir mais direitos do que possui"; "ninguém pode invocar ignorância da lei em juízo"; "ninguém fará ou deixará de fazer algo senão em virtude de mandamento legal").[72] Os princípios gerais do Direito aqui estudados são os que

---

[68] "Analisando os seus fins, os princípios gerais são regramentos básicos aplicáveis a um determinado instituto ou ramo jurídico, visando a auxiliar o aplicador do direito na busca da justiça e da pacificação social" (Tartuce, *Direito civil*: lei de introdução e parte geral, 12. ed., 2016, p. 31).

[69] Da mesma forma, a tentativa de reclassificação aparece na seguinte contribuição: "Assim, é preciso distinguir e perceber as rupturas que existem entre três possibilidades de uso do conceito: a) os princípios gerais do direito; b) os princípios jurídico-epistemológicos; c) os princípios constitucionais" (Abboud, Carnio, Oliveira, *Introdução à Teoria e à Filosofia do Direito*, 3. ed., 2015, p. 306).

[70] "Os princípios gerais do direito não são exteriores à ordem jurídica positiva: fazem parte dela" (Bergel, *Teoria Geral do Direito*, 2. ed., 2006, p. 101).

[71] Neste sentido, a lição de Maria Helena Diniz: "Os princípios gerais do direito, entendemos, não são preceitos de ordem ética, sociológica ou técnica, mas elementos componentes do direito. São normas de valor genérico que orienta a compreensão do sistema jurídico, em sua aplicação e integração, estejam ou não positivadas" (Diniz, *Lei de introdução ao Código Civil brasileiro interpretada*, 16. ed., 2011, p. 153).

[72] "Assim, os princípios gerais podem ser, conforme os casos, princípios diretores ou princípios corretores. Certos princípios são por si sós princípios diretores porque a ordem social depende deles: assim, o princípio de que 'supõe-se que ninguém ignora a lei', a da autoridade da coisa julgada, o princípio da igualdade perante a lei e perante os encargos públicos, as liberdades fundamentais, o princípio de não retroatividade da lei, o princípio de legalidade dos delitos e das penas etc. são incontestavelmente vigas mestras de todo o edifício jurídico. Outros princípios são por natureza princípios corretores de soluções legais que, sem eles, poderiam mostrar-se injustas ou inadaptadas" (Bergel, *Teoria Geral do Direito*, 2. ed., 2006, p. 122).

aparecem no art. 4º ("Quando a lei for omissa, o juiz decidirá o caso de acordo com a analogia, os costumes e os princípios gerais do Direito") da Lei de Introdução às Normas do Direito Brasileiro (Decreto-Lei n. 4.657/42), ou seja, são invocados na *falta da lei*, sendo normalmente consideradas fontes suplementares e acessórias, estando próxima à analogia, aos costumes e à equidade;

2) **Princípios constitucionais:** Os princípios constitucionais são máximas contidas no texto da Constituição. Estas máximas podem ser explícitas ou implícitas à ordem constitucional positiva e funcionam com operadores gerais, ou ainda, como mandamentos de otimização[73] para a aplicação do Direito positivo, sabendo-se que em sua redação possuem linguagem aberta, imprecisa e genérica, apontando para fins ou metas orientadoras.[74] No momento da aplicação,[75] os princípios constitucionais são invocados não pelo fato de orientarem diretamente uma solução para o caso, mas por serem válidos entre outras razões.[76] Os princípios constitucionais podem colidir com outros princípios, ou ainda, com regras jurídicas, de modo que seu aproveitamento se dá com base no peso e na intensidade de sua incidência, não se aplicando na forma do tudo ou nada, e nem sendo invalidados porque não foram aplicados,[77] seguindo-se a lição de Robert Alexy.[78] Os princípios constitucionais são normas jurídicas constitucionais, e, por isso, têm a mesma hierarquia das regras constitucionais, e, também, têm força de irradiação constitucional, afetando todos os ramos do Direito e vinculando as normas infraconstitucionais (ex.: princípio da dignidade da pessoa humana, contido no art. 1º, inciso III, da CF/88). Daí, a advertência grave de que,

---

[73] "Princípios são, por conseguinte, mandamentos de otimização, que são caracterizados por poderem ser satisfeitos em graus variados e pelo fato de que a medida devida de sua satisfação não depende somente das possibilidades fáticas, mas também das possibilidades jurídicas" (Alexy, *Teoria dos direitos fundamentais*, 2008, p. 90).

[74] "Já os princípios indicam uma direção, um valor, um fim" (Barroso, *Curso de Direito Constitucional contemporâneo.*, 4. ed., 2013, p. 231).

[75] "Os princípios são normas imediatamente finalísticas, primariamente prospectivas e com pretensão de complementaridade e de parcialidade, para cuja aplicação se demanda uma avaliação da correlação entre o estado de coisas a ser promovido e os efeitos decorrentes da conduta havida como necessária à sua promoção" (Ávila, *Teoria dos princípios*, 16. ed., 2015, p. 102).

[76] "Os princípios consistem em normas primariamente complementares e preliminarmente parciais, na medida em que, sobre abrangerem apenas parte dos aspectos relevantes para uma tomada de decisão, não têm a pretensão de gerar uma solução específica, mas de contribuir, ao lado de outras razões, para a tomada de decisão" (Ávila, *Teoria dos princípios*, 16. ed., 2015, p. 100).

[77] "Segundo isso, princípios tem uma dimensão, que regra não têm, uma dimensão do peso (dimension of weight), que se mostra em sua conduta de colisão. Quando dois princípios colidem, o princípio com o peso relativamente maior decide, sem que o princípio com o peso relativamente menor, com isso, fique inválido. Em outra conjuntura de casos, os pesos poderiam ser distribuídos às avessas" (Alexy, *Direito, razão, discurso*, 2015, p. 141).

[78] "Conflitos entre regras ocorrem na dimensão da validade, enquanto as colisões entre princípios – visto que só princípios válidos podem colidir – ocorrem, para além dessa dimensão, na dimensão do peso" (Alexy, *Teoria dos direitos fundamentais*, 2008, p. 94).

na passagem do Estado de Direito ao Estado Constitucional,[79] confundi-los com os princípios gerais do Direito do art. 4º da LINDB seria o mesmo que inferiorizá-los.[80] Ademais, como a Constituição Federal de 1988 possui inúmeros setores de regulamentação, se localizam princípios constitucionais que afetam determinados ramos em específico do Direito, tais como: o Direito Administrativo (princípio da moralidade, art. 37, *caput*, CF/88; princípio de impessoalidade, art. 37, *caput*, CF/88); o Direito Econômico (princípio da livre concorrência, art. 170, inc. IV, CF/88; princípio da defesa do consumidor, art. 170, V, CF88; princípio da redução das desigualdades sociais e regionais, art. 170, VII, CF/88) o Direito Processual (princípio da ampla defesa, art. 5º, LV, CF/88);

3) **Princípios especiais do Direito:** Os princípios especiais do Direito são aqueles propriamente afeitos a determinados ramos do Direito (Direito Civil; Direito do Trabalho; Direito Econômico; Direito das Famílias; Direito Ambiental; Direito Processual Civil; Direito Virtual; Direito Administrativo; Direito Marítimo), obedecendo à lógica microssistêmica e interna de auto-organização de interfaces muito diferentes e especializadas do Direito. Por isso, os princípios especiais do Direito são aqueles que servem a um determinado ramo do Direito (ex.: Direito das Famílias),[81] sem se aplicarem aos demais, tendo valia limitada, dentro da especialização do conhecimento e dos universos de sentido das diversas áreas do Direito. São exemplos de princípios especiais do Direito: no Direito Processual (princípio da inafastabilidade da jurisdição; princípio do devido processo legal; princípio do contraditório e ampla defesa; princípio da publicidade dos atos processuais; princípio da inadmissibilidade da prova ilícita; princípio do duplo grau de jurisdição; princípio do juiz natural; princípio da fundamentação das decisões judiciais; princípio da razoabilidade da duração do processo); no Direito do Consumidor (princípio da vulnerabilidade do consumidor; princípio da informação e da educação dos fornecedores e consumidores); no Direito Penal (princípio da reserva legal, ou da tipicidade do crime, ou da legalidade restrita); no Direito Virtual (princípio da privacidade; da proteção de dados pessoais; princípio da neutralidade da rede; princípio da estabilidade da rede); no Direito da Juventude (princípio da promoção da autonomia e emancipação dos jovens; princípio da valorização e promoção da participação social e política, de forma direta e por meio de suas representações). Muitas vezes, os princípios especiais do Direito podem estar detalhados pela doutrina da área, podem ter nível hierárquico legal, ou ainda, podem ter sido alçados à condição

---

[79] "Isso porque com o Estado Democrático de Direito houve a transposição dos princípios gerais de direito para princípios constitucionais fundamentais" (Tartuce, *Direito Civil*: lei de introdução e parte geral, 12. ed., 2016, p. 32).

[80] "Não se pode confundir princípios constitucionais e princípios gerais de direito. Confundi-los seria relegar os princípios constitucionais para uma posição subalterna à lei juntamente com as demais fontes do direito – a analogia e os costumes –, que são invocáveis na omissão do legislador" (Dias, *Manual de Direito das Famílias*, 11. ed., 2016, p. 45).

[81] "Há princípios especiais próprios das relações familiares" (Dias, *Manual de Direito das Famílias*, 11. ed., 2016, p. 46).

de princípios especiais constitucionais de determinado ramo do Direito, o que terá que ser avaliado em cada situação analisada.

4.5. Negócio jurídico

4.5.a. Conceito: O negócio jurídico é uma forma de manifestação da liberdade de contratar, do poder negocial e do poder econômico,[82] envolvendo o pacto clausulado de vontades, capaz de gerar pela autonomia,[83] de seus atores em torno de interesses, direitos e obrigações para as partes envolvidas, não podendo contrariar a lei,[84] formando regra entre pessoas (físicas e/ou jurídicas). Em suma, trata-se de um acordo de vontades regulado pelo Direito, funcionando como metamodelo de relações socioeconômicas em sociedades capitalistas. O negócio jurídico é basicamente um ato jurídico, pois representa a manifestação da vontade de obter efeitos que decorrem do tratamento legal de certos interesses. São exemplos: o contrato de compra e venda (arts. 481 e 532, do CC); o contrato de locação (Lei n. 8.245/91, Lei de Locações); o contrato de casamento (art. 1.511 e 1.582 do CC); o contrato de doação (arts. 538 e 564 do CC); o contrato de corretagem (arts. 722 e 729 do CC).

4.5.b. Requisitos: Os requisitos do negócio jurídico estão dados pelos termos do art. 104 do Código Civil, de onde se pode depreender: a) agente capaz (art. 104, inciso I); b) vontade manifesta das partes; c) forma prescrita ou não proibida por lei (art. 104, inciso III); d) objeto lícito, possível e determinado ou determinável (art. 104, inciso II); e) equilíbrio contratual.

4.5.c. Caráter: O negócio jurídico é regra entre as partes contratantes, reforçando o vínculo civil, trabalhista, econômico ou comercial entre pessoas físicas e/ou jurídicas. Neste sentido, considerada a autonomia da vontade e suas limitações por força de lei, funciona como lei entre as partes. É certo que não pode contrariar expressa determinação legal, mas o negócio jurídico pode ter conteúdo além do previsto em lei, acompanhando-se assim a dinâmica e a celeridade das relações contratuais. A forma especial que vincula a validade do ato negocial somente pode ser exigida por lei, como previsto no art. 107 do Código Civil, de modo que a manifestação da vontade é relativamente livre.

4.5.d. Tendência contemporânea: A tendência contemporânea é de cerceamento crescente da autonomia da vontade, de modo que a lógica de *pacta sunt servanda*, vem sendo superada, em face dos desafios trazidos pela padronização por adesão dos negócios jurídicos, e, também, pela intensa intervenção estatal na vontade priva-

---

[82] "Norma negocial, assim, vem a ser a norma elaborada pelo exercício do poder negocial, como uma das exteriorizações de autonomia da vontade" (Betioli, *Introdução ao direito*, 12. ed., 2013, p. 252).

[83] "(...) toda ação humana, de autonomia privada, com a qual os particulares regulam por si os próprios interesses, havendo uma composição de vontades, cujo conteúdo deve ser lícito" (Tartuce, *Direito civil:* lei de introdução e parte geral, 12. ed., 2016, p. 342).

[84] "O poder negocial é limitado pela lei, mas isto não lhe tira o caráter de fonte" (Poletti, *Introdução ao direito*, 4. ed., 2012, p. 237).

Capítulo IX | Teoria das fontes do Direito

da, com vistas à proteção das partes mais fracas, em função de necessidades econômicas, sociais, trabalhistas e ambientais sobre a livre autonomia da vontade.

4.5.e. Classificação: Os negócios jurídicos costumam ser classificados da seguinte forma: a) unilaterais, bilaterais, ou plurilaterais; b) gratuitos, onerosos; c) neutros; d) *inter vivos, mortis causa*; e) formais, informais; f) principais, acessórios; g) impessoais, personalíssimos; h) causais, abstratos; i) consensuais, reais; j) constitutivos, declarativos.[85]

4.5.f. História: A predominância da ética de negócios a partir da modernidade veio possibilitando a afirmação de uma forma de sociedade burguesa, alicerçada na base da troca capitalista, o que traz consigo efeitos que geram benefícios (celeridade, informalidade, intensidade de trocas econômicas e comerciais) e efeitos que geram malefícios, tanto do ponto de vista social, quanto ambiental, econômico, cultural e político (consumismo, reificação, insegurança econômica, desigualdades sociais, destradicionalização). Não por outro motivo, o próprio Direito irá reconhecer e compensar determinadas situações, de forma a criar direitos especiais, tais quais o reconhecimento da hipossuficiência do consumidor e a anulação das cláusulas abusivas, no Direito do Consumidor, e a função social do contrato, no âmbito do Direito Civil.

4.6. Analogia

4.6.a. Conceito: A analogia consiste, em verdade, num raciocínio de aplicação do Direito, que permite ao julgador, por similitude e aproximação, resolver caso concreto na ausência de lei, recorrendo a uma norma semelhante já aplicada em caso anterior. O raciocínio analógico bem-sucedido se constrói com base num exemplo aproximativo,[86] em que de um caso já resolvido, se extrai a solução para outro caso a ser resolvido, que lhe assemelha,[87] e que, por certos traços que a cada caso se hão de exaltar, se podem estender os efeitos aplicativos pelo raciocínio jurídico.[88]

4.6.b. Previsão legal: A previsão legal para o uso da analogia decorre do art. 4º da Lei de Introdução às Normas do Direito Brasileiro.

4.6.c. Estudo de caso exemplar: Num estudo de caso exemplar, Lloyd L. Weinreb, no livro *A razão jurídica*,[89] traz o exemplo seguinte: Uma pessoa foi roubada durante a noite num "barco a vapor". Só existe previsão legal para furto em hotel/hospedaria, donde decorre a responsabilidade do estabelecimento em indenizar os danos havidos pelo hóspede. A aplicação por analogia se dá, quando o Tribunal

---

[85] Cf. Tartuce, *Direito civil*: lei de introdução e parte geral, 12. ed., 2016, p. 343, 344, 345 e 346.
[86] "Todas as teorias do argumento analógico concordam em que uma analogia só será bem-sucedida e justificará a sua conclusão se a semelhança observada entre a fonte e o alvo tiver relação de pertinência com a nova semelhança que está em questão" (Weinreb, *A razão jurídica*, 2008, p. 14).
[87] "O fundamento da analogia encontra-se na igualdade jurídica (...) fundando-se na identidade de razão (...)" (Diniz, *Compêndio de introdução à Ciência do direito*, 22. ed., 2011, p. 481).
[88] "(...) um argumento analógico pode ser definido como raciocínio por meio de exemplo: encontra-se a solução de um problema ao relacioná-lo com um outro problema e sua solução" (Weinreb, *A razão jurídica*, 2008, p. XIV).
[89] Cf. Weinreb, *A razão jurídica*, 2008, p. 23.

compara – para efeitos de responsabilidade civil – a expressão legal "barco a vapor", equiparando-a a "hotel", para fins de responsabilidade civil, condenando o barco a indenizar o hóspede.

4.6.d. Requisitos: Para que se possa invocar a analogia, são necessários alguns requisitos mínimos: a) ausência de norma jurídica sobre o caso (lacuna normativa); b) similitude regulatória com a solução prática; c) ausência de impedimento legal à aproximação analógica; d) argumentos bem-sucedidos na aproximação, pelo raciocínio analógico, entre o caso anterior e o caso sob análise.

4.6.e. Ramos de aplicação: O uso da analogia não é corrente no Direito, ocorrendo em situações específicas, na ausência da lei, e em regulações muito diferentes a cada ramo do Direito. Seu uso não pode ser indiscriminado, pois irá variar conforme o ramo do Direito em que se esteja. No Direito Civil é mais usual a aplicação por analogia, mas, por exemplo, no Direito Penal, é vedada a aplicação de pena por analogia, em função do princípio da reserva legal (*nullum crimen, nulla poena sine praevia lege*), salvo se for em benefício do réu (*in bonam partem*), e no Direito Tributário, por força do art. 108 do Código Tributário Nacional, a analogia poderá ser invocada na aplicação do Direito ("Na ausência de disposição expressa, a autoridade competente para aplicar a legislação tributária utilizará, sucessivamente, na ordem indicada: I- a analogia; II- os princípios gerais de direito tributário; III- os princípios gerais de direito público; IV- a equidade § 1º O emprego da analogia não poderá resultar na exigência de tributo não previsto em lei"), mas não poderá levar à exigência de tributo não previsto em lei.

4.6.f. Direito Comparado: Em termos de *Direito Comparado*, a título de curiosidade, o *Direito Português* atual reconhece o recurso à analogia. Mas, logo após a analogia, o *Código Civil de Portugal* menciona a ideia da "norma que o intérprete criaria" como recurso adicional e condicionado ao não cabimento da analogia para o caso concreto (art. 10, n. 3, *Código Civil de Portugal*: "Na falta de caso análogo, a situação é resolvida segundo a norma que o próprio intérprete criaria, se houvesse de legislar dentro do espírito do sistema"),[90] algo que o Direito Brasileiro não prevê.

4.7. Jurisprudência

4.7.a. Conceito: O termo jurisprudência é polissêmico, e pode designar coisas distintas: jurisprudência como sinônimo de Ciência do Direito; jurisprudência como arte de decidir. Nesta segunda acepção, o termo evoca a tarefa de produção de decisões, e a inteligência que se desenvolve na lida com o processo de interpretação e aplicação do Direito a situações concretas. É neste sentido que a jurisprudência pode ser conceituada como a cimentada experiência de lidar com casos concretos e decidir em Direito, podendo designar: a) a decisão singular, de cuja inteligência se extrai a lei do caso concreto; b) uma linha ou corrente de decisões num mesmo sentido, de cujo conjunto se extrai a legitimidade de um entendimento, formando-se tendências ma-

---

[90] Cf. Martinez, *Introdução ao Estudo do Direito*, 2021, p. 310-311.

Capítulo IX | Teoria das fontes do Direito

joritárias ou minoritárias; c) a uniformização do direito, nos termos do art. 926 do novo CPC, visando-se a padronização de entendimento e evitando-se decisões contraditórias de um mesmo Tribunal, tendência e preocupação que vem se ampliando no Direito contemporâneo; d) a súmula vinculante, nos termos do art. 103 da CF/88 e do art. 927, inciso II, do novo CPC, que forma normas de entendimento, conferindo autoridade vinculativa ao direito sumular, tendência que vem ganhando força no Direito contemporâneo; e) o conjunto dos precedentes judiciais (art. 927, I a V, do novo CPC).

4.7.b. História: Tradicionalmente, a jurisprudência tem mais força no sistema de *common law* (costumes judiciais vinculantes); em sistemas de *civil law*, como o sistema jurídico brasileiro, predomina o apego à lei, o preconceito derivado da Revolução Francesa com relação ao poder dos juízes e a supervalorização da segurança jurídica normativa.[91]

4.7.c. Valor: Por isso, não são raras as posições teóricas que apontam dificuldades no reconhecimento da jurisprudência como fonte do Direito.[92] Isto se liga à própria matriz do *civil law*.[93]

4.7.d. Função: A jurisprudência é fonte *dinâmica* e *aplicada* do Direito, sendo válvula importante de renovação do Direito, pois é por este canal que *validade* e *faticidade* se atritam, gerando valiosa experiência de consolidação do Direito por sua prática.[94]

4.7.e. Inovação recente e cultura dos precedentes: O papel da jurisprudência veio mudando, nas últimas décadas, e a inclinação do Direito contemporâneo brasileiro é de combinação híbrida de *civil law* e de *common law*.[95] Esta tendência se consolidou na formatação do novo Código de Processo Civil.[96] Em função disso, o protagonismo judicial, a tendência ao conhecimento da cultura dos precedentes judiciais como fontes vinculantes do Direito. Assim, são precedentes e formam norma

---

[91] "Fetiche da lei e desconfiança da magistratura e do direito comum resultaram no exacerbamento do princípio da legalidade e na vedação da interpretação pelos juízes e seu corolário: a impossibilidade de aplicação dos precedentes judiciais como fontes formais e gerais do direito, em uma palavra, a redução da função do juiz ao 'juíz boca-da-lei'" (Zaneti Jr., *O valor vinculante dos precedentes*, 2. ed., 2016, p. 68-69).

[92] "Se a jurisprudência não pode ser considerada fonte do direito, como visto, sua importância é indiscutível" (Betioli, *Introdução ao direito*, 12. ed., p. 246).

[93] "Nos países de *civil law*, a jurisprudência é apresentada como parte das fontes indiretas, secundárias e materiais do direito, normalmente ligada aos costumes, não tendo a força vinculante de uma fonte formal e primária" (Zaneti Jr., *O valor vinculante dos precedentes*, 2. ed., 2016, p. 303).

[94] "(...) a jurisprudência não se resume em aplicar o direito, mas também a inova, e a cria. Daí, sua qualidade de fonte" (Poletti, *Introdução ao direito*, 4. ed. 2012, p. 235).

[95] "(...) cresce o movimento de harmonização entre o *common law* e o *civil law* (tradição romano-germânica)" (Zaneti Jr., *O valor vinculante dos precedentes*, 2. ed., 2016, p. 97).

[96] "(...) pontue-se que essa tendência de caminho para o sistema da *common law* foi incrementada pelo Novo Código de Processo Civil, pela valorização dada, nessa lei instrumental emergente, aos precedentes judiciais" (Tartuce, *Direito civil*, 12. ed., 2016, p. 02).

jurídica:[97] no STF, súmulas vinculantes; no STF, decisões com efeitos *erga omnes*; no STJ, decisões que de unificação de entendimento nos recursos especiais repetitivos; nos demais tribunais (STF; STJ; Tribunais Superiores; Tribunais Estaduais), as súmulas e a jurisprudência dominante.[98] Com isso, percebe-se a importância que a uniformização do Direito vem ganhando nos Tribunais Superiores, de forma a reforçar a segurança jurídica. No entanto, a cultura de precedentes como vinculantes na tradição de *civil law* colabora para reduzir o volume de incertezas na avaliação dos casos concretos, não se devendo, no entanto, tomar os precedentes de forma rígida e fixa, pois até mesmo no sistema de *common law* possuem um valor móvel, estando sujeitos a exceções (*overruling, overriding, transformation, prospective overruling, signaling, distinguishing*).[99]

4.7.f. Papel dos juízes: Ao conviverem diretamente com a argumentação jurídica, que escoa pelos procedimentos judiciários, os juízes apreendem pela *práxis* a aplicação das normas, exercendo papel decisivo, enquanto: a) último socorro da cidadania; b) conscientização e efetivação dos direitos humanos; c) particularização da generalidade das normas; d) humanização do Direito; e) adaptação, correção, inovação, abrandamento, integração de lacunas, solução de antinomias; f) interpretação, argumentação e inovação por teses e concepções. Em seu sentido mais pleno, a judicatura envolve tarefas complexas, entre elas, o raciocínio jurídico, eivado de razão, sensibilidade, prudência e experiência. A estes papéis se some o do fomento à democracia ativa (art. 927, § 2º, novo CPC).

4.7.g. Efeitos de decisão individual: A decisão judicial faz coisa julgada material ("a autoridade que torna imutável e indiscutível a decisão de mérito não mais sujeita a recurso" – art. 502 novo CPC), e funciona como *lei individual para as partes* (art. 503 novo CPC, c/c art. 506 novo CPC).

4.7.h. Efeitos de extensão das decisões gerais e de enunciados de súmulas: As decisões do STF, em ações diretas de inconstitucionalidade, geram efeitos vinculantes para todos, nos termos do § 2º do art. 102 da CF/88; as decisões conti-

---

[97] "Por tais razões, os precedentes devem ser tratados como norma – fontes do direito primário e vinculante – não se confundindo com o conceito de jurisprudência ou de decisão" (Zaneti Jr., *O valor vinculante dos precedentes*, 2. ed, 2016, p. 310).

[98] "A natureza das mudanças decorrentes da constitucionalização e principialização dos direitos e a conformação atual do direito no nosso ordenamento jurídico (súmulas vinculantes, filtros recursais, decisões com efeito vinculante e jurisprudência dominante dos tribunais), reconhecidamente uma tendência mundial, revelam uma insofismável realidade: o precedente é fonte formal do direito contemporâneo brasileiro e tendencialmente existem razões para adotar os precedentes como fontes do direito mesmo em ordenamentos jurídicos de *civil law*" (Zaneti Jr., *O valor vinculante dos precedentes*, 2. ed., 2016, p. 175-176).

[99] Segue-se de perto os resultados estudados de Marcelo Pereira de Almeida, quando afirma: "As principais técnicas destacadas pela autora são: *overruling, overriding, transformation, prospective overruling* e *signaling*. É importante indicar, ainda, o *distinguishing*, técnica que possibilita a não aplicação do precedente em determinado caso por apresentar peculiaridades" (Almeida, *Precedentes judiciais*: análise dos métodos empregados no Brasil para a solução de demandas de massa, 2014, p. 148).

das em direito sumular (enunciados de súmulas vinculantes) possuem efeitos vinculantes para todos, nos termos do *caput* do art. 103-A da CF/88. Os precedentes de súmulas vinculantes têm valor de norma jurídica obrigatória, ou seja, os juízes estão adstritos a cumprirem enunciados de súmulas vinculantes como normas jurídicas (art. 103-A da CF/88). O novo CPC ainda acrescentou tal exigência quanto à observância de súmula vinculante que a decisão judicial não será considerada fundamentada se, nos termos do art. 489, inciso VI, do novo CPC, deixar de seguir enunciado de súmula.

4.7.i. Direito sumular: Nos termos do art. 103-A da CF, regulamentado pela Lei n. 11.417/2006, atualmente existem apenas 58 súmulas vinculantes expedidas pelo STF, com pretensão de que o direito sumular venha a ganhar cada vez mais fôlego. Sabendo-se que todos os Tribunais editam súmulas comuns (§§ 1º e 2º do art. 926 do novo CPC), num total atual de 736 súmulas comuns do STF, apenas o STF é órgão competente para emitir súmulas com efeito vinculante, desde a edição da Emenda Constitucional n. 45/2004, que acrescentou o art. 103-A à Constituição Federal de 1988, no sentido da reforma do Judiciário. A súmula vinculante vem marcada pela ideia de existência de controvérsia jurídica, reiteração de julgamentos conflitantes advindos das instâncias inferiores, tendo natureza constitucional, emitindo-se na forma de um enunciado de súmula e tendo eficácia imediata e alcance geral, idêntica a regra jurídica válida e vigente.[100] É exemplo a Súmula Vinculante 12 (22-8-2008: "A cobrança de taxa de matrícula nas universidades públicas viola o disposto no art. 206, IV, da CF/88").

4.8. Costumes, práticas tradicionais e costumes comunitários

4.8.a. Conceito: Já que o Direito é, em sua formação histórica, memória e tradição, os costumes[101] são práticas socioculturais espontâneas, comuns e não escritas, que decorrem dos vínculos associativos, gerando hábitos e padrões de conduta. É no mundo da vida que se desenvolvem os costumes, de onde irão brotar instâncias normativas que farão da formalização do Direito algo posteriormente estatalizado e escrito. O costume acaba sendo, por isso: a) a forma mais tradicional de organização social; b) a forma mais espontânea de autorregulação de um grupo, comunidade, sociedade; c) a forma mais ancestral de identidade comunitária; d) a forma mais remota de aparição do Direito.[102]

---

[100] "As súmulas vinculantes são o resultado de um processo interpretativo e de aplicação da norma, são o resultado de um ou vários processos judiciais, nos quais, a partir dos casos concretos, extraiu-se uma regra universalizável aplicável a casos análogos" (Zaneti Jr., *O valor vinculante dos precedentes*: teoria dos precedentes normativos formalmente vinculantes, 2. ed., 2016, p. 66).

[101] "A tradição é imediatamente caracterizada por dois aspectos: a continuidade e a conformidade. Por um lado, há a ligação a uma dada fonte de anterioridade; por outro, existe alinhamento num determinado foco de autoridade. A tradição é uma anterioridade que constitui autoridade; ela é um código de sentidos e valores transmitidos de geração em geração, constituindo uma herança que define e alimenta uma ordem (...)" (Ost, *O tempo do direito*, 2001, p. 64).

[102] "Historicamente hablando, la costumbre es una de las más importantes fuentes del derecho. La mayor parte de los pueblos ha tenido algún período en su historia en el cual la costumbre há sido

4.8.b. História: A variação do valor dos costumes, perante o Direito, dependerá do momento histórico analisado, como aponta o jurista português António dos Santos Justo.[103] Do ponto de vista histórico, os gregos reconheciam a *nómos* de cada *pólis*, e discutiam se era por convenção ou se era por natureza que cada cidade-estado possuía suas próprias regras, e os romanos reconheciam os *mores/ consuetudo* que tinham valor de lei da *civitas* ("Os costumes aprovados com uso de quem os usa imitam a lei"). Ao longo da Idade Média, os costumes irão se coordenar com outras fontes, mas terão forte incisão no Direito Ocidental, na medida da presença dos costumes dos povos bárbaros, que formarão o Direito romano-germânico. Somente no mundo moderno, a partir o junsturalismo, do racionalismo, do iluminismo, entre os séculos XVII e XVIII, a ideia de costume será sobejamente abandonada em nome da estatalização da fontes do Direito, da racionalização do Direito, e, também, da codificação do Direito positivo, processo este que se consolida no século XIX, quando os costumes assumem a feição de fonte resquicial do Direito moderno.[104]

4.8.c. Costumes e lei: Os costumes nascem da interpretação e normatização do mundo da vida, sendo compartilhados e transmitidos de geração após geração. Por isso, os costumes não são arbitrários, mas nascidos de limites, condicionamentos e visões de mundo compartilhados em padrões comunicativos e estruturas organizativas de poder. As leis, no geral, já não são uma expressão de consolidação dos costumes, desde quando passam a ser escritas e exibidas em público (*legem*). Na modernidade, a substituição do valor antigo-medieval dos costumes era fator de segurança, objetividade, racionalidade das fontes do Direito. Neste processo, será a lateralização moderna dos costumes que fará com que apareçam como fontes resquiciais ou supletivas. Por isso, a curiosa relação, que nos é contemporânea, entre lei e costume: a lei autoriza o recurso ao costume, na sua falta (art. 4º da LINDB).

4.8.d. Costumes e ramos do Direito: A presença e o valor do costume como fonte do Direito irá variar de área por área do Direito.[105] Assim, se pode dizer: 1) no Direito Penal: em função do princípio da legalidade estrita (reserva absoluta da lei), apenas

---

la fuente primaria y central de su derecho" (Perelló, *Teoría y fuentes del Derecho*, 2016, p. 102).

[103] "A importância do costume como fonte do direito varia ao longo da História. Nas sociedades primitivas, constituiu a única fonte; depois, quando a lei surgiu, coexistiram durante muito tempo; e, finalmente, o legislador não resistiu à tentação de o eliminar e recusar" (Justo, *Introdução ao estudo do direito*, 7. ed., 2015, p. 215).

[104] A exemplo do que ocorre no Direito Português, a partir da Lei da Boa Razão: "Sabe-se que a Lei da Boa Razão constituiu, entre nós, um momento decisivo no declínio do costume. Pela Europa adiante, ao longo do século XIX, o crepúsculo do direito consuetudinário viria a acentuar-se, muito embora a Escola Histórica proclame as suas virtudes contra o primado da lei e das codificações. O Código Civil de 1867 remeteu definitivamente o costume para o quadro das fontes mediatas ou indirectas, isto é, sem força própria: valia apenas na medida em que o legislador o admitisse" (Costa, *História do direito português*, 3. ed., 2003, p. 444).

[105] "Em alguns ramos jurídicos, o costume assume papel vital, como ocorre no Direito Internacional Privado" (Tartuce, *Lei de Introdução e parte geral*, 12. ed., 2016, p. 26). Há uma tendência à "(...) revalorização de práticas quotidianas revestidas de um sentimento de autoridade que deu origem ao conceito, hoje corrente, de *pop law*, ou "direito do quotidiano" (*every day life law*)" (Hespanha, *O caleidoscópio do direito*, 2. ed., 2009, p. 566).

lex scripta é considerada *tipo-penal*, conforme dicção do art. 1º do Código Penal ("Não há crime sem lei anterior que o defina. Não há pena sem prévia cominação legal"). Diante de *norma penal aberta*, os costumes podem colaborar na interpretação do *tipo-penal*, mas não é possível condenar ninguém com base nos costumes;[106] 2) no Direito do Trabalho: os costumes são explicitamente tratados pelo art. 8º da CLT (Decreto-lei n. 5.452/43), mas possuem o caráter de fonte supletiva, sendo invocados após a lei, após o contrato de trabalho, após a convenção ou o acordo coletivo de trabalho, a sentença em dissídio coletivo, a jurisprudência, a analogia, aos princípios gerais do direito, figurando como o último recurso cabível ao intérprete ("As autoridades administrativas e a Justiça do Trabalho, na falta de disposições legais ou contratuais, decidirão, conforme o caso, pela jurisprudência, por analogia, por equidade e outros princípios e normas gerais de direito, principalmente do direito do trabalho, e ainda, de acordo com os usos e costumes..."); 3) No Direito Comercial: diferentemente do que ocorre nos ramos anteriores, no Direito Comercial, os costumes são recurso usual, em função da informalidade e da dinâmica das relações comerciais, sendo assim consideradas as práticas uniformes, de longo prazo, não contrárias ao princípio da boa-fé, à ordem pública e aos bons costumes locais.[107] Assim, por exemplo, os usos e costumes do comércio marítimo são invocados corriqueiramente pelos tribunais para dirimir querelas, podendo-se provar a existência dos usos e costumes por assentos nas Juntas Comerciais e por testemunhas; 4) No Direito Virtual: em função do caráter recente do Direito Virtual, especialmente a partir da *internet* e dos avanços da cibernética, os costumes respondem à dinâmica eletrônica célere e em estado de permanente mutação técnica, atendendo a volumes de dados impressionantes, e a práticas céleres e altamente informais, de forma que ao regular a matéria, o Marco Civil da Internet (Lei n. 12.965, de 23 de abril de 2014), em seu art. 6º irá considerar o seu importante valor tópico ("Na interpretação desta lei serão levados em conta, além dos fundamentos, princípios e objetivos previstos, a natureza da internet, seus usos e costumes particulares, e sua importância para a promoção do desenvolvimento humano, econômico, social e cultural"); 5) No Direito Civil: a invocação dos usos e costumes se dá com base no art. 4º da LINDB, ou seja, como fonte supletiva, em caso de falta da lei.

4.8.e. Requisitos dos costumes: Os requisitos dos costumes são os seguintes: a) prática disseminada (conhecimento geral); b) prática socialmente enraizada (histórica, reconhecida e legítima); c) prática que gera convicção nos atores sociais sobre sua vinculatividade; d) prática passível de comprovação (geralmente, por testemunhas); e) prática que não fira valores constitucionalmente prevalecentes.[108] Alguns

---

[106] "As fontes indiretas, como o costume e os princípios gerais do direito, podem bem constituir fontes de produção de Direito em outros ramos do ordenamento jurídico e, excepcionalmente, também em Direito Penal, porém jamais na edição de preceitos incriminadores" (Busato, *Direito Penal*, 2013, p. 43).

[107] "Resta anotar que o costume adquire um papel diferente nos diversos campos do direito. É mais ou menos evidente que sua função é mais relevante no direito comercial, em que os usos e costumes comerciais são fundamentais para a vida comercial, do que no direito civil" (Poletti, *Introdução do direito*, 4. ed., 2012, p. 232).

[108] "O costume tem sido definido pela doutrina como uma prática social reiterada (*corpus*), acompanhada de convicção de sua obrigatoriedade (*opinio iuris*)" (Hespanha, *O caleidoscópio do direito*, 2.

juristas, tal qual o jurista espanhol Josep Agiló Regla, vêm apontando para um novo requisito de exigência para a configuração dos costumes, a saber, a coerência.[109]

4.8.f. Costumes *secundum legem*, *praeter legem* e *contra legem*: Na tradição mais assentada na doutrina é usual a afirmação de que os costumes não podem ser contrários à lei. Trata-se do predomínio da *legalidade* sobre os *costumes*. Conforme esta visão mais disseminada, os costumes são classificados da seguinte forma: a) costumes *secundum legem*: há previsão legal para sua invocação (exs.: art. 597 do CC; art. 6º da Lei n. 12.965/2014, Marco Civil da Internet); b) costumes *praeter legem*: aplicam-se na falta da lei, em caráter supletivo, por força do disposto no art. 4º da LINDB; c) costumes *contra legem*: são proibidos. Mas, essa classificação gera muitas dúvidas, polemizada por alguns juristas,[110] pois nem sempre é possível avaliar os costumes pelo olhar da lei positiva vigente, e isso porque os costumes mantêm relação viva e dinâmica com o Direito, e não apenas relação subsidiária e paralela à lei, ou *abaixo-da-lei*, "pulsando" como tensão entre *facticidade* e *validade*. A obediência às leis, neste sentido, é a regra geral, mas a contestação das regras também traz consigo *processos sociais* de mudança e transformação, nunca previsíveis, muitos dos quais levam à mudança de concepções, padrões de comportamentos e costumes/práticas sociais. Daí a ideia de que não se deve afastar *in limine* o *costume contra legem*, e sim aceitá-lo como uma *fronteira-de-modificação-dinâmica* do *Direito-de-hoje* que, muitas vezes, será o *Direito-de-amanhã*.

4.8.g. Prova dos costumes: A regra geral é a de que aquele que invoca costume, por se tratar da exceção diante da lei, terá de provar sua existência.[111] O novo CPC reiterou regra já conhecida anteriormente, e, em seu art. 376, dispôs a este respeito ("A parte que alegar direito municipal, estadual ou consuetudinário provar-lhe-á o teor e a vigência, se assim o juiz o determinar"). Os meios de prova mais usuais costumam ser: o testemunho; a publicação jornais/revistas/periódicos; os assentos da Junta Comercial; discursos diplomáticos, nas relações internacionais; discursos oficiais de estadistas; artigos científicos, das áreas da Antropologia, da Etnologia; laudos de antropólogos ou etnólogos; laudos institucionais.

4.8.h. Papéis dos costumes: Os costumes têm *amplo papel*, quando entram em contato com as dinâmicas formas de produção do Direito. Por isso, é possível entre-

---

ed., 2009, p. 562).

[109] "A par do *usus* e da *opinio* é necessário incluir um juízo de relevância jurídica fundada na ideia de coerência. Se formos capazes de aclarar este terceiro elemento, parece-me que se resolverão muitas das perplexidades suscitadas pelo costume jurídico" (Regla, *Teoria geral das fontes do Direito*, 2014, p. 116).

[110] A exemplo do historiador e jurista português António Manuel Hespanha: "Mas já não me parece tão forçoso que se exija ao costume conformidade com a lei (*costume secundum legem e costume praeter legem*), invalidando automaticamente qualquer costume *contra legem*" (Hespanha, *O caleidoscópio do direito*, 2. ed., 2009, p. 569).

[111] "Confirma que o costume é *fonte de direito* relevante na ordem oficial o ônus, que recai ou pode recair sobre a parte que alega direito consuetudinário, de fazer a respectiva prova" (Ascensão, *Introdução à ciência do direito*, 3. ed., 2005, p. 255).

ver os costumes da seguinte forma, segundo este critério: a) *costumes legais*: está-se diante de costumes legais, quando há plena coincidência entre o que existe no plano da facticidade e o que existe no plano da validade, de modo a que as *práticas sociais* originadas do mundo da vida vão se transportando para dentro da legislação, e se consolidando na forma do direito estatal, escrito, oficial e uniforme; b) *costumes erosivos*: está-se diante de costumes erosivos, quando não há coincidência entre a esfera da validade e a da facticidade, e se forma um confronto entre o *prescrito em lei* e o *praticado em sociedade*, sendo que a inércia do legislador poderá manter este tipo de situação por anos e décadas, sem alteração da situação da legislação. Neste caso, como aponta François Ost,[112] os costumes podem gerar o desgaste na eficácia das leis, erodindo sua aplicação social, tendo papel fundamental de continuar fazendo a sociedade avançar, ali onde a legislação se estagnou; c) *costumes permissivos*: está-se diante de costumes permissivos, quando a esfera da validade e a da facticidade não coincidem, mas as práticas podem ser toleradas em paralelo à vigência das leis, sem que com isso sejam proibidos, não obstante serem práticas locais, circunscritas e não contarem com pleno assentimento da moral convencional e da generalidade da sociedade.

4.8.i. Costumes comunitários: Os costumes comunitários são práticas circunscritas, localizadas e determinadas dentro do universo de comunidades antropológicas, consideradas a especificidade de sua história, cultura, tradição, crença e símbolos.[113] Os costumes comunitários, por isso, não têm sua validade projetada para todos, mas apenas para os membros de comunidades específicas, geralmente, comunidades tradicionais, regidas por *códigos-paralelos* aos *códigos-do-direito*, que são estudadas pela *Etnologia* e pela *Antropologia*.[114] Se não são válidos para todos, possuem, no entanto, o reconhecimento da autonomia de práticas socioculturais de costumes de povos tradicionais, tais como os povos indígenas, os povos quilombolas, os ciganos,

---

[112] "Melhor ainda: de certa forma, é a relação de força que se inverte na medida em que o processo consuetudinário não para de trabalhar do interior, de subverter de alguma forma, as fontes oficiais que parasita incessantemente, extravasando-as ou contornando-as com vista a adaptá-las às modificações das práticas (efectividade) e dos juízos de valor (legitimidade) dos actores jurídicos" (Ost, *O tempo do direito*, 2001, p. 109). Ainda: "As duas formas mais conhecidas de refluxo jurídico são o desuso e a prescrição extintiva, lados negativos do costume e da prescrição aquisitiva. O desuso não deixa de ser paradoxal: eis uma lei, em princípio formalmente obrigatória até ao dia da sua ab-rogação, que contudo perde pouco a pouco a sua validade por um não uso prolongado e, segundo parece, tolerado pelas autoridades jurídicas, mesmo quando se apresentam ocasiões de o aplicar (nisso, a hipótese do desuso distingue-se da caducidade, que se entende como não uso por falta de ocasiões de aplicar a lei" (Ost, *O tempo do direito*, 2001, p. 165-166).

[113] "Existe uma comunidade indígena na região central dos Andes no Peru que desde o final do séc. XVI se mantém em constante disputa em torno da posse de certas terras com as fazendas ou (a partir de 1969) cooperativas vizinhas. Geração após geração, anciãos analfabetos levam meninos analfabetos para as pastagens em disputa, nas terras altas dos puna, e lhes mostram os limites da terra comunal então perdida. Aqui, a história é, positivamente, a autoridade para o presente" (Hobsbawn, *Sobre história*: ensaios, 2005, p. 37).

[114] "Os etnólogos demonstram-nos que qualquer grupo social, por mais rudimentar que seja seu estágio de desenvolvimento, possui, para regulamentar sua vida grupal, um conjunto de normas que rege o comportamento de seus membros, estabelecendo as bases de coexistência de muitos homens" (Diniz, *Compêndio de introdução à Ciência do Direito*, 22. ed., 2011, p. 354).

os ribeirinhos, as comunidades de pescadores. Especialmente, diante da afirmação do Direito dos Povos Indígenas, é importante ressaltar o entrelaçamento entre direitos territoriais, direitos culturais e direito à autodeterminação,[115] como sendo os traços fundantes das comunidades tradicionais. Aliás, as comunidades indígenas têm seu direito tradicional reconhecido por força imperativa da Constituição Federal de 1988, a exemplo do art. 231 ("São reconhecidos aos índios sua organização social, costumes, línguas, crenças e tradições..."), do 3º Programa Nacional de Direitos Humanos (Decreto n. 7.037/2009, Diretriz 9, Objetivos I e II) e do art. 8º, parágrafo único, do Estatuto de Igualdade Racial (Lei n. 12.288/2010), além propriamente do parágrafo único do art. 1º, da Lei n. 6.001/73, o Estatuto do Índio (" Aos índios e às comunidades indígenas se estende a proteção das leis do País, nos mesmos termos em que se aplicam aos demais brasileiros, resguardados os usos, costumes e tradições indígenas, bem como as condições peculiares reconhecidas nesta Lei").

4.9. Doutrina jurídica

4.9.a. Conceito: A expressão doutrina jurídica tem na palavra "doutrina" o seu núcleo, e esta por sua vez, provém de *doctrina*, do verbo *doceo*, que significa docência, ensinamento.[116] Desta forma, a doutrina jurídica nada mais é do que o *corpus* metódico, racional e sistemático, que organiza o conhecimento jurídico. A doutrina jurídica funciona na base de um acúmulo cultural e hermenêutico, por isso se funda na correlação entre a *tradição jurídica* (herdada; praticada; conhecida; repisada) e a *modernidade jurídica* (inovação; novos conhecimentos; mudanças científicas, tecnológicas e sociais; paradigmas teóricos), de forma a lidar com os conceitos, as classificações, as técnicas e os desafios legais/ reais do Direito.

4.9.b. História: A doutrina já era conhecida dos romanos, na forma de opinião dos jurisconsultos (*opinio comunis doctorum*), advindo de longa tradição, tendo chegado a alcançar força obrigatória e vinculante em 426 d.C., através da chamada Lei de Citações.

4.9.c. Força vinculante: A doutrina não é reconhecida como fonte, em caso de falta da lei, no texto do art. 4º da LINDB. A falta desta explicitação legal leva a muitas dúvidas, nos debates científicos, a respeito do valor vinculante desta modalidade de fonte jurídica. É controversa a admissão da doutrina como fonte de Direito para

---

[115] "Os 'novos' direitos indígenas no Brasil podem ser classificados em direitos territoriais, direitos culturais e direito à auto-organização. Diante da 'velha' política integracionista e do princípio da soberania nacional pregados pelos governos anteriores, o que se pode considerar 'novos' direitos são os referentes à diversidade étnico-cultural, à diferença, à auto-organização, à autodeterminação, à participação, à consulta prévia, livre e informada, e ao consentimento" (Colaço, Os novos direitos indígenas, *in Os novos direitos no Brasil*: natureza e perspectivas – uma visão básica das novas conflituosidades jurídicas (Wolkmer, Antonio Carlos; Leite, José Rubens Morato, orgs.), 3. ed., 2016, p. 120-121).

[116] "O termo doutrina advém do latim *doctrina*, do verbo *doceo* – ensinar, instruir" (Diniz, *Compêndio de Introdução à Ciência do Direito*, 17. ed., 2005, p. 317).

um grande número de autores.[117] No entanto, a doutrina jurídica traz enorme e significativa influência sobre a prática do Direito, considerando-se a peculiaridade da *Ciência do Direito*, que é *teórico-prática*. Assim, a doutrina jurídica contribui para a renovação do Direito, por meio dos estudos que empreende, das descobertas que divulga, das interpretações que desenvolve, através da *palavra-avalizada* que comunica e instrui para o bom uso do Direito.[118] Nesta medida, seria estranho não lhe conferir valor de fonte do Direito, na medida em que corresponde a uma parte importante do que se conhece como Direito. O papel de interpretação doutrinária é capaz de traduzir soluções não pensadas pelo Direito legislado, e, por isso, sempre capaz de renovação dos horizontes da aplicação do Direito. É, por isso, fonte do Direito, mesmo não estando no rol do art. 4º da LINDB e, mesmo que não seja uma fonte jurídica vinculante, desempenha o seu papel específico.[119]

4.9.d. Prática e interpretação doutrinária: A doutrina jurídica consiste na prática de interpretação, metodicamente fundada, dotada de racionalidade, coerência, seriedade, autoridade, competência, técnica e rigor conceitual. É, por isso, um exercício de linguagem, aplicação, interpretação, classificação, conceituação, estruturado na base de narrativas, mais ou menos interdisciplinares sobre os campos temáticos analisados (exs.: relações de família; relações de trabalho; relações comerciais; relações de consumo; relações ambientais).

4.9.e. Horizontes do conhecimento e doutrina: O dever da doutrina jurídica, enquanto prática da Ciência do Direito, é o de ampliar as fronteiras do conhecimento jurídico disponível, proporcionando permanente atualização, problematização, conceptualização, reconceptualização, terminologização, discussão, revisão e aprimoramento das soluções e buscas por justiça pelos meios do Direito. As "novas vanguardas" do Direito positivo revelam "novas fronteiras" para a Ciência do Direito, formando "microespecializações" e "derivações" de troncos mais ancestrais do Direito.

4.9.f. Enunciados doutrinários: Inclusive, recentemente, há uma inovação muito interessante no papel ativo da doutrina no direito brasileiro, a saber, os chamados *enunciados doutrinários*. Os *enunciados doutrinários* são entendimentos doutrinários não vinculantes,[120] mas deliberados por grandes consensos especializados em Congressos e Jornadas, visando a conferir orientação prática e doutrinária a matérias polêmicas e controversas do Direito contemporâneo. A finalidade de emitir *enunciados* é a de auxiliar na aplicação do Direito, construindo práticas consensuais

---

[117] "A doutrina não constitui uma fonte do direito, porque não tem força bastante para revelar uma norma jurídica obrigatória" (Betioli, *Introdução ao direito*, 12. ed., 2012, p. 260).

[118] "As opiniões podem ser sábias mas não tem a capacidade de obrigar – de coercibilidade ou de atributividade" (Poletti, *Introdução ao direito*, 4. ed. 2012, p. 237).

[119] Apesar de não ser fonte jurídica vinculante, segue-se a posição de António Manuel Hespanha: "(...) a doutrina é, de facto, também nos dias de hoje, reconhecida como uma via de manifestação e de formação do direito..." (Hespanha, *O Caleidoscópio do direito*, 2. ed., 2009, p. 553).

[120] "Esclarecendo, os enunciados aprovados nas citadas Jornadas não têm força de súmulas, tratando-se de entendimentos doutrinários" (Tartuce, *Direito civil*, 12. ed., 2016, p. 34).

de entendimento sobre matérias controversas. São exemplos de enunciados doutrinários: Enunciado n. 10 (IBDFAM): "É cabível o reconhecimento do abandono afetivo em relação aos ascendentes idosos"; os mais de 612 enunciados doutrinários do Conselho da Justiça Federal, do STJ, com suas VI *Jornadas de Direito Civil*; e os 81 enunciados das II Jornadas de Direito Comercial; os 125 enunciados das II Jornadas de Direito do Trabalho; os 107 enunciados da I Jornada de Processo Civil. Acolhendo a sugestão de Arnaldo Sampaio de Moraes Godoy,[121] considera-se que os *enunciados doutrinários* formam fonte do Direito, em função de algumas razões, que se passam a apontar a seguir: i. o preenchimento das lacunas da legislação e da falta de respostas no âmbito da jurisprudência amplia a funcionalidade do sistema jurídico; ii. o alto grau de consenso entre especialistas reunidos em eventos científicos é um indicador de que a matéria ganhou suficiente tratamento no debate doutrinário; iii. o elevado grau técnico, especializado e tematizado dos *enunciados doutrinários* aponta para esclarecimentos e formação de conceitos que contribuem com o aperfeiçoamento das finalidades das fontes do direito; iv. o estudo permanente, o saber em constante estado de transformação, a erudição que decorre do acúmulo de conhecimentos jurídicos e a tarefa dos encontros científicos fornecem um novo subsídio para incrementar argumentos jurídicos precisos e que atendem a demandas reais, dentro do sistema jurídico, agregando um novo valor às tarefas (tradicionais) da doutrina, enquanto manifestação de *saber jurídico*. A atenção que os juristas conferem aos *enunciados doutrinários* ainda é pequena, em relação às fontes tradicionais, mas de toda forma há acenos nos usos dos tribunais que apontam para um crescimento da prática nas próximas décadas.

4.9.g. Poder discursivo: A doutrina jurídica não tem poder vinculante no Direito moderno. A predominância da *fonte-lei* lhe retira esse poder. Mas a doutrina jurídica tem poder discursivo,[122] influenciando decisões judiciais,[123] na elocução influente,[124] ocupando por palavras e textos,[125] aqueles espaços ocos deixados pela legislação. Assim, enquanto prática de discurso científico, a doutrina jurídica é um *poder-fazer-saber-fazer*, na visão semiótica.[126] A doutrina jurídica costuma se expressar por meio de: pareceres

---

[121] Cf. Godoy, Eduardo Bittar e o tema dos 'enunciados doutrinários', in *Conjur*, 1º de maio de 2022, p. 1-3. Disponível em: <https://www.conjur.com.br/2022-mai-01/eduardo-bittar-tema-enunciados-doutrinarios>. Acesso em: 30 jun. 2022.

[122] "Possui força 'convincente', não força 'vinculante'" (Betioli, *Introdução ao direito*, 12. ed., 2013, p. 260).

[123] "Deveras, os magistrados socorrem-se do prestígio do nome de certos Juristas, fundamentando suas decisões em citações doutrinárias" (Diniz, *Compêndio de Introdução ao Estudo do Direito*, 22. ed., 2011, p. 349).

[124] "(...) decisões judiciais são essencialmente baseadas em considerações *doutrinárias* de juristas reconhecidos ou em correntes juris prudenciais" (Hespanha, *O caleidoscópio do direito*, 2. ed., 2009, p. 554).

[125] "A interpretação doutrinária é uma interpretação 'orientada para os textos', já que os juristas habitualmente se perguntam (ao menos assim se supõe) qual é o significado de um certo texto normativo 'em abstrato', isto é, sem referência a um caso particular concreto ao qual a norma deva ser aplicada" (Guastini, *Das fontes às normas*, 2005, p. 73).

[126] A respeito, consulte-se Bittar, *Linguagem jurídica*: semiótica, discurso e direito, 6. ed., 2015.

jurídicos; consultas do STF; debates públicos e conferências; artigos científicos; citações em julgamentos; cursos e formação da opinião de juristas e atores jurídicos.

4.9.h. Características: As características da doutrina jurídica são: a) voz (*vox*): capacidade de elocução; b) método (*méthodos*): critério de cientificidade para apoiar teses e concepções; c) autoridade (*auctoritas*): respeito, autoridade e legitimidade científica.

4.9.i. Representação discursiva: A doutrina jurídica não deve ser vista a partir de uma noção de *unidade*, como se todos os juristas – ainda que do mesmo ramo – estivessem partindo dos mesmos pressupostos e chegando às mesmas conclusões. Esta seria uma visão falseada da realidade das coisas. Por isso, é importante reconhecer que a doutrina jurídica está composta por *visões, modelos, campos, concepções* e *teorias*, sendo melhor analisada a partir da ideia de *representação discursiva*. A representação discursiva da doutrina jurídica faz de seus/suas autores(as),[127] de fato, pessoas que representam classes sociais, ideologias, teses conceituais, opiniões, visões de mundo, grupos sociais, interesses setoriais. Por isso, há enorme *controvérsia* nos estudos em geral do Direito, e não *unidade e harmonia doutrinária*. A manutenção ou a descontinuação da adoção desta ou daquela doutrina tem a ver com modismo acadêmico, com a atualidade/inatualidade da doutrina, mas, também, com lutas entre grupos pela expansão/preservação de certas *visões de mundo hegemônicas*, donde o mundo de Ciência também ser um mundo de disputas. Assim, dissensos e consensos ocorrem em seu interior, de modo que a doutrina jurídica é formada mais de dissensos do que de consensos, em função das correntes de pensamento que, em seu interior, se desenvolvem.

4.9.j. Funções: A doutrina jurídica exerce papel formativo e interpretativo[128] de significativa importância, de modo que: transforma consciências através de processos formativos; colabora para introduzir vanguardas conceptuais no sistema jurídico; forma opiniões e gera convencimento na comunidade de atores jurídicos; estrutura e sistematiza teses; promove o entendimento e o esclarecimento sobre matérias controversas; promove a vocalização de posições teóricas; constrói sentido jurídico, contando ou não com texto de lei regulando a matéria; compreende, explicita, reflete, critica, inova; promove intersecções interdisciplinares e intertextuais; plurifica as formas e fronteiras do conhecimento jurídico; age nas interfaces entre textos de jurisprudência, textos científicos, concepções religiosas e filosóficas, visões de mundo, ideologias e grupos sociais.

---

[127] A mais do que precisa constatação do jurista francês Jean-Louis Bergel: "Não há uma doutrina, mas autores de direito cuja liberdade favorece a diversidade de seus pensamentos" (Bergel, *Teoria geral do direito*, 2. ed., 2006, p. 77).

[128] "A ciência do Direito (*jurisprudence*), por outro lado, revela o seu potencial quando se exige a formulação de princípios gerais: não apenas conceitos abstratos, mas também a crítica e a análise de tendências no pensamento jurídico e na judicatura são o seu domínio próprio. Não há dúvida de que os juristas podem e devem esclarecer e explicar de uma maneia que não é como a do legislador nem como a do juiz" (Caenegem, *Juízes, legisladores e professores*: capítulos de história jurídica europeia, 2010, p. 91).

4.9.k. Projeções de influência: A doutrina jurídica está presente desde a mais prematura fase de formação de profissionais do Direito, oferecendo as bases de conhecimentos técnico-jurídicos a estudantes, influenciando outros(as) doutrinadores(as), inspirando os legisladores, influenciando os juízes, criando debates e diálogos interautorais, criando correntes de pensamento e reflexão, se conectando a doutrinas estrangeiras, estabelecendo trocas com doutrinas sociológicas, filosóficas, econômicas, políticas, religiosas e sociais.

4.9.l. Finalidades legítimas: As finalidades da doutrina jurídica são legítimas, na medida em que, ao exercer o *poder-de-dizer-o-direito*, eleva o nível do conhecimento jurídico acumulado, estabelece uma correção observatória permanente da atividade dos juízes, visa a arrastar a fronteira do conhecimento para mais adiante e promove a disputa simbólica e cultural por influenciação na esfera pública.

4.9.m. Classificação: A doutrina jurídica, para fins didáticos, pode ser dividida, considerando-se que a Ciência do Direito é Ciência Social Aplicada, segundo dois grandes campos de atuação prática: a) doutrina científico-jurídica: de uso mais acadêmico, resultado de investigações mais densas, com repercussão na jurisprudência de altas cortes, em casos complexos; b) doutrina técnico-profissional: de uso mais forense-aplicativo, com instruções práticas e recomendações rápidas e informativas ao aplicador, e de franco caráter prático-instrucional, com elevado impacto em uso e procedimentos profissionais, repercutindo na redação de petições, atos e decisões judiciais.

4.9.n. Massificação: No cenário contemporâneo, diante da massificação de conteúdos jurídicos, de formas e veículos de disseminação, nem toda a literatura jurídica publicada pode, de fato, ser considerada doutrina jurídica, para fins mais rigorosos. Tudo isto tem a ver com um vasto processo de difusão e reconhecimento social do Direito. Isso nos faz ver que o horizonte da cultura em torno dos direitos é vasto, e que o que a mais tradicional concepção de doutrina veio sendo modificada. Nada obstante, fica identificado que o termo doutrina é geralmente reservado para tratar da "opinião jurídica relevante" que determinado *corpus* textual carrega. A doutrina está geralmente associada a um largo trabalho fundado na consistência das opiniões, no apuro técnico e metodológico, no rigor e precisão. Mas, o critério distintivo mais aprimorado que se pode ter é a própria *seletividade* exercida pela *esfera pública acadêmica e profissional*. Afinal, a doutrina jurídica acaba sendo representada por aquela parte da enorme massa da literatura jurídica publicada que, pela triagem da esfera pública, se aconchega à condição de influenciar decisões e entendimentos públicos.

4.10. Equidade

4.10.a. Conceito: A equidade consiste no *senso de justiça* exercido num *caso concreto*, para suprir ou corrigir, abrandar, adaptar, adequar conteúdo contido em texto de lei, evitando-se os males da generalidade, da abstração e da distância histórica do momento de produção da legislação.

4.10.b. História: A equidade é conhecida dos gregos (*epieikeia*) e dos romanos (*aequitas*), encontrando-se na *Ética a Nicômaco*, de Aristóteles, a sua melhor definição, enquanto forma de correção do justo legal. A equidade é muito evocada pelo *common law*, onde vem geralmente associada à noção de prudência ou bom senso judicial, valorizando-se a capacidade de produzir decisões baseadas em juízos de precedentes e raciocínios morais de enorme valor aplicativo. Segundo esta compreensão, a equidade é muito mais importante no sistema de *common law* do que no sistema de *civil law*, na medida em que neste último foi reduzida à *sensibilidade individual de justiça* do órgão judicante, e, no rol das fontes, reduzida a uma manifestação resquicial da noção intuitiva de justiça, muito atrás do império objetivo do texto universal e racional da lei.

4.10.c. Raciocínio: O juízo equitativo é um *juízo do caso concreto*, que demanda experiência, conhecimento, observação, bom senso e prudência, devendo ser utilizado como último recurso do sistema jurídico. Caso as demais fontes jurídicas, anteriormente analisadas, não tenham tido condições de oferecer respostas razoáveis, o juízo equitativo aparece para fornecer autorização a que juízes e aplicadores produzam decisões fundamentadas, de um tipo de fundamentação que não é praticada apenas pela razão, mas também, pela intuição, observação, experiência, bom senso e sensibilidade em justiça.

4.10.d. Função: A equidade é fonte jurídica criativa, adaptativa e de ajustamento do Direito. O equilíbrio é um *juízo ético* que expressa a compreensão prática dos fatores em sopesamento no caso concreto, repousando no último recurso do ordenamento jurídico. O indivíduo-juiz(a), no uso de atribuição do cargo/função judicante, age não baseado no *poder-de-decisão*, mas em conexão profunda com a *ética profissional*, com a *evolução dos saberes*, com as *exigências do caso concreto* e as *convicções da pessoa-juiz*. Desta forma, uma decisão baseada na equidade é mais-justa do que a decisão-legal, e não o contrário; ela é um avanço, considerado o estado-da-lei (incompleta; injusta; genérica; indefinida). Assim, uma boa decisão fundada na equidade é exemplar, e bem ajustada para a *situação-única* que se encontra *sub judice*, nunca *in genere*. Por isso, a mera evocação da equidade não basta, devendo-se discorrer sobre as razões e as condições do juízo de equidade, caso contrário se estará diante de um ato arbitrário, revestido de equidade. Assim, o tênue espaço entre o juízo de equidade e a arbitrariedade judicial está bem delimitado pela *qualidade dos argumentos* expendidos, pela *técnica de justificação* adotada, bem como pela *maximização da justiça* no caso concreto se comparada ao *estado-da-lei*.

4.10.e. Sentido político: No Brasil, já se procurou, há algumas décadas atrás, conferir à equidade uma força política pelo movimento do *direito alternativo*; atualmente, o *ativismo judicial* cumpre papel igualmente polêmico.

4.10.f. Fundamento legal: Como se pode perceber pela leitura do art. 4º da LINDB, diante da lacuna legal, a equidade não é encontrada na lista de fontes jurídicas indicadas ("Quando a lei for omissa, o juiz decidirá o caso de acordo com a analogia, os costumes e os princípios gerais de direito"). Porém, o art. 8º da CLT menciona a equidade de forma explícita. Ademais, a Lei de Arbitragem (Lei n. 9.307/96), em seu art. 2º, também prevê expressamente a equidade ("A arbitragem poderá ser de direito ou de equidade, a critério das partes"). Ademais, no Direito Penal, admite-se o uso da equidade, desde que aplicada *in bonam partem*. No novo Código de Processo Civil (art. 140, parágrafo único) fica claro que "O juiz só decidirá por equidade nos casos previstos em lei".

4.10.g. Fundamentação: É necessária a fundamentação do juízo ético, seguindo-se, pois, o disposto no art. 11 do Novo Código de Processo Civil ("Todos os julgamentos dos órgãos do Poder Judiciário serão públicos, e fundamentadas todas as decisões, sob pena de nulidade"). Por isso, a equidade não é franca concessão ao juiz para praticar um ato desmotivado e subjetivo, pois arbítrio é vontade irrestrita, sem explicação, mera expressão de poder.[129] A equidade expressa a força elocutória da *justiça-do-caso-concreto*, consideradas as particularidades e singularidades que o circundam, geralmente irrepetíveis.

4.11. Práticas contemporâneas de cidadania

Diante da crise de efetividade das ações do Estado, e especialmente do Poder Judiciário, assoberbado com o acúmulo de processos em curso e julgamentos pendentes, vieram se desenvolvendo *práticas contemporâneas de cidadania*, visando à melhoria do acesso à justiça e, também, à substituição da cultura do litígio (ainda que judicial) pela cultura da paz.[130] As *práticas contemporâneas de cidadania* são ainda, mais ou menos, carentes de reconhecimento estatal e, em grande medida, incipientes mecanismos institucionais de autonomia social, mas estão em uso e não podem ser ignoradas no quadro de uma *Teoria geral das fontes do direito*, especialmente considerando o cenário de: acúmulo das injustiças sociais; aumento das violências; incerteza e insegurança. Essas práticas dão conta do *pluralismo jurídico* e se valem como mecanismos de autocomposição ou de heterocomposição de lides para fomentar *justiça* e *cidadania*.[131] O debate acadêmico, a partir da ótica da *Sociologia da violência*, a partir do olhar da *Sociologia jurídica*, ou ainda, a partir da *Teoria Geral do Processo*,[132] reconhece esse tipo de iniciativa sob variadas nomenclaturas e linhas de análise, dentre as quais se destaca a do pluralismo jurídico.[133] Mas, para lidar com o tema de forma mais objeti-

---

[129] "A equidade não é um campo aberto, de ausência de critério e de arbitrariedade. Com efeito, a decisão *adequa* encontra-se delimitada por critérios de justiça material e pelas ideias de rectidão e imparcialidade" (Martinez, *Introdução ao Estudo do Direito*, 2021, p. 336).

[130] "A solução de conflitos não é atividade exclusiva do Estado, mediante a oferta da tutela jurisdicional estatal. São crescentes a valorização e o emprego dos meios não judiciais de solução de conflitos, ditos meios alternativos (ou paralelos à atuação dos juízes), como a arbitragem, a conciliação e a mediação (...)" (Dinamarco, Cândido Rangel; Lopes, Bruno Vasconcelos Carrilho. *Teoria geral do novo processo civil*. São Paulo: Malheiros, 2016, p. 31).

[131] A respeito, consulte-se, do Ministério da Justiça, o documento institucional intitulado: *Acesso à justiça por sistemas alternativos de solução de conflitos* – Mapeamento Nacional. Brasília, 2005.

[132] "O movimento pelo Direito Alternativo busca encontrar o que já se chamou de direito achado na rua. É uma ideia em si mesma interessante, a se usar como instrumento de apoio na função criadora do Direito, a cargo do juiz" (Lima, *Teoria geral do processo judicial*, 2013, p. 218).

[133] "Este pluralismo legal ampliado e de 'novo tipo' impõe a rediscussão de questões consubstanciais como as 'fontes', os 'fundamentos' e o 'objeto' do Direito" (Wolkmer, *Pluralismo Jurídico*: funda-

Capítulo IX | Teoria das fontes do Direito

va, prefere-se valorizar a expressão *práticas contemporâneas de cidadania*, evitando-se que sobre elas recaiam certos estigmas projetados sobre outras concepções.

De toda forma, este campo de trabalho é de extrema importância para a renovação da *Teoria das fontes do Direito*, na medida em que se procura não criar hierarquia entre o estatal-oficial e o não estatal, o que relegaria esta segunda dimensão ao campo da inoficialidade, e sim desestimular a tendência à autotutela, à justiça pelas próprias mãos, ampliando o campo de atuação da cidadania. Este campo de trabalho está mais conectado a uma teoria da democracia participativa, que trabalha com a ideia da legitimidade social e popular da cidadania contemporânea, em face de seus enfrentamentos com os enormes déficits de justiça da sociedade contemporânea, marcada por: a) aumento das taxas de violência; b) ampla sensação de insegurança e ineficácia das instituições; e c) iminente risco de desordens nos níveis político, carcerário, social.

Por isso, diante de inúmeras novas fronteiras em abertura, neste campo, e sabendo-se das várias dimensões embrionárias na experiência jurídica nacional, não se configurando como fontes clássicas na *Teoria das fontes do direito*, dar-se-á preferência por trabalhar três *práticas contemporâneas de cidadania*, a saber: 1) sentença arbitral; 2) decisão de conciliação, mediação de conflitos e justiça restaurativa; e 3) políticas públicas participativas.

1) **Sentença arbitral:** A sentença arbitral é um ato de caráter decisório, previsto na Lei n. 9.307/96, praticado por árbitros eleitos pelas partes envolvidas em litígio em forma de heterocomposição extrajudicial. A arbitragem cuida de ser um meio alternativo e não estatal de solução de conflitos, envolvendo direitos patrimoniais disponíveis que conduz à decisão por sentença arbitral, se baseando nas fontes de Direito ou na equidade (art. 2º). As partes submetem-se voluntariamente ao juízo arbitral por cláusula arbitral,[134] considerando as vantagens do procedimento (celeridade, economicidade, praticidade), geralmente no âmbito comercial. O árbitro, eleito pelas partes em Câmaras de Arbitragem, a praticar a sentença arbitral, é juiz de fato e de direito, no caso sob análise, conforme dispõe o art. 18 da Lei n. 9.307/96 ("O árbitro é juiz de fato e de direito, e a sentença que proferir não fica sujeita a recurso ou a homologação pelo Poder Judiciário"). A sentença arbitral é fonte do Direito, evidentemente, pois como toda decisão jurídica, vincula as partes nela envolvidas, sendo reconhecida como *título executivo com o mesmo valor e efeito de sentença judicial se condenatória, a propósito do art. 31 da Lei n. 9.307/96* ("A sentença arbitral produz, entre as partes e seus sucessores, os mesmos efeitos da sentença proferida pelos órgãos do Poder Judiciário e, sendo condenatória, constitui título executivo), ademais do disposto no art. 784, XII, do novo CPC.[135]

---

mentos de uma nova cultura no Direito, 3. ed., 2001, p. 233).

[134] "Também a jurisdição arbitral é exercida com fundamento em um poder, mas, diferentemente do que se dá com a jurisdição estatal, a fonte do poder do árbitro não é o *imperium* soberano do Estado, como a do Estado-juiz, mas a *vontade bilateral das partes* que houverem optado pela arbitragem, sem a qual esta não será admissível" (Dinamarco, Cândido Rangel; Lopes, Bruno Vasconcelos Carrilho. *Teoria geral do novo processo civil*. São Paulo: Malheiros, 2016, p. 79).

[135] A respeito, consultar Lima, *Teoria geral do processo judicial*, 2013, p. 21 e p. 304-312.

2) **Termo de conciliação e de mediação, e práticas de justiça restaurativa:** Em complementação à atuação do Poder Judiciário, e à cultura da imposição estatal de decisões pela jurisdição, vem crescendo a importância destas práticas de autocomposição, tais como a mediação (partes chegam à autocomposição, buscando entendimento, por meio de mediador, num campo de direitos disponíveis, reduzindo-se a termo o acordo obtido, que tem valor de título extrajudicial, nos termos do art. 784, XII, do novo CPC), a conciliação (a atuação do conciliador segue no sentido de apontar saídas conciliatórias, levando-se ao termo de conciliação, que pode ser judicial ou extrajudicial) e a justiça restaurativa (prática que procura restaurar as relações e as consequências centrais e laterais da violação de um determinado direito). Suas vantagens com relação à justiça formal, estatal, lenta, custosa e, muitas vezes, menos acessível, é exatamente a capacidade de produzir decisões mais rápidas, mais econômicas, emocionalmente menos desgastantes, e, muitas vezes, capazes de restaurar relações e elos comunicativos rompidos ou danificados.[136] A mediação e a conciliação formam modalidades de autocomposição facilitadas por terceiro neutro diante do litígio (mediador/conciliador), visando à solução dialogada e pacificadora sobre direitos disponíveis.[137] A mediação e a conciliação se exercem considerando as técnicas de conciliação e mediação, a comunicação conduzida por terceiro, o diálogo circular e o ambiente propício. O reconhecimento e a formalidade da mediação e da conciliação vieram crescendo desde a Resolução n. 125/2010 do CNJ, e agora se consagram como espinha dorsal do novo Código de Processo Civil, e por força da específica Lei n. 13.140/2015 (Lei da Mediação). A mediação e conciliação podem ser: a) *extrajudiciais*, com base na Lei n. 13.140/2015, ocorrida em espaços privados (Câmaras Privadas de Mediação) ou públicos (Casas de Mediação; Centros de Cidadania); b) *judiciais*: desenvolvidas no espaço do Poder Judiciário, visando-se a conciliação prévia (triagem inicial), após recebimento da petição inicial, na audiência de conciliação ou de mediação (art. 334 do novo CPC), ou ainda, a qualquer tempo do processo (art. 139, V, novo CPC). Atualmente, o estímulo à conciliação e à mediação, por parte do Estado, obriga o Poder Judiciário a criar e manter "Centros judiciários de solução consensual de conflitos", por força do art. 165 do novo CPC. Ademais, várias práticas de justiça restaurativa entre vítima e ofensor têm sido utilizadas, inclusive em procedimentos criminais de menor ofensividade contemplados pela Lei n. 9.099/95 (Lei dos Juizados Especiais Criminais), na aplicação do Estatuto da Criança e do Adolescente (no capítulo dos atos infracionais, arts. 101 e 112) e na aplicação do Estatuto do Idoso.

3) **Deliberações de políticas públicas participativas:** Em substituição à cultura do ato administrativo, no Direito Público (ato estatal, burocrático, legal, formal e unilateral), vem crescendo o número de atividades de *políticas públicas participati-*

---

[136] "A autocomposição tem merecido crescente apoio estatal, sendo estimuladas pelas evidentes vantagens que apresenta, quando confrontada com as demais formas de equacionamento de litígios" (Lima, *Teoria geral do processo judicial*, 2013, p. 19).

[137] "A mediação é um meio alternativo de resolução de litígios que assume caráter confidencial e voluntário e se caracteriza por e responsabilidade pela construção das decisões caber às próprias partes envolvidas" (Hespanha, *O caleidoscópio do direito*, 2. ed., 2009, p. 390).

vas, sabendo-se que estas se exprimem por atos assembleares soberanos, tomadas de decisões vinculantes, atos administrativos, deliberações coletivas da Administração Pública Federal, Estadual ou Municipal. As políticas públicas participativas, em suas diversas etapas internas, podem ser vistas como o conjunto de ações, programas e atividades,[138] que incorporam a participação social nas etapas de planejamento, implantação e execução de atividades que afetam a vida dos cidadãos (exs.: orçamento público participativo; política ambiental; conferências nacionais da educação; construção do programa nacional de direitos humanos).[139] Seu valor está na capacidade de empoderamento dos(as) diversos(as) atores(as) sociais envolvidos(as), sendo a oitiva e a incorporação do valor político-social, humano e cidadão, dos cidadãos, dos movimentos sociais, nas deliberações de interesse público, visando à efetividade de direitos sociais e coordenando esforços estatais e não estatais. Trata-se de importante fonte do Direito Público, com fundamento no parágrafo único do art. 1º da CF/88, na Lei de Transparência (Lei Complementar n. 131/2009) e nas Leis setoriais (ex.: LDB) e não pode ser ignorada pela *Teoria geral das fontes do Direito*.

5. HIERARQUIA DAS FONTES JURÍDICAS

Após a apresentação deste amplo leque de fontes jurídicas, o que se percebe é que o problema da *hierarquia das fontes jurídicas* surge para responder à pergunta: e como estas *fontes jurídicas convivem entre si*? A resposta a esta pergunta é que estabelece um enorme problema teórico, na medida em que, ao apresentá-la, junto com ela também se apresenta uma *concepção de sistema jurídico*, na medida em que estas questões são indissociáveis. E, também, o que se percebe, após essa incursão de análise no universo das diversas fontes jurídicas existentes no direito contemporâneo, é que existe uma diversidade de formas de se atender às necessidades e especificidades dos casos concretos, para levar-lhes *razão*, *critério*, *medida*, *solução* e *justiça*. Por isso, a visão geral do sistema jurídico é a de sua pluralidade de partes e complexidade de composição. E, em verdade, o sistema é complexo, pois a sociedade contemporânea é complexa, apresentando desafios enormes à compreensão do jurista.

Assim, quando estamos diante do *sistema jurídico*, em termos de "representação simbólica", a mais conhecida delas é a *forma piramidal*, e que decorre de uma descrição teórica do escalonamento das fontes normativas do Direito (*Stufenbautheorie*),[140] como a seguir se pode ver, nesta figura:

---

[138] Cf. Bucci, *Direito administrativo e políticas públicas*, 2002, p. 252 e seguintes.

[139] "Efetivamente, a terceira condição geral para pensar e articular um novo pluralismo de dimensão política e jurídica é viabilizar as condições para a implementação de uma política democrática que direcione e ao mesmo tempo reproduza um espaço comunitário descentralizado e participativo" (Wolkmer, *Pluralismo jurídico*, 3. ed., 2001, p. 249).

[140] "A *Stufenbautheorie* (teoria da construção escalonada) de Merkl (1890-1970) e Kelsen (1881-1973) baseia-se, nos aspectos que são comuns na construção destes autores, numa hierarquia dinâmica entre as fontes, pois que ela parte do princípio de que toda fonte tem seu fundamento de validade numa outra fonte de hierarquia superior (...)" (Souza, *Introdução ao Direito*, 2012, p. 184-185).

Grundnorm

Mas, essa "representação simbólica" é hoje muito criticável, pois: a) prioriza fontes estatais (leis); b) valoriza o papel do legislador; c) supervaloriza a hierarquia, em detrimento de outros aspectos; d) dá a entender que o ordenamento está pronto *a priori*, e, também, que o ordenamento é lógico; e e) cria "unidade" na "forma piramidal", e, não pelo método dialogal de aplicação e resolução de problemas por parte ativa dos juristas-aplicadores do Direito.

A mais atual "representação das fontes" vem dada por outro tipo de percepção do ordenamento jurídico, tomando-se os *textos jurídicos* como *pontos de partida* para a construção do *sentido-jurídico*, estando as decisões em situação de *construção-textual* e *mudança-permanente*, cujas conexões se fazem em processo de *disputa* de sentido e *diálogo*.

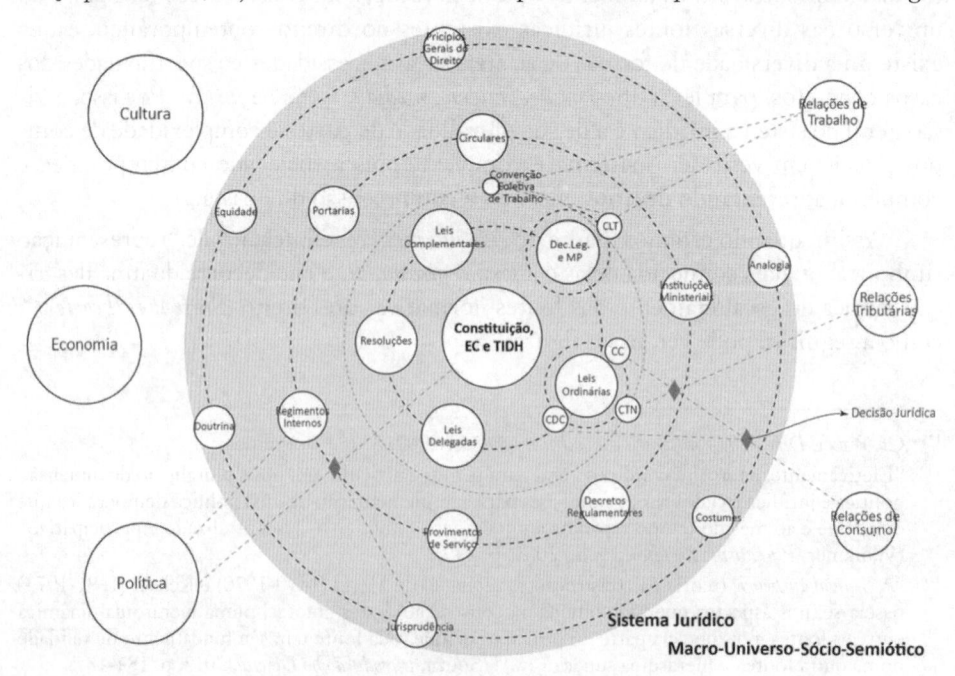

Capítulo IX | Teoria das fontes do Direito

Assim, para compreender as relações que estão se dando no interior do sistema jurídico, deve-se acentuar seu *estado-de-movimento-textual*. Todavia, é necessário olhar para toda a atividade sistêmica e para toda essa diversidade de fontes, considerando os seguintes princípios orientadores:

1) *princípio da complementaridade das fontes jurídicas* (legais e não legais): as fontes legais e não legais têm igual peso no funcionamento interno do sistema jurídico,[141] compondo a sua estrutura e habilitando-se ao uso, em caráter não de exclusão, mas de complementaridade, diante dos casos concretos e das relações jurídicas sobre as quais se projetam;

2) *princípio da hierarquia das fontes jurídicas* (legais e não legais): as fontes legais e não legais se hierarquizam, evitando-se um simples *caos entrópico* de informações dentro do sistema jurídico,[142] e isto se faz através dos anéis que circundam a *matriz-de-sentido* que irradia *sentido jurídico* dentro do sistema jurídico, servindo como centro do sistema, a saber, a Constituição, tomando-a como fator vinculante da escala de validação de todas as demais fontes do sistema jurídico;

3) *princípio do diálogo entre as fontes jurídicas* (legais e não legais): as fontes legais e não legais se encontram em estado de *diálogo-textual-permanente*, de forma que sua compatibilização, conciliação, complementação serão fruto da atividade aplicadora do Direito, por parte dos juristas;

4) *princípio da justiça por meio das fontes jurídicas*: o sistema jurídico deve ser capaz de produzir decisões de justiça, fornecendo mais do que segurança jurídica, fornecendo condições de maximização do equilíbrio de justiça em sociedade;[143]

5) *princípio da efetividade dos direitos fundamentais por meio das fontes jurídicas*: as fontes jurídicas devem ser capazes de apoiar o processo de realização e efetivação da dignidade da pessoa humana, como valor-fonte do sistema jurídico, através da proteção antes as violações dos direitos fundamentais.

Aqui, e a partir deste ângulo, o *princípio da hierarquia* é esmaecido, e, neste sentido, relativizado,[144] mas não abandonado, sabendo-se não ser o único a reger a orientação de relação entre as fontes jurídicas. A questão da hierarquia existente

---

[141] A crítica é elaborada por Jean-Louis Bergel: "Mostrou-se, porém, que tal escala hierárquica é insatisfatória, pois só concerne às normas de direito escrito, enquanto a jurisprudência e o costume não podem se integrar a ela por não resultarem de um ato jurídico determinado" (Bergel, *Teoria geral do direito*, 2. ed., 2006, p. 104).

[142] "A finalidade prática dessa hierarquia é evitar o caos, pois, caso contrário, seria grande o problema de dispositivos conflitantes e imensa a confusão legislativa" (Betioli, *Introdução ao direito*, 12. ed. 2013, p. 222).

[143] "Esta pluralidade concomitante está fundada não mais na lógica tecnoformal e nos controles disciplinares, mas na justa satisfação das necessidades cotidianas e na legitimidade de novos sujeitos coletivos" (Wolkmer, *Pluralismo jurídico*, 3. ed., 2001, p. 307).

[144] "A noção geral de hierarquia permite retirar uma conclusão importante. É ela a de que a hierarquia das fontes é sempre algo de relativo, pois que só é possível determinar a hierarquia de uma fonte em relação a outra fonte" (Souza, *Introdução ao direito*, 2012, p. 183).

entre as fontes do Direito é importante para os atores jurídicos identificarem o "peso formal"[145] de cada uma na *disputa de argumentos* para sustentar razões jurídicas. Bem se sabe o quanto a hierarquia das fontes no direito interno é mais clara e objetiva, se comparado o direito interno com o direito internacional, em função do caráter menos estruturado da ordem internacional. Assim, fica claro que a hierarquia das fontes jurídicas é um exercício de esclarecimento, organização e racionalização importante, mas não é critério único de avaliação do peso e do valor de cada fonte, a ponto de a descrição do sistema jurídico ser governada unicamente a partir deste critério. Salvo quando por expressa determinação legal não se pode invocar uma determinada fonte jurídica, ou, quando o próprio legislador hierarquiza a ordem das fontes jurídicas, a exemplo do art. 108 do Código Tributário Nacional, sua invocação é relativamente livre, como se pode ver pelo art. 4º da Lei de Introdução às Normas do Direito Brasileiro,[146] que não traça uma ordem hierárquica obrigatória entre as fontes do Direito ali apresentadas.

6. DIÁLOGO DAS FONTES JURÍDICAS

A *Teoria Tradicional* das fontes jurídicas se baseou, durante longo tempo, fundamentalmente na ideia da estrita *hierarquia das fontes jurídicas*, visando-se, com isso, gerar certeza, segurança e unidade ao sistema jurídico. A "representação simbólica" do sistema jurídico bem o demonstra. No entanto, nas últimas décadas, a exemplo da crítica elaborada por Robert Alexy,[147] veio se afirmando a concepção de que o critério "hierarquia" não dá conta, por si só, da complexidade do funcionamento do sistema jurídico contemporâneo. Neste ponto, sob a influência do jurista Erick Jayme,[148] vem

---

[145] "Temos de estabelecer o valor relativo de fontes de direito, ou fatos normativos: e, como se confrontam tipos abstratos de fatos, diremos que antes de mais se tem de traçar uma hierarquia abstrata de fontes. É assim que se diz, por exemplo, que um decreto, não pode revogar uma lei" (Ascensão, *Introdução à Ciência do Direito*, 3. ed., 2005, p. 573).

[146] Neste mesmo sentido, a observação precisa de Flávio Tartuce: "(...) aqueles que sugerem a escala do Direito Civil Constitucional, procurando analisar o Direito Civil a partir de parâmetros constitucionais, realidade atual do Direito Privado brasileiro, não podem ser favoráveis à aplicação da ordem constante do art. 4º da Lei de Introdução de forma rígida e obrigatória" (Tartuce, *Direito civil*, 12. ed., 2016, p. 33).

[147] "(...) aquele que considera a segurança jurídica um princípio absoluto, o que, como qualquer percepção um princípio absoluto, contém certa dose de fanatismo" (Alexy, *Conceito e validade do direito*, 2011, p. 64).

[148] Daí, a incorporação e o desenvolvimento, através da reflexão de Claudia Lima Marques, das contribuições trazidas por Erick Jayme: "Em seu *Curso Geral de Haia* de 1995, Erick Jayme ensinava que diante do 'pluralismo pós-moderno' de fontes legislativas, a necessidade de coordenação entre as leis do mesmo ordenamento jurídico é exigência de um sistema eficiente e justo" (Marques, Claudia Lima, O diálogo das fontes como método da nova teoria geral do direito: um tributo a Erick Jayme, in *Diálogo das fontes* (Marques, Claudio Lima, coord.), São Paulo, RT, 2012, p. 27).

Capítulo IX | Teoria das fontes do Direito

sendo possível recolocar o problema do relacionamento entre fontes em outros termos; eis aí o surgimento da *Teoria do diálogo das fontes jurídicas* (*dialogue des sources*).[149]

Esta Teoria é uma resposta às dificuldades dos juristas contemporâneos para lidar com a *complexidade, pluralidade, multiplicidade* e *incertezas* da condição pós-moderna.[150] E é nesta medida que esta teoria traz valiosa contribuição ao nos fazer perceber que as fontes jurídicas não necessariamente se excluem entre si, quando conflitantes, podendo e devendo se harmonizar complementarmente e subsidiariamente seus conteúdos. No lugar da lógica das *certezas formais*, que levam a regras rígidas tais quais *válido/inválido* orientam a forma pela qual o critério da *validade das normas jurídicas* leva à conclusão de seu *pertencimento/não pertencimento* ao sistema jurídico, a noção de *diálogo* dá conta de gerar um novo estado de compreensão da forma como este *relacionamento internormativo* pode se efetivar.[151] Assim, os conflitos entre o Código Civil e o Código de Defesa do Consumidor, ou entre o Código Civil e o Estatuto da Criança e do Adolescente, ou entre o Código Civil e o Estatuto da Pessoa com Deficiência, ou entre a Lei de Arbitragem e o novo Código de Processo Civil, ou entre a Constituição Federal de 1988 e o Código Civil,[152] não são apenas resolvidos com base nas formas tradicionais de solução de antinomias, mas com base na complementação de seus textos, incluída aí a mediação pelas *normas e princípios constitucionais* incidentes no caso concreto.[153]

---

[149] "Em seu curso geral de Haia de 1995, Erick Jayme ensinou que, face ao atual pluralismo pós-moderno de um direito com fontes legislativas plúrimas, ressurge a necessidade de coordenação entre as leis no mesmo ordenamento, como exigência para um sistema jurídico eficiente e justo. É o necessário diálogo das fontes (*dialogue des sources*), a permitir a aplicação simultânea, coerente e coordenada das plúrimas fontes legislativas convergentes" (Marques, O novo direito privado brasileiro após a decisão da ADIR dos Bancos, *Revista de Direito do Consumidor*, n. 61, 40, jan.-mar. 2007, p. 70).

[150] A preocupação vem muito bem sintetizada por Flávio Tartuce: "O mundo pós-moderno e globalizado, complexo e abundante por natureza, convive com uma quantidade enorme de normas jurídicas, a deixar o aplicador até desnorteado. O diálogo das fontes serve como leme nessa tempestade de complexidade" (Tartuce, *Direito civil*, 12. ed., 2016, p. 103).

[151] "Diálogo porque há influências recíprocas, diálogo porque há aplicação conjunta das duas normas ao mesmo tempo e ao mesmo caso, seja complementariamente, seja subsidiariamente, seja permitindo a opção voluntária das partes sobre a fonte prevalente (...) ou mesmo permitindo uma opção por uma das leis em conflito abstrato" (Marques, O novo direito privado brasileiro após a decisão da ADIR dos Bancos, *Revista de Direito do Consumidor*, n. 61, 40, jan.-mar. 2007, p. 70-71).

[152] "Em resumo, também entre leis especiais há diálogo das fontes: diálogo sistemático de coerência, diálogo sistemático de complementaridade ou subsidiariedade e diálogo de adaptação ou coordenação" (Marques, O diálogo das fontes como método da nova teoria geral do direito: um tributo a Erick Jayme, *in Diálogo das fontes* (Marques, Claudia Lima (coord.), 2012, p. 35).

[153] Na mesma linha desta concepção, segue a lição de Paulo Lôbo: "A interlocução entre as fontes normativas infraconstitucionais se dá pela mediação dos princípios e regras constitucionais. Esse modo dinâmico e harmonioso das fontes legais dispensa a exclusividade do reenvio aos tradicionais meios de superação das antinomias, a saber, e de preferência da norma superior sobre a inferior hierárquica, ou da norma posterior sobre a anterior, ou da norma especial sobre a geral. Às vezes, o intérprete terá de harmonizar o CC e o CDC, cuja relação é regulada pelo princípio da proteção; ou o CC e o ECA, interpenetrando suas regras, para aplicação sobre a mesma situação" (Lôbo, *Direito civil* – Parte geral, 3. ed., 2012, p. 54).

A partir da *Teoria do diálogo das fontes*, neste campo, é possível afirmar que as fontes jurídicas *plurais* convivem num *ambiente jurídico complexo* e a tarefa do jurista é, exatamente, a de coordenação das mesmas entre si para a melhor aplicação do Direito, não importando a conexão de áreas temáticas,[154] com resultados mais próximos da eficiência, da justiça e da efetividade dos direitos fundamentais. Enquanto novo método de solução de conflitos internormativos, e, portanto, como método da *Teoria do Direito*,[155] o diálogo entre fontes jurídicas considera a relação entre fontes jurídicas públicas e privadas, nacionais e internacionais, gerais e especiais, superiores e inferiores, anteriores e posteriores, devendo-se apontar para a solução que seja mais favorável à efetivação de direitos fundamentais. É nesta medida que a *Teoria do diálogo das fontes* é compatível e, por isso, assimilada por uma *Teoria Crítica e Humanista do Direito*, na medida em que é *humanizadora* do uso do sistema jurídico.[156]

Assim é que a *teoria do diálogo das fontes* fornece importante contribuição para a superação do tratamento das questões de antinomias jurídicas, e suas dificuldades teórico-práticas, pelo campo da discussão validade/ invalidade, nos permite lidar com a *ilogicidade do sistema jurídico*, a partir do poder de conjugação de soluções com a consideração do valor textual de cada fonte jurídica. Isso faz ver que o *ambiente sistêmico* forma uma *malha semiótico-textual* em permanente *estado-de-mutação* pela atividade dos atores jurídicos. Em síntese e, para finalizar, pode-se dizer que, revendo-se a forma como se interpreta o uso das fontes jurídicas, se passa a considerar na visão global do sistema jurídico que:

1) A Constituição é a matriz de validade, a apresentar a avaliação do valor das demais fontes legais e não legais, e funciona como critério hermenêutico unitário a todas as demais fontes legais e não legais;[157]

2) As normas escritas e estatais oferecem mais segurança jurídica do que fontes não estatais, não obstante a aplicação de ambas segue o fluxo normal de pertencimento ao sistema jurídico;

---

[154] "(...) é imperioso dizer que também são possíveis diálogos entre o Direito Civil e o Direito do Trabalho, particularmente entre o Código Civil e a legislação trabalhista, o que é totalmente viável e, mais do que isto, plenamente recomendável" (Tartuce, *Direito civil*, 12. ed., 2016, p. 107).

[155] "A teoria do diálogo das fontes é, em minha opinião, um método da nova teoria geral do direito muito útil e pode ser usada na aplicação de todos os ramos do direito, privado e público, nacional e internacional, como instrumento útil ao aplicador da lei no tempo, em face do pluralismo pós-moderno de fontes, que não parece diminuir no século XXI" (Marques, O "diálogo das fontes" como método da nova teoria geral do direito: um tributo a Erick Jayme, *in Diálogo das fontes: do conflito à coordenação de normas do direito brasileiro*, 2012, p. 21).

[156] "É teoria humanista e humanizadora, pois utiliza o sistema de valores, para ter em conta em sua coordenação ou a restaurar a coerência abalada pelo conflito de leis, o ponto de vista concreto e material das fontes em 'colisão'" (Marques, O "diálogo das fontes" como método de nova teoria geral do direito: um tributo a Erick Jayme, *in Diálogo das fontes: do conflito à coordenação de normas do direito brasileiro*, 2012, p. 25).

[157] "Ora a constitucionalização do Direito Civil nada mais é do que um diálogo entre o Código Civil e a Constituição (Direito Civil Constitucional)" (Tartuce, *Direito civil*, 12. ed., 2016, p. 107).

Capítulo IX | Teoria das fontes do Direito

3) As práticas contemporâneas de cidadania suprem, legal e legitimamente, os *déficits sociológicos* do sistema jurídico;

4) O juiz tem a obrigação legal de decidir, mesmo que esteja diante da *falta-da-lei*, o que não significa a *falta-do-Direito*, na medida em que o Direito é um complexo enredado de fatores ainda maior do que a pluralidade das regras jurídicas, seguindo-se o disposto no art. 140 do novo CPC ("O juiz não se exime de decidir sob a alegação de lacuna ou obscuridade do ordenamento jurídico");

5) A ordem do art. 4º da LINDB ("Quando a lei for omissa, o juiz decidirá o caso de acordo com a analogia, os costumes e os princípios gerais de direito") é *relativa* e *não rígida*, pois, em caso de lacuna normativa, se um princípio geral do direito oferecer melhor solução ao caso, o órgão decisor não precisará antes recorrer aos costumes, pois este rol não é taxativo e fechado;[158]

6) As soluções rígidas e aprioristicamente resolvidas, definindo o *lugar-formal* de cada fonte jurídica, não combina com o caráter discursivo e comunicativo-construtivo da prática diária e operacional do Direito,[159] em sua realidade concreta;

7) É importante deixar espaço para a fundamentação e para a argumentação racional dos atores jurídicos, devendo haver justificação racional de priorização da fonte jurídica escolhida a cada caso;

8) Deve-se considerar, em caso de conflitos de normas,[160] que estas não se excluem em caráter definitivo, mas são mais úteis ou menos úteis a cada caso;

9) A unidade de todo o ordenamento é dada de conformidade com as regras e princípios da Constituição, que deve ser a fonte hermenêutica de todo o Direito positivo;

10) A unidade do ordenamento é fruto da coerência *intratextual*, que decorre da incessante atividade de *semiose textual*, a partir da qual se constrói a coerência do

---

[158] "E parece a muitos que os critérios tradicionais da Lei de Introdução de 1942 não são mais exclusivos ou suficientes, ainda mais frente à constitucionalização do direito privado" (Marques, O "Diálogo das fontes" como método de uma teoria geral do direito: um tributo a Erick Jayme, *in Diálogo das fontes: do conflito à coordenação de normas do direito brasileiro*, 2012, p. 21).

[159] "Ora de uma unidade refletida (-refratada) e recomposta (numa espécie de autodeterminação constitutiva) pelo *iter* da *semio-narrativa*. Mas então de uma unidade que se diz coerência *(narrative coherence)*" (Linhares, Entre a escrita pós-moderna da modernidade e o tratamento narrativo da diferença ou a prova como um exercício de passagem nos limites da juridicidade, *Boletim da Faculdade de Direito de Coimbra*, Coimbra, n. 59, 2001, p. 592).

[160] "Diálogo das fontes, que, no direito brasileiro, significa a aplicação simultânea, coerente e coordenada das plúrimas fontes legislativas, leis especiais (como o Código de Defesa do Consumidor e a lei de planos de saúde) e leis gerais (como o Código Civil de 2002), de origem internacional (como a Convenção de Varsóvia e Montreal) e nacional (como o Código Aeronáutico e as mudanças do Código de Defesa do Consumidor) que, como afirma o mestre de Heidelberg, tem campos de aplicação convergentes, mas não mais totalmente coincidentes ou iguais" (Marques, O "Diálogo das fontes", como método da nova teoria geral do direito: um tributo a Erick Jayme, *in Diálogo das fontes*, 2012, p. 19 e 20).

Direito na aplicação de justiça aos casos concretos,[161] por obra e arte de seus usuários e intérpretes.

CASO PRÁTICO
O CASO DA COMUNIDADE TUKURÉ

A comunidade indígena tradicional TUKURÉ habita a região central do Mato Grosso do Sul, desde tempos imemoriais. A expansão das fazendas de soja pressiona a comunidade a fazer deslocamentos sazonais, provocando a divisão da comunidade em grupos menores. Depois de anos de redução de seus territórios, os pequenos grupos são hoje compostos mais por mulheres e crianças, tendo em vista que os homens ou se suicidaram, ou foram mortos, ou foram levados para o trabalho em lavouras. Há relatos na região de que "mascarados" estejam ateando fogo em áreas preservadas, contaminando a água de nascentes e rios, e destruindo os roçados das comunidades indígenas sobreviventes, para amedrontar, provocar mortandades coletivas e expulsar os índios da região.

A dizimação progressiva do meio ambiente e do modo de vida levam a comunidade indígena tradicional TUKURÉ à redução drástica de sua população, em níveis vertiginosos. Como a maioria dos povos indígenas brasileiros, o povo TUKURÉ pratica costumes comunitários fundados no respeito às terras tradicionais, à tradições simbólicas, à memória dos ancestrais, além de se dedicarem à caça e à pesca. O direito brasileiro reconhece a estes povos autonomia, mas não soberania. Como ocorre com os povos indígenas em geral, os TUKURÉ não possuem registros escritos sobre as terras tradicionais, e nem podem provar os seus direitos, em contraste com os documentos cartorários obtidos pelos fazendeiros e as leis civis que se consolidam a seu favor.

Com o agravamento da situação, o Conselho Deliberativo da FUNAI, organizado e composto de forma paritária com a sociedade civil, contando com 12 membros integrantes permanentes, resolve tomar medidas drásticas para mudar a situação reinante na região, e reúne seus(uas) Conselheiro(as). Na ocasião da reunião do Conselho, após 5 rodadas de discussão, ao longo uma manhã e uma tarde de deliberações, vota-se que 3 opiniões irão ser consideradas como fundamentos dos votos de todo o Conselho, sendo que a partir daí se irá encaminhar as medidas e soluções para o caso.

1. A degravação e transcrição de trechos da audiência pública, em que foram ouvidas lideranças indígenas idosas e sobreviventes, com depoimentos sobre a sua situação e sugestões de medidas a serem tomadas. Através da voz das lideranças indígenas, discuta o conceito de *injustiça histórica*, relativa às comunidades indígenas. Formule a opinião de uma liderança com propostas de soluções concretas e encaminhamentos efetivos;

---

[161] Sabendo-se que a ideia de unidade é um postulado do sistema jurídico, o jurista espanhol Josep Agiló Regla divide as teorias sobre a unidade do sistema jurídico em duas tradições: "Esta tensão entre teorias que constroem a unidade do Direito desde cima (ou teorias do ordenamento jurídico) e teorias que constroem a unidade a partir de baixo (ou teorias do método jurídico) delimita um dos âmbitos realmente relevantes na discussão contemporânea da teoria do Direito" (Regla, *Teoria geral das fontes do Direito*, 2014, p. 219).

Capítulo IX | Teoria das fontes do Direito

2. O laudo antropológico, contando com os dados concretos sobre as terras tradicionais e sua invasão por proprietários de terra e "grilagens", com detalhes sobre a redução da densidade demográfica e as condições de vida dos povos indígenas da região. Formule o laudo antropológico;

3. O parecer técnico-jurídico, proveniente da Assessoria Jurídica, indicando as fontes do Direito aplicáveis em favor da defesa das terras indígenas, considerando-se os costumes tradicionais, a noção de propriedade indígena, o Estatuto do Índio, a Constituição Federal de 1988 e Declarações Internacionais.

CAPÍTULO X
ESTADO SOCIAL E DEMOCRÁTICO DE DIREITO E TEORIA DA LEGISLAÇÃO

Sumário: 1. Estado-legislador e Estado Social e Democrático de Direito: **1.1.** Conceito de Estado; **1.2.** Estado e consciência regulatória; **1.3.** As mutações do Estado moderno; **2.** Estado-legislador e Teoria da legislação; **3.** Processo legislativo e modalidades de leis; **4.** Funções da legislação e modalidades de leis: **4.1.** Emendas; **4.2.** Leis Complementares; **4.3.** Leis Ordinárias; **4.4.** Leis Delegadas; **4.5.** Medidas Provisórias; **4.6.** Decretos Legislativos; **4.7.** Resoluções; **4.8.** Decretos Regulamentares; **4.9.** Instruções Ministeriais; **4.10.** Regimentos Internos; **4.11.** Portarias; **4.12.** Circulares; **4.13.** Ordens de Serviço; **4.14.** Provimentos Administrativos; **5.** Teoria da legislação e eficácia da legislação; Caso prático.

1. ESTADO-LEGISLADOR E ESTADO SOCIAL E DEMOCRÁTICO DE DIREITO

1.1. Conceito de Estado

Para iniciar este movimento de compreensão, pode-se partir da noção mais elementar e necessária para a nossa tarefa, qual seja, a exposição do conceito de Estado. A noção de Estado é, antes de tudo, uma clara construção da sociedade moderna. É a partir do século XVII, em específico, a partir de 1648, com a Paz de Westfália, que se confere unidade territorial, centralidade das fontes do direito, monopólio do exercício da força e concentração do poder político.[1] A noção de Estado é uma noção da história da modernidade, que se aprimora, evolui, para se consolidar na doutrina publicista do século XIX.[2] Desde então, os contornos

---

[1] Na boa definição de Angel Latorre: "(...) o Estado moderno apresenta-se como uma comunidade estabelecida num território e dotada duma organização política independente, entendendo-se como tal uma organização de poder dirigida ao governo dessa comunidade, e de um poder que é originário, isto é, não derivado doutro poder superior" (Latorre, *Introdução ao direito*, 2002, p. 23).

[2] Seguindo os apontamentos do jurista português Jorge Reis Novais: "Assim, poder-se-ia dizer que, mais do que conceito filosófico, o Estado de Direito surge como um *indirizzo* político ou um conceito de luta política característico dos movimentos e das ideias prevalecentes no século XIX" (Novais, *Contributo para uma Teoria do Estado de Direito*, 2013, p. 45).

do Estado moderno[3] passam a exercer papel importante na definição e emergência do Direito moderno, que apenas irá reforçar o sentido da expressão Estado de Direito (*rule of law*, ingl.; *Rechstaat*, al.; *principe de legalité*, fr.),[4] sendo que nesta história interna da modernidade, o Estado irá passar por transformações importantes em seu desenvolvimento, que irão qualificar suas etapas, de Estado Absoluto a Estado Democrático de Direito.

Mas, seguindo de perto o conceito de Estado proposto por Dalmo de Abreu Dallari, pode-se dizer que o Estado é ordem jurídica soberana cujo fim é o bem comum de um povo situado num território.[5] Além desse conceito teórico, pode-se colher na definição contida no Código Civil, entre os arts. 40 e 43, que o Estado é, fundamentalmente, pessoa jurídica de direito público interno e externo, sendo assim, nas concepções mais formais, uma estrutura de órgãos voltados para a execução e regulação da *res publica*.[6] Assim sendo, o Estado detém os mecanismos de exercício da soberania e da autorregulação interna de seu território, podendo eleger os fins que regem a comunidade e definir as fronteiras do justo e do injusto, o que coloca a fronteira da Política muito próxima da fronteira do Direito.[7] Daí, a importância de pensar os fins do Estado, o controle do exercício do poder soberano, ademais de se indicarem os limites de ação do Estado, em função do Bem Comum, e fundado em valores republicanos.[8] Num certo sentido, portanto, os fins do Estado coincidem com os fins do Direito, estando ambos atrelados ao compromisso com a tarefa do interesse público, da vontade soberana popular, da ordem coletiva, com as finalidades da segurança jurídica e da paz, como se pode acompanhar a partir da reflexão do jurista alemão Reinhold Zippellius,[9] além da regulação compromissada com o social e com a promoção de justiça social.[10]

---

[3] Na lição de Éric Millard: "L'État lui-même est perçu comme la forme moderne d'organisation du pouvoir politique, puisque reposant sur la juridicité: théorie de la souveraineté, constitucionnalisme, théorie de l'État de droit" (Millard, *Théorie Générale du Droit*, 2006, p. 48).

[4] Do ponto de vista da doutrina publicista, segue-se a lição de Fernando Dias Menezes de Almeida: "A noção de Estado de direito, com suas variantes – 'príncipe de légalité', na França; 'Rechstaat', na Alemanha; 'rule of law', no Reino Unido – passa então a ocupar posição central na construção dos Estados europeus" (Almeida, *Formação da teoria do direito administrativo no Brasil*, 2015, p. 160).

[5] "Em conclusão, é o seguinte o conceito de Estado que aqui se adota: ordem jurídica soberana, que tem por fim o bem comum de um povo situado em determinado território" (Dallari, *O futuro do Estado*, 2010, p. 51).

[6] "Como pessoa jurídica, o Estado é, pois, um esquema de imputação. Este esquema está organizado como se fosse um complexo de âmbitos de função" (Zippelius, *Teoria Geral do Estado*, 3. ed., 1997, p. 124).

[7] "Deste modo, o Estado ocupa o lugar central do mecanismo jurídico no interior da sua comunidade: cria o Direito, aplica-o e impõe-o, pela força se necessário. Aparece na sua tríplice veste de 'juiz, polícia e legislador'" (Latorre, *Introdução ao direito*, 2002, p. 26).

[8] "O sentido de Estado implica ainda responsabilidade e dedicação à coisa pública, e total desprendimento do cálculo pessoal ou eleitoralista" (Cunha, *Pensar o Estado*, 2009, p. 77).

[9] "O Estado, como estrutura organizada de poder e ação, desempenha a função de garantir entre os Homens uma convivência ordenada de forma harmoniosa e segura, sobretudo a de manter a paz e a segurança jurídica" (Zippelius, *Teoria Geral do Estado*, 3. ed., 1997, p. 68).

[10] As esferas do indivíduo e do todo não se separam, daí o apontamento de Axel Honneth: "Então, o princípio da autonomia individual já não se separa da ideia de Justiça social e das reflexões sobre

1.2. Estado e consciência regulatória

Não por outro motivo, o Estado cumpre um papel de decisiva importância na estruturação da vida social moderna. Desde sua formação histórica, no início da modernidade, veio concentrando *legitimidade* e *legalidade, poder* e *soberania, povo* e *território, impostos* e *riqueza, funções* e *atribuições públicas*. No entanto, não é só neste aspecto que importa apontar sua importância, pois veio também se tornando instituição que congrega o papel de consciência regulatória para a mediação e administração do comum.

No entanto, o Estado moderno não age sozinho, exercendo papel simultâneo às demais instâncias e esferas do processo maior de socialização, onde inclusive se dão processos de controle e vida comum.[11] Nesse sentido, é que, seguindo a tradição de análise filosófica hegeliana da modernidade, o filósofo alemão Axel Honneth, em *O Direito da liberdade* (*Das Recht der Freiheit*),[12] irá divisar esferas de socialização, sabendo-se que estas esferas são várias e complementares entre si, e é de sua ação conjunta que se dá a conjugação maior dos interesses sociais, de acordo com o que se pode representar, de forma mais esquemática, no quadro a seguir:

INSTÂNCIA	NÍVEL DE CONSCIÊNCIA	VALOR – FIM
Indivíduo	Consciência ética	AUTONOMIA
Famílias	Consciência familiar	AUTARQUIA E AFETO
Movimentos Sociais	Consciência coletiva	ATIVISMO E RECONHECIMENTO
Esfera pública	Consciência pública	PARTICIPAÇÃO E LIBERDADE
Sociedade	Consciência social	SOLIDARIEDADE E INTEGRAÇÃO

---

como ela deve ser instituída na sociedade para tornar justos os interesses e necessidades de seus membros" (Honneth, *O direito da liberdade*, 2015, p. 36).

[11] Conforme aponta Sergio Salomão Shecaira: "De um lado tem-se o controle social informal, que passa pela instância da sociedade civil: família, escola, profissão, opinião pública, grupos de pressão, clubes de serviço etc. Outra instância é a do controle social formal, identificada com a atuação do aparelho político do Estado. São controles realizados por intermédio da Política, da Justiça, do Exército, do Ministério Público, de Administração Penitenciária e de todos os consectários de tais agências, como controle legal, penal etc." (Shecaira, *Criminologia*, 6. ed., 2014, p. 56).

[12] "Se os indivíduos crescem em instituições onde suas práticas normativas da reciprocidade são posicionadas de forma duradoura, então, para Hegel, durante sua formação eles aprenderão a perseguir, em seu comportamento, desejos e intenções primárias, cuja satisfação só se faz possível mediante ações complementares dos outros" (Honneth, *O direito da liberdade*, 2015, p. 93).

INSTÂNCIA	NÍVEL DE CONSCIÊNCIA	VALOR – FIM
Estado	Consciência regulatória	DEMOCRACIA, JUSTIÇA SOCIAL E POLÍTICAS PÚBLICAS
Organismos Internacionais	Consciência cosmopolita	PAZ GLOBAL E GOVERNANÇA

Em seu atual estado de desenvolvimento, o Estado convive com a esfera pública e com o mercado. O Estado deve ser responsável pelo atendimento prioritário de justiça e provimento de demandas de direitos sociais, redistribuição e justiça social; a esfera pública, deve ser capaz de exercer o controle social, e ativar as formas de cidadania e radicalização da democracia; por sua vez, o mercado deve ser capaz de oferecer oportunidades de desenvolvimento e justiça econômica, inclusão e liberdade, preservando o meio ambiente e evitando-se os processos de reificação do mundo da vida.[13] A partir desta análise, fica claro que o Estado tem papel importante, até mesmo central, mas não se pode fetichizar a ideia de Estado, pois não é a totalidade das relações humanas, nem a totalidade das relações sociais,[14] e, por isso, não é a totalidade da sociedade, assim como não representa o "fim da história", não obstante ter papel importante de uma engrenagem de coordenação do convívio, em escala local, territorial, nacional e internacional (global).

1.3. As mutações do Estado moderno

Ao longo da história, o Estado moderno veio sofrendo mutações em seu conceito, que acompanham exatamente a relação entre povo, poder e soberania. As mutações do Estado Moderno se devem a contextos históricos, às conjunturas políticas e econômicas e, também, aos contrastes com o povo. E, de fato, se observada esta história de passagens, do Estado Absoluto ao Estado Liberal,[15] do Estado Liberal ao

---

[13] Habermas, *Direito e democracia*, I, p. 190 até 212. Também: "(...) o poder organizacional do Estado deve garantir direito e liberdade, sem descarrilar para os ados do poder repressivo, da tutela paternalista ou da coerção normalizadora. A economia deve promover produtividade e bem-estar sem ferir os padrões de justiça distributiva; e a sociedade civil deve engajar-se pela solidariedade de cidadãos independentes, sem descambar para o coletivismo ou para a integração coagida e sem provocar fragmentação ou polarização das visões de mundo" (Habermas, *Entre naturalismo e religião*, 2007, p. 368).

[14] "O homem se insere, desde o nascimento, em grupos sociais, eleitos ou não, formando a respectiva personalidade a partir das experiências acumuladas ao longo de sua convivência, a saber, a família, a escola, o clube de lazer, o centro religioso, o escritório profissional e outros" (Bittar, *Teoria geral do direito civil*, 2. ed. rev., 2007, p. 03).

[15] Na passagem do Estado Absoluto ao Estado Liberal: "De acordo com a concepção que temos vindo a defender, o que distingue o Estado de Direito liberal dos tipos históricos anteriores,

Capítulo X | Estado Social e Democrático de Direito e Teoria da legislação

Estado Social, do Estado Social ao Estado Totalitário, do Estado Totalitário ao Estado Socialista, e, destes, ao Estado Democrático de Direito e ao Estado Social e Democrático de Direito, em sua situação atual, fica mais claro que a participação do povo, através da resistência ao poder, não somente fez nascerem direitos, como se construíram etapas importantes de ruptura e contraste ao exercício do arbítrio.[16]

Assim, atualmente, quando nos encontramos diante deste quadro de transformações do Estado moderno, e, ao mesmo tempo, quando nos encontramos com a persistência de certos *modelos-de-Estado* e de uma *pluralidade de nomenclaturas*,[17] pode-se afirmar que a concepção do *Estado Social e Democrático de Direito* é a mais consentânea com as exigências traçadas para o Estado Brasileiro, a partir da Constituição Federal de 1988, pois está concorde com um dos mais importantes pressupostos do Estado contemporâneo, segundo o qual o *duplo legado da modernidade* (a igualdade do Estado Social e a liberdade do Estado Liberal)[18] não pode ser abandonado.[19] Por isso, a fórmula que contém e aprimora o duplo legado da modernidade está bem traduzida na concepção de *Estado Social e Democrático de Direito*. Aliás, essa expressão veio se consolidando ao longo do século XX, na doutrina publicista – à carreira das lições do jurista constitucionalista português Jorge Reis Novais,[20] como importante alternativa às doutrinas vigentes, para designar a fórmula mais contemporânea para democracias atuais, que atende ao indivíduo e à sociedade.[21]

---

nomeadamente do Estado Absoluto, não é tanto uma estruturação e organização dos poderes, quanto o assumir da defesa e garantia dos direitos naturais do homem como fim primordial do Estado" (Novais, *Contributo para uma Teoria do Estado de Direito*, 2013, p. 103).

[16] Apenas no século XX: "As experiências políticas que se sucederam à 1ª. Guerra Mundial, na sua irredutível diversidade, uma comum intenção de superar os pressupostos e as realizações do Estado liberal. Porém, enquanto as tentativas fascista e nacional-socialista, de um lado, e a revolução soviética, por outro, afectavam, na radicalidade do seu projecto, a própria subsistência do Estado de Direito, desenvolve-se igualmente uma terceira direção que se legitima com a proclamada intenção de conservar ou reatar aquele ideal" (Novais, *Contributo para uma Teoria do Estado de Direito*, 2013, p. 179).

[17] "Para traduzir as novas preocupações e funções do Estado no século XX tem sido proposta uma multiplicidade de designações, desde o 'Estado assistencial' e 'Estado providência', ao *Welfare State* ou 'Estado de Bem-Estar' mas também 'Estado de partidos', 'Estado de associações' e 'Estado administrativo' " (Novais, *Contributo para uma Teoria do Estado de Direito*, 2013, p. 188).

[18] "É por essa razão que muitas das disputas terminológicas nesse âmbito são pouco produtivas. É claro que o Estado de Direito brasileiro é social, porque é informado por uma constituição igualitária, transformadora e social. Também é claro que ele é liberal, porque essa mesma constituição garante importantes valores liberais" (Silva, *Direito Constitucional Brasileiro*, 2021, p. 86-87).

[19] "(...) o poder organizacional do Estado deve garantir direito e liberdade, sem descarrilar para os ados do poder repressivo, da tutela paternalista ou da coerção normalizadora. A economia deve promover produtividade e bem-estar sem ferir os padrões de justiça distributiva; e a sociedade civil deve engajar-se pela solidariedade de cidadãos independentes, sem descambar para o coletivismo ou para a integração coagida e sem provocar fragmentação ou polarização das visões de mundo" (Habermas, *Entre naturalismo e religião*, 2007, p. 368).

[20] "Nestes termos, Estado de Direito actual – enquanto síntese das três dimensões que se recolhem na fórmula *Estado Social e democrático de Direito* – revela-se em toda a sua extensão como Estado de Direito material" (Novais, *Contributo para uma Teoria do Estado de Direito*, 2013, p. 213).

[21] "O Estado Social e Democrático de Direito, nesse horizonte, acha-se a serviço do indivíduo e da sociedade" (Carvalho, *Técnica Legislativa*, 6. ed., 2014, p. 10).

Por sua vez, do ponto de vista do Direito constitucional positivo brasileiro contemporâneo, a opção do Estado Brasileiro deu-se no art. 1º da CF/88, ao afirmar: "A República Federativa do Brasil, formada pela união indissolúvel dos Estados e Municípios e do Distrito Federal, constitui-se em Estado Democrático de Direito e tem como fundamentos: I- a soberania; II- a cidadania; III- a dignidade da pessoa humana; IV- os valores sociais do trabalho e da livre-iniciativa; V- o pluralismo político". Assim, apesar da grafia constitucional ter sido econômica, e ter adotado a expressão *Estado Democrático de Direito*, estamos diante de uma compreensão do *Estado Social e Democrático de Direito*,[22] pois o papel do Estado brasileiro é o de: a) compensar os excessos do sistema econômico capitalista;[23] b) promover a integração equilibrada de valores sociais e liberais por meios democráticos e plurais; c) fazer frente aos desafios da realidade brasileira, de modernidade incompleta, tendo-se optado pelo desenvolvimento socioeconômico, pela dignidade humana e pela justiça social e combate às desigualdades.

Bem compreendido, em seu funcionamento, o *Estado Social e Democrático de Direito* tem dois eixos de gravitação, quais sejam: a) soberania popular; e b) direitos humanos.[24] Tendo estes dois eixos, o *Estado Social e Democrático de Direito* deve: 1) manter a dialética de opostos ideológicos, partidários e classiais em permanente estado de suspensão, permitindo o revezamento do exercício do poder; 2) promover a justiça social, através de programas sociais, corrigindo distorções e desigualdades da economia de mercado; 3) preservar os direitos fundamentais como condição autolimitadora de exercício do poder, reconhecendo na cidadania o lugar de todos e de cada um; 4) promover a participação democrática no exercício do poder, através de mecanismos procedimentais.[25]

Sua finalidade, pois, é a busca de uma sociedade livre, justa, diversa, plural e solidária,[26] e, para que se possa alcançar esse estado de desenvolvimento social, é necessário regular direitos e deveres pela legislação, oferecendo aos cidadãos repre-

---

[22] Esta é a visão e a interpretação de Ingo Wolfgang Sarlet: "Apesar da ausência de norma expressa no direito constitucional pátrio qualificando a nossa República como um Estado Social e Democrático de Direito (o art. 1º, *caput*, refere apenas os termos democrático e Direito), não restam dúvidas – e nisto parece existir um amplo consenso na doutrina – de que nem por isso o princípio fundamental do Estado social deixou de encontrar guarida em nossa Constituição" (Sarlet, *A eficácia dos direitos fundamentais*, 9. ed., 2008, p. 71). Vide Lôbo, *Direito civil* – Parte geral, 3. ed., 2012, p. 57.

[23] "Contra as incertezas da vida, o Estado Social possui o encargo de criar sistema de seguridade social e, antes de tudo, de proteger os fracos" (Ledur, *Direitos fundamentais sociais*, 2009, p. 112).

[24] Cf. Habermas, *Más allá del Estado nacional*, 1998, p. 170.

[25] "Pode, assim, o Estado social e democrático de Direito – enquanto conceito que exprime a limitação e vinculação jurídica do Estado com vista à garantia dos direitos fundamentais do homem e à promoção das condições do livre e autônomo desenvolvimento da personalidade individual – acolher e integrar juridicamente as transformações econômicas e sociais democraticamente decididas e, com tal alcance, constituir-se em princípio estruturante da ordem constitucional das sociedades democráticas contemporâneas" (Novais, *Contributo para uma Teoria do Estado de Direito*, 2013, p. 218).

[26] "O que se busca, tanto com os direitos sociais e específicos quanto com os coletivos, é garantir um patamar social que se eleve acima do mínimo existencial, isto é, um conjunto de situações ou condições individuais e sociais que ao mesmo tempo proporcionem a autonomia do indivíduo e

sentação política, participação social e procedimentos de criação de regras jurídicas. Daí, o papel do Estado-legislador na formulação procedimental das regras jurídicas. Daí, também, a importância das regras jurídicas como autolimite do exercício do poder, como definição e contorno da liberdade e, por fim, como forma de disciplinar a justiça em sociedades modernas. Daí, a importância do *princípio da legalidade* e do *processo legislativo* para o Estado de Direito, o que será estudado em seguida.

2. ESTADO-LEGISLADOR E TEORIA DA LEGISLAÇÃO

A legislação, como tarefa do Estado-legislador, vem seguindo cada vez mais novas tendências regulatórias, em grande parte, reagindo à alta complexidade social contemporânea, no sentido da: a) pluralização e diversificação; b) especialização e descodificação; c) inflação legislativa e intensificação da substitutividade; d) internacionalização; e) aumento do caráter compromissório dos textos legais; f) superposição e conflitividade internormativa. Não por outro motivo, vêm surgindo novas *técnicas legislativas* para lidar com a complexidade na legislação contemporânea, em vários ramos do Direito, apontando-se no sentido de práticas legislativas tais quais:

1) *utilizar de vários verbos para o mesmo tipo penal, e de verbos amplos e abrangentes, visando a colher vários tipos de condutas delitivas*: o Direito Penal, já de algum tempo, o legislador vem se utilizando de uma técnica legislativa muito peculiar, tendo em vista a singularidade da área, que descaracteriza o fato delitivo, caso ele não esteja tipificado. Por isso, o legislador se adianta aos fatos e regula condutas de forma extensa e verbal, a exemplo deste artigo do art. 28 da Lei n. 11.343/2006, que institui o Sistema Nacional de Políticas de Drogas ("Quem adquirir, guardar, tiver em depósito, transportar ou trouxer consigo, para consumo pessoal, drogas sem autorização ou em desacordo com determinação legal ou regulamentar será submetido às seguintes penas: I – advertência sobre os efeitos das drogas; II – prestação de serviços à comunidade; III – medida educativa de comparecimento a programa ou curso educativo.§ 1º Às mesmas medidas submete-se quem, para seu consumo pessoal, semeia, cultiva ou colhe plantas destinadas à preparação de pequena quantidade de substância ou produto capaz de causar dependência física ou psíquica");

2) *definir a forma pela qual se fará a interpretação de determinada lei, considerando as peculiaridades do ramo, da vítima, dos direitos ou a lógica da área*: em vários ramos do Direito, considerando a enorme mudança de referências e paradigmas, houve mudanças muito acentuadas na legislação, criando-se serviços, instituições e lógicas até a edição destas leis, desconhecidas ou pouco familiarizadas da cultura do Direito, de forma que o risco de que a interpretação das leis se desse na forma da interpretação tradicional, enquanto exegese, sem conhecimento dos pressupostos que governam a inovação legal, poderia atrair resultados não esperados, de forma que o legislador se adianta, e afirma o modo pelo qual a interpretação

---

assegurem o bem comum, ou seja, a comum dignidade da pessoa em sociedade livre, justa e solidária" (Ledur, *Direitos fundamentais sociais*, 2009, p. 87).

judicial deverá se guiar, a exemplo do Estatuto da Criança e do Adolescente (Lei n. 8.069/90), que em seu art. 6º afirma a peculiaridade da criança e do adolescente ("Na interpretação desta Lei levar-se-ão em conta os fins sociais a que ela se dirige, as exigências do bem comum, os direitos e deveres individuais e coletivos, e a condição peculiar da criança e do adolescente como pessoas em desenvolvimento"), a exemplo da Lei Maria da Penha (Lei n. 11.340/2006), que, em seu art. 4º, descreve a peculiaridade da situação da vítima da violência doméstica como objetivo hermenêutico ("Na interpretação desta Lei, serão considerados os fins sociais a que ela se destina e, especialmente, as condições peculiares das mulheres em situação de violência doméstica e familiar");

3) *apontar para a principiologização do ramo, da área ou do setor regulado*: considerando as particularidades do que é regulado pela lei, que, apesar de situada no plano infraconstitucional, e já estando governado com amplo e extenso leque de princípios constitucionais de direito, também assume os seus próprios e singulares princípios especiais legais de direito, explicitando-os para influenciar a elaboração de políticas públicas do Poder Executivo e as decisões judiciais do Poder Judiciário, a exemplo do Estatuto da Juventude (Lei n. 12.852/2013), que, em seu art. 2º, apresenta uma longa lista de princípios ("O disposto nesta Lei e as políticas públicas de juventude são regidos pelos seguintes princípios: I – promoção da autonomia e emancipação dos jovens; II – valorização e promoção da participação social e política, de forma direta e por meio de suas representações; III – promoção da criatividade e da participação no desenvolvimento do País; IV – reconhecimento do jovem como sujeito de direitos universais, geracionais e singulares; V – promoção do bem-estar, da experimentação e do desenvolvimento integral do jovem; VI – respeito à identidade e à diversidade individual e coletiva da juventude; VII – promoção da vida segura, da cultura da paz, da solidariedade e da não discriminação; e VIII – valorização do diálogo e convívio do jovem com as demais gerações");

4) *apresentar definições técnicas que permitam ao intérprete ter presente a mais minuciosa diferenciação entre designações, nomes e conceitos*: geralmente, a cada ramo de incidência das normas, são elaborados termos, conceitos, designações, nomes como fruto da própria reflexão das ciências, organizações e dos grupos de pressão que atuam numa determinada área regulada, a exemplo do que ocorre no Direito Ambiental, para o qual as noções biológicas envolvidas são de crucial importância para efeitos de consequências jurídicas, delimitando-se o alcance da lei, em face da possibilidade de indeterminações e ambiguidades da linguagem interferirem nas consequências legais, colhendo-se este exemplo no art. 2º da Lei 11.428/2006 ("Art. 2º Para os efeitos desta Lei, consideram-se integrantes do Bioma Mata Atlântica as seguintes formações florestais nativas e ecossistemas associados, com as respectivas delimitações estabelecidas em mapa do Instituto Brasileiro de Geografia e Estatística – IBGE, conforme regulamento: Floresta Ombrófila Densa; Floresta Ombrófila Mista, também denominada de Mata de Araucárias; Floresta Ombrófila Aberta; Floresta Estacional Semidecidual; e Floresta Estacional Decidual, bem como os manguezais, as vegetações de restingas, campos de altitude, brejos interioranos e encraves florestais do Nordeste. Parágrafo único. Somente os remanescentes de vegetação nativa no estágio primário e nos estágios secundário

inicial, médio e avançado de regeneração na área de abrangência definida no *caput* deste artigo terão seu uso e conservação regulados por esta Lei").

5) *apresentar uma lista de termos que haverão de orientar toda a leitura do texto da lei, do início ao fim do texto legislativo, visando a eliminar a polissemia, a interpretação dúbia, a vaguidez, a indeterminação, a ambiguidade e outras questões concernentes à linguagem da lei*: o procedimento de orientação do intérprete se dá de forma a que, geralmente, nas *Disposições Preliminares* da lei, além da apresentação dos objetivos da lei, do campo de incidência da lei, dos procedimentos fundamentais, se costuma apresentar uma lista de termos que organizam a trama lógico-conceitual que irá ocupar o texto legal do início ao fim, a exemplo do que ocorre com a Lei de Acesso à Informação (Lei n. 12.527/2011), que em seu art. 4º, apresenta uma longa lista de termos e suas definições legais ("Para os efeitos desta Lei, considera-se: I – informação: dados, processados ou não, que podem ser utilizados para produção e transmissão de conhecimento, contidos em qualquer meio, suporte ou formato; II – documento: unidade de registro de informações, qualquer que seja o suporte ou formato; III – informação sigilosa: aquela submetida temporariamente à restrição de acesso público em razão de sua imprescindibilidade para a segurança da sociedade e do Estado; IV – informação pessoal: aquela relacionada à pessoa natural identificada ou identificável; V – tratamento da informação: conjunto de ações referentes à produção, recepção, classificação, utilização, acesso, reprodução, transporte, transmissão, distribuição, arquivamento, armazenamento, eliminação, avaliação, destinação ou controle da informação; VI – disponibilidade: qualidade da informação que pode ser conhecida e utilizada por indivíduos, equipamentos ou sistemas autorizados; VII – autenticidade: qualidade da informação que tenha sido produzida, expedida, recebida ou modificada por determinado indivíduo, equipamento ou sistema; VIII – integridade: qualidade da informação não modificada, inclusive quanto à origem, trânsito e destino; IX – primariedade: qualidade da informação coletada na fonte, com o máximo de detalhamento possível, sem modificações").

No campo da *Teoria da legislação*, que estuda os processos e técnicas de produção de normas jurídicas,[27] o papel do Estado-legislador, numa sociedade democrática, é o de: a) consolidar as leis, que já se encontram em formulação na sociedade; b) mecanizar as leis, conferindo procedimentos para oportunizar a organização de textos legais; e c) declarar conteúdos de leis, usando da autoridade estatal para oficializar conquistas de cidadania. Quando se utiliza destes três verbos, a saber, consolidar, mecanizar e declarar, se quer, sobretudo, afirmar que não se trata do Estado *instituir* leis, ou menos ainda, de *impor* leis, considerando-se a alta carga de violência simbóli-

---

[27] "A Teoria da Legislação, ciência multidisciplinar que tem por objetivo o estudo de todo o circuito de produção das normas, é concebida como uma ciência normativa e uma ciência de ação, que nos possibilita a análise do comportamento dos órgãos legiferantes e a identificação dos instrumentos úteis para a prática legislativa" (Carvalho, *Técnica Legislativa*, 6. ed., 2014, p. 133).

ca contida na lógica interna destes outros verbos.[28] E isso porque é aí que a *lei-democracia*, que envolve interesse e participação popular,[29] acostuma a sociedade a obedecer ao que é fruto da *soberania popular*, procedimentalizada, fazendo valer a sua eficácia e o seu *sentido-de-ser*. A mera *lei-autoridade* é apenas revelação do poder do Estado, desconectada da realidade e dos interesses sociais reais da sociedade, sendo de valor muito relativo, ante as necessidades materiais da população.

É importante ressaltar, ainda, que o *Estado Social e Democrático de Direito* não realiza a legislação apenas pelo Poder Legislativo, que a formula – e por meio das disputas parlamentares na figura do *legislador racional* – mas, também, pelo Poder Executivo, que a executa, e pelo próprio Poder Judiciário, que julga com base nela, realizando o equilíbrio entre o legislar, o administrar, o executar e o julgar, sabendo-se da importância da efetividade dos direitos fundamentais como objetivos e como direitos.[30] Mas, para além desses aspectos, é importante ressaltar que atualmente se vive uma crise da legislação, revelação da crise mais geral do direito e da democracia representativa na pós-modernidade,[31] crise que leva à necessidade de pensar a própria proporção, adequação e oportunidade da legislação.

Por isso, antes de estudar as modalidades de leis em espécie, produzidas pelo Estado-legislador, é interessante remarcar o papel de uma *Teoria da legislação*, no quadro mais amplo da *Teoria do Direito*. Uma *Teoria da legislação* é, sobretudo, importante no contexto da realidade brasileira e seus desafios, onde vige: a ideia de que a lei é "solução para tudo"; a ideia do "tudo se resolve pelo Congresso"; a cultura do "decretar leis sem processos de participação social"; a cultura do "decretar leis sem respaldo colaborativo dos outros poderes".[32] Esse tipo de reflexão, estrutura uma preocupação relevante para a *arquitetura geral do sistema jurídico*, sendo de extrema importância para a *Teoria do Direito*, na medida em que serve como o piso de reflexão sobre o processo de produção da legislação.

Nesse quadro de reflexões, é importante registrar que o Brasil precisa encontrar a adequada medida entre: editar leis; promover políticas públicas; cooperar pela sociedade civil organizada; solucionar pela via judiciária litigante; prevenir, educar, mediar,

---

[28] "A 'violência' do discurso do legislador e mesmo de operadores jurídicos habilitados como emissores (oradores no discurso normativo) exclui a persuasão e o entendimento e afasta a possibilidade do auditório vir a aceitar, aderir e fornecer estratégias para incrementar aquela aceitação e adesão" (Soares, *Teoria da legislação*: formação e conhecimento da lei na idade tecnológica, 2004, p. 56).

[29] "A participação popular é um modo de legitimação da edição de obras" (Soares, *Teoria da legislação*: formação e conhecimento da lei na idade tecnológica, 2004, p. 51).

[30] "Estado de Direito será, então, o Estado vinculado e limitado juridicamente em ordem à proteção, garantia e realização efectiva dos direitos fundamentais, que surgem como indisponíveis perante os detentores do poder e o próprio Estado" (Novais, *Contributo para uma Teoria do Estado de Direito*, 2013, p. 26).

[31] A constatação é de Kildare Gonçalves Carvalho: "A crise da lei não decorre apenas de aspetos ligados à sua elaboração, em sentido material e formal, mas de outras razões, como a crise do paradigma legalista, no âmbito da crise de legitimação do Estado, em que diferentes atores sociais não se reconhecem na legislação aprovada pelo Legislativo ou pelo Executivo" (Carvalho, *Técnica Legislativa*, 6. ed., 2014, p. 128).

[32] A respeito consulte-se Pinto, *Direito Urbanístico*: plano diretor e direito de propriedade, 4. ed., 2014.

restaurar; participar politicamente pela cidadania ativa;[33] promover desenvolvimento econômico associado ao desenvolvimento político, social, educacional e inclusivo. E isso tudo é importante para a afirmação do Estado Social e Democrático de Direito, no Brasil, especialmente considerando que há um forte *déficit* histórico da noção de coletivo, na formação do Estado Brasileiro, desde o século XIX, e mantida no século XX.[34]

Mas, de qualquer forma, a observância dos critérios formais de produção das leis, e geração de conteúdos legais que serão observados pelos cidadãos – pelo *processo legislativo* – colabora para fortalecer: a segurança; a certeza; a estabilidade; a institucionalidade; a publicidade; a oficialidade; a democraticidade;[35] a transparência.

3. PROCESSO LEGISLATIVO E MODALIDADES DE LEIS

O ambiente de produção da legislação é o ambiente político.[36] O texto legal, enquanto discurso normativo,[37] em sociedades modernas e democráticas, é menos fruto da vontade do legislador, de ideais abstratos, e sim de um ambiente de disputas.[38] E o ambiente de disputa da política reúne: contraditório; interesses divergentes; grupos de pressão; vontades políticas atritantes; ideologias; articulações partidárias; forças sociais opostas.[39] Daí, a importância do *procedimento legislativo*, previsto no art. 59 da CF/88, para trazer: organização; temporalização; ritualização. Com isso, evita-se o caos do encontro desordenado de forças políticas opostas. A importância do procedimento reside exatamente aí, ou seja, regula as intervenções, delimita direitos e deveres, oferece oportunidades de fala, regra da maioria para votações, lugares de participação, tonando possível e sendo favorável à estabilização da democracia,[40] per-

---

[33] "A participação popular na produção normativa cria um espaço de discussão privilegiada, porque propicia um maior fluxo de informações que tendem a minimizar a ausência de adesão às normas jurídicas pelas três hipóteses já mencionadas anteriormente" (Soares, *Teoria da legislação*: formação e conhecimento da lei na idade tecnológica, 2004, p. 37).
[34] A este respeito, consulte-se Schwarcz, Starling, *Brasil*: uma biografia, 2015.
[35] "Nesse horizonte, vivencia-se uma alteração do paradigma de legitimidade, destacando-se a concepção de Habermas, para quem a construção legítima do direito se faz no âmbito do processo comunicativo, em que a participação política se instrumentaliza por um processo institucional de formação de opinião e da vontade pública" (Carvalho, *Técnica legislativa*, 6. ed., 2014, p. 129).
[36] "Chantal Mouffe tem razão em recordá-lo: etimologicamente, 'político' não remete apenas para a *polis*: a cidade e a ordem que aí se institui no desejo de 'viver juntos'; 'político' remete igualmente para *polemos*: a guerra, de forma que o espaço político não é apenas aquele, reconciliado e harmônico, da ordem consensual; é também o campo de confronto onde o adversário é sempre ameaçado de ser tratado como inimigo" (Ost, *O tempo do direito*, 2001, p. 335).
[37] A respeito, consulte-se Bittar, *Linguagem jurídica*: semiótica, discurso e direito, 6. ed., 2015.
[38] "O processo legislativo é o conjunto de atos cujo objetivo é a elaboração da lei" (Silva, *Direito Constitucional Brasileiro*, 2021, p. 522).
[39] "A legislação, no Estado contemporâneo, é produzida por um Parlamento de muitos, composto de centenas de parlamentares, em ambiente, na maioria das vezes, de tumulto, conflito e discórdia" (Carvalho, *Técnica legislativa*, 6. ed., 2014, p. 33).
[40] "Há conexão, pois, entre o procedimento legislativo com o princípio democrático, já que indispensáveis as regras da maioria, da participação e da publicidade" (Carvalho, *Técnica legislativa*, 6. ed., 2014, p. 11).

mitindo, ao mesmo tempo, chegar-se a encerramentos e conclusões, términos e decisões político-administrativas. Eis aí, na bastante refinada concepção do sociológico francês Antoine Garapon, a importância do ritual de justiça,[41] aqui visto na perspectiva do procedimento legislativo, em ambiente político.

Daí, a *ritualização* ou a *procedimentalização* fazerem parte da atividade burocrática moderna de indicar caminho à *racionalização* do convívio social. Por isso, o "processo legislativo" ser entendido como o meio legal-burocrático para a *formalização procedimental* da legislação. Ele nada mais é do que um *procedimento administrativo* e *público*, exercido pelas Casas Legislativas (Senado/Câmara; Assembleias Legislativas; Câmaras Municipais), para a *formação da legislação federal, estadual e municipal*,[42] a partir dos ditames constitucionais, constantes do art. 59 da CF/88[43] ("O processo legislativo compreende a elaboração de: I – emendas à Constituição; II – leis complementares; III – leis ordinárias; IV – leis delegadas; V – medidas provisórias; VI – decretos legislativos; VII – resoluções") e seus consentâneos nas Constituições dos Estados e nas Leis Orgânicas Municipais. Por meio do *processo legislativo* se realiza um conjunto de atos,[44] tais quais, a iniciativa, a emenda, a votação, a sanção, o veto,[45] que levam à produção das leis.

O processo legislativo, em sentido amplo,[46] envolve atos e etapas que vão desde a fase de "ações prévias" até "ações posteriores" e o processo legislativo *stricto sensu* envolve atos e etapas internas do Poder Legislativo, da seguinte forma: 1) ações prévias: iniciativa do projeto de lei; discussão, votação e aprovação; sanção/veto (Executivo); promulgação; publicação; 2) ações posteriores. E, dentro do processo legislativo *stricto sensu*, o rito segue de forma a que se esteja diante de três principais fases: 1) fase introdutória; 2) fase constitutiva; e 3) fase complementar,[47] conforme a seguir indicado:

---

[41] "O procedimento impõe de maneira bastante precisa a cronologia das intervenções durante o processo" (Garapon, *Bem julgar*: ensaio sobre o ritual judiciário, 1999, p. 61).

[42] "Assim, o processo legislativo trata eminentemente: da inovação do ordenamento jurídico, seja federal, estadual, distrital ou municipal" (Miranda, Cinnanti, Tostes, Processo legislativo comparado: fonte de inteligência e aprendizagem organizacional, *Revista de Informação Legislativa*, ano 52, n. 207, p. 159-186, jul./set. 2015).

[43] "No atual sistema constitucional pátrio, a 'fonte legal' é processo legislativo, expressão consagrada no art. 59 da Constituição Federal para designar o conjunto de atos através dos quais se opera a gênese legal..." (Betioli, *Introdução ao direito*, 12. ed., 2013, p. 217).

[44] Seguindo-se a lição de José Afonso da Silva: "Por processo legislativo entende-se o conjunto de atos (iniciativa, emenda, votação, sanção, veto) realizados pelos órgãos legislativos visando a formação das leis constitucionais, complementares e ordinárias, resoluções e decretos legislativos" (Silva, *Curso de direito constitucional positivo*, 34. ed., 2011, p. 524).

[45] "O processo legislativo compreende o conjunto de atos (iniciativa, emenda, votação, sanção e veto) realizados pelos órgãos legislativos visando à formação de emendas à Constituição, leis complementares, leis ordinárias, leis delegadas, medidas provisórias, decretos legislativos e resoluções que, como espécies normativas, constituem o seu objetivo" (Carvalho, *Técnica legislativa*, 6. ed., 2014, p. 185).

[46] Segue-se de perto a concepção desenvolvida a seguir: "(...) este estudo o conceitua como o conjunto sequenciado de fases da elaboração de um instrumento legal pelas Casas Legislativas, que compreende as etapas de ações prévias, elaboração da proposição, início da tramitação, instrução ou deliberação por comissões, apreciação por Plenário, decisão do poder Executivo, finalização e ações posteriores" (Miranda, Cinnanti, Tostes, Processo legislativo comparado: fonte de inteligência e aprendizagem organizacional, *Revista de Informação Legislativa*, p. 161, jul./set. 2015).

[47] "O processo legislativo compreende as fases: a) introdutória (instauradora ou iniciadora), em que se deflagra o processo de criação da lei, e que faz com que ele tenha início; b) constitutiva, que é a fase de tramitação do processo legislativo na qual ocorrerão as discussões e deliberações

Capítulo X | Estado Social e Democrático de Direito e Teoria da legislação

FASE INTRODUTÓRIA (instauração)	FASE CONSTITUTIVA (tramitação)	FASE COMPLEMENTAR (validade e vigência)
iniciativa ↓	discussão ↓ votação ↓ aprovação	promulgação ↓ publicação

Ademais, o *processo legislativo* poderá adotar formas de tramitação e procedimentos, tais quais: sumário (art. 64 da CF/88); ordinário (lei ordinária federal); especial (emendas; leis complementares; leis orçamentárias; leis delegadas; medidas provisórias). Mas, por via de regra, o processo legislativo segue o seguinte esquema que se procura reproduzir a seguir, a partir do estudo técnico-comparado de técnica legislativa do Congresso Nacional.[48]

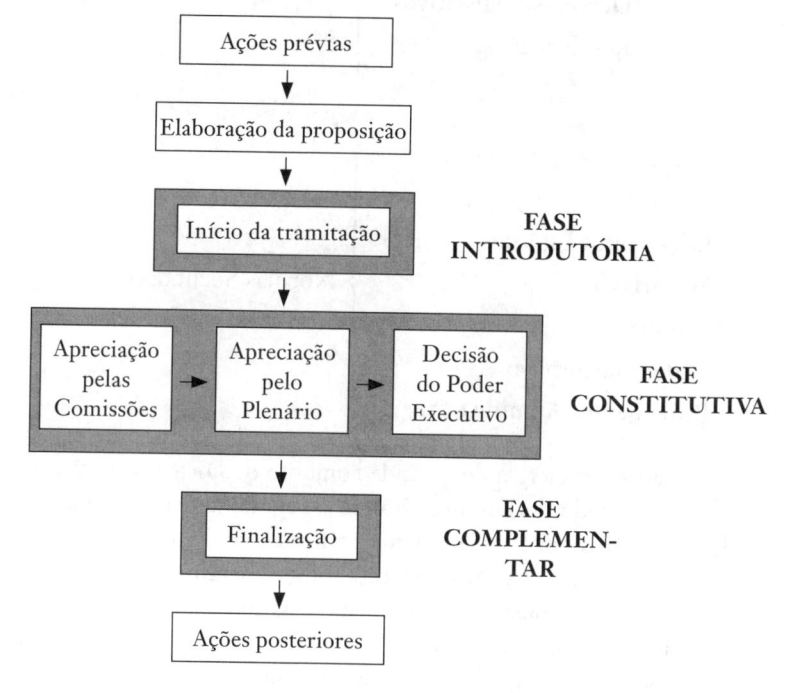

```
Ações prévias
    ↓
Elaboração da proposição
    ↓
Início da tramitação              FASE INTRODUTÓRIA
    ↓
[Apreciação pelas Comissões] → [Apreciação pelo Plenário] → [Decisão do Poder Executivo]    FASE CONSTITUTIVA
    ↓
Finalização                       FASE COMPLEMENTAR
    ↓
Ações posteriores
```

---

parlamentares, bem como a sanção ou o veto do Presidente da República; c) complementar (integração de eficácia), de promulgação e publicação da lei" (Carvalho, *Técnica legislativa*, 6. ed., 2014, p. 187).

[48] "(...) optou-se por representar o processo legislativo de forma ampliada, com as seguintes etapas: ações prévias, elaboração da proposição, início da tramitação, apreciação pelas Comissões, apreciação pelo Plenário, apreciação pelo Poder Executivo, finalização e ações posteriores" (Miranda, Cinnanti, Tostes, Processo legislativo e aprendizagem organizacional, *Revista de Informação Legislativa*, p. 163-164, jul./set. 2015).

4. FUNÇÕES DA LEGISLAÇÃO E MODALIDADES DE LEIS

Seguindo-se a ordem do art. 59 da CF/88,[49] o processo legislativo compreende a elaboração de: I – emendas à Constituição; II – leis complementares; III – leis ordinárias; IV – leis delegadas; V – medidas provisórias; VI – decretos legislativos; VII – resoluções. Portanto, considerando-se a classificação mais corrente na doutrina, que divide as normas em normas primárias (normas de existência autônoma) e normas secundárias (normas que dependem da edição de normas anteriores), percebe-se que o art. 59 da Constituição se concentra nas sete modalidades de normas primárias, sendo que esta disposição leva ao seguinte quadro esquemático:

Leis Complementares
Leis Ordinárias
Leis Delegadas
Medidas Provisórias   } Normas Primárias
Decretos Legislativos
Resoluções

Decretos Regulamentares
Instruções Ministeriais
Regimentos Internos
Portarias   } Normas Secundárias
Circulares
Ordens de Serviço
Provimentos Administrativos

Todo este quadro se refere a um grande conjunto de normas que são constantemente editadas pelo Estado de Direito, visando à regulamentação da vida social e à construção de parâmetros normativos que deem funcionamento e executividade à legislação. É evidente que este quadro se refere a todo o extrato de normas primárias e secundárias de caráter infraconstitucional, apenas estando encimadas pela Constituição, pelas Emendas à Constituição e pelos Tratados Internacionais de Direitos Humanos. Assim, poder-se-ia rever o quadro acima e apresentar a divisão que segue: I. *extrato constitucional de normas primárias*: Constituição (CF); Emendas constitucionais (EC); Tratados internacionais de direitos humanos (TIDH); II. *extrato infraconstitucional de normas primárias*: Leis Complementares (LC); Leis Ordinárias (LO); Leis Delegadas (LD); Medidas Provisórias (MP); Decretos Legislativos (Dec. Leg.); Resoluções (Res.); III. *extrato infraconstitucional de normas secundárias*: Decretos Regulamentares (Dec.

---

[49] Cf. Betioli, *Introdução ao direito*, 12. ed., 2013, p. 217.

Reg.); Instruções Ministeriais (IM); Regimentos Internos (RI); Portarias (P); Circulares (C); Ordens de Serviço (OS); Provimentos Administrativos (PA).

Aqui, a hierarquia normativa é estrita e a formalidade é o rigor de que se carece para estruturar o desencadeamento não apenas lógico, mas todo o processo de criação de regras jurídicas, considerando-se as atribuições e competências dos respectivos órgãos emissores. E isso porque cada modalidade de regra jurídica aqui apontada, também se relaciona a diversos tipos de: competências; órgãos; atribuições; níveis hierárquicos; relações institucionais entre as funções do Poder.

Além do que se disse, ainda é importante apontar que as leis,[50] criadas pelo procedimento legislativo, exercem muitas funções no exterior do ordenamento jurídico, que coincidem com suas funções sociais, tais quais: inibir condutas; regular direitos; criar critérios; disciplinar formas de convívio; instituir órgãos; regular procedimentos, entre outras. De modo similar, as leis desempenham diversas funções intrassistêmicas, na medida em que cada *tipo-lei* exerce um papel interno, tais quais: modificar; revogar; criar; regulamentar; atribuir competência; reformar.

As leis, ainda, devem estar adequadamente produzidas como *técnica procedimental*, cumprindo-se as etapas do procedimento, mas também como *técnica legislativa*,[51] cumprindo-se com apuro os contornos da linguagem jurídico-normativa. Neste domínio, o parâmetro é a Lei Complementar n. 95/1998, que dispõe sobre a elaboração, a redação, a alteração e a consolidação das leis, sabendo-se que os *Manuais de redação legislativa*[52] das Casas Legislativas costumam apresenta suas próprias recomendações técnicas, considerando-se cada modalidade normativa, sabendo-se, no geral, que a linguagem técnico-legislativa está marcada por exigência de: impessoalidade; formalidade; precisão técnica; clareza linguística; ordenação lógica. A boa técnica de redação legislativa permite que sejam evitados uma série de desenganos, posteriores, na interpretação, uso e aplicação do Direito, sabendo-se que o melhor expediente do legislador é sempre a consulta aos afetados pelas leis, políticas e ações do Estado-legislador, o que amplia a qualidade da devolutiva legislativa à sociedade,[53] especial-

---

[50] "A lei constitui, desse modo, produto do ato legislativo. Nesse sentido, por lei se entende a regra imperativa de caráter geral, emanada de autoridade competente, após tramitação segundo procedimento legislativo estabelecido pelo Direito, imposta ao homem e sancionada pela força pública" (Carvalho, *Técnica legislativa*, 6. ed., 2014, p. 107-108).

[51] "Técnica legislativa e processo legislativo se completam, pois cuidam de distintos aspectos pertinentes à criação das leis. Pode-se até mesmo dizer que a técnica legislativa pressupõe o conhecimento do processo legislativo, ao qual incumbe o conhecimento de regras e princípios relativos à iniciativa e à forma para a criação das leis" (Carvalho, *Técnica legislativa*, 6. ed., 2014, p. 181).

[52] A exemplo do *Manual de redação da Presidência da República*, Presidência da República, Casa Civil, 2. ed., Brasília, 2002. Disponível em: <http://www4.planalto.gov.br>. Acesso em: 17 jan. 2017.

[53] "A qualidade da norma criada pode ser avaliada a partir de diferentes perspectivas: a perfeição do processo legislativo (em relação às prescrições jurídicas constitucionais e infraconstitucionais), a amplitude e a profundidade dos estudos e debates ao longo do processo legislativo, a eficácia da norma editada, as consequências para a sociedade, e também a legitimidade política" (Miranda, Cinnanti, Tostes, Processo legislativo comparado: fonte de inteligência e aprendizagem organizacional, *Revista de Informação Legislativa*, jul./set. 2015, p. 162).

mente consideradas as tarefas *Estado Social e Democrático de Direito*.[54] A seguir, se passa a considerar, neste rol da legislação, as modalidades e suas particularidades.

4.1. Emendas

4.1.a. Conceito: As Emendas Constitucionais são atos normativos do Poder Legislativo que promovem a reforma pontual da Constituição,[55] considerando-se o poder de emenda concedido pelo Legislador Originário ao Legislador Derivado.[56]

4.1.b. Previsão: As Emendas Constitucionais estão previstas no art. 59, inciso I ("O processo legislativo compreende a elaboração de: I – emendas à Constituição") e art. 60 ("A Constituição poderá ser emendada mediante proposta: I – de um terço, no mínimo, dos membros da Câmara dos Deputados ou do Senado Federal; II – do Presidente da República; III – de mais da metade das Assembleias Legislativas das unidades da Federação, manifestando-se, cada uma delas, pela maioria relativa de seus membros"), ambos da Constituição Federal de 1988.

4.1.c. Função: A função das Emendas Constitucionais é a de alteração controlada do texto constitucional, dentro dos limites do Poder Derivado de Reforma. Assim é que visam a promover acréscimo, supressão ou modificação do texto da Constituição.[57] O poder de emendar a Constituição visa a manter uma dinâmica de mutação constitucional,[58] sendo capaz de adaptá-la, mediante exigências de enorme esforço político-legislativo para a produção de quórum elevado de votação.

4.1.d. Hierarquia: A hierarquia das Emendas à Constituição, após a sua edição, é a de Constituição, na medida que o texto da Emenda se incorpora ao texto da própria Constituição, e passa a integrar a sua versão mais atualizada.

4.1.e. Iniciativa e legitimidade: Seguindo-se o disposto no art. 60 da CF/88, incisos I, II e III, a iniciativa do projeto de emenda constitucional pode ser de, no mínimo, um terço dos membros da Câmara dos Deputados ou do Senado Federal, ou do Presidente da República, ou ainda, de mais da metade das Assembleias Legislativas dos Estados, pela maioria relativa dos membros de cada uma delas.

---

[54] "Racionalidade Técnica e precisão de linguagem não são bastante, pois é necessário que haja legitimidade na elaboração da lei que, numa democracia representativa, está a política" (Carvalho, *Técnica legislativa*, 6. ed., 2014, p. 136).

[55] "Consistem nas reformas do texto constitucional, de grande ou pequeno alcance, promovendo-lhe adições, supressões ou mesmo modificações; passam, portanto, a integrar o texto da Constituição" (Betioli, *Introdução ao Direito*, 12. ed., 2013, p. 217).

[56] "O gênero reforma constitucional tem, para os fins deste capítulo, duas espécies: a revisão constitucional e as emendas constitucionais. A primeira é uma reforma ampla da constituição; as últimas são alterações pontuais" (Silva, Virgílio Afonso da, *Direito Constitucional Brasileiro*, 1. ed., 2021, p. 544).

[57] "As emendas à Constituição visam promover acréscimo, supressão ou modificação no texto constitucional" (Carvalho, *Técnica legislativa*, 6. ed., 2014, p. 222).

[58] "Em relação à primeira questão, é possível afirmar que a quantidade de emendas à Constituição de 1988 é alta, independentemente do critério de análise utilizado" (Silva, *Direito Constitucional Brasileiro*, 2021, p. 558).

4.1.f. Procedimento Especial: As Emendas Constitucionais tramitam por procedimento especial, não sendo submetidas à apreciação do Poder Executivo para veto ou sanção. De acordo com o disposto no art. 60, § 2º, após a iniciativa do projeto de emenda constitucional (PEC), esta será discutida e votada em cada Casa do Congresso Nacional, em dois turnos, considerando-se aprovada se obtiver, em ambas as Casas, três quintos dos votos dos respectivos membros.

4.1.g. Quórum de votação: Exige-se um quórum de votação elevado, no Congresso Nacional, o que cobra elevado quociente de consenso político, para que a Emenda Constitucional seja considerada aprovada. É elevado o quociente de consenso político, tornando mais rara a aprovação da PEC, na medida em que se exige 2 turnos, nas 2 Casas, com aprovação por 3/5 dos votos dos respectivos membros (art. 60, § 2º, da CF/88).

4.1.h. Limites ao poder de reforma: O poder de reforma é limitado em diversas dimensões. A doutrina costuma afirmar que os limites são expressos ou implícitos. Os limites expressos são textuais: limites materiais, que toca nas chamadas "cláusulas pétreas", constantes do art. 60, § 4º, da CF/88 ("Não será objeto de deliberação a proposta de emenda tendente a abolir: I – a forma federativa de Estado; II – o voto direto, secreto, universal e periódico; III – a separação dos Poderes; IV – os direitos e garantias individuais"); limites circunstanciais, constantes do art. 60, § 1º, da CF/88 ("A Constituição não poderá ser emendada na vigência de intervenção federal, de estado de defesa ou de estado de sítio"); limites formais, constantes do art. 60, incisos I, II, III e §§ 2º, 3º e 5º. Os limites implícitos são aqueles que concernem à forma federativa do Estado, qualquer tentativa de supressão dos limites expressos e qualquer alteração do titular do poder derivado.

4.2. Leis Complementares

4.2.a. Leis complementares: As Leis Complementares são atos normativos do Poder Legislativo que complementam o caráter genérico da forma como a Constituição trata certas matérias, permitindo detalhar, particularizar e aprofundar o tratamento daquilo que o Legislador Originário destacou como alvo de matéria de Lei Complementar.[59]

4.2.b. Previsão: As Leis Complementares estão previstas no art. 59, inciso II da CF/88 ("O processo legislativo compreende a elaboração de (...) II – leis complementares), e, também nos arts. 61 e 69 da CF/88.

4.2.c. Função: Complementar dispositivos constitucionais que possuem caráter genérico, singularizando a abertura discursiva das normas, nas hipóteses previstas expressamente pela própria Constituição Federal de 1988, sabendo-se que é um recurso muito usual do legislador infraconstitucional em matéria de normas gerais tributárias (art. 146, III, CF/88).

4.2.d. Cabimento: Somente nas hipóteses textual e taxativamente previstas e elencadas na Constituição Federal de 1988, o que demonstra que o Legislador Origi-

---

[59] "Complementam a Constituição, particularizando e detalhando matéria que ela abordou apenas genericamente" (Betioli, *Introdução ao direito*, 12. ed., 2013, p. 217).

nário já exerceu um juízo prévio sobre a relevância que determinadas matérias possuem dentro do texto da Constituição, para merecerem o tratamento regulatório por Lei Complementar.[60] Exemplos: art. 59, parágrafo único, da CF/88; art. 93 da CF/88; art. 131 da CF/88; art. 142, § 1º, da CF/88; art. 153, VII, da CF/88.[61]

4.2.e. Procedimento especial: O procedimento de Leis Complementares é especial, partindo da iniciativa, seguindo para votação nas 2 Casas Legislativas, exigindo-se quórum especial de votação.

4.2.f. Iniciativa: A iniciativa de Projeto de Lei Complementar cabe a qualquer membro ou Comissão da Câmara dos Deputados, do Senado Federal ou do Congresso Nacional, ao Presidente da República, ao Supremo Tribunal Federal, aos Tribunais Superiores, ao Procurador-Geral da República e aos cidadãos, na forma e nos casos previstos na Constituição, seguindo-se o disposto no art. 61 da CF/88.

4.2.g. Quórum de votação: A votação exige quórum especial, ou quórum qualificado, a saber, o de maioria absoluta, tanto na Câmara dos Deputados, quanto no Senado Federal, seguindo-se o disposto no art. 69 da CF/88.

4.3. Leis Ordinárias

4.3.a. Conceito: A Lei Ordinária corresponde ao ato normativo do Poder Legislativo, que recebe sanção/veto do Poder Executivo, tendo como objeto a regulação de direitos e deveres não disciplinados por Lei Complementar.[62] São exemplos, no âmbito federal, o Código Civil (Lei Ordinária Federal n. 10.406, de 10 de janeiro de 2002) e a Lei do Inquilinato (Lei Ordinária Federal n. 8.245, de 18 de outubro de 1991).

4.3.b. Previsão: A previsão constitucional das Leis Ordinárias está dada pelo art. 59, inciso III da CF/88 (" O processo legislativo compreende a elaboração de: (...) III – leis ordinárias") e pelo art. 61 da CF/88.

---

[60] "As leis complementares não são tipificadas pela Constituição segundo critério ontológico. Caracteriza-se pelos assuntos que a Carta lhes reserva e pelo quórum de aprovação" (Carvalho, *Técnica legislativa*, 6. ed., 2014, p. 225).

[61] "Em relação ao escopo, leis complementares somente podem regular aquelas matérias para as quais a própria Constituição exige lei complementar. Em outras palavras, uma lei complementar só é necessária se houver expressa previsão constitucional nesse sentido; se a Constituição não exige lei complementar, então a lei complementar não pode ser usada" (Silva, *Direito Constitucional Brasileiro*, 2021, p. 532).

[62] "A lei ordinária, editada pelo Poder Legislativo da U, E e Municípios, no campo de suas competências constitucionais, com a sanção do Chefe do Executivo. Como o Brasil é uma República Federativa e ante o princípio da autonomia dos Estados e Municípios, não há qualquer supremacia da lei ordinária federal relativamente à estadual e municipal" (Maria Helena Diniz, *Compêndio de Introdução à Ciência do Direito*, 22. ed., 2011, p. 306).

4.3.c. Função: A função e o objeto da Lei Ordinária é definida de modo resquicial,[63] com relação às modalidades anteriores. É, em verdade, o mais corriqueiro ato legislativo, próprio para escoar o princípio da legalidade, que não tenha sido objeto de Lei Complementar. Normalmente, é a forma instituidora de direitos e deveres, a exemplo do que se pode verificar pelo disposto no Estatuto do Idoso, a Lei Ordinária Federal n. 10.741, de 01 de outubro de 2003, em seu art. 1º ("É instituído o Estatuto do Idoso, destinado a regular os direitos assegurados às pessoas com idade igual ou superior a 60 (sessenta) anos").[64]

4.3.d. Procedimento: O procedimento adotado é o procedimento ordinário, partindo-se da iniciativa, passando-se pela votação, submetendo-se à análise do Poder Executivo, pela promulgação e, por último, publicação.

4.3.e. Iniciativa: O art. 61 da CF/88 define, de forma ampla, os agentes qualificados para a iniciativa de Projeto de Lei Ordinária ("A iniciativa das leis complementares e ordinárias cabe a qualquer membro ou Comissão da Câmara dos Deputados, do Senado Federal ou do Congresso Nacional, ao Presidente da República, ao Supremo Tribunal Federal, aos Tribunais Superiores, ao Procurador-Geral da República e aos cidadãos, na forma e nos casos previstos nesta Constituição").

4.3.f. Votação: O quórum de votação para aprovação formal de Leis Ordinárias é feito por maioria simples, pois a Constituição não requer um quórum qualificado e nem um consenso político exigente, para a votação de Leis Ordinárias, de forma que se aplica o disposto no art. 47 da CF/88 ("Salvo disposição constitucional em contrário, as deliberações de cada Casa e de suas Comissões serão tomadas por maioria dos votos, presente a maioria absoluta de seus membros").

4.4. Leis Delegadas

4.4.a. Conceito: As leis delegadas, tendo a mesma hierarquia das Leis Ordinárias, consistem em atos normativos do Poder Executivo,[65] que atua atipicamente como legislador, mediante Delegação do Poder Legislativo, por meio de Resolução,

---

[63] "O campo de abrangência da lei ordinária é o residual, vale dizer, cabe-lhe dispor por sobre todas as matérias que, a juízo do legislador, devem ser normatizadas" (Carvalho, *Técnica legislativa*, 6. ed., 2014, p. 229).

[64] "Por fim, a Constituição de 1988 também prevê a chamada *iniciativa popular*, ou seja, a possibilidade de os cidadãos apresentarem projetos de lei (arts. 14, III; e 61, § 2º). Mas essa não é uma tarefa fácil, visto que os projetos de lei de iniciativa popular têm que ser subscritos por, no mínimo, 1% do eleitorado nacional, distribuídos pelo menos por cinco estados, com não menos de 0,3% dos eleitores de cada um deles (art. 61, § 2º). Desde 1988, embora tenha havido algumas tentativas de apresentação de projetos de lei de iniciativa popular, todos foram eventualmente reintroduzidos por deputado ou senador para acelerar o processo, sobretudo devido às dificuldades em conferir todas as assinaturas" (Silva, *Direito Constitucional Brasileiro*, 2021, p. 525).

[65] "São aquelas que emanam do Poder Executivo mediante delegações de competência feita pelo Poder Legislativo" (Betioli, *Introdução ao direito*, 22. ed., 2013, p. 218).

para a disciplina de matéria que não extrapole os limites da delegação. É medida pouco utilizada,[66] atualmente, sendo exemplos as Leis Delegadas n. 12/92 e 13/92.

4.4.b. Previsão: A previsão é expressada pelo art. 59, inciso IV, da CF/88 ("O processo legislativo compreende a elaboração de: (...) IV – leis delegadas") e pelo art. 68 da CF/88 ("As leis delegadas serão elaboradas pelo Presidente da República, que deverá solicitar a delegação ao Congresso Nacional").

4.4.c. Função: Trata-se de poder normativo comum conferido ao Chefe do Poder Executivo, por delegação do Legislativo, valendo-se do princípio constitucional da divisão dos Poderes, visando-se a gerar um equilíbrio na distribuição de funções dos Poderes, cabendo a excepcionalidade de ser avaliada politicamente entre o Executivo e o Legislativo.[67]

4.4.d. Procedimento: A edição de Leis Delegadas depende de procedimento especial, devendo o Executivo solicitar a delegação, cabendo ao Congresso autorizar em sessão única e bicameral que se edite Resolução. Então, o Executivo irá elaborar a Lei Delegada, que será novamente apreciada pelo Legislativo, se não exorbita a delegação, podendo-se aprovar a edição ou sustar a delegação, nos termos do art. 68, §§ 2º e 3º, e do art. 49, inciso V, da CF/88 ("É da competência exclusiva do Congresso Nacional: (...) V – sustar os atos normativos do Poder Executivo que exorbitem do poder regulamentar ou dos limites de delegação legislativa").

4.4.e. Limites da delegação: Os limites da delegação são predeterminados pela Constituição Federal de 1988, pois se trata de modalidade excepcional de concessão de poder legiferante ao Executivo, em matérias que não podem ser objeto de outras modalidades de legislação. Por isso, o art. 68, em seu § 1º, afirma que não são objeto de delegação os atos de competência exclusiva do Congresso Nacional, os de competência privativa da Câmara dos Deputados ou do Senado Federal, a matéria reservada à Lei Complementar; ainda, excluem-se também a legislação sobre a organização do Poder Judiciário e do Ministério Público, a carreira e a garantia de seus membros (inciso I), nacionalidade, cidadania, direitos individuais, políticos e eleitorais (inciso II), planos plurianuais, diretrizes orçamentárias e orçamentos (inciso III).

4.5. Medidas Provisórias

4.5.a. Conceito: As Medidas Provisórias consistem em atos normativos do Poder Executivo, com força de lei, editados mediante justificativa de relevância e urgên-

---

[66] "Apesar de ser potencialmente uma forma de agilizar o processo legislativo, em um sistema em que o presidente da República tem a possibilidade de editar medidas provisórias com força imediata de lei, como é o caso do Brasil, não há incentivos para o uso das leis delegadas. E, de fato, a delegação legislativa baseada no art. 68 foi usada uma única vez desde 1988, e dessa delegação resultaram apenas duas leis delegadas" (Silva, *Direito Constitucional Brasileiro*, 2021, p. 538).

[67] "A lei delegada é ato normativo primário, nada obstante a necessidade de ser aprovada, pelo Congresso Nacional, resolução autorizando o Presidente da República a editá-la. A lei delegada é ato legislativo que deriva imediatamente da Constituição, apesar de condicionado" (Carvalho, *Técnica legislativa*, 6. ed., 2014, p. 230).

cia, que dependem de aprovação do Poder Legislativo para ganharem validade e se converterem em lei.[68] Em nossa história, as Medidas Provisórias foram criadas para substituir o Decreto-lei da Constituição de 1967, visando a evitar a extrapolação de poder por parte do Poder Executivo, no uso excepcional de seu poder legiferante. Mas, mesmo após a promulgação da Constituição Federal de 1988, foi necessário editar a Emenda Constitucional n. 32/2001.[69]

4.5.b. Previsão: As Medidas Provisórias estão previstas no art. 59, inciso V, da CF/88 ("O processo legislativo compreende a elaboração de: (...) V – medidas provisórias") e no art. 62 da Carta Magna ("Em caso de relevância e urgência, o Presidente da República poderá adotar medidas provisórias, com força de lei, devendo submetê-las de imediato ao Congresso Nacional")

4.5.c. Motivação: As Medidas Provisórias somente podem ser adotadas, para debelar situação de grave implicação, e, não por outro motivo, o poder legiferante do Poder Executivo é concedido mediante a justificativa de relevância e urgência, sendo submetido em seguida à apreciação do Poder Legislativo.

4.5.d. Eficácia: A Medida Provisória é um ato editado pelo Presidente e que, por esse mesmo ato, ganha força de lei, para depois ser convalidado por outro ato do Poder Legislativo.[70] A eficácia da Medida Provisória é condicionada à aprovação do Poder Legislativo. Logo após editada e publicada pelo Poder Executivo, é submetida ao Poder Legislativo, que deverá se manifestar em 60 dias, prorrogáveis por mais 60 dias, nos termos do art. 62, § 3º, da CF/88 ("As medidas provisórias, ressalvado o disposto nos §§ 11 e 12 perderão eficácia, desde a edição, se não forem convertidas em lei no prazo de sessenta dias, prorrogável, nos termos do § 7º, uma vez por igual período, devendo o Congresso Nacional disciplinar, por decreto legislativo, as relações jurídicas delas decorrentes") e do art. 62, § 7º, da CF/88 ("Prorrogar-se-á uma única vez por igual período a vigência de medida provisória que, no prazo de sessenta dias, contado de sua publicação, não tiver a sua votação encerrada nas duas Casas do Congresso Nacional"). Se aprovada, é convertida em lei, tendo hierarquia e força de Lei Ordinária. Assim, se a MP for rejeitada e não for convertida em lei, o Congresso deverá editar decreto legislativo disciplinando os efeitos da MP.

---

[68] "São normas editadas pelo Poder Executivo, com força de lei, em caso de relevância e urgência" (Betioli, *Introdução ao direito*, 12. ed., 2013, p. 218).

[69] "O abuso na adoção de medidas provisórias... levou o Congresso Nacional a promulgar a Emenda Constitucional n. 32/2001..." (Carvalho, *Técnica legislativa*, 6. ed., 2014, p. 237).

[70] "A mais importante diferença entre a edição de uma medida provisória e a proposição de um projeto de lei ordinária pelo presidente da República reside no fato de que as medidas provisórias, no ato de sua edição pelo presidente, já possuem força de lei, isto é, produzem efeitos imediatos, enquanto um projeto de lei só produz os efeitos desejados se e quando for aprovado pelo Congresso Nacional, e com as eventuais mudanças que este introduzir no projeto original" (Silva, Virgílio Afonso da, *Direito Constitucional Brasileiro*, 1. ed., 2021, p. 534).

4.5.e. Limites: Os limites das Medidas Provisórias se devem ao caráter excepcional do poder legiferante por parte do Poder Executivo, para que se evite a hipertrofia de seu poder. Por isso, a Constituição Federal de 1988 tece enorme rol de matérias que limitam o objeto das Medidas Provisórias (art. 62, § 1º, incisos I, a, b, c, d, II, III e IV), afora a extensa disciplina conferida à matéria (art. 62, §§ 2º a 12).

4.6. Decretos Legislativos

4.6.a. Conceito: Os Decretos Legislativos têm a mesma hierarquia de Lei Ordinária e correspondem a atos normativos do Poder Legislativo que visam a regular matérias que são de sua exclusiva atribuição,[71] tal como as previstas no art. 49 da CF/88 ("É da competência exclusiva do Congresso Nacional: I – resolver definitivamente sobre tratados, acordos ou atos internacionais que acarretem encargos ou compromissos gravosos ao patrimônio nacional; (...), até: XVII – aprovar, previamente, a alienação ou concessão de terras públicas com área superior a dois mil e quinhentos hectares"). É usual para resolver definitivamente sobre Tratados Internacionais (ex.: Decreto Legislativo n. 11/92) e para disciplinar as relações que decorrem das situações jurídicas em que a Medida Provisória não foi convertida em lei,[72] nos termos do art. 63, § 3º, da CF/88.

4.6.b. Previsão: A previsão é dada pelo art. 59, inciso VI, da CF/88 ("O processo legislativo compreende a elaboração de: VI – decretos legislativos") e no art. 49 da CF/88, além de disposições do Regimento Interno do Congresso Nacional.

4.6.c. Função: A função dos Decretos Legislativos é a de veicular os atos de competência do Congresso Nacional, que não se submetem ao Executivo, tendo efeitos externos.[73]

4.7. Resoluções

4.7.a. Conceito: As Resoluções têm a mesma hierarquia de Lei Ordinária[74] e correspondem a atos normativos do Poder Legislativo para a regulamentação de maté-

---

[71] "Para além dessa função ligada às medidas provisórias, os decretos legislativos são a forma de exercício daquelas competências privativas do Congresso Nacional que não dependam de sanção presidencial, ou seja, daquelas competências previstas pelo art. 49 da Constituição, como, por exemplo, resolver definitivamente sobre tratados internacionais, autorizar o presidente da República a declarar guerra e a celebrar a paz, aprovar estado de defesa e a intervenção federal, autorizar o estado de sítio, ou suspender qualquer uma dessas medidas, julgar anualmente as contas prestadas pelo presidente da República, autorizar referendo e convocar plebiscito, autorizar, em terras indígenas, a exploração e o aproveitamento de recursos hídricos e a pesquisa e lavra de riquezas minerais, dentre outras mencionadas nos dezessete incisos do art. 49" (Silva, *Direito Constitucional Brasileiro*, 2021, p. 539).

[72] "Se a medida provisória é aprovada, ela é convertida em lei ordinária e recebe a numeração correspondente" (Silva, *Direito Constitucional Brasileiro*, 2021, p. 534).

[73] "A constituição conferiu ao Congresso Nacional competência exclusiva (a ser exercida sem a sanção ou veto presidencial). Portanto, as matérias que tenham efeitos externos e que se enquadrem no âmbito da competência privativa do Congresso serão disciplinadas por meio de decreto legislativo, promulgado pela Mesa" (Carvalho, *Técnica legislativa*, 6. ed., 2014, p. 244).

[74] "(...) as resoluções tem a mesma natureza, porém com efeitos internos, acrescentando-se que as matérias de competência exclusiva de cada Casa Legislativa (arts.51 e 52) serão reguladas por

Capítulo X | Estado Social e Democrático de Direito e Teoria da legislação

rias de competência privativa da Câmara dos Deputados (art. 51 da CF/88) e do Senado Federal (art. 52 da CF/88),[75] ou seja, daquele conjunto de matérias que foram predeterminadas pelo Legislador Originário como sendo assuntos de interesse do Congresso Nacional,[76] e que estão relacionados assuntos que vão desde a autorização para processar a Presidência da República, até matérias de organização interna. Por similaridade de função normativa, outros órgãos públicos também emitem Resoluções no âmbito de suas atribuições (exs.: Resoluções do CONAMA; STJ; STF; BACEN; TSE; CNJ).

4.7.b. Previsão: A previsão vem dada pelo art. 59 da CF/88 ("O processo legislativo compreende a elaboração de: (...) VII – resoluções") e pelo Regimento Interno do Congresso Nacional, sabendo-se que são competentes o Presidente da Câmara, para os assuntos concernentes à Câmara dos Deputados, e o Presidente do Senado, para a edição de Resolução de assuntos concernentes ao Senado Federal e ao Congresso Nacional.

4.8. Decretos Regulamentares

4.8.a. Conceito: Os Decretos regulamentares são atos normativos do Poder Executivo que visam a conferir executividade a normas hierarquicamente superiores.[77]

4.8.b. Previsão: A exemplo do que consta no art. 84 da CF/88, o Presidente da República tem atribuição de baixar Decretos, visando a conferir executividade às leis ("Compete privativamente ao Presidente da República: IV – sancionar, promulgar e fazer publicar as leis, bem como expedir decretos e regulamentos para sua fiel execução).

4.8.c. Função: A tarefa dos Decretos regulamentares é a de minudenciar o conteúdo das leis, para torná-las praticamente executáveis, regulamentadas e passíveis de implementação concreta e efetiva. É exemplo que o Código de Defesa do Consumidor (Lei n. 8.078/90) criou o Sistema Nacional de Defesa do Consumidor, mas foi pelo Decreto n. 2.181/97 que o Sistema Nacional de Defesa do Consumidor

---

resoluções" (Carvalho, *Técnica legislativa*, 6. ed., 2014, p. 246).

[75] "Por meio de resoluções regulamentar-se-ão as matérias de competência privativa da Câmara dos Deputados (art. 51), do Senado Federal (art. 52) e algumas de competência do Congresso Nacional, fixadas, além das poucas hipóteses constitucionais, regimentalmente" (Lenza, *Direito constitucional*, 18. ed., 2014, p. 692).

[76] "É comum que se diga que as resoluções são atos com efeitos apenas internos ao Poder Legislativo. Mas essa é uma definição imprecisa. Os próprios exemplos do parágrafo anterior demonstram isso. As resoluções são usadas para disciplinar as matérias de competência privativa da Câmara dos Deputados e do Senado Federal. São, portanto, resoluções ou da Câmara ou do Senado e sua tramitação ocorre em uma dessas casas, sem a participação de outra, conforme se trate de matérias previstas pelo art. 51 da Constituição (competência privativa da Câmara dos Deputados) ou pelo art. 52 (competência privativa do Senado Federal)" (Silva, *Direito Constitucional Brasileiro*, 2021, p. 539).

[77] "(...) são normas jurídicas gerais, abstratas e impessoais estabelecidas pelo Poder Executivo da União, dos Estados ou Municípios, para desenvolver uma lei, minudenciando suas disposições, facilitando sua execução ou aplicação" (Diniz, *Compêndio de Introdução à Ciência do Direito*, 22. ed., 2011, p. 309).

foi, para fins práticos e executivos, organizado, em termos de composição, competências internas, funcionamento, fiscalização, poderes e penas aplicáveis por fiscais.

4.9. Instruções Ministeriais

4.9.a. Conceito: As Instruções Ministeriais são atos normativos do Poder Executivo, afeitos à competência de Ministros de Estado, para conferir executividade e regulamentação a Leis, Decretos e Regulamentos de sua atribuição institucional. Considerando que Leis, Decretos e Regulamentos podem ser genéricos e distantes, as Instruções Ministeriais são o veículo mais próximo, concreto e efetivo, que conferem praticidade e executividade aos dispositivos de hierarquia superior, agora na versão de disciplina regulatória interna.[78]

4.9.b. Previsão: As Instruções Ministeriais estão previstas no art. 87, parágrafo único, II da CF/88 ("Os Ministros de Estado serão escolhidos dentre brasileiros maiores de vinte e um anos e no exercício dos direitos políticos. Parágrafo único. Compete ao Ministro de Estado, além de outras atribuições estabelecidas nesta Constituição e na lei: (...) II – expedir instruções para a execução das leis, decretos e regulamentos").

4.9.c. Função: As Instruções Ministeriais visam a promover a execução de Leis, Decretos e Regulamentos no âmbito de competência do respectivo Ministério, dando-lhes condições de implementação prática e executória.

4.10. Regimentos Internos

4.10.a. Conceito: Os Regimentos Internos são atos normativos de autorregulamentação de órgãos públicos, visando à definição da composição, da estrutura de órgãos, de competências, de atribuições, de hierarquias, dos serviços, das regras internas e do funcionamento procedimental interno, a exemplo do Regimento Interno do Supremo Tribunal Federal (27-10-1980), do Regimento Interno do STJ (7-7-1989), do Regimento Interno da Câmara dos Deputados, do Regimento Interno do Senado Federal.

4.10.b. Previsão: A previsão irá figurar em diversos capítulos da Constituição, concernentes a cada órgão público do Executivo, do Legislativo e do Judiciário, concedendo competência privativa para baixar o próprio Regimento Interno, a exemplo do disposto no art. 51 da CF/88 ("Compete privativamente à Câmara dos Deputados: (...) III – elaborar seu regimento interno").

4.10.c. Função: Os Regimentos Internos são atos de autorregulamentação que consagram a autonomia do órgão público, revelando, também, suas caraterísticas internas e seu papel institucional. Em geral, são baixados por meio do instrumento da Resolução, a exemplo da Resolução n. 17/89, da Câmara dos Deputados.

---

[78] "(...) expedidas pelos Ministros de Estado para promover a execução das leis, decretos e regulamentos atinentes às atividades de sua pasta" (Diniz, *Compêndio de Introdução à Ciência do Direito*, 22. ed., 2011, p. 309).

4.11. Portarias

4.11.a. Conceito: As Portarias são atos normativos de órgãos públicos visando à disciplina de comandos administrativos internos e vinculativos aos seus quadros funcionais.[79] As portarias são, recorrentemente, o principal veículo de orientação de toda uma pasta de trabalho, a exemplo de Ministérios, Secretarias Estaduais e Secretarias Municipais, consistindo na forma pela qual o(a) Ministro(a) ou o(a) Secretário(a) exerce sua função regulatória dos objetivos da própria pasta, além de demais atos concernentes às suas competências, internas e externas. É exemplo a Portaria n. 98/2017 do Ministério Público da União, que institui o Código de Ética e da Conduta do MPU.

4.11.b. Função: É usual a utilização de Portarias como instrumental para abrir sindicâncias, iniciar procedimentos administrativos, regular matérias internas, nomear servidores, regular exercício de serviço, regulamentar setores administrativos, expedir instruções. Tem sido usual, também, baixar Normas Regulamentadoras (NR), por meio de Portarias (exs.: NR 26, NR 35).

4.12. Circulares

4.12.a. Conceito: As Circulares são atos normativos de órgãos públicos, voltados ao exercício do serviço interno.[80]

4.12.b. Função: As Circulares de Serviço, geralmente, permitem conferir padrão, uniformidade de tratamento, instrução e ordenação das atividades de rotina burocrática e de gestão administrativa e funcional, no âmbito do serviço público.

4.13. Ordens de Serviço

4.13.a. Conceito: As Ordens de Serviço são atos normativos individualizados, específicos e autorizadores da execução direta de serviço público.[81]

4.13.b. Função: a função das Ordens de Serviço é formalizar a execução de serviços públicos, ademais de fornecer condições de efetividade ao andamento das atividades-meio e das atividades-fins do serviço público.

4.14. Provimentos Administrativos

4.14.a. Conceito: O Provimento Administrativo ou Provimento de Serviço é um ato normativo de investidura de servidor público no exercício de cargo público.

---

[79] "(...) são normas gerais que o órgão superior (desde o Ministério até uma simples repartição pública) edita para serem observadas por seus subalternos. Veiculam comandos administrativos gerais e especiais, servindo ainda para designar funcionários para o exercício de funções menores, para abrir sindicâncias e inaugurar procedimentos administrativos" (Diniz, *Compêndio de Introdução ao Estudo do Direito*, 22. ed., 2011, p. 309).

[80] "(...) consistem em normas jurídicas que visam ordenar de maneira uniforme o serviço administrativo" (Diniz, *Compêndio de Introdução à Ciência do Direito*, 22. ed., 2011, p. 309).

[81] "(...) constituem estipulações concretas para um certo tipo de serviço a ser executado por um ou mais agentes credenciados para isso" (Diniz, *Compêndio de Introdução à Ciência do Direito*, 22. ed., 2011, p. 310).

4.14.b. Função e forma: O Provimento Administrativo, enquanto ato que dá acesso à investidura em cargo público, pode revestir-se e apresentar-se por diversas modalidades administrativas, tais como a nomeação, a reintegração e a readaptação.

5. TEORIA DA LEGISLAÇÃO E EFICÁCIA DA LEGISLAÇÃO

A *Teoria da Legislação*, além de estudar os processos, as modalidades e as técnicas de produção da legislação, por fim, também deve se ocupar de uma última e importante dimensão do *ato legiferante*: a eficácia da legislação. E isso porque, especificamente no Brasil, a legislação padece de *ineficácia crônica*,[82] o que dificulta a aplicação da legislação,[83] a busca por conferir respeito aos mandamentos da legislação, bem como a executividade social da legislação que seja capaz de criar um *padrão-cidadão* de convívio social.[84] É certo que a *sanção jurídica*, ou a simples aposta no *metus cogendi poenae*, não fornece recurso suficiente para demonstrar a eficácia da legislação, e há leis que "pegam" e há leis que "não pegam". O que importa ter presente para a *Teoria da Legislação* é que um enorme e complexo arcabouço legislativo, formado por milhares de normas jurídicas, pode esbarrar num problema prático de dimensão social, cultural e histórica: a *permanente atitude de negação do valor da lei*. Se a legislação deveria modificar os comportamentos das pessoas, ao mesmo tempo, em sua ineficácia, a legislação acaba por fortalecer as *formas pelas quais a sociedade* se autoimuniza da própria existência da legislação, por outros canais e sistemas (sociais, culturais, relacionais, econômicos).[85]

Alguns estudos, nos campos da *Antropologia* e da *Sociologia*, podem ser ilustrativos e demonstram com clareza a dificuldade de *aplicação, implementação, fiscalização, obediência e eficácia* da legislação. Esses estudos são feitos em áreas sintomáticas, que podem ser tomadas como *amostragens sociais* relevantes, a exemplo da *fila*[86] e do

---

[82] Em outro estudo, pode-se aprofundar com mais atenção sobre esse aspecto do sistema legislativo brasileiro. Consulte-se Bittar, *O direito na pós-modernidade*, 3. ed., 2014.

[83] Na dimensão comportamental, constata-se que, tomado o exemplo do trânsito: "(...) o fato concreto é que o cidadão brasileiro, seja pedestre, ciclista, motociclista, motorista ou até mesmo carroceiro, tem uma dificuldade atávica no que diz respeito a obedecer à lei" (DaMatta, Vasconcellos, Pandolfi, *Fé em Deus e pé na tábua*, 2010, p. 76).

[84] "A esse cenário somam-se uma sistemática desobediência às normas universais, que teoricamente valem para todos. O problema tem sua origem numa relação desconfiada entre Estado e sociedade, entre o governo e a população de um país, estado ou cidade" (DaMatta, Vasconcellos, Pandolfi, *Fé em Deus e pé na tábua*, 2010, p. 125).

[85] Daí a noção de *dilema brasileiro*, que se expressa nas reflexões de Roberto DaMatta: "Legislar, assim, é mais básico do que fazer cumprir a lei. Mas, vejam o dilema, é precisamente porque confiamos tanto na força fria da lei como instrumento de mudança do mundo que, dialeticamente, inventamos tantas leis e as tornamos inoperantes. Sendo assim, o sistema de relações pessoais que as regras pretendem enfraquecer ou destruir fica cada vez mais forte e vigoroso, de modo que temos, de fato, um sistema alimentando o outro" (DaMatta, *Carnavais, malandros e heróis*: para uma sociologia do dilema brasileiro, 6. ed., 1997, p. 238).

[86] Eis o caso do recente estudo sociológico-antropológico de DaMatta, Junqueira, *Fila e democracia*, 2017.

Capítulo X | Estado Social e Democrático de Direito e Teoria da legislação

trânsito,[87] situações que são quotidianas e que demonstram atitudes constantes de *burla*, manifestações do *jeitinho*, ou expressões diretas de *luta* e de acerba *violência*.[88] Nessas situações, ou a vigilância é ostensiva, ou a tendência à desobediência ao *costume da fila* e às *leis de trânsito* são reveladoras da falta da *plena consciência da cidadania ego-alter*, no trato social cotidiano. Na *incivilidade*, pois, do cotidiano dos processos de socialização *manifesta-se* nessa *lógica* de negação do lugar da legislação um mais vasto processo social de *não reconhecimento* do *outro-cidadão*, dos deveres e responsabilidades que estão implicados no uso do *espaço público*.

Quando a *Teoria da Legislação* se coloca diante desse tipo de preocupação, percebe-se que não basta a mera "edição desenfreada de leis", como forma de "regrar condutas sociais", visando a obtenção de consequências *reais* e *efetivas*, *concretas* e que tenham sido *internalizadas* pelos cidadãos, na lógica do compromisso de todos e de cada um com a *cidadania, igualdade, impessoalidade, generalidade e universalidade* da legislação. No Brasil, diante do obstáculo em fazer da legislação o padrão de socialização e regramento de condutas, a modernidade passa a ter dificuldades de promover avanços, pois passam a predominar, no lugar da legislação outros códigos de interação social (a exemplo, do *jeitinho*, do "Você sabe com quem está falando?", da *corrupção*),[89] e o resultado acaba sendo um convívio social ainda determinado pela: insegurança; incerteza; instabilidade; parainstitucionalidade; inoficialidade; antidemocraticidade;[90] privatismo e pessoalidade;[91] não generalidade.[92]

---

[87] Eis o caso do estudo sociológico-antropológico de DaMatta, Vasconcellos, Pandolfi, *Fé em Deus e pé na tábua* (ou, *como e por que o trânsito enlouquece no Brasil*), 2010.

[88] "Daí a vigília desconfiada e brutalmente hobbesiana de todos contra todos, reveladora de que nós, brasileiros de qualquer classe social, pensamos o mundo de um ponto de vista muito mais hierárquico e tipicamente relacional do que de um ponto de vista igualitário e individualista" (DaMatta, Junqueira, *Fila e democracia*, 2017, p. 79).

[89] A pesquisa com os entrevistados(as) revelou que: "Todos são unânimes em afirmar que um traço marcante do caos urbano é o desacato às normas e sua contrapartida brasileira (e capixaba), o *jeitinho*, o *Você sabe com quem está falando?* E outros elementos que fazem com que o relacionamento (ou a postura) pessoal englobe e torne-se mais importante que a lei – que, em princípio, deveria valer para todos" (DaMatta, Vasconcellos, Pandolfi, *Fé em Deus e pé na tábua*, 2010, p. 80).

[90] Ao contrário dos indicadores de uma boa *técnica legislativa*. A respeito, *vide* Carvalho, *Técnica legislativa*, 6. ed., 2014, p. 33.

[91] "No sistema social brasileiro, então, a lei universalizante e igualitária é utilizada frequentemente para servir como elemento fundamental de sujeição e diferenciação política e social. Em outras palavras, *as leis só se aplicam aos indivíduos e nunca às pessoas*; ou, melhor ainda, receber a letra fria e dura da lei é tornar-se imediatamente um indivíduo. Poder personalizar a lei é sinal de que se é uma pessoa" (DaMatta, *Carnavais, malandros e heróis*: para uma sociologia do dilema brasileiro, 6. ed., 1997, p. 237).

[92] "No caso das leis gerais e da repressão, seguimos sempre o código burocrático ou a vertente impessoal e universalizante, igualitária, do sistema. Mas, no caso das situações concretas, daquelas que a 'vida' nos apresenta, seguimos sempre o código das relações e da moralidade pessoal, tomando a vertente do 'jeitinho', da 'malandragem' e da solidariedade como eixo de ação. Na primeira escolha, nossa unidade é o *indivíduo*; na segunda, a *pessoa*" (DaMatta, *Carnavais, malandros e heróis*: para uma sociologia do dilema brasileiro, 6. ed., 1997, p. 218).

O preço a pagar, por todos os cidadãos, diante de um sistema jurídico que, em sua totalidade não consegue se impor, por encontrar *barreiras sociais, culturais, econômicas* e *históricas*, é a necessidade de o sistema impor-se *a fórceps*. Diante da constante negativa de *observância da legislação*, seja na perspectiva do legislador, seja na perspectiva da fiscalização, acabam por ter de se valer do que se chama, no Brasil, de "regras duras", "penas duras" e por "multas pesadas". No lugar da *legislação-igualdade* promove-se, novamente, uma forma de *correção de destinos* na busca por *eficácia da legislação* que reitera o ciclo dos déficits de *cidadania, democracia, participação popular* e *consciência cívica*, ou seja, volta-se a insistir na *legislação-imposição*, agora não pela *forma jurídica* (democracia representativa), mas pela *busca de efeitos sociais*. Para conseguir escapar dessa ciranda viciosa, o país tem de plenificar seu *processo de modernização* e fortalecer a *consciência de cidadania*.

No Brasil, a atitude diante da *legislação* é, em geral, de *indiferença*, de *desconfiança*, de *desconhecimento*, de *burla* e de *negação*. O processo de *modernização*,[93] no Brasil, é ainda incompleto, de forma que a sociedade ainda se estrutura na base de hábitos e tradições que formam um *complexo sistema cultural*, para o qual a *modernidade da legislação* ainda implica acentuação da *desigualdade*,[94] da *divisão social*, da *distinção* entre poderosos (superiores) e não poderosos (inferiores), dentro do traçado de uma sociedade ainda marcada por traços hierárquicos e antidemocráticos.[95] E isso em função de razões históricas, sociais e econômicas, entre as quais se destacam, desde o período colonial, a obediência servil à legislação associada à obediência ao sistema da escravidão e seus modos de punição,[96] a ausência contínua da Metrópole das terras coloniais criadora do *vácuo* legal, a resistência ao reconhecimento do papel funcional igualizador da legislação,[97] à carência de cidadania e de reconhecimento de direitos durante

---

[93] "Percorremos, em quase duzentos anos de história, modernizações que sepultaram modernizações, planos que substituíram planos, uma obra de Sísifo" (Faoro, *A república inacabada*, 2007, p. 141).

[94] "Somos uma sociedade marcada por origem e formação político-social hierarquizadas. Até 1888, o Brasil teve escravos, e até 1889, quando se proclamou a República, uma base aristocrática; seus códigos de comportamento refletem a realeza e o baronato, e é assim que tudo nela – conforme já dissemos –, inclusive as vias públicas e seus veículos, faz parte de uma escala de desigualdade. No Brasil, como esta investigação cabalmente confirma, o papel de motorista e seus veículos são lidos como emblemas de desigualdade" (DaMatta, Vasconcellos, Pandolfi, *Fé em Deus e pé na tábua*, 2010, p. 111).

[95] "Num sentido preciso e marcadamente aristocrático, fruto de uma matriz que foi muito pouco discutida entre nós, a obediência à lei exprimia – como revela essa pesquisa – inferioridade e subordinação social. Tudo se passa como se, no Brasil, não tivéssemos feito a necessária transição entre obedecer a pessoas e à lei, o que configura coisas muito diversas" (DaMatta, Vasconcellos, Pandolfi, *Fé em Deus e pé na tábua*, 2010, p. 76).

[96] A observação é de Lilia Schwarcz: "A montagem do aparato de controle da ordem escravista foi lenta, sistemática, sustentada numa legislação com escopo repressivo muito amplo e que acreditava fortemente na eficácia da punição *pública*, na exposição espetaculosa do delito e da aplicação da penalidade atribuída ao infrator" (Schwarcz, Scarlet, *Brasil*: uma biografia, 2015, p. 103).

[97] "Diante da lei geral e impessoal que igualava juridicamente, o que fazia o membro dos segmentos senhoriais e aristocráticos? Estabelecia toda uma corrente de contra-hábitos visando a demarcar as diferenças e assim retomar a hierarquização do mundo nos domínios onde isso era possível" (DaMatta, *Carnavais, malandros e heróis*: para uma sociologia do dilema brasileiro, 6. ed., 1997, p. 199).

um largo período histórico,[98] à dificuldade de padronização de condutas numa escala social tão abissalmente desigual,[99] a disjunção entre legislação de alto nível discursivo e carências estruturais econômicas basilares, a impermeabilidade do sistema privado de poderes e a força relativa do poder público,[100] entre outros fatores. Essa percepção aguça a sensibilidade para a ideia corriqueira de que a *legislação* não fiscalizada "tende ao desrespeito". Aqui está uma *chave de leitura* da realidade brasileira, que a *Teoria do Humanismo Realista* reforça no campo da *Teoria da legislação*, com vistas à transformação da consciência e da forma como se lida, no Brasil, com a legislação, desde a sua formulação[101] até a sua aplicação.

CASO PRÁTICO
O CASO DO IMPOSTO MUNICIPAL

O Município de Itabará cria um novo tributo, o Imposto sobre Serviços de Qualquer Natureza – ISQN, e pretende fazê-lo incidir sobre operações de locação de bens móveis, alegando-se nas razões apresentadas pelo Executivo Municipal e nas discussões da Câmara dos Vereadores, a necessidade de ampliação da arrecadação municipal, gravemente atingida pela situação de crise do país.

O Município se vale do disposto no art. 30 da CF/88 ("Compete aos Municípios: I – legislar sobre assuntos de interesse local; II – suplementar a legislação federal e a estadual no que couber; III – instituir e arrecadar os tributos de sua competência, bem como aplicar suas rendas, sem prejuízo da obrigatoriedade de prestar contas e publicar balancetes nos prazos fixados em lei") e no art. 156 da CF/88 ("Compete aos Municípios instituir impostos sobre: I – propriedade predial e territorial urbana; II – transmissão "inter vivos", a qualquer título, por ato oneroso, de bens imóveis, por natureza ou acessão física, e de direitos reais sobre imóveis, exceto os de garantia, bem como cessão de direitos a sua aquisição; III – serviços de qualquer natureza, não compreendidos no art. 155, II, definidos em lei complementar") para legitimar sua decisão e instituir a cobrança do imposto.

---

[98] Como constata José Murilo Carvalho: "À época da independência, não havia cidadãos brasileiros, nem pátria brasileira" (Carvalho, *Cidadania no Brasil*: o longo caminho, 21. ed., 2016, p. 24).

[99] "Desse modo, o sistema legal que define o chamado 'Estado liberal moderno' serve em grande parte das sociedades semitradicionais – como o Brasil – como mais um instrumento de exploração social, tendo um sentido muito diverso para os diferentes segmentos da sociedade e para quem está situado em diferentes posições dentro do sistema social" (DaMatta, *Carnavais, malandros e heróis*: para uma sociologia do dilema brasileiro, 6. ed., 1997, p. 237).

[100] "A herança colonial pesou mais na área dos direitos civis. O novo país herdou a escravidão, que negava a condição humana do escravo, herdou a grande propriedade rural, fechada à ação da lei, e herdou um Estado comprometido com o poder privado" (Carvalho, *Cidadania no Brasil*: o longo caminho, 21. ed., 2016, p. 50).

[101] "Fazer leis é, no Brasil, uma atividade que tanto serve para atualizar ideais democráticos quanto para impedir a organização e a reivindicação de certas camadas da população. Aquilo que tem servido como foco para o estabelecimento de uma sociedade em que o conflito e o interesse dos diversos grupos podem surgir claramente – o sistema de leis que serve para todos e sobre o qual todos estão de acordo – transforma-se num instrumento de aprisionamento da massa que deve seguir a lei, sabendo que existem pessoas bem relacionadas que nunca a obedecem" (DaMatta, *Carnavais, malandros e heróis*: para uma sociologia do dilema brasileiro, 6. ed., 1997, p. 237).

Após a decisão da Câmara e a publicação da Lei Municipal no Diário Oficial do Município, os Boletos de cobrança começam a ser emitidos, mas há queixas de empresas afetadas pela decisão. Uma delas judicializa a questão, e após julgamento de primeira instância, sobe ao Tribunal de Justiça, por via de recurso.

Inconformada, a parte vencida recorre do acórdão do Tribunal e faz a questão chegar pela via do Recurso Extraordinário à análise do STF, onde a discussão versa sobre a *inconstitucionalidade* do tributo municipal. A partir do caso:

1. Enquanto Ministro(a)-Relator(a), formule o voto que será lido na próxima seção plenária do STF, fundamentando sua decisão, demonstrando a inconstitucionalidade da Lei Municipal, a partir da noção de violação da hierarquia da legislação, da exacerbação das atribuições de competência do Município e de descumprimento de Súmula expressa do STF.

CAPÍTULO XI
TEORIA DAS FONTES DO DIREITO E CONSTITUIÇÃO

Sumário: 1. A Constituição como fonte jurídica; **2.** A Constituição na história moderna; **3.** A Constituição na história brasileira; **4.** O conceito de Constituição e o conceito de Direito; **5.** O conceito de Constituição na doutrina e na Teoria do direito; **6.** O conceito de Constituição e a tipologia das Constituições; **7.** Constituição, publicidade e discurso; **8.** Constituição e direitos humanos fundamentais; Caso prático.

1. A CONSTITUIÇÃO COMO FONTE JURÍDICA

No quadro de uma *Teoria das fontes*, quando o tema é o da legislação, em face das outras modalidades de fontes jurídicas, sobreleva-se a importância da *Constituição-fonte*. E isso em função de seu elevado nível de positividade, originalidade, representatividade e documentalidade. Assim, a Constituição deve ser vista não apenas como mais uma espécie de fonte jurídica, entre várias outras fontes, mas como uma fonte de *grande força* e *importância* entre as demais fontes, em função de sua centralidade e de seu valor de: a) irradiação simbólica; b) sobredeterminação semiótica do sentido jurídico, enquanto metadiscurso normativo; c) norma de elevada posição hierárquico-formal no sistema jurídico; d) supremacia frente às demais fontes jurídicas do sistema; e) fonte de argumentação, no diálogo com as demais fontes do Direito, funcionando como critério argumentativo para a avaliação do valor/valia das demais fontes do Direito.[1] Do ponto de vista de uma análise teórico-semiótica, numa *Teoria Crítica do Direito*, a Constituição pode ser vista como o *texto-primário*, ou seja, enquanto *núcleo-de-sentidos* do sistema jurídico. É, assim, um *sobretexto* das demais fontes do Direito, *metadiscurso* para os demais discursos infraconstitucionais.[2]

Isso já indica algo de importante valor para a compreensão da correlação de forças dentro do sistema de fontes do Direito, a indicar que já foi o tempo em que o Código Civil representava o centro de gravitação do sistema jurídico, enquanto principal docu-

---

[1] "É por isso que a dupla condição da Constituição como norma jurídica e como norma suprema a configura não somente como fonte de direito, mas também como norma reguladora e delimitadora do próprio sistema de fontes do direito" (Bester, *Direito constitucional*: fundamentos teóricos, 2005, p. 59).

[2] Cf. Bittar, Constituição e direitos humanos: reflexões jusfilosóficas a partir de Habermas e Häberle, *Revista do Instituto dos Advogados de São Paulo*, ano 10, n. 19, p. 40-55, jan./jun. 2007.

mento-fonte do sistema jurídico, pois, sob a forte influência do direito alemão contemporâneo[3] – e da *Filosofia do Direito* contemporânea –, vem se processando a constitucionalização dos ramos do Direito (Direito econômico; Direito civil; Direito do trabalho; Direito processual; Direito penal etc.). Isso significa que, considerada a influência da Constituição, a *leitura-semiótico-textual* do sistema jurídico passa a ser dada pelos preceitos normativos (regras e princípios) de matriz constitucional.

Exatamente por isso, a Constituição é hoje, na prática operacional do Direito, uma fonte de primordial importância para todas as áreas do conhecimento jurídico, na medida em que: a) prevê normas de conteúdo de Direito ambiental, Direito do trabalho, Direito processual, Direito civil, Direito tributário, Direito econômico, Direito educacional, Direitos humanos, entre outros; b) prevê princípios constitucionais, que servem como máximas para a orientação e otimização das regras jurídicas; c) define as regras pelas quais se deve chegar à regulamentação setorial dos diversos ramos específicos do Direito, sendo *matriz-de-validade* das demais regras; d) exerce seu papel sistêmico com valor de *supremacia-textual*, perante as demais fontes do Direito; e) permite o controle de constitucionalidade, difuso ou concentrado, triando atos/ normas válidas/ inválidas; f) permite o debate constitucional qualificado, levando o sistema jurídico, democrático e plural, ao amadurecimento técnico e político; g) funciona como *teto--regulatório* na especulação sobre categorias, regras e princípios orientadores da ação social. Não por outros motivos, a Constituição é, assim, o mais *potente documento estabilizador* da dialética entre povo e poder, dentro dos embates sociais na história.

Uma vez que se procura um conceito para a Constituição, esta pode ser vista como sendo a forma *jurídico-normativa* conferida à *autorregulamentação do exercício do poder, estabilizando padrões gerais de convívio social* e a *regência do sistema jurídico-político*. Esse conceito, no entanto, não nos permite hiperbolizar o sentido da Constituição e nem fetichizar o seu valor histórico, pois, apesar de toda essa sua força, para dentro e para fora do sistema jurídico, bem se sabe que é um documento jurídico-positivo histórico e, portanto, não cria *ex nihilo* o Direito que lhe é anterior, mas incorpora uma concepção de Direito que lhe é anterior, dado pela história constitucional precedente. Ainda, é um *documento*, é um *texto*, e, por isso, cristaliza *relações sociais* em *alto nível de hierarquia jurídica*, revelando as *contradições sociais* de um período histórico.[4] Assim, trata-se de um *documento de enorme valor*, mas, ainda assim, *relativo* no tempo e no espaço.

2. A CONSTITUIÇÃO NA HISTÓRIA MODERNA

Do ponto de vista histórico, a noção de Constituição é fruto das influências e das condições contextuais de alguns fatores: a) o jusnaturalismo universalista e racio-

---

[3] "A constitucionalização do direito com base na ideia-chave de direitos fundamentais, sob influência desse modo germânico, é fenômeno sentido hoje no Brasil" (Almeida, *Formação da teoria do direito administrativo no Brasil*, 2015, p. 332).

[4] "Portanto, a busca do consenso pressupõe o conflito e deve ser incentivado, mas não a partir de uma perspectiva do antagonismo de relação 'amigo-inimigo', mas do respeito às diferenças" (Ribeiro, *Constitucionalismo e Teoria do Direito*, 2013, p. 32).

nal, que defendia direitos naturais, que deveriam ser reconhecidos pelo Estado, uma vez que se tratavam de direitos anteriores ao pacto social; b) o liberalismo político e econômico-moral, em função da força organizada da burguesia e da organização social individualista moderna; c) a unificação do poder no Estado centralizador, que desde o início da modernidade vem concentrando o poder, a ponto de se formar o Estado Absoluto; d) a invenção moderna, enquanto conceito, fruto das condições do século XVIII/XIX;[5] e) a síntese do conjunto de esforços para o controle do exercício do poder, especialmente do poder abusivo;[6] f) a exigência moderna de centralização, racionalização e unificação das fontes do Direito, sendo o constitucionalismo moderno o meio para a aparição de um documento matricial da vida política e jurídica; g) a passagem do Estado Absoluto para o Estado Liberal; h) a aparição das conquistas que se acumularam na história moderna, em torno das limitações do poder do soberano moderno, considerando uma história que vai da Carta Magna (1215), ao *Bill of Rights* (1689), da Independência Americana (1776)[7] à Constituição Americana (1787), da Revolução Francesa (1789) à Declaração Universal dos Direitos do Homem e do Cidadão (1789) e à Constituição Francesa (1791).

A partir do constitucionalismo moderno, tornou-se possível incorporar, crescentemente mais, a cultura da Constituição como documento de caráter fundamental para a estruturação da vida política e jurídica dos Estados-nação.[8] Por isso, a Constituição é normalmente conceituada por sua significação para a composição de toda a relação de poder[9] e de toda a determinação do próprio sistema jurídico.[10] Herança clara das conquistas recentes do Direito moderno, as Constituições se tornaram elementos de caracterização da própria vida e existência do Estado. Algumas

---

[5] "Instaura-se, então, a partir daí, a crença que envolveria os principais espíritos dos séculos XVIII e XIX, de que a Constituição do Estado consubstancia-se numa Lei Fundamental, escrita e sistemática, que assegura a supremacia desse corpo de leis sobre todas as demais regulamentações de condutas existentes no Estado" (Ribeiro, *Constitucionalismo e Teoria do Direito*, 2013, p. 15).

[6] "Depreende-se do movimento histórico que deu lugar ao constitucionalismo e do papel que as constituições desempenharam na sociedade moderna que o controle do poder – o banimento do arbítrio – é a pedra angular de todo o processo" (Faoro, *A república inacabada*, 2007, p. 177).

[7] Nas palavras de Raymundo Faoro: "A experiência norte-americana, primeiro exemplo de nova Constituição e solenemente ratificada, suscitava, acelerando as contribuições políticas europeias e clássicas, o esboço possível de emancipação colonial mediante um estatuto supremo, redutível às próprias bases de uma nação independente" (Faoro, *A República inacabada*, 2007, p. 169).

[8] Cf. Bittar, Constituição e direitos humanos: reflexões jusfilosóficas a partir de Habermas e Häberle, *Revista do Instituto dos Advogados de São Paulo*, ano 10, n. 19, p. 40-55, jan./jun. 2007.

[9] Esta visão está bem identificada na posição de Goffredo Telles Junior: "A Constituição é o estatuto do governo" (Teller Junior, *Iniciação na ciência do direito*, 2001, p. 123).

[10] Mencionando o entendimento que usualmente se tem de uma Constituição, afirma Tércio Sampaio: "Entendemos usualmente por Constituição a lei fundamental de um país, que contém normas respeitantes à organização básica do Estado, ao reconhecimento e à garantia dos direitos fundamentais do ser humano e do cidadão, às formas, aos limites e às competências do exercício do Poder Público (legislar, julgar, governar)" (Ferraz Junior, *Introdução ao estudo do direito*, 2001, p. 225).

concepções chegam a ver na própria personalidade do Estado a conformação aos moldes definidos pela Constituição, quando então o que seja o jurídico e o que seja o poder se confundem numa unidade sintética.[11]

Há registros históricos, como em Aristóteles, que confirmam a ideia de que os gregos definiam suas cidades pela *politeía*, o equivalente à ideia de Constituição. Assim, considerando-se um conceito menos técnico e pré-moderno, a Constituição como *controle do poder*, sempre existiu historicamente. No entanto, pouco das experiências antiga ou medieval provam a existência de um *modelo semelhante* àquele construído a partir da modernidade, especialmente do século XVIII em diante, pois estavam ausentes as condições do mundo moderno. Neste sentido, considerando a entrada da ideia de Constituição para a história recente do Direito, somente no século XX teria sido possível a disseminação, a transformação e o aperfeiçoamento da ideia de Constituição. A modernidade, portanto, a partir das experiências constitucionalistas pioneiras da reivindicação pela consolidação de estatutos jurídicos positivos, através das Revoluções americana e francesa, trouxe para o vocabulário da vida hodierna um termo de cuja existência nenhum Estado pode mais prescindir. Trata-se de uma forma peculiar de administrar o crescimento inflacionário de complexidade dos sistemas sociais contemporâneos.

Assim, mesmo os Estados teocráticos, buscam referenciar suas ordens decisórias internas na base de um texto religioso, para esta finalidade tornado documento jurídico matricial da lógica de funcionamento do próprio ordenamento. Por isso, a ideia de Constituição é uma ideia, assim como uma *práxis*, inabolível, da cultura contemporânea do Direito. Talvez se pense em sua *readequação* para servir a modelos globalizados de distribuição do poder, a instâncias superiores às dos Estados-nação, em Constituições de Blocos Econômicos e complexas organizações multilaterais de Estados, mas aqui somente se está a assistir a exitosa experiência do constitucionalismo se projetando como regra modelar da nova dinâmica de funcionamento do Estado em tempos de globalização e transconstitucionalismo,[12] em direção à formação da ordem jurídica cosmopolita e global, na visão de Jürgen Habermas.[13]

---

[11] "O Estado como pessoa jurídica é uma personificação dessa comunidade ou a ordem jurídica nacional que constitui essa comunidade. De um ponto de vista jurídico, o problema do Estado, portanto, surge como o problema da ordem jurídica nacional" (Kelsen, *Teoria Geral do Direito e do Estado*, 2000, p. 262).

[12] "Mas o peculiar ao transconstitucionalismo não é a existência desses entrelaçamentos entre ordens jurídicas, o chamado 'transconstitucionalismo jurídico'. No caso do transconstitucionalismo, as ordens se inter-relacionam no plano reflexivo de suas estruturas normativas que são auto – vinculantes e dispõem de primazia. Trata-se de uma 'conversação constitucional', que é incompatível com um 'constitucional diktat' de uma ordem em relação a outra" (Neves, *Transconstitucionalismo*, Tese USP, 2009, p. 104).

[13] "A política domesticada, ao menos parcialmente, nas constituições de Estados nacionais precisa passar por uma nova transformação, no âmbito de uma ordem jurídica Cosmopolita, a fim de se livrar de suas características agressivas e autodestrutivas e transformar-se numa força configuradora e civilizada em escala mundial" (Habermas, *Entre naturalismo e religião*, 2007, p. 112 e 113).

3. A CONSTITUIÇÃO NA HISTÓRIA BRASILEIRA

Em breves considerações, na medida em que o capítulo histórico contém alguns elementos deste processo mais longo, agora, do ponto de vista interno e da história brasileira, percebe-se que, em sua história de constitucionalismo, o Brasil passou pelas seguintes fases, chamadas de *fase pré-constitucional* (1), *fase do constitucionalismo imperial* (2) e *fase do constitucionalismo republicano* (3).

Na *fase pré-constitucional* (1), o período colonial (séculos XVI, XVII e XVIII), é marcado pela ausência de uma Constituição, pois este é o documento que simboliza a autonomia e a independência política de um Estado. No período, o Direito guarda total dependência da Metrópole, Portugal, que acaba por instituir o sistema de sesmarias e capitanias hereditárias para a distribuição das terras e a atribuição de poderes locais aos donatários, que serão autoridades privado-públicas no início da história brasileira. Durante o período dos séculos XVI, XVII e XVIII, o *Regimento do Governador-Geral* era o documento mais aproximado do valor de uma Constituição, mas as leis que se aplicavam no Brasil eram as mesmas de Portugal, a saber, as *Ordenações do Reino de Portugal*. A transição do século XVIII, marcado pelas ondas de emancipação, sob forte influência do pensamento liberal,[14] seja norte-americana, seja europeia, para o século XIX, quando se dá a efetivação da independência brasileira, traz consigo uma importante passagem, que vai da Inconfidência Mineira (1789) à vinda da família Real (1808), desta para a declaração de que o Brasil se tornara "Reino Unido a Portugal" (1815) e põe-se fim ao regime colonial, até a proclamação da Independência (1822).

Na fase do *constitucionalismo imperial* (2), ao longo do século XIX, durante o período do Império do Brasil, a partir de 1822, tendo se emancipado, o Estado brasileiro dará início a uma *história de constitucionalismo monárquico-conservador*.[15] Com a dissolução da constituinte de 1823, a primeira Constituição brasileira nasce outorgada pelo Imperador Dom Pedro I, em 25 de março de 1824,[16] tendo por marcas a centralização do poder, o governo monárquico hereditário, o Imperador sendo o Chefe do Executivo, e exercendo o intitulado Poder Moderador, apesar de ser avançada para a época e de reconhecer direitos individuais e garantias.[17] O importante a

---

[14] "As formulações constitucionais concebidas na colônia foram consequência de duas realidades que incidiram sobre o pensamento político da elite dirigente: o iluminismo racional e o liberalismo político" (Almeida Filho, *Introdução ao direito constitucional*, 2008, p. 78).

[15] "Por isso, nossa emancipação não deixou de ser particular e trivial. Se o movimento foi liberal, porque rompeu com a denominação colonial, mostrou-se conservador ao manter a monarquia, o sistema escravocrata e o domínio senhorial" (Schwarcz, Starling, *Brasil*: uma biografia, 2015, p. 222).

[16] "O ambiente era nervoso, e demonstrações de xenofobismo tornaram-se cada vez mais frequentes. O conjunto das propostas soava como clara provocação, e em 12 de novembro de 1823 o imperador cercou e dissolveu a Assembleia Constituinte, mostrando que não aceitava ter seus poderes limitados e se transformar num mero símbolo. Apesar da pressão do Exército, que se manteve leal ao imperador, os deputados reunidos permaneceram em sessão durante a madrugada e declararam d. Pedro I um 'fora da lei'. Foi então que o monarca assinou decreto fechando a Constituinte" (Schwarcz, Starling, *Brasil*: uma biografia, 2015, p. 233).

[17] "Para os padrões da época, a Constituição de 1824, a despeito de ter sido "outorgada", foi até avançada: podiam votar todos os homens a partir de 25 anos com renda mínima anual de 100

notar é que a independência é um ato de autoproclamação da família real, e que o primeiro movimento emancipador e republicano do país foi profundamente reprimido, para que, em seu lugar, a história do constitucionalismo viesse a nascer de um ato autoritário, que inscreve a Constituição numa história de descompasso com relação aos ideais liberais e republicanos,[18] funcionando, por isso, como o *trauma-fundador do constitucionalismo brasileiro*, deixando a marca do autoritarismo inscrita nesta história.

Na *fase do constitucionalismo republicano* (3), a partir de 1889, com o fim do Império, e a luta pela descentralização do poder, Dom Pedro II é expulso, e dá-se nascimento a um processo de republicanização do país. A proclamação da República é fruto das crises do período imperial e, também, fruto do movimento político da elite liberal sequiosa de descentralização do poder. Na *fase do constitucionalismo republicano* (sécs. XIX, XX e XXI), evidenciam-se as seguintes constituições: a Constituição de 1891, esta que é a segunda Constituição da história brasileira, mas a primeira republicana, que estabelece o giro republicano, e produz uma enorme transformação jurídico-administrativa,[19] além de organizar os poderes de forma tripartite;[20] a Constituição de 1934, esta que é a terceira Constituição da história brasileira, mas a segunda republicana, onde se introduz a questão da "Ordem Econômica e Social"; a Constituição de 1937, a quarta Constituição da história brasileira, mas a terceira do período republicano, enquanto Carta outorgada por Getúlio Vargas; a Constituição de 1946, a quinta Constituição brasileira, e que estabelece condições para uma redemocratização; durante o período de ditadura civil-militar (1964-1985), a sexta Constituição da história brasileira, a de 1967,[21] é outorgada pelo regime militar, sendo a Emenda n. 1 à Constituição de 1967, publicada em 1969,[22] a

---

mil-réis. Os libertos votavam nas eleições primárias, e o critério de renda acabava por não excluir do direito de voto a maior parte da população pobre, uma vez que a maioria dos trabalhadores ganhava mais de 100 mil-réis por ano. Por fim, analfabetos também tinham direito a voto" (Schwarcz, Starling, *Brasil:* uma biografia, 2015, p. 235).

[18] "A Constituição brasileira de 1824 seguiu uma direção política que parece, em um primeiro momento, contrária ao que era preconizado pelo constitucionalismo clássico. Primeiramente, não foi resultado direto da vontade popular, já que se tratava de uma Constituição outorgada por ato imperial. Depois, como consequência direta disso, manteve a hegemonia das prerrogativas políticas do monarca, titular absoluto do poder moderador" (Almeida Filho, *Introdução ao direito constitucional*, 2008, p. 70).

[19] "Com a proclamação da República, em 1889, operaram-se mudanças fundamentais na organização jurídico-institucional do Estado brasileiro – além da evidente alteração da forma de governo –, mudanças essas sistematizadas no plano constitucional em 1891, com a edição de nova Constituição" (Almeida, *Formação da teoria do direito administrativo no Brasil*, 2015, p. 225).

[20] "O coronelismo fora o poder real e efetivo, a despeito das normas constitucionais traçarem esquemas formais da organização nacional com teoria de divisão de poderes e tudo" (Silva, *Curso de direito Constitucional positivo*, 34. ed., 2011, p. 80).

[21] "Embora o regime tenha se preocupado em elaborar uma nova constituição em 1967, a ordem jurídica do período autoritário foi marcada pela edição de atos institucionais (AI), e atos complementares (AC), os quais, embora editados pelo poder executivo, acabavam por pairar acima da Constituição" (Silva, *Direito Constitucional Brasileiro*, 2021, p. 73).

[22] "Um ato mais tarde, em outubro de 1969, uma nova constituição – formalmente uma emenda constitucional à Constituição de 1946, mas, de fato, uma nova constituição – foi outorgada pela

Capítulo XI | Teoria das fontes do Direito e Constituição

sétima Constituição brasileira. A Constituição de 1988, restaurada a democracia, é chamada de *Constituição Cidadã* – em função da efetiva e ampla participação popular em torno da formulação de seu texto –,[23] e firma-se como o principal documento do constitucionalismo democrático da história brasileira.[24]

Num rápido balanço, o que se passa a enxergar é que o Brasil teve até o presente oito Constituições,[25] o que revela sintomática instabilidade constitucional latino americana,[26] ocupando basicamente cerca de 200 anos de história do constitucionalismo brasileiro direto, de 1824 até os dias de hoje. São duas Constituições, no século XIX, seis Constituições no período que atravessa os séculos XIX, XX e XXI, sendo uma Constituição Imperial, e sete Constituições Republicanas. Das oito Constituições, quatro foram autoritárias/outorgadas, ou seja, cinquenta por cento (50%) dos documentos constitucionais brasileiros são documentos autoritários (1824/ 1937/ 1967/ 1969), um sinal importante de *leitura histórica* sobre os *déficits de democracia*, de *tradição republicana*, de *cidadania* e de cultura de *luta por direitos*.[27] Trata-se, claramente, de uma matriz de desenvolvimento com baixa participação popular, onde a *orquestração por cima* do poder sempre levou a *arranjos institucionais* em torno de conciliações de interesses, entrecortados por curtos períodos de estabilidade democrática. É diante deste cenário que a Constituição Federal de 1988 é um símbolo de enorme

---

junta militar que tomou o poder quando o presidente Costa e Silva adoeceu" (Silva, Virgílio Afonso da, *Direito Constitucional Brasileiro*, 1. ed., 2021, p. 74).

[23] "No âmbito dessas comissões e subcomissões, a participação popular foi intensa e em um curto período de tempo numerosas audiências públicas foram realizadas" (Silva, *Direito Constitucional Brasileiro*, 2021, p. 78).

[24] "Bem examinada, a Constituição Federal, de 1988, constitui, hoje, um documento de grande importância para o constitucionalismo em geral" (Silva, *Curso de direito constitucional positivo*, 34. ed., 2011, p. 89).

[25] "Até 1988, o Brasil já havia tido sete constituições diferentes, promulgadas ou outorgadas em 1824, 1891, 1934, 1937, 1946, 1967 e 1969. A atual, promulgada em 5 de outubro de 1988, é, portanto, a oitava constituição da história do Brasil" (Silva, *Direito Constitucional Brasileiro*, 2021, p. 66).

[26] Num estudo comparado, este cenário de instabilidade constitucional é compartilhado pelos países latino-americanos: "No Brasil, seguindo a sina latino-americana, Constituições não nos faltaram. Em quase 200 anos de Independência e cerca de 130 de República, foram editadas 8 Constituições, numa tradição de falta de continuidade institucional. A Constituição hoje em vigor, editada em 1988, completou recentemente 30 anos e já é a mais duradoura do período republicano. A história constitucional colombiana é igualmente marcada pela impermanência. Desde o fim do processo de independência, em 1821, a Colômbia teve 9 Constituições nacionais. A mais breve delas, a Constituição de 1830, teve duração de, apenas, 22 meses. Já a mais duradoura, a Constituição de 1886, vigorou por 105 anos, tendo sido substituída pela Constituição de 1991, atualmente em vigor. O Chile passou por 10 cartas constitucionais diferentes e vive hoje sob a égide da Constituição de 1980. Ao todo, de suas independências até hoje, os países latino-americanos editaram mais de 250 Constituições, em uma inflação de textos de curta duração" (Barroso, As Constituições latino-americanas entre a vida e a morte: possibilidades e limites do poder de emenda, *in Revista Brasileira de Políticas Públicas*, v. 9, n. 2, ago. 2019, p. 21).

[27] "As demais constituições brasileiras (as autoritárias de 1937, 1967 e 1969, bem como a liberal burguesa, com certos matizes mais sociais, de 1946) representaram sempre um Constitucionalismo de base não democrática (no sentido popular), sem a plenitude da participação do povo, utilizado muito mais como instrumental retórico oficializante de uma legalidade individualista, formalista e programática" (Wolkmer, *História do direito no Brasil*, 4. ed., 2007, p. 142).

importância, pois se destaca em seu papel como *Constituição Cidadã*,[28] funcionando hoje como *Constituição-escudo* na busca por *democracia, direitos humanos* e *justiça social*. Esta é uma Constituição prolixa, e extensa, com 250 artigos, mas cujo mérito foi o de estabelecer princípios fundamentais da República (arts. 1º a 4º da CF/88) e direitos e garantias fundamentais (arts. 5º a 17 da CF/88) antes da Organização do Estado (arts. 18 a 43 da CF/88) e da organização dos poderes (arts. 44 a 135 da CF/88), apesar de ter sido fartamente emendada (em função da necessidade de sua atualização e do caráter prolixo do texto constitucional), quando se observam as 129 Emendas Constitucionais à CF/88, da Emenda Constitucional n. 1/92 à Emenda Constitucional n. 129/2022.[29] Trata-se, neste sentido, de uma Constituição que representa uma importante conquista histórica, conciliadora de interesses divergentes, democrática, cidadã e que valoriza direitos humanos em toda a sua estrutura. Não obstante seu valor e sua significação para a democracia, vive-se ainda, sob a vigência desta Constituição, o *peso do passado histórico* e a *grave herança de autoritarismos* e *desigualdades sociais* dos períodos anteriores, além de se verificar na democracia uma tradição ainda não consolidada, com uma situação de justiça de transição incompleta, com baixa efetividade de direitos sociais, com 2 *impeachments* de Presidentes, ao longo de sua curta história.

4. O CONCEITO DE CONSTITUIÇÃO E O CONCEITO DE DIREITO

Há várias formas doutrinárias e filosóficas de se abordar o conceito de Constituição.[30] Há, também, inúmeros aspectos (formais e materiais) a considerar no tratamento do conceito de Constituição. Para fins de nossa análise, o mais importante a considerar é que o *conceito de Direito* implica o *conceito de Constituição*.[31] Assim, quando se faz a opção pelo conceito de Direito, baseando-se esta noção tão central da *Teoria do Direito*, naquela apresentada e defendida pelo filósofo alemão Jürgen Habermas, o debate envolve a implicação de algumas outras *categorias aliadas por uma conexão interna*, quais sejam, as de *democracia, direitos humanos* e *soberania popular*. Estes podem ser considerados eixos-estruturais dessa reflexão, ou seja, como *trasfundo filosófico-político* que alimenta a *decisão política* de editar a *norma constitucional*, com base nas forças políticas predominantes.

---

[28] A respeito, consulte-se Carvalho, *Cidadania no Brasil*, 21. ed., 2016, p. 201.

[29] "A análise do conteúdo de cada uma das emendas constitucionais aprovadas no Brasil permite concluir que elas não foram capazes de abalar o 'núcleo essencial' da Carta de 1988" (Barroso, As Constituições latino-americanas entre a vida e a morte: possibilidades e limites do poder de emenda, *in Revista Brasileira de Políticas Públicas*, v. 9, n. 2, ago. 2019, p. 42).

[30] "Ela é um pacto que funda uma comunidade política, um pacto que, mesmo que não seja o ideal para cada um dos indivíduos isoladamente considerados, é aceito como essencial para a vida em sociedade, não importa quem, em cada momento específico, exerça o poder" (Silva, *Direito Constitucional Brasileiro*, 2021, p. 33-34).

[31] Cf. Bittar, Constituição e direitos humanos: reflexões jusfilosóficas a partir de Habermas e Häberle, *Revista do Instituto dos Advogados de São Paulo*, ano 10, n. 19, p. 40-55, jan./jun. 2007.

Avançando neste sentido, não basta dizer apenas que a Constituição é fonte das demais fontes, ou seja, fonte hierarquicamente superior, é necessário que a Constituição espelhe a proteção dos valores / opções políticas que permitam realizar democracia, direitos humanos e soberania popular. Neste sentido, e somente neste sentido, a Constituição figura como o *revestimento formal-positivo* que assegura, perante uma ordem jurídica concreta, a efetivação normativa dos mandamentos contidos no *conceito de Direito*, conferindo-lhe a *força hierárquica de supremacia* entre as demais fontes do Direito.

Neste sentido, se o entendimento parte da ideia de que o Direito é um sistema prático e empírico, que opera recortes seletivos da realidade social, para funcionar como coordenador de ações, fica mais fácil compreender que uma Constituição não representa apenas o conjunto de normas que foram postas pelo Estado no grau hierárquico maior.[32] Se esta definição fosse ser seguida, poder-se-ia dizer que qualquer coisa pode ser objeto de uma Constituição. Se a Constituição é um ato de poder, e o poder é a revelação da dominação de uns pelos outros, a Constituição seria apenas o lugar da expressão do *modus* desta dominação. Será que se pode aceitar isto como Constituição? Por isso, a concepção que se tem de Direito determina a ideia conceitual que se fará da própria Constituição.

Aqui o Direito deve ser visto, lido e interpretado de forma concreta. Este "sistema de saber e, ao mesmo tempo, sistema de ação; ele pode ser entendido como um texto repleto de proposições e interpretações normativas ou como uma instituição, isto é, como um complexo de regulativos da ação".[33] Sua existência é imprescindível para a dinâmica das sociedades, como forma de tratamento dos conflitos e resolução racional de injustiças. Se justifica desta forma a associação entre Estado e Direito para revelar a fórmula moderna de insuperável importância para a dinâmica da vida social, o Estado de Direito, que se organiza por uma Constituição. É o Direito que torna possível a regulação da coesão social, sabendo-se que o estado atual da questão é exatamente o de crise, talvez gerada pela carência de efetiva presença e exercício de seus próprios princípios.[34]

Se o Direito se expressa pela legalidade, o direito não é somente legalidade. A legalidade é, sem dúvida alguma, importante em face do direito moderno, mas não sua única e última fonte de legitimidade.[35] Isto porque o Direito depende da esfera

---

[32] Habermas, *Direito e democracia:* entre facticidade e validade, 2003, p. 94.
[33] Habermas, *Direito e democracia:* entre facticidade e validade, 2003, p. 150.
[34] "Os indícios de uma erosão do Estado de direito assinalam, sem dúvida, tendências de crise; no entanto, nelas se manifesta muito mais a *insuficiente institucionalização de princípios do Estado de direito* do que uma sobrecarga da atividade do Estado, tornada mais complexa através desses princípios" (Habermas, *Direito e democracia*, 2003, p. 180).
[35] "O surgimento da legitimidade a partir da legalidade não é paradoxal, a não ser para os que partem da premissa de que o sistema do direito tem que ser representado como um processo circular que se fecha recursivamente, legitimando-se *a si mesmo*. A isso opõe-se a evidência de que instituições jurídicas da liberdade decompõem-se quando inexistem iniciativas de uma população *acostumada* à liberdade. Sua espontaneidade não pode ser forçada através do direito; ele se regenera através das tradições libertárias e se mantém nas condições associacionais de uma cultura política liberal.

pública (*Öffentlichkeit*), esta rede de feixes comunicacionais, de encontros e desencontros de tomadas de posição e de ações comunicativas, que pressupõe a base da linguagem natural para se realizar, lugar onde se sintetizam as opiniões públicas. É para ela que convergem as dicotomias, as disputas, as diferenças, os dilemas, os debates, as contraposições axiológicas, as lutas de interesses.[36]

5. O CONCEITO DE CONSTITUIÇÃO NA DOUTRINA E NA TEORIA DO DIREITO

Na perspectiva da *doutrina jurídica*, costuma-se afirmar que Constituição é um sistema de normas jurídicas, que regula o exercício do poder e organiza o Estado, além de reconhecer direitos fundamentais.[37] É considerada lei fundamental de um país,[38] sendo recorrente a apresentação da divisão entre Constituição em sentido formal,[39] ou seja, da Constituição enquanto *regra das regras do ordenamento*, em função de sua posição hierárquica, e Constituição em sentido material,[40] em função do conteúdo material mínimo e constitutivo da espinha dorsal de uma Constituição.[41]

Regulações jurídicas podem, todavia, estabelecer medidas para que os custos das virtudes cidadãs pretendidas não sejam muito altos. A compreensão discursiva do sistema dos direitos conduz o olhar para dois lados: De um lado, a carga da legitimação da normatização jurídica das qualificações dos cidadãos desloca-se para os procedimentos da formação discursiva da opinião e da vontade, institucionalizados juridicamente. De outro lado, a juridificação da liberdade comunicativa significa também que o direito é levado a explorar fontes de legitimação das quais ele não pode dispor" (Habermas, *Direito e democracia*, 2003, p. 168).

[36] Cf. Habermas, *Direito e democracia*, 2003, p. 92.

[37] "Um sistema de normas jurídicas, escritas ou costumeiras, que regula a forma do Estado, a forma de seu governo, o modo de aquisição e o exercício do poder, o estabelecimento de seus órgãos, os limites de sua ação, os direitos fundamentais do homem, e as respectivas garantias. Em síntese, a constituição é o conjunto de normas que organiza os elementos constitutivos do Estado" (Silva, *Curso de Direito Constitucional Positivo*, 34. ed., 2011, p. 38).

[38] "Entendemos usualmente por Constituição a lei fundamental de um país, que contém normas respeitantes à organização básica do Estado, ao reconhecimento e à garantia dos direitos fundamentais do ser humano e do cidadão, às formas, aos limites e às competências do exercício do Poder Público (legislar, julgar, governar)" (Ferraz Junior, *Introdução ao estudo do direito*: técnica, decisão, dominação, 6. ed., 2010, p. 195).

[39] "A perspectiva formal vem a ser a de disposição das normas constitucionais ou do seu sistema diante das demais normas ou do ordenamento jurídico em geral. A partir daí, chaga-se à Constituição em sentido formal como complexo de normas fundamentalmente qualificadas de constitucionais e revestidas de força jurídica superior à de quaisquer outras normas" (Miranda, *Manual de Direito Constitucional*, 5. ed., 2003, p. 11).

[40] "A Constituição corresponde um poder constituinte material como poder do Estado de se dotar de tal estatuto, como poder de auto-organização e autorregulação do Estado. E este poder é, por definição, um poder originário, expressão de soberania do Estado na ordem interna ou perante o seu próprio ordenamento" (Miranda, *Manual de Direito Constitucional*, 5. ed., 2003, p. 11).

[41] "Em uma visão esquemática e simplificadora, é possível conceituar a Constituição: a) Do ponto de vista político, como o conjunto de decisões do poder constituinte ao criar ou reconstruir o Estado, instituindo os órgãos de poder e disciplinando as relações que manterão entre si e com a sociedade; b) Do ponto de vista jurídico, é preciso distinguir duas dimensões: Em sentido material, ..., quanto ao conteúdo de suas normas, a Constituição organiza o exercício do poder

Capítulo XI | Teoria das fontes do Direito e Constituição

Na perspectiva da *Teoria do Direito*, ressalta-se o positivismo normativista do jurista austríaco Hans Kelsen, a partir de onde se pode enxergar a Constituição, valorizando-se a perspectiva escalonada do sistema jurídico, tendo nela o fundamento de validade das regras positivas, imediatamente abaixo da Norma Fundamental (*Grundnorm*). Norma basilar ("A constituição do Estado, geralmente caracterizada como a sua "lei fundamental", é a base da ordem jurídica nacional"),[42] apesar de não se encontrar na base, mas no ápice da piramidal forma de distribuição das regras de Direito entre si, torna-se um *documento-chave* do Estado moderno. Por isso, enquanto norma entre normas, a Constituição é uma espécie de lugar de convergência de diversos feixes de validade, para onde afluem, em busca de reconhecimento formal, todas as normas do ordenamento, considerado um sistema jurídico que reclama unidade. Neste sentido, a Constituição é a fonte das fontes.[43]

Nessa linha de entendimento, se a forma de um Estado, pela distribuição do poder, é dada por uma Constituição, então há de se considerar que toda Constituição *con-forma* o poder do Estado. O Direito que se tem determina o Estado em que se está, o que acaba por resultar na ideia de que Estado e Direito se confundem numa só unidade.[44] Se a Constituição que conforma um Estado dá-lhe os princípios e regras de atuação, ela é a uma só vez: Constituição formal, ou seja, o conjunto das regras cuja modificação é tornada rara, pelos requisitos contidos na própria Constituição; Constituição material, ou seja, conjunto das regras que determinam as condições de criação de outras regras, que farão parte do próprio processo de atuação do Estado.[45] A Constituição, neste sentido, passa a ser um elemento de limitação à liberdade do poder, pois a ideia de uma Constituição material condiciona a ação do poder do Estado ("A constituição material determina não apenas os órgãos e o processo de legislação, mas também, em certo grau, o conteúdo de leis futuras").[46] A Constituição, no

---

político, define os direitos fundamentais, consagra valores e indica fins públicos a serem realizados; em sentido formal, ..., quanto à sua posição no sistema, a Constituição é a norma fundamental e superior, que regula o modo de produção das demais normas do ordenamento jurídico e limita o seu conteúdo" (Barroso, *Curso de direito Constitucional contemporâneo*, 4. ed,. 2013, p. 97).

[42] Kelsen,*Teoria Geral do Direito e do Estado*, 2000, p. 369.
[43] "A norma fundamental é, então, a "fonte" do Direito" (Kelsen, *Teoria Geral do Direito e do Estado*, 2000, p. 192).
[44] "O Estado como comunidade jurídica não é algo separado de sua ordem jurídica, não mais do que a corporação é distinta de sua ordem constitutiva" (Kelsen, *Teoria Geral do Direito e do Estado*, 2000. p. 263).
[45] "A estrutura hierárquica da ordem de um Estado é, *grosso modo*, a seguir: pressupondo-se a norma fundamental, a constituição é o nível mais alto dentro do Direito nacional. A constituição é aqui compreendida não num sentido formal, mas material. A constituição no sentido formal é certo documento solene, um conjunto de normas jurídicas que pode ser modificado apenas com a observância de prescrições especiais cujo propósito é tornar mais difícil a modificação dessas normas. A constituição no sentido material consiste nas regras que regulam a criação de estatutos. A Constituição, o documento solene chamado "constituição", geralmente contém também outras normas, normas que não são parte da constituição material" (Kelsen, *Teoria Geral do Direito e do Estado*, 2000, p. 182).
[46] Kelsen, *Teoria Geral do Direito e do Estado*, 2000, p. 183.

positivismo de Hans Kelsen é um texto de relevo para oferecer *unidade, segurança* e *certeza jurídica* ao conjunto das relações sociais.[47]

6. O CONCEITO DE CONSTITUIÇÃO E A TIPOLOGIA DAS CONSTITUIÇÕES

Na doutrina constitucional, encontram-se várias abordagens diferentes quanto à tipologia das Constituições. Adotando-se a de Luís Roberto Barroso,[48] a tipologia das Constituições poderá ser compreendida do seguinte modo:

1) Quanto à *forma*, considerando-se o modo de veiculação das normas constitucionais, as Constituições podem ser: 1.a) Constituições escritas: expressas de modo textualizado, positivo, escrito e unificado na forma de um documento público (Ex.: Constituição americana); 1.b) Constituições não escritas: são aquelas contidas em costumes, sendo a soma de breves textos esparsos (Ex.: Constituição inglesa; Constituição de Israel);

2) Quanto à *origem*, considerando-se o processo político participativo de construção do texto constitucional, as Constituições podem ser: 2.a) Constituições outorgadas: quando há imposição pelo detentor do poder, excluída a participação popular (Ex.: Constituições de 1937, 1967, 1969); 2.b) Constituições promulgadas: há participação popular em sua formulação (Ex.: Constituição de 1988);

3) Quanto à *estabilidade*, considerando-se os fluxos para a modificação das normas constitucionais, as Constituições podem ser: 3.a) Constituições flexíveis: para estas, o procedimento é simples, idêntico ao de legislação ordinária, não requerendo maiores preocupações ou exigências para a mudança constitucional (Ex.: Constituição da Inglaterra); 3.b) Constituições Semirrígidas: o procedimento é rígido apenas para parte do conteúdo das normas constitucionais. (Ex.: Constituição Imperial de 1824); 3.c) Constituições Rígidas: o procedimento é complexo, diferente das alterações de legislação ordinária (Ex.: Constituição dos EUA);

4) Quanto ao *conteúdo*, considerando-se a extensão do texto e a técnica de redação dos dispositivos constitucionais, as Constituições podem ser: 4.a) Constituições sintéticas: o texto é de breve redação (Ex.: Constituição dos EUA, com 7 artigos); 4.b) Constituições analíticas: o texto é extenso (Ex.: Espanha; Portugal; Índia; Brasil).

Em face desta tipologia, fica claro que a Constituição de 1988, a Constituição Cidadã, enquanto documento de fundamental importância para o Brasil contempo-

---

[47] "A busca da unidade é uma parte inseparável de todos os esforços verdadeiramente científicos" (Kelsen, *Teoria Geral do Direito e do Estado*, 2000, p. 286).

[48] Para efeitos desta abordagem, vamos preferir adotar aquela apresentada por Luiz Roberto Barroso, em *Curso de Direito Constitucional Contemporâneo*, 2013, p. 103, 104 e 105.

râneo, é uma Constituição *escrita, promulgada, rígida, analítica* ou *prolixa*. É importante compreender em que situação e em que lugar se encontra a *fonte das fontes* do Direito brasileiro contemporâneo, daí a utilidade das classificações e o estudo da tipologia das Constituições.

No entanto, mais importante do que *classificar, enquadrar* ou *descrever* é a busca por efetivar o conjunto dos direitos contidos na Constituição Federal de 1988. Aliás, um dos traços da chamada doutrina *pós-positivista* é exatamente a atenção dedicada à dimensão da *efetividade* dos direitos. Neste sentido, a Constituição Federal de 1988 traça uma série de objetivos fundamentais e gerais da República, em seu art. 3º (inciso I, II, III e IV), que devem nortear as buscas por efetividade constitucional, quais sejam: construir uma sociedade livre, justa e solidária; garantir o desenvolvimento nacional; erradicar a pobreza e a marginalização e reduzir as desigualdades sociais e regionais; promover o bem de todos, sem preconceitos de origem, raça, sexo, cor, idade e quaisquer outras formas de discriminação. Não bastassem estes enormes desafios que são os objetivos constitucionais, em face de sua história e de sua posição econômica no mundo, a Constituição Federal de 1988, ainda está coalhada de normas programáticas, desafios principiológicos, políticas públicas sociais e direitos humanos fundamentais. Portanto, na realidade brasileira, a Constituição Federal de 1988 veio jogar luz numa imensidão de questões que se encontravam submersas, no nível do *reconhecimento jurídico*, e trazendo-as à tona como direitos, e considerando os deveres do Estado, abre campo para um importante trabalho por *efetividade constitucional dos direitos*, visando-se à transformação social e democrática do país. Aliás, esta é a função de uma Constituição, qual seja, elevar o patamar de civilidade e convívio pautado nos direitos e conduzir o país a uma condição melhor e superior àquela encontrada antes da vigência do texto constitucional, servindo de guia, mesmo diante dos momentos turbulentos que a história empresta à vigência de uma Constituição. Aqui, portanto, o que se quer é destacar o papel da Constituição como indutora de um processo de emancipação da sociedade brasileira de certos flagelos que a acompanham, elevando o patamar de socialização de inúmeros atores sociais e grupos marginalizados.[49]

Não por outro motivo, olhar para a Constituição implica enxergar a tensão "...entre facticidade e validade *que habita* (*innewohnende*) no direito" ("Der Blick richtet sich vielmehr nach wie vor auf eine dem Recht *innewohnende* Spannung von Faktizität und Geltung"),[50] como se pode colher da análise filosófica de Jürgen Habermas. No confronto entre a Constituição como *dever-ser-normativo* e o *ser-da-rea-*

---

[49] "Constituições dirigentes enfrentam desafios peculiares, que não afetam outras constituições. Seu caráter dirigente é expresso sobretudo por meio de *normas programáticas*, as quais, como o próprio nome indica, estabelecem programas a serem colocados em prática" (Silva, *Direito Constitucional Brasileiro*, 1. ed., 2021, p. 90).

[50] Habermas, *Direito e democracia*: entre facticidade e validade, 2. ed., 2003, p. 173. E, ainda, Habermas, *Faktizität und Geltung*: Beiträge zur Diskurstheorie des Rechts und des demokratischen Rechsstaats, 1998, p. 171.

lidade-histórica-concreta segue a tensão entre duas dimensões que permanecem em estado de reciprocidade histórico-política. Assim é que, a partir desta visão, se pode enxergar a *contra-Constituição* factual, que se insurge cotidianamente em face da *Constituição-em-busca-da-cidadania* em função de condicionantes que estão dadas na realidade, as condicionantes que determinam o *agir social concreto* dos atores na realidade brasileira, tais como as condicionantes culturais, políticas, históricas, sociais, burocráticas, econômicas, religiosas, educacionais e legais. Assim é que se percebe o processo de luta entre a *constitucionalização simbólica* e a *desconstitucionalização fática*, seguindo-se a leitura de Marcelo Neves.[51]

Outro importante destaque que se pode fazer nesta matéria é a consideração de que a Constituição Federal de 1988, enquanto Constituição Dirigente, contém em si um caráter reformista da realidade histórico-social, sendo indutora de transformação social e promoção de cidadania. Aliás, seu caráter reformista abraça um modelo de sociedade justa, livre e solidária, atribuindo-se um grande leque de direitos, interferindo e direcionando a política e a atuação do legislador infraconstitucional. No entanto, os ideais de uma Constituição Dirigente são provenientes de um debate situado nas décadas de 1960/70/80, ambiente de nascimento da Constituição Federal de 1988, que haverá de encontrar, pela frente, um ambiente econômico do início do século XXI nada simples para a sua efetivação, qual seja, o ambiente do neoliberalismo, e, em seguida, o ambiente da crise econômica e política, com o fracasso do neoliberalismo, o que acaba se traduzindo no esvaziamento de boa parte dos direitos, em face de certas tendências à desregulamentação normativa, ao enxugamento de custos públicos, ao desinvestimento em políticas sociais, à atribuição de serviços públicos ao mercado. Assim, alguns dos pilares da Constituição Cidadã acabam sendo, na prática, solapados pelas condições históricas de sua implementação.[52] Não por outros motivos, a busca por efetividade da Constituição Federal de 1988 é, e continua sendo atualmente, um enorme desafio, em função do peso do passado histórico e das condições presentes infensas, que recaem sobre ela.

Do passado, provém uma situação de uma *história-do-passado* ainda não superado, com as marcas da escravidão, do genocídio indígena, do subdesenvolvimento e das interrupções por ditaduras, golpes de Estado e supressão de direitos fundamentais. Do presente, provém uma situação de *história-das-condições-atuais* de implementação, muito infensas, e que marcam as dificuldades de perseguição dos objetivos que determinam a possibilidade de fazer da *emancipação social e da cidadania* as guias-mestras da luta por direitos. Por isso, se pode perceber que a *história-do-futuro*, que ainda não se encontra escrita, e que é não verificável, traz desafios significativos para o processo de consolidação dos ideais democráticos contidos no *projeto-da-Constitui-*

---

[51] "A legislação-álibi é um mecanismo com amplos efeitos políticos ideológicos. (...) descarrega o sistema político de pressões concretas, constitui respaldo eleitoral para os respectivos políticos – legisladores, ou serve à exposição simbólica das instituições estatais como merecedora da confiança pública" (Neves, *A Constitucionalização simbólica*, 2007, p. 54).

[52] Cf. Bercovici, A constituição dirigente de 1988, *Jornal UNESP*, out. 2008, ano XXII, n. 238, disponível em: <http://www.unesp.br>, acesso em: 27 maio 2015.

ção, especialmente considerado o estado de *indeterminação amorfa* e *pós-moderna* do presente. No entanto, consideradas estas travas e dificuldades, o que não se pode perder de vista é que a Constituição Cidadã determinou rumos, e, por isso, é farta de *adequados, corretos* e *bussolados objetivos*, que são orientadores a guiarem a ação, não podendo ser retirados do horizonte utópico da ação social, quais sejam, aqueles contidos no art. 3º ("Constituem objetivos fundamentais da República Federativa do Brasil: I. construir uma sociedade livre, justa e solidária; II. garantir o desenvolvimento social; III. erradicar a pobreza e a marginalização e reduzir as desigualdades sociais e regionais; IV. promover o bem de todos, sem preconceitos de origem, raça, sexo, cor, idade e quaisquer outras formas de discriminação"). Aqui está o desafio de várias gerações e, por isso, o ideal de consolidação democrática e dos direitos humanos, que não pode ser senão a forma de utopia a orientar a ação do legislador, a luta dos cidadãos, e as tarefas das políticas públicas; enquanto estes ideais não estiverem exauridos, não há porque se abandonar o texto da Constituição como bússola do sistema jurídico brasileiro.

7. CONSTITUIÇÃO, PUBLICIDADE E DISCURSO

A Constituição não é apenas a lei hierarquicamente superior a todas as demais leis. A Constituição deve ser compreendida como expressão da soberania popular. Aqui, podem-se repetir as palavras de Jürgen Habermas, extraídas de *Direito e democracia*, para quem ela determina;

"...procedimentos políticos, segundo os quais os cidadãos, assumindo seu direito de autodeterminação, podem perseguir cooperativamente o projeto de produzir condições justas de vida. Somente as condições processuais da gênese democrática das leis asseguram legitimidade ao direito".[53]

Assim é que, simultaneamente, nesta visão, a Constituição possui enorme carga de significação simbólico-soberana, a saber: a) estabelece um ambiente argumentativo de uma sociedade democrática; b) resume o projeto de autoconsciência e cidadania soberana de um povo; c) forma a unidade jurídico-política, tendo a capacidade de atribuir a um conjunto de regras e princípios a força irradiadora sobre todo o sistema jurídico; d) forma o lugar das principais decisões morais, políticas e jurídicas do sistema jurídico. Sabendo-se que os subsistemas sociais, tais como o Direito, a Economia, a Moral, a Política e a Religião, além da Cultura e da Ciência, têm forte convívio e exercem trocas de influenciação recíproca, a Constituição é, neste sentido, o lugar dialógico de aproximação e encontro destas forças, de modo que está conectada à noção de publicidade e à circulação intersubjetiva do poder comunicativo-discursivo da esfera pública.

---

[53] Habermas, *Direito e democracia*, v. 1, 2003, p. 326.

Neste ponto, vale ressaltar que a esfera pública é uma noção evidente da vida social, tão comum e tão instantaneamente presente na estrutura do convívio quanto a ação, os atores sociais, o grupo e a coletividade.[54] Trata-se de uma noção evidente na medida em que o próprio homem é "...um ser plural, nascido em comunidade linguística e convivendo em um mundo marcado pela intersubjetividade e no qual compartilha expectativas, visões culturais, ideais comuns".[55] A existência de uma esfera pública sólida e consistente, sistematicamente predisposta à vivência da condição dialogal, é a garantia da radicalização da capacidade de produzir vontades democráticas nas tomadas de decisão que marcam a vida política e que determinam as decisões formadoras do discurso jurídico. Ante os déficits de democracia, ante a crise de legitimação, ante o excesso de burocracia, ante a distância entre o poder instituído e o representado do poder, deve-se caminhar no sentido de, pela esfera pública, "...alargar e aprofundar o campo político participativo em todos os espaços estruturais de interação social, revalorizando o primado da comunidade com todas as suas feições solidárias e permitindo uma libertação da sociedade civil, quer dos controles burocráticos empreendidos, quer dos imperativos econômicos impostos pelo mercado".[56]

Nesta dimensão, a disputa é por hegemonia de influenciação. O reconhecimento das capacidades e habilidades de influenciação da opinião pública dependem da habilidade e da competência políticas adquiridas, o que faz com que haja convergências significativas de determinados grupos, instituições e/ou partidos cuja conquista de notoriedade lhes confere também o prestígio necessário para determinar opiniões na esfera pública. A esfera pública é aberta e democrática, indeterminada e informe, e por isso está sempre acolhendo a divergência, a diversidade e a pluralidade. O novo sempre pode irromper. Ainda que a mídia alcance cada vez mais predominância na determinação das orientações da esfera pública, ainda carece do público como destinatário e detentor último do poder de assentir.[57] O espaço público pressupõe liberdade de encontros comunicativos, o que de certa forma significa que seu caráter espontâneo não é determinado nem pela mídia, nem pelo governo e nem por outras forças totalizantes.

É claro que a ideia de uma esfera pública que supere a lógica do individualismo burguês iluminista, sem recair no comunitarismo, tem alguns pressupostos, quais sejam: 1. uma base cultural mínima que consinta o compartilhamento de visões de mundo; 2. uma base democrática de expressão livre da vontade, onde haja a possibilidade do encontro dos diversos segmentos de representação da sociedade, sem a pre-

---

[54] A tarefa do Direito Constitucional, como ciência, a partir de Habermas, nas mãos de Häberle, se torna uma tarefa de aprimoramento dos modos de acesso e realização da esfera pública. Leia-se: "Constitui, porém, tarefa da Ciência formular suas contribuições de forma acessível, de modo que ela possa ser apreciada e criticada na esfera pública (*Öffentlichkeit*)" (Häberle, *Hermenêutica constitucional*, 2002, p. 35).

[55] Tendrich, *O conceito de espaço público na concepção de J. Habermas*, in Direito, Estado e sociedade, PUC-Rio, 1997, p. 158.

[56] Tendrich, *O conceito de espaço público na concepção de J. Habermas*, in Direito, Estado e sociedade, PUC-Rio, 1997, p. 156.

[57] Cf. Habermas, *Direito e Democracia:* entre facticidade e validade, II, 2003, p. 95-96.

ponderância de nenhum; 3. uma base mínima de direitos que garantam a liberdade individual e a solidez do espaço da política; 4. uma base mínima de desenvolvimento moral e liberdade de crítica à regras estabelecidas pelo jogo político.[58]

A noção de publicidade atravessa a noção de Constituição,[59] pois a noção de espaço público é incentivadora do pluralismo, do encontro da diversidade, do incremento da politicidade nas sociedades modernas diferenciadas e complexas; assim, os critérios de entrada e participação não estão vinculados a pressupostos totalizantes. Um Direito moldado segundo esta concepção há de conferir elementos fundamentais para a elaboração de um conceito de Constituição, na medida em que uma esfera pública livre, plural e democrática deve permitir: a) a Constituição como projeto; b) a Constituição como espelho da publicidade; c) a Constituição como forma de expressão do patriotismo constitucional; d) a Constituição como carta aberta de regras e princípios. Por isso, o Direito da Constituição é a forma procedimental que garante a argumentação racional, a argumentação jurídica, a argumentação política, a argumentação moral e a estruturação de um debate público, fundado em regras e princípios públicos e abertos à cidadania.

A Constituição acaba sendo o lugar de diálogo institucional de alto nível de uma nação, de um povo, de um Estado, em torno de sua história, de sua cultura, dos limites de sua economia e de seus desafios. Neste sentido, enquanto *texto-em-aberto*, ou seja, *em-processo-de*, a Constituição nunca está pronta,[60] mas seu sentido vai sendo escavado, diante das decisões do Supremo Tribunal Federal, diante das exigências da sociedade, diante do estado do debate público, diante dos avanços da ciência e do conhecimento jurídico. Assim é que a Constituição, sendo a ordem primária para a organização de um sistema jurídico, é projeto em permanente estado de execução e aprimoramento, a depender das relações concretas de disputa pelo poder, a depender do estado da luta e da organização social,[61] a depender da interpretação judicial, a depender do diálogo e do processo de construção de seu sentido. Ela deve criar condições para que os parceiros do Direito conjuguem suas ações na base de uma integração social racional e de elevado nível moral.

---

[58] Cf. Tendrich, *O conceito de espaço público na concepção de J. Habermas*, in Direito, Estado e sociedade, PUC-Rio, 1997, p. 162-263.

[59] "Constituição é, nesse sentido, um espelho da publicidade e da realidade (*Spiegel der Offentlichkeit und Winklichkeit*). Ela não é apenas espelho. Ela é, se se permite uma metáfora, a própria fonte de luz (*Sie ist auch die Lichtquelle*). Ela tem, portanto, uma função diretiva eminente" (Häberle, *Hermenêutica constitucional*, 2002, p. 34).

[60] "A Constituição não é do Supremo Tribunal Federal, não é do Presidente da República, não é do Congresso Nacional. (...) Constituição é nossa, como um projeto aberto e permanente de construção de uma sociedade de cidadãos livres e iguais; se não, não é Constituição" (Oliveira, *Direito, política e filosofia*: contribuições para uma teoria discursiva de constituição democrática no marco do patriotismo constitucional, 2007, p. 75).

[61] "A Constituição jurídica apela para o homem, como agente da história, homem apto a construir uma ordem política voluntária e consentida – artifício despido de arbítrio" (Faoro, *A república inacabada*, 2007, p. 172).

8. CONSTITUIÇÃO E DIREITOS HUMANOS FUNDAMENTAIS

Anteriormente, pretendeu-se afirmar que uma Constituição não é somente um texto formal, hierarquicamente postado acima dos demais que compõem um ordenamento jurídico. Uma Constituição depende de um *certo* sentido do Direito, na medida em que a leitura de um texto que possui regras que dão a forma de criação de outras (dirigidas ao legislador infraconstitucional) e regras diretamente determinantes do comportamento (dirigidas a todos os cidadãos), não pode simplesmente retratar uma forma que dá concessão para que o poder nela justaponha ideologias e idiossincrasias peculiares àquele que detém o poder de fazê-lo. Parece que a precariedade da ideia de Direito, enquanto Direito meramente formal, fornece todas as condições para que se pense na Constituição apenas como *forma* das *formas* do ordenamento, abrindo campo para que o arbítrio dê qualquer substância às regras matriciais do sistema do Direito.

Neste sentido, deve-se pensar o quanto a ideia de um Direito surgido concretamente, historicamente revelador do *éthos* de um povo, não seja ele também o compromisso com uma ética mínima capacitadora da cidadania. Há princípios éticos imbutidos numa Constituição, e o seu conceito não pode simplesmente passar *à latere* disto.[62] A Constituição, neste sentido, é uma norma inerentemente relacionada com a regulação das liberdades, no convívio social. Mais que isto, uma Constituição é um instrumento de salvaguarda que possibilita o exercício das liberdades. Trata-se de um instrumento de coordenação do convívio entre os arbítrios, de modo a garantir a coexistência social sem que o excesso de liberdade de um sufoque o déficit de liberdade de outro.[63]

Não há Constituição se não houver distribuição da liberdade. É a partir de um lidar-se com a liberdade que se pode falar de Constituição. Neste sentido, uma Constituição estará necessariamente atrelada à governança da liberdade, à construção da liberdade, à priorização do convívio fundado na liberdade. A liberdade aqui está significando o caminho para a autonomia dos indivíduos. Há, portanto, aqui, um sentido vetorial inabolível na perspectiva de atuação da Constituição. Constituição em dissonância com esta carta mínima de princípios não é propriamente Constituição, mas sim mero ato de poder. Pode até mesmo tomar a forma de uma Constituição, mas não chega, pelo seu aspecto *formal*, a conquistar pertinência com seu aspecto *ético*.

Se a liberdade se realiza pela capacidade de produção de justiça distributiva, de igualdade material, e não somente nominal, no sentido da ampliação da autonomia

---

[62] "El carácter necesario de esos principios para la Constitución aparece reconocido por el legislador en cuanto suele referirse a él de dos maneras: o de un modo material, formulando el contenido del principio jurídico, o de un modo formal. La Constitución de Weimar, en su segunda parte, y las listas de derechos fundamentales de la mayor parte de las Constituciones escritas se remiten, con carácter material, a principios éticos del derecho" (Heller, *Teoría del Estado*, 1998, p. 325).

[63] "O Direito, pois, segundo Kant, reduz-se a disciplinar as ações externas dos homens e a tornar possível a sua coexistência. Define-o assim: *O Direito é o conjunto das condições segundo as quais o arbítrio de cada um pode coexistir com o arbítrio dos restantes, de harmonia com uma lei universal de liberdade*" (Del Vecchio, *Lições de filosofia do direito*, 1979, p. 137).

(política, econômica, cultural, social) dos indivíduos em convívio social, a Constituição se revela como um documento cujo compromisso com a vida é constitutivo de sua própria dinâmica de funcionamento. Por isso, Heller afirma: "La Constitución del Estado no es, por eso, en primer término, proceso sino producto, no actividad sino forma de actividad; es una forma abierta a través de la cual pasa la vida, vida en forma y forma nacida de la vida".[64]

O caminho do Direito aqui, neste sentido, é o caminho da razão e da consciência, da responsabilidade existencial pelo outro, para seguir a concepção de Zygmunt Bauman.[65] A Constituição, neste sentido, não deixa de revelar esta ideia de que *ego* e *alter* são inseparáveis, e de que a *co-responsabilidade* pelas liberdades recíprocas é uma exigência do convívio intersubjetivo. O reconhecimento constitucional da *dignidade*, como portal de entrada para a definição do papel da Constituição, é de sobeja importância, exatamente por significar que não se trata apenas de uma concessão do poder, é a própria observação deste aspecto fundamental da preservação da condição humana.

O valor da "dignidade da pessoa humana" dentro da cultura de uma sociedade aberta e pluralista pressupõe não somente a preponderância desta visão sobre os demais valores (aquele que poderia ser dito a regra comum de todos os direitos fundamentais), mas, sobretudo, que seus valores, consagrados inclusive através de normas jurídicas, sendo uma delas e a de maior importância a Constituição (e sua função especular da sociedade pluralista),[66] estejam em permanente processo de troca intersubjetiva, que pertençam ao nível do diálogo comum intercomunicativo (de um *agir-em-comum* em torno de princípios), que compareçam ao espaço público para sua crítica e discussão, para que estejam de acordo com uma ética do agir comunicativo.

---

[64] Heller, *Teoría del Estado*, 1998, p. 317.
[65] "A novidade radical consiste, é claro, em isolar os outros humanos do resto do horizonte do ator, como unidades dotadas de condição e capacidade qualitativamente distintas. Para Sartre, o outro torna-se *alter ego*, um colega, um sujeito como eu mesmo, dotado de uma subjetividade que só posso imaginar como réplica daquela que conheço de minha experiência interior. Um abismo separa o *alter ego* de todos os demais objetos do mundo, verdadeiros ou imaginários. O *alter ego* faz o que eu faço; pensa, avalia, projeta e, enquanto faz tudo isso, olha para mim como eu olho para ele. Meramente olhando para mim, o outro se torna o limite da minha liberdade. Ele agora usurpa o direito de definir-me e definir os meus fins, assim minando meu afastamento e autonomia, comprometendo minha identidade e meu à-vontade no mundo. A própria presença do *alter ego* neste mundo me envergonha e é causa constante da minha angústia. Não posso ser tudo o que quero ser. Não posso fazer tudo o que quero fazer. Minha liberdade malogra. Na presença do *alter ego* — isto é, no mundo — meu ser para mim mesmo é também, inevitavelmente, ser para o outro. Quando não, posso deixar de levar em conta essa presença e, portanto, também as definições, pontos de vista e perspectivas que ela implica" (Bauman, *Modernidade e holocausto*, 1998, p. 209-210).
[66] "Constituição é, nesse sentido, um espelho da publicidade e da realidade (*Spiegel der Öffentlichkeit und Wirklichkeit*). Ela não é, porém, apenas o espelho. Ela é, se se permite uma metáfora, a própria fonte de luz (*Sie ist auch die Lichtquelle*). Ela tem, portanto, uma função diretiva eminente" (Häberle, *Hermenêutica Constitucional. A sociedade aberta dos intérpretes da constituição: Contribuição para a interpretação pluralista e "procedimental" da constituição*, 2002, p. 34).

O conceito de Constituição incorpora, a partir daqui, o conceito de direitos fundamentais. Hodiernamente, não há mais como retroceder em direção à pré-modernidade, e simplesmente fazer *tabula rasa* da cultura moderna criada em torno da consagração dos direitos fundamentais. Nestas condições, pode-se considerar possível a superação do Estado de Direito em direção a um Estado Constitucional.[67] O conceito de Constituição, a partir da própria ideia de *cláusulas pétreas*, importa no conceito de direitos fundamentais, num sentido lato, prevendo a inseparabilidade da relação entre as gerações de direitos fundamentais como algo de notória importância para a articulação dos próprios capítulos de estruturação e organização da vida político-cívica tutelada pelo Estado.[68]

Se a Constituição é a *morada normativa da cidadania*, ponto de afluência da ética mínima do convívio humano, e se a plenificação da cidadania está imersa na ideia de que cada direito fundamental deve atravessar a condição efetiva de acesso a uma *vida digna*, a própria ideia de Constituição vem antropológica e eticamente atravessada por uma condição *sine qua non* para a sua *auto-definição*, a de guia e orientadora da realização de processos plenos de cidadania. Constituições avançadas para o seu tempo são motores, formas propulsoras para o desenvolvimento social, econômico, político e cultural de um povo. Assim, o compromisso do *conceito de Constituição* com a *proteção e promoção dos direitos humanos fundamentais* é claro. A *efetividade dos direitos humanos fundamentais* – enquanto também representam uma adequada forma de implementação da própria democracia – é um modo histórico-concreto de mensurar e avaliar o grau de aderência do Direito em sociedade. Ali estão, no mesmo horizonte, os direitos fundamentais, a democracia, a justiça social, e a boa administração, fatores que estão a guiar a lógica dos direitos na dimensão do constitucionalismo democrático contemporâneo.[69]

---

[67] Cito Häberle a partir dos comentários e críticas de Pérez Luño: "Frente al formalismo caracterizador del Estado de derecho, Häberle sostiene que en un Estado constitucional la Constitución no aparece entendida sólo como un conjunto de formas normativas, sino también como la expresión de cierto estado de desarrollo cultural, como la representación cultural de un determinado pueblo y como el espejo de su propio legado cultural y el fundamento de sus aspiraciones y proyectos de futuro" (Pérez Luño, *La universalidad de los derechos humanos y el Estado constitucional*, 2002, p. 83).

[68] "Numa sociedade aberta, ela se desenvolve também por meio de formas refinadas de mediação do processo público e pluralista da política e da práxis cotidiana, especialmente mediante a realização dos direitos fundamentais (*Grundrechtsverwichung*), tema muitas vezes referido sob a epígrafe do 'aspecto democrático' dos direitos fundamentais" (Häberle, *Hermenêutica constitucional*, 2002, p. 36).

[69] "Democracia, direitos fundamentais, desenvolvimento econômico, justiça social e boa administração são algumas das principais promessas de modernidade. Estes são os fins maiores do constitucionalismo democrático, inspirado pela dignidade da pessoa humana, pela oferta de iguais oportunidades às pessoas, pelo respeito à diversidade e ao pluralismo, e pelo projeto civilizatório de fazer de cada um o melhor que possa ser" (Barroso, *Curso de direito constitucional contemporâneo*, 4. ed., 2013, p. 114).

Capítulo XI | Teoria das fontes do Direito e Constituição

CASO PRÁTICO
O CASO DO CANTOR BRASILEIRO

O cantor e poeta brasileiro Joel teve grande apelo popular e forte presença nos meios intelectuais do país nos anos de chumbo da ditadura civil-militar brasileira. É até os dias de hoje muito lembrado, por suas canções, poemas e irreverências públicas. Sob o regime autoritário instaurado após o golpe militar, várias expressões de liberdade passam a ser restringidas. A censura é a regra, a liberdade é exceção. Ao cantor, no entanto, é consentida a permissão de realizar *shows*, apresentações e espetáculos públicos, desde que suas canções não atacassem o regime político. Por isso, Joel continua ativamente sua carreira musical, encriptando em suas letras mensagens apenas decodificadas por pequenos grupos de resistentes que frequentavam seus *shows* em busca de mensagens, orientações e senhas para agir, pois a comunicação entre os resistentes do período era muito dificultada.

A polícia secreta descobre atividades de resistentes e tortura um de seus membros e acaba por descobrir o modo como se serviam do apoio de Joel, ainda que velado. O cantor é assassinado na rua, durante a noite, num bairro distante do centro da Cidade do Rio de Janeiro, e um morador de rua é responsabilizado pelo crime, para não despertar a ira popular.

Quinze anos após a sua morte, seu neto Ígor, inquieto com o passado da família, revira documentos e arquivos antigos, encontrando um diário escrito a punho de Joel, com anotações de perseguição e intimidações, interceptação telefônica e censura de letras de música nunca reveladas a público. O diário atribui estas ações a agentes do regime, sabendo-se que a narrativa do diário segue até a véspera da data de sua morte. Ígor descobre, ainda, por força de outros arquivos, que graças a ligações de Joel com forças da resistência, o regime foi derrubado apenas 6 meses após o seu assassinato.

Após a Lei de Anistia (1979), e com a redemocratização do país (1985), e considerando que a Constituição Federal de 1988, enquanto Constituição Cidadã, oferece escudo às diversas liberdades e à cidadania, Ígor tem amparo constitucional para iniciar uma cruzada de memória e justiça, buscando a resolução jurídica do passado da família.

Recomposta a "verdade" marginal da biografia de seu avô, Ígor escreve um livro com estas memórias e pleiteia na justiça uma pensão contra o Estado, em favor de sua avó. Ígor procura os meios administrativos, e encontra em funcionamento uma Comissão de Verdade e Justiça, para a qual peticiona, alegando os fatos, apresentando as provas, mas desconhecendo os fundamentos legais.

A Comissão da Verdade e Justiça tem várias subcomissões atuando, para atenderem a diversas demandas, e você lidera uma equipe composta por 3 pessoas, sendo uma da área do Direito, uma da área da Assistência Social e outra da área da Ciência Política. Antes de se pronunciar oficialmente nos Autos do Processo Administrativo, em caráter de decisão administrativa, você resolve consultar a sua equipe, convocando uma reunião deliberativa de trabalho, para ouvir a opinião de cada um deles, a respeito do caso.

1. Apresente a opinião do membro da equipe da área do Direito, e procure definir com objetividade se o pedido elaborado por Ígor tem sustentação jurídica;

2. Apresente a opinião do membro da equipe que é da área da Assistência Social, e procure analisar as condições psicossociais de vida do poeta e da família, após a morte do poeta;

3. Apresente a opinião do membro da equipe que é da área da Ciência Política, fazendo uma recuperação de fatos históricos, dados do período, e traçando paralelos entre a situação vivida pelo poeta e vítimas de regimes repressores em vários países latino-americanos.

CAPÍTULO XII
DIREITO, DEMOCRACIA E PARTICIPAÇÃO SOCIAL

Sumário: 1. Legalidade, legalismo e legitimidade do Direito; **2.** Individualismo, legitimidade e participação social; **3.** O sentido técnico-jurídico de democracia; Caso prático.

1. LEGALIDADE, LEGALISMO E LEGITIMIDADE DO DIREITO

Os capítulos anteriores, dedicados às fontes do Direito, já puderam dar conta de indicar o quanto o *princípio da legalidade* e as *fontes legais* esgotam parte significativa da forma de exercício do Direito moderno. Assim se pôde perceber o quanto a cultura positivista, que alimentou a *Teoria Tradicional*, fetichizou a *legalidade*, convertendo-a em *legalismo* e em *tecnicismo*, o que significou, no contexto da teoria das fontes do Direito uma sobrecarga das *fontes oficiais estatais e formais* em detrimento das *fontes sociais*. De certa forma, este processo permitiu que se sobrelevasse o *Direito-lei* em detrimento do *Direito-sociedade*, fazendo-se com que se operasse um esquecimento no âmbito do Direito de que sem *legitimidade* não há *legalidade*, e isto significa, em último recurso, a busca de *justiça* no interior das normas jurídicas, como aponta Mauro Barberis.[1] Não se pode descolar da *Teoria da legalidade* a *Teoria da democracia*, na medida em que a democracia acaba sendo a *fonte política das fontes jurídicas*.

Este tipo de percepção nos faz voltar os olhos ao *legislador* para, a partir daí, elaborar perguntas cujo aguilhão é de fundamental importância neste passo da análise, quais sejam: a) quem atribui poder ao legislador para dar conteúdo às normas, quando exerce a tarefa de um *poder político semântico* de conferir sentido às *palavras-da-lei*?; b) quais os limites de escolha do legislador ao decidir por este e não por aquele conteúdo de lei, e, a partir daí, quem controla o controlador no exercício do *poder político decisório* de exercer a triagem entre o *não jurídico* e o que se torna *jurídico-normativo*?; c) é possível dizer que sempre que há *legalidade*, sempre haverá também *legitimidade*, de forma que se coloca em questão a dimensão do *poder político de representação* em face da vontade popular? Estas perguntas instauram um conjunto de

---

[1] "La soluzione giusnaturalista, oggi largamente accettata anche dai giuspositivisti, è molto più semplice: un ordinamento giuridico effettivo è legitimo, e dev'essere obbedito e applicato, solo se è giusto" (Barberis, *Introduzione allo studio del diritto*, 2014, p. 168).

dúvidas que são de fundamental importância para destacar a importância da discussão sobre a *legitimidade do poder*.[2]

Daí, a importância de conceituar o termo *legitimidade* antes de se dar sequência à análise. E, para isso, se pode recorrer ao *Dicionário de política*, de Norberto Bobbio, onde se encontra a seguinte conclusão:

> "(...) podemos definir Legitimidade como sendo um atributo do Estado, que consiste na presença, em uma parcela significativa da população, de um grau de consenso capaz de assegurar a obediência sem a necessidade de recorrer ao uso da força... É por esta razão que todo poder busca alcançar consenso, de maneira que seja reconhecido como legitimo, transformando a obediência em adesão. A crença na legitimidade é, pois, o elemento integrador na relação de poder que se verifica no âmbito do Estado".[3]

A partir deste conceito, é possível afirmar que um *poder legítimo* é aquele que é obedecido, respeitado, porque se justifica em seu uso e em sua necessidade, contando com o consenso autorizador de seu exercício, algo que historicamente varia a cada contexto, a propósito da opinião acerca do que deve ser obedecido e o que não deve ser obedecido.

Afinal, estamos imersos em *relações de poderes* e não existe sociedade para a qual os poderes estejam abolidos. Toda organização social implica tipos de estruturação dos poderes, e isso porque o *poder social* é uma decorrência das relações entre pessoas, um fruto da *inter-ação humana*, manifestando-se de muitas formas, enquanto: a) poder econômico; b) poder político; c) poder cultural; d) poder tecnológico; e) poder comunicativo; f) poder espiritual; g) poder legislativo; etc.[4] Assim, nesta visão, o *poder-do-legislador* (*poder-semântico*; *poder-decisório*; *poder-de-representação*) figura apenas como uma das *formas* do *poder social*.

E, assim, para lidar com as várias formas dos *poderes reais* e *sociológicos*, há muitas respostas, práticas e teóricas, apontadas por diversas tradições, onde se candidatam filosofias políticas, religiões, sistemas de ideias e crenças, programas partidários, utopias e distopias. Há muitas que prometem, antecipam ou anteveem "soluções finais", divisando a possibilidade da abolição do poder, em caráter definitivo e absoluto, colocando-se com isso *fim à história*. Em verdade, dentre as possíveis respostas e perspectivas de análise do poder, muitas resvalaram no seu contrário, recaindo no desfiladeiro da opressão distópica e no descaminho da supressão da liberdade, experiência

---

[2] Este mesmo tipo de preocupação se encontra no pensamento de Fábio Konder Comparato: "Para tanto, é preciso atentar para as três grandes questões que dizem respeito ao poder: 1) qual a finalidade; 2) quem tem legitimidade para exercê-lo; 3) como coibir seus eventuais abusos e desvios. A cada uma dessas questões fundamentais, corresponde um princípio político específico, a saber, a República, a Democracia e o Estado de Direito" (Comparato, *A civilização capitalista*, 2013, p. 294).

[3] Bobbio, Matteucci, *Dicionário de política*, verbete Legitimidade, p. 675.

[4] "Toda relação de poder implica submissão de alguém ao comando de outrem. O núcleo semântico do poder é, portanto, a capacidade de imposição de uma vontade a outra" (Comparatto, *A civilização capitalista*, 2013, p. 84).

Capítulo XII | Direito, democracia e participação social

esta que deixou marcas indeléveis na história do século XX, cuja memória não se pode apagar.[5]

E por que certas *promessas da modernidade* se romperam, ao longo da história moderna? Isso se deve ao fato de que os poderes se modificam, se adaptam, se transmutam, se transferem, se reconstroem. Por isso, não há que se pensar em sua abolição definitiva, mas sim, há que se pensar em seu controle e nos mecanismos de controle eficazes para o controle do poder, do abuso do poder e da distorção do exercício do poder. E, a melhor forma, desenvolvida em sociedades modernas, de controle do poder político se chama *democracia*. Trata-se da melhor forma de *controle do poder político* e de manutenção em *estado-de-suspensão*, ou seja, de forma não resolvida, não conciliável e em estado de negociação permanente, a relação entre *forças políticas antagônicas*, disputando pelo *poder político*, que é a forma de controle mais alta do *poder social*. Seguindo de perto o que afirma Robert Dahl, a democracia pode produzir o melhor sistema político viável.[6]

Dada a importância da democracia, deve-se, no entanto, advertir que normalmente a noção de democracia parece encobrir com um manto a *tensão* que está implicada em seu interior. Isso na medida em que, bem analisada, a democracia instaura a possibilidade de manter em estado de suspensão as diferenças sociais,[7] não as eliminando (característica esta dos sistemas totalitários). Daí a importância do que François Ost afirma a esse respeito, no sentido de grifar que a *arena da política* é marcada pela dimensão do que se origina, tradicionalmente, na *pólis*, sem prescindir da noção de *polemos* e seus riscos.[8] Daí a ideia de que a democracia é exercício de suspensão do estado de oposição de grupos políticos, a partir de mediações institucionais, que evitam a guerra como forma de predominância de uns sobre os outros, num revezamento fundado em projetos, programas, modelos de governança e ideologias organizadas.[9]

---

[5] "Habermas não se fia nos extremismos que marcaram a lógica dicotômica da política moderna; considera os extremos, mas para superá-los. Ao lado de Hobsbawn, vê nos extremos do século XX uma história a não ser repetida, e a ser superada" (Bittar, *Democracia, justiça e emancipação social*: reflexões jusfilosóficas a partir do pensamento de Jürgen Habermas, 2013, p. 560).

[6] "(...) quando a ideia de democracia é ativamente adotada por um povo, ela tende a produzir o melhor sistema político viável ou, pelo menos, o melhor Estado como um todo" (Dahl, *A democracia e seus críticos*, 2012, p. 128).

[7] "A democracia é esse regime que, sem dúvida pela primeira vez na história, não se propõe eliminar os conflitos: pelo contrário, ela torna-os visíveis instituindo a divisão social – esforçando-se apenas por lhes garantir um desfecho negociável com a ajuda de procedimentos aceitos. A deliberação é, pois, o seu princípio, que nenhuma conclusão vem fechar" (Ost, *O tempo do direito*, 2001, p. 333).

[8] "Chantal Mouffe tem razão em recordá-lo: etimologicamente, 'político' não remete apenas para a *polis*: a cidade e a ordem que aí se institui no desejo de 'viver juntos'; 'político' remete igualmente para *polemos*: a guerra, de forma que o espaço político não é apenas aquele, reconciliado e harmônico, da ordem consensual; é também o campo de confronto onde o adversário é sempre ameaçado de ser tratado como inimigo. Toda a arte consiste em dominar essa violência sem com isso a negar; transformar o antagonismo potencialmente destruidor em antagonismo democrático; criar uma ordem política num fundo de desordem sempre ameaçador" (Ost, *O tempo do direito*, 2001, p. 335).

[9] "Em regime democrático, o conflito é pois interminável, tanto sobre a hierarquia a instaurar entre os bens primeiros como sobre os próprios fundamentos do regime" (Ost, *O tempo do direito*, 2001, p. 333).

E isso porque a democracia nada mais é do que o governo do povo, pelo povo e para o povo,[10] favorecendo a reciprocidade social simétrica e a autolegislação, esta que é fruto da cidadania ativa.[11] Assim, a democracia tem a ver com *troca política paritária* que nos faz a todos sujeitos ativos do processo de construção do comum enquanto atores políticos do mundo social, num universo de direitos, deveres e solidariedade.

Do ponto de vista histórico, o termo *democracia* (*démos/ krátos*) provém da Grécia do século VI a.C.,[12] mas sua efetiva estruturação e uso modernos apenas estarão presentes no século XIX d.C.[13] Por isso, a importância do Direito navegar na maré da história contemporânea ao lado da democracia, o que significa refletir sobre a democracia, pensar seus novos desafios, renovar seus ideais, repensar suas fronteiras, rever seus modos de atuação, ampliar seus controles democráticos, aprimorar sua forma de exercício. Tomando a democracia como um *centro de gravitação* da legitimidade do Direito contemporâneo, chega-se às seguintes conclusões: a) a legitimidade das leis é de fundamental importância para o Estado Social e Democrático de Direito; b) a legitimidade conquistada à força e que é fruto do arbítrio, do autoritarismo, do exercício do controle social pela violência do Estado e pelo medo é despotismo; c) a legitimidade legalista, formal e burocrática, e que não reflete necessidades reais, humanas, concretas e sociologicamente relevantes, é oca; d) a legitimidade democrático-constitucional do poder do legislador aponta para o aprimoramento da democracia, e, portanto, para a radicalização da democracia. Do ponto de vista teórico, isso significa um divisor de águas na *Teoria do Direito*. A *Teoria Tradicional* trabalhou com a ideia de *Legislador Racional*, mas a *Teoria Crítica* trabalha com a ideia da *legitimidade democrática do legislador*, que atua com participação social nos processos sociais de construção de marcos regulatórios.

E por que esta conexão tem tanta significação quando se quer trabalhar com os desafios do Direito brasileiro? Porque desde o *trauma-fundador* da história do constitucionalismo brasileiro, a palavra *golpe* ainda convive conosco, e ainda faz parte de nosso imaginário, de nossas instituições e de nossas soluções políticas. Assim, a marca original do autoritarismo colonizador ainda age, culturalmente, de modo a determinar a forma da política e das crenças na realidade brasileira. Assim,

---

[10] "A democracia, no plano da ideia, é uma forma de Estado e de sociedade em que a vontade geral, ou, sem tantas metáforas, a ordem social, é realizada por quem está submetido a essa ordem, isto é, pelo povo" (Kelsen, *A democracia*, 2. ed., 2000, p. 35).

[11] "Em nossos dias, toda tentativa de assegurar-se da 'realidade' de liberdade nas sociedades altamente desenvolvidas do Ocidente e, assim, explorar as possibilidades de uma eticidade democrática identificará a esfera política da deliberação e da formação da vontade pública como núcleo" (Honneth, *O direito da liberdade*, 2015, p. 485).

[12] "Segundo suas raízes gregas, a palavra democracia designa o poder do povo (demos-Kratos). Corresponde a uma nação surgida precisamente na Grécia antiga, a partir do séc. VI antes da nossa era, em Mileto, Megara, Samos e Atenas" (Goyard-Fabre, *O que é democracia?*, 2003, p. 09).

[13] "Uma vida público-política, entendida como esfera discursiva da formação democrática da vontade de um povo que se vê soberano, tem seu surgimento factual somente nos Estados nacionais do século XIX" (Honneth, *O direito da liberdade*, 2015, p. 502).

não em outros termos, pode-se dizer que a *lei-democracia* é ainda um *desafio na realidade brasileira*. Há desafios à *consolidação*, ao *amadurecimento* e ao *aprofundamento* da democracia brasileira, que ainda não é plena na realidade brasileira. E isso porque o processo de modernização brasileiro ainda é *incompleto*, vivendo-se duma *modernidade periférica e incompleta*.[14] Num certo sentido, vale dizer que se chegou à *pós-modernidade* (crise da modernidade), sem nunca ter-se realizado, plenamente, a modernidade entre nós, nem de fato a democracia em sua plenitude, nem a universalização dos direitos fundamentais mais básicos, nem o acesso de todos à cidadania, nem a igualdade plena de todos perante a legislação, nem um autêntico liberalismo, nem um autêntico republicanismo.[15]

2. INDIVIDUALISMO, LEGITIMIDADE E PARTICIPAÇÃO SOCIAL

Nesta análise, deve-se somar, ainda o fato de que, desde o final do século XX, um forte fenômeno acossou as *democracias ocidentais* em vários países: o surgimento do *cidadão-consumidor*.[16] Trata-se de um fenômeno que é fruto claro do *individualismo* das sociedades de massa, que leva a consequências, tais como: consumismo exacerbado; alienação política; apatia política; indiferença à agenda pública; especialização das políticas; desvios na política; corrupção; abstinência eleitoral nas urnas. Estas consequências apenas podem reforçar o cenário de negação de direitos, de falta de provimento de políticas públicas sociais, e o crescente estado de encapsulamento das utopias. Mesmo em sociedades democráticas relativamente consolidadas, passa-se ao estado de crise, em função do descolamento entre representação política e realidade social. Assim, são notórias as situações em que os partidos políticos apenas lutam por seus próprios interesses *intrapartidários* e *interpartidários*, e a política vai se tornando um modo de vida descolado da realidade prática e dos interesses dos representados, de modo que a crise da democracia representativa tem claramente a ver com a opacidade da representatividade e com a crise de identidades das legendas, num cenário de profunda crise de referências e paradigmas.

---

[14] Cf. Bittar, O Decreto n. 8.243/2014 e os desafios da consolidação democrática brasileira, *Revista de Informação Legislativa*, ano 51, n. 203, p. 7-38, jul./set. 2014.

[15] "É o caso da realidade brasileira que carece de solidificar instituições políticas fundamentais e corrigir distorções históricas de igualdade material, com vistas a dar um passo adiante no sentido de aprimorar outras instâncias de funcionamento do próprio modelo de Estado de Direito que se tem. O Estado Social e Democrático de Direito não é uma etapa superada da modernidade brasileira" (Bittar, *Democracia, justiça e emancipação social*: reflexões jusfilosóficas a partir do pensamento de Jürgen Habermas, 2013, p. 569-570).

[16] A esse respeito, leia-se: "Assim sendo, uma das críticas ao individualismo liberal e suas premissas racionalistas refere-se ao esvaziamento das noções de cidadania e comunidade" (Kozicki, Polli, Democracia radical em Chantal Mouffe: o pluralismo agonístico e a reconstrução do papel do cidadão, *in Teoria Jurídica no século XXI*: reflexões críticas (Kozicki, Katya (Coord.)), Curitiba, Juruá, 2007, p. 18).

Este tipo de cenário vem levando a todo tipo de reação, por parte da população, mobilizando sentimentos e atitudes diversas, e aqui se podem lembrar algumas destas atitudes:

1) a mobilização da população por meio da democracia de ruas: o maior exemplo recente são as jornadas de Junho 2013, em todo o Brasil, momento em que as livres manifestações de rua chacoalharam o país, funcionaram como um turbilhão, levantando-se inúmeras bandeiras, entre elas a questão da tarifa de ônibus, os protestos em face da violência policial, e, sem seguida, as manifestações *pró-e-contra* o impeachment, ao longo de 2016. Neste caso, ao longo dos últimos anos, percebe-se que, diante da crise política, a *democracia direta*, no Brasil contemporâneo, se converteu em *democracia de rua*, muito potencializada pelo uso das redes sociais, onde a ocupação do *espaço público* se tornou o meio e a forma de mobilizar a atenção da *esfera pública* em direção às necessidades e inconformismos populares, tendo como transfundo a insuficiência da democracia representativa e a insatisfação com a ética na política;

2) o exercício do direito de desobediência civil: sabendo-se que, diante de lei ilegítima se pode mobilizar o direito de desobediência civil, concepção esta proveniente da tradição liberal-republicana (Henry David Thoreau; Hannah Arendt), considerando-se as situações em que os canais de mudança já não são utilizados ou não são eficazes;

3) a atitude de descrença na democracia: a atitude de descrença na democracia, ante a falência dos instrumentos mais tradicionais, leva a considerações negativistas e pessimistas, com recuos no campo da democracia, tais como o apoio a regimes autoritários e austeros, o apoio a ideais de abandono da democracia, e os clamores pela retomada de formas autoritárias de governo, especialmente por grupos minoritários.[17]

Em face dos riscos de retrocessos políticos é fato que, tornou-se necessário incorporar a ideia de *democracia defensiva* ao vocabulário político brasileiro, especialmente a partir dos ataques dirigidos às instituições, no período 2018-2021. Nesse sentido, a ideia de que certas práticas poderiam levar à derrocada das instituições democráticas, despertou a necessidade de incorporar a proposta, enquanto exercício de *autodefesa das instituições democráticas*.[18] E, nesse sentido, diversos instrumentos, que vão desde a cassação de partidos políticos até a criminalização de condutas, se tornam passíveis de serem mobilizados, no sentido da preservação da democracia. O período de 2018-2022 foi marcado pela mobilização prática da democracia defensiva, em diversas ocasiões, e não somente pelo Poder Judiciário, mas também pelo Poder Legislativo. Assim, pode-se dizer que a ideia de *democracia defensiva*, apesar de recentemen-

---

[17] "Só a ilusão ou a hipocrisia pode acreditar que a democracia seja possível sem partidos" (Kelsen, *A democracia*, 2009, p. 40).

[18] "Ademais, as expressões *democracia defensiva* ou *democracia de resistência* parecem ser igualmente mais adequadas e condizentes com o que essa teoria reflete. Isto é, uma atuação reativa em prol da democracia em virtude de um ataque às instituições" (Fernandes, Democracia defensiva : origens, conceito e aplicação prática, *in Revista de Informação Legislativa*, n. 230, 2021, p. 138).

Capítulo XII | Direito, democracia e participação social

te assimilada pelo Brasil, foi utilizada na prática em diversas ocasiões: i) pelo Poder Legislativo, ao rejeitar a aprovação e a edição da Medida Provisória n. 979/2020;[19] ii) pelo Poder Legislativo, com a criação da Lei n. 14.197/2021, que acrescenta o Título XII ao Código Penal, com os crimes contra o *Estado Democrático de Direito* (especialmente, o tipo penal da abolição violenta do Estado Democrático de Direito, art. 359-L do CP; e golpe de Estado, art. 359-M do CP), revogando a Lei de Segurança Nacional; iii) pelo Poder Judiciário, ao suspender a eficácia do art. 6º-B da Lei n. 13.979/2020;[20] iv) pelo Poder Judiciário, ao criar o Inquérito n. 4.781, que ficou conhecido como Inquérito das *Fake News*, para apurar graves ataques aos membros do STF.[21] Nesta agenda de afirmação da *democracia defensiva*, trabalha-se pela criação da *Procuradoria de Defesa da Democracia* (AGU – Decreto n. 11.328/2023), que poderá aliviar a agenda de trabalho da *Suprema Corte* e, eventualmente, fortalecer a lógica de funcionamento das instituições democráticas no país, uma conquista importante em favor da estabilidade e da institucionalidade da democracia.

3. O SENTIDO TÉCNICO-JURÍDICO DE DEMOCRACIA

Quando se toca no termo *democracia*, muitos mitos e conceitos vêm à tona. E isso porque o termo *democracia* está eivado de significados (1), é atravessado por experiências históricas (2), e, por fim, é atravessado por debates provenientes de sistemas filosófico-políticos os mais variados (3). O que a doutrina do *Direito Constitucional* e a *Teoria Geral do Estado* costumam reconhecer são basicamente três *modelos-tipo* de democracia, quais sejam: a) a *democracia direta* (ou histórica), para a qual o exercício do poder é feito de forma direta pelo povo, qual ocorria na Grécia antiga, de forma a que sua experiência é historicamente circunscrita; b) a *democracia indireta* (ou representativa), para a qual o exercício do poder é feito por representantes do povo por meio de eleições, bem apropriada para a democracia de massas, e para a qual o Estado moderno e sua complexidade burocrática vieram se constituindo, em função de um número extenso de cidadãos; c) a *democracia semidireta*, que é propriamente aquela eleita pela Constituição Federal de 1988, em que se

---

[19] "Pode-se perceber que o Congresso Nacional agiu firmemente em defesa do que foi considerado um ataque à democracia, devolvendo a MP n. 979/2020, por entender que a norma se consubstanciava em flagrante desrespeito aos princípios da gestão democrática do ensino e à autonomia universitária. Ora, diante da hipertrofia do Poder Executivo, o Legislativo teve que adotar medidas não usuais, a fim de garantir o regular funcionamento das instituições" (Fernandes, Democracia defensiva: origens, conceito e aplicação prática, *in Revista de Informação Legislativa*, n. 230, 2021, p. 141).

[20] "Com base nesses argumentos principais, o Plenário do STF de forma unânime referendou a cautelar concedida monocraticamente pelo relator, a fim de suspender a eficácia do art. 6º-B da Lei n. 13.979/2020, incluído pelo art. 1º da MP n. 928/2020" (Fernandes, Democracia defensiva: origens, conceito e aplicação prática, *in Revista de Informação Legislativa*, n. 230, 2021, p. 137-138).

[21] "Diante desse contexto jurídico e, especialmente, político e social, o Inquérito n. 4.781 teve sua validade e constitucionalidade devidamente reconhecida em 18/6/2020 em decisão do Plenário da Corte, pela quase unanimidade dos ministros, nos autos da Ação de Descumprimento de Preceito Fundamental (ADPF) n. 572" (Fernandes, Democracia defensiva: origens, conceito e aplicação prática, *in Revista de Informação Legislativa*, ano 58, n. 230, p. 144, abr./jun. 2021).

adotam instrumentos de *democracia indireta ou representativa*, mesclados a alguns instrumentos de participação direta no poder.

Assim, foi após longo e escuro período de ditadura que a Constituição Federal de 1988, tornou possível a retomada do sentido da democracia, em seu texto, inscrevendo-a como uma *democracia semidireta*, ou seja, como uma *democracia representativa* com instrumentos de *democracia participativa*, como testemunham o parágrafo único do art. 1º da CF/88 ("A República Federativa do Brasil, formada pela união indissolúvel dos Estados e Municípios e do Distrito Federal, constitui-se em Estado Democrático de Direito e tem como fundamentos: (...) Parágrafo único. Todo o poder emana do povo, que o exerce por meio de representantes eleitos ou diretamente, nos termos desta Constituição") e os incisos I, II e III do art. 14 da CF/88 ("A soberania popular será exercida pelo sufrágio universal e pelo voto direto e secreto, com valor igual para todos, e, nos termos da lei, mediante: I – plebiscito; II – referendo; III – iniciativa popular"). Ademais, a *democracia representativa* está blindada pelo texto da Constituição Federal de 1988, como cláusula pétrea, conforme disposto no seu art. 60, § 4º ("Não será objeto de deliberação a proposta de emenda tendente a abolir: (...) II. o voto direto, secreto, universal e periódico").

Afinal, toda esta disciplina jurídico-constitucional é importante, especialmente se olharmos para a *história-do-passado-ditadura*. Ao se olhar para as garantias à *democracia representativa* devem-se reconhecer as necessidades de continuidade, estabilidade, consolidação, reforma, aprimoramento e ampliação. Por isso, as instituições públicas, o voto universal, a representação pública, a democracia representativa são conquistas importantes, pois se consolidaram recentemente entre o século XIX (voto masculino) e o início do século XX (voto feminino), mas hoje, ainda assim, consideradas conquistas insuficientes e que precisam ser aprofundadas e aprimoradas.

Assim, ao se projetar o olhar para o futuro, para a *história-do-futuro-democracia*, é necessário firmar no horizonte as necessidades de aprofundamento, aprimoramento, efetividade, aculturação, desenvolvimento e radicalização da experiência democrática brasileira. Há vários paradigmas teóricos contemporâneos (liberal; comunitarista; republicano; procedimentalista; deliberativo) que estão dotados do potencial de alimentar este tipo de *re-invenção* da democracia, a partir da própria constatação da *crise* e *esgotamento* da representação política.[22] É assim que se pode olhar para o *futuro-democracia*, considerando vários instrumentos de cidadania a serem melhor utilizados, seja no âmbito do Poder Legislativo (I), seja no âmbito do Poder Executivo (II), seja no âmbito do Poder Judiciário (III), seja pelos meios virtuais de cidadania (IV).

1) no âmbito do Poder Legislativo: A Lei n. 9.709/98 regulamenta o plebiscito, o referendo e a iniciativa popular, mas a lógica de funcionamento destes instrumentos tem demonstrado seu baixo uso e recurso, além de superpor o papel do *representante* sobre o *representado*, de forma visivelmente sufocante e conferindo-se baixa

---

[22] O mapeamento destas concepções é delineado em outra parte. Por isso, *vide* Bittar, Crise política e Teoria da Democracia: contribuições para a consolidação democrática no Brasil contemporâneo, *Revista de Informação Legislativa*, ano 53, n. 211, p. 11 a 33, jul./set. 2016.

Capítulo XII | Direito, democracia e participação social

autonomia popular. É possível, neste sentido, avançar numa versão mais democrática da regulamentação da matéria,[23] como vários estudos vêm demonstrando.[24]

2) no âmbito do Poder Executivo: na formulação e na implementação de políticas públicas, existem vários instrumentos que podem aprimorar o desenvolvimento da participação social, e que foram consolidados na redação do projeto do Decreto n. 8.243/2014, onde se mencionavam: o Conselho de políticas públicas (art. 2º, II); as Comissões de políticas públicas (art. 2º III); as Conferências nacionais (art. 2º, IV); as Ouvidorias públicas (art. 2º, V); as Mesas de diálogo (art. 2º, VI); os Fóruns interconselhos (art. 2º, VII); as Audiências públicas (art. 2º, VIII); as Consultas públicas (art. 2º, IX); os Ambientes virtuais de participação social (art. 2º, X).[25]

3) no âmbito do Poder Judiciário: o novo CPC oportuniza vários espaços de participação no Judiciário, a considerar-se o instituto do *amicus curiae*, na atual redação do art. 138 do novo CPC ("O juiz ou o relator, considerando a relevância da matéria, a especificidade do tema objeto da demanda ou a repercussão social da controvérsia, poderá, por decisão irrecorrível, de ofício ou a requerimento das partes ou de quem pretenda manifestar-se, solicitar ou admitir a participação de pessoa natural ou jurídica, órgão ou entidade especializada, com representatividade adequada, no prazo de 15 (quinze) dias de sua intimação. § 1º A intervenção de que trata o *caput* não implica alteração de competência nem autoriza a interposição de recursos, ressalvadas a oposição de embargos de declaração e a hipótese do § 3º. § 2º Caberá ao juiz ou ao relator, na decisão que solicitar ou admitir a intervenção, definir os poderes do *amicus curiae*. § 3º O *amicus curiae* pode recorrer da decisão que julgar o incidente de resolução de demandas repetitivas), ou ainda o instituto da audiência pública, previsto no art. 1.038 do novo CPC ("O relator poderá: I – solicitar ou admitir manifestação de pessoas, órgãos ou entidades com interesse na controvérsia, considerando a relevância da matéria e consoante dispuser o regimento interno; II – fixar data para, em audiência pública, ouvir depoimentos de pessoas com experiência e conhecimento na matéria, com a finalidade de instruir o procedimento; III – requisitar informações aos tribunais inferiores a respeito da controvérsia e, cumprida a diligência, intimará o Ministério Público para manifestar-se").

4) pelos meios virtuais de cidadania: deve-se, aqui, dar ênfase aos vários instrumentos atualmente disponíveis, no sentido do fomento à participação virtual, considerando-se a construção de *saberes* e *fazeres* pela participação virtual em projetos-de-lei, políticas-públicas e consultas-públicas, entre outras potenciais

---

[23] "Estudiosos do direito constitucional costumam mencionar apenas três formas de participação popular na atividade legislativa, que são aquelas previstas pela própria Constituição, o plebiscito, o referendo e a iniciativa popular (art. 14, I a III). Dado o seu raríssimo uso, essas talvez sejam as formas menos efetivas, e certamente menos deliberativas, de participação" (Silva, *Direito Constitucional Brasileiro*, 2021, p. 541).

[24] A exemplo dos estudos a este respeito, em torno de reformulação de projeto de lei sobre a matéria, elaborado por Fábio Konder Comparato, em *Rumo à justiça*, 2010, p. 432 a 442.

[25] Num estudo mais aprofundado da matéria, consulte-se Bittar, O Decreto n. 8.243/2014 e os desafios da consolidação democrática brasileira, *Revista de Informação Legislativa*, ano51, n. 203, p. 7-38, jul./set. 2014.

tarefas da cidadania virtual, a exemplo do portal e-Democracia (http://edemocracia.camara.leg.br) da Câmara dos Deputados.[26]

CASO PRÁTICO
O CASO DA MANIFESTAÇÃO DE RUA

Durante uma manifestação de rua, em 2013, na Cidade de São Paulo, na esquina da Avenida Paulista com a Avenida da Consolação, dois amigos são presos em flagrante e levados para a delegacia. A prisão se dá no meio de uma manifestação que reunia em torno de 100.000 pessoas, que ocupam todas as ruas da região.

A manifestação foi cercada por tropas da polícia, que usaram força desproporcional na tentativa de deter "situações que colocam a ordem pública em risco", nas palavras de um policial. Os jovens corriam porque, de repente, a 20 metros do local de onde estavam, uma bomba de gás lacrimogênio foi lançada. Os manifestantes, que se reuniam pacificamente, se desesperaram e começaram a correr, se chocando entre si, entrando em lojas e gritando. Ao serem vistos correndo, foram cercados por policiais que portavam escudos e estavam armados de cassetetes, não estando armados de armas mais agressivas, mas também não portando nenhum tipo de identificação no uniforme. São revistados, colocados contra a parede e, enquanto se abrem suas mochilas, são algemados, sob a alegação de "perturbação da ordem pública", "vandalismo" e "resistência".

Você é um(a) advogado(a) popular, da ONG Direitos na Rua, e atua sem cobrar nada, pela prevenção de situações danosas e pela liberdade de pessoas arbitrariamente presas nas ruas. Você sabe que a Constituição Federal de 1988 protege direitos fundamentais, em seu art. 5º, inciso IV ("é livre a manifestação do pensamento, sendo vedado o anonimato"), inciso IX ("é livre a expressão da atividade intelectual, artística, científica e de comunicação, independentemente de censura ou licença") e inciso XVI ("todos podem reunir-se pacificamente, sem armas, em locais abertos ao público, independentemente de autorização, desde que não frustrem outra reunião anteriormente convocada para o mesmo local, sendo apenas exigido prévio aviso à autoridade competente") e, por isso, procura exercer uma atividade de apoio ao exercício da cidadania.

Você é avisado da situação, segue para a Delegacia para acompanhar o caso de perto, e se informar melhor, e entra com um pedido de *Habeas Corpus*, em favor dos dois jovens.

1. Redija o texto do *Habeas Corpus*, com argumentos extraídos da Constituição e do Código Penal, da doutrina e da jurisprudência, visando a alcançar a liberdade dos dois jovens. Desenvolva os argumentos que podem amparar o pedido de liberdade, considerando-se os fatos, a disputa pela consolidação da democracia, os direitos fundamentais e a liberdade de manifestação.

---

[26] "A Câmara dos Deputados oferece ainda um canal por meio do qual algumas das formas de participação popular podem ser exercidas, o portal *e-Democracia*. Neste portal, é possível não apenas acompanhar as audiências públicas realizadas, mas também enviar perguntas, críticas e sugestões. No mesmo portal, por meio da ferramenta *WikiLegis*, é possível também sugerir emendas a qualquer dispositivo (artigo, parágrafo, inciso, alínea) de anteprojetos de lei" (Silva, *Direito Constitucional Brasileiro*, 2021, p. 541).

CAPÍTULO XIII
INSTITUIÇÕES, SERVIÇOS DE JUSTIÇA E HUMANIZAÇÃO

Sumário: 1. Teoria do Direito, Teoria das instituições e acesso à justiça; **2.** A cultura burocrática na realidade brasileira; **3.** A cultura burocrática e o serviço--cidadão; **4.** A cultura burocrática, os serviços de justiça e a gestão pública; **5.** Os serviços de justiça e o Estado Democrático de Direito; **6.** A cultura burocrática, a desumanização e a humanização dos serviços de justiça; Caso prático.

1. TEORIA DO DIREITO, TEORIA DAS INSTITUIÇÕES E ACESSO À JUSTIÇA

A *Teoria do Direito*, salvo raras exceções, atribui papel de somenos importância à *teoria das instituições*. Mas, pelo reconhecimento de alguns juristas, este tema tem compreensão do Direito. Se, tradicionalmente, e do ponto de vista teórico, esta discussão remonta à enorme contribuição do jurista francês Maurice Haurriou[1] (1856-1929),[2] é sim verdade que inúmeras outras concepções costumam reacender a relevância sobre o debate das instituições, a exemplo do jurista italiano Santi Romano (1875-1947),[3] com vistas a compreender melhor o funcionamento e o caráter opera-

---

[1] "É um paradoxo: ainda que central na vida jurídica, a noção de instituição raramente foi estudada por si mesma. Existe contudo uma notável exceção: a obra de Maurice Hauriou, que propõe uma reconstrução de todo o direito a partir dessa categoria" (Ost, *O tempo do direito*, 2001, p. 247).

[2] "Na origem destas correntes estará principalmente Hauriou. A noção deste autor, obscura embora, é aquela que melhor apreende esta realidade complexa. Dentro de uma orientação idealista, definia a instituição como 'uma ideia de obra ou empreendimento que vive e perdura no meio social'. Outros adeptos desta teoria, e os mais conhecidos, são Renard, Delos e Santi Romano, embora haja também diferenças entre eles" (Ascensão, *Introdução à ciência do Direito*, 3. ed., 2005, p. 25).

[3] O conceito de instituição de Santi Romano é muito direto, sintético e objetivo: "Entendemos por instituição todo ente ou corpo social" (Romano, *O ordenamento jurídico*, 2008, p. 83). Ademais, pode-se ainda colher na sociologia de Vincenzo Ferrari o seguinte esclarecimento conceitual: "Tale elemento comune, come si ricorderà, può essere espresso dicendo che per 'istituzione' si può intendere un *complesso normativo di qualunque genere che struttura durevolmente un campo d'azione sociale*" (Ferrari, *Diritto e società*: elementi di Sociologia del Diritto, 11. ed., 2012, p. 98).

cional do sistema jurídico, ou ainda de inúmeros outros juristas contemporâneos,[4] alguns chegando ao ponto de conceber o conjunto das instituições como sinônimo do "Direito".[5] Assim, a tradição institucionalista tem se renovado, e ganhado importância atual, a destacar-se a posição do jurista português Pedro Romano Martinez.[6]

Entende-se que este tema é de relevo de ser tratado, pois não se pode falar de sistema jurídico sem conceber como funciona, por quais órgãos se processam as demandas de justiça, por quais canais escoam os procedimentos, por quais braços se realiza a justiça. Não há Direito sem as pessoas atuantes, os atores jurídicos, pessoas investidas de cargos, dotadas de competências, que realizam atribuições legais, dentro de instituições atuantes no sentido da realização de finalidades e objetivos de justiça. Daí esta parecer ser a feição mais concreta, operacional e humana da reflexão da *Teoria do Direito*, e, exatamente por isso, dotada de significação, atualidade e importância para a reflexão *no* Direito e *do* Direito.

Os contornos do termo *instituição* e a noção do termo *instituição* são questões polêmicas, mas para efeitos desta análise, se quer entender por instituição toda unidade social que é dotada de permanência e fins comuns,[7] capaz de estabilizar práticas e reunir pessoas em torno de tarefas comuns.[8] Se a abordagem mais tradicional que a *Teoria do Direito* dedica às instituições costuma ver nestas apenas *corpos de regras*, como constata o jurista francês Jean-Louis Bergel,[9] ou seja, corpos formais, criados por leis, que funcionam cumprindo papel burocrático, e que desempenham papel funcionalmente diferenciado, entende-se que esta concepção é *formalista* e *reducionis-*

---

[4] Se encontram nesta lista, não exaustiva, as preocupações de juristas como Carlos Santiago Nino (*Introdução à análise do direito*, 2015); José de Oliveira Ascensão (*Introdução à ciência do Direito*, 3. ed., 2005); Jean-Louis Bergel (*Teoria geral do Direito*, 2006); Antonio Carlos Wolkmer (*História do direito no Brasil*, 4. ed., 2007); João Baptista Machado (*Introdução ao direito e ao discurso legitimador*, 22. reimpressão, 2014).

[5] Este é o caso do jurista francês Jean-Louis Bergel: "Todas as instituições jurídicas se articulam ainda entre si para formar juntas a ordem jurídica. O próprio direito é a instituição por excelência" (Bergel, *Teoria geral do Direito*, 2006, p. 232).

[6] "Em sentido técnico-jurídico, entende-se instituição como modo de integração e inter-relacionamento entre pessoas. A instituição tem, assim, especial relevo na inclusão dos indivíduos numa multiplicidade de funções importantes para a sociedade em que se inserem, permitindo a continuidade e a estabilidade social; tendencialmente, a instituição integra o indivíduo e perdura para além dele, dando continuidade e estabilidade à vida em sociedade. Acentuando o relevo histórico-cultural do direito" (Martinez, *Introdução ao Estudo do Direito*, 2021, p. 32).

[7] Na leitura que François Ost faz, a partir de Mauruice Haurriou, é possível afirmar que: "Precisamente, a instituição é, aos seus olhos, o mecanismo que permite inscrever o direito na duração – uma duração evolutiva, no entanto, que cria incessantemente o novo" (Ost, *O tempo do direito*, 2001, p. 247).

[8] "A instituição designa, etimologicamente, o que está numa sociedade, o que permanece para além da evolução; por isso faz a unidade dos seus membros. Unidade que se prolonga no tempo em identidade: a sociedade é considerada a mesma ainda que todos os seus membros antigos tenham sido substituídos, e os atuais orgulham-se dos méritos dos predecessores e sentem-nos como próprios" (Ascensão, *Introdução à ciência do Direito*, 3. ed., 2005, p. 25).

[9] "Para os juristas, as instituições são não corpos sociais, mas 'corpos de regras' organizados em torno de uma ideia mestra, por exemplo, a organização da família, da propriedade, do Estado" (Bergel, *Teoria geral do Direito*, 2006, p. 230).

ta, para fins de uma análise mais ampla do *valor*, do *papel*, da *finalidade* e dos *importantes objetivos* que as *instituições* têm a cumprir em sociedade.

É assim que, do ponto de vista jurídico, não somente é possível compreender o seu conceito, mas também destacar sua significação para a regência das tarefas da justiça.[10] E esta está depositada exatamente na dimensão não simplesmente do "o que" fazem, ou do "quais regras autorizam o fazer", mas o "como" fazem para cumprir sua missão. A perspectiva positivista de análise das instituições apenas ressaltava o *papel formal-legal* das mesmas,[11] e, por isso, se bastava à descrição das características da impessoalidade, da burocracia e da técnica procedimental enquanto elementos da atuação das "instituições públicas", ou seja, das instituições que cuidam do "interesse público". Nesta linha, ficava claro como os "serviços de justiça" eram vistos apenas como os *meios executores*, tendo apenas *valor instrumental* perante os *fins institucionais*, enquanto conjunto sistemático e organizado por regras, de recursos humanos, orçamentários e operacionais.

No entanto, é necessário ir além, na esteira de uma *Teoria Crítica e Humanista do Direito*, não somente para reconhecer a *importância*, o *valor*, o *papel*, a *finalidade* e os *objetivos* das instituições jurídicas, mas, sobretudo, para refletir acerca da *revisão, reforma* e *humanização* das instituições jurídicas, pois é a partir disso que se podem aproximar de cumprir a tarefa de realizar valores e objetivos maiores, seja da Constituição Federal de 1988, seja do Estado Democrático de Direito, seja da dignidade da pessoa humana, da democracia e dos direitos humanos na *realidade brasileira*. Em grande parte, os problemas que decorrem da visão positivista, decorrem do século XIX e têm profundos fundamentos na cisão entre Ciência e Humanidades,[12] que irá colher boa parte das concepções sobre as quais se plantaram as *instituições modernas* enquanto instituições da *burocracia férrea*. Por isso, nessa visão, os "serviços de justiça" são os meios que importam tanto quanto os fins, para que se realize a justiça, pois a justiça está nos meios (como se faz; por quais procedimentos se faz; em quanto tempo se faz; se efetivamente se faz) tanto quanto nos fins (segurança; ordem; paz; solidariedade; participação). Assim, não há, nesta concepção, como separar meios de fins, devendo-se considerá-los em conjunto, nas tarefas de realização da justiça.

Daí, a importância da *desrepressão* e da *transformação* das "instituições de justiça" pelos caminhos da: inclusão no procedimento; melhoria de gestão; atenção e cuidado no atendimento; personalização dos cuidados para o provimento de direitos, considerando suas diversidades e especificidades; humanização no tratamento; efetividade na

---

[10] "As instituições jurídicas correspondem então a esses conjuntos orgânicos e sistemáticos de regras de direito que regem, consoante uma meta comum, uma manifestação permanente e abstrata da vida social" (Bergel, *Teoria geral do Direito*, 2006, p. 231).

[11] "A instituição se define como 'um composto de regras de direito que abarca uma série de relações sociais tendentes aos mesmos fins'" (Bergel, *Teoria geral do Direito*, 2006, p. 233).

[12] Esta reflexão está profundamente bem elaborada no campo da Medicina, a exemplo deste trecho, que traz a *autoconsciência* da área: "Resistência cuja origem talvez se reporte à cisão entre Ciência e Humanismo, fortemente marcado desde o século XIX e que, além disso, do nosso ponto de vista, encontra reforços na estrutura pedagógica do ensino, na vida institucional da escola médica e na cultura contemporânea" (Rios, Schraiber, *Humanização e humanidades em medicina*, 2012, p. 14).

apresentação de respostas a demandas institucionais. Não por outro motivo, é um desafio a tarefa de pensar os caminhos práticos da *teoria da instituição*, tendo em vista o caráter *recente* da maior parte das instituições brasileiras – em sua história curta, e entrecortada por baixa aposta no sentido de *público*, e, também, na concepção *republicana de serviço público* – e o próprio *traço cultural* de acomodação de vantagens pelo vínculo emocional, cordial e do jeitinho, enquanto prática cultural decisiva, que cobra exatamente: o fortalecimento das instituições; a consolidação das instituições; a autonomia das instituições; a prestatividade e eficiência das instituições; a humanização das instituições. Nesse sentido, a recente Lei n. 13.460/2017 tem enormes desafios a enfrentar, no sentido de promover a melhoria dos serviços públicos.

Atualmente, para o quadro mais amplo da *Teoria do Direito*, o desafio de pensar estas questões é de elevada complexidade, não somente por cobrar esforços interdisciplinares, mas também por afirmar a necessidade de lidar com o campo institucional das tomadas de decisão, na medida em que *decisões públicas* e *vinculantes*, de graves efeitos sociais e humanos, são tomadas no quadro de instituições executivas, legislativas e judiciárias, que se encontram pressionadas por *forças, interesses, circunstâncias* sempre muito difíceis. Entre estas, se encontram hoje as pressões que colocam face a face, a qualidade das decisões institucionais *versus* a quantidade das decisões institucionais, ou ainda, a eficácia das decisões institucionais *versus* a crise de credibilidade das decisões institucionais. A crise da política, do Direito e das instituições vem exibindo as faces cruéis de um processo de perda da capacidade de divisar *meios* e *fins*, e, muitas vezes, de se enxergarem os *objetivos maiores* – às vezes, de ordem constitucional – dentro dos quais se encontram as *práticas institucionais*, acrisoladas em uma cultura institucional autofágica.

Por isso, a *Teoria do Direito*, dentro dos debates mais recentes, tem despertado para a reflexão em torno do tema, para enxergar, na esteira de Jürgen Habermas, na reforma das instituições uma das características importantes do debate atual sobre *democracia, cidadania* e *acesso à justiça*.[13] A atuação das instituições parece ter de estar pautada mais do que pelo *poder burocrático*, pelas tarefas e funções que exercem como *tarefas-fim*, sendo que os meios procedimentais para o cumprimentos dos fins são de expressivo interesse teórico-reflexivo. Então, democratização, ampliação da cultura de participação, inclusão, transparência e acesso à informação, promoção de justiça social, publicidade e esfera pública, prevenção de conflitos, mediação de conflitos e realização de cidadania parecem ter-se tornado *linhas-diretivas* para o *redesenho das instituições contemporâneas*. Mas, uma delas se destaca, dentre as demais: a *humanização das instituições, da cultura institucional e das práticas institucionais*.

2. A CULTURA BUROCRÁTICA NA REALIDADE BRASILEIRA

Na realidade brasileira, a reflexão acerca da *teoria da instituição* passa pela consideração acerca da *cultura burocrática*. E isso porque a *cultura burocrática* é um des-

---

[13] "Em outras palavras, o novo paradigma hoje necessário, depois da queda dos princípios do pensamento moderno, para a refundação e a reconstrução do direito, é o recurso à razão processual de uma política democrática deliberativa animada pela atividade comunicacional" (Goyard-Fabre, *O que é democracia? A genealogia filosófica de uma grande aventura humana*, 2003, p. 324).

tes fatores centrais geradores de empecilhos ao avanço de uma *cultura dos direitos*, seja pela particularidade histórica desta cultura marcada pela *pessoalidade*,[14] seja pela sua dimensão de gestão e cultura institucionais. Quando se evoca o termo "direito", imediatamente se pensa no inumerável de documentos, processos, regulamentos, fórmulas legais, petições, repartições públicas, instâncias burocráticas, sendo muitas vezes quase sinônimo de "burocracia". Isso aponta para o fato de que não há *cidadania plena* e *ativa* sem um direito acessível, eficiente, universal e atribuído a todos e todas. Mas, para isso é necessária a superação da *cultura cartorial* que impregna as instituições públicas. Aliás, a própria invocação do termo "burocracia" já vem carregada de *sentido negativo* (novelos administrativos infindáveis; linguagem codificada e cifrada inacessível; repetição de tarefas e retrabalho; excesso de formalidades; despotismo burocrático).[15] quando mencionada em seus usos cotidianos, e, apesar do termo ter surgido no século XVIII,[16] tornou-se largamente usado, discutido e perseguido para a compreensão da forma moderna de *dominação legal--burocrática*, como na sociologia de Max Weber.[17]

Na realidade brasileira, o termo tem de ser compreendido em função das próprias raízes luso-medievais, que derivam de um *direito romano-germânico e canônico*,[18] que impregnaram a formação das instituições brasileiras ao longo dos períodos do

---

[14] A observação é de Sergio Buarque de Holanda: "No Brasil, pode dizer-se que só excepcionalmente tivemos um sistema administrativo e um corpo de funcionários puramente dedicados a interesses objetivos e fundados nesses interesses. Ao contrário, é possível acompanhar, ao longo de nossa história, o predomínio constante de vontades particulares que encontram seu ambiente próprio em círculos fechados e pouco acessíveis a uma ordenação impessoal" (Holanda, *Raízes do Brasil*, 26. ed., 2004, p. 146).

[15] "Este uso do termo é também aquele que mormente se institucionalizou na linguagem comum e chegou aos nossos dias para indicar criticamente a proliferação de normas e regulamentos, o ritualismo, e falta de iniciativa, o desperdício de recursos, em suma, a ineficiência das grandes organizações públicas e privadas" (Girglioli, verbete Burocracia, *in Dicionário de Política*, 5. ed, v. 1 (Norberto Bobbio; Nicola Metteucci; Gianfranco Pasquino, orgs.), 2000, p. 124).

[16] "O termo burocracia foi empregado, pela primeira vez, na metade do século XVIII, por um economista fisiocrático, Vicent de Governay, para designar o poder do corpo de funcionários e empregados da administração estatal, incumbido de funções especializadas sob a monarquia absoluta e dependente do soberano" (Girglioli, verbete Burocracia, *in Dicionário de Política*, 5. ed, v. 1 (Norberto Bobbio; Nicola Metteucci; Gianfranco Pasquino, orgs.), 2000, p. 124).

[17] "Weber, portanto, define a Burocracia como a estrutura administrativa, de que se serve o tipo mais puro do domínio legal" (Girglioli, verbete Burocracia, *in Dicionário de Política*, 5. ed, v. 1 (Norberto Bobbio; Nicola Metteucci; Gianfranco Pasquino, orgs.), 2000, p. 125).

[18] A advertência histórica é formulada por Antonio Carlos Wolkmer, nos seguintes termos: "Não é por demais relevante lembrar que, na América Latina, tanto a cultura jurídica imposta pelas metrópoles ao longo do período colonial, quanto as instituições legais formadas após o processo de independência (tribunais, codificações e operadores do Direito) derivam de tradição legal europeia, representadas pelas fontes clássicas do Direito Romano, Germânico e Canônico" (Wolkmer, Cenários da cultura jurídica moderna na América Latina, *in História do direito em perspectiva* (Ricardo Marcelo Fonseca, Airton Cerqueira César Seelander, orgs.), 2008, p. 209).

Brasil-Colônia e do Brasil-Império,[19] quais sejam: a) rigidez dos padrões burocráticos;[20] b) perfil conservador do papel burocrático; c) estabilização das "normas da Metrópole" sobre as "tradições locais"; d) servidão ao poder patrimonial; e e) falta de correlação direta com os interesses genuínos da população.[21]

3. A CULTURA BUROCRÁTICA E O SERVIÇO-CIDADÃO

Então, pode-se verificar que as instituições possuem suas raízes históricas e, a depender de quais sejam e pelo que estejam marcadas, as instituições estarão mais ou menos distantes de cumprirem os seus objetivos, diante de desafios contemporâneos, e pressionadas pelos fatores que circunstancializam o Direito de hoje. Assim é que a *cultura burocrática* representa não um *serviço-cidadão*,[22] mas um *staff* de *conservação da ordem*, construído através de um imaginário histórico, fazendo com que instituições estejam voltadas para si mesmas, e não para o *Outro-cidadão*. A *cultura burocrática* representa a contramarcha de todas as exigências de um mundo de velocidade, aceleração crescente, virtualização e avançada tecnologia, o que implica *comandos administrativos* de *flexibilidade* e *agilidade*, tudo aquilo que a *burocracia* não é capaz de aportar para a sociedade contemporânea.[23] Não por outro motivo, a *cultura burocrática* que

---

[19] "Sem dúvida, seria, assim, marcado por ambivalências e contradições que sintetizariam, permanentemente, a singularidade de uma cultura jurídica, formada, de um lado, por procedimentos de raiz conservadora – herança do burocratismo patrimonial do Brasil-Colônia – e, de outro, por valores de matiz liberal e importados – propagados durante o Império e nos primórdios da República" (Wolkmer, *História do direito no Brasil*, 4. ed., 2007, p. 89).

[20] "Essa particularidade reconhecida na sociedade colonial veio a ser fenômeno que Stuart B. Schwartz identifica como o "abrasileiramento" dos burocratas, ou seja, a inserção numa estrutura de padrões rigidamente formais de práticas firmadas em laços de parentesco, dinheiro e poder" (Wolkmer, *História do direito no Brasil*, 4. ed., 2007, p. 82).

[21] "Já no que se refere à estrutura política, registra-se a consolidação de uma instância de poder que, além de incorporar o aparato burocrático e profissional da administração lusitana, surgiu em identidade nacional, completamente desvinculada dos objetivos de sua população de origem e de sociedade como um todo. Alheia à manifestação e à vontade da população, a Metrópole absolutista instaurou extensos de seu poder real na Colônia, implantando um espaço institucional que evoluiu para a montagem de uma burocracia patrimonial legitimada pelos donatários, senhores de escravos e proprietários de terra" (Wolkmer, *História do direito no Brasil*, 4. ed., 2007, p. 49).

[22] "Consequentemente, o cenário histórico da cultura jurídica enquanto produto da atividade humana e espaço legitimado para refletir sobre justiça, as normas de conduta e os valores jurídicos essenciais acabou se prestando para legitimar formas conceituais abstratos, manifestações institucionais dissociadas de *práxis* social e exaltação erudita de codificações importadas das metrópoles" (Wolkmer, Cenários da cultura jurídica moderna na América Latina, *in História do direito em perspectiva* (Ricardo Marcelo Fonseca, Airton Cerqueira César Seelander, orgs.), 2008, p. 204).

[23] Estas são as conclusões a que chega o longo e profundo estudo do sociólogo alemão Hartmut Rosa: "Because bureaucracies have became too slow, the *debureaucratization* of administrative processes today counts as the royal road to the acceleration of decisions"; "The centralized state is too slow and immobile an actor for the time structures of the 'network society' created by the new information technologies; it no longer has any dynamizing force of its own to set against the last wave of acceleration in Western capitalists socieies" (Rosa, *Social acceleration*: a new theory of modernity, 2013, p. 204 e 205).

impregna instituições é responsável por, e até hoje, é sinônimo de: a) irracionalidades administrativas; b) emperramento; c) repetição de fórmulas; d) rotinas sem sentido; e) desinformação; f) demora; g) empecilhos; h) alto custo e desperdício; i) agir protocolar; j) linguagem inacessível; k) formalismo excessivo; l) violação e denegação de direitos. Não por outro motivo, a *cultura burocrático-formal* torna-se o fator central de impedimento ao exercício efetivo de direitos, fazendo-se com que a ineficiência administrativa, a disfuncionalidade e a antimodernidade deem o tom das *práticas cartoriais* das instituições públicas brasileiras. Assim, a burocracia que poderia significar algo de positivo (confiabilidade; segurança; legalidade; impessoalidade; eficiência; igualdade; padronização; cidadania; prevenção; provimento de direitos ao cidadão), acaba por se carregar de outros sentidos mais usuais e negativos, confundindo-se com o campo semântico da *ineficiência*. Assim, não podem ser outras as conclusões das pesquisas empíricas sobre o assunto, senão que o(a) brasileiro(a) desconfia dos serviços públicos e das instituições.[24]

A *ineficiência burocrática*, então, passa a fazer parte do cômputo em busca de resultados de toda *ação social estratégica*, que visa a "driblar" o tempo, a demora, o formalismo, o custo e a falta de resultados da burocracia como fator de impedimento à ação e seus fins, na medida em que a sociedade é dinâmica e cobra resultados. Nesse cômputo, criam-se "alternativas", que se desviam do *caminho-burocrático*, esbarrando-se nas "situações-limites" dos caminhos da *para-institucionalidade* e da *anti-institucionalidade*, tendo-se como consequência a aplicação do *jeitinho* como forma de acomodação de irregularidades: a) numa primeira hipótese, diante de empecilhos burocráticos, alguém se utiliza do *jeitinho lícito* (não em confronto com a lei), para realizar seus fins; b) numa segunda hipótese, alguém se utiliza do *jeitinho ilícito* (em confronto com a lei), para realizar seus fins. Assim, paradoxalmente, no âmbito da *cultura burocrática*, torna-se curiosa a relação com a *forma* e a *formalidade*. De um lado, tem-se horror a ela, pois significa: inadequação entre meios e fins; barreira; empecilho; rigidez. De outro lado, se reconhece suas dificuldades e se faz de tudo para: driblar; contorcer; desamarrar; ajeitar. Por isso, a *reforma* e a *revisão* das instituições e dos seus procedimentos, no sentido do caminho da *eficiência administrativa* é algo decisivo para os fluxos de justiça, cidadania e provimento de direitos.

Assim, constata-se que as instituições brasileiras, no geral, estão marcadas por certas características, quais sejam: no lugar de *cultura da solução* predomina a *cultura do adiamento*; no lugar do *acesso aos direitos*, predomina a *cultura do paternalismo pela falta*; no lugar da *cultura do planejamento*, predomina a *cultura das soluções de última hora*, e, portanto, das soluções mal-acabadas, baseadas no improviso; no lugar da *cultura da disciplina*, predomina a *cultura de leniência compassiva*. A partir da *Teoria da Administração Pública*, é possível constatar que é fato que o funcionamento de instituições públi-

---

[24] "Importante observar que a avaliação dos serviços públicos brasileiros gerada a partir da pesquisa 'A desconfiança dos cidadãos das instituições democráticas', realizado em 2006, é mais negativa do que positiva" (Bonifácio, Schlegel, Serviços públicos: o papel do contato direto e do cidadão crítico nas avaliações das instituições, in *A desconfiança política e os seus impactos na qualidade da democracia* (Moisés, José Álvaro; Meneguello, Rachel), 2013, p 356).

cas com base nestas *regras implícitas*, neste *código-antropológico*, acaba criando *novelos* de problemas sociais *semissolucionados* (ou ainda, *não solucionados*), que levam a crises repetidas e a episódios disruptivos em temas de justiça, cidadania e legalidade.[25]

É imperativa, portanto, a necessidade de passagem da concepção de *Estado burocrático* para a concepção de *Estado gerencial*,[26] valendo para este a lógica de: a) qualidade dos serviços públicos; b) eficiência dos serviços públicos; c) racionalização dos serviços públicos; d) economia dos serviços públicos; e) universalidade dos serviços públicos; e f) a política de resultados nos serviços públicos.[27] Estes apontamentos indicam caminhos importantes, no sentido da democracia efetiva, no contexto de uma economia globalizada, em que se possa promover cidadania a todos e todas.[28]

Mas, recentemente, desde a edição da Lei n. 11.419/2006, que dispõe sobre a informatização do processo judicial civil, penal e trabalhista, a abolição do processo físico vem sendo vista como "sinônimo" de *desburocratização*, como se a "virtualização da burocracia" fosse "sinônimo" de *desburocratização*. A pura digitalização não é sinônimo de desburocratização. Em verdade, a informatização cria um novo fenômeno, em continuidade do anterior, e que agora se pode chamar, simplesmente, de *burocracia digital*. Isto aponta para o fato de que, sem uma mudança de mentalidades, uma revisão de procedimentos, e sem propriamente, uma mudança cultural, poder-se-á repetir as *mesmas fórmulas*, em ambiente real ou virtual, e não se terá modificado nada, em essência. Trata-se, pois, a versão contemporânea e tecnológica do mesmo fenômeno da *burocracia moderna*, agora instrumentalizada pelo aparato de tecnologia avançada, conectada e em rede. É certo que interliga, digitaliza e reserva dados, poupando gastos, custos e demais inconvenientes de outros tempos, mas não se pode tratar deste tipo de mudança como efetividade em processos de desburocratização, e isso porque, como já se disse, sem a mudança de mentalidades e sem a transformação de cultura,

---

[25] "Ao longo de muitas décadas, as administrações públicas instituídas no Brasil, em todos os níveis de governo – federal, estadual, distrital e municipal – foram conduzidas à luz de instrumentos e experiências muito pobres de planejamento. Diferentes fatores e circunstâncias foram combinados para tornar os cidadãos e agentes públicos pouco habituados com o que vem a ser planejamento, em geral e planejamento de ações governamentais, em especial, a saber: instabilidade política e econômica, apropriação patrimonialista dos recursos coletivos e deficiências das técnicas de gestão" (Oliveira, *Instrumentos de gestão pública*, 2015, p. 64-65).

[26] "Cem anos depois, é hoje um Estado democrático, entre burocrático e gerencial, presidindo sobre uma economia capitalista globalizada e uma sociedade que não é mais principalmente de classes mas de estratos: uma sociedade pós-industrial" (Bresser-Pereira, Do Estado patrimonial ao gerencial, *in Brasil: um século de transformações* (Pinheiro, Wilheim; Sachs, orgs.), 2001, p. 222-259, disponível em: <http:www.bresserpereira.org.br>, acesso em: 12 out. 2015, p. 1).

[27] "A Reforma Gerencial de 1995, teve três dimensões: uma institucional, outra cultural, e uma terceira, de gestão" (Bresser-Pereira, Do Estado patrimonial ao gerencial, in Brasil: um século de transformações (Pinheiro, Wilheim; Sachs, orgs.), 2001, p. 222-259, disponível em: <http:www.bresserpereira.org.br>, acesso em: 12 out. 2015, p. 24).

[28] "A administração pública gerencial é definida pelas seguintes características básicas: é orientada para o cidadão e para a obtenção de resultados; pressupõe que políticos e funcionários públicos são merecedores de confiança, ainda que limitada; como estratégia, serve-se da descentralização e do incentivo à criatividade e à inovação; o instrumento que controla os órgãos descentralizados é o contrato de gestão" (Oliveira (org.), *Instrumentos de gestão pública*, 2015, p. 25).

passaremos do *novelo do inferno documental* ao *novelo do inferno digital*, mantendo o mesmo número de atos, ritos e exigências intactos. Por isso, a abolição da mentalidade burocrática é algo maior e mais amplo (e, por isso, mais complexo) do que a mera "conversão dos meios".

Não por outro motivo, para que as mudanças sejam efetivas, deve-se olhar para as finalidades da *burocracia* para enxergar a que se destina: a) garantir a realização de procedimentos; b) fixar e garantir fluxos de gestão; c) estabilizar conquistas de direitos; d) garantir a permanência e a execução das políticas públicas; e) estabilizar a máquina administrativa, apesar da transitividade dos governos; f) permitir a igualdade cidadã de tratamento e acesso a direitos; g) operar a oficialização dos atos administrativos e públicos; h) oferecer os espaços para práticas participativas e a realização da democracia participativa; e i) atender e realizar os direitos dos cidadãos

4. A CULTURA BUROCRÁTICA, OS SERVIÇOS DE JUSTIÇA E A GESTÃO PÚBLICA

A maior parte dos *serviços de justiça* passa pela dimensão da *gestão pública*. No entanto, o impacto dos *serviços de justiça* sobre o acesso aos direitos é direto e enorme. Se há um traço do *serviço público* que incomoda é o fato de ser: ineficiente; falho; irregular; disfuncional; incompetente; irracional; inexistente; de baixa qualidade.[29] Não raramente, isso leva a críticas e insatisfações, pois afetam, lesionam ou sonegam direitos, não em pequeno número de casos, da própria população. Não raramente, os próprios serviços de justiça oferecem a possibilidade de *revitimização* ou de *violações de novos direitos*, agora em ambiente institucional, sob a coerção de culturas institucionais autofágicas. É curioso, neste ponto, notar que ao longo de suas carreiras, juízes serão gestores de fóruns, advogados serão gestores de escritórios, delegados serão gestores de delegacias, diplomatas/cônsules serão gestores de consulados, promotores serão líderes de equipes de trabalho, professores serão gestores de Faculdades e Universidades. No entanto, o currículo das Faculdades de Direito não sinaliza preocupações práticas com a *Teoria da Administração Pública*, nem com os temas da gestão,[30] e nem com os temas da administração,[31] seja privada, seja pública. Somente em recente alteração da *Lei de Introdução às Normas do Direito Brasileiro* (LINDB, Decreto n. 4.657/42, por meio da Lei n. 13.655/2018), passou-se a ter claramente presente o peso dos obstáculos burocráticos para o bom exercício da gestão pública, a exemplo do art. 22 ("Na interpretação de normas sobre gestão pública, serão consi-

---

[29] "A palavra burocracia, cuja conotação técnica tem significado positivo em termos de eficiência, passou também a ser associada a lentidão, distância e má-vontade, por isso se associa o termo desburocratização a aproximação dos serviços da população" (Nohara, *Direito administrativo*, 4. ed., 2014, p. 92).

[30] "Gestão, do latim *gestio*, refere-se ao ato de conduzir, dirigir ou governar" (Oliveira (org.), *Instrumentos de gestão pública*, 2015, p. 4).

[31] "Já administração, do latim *administrativo*, tem aplicação específica: administrar um bem, um negócio, uma área" (Oliveira (org.), *Instrumentos de gestão pública*, 2015, p. 4).

derados os obstáculos e as dificuldades reais do gestor e as exigências das políticas públicas a seu cargo, sem prejuízo dos direitos dos administrados"), acrescentado a essa importante norma do sistema jurídico brasileiro.

A este respeito, sabe-se que a Administração Pública[32] no Brasil passou fundamentalmente por três modelos, quais sejam: a Administração Pública patrimonialista (Império); a Administração Pública burocrática (República); a Administração Pública gerencial (atual). Sabe-se, também, que a Administração Pública se encontra em estágio, entre burocrática e gerencial, não se tendo consolidado em sua plenitude o terceiro modelo. Sabendo-se que a *gestão pública* envolve várias dimensões internas e externas (orçamento público; patrimônio público; servidores públicos; políticas públicas/ serviços públicos; missão institucional; processos e procedimentos) e realiza-se adequadamente por meio de etapas (planejamento; implementação; avaliação de resultados e impactos; publicidade, transparência e informação de resultados), o desenvolvimento de suas qualidades próprias (eficiência; precisão; baixo custo; provimento de direitos; qualidade; rapidez; prestatividade; inclusão; diversidade; participação; capacidade de resolução e decisão; otimização de recursos) continua sendo um enorme desafio para as instituições públicas brasileiras, o que muitas vezes contribui para resvalar na violação de seus próprios princípios constitucionais (legalidade; impessoalidade; moralidade; publicidade, eficiência). A gestão pública é atividade complexa, pois envolve o processo de processos, técnicas e habilidades simultâneas (operações e procedimentos administrativos; técnicas de gestão; organização do serviço; cultura institucional; gestão de pessoas; gestão de conflitos; gerenciamento de crise; ferramentas para a obtenção de resultados; controle da informação; abertura participativa de procedimentos; transparência; oferta de qualidade) nada simples de serem implantados ou estimulados no serviço público, em seu desempenho e em seus resultados.[33]

Mas, bem se sabe que o resultado deste serviço afeta o exercício prático de vários direitos, entre eles: o direito à saúde; o direito à moradia; o direito à segurança; o direito à educação; o direito ao transporte; o direito à previdência social; ao direito ao devido processo legal; o direito ao meio ambiente; entre outros. Daí, se pensar na importância da gestão pública para o cumprimento de suas metas e finalidades, bem como do cumprimento da função institucional dentro da qual é exercida, fica claro que o *Direito Administrativo* apenas não é suficiente, sendo necessária a aproximação da *Administração* e das *técnicas de gestão pública*.[34] E isso porque o sistema jurídico

---

[32] "Assim, em sentido material ou objetivo, a Administração Pública pode ser definida como a atividade concreta e imediata que o Estado desenvolve, sob regime jurídico total ou parcialmente público, para a consecução dos interesses coletivos" (Di Pietro, *Direito administrativo*, 27. ed., 2014, p. 57); *vide*, também, art. 2º, III, da Lei n. 13.460/2017.

[33] "O controle popular ou social é decorrência do primado da democracia (...) Também, na seara do planejamento, já é prática de inúmeros Municípios a realização de orçamentos participativos, onde o povo irá discutir quais são as prioridades dos gastos orçamentários" (Nohara, *Direito administrativo*, 4. ed., 2014, p. 839).

[34] A exemplo do que é feito em Maximiniano, Nohara, *Gestão pública*: abordagem integrada da administração e do direito administrativo, 2017.

como sistema de instituições públicas depende da gestão pública para realizar o acesso aos direitos através de serviços públicos.[35]

5. OS SERVIÇOS DE JUSTIÇA E O ESTADO DEMOCRÁTICO DE DIREITO

O Estado Democrático de Direito realiza inúmeros direitos através dos *serviços de justiça*. A expressão "serviços de justiça" envolve todo o conjunto das possíveis atividades de suas instituições no sentido da realização, efetividade e acesso de direitos. Estes serviços de justiça envolvem todas as dimensões da atuação do Estado, e costumam estar divididos entre a dimensão do *legislar*, do *julgar*, do *executar*.[36] A expressão "serviços de justiça" é abrangente, e não envolve apenas o sistema judiciário, com varas, cartórios, instâncias e tribunais, pois vai muito além, apesar do termo "justiça" estar, normalmente, atrelado à "justiça enquanto jurisdição". No entanto, na acepção ampla aqui adotada, a expressão "serviços de justiça" aponta para as complexas atividades exercidas por inúmeras e plurais *instituições públicas*, tais como: Ministério Público; Defensoria Pública; Conselhos tutelares; Procons; Poder Judiciário; Poder Executivo; Poder Legislativo; Casas de mediação de conflito; Juízos arbitrais; Delegacias da Mulher; Guardas Civis Municipais; Serviços de Segurança Pública; Serviços de Assistência Social; Serviços Integrados de Cidadania; Secretarias de direitos humanos; Balcão de direitos; Ouvidorias; Juizados especiais; Juizados itinerantes; Cartórios civis; Rede consular; entre outros.[37] Esta lista cumpre a função apenas de indicar que muitas das tarefas exercidas por certas instituições não são normalmente reconhecidas como "serviços de justiça", quando o que se quer ressaltar é exatamente o contrário. Mas, o fato é que estas *instituições públicas* atuam como em *forma de rede*, definindo muito daquilo do que é o horizonte prático, real, concreto e instituciona-

---

[35] "Daí a nossa definição de serviço público como toda atividade material que a lei atribui ao Estado para que a exerça diretamente ou por meio de seus delegados, com o objetivo de satisfazer concretamente às necessidades coletivas, sob regime total ou parcialmente público" (Di Pietro, *Direito administrativo*, 27. ed., 2014, p. 107).

[36] "Os direitos desenvolvidos que conhecemos apresentam três tipos principais de órgãos: órgãos encarregados de criar e derrogar normas gerais do sistema (legisladores, em um sentido amplo); os órgãos encarregados de determinar quais normas são aplicáveis a situações particulares e de dispor se for o caso a execução de medidas coativas que tais normas prescrevem (juízes, em um sentido amplo); e os órgãos encarregados de executar fisicamente as medidas coativas (órgãos policiais e de segurança)" (Nino, *Introdução à análise do direito*, 2015, p. 126).

[37] "O aparelho estadual é um aparelho complexo: nele se compreendem tanto a Jurisdição como a Administração. Aquela corresponde ao chamado Poder Judicial, esta ao chamado Pode Executivo, cujo órgão de topo é o Governo. Mas, quando se pena no aparelho de coação propriamente dito (a Administração tem outras e mais importantes tarefas, que não apena a da coacção), logo nos acodem a lembrança instituições como os tribunais, as penitenciárias, as várias polícias, em último termo, o exército (as forças armadas). Significa isto que a observância da ordem jurídica, ou as sanções correspondentes à sua violação, podem ser impostas pela força, se necessário for, podem ser impostas *manu militari* (pelo recurso às forças armadas), em último termo" (Machado, *Introdução ao direito e ao discurso legitimador*, 22. reimpressão, 2014, p. 126).

lizado, daquilo que se chama de "Direito", ou daquilo que se chama de "sistema jurídico", como ressalta o jurista francês Jean-Louis Bergel.[38]

As *instituições públicas*,[39] aqui em destaque, funcionam como complexos mecanismos sociais, estruturados para viabilizar aspectos das frentes de atuação do Estado, corporificando-as por meio de atribuições, regras, procedimentos, estatutos, pessoas, burocracia, relações e espaço físico.[40] As *instituições públicas* formam, geralmente, órgãos de Estado, com papel e missão institucionais claramente definidas pela Constituição, pela legislação ou por estatutos/regimentos próprios, possuindo hierarquia, estabilidade e estruturação próprias.[41] Para todos os "serviços de justiça" vale a regra geral de que, no Brasil, carecem de ser: a) ampliados: para alcançar o maior número de população e chegarem mais próximos dos diversos territórios; b) aprimorados: para aumentar a qualidade dos serviços prestados; c) integrados: para formar redes de atuação, visando a evitar o retrabalho ou a atuação segmentada; d) confiáveis: para traduzir a percepção de acolhimento, escuta, encaminhamento e devolutiva, oferecendo segurança à população; e) efetivos: para evitar-se o "enrosco" burocrático ou a "romaria" pelos direitos, fruto do descumprimento das atribuições e competências das instituições; f) céleres: para atender ao princípio da celeridade para que direitos/provas/interesses não se percam com o decurso do tempo; g) evitar violar direitos: para que não se incorra em processos de revitimização ou de violação de novos direitos, enquanto se produz o atendimento, se conduz o procedimento, ou se produzem provas, pois não é raro que "serviços de justiça" venham a violar direitos no curso de procedimentos institucionais;[42] h) controlados: na medida da criação de ouvidorias; e i) humanizados: a humanização

---

[38] "As instituições-organismos de direito público abrangem uma infinita variedade de órgãos: instituições políticas ou constitucionais, administrativas, jurisdicionais, internacionais, estabelecimentos públicos administrativos ou industriais e comerciais etc." (Bergel, *Teoria geral do Direito*, 2006, p. 244).

[39] "Dentro da perspectiva da divisão tradicional entre direito público e direito privado, pode-se pensar de início numa distinção fundamental entre instituições públicas e instituições privadas" (Bergel, *Teoria geral do Direito*, 2006, p. 242).

[40] "As instituições são, porém, muito diversificadas; podem ser isoladas ou agrupadas em níveis diferentes de especialização ou de generalização; toda classificação delas rígida demais é aproximativa" (Bergel, *Teoria geral do Direito*, 2006, p. 248).

[41] São destacados estes dois trechos: "As instituições jurídicas se caracterizam, de fato, tanto por sua durabilidade quanto por seu sistematismo" (Bergel, *Teoria geral do Direito*, 2006, p. 236): "Assim, as instituições supõem, para sua organização, a um só tempo um espírito congregante e uma hierarquia" (Bergel, *Teoria geral do Direito*, 2006, p. 237).

[42] Neste sentido, vem se dando um lento processo de legalização do atendimento humanizado e da prevenção à revitimização, a exemplo do disposto na Lei n. 13.344, de 06.10.2016, que dispõe sobre o tráfico de pessoas, em seu art. 6º, especialmente os incisos V e VI ("A proteção e o atendimento à vítima direta ou indireta do tráfico de pessoas compreendem: I – assistência jurídica, social, de trabalho e emprego e de saúde; II – acolhimento e abrigo provisório; III – atenção às suas necessidades específicas, especialmente em relação a questões de gênero, orientação sexual, origem étnica ou social, procedência, nacionalidade, raça, religião, faixa etária, situação migratória, atuação profissional, diversidade cultural, linguagem, laços sociais e familiares ou outro status; IV – preservação da intimidade e da identidade; V – prevenção à revitimização no atendimento e

é a contramarcha do processo de desumanização dos serviços de massa (precários; numéricos; inefetivos; tecnicismo; formais; procedimentais).[43]

6. A CULTURA BUROCRÁTICA, A DESUMANIZAÇÃO E A HUMANIZAÇÃO DOS SERVIÇOS DE JUSTIÇA

A *cultura burocrática* ainda traz consigo uma dificuldade a mais, qual seja, a de favorecer com que os serviços de justiça de massa se *desumanizem*. Isso, não apenas em função dos desafios e do perfil dos problemas com os quais se lida, que não são simples (orçamento; violência; pressão da violência; falta de servidores), no âmbito da gestão pública (municipal; estadual; federal), mas sobretudo em função de alguns fatores, tais quais: a) o apelo excessivo à técnica; b) o recurso exacerbado à impessoalidade; c) o volume de demandas e a repetitividade das tarefas institucionais; d) o abandono da repartição, ou do local de trabalho, em função de descaso de gestões; e) a secura da literalidade da legislação; f) a falta de orçamento para a atividade, com restrição de pessoal e de condições de trabalho; g) a burocracia de fluxos; h) a frieza dos procedimentos; i) a falta de estímulo na carreira profissional; j) a sobrecarga de trabalho. Esses são fatores que, corriqueiramente, atravessam o quotidiano da atividade burocrática, tornando esta atividade propensa à *desumanização*. A *desumanização* que dissocia ato e consequência, sendo algo perigoso nas relações sociais mediadas pelas técnicas de treinamento profissional e pela técnica como anestésico da relação entre *Eu-Outro*,[44] se dá na dimensão do trabalho, da rotina, afeta os próprios(as) servidores(as), se torna uma *cultura institucional*, e, por isso, depois de longos anos ou décadas, muitas vezes, atitudes desumanizadas passam a fazer parte do quotidiano profissional, dos atendimentos, e da forma como o acesso à justiça é realizado.

É comum que serviços de justiça de massa tratem pessoas, direitos violados e situações de justiça por meio de meras técnicas procedimentais formais, impessoais,

---

nos procedimentos investigatórios e judiciais; VI – atendimento humanizado; VII – informação sobre procedimentos administrativos e judiciais").

[43] "Tanto o gestor público como o privado têm por meta a excelência; o gestor público deve seguir os princípios legais que norteiam os valores essenciais do Estado, representados pelo bem comum, sem privilégios, além do dever de agir com eficiência, eficácia e efetividade" (Oliveira, *Instrumentos de gestão pública*, 2015, p. 106).

[44] A exemplo das preocupações críticas de Zygmunt Bauman acerca do processo de construção do Holocausto: "E, então, como foram esse alemães comuns transformados nos perpetradores do extermínio em massa? Na opinião de Herbert C. Kelman, inibições morais contra atrocidades violentas tendem a ser corroídas se satisfeitas três condições, isoladas ou em conjunto: a violência é *autorizada* (por práticas governadas por normas e a exata especificação de papéis) e as vítimas da violência são *desumanizadas* (por definições e doutrinações ideológicas). A terceira condição vamos tratar separadamente. As duas primeiras, no entanto, soam notavelmente familiares. Foram expressas repetidas vezes naqueles princípios de ação racional que receberam aplicação universal pelas instituições mais representativas da sociedade moderna" (Bauman, *Modernidade e holocausto*, 1998, p. 41).

burocráticas e homogeneizadoras. Assim, dentro de ritos institucionais, acaba ocorrendo que: pessoas viram "números"; processos viram "feitos"; direitos violados viram "petições"; documentos probatórios viram "papéis"; questões pontuais se tornem "meses infindáveis"; "réus" se tornam "pessoas abandonadas à própria sorte" dentro do sistema carcerário. A irracionalidade burocrática é, por isso, uma patologia dos procedimentos institucionais, pois tudo isso cria o *anticlima* à realização de valores no campo da justiça.[45]

A *humanização* é, pois, antes de tudo, o contraesforço ao empuxo institucional favorável à *desumanização* da cultura institucional. Por isso, a humanização se realiza pela *atitude ativa* de *re-construção* da cultura institucional, de seus limites, de suas práticas, de suas rotinas, de sua forma de atuação, implicando, pois, o esforço de todos e todas os envolvidos, no sentido da *re-qualificação* do ambiente institucional. A *atitude ativa de humanização* implica, pois, o esforço por: a) respeito no atendimento; b) escuta das necessidades; c) reciclagem e preparação dos profissionais; d) prevenção de situações de crise e período de alta tensão institucional; e) cuidado e seriedade ao lidar com o sofrimento do Outro-cidadão (idoso; jovem; mulher vítima de violência doméstica; LGBT vítima de discriminação;); f) igual atenção a todos(as); g) profissionalismo e competência na execução de tarefas; h) resolução efetiva das demandas, com devolutivas aos interessados; i) efetividade na prestação do serviço; j) não discriminação das pessoas, em função de idade, raça, sexo, etnia, orientação sexual, origem, condição social, estado de saúde, profissão; k) gestão qualificada; l) fluxos claros e objetivos, curtos e precisos; m) informações precisas, especialmente nos atendimentos ao público; n) sensibilidade no tratamento de situações de violência, violação de direitos e atendimentos de serviços; o) encaminhamento a outros órgãos competência, seguida de orientação e efetivo acompanhamento do sucesso da transferência; p) canais de comunicação e reclamação; q) gestão participativa; r) atuação sistêmica; entre outras medidas.[46]

A *humanização* é uma tarefa permanente de toda instituição, especialmente se a instituição for *instituição pública*, pois seus fins estão atrelados ao *interesse público*. Neste sentido, o esforço por mudança da cultura institucional nunca se esgota, uma vez que diversos fatores (excesso de trabalho; excesso de demandas; pressão por metas; perfil dos problemas; sobrecargas de atribuições; estresse das situações de injustiça) acabam por *desumanizar* o dia a dia dos profissionais que atuam nos serviços de justiça. Para *humanizar* serviços de justiça são necessários, muitas vezes, a superação de paradigmas, a mudança de gestão, o envolvimento de todos, apoio institucional, coragem e criatividade. Mas, é fato, cada instituição tem suas peculiaridades, caracte-

---

[45] "Associada a uma explosão de litigiosidade mostrada anualmente pelo CNJ por meio das edições do seu relatório *Justiça em Números*, bem como à crescente adoção dos processos eletrônicos e a minimização dos atos realizados pessoalmente, "olho no olho", a tendência automática é a de crescente desumanização dos processos" (Murta, *O tempo da vítima da violência e o tempo do Direito*, Faculdade de Direito da USP, 2020, p. 255).

[46] "Consideramos o realce às subjetividades o denominador comum que caracteriza a Humanização nos principais nós críticos por ela definidos: a ambiência e o acolhimento, a cultura institucional, a gestão participativa e o cuidado" (Rios, Schraiber, *Humanização e humanidades em medicina*, 2012, p. 212-213).

Capítulo XIII | Instituições, serviços de justiça e humanização

rísticas, pessoas e desafios muito singulares. Não por outro motivo, mais do que uma *fórmula gerencial*, a tarefa de *humanização institucional* implica, sobretudo, na *autorreflexão* dos(as) envolvidos(as), especialmente em cargos de chefia, planejamento e organização institucional, a partir de seus peculiares desafios, de seus limites e problemas típicos. Se o discurso acerca da *humanização* dos serviços de justiça é relativamente recente, a exemplo do que vem ocorrendo nos serviços de saúde,[47] a *humanização* já conta com práticas consolidadas, extenso acúmulo de técnicas, e um amplo acervo de reflexões, que podem auxiliar outros tipos de serviços, com as adaptações que forem necessárias à particularidade do tema objetivo de finalidade institucional. A exemplo do documento *Humaniza SUS: política nacional de humanização*, do Ministério da Saúde (2003),[48] criou-se um *marco nacional* para a *política de humanização* dos serviços de saúde, referência para as instituições de saúde pública. Nesta política, neste esforço e nesta linha de trabalho, a *ética do cuidado*[49] aparece como estruturante do processo de *humanização* dos serviços de saúde.[50] Bem se sabe que toda situação que envolva um item como "saúde", passa por aspectos complexos do que se entende como "saúde",[51] e isto não é menos verdade, quando a questão é o "direito" de cada cidadão, especialmente diante das situações-limite que envolvam a violência e a violação de direitos. Neste âmbito, atualmente, já se começa a reconhecer a existência, por exemplo, de um direito ao reconhecimento e respeito ao tempo subjetivo, por parte das vítimas da violência, especialmente diante da tendência à quantificação da justiça e à celeridade processual a qualquer custo.[52] Há teorias que, em paralelo, na

---

[47] "A humanização surge, na história mais recente da Saúde no país, sob a forma de movimentos práticos e ideológicos para a transformação de cultura e de prática profissional em uma perspectiva interativa" (Rios, Schraiber, *Humanização e humanidades em medicina*, 2012, p. 16).

[48] Brasília, Ministério da Saúde, 2003, disponível em: <http://bvsms.saude.gov.br/bvs/publicacoes/humanizaSus.pdf>, acesso em: 27 jan. 2017.

[49] "A humanização das práticas de saúde (Ayres, 2006), pela proposta do cuidar, colocaria em primeiro plano a dimensão ética na relação terapêutica, por meio de ações comunicacionais que permitem o surgimento de vínculos de confiança e o entendimento sobre a saúde segundo a realidade e os anseios de cada paciente, em projetos terapêuticos personalizados" (Rios, Schraiber, *Humanização e humanidades em medicina*, 2012, p. 33).

[50] A este respeito, no âmbito do Direito, consulte-se uma fundamentação filosófica mais abrangente sobre a ética do cuidado, em Bittar, *Cultura e educação em direitos humanos e para os direitos humanos: a ética do cuidado e a dignidade da pessoa humana*, no Capítulo de livro intitulado *Razão e afeto, justiça e direitos humanos: dois paralelos cruzados para a mudança paradigmática. Reflexões frankfurtianas e a revolução pelo afeto*, p. 57-91, do livro Educação e metodologia para os direitos humanos (Bittar, Eduardo C. B., org.), 2008.

[51] "Tecnicismo seria então a valorização excessiva dos recursos tecnológicos em detrimento de outras dimensões partícipes de uma situação técnica, isto é, uma situação em que a relação paute-se tão somente nos procedimentos instrumentais de dada intervenção, destituindo-se das dimensões propriamente intersubjetivas como a ética e a moral e destituindo-se ainda, de outras dimensões da vida social de que os sujeitos em interação são representantes, como a cultura, os contextos socioeconômicos, as crenças pessoais (religião ou outras), enfim, várias outros determinantes de saúde e suas vicissitudes" (Rios, Schraiber, *Humanização e humanidades em medicina*, 2012, p. 10).

[52] A este respeito, consulte-se o extenso e juridicamente fundamentado estudo contido na Tese de Doutorado de Ludmila Nogueira Murta, *O tempo da vítima da violência e o tempo do Direito*, Faculdade de Direito da USP, 2020, p. 232-265.

área da saúde, vêm se valendo da *teoria do agir comunicativo*, de Jürgen Habermas, como fundamento para a reestruturação dos serviços de saúde, o que, sem dúvida nenhuma, poderia encontrar o mesmo eco no âmbito dos serviços de justiça.[53] No âmbito do Direito, os serviços judiciários já iniciam alguns esforços no sentido da *humanização* e caminham-se em direção a uma legalização da humanização, lentamente, pelo que se percebe da tendência da legislação brasileira, na última década. Inclusive, a Lei que define direitos do usuário da Administração Pública (Lei n. 13.460/2017) aponta para essa direção. Assim é, na medida do próprio processo de transformação das concepções que orientaram a feitura da legislação na última década, a exemplo do disposto nos seguintes diplomas legais: 1) Estatuto do Idoso (Lei n. 10.741/2003, arts. 70 e 71); 2) Lei Maria da Penha (Lei n. 11.340/2006, art. 8º, incisos I, IV, VII e IX, arts. 28 e 29); 3) Estatuto da Pessoa com Deficiência (Lei n. 13.146/2015, arts. 25 e 79); 4) Lei n. 13.344, de 6-10-2016, que dispõe sobre o tráfico de pessoas, em seu art. 6º, especialmente os incisos V e VI; 5) a Lei que institui o Sistema Único de Segurança Pública (Lei n. 3.675/2018, especialmente em seu art. 5º, inciso X); 6) a Lei. n. 13.431/2017, que estabelece o sistema de garantia de direitos da criança e do adolescente vítima ou testemunha de violência e altera a Lei n. 8.069, de 13 de julho de 1990 (ECA), especialmente considerando o art. 4º, IV.

CASO PRÁTICO
O CASO DA TRAVESTI PALOMA

Paloma é uma travesti que vive da prostituição num bairro turístico do Rio de Janeiro. Nascida numa pequena cidade do interior da Bahia e não sendo aceita pela família, rapidamente foi tentar a sorte na cidade grande, seguindo uma rede de amizades e afetos que lhe davam apoio até o final de sua adolescência, em face da violência de seu pai e da desorientação de sua mãe vitimada pelo alcoolismo. Certa feita, Paloma trabalhava nas ruas, quando é brutalmente agredida por jovens embriagados, que saíam de uma madrugada de festas de final de ano. Paloma amanhece ensanguentada e desmaiada sobre o calçamento, sem seus pertences, com cortes de gilete nas pernas e com sensação de intensa dor na boca; havia levado um golpe na boca, carecendo de pronto atendimento médico.

Um comerciante que abria seu estabelecimento, chocado com a cena, rapidamente chamou uma ambulância e Paloma semiacordada foi levada ao hospital, em sua companhia. Os serviços do hospital público, no entanto, recusaram-lhe o atendimento, em função de uma discordância entre o nome do RG e o nome de identificação no prontuário do hospital. O despreparo, a discriminação e o sucateamento do serviço público de saúde contribuíram para a ocorrência da situação.

---

[53] "Com base na noção habermasiana do agir comunicativo (Habermas, 1989), Ayres discute a questão do cuidado no campo das práticas de saúde como um agir de interesse pelo outro (ética comunicativa) e de refinamento compreensivo por meio da comunicação eficiente em matéria de trocas intersubjetivas" (Rios, Schraiber, Humanização e humanidades em medicina, SP, Unesp, 2012, p. 19).

Capítulo XIII | Instituições, serviços de justiça e humanização

O atendimento foi adiado por horas, e, em função do retardo, a infecção na boca de Paloma lhe fez perder os dentes. Inconformado, o comerciante ofereceu a Paloma o apoio de sua advogada para pleitear ação indenizatória em face do Estado, pedindo tratamento médico-odontológico, além de danos morais por discriminação.

A advogada é especialista em Direito Comercial e em Direito do Consumidor, e nunca havia atuado num caso similar. Por isso, inicia suas pesquisas, para conhecer melhor o caso, antes de afirmar que poderá dar apoio à situação de Paloma, atendendo à solicitação de seu mais importante e antigo cliente. Para isso, chama seus dois melhores estagiários de Direito e pede a eles o levantamento das melhores discussões a respeito do tema, em ampla pesquisa em bases conceituadas de dados, centrando-se em dois aspectos principais. Assim:

1. Elabore o estudo prévio, fundado no primeiro aspecto, com destaque para a situação da população LGBT, considerando-se suas reivindicações de justiça em face das violências, do preconceito e da discriminação, além da falta de oportunidades, tendo presentes os direitos já conquistados pela luta do movimento, em nível municipal, estadual e federal;

2. Elabore o estudo prévio, fundado no segundo aspecto, com destaque para os argumentos de justiça e construídos por analogia, além dos argumentos extraídos de jurisprudência e legislação. Ao final, indique se há o cabimento da ação judicial, e sob quais fundamentos nas fontes do Direito brasileiro.

CAPÍTULO XIV
DIREITO E NORMA JURÍDICA: CONCEITO, ENUNCIADO E FUNÇÕES

Sumário: 1. Normas sociais e normas jurídicas; **2.** A sociogênese das normas jurídicas; **3.** O conceito de norma jurídica; **4.** Norma jurídica e enunciado normativo; **5.** Norma jurídica e tipologia das normas jurídicas; **6.** Norma jurídica, sanção punitiva e sanção premial; **7.** Norma jurídica e modalidades de sanção: sanção jurídica e sanção social; **8.** O papel do legislador na formação democrática das normas jurídicas; Caso prático.

1. NORMAS SOCIAIS E NORMAS JURÍDICAS

O estudo das *normas*, em geral, não é uma exclusividade ou um privilégio dos juristas. Na *Teologia*, estudam-se *normas religiosas*. Na *Ciência Política*, estudam-se *normas políticas*. Na *Filosofia*, estudam-se *normas éticas* e *normas lógicas*. Na *Sociologia*, estudam-se *normas sociais*. Na *Antropologia*, estudam-se *normas culturais*. Nas *Ciências Naturais*, estudam-se *leis naturais* e *normas técnicas*.[1] Portanto, a norma *jurídica* é apenas espécie de um gênero: *norma*. Mais ainda, a *norma jurídica* convive dinamicamente com as demais *normas sociais* e, por vezes, assume o seu conteúdo, quando a norma religiosa se torna conteúdo da norma jurídica, quando a norma moral se torna conteúdo da norma jurídica, quando a norma econômica se torna conteúdo da norma jurídica, quando a norma política se torna conteúdo da norma jurídica, e assim por diante, considerando as várias esferas normativas *coexistentes*.

O que se constata, desde logo, é que no mundo moderno existe uma pluralidade de *normas* na atmosfera social, sendo que estas *normas* foram diferenciadas em aspectos diferentes da regulação social, de modo a formar normas sociais diversificadas (culturais; econômicas; políticas; educacionais; religiosas; morais). Todas estas normas *coexistem* e não se anulam em seus campos de atuação, porque estas normas são autônomas. Mas, estas normas provocam interferências recíprocas, complementam-se (por vezes), anulam-se (por vezes), atritam-se (por vezes). Por isso, processos sociais são *complexos*, por implicarem a simultaneidade não causal entre normas de ori-

---

[1] "Mas a conduta social dos homens não se rege somente por normas jurídicas, pelo Direito, pela ordem (normativa) jurídica. Existem outras normas de conduta, outras ordens normativas: morais (socorrer um ferido, por ex.), religiosas (não matar) e de cortesia (cumprimentar os outros) e normas fixadas pelo uso (vestir de luto) e pelas convenções sociais (as noivas vestirem de branco, dar gorjetas ao empregado do café, etc.)" (Consciência, *Breve introdução ao direito*, 5. ed., 2012, p. 14).

gens e matrizes diversas. Assim, fica claro que as *normas jurídicas* são, portanto, subespécie de *normas sociais*. Ainda mais, as *normas jurídicas* convivem com as demais de forma a manter correlação dinâmica, heterodoxa, não causal entre si. As normas jurídicas, então, não são algo *dado*, mas algo *construído* de modo complexo no mundo social, em profunda reciprocidade com outras normas sociais, e pressupõem relações dialéticas na história entre múltiplos fatores.

Assim, diferentemente do que afirmavam os *jusnaturalistas*, normas jurídicas não são a mera tradução de *normas naturais*. Também, diferentemente do que afirmavam os *juspositivistas*, normas jurídicas não são pura criação do *arbítrio do legislador*. Mas, sim, normas jurídicas decorrem da *experiência comum de mundo* e constituem a forma de *autorregulação* da vida social.

O que há de particular na norma jurídica é sua capacidade de servir como *padrão* ou *medida*, recuperando-se, com isto, o sentido etimológico do termo "norma",[2] ademais de sua *força social* de alçar ao pico das exigências sociais as demais normas como obrigatórias, construindo a exigibilidade do conteúdo normativo.[3] Por isso, as normas jurídicas promovem a reunião complexa (normas econômicas, normas morais, normas políticas) da experiência de mundo em preceitos jurídicos coercitivos e vinculantes, como avalia Joseph Raz.[4]

2. A SOCIOGÊNESE DAS NORMAS JURÍDICAS

Considerando que as normas jurídicas vinculam (obrigam, criam consequências) o comportamento humano em sociedade, elas têm de lidar com a tensão entre *liberdade* e *poder*. Por isso, é natural que o tema se abra a reflexões genuinamente filosóficas, para a qual existem várias linhas de respostas advindas de tendências filosóficas diversas. Todas essas respostas têm a ver com uma discussão sobre a legitimidade do poder e a tarefa de ordenação social, na medida em que a norma jurídica acaba se apoiando no poder e exercendo uma forma de poder, para seu exercício efetivo, visando a vincular comportamentos sociais. As normas jurídicas tornam-se, assim, o ponto de convergência deste tipo de questionamento.

---

[2] Isso se faz a partir da contribuição do sociólogo italiano Vincenzo Ferrari, quando afirma: "L'etimo della parola *norma*, che significa 'squadra', è il miglior punto di partenza per analizzare sociologicamente questo concetto. Una squadra infatti è uno strumento che guida e misura un'azione, nella specie un tratto grafico" (Ferrari, *Diritto e società*: elementi di Sociologia del Diritto, 11. ed., 2012, p. 41).

[3] "O direito é normativo, institucionalizado e coercitivo, e essas são suas características mais gerais e importantes" (Raz, *O conceito de sistema jurídico*: uma introdução à teoria dos sistemas jurídicos, 2012, p. 04).

[4] "Quatro ideias principais contribuem para o conceito de norma imperativa em Kelsen: (1) padrões de avaliação, (2) que regulam a conduta humana, (3) amparadas por razões convencionais de obediência, sob a forma da perspectiva de que um dano decorre da desobediência, e (4) criadas por atos humanos que pretendem criar normas: isto é, estabelecer padrões de conduta, regulando-a, amparados pela perspectiva de que algum dano decorra da desobediência, a qual é a motivação convencional" (Raz, *O conceito de sistema jurídico*, 2012, p. 163).

Estas tendências filosóficas estão estruturadas em torno de perguntas, que se podem evidenciar, tais quais: a) as normas são necessárias para o convívio social?; b) as normas são fruto do arbítrio do legislador?; c) as normas são anteriores ao contrato social?. Este tipo de questionamento tem caráter ancestral na cultura, na história e na tradição filosófica ocidental. E, as respostas assumem perspectivas diferentes, que podem ser apresentadas de forma sintética: 1) na tradição utópica (Platão; Morus; Campanella): a norma ideal utópica deve guiar os rumos da norma jurídica; 2) na tradição naturalista (Aristóteles; Locke; Grotius; Kant): a norma jurídica é uma decorrência da norma natural; 3) na tradição anarquista (Bakunin; Malatesta): a norma jurídica pode ser abolida por níveis mais elevados de autonomia, responsabilidade e liberdade na organização social; 4) na tradição comunista (Marx; Lênin; Trotski): a norma jurídica pode ser abolida, em busca de uma regulação comunitária; 5) na tradição democrática (Hannah Arendt; Rainer Forst; Norberto Bobbio; Jürgen Habermas): a norma jurídica deve se pautar na norma participativa para gerar consensos e mobilizar opiniões, consentimentos e resistências; 6) na tradição positivista (Hans Kelsen; Alf Ross; Niklas Luhmann): a norma jurídica, como ato do legislador, é ato de ordenação estatal que cumpre função social estabilizadora.

Não importa qual seja destas tradições aquela que mais diga respeito à visão que se possa ter sobre a *norma jurídica*, deve-se partir para compreender que o *convívio-com-o-mundo* e o *convívio-com-a-sociedade* implicam o convívio com diversos tipos de normas, que recobrem várias dimensões da *existência* e da *coexistência* (normas naturais, físicas, biológicas, químicas; normas econômicas; normas técnicas; normas morais; normas políticas; normas religiosas etc.). Em verdade, o convívio com estas variadas formas de *normação* demonstra que o mundo não é *caos*, mas *organização*, para a qual o aleatório também faz parte. Por isso, estamos permanentemente desafiados – em diversas instâncias de convívio (família, grupo, comunidade, relações econômicas, relações de trabalho) – a nos adaptarmos às normas (ou, a contestarmos as normas; ou, a modificarmos as normas; ou, a transformarmos as normas).

Assim, as *normas*, em sentido geral, atravessam as várias instâncias da vida, fator que não pode ser ignorado quando se quer compreender a *especificidade* da norma jurídica. Por isso, as normas jurídicas passam a desempenhar papel de *utilidade social* por sua representatividade na necessidade de coordenação das vontades sociais, de controle e limitação do exercício dos poderes, de limitação de liberdades no convívio humano, de recomposição e reparação de danos causados, de estabilização de padrões regulatórios, de estabelecer critérios de apuração de responsabilidades. Assim, as *normas jurídicas* também configuram uma aprendizagem de mundo, especialmente do *mundo social*, de modo que *estar-entre-normas* e *estar-entre-pessoas* é quase que uma mesma e única coisa. De modo que, sendo impossível se *emancipar por completo de normas*, na medida em que elas *são* parte do que é a própria vida organizada em sociedade, de forma que a nossa humanidade se coloca sempre diante do dilema entre *normação* e *liberdade*.[5]

---

[5] "O homem é um ser normativo mas é também um ser livre" (Cunha, A utopia das fontes, In: *Instituições de direito* (Cunha, Paulo Ferreira da (org.), 1998, p. 334).

3. O CONCEITO DE NORMA JURÍDICA

Pode-se partir de dois exemplos concretos, para avançar na análise do tema. Num primeiro exemplo (1), tenha-se presente um preceito normativo como uma norma de direito positivo constitucional, um direito humano fundamental, tal qual aquele contido no art. 5º, inciso III, da CF/88 ("Ninguém será submetido a tortura nem a tratamento desumano ou degradante"). Num segundo exemplo (2), tenha-se presente um preceito normativo como uma norma de direito positivo civil, tal qual aquele contido no art. 186 do Código Civil ("Aquele que, por ação ou omissão voluntária, negligência ou imprudência, violar direito e causar dano a outrem, ainda que exclusivamente moral, comete ato ilícito"). Enquanto preceitos do sistema jurídico brasileiro, estes dois *textos normativos* possuem traços comuns, que permitem uma conceituação, tal que, sua definição pode ser reconhecida, tal como o faz Jürgen Habermas, em *Direito e democracia*, como "expectativa de comportamento generalizado temporal, social e objetivamente".[6]

E isso porque é da *experiência-concreta* do convívio social que se retira que certas condutas sociais podem lesar a integridade física, psíquica, moral, patrimonial das pessoas. Assim, se pessoas em relações podem vir a torturar, gerar dano contratual, gerar dano patrimonial, gerar dano moral, é necessário *prever consequências* para estas condutas, de forma a tornar-se necessária a tarefa de autoproteção da sociedade e de seus valores, de forma a se proceder de forma a generalizar a conduta, prevenir as consequências e remediar os efeitos da ação socialmente danosa. Por isso, a *norma jurídica*, não sendo uma *invenção arbitrária do legislador*, é, em verdade, uma abstração de condutas sociais previsíveis, de modo a se gerarem *generalizações-tipo*, às quais estão ligadas consequências.[7] Não por outro motivo, as normas jurídicas têm por função social a regulação e a disciplina do convívio social, de forma a se gerar a previsão, a admoestação, a prevenção e a antecipação de consequências. Os *textos normativos* haverão de traduzir estas *formas-de-atuação-verbal-da-norma* através de *funtores normativos*, que são reguladores lógicos da palavra, para direcionar objetiva e logicamente a ação social, tais quais: é permitido; é proibido; é obrigatório; é facultado.[8]

Visto isto, é que se pode avançar, para conceituar a norma jurídica, reconhecendo nela uma *norma social que prescreve um comportamento exigível, a partir de abstração das condutas sociais, imputando consequências à ação social, por meio de estímulos (sanções premiais ou punitivas), através da autoridade competente*. Este conceito guarda proximidades e similaridades a outros,[9] mas permite destacar que o que particulariza a norma

---

[6] Habermas, *Direito e democracia*, v. I, 2002, p. 142.
[7] "Podem-se apontar como caracteres da norma jurídica os seguintes quatro: a) coercibilidade; b) imperatividade; c) violabilidade; e d) generalidade e abstração" (Costa, A norma jurídica, In: *Instituições de direito* (Cunha, Paulo Ferreira da (org.), 1998, p. 366).
[8] "Uma norma parece ser um enunciado deôntico, esto es, uma afirmación que manda, prohíbe o permite um acto humano" (Perelló, *Teoría y fuentes del Derecho*, 2016, p. 37).
[9] "(...) diretivo vinculante, coercivo, no sentido de institucionalizado, bilateral, que estatui uma hipótese normativa (*facti especie*) à qual imputa uma consequência jurídica (que pode ser ou não uma sanção), e que funciona como um critério para a tomada de decisão (decidibilidade)" (Ferraz Junior, *Introdução ao estudo do direito*, 6. ed., 2010, p. 95); "normas jurídicas são, em suma, atos jurídicos emanados do Estado ou por ele reconhecidos, dotados de imperatividade e garantia, que

Capítulo XIV | Direito e norma jurídica: conceito, enunciado e funções

jurídica, em meio a outras normas sociais, é o fato de ser *preceito de conduta*, que *visa ao induzimento da vida em sociedade*,[10] funcionando como *imperativo comportamental*. Assim, quando o jurista italiano Enrico Pattaro indica as características específicas da norma jurídica, estas aparecem como sendo: a bilateralidade; a abstração; a imperatividade; a generalidade; a coercibilidade; a certeza.[11]

4. NORMA JURÍDICA E ENUNCIADO NORMATIVO

Tendo o conceito de norma jurídica como ponto de partida, e conhecendo-o de mais perto, é possível partir para conhecer melhor a estrutura do *enunciado normativo*.[12] O primeiro passo a reconhecer é que o *enunciado normativo* é a forma pela qual se *expressa* a norma jurídica, no momento em que adquire existência enquanto *ato-de--linguagem*. A dinâmica do *enunciado normativo* reclama conhecer como a norma jurídica recebe a feição lógico-linguística de um preceito vinculante. Aqui, percebe-se o quanto o *enunciado normativo*, que ganha grafismo na forma de *texto jurídico*, ainda não é a totalidade da norma, que somente será plena, quando a *norma jurídica* estiver em momento de *decisão* sobre os seus sentidos e conteúdos.[13]

Numa perspectiva de análise semiótica, o enunciado normativo reúne as seguintes características:

(i) enunciado de um discurso estatal, legal, oficial e institucional;
(ii) enunciado dotado de poder normativo, do ponto de vista modal (*poder-fazer-dever*);
(iii) enunciado escrito, na base de um ato de escrita (*acte d´écriture*), responsável pela estabilização do discurso normativo;
(iv) enunciado que contém uma *pré-visão* de decisões futuras, sendo o ponto de partida do discurso decisório;

---

prescrevem condutas e estados ideais ou estruturam órgãos e funções" (Barroso, *Curso de direito constitucional contemporâneo*, 4. ed., 2013, p. 216).

[10] Como afirma Ricardo Guastini: "O comando-ato é claramente um ato linguístico direto que visa a influir nas posturas e comportamentos dos homens" (Guastini, *Das fontes às normas*, 2005, p. 79).

[11] "I principali caratteri differenziale dele norme giuridiche sono tradizionalmente i seguenti: la bilateralità, l'imperatività, l'astrattezza, la generalità, la coercibilità, la certezza" (Enrico Patto, *Opinio Iuris*, Torino, G. Giappichelli Editore, 2011, p. 117).

[12] Segundo Thomas Vesting: "Por isso, também se fala de '*enunciados jurídicos*', em vez de 'normas jurídicas' ou 'regras jurídicas'; no século XIX, o emprego desse conceito (enunciado jurídico) era até mesmo dominante" (Vesting, *Teoria do direito*, 2015, p. 57).

[13] "O paradigma pós-positivista, necessariamente, deverá possuir novo conceito de norma, ou seja, a norma não possuirá mais existência semântica e abstrata, a norma passa a ser concreta e produto da própria linguagem.
Desse modo, para uma teoria jurídica desenvolver-se sob as bases de um paradigma pós-positivista, faz-se necessário elaborar-se juntamente uma concepção pós-positivista de norma, que a distinga do texto normativo, o que, por sua vez, implica a necessidade de uma estruturação pós--positivista de sentença não mais vista como um processo de subsunção" (Abboud, Carnio, Oliveira, *Introdução à Teoria e à Filosofia do Direito*, 3. ed., 2015, p. 370-371-372).

(v) enunciado redigido em linguagem imperativa, genérica e abstrata, contendo um comando dirigido à ação social.[14]

Mas, deve se reconhecer que as normas jurídicas como *atos-de-linguagem* correspondem a uma reunião de ideias, experiências, organização social, negociações políticas, arranjos institucionais, encontrando na linguagem uma forma de expressão racional, lógica, imperativa e vinculante.[15] A reunião de todos estes elementos, quando ganham expressão na forma semiótica de *signos verbais* e/ou *não verbais*, enquanto diretores da ação social, é o que faz da norma jurídica uma *exteriorização* de algo. O segundo passo a reconhecer é que, temporalmente, normas jurídicas atuam de forma a transitar entre presente/passado/futuro, e isso da seguinte forma, no esquema a seguir:[16]

NORMA JURÍDICA

passado — **presente** — **futuro**

[recolhe experiência do passado].

[age no presente sobre os fatos/atos que recaem sob a sua vigência]

[prevê hipoteticamente situações concretas futuras]

Pode-se, aqui também, utilizar de um exemplo ("É proibido fumar em locais públicos. Pena: multa"), para desdobrar a análise do *enunciado normativo*, de forma a se conseguir perceber, analiticamente, que o *enunciado normativo* pode ser dividido em quatro (4) partes: (1) Funtor normativo ou operador normativo; (2) Conteúdo normativo ou ação social afetada; (3) Condições de aplicabilidade ou circunstâncias e formas de incidência; (4) Sanção jurídica. O preceito do exemplo acima indicado pode ser seccionado em cada uma das partes, da seguinte forma: (1) Funtor normativo ou operador normativo ("É proibido"); (2) Conteúdo normativo ou ação social afetada ("fumar"); (3) Condições de aplicabilidade ou circunstâncias e formas de incidência ("em locais públicos"); (4) Sanção jurídica ("Pena: multa").

---

14 Cf. Bittar, Sémiotique du Code Civil français: entre sémiotique de l´objet et sémiotique du droit, in *Actes Sémiotiques* [En ligne], Faculté de Lettres et Sciences Humaines, Université de Limoges, França, 2021, ps. 01-18.

15 Neste sentido, e somente neste sentido, pode-se acompanhar a afirmação de Jean-Lous Bergel: "Toda regra social é suscetível de se tornar regra de direito. A regra de direito é, em si, um '*frasco transparente*' correspondente a certos critérios" (Bergel, *Teoria geral do direito*, 2. ed., 2006, p. 51).

16 Acerca das temporalidades, no que tange ao tempo passado, François Ost destaca estes quatro: "Eis, pois, quatro tempos em vez de um: o tempo genealógico das fundações, o tempo repetitivo da tradição, o tempo cronológico da história dos acontecimentos, e o tempo intemporal das invariantes jurídicas" (Ost, *O tempo do direito*, 2001, p. 55).

Capítulo XIV | Direito e norma jurídica: conceito, enunciado e funções

Em sua análise da norma jurídica e de sua estrutura, Joseph Raz irá tratar do tema de forma a considerar estes como sendo os quatro elementos estruturantes da norma jurídica: o caráter da norma jurídica; o sujeito da norma; o ato da norma; a condição executiva.[17] Essa descrição que se faz do *enunciado normativo* em quatro (4) partes é mais minuciosa e detalhista, pois, grosso modo, toda norma jurídica está estruturada em torno de dois (2) aspectos centrais: a hipótese (*Tatbestand*), que regula a conduta, e a consequência (*Rechtsfolge*), que regula a responsabilidade.[18] Aliás, na visão de Antônio Manuel Hespanha, estes são os dois elementos centrais da norma jurídica.[19] Na mesma medida, o jurista português Pedro Romano Martinez afirma que previsão e estatuição são os dois elementos da norma jurídica.[20] Não de outra forma, Hans Kelsen, na *Teoria Pura do Direito*, afirmava que a *forma deôntica* de expressão da norma jurídica se dá, fundamentalmente, de modo a que o enunciado normativo possa ser compreendido de modo diverso do enunciado científico (enunciado descritivo), ou seja, na forma de um "Se X, então deve ser Y" (enunciado prescritivo). No entanto, o *enunciado normativo* pode esbarrar no problema da *defectibilidade* (ingl., *defeasibility*; it., *defettibilità*), uma questão que deve ser estudada à parte.[21] E isso porque, na medida em que se tem uma regra do tipo "Se x, então y", esta regra se estrutura na base de *imputação* de consequências. Mas a *imputação* de consequências comporta exceções implícitas (*defeseability*) que tornam a regra geral um parâmetro normativo excepcionável, mediante certas circunstâncias que apenas os intérpretes são capazes de identificar nos casos concretos.[22]

5. NORMA JURÍDICA E TIPOLOGIA DAS NORMAS JURÍDICAS

Tendo-se presente o *enunciado normativo*, também é importante perceber que *normas jurídicas* cumprem *funções* e *papéis* dentro do sistema jurídico. Isso, inclusive, em função de sua própria *multiplicidade* e *variedade*, algo que já se estudou anteriormente no Capítulo X do livro, considerando-se a totalidade do sistema jurídico.

---

[17] "Doravante chamaremos esses quatro elementos de 'caráter de norma' (isto é, o 'aspecto' de Bentham e o 'dever' de Kelsen, 'sujeito da norma', 'ato da norma' e 'condição executiva'" (Raz, O conceito de sistema jurídico: uma introdução à teoria dos sistemas jurídicos, 2012, p. 81).

[18] A respeito das duas partes da norma jurídica, *vide* Justo, *Introdução ao estudo do direito*, 7. ed., 2015, p. 140-141.

[19] Hespanha, *O caleidoscópio do direito*, 2009, p. 589-617.

[20] "A previsão e a estatuição são elementos da regra jurídica. A previsão – também designada *factispecie* – respeita ao carácter hipotético da norma, enquanto a estatuição contém o comando" (Martinez, *Introdução ao Estudo do Direito*, 2021, p. 210).

[21] "Se si verifica la premessa x, la conseguenza y ne segue necessariamente, senza eccezioni, oppure ne segue solo alla condizione che non si verifichino eccezioni *implicite*: casi non previsti esplicitamente né dalla stessa norma né da qualsiasi altra norma giuridica? Questo è il problema della *defettibilità* (ingl. *defeasibility*)..." (Barberis, *Introduzione allo studio del diritto*, 2014, p. 119).

[22] Cf. Serbena, Normas jurídicas, inferência e derrotabilidade, *in Teoria da derrotabilidade*: pressupostos teóricos e aplicações (SERBENA, Cesar Antonio, Org.), 2012, p. 40.

Mas é propriamente isso que motiva a que os juristas procurem ensaiar muitas modalidades de *classificação* e de aplicação de *tipologias* acerca das normas jurídicas.[23] Podem-se ter presentes as *tipologias* apresentadas pelo jurista português António Santos Justo, para quem as normas jurídicas são classificadas por 5 critérios: a) a vontade dos destinatários: a.1) imperativas; a.2) dispositivas; b) o âmbito de validade: b.1) universais; b.2) regionais; b.3) locais; c) o âmbito pessoal de validade: c.1) gerais; c.2) especiais; c.3) excepcionais; d) a plenitude do sentido: d.1) autônomas; d.2) não autônomas; e) a sanção jurídica: e.1) leis mais que perfeitas (invalidade do ato mais sanção); e.2) leis perfeitas (invalidade do ato); e.3) leis menos que perfeitas (apenas a produção de alguns efeitos do ato).[24] Essa distinção é mais ou menos seguida por outros juristas.[25]

À parte esse tipo de preocupação, geralmente comum, em *Teoria do Direito*,[26] aqui quer-se apenas divisar a *tipologia* das normas, considerando-se uma *divisão basilar* segundo a qual as normas jurídicas exercem um papel para fora do sistema jurídico (i) ou para dentro do sistema jurídico (ii). Quando exercem um papel *para fora do sistema jurídico* (i), as normas jurídicas estão diretamente efetuando *comandos de conduta* direcionados aos cidadãos. Quando exercem um papel *para dentro do sistema jurídico* (ii), as normas jurídicas estão efetuando *comandos de conduta voltados para tarefas internas* do sistema jurídico, quais sejam, tarefas ligadas a encargos dos funcionários públicos por competências legais ou tarefas de alteração do próprio sistema jurídico.

Essa *tipologia classificatória* permite uma aproximação da distinção clássica feita por Herbert L. A. Hart, segundo a qual as normas jurídicas se dividem em *normas jurídicas primárias* (i)[27] e *normas jurídicas secundárias* (ii).[28] Essa distinção é importante, no sentido

---

[23] "São possíveis muitas distinções entre as normas jurídicas" (Bobbio, *Teoria da norma jurídica*, 2001, p. 177).

[24] Cf. Justo, *Introdução ao estudo do direito*, 7. ed., 2015, p. 146-156.

[25] A exemplo da distinção entre: a) regras principais e regras derivadas; b) regras preceptivas, proibitivas e permissivas; c) regras interpretativas e regras inovadoras; d) regras autônomas e regras não autônomas; e) regras injuntivas e regras dispositivas; f) regras gerais, especiais e excepcionais; g) regras comuns e particulares; h) regras universais e locais. A esse respeito, consulte-se: Ascensão, *Introdução à ciência do direito*, 3. ed., 2005, no Capítulo Classificação das Regras Jurídicas, p. 497-521.

[26] Norberto Bobbio apresenta uma categorização lógico-formal, do seguinte modo: a) normas universais e normas singulares; b) normas afirmativas e normas negativas; c) normas categóricas e normas hipotéticas. A esse respeito, consulte-se: Bobbio, *Teoria da norma jurídica*, 2001, p. 177-189.

[27] "A ideia de que as regras substantivas do direito criminal têm como função (e, em sentido lato, como significado) a orientação não só dos funcionários que administram um sistema de penas, mas também dos cidadãos comuns nas atividades da vida não oficial, não pode ser eliminada, sem que se alijem distinções fundamentais e se obscureça o específico carácter do direito como um meio de controlo social" (Hart, *O conceito de direito*, 1986, p. 47). Nos comentários de Alfonso Cattania: "Hart infatti sostiene, in linea con il suo tenativo di riconsiderare il diritto nell´ambito degli atteggiamenti normativi dei consociati, che le norme primarie sono le norme che forniscono un modello di condotta" (Catania, *Manuale di Teoria Generale del Diritto*, 2010, p. 129).

[28] "Uma lei conferindo poderes legislativos a uma autoridade legislativa subordinada exemplifica analogamente um tipo de regra jurídica que não pode, sem distorção, ser assimilada a uma ordem geral" (Hart, *O conceito de direito*, 1986, p. 38). Nos comentários de Alfonso Cattania: "Infatti, per Hart mentre le norme primarie sono norme che impongono obblighi, le norme secondarie

Capítulo XIV | Direito e norma jurídica: conceito, enunciado e funções

de apontar que: (i) certas regras estão prioritariamente voltadas para a direção da conduta dos cidadãos, fornecendo um *modelo de conduta*;[29] (ii) certas regras estão prioritariamente voltadas para *ações internas do sistema jurídico*, fornecendo *poderes, atribuições e competências* a atores jurídicos.[30] As *regras secundárias*, por sua vez, se subdividem em três modalidades: (ii.a) *regras de reconhecimento*: são as regras que reconhecem o que é Direito e o que não é Direito, operando a triagem sistêmica e oferecendo a base de entrada e saída de regras do sistema jurídico;[31] (ii.b) *regras de mudança*: são as regras de alteração, modificação, atualização e revogação do sistema jurídico, permitindo o funcionamento lógico-operativo do sistema jurídico;[32] (ii.c) *regras de adjudicação*: são as regras que atribuem competências e funções, investem em cargos públicos e criam condições para o exercício prático de atribuições legais constituídas em torno de determinadas posições dentro do sistema jurídico, enquanto sistema de instituições concretas.[33]

6. NORMA JURÍDICA, SANÇÃO PUNITIVA E SANÇÃO PREMIAL

Tendo-se visto o *enunciado normativo*, percebe-se que a dimensão da consequência é estrutural do caráter deôntico e vinculativo do Direito,[34] pois a consequência tem a ver com responsabilização, e, também, com o estímulo de condutas sociais e com o desestímulo de condutas antissociais, com o direito de reação do ofendido ou da sociedade e com o papel que a sanção jurídica tem a exercer. A ideia mais geral de consequência tem a ver com um *princípio universal* de justiça, qual seja, a cada ação, uma consequência. Em verdade, se considerado relacionamento do direito e do tempo, é certo que a ideia de punição evoca também a ideia de recordação, num duplo sentido: de recordar o ato ilícito e de fazer ao seu autor recordá-lo de sua ilicitude.[35]

E, modernamente, essa tarefa de fazer cumprir a sanção jurídica é exercida pelo Estado, como forma de privar as partes do "justicionamento pelas próprias mãos", considerando-se que o Estado exerce o papel social de responsabilização, enquanto

---

conferiscono poteri pubblici o privati" (Catania, *Manuale di Teoria Generale del Diritto*, 2010, p. 130).

[29] "*Regras primárias*. São as regras que prescrevem aos indivíduos realizar certos atos, queiram ou não; em certo sentido, impõem obrigações, visto que têm força compulsiva e servem de base para a crítica ou o elogio pela conformidade ou não conformidade com a regra" (Nino, *Introdução à análise do direito*, 2015, p. 105).

[30] "*Regras secundárias*. São regras que não tratam diretamente do que os indivíduos devem ou não fazer, mas das regras primárias" (Nino, *Introdução à análise do direito*, 2015, p. 105).

[31] "*Regras de reconhecimento*. São as regras que servem para identificar quais normas fazem e quais não fazem parte de um sistema jurídico. Estabelecem os critérios de identificação do direito" (Nino, *Introdução à análise do direito*, 2015, p. 106).

[32] "*Regras de mudança*. Permitem dinamizar o ordenamento jurídico, indicando procedimentos para que as regras primárias mudem no sistema" (Nino, *Introdução à análise do direito*, 2015, p. 106).

[33] "*Regras de adjudicação*. São as regras que conferem competência a certos indivíduos – os juízes – para determinar se, em uma ocasião específica, uma regra primária foi ou não infringida" (Nino, *Introdução à análise do direito*, 2015, p. 106).

[34] "As sanções jurídicas não existem, e não podem ser entendidas, sem as normas jurídicas; e as normas jurídicas não existem, e não podem ser entendidas, sem as sanções jurídicas" (Telles Júnior, *Iniciação na Ciência do Direito*, 2001, p. 78).

[35] "Punir é, pois, antes do mais, recordar" (Ost, *O tempo do direito*, 2001, p. 128).

terceiro que administra conflitos, no mundo moderno. Não por outro motivo, o tema da *sanção jurídica* evoca o cruzamento de tantas questões, pois tem a ver com: a exigibilidade do comportamento; a vinculatividade do Direito; o monopólio do uso da força por parte do Estado Moderno; a vizinhança entre, de um lado, o poder de coerção e controle, e, de outro lado, o "uso progressivo, autorizado, medido, técnico e legal da força" em sociedade.[36] Aqui, fica claro que a *sanção jurídica* é o lugar da *norma jurídica* onde o *poder* se encontra com a *força* (física). Por isso, na lição do jurista português João Baptista Machado, se pode repetir: "O Direito carece da Força; mas por seu turno, legitima e regula o uso desta. A Força sem o Direito é violência".[37]

Assim, é sabido e notório que *coercibilidade/exigibilidade* do Direito está associada a estímulos, ou seja, à conduta é associada uma consequência exigível perante o Estado.[38] Essa consequência é a *sanção jurídica*, sabendo-se que a *sanção jurídica* pode ser: 1) sanção punitiva (repressiva); 2) sanção premial (positiva).[39] A sanção punitiva ou repressiva (1)[40] está associada a um ato ilícito que gera dano, e, por isso, recebe estímulos inibitórios, enquanto privação de algum bem (ex.: no Direito Penal, a pena privativa de liberdade, por resultado de um crime);[41] a sanção premial ou positiva (2) está associada a um ato lícito, recompensado por estímulos de incentivo, enquanto concessão de algum bem (ex.: no Direito Tributário, um isenção de tributo). Em resumo, portanto, a *sanção jurídica* evoca a ideia de atribuição de consequências, que podem seguir estímulos inibitórios ou de incentivo.[42]

---

[36] Daí a importância que assume, no sistema jurídico contemporâneo, o teor da Lei n. 13.675/2018, que trata do Sistema Único de Segurança Pública, especialmente, em seu art. 4º, inciso IX ("uso comedido e proporcional da força").

[37] Machado, *Introdução ao direito e ao discurso legitimador*, 22ª. reimp., 2014, p. 42.

[38] "Temos, assim, que a coacção ou a coercibilidade não especifica o Direito no plano do ser, não o determina no seu conteúdo, e, portanto, não faz parte de sua essência" (Machado, *Introdução ao direito e ao discurso legitimador*, 22ª reimp., 2014, p. 33).

[39] Para alguns autores como Alfonso Catania, o conceito de sanção é dividido em sanções negativas e positivas. A este respeito, *vide* Catania, *Manuale di teoria generale del diritto*, 2010, p. 158-159.

[40] "Uma sanção é coercitiva se admite o uso da força. Contrariamente à opinião de Kelsen, nem todas as sanções legais são coercitivas" (Raz, *O conceito de sistema jurídico*, 2012, p. 106).

[41] "A pena de morte, sem dúvida, priva da vida; a de detenção, da liberdade; a de multa, da propriedade; a inabilitação priva do exercício de certos direitos, como o de dirigir automóveis. Em outras épocas, havia até penas chamadas 'infamantes' cujo intuito era depreciar a honra do réu (por exemplo, exibi-lo em condições vergonhosas pelas ruas ou publicar a condenação)" (Nino, *Introdução à análise do direito*, 2015, p. 200).

[42] "Um ato é aplicador de sanção somente se causa alguma vantagem ou prejuízo para uma pessoa. Kelsen, na verdade, não discute pormenorizadamente as leis baseadas em recompensas. Um prejuízo 'consiste em uma privação de algum bem – vida, saúde, liberdade ou propriedade'. Kelsen diz que o prejuízo ou o dano é um ato praticado por outra pessoa que não o próprio transgressor" (Raz, *O conceito de sistema jurídico*: introdução à teoria dos sistemas jurídicos, 2012, p. 105). "A sanção jurídica, segundo Kelsen, constitui um ato coercitivo – de força real ou potencial –, que consiste na privação de algum bem (por exemplo, a vida, a propriedade, a liberdade, a honra, etc.), executado por um indivíduo autorizado para tal, em decorrência de determinada conduta" (Nino, *Introdução à análise do direito*, 2015, p. 94).

Capítulo XIV | Direito e norma jurídica: conceito, enunciado e funções

Mas, se tomarmos a *sanção jurídica* em outra perspectiva de análise, qual seja, do ponto de vista etimológico, se perceberá que está revestida de longa tradição, de sentido religioso, e que possui fortes vínculos históricos. Quando se visita o *Dicionário de Filosofia do Direito*, no verbete *Pena*, ali se encontra algo de relevo, nesta pesquisa, qual seja, que a palavra *pena* está associada a castigo, punião, dor, sofrimento.[43] Assim, a raiz etimológica do termo *sanção* nos leva ao verbo *sancire*, do latim,[44] revelando-se de mesma origem daquilo que é considerado *sagrado*.[45] Assim, o termo sanção evoca a ideia de ritual, histórico e antropológico, de *redenção, purificação, limpeza*, de *correção do erro*, através da *expiação* da ação pelo *castigo*. Isso fica ainda mais claro quando se estuda a origem etimológica do termo *castigo* (*castigatio, castum-agere*, latim), que significa o *ato de purificar*. Estes termos, então, evocam a ideia de sofrimento, castigo, redenção, imolação, em direção à expiação de um erro, tendo no sofrimento a forma de superação do erro.[46]

Não por outro motivo, ao termo *sanção*, até hoje, está associado um *fardo enorme*, muito acomodado ao vocabulário religioso-repressor, que decorre das *formas históricas* de se fazer justiça. Por isso, a *sanção*, especialmente como *pena criminal*, está associada a *poena*, ou seja, a fazer sofrer, a vingar, a responder com sangue, a expiar o mal com o mal. O *fardo enorme* que o termo sanção carrega decorre da própria história da pena, considerando que as penas assumiram sentidos místicos, religiosos, políticos, militares, pedagógicos dos mais variados no tempo e no espaço. Em verdade, do ponto de vista histórico-antropológico, as penas são *práticas ancestrais* ligadas às variadas "autoridades históricas" (autoridade familiar; autoridade religiosa; autoridade comunitária; autoridade política; autoridade militar) que as aplicavam às situações de violação de regras, de modo que, antes de se chegar ao Direito moderno, conheceram-se penas as mais cruéis e perversas (degredo; banimento; galés; crucificação; pena de morte; trabalhos forçados; prisão perpétua; açoite em praça pública; lapidação; mutilações; ordálias; marcas de ferro; venda como escravo; torturas físicas, psicológicas e mentais). O *fardo enorme* da pena está a evocar a preocupação de que a humanidade conheceu muitas formas de penas, punições e castigos e suas justificativas históricas.

Não por outro motivo, a história da pena revela um longo período de maturação nas diversas periodizações, podendo-se basicamente constatar as seguintes etapas: a) Direito arcaico; b) Direito antigo; c) Direito medieval; d) Direito moderno; e) Direito iluminista; e f) Direito contemporâneo. É nesta breve incursão que se haverá de analisar os traços centrais de cada um dos períodos:

---

[43] "Palavra intrinsecamente ligada à ideia de sofrimento, castigo, aflição, punição, compaixão, dó, mágoa ou tristeza" (Coutinho, Carvalho, Verbete Pena, *in Dicionário de Filosofia do Direito* (Barreto, Vicente de Paulo, coord.), 2006, p. 625-629).

[44] "A palavra sanção provém do verbo latino "*sancire*", cujos termos originais são: "*sanctio, sancis, sancivi* (ou *sanxi*), *sanctum* (ou *sancitum*), *sancire*". Fundamentalmente, esse verbo significa tornar santo, tornar sagrado, consagrar" (Telles Junior, *Iniciação na Ciência do Direito*, 2001, p. 75).

[45] "'Sanção', do latim *sancire*, tem a mesma etimologia do que 'sagrado'" (Garapon, *O guardador de promessas:* justiça e democracia, 1998, p. 229).

[46] "Etimologicamente, pois, a palavra sanção designa a pena, o castigo, o constrangimento ligado à violação de uma norma, e a que fica sujeito o infrator" (Telles Junior, *Iniciação na ciência do direito*, 2001, p. 77).

a) Direito arcaico: no período do Direito arcaico, a pena se justifica por fundamentos míticos, sendo o totemismo a principal característica do mundo simbólico-comunitário,[47] e se destacando a vingança de sangue (vingança privada)[48] como principal referência de modalidade de pena, enquanto pena comunitária[49] e totêmica.[50]

b) Direito antigo: no período do Direito antigo, as penas são transferidas dos ofendidos para a cidade-legislador,[51] e, gradualmente, se passa da reação impulsiva e sanguinária à medida e à razão proporcional, também se verificando no período a passagem do sacrifício humano ao sacrifício animal.[52]

c) Direito medieval: no período do Direito medieval, as penas têm fundamentos diferentes, conforme se considere a tradição dos povos bárbaros, fundada nos costumes, ou a tradição religiosa cristã, com base na teologia cristã.[53] A pena é aplicada pela autoridade clânica ou pela autoridade religiosa, tendo forte caráter de suplício, crueldade, não sendo raras as penas bárbaras brutais,[54] e nem as penas como expiação do pecado, na luta da Igreja em face da heresia. A pena, do ponto de vista religioso, está ligada ao fundamento religioso do pecado.[55]

d) Direito moderno: no período do Direito moderno, a pena é atributo do detentor do poder, ou seja, do poder-central-soberano. A pena visa a intimidar a população[56] e restaurar o poder do soberano. Por isso, a pena serve de vingança pública

---

[47] "O totemismo constituía a base da organização social e das restrições morais da tribo" (Marques, *Fundamentos da pena*, 2008, p. 17).

[48] "(...) do ponto de vista prática arrimam-se em fundamentos míticos de vingança e castigo" (Marques, *Fundamentos da pena*, 2008, p. 5).

[49] "Todavia, se uma pessoa de determinado grupo era atingida por um grupo estrangeiro, a vingança era coletiva e incidia sobre todo o grupo agressor" (Marques, *Fundamentos da pena*, 2008, p. 10).

[50] "A vingança, consubastanciada na represália, tinha por finalidade a destruição simbólica do crime, como forma de purificar a comunidade contaminada pela transgressão" (Marques, *Fundamentos da pena*, 2008, p. 20).

[51] "A mesma evolução ocorrida na Grécia foi verificado na Roma antiga. O legislador deixou de manifestar-se em nome dos deuses e passou a exercer seus poderes em nome do próprio povo" (Marques, *Fundamentos da pena*, 2008, p. 41).

[52] "(...) a substituição do sacrifício humano pelo sacrifício animal simboliza um rito de passagem da dinâmica matriarcal para a patriarcal e anuncia a transformação do padrão de consciência" (Marques, *Fundamentos da pena*, 2008, p. 24).

[53] "O pensamento de Santo Agostinho reflete o sentido do homem medieval com relação à justiça divina, e a punição terrena significava para ele uma espécie de penitência, no sentido de conduzir o pecador ao arrependimento, antes de submeter-se ao juizo final" (Marques, *Fundamentos da pena*, 2008, p. 53).

[54] "Tais páticas eram marcadas pelas superstições e pela crueldade, sem chances de defesa para os acusados, que deveriam caminhar sobre o fogo ou mergulhar em água fervente para provar sua inocência. Por isso, raramente escapavam das punições" (Marques, *Fundamentos da pena*, 2008, p. 45).

[55] "Como o homem medieval era guiado quase exclusivamente pela fé cristã, seu maior inimigo era a herege, contra o qual recaía a vingança, embora coordenado pelo poder central" (Marques, *Fundamentos da pena*, 2008, p. 58).

[56] "Sua aplicação tinha a função utilitária de intimidar a população por meio do castigo e do sofrimento infligido ao culpado" (Marques, *Fundamentos da pena*, 2008, p. 73).

e significa a restaurar o poder do soberano, e está estritamente ligada à questão da ordem pública soberana.[57]

e) Direito iluminista: no período do Direito iluminista, a pena começa a ser reestruturada, especialmente a partir da Escola Humanista, no sentido de pena-racional, da pena-retribuição. Por isso, processa-se a "humanização" das penas,[58] como esforço pela abolição das penas medievais.[59]

f) Direito contemporâneo: no período do Direito contemporâneo, a pena se ajusta à lógica do Estado Democrático de Direito para ser "pena-ressocialização". As preocupações com o princípio da dignidade da pessoa humana e com o princípio da presunção da inocência, além da tipicidade penal, da relação entre julgamento e defesa, da inversão do ônus da prova a favor do réu, dos direitos humanos, especialmente considerada a Escola da Nova Defesa Social, irão influenciar decisivamente a legislação penal.[60]

Com esta análise histórica, ainda que breve, percebe-se que as mudanças decorrem da modernização do Direito, da laicização e a racionalização sociais, da estatalização das penas, do refinamento da cultura, do avanço da civilização, do avanço da técnica, da limitação da exacerbação do poder e da conquista de direitos humanos. Mas este processo histórico não foi simples nem linear, apesar das enormes conquistas no plano do Direito. Assim, em longo percurso, passa-se da vingança tribal, da ira de sangue, da luta de clãs, das sanções do soberano, às penas modernas. Atualmente, dados os limites, os controles e os direitos humanos, a justificação do uso social, estatal e controlado da *sanção jurídica*, nos sistemas jurídicos contemporâneos,[61] decorre do(da): a) papel de coordenação do convívio que é exercido pelo Direito; b) risco da impunidade, de deixar o sentimento de violação a um grupo/indivíduo sem consequência; c) necessidade de desestímulo à propagação da injustiça e condutas antissociais que ferem a possibilidade do convívio humano em sociedade; d) procedimentalização

---

[57] "A ofensa ao rei ou aos delegados do poder, pela infração às leis, transformava o transgressor em inimigo do sistema" (Marques, *Fundamentos da pena*, 2008, p. 78).

[58] "Com as novas conquistas liberais, ocorreu, no campo penal, o fim gradativo dos suplícios impostos pela vingança pública. A partir de então, deveria a sociedade encontrar uma forma humana e justa de punir os criminosos, com proporção entre a transgressão e o castigo, o que ocasionou a mitigação das penas" (Marques, *Fundamentos da pena*, 2008, p. 79).

[59] "(...) a ideia de 'abolição' tem sido usada desde o século XVIII, quando muitos filantropos passaram a lutar pela pena de prisão como um movimento humanitário em substituição às penas de açoites, trabalhos forçados, mutilações e à própria pena de morte" (Shecaira, *Criminologia*, 6. ed., 2014, p. 305).

[60] "A pena, então, deixa de ser exclusivamente retributiva, perdendo seu caráter de vingança ou de expiação, e passa a utilizar medidas racionais de tratamento do delinquente com o intuito de socializá-lo" (Marques, *Fundamentos da pena*, 2008, p. 129).

[61] "Segundo parece, podemos reduzir a três as inúmeras funções esperadas da pena, nos sistemas penais contemporâneos, relacionando cada uma delas com uma dimensão temporal distinta: uma função preventiva virada para o futuro, uma função de reparação centrada no presente uma função de retribuição estribada no passado – apercebemo-nos de que é esta última que se inscreve no prolongamento do antigo talião" (Ost, *O tempo do direito*, 2001, p. 128).

ritual, que transfere da "reação imediata e vindicativa" para a "palavra mediada pela linguagem jurídica", a forma de apuração de responsabilidades e atribuição de consequências pela autoridade legal; e) necessidade civilizatória de sublimação e humanização de tendências vindicativas que decorrem da reação mais usual diante dos delitos. Neste particular, é o filósofo francês Paulo Ricœur, na obra *Le juste*, quem afirma que é necessário separar estes "momentos", o do delito e o de sua apuração, para que haja condições de que razão, critério, medida e justiça assumam o posto da barbárie.[62]

Assim, a *sanção jurídica* cumpre importante papel social, devendo-se, no entanto, considerar e diferenciar as sanções jurídicas em duas situações: (1) aplicação da *sanção jurídica* no uso regular e legal das sanções previstas, com base em: racionalidade; critério; medida; proporcionalidade; justiça; proteção judicial; aplicação por autoridade competente; e possibilidade de defesa e contraditório; (2) aplicação da *sanção jurídica* no uso patológico, distorcido e abusivo das sanções com base em: uso arbitrário da força; abuso de poder; incriminação por preconceito/discriminação; desproporcionalidade entre ato e medida sancionatória; descumprimento do devido processo legal; seletividade social que leve à impunidade injustificável de alguns; a imposição de novos castigos ilegais dentro do sistema carcerário; abandono institucional de encarcerados às aflições da falta de estrutura, alimentação, proteção e direitos mínimos; a ineficiência do processo de ressocialização de apenados. Em não raras situações, na realidade brasileira, o que se vê, na prática, são situações vexatórias, neste segundo sentido.

7. NORMA JURÍDICA E MODALIDADES DE SANÇÃO: SANÇÃO JURÍDICA E SANÇÃO SOCIAL

Mas, de modo geral, e de forma mais abrangente, no direito positivo brasileiro, coexistem várias modalidades de *sanções jurídicas*, diante do amplo quadro de *sanções jurídicas* existentes, conforme se pode verificar a seguir: sanções jurídicas educacionais (regimentais) e socioeducativas (Estatuto da Criança e do Adolescente); sanções jurídicas ético-profissionais (Consolidação das Leis do Trabalho; Código de Ética da Advocacia; Estatuto do Servidor Público; Código Penal Militar); sanções jurídicas privadas (Código Civil); sanções jurídicas administrativas (Código de Defesa do Consumidor; Código Nacional de Trânsito; Lei de crimes ambientais; Estatuto da Cidade); sanções jurídicas políticas (Código Eleitoral; Regimento Interno do Congresso Nacional); sanções jurídicas criminais (Código Penal; Legislação Penal Especial); sanções jurídicas internacionais (Tratados e Convenções Internacionais).[63] As

---

[62] É no capítulo "Condenação, reabilitação, perdão", que Paul Ricoeur, afirma: "A punição certamente foi investida de caráter penal no fim da cerimônia de linguagem na qual se consumou a ruptura com a vingança, e a violência guinou para a palavra. Sim, o 'castigo' foi posto a justa distância do 'crime'" (Ricoeur, *O justo 1*: a justiça como regra moral e como instituição, 2008, p. 187).

[63] "Exige, em contraponto, subsunção de todas as condutas aos respectivos contornos, sob pena de submeter o infrator aos sancionamentos cabíveis (adoção ou realização de certo comportamento; substituição por outro; satisfação de perdas e danos; recolhimento à prisão; pagamento de multa

sanções jurídicas são independentes entre si e podem ser cumuladas, e as mais graves são próprias do Direito Penal, que deve ser usado como *ultima ratio*.⁶⁴

A tarefa de apuração da responsabilidade civil, criminal ou administrativa é atribuição que varia conforme o ramo do direito e a gravidade do delito, a exemplo do que ocorre numa ação de iniciativa cível (privada) de indenização contratual, ou numa ação de iniciativa criminal e pública (Ministério Público), numa ação penal pública para apurar crime tipificado em lei penal, ou numa ação de iniciativa pública, para apurar irregularidade ou delito administrativo, num procedimento administrativo. No geral, a responsabilização de atores sociais por *atos ilícitos* demanda, fundamentalmente, a ação, o dano, o nexo de causalidade, além da previsão normativa, sabendo-se que os demais elementos que contornam o *ato ilícito* podem variar, tais como a exigência ou não de culpa, o valor dos meios de prova, a consciência do agente quanto ao ato, a função social da responsabilização.

Assim, atualmente, vale considerar que: a) no Direito Penal admitem-se penas restritivas de direito, privativas de liberdade e multa, conhecendo-se também as chamadas penas alternativas (serviços à comunidade; cesta básica; desfazimento do ato), por força do disposto nos arts. 32 do Código Penal ("As penas são: I – privativas de liberdade; II – restritivas de direitos; III – de multa") e não se admitindo penas de morte, de caráter perpétuo, de trabalhos forçados, de banimentos e cruéis, tal como disposto no art. 5º, inciso XLVII, da CF/88 ("não haverá penas: a) de morte, salvo em caso de guerra declarada, nos termos do art. 84, XIX; b) de caráter perpétuo; c) de trabalhos forçados; d) de banimento; e) cruéis"); b) no Direito Civil, admitem-se sanções civis pela responsabilidade civil: reparação de danos (obrigação de indenizar), por responsabilidade extracontratual do art. 186 do Código Civil ("Aquele que, por ação ou omissão voluntária, negligência ou imprudência, violar direito e causar dano a outrem, ainda que exclusivamente moral, comete ato ilícito") e por responsabilidade contratual do art. 927 do Código Civil ("Aquele que, por ato ilícito, causar dano a outrem, fica obrigado a repará-lo"); no Direito do Consumidor, por exemplo, sanções administrativas, tais quais as previstas no art. 56 do Código de Defesa do Consumidor.⁶⁵

Este quadro confere uma possibilidade de verificar um espectro mais amplo das *sanções jurídicas*. Mas, ainda assim, as *sanções jurídicas* coexistem com as *sanções sociais*,⁶⁶

---

e outras tantas medidas, previstas ou cabíveis à hipótese" (Bittar, *Teoria geral do direito civil*, 2. ed, 2007, p. 12).

64 "A pena privativa de liberdade é a forma mais extremada de controle penal" (Shecaira, *Criminologia*, 6. ed., 2014, p. 63).

65 Art. 56 do CDC: "As infrações das normas de defesa do consumidor ficam sujeitas, conforme o caso, às seguintes sanções administrativas, sem prejuízo das de natureza civil, penal e das definidas em normas específicas: I – multa; II – apreensão do produto; III – inutilização do produto; IV – cassação do registro do produto junto ao órgão competente; V – proibição de fabricação do produto; VI – suspensão de fornecimento de produtos ou serviço; VII – suspensão temporária de atividade; VIII – revogação de concessão ou permissão de uso; IX – cassação de licença do estabelecimento ou de atividade; X – interdição, total ou parcial, de estabelecimento, de obra ou de atividade; XI – intervenção administrativa; XII – imposição de contrapropaganda".

66 "La coercitividad no es uma característica exclusiva de la norma jurídica. Muchas normas que pertencem al orden religioso, moral o de etiqueta, implican la existencia de uma sanción" (Perel-

e a palavra *sanção* aqui tem sentido aproximativo e metafórico,[67] pois um outro aspecto da sanção é a sua dimensão antropológico-sociológica. Na realidade brasileira, são comuns outros "tipos de penas sociais", que aparecem como "penas sociológicas acessórias", a agravar ainda mais a situação de quem praticou um ato ilícito, a exemplo do que é recorrente no âmbito penal: a) a estigmatização do egresso do sistema carcerário; b) a exclusão social, econômica e profissional; c) os linchamentos públicos ocorridos sob o "calor dos fatos";[68] d) a desmoralização do indivíduo pela mídia; e) a perda de vínculos profissionais, familiares, grupais ou sociais; f) a violação de direitos em ambiente carcerário; g) a aplicação de punições por grupos de extermínio, justiceiros, crime organizado, facção criminosa ou autoridades policiais/carcerárias; h) o linchamento virtual pelas redes sociais.[69] No campo das penas criminais, apesar dos avanços havidos na legislação, o Brasil ainda convive com execuções sumárias por agentes do Estado, linchamentos, chacinas, extermínios, maus-tratos a detentos, "tribunais" paralelos, organizados por facções criminosas, entre outros fenômenos.

8. O PAPEL DO LEGISLADOR NA FORMAÇÃO DEMOCRÁTICA DAS NORMAS JURÍDICAS

As regras jurídicas são feitas em linguagem imperativa, pois expedem um comando prático de ação. As regras jurídicas são pautas que direcionam a ação humana. As regras jurídicas são criadas e se expressam por *textos jurídicos*. No entanto, a ideia de *textualização* da existência das regras jurídicas não deve levar à conclusão de que o legislador tem uma "folha de papel em branco" para atribuir qualquer *texto* e qualquer *redação* à norma jurídica. E isso porque o nascedouro das normas não é a mente, ou ainda, a vontade do legislador, e sim a experiência coletiva da maceração histórica de sentidos à justiça, dentro da organização social e do exercício da cidadania. Nesta visão, o legislador é sim o *meio* para a tarefa de *formalização* de exigências sociais de justiça, através de preceitos estatais. Nesta visão, ademais, o legislador *não pode tudo*, quando se trata de pensar no conteúdo das normas, pois "... o que garante a justiça da lei é a gênese democrática e não os princípios jurídicos *a priori*, aos quais

---

ló, *Teoría y fuentes del Derecho*, 2016, p. 41).

[67] "Há quem chame de sanções, também, as consequências que a natureza agrega aos desregramentos do comportamento. A decadência física, a invalidez, a ruína orgânica, o embotamento da inteligência e do senso ético, resultantes da devassidão e do vício, são tidos, muitas vezes, como sanções da natureza. Mas, nestes casos, o termo sanção é empregado metaforicamente.
As condenações que as diversas Igrejas preconizam para os pecadores, em uma vida após a morte, são sanções religiosas" (Telles Júnior, *Iniciação na Ciência do direito*, 2001, p. 78).

[68] "Os linchamentos públicos constituem outro exemplo de vingança descontrolada, gerada pela repulsa imediata à infração cometida" (Marques, *Fundamentos da pena*, 2008, p. 15).

[69] "Embora o sistema judiciário almeje racionalizar toda a sede de vingança expressada pelo contexto social, a experiência verificada diante de casos concretos – em especial de crimes graves – demonstra que muitas vezes os indivíduos não se satisfazem com a expectativa de punição decorrente de um processo judicial" (Marques, *Fundamentos da pena*, 2008, p. 13-14).

Capítulo XIV | Direito e norma jurídica: conceito, enunciado e funções 383

o direito deveria corresponder".[70] Neste sentido, o *controle social democrático* da legislação serve para evitar arbítrio, unilateralidade, irracionalidade, na formação dos conteúdos das normas jurídicas, de modo a aproximá-las ao máximo das necessidades sociais de justiça. Nesta visão, fica registrada a passagem da cultura positivista, que segue o *paradigma da razão monológica*, centrada na onipotência do legislador, em direção à cultura pós-positivista, centrada numa concepção democrático-participativa, que segue o *paradigma da razão dialógica*. Na primeira concepção, o legislador era visto como onipotente, onisciente e onipresente, e, com isso, proclamava a "verdade jurídica", com base no poder do Estado, através de um solilóquio unilateral e vertical. Na segunda concepção, o legislador é visto como legislador democrático, e, neste sentido, constrói os sentidos da legislação com a participação dos cidadãos, sintetiza as expressões das necessidades sociais na forma de normas, dialoga com a esfera pública participativa. Eis uma enorme diferença que marca as concepções da *Teoria Tradicional*, em face da *Teoria Crítica*, no que tange ao papel do legislador no processo de construção das normas jurídicas. É isso que faz com que esta visão aqui desenvolvida, a da *Teoria do Humanismo Realista*, divise que este capítulo do Direito é o que o coloca mais próximo da dimensão da *política jurídica*, ainda que isso não venha a querer significar que o *Direito é apenas* Política (*Law is Politics*), conclusão mais radical à qual chega o *Critical Legal Studies*.[71]

CASO PRÁTICO
O CASO DO LADRÃO MARQUINHO

Um criminoso, conhecido como Marquinho, é preso por roubo após um flagrante policial. É levado à delegacia e, algum tempo depois, recebe a sentença condenatória que o leva à prisão por 7 anos. Em função da falência do sistema carcerário, Marquinho não se submete apenas à sua "pena criminal", mas, sabe-se por relatos de seus colegas de cela, que sofreu outras "penas adicionais".

Marquinho foi vítima de torturas e espancamento por agentes carcerários, que desejavam extrair informações dele, tendo vivido o "inferno na cadeia", porque dividia a cela com os líderes do movimento PCL – Partido Carceragem e Liberdade. Sem nunca ter se envolvido com tais lideranças, procurou ter conduta de reabilitação na cadeia, o que não ajudou muito em seu caso.

Fato é que hoje se encontra morto. E isso porque, certa vez, dentro de uma situação carcerária de rebelião, o PCL se confrontou com a Partido Cadeia Nunca Mais – PCNM, e Marquinho foi confundido com os demais membros do PCL, na medida em que dividiam o mesmo espaço de convívio. Em demonstração de força interna, os líderes do PCNM mataram Marquinho e outros integrantes do PCL. Seu corpo foi dividido em partes, algumas queimadas, e outras espalhadas nas celas dos demais detentos, como forma de amedrontá-

---

[70] Habermas, *Direito e democracia*, I, 2002, p. 235.
[71] "After all, what else can you mean when you say that all law is politics?" (Tushnet, Some current controversies in Critical Legal Studies, *German Law Review*, 12, 01, 2011, p. 291).

-los, para que "soubessem quem manda ali". Este caso, que depois acaba ganhando enorme repercussão midiática, cria um pânico generalizado na sociedade brasileira e alarma o sistema judiciário e carcerário, bem como as forças de segurança do Estado.

Isso mobiliza inúmeros debates, entre eles, aquele sobre a função social da pena, sobre a Lei de Execuções Penais, sobre as medidas de reforma do sistema carcerário e sobre as taxas de encarceramento no Brasil. A entidade Sociedade Brasileira para o Progresso da Criminologia – SBPC oportuniza a criação de um evento de escala nacional, para abrigar as melhores rodadas de debates e ouvir as melhores propostas para serem implementadas no sistema carcerário brasileiro, enquanto propostas de reforma, otimização e justiça. Para isto, haverá grupos de trabalho, palestras, *workshops*, ao longo de uma semana de atividades, envolvendo até dois mil inscritos no evento. Mas, as plenárias ocorrerão apenas no último dia, e estão reservadas para serem ouvidos quatro juristas especialistas de renome, nas áreas da Criminologia (jurista Giacoppo), do Processo Penal (jurista Juarez), do Direito Penal (jurista Peter) e da Filosofia do Direito (jurista Andreza).

1. Na opinião do jurista Giacoppo, sustente a tese da redução da taxa de encarceramento, baseando-se em estatísticas reais do Brasil e do mundo;

2. Na opinião do jurista Juarez, sustente a tese da manutenção da vigência da Lei de Execuções Penais, mas do aumento do investimento em presídios e em estabelecimentos alternativos;

3. Na opinião do jurista Peter, sustente a tese da corrente teórica da Nova Defesa Social;

4. Na opinião da jurista Andreza, sustente a tese da defesa incondicional da dignidade da pessoa humana e da responsabilidade do Estado pela pessoa do apenado.

CAPÍTULO XV
DIREITO, ATRIBUTOS E CAMADAS NORMATIVAS

Sumário: 1. Norma jurídica, faticidade e validade; **2.** Atributos das normas jurídicas: **2.1.** Atributos éticos; **2.2.** Atributos políticos; **2.3.** Atributos históricos; **2.4.** Atributos sociais; **2.5.** Atributos jurídicos e camadas normativas: **2.5.1.** Validade; **2.5.2.** Vigência; **2.5.3.** Vigor; **2.5.4.** Eficácia; **2.5.5.** Justiça; Caso prático.

1. NORMA JURÍDICA, FATICIDADE E VALIDADE

A norma jurídica vive, permanentemente, a tensão entre *validade* e *faticidade*.[1] Na dimensão da *validade*, a norma terá as seguintes características, enquanto *enunciado normativo* que pertence ao sistema jurídico: universalidade; abstração; formalidade; generalidade; impessoalidade; imunização; atemporalidade. Na dimensão da *faticidade*, a norma terá as suas características, enquanto *indutora da ação* no plano da realidade social, lidando com situações e casos concretos: historicidade; fenomenicidade; mutabilidade; singularidade; subjetividade.[2]

Ademais, na dimensão da *validade*, as normas são lançadas para se estabilizarem no quadro de um sistema jurídico-positivo específico, de forma a criar vínculos com outras normas jurídicas, a criar regras para um determinado ramo do Direito, a criar sentido e transformar práticas sociais. Para isto, precisa respeitar regras formais para sua criação, estatuição e estabilização. Na dimensão da *facticidade*, as normas jurídicas são lançadas para produzirem efeitos, de forma a afetar vidas e relações humanas em sociedade, a regular condutas concretas de forma socialmente vinculante. Por isso, a *Teoria do Direito* não pode enxergar a norma jurídica somente por um prisma ou pelo outro, dicotomicamente, ao modo de como já se fez, na perspectiva do positivismo, com ênfase na *validade*, e na perspectiva do sociologismo, com ênfase na *eficácia*. Uma visão ampla, aberta e integrada, tem de considerar seus múltiplos aspectos, pois a relação de *tensão* exprime a união destas duas dimensões incindíveis da norma jurídica.

Visto isto, trata-se, a partir de agora, de considerar que a norma jurídica enquanto se distingue de outras normas sociais por seu caráter técnico específico –

---

[1] Habermas, *Direito e democracia*, I, 2003, p. 173.
[2] "A teoria do agir comunicativo tenta assinalar a tensão que existe entre facticidade e validade" (Habermas, *Direito e Democracia*, 2003, p. 25).

regido pela lógica do sistema jurídico moderno – compreendê-la no quadro de suas exigências formais é também compreender alguns conceitos que apoiam sua descrição. Tendo nestes conceitos as garantias de estabilização e produção de segurança jurídica, permite-se desta forma avançar no sentido de ter presente o papel dos aspectos técnicos e atributos das normas jurídicas. E, por isso, serão estudados os atributos éticos, políticos, sociais, históricos e jurídicos das normas jurídicas, como se verá a seguir.

2. ATRIBUTOS DAS NORMAS JURÍDICAS

Os *atributos das normas jurídicas* são suas *características fundamentais*. Há vários tipos de atributos das normas jurídicas, que auxiliam quando se quer focar a leitura e distinguir qualificadores das normas jurídicas, que irão permitir "ler" e "descrever" suas características fundamentais, quais sejam: 1) atributos éticos; 2) atributos políticos; 3) atributos históricos; 4) atributos sociais; e 5) atributos jurídicos. O quadro completo dos atributos permite-nos ter um "diagnóstico de sentido" da norma e de seu papel, o que justifica aprofundar sua compreensão. Por isso, cada um destes atributos será analisado a seguir.

2.1. Atributos éticos

Os atributos éticos valorizam a dimensão ético-moral da norma jurídica,[3] e o que se coloca em discussão é a validade moral da norma jurídica;[4] por isso, os atributos éticos têm a ver com o papel de norma jurídica no exercício de sua capacidade de fomentar o desenvolvimento moral da pessoa humana, em direção a uma moral universal-cosmopolita de cidadania.

Analisados os atributos éticos de uma norma jurídica, ela pode ser classificada, de conformidade com este critério, como:

a) *norma jurídica arbitrária*: se a norma é fruto do arbítrio, da força, da coerção, de um indivíduo ou grupo dominante, e moralmente injustificável;

b) *norma jurídica convencional*: se a norma está adequada às convenções sociais, e exige aquilo que se encontra assentado nos costumes sociais predominantes, sendo moralmente justificável dentro da moral convencional;

c) *norma jurídica universalista*: se a norma estabelece um horizonte utópico concreto que amplia o horizonte de atuação da ação social, sendo moralmente justificável de acordo com princípios ou exigências de uma moral universal.

---

[3] "Toda norma jurídica, além da validade formal (vigência) e validade social (eficácia), deve ter também validade ética ou fundamento" (Betioli, *Introdução ao direito*, 12. ed., p. 275).

[4] Pode-se encontrar em Robert Alexy a mesma preocupação com a dimensão da validade moral das normas jurídicas: "O objeto do conceito ético de validade é a validade moral. Uma norma é moralmente válida quando é moralmente justificável" (Alexy, *Conceito e validade do direito*, 2011, p. 103).

Capítulo XV | Direito, atributos e camadas normativas

2.2. Atributos políticos

Os atributos políticos valorizam a dimensão da qualidade do processo de pactuação política para o surgimento da norma jurídica, com participação popular e desenvolvimento da autonomia dos grupos sociais envolvidos, considerados o debate público, a qualidade da interação social envolvida e a esfera pública.

Analisados os atributos políticos de uma norma jurídica, de conformidade com este critério, ela pode ser classificada como:

a) *norma jurídica autoritária*: se a norma jurídica é fruto de decisão solipsista, imposta, a despeito da vontade popular;

b) *norma jurídica democrático-representativa*: se a norma jurídica é fruto de participação representativa, e, portanto, se encontra escorada na cultura da representação político-parlamentar, onde a vontade popular é mediada por representantes eleitos, dentro de instituições democráticas;

c) *norma jurídica democrático-participativa*: se a norma jurídica é fruto de processos participativos, abertos, plurais, incluindo métodos de inclusão, participação, especialmente dos afetados, na produção legislativa do texto da norma jurídica.

2.3. Atributos históricos

Os atributos históricos valorizam o grau de inovação histórica e/ou ruptura conceitual promovida pela norma jurídica, de acordo com uma avaliação do tempo pregresso à sua formação e do estado da arte da regulamentação da matéria, considerados os fatores de avanço, modificação, alteração e qualificação da matéria. Analisados os atributos históricos da norma jurídica, ela pode ser classificada, de conformidade com este critério, como:

a) *norma jurídica conservadora/ retrógrada*: se a norma jurídica, ao revogar o marco normativo anterior, estabelece o retrocesso de entendimento, de regulamentação ou de interpretação da matéria regulada, deixando falhas técnicas, morais ou jurídicas, não existentes na regulamentação anterior;

b) *norma jurídica estabilizadora:* se a norma jurídica, apesar de não trazer inovação histórica, ou maior transformação, não estabelece o retrocesso, mas apenas a função de suprir a necessidade de regulamentação da matéria, estabilizando o momento histórico;

c) *norma jurídica inovadora/ emancipadora*: se a norma jurídica, ao ser editada, traz consigo inovação de institutos, entendimentos, regras, parâmetros normativos, critérios, valores, de modo a inovar na regulação da matéria, podendo inclusive ser capaz de emancipar sujeitos oprimidos pela situação de ausência ou debilidade de direitos.

2.4. Atributos sociais

Os atributos sociais valorizam a análise de conjuntura que favoreceu a gênese da norma; eles têm a ver com a razão social da existência da norma jurídica, aquilo que deu origem à norma jurídica, e ao conjunto de pressões (evolução da técnica;

estado da violência; luta por justiça social; clamor público; crise econômica; mudança dos costumes) e necessidades (sociais, econômicas, culturais) que funcionaram para ativar o processo de regulamentação da matéria com vistas a cumprir uma função específica. Assim, a norma jurídica pode ser motivo de transformação social, ou o contrário.

Analisados os atributos sociais, de conformidade com este critério, a norma jurídica pode ser classificada como:

a) *norma jurídica artificial*: se a norma jurídica é criada descolada de qualquer realidade, e em desconexão com necessidades/demandas reais, com relação à matéria;

b) *norma jurídica reflexiva*: se a norma jurídica é criada sob forte pressão, como resultado de necessidades extremas, sendo produto de um processo de crise ou forte demanda sobre o legislador;

c) *norma jurídica indutora*: se a norma jurídica é criada em conexão com a realidade, antecipando aspirações sociais reais e concretas, de forma planejada, evitando-se crises e desarranjos sociais, sendo por si mesma indutora de transformação social.

2.5. Atributos jurídicos e camadas normativas

Os atributos jurídicos das normas jurídicas são propriamente aqueles atributos técnicos (validade; vigência; vigor; eficácia; justiça) que mais de perto tem a ver com a função da norma jurídica, em conformidade com o sistema jurídico, fornecendo os traços da norma jurídica que permitem distingui-la perante outras normas sociais, dentro de um sistema jurídico-positivo.

Analisados os atributos jurídicos, de conformidade com este critério, a norma jurídica pode ser classificada como:

a) *norma jurídica válida/ inválida*;

b) *norma jurídica vigente/ não vigente*;

c) *norma jurídica dotada de vigor, ou ultrativa*;

d) *norma jurídica eficaz/ ineficaz*;

e) *norma jurídica justa/ injusta*.

Estes *atributos jurídicos* da norma jurídica estão encadeados entre si (se correlacionam), e, também, podem ser vistos como "camadas internas" da estrutura geral de toda norma jurídica. Por sua vez, cada um destes atributos será estudado de forma mais detalhada a seguir, mas já é possível apresentar uma visão mais global da relação que estas "camadas internas" da norma jurídica possuem com a relação de tensão entre *validade* e *facticidade*, de modo que certos atributos estão mais próximos da dimensão da validade (validade; vigência; vigor), e certos atributos estão mais próximos da dimensão da facticidade (eficácia; justiça), formando um complexo e circular processo de correlação interna que estabelece o equilíbrio e o funcionamento operativo de cada norma jurídica individualizada.

Observe-se o quadro a seguir:

Capítulo XV | Direito, atributos e camadas normativas

NORMA JURÍDICA

CAMADA 1	* VALIDADE	(AUTORIZAÇÃO)
CAMADA 2	* VIGÊNCIA	(TEMPO DE VALIDADE)
CAMADA 3	* VIGOR	(ULTRATIVIDADE)
CAMADA 4	* EFICÁCIA	(ADESÃO SOCIAL)
CAMADA 5	* JUSTIÇA	(VALOR)

NORMA JURÍDICA

VALIDADE

* Validade (CAMADA 1)
* Vigência (CAMADA 2)

↓

↑

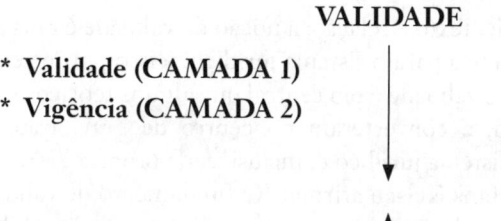

* Vigor (CAMADA 3)
* Eficácia (CAMADA 4)
* Justiça (CAMADA 5)

FATICIDADE

2.5.1. Validade

Validade: de acordo com esta Camada 1, a norma jurídica é válida ou inválida.

2.5.1.a. Validade e rito de pertencimento: nesta Camada 1 de compreensão da norma jurídica, em sua dimensão técnico-jurídica, a validade é entendida como pertencimento da norma jurídica ao sistema jurídico. Afirmar que uma norma *pertence* ao sistema jurídico, ou que *não pertence* ao sistema jurídico, tem a ver com reconhecer que a norma jurídica foi formalmente estatuída,[5] pelo procedimento adequado, por autoridade competente, na forma da lei autorizante e ainda não foi revogada. Assim, o *rito de pertencimento*, enquanto rito de passagem da norma jurídica, para sua efetiva entrada no sistema jurídico significa a necessidade de *revestir-se* adequadamente, para receber a condição de *norma vinculante*. A *formalização* é o rito que confere condições a que a norma jurídica seja considerada válida. Na visão de Jürgen Habermas, o *código-Direito* estabelece uma *língua formal*, fundada na ideia de procedimentos e rituais, por meio da qual, torna possível a passagem de uma norma (religiosa; moral; técnica; social; políti-

---

[5] "Uma lei é válida quando seu alcance não ultrapassa os limites de seu domínio, e quando ela resulta de uma elaboração correta" (Telles Jr., *Iniciação na Ciência do direito*, 2001, p. 162).

ca; econômica) para o mundo das normas jurídicas, a partir de quando a norma passa a pertencer ao mundo dos significados do sistema jurídico.[6] Ainda, com Robert Alexy, é o sistema que define como e quais os requisitos a cumprir, para que passe a pertencer ao seu universo normativo.[7] Para esta Camada 1, vale ser formulada a seguinte máxima: *A norma jurídica válida deve existir autorizada por outras normas, perante um ordenamento jurídico-positivo e ser por ele reconhecida como "pertencente" após cumpridas as exigências formais e procedimentais.* Aqui, portanto, está-se diante de uma qualidade formal da norma jurídica, considerando-se as exigências sistêmicas (procedimento legislativo; prazo legal para sua criação; autoridade competente; forma ou revestimento), as exigências de moralidade do sistema jurídico (fraude; corrupção; desvios), considerando-se a correlação de compatibilidade entre as normas jurídicas (ilegalidade; inconstitucionalidade),[8] que recaem sobre a norma em processo de criação.

2.5.1.b. Validade, texto e relação: a noção de validade é uma das noções analíticas de maior importância para o sistema jurídico, e isso porque ela é *formalmente estruturante*. A noção de validade é tão central que alguns teóricos positivistas, a exemplo de Hans Kelsen, a converteram no centro de gravitação, fundamentação e discussão de todo o sistema jurídico e, inclusive, da própria *Teoria do Direito*. Na *Teoria Pura do Direito*, Hans Kelsen afirma: "O fundamento de validade de uma norma apenas pode ser a validade de uma outra norma".[9] A noção de validade está profundamente atrelada à noção de relação, e somente assim pode ser adequadamente compreendida. Das teorias positivistas, às teorias pós-positivistas, este ponto permanece inabalado na *Teoria do Direito*. A noção de validade tem muito a ver com a *inter-relação* entre as normas. Assim, quando se concebe um sistema jurídico, em sua totalidade, como um *sistema-de-relações-intricadas-de-textos*, percebe-se que o sistema jurídico opera conexões, onde a norma superior autoriza a norma inferior. Aliás, é deste modo que o *rito de pertencimento* acaba ocorrendo, quando a norma superior e anterior fixa as etapas, os prazos, os procedimentos e a forma de criação da norma inferior e posterior.[10] Assim, as *relações semio-normativas* definem os modos de realização da validade, que é peculiar a cada sistema jurídico-positivo.

2.5.1.c. Validade e promulgação: a norma jurídica será considerada válida após a sua promulgação, ou seja, após a prática do ato pelo qual, em processo legis-

---

[6] "(...) a validade do direito positivo é determinada, antes de tudo e tautologicamente, pelo fato de que só vale como direito aquilo que obtém força de direito através de procedimentos jurídicos válidos – e que provisoriamente mantém força de direito, apesar da possibilidade de derrogação, dada no direito" (Habermas, *Direito e democracia*, v. 1, 2003, p. 50).

[7] "Fala-se de um conceito desse tipo quando se diz que uma norma é juridicamente válida se foi promulgada por um órgão competente para tanto, segundo a forma prevista, e se não infringe um direito superior; resumindo: se foi estabelecida conforme o ordenamento" (Alexy, *Conceito e validade do direito*, 2011, p. 104).

[8] "L'antinomia fra norma costituzionale e norma legislativa consente alla Corte costituzionale di annullare la seconda..." (Barberis, *Introduzione allo studio del diritto*, 2014, p. 175).

[9] Kelsen, *Teoria pura do Direito*, 4. ed., 1976, p. 267.

[10] "(...) significa que ela foi elaborada por órgão competente em obediência aos procedimentos legais" (Diniz, *Lei de introdução ao Código Civil Brasileiro interpretada*, 16. ed., 2011, p. 69).

Capítulo XV | Direito, atributos e camadas normativas

lativo comum, a norma jurídica, tendo passado pelas etapas anteriores, recebe do Poder Executivo a autenticidade, ou seja, a declaração de seu pertencimento ao sistema jurídico-positivo (art. 66, e parágrafos, da CF/88).[11] Para aquelas modalidades de normas jurídicas que não se submetem à apreciação do Poder Executivo, a exemplo das Resoluções do Congresso (art. 59, inciso VII, da CF/88), vale a última etapa do procedimento de sua criação como equivalente à promulgação. É a partir daí que se considera a norma jurídica como válida, ou seja, como tendo procedido em conformidade com as exigências procedimentais e formais para a sua criação.

2.5.1.d. Validade e invalidade: a norma jurídica pode ser considerada inválida, ou seja, não pertencente ao sistema jurídico, caso desrespeite os quatro requisitos anteriormente citados: erro de procedimento; erro de prazo; erro de competência; e erro de forma. A má técnica legislativa pode esbarrar em vícios cometidos ao longo do procedimento administrativo, que levem à invalidação da norma jurídica. Some-se a estes quatro requisitos, a possibilidade de se averiguar o desvio de finalidade no processo legislativo, quando igualmente a norma jurídica poderá ser questionada em sua validade. A doutrina costuma afirmar que se considera o ato de criação de uma norma jurídica um ato jurídico e, por isso, esse ato pode estar eivado de vício que, conforme a gravidade, pode levar:[12] a) à inexistência da norma jurídica: no plano da existência, a norma jurídica nunca entrou para o sistema jurídico e, por isso, não pode sequer ser chamada de norma jurídica, pois está eivada de vício gravíssimo, a exemplo de um falso funcionário público ter praticado o procedimento de criação da norma jurídica. Assim, estas hipóteses são raras, mas quando ocorrem, se deve declarar que não há norma, pois nunca chegou a ser válida, para que se declare a sua invalidade; b) à invalidade da norma jurídica: no plano da validade, somente a norma jurídica válida pode ser invalidada, de modo que a norma inválida é aquela que está eivada de um vício grave em sua constituição, que leva à cassação de sua validade (erro de procedimento; erro de prazo; erro de competência; erro de forma), ou ao reconhecimento de que houve fraude (desvio de finalidade) ou, ainda, de que, apesar da norma seguir corretamente o rito de pertencimento, ela encontra incompatibilidade com norma superior (ilegalidade; inconstitucionalidade).[13]

2.5.1.e. Controle de validade: a cassação da validade de uma norma jurídica é um ato grave, pois retira seu pertencimento do sistema jurídico, e pode ser feito: a) pelo Poder Executivo (controle externo e preventivo): no momento de exercer o po-

---

[11] "A promulgação é, pois, o ato proclamatório pelo qual o que antes era 'projeto' passa a ser 'lei' e, consequentemente, a integrar o direito positivo pátrio" (Betioli, *Introdução ao direito*, 12. ed., 2013, p. 269).

[12] "Fora dos casos de verdadeira inexistência, a lei é em princípio inválida, sempre que for desrespeitada uma regra sobre a produção jurídica. Em geral, pode distinguir-se dentro da invalidade a nulidade e a anulabilidade" (Ascensão, *Introdução à ciência do Direito*, 3. ed., 2006, p. 280).

[13] "A lei inválida é lei ilegal, ou é lei inconstitucional, ou é lei ilegal e inconstitucional concomitantemente" (Telles Jr., *Iniciação na ciência do Direito*, 2001, p. 171).

der de sanção/veto sobre projeto de lei, o Poder Executivo exerce uma forma de controle externo e preventivo de legalidade e de constitucionalidade dos atos que lhe são submetidos; b) pelo Poder Legislativo (controle interno e de autocorreção): o poder de legislar envolve, durante o processo legislativo, a validação das normas jurídicas pelas comissões internas (arts. 32, IV e 101, do Regimento Interno do Congresso Nacional), visando à inclusão de emendas de modificação de projeto de lei, ou ainda, visam ao arquivamento de projeto de lei; mas, supondo-se vencido o período do processo legislativo, em que se aprecia o projeto de lei, e tendo a lei sido editada, o Poder Legislativo ainda pode editar norma jurídica revogadora. Em casos de erronias simples (digitação; numeração; omissão de texto), o legislador ainda pode fazer retificações de texto e publicação no Diário Oficial, mas, se isto ocorrer, as correções serão consideradas lei nova, conforme dispõe o § 4º do art. 1º da Lei de Introdução às Normas do Direito Brasileiro ("As correções a texto de lei já em vigor consideram-se lei nova"); c) pelo Poder Judiciário (correção externa): o Poder Judiciário, durante o processo legislativo, pode ser chamado a se manifestar, em sede de mandado de segurança, impetrado por parlamentar por violação do procedimento legislativo; ainda, o Poder Judiciário poderá ser chamado a se manifestar, após o processo legislativo, mediante o controle judiciário concentrado de inconstitucionalidade da norma, junto ao STF (diretamente), por meio de ação direta de inconstitucionalidade (ADIN), ou, por meio de ação de declaração de constitucionalidade (ADC), nos termos do art. 103, *caput*, da CF/88; ainda, após o processo legislativo, mediante o controle judiciário difuso da inconstitucionalidade da norma jurídica, mediante Recurso Extraordinário (REx), em ações concretas decididas em única ou última instância, se a decisão recorrida contrariar dispositivo da CF/88, declarar a inconstitucionalidade de tratado ou lei federal, julgar válida lei/ato de governo local contestado em face da CF/88, julgar válida lei local contestada em face de lei federal, nos termos do art. 102, inciso III, *a*, *b*, *c*, *d*, da CF/88; ainda, após o processo legislativo, o Poder Judiciário poderá exercer o controle judiciário da legalidade de norma jurídica em face da lei federal, nos termos do art. 105, inciso III da CF/88, via Recurso Especial (Resp), junto ao STJ, para causas decididas, em última ou única instância, que contrariem tratado ou lei federal ou negar-lhe vigência, julgar válido ato de governo local contestado em face da lei federal, der à lei federal interpretação divergente do que lhe haja atribuído outro tribunal.

2.5.2. Vigência

Vigência: de acordo com esta Camada 2, a norma jurídica é vigente ou não vigente.

2.5.2.a. Vigência e finitude: Nesta Camada 2, pressupõe-se que a norma, em primeiro lugar, tenha validade. E isso porque a vigência é a *medida temporal da validade*, ou seja, a qualidade da norma jurídica concernente à sua *finitude temporal*. Neste sentido, toda norma jurídica está estritamente atrelada à sua entrada/saída dinâmica do sistema jurídico. Aqui, vale a formulação da seguinte máxima: *Toda norma jurídica positiva deve agir circunscrita temporalmente*. Esta qualidade da norma jurídica está estritamente associada à possibilidade de ser invocada para uso, aplicação e concretiza-

Capítulo XV | Direito, atributos e camadas normativas

ção, por parte dos aplicadores das normas jurídicas.[14] É assim que a vigência permite: a) a quantificação temporal do pertencimento da norma jurídica ao sistema jurídico; e b) a invocação da norma jurídica para seu uso e aplicação.[15] Por via de regra, portanto, a norma está pronta para seu uso e aplicação, assim que vigente, sabendo-se que no Direito Penal, ela pode ser invocada mesmo antes do início da vigência, mas em caráter excepcional, na situação de *inovatio legis in bonam partem*, como decorrência do princípio *pro reo*.[16]

2.5.2.b. Vigência, publicação e esfera pública: a publicação da norma jurídica é o marco para a datação e cálculo da vigência normativa. E isso porque o *princípio da publicidade* das normas jurídicas é de fundamental importância para dar conhecimento geral e condições de uso às mesmas. A publicação tem um importante valor para a cultura do Direito, além de ser ingrediente estruturante das regras formadoras do sistema jurídico. E isso porque o veículo oficial, o Diário Oficial (do Município; do Estado; da União) é tornado o *elo de comunicação* das normas jurídicas com a *esfera pública*, de forma a que a publicação da norma jurídica opera a importante passagem dos comunicados do *poder burocrático*, transmutados em *poder comunicativo*, para entrarem em contato com a esfera pública e o *poder social*. É por meio da publicação que se opera a *conversação-semiótico-jurídica* da norma jurídica com os atores da esfera pública, alcançando-se conhecimento técnico e conhecimento geral da mesma. Em termos de *semiótica modal*, a publicação oficial tem este condão de ser um *fazer-saber* (comunicação oficial) que impõe um *dever-saber* (a todos os cidadãos). É certo que o *princípio da publicidade*, que rege todas as normas jurídicas, em quaisquer ramos do Direito, está baseado numa presunção, pois de fato é impossível que todas as pessoas conheçam todas as normas jurídicas, mas se os interessados quiserem conhecer as normas que lhes afetam mais diretamente, terão condições de fazê-lo.[17] Por isso, o art. 3º da Lei de Introdução às Normas do Direito Brasileiro afirma: "Ninguém se escusa de cumprir a lei, alegando que não a conhece".

2.5.2.c. Vigência e *vacatio legis*: o início da vigência pode utilizar-se ou não de tempo de vacância (*vacatio legis*), para que a sociedade possa conhecer a norma jurídica. Neste caso, há várias hipóteses: a) a norma jurídica menciona, geralmente em seu úl-

---

[14] "Vigência temporal é uma qualidade de norma atinente ao tempo de sua atuação, podendo ser invocada para produzir efeitos" (Diniz, *Compêndio de introdução à Ciência do Direito*, 22. ed., 2011, p. 417).

[15] "A vigência da lei é sua qualidade de estar em vigor. Lei vigente é lei pronta, já regendo os casos para os quais ela foi feita" (Telles Junior, *Iniciação na Ciência do Direito*, 2001, p. 193).

[16] "Observada a competência do órgão, em si e quanto à matéria, e a legitimidade de procedimento, podemos dizer que: uma lei existe formalmente após a sua promulgação; torna-se obrigatória, após a sua publicação; torna-se exigível, executável, com sua entrada em vigor; só então pode ser executada compulsoriamente, só então vige (...)" (Betioli, *Introdução ao Direito*, 12. ed., 2013, p. 271).

[17] "A publicação da lei constitui instrumento pelo qual se transmite a promulgação (que concebemos como comunicação da feitura da lei e de seu conteúdo) aos destinatários da lei. A publicação é condição para a lei entrar em vigor e tornar-se eficaz" (Silva, *Curso de direito constitucional positivo*, 34. ed., 2011, p. 529).

timo artigo, que a vigência se iniciará na data da publicação, quando se está diante da hipótese em que a data da publicação é tomada como a data do início da vigência da norma; b) a norma jurídica nada diz sobre o início da vigência, de forma que se aplica a regra geral do art. 1º da Lei de Introdução às Normas do Direito Brasileiro ("Salvo dispositivo contrário, a lei começa a vigorar em todo o país 45 dias depois de oficialmente publicada"), caso em que opera a vacância legal de 45 dias em território nacional, e, em se tratando de vigência da lei no estrangeiro, em 3 meses (art. 1º, § 1º); c) a norma jurídica declara de forma expressa a data específica, ou o prazo específico, de início de sua vigência, sendo que, nestas hipóteses, valerá o disposto na própria norma jurídica a respeito de sua vigência, a exemplo do art. 2.044 do Código Civil ("Este Código entrará em vigor 1 ano após a sua publicação"). Para efeitos de contagem dos dias da *vacatio legis*, deve-se considerar na contagem o dia da publicação e o último dia da vacância, e, assim, o dia seguinte será o dia de início da vigência, nos termos do disposto no art. 8º da Lei Complementar n. 95/98 ("A vigência da lei será indicada de forma expressa e de modo a contemplar prazo razoável para que dela se tenha amplo conhecimento, reservada a cláusula "entra em vigor na data de sua publicação" para as leis de pequena repercussão. § 1º A contagem do prazo para entrada em vigor das leis que estabeleçam período de vacância far-se-á com a inclusão da data da publicação e do último dia do prazo, entrando em vigor no dia subsequente à sua consumação integral. § 2º As leis que estabeleçam período de vacância deverão utilizar a cláusula "esta lei entra em vigor após decorridos (o número de) dias de sua publicação oficial"). O esquema a seguir permite visualizar de forma mais esquemática a *vacatio legis*.

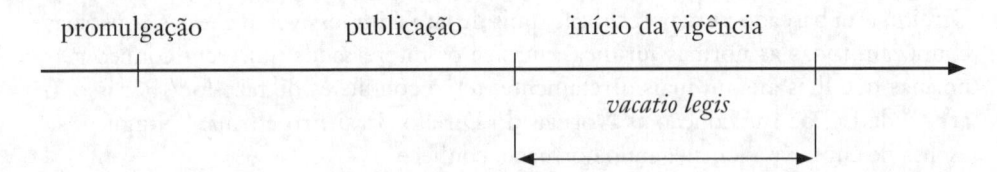

```
promulgação        publicação          início da vigência
────┼──────────────────┼──────────────────────┼──────────────►
                                  vacatio legis
                      ├◄─────────────────────┤
```

2.5.2.d. Vigência e revogação: a norma vigente perdura, a princípio, por *tempo futuro indeterminado*, até que outra a modifique ou revogue, ou até que o prazo de vigência definido pela lei temporária se expire, situação da caducidade, ou seja, a superveniência do tempo determinado nela previsto. Este é o disposto no art. 2º da Lei de Introdução às Normas do Direito Brasileiro ("Não se destinando à vigência temporária, a lei terá vigor até que outra a modifique ou revogue"). Assim, a revogação é a retirada da validade e da vigência de uma norma jurídica.[18] A revogação da norma jurídica (*lei revogada*) em face da *inovatio legis* (*lei revogadora*), retira a validade e a vigência da lei anterior,[19] isso pode se dar de duas formas, a saber: 1) quanto ao conteúdo: a) revogação total, ou ab-rogação, ou seja, quando a lei nova atinge o conteúdo completo

---

[18] "Revogar é tornar sem efeito uma norma, retirando sua obrigatoriedade. Revogação é um termo genérico, que indica a ideia da cessação da existência da norma obrigatória" (Diniz, *Lei de introdução ao Código Civil Brasileiro interpretada*, 16. ed., 2011, p. 87).

[19] "A revogação de uma lei, é a supressão da vigência dela. Revogá-la significa declará-la não mais em vigor. É tirar-lhe a vigência" (Telles Jr., *Iniciação na Ciência do direito*, 2001, p. 205).

da lei revogada, regulando toda a matéria nela disciplina; b) revogação parcial, ou derrogação, quando a lei revogadora atinge apenas parte do conteúdo da lei antiga, deixando-a em parte ainda válida e vigente; 2) quanto à forma:[20] a) revogação tácita: a revogação tácita, normalmente usada através da cláusula revocatória geral e inespecífica ("Revogam-se todas as disposições em contrário"), sem que sejam apontadas as leis ou os dispositivos específicos atingidos pela lei; b) revogação expressa: a revogação expressa se manifesta pela atitude do legislador de mencionar por expresso, e explicitar textualmente, quais os dispositivos revogados pela *lei revogadora*. Este é o disposto no § 1º do art. 2º da Lei de Introdução às Normas do Direito Brasileiro: "A lei posterior revoga a anterior quando expressamente o declare, quando seja com ela incompatível ou quando regule inteiramente a matéria de que trata a lei anterior". Ademais, deve-se dizer que a revogação tem efeito *ex nunc*, ou seja, retira a validade e a vigência daqui para frente. Ademais, o art. 6º da Lei de Introdução às Normas do Direito Brasileiro dispõe que serão preservadas as situações que estiveram sob a abrangência da lei anterior, tais como o direito adquirido (art. 6º, § 2º: "Consideram-se adquiridos assim os direitos que o seu titular, ou alguém por ele, possa exercer, como aqueles cujo começo do exercício tenha termo prefixo, ou condição preestabelecida inalterável, a arbítrio de outrem"), a coisa julgada (art. 6º, § 3º: "Chama-se coisa julgada ou caso julgado a decisão judicial de que já não caiba recurso") e o ato jurídico perfeito (art. 6º, § 1º: "Reputa-se ato jurídico perfeito o já consumado segundo a lei vigente ao tempo em que se efetuou"), em função da necessidade de ser preservada a segurança jurídica. Este é um comando do sistema jurídico que, inclusive, foi reforçado por determinação constitucional, contida no art. 5º, inciso XXXVI ("a lei não prejudicará o direito adquirido, o ato jurídico perfeito e a coisa julgada"). Deve-se sempre observar as regras de transição previstas pela norma jurídica revogadora, na medida em que, considerando a complexidade das situações fáticas em curso, as disposições finais e transitórias das leis (exs.: arts. 2.028 a 2.046 do CC; arts. 1º a 98 do Ato das Disposições Constitucionais Transitórias) costumam prever regras de adaptação entre o regime da *lei revogada* em face da *lei revogadora*. Por fim, numa perspectiva de História do Direito, ainda vale dizer que as *normas revogadas* não são simplesmente eliminadas do sistema jurídico, qual se desaparecessem de seu interior, pois ao terem se tornado inúteis para a regulação e regência das novas situações fáticas, aquelas que foram sob sua vigência reguladas, estarão protegidas pelo *vigor* da lei. O significado das *normas revogadas* é enorme, enquanto sejam vistas como *etapas de um processo de afirmação de direitos*, e, por isso, fazendo parte da linhagem de normas que vieram construindo, passo a passo, as conquistas dos direitos em etapas mais avançadas da história.

2.5.2.e. Vigência e irretroatividade: a *lei revogadora* lança-se para colher casos futuros, por via de regra, não colhendo situações passadas. É isso o que dispõe o art. 6º, *caput*, da Lei de Introdução às Normas do Direito Brasileiro: "A lei em vigor terá efeito imediato e geral...". Por isso, a *irretroatividade*, ou seja, a não incidência sobre

---

[20] "Uma norma deixa de existir quando se promulga outra norma com a finalidade de revogá-la expressa ou tacitamente" (Raz, *O conceito de sistema jurídico*: uma introdução à teoria dos sistemas jurídicos, 2012, p. 85).

situações passadas, é a regra geral. Mas, este princípio de irretroatividade não é absoluto, e sim relativo, em face de regimes políticos de exceção e de violações de direitos humanos. Aqui, mais importante que o *princípio da segurança jurídica* é o *princípio da justiça*, somado à *imprescritibilidade* dos crimes fundados em graves violações dos direitos humanos a exemplo do disposto no art. 2º da Lei n. 10.559/2002.

2.5.2.f. Vigência e repristinação: a repristinação corresponde à hipótese do retorno à validade e vigência de uma lei revogada, caso a sua lei revogadora seja ela também, posteriormente, revogada. Este é o comando do art. 2º, § 3º, da Lei de Introdução às Normas do Direito Brasileiro ("Salvo disposto em contrário, a lei revogada não se restaura por ter a lei revogadora perdido a vigência"). Assim, em poucas palavras, é proibido, por via de regra, o *retorno automático* da lei revogada, valendo, portanto, a lógica da não repristinação. Assim, caso o legislador intente o retorno da lei revogada, deverá fazê-lo por expresso, ou ainda, o que é melhor, reeditá-la.

2.5.2.g. Vigência e caducidade: a caducidade se dá com a implementação do tempo de vigência previsto e delimitado pela própria lei (geralmente, se trata de lei temporária, que prevê a data de seu próprio término), na medida em que alcança o seu objetivo regulatório cronologicamente delimitado. Ao se expirar o arco temporal de vigência (ex.: 3 meses) ou ao dar-se o termo *a quo* especificado na lei (ex.: dia 10-03-2023), a lei caduca.[21]

2.5.3. Vigor

Vigor: de acordo com esta Camada 3, a norma jurídica tem vigor ou é ultrativa.

2.5.3.a. Vigor e força vinculante: numa Camada 3, considera-se que a norma jurídica que tenha perdido sua validade e sua vigência, possa ter vigor e ser invocada, mesmo que aqueles atributos estejam ausentes, no momento de uma decisão jurídica. Em verdade, o conceito de vigor revela a força vinculante da norma jurídica, que incidiu sobre as situações fáticas à época de sua validade e vigência, e, assim, a imperatividade de sua incidência sobre casos concretos. Assim, o vigor da norma jurídica é o atributo atinente à sua força vinculante durante o período de sua validade e vigência. Por isso, para esta Camada, pode-se formular a seguinte máxima: *Toda norma jurídica que incidir sobre fatos à época de sua vigência, pode ser invocada para decisão judicial.* O Código Penal, em seu art. 3º, trata da matéria, da seguinte forma: "A lei excepcional ou temporária, embora decorrido o período de sua duração ou cessadas as circunstâncias que a determinavam, aplica-se ao fato praticado durante sua vigência".

2.5.3.b. Vigor e atividade judicial: não é raro que decisões judiciais sejam proferidas muitos anos após ocorridos os fatos. Muitas vezes, no momento de proferir a decisão judicial, um juiz poderia se deparar com o fato de que a norma jurídica que

---

[21] Em idêntica formulação, também, no Direito de Portugal: "Na eventualidade de se ter fixado um prazo de vigência, a lei caduca no termo indicado; trata-se de lei a que foi atribuída vigência temporária, nos termos do art. 7º, n. 1, CC" (Martinez, *Introdução ao estudo do direito*, 2021, p. 198).

iria ser aplicada, se encontra contestada por uma das partes, em função de ter sido revogada. Em sua atividade judicial, o juiz não deve se perguntar se a norma jurídica ainda é válida à época da decisão judicial, mas se era válida e vigente à época da ocorrência dos fatos. Se a resposta for positiva, então o juiz poderá invocar o vigor da norma, à época da decisão, que significa a sua ultratividade, para tornar inescapável a conduta à época em que os fatos se encontravam sob a incidência da lei vigente à época. Assim, o vigor age como imperatividade da norma jurídica, à época de sua incidência temporal, ainda que tenha perdido sua vigência à época da decisão; o vigor, na atividade judicial, significa um importante elemento a amparar decisões de forma a absorver a força vinculante da norma jurídica da qual não se pode subtrair aquele que praticou determinado ato sob a sua vigência.[22]

2.5.4. Eficácia

Eficácia: de acordo com esta Camada 4, a norma jurídica é eficaz ou ineficaz.

2.5.4.a. Eficácia e sociedade: Nesta Camada 4, a norma jurídica se reporta de forma mais direta ao plano da *facticidade*, e aqui se procura verificar a sua relação com o processo social de geração de adesão dos comportamentos ao preceito normativo,[23] pela aceitação prática que produz e à produção de efeitos concretos, reais, efetivos.[24] A eficácia tem a ver com a produção de efeitos práticos pelas normas jurídicas, quando são absorvidas pela sociedade. O termo eficácia (*efficio*, lat.) designa o fazer, efetuar, causar, ocasionar. Não por outro motivo, muitos autores, como Jürgen Habermas,[25] e, também, Robert Alexy,[26] chamam a eficácia de validade social. Esta Camada é tão importante e relacionada às demais, que, por exemplo, Hans Kelsen chega a afirmar que a *eficácia* determina e condiciona a *validade* da norma jurídica.[27] Para esta Camada,

---

[22] "É preciso não olvidar, ainda, que uma norma não mais vigente, por ter sido revogada, poderá continuar vinculante, tendo vigor para casos anteriores à sua revogação, produzindo efeitos, entre o fato de que se deve respeitar o ato jurídico perfeito, o direito adquirido e a coisa julgada (CF 5º, XXXVI; LI, art. 6º § 1º e 3º)" (Diniz, *Lei de introdução ao Código Civil Brasileiro interpretada*, 16. ed., 2011, p. 70).

[23] "O problema da eficácia da norma jurídica diz respeito à questão de se saber se os seus destinatários ajustam ou não seu comportamento, em maior ou menor grau, às prescrições normativas ..." (Diniz, *Compêndio de Introdução à Ciência do Direito*, 2011, p. 424).

[24] "A eficácia da lei é sua maior ou menor aptidão de produzir, de fato, os efeitos queridos por seus autores. É, em suma, a sua eficiência prática, nos casos reais de que é vigente" (Telles Jr., *Iniciação na ciência do Direito*, 2001, p. 193).

[25] "A *validade social* de normas do direito é determinada pelo grau em que consegue se impor, ou seja, pela sua possível aceitação fática no círculo dos membros do direito" (Habermas, *Direito e democracia*, v. 1, 2003, p. 50 – grifo nosso).

[26] "O objeto do conceito sociológico de validade é a validade social. Uma norma é socialmente válida quando é observada ou quando sua não observância é punida" (Alexy, *Conceito e validade do direito*, 2011, p. 101).

[27] "A eficácia da ordem jurídica como um todo e a eficácia de uma norma jurídica singular são – tal como o ato que estabelece a norma – condição de validade. Tal eficácia é condição no sentido de que uma ordem jurídica como um todo e uma norma jurídica singular, já não são consideradas como válidas quando cessam de ser eficazes" (Kelsen, *Teoria pura do direito*, 1976, p. 230).

pode-se formular a seguinte máxima: *Toda norma jurídica deve induzir condutas concretas em sociedade.*

2.5.4.b. Eficácia e adesão social: Para que uma norma jurídica seja capaz de gerar adesão e uso social de seus conteúdos é necessário observar que avança sobre a *totalidade dos fatores* que determinam e condicionam a realidade social. Então, alcançar eficácia é um desafio a toda norma jurídica. Aqui é que se percebe o quanto a norma jurídica irá entrar em atrito com *resistências culturais* (quadro antropológico), *resistências históricas* (quadro histórico), *resistências sociais* (quadro sociológico), *resistências econômicas* (quadro econômico), e *resistências políticas* (quadro político). É fato que toda norma jurídica, para que gere adesão social, deve ultrapassar, ainda, várias barreiras adicionais, tais como, ser conhecida, ser plausível a sua aplicação, ser tecnicamente factível sua implementação, ser fiscalizada e aplicada pelas autoridades administrativas e judiciárias. Assim, as razões da ineficácia de uma determinada norma jurídica devem sempre ser analisadas circunstancialmente. Por isso, o jurista deve saber que a eficácia, ou validade social, completa o ciclo de *luta social por direitos*, cuja primeira etapa se estabelece na *luta pelo reconhecimento dos valores*, e, numa segunda etapa, se estabelece na *luta pela positivação dos direitos*, para, enfim, encontrar numa terceira etapa a *luta pela eficácia dos direitos*, o que envolve, mobilização das forças sociais, cobrança do poder público, exercício de políticas públicas e diversas tarefas práticas de implementação.

2.5.4.c. Eficácia, ineficácia, desuso e costume negativo: a ineficácia da norma jurídica leva ao desgaste simbólico, à inoperância prática e à indiferença social ao seu conteúdo. Porém, a norma ineficaz pode, mesmo assim, continuar válida por anos dentro do sistema jurídico, até que outra a revogue ou modifique. A ineficácia pode ser dar por desuso ou por costume negativo. Na situação da ineficácia por desuso, dá-se a perda da eficácia em função de alterações, mudanças e dinâmica da própria sociedade, que se modifique, enquanto as leis estão paradas no tempo, conduzindo a uma desatualização do texto da norma jurídica. Uma vez constatada uma norma jurídica ineficaz por desuso, a atitude do legislador deveria ser a de revogar a norma, atualizando-a se possível. A atitude do juiz, ao constatar uma norma jurídica ineficaz por desuso, deveria ser a de deixar de aplicá-la, fundamentando sua decisão jurídica e demonstrando as evidências do desuso. Na situação da ineficácia por costume negativo, a perda da eficácia da norma jurídica se dá em função de uma contestação consciente e explícita ao mandamento contido na norma jurídica, desafiando a validade formal da norma jurídica e criando irreverência social à sua obrigatoriedade. A atitude do legislador deveria ser a de rever o conteúdo da norma contestada, para verificar se existe um descompasso entre norma e realidade social, atualizando-a se possível. A atitude do juiz, ao constatar uma norma jurídica ineficaz por costume negativo, deveria ser a de avaliar a situação concreta e a generalidade da contestação da norma, para deixar de aplicá-la somente em casos de maior alarme social, fundamentando sua decisão jurídica e demonstrando que a norma se encontra sob contestação social.

2.5.4.d. Situações de ineficácia: existem, pois, muitas situações geradoras de ineficácia das normas jurídicas, tais quais se podem aqui identificar: a) a norma jurídica é ineficaz porque não produz efeitos nos destinatários (baixo grau de adesão social); b) a norma jurídica é ineficaz porque não possui condições técnicas para sua implementação (norma de eficácia contida; norma de eficácia limitada); c) a norma jurídica é ineficaz porque as autoridades não a aplicam (rejeição da comunidade jurídica aplicadora); d) a norma é ineficaz porque a exigência nela contida é impraticável (falta de recursos/instrumentos para implementá-la); e) a norma jurídica é ineficaz porque não há cobrança do comportamento (falta de fiscalização); f) a norma jurídica é ineficaz porque está desatualizada (desuso); g) a norma jurídica é ineficaz porque está sob contestação social (costume negativo).

2.5.4.e. Ineficácia, efetividade e sistema jurídico: não são poucos os autores que fazem a diferença entre eficácia e efetividade,[28] quando a questão é a de ineficácia geral das normas jurídicas, a ponto de comprometer o sistema jurídico. Por isso, a ineficácia pode atingir apenas uma norma jurídica, ou algumas normas jurídicas, setorialmente. Até certo ponto, a ineficácia de parte do sistema jurídico é normal, em função de uma série de fatores. No entanto, a ineficácia *crônica* e *generalizada* do sistema jurídico compromete, de modo perigoso, a legitimidade do Direito, e por isso, desperta a atenção do sociólogo do Direito.[29] Assim, em situações de crise de eficácia, o sistema jurídico passa a ser contestado como um todo, e o resultado pode ser o início de *crises institucionais*, ou ainda, de *processos revolucionários*. A gravidade, a persistência e a continuidade da ineficácia sistêmica do Direito podem gerar dúvidas de credibilidade, eficiência, justiça ou correção do funcionamento das instituições, gerando comportamentos sociais autorizadores da negação do sistema, tais como o fortalecimento do crime organizado, negando-se a saída pela cultura do Direito e das instituições do Estado Democrático de Direito.

2.5.4.f. Ineficácia, reforma e sistema jurídico: a simples constatação da crise de ineficácia crônica do sistema jurídico deveria ser alvo de atitudes de reforma das instituições, dos procedimentos e das concepções que organizam e estruturam o sistema jurídico. Não por outro motivo, certas exigências aparecem na pauta para reorganizar as tarefas em torno do funcionamento do sistema de justiça (eficiência; correção; confiabilidade; ampliação; segurança; eficiência resolutiva; transparência; acessibilidade; democratismo; inclusão), visando ao melhor cumprimento de suas tarefas e função social.

---

[28] A exemplo de Alfonso Catania: "Il termine effettività, che rimanda a parole come 'effettuale'. 'di fatto', 'fattuale', e d'altra parte a 'efficace', 'sucro', 'concreto', non sembra di per sé avere un referente preciso, anche nello stesso ambito giuridico, dove, come è visto, viene sostituito da termini come 'osservato', 'reale', 'comportamentale'" (Catania, *Manuale di teoria generale del diritto*, 2010, p. 108).

[29] Como aponta Alberto Febbrajo: "Una disapplicazione generalizzata, anche se non produce diritto efficace, non è tuttavia irrilevante per il sociologo del diritto, che potrà cercare di chairire per quali particolari contenuti normativi e sotto quali condizioni si verifichi una diffusa volontà da ignorare il diritto scritto" (Febbrajo, *Sociologia del diritto* 2. ed., 2013, p. 89).

2.5.5. Justiça

Justiça: de acordo com esta Camada 5, a norma jurídica é justa ou injusta.

2.5.5.a. Justiça e conteúdo normativo: Nesta Camada 5, alcança-se o nível mais profundo de compreensão da norma jurídica, na medida em que se alcança a fina relação entre legislador e sociedade, e que tem a ver com a avaliação do conteúdo de justiça nela contido. Para esta Camada 5, vale a máxima: *Toda norma jurídica deve traduzir anseios de justiça e representar interesses legítimos de seus destinatários*. Assim, a norma pode chegar ao ponto de deixar de ser uma norma jurídica, em função do fato de ser uma norma extremamente injusta, conforme afirma Robert Alexy.[30]

2.5.5.b. Justiça e norma jurídica: Toda norma jurídica tem por vocação participar do equilíbrio social geral, regulando condutas sociais. Ainda que o debate sobre justiça seja complexo – tema que deve ser aprofundado mais adiante, em outro capítulo –, e reflita muito as "significações histórico-sociais" do justo/injusto, a justiça é o que leva à transitoriedade dos conteúdos legais. É desta forma que se pode verificar que a "exigência de justiça" significa, seguindo-se a teoria de Jürgen Habermas, que um princípio de discurso (D) e um princípio de universalidade (U) são aplicados aos conteúdos de justiça de cada norma jurídica.[31] É assim que essa "exigência de justiça" leva à vinculação do Estado Democrático de Direito ao dever de substituição de normas injustas derrogáveis por normas mais justas, em termos de liberdade, solidariedade, igualdade, inclusão, ordem, diversidade, paz, segurança, progresso, redistribuição, proteção social. E, aqui, retornamos ao início da exposição, pois se a norma é injusta, ela pode estar válida, mas deve ser substituída por outra mais justa conforme os avanços de compreensão da sociedade, observados os atributos ético, político, histórico e social.

2.5.5.c. Justiça e democracia: Se não há verdades semânticas estáveis, fundamentos metafísicos ou verdades essenciais a serem buscadas atrás das normas jurídicas, e que possam ser antecipadas como conteúdo de justiça, atualmente, e, considerando o quadro dos debates da *Filosofia Política* dos anos 1980/1990, especialmente o debate entre liberais e comunitaristas, se evidencia a importância de se pensar a jus-

---

[30] "As normas individuais perdem seu caráter jurídico e, com isso, sua validade jurídica quando são extremamente injustas" (Alexy, *Conceito e validade do direito*, 2011, p. 110).

[31] "Questões de justiça referem-se a pretensões contestadas em conflitos interpessoais, que nós podemos julgar imparcialmente a partir de normas válidas. Essas normas, por sua vez, têm que passar por um teste de generalização que examina o que é igualmente bom para todos. Assim como 'verdadeiro' é predicado para a validade de proposições assertóricas, 'justo' é um predicado para a validade das proposições normativas gerais que expressam mandamentos morais. Por isso, a justiça não é um valor entre outros valores (*Deshalb ist Gerechtigkeit kein Wert unter anderen Werten*). Valores concorrem sempre com outros valores. Eles exprimem quais bens determinadas pessoas ou coletividades ambicionam ou preferem em determinadas circunstâncias. Somente na perspectiva delas os valores podem ser trazidos para uma ordem transitiva. Por conseguinte, a pretensão de validade da justiça é absoluta, como a dos valores: mandamentos morais pretendem validade para todos e cada um em particular" (Habermas, *Direito e democracia*, I, p. 193).

Capítulo XV | Direito, atributos e camadas normativas

tiça associada a processos democráticos, onde o *debate público* é capaz de significar a gênese procedimental de conteúdos normativos.

CASO PRÁTICO
O CASO DA PANDEMIA DE CORONAVÍRUS

Durante a pandemia mundial do coronavírus, inúmeras atividades e serviços são suspensos, e, enquanto medidas excepcionais são tomadas pelas autoridades públicas, a população procura se adaptar a uma rotina de redução drástica de convívio social, cuidados de saúde e higiene, bem como a uma rotina de confinamento. À medida que as notícias se espalham pelas redes sociais, pela mídia e pelas medidas governamentais, a população vai alastrando notícias verdadeiras e falsas. Todos os setores da sociedade são, igualmente, atingidos pelos efeitos de uma paralisação de atividades sem precedentes.

Ao final da primeira semana de retração de atividades nas ruas e de redução da rotina de trabalho, o governo lança uma série de medidas, decretando estado de calamidade pública, e baixando medidas excepcionais, válidas para todo o país. Muitas pessoas, atordoadas pelo conjunto de notícias, desenvolvem sintomas de histeria coletiva, desorientação e passam a praticar comportamentos antissociais. O alarme social faz com que os alimentos comecem a acabar, as atividades profissionais se reduzem ao máximo, e o ritmo de metrópoles, cidades e vilas é inteiramente alterado. O desabastecimento também colabora para um cenário preocupante. Na cidade de Atalaia, não muito distante da capital do Estado de Alagoas, Maceió, irá assistir a uma cena inusitada, para uma pacata cidade de interior.

Josias, um trabalhador rural da região, conhecido pelo comportamento rude com as pessoas, recentemente despedido da fazenda onde trabalhava, em função da crise, comparece ao mercadinho local, procurando "leite, pão, carne seca, arroz, farinha, feijão e milho". Afinal, diante da tendência de estocar alimentos, Josias toma as providências para ter o essencial em sua casa. A sobrevivência é a grande preocupação de Josias, não propriamente a sua, pois "já viveu todas as rudezas da vida", mas a de sua família, tendo em vista que, em sua casa, a sua família, constituída de mulher e mais duas filhas menores, o aguardam ansiosamente, para saber se haveria "o que comer para o jantar". Mas, ao chegar ao mercado, verifica que muitas pessoas já haviam tomado a mesma atitude, só que com ainda muito mais antecedência, de modo que as prateleiras se encontravam muito vazias, dispondo apenas de alguns produtos restantes. Farinha, por exemplo, já não havia mais.

No mesmo mercadinho, se encontra outro consumidor, Pedro. Verificando que as prateleiras estão vazias, Pedro se apressa em pegar um carrinho de compras, e vai pegando aleatoriamente "o que ainda está disponível". Em seu carrinho estão vários mantimentos e demais produtos de limpeza: álcool, sabao em barra, legumes, sal, café, leite, frango etc. Sua atitude no mercado é devoradora e ligeiramente incômoda, pois parece não se preocupar com outras pessoas.

Quando Josias encosta na prateleira para procurar leite, verifica que nada há mais. Pedro cruza por Josias, e este pôde perceber que mais de 12 garrafas de leite seguem em seu carrinho. Josias lamenta e segue procurando os seus produtos. Quando chega no fundo do mercadinho, onde encontra ainda 3 pacotes de feijão e 2 pacotes de arroz, se aproxima, mas, rapidamente, Pedro ali encosta, com a atitude de quem irá avançar sobre as últimas unidades restantes. Mas, então, Josias não resiste e diz: "Não vê que tirou todo o leite do mercado, e eu vim buscando somente isto!". Pedro mal responde a Josias, sussurrando: "Cada um por si...". Olha para a prateleira, e avança nos três pacotes de feijão. Josias pega no braço de Pedro e diz: "Olha aqui, colega, ou vamos dividir, ou vai morrer gente aqui". Pedro retruca, se afastando: "Não tenho medo de cara feia". E, nisto, Josias tira a sua faca e desfere três golpes mortais em Pedro. Josias verifica que não havia ninguém no local, e, assustado pelo seu próprio comportamento, ainda afirma: "Nestas condições, só vive o mais forte. Não morro de vírus e nem de fome!". Paga suas contas, e vai embora do local, para abastecer a sua casa, e ser preso algumas horas depois.

Meses depois, o caso vai a julgamento, na pequena cidade, ainda de luto pelo ocorrido.

1. Na condição de advogado(a) criminal de defesa de Josias, sustente a versão de que ele agia, em situação extrema, em contexto de pandemia e desespero, para garantir a sobrevivência de sua família, sabendo-se que Pedro agia de forma egoísta e como consumidor descontrolado. Os seus argumentos devem explorar com clareza a condição social do réu, sua situação de desempregado e a situação excepcional provocada pela pandemia do coronavírus. Nos argumentos técnicos, diante da hipótese de exclusão de ilicitude ser acolhida pelo júri, invoque e discuta o disposto no art. 23 do Código Penal ("Não há crime quando o agente pratica o fato: I – em estado de necessidade") e 24 do Código Penal ("Considera-se em estado de necessidade quem pratica o fato para salvar de perigo atual, que não provocou por sua vontade, nem podia de outro modo evitar, direito próprio ou alheio, cujo sacrifício, nas circunstâncias, não era razoável exigir-se"), mobilizando os conceitos de validade, vigência, vigor, eficácia e justiça da norma penal, aplicando-os ao caso concreto.

2. Atuando como promotor(a) do caso, e defendendo a tese de que o réu deve ser condenado, por ter cometido ato ilícito, típico e antijurídico, não cabendo em seu favor a exclusão de ilicitude. Em exposição oral perante o corpo de jurados, destaque as duas possibilidades que podem orientar a decisão dos jurados: i) a de que o réu deve ser condenado pelo assassinato, fundando-se no argumento de que a lei penal do país não foi revogada e nem é lei temporária, estando plenamente válida e vigente; discuta os conceitos de validade, vigência, vigor, eficácia e justiça, aplicados ao caso, favorecendo-se a sua tese processual; contra-ataque a posição do(a) advogado(a) de defesa(a) afirmando que, caso a lei penal fosse temporária, o vigor da lei penal deveria atingi-lo da mesma forma; ainda, demonstre que os decretos de calamidade pública, ainda que considerada a situação excepcional da pandemia, não têm o condão de revogação do Código Penal brasileiro, discutindo o conceito de validade da norma penal; ii) caso os jurados estejam tendentes a considerar que há escusas para a conduta de Josias, defenda a segunda forma de condená-lo, baseando-se na tese do excesso punível (art. 23, parágrafo único, do Código Penal: "O agente, em qualquer das hipóteses deste artigo, responderá pelo excesso doloso ou culposo").

CAPÍTULO XVI
SUBSISTEMAS SOCIAIS E SISTEMA JURÍDICO: ORDEM, ESTRUTURA E FUNCIONAMENTO

Sumário: 1. O conceito de direito e o conceito de sistema jurídico; **2.** A autonomia relativa do sistema jurídico; **3.** Sistema jurídico e sociedade moderna; **4.** Sistema jurídico e razão moderna; **5.** A representação e a justificação do sistema jurídico; **6.** Teorias sobre o sistema jurídico: **6.1.** Teoria normativista; **6.2.** Teoria dos sistemas; **6.3.** Teoria do discurso; **6.4.** Teoria semiótica: **6.4.1.** Semiótica: estudo dos sistemas de significação; **6.4.2.** Juridicidade, signos e textos jurídicos; **6.4.3.** O conceito semiótico de sistema jurídico; **6.4.4.** Características do conceito semiótico de sistema jurídico; **6.4.5.** A representação semiótica do sistema jurídico; **7.** Sistema jurídico, função social e justiça; Caso prático.

1. O CONCEITO DE DIREITO E O CONCEITO DE SISTEMA JURÍDICO

Já se tendo estudado a noção de *norma jurídica*, e, também, os *atributos das normas jurídicas*, considerando-se as *normas jurídicas* em meio às demais *normas sociais*, tornou-se possível passar em direção à ampliação do horizonte para o estudo da noção de *sistema jurídico*. A noção de *sistema* é de fundamental importância para a compreensão do funcionamento dos ordenamentos jurídicos modernos. Do ponto de vista etimológico, o termo *sistema* é de origem grega, e designa "aquilo que está em conjunto".[1] É nesse sentido que se costuma falar de sistema orgânico, sistema elétrico, sistema mecânico. E, é também nesse sentido, que se irá falar de sistema político, sistema econômico, sistema social e, portanto, de *sistema jurídico*. Tornou-se, assim, usual e corrente na linguagem jurídica contemporânea a associação entre sistema, sistema jurídico e ordenamento jurídico, de modo que as expressões são constantemente utilizadas como sinônimas, como constata Norberto Bobbio.[2] Mas, o que há

---

[1] "O étimo é claro e indiscutível: *systéma* deriva de *sýn*, 'conjunto', e *isthanai*, 'estar'" (Losano, *Sistema e estrutura no Direito*, v. 1, 2008, p. 09).

[2] "Na linguagem jurídica corrente o uso do termo 'sistema' para indicar o ordenamento jurídico é comum. Nós mesmos, nos capítulos anteriores, usamos às vezes a expressão 'sistema normativo' em vez de 'ordenamento jurídico', que é mais frequentemente usado. Mas, qual seja exatamente o significado da palavra 'sistema', referido ao ordenamento jurídico, geralmente não é esclarecido" (Bobbio, *Teoria do ordenamento jurídico*, 10. ed., 1999, p. 75).

que se ressaltar é que o *processo de construção* dessa *equivalência terminológica* esconde uma longa trajetória de entendimentos e desentendimentos, até a absorção da noção de *sistema jurídico* pelo dicionário da linguagem jurídica contemporânea, sabendo-se que o século XIX é determinante nesta virada terminológico-conceitual.[3]

Ademais, essa noção é também fundamental para a *Teoria do Direito*, especialmente considerada a abordagem analítica do Direito, assim como Joseph Raz aponta,[4] e está estritamente associada a um campo de outras questões, anteriormente visitadas, tais como o conceito de Direito, o conceito de norma jurídica, a coordenação de esforços para fins de se alcançar a justiça, o funcionamento das relações entre normas e demais elementos do Direito,[5] o fundamento último que sustenta a existência das cadeias de textos jurídicos.

Por isso, o conceito de *sistema jurídico* é tão significativo, central e importante para a compreensão do Direito. E, nesse sentido, quando se avança em direção à compreensão deste conceito, por mais que se observem variados conceitos na doutrina a respeito do conceito de *sistema jurídico*, acompanhando a análise de Claus Wilhelm Canaris,[6] o que se percebe é que sempre serão encontrados estes traços internos comuns em sua descrição: 1) ordenação (ou organização); e 2) unidade (ou centralidade).[7]

Isso nos habilita a compreender que o *sistema jurídico* reúne e coordena vários de seus elementos internos. Mas, então, a pergunta passa a ser: quais são estes elementos internos? E, se conseguirmos responder a esta pergunta, de modo a já avançar em direção à definição de *sistema jurídico*, se pode encontrar amparo naquela concepção esposada pelo jurista português Miguel Teixeira de Sousa, para quem: "O sistema jurídico é constituído por princípios e regras jurídicas, distingue-se de outros sistemas normativos por um critério próprio de validade aplicável a esses princípios e a essas regras e, por fim, constitui um conjunto consistente de princípios e regras".[8] Mas, a noção de *sistema jurídico* deveria comportar a possibilidade de afirmá-lo nos seguintes termos: *sistema jurídico é um sistema complexo de instituições, ações, poderes,*

---

[3] "A contar de la codificación y la teoria jurídica del siglo XIX, se comenzó a concebir al derecho como un sistema, especialmente tras la clássica obra de Karl Frederich von Savigny: *Sistema de Derecho Romano Actual*. Esto implico que el principio de jerarquia se comenzó a aplicar al conjunto de fuentes del derecho, otorgándose a cada una de ellas un lugar preciso dentro de las mismas" (Perelló, *Teoría y fuentes del Derecho*, 2016, p. 77).

[4] "A teoria de natureza dos sistemas jurídicos é um dos principais elementos da parte analítica da filosofia do direito" (Raz, *O conceito de sistema jurídico*: uma introdução à teoria dos sistemas jurídicos, 2012, p. 279).

[5] "O direito é a ordem normativa vigente em cada sociedade, destinado a estabelecer os aspectos fundamentais de convivência que condicionam a paz social e a realização das pessoas, que se funda em critérios com exigência absoluta de observância" (Ascenção, *Introdução à Ciência do Direito*, 3. ed., 2005, p. 200).

[6] "Há duas características que emergiram em todas as definições: a da ordenação e a da unidade; elas estão uma para a outra, na mais estreita relação de intercâmbio, mas são no fundo de separar" (Canaris, *Pensamento sistemático e conceito de sistema na ciência do direito*, 3. ed., 2002, p. 12).

[7] "(...) o que interessa reter é que a noção de sistema sempre engloba duas ideias: relação e organização" (Pugliesi, *Por uma Teoria do Direito*, 2005, p. 264).

[8] Sousa, *Introdução ao direito*, 2012, p. 240.

Capítulo XVI | Subsistemas sociais e sistema jurídico

competências, atribuições, órgãos, procedimentos e práticas, fontes jurídicas, regras e princípios, regido por postulados fundamentais, visando à realização de justiça dinâmica para a coordenação da ação social. Esse conceito de *sistema jurídico*, sem dúvida mais amplo, ajuda a destacar certos de seus elementos, e, também, a verificar que não se está apenas diante de um puro sistema de normas jurídicas, um puro sistema lógico, um puro sistema de conceitos, como certas linhas teóricas já vieram a sustentar.[9] Este ponto é importante e gera diversos troncos de análise na *Teoria do Direito*. Robert Alexy, por exemplo, chega a distinguir sistema jurídico como *sistema de procedimentos* e como *sistema de normas jurídicas*.[10] Santi Romano[11] e Carlos Santiago Nino identificam a importância de reconhecer que o Direito é um *sistema de instituições*.[12] Na mesma toada, um autor da tradição de *common law*, como o jurista Neil MacCormick, vai apontar para a ideia de que o sistema jurídico não está no mundo das ideias, mas no mundo social real.[13] Por sua vez, Jürgen Habermas elabora o Direito como sistema empírico de coordenação da ação social, pois, "...sem a visão do direito como sistema empírico de ações, os conceitos filosóficos ficam vazios".[14]

Assim, um passo adiante, se compreendermos que esse conceito amplo poderia ser simplificado, considerando que *normas jurídicas* criam poderes, competências, atribuições, procedimentos, regras, princípios,[15] então, se poderia aceitar, em outra redação mais objetiva do conceito de *sistema jurídico* o seguinte: *o sistema jurídico é um sistema complexo de princípios e regras jurídicas, regido por postulados fundamentais,*[16] *visando à realização de justiça dinâmica para a coordenação de ação social.*

---

[9] Na crítica do institucionalismo de Santi Romano, isso fica claro: "Do ponto de vista lógico isso implica no seguinte princípio: direito não é ou não é somente a norma posta, mas sim a entidade que a põe" (Romano, *O ordenamento jurídico*, 2008, p. 72).

[10] "A segunda distinção é entre o sistema jurídico como sistema normativo e o sistema jurídico como sistema de procedimentos. Como sistema de procedimentos, o sistema jurídico é um sistema de ações baseadas em regras e direcionadas por regras, por meio do qual as normas são promulgadas, fundamentadas, interpretadas, aplicadas e impostas. Como sistema normativo, o sistema jurídico é um sistema de resultados ou de produtos de procedimentos que, de alguma maneira, criam normas" (Alexy, *Conceito e validade do direito*, 2011, p. 29).

[11] Sobre Santi Romano: "L'autore siciliano identifica il concetto di ordinamento con il concetto di istituzione o di organizzazione" (Catania, *Manuale di teoria generale del diritto*, 2010, p. 24).

[12] Em Santi Romano: "Sendo assim, o conceito que nos parece necessário e suficiente para fornecer em termos exatos aquele de direito enquanto ordenamento jurídico tomado no seu todo e unitariamente, é o conceito de instituição" (Romano, *O ordenamento jurídico*, 2008, p. 78); em Carlos Santigo Nino: "É claro que incluir a institucionalização como parte da caracterização do conceito de sistema jurídico, juntamente com a coatividade, acarreta uma nova regulamentação do uso ordinário da palavra 'direito'" (Nino, *Introdução à análise do direito*, 2015, p. 124).

[13] "Um sistema jurídico pertence ao mundo social real, não a um mundo puro de ideias, na medida em que uma ordem legal correspondente exista, ainda que imperfeitamente" (MacCormick, *Retórica e o Estado de Direito*, 2008, p. 3).

[14] Habermas, *Direito e democracia*, Volume I, 2003, p. 94.

[15] "(...) um sistema não pode ser composto somente de princípios, ou só de regras" (Ávila, *Teoria dos princípios*, 16. ed., 2015, p. 147).

[16] "No âmbito do Direito, há postulados hermenêuticos, cuja utilização é necessária à compreensão interna e abstrata do ordenamento jurídico, podendo funcionar, é claro, para suportar essa ou aquela alternativa de aplicação normativa. Dentre os mais importantes está o postulado da

Nesta concepção, o conceito de *sistema jurídico* é capaz de revelar: a) os diversos elementos internos que se encontram em correlação (instituições, ações, poderes, competências, atribuições, órgãos, procedimentos e práticas, fontes jurídicas, regras e princípios); b) a forma de operar (sistema complexo); c) o modo de sua regência lógico-operativa (postulados fundamentais); d) o objetivo sistêmico a realizar (justiça dinâmica); e e) o campo de incidência (ação social).[17]

Nesses termos, o sistema jurídico é, antes de tudo, regido por *postulados*, que lhe determinam o modo de estruturação e organização. Em verdade, *os postulados* são *princípios estruturais* que conferem pré-formação ao sistema jurídico. Seguindo-se de perto o que a este respeito afirma o jurista suíço Pierre Moor, pode-se dizer que os *postulados* decorrem da história política dos séculos precedentes, mas não são justificáveis senão filosófica e logicamente.[18] Estes postulados são: i) postulado de racionalidade; ii) postulado da estabilidade das relações jurídicas; iii) postulado da exigência de objetividade; iv) postulado de limitação do poder; e v) postulado da instituição de controles.[19] Assim, as características formais e materiais gerais do sistema jurídico, seguindo-se aqui de perto a posição de Robert Alexy, podem ser assim identificadas:

- todo sistema jurídico implica proibição ou obrigação;
- todo sistema jurídico trata do privado e do público;
- todo sistema jurídico tem pretensão de correção ou justiça;
- todo sistema jurídico implica uma relação de entrelaçamento entre valores universais e contingências relativas;
- todo sistema jurídico se apoia na validade de um núcleo mínimo de direitos humanos;
- todo sistema jurídico implica uma possibilidade de rejeição de normas extremamente injustas;
- todo sistema jurídico opera por práticas de discursos capazes de oferecer segurança jurídica e correção prática sujeita à ponderação.[20]

---

unidade do ordenamento jurídico, a exigir do intérprete o relacionamento entre a parte e o todo mediante o emprego das categorias de ordem e de unidade. Subelemento desse postulado é o postulado da coerência, a impor ao intérprete, entre outros deveres, a obrigação de relacionar as normas com as normas que lhes são formal ou materialmente superiores"; "A compreensão do ordenamento como uma estrutura escalonada de normas baseia-se no postulado da hierarquia..." (Ávila, *Teoria dos princípios*, 16. ed., 2015, p. 166).

[17] As mais tradicionais características atribuídas ao sistema jurídico devem aqui ser criticadas, ao lado das afirmações trazidas por António dos Santos Justo: "Assim concebido, não constituem características do sistema jurídico a plenitude e a coercibilidade que tradicionalmente são referidas: à plenitude opõe-se a abertura a novas soluções e ao afastamento das que, entretanto, deixaram de corresponder à (nova) ideia de justiça; e a coercibilidade não constituiu uma dimensão essencial do jurídico, mas uma (embora importante) condição de eficácia" (Justo, *Introdução ao estudo do direito*, 7. ed., 2015, p. 235).

[18] Cf. Moor, *Le travail du droit*, 2021, p. 168 e s.

[19] Cf. Moor, *Le travail du droit*, 2021, p. 169-174.

[20] Cf. Alexy, *La institucionalización de la justicia*, 3. ed., 2016, p. 59-74.

2. A AUTONOMIA RELATIVA DO SISTEMA JURÍDICO

Um *sistema jurídico-positivo* não surge do nada (*ex nihilo*), apesar de seu elevado grau de diferenciação de linguagem, de padrão de funcionamento e auto-organização, de sua lógica interna, de seu fundamento filosófico, de seus parâmetros internos, e de sua estrutura de funcionamento. Um *sistema jurídico-positivo* não surge do nada,[21] porque guarda *raízes* em *relações sociais* extraídas da *história* (pós-moderna/ moderna/ pré-moderna), da organização do poder, da cultura, dos jogos de forças entre grupos sociais, dos valores sociais predominantes, das instituições sociais existentes, na dimensão do *mundo da vida*.[22] Assim, são estas *raízes* que permitem que *sistemas* se instalem, se perpetuem, se transmutem, sejam transmitidos de mão em mão, sejam capazes de obter respeito legitimatório na população, sejam justificados, sejam rompidos, em momentos de ruptura histórica ou colapso social, ou ainda, em situações de crises institucionais, divergências político-ideológicas ou golpes.

Aliás, essa questão das *raízes* do sistema jurídico é um dos pontos centrais da teoria da mudança/ transição entre sistemas jurídicos. Para essa análise, vale considerar que o *núcleo* da instauração de um *sistema jurídico-positivo*, do qual emanarão normas jurídicas no futuro, é o ato de exercício continuado e politicamente estável no poder, com vistas à promoção de justiça. Isso mostra a total decorrência do *sistema jurídico* do *sistema político*, em que: em primeiro lugar, advém o ato de exercício continuado e politicamente estável no poder, visando à justiça; em segundo lugar, advém a instauração de normas jurídicas para o sistema jurídico, conferindo orientações para a *ação social* na linha de certa concepção de mundo.

Aqui fica evidente o problema da *disputa*, do *exercício* e da *legitimidade* do poder, enquanto questão que se abre em sua inteireza neste ponto. Este não é propriamente um problema tanto da *Teoria do Direito*, quanto da *Teoria do Estado* e, também, do *Direito Constitucional*. No entanto, é um problema que incita à reflexão: a) sobre a transição do poder; b) sobre os mecanismos constitucionais para a transmissão do poder; c) no campo da teoria da democracia, incita à consolidação das instituições e à estabilidade da democracia.

Assim, de acordo com a teoria da mudança de sistemas jurídicos, sendo S1 o sistema jurídico 1, e, sendo S2 o sistema jurídico 2, têm-se três hipóteses: 1) se S1 vence S2: S1 será o sistema jurídico válido; 2) S2 vence S1: S2 será o sistema jurídico válido; 3) S1 se mescla a S2: S1/S2 serão válidos.[23] Essa passagem histórico-social

---

[21] "Os sistemas jurídicos não existem desde sempre e para sempre: eles têm de ser criados e podem deixar de existir" (Souza, *Introdução ao direito*, 2012, p. 241).

[22] "O 'mundo da vida', enquanto *práxis* natural e enquanto experiência adquirida do mundo, forma o contra-conceito para aquelas idealizações às quais se devem os campos científicos dos objetos" (Habermas, *Textos e contextos*, 1991, p. 34).

[23] "O problema da validade de um sistema normativo como um todo aparece com maior nitidez quando dois sistemas normativos incompatíveis concorrem entre si. Essa situação pode surgir, por exemplo, no caso de uma revolução, de uma guerra civil ou de uma secessão. É fácil dizer o que será válido após a vitória de uma ou de outra parte. Passa a valer o sistema normativo que se

pode ser mais ou menos traumática, e pode ser mediada por modos de transmissão pacíficos ou belicosos, além de poder ser mediada por instrumentos democrático-legais ou golpistas de transferência do poder, mas ocorre na fronteira dos processos de disputa pelo poder, pelas instituições dominantes e pelas formas de dominação social. Isso tem algo a dizer, e, de imediato, se pode dizer que nenhum *sistema jurídico-positivo* está alienado de suas *raízes sociais* por mais que pareça autônomo,[24] analítico, logicamente coerente, fechado e acabado, dotado de linguagem técnica, de padrão de funcionamento diferenciado.[25] E isso quer, exatamente, significar que o *sistema jurídico-positivo* é parte do *macrossistema social* e apenas *relativamente autônomo*, porque especializado, perante os demais *subsistemas sociais*.[26]

3. SISTEMA JURÍDICO E SOCIEDADE MODERNA

Se o *sistema jurídico* se forma pelo *encadeamento de elementos* com base numa *lógica comum* e é parte do *macrossistema social*, a emergência de ordenamentos jurídicos modernos responde a três ordens de estímulos, associadas às transformações da sociedade moderna, que se verão a seguir:

1. Sociedades modernas são plurais: se sociedades modernas são plurais, inexiste norma jurídica isolada, e muito menos sociedades modernas quaisquer se organizarão a partir de norma única. A pluralidade de normas invoca a necessidade de responder às dúvidas práticas relativas a questões operacionais do sistema jurídico formado por várias normas, tais quais, como se relacionam, como equacionar suas dificuldades, como solver antinomias. Assim, a questão do sistema jurídico de norma única permanece puramente teórica.[27]

2. Sociedades modernas passaram por processos sociais de destradicionalização dos costumes sociais, complexificação social, desdiferenciação dos subsistemas sociais, intensificação do individualismo e, por fim, pela positivação e plurificação de textos jurídico-positivos, de modo a gerarem a *forma* do Direito moder-

---

impôs em relação ao outro, pois o fato de ele ter se imposto significa que, a partir de então, é o único sistema normativo globalmente eficaz" (Alexy, *Conceito e validade do direito*, 2011, p. 106).

[24] "Daí por que, talvez, há de se pensar o sistema jurídico como um sistema que se reconstrói cotidianamente, que não é pronto e acabado, que está à disposição dos indivíduos e da sociedade para nele se retratarem" (Fachin, *Teoria crítica do direito civil*, 2. ed., 2003, p. 129).

[25] "(...) o sistema jurídico é constituído por princípios e regras jurídicas, distingue-se de outros sistemas por um critério próprio de validade aplicável a esses princípios e a essas regras e, por fim, constitui um conjunto consistente de princípios e regras" (Souza, *Introdução ao direito*, 2012, p. 239-240).

[26] "A autonomia de um sistema normativo (como, por exemplo, o sistema jurídico) perante outros sistemas normativos (como por exemplo, a ordem moral ou a do trato social) implica o funcionamento de uma regra de seleção, isto é, de uma regra que define o que pertence ao sistema S1, S2 ou Sn" (Souza, *Introdução ao direito*, 2012, p. 256).

[27] "Se um ordenamento jurídico é composto de mais de uma norma, disso advém que os principais problemas conexos com a existência de um ordenamento são os que nascem das relações das diversas normas entre si" (Bobbio, *Teoria do ordenamento jurídico*, 10. ed., 1999, p. 34).

no. Esse ponto responde à questão do porquê a *Teoria do sistema jurídico* ser uma invenção do *ratio* moderna.[28]

3. Sociedades modernas estão marcadas pela divisão social do trabalho, pelo racionalismo científico, empírico e positivista, assim como pelo desenvolvimento técnico e especializado do vocabulário e pelo método da Ciência do Direito, especialmente considerado o papel da Universidade nesse processo.

4. SISTEMA JURÍDICO E RAZÃO MODERNA

Do ponto de vista histórico, serão as exigências da *razão moderna*[29] que farão da noção de *sistema jurídico* uma necessidade para a descrição da *ordem jurídica*. Perceba-se, aqui, o uso bem claramente diferenciado dos termos *sistema jurídico* e *ordem jurídica*. É diante da *multiplicidade* de fatos e normas que o jurista organiza o "caos" da realidade social a partir da "ótica sistêmica", como constata Mário Losano.[30]

E isso porque a *razão moderna* busca unidade (harmonia; coerência; logicidade; completude), considerando a multiplicidade (dispersão; desordem; casuística), pois, afinal, a *razão moderna* nasce embebida pelo método de René Descartes e pelo empirismo de Francis Bacon, e, por isso, *razão moderna* tem a ver com: a) método e verdade; b) certeza e prova da verdade; c) lógica e explicação causal. Assim, o processo de modernização estará profundamente marcado pela busca de ordem, progresso, ciência, desenvolvimento, tendo o Direito o papel de conferir suporte à economia moderna através da *segurança jurídica*. Ao Direito, desentranhada a moral como padrão regulatório-social, caberá a função de ordenar racionalmente a sociedade.

Não é por outro motivo que todo o processo histórico de afirmação da *razão moderna* implicará, para a *razão jurídica*, um esforço que se processará através de várias *escolas tardo-medievais, renascentistas e modernas*, no largo arco de evolução da Ciência Moderna do Direito do século XIII ao século XIX,[31] para que o Direito siga na direção de: a) defesa da legislação homogênea para todos, ante a dispersão e o caos das fontes jurídicas medievais; b) defesa das fontes jurídicas estatais, em face da pluralidade de autoridades medievais; c) defesa do juiz servo da lei, em face do arbítrio do

---

[28] "O crescimento da complexidade social, porém, fundamenta-se em última análise no avanço da diferenciação funcional do sistema social" (Luhmann, *Sociologia do direito*, 1, 1983, p. 225).

[29] "Podemos dizer que a existência é moderna na medida em que é produzida e sustentada pelo *projeto, manipulação, administração, planejamento*. A existência é moderna na medida em que é administrada por agentes capazes (isto é, que possuem conhecimento, habilidade e tecnologia) e soberanos. Os agentes são soberanos na medida em que reivindicam e defendem com sucesso o direito de gerenciar e administrar a existência: o direito de definir a ordem e, por conseguinte, pôr de lado o caos como refúgio que escapa à definição" (Bauman, *Modernidade e ambivalência*, 1999, p. 15).

[30] "O jurista concebe a própria matéria como uma totalidade sistemática, quase como um cosmos de preceitos contraposto ao caos de eventos" (Losano, *Sistema e estrutura no direito*: das origens à Escola histórica, v. 1, 2009, p. 04).

[31] A respeito, consulte-se Hespanha, *Cultura jurídica europeia*: síntese de um milénio, 2003, p. 146 a 240.

poder do monarca absoluto e de suas manifestações, em favor da soberania do povo; d) defesa de um ordenamento jurídico enquanto ordenamento racional da vida social, algo que encontrará sua melhor e mais acabada versão, no documento do *Code Civil*, na França, em 1804, enquanto uma tábua de matérias, e *sistema jurídico* fechado, racional e unificado de normas jurídicas.[32]

Foi assim que, aos poucos, se tornou possível ao Direito moderno assimilar como sinônima a concepção de *ordem jurídica* e *sistema jurídico*. O próprio processo histórico de assimilação da expressão *sistema jurídico* revela que o termo *sistema*, como se pode depreender a partir dos estudos de Mário Losano:[33] a) tem origem na filosofia grega antiga; b) recebe uso entre os juristas romanos; c) desaparece no mundo medieval;[34] d) ressurge apenas no século XVI, no campo da *Teologia*;[35] e) tem seu emprego moderno no campo da *Matemática* e das *Ciências modernas*;[36] f) se dissemina no séc. XIX para várias *Ciências*, especialmente considerado o papel da *Filosofia* alemã, aí incluídas as *Ciências Sociais*, para desta forma aportar na *Teoria do Direito*, de modo definitivo;[37] g) a partir do século XIX, quando o processo de positivação do direito europeu avança,[38] se consagra enquanto século de predominância do *positivismo* na própria *Filosofia do Direito*.

Assim, fica claro que, apesar do *termo* ter origem grega, a proposta de conceituar certas porções do mundo a partir da ideia de *sistema* se torna algo altamente conveniente no mundo moderno, como forma de explicação de fenômenos associativos e de amplo alcance, designando a totalidade de fenômenos, objetos e correlações entre eles formadas. Daí seu emprego em diversos campos, enquanto sistema maquinal, sistema cosmológico, sistema natural, sistema científico, e, portanto, enquanto *sistema jurídico*. Para a *razão moderna*, ter todos os *elementos* de um determi-

---

[32] "A bem da verdade, podemos, por exemplo, falar do ordenamento jurídico na Roma antiga, mas o sistema do Direito Romano é uma criação do século XIX" (Ferraz Júnior, *Introdução ao estudo do direito*, 6. ed., 2010, p. 147).

[33] Cf. Losano, *Sistema e estrutura do direito*, v. 1, 2008.

[34] "Nos escritos dos juristas medievais encontram-se algumas alusões sistemáticas no âmbito jurídico, mas não o termo "sistema" (Losano, *Sistema e estrutura do direito*, v. 1, 2008, p. 51-52).

[35] "Pouco a pouco, a grafia latina substitui a grega, e no início de 1600 o termo *systema* é enfim recebido na teologia" (Losano, *Sistema e estrutura no direito*, v. 1, 2008, p. 60).

[36] "Assim como a mnemotécnica, como o ordenamento das ciências em um único *arbor scientiarum*, também a *mathesis universalis* escondia uma aspiração sistemática e preparou, portanto, o terreno para o desenvolvimento das teorias do sistema" (Losano, *Sistema e estrutura no direito*, v. 1, 2008, p. 69).

[37] "No século XIX, a filosofia clássica alemã (e com ela a noção de sistema) se afirmou solidamente na cultura europeia e em particular na teoria do direito" (Losano, *Sistema e estrutura no direito*, Vol.1, 2008, p. 210).

[38] "Ainda sob a proteção formal do direito natural realizou-se no século XVIII a transformação do pensamento no sentido da total positivação da vigência do direito. Só no século XIX que o estabelecimento do direito torna-se uma questão de rotina do Estado enquanto legislação, que são criados processos os quais inicialmente se ocupavam em períodos mais ou menos longos – hoje permanentemente – com a legislação. Um enorme e crescente volume de leis é tido por necessário e é produzido" (Luhmann, *Sociologia do direito*, 1, 1983, p. 230).

Capítulo XVI | Subsistemas sociais e sistema jurídico

nado *conjunto-de-objetos* reunidos sob a lógica da razão única é sinônimo da capacidade de controle, em que o *sujeito-do-conhecimento* (Sc) se contrapõe ao *objeto-conhecido* (o), numa relação em que o *sujeito* domina o *objeto*. Ora, o sujeito é o *homem moderno*, e o objeto é, agora, a *natureza*, processo este que permite uma rápida transferência lógica, em que a natureza, conhecida por antigos e medievais com forte encantamento, temor e estupor, no mundo moderno, é submetida à Ciência Moderna, e, por isso, modernamente *objetualizada*. Nas *Ciências Naturais*, a *Física*, a *Biologia*, a *Astrofísica*, a *Matemática* serão importantes disseminadoras deste modelo teórico. Daí, haverão de ser absorvidas pelas teorias do *Direito Natural*, no âmbito da *Teoria do Direito*, nas correntes conhecidas como *jusnaturalistas*. Nas *Ciências Sociais*, o sistema social passa a abrigar os elementos sociais e a organizar o caos dos fatos sociais, em busca de leis históricas, de leis econômicas, de leis sociológicas. Assim, não se tornaria difícil que, após a edição do primeiro Código iluminista e moderno, o *Code Civil*, fosse possível abandonar os fundamentos metafísicos e naturalistas, teológicos e medievais, do Direito, para agora se reportar ao Código como um sistema de matérias ordenadas por capítulos, e a totalidade do Direito como o sistema de normas jurídicas que rege a vida social.[39]

5. A REPRESENTAÇÃO E A JUSTIFICAÇÃO DO SISTEMA JURÍDICO

Analisada esta dimensão do processo histórico de construção da noção de sistema jurídico, e sua consolidação no mundo moderno, pode-se passar adiante, para compreender que há duas atitudes possíveis diante de um *sistema jurídico-positivo*. Em primeiro lugar (1), aquela atitude que *descreve* o sistema jurídico, e, com isso, explica o seu funcionamento, evidentemente, já o tendo por aceito. Em segundo lugar (2), aquela atitude que *justifica* sua existência, necessidade e legitimidade, fazendo com que desta forma se ponha em discussão filosófica o problema de sua justificação e dos modelos metodológicos de compreensão do Direito.

Partindo desta segunda abordagem, muitas explicações e fundamentos foram invocados para justificar o ordenamento jurídico, segundo entendimentos os mais diversos. Estes entendimentos são provenientes da atitude de justificação do Direito, muito afeita ao campo da *Filosofia*, da *Teologia*, da *Filosofia do Direito*. Assim, o Direito, pode estar fundado em Deus (Santo Agostinho), na soberania do povo (Jean-Jacques Rousseau), na ética racional (Immanuel Kant), no soberano (Thomas Hobbes), na preservação dos costumes (Émile Durkheim), e assim se *fundamentar* e, também, *justificar*. Nesta mesma linha de trabalho, as concepções mais contemporâneas, também costumam encontrar na atitude de justificação do Direito uma forma de declarar a autonomia do sistema jurídico, ora derivado de uma norma fundamen-

---

[39] A este respeito, para uma leitura mais específica, consulte-se Bittar, *O direito na pós-modernidade e reflexões frankfurtianas*, 2. ed., 2009, p. 33 até 85.

tal (Hans Kelsen), ora derivado de uma norma de reconhecimento (Herbert L. A. Hart), ou ainda, derivado da necessidade de cumprir a função de estabilização social (Niklas Luhmann).

Num esquadro mais contemporâneo da *Teoria do Direito*, fica claro que o sistema jurídico, além de encontrar uma *justificação*, também poderá ser, em coerência com esta *justificação*, devidamente *representado*, de modo figurativo, em termos de uma *imagem sistêmica*. Assim é que serão analisadas algumas formas de *representação do sistema jurídico*, sabendo-se que a diferenciação das metodologias é capaz de promover mudanças na *figurativização* do sistema jurídico. Assim, a *visão* que se tem do *sistema jurídico* não é algo evidente e objetivo, pois a *forma-do-sistema-jurídico* é também uma invenção da *Teoria do Direito*, algo que neste sentido influencia a visão prática que os juristas e profissionais do Direito terão do *sistema jurídico*. É assim que alguns *modelos teóricos* acerca da representação do sistema jurídico foram selecionados para estudo no próximo capítulo, a saber: 1. representação piramidal; 2. representação sistêmica; 3. representação discursiva; e 4. representação semiótica.

6. TEORIAS SOBRE O SISTEMA JURÍDICO

6.1. Teoria normativista

A teoria normativista positivista do jurista austríaco Hans Kelsen parte de um conceito de *Direito* muito específico, e convive com uma noção de *norma jurídica* também muito específica. Na *Teoria Pura do Direito* é que o grande edifício do sistema jurídico, analisado em apartado a quaisquer outras questões extrajurídicas,[40] é bem construído e descrito, e é desta forma que Hans Kelsen pode descrever o Direito como um sistema de normas válidas. Em *O que é justiça?*, Kelsen afirma: "A *Teoria Pura do Direito* trata do Direito como um sistema de normas válidas criadas por atos de seres humanos".[41] Deste modo, o Direito é concebido como um *sistema jurídico*, seguindo-se o respaldo histórico deixado por toda a modernidade, e por uma enorme coletânea de *Escolas Juspositivistas* do século XIX. Concebido o Direito desta forma, tem-se a *norma jurídica* como elemento central de toda a *Teoria Pura*, o que o coloca na dimensão do *dever-ser* (*Sollen*).[42]

Isso leva à formulação de uma noção de *sistema jurídico* tal que seus *elementos* são normas jurídicas, cuja dinâmica impede falar do conteúdo das normas,[43] pois a norma

---

[40] Na leitura de Carlos Santiago Nino: "Segundo Kelsen, como já dissemos reiteradamente, a ciência jurídica, para ser assim, deve estar purificada, tanto de elementos extranormativos – sociológicos, econômicos etc. – quanto de fatores valorativos ou ideológicos" (Nino, *Introdução à análise do direito*, 2015, p. 372).

[41] Kelsen, *O que é justiça?*, 1998, p. 291.

[42] "Com o termo 'norma' quer-se significar que algo *deve* ser ou acontecer, especialmente que um homem se *deve* conduzir de determinada maneira" (Kelsen, *Teoria Pura do Direito*, 4. ed., 1976, p. 21).

[43] "O sistema de normas que chamamos de ordem jurídica é um sistema do tipo dinâmico. As normas jurídicas não são válidas por terem, elas próprias, ou a norma básica, um conteúdo cuja força

jurídica é estrutura formal para quaisquer conteúdos, e é deste modo que o *sistema jurídico* pode ser dito como um conjunto de *normas postas pelo Estado e encadeadas* em função da *hierarquia* e da *validade*,[44] de modo que a *norma superior* autoriza a validade da *norma inferior*. Assim é que Hans Kelsen pode dizer que: "A ordem jurídica não é um sistema de normas jurídicas ordenadas no mesmo plano, situadas umas ao lado das outras, mas é uma construção escalonada de diferentes camadas ou níveis de normas".[45] Por isso, a *representação* da ordem jurídica, centralizada pelo Estado,[46] assume *forma geométrica*, dentre as diversas possíveis formas matemáticas, de uma *pirâmide de normas*.

Assim, uma *pirâmide* é a figura geométrico-escalonada[47] de maior clareza na expressão da *centralidade* do princípio de hierarquia que governa a *relação-de-autorização-entre-as-normas*. Em sua escala interior, parte-se do *menor escalão*, onde se situa uma pluralidade de normas inferiores, em direção ao *maior escalão*, onde se encontram poucas normas superiores, até que se encontre no ápice do sistema jurídico-positivo de um Estado, a Constituição positiva e vigente.[48] A liga entre as *normas jurídicas* é dada pela noção de *validade* (*Geltung*), sabendo-se que a noção de validade se relaciona com a própria existência de uma norma autorizada por outra superior, como afirma Hans Kelsen na *Teoria Geral das Normas*,[49] de modo que, num esquema binário, a *norma jurídica*, ou é *válida*, ou é *inválida*, obedecendo-se ao rigor do critério formal de seu pertencimento ao sistema jurídico, o que denota o caráter da abordagem matematizante do Direito. A consistência deste *modelo de sistema jurídico* funciona na base da lógica da não contradição, e as normas jurídicas se sustentam entre si, priorizadas acima de quaisquer outras manifestações de *fontes jurídicas*, de modo que se trata de um *sistema de fontes jurídico-normativas*. Assim, se o critério central de figurativização é a hierarquia entre as normas, pode-se recorrer, de escalão em escalão, em direção ao mais elevado patamar, onde se encontrará a Constituição, mas acima dela, somente o fundamento último do sistema jurídico, a saber, a *Norma Fundamental* (*Grundnorm*), como se pode verificar na figura a seguir:

---

de obrigatoriedade seja autoevidente. Elas não são válidas por causa de um atrativo que lhes é inerente. As normas jurídicas podem ter qualquer tipo de conteúdo" (Kelsen, *Teoria Geral do Direito e do Estado*, 3. ed., 2000, p. 166).

[44] Cf. Raz, *O conceito de sistema jurídico*: uma introdução à teoria dos sistemas jurídicos, 2012, p. 132.

[45] Kelsen, *Teoria Pura do Direito*, 4. ed., 1976, p. 310.

[46] "O Estado é uma ordem jurídica relativamente centralizada" (Kelsen, *Teoria Pura do Direito*, 4. ed., 1976, p. 385).

[47] "A forma geométrica do sistema jurídico como um todo foi representada por Kelsen como uma pirâmide de normas, as quais não se reproduzem, contudo, logicamente, através de deduções, mas dinamicamente, mediante delegações sucessivas de poder" (Baptista, *O Tractatus e a Teoria Pura do Direito*, 2004, p. 115).

[48] "Se começarmos por tomar em conta apenas a ordem jurídica estadual, a Constituição representa o escalão de Direito positivo mais elevado" (Kelsen, *Teoria Pura do Direito*, 4. ed., 1976, p. 310).

[49] "'Validade' é a específica existência da norma, que precisa ser distinguida da existência de fatos naturais, e especialmente da existência dos fatos pelos quais ela é produzida" (Kelsen, *Teoria geral das normas*, 1986, p. 4).

```
        Grundnorm
           • n1
          /|\
         / • n2
        /  |  \
       /   • n3
      /    |    \
     /     • n4   \
    /      |       \
   /       • n5     \
  /_____|_____\
```

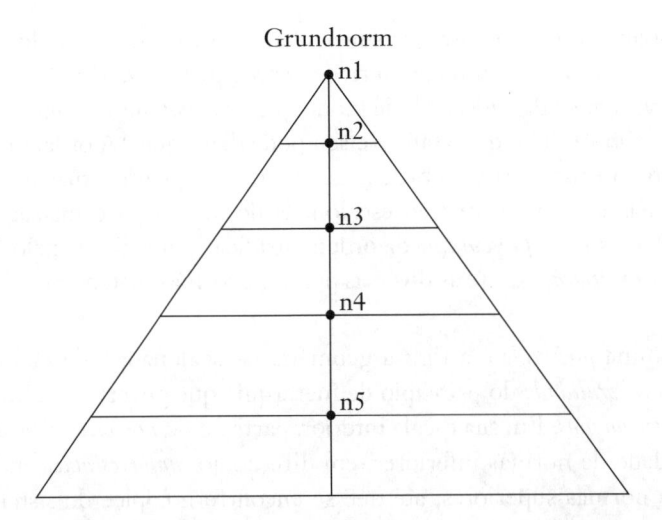

A autonomia deste modelo de sistema jurídico está garantida pelo próprio fundamento de validade de todas as normas jurídicas, a *Norma Fundamental (Grundnorm)*.[50] Ora, e isso porque a norma fundamental não deriva de nenhuma outra norma, pois se trata de uma norma que engendra normas, sem ser engendrada por nenhuma outra,[51] dentro da busca causal e lógico-formal das relações de validade desde dentro do *sistema jurídico*. A norma fundamental funciona, assim, como o fundamento da cadeia de validação do sistema de normas jurídico-positivas, não servindo senão como elemento *lógico-teórico-hipotético* de encerramento formal do sistema jurídico,[52] evitando-se com isso, como afirma Joseph Raz, uma regressão ao infinito em busca de um fundamento para o Direito.[53]

O modelo teórico de Hans Kelsen foi um modelo altamente disseminado, a ponto de se impregnar na mentalidade comum dos juristas, e até hoje se veem concepções que se apoiam, que derivam, ou ainda, que simplesmente mantêm intacta, a concepção de Hans Kelsen, a exemplo da teoria do ordenamento jurídico de Norberto Bobbio.[54] No entanto, já de longa data, este modelo veio sendo estudado, contes-

---

[50] "Norma fundamental determina somente o fundamento de validade, não o conteúdo de validade do direito positivo" (Kelsen, *O problema de justiça*, 3. ed., 1998, p. 116).

[51] "Chamamos de norma fundamental a norma cuja validade não pode ser derivada de uma norma superior" (Kelsen, *Teoria Geral do Direito e do Estado*, 3. ed., 2000, p. 163).

[52] "Kelsen afirma diversas vezes que a única função de norma fundamental é autorizar a criação da Constituição originária" (Raz, *O conceito de sistema jurídico*, 2012, p. 134).

[53] "A norma fundamental é, assim, uma norma criadora de normas. É a única norma criadora de normas cuja condição de existência não inclui a existência de outra norma criadora de normas. Assim, o conceito de norma fundamental tem a finalidade de impedir que a teoria de Kelsen sobre a criação de normas fique presa em um círculo vicioso ou em uma regressão infinita" (Raz, *O conceito de sistema jurídico*, 2012, p. 89).

[54] "A complexidade do ordenamento, sobre a qual chamamos a atenção até agora, não exclui sua *unidade*. Não poderíamos falar de ordenamento jurídico se não o tivéssemos considerado algo de unitário. Que seja unitário um ordenamento simples, isto é, um ordenamento em que todas as normas nascem de uma única fonte, é facilmente compreensível. Que seja unitário um

Capítulo XVI | Subsistemas sociais e sistema jurídico

tado e há evidências de que, hoje, de acordo com a crítica elaborada por Thomas Vesting,[55] é insuficiente para dar conta da complexidade da descrição do funcionamento do sistema jurídico contemporâneo.[56]

6.2. Teoria dos sistemas

A teoria dos sistemas de Niklas Luhmann parte da ideia de que o *sistema jurídico* é um *subsistema social*, compartilhando com outros subsistemas sociais, tais como a moral, a religião, a ciência, a economia, a política, do *ambiente social*, de forma a desenvolver uma forma de positivismo sociológico contemporâneo, especialmente a partir de sua *Sociologia do Direito* (*Rechtssoziologie*), de 1972.[57] E, de fato, esta concepção parte da sociologia funcionalista de Talcot Parsons e desenvolve-se com o amparo das ciências naturais, em especial, da metabiologia de Umberto Maturana e Francisco Varela, para encontrar seu ponto de maturidade também na concepção de que o Direito está muito associado ao *ambiente informacional*. Trata-se de uma teoria descritiva, e não normativa, e que funciona como importante análise da sociedade moderna, em certa medida, responsável por uma radicalização da ideia de positivação e de diferenciação do Direito.

Na base desta teoria, está a ideia de que a sociedade é um sistema social em um ambiente altamente complexo e contingente,[58] e a ideia de que a evolução social está associada a um esforço por criar sistemas sociais que fomentem: previsão; redução de riscos; segurança; e aumento de confiança. A noção de sistema aqui está associada à noção de rede de comunicações,[59] e não depende, como ocorre em Hans Kelsen, da

---

ordenamento complexo, deve ser explicado. Aceitamos aqui a teoria da construção escalonada do ordenamento jurídico, elaborada por Kelsen" (Bobbio, *Teoria do ordenamento jurídico*, 10. ed., 1999, p. 49).

[55] "Essa oposição entre comportamento fático e sentido normativo é mais amplamente acirrada na *Teoria Pura do Direito* de Kelsen. Kelsen constrói, sobre a distinção entre ser e dever-ser, uma barreira instransponível entre o mundo dos fatos, o comportamento (humano) fático e a normatividade ou a validade de normas jurídicas" (Vesting, *Teoria do direito*, 2015, p. 65).

[56] A exemplo do que menciona Mireille Delmas-Marty: "Chegar a tais sutilezas mostra que a própria ideia de hierarquia talvez estivesse, se não ultrapassada, pelo menos presa em enredamentos mais complexos. A ponto de a imagem de pirâmide já não bastar para descrever uma paisagem fragmentada a esse ponto" (Delmas-Marty, *Por um direito comum*, 2004, p. 84). E, em seguida: "Por mais tranquilizante que seja, a metáfora da pirâmide dificilmente dá conta da paisagem obscrvada" (Delmas-Marty, *Por um direito comum*, 2004, p. 86).

[57] Cf. Luhmann, *Sociologia do direito*, Volume I, 1983; Luhmann, *Sociologia do direito*, Volume II, 1985.

[58] "(...) parece lógico que se conceba a sociedade como um sistema social que, em um ambiente altamente complexo e contingente, é capaz de manter relações constantes entre as ações. Para tanto o sistema tem que produzir e organizar uma seletividade de tal forma que ela capte a alta complexidade e seja capaz de reduzi-la a bases de ação, passíveis de decisões" (Luhmann, *Sociologia do direito*, v. I, 1983, p. 168).

[59] "Sistemas autopoiéticos operam como rede de comunicações" (Vesting, *Teoria do direito*, 2015, p. 142).

ideia de unidade que deriva de uma norma fundamental,[60] mas pode fundar-se na ideia de heterarquia, como aponta Thomas Vesting".[61] E, sabendo-se que os sistemas sociais são feitos de comunicação[62] e se reproduzem a partir de processos comunicativos, e as operações de comunicação seguem esquemas binários,[63] considera-se a comunicação humana o ingrediente indispensável das estruturas dos sistemas sociais. E isso porque a comunicação permite que uma seletividade se opere, em termos de conteúdo, sendo esta seletividade a redutora de complexidade.[64] Na modernidade, a divisão social do trabalho, entre outros fatores, irá levar à divisão em partes menores do sistema social em sistemas parciais, ocasionando-se a diferenciação dos sistemas sociais.[65] Em grande parte, foi o próprio aumento de complexidade,[66] engendrado por processos comunicativos, que levou à *desdiferenciação (Ausdiferenzierung)*[67] que irá separar a moral, a política, a economia, a religião, as ciências, a técnica.

Assim, a sociedade moderna está funcionalmente diferenciada, de modo que cada *sistema parcial* irá desenvolver uma linguagem própria, que obedece a um código binário que a identifica. Assim, na moral, na religião, na técnica, nas ciências, na política, e, também, no direito.[68] Cada um destes sistemas parciais (*System*), ou, subsistemas, fun-

---

[60] "Contudo, em Luhmann, o conceito de sistema recebe um teor totalmente diferente. Diferentemente do que ocorria no positivismo jurídico, o sistema da teoria dos sistemas não é mais constituído através de uma 'unidade interna' de normas jurídicas e instituições coordenadas entre si" (Vesting, *Teoria do direito*, 2015, p. 131).

[61] "O sistema jurídico autopoiético não está estruturado em forma de pirâmide ou em níveis, ele não é determinado de cima abaixo de modo hierárquico, 'mas sempre de modo heterárquico, ou seja, colateral, isto é, em redes de proximidade'" (Vesting, *Teoria do direito*, 2015, p. 152).

[62] "A sociedade pode ser examinada como uma rede de comunicações. O que diferencia o sistema social dos demais sistemas é exatamente isso. A operação típica da sociedade é a comunicação, entendida como ato de transmitir, receber e compreender a informação" (Campilongo, *O direito na sociedade complexa*, 2000, p. 161).

[63] "Los médios de comunicación exitosos sólo pueden lograr la forma y la capacidad de selección de um código, si establecen un esquematismo binario que preorganice las operaciones posibles al asignarles cualquiera de dos valores" (Luhmann, *Poder*, 1995, p. 61).

[64] "La función de un médio de comunicación es transmitir complejidad reducida. La selección hecha por un alter limita las selecciones posibles de un *ego* al ser comunicadas bajo condiciones específicas, que son definidas en forma más estricta más adelante" (Luhmann, *Poder*, 1995, p. 16).

[65] "A diferenciação funcional ordena a sociedade em termos de *divisão do trabalho*, em diferentes *sistemas parciais* que preenchem *funções específicas*, aumentando assim a *complexidade* da sociedade" (Luhmann, *Sociologia do direito*, v. I, 1983, p. 26).

[66] "A complexidade crescente da comunicação humana dá origem à progressiva diferenciação dos sistemas comunicacionais que dão sentido às ações humanas..." (Hespanha, *O caleidoscópio do direito*, 2. ed., 2009, p. 213).

[67] "O crescimento da complexidade social, porém, fundamenta-se em última análise no avanço da diferenciação funcional do sistema social" (Luhmann, *Sociologia do direito*, v. I, 1983, p. 225).

[68] "As sociedades estruturadas a partir da diferenciação funcional – sociedades modernas – diferenciam-se em subsistemas funcionais que são autopoiéticos e autorreferenciais, nos quais o que importa para a construção do sistema não é mais a posição de cada subsistema, mas sim a função que cada um desempenha na sociedade. Assim, cada subsistema funcional (por exemplo, o subsistema político, o econômico, o jurídico, o educacional, o científico, etc.) exerce

ciona com regras próprias e que lhe conferem autonomia sistêmica, estando rodeado pelo ambiente (*Umwelt*).⁶⁹ Cada um destes subsistemas parciais é fundamental para o equilíbrio geral do sistema social como um todo, apesar de manterem sua autonomia e funcionarem com base em *linguagens específicas*. Nesta visão, portanto, o Direito nada mais é do que um subsistema social autorreferencial e autopoiético, sabendo-se que o código binário interno do Direito é a relação entre o *lícito* (*Recht*) e o *ilícito* (*Unrecht*).

A visão externa, que se poderia ter do Direito como *subsistema parcial* é a que segue nesta figura:

Subsistema do Direito

Sistema Social Global

A diferenciação de linguagem interna irá permitir a construção da identidade do *sistema jurídico* em face do *ambiente social*.⁷⁰ Aliás, a diferenciação que engendra o Direito como sistema é fruto da complexidade do *ambiente social*, e sua seletividade é critério para a *identidade interna* de seus elementos. Assim, dizer que o sistema é autopoiético (*poiesis*, gr.)⁷¹ é dizer que o sistema jurídico se constrói a si mesmo, definindo suas próprias regras de funcionamento pelas quais orienta suas operações,⁷² fecha-

---

uma função específica e o faz a partir de uma estrutura que se baseia num código binário que lhe é próprio e, ademais, exclusivo" (Villas Bôas, *Teoria dos sistemas e o direito brasileiro*, 2009, p. 105).

69 "Nesse sentido, tudo que ocorre pertence simultaneamente a um sistema (ou a vários sistemas) e ao ambiente de outros sistemas" (Neves, *Entre Têmis e Leviatã*: uma relação difícil, 2006, p. 59).

70 "(...) o conceito de sistema conduz ao de ambiente e, por isso, a 'autopoiese' dos sistemas jurídico e político nada tem a ver com o isolamento lógico ou analítico do conceito de sistema" (Campilongo, *O direito na sociedade complexa*, 2000, p. 79).

71 "O conceito de autopoiese tem sua origem na teoria biológica de Maturana e Varela. A palavra deriva etimologicamente do grego *autós* ('por si próprio') e *poíesis* ('criação', 'produção'). Significa inicialmente que o respectivo sistema é construído pelos próprios componentes que constrói" (Neves, *A constitucionalização simbólica*, 2007, p. 127).

72 "O sistema jurídico também é um sistema autopoiético, pois que ele produz-se, mantém-se e reproduz-se a si próprio. O que é direito só pode ser determinado em referência o próprio direi-

-se sobre si mesmo (fechamento operatório), abrindo-se para receber influências do ambiente (abertura cognitiva), podendo, no entanto, acoplar-se a outros subsistemas[73] e manter relação de irritação com outros subsistemas.

Todavia, o que particulariza uma norma enquanto *norma jurídica*, em meio a outras *normas sociais*, é a seletividade que o *sistema jurídico* opera ao *eleger* certas normas como jurídicas, de forma que a validação interna, segundo regra dada pelo próprio sistema jurídico, é algo mais importante para a existência e entrada sistêmica da norma jurídica, do que qualquer fundamento externo ao sistema. Daí, nesta concepção sistêmica, o deslocamento da busca de sentido das tradições jusnaturalista, teológica ou ética. Institucionalização e positivação tornam possível pensar o Direito *enquanto um sistema*.[74] Por isso, para saber se algo *vale* ou *não* para o sistema jurídico, é necessário perceber que o sistema jurídico opera *seleções* e promove *escolhas*, com base em *inputs* e *outputs* de conteúdos sistêmico-comunicativos.

A figura a seguir procura tornar visível esta relação entre *sistemas parciais* e *ambiente*:

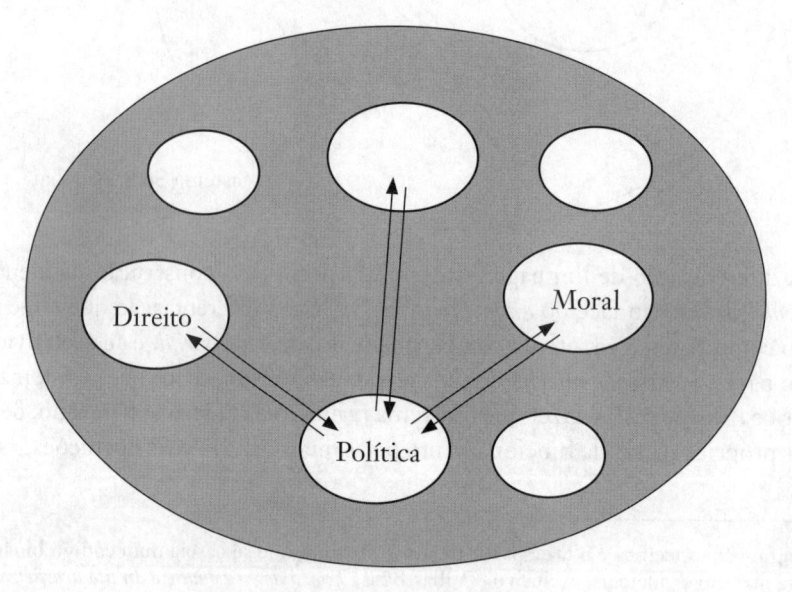

---

to" (Souza, *Introdução ao direito*, 2012, p. 259).

[73] "Portanto, o acoplamento estrutural reconhece a possibilidade de que haja influência dos sistemas uns com os outros, assim o sistema da política acopla-se estruturalmente ao do direito pelas constituições do Estado, enquanto o direito se acopla a economia pelos títulos de propriedade e assim sequentemente" (Abboud, Carnio, Oliveira, *Introdução à teoria e à Filosofia do Direito*, 3. ed., 2015, p. 158).

[74] "(...) Luhmann passa a descrever o direito positivo moderno como um subsistema (ou sistema parcial) funcional, autorreferencial e autopoiético, que compõe, ao lado de outros subsistemas funcionais (política, economia, ciência, sistema educacional, religião etc.), uma sociedade, entendida como sistema social global..." (Bôas Filho, *Teoria dos sistemas e o direito brasileiro*, 2009, p. 138 e 139).

Capítulo XVI | Subsistemas sociais e sistema jurídico

Nesta descrição, o sistema jurídico, em específico, pratica operações ininterruptas de comunicação, segundo seu programa estrutural. É por meio de comunicação que o sistema parcial do Direito troca sentido com a sociedade e com os demais subsistemas sociais.[75] É certo que, para se renovar, o sistema jurídico *aprende* com o ambiente social e com os outros subsistemas, e, com isto, renova seus conteúdos, dinamicamente. A clausura operacional do sistema jurídico sobre si mesmo não somente é garantia de autonomia, como também de eficiência operacional, onde através de uma *língua institucionalizada*, entendimentos se formam e decisões são tomadas.[76] Assim é que o sistema jurídico cumpre a sua função, qual seja, não propriamente a *integração social*, mas sim a de *estabilização contrafática*,[77] *redução de complexidade* e produção de *segurança social*. Assim, o sistema jurídico não busca *legitimidade* fora de si mesmo, mas sim na própria ideia de que os procedimentos adotados servem ao fim de produzir decisões jurídicas,[78] e que as decisões jurídicas produzem obediência e ajustamento de condutas.[79]

6.3. Teoria do discurso

A teoria do discurso de Jürgen Habermas, desenvolvida em *Direito e democracia* (*Faktizität und Geltung*, 1992), trabalha a ideia de *sistema jurídico* enquanto subsistema social, procurando diferenciar sistemas (*System*) e mundo da vida (*Lebenswelt*). Os pressupostos teóricos da teoria do discurso derivam da tradição da filosofia alemã, mais especificamente da Escola de Frankfurt.[80] E, não obstante ter se desenvolvido a partir da década de 1990, atualmente em Frankfurt, como aponta Thomas Vesting,

---

[75] "O sistema jurídico é igualmente um sistema aberto no sentido de que ele comunica com outros sistemas, normativos (como a moral) ou não normativos (como a política ou a economia)" (Souza, *Introdução ao direito*, 2012, p. 266).
[76] "Sem clausura operacional não é sequer possível considerar um sistema como autopoiético" (Bôas Filho, *Teoria dos sistemas e o direito brasileiro*, 2009, p. 143).
[77] "Contudo, ainda que o direito, a partir da perspectiva de Luhmann, deixe de carregar o fardo da integração social, para ter sua função reduzida à pura e simples estabilização contrafática de expectativas, nem por isso ele deixa de ter uma clara pretensão regulatória..." (Bôas Filho, *Teoria dos sistemas e o direito brasileiro*, 2009, p. 151).
[78] "Segundo Luhmann, o sistema jurídico legitima a si mesmo a partir de procedimentos que permitem obter uma disposição generalizada de aceitação de decisões de conteúdo ainda não definido" (Bôas Filho, *Teoria dos sistemas e o direito brasileiro*, 2009, p. 176).
[79] "Formulando de forma mais precisa e com referência direta à intrincada problemática em questão, pode-se afirmar que legítimas são as decisões nas quais pode-se supor que qualquer terceiro espere normativamente que os atingidos se ajustem cognitivamente às expectativas normativas transmitidas por aqueles que decidem" (Luhmann, *Sociologia do direito*, v. II, 1985, p. 64).
[80] Para uma visão mais ampla e especializada do tema, consulte-se Bittar, *Democracia, justiça e emancipação social*: reflexões jusfilosóficas a partir do pensamento de Jürgen Habermas, 2013.

esta continua sendo uma concepção de enorme força e sentido nos estudos da *Filosofia do Direito*.[81]

Esta teoria parte do pressuposto de que a ação social é, sobretudo, agir comunicativo, que se desenvolve de forma espontânea no mundo da vida, de forma a que as *experiências individuais* encontram a capacidade de *compartilhar coletivamente experiências socialmente valiosas*. Por isso, a *comunicação* é o elo entre os atores sociais, que tornam suas experiências individuais um patrimônio do convívio comum. É nesta medida que não se pode falar em socialização, sem considerar que para que esta ocorra, isto depende da capacidade de *interação comunicativa*. Não por outro motivo, a sociedade é lida como *rede de interações simbólicas*, onde se destacam a ação social, o trabalho e a fala, como estruturas mínimas.

A sociedade moderna, em seu desenvolvimento histórico, irá produzir a *desdiferenciação* do sistema social em subsistemas sociais, como resultado da: a) *racionalização* do mundo da vida; b) *cientificação* dos saberes; e c) *divisão* funcional do trabalho. Ora, a especialização dos subsistemas sociais se acentua a ponto de se criar a diferenciação entre os *subsistemas sociais* e o *mundo da vida*.

A figura a seguir procura espelhar esta diferenciação:

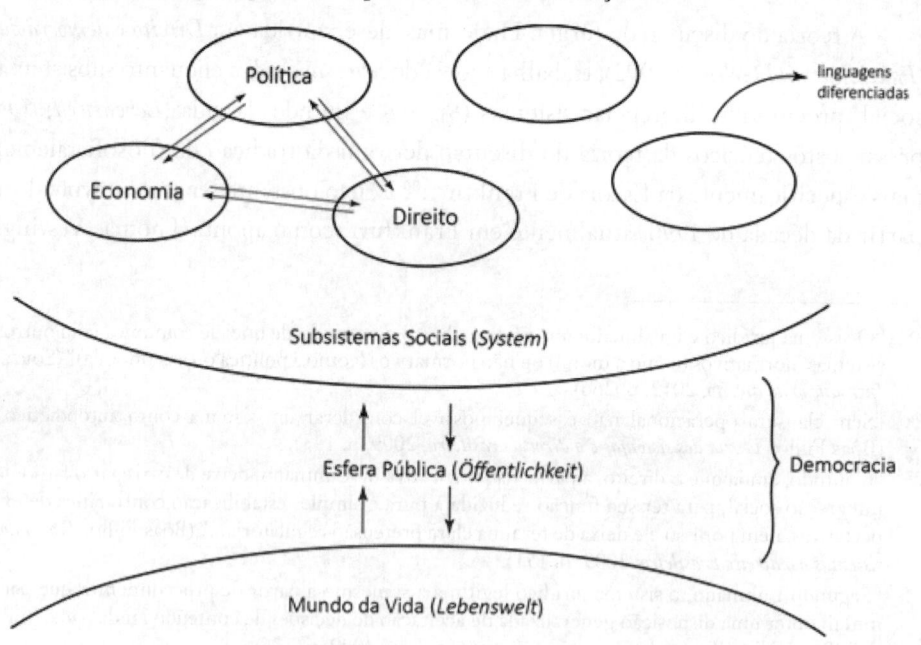

---

[81] "Mas a teoria mais proeminente que se atém ao imperativo de uma funda(menta)ção igualitária do Direito, é mesmo a teoria do discurso do Direito, tal como ela foi desenvolvida por Habermas e sua escola (Günther, Frankenberg etc.– cf. parágrafos 28 e s.)" (Vesting, *Teoria do direito*, 2015, p. 186).

Capítulo XVI | Subsistemas sociais e sistema jurídico

A esfera pública, enquanto rede adequada de veiculação de conteúdos que são sintetizados na forma de opiniões públicas,[82] tem papel de mediação importante, quando se trata de *traduzir* aquilo que está dado no mundo da vida, enquanto conjunto de evidências que é fruto do compartilhamento comunicativo da ação, e ir, paulatinamente, consolidando debates, entendimentos, interpretações, visões de mundo, que irão *veicular conteúdos* pelo *poder discursivo*, para sua entrada no mundo do discurso sistêmico, seja no campo da economia, seja na política, seja nas ciências, seja no direito.

Aqui, portanto, o Direito irá figurar como um dos subsistemas sociais *desdiferenciados*. O *sistema jurídico*, enquanto subsistema social, nasce da experiência de *mundo da vida* para se *desdiferenciar* em linguagem específica. Enquanto teoria da modernidade, é uma teoria da ação social e age como teoria normativa, de forma a assumir um caráter reformista, ligada a ideais e pressupostos contidos na história de desenvolvimento da própria modernidade, aí considerado o papel emancipatório da *esfera pública* (Öffentlichkeit).

O *subsistema do direito* disputa espaço com outros *subsistemas sociais*, mas somente o Direito age com base no código binário *lícito/ilícito*, que estabelece sua linguagem interna própria. É certo que os subsistemas se regulam entre si, comunicam-se entre si, mas certas *patologias modernas* podem engendrar a tendência de um subsistema social, como a economia, não somente se hipertrofiar a ponto de sobredeterminar o subsistema jurídico, como também atrofiar a liberdade do mundo da vida, distorcendo todo o espaço da solidariedade, da personalidade e da reprodução cultural da vida. No mundo moderno, o *código dinheiro* tende a se superpor a quaisquer outras *codificações pré-sistêmicas ou sistêmicas*. Assim, o descolamento da legalidade da legitimidade, a desconexão entre os subsistemas e o mundo da vida, a dominação hipertrófica do subsistema econômico e a colonização do mundo da vida.

Não por outro motivo, é importante, na visão de Jürgen Habermas, que o subsistema do direito esteja ligado, enquanto direito autônomo e que cumpre a função de ligar-se à dignidade humana, à emancipação e à justiça, à base democrática da produção de legitimidade para os discursos, construções simbólicas e lutas sociais.[83] Por isso, nesta perspectiva, direito e democracia possuem um vínculo interno. Dessa forma, para que haja mutualidade entre o *poder comunicativo*, proveniente da esfera pública, e o *poder burocrático*, proveniente do Estado, que torna *conteúdos* comunicativos em *conteúdos normativos*, criando *normas jurídicas*, é necessário compreender a correlação entre *mundo da vida*, *esfera pública* e *sistema jurídico*.

---

[82] "(...) rede adequada para a comunicação de conteúdos...; nele os fluxos comunicacionais são filtrados e sintetizados, a ponto de se condensarem em opiniões públicas..." (Habermas, *Direito e democracia*, v. II, 2003, p. 92).

[83] "E não pode haver direito autônomo sem a consolidação da democracia" (Habermas, *Direito e democracia*, 2003, v. II, p. 247).

A teoria do discurso coloca o ativismo cidadão no centro do processo de *criação* e *re-criação* dos conteúdos do Direito. A manutenção de uma esfera pública[84] aberta, plural, qualificada e democrática é condição para que o Direito cumpra a sua função de mediador social. Assim, a *legitimidade* democrática está na base das conquistas substanciais de justiça, tornadas conteúdo da *legalidade* das *normas jurídicas*.[85] Por isso, na teoria do discurso, quanto mais a sociedade civil é ativa e participativa, mais o Direito tem a cumprir os objetivos de justiça almejados pela própria sociedade, de forma a que o Direito não se reduza a cumprir mero papel de *poder burocrático*.

A teoria do discurso desenvolve uma concepção, portanto, procedimentalista do Direito, e retira do jusnaturalismo e do solilóquio do legislador, a fonte de legitimação do Direito, depositando-a na soberania popular e nos direitos humanos. Nas palavras de Jürgen Habermas:

> "Interpretando a política e o direito à luz da teoria do discurso, eu pretendo reforçar os contornos de um terceiro paradigma do direito, capaz de absorver os outros dois. Eu parto da ideia de que os sistemas jurídicos surgidos no final do século XX, nas democracias de massas dos Estados sociais, denotam uma compreensão procedimentalista do direito".[86]

Por isso, o Direito realiza a forma de *expressão* das *necessidades reais de justiça* decorrentes do exercício da soberania popular de uma opinião pública qualificada, fundada no diálogo social.[87]

6.4. Teoria semiótica

6.4.1. Semiótica: estudo dos sistemas de significação

É importante para a *Teoria do Direito* operar o giro copernicano na teoria do sistema jurídico, especialmente considerada a matriz positivista, esta que se baseava no conceito de *norma-jurídica-unidade* e operava a partir do valor *hierarquia-rigidez--unidade*, para caminhar em direção a uma visão mais ampla do *universo de relações semióticas* e da *constelação de textos jurídicos*. Neste sentido, a teoria semiótica, cujos estudos iniciais remontam a Ferdinand de Saussure,[88] na fundação da *Semiologia*, e a

---

[84] "A opinião pública, transformada em poder comunicativo segundo processos democráticos, não pode dominar por si mesmo o uso do poder administrativo; mas pode, de certa forma, direcioná--la" (Habermas, *Direito e democracia*, v. II, 2003, p. 23).

[85] "Expectativa de comportamento generalizado temporal, social e objetivamente" (Habermas, *Direito e democracia*, 2003, v. I, p. 142).

[86] Habermas, *Direito e democracia*, I, p. 242.

[87] "A compreensão discursiva do sistema dos direitos conduz o olhar para dois lados: de um lado, a carga da legitimação da normatização jurídica das qualificações dos cidadãos desloca-se para os procedimentos da formação discursiva da opinião e da vontade, institucionalizados juridicamente. De outro lado, a juridificação da liberdade comunicativa significa também que o direito é levado a explorar fontes de legitimação das quais ele não pode dispor" (Habermas, *Direito e democracia*, I, 2003, p. 168).

[88] A respeito, consulte-se Saussure, *Cours de linguistique générale*, 1972.

Charles Sanders Peirce,[89] na fundação da *Semiótica*, parte das referências dos estudos de linguística, lógica e semiologia.[90] Na visão de Algirdas Julien Greimas, da chamada *École de Paris*,[91] a *Semiótica* tem forte influência dos estudos de lógica e gramática narrativa, e é compreendida como o estudo dos *sistemas de significação*.[92] Assim é que, em seus desenvolvimentos mais recentes, haverá de encontrar posteriores aplicações, inclusive no campo do Direito, enquanto *Semiótica Jurídica*,[93] aí compreendida como ciência dos *processos de significação jurídica*, podendo-se, a partir daí, desenvolver-se em seus aspectos intrínsecos e extrínsecos.[94]

6.4.2. Juridicidade, signos e textos jurídicos

A concepção *Semiótica* que deriva da *École de Paris*, e que vem sendo aqui desenvolvida, parte da ideia de que o Direito é linguagem, e a linguagem pressupõe a compreensão dos *signos* (verbais e não verbais),[95] enquanto entidades que expressam a relação entre *significante* e *significado*, ou entre *expressão* e *conteúdo*.[96]

E aí, pode-se ter nos discursos, que se manifestam por *signos verbais e não verbais*, e na noção de *texto*,[97] as formas de aparição das múltiplas linguagens, dos variados

---

[89] Peirce, *Semiótica*, 1995. A respeito do método em Ch. S. Peirce, consulte-se Sebeok, Umiker--Sebeok, *Voi conoscte il mio método:* un confronto fra Charles Sanders Peirce e Sherlock Holmes, In *Il segno dei tre* (Eco, Umberto; Sebeok, Thomas A., orgs.), 1983, p. 27-64. "Já a Semiótica é 'a disciplina da natureza essencial e das variedades fundamentais de toda possível semiose' (CP.: 5.488)" (Eco, *Os limites da interpretação*, 1995, p. 182).

[90] "La sémiologie est suffisamment délimitée quand on parle d'elle comme de la science genérale de tous les systèmes de communication" (Mounin, *Introduction à la sémiologie*, 1986, p. 07).

[91] "El objeto de la semiótica, dijimos, es la significación" (Landowski, *La sociedade fgurada*: ensayos de sociosemiótica, 1993, p. 76-77).

[92] "A teoria greimasiana propõe que a Semiótica se desgarre de pressupostos que a subordinam a outras ciências. Nesse sentido, insculpe-se a necessidade de cunhá-la como a ciência da significação, portanto, como metalinguagem" (Bittar, *Linguagem jurídica*: semiótica, discurso e direito, 6. ed., 2015, p. 50).

[93] A respeito, consulte-se Cornu, *Linguistique juridique*, 1990; Dubouchet, *Sémiotique juridique*: introduction à une Science du droit, 1990; Bittar, *Linguagem jurídica*: semiótica, discurso e direito, 6. ed., 2015.

[94] Trata-se de campo de estudo que vem se desenvolvendo a partir, especialmente, dos anos 1950, seguindo-se o entendimento Paul Dubouchet (Dubouchet, *Sémiotique juridique*, 1990, p. 154 e seguintes); "(...) Semiótica jurídica, também no sentido do que se vem dizendo aqui, como sendo a ciência da significação jurídica e dos processos de significação jurídica" (Bittar, *Linguagem jurídica*: semiótica, discurso e direito, 6. ed., 2015, p. 53).

[95] "Le signe est une unité du plan de la manifestation, constituée par la fonction sémiotique, cest-à--dire par la relation de présupposition reciproque qui s'établit entre deux grandeurs du plan de l'expression (ou signifiant) et du plan du contenu (ou signifié), lors de l'acte de langage" (Greimas, Courtés, *Sémiotique*: dictionnaire raisonné de la théorie du langage, 1993, verbete Signe, p. 349).

[96] "Nous proposons de conserver le mot *signe* pour designer le total, et de remplacer *concept* et *mage acoustique* respectivement par *signifié* et *signifiant*" (Saussure, *Cours de linguistique générale*, 1994, p. 99).

[97] "Les deux termes – texte et discours – peuvent être indifférement appliqués pour designer l'axe syntagmatique des sémiotiques non linguistiques: un rituel, un ballet peuvent être considérés comme texte ou comme discours" (Greimas, Courtés, *Sémiotique*: dictionnaire raisonné de la théorie du langage, 1993, verbete *texte*, p. 390).

códigos, dos fenômenos semióticos, que são usuais no universo das práticas jurídicas, tais como: sessão do tribunal do júri; ritual de justiça; os códigos internos do sistema carcerário; sinais luminosos de trânsito; sinais sonoros da autoridade de trânsito; documentos; conjunto probatório; vestígios de um homicídio. Tudo isso é *práxis* do Direito, e não se pode deixar de considerar que formam *linguagens*. Assim, o universo das *linguagens verbais* e *não verbais*, no âmbito do Direito, é muito vasto e complexo,[98] e, por isso, o interesse da *Semiótica Jurídica* pode ser de grande valor para o Direito, seja na compreensão, seja na interpretação, seja na aplicação do Direito.

Aliás, esta concepção parte exatamente do pressuposto de que, no lugar de buscar *"o Direito"*, em seu sentido ontológico, o seu verdadeiro objeto de investigação é contornado por uma dimensão mais objetiva e acessível, qual seja, a *juridicidade*.[99] A *juridicidade* corresponde ao conjunto das práticas textuais jurídicas, considerando-se, juntamente com Algirdas Julien Greimas, que "...a prática jurídica é produção do direito, regras e significações jurídicas novas".[100] Nesta medida, parte-se do ontológico e caminha-se para o semiótico, abandonando-se a ideia metafísica de busca da essência do Direito, podendo-se, em verdade, nesta perspectiva metodológica, trabalhar com a concepção de um *sistema de práticas textuais*, ou seja, com um *conjunto de textos em circulação nas práticas textuais* que se dão através de *operações semióticas contínuas* e *cotidianas* do Direito. Não por outro motivo, e consideradas estas observações, a partir daí esboça-se a noção de sistema jurídico, que, como todo sistema semiótico, inclusive, a língua, forma um *todo coerente* e *funcional*, sabendo-se que seus elementos dependem uns dos outros,[101] de forma *intertextual*, num modelo de *malha semiótica*.

6.4.3. O conceito semiótico de sistema jurídico

Tendo estes pressupostos basilares esclarecidos, pode-se passar a estudar de mais perto a noção de *sistema jurídico*, segundo a concepção da teoria semiótica. Assim, *sistema jurídico* será antes de tudo: 1) um sistema de signos, textos e práticas discursivas; 2) um todo coerente de relações entre textos em codependência e em operações dinâmicas, formando uma *malha semiótica*; 3) um conjunto de práticas discursivas de acordo com uma gramática específica e um dicionário próprio, que formam a chamada a *linguagem jurídica*.[102] É isso que nos permite conceituar *sistema jurídico*, da seguinte forma: *o sistema jurídico é um conjunto de textos em troca intersemiótica, encadeados por práticas ar-*

---

[98] "Tudo isto adverte de que, quanto mais complexo for um texto, mais complexa parecerá a relação entre expressão e conteúdo" (Eco, *Tratado geral de semiótica*, 2. ed., 1991, p. 221).

[99] "(...) a juridicidade é, pois, o conglomerado das práticas textuais e expressivas do Direito..." (Bittar, *Linguagem jurídica:* Semiótica, discurso e direito, 6. ed., 2015, p. 78).

[100] Greimas, *Semiótica e Ciências Sociais*, 1981, p. 79.

[101] "Le système est l'un des deux modes d'existence – complémentaire de celui de procès – des univers structurés ou structurables. (...) Pour F. de Saussure, le terme de système lui permet de définir le concept de langue (= "système de signes"), dans la mésure où, traditionellement, il dénomme un tout cohérent dont les éléments dépendent les uns des autres" (Greimas, Courtés, *Sémiotique*: dictionnaire raisonné de la théorie du langage, 1993, verbete Système, p. 384).

[102] "(...) se o discurso jurídico remete a uma gramática e a um dicionário jurídico (sendo gramática e dicionário os dois componentes da linguagem), pode-se dizer que ele é a manifestação, sob a forma de mensagens discursos, de uma linguagem, de uma semiótica jurídica" (Greimas,

Capítulo XVI | Subsistemas sociais e sistema jurídico

gumentativas, que funcionam segundo dinâmicas argumentativas e contextuais, em torno de um ponto-de-partida discursivo comum, formando uma trama de relações e práticas de significação, visando a coordenação da ação social e a promoção de justiça.

A arquitetura do sistema jurídico é sólida e segue a lógica estruturada de uma *trama de textos*, mas está sujeita à dinâmica, que decorre do fato de que seus textos estão em constante estado de movimentação sociossemiótica,[103] e as práticas obedecem a exercícios constantes, onde o *texto jurídico* ou *discurso jurídico*[104] é tomado como *unidade-de-significação*, representando o *input* de movimentação sistêmica. Assim é que textos são engendrados, aparecem, desaparecem, se produzem e se reproduzem, se corrompem, se distorcem, se superam, ganham uso, caem em desuso, gerando o caráter circular da relação entre as *práticas textuais da juridicidade* e as *práticas sociossemióticas mais amplas*. Assim como ocorre em quaisquer outros sistemas semióticos, o sistema jurídico *traduz* e *filtra* a informação externa, enquanto informação relevante/não relevante, para transformá-la em conteúdos valiosos do ponto de vista interno do sistema jurídico, obedecendo à *hipercodificação* que a governa, ou seja, nos termos da *linguagem jurídica* e de suas regras.

A figura a seguir espelha este movimento:

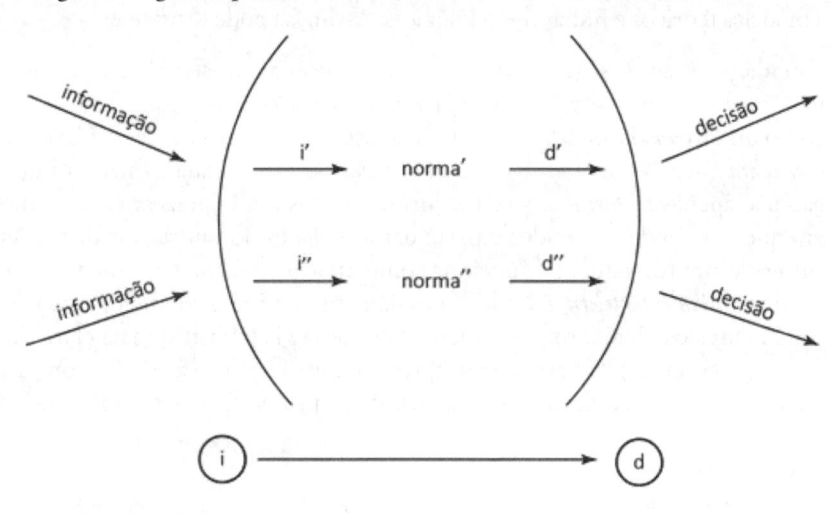

Semiótica e Ciências Sociais, 1981, p. 76). A este respeito, e de forma mais diretamente aplicada à reflexão do Direito, consulte-se Bittar, *Linguagem jurídica*: semiótica, discurso e direito, 6. ed., 2015.

[103] "Se o sistema jurídico (...) aparece como uma arquitetura sólida e imutável (...), nada impede que esse sistema evolua, complete-se e transforme-se, graças justamente aos discursos jurídicos sempre renovados que fazem suas inovações repercutir no nível do sistema que lhes é subentendido" (Greimas, *Semiótica e Ciências Sociais*, 1981, p. 79).

[104] "Le discours juridique est, par opposition au vocabulaire juridique, l'autre versant du langage du droit: c'est le langage du droit en action ou, plus exactement, le langage en action dans le droit. Le discours juridique est la mise en oeuvre de la langue, par la parole, au service du droit. Ist essentiel de discerner les deux données qui se marient dans as définition. Le discours juridique est, tout à la fois, um acte linguistique et um acte juridique" (Cornu, *Linguistique juridique*, 1990, p. 214).

E é exatamente a partir daí, ou seja, da conexão entre o *universo da textualidade jurídica* e o *universo das práticas sociais*, que se percebe a íntima correlação entre *Direito* e *Sociedade*, entre *Sociedade* e *Linguagens*, tal como na leitura de Françøs Rastier,[105] que permite localizar na *Sociossemiótica*[106] a forma de aproximação destes universos, que dará condições para uma leitura profunda – a partir dos *signos* (linguísticos e não linguísticos) – da estrutura da sociedade, das práticas sociais, das relações sociais e das relações de poder, subjacentes a essa sociedade. Não por outro motivo, aí se localiza, em termos de análise crítica, a capacidade de operar a partir de signos, algo de estreita importância para a *Teoria do Direito* na busca dos processos sociais de produção da *significação jurídica*.

6.4.4. Características do conceito semiótico de sistema jurídico

A partir desta matriz teórica da *École de Paris*,[107] dela derivando-se conceitos e concepções, e, considerados os contornos do conceito de sistema jurídico, é possível avançar, de modo mais descritivo, para então considerar os elementos e características centrais de sistema jurídico. Assim, se pode, a partir de agora, refinar a análise, numa dimensão mais prático-operacional, para considerar quais características melhor definem o conceito semiótico de sistema jurídico, e que diferenças impõe esta abordagem teórica do sistema jurídico, com suas implicações práticas, se comparada com as concepções provenientes de outros modelos teóricos e linhas metodológicas. Assim, se pode dizer que:

a) sistema jurídico: o sistema jurídico, numa abordagem semiótico-jurídica,[108] é uma *trama de textos e significações juridicamente relevantes*. Considerar o Direito como um *sistema de significações*, implica assumir no conceito de *juridicidade*, que o *sistema jurídico* opera através de uma *trama semiótica*, que fornece a interligação não apenas *sintática* dos textos jurídicos, mas também *semântica*, na medida em que a troca de conteúdos é parte das atividades dos atores jurídicos. Assim, sua estrutura fundamental funciona como uma *malha semiótica*, tomada enquanto uma *malha intertextual*, onde o enredamento define o condicionamento recíproco entre os elementos sistêmicos. Para uma visualização mais clara do formato do sistema jurídico, vale a aproximação da *teoria semiótica* com a *física teórica*, seguindo-se de perto a aproximação promovida por Umberto Eco.[109]

---

[105] "L'usage d'une langue est par excellence une activité sociale, si bien que toute situation de communication est déterminée par une pratique sociale qui l'instaure et la contraint" (Rastier, *Sens et textualité*, 1989, p. 39).

[106] A respeito, *vide* Landowski, *La sociedade fgurada*: ensayos de sociosemiótica, 1993. "A la Sociosémiotique – dans la mesure où une telle distinction terminologique puisse avoir quelque utilité – serait réservé le vaste domaine des connotations sociales,..." (Greimas, Courtés, *Sémiotique*: dictionnaire raisonné de la théorie du langage, 1993, verbete SocioSémiótique, p. 356).

[107] "Deste ponto de vista, a semiótica define-se como uma *metalinguagem* em relação ao universo de sentido que ela se dá como objeto de análise" (Courtés, *Introdução à semiótica narrativa e discursiva*, 1979, p. 43); Greimas, Courtés, *Sémiotique*: dictionnaire raisonné de la théorie du langage, 1993; Bittar, *Linguagem jurídica*: semiótica, discurso e direito, 6. ed., 2015.

[108] "Vi o termo *sistema* utilizado com frequência. Mas a noção de sistema é mais ampla do que a noção de sistema de signos" (Eco, *Os limites da interpretação*, 1995, p. 183).

[109] *Vide* Eco, *Tratado geral de semiótica*, 2. ed. 1991, p. 132, p. 166 e p. 220. Sobre a concepção de universo e complexidade em movimento: "O universo está se expandindo, e a distância entre duas galáxias

Em verdade, no sistema jurídico, se pode enxergar o movimento de órbita em torno do centro que fornece *unidade* e *centralidade*, pois se trata do *discurso-fonte* do sistema jurídico *irradiador-discursivo-de-sentido* sobre os *micro-universos-de--discurso*. Este funcionamento da *malha semiótica* é similar, no campo da *física teórica*, à concepção cosmológica, concebido o universo em movimento, em transformação e em expansão, onde se podem encontrar os *campos gravitacionais* de cada um dos *micro-universos-de-discurso* do sistema jurídico, além de *galáxias--expressivas* e *nebulosas-de-conteúdo*,[110] sabendo-se que o equilíbrio geral é resultado da correlação tensional entre todos os seus elementos integrantes.[111]

b) funcionamento: o sistema jurídico, numa abordagem semiótico-jurídica, tem funcionamento complexo, na base da *práxis* discursiva intertextual, enquanto fruto de atividade dos atores jurídicos, em constante estado de intercâmbio textual, de modo que o movimento dinâmico é uma de suas qualidades, sendo que o diálogo e a troca de informações é a grande fonte de ambientação, re-ambientação e reciprocidade entre as *unidades-de-sentido*, os *micro-universos-de-discurso* e o contexto mais amplo do *sistema das práticas sociais* de onde provêm as práticas discursivas mais gerais.

c) elementos: ao contrário de certas concepções que supervalorizam o papel de *normas jurídicas*, a *constelação-semiótica* dos elementos que integram o sistema jurídico, na concepção semiótico-jurídica, é ampla, e formada por *textos normativos, textos decisórios, textos burocráticos, textos científicos*, considerando-se a ampla gama de elementos normativos e não normativos que o integram.

d) estrutura: a estrutura do sistema tem a forma de uma *malha semiótica*, tomada enquanto uma *malha intertextual*, onde tudo está ligado a tudo, e qualquer alteração acaba por gerar uma *re-combinatória* na relação entre os *elementos textuais*, pois estão ligados por ligações estreitas e próximas, sabendo-se que as ligações são discursivas, argumentativas, associativas e dialógicas, sendo ativadas pelo uso que cada ator jurídico impõe aos elementos sistêmicos.

e) pluralismo: o sistema jurídico, numa concepção semiótica, obedece a uma lógica pluralista, aberta e democrática de reconhecimento de argumentos, fundados em *fontes jurídicas estatais* e *fontes jurídicas não estatais*, favorecendo o diálogo *intersemiótico* entre elementos de diversas origem, proveniente do *macro-universo-de-sentido* das práticas sociais, não sobrecarregando o papel das *fontes estatais* por sobre as *fontes não estatais*.

f) dinâmica: o sistema jurídico, numa concepção semiótica, pode ser tratado como sistema de estrutura sólida, estável, coerente e gramaticalmente orientada, funcionando enquanto *máquina semiótica*,[112] de forma constante e ininterrupta,

---

quaisquer aumentando com o tempo" (Hawking, *O universo numa casca de noz*, 5. ed., 2002, p. 21).

[110] Vide Eco, *Tratado geral de semiótica*, 2. ed. 1991, p. 166.

[111] "Cada galáxia possui incontáveis bilhões de estrelas, muitas com planetas à sua volta. Vivemos em um planeta que orbita uma estrela em um braço externo da galáxia espiral Via Láctea" (Hawking, *O universo numa casca de noz*, 5. ed., 2002, p. 71).

[112] A máquina semiótica depende, evidentemente, dos atores jurídicos, que em posse de um conjunto de regras, as fazem aplicar na forma automática: "En métasémiotique scientifique, on donne le

como um *sistema dinâmico e não perfeito*, ou seja, enquanto *sistema antinômico* e *lacunoso*, cobrando a autonomia dos atores jurídicos e saberes semiótico-jurídicos na construção de soluções, saídas e resoluções de *lacunas* e de *conflitos intertextuais* através de técnicas e métodos próprios construídos pelo conhecimento jurídico, em especial pelo discurso científico.

g) unidades internas: as unidades internas do sistema jurídico são, numa concepção semiótica, os *textos* ou *discursos* (*textos normativos*; *textos burocráticos*; *textos decisórios*; *textos científicos*),[113] formados pela combinatória de signos linguísticos e não linguísticos, e que designam processos semióticos de *produção de sentido*, sabendo-se que o sentido é uma *construção sociossemiótica*.[114]

h) microuniversos: a dinâmica interna do sistema jurídico como um todo obedece à lógica de uma *rede-de-tensões-intersemióticas*, considerada a conexão existente entre os *textos jurídicos* e seu uso aplicado, a partir de *micro-universos-de--sentido*, a exemplo do Código Civil e seu campo gravitacional, em torno do qual giram as demais normas de relevância civil, ou ainda, da CLT e seu campo gravitacional, em torno da qual giram as demais normas de relevância trabalhista, sabendo-se que estes são dirigidos por *valores, cultura, práticas, conceitos, princípios especiais, lógica especializada*, aos quais os atores jurídicos acabam por tomar como *práxis* operatória, na medida em que se *especializam* em áreas de conhecimento, na tarefa de lidar praticamente com o perfil de *relações específicas* para cada ramo de atuação no Direito, retratadas na *linguagem jurídica*, no *socioleto* e no *idioleto*,[115] que organizam cada área do conhecimento e da aplicação do Direito.

i) valores: os *valores centrais* do sistema jurídico são a *hierarquia*, a *eficiência*,[116] a *segurança*, a *razoabilidade*, o *diálogo*, a *atualidade* e a *justiça*, ou seja, aqueles sem os

---

nom d'automate au sujet opérateur quelconque (ou "neutre") en possession d'un ensemble de règles explicites et d'un ordre contraignant d'application des règles (ou d'exécution des instructions)" (Greimas, Courtés, *Sémiotique*: dictionnaire raisonné de la théorie du langage, 1993, verbete Automate, p. 24).

[113] "À chaque type de pratique sociale est associé un type d'usage linguistique que l'on peut appeler *discours*: ainsi des discours juridique, politique, médical, etc." (Rastier, *Sens et textualité*, 1989, p. 39).

[114] A respeito do conceito de discurso, e sua definição como processo semiótico, leia-se: "... on peut identifier le concept de discours avec celui de procès sémiotique, et considérer comme relevant de la théorie du discours la totalité des faits sémiotiques (rélations, unités, opérations, etc.) situés sur l'axe syntagmatique du langage" (Greimas, Courtés, *Sémiotique*: dictionnaire raisonné de la théorie du langage, verbete Discours, 1993, p. 102). A respeito, *vide* Cornu, *Linguistique juridique*, 1990.

[115] "Plusieurs types de systems sont à l'oeuvre dans tout text: (i) la langue fonctionnelle (...); (ii) un sociolecte (...); (iii) l'idiolecte (...)" (Rastier, *Sens et textualité*, 1989, p. 39).

[116] "Dans l'usage courrant, l'efficacité est la capacité de produire un maximum de résultats avec un minimum d'effort. Une théorie sémiotique, et les modèles qu'elle permet de construire, seront dits efficaces lorsque, obéissant déjà aux principes de simplicité et d'économie, its sont en même temps projectifs, permettant donc de prévoir et de rendre compte d'un grand nombre de faits" (Greimas, Courtés, *Sémiotique*, 1993, verbete Efficacité, p. 116).

Capítulo XVI | Subsistemas sociais e sistema jurídico

quais o sistema jurídico não pode exercer sua função sociossemiótica, exercendo um papel perante a vida, a sociedade e os demais subsistemas sociais.

j) sistema social: o sistema jurídico não está isolado, de forma que se encontra imerso em meio ao *macro-universo-sócio-semiótico*, onde a produção de significações está se dando de forma complexa, considerando aspectos políticos, econômicos, sociais, culturais e históricos, de forma sincrética, de modo que toda tentativa de teorizar o sistema jurídico sem enredá-lo diretamente a conexões em rede que interligam suas práticas às relações sociais,[117] acaba por operar um *desligamento* inadequado do Direito com suas raízes e, por isso, acaba por provocar um desnecessário deslocamento no sentido da *abstração* e *diferenciação*, que acabam sendo absorvidas negativamente pelo conhecimento jurídico, enquanto *indiferença* e *distância* das demais dinâmicas sociais e humanas, reais e concretas, imersas em *inter-ações* sociais situadas historicamente em ambientes relacionais.[118]

k) sentido jurídico: a produção do *sentido jurídico* não está dada, no momento em que a *norma-legislação* é produzida, de forma que o *sentido jurídico* deve ser considerado mais um *processo-de-duas-mãos* de produção de significações jurídicas, que implica a relação *autor-e-intérprete* dos textos jurídicos. Então, o *sentido jurídico* não está *pronto-e-acabado* dentro das *normas-legislação*, e, também, não é puro *produto-criativo* do intérprete. Admite-se, no entanto, existirem casos mais ou menos complexos, a depender do próprio grau de complexidade dos textos envolvidos.[119] Assim, de modo mais claro, nada significa isoladamente, pois *texto* e *contexto*[120] dependem um do outro, sendo que o *contexto* limita e condiciona o campo de significação do *texto*.[121] Assim, não existe *o sentido jurídico* de modo fixo, isolado e permanente, tomado como *verdade ôntica* ou *semântica*, e isso porque o

---

[117] A respeito, *vide* Habermas, *Direito e democracia*: entre facticidade e validade, v. I, 2003, p. 22 e seguintes. Em específico: "Além disso, um sistema jurídico não adquire autonomia somente para si mesmo" (Habermas, *Direito e democracia*: entre facticidade e validade, v. I, 2003, p. 247).

[118] "A construção da significação jurídica, dos conceitos, valores e princípios a ela pertinentes, constantes do amplo repertório de elementos que compõem a *juridicidade*, depende da partição ativa de sujeitos responsáveis, em meio a práticas sociais, pela sua atualização" (Bittar, *Linguagem jurídica*: semiótica, discurso e direito, 6. ed., 2015, p. 229).

[119] "Tudo isto nos adverte de que, quanto mais complexo for um texto, mais complexa parecerá a relação entre expressão e conteúdo. Pode tratar-se de simples unidades expressivas que veiculam nebulosas de conteúdo (como em muitos casos de estimulação programada), galáxias expressivas que veiculam unidades de conteúdo precisas (um arco de triunfo é um texto arquitetônico elaboradíssimo, mas veicula uma abstração convencionalizada como, por exemplo, 'vitória'), expressões gramaticais precisas, composta de unidades combinatórias, como a frase 'eu te amo', que em certas circunstâncias veiculam nebulosas de conteúdo dramáticas, etc." (Eco, *Tratado geral de semiótica*, 2. ed., 1991, p. 221).

[120] Em teoria semiótica, texto e contexto se interelacionam: "On appelle contexte l'ensemble du texte qui précède et/ou qui accompagne l'unité syntagmatique considérée, et dont dépend la signification" (Greimas, Courtés, *Sémiotique*: dictionnaire raisonné de la théorie du langage, 1993, verbete Contexte, p. 66).

[121] "Mas os contextos nos permitem tornar essa aposta menos incerta que uma aposta no vermelho ou no preto de uma roleta" (Eco, *Intepretação e superinterpretação*, 1993, p. 73).

sentido jurídico é um *campo-de-disputas* em jogo permanente de relações de interesse, fundadas em pretensões de justiça, tramadas na base de argumentos, fontes jurídicas e provas jurídicas.

l) justiça: a justiça[122] é o *elemento-norte* que orienta o sistema jurídico, sabendo-se que funciona com o desforço conferido ao Destinador-social, este que é dotado de *poder-fazer*, representando o lugar de um terceiro na narrativa conflitiva, sendo o seu papel de ação discursiva produtor do *texto decisório*, momento culminante da estrutura sistêmica do geral ao particular, sabendo-se que é capaz de traduzir uma *solução* ao caso concreto, ajustada à realidade de fatos, provas e regras, fundado em argumentos próprios do Estado Democrático de Direito.[123]

m) interpretação jurídica: a interpretação jurídica[124] é atividade produtora de sentido,[125] e se dá a partir da atuação cognitiva do *sujeito-da-interpretação*,[126] permitindo que se complete o *percurso-discursivo*, nas mãos de seus usuários; a interpretação jurídica se realiza de modo a que não se possam compreender os elementos que pertencem à *malha semiótica* isoladamente, mas em *interligação intertextual*; assim, o *texto jurídico* é tomado como *unidade-de-significação*, mas toda *unidade-texto* está correlacionada a um *todo intrincado de textos*,[127] que lhe conferem sentido dentro de práticas textuais, onde a troca de sentidos se opera por meio de diálogos de conteúdo.

n) abertura: o sistema jurídico, na teoria semiótica, realiza operações contínuas e ininterruptas de movimentação de *textos jurídicos*, de modo que é de se esperar o trânsito permanente de conteúdos *legais*, *para-legais* e *meta-legais*, na perspectiva

---

[122] "La justice peut désigner la compétence du Destinateur social, doté de la modalité du pouvoir-faire absolu: chargé d'exercer la sanction, un tel Destinateur sera dit alors judicateur. On entend également par justice une forme de la rétribution negative (ou punition), exercée, sur la dimension pragmatique, par le Destinateur social, par opposition à la vengeance qui est réalisée par un Destinateur individuel" (Greimas, Courtés, *Sémiotique*: dictionnaire raisonné de la théorie du langage, 1993, verbete Justice, p. 201).

[123] "Uma norma só é justa, quando todos podem querer que ela seja seguida por qualquer pessoa em situações semelhantes. Mandamentos morais têm a forma semântica de imperativos categóricos ou incondicionais" (Habermas, *Direito e democracia*: entre facticidade e validade, vo. I, 2003, p. 203).

[124] O termo interpretação é mais apropriado que o termo hermenêutica, que a semiótica reserva ao campo da filosofia e das religiões: "L'herméneutique désigne généralement l'intérprétation, au sens courant et non pas sémiotique, de textes essentiellement philosophiques et réligieux. Il s'agit d'une discipline relativement voisine de la sémiotique..." (Greimas, Courtés, *Sémiotique*, 1993, verbete Herméneutique, p. 171).

[125] A respeito, consulte-se Eco, *Os limites da interpretação*, 1995.

[126] "Um texto é um dispositivo concebido para produzir seu leitor-modelo. Repito que esse leitor não é o que faz a 'única' conjetura 'certa'. Um texto pode prever um leitor-modelo com o direito de fazer infinitas conjeturas" (Eco, *Intepretação e superinterpretação*, 1993, p. 75).

[127] "Los juristas saben que la significación de un texto legal, de un reglamento o de una circular, de una sentencia o hasta los términos de un contrato está lejos de ser siempre clara, imediata y unívoca" (Landowski, *La sociedade fgurada*: ensayos de sociosemiótica, 1993, p. 78).

interna, entre os *micro-sistemas-de-sentido*,[128] e, na perspectiva externa, entre o sistema jurídico e o sistema social. Assim, internamente, os *micro-sistemas-de-sentido* estão em troca permanente, no sentido da *construção* e *reconstrução* de sentido jurídico, no interno de suas práticas e campos gravitacionais de significação. Também, externamente, o sistema jurídico está diretamente conectado ao sistema sociossemiótico, que é seu *macro-universo-de-significação*, encontrando-se em conexão fina na dimensão das relações humanas e sociais. Ainda que se detecte a atividade comunicativa *hiper-codificada*, e, neste sentido, controlada pelas *entradas* e *saídas* do sistema jurídico, há também uma teia de relações de comunicação *hipo-codificadas* que funciona como *sub-código* de comunicação, que alimenta o sistema jurídico de elementos *informais*, a exemplo do que ocorre com a influência que a *esfera pública midiática*[129] exerce sobre as decisões que são tomadas intra-sistemicamente. E esse processo não pode ser estancado, porque a *troca-inter-textual*, informal, contínua e incessante, é uma qualidade do movimento de sistemas de significação.

o) unidade: a unidade do sistema jurídico é uma construção *macro* e *micro-semiótica*, enquanto *narrativa lógico-textual*, que se reporta a regras e princípios, a partir de uma *matriz-discursiva-de-sentido*, a saber, o *texto-base* de uma Constituição, que tem *poder-de-irradiação* sobre todos os elementos do sistema jurídico,[130] sabendo-se que os *anéis-semióticos* do entorno da *matriz-discursiva* seguem a noção de *centralidade-periferia*, conforme a força atribuída pelo sistema jurídico aos seus elementos normativos e não normativos, especialmente sabendo que esta estrutura preserva intocado o *princípio de hierarquia* que organiza de forma rígida a distribuição das normas jurídicas a partir de seu *centro-discursivo*.

p) atores discursivos: esta concepção de sistema jurídico trabalha com a ideia de *atores discursivos*,[131] investidos em *papéis actanciais* de discurso,[132] desempenhando

---

[128] A respeito dos *micro-universos-de-significação*, leia-se: "O conjunto da textualidade jurídica, apresentada sob o *nomen* de juridicidade, em verdade, pressupõe práticas sociais de sentido que facultam a existência de discursos específicos (discursos normativo, burocrático, decisório e científico), que possuem universos de discurso próprios (universos de discurso normativo, burocrático, decisório e científico), responsáveis por mediatizar relações jurídicas específicas" (Bittar, *Linguagem jurídica*: semiótica, discurso e direito, 6. ed., 2015, p. 81).

[129] A respeito, *vide* Habermas, *Direito e democracia*: entre facticidade e validade, vo. I, 2003, p. 190 e seguintes, e, ainda, v. II, p. 92 e seguintes.

[130] "(...) o Direito contemporâneo é caracterizado pela passagem da Constituição para o centro do sistema jurídico, onde desfruta não apenas da supremacia formal que sempre teve, mas também de uma supremacia material, axiológica" (Barroso, *Curso de direito constitucional contemporâneo*: os conceitos fundamentais e a construção do novo modelo, 4. ed., 2013, p. 108-109).

[131] "No sentido amplo, um actante pode ser tanto a representação linguística de uma pessoa humana, como o personagem de uma narrativa qualquer, ou ainda um animal ou uma máquina" (Greimas, *Semiótica e Ciências Sociais*, 1981, p. 84); "Historiquement le terme d'acteur s'est progressivement substitué à celui de personnage..."(...) l'acteur est une unité léxicale, de type nominal..." (Greimas, Courtés, *Sémiotique*: dictionnaire raisonné de la théorie du langage, 1993, verbete Acteur, p. 7).

[132] "Esta instancia, a diferencia de los actantes *sujetos* propriamente dichos, no tende diretamente hacia la acción sino a calificar (y por ello a orientar y sancionar) las acciones, reales o posibles, de los Sujetos" (Landowski, *La sociedade fgurada*: ensayos de sociosemiótica, 1993, p. 92).

percursos discursivos, considerando-se as *narrativas discursivas* às quais se vinculam por atribuições, papéis e competências reguladas pelo sistema jurídico, sendo responsáveis pelo estado argumentativo de constante movimentação e transformação dos processos de *significação jurídica*.[133] A ativação do *sentido jurídico* se faz pelos atores discursivos (legislador(a), advogado(a), defensor(a) público, promotor(a) de justiça, gestor(a) público), sabendo-se que seus papéis são complementares, diferenciáveis[134] e igualmente necessários para a completude das práticas de justiça, para o funcionamento das instituições de justiça[135] e para a realização ativa das atividades que fazem do sistema uma *máquina semiótica* em plena dependência dos *atos discursivos* da comunidade que o integra. Neste sentido, atuar *discursivamente* dentro do sistema jurídico significa que nenhum ator discursivo detém *"a verdade"*, mas que *argumentos* e *discursos* estão em circulação, conectados a universos reais de significação social, e formam a atmosfera comum das *práticas textuais* intrassistêmicas.

6.4.5. A representação semiótica do sistema jurídico

A representação semiótica do sistema jurídico difere das concepções atualmente conhecidas no debate da *Teoria do Direito* – e vem sendo conhecida como *Modelo Malha de Sistema Jurídico (Semiotic Mesh Model*, ingl.; *Modèle de Maillage*, fr.) –,[136] não obstante guardar conexões e pontos de proximidade com outras teorias. A melhor forma de visualizar o sistema jurídico é considerar que o sistema jurídico, do ponto de vista externo, é parte do *macro-universo-sócio-semiótico*, onde estão se dando as relações sociais de forma mais ampla, e, do ponto de vista interno, é subdividido em *micro-universos-de-discurso*, estes produtores de condições regionais-locais de sentido jurídico. O movimento da *totalidade intertextual* é dinâmico e complexo, e responde a estímulos discursivos, de forma a importar informações e exportar decisões, cumprindo a finalidade de realizar justiça, enquanto produz decisões que sejam capazes de atingir adequação entre provas, fatos e regras.

A concepção de sistema jurídico, de acordo com a teoria semiótica, pode ser espelhada através da figura a seguir:

---

[133] "Qui parle le langage du droit?: – Le *législateur* (...); Le *juge* (...); Le *gouvernement et l'administration* (...); Les *professionnels* (...); Les *simples particuliers* (...)" (Cornu, *Linguistique juridique*, 1990, p. 216-217).

[134] "(...) en derecho, todo actor tiene vocación de ocupar cualesquiera de estas posiciones y puede hasta ocupar más de una – con la condición, sin embargo, de que las distinciones entre actantes, y por lo tanto las *relaciones* puestas en sintaxis profunda encuentren siempre, de una manera o de outra, su traducción em superficie" (Landowski, *La sociedade fgurada*: ensayos de sociosemiótica, 1993, p. 103).

[135] "Esse local de exercício de discurso dentro do procedimento não permite um liberdade completa de desenvoltura de linguagem, pois se trata de um universo de discurso específico, pautado por regras e práticas" (Bittar, *Linguagem* jurídica: semiótica, discurso e direito, 6. ed., 2015, p. 291).

[136] A este respeito, consultar Bittar, Semiotics of Law, juridicity and legal system: some observations and clarifications of a theoretical concept, *in International Journal of Semiotics of Law*, Springer, nov. 2020, p. 1-17.

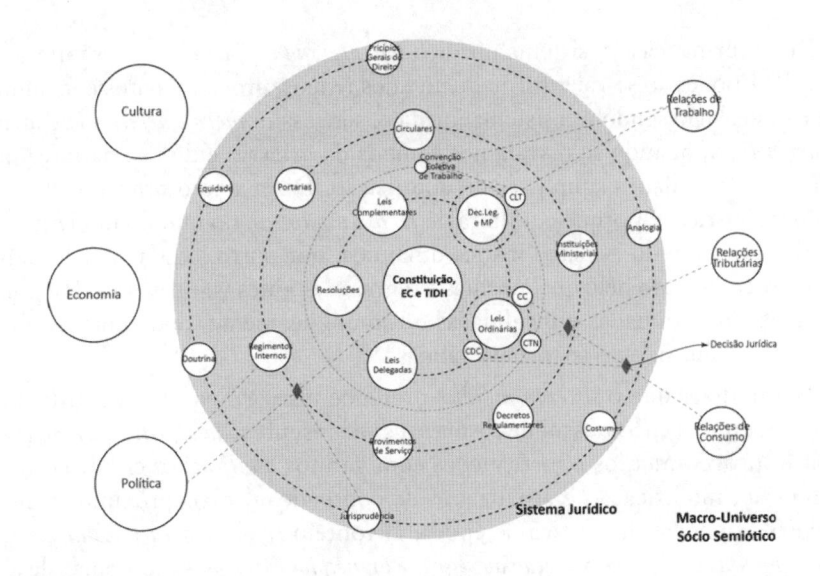

7. SISTEMA JURÍDICO, FUNÇÃO SOCIAL E JUSTIÇA

A partir destas referências, em termos de concepção de sistema jurídico, e suas respectivas representações figurativas, fica mais clara a compreensão acerca do tema. As referências visitadas foram as de Hans Kelsen, Niklas Luhmann, Jürgen Habermas e, em seguida, a concepção Semiótica. É certo que existem inúmeros outros modelos teóricos, tais como os de Herbert L. A. Hart, Norberto Bobbio, Ronald Dworkin, Joseph Raz, Robert Alexy. Partindo, no entanto, de um espectro mais reduzido de autores, percebe-se que esta pequena amostragem de concepções metodológicas já traz suficientes questões acerca da complexidade da noção de *sistema jurídico*. Entende-se que esta amostragem de concepções teóricas permite formar uma visão ampla e aberta das variáveis que estão em jogo, quando se fala de *sistema jurídico* e quando se procura descrever o sistema jurídico, considerando os seus elementos e os fatores que o determinam em suas operações práticas.

Por isso, após esta investigação, se pode partir para compreender que sistemas jurídicos não constituem um *fim-em-si-mesmo*, pois cumprem uma função social de externalizar resultados que incidem na vida social, de onde se costuma afirmar que os sistemas jurídicos cumprem uma *função social*. A *função social* exercida pelo *sistema jurídico* é a *produção de justiça*, a *estabilização de padrões de exigência de condutas espaço-temporalmente delimitados* e a *criação de procedimentos-padrão* que permitem operar com decisões jurídicas por meio de instituições. É, por isso, à luz da função social, e em concordância com Robert Alexy, que se quer afirmar que o sistema jurídico opera dirigido pela pretensão de correção.[137] Assim, com base nessa visão teórica, o sistema só é *sistema jurídico* se pretende a justiça.

---

[137] "Todo sistema jurídico implica uma pretensão à correção" (Alexy, *Conceito e validade do direito*, 2011, p. 42).

Desta forma, caso o sistema jurídico *não pretenda a justiça* não será um sistema jurídico[138] – podendo se valer formalmente dos rituais, procedimentos e fórmulas do Direito –, mas não sendo um sistema jurídico, será assim *mera e arbitrária* usurpação do *poder político*, quando se resvala nos campos do arbítrio e do uso da força para o exercício de finalidades simplistas de dominação. Dizer que o *sistema jurídico* deve pretender a justiça, é porque equilibra de *forma dinâmica*, no mundo moderno, a *justiça dinâmica*, segundo a qual: "Justiça dinâmica, por outro lado, tem sido definido como o procedimento pelo qual normas e regras existentes (válidas) sociais e políticas são testadas, questionadas e invalidadas e, simultaneamente, onde normas e regras sociopolíticas alternativas se tornam válidas".[139]

Assim, dizer que o *sistema jurídico* pretende justiça e equilibra a justiça dinâmica é dizer que: 1) não possui de forma atual e presente *toda a justiça*; 2) *renova* seus preceitos, procedimentos e instituições com ganhos *qualitativos* em direção à implementação, modificação e atualização de conteúdos o mais próximos historicamente das exigências de justiça de época; 3) contém *regras e princípios injustos*, mas também *formas e meios de correção de regras e princípios injustos*, sendo capaz de absorver *críticas* e de proceder à *autocorreção* pelas vias da *invalidade* (inconstitucionalidade; ilegalidade), da *ineficácia* (costume negativo; desuso; caducidade) e do *controle democrático* (participação cidadã). Isso aponta no sentido de que a *estática* do sistema jurídico é sempre rompida pela *dinâmica* do sistema jurídico, de forma a que o sistema jurídico exerça sua função social, e persiga a regra de correção, obedecendo à ideia de que tanto a *estabilização social*, quanto a *transformação social*, fazem parte de seu modo de funcionamento.

CASO PRÁTICO
O CASO DO TRANSPORTE PÚBLICO

Uma empresa de transportes resolve exigir um cadastro, visando a disciplinar a forma com a qual os idosos acessam o serviço de transportes da cidade. Durante alguns meses, os idosos da cidade não podem ter acesso ao transporte público, sem antes "passar na empresa" e, enfrentando filas de horas, "deixar um cadastro completo e cópias de documentos pessoais" na secretaria da empresa.

A empresa se justifica, apresentando a necessidade de evitar fraudes, bem como manter um controle mais direto sobre a frequência de idosos aos serviços de transporte, nas diversas linhas que circulam pelos bairros da cidade. Alega, ainda, que o cadastro somente pode beneficiar os idosos, na medida em que tem condições de lhes oferecer um serviço

---

[138] "O argumento da correção constitui a base dos outros dois argumentos, ou seja, o da injustiça e o dos princípios. Ele afirma que tanto as normas e decisões jurídicas individuais quanto os sistemas jurídicos como um todo formulem necessariamente a pretensão à correção. Sistemas normativos que não formulem explícita ou implicitamente essa pretensão não são sistemas jurídicos" (Alexy, *Conceito e validade do direito*, 2011, p. 43).

[139] Heller, *Além da justiça*, 1998, p. 335.

Capítulo XVI | Subsistemas sociais e sistema jurídico

mais seguro, sabendo-se que o cadastro será efetuado em tempo hábil para não prejudicar o usufruto de seus direitos, além de ser gratuito.

O Ministério Público, entrevendo violação de direitos difusos e coletivos, judicializa a questão, considerando tratar-se o acesso ao transporte público de um direito que não pode ser condicionado por outras quaisquer exigências.

Mas, do ponto de vista do sistema jurídico, deve-se saber se são os dispositivos do Código de Defesa do Consumidor, a Lei n. 8.078/90, que protegem o consumidor, que serão aplicados ao caso, considerando-se a sua situação de vulnerabilidade na relação de consumo, ou ainda, se são os dispositivos do Estatuto do Idoso, a Lei n. 10.741/2003, que protege os idosos em face de sua específica situação de vulnerabilidade em função da idade, que serão aplicados ao caso.

Diante da complexidade do caso, requer-se nos autos do processo a apresentação do parecer de um(a) jurista, que leva em consideração precedentes judiciais sobre a matéria, como se estabelecem as relações entre as normas jurídicas, sustentando uma posição sobre o conceito de sistema jurídico, e, a partir dela, demonstrando a solução a ser conferida ao caso concreto. Assim:

1. No lugar de renomado(a) jurista, emita um parecer, em torno do caso concreto, apresentando a sua opinião sobre a noção de sistema jurídico sustentada numa concepção teórica, e sobre a possível aplicação da técnica do diálogo das fontes, valendo-se de embasamento filosófico, doutrinário, jurisprudencial e legal. Aponte, além disso, que medidas podem ser tomadas pela justiça, para a reparação de danos aos interesses difusos.

CAPÍTULO XVII
SISTEMA JURÍDICO, ANTINOMIAS E LACUNAS

Sumário: 1. Sistema jurídico e modernidade; **2.** Sistema jurídico fechado, completo e consistente: paradigma positivista; **3.** Sistema jurídico aberto, incompleto e inconsistente: paradigma pós-positivista; **4.** Segurança e certeza do sistema jurídico; **5.** Inconsistência do sistema jurídico: antinomias jurídicas e critérios de solução: **5.1.** Conceito de antinomia jurídica; **5.2.** Requisitos da antinomia jurídica; **5.3.** Critérios e metacritérios de solução de antinomias jurídicas; **5.4.** A técnica do diálogo entre fontes jurídicas e a solução de antinomias jurídicas; **5.5.** A técnica da ponderação e a colisão de direitos fundamentais; **6.** Incompletude do sistema jurídico: lacunas normativas e integração do direito: **6.1.** Conceito de lacuna normativa; **6.2.** Integração da lacuna normativa; **6.3.** Limites à integração normativa; **7.** O papel do intérprete diante do sistema jurídico; **8.** As qualidades do sistema jurídico; Caso prático.

1. SISTEMA JURÍDICO E MODERNIDADE

Tendo-se presente o conceito de sistema jurídico, sua função, e, ademais, os modelos teóricos que informam sua *figurativização*, pode-se avançar, agora, no sentido da análise da consistência e da inconsistência do sistema jurídico, uma análise que discute, por assim dizer, o caráter lógico do sistema jurídico e a presença/ausência de antinomias jurídicas dentro do sistema jurídico. Também se pode avançar no sentido de oferecer visão mais completa do funcionamento do sistema jurídico, abordando-se o tema da completude ou incompletude do sistema jurídico, diante da discussão acerca da existência ou não de lacunas jurídicas dentro do sistema jurídico, e as formas de colmatação daquelas lacunas.

Essa aproximação destes temas, permite imergir na dinâmica interna do sistema jurídico, pois até agora o sistema jurídico foi analisado numa perspectiva macroscópica, e considerando-se um ponto de vista do observador externo. Esse ponto de vista permitiu observar o ambiente circundante, e trouxe condições de enxergar as relações que o sistema jurídico mantém com o *macro-sistema social*. Ao se avançar na perspectiva de compreensão de antinomias e lacunas, estar-se-á abordando o sistema jurídico sob um ponto de vista microscópico, em seu modo interno de funcionamento. E, aqui, não importa o modelo teórico que se queira considerar (Hans Kelsen; Niklas Luhmann; Jürgen Habermas; Algirdas Julien Greimas), fato é que a palavra "sistema" evoca a ideia de *orquestração mecânica de elementos*, um traço típico do mundo moderno, traduzindo propriamente o espírito de seu tempo.

Assim, desde logo, se pode afirmar que as noções centrais, normalmente invocadas quando o tema é o "sistema", são as seguintes: estrutura; calibragem; consistência; fechamento; autopoiese; unidade; totalidade; coerência; funcionamento; máquina semiótica. Assim, o vocabulário que contorna a ideia de "sistema" remete às metáforas de mecanismo, maquinismo, automatismo, engrenagem, que, de certa forma, evocam as invenções, as máquinas, os mecanismos, os implementos da técnica, enfim, o industrialismo. Fica evidente aqui, o quanto a *mecânica* do sistema jurídico, em seu funcionamento, tem a ver com essa capacidade de *integrar* os elementos normativos e não normativos num todo (unidade sistêmica), mesmo diante de *conflitos* entre esses *elementos*, o que significa ter vias de *escape para os mesmos* (antinomia jurídica), e, ainda, considerada a possibilidade de ausência de *elementos*, mantendo-se a capacidade de dar *soluções a casos concretos* (lacuna jurídica). Mas, pode-se perguntar, a partir dessa concepção metafórica, como funciona esta "máquina" de operações sistêmicas? E, quando se faz este tipo de pergunta, se parte para a análise das concepções acerca de seu funcionamento prático, e para a reflexão prática de como lidar com seus desafios concretos, o que se verá a seguir.

2. SISTEMA JURÍDICO FECHADO, COMPLETO E CONSISTENTE: PARADIGMA POSITIVISTA

A questão da *consistência* e da *completude* do sistema jurídico é uma herança do *positivismo jurídico* do século XIX,[1] algo que se afirma com constância histórica no campo da *Teoria do Direito*.[2] Assim foi que o *Code Napoléon* serviu como paradigma da codificação completa, enquanto fruto da *razão moderna*, sendo o sistema de normas do Código um sistema fechado, completo e perfeito, lógico e objetivo. Neste sentido, a *razão jurídica moderna*, feita *texto codificado*, seria dotada de onipotência, sendo capaz de tudo solver, num todo operatório, e, também, dotado de onisciência, sendo capaz de tudo enxergar, pela *universalidade da razão*. Admitir, por exemplo, que o sistema jurídico conteria normas contraditórias entre si, parecia a Hans Kelsen, algo logicamente inadmissível.[3]

No entanto, esta visão teórica sobre o sistema jurídico, tomado enquanto *texto codificado*, a partir da exaltação da *nova ordem jurídica moderna* é claramente ideológica, pois pressupõe: a) a noção de completude: ou seja, a capacidade regulatória onisciente, que torna hiperbólica a capacidade de agir do legislador, afirmando a inexis-

---

[1] "O problema científico do conflito normativo é uma questão do século XIX, surgido com o advento do positivismo jurídico e de concepção do direito como sistema, que criaram condições para o aparecimento de teses em torno da coerência ou incoerência (lógica) do sistema jurídico e da questão da existência ou inexistência de antinomias jurídicas" (Diniz, *Conflito de normas*, 3. ed., 1998, p. 06).

[2] "Cionostante, è ricorrente nella storia del pensiero giuridico l'utopia, o almeno l'idea, che il diritto, o un certo ordenamento giuridicho, si completo" (Pattaro, *Opinio iuris*, 2011, p. 193).

[3] "(...) lo stesso Kelsen ancora nel 1960, quando pure già distingueva fra le due cose, sosteneva che 'un conflitto fra norme rappresentava (...) un assurdo'" (Barberis, *Introduzione allo studio del diritto*, 2014, p. 173).

tência de lacunas, e baseando-se no mito do legislador racional; e b) a noção de consistência: ou seja, a capacidade lógica de previsão, que torna hiperbólica a capacidade de prever do legislador, apontando para a suposição de que não há contradições dentro do sistema jurídico, baseando-se no mito do legislador racional.[4]

Porém, este tipo de concepção é hoje alvo de contestação, na medida em que se o *sistema jurídico* é um *subsistema social*, ele tem de lidar com *contradições sociais* sempre *novas e crescentes*, sempre plurais e desafiadoras, e, portanto, dissolve-se a concepção segundo a qual a *ordenação da realidade* é um mero ato-solipsista-unilateral do *legislador racional*. Em lugar da concepção segundo a qual a legislação é um simples *produto da razão* (campo lógico), afirma-se a outra concepção segundo a qual a legislação é fruto de *forças sociais* e *subsistemas sociais* em atrito e em estado trocas constantes.

3. SISTEMA JURÍDICO ABERTO, INCOMPLETO E INCONSISTENTE: PARADIGMA PÓS-POSITIVISTA

Nas visões teóricas pós-positivistas, o sistema jurídico é descrito pelas características de ser um sistema aberto, dinâmico, lacunoso e contraditório, e, por isso, incompleto e inconsistente, ressaltando-se exatamente por isso o papel da razão aplicada. Se, nas visões positivistas, a noção de sistema jurídico vem colada às noções de fechamento, logicismo, acabamento, completude, consistência, com ênfase no papel do legislador e na razão legislativa, este tipo de concepção veio perdendo espaço de justificação no campo da *Teoria do Direito* contemporânea.

Assim, a concepção de *sistema jurídico*, na carreira do reconhecimento da incompletude e relatividade dos conhecimentos científicos, inclusive da Ciência do Direito,[5] que vem se afirmando já há algumas décadas, em teóricos de diversos matizes, vem eivada das características de se tratar de um sistema aberto, e, neste sentido, de uma abertura que o coloca em processos de retroalimentação com outros subsistemas sociais, exercendo, neste sentido, a codependência intersistêmica,[6] além de ser incompleto,[7] inconsistente e complexo.[8]

---

[4] "(...) a teorização do problema da lacuna e da antinomia só apareceu no pleno domínio do positivismo jurídico..." (Diniz, *Compêndio de introdução ao direito civil*, 22. ed., 2011, p. 446).

[5] "No que toca ao primeiro, portanto ao sistema de proposições doutrinárias da Ciência do Direito, a abertura do sistema significa a incompletude e a provisoriedade do conhecimento científico" (Canaris, *Pensamento sistemático e conceito de sistema na ciência do direito*, 3. ed., 2002, p. 106).

[6] "O Sistema jurídico é igualmente um sistema aberto no sentido de que ele comunica com outros sistemas, normativos (como a moral) ou não normativos (como a política ou a economia)" (Souza, *Introdução ao direito*, 2012, p. 266).

[7] "Reconhece-se que não há plenitude hermética e o sistema não contém todas as soluções" (Ascensão, *Introdução à Ciência do direito*, 3. ed., 2005, p. 448).

[8] "Assim se concebeu o sistema jurídico como aberto e incompleto, revelando o direito como uma realidade complexa, (...)" (Diniz, *Conflito de normas*, 3. ed., 1998, p. 12).

4. SEGURANÇA E CERTEZA DO SISTEMA JURÍDICO

É corrente dizer-se que o Direito tem a função social de oferecer segurança e certeza. Mas, a insegurança e a incerteza são traços fundamentais da *sociedade moderna*. E isso se deve a vários fatores, mas entre eles estão o progresso da ciência e das novas descobertas empíricas, a mudanças de paradigmas e visões de mundo, as alterações da tecnologia, a velocidade da lei de trocas econômicas, as mudanças sociais, o crescente individualismo, a perda de costumes e a destradicionalização, a luta por direitos e a conquista de novas fronteiras de liberdades. Não por outros motivos, a sensação de diluição é permanente, ao longo de toda a história da modernidade, mas, sobretudo, hoje, de forma acentuada, no contexto da *modernidade líquida*, tal como apontada por Zygmunt Bauman.[9]

Assim, a positivação do Direito traz consigo certo nível de estabilização dos altos níveis de instabilidades de padrões regulatórios, valores e referências do mundo moderno. As noções de risco e de liquidez, nas sociologias de Ulrich Beck e de Zygmunt Bauman, apresentam elementos sociais suficientes para apontar os rumos e desrumos da sociedade moderna. Daí, a importante tarefa do Direito fornecer – apesar da circulação das normas em um sistema dinâmico – algum grau de certeza e segurança, numa sociedade em estado permanente de movimento. Assim, o Direito, *tomado enquanto sistema aberto e dinâmico, deve ser capaz de oferecer certeza, segurança e eficiência resolutiva à sociedade, resolvendo casos e demandas*.[10]

E, para isso, é necessário que: a) apesar das antinomias, sejam possíveis soluções aos casos concretos; b) apesar das lacunas, sejam possíveis soluções aos casos concretos; c) apesar da inconstância temporal da legislação, sejam respeitados o direito adquirido, a coisa julgada, o negócio jurídico perfeito. Estes cânones intrassistêmicos são de fundamental importância para a estabilização de *relações sociais regidas pelo Direito*. No entanto, bem se sabe que a segurança absoluta não é possível para *relações sociais*, por isso, não adianta o encriptamento da *Teoria do Direito* no âmbito da certeza e da segurança, enquanto valores absolutos e estáveis, mas sim no âmbito de valores relativos e instáveis. Não por outro motivo, a tarefa complementar, desempenhada, seja pela Ciência do Direito, seja pela Teoria do Direito, de pensar e desenvolver as formas, os métodos e os critérios por meio dos quais se possa atender com justiça e eficiência às necessidades reais, concretas e atuais de justiça da sociedade.

5. INCONSISTÊNCIA DO SISTEMA JURÍDICO: ANTINOMIAS JURÍDICAS E CRITÉRIOS DE SOLUÇÃO

Os sistemas jurídicos modernos são *plurinormativos*, por isso, em seu interior são comuns os conflitos entre normas, em função de vários fatores, entre eles: a) a

---

[9] A este respeito, consulte-se: Bauman, *Vida líquida*, 2007; Bauman, *Modernidade líquida*, 2001.

[10] "Quanto mais o sistema jurídico for aberto a conceitos próprios de outros sistemas normativos, mais flexível ele se torna na solução de casos concretos" (Souza, *Introdução ao direito*, 2012, p. 266).

distância temporal entre as normas; b) a má técnica legislativa;[11] c) a pluralidade de legisladores; d) a existência de interpretações divergentes; e) a existência de interesses conflitantes que buscam amparo no direito positivo; f) as ambiguidades da linguagem natural e da linguagem jurídica; g) as múltiplas esferas legislativas; h) as múltiplas competências normativas; e i) as múltiplas instâncias federativas. A ideia da existência de *conflitos entre normas* não deve, pois, causar estranheza ao jurista, que deverá atuar dirimindo os *conflitos sociais* e os *conflitos entre as normas*. O conflito entre as normas é um fenômeno *comum, corrente* e *corriqueiro*,[12] sendo, portanto, inerente ao modo de funcionamento prático do sistema jurídico, e não algo extraordinário.

5.1. Conceito de antinomia jurídica

A consistência do sistema jurídico tem a ver com a *inexistência de antinomias jurídicas*.[13] Já que o sistema jurídico regula comportamentos e opções sociais com base em palavras, termos, conceitos, funtores lógicos, questões relacionadas ao raciocínio da linguagem também podem afetar a operacionalidade jurídica. Daí, a questão das antinomias jurídicas. A propósito, o termo antinomia (*anti-nómos*, gr.),[14] que é proveniente do campo de estudos da lógica, evoca a contradição racional de um enunciado. Assim, em sua origem, a noção de antinomia aponta para um problema lógico, que tem a ver com algo que pode ser e não ser ao mesmo tempo, contradição de conteúdos prescritos, com a incompatibilidade gerada no plano do comando de conduta, com a irracionalidade lógica. Mas, isto vale para sistemas lógicos puros.

No plano do Direito, uma *antinomia jurídica* se dá quando a Norma (N1: "É permitido fumar em lugares públicos") entra em conflito, na regulação de um caso concreto, com outra norma (N2: "É proibido fumar em lugares públicos").[15] A existência, dentro do mesmo sistema jurídico-positivo, destas duas regras jurídicas,[16] enquanto regras válidas e vigentes, com o mesmo âmbito de aplicação, leva a uma contradição na regulação da ação social (AS), na medida em que se forma uma orientação

---

[11] "Um mesmo legislador pode muito bem prescrever dois comportamentos incompatíveis (às mesmas pessoas, nas mesmas circunstâncias), exatamente como qualquer um pode cair em contradição" (Guastini, *Das fontes às normas*, 2005, p. 84).

[12] "Os conflitos de normas – tecnicamente designadas por *antinomias* – são correntes no direito. Eles podem consistir no facto de, no mesmo ordenamento, um mesmo comportamento estar regulado por duas normas incompatíveis, ou no de, para um mesmo comportamento, estarem previstas consequências jurídicas opostas" (Hespanha, *O caleidoscópio do direito*: o direito e a justiça no mundo de hoje, 2. ed., 2009, p. 708-709).

[13] "Há uma contradição entre normas quando duas normas imputam ao mesmo caso soluções incompatíveis. Na formulação de Alchourrón e Bulygin, um sistema normativo é inconsistente quando correlaciona um caso a duas ou mais soluções, e faz isso de tal modo que a conjunção dessas soluções constitui uma contradição normativa" (Nino, *Introdução à análise do direito*, 2015, p. 322).

[14] "Il contrasto tra regole, direttive, o testi normativi prende il nome técnico di 'antinomia'" (Pattaro, *Opinio Juris*, 2011, p. 210).

[15] "Il primo passo consiste nel definire 'coerenza' come assenza di antinomie (ingl. *consistency*), e 'antinomia' come incompatibilità fra regole" (Barberis, *Introduzione allo studio del diritto*, 2014, p. 171).

[16] "Antinomia vem a ser o conflito, total ou parcial, entre duas ou mais normas jurídicas em sua aplicação prática a um caso concreto" (Betioli, *Introdução ao Direito*, 12. ed., p. 493).

à ação tal que N1 permite AS ("É permitida a conduta AS"), em contradição direta com uma forma de orientação à ação tal que N2 proíbe AS ("É proibida a conduta AS"). Por isso, uma das consequências mais imediatas da antinomia jurídica é que ela gera um problema na esfera do direcionamento da ação social (AS),[17] trazendo com isso dúvidas no plano prático da vida dos atores sociais sobre como se comportar.[18] Por isso, pode-se adotar a concepção de *antinomia jurídica* de Norberto Bobbio, quando afirma "... antinomia jurídica como aquela situação que se verifica entre duas *normas incompatíveis*, pertencentes ao *mesmo ordenamento* e tendo o mesmo *âmbito de validade*".[19]

5.2. Requisitos da antinomia jurídica

Assim, seguindo-se este conceito, pode-se daí derivar a mais clara apresentação de que para que haja *antinomia jurídica* é necessário: 1) as *normas* em conflito sejam ambas *regras jurídicas*, ou seja, *normas jurídicas* ou *princípios jurídicos*, não existindo *antinomia jurídica* entre normas religiosas, morais, sociais, técnicas e regras jurídicas; 2) as *normas* em conflito sejam *regras jurídicas válidas*, *vigentes* e possuam o mesmo âmbito de aplicação, dentro de um único sistema jurídico-positivo; 3) as normas em conflito sejam criadas por autoridades competentes, afetando o comportamento do destinatário; 4) as normas em conflito ajam em sentidos reciprocamente contrários, determinando condutas díspares, contraditórias e conflitantes; 5) as normas em conflito gerem dúvida sobre como os *atores sociais* devem se comportar, de forma a que o *destinatário* se encontre diante de situação de *desorientação* que leva o *intérprete jurídico* e *autor de uma decisão jurídica* à necessidade de impor uma *escolha* que comprometa a existência de uma das *normas em conflito*.[20]

Sabendo-se que acima se procurou acentuar a existência de conflitos entre *regras jurídicas*, deve ficar claro que é possível encontrar-se com situações de conflito entre: a) norma jurídica e norma jurídica; b) norma jurídica e princípio jurídico; c) princípio jurídico e princípio jurídico.[21] Este tipo de observação é de decisiva importância, especialmente se for considerado o debate da *Teoria do Direito Constitucional*, onde se consolidou a preocupação com a diferenciação das regras jurídicas em normas jurídicas e princípios jurídicos, especialmente a partir da influência do pensamento de Ronald Dworkin.[22] Ademais, diante das múltiplas classificações apresentadas às antinomias ju-

---

[17] "Diz-se que no discurso legislativo há uma 'antinomia quando a uma mesma hipótese são ligadas duas (ou mais) consequências jurídicas incompatíveis entre si" (Guastini, *Das fontes às normas*, 2005, p. 227).

[18] "Verifica-se um conflito normativo quando um mesmo caso é subsumível a duas regras que geram consequências incompatíveis" (Souza, *Introdução ao Direito*, 2012, p. 262).

[19] Bobbio, *Teoria do ordenamento jurídico*, 10. ed., 1999, p. 88.

[20] "A primeira condição, então, para que haja inconsistência normativa é que duas ou mais normas se refiram ao mesmo caso, que tenham o mesmo âmbito de aplicabilidade. A segunda condição é que as normas imputem a esse caso soluções logicamente incompatíveis" (Nino, *Introdução à análise do direito*, 2015, p. 322).

[21] "A antinomia representa o conflito entre duas normas, entre dois princípios, entre uma norma e um princípio geral de direito em sua aplicação prática a um caso particular" (Diniz, *Conflito entre normas*, 3. ed., 1998, p. 15).

[22] Consulte-se Dworkin, *Levando o direito a sério*, 2002.

rídicas, vale ressaltar que a principal delas costuma distinguir a *antinomia aparente* (o conflito entre normas jurídicas possui solução dentro do sistema jurídico, aplicando-se um critério ou um metacritério de solução de antinomias) da *antinomia real* (o conflito não possui solução, pois é gerado conflito entre critérios/metacritérios, devendo-se editar nova norma para solucionar a situação),[23] devendo-se destacá-la, pois implica na preocupação com os critérios e metacritérios de solução de antinomias jurídicas, e sua capacidade de responder à solução das situações internormativas conflitivas.

5.3. Critérios e metacritérios de solução de antinomias jurídicas

A existência de critérios de solução de antinomias (antinomias de primeiro grau) é um recurso útil e necessário para apoiar o pensamento jurídico, o raciocínio jurídico e, também, a tarefa do intérprete do sistema jurídico.[24] Por isso, desde a tradição histórica que remonta ao direito romano-comum,[25] foram constituídos três critérios, a saber:

1) Critério cronológico: segundo este critério cronológico, ou temporal, a norma posterior derroga a norma anterior (*lex posterior derogat legi priori*); trata-se de um critério basilar e fraco, geralmente superado por outros critérios, mas muito útil no uso e aplicação das regras jurídicas; está, fundamentalmente, baseado no tempo de vigência, e, portanto, se relaciona com a substitutividade entre regras e com a sucessão temporal das regras.

2) Critério de especialidade: segundo este critério de especialidade, a norma especial derroga a norma geral (*lex specialis derogat legi generali*); trata-se de um critério também muito útil, considerando-se o grau de especialização das matérias, dos ramos e dos conhecimentos do Direito; está, fundamentalmente, baseado no *regramento especializado* de ramos e campos específicos do Direito, a exemplo da relação entre Direito Civil e Direitos do Consumidor, sabendo-se que num caso que envolva matéria de consumo, a legislação especializada de Direito do Consumidor haverá de prevalecer sobre a legislação genérica do Código Civil, ou ainda, a exemplo da relação entre Direito Virtual e Direito Civil, sabendo-se que diante de um caso que envolva matéria de *internet*, irá prevalecer a legislação do Direito Virtual sobre a legislação civil genérica.

3) Critério hierárquico: segundo este critério de hierarquia, a norma superior derroga a norma inferior (*lex superior derogat legi inferiori*); trata-se de um critério forte, considerando-se o valor central que a questão da hierarquia tem na relação entre as *regras jurídicas*, onde a norma superior é o ponto de apoio da validade da norma inferior; está, fundamentalmente, baseado no escalonamento entre

---

[23] "(...) só há um verdadeiro conflito quando não for possível revogar ou invalidar uma das regras conflitantes ou transformar uma das regras conflitantes em regra especial ou excepcional da outra" (Souza, *Introdução ao direito*, 2012, p. 262).

[24] "Devido à tendência de cada ordenamento jurídico se constituir em sistema, a presença de antinomias em sentido próprio é um defeito que o intérprete tende a eliminar" (Bobbio, *Teoria do ordenamento jurídico*, 10. ed., 1999, p. 91).

[25] "Elaborati dalla dottrina del diritto romano-comune e solo parzialmente codificati, tali criteri vengono ancora indicati da espressioni latine nelle quali figura sempre il termine 'derogat', ma con significati differenti" (Barberis, *Introduzione allo studio del diritto*, 2014, p. 174).

regras jurídicas, dentro do sistema jurídico-positivo, a exemplo da superioridade da norma constitucional em face da norma infraconstitucional.

Assim, se forem aplicados estes *critérios* de solução de antinomias jurídicas, e foi possível solucionar o caso concreto, havia apenas antinomia aparente.[26]

No entanto, avançando, se pode perceber que em casos mais simples, os *critérios* costumam ser aplicados com sucesso para a solução de antinomias jurídicas, resolvendo-se uma grande parte de situações de conflitos internormativos. No entanto, há casos mais complexos em que os próprios *critérios de solução de antinomias* entram em conflito entre si (antinomia jurídica de segundo grau), de forma a chegar-se à necessidade de *meta-critérios* de solução de antinomias.[27] Assim, formam-se os três seguintes *meta-critérios*:

1) Conflito entre os critérios hierárquico e cronológico: no caso de um conflito entre os critérios hierárquico e cronológico, a solução é dada pela prevalência do critério hierárquico (*Lex posterior inferiori non derogat priori superiori*); a norma superior anterior, em conflito com a norma inferior posterior, leva à prevalência da norma superior anterior; o *meta-critério* passa a ser a predominância do *critério hierarquia* sobre o *critério cronológico*;[28]

2) Conflito entre os critérios especialidade e cronológico: no caso de um conflito entre os critérios especialidade e cronológico, a solução é dada pela prevalência do critério especialidade (*lex posterior generalis non derogat priori speciali*); a norma especial anterior, em conflito com a norma geral superior, leva à prevalência da norma especial anterior; o *meta-critério* passa a ser a predominância do *critério especialidade* sobre o *critério cronológico*;[29]

3) Conflito entre critérios hierárquico e especialidade: no caso de um conflito entre os critérios especialidade e hierárquico, onde a norma superior geral entra em conflito com a norma inferior especial, não há regra fixa e a doutrina oscila em afirmar uma resposta definitiva,[30] geralmente preferindo-se as saídas favoráveis à predominância da solução pela hierarquia,[31] ou ainda, aquela solução

---

[26] A respeito, *vide* Diniz, Conflito de normas, 3. ed., SP, Saraiva, 1998, p. 49 a 52.
[27] "Deveras, a doutrina apresenta meta critérios para resolver antinomias de segundo grau que, apesar de terem aplicação restrita à experiência concreta e serem de difícil generalização, são de grande utilidade" (Diniz, *Conflito de normas*, 3. ed., 1998, p. 50).
[28] Cf. Bobbio, *Teoria do ordenamento jurídico*, 10. ed., 1999, p. 107.
[29] Cf. Bobbio, *Teoria do ordenamento jurídico*, 10. ed., 1999, p. 108.
[30] "Uma resposta segura é impossível. Não existe uma regra geral consolidada. A solução dependerá também, neste caso, como no da falta dos critérios, do intérprete, o qual aplicará ora um ora outro critério segundo as circunstâncias" (Bobbio, *Teoria do ordenamento jurídico*, 10. ed., 1999, p. 109).
[31] Na visão do jurista argentino Carlos Santiago Nino, prevalece a hierarquia: "Além disso, embora exista certa preferência entre esses princípios – por exemplo, *lex superior* tende a predominar sobre os restantes –, não há regras de segundo nível para resolver de modo mecânico os conflitos entre eles (sobretudo entre *lex superior* e *lex specialis*)" (Nino, *Introdução à análise do direito*, 2015, p. 326).

Capítulo XVII | Sistema jurídico, antinomias e lacunas

que aponta para a solução mais justa,[32] divergindo a doutrina nas soluções passíveis de serem aplicadas;[33] o *meta-critério* passa a ser a predominância do *critério hierarquia* sobre o *critério especialidade*, ou ainda, a predominância do *valor da justiça do caso concreto* sobre todos os demais critérios.

5.4. A técnica do diálogo entre fontes jurídicas e a solução de antinomias jurídicas

O tema da resolução de antinomias jurídicas, no direito atual, tornou-se complexo, e vem demandando uma mudança de paradigma, no que tange ao uso dos critérios e metacritérios de solução de antinomias jurídicas. Até aqui, viu-se como a *técnica tradicional* de resolução de antinomias jurídicas opera, ou seja, se apoia em critérios, e, quando os critérios entram em conflito, se apoia em metacritérios, até que os metacritérios falham em responder com objetividade. Por isso, a doutrina contemporânea – a partir do pensamento de Erik Jayme, e pelo tratado de Claudia Lima Marques – vem desenvolvendo nova *leitura* do problema das antinomias jurídicas e nova compreensão do sistema jurídico, em sua atual situação de complexidade para operar e pluralidade de fontes para coordenar, partindo para uma inovação, que é a técnica do *diálogo entre as fontes em conflito*, um novo caminho de compreensão para a questão das antinomias jurídicas.

E, de fato, a técnica do diálogo é recente, mas já encontra consolidadas aplicações jurisprudenciais, e vem sendo chamada, por Flávio Tartuce, de *tendência* do Direito contemporâneo,[34] por Claudia Lima Marques, de *método* da nova Teoria Geral do Direito, e por Bruno Miragem, de *método não hegemônico* do Direito brasileiro.[35] Aqui, irá se considerar tratar-se de uma *técnica* de solução de antinomias jurídicas, e isso como resultado da própria complexidade dos sistemas jurídicos contemporâneos que criam, a partir dos conflitos entre normas cada vez mais plurais e fontes cada vez mais diversas, um sem-número de situações que não se encaixam nas tradicionais situações de simples conflitos entre normas jurídicas.

---

[32] "Num caso extremo de falta de um critério que possa resolver a antinomia de segundo grau, o critério dos critérios para solucionar o conflito normativo seria o princípio supremo de justiça: entre duas normas incompatíveis dever-se-á escolher a mais justa" (Diniz, *Conflito de normas*, 3. ed., 1998, p. 52).

[33] Na Itália, atualmente, afirma a este respeito, Alfro Catania: "Generalmente, comunque, nell'ordinamento giuridico italiano il criterio gerarchico è prevalente su quello cronologico e di norma su quello di specialità" (Catania, *Manuale di teoria generale del diritto*, 2010, p. 186). Também, *vide* Barberis, *Introduzione allo studio del diritto*, 2014, p. 177.

[34] "No entanto, a tendência, olhando o Direito no futuro, é que sejam substituídos pelo *diálogo das fontes*" (Tartuce, *Direito Civil*: Lei de introdução e Parte Geral, 12. ed., 2016, p. 104).

[35] "Não é, obviamente, método hegemônico, nem tampouco dispensa a utilização dos demais métodos de interpretação. Todavia, admite uma solução alternativa a questões clássicas, da antinomia e das lacunas, mediante uma diretriz de compatibilização das normas legais a partir de parâmetros da Constituição" (Miragem, Eppur si muove: diálogo das fontes como método de interpretação sistemática no direito brasileiro, *in Diálogo das fontes* (Marques, Claudia Lima coord.), 2012, p. 108-109).

Por hora, a *técnica* do diálogo das fontes é algo ainda recente e inovador no sistema jurídico brasileiro, de forma a que sua já bem acolhida aplicação, demanda a preocupação de se saber; enquanto não é técnica hegemônica, como se deve operar, quando houver antinomias jurídicas? Considera-se que a resposta mais correta esteja na observação de que para os casos usuais e mais simples, para os quais a *técnica tradicional*, com a aplicação dos critérios e metacritérios trouxer boas soluções aos casos concretos, o intérprete deve dela se valer, pois não foi retirada do sistema jurídico. Para *hard cases*,[36] de maior complexidade, para os quais a *técnica tradicional* responde mal ou de forma insuficiente, implicando em *injustiça* ao caso concreto, deve-se invocar a *técnica do diálogo*, e operar a partir de seus novos critérios. Desta forma, existe uma simultaneidade entre a *técnica tradicional* e a *técnica do diálogo*,[37] sabendo-se que esta poderá vir a ser desenvolvida e absorvida a ponto de tornar-se a forma exclusiva de interpretação, compreensão e uso do sistema jurídico-positivo. Caberá ao intérprete do sistema jurídico-positivo fazer este recurso avançar, na *re-construção* permanente da ordem jurídica no cenário pós-moderno.

Assim, avançando em sua compreensão, a *técnica do diálogo* pode ser invocada, considerando-se seu valor para lidar com os conflitos de regras, a partir de três *novos critérios de solução de antinomias*, que equivalem aos três critérios da *técnica tradicional*, da seguinte forma:[38]

1) critério de coerência, que equivale ao critério da hierarquia;

---

[36] Claudia Lima Marques demonstra que, nos tribunais, a teoria do diálogo está conectada a casos difíceis: "É possível afirmar hoje, no Brasil, que o Supremo Tribunal Federal, os Tribunais Estaduais, os juízes de primeira instância e os JECs consolidaram o uso do método do diálogo das fontes como caminho para – em casos difíceis – assegurar a prevalência dos princípios *pro homine* e desta eficácia horizontal dos direitos fundamentais, por aplicação do CDC às relações privadas" (Marques, O diálogo das fontes como método da nova teoria geral do direito: um tributo a Erik Jayme, in *Diálogo das fontes*: do conflito à coordenação de normas do direito brasileiro (LIMA MARQUES, Claudia, coord.), 2012, p. 17-66, p. 38).

[37] Da mesma forma, no entendimento de Flávio Tartuce, os critérios tradicionais continuam válidos: "A *terceira premissa* é a de que não podem ser esquecidos os metacritérios comuns para as situações de antinomias ou de conflitos de normas, quais sejam: o critério hierárquico, o critério de especialidade e o critério cronológico. (...) Tais clássicos critérios, muito bem construídos por Norberto Bobbio, ainda têm aplicação. No entanto, a tendência, olhando o Direito no futuro, é que sejam substituídos pelo *diálogo das fontes*" (Tartuce, *Direito Civil*: Lei de introdução e Parte Geral, 12. ed., 2016, p. 104).

[38] "A complexidade do sistema brasileiro de direito privado é inegável. O método do diálogo das fontes é um instrumento novo de coordenação dessas fontes, de forma a restaurar a coerência do sistema, reduzir a sua complexidade e realizar os valores ideais da Constituição ou da modernidade, de igualdade, liberdade e solidariedade na sociedade. Como os critérios da escolástica eram três – hierarquia, especialidade e anterioridade –, esta nova visão deve ter 'diálogos': a nova hierarquia, que é a coerência dada pelos valores constitucionais e a prevalência dos direitos humanos; a nova especialidade, que é a ideia de complementação ou aplicação subsidiária das normas especiais entre elas, com tempo e ordem nesta aplicação, primeiro a mais valorativa, depois, no que couberem, as outras; e a nova anterioridade, que não vem do tempo de promulgação da lei, mas sim da necessidade de adaptar o sistema cada vez que uma nova lei nele é inserida pelo legislador" (Marques, O diálogo das fontes como método da nova teoria geral do direito: um tributo a Erik Jayme, in *Diálogo das fontes*: do conflito à coordenação de normas do direito brasileiro (Marques, Claudia Lima, coord.), 2012, p. 17-66, p. 30-31).

Capítulo XVII | Sistema jurídico, antinomias e lacunas

2) critério de complementação, que equivale ao critério da especialidade;
3) critério de adaptação, que equivale ao critério da cronologia.

Aplicando-se estes novos critérios, passa-se a enxergar as regras jurídicas em conflito, não mais com base na *lógica da não contradição*, que opera na base do tudo (válida) ou nada (inválida), do pertence ou não pertence, que decorre do universo da revogação que cassa validade e vigência, mas com base na *lógica da complementaridade* das fontes jurídicas.[39] A lógica excludente da revogação é necessária, central, importante e útil, ainda hoje, mas não pode ser mais considerada exclusiva e suficiente para os desafios impostos ao intérprete pelos sistemas jurídicos contemporâneos.[40] Isso significa que, diante dos conflitos (Código Civil e Estatuto do Idoso; Código Civil e Código de Defesa do Consumidor; Código Civil e Marco Civil da Internet), ambas as regras se manterão válidas, não resultando na exclusão de uma delas do sistema jurídico, invocando-se a melhor solução *in casu*, sempre à luz de princípios-diretores advindos da Constituição.

Daí, novamente, insistir-se na visão de que o sistema jurídico não está pronto e acabado, nas mãos do legislador, qual se estivéssemos sob a ideologia do *legislador racional*, onisciente e onipotente, na capacidade de antever todas as situações e regular um sistema jurídico sem conflitos. Ao contrário, o sistema jurídico é diuturnamente operado pelo *sujeito-da-interpretação*,[41] que opera em meio a elevado grau de incerteza, indeterminação e em situações nebulosas e complexas, sendo nas mãos do *sujeito-da-interpretação* que se conclui o processo semiótico de interpretação[42] e construção da relação entre os *textos jurídicos* que irão formar as condições para uma aplicação justa, coerente, coordenada e constitucionalmente adequada a cada caso.

---

[39] "E considerando que a noção de sistema adotado pelo direito rejeita a contradição e a incompatibilidade entre normas, pelo diálogo das fontes propõe-se justamente a superação do caráter absoluto de *não contradição* para outro de *complementaridade*, admitindo-se, afinal, a possibilidade de aplicação simultânea de normas, segundo determinado orientação constitucional" (Miragem, Eppur si muove: diálogo das fontes como método de interpretação sistemática no direito brasileiro, *in Diálogo das fontes* (Marques, Claudia Lima, coord.), 2012, p. 81).

[40] "Assim, a técnica tradicional para a solução de antinomias, que importe em geral em um resultado de 'tudo ou nada', ou seja, de revogação da norma incompatível, revela-se insuficiente para responder ao desafio de coordenação do conflito de normas existentes nos sistemas jurídicos contemporâneos" (Miragem, Eppur si muove: diálogo das fontes como método de interpretação sistemática no direito brasileiro, *in Diálogo das fontes* (Marques, Claudia Lima, coord.), 2012, p. 72).

[41] "Ao contrário, no mais das vezes, é o aplicador da lei que soluciona as aparentes contradições no sistema do direito e casuisticamente, daí a importância do diálogo das fontes, que já parte da premissa de que haverá aplicação simultânea das leis, variando apenas a ordem e o tempo dessa aplicação, de forma a restabelecer a coerência no sistema" (Marques, O diálogo das fontes como método da nova teoria geral do direito: um tributo a Erik Jayme, in *Diálogo das fontes*: do conflito à coordenação de normas do direito brasileiro (Marques, Claudia Lima, coord.), 2012, p. 17-66, p. 34).

[42] "A interpretação é um mister onde quer que haja um processo semiótico; toda leitura posterior àquela feita pelo próprio sujeito gerador do sentido (*sujeito do discurso*) é, e sempre será, uma interpretação (*sujeito da interpretação*)"; "Nesse sentido, é de relevo dizer, desde já, que o desafio semiótico posiciona a análise de modo que se veja no intérprete um sujeito agente (*sujeito da interpretação*), e não estático, na formação da significação a partir de textos" (Bittar, *Linguagem jurídica*: semiótica, discurso e direito, 6. ed., 2015, p. 113).

5.5. A técnica da ponderação e a colisão de direitos fundamentais

Acima, viu-se o quanto a *técnica do diálogo das fontes jurídicas* pode ser útil, ante as dificuldades de operar com o sistema jurídico contemporâneo. Antes ainda, se havia estudado a *técnica tradicional* de uso de critérios para a solução de antinomias. A *técnica tradicional* encontra outro limite contemporâneo, muito bem delineado no campo do Direito Constitucional. Quando se entra nesta seara, se percebe que dentro de uma Constituição (liberdade religiosa *versus* direito à intimidade; desenvolvimento nacional *versus* meio ambiente; liberdade de expressão *versus* direito à honra; liberdade de imprensa *versus* segurança nacional) podem existir situações de conflitos entre regras jurídicas, normas jurídicas e princípios jurídicos,[43] sabendo-se que o uso da *técnica tradicional* de solução de antinomias não se aplica nesta seara. Isso se deve ao fato de se tratar de *regras jurídicas* que, estando dentro da Constituição, possuem a mesma cronologia, a mesma especialidade (a depender do campo constitucional) e a mesma hierarquia; assim, a *técnica tradicional* tem pouca utilidade em sede de conflitos entre regras constitucionais.[44] Por isso, recentemente, no âmbito do Direito Constitucional, desenvolveu-se doutrina nova a respeito do conflito (ou melhor, colisão) entre *normas de mesma hierarquia constitucional*.[45]

Especialmente quando o tema é a colisão de direitos fundamentais, não se poderia imaginar que do confronto entre duas regras que determinam direitos fundamentais, uma vez aplicada a *técnica tradicional* de uso dos critérios de solução de antinomias, se viesse a *revogar* e *expurgar* de validade e vigência um direito fundamental em detrimento de outro. No caminho da solução que veio sendo construída e desenvolvida, no campo da *Teoria do Direito Constitucional*, e, por conseguinte, pela doutrina constitucional, para este tipo de situação, passou-se a reconhecer que as soluções tradicionais não serviam, pois, não se tratava de retirar a *validade* de normas constitucionais e, também, não se tratava de considerar direitos fundamentais *valores absolutos*.

Assim, para este tipo de situação a saída tem sido o uso da *técnica da ponderação*.[46] A partir da *técnica da ponderação*, pode-se analisar o caso específico, avaliando-se o *peso de incidência* de princípios constitucionais, exercendo-se na *ponderação* a capacidade de avaliar o menor sacrifício aos direitos e o melhor equacionamento possível da

---

[43] "O entrechoque de normas constitucionais é de três tipos:
a) Colisão entre princípios constitucionais;
b) Colisão entre direitos fundamentais;
c) Colisão entre direitos fundamentais e outros valores e interesses constitucionais" (Barroso, *Curso de Direito Constitucional Contemporâneo*, 4. ed., 2013, p. 356).

[44] "Características comuns de todas as três modalidades de colisões expostas e exemplificadas acima são (i) a insuficiência dos critérios tradicionais de solução de conflitos para resolvê-los, (ii) a inadequação do método subsentido para formulação da norma concreta que irá decidir a controvérsia e (iii) a necessidade de ponderação para encontrar o resultado constitucionalmente adequado" (Barroso, *Curso de direito constitucional contemporâneo*, 4. ed., 2013, p. 359).

[45] "Os critérios tradicionais de solução de conflitos entre normas infraconstitucionais não são próprios para esse tipo de situação, uma vez que tais antinomias não se colocam quer no plano de validade, quer no da vigência das proposições normativas" (Barroso, *Curso de direito constitucional contemporâneo*, 4. ed., 2013, p. 355-356).

[46] "Para se chegar a uma decisão é necessário um sopesamento nos termos da lei de colisão" (Alexy, *Teoria dos direitos fundamentais*, 2008, p. 117).

situação fática, sem com isso colocar em questão a validade ou a vigência de regras e princípios. A partir de Robert Alexy, costuma-se afirmar que direitos fundamentais funcionam como princípios, e, por isso, a dimensão de sua avaliação não é pela dimensão da validade, mas pela dimensão do peso.[47] Afirme-se, aqui também, que se trata de uma *técnica específica*, que atinge normas constitucionais e pode ser utilizada diante de *hard cases*.[48]

6. INCOMPLETUDE DO SISTEMA JURÍDICO: LACUNAS NORMATIVAS E INTEGRAÇÃO DO DIREITO

A teorização sobre a lacuna jurídica ganha evidência sob o *positivismo jurídico*, em conjunto com o próprio debate sobre a noção de *sistema jurídico*.[49] Pode ser considerada ainda um problema atual e relevante para a *Teoria do direito* na medida em que gera dificuldades reais e concretas para a aplicação do Direito. E isso porque as situações de fato e a vida social contemporâneas são mais plurais, complexas, dinâmicas e heterogêneas do que a *previsibilidade* normativa do legislador.[50] Assim, o sistema legal é incompleto, porque na prática do Direito o *sujeito-da-interpretação* esbarra com situações *não normatizadas*. E isso pode se dar porque o legislador: a) não previu na redação da legislação uma determinada situação; b) não conhece os problemas reais que os aplicadores estão enfrentando; c) não tem vontade política, ou quórum de votação, ou consenso político, para votar determinada legislação; d) o debate público não foi suficientemente explorado a ponto de se conhecer as opiniões pró e contra algum assunto; e) teve a intenção propositada de deixar um campo de manobra para o juiz.[51] Assim é que o sistema jurídico se torna incompleto diante da infinidade de situações fáticas novas e desafiadoras, formando-se *lacunas* que são intencionais ou não intencionais[52] por parte do legislador, desafiando-se o *sujeito-da-interpretação* a agir de forma complementar, e a ter de

---

[47] "Conflitos entre regras ocorrem na dimensão da validade, enquanto as colisões entre princípios – visto que só princípios válidos podem colidir – ocorrem, para além dessa dimensão, na dimensão do peso" (Alexy, *Teoria dos direitos fundamentais*, 2008, p. 94).

[48] "Em suma, consiste ela em uma técnica de decisão jurídica, aplicável a casos difíceis, em relação aos quais a subsunção se mostrou insuficiente" (Barroso, *Curso de direito constitucional contemporâneo*, 4. ed., 2013, p. 360).

[49] "Assim sendo, o problema teórico da lacuna jurídica aparece no século XIX, marcado pelo fenômeno da positivação representado pela crescente importância da lei e caracterizado pela libertação que sofre o direito de parâmetros imutáveis" (Diniz, *As lacunas no direito*, 3. ed., 1995, p. 18).

[50] "É lacunoso o direito porque, como salientamos, a vida social apresenta nuanças infinitas nas condutas compartidas, problemas surgem constantemente, mudam-se as necessidades com os programas, de maneira que impossível seria que as normas jurídicas regulamentem toda sorte de comportamento..." (Diniz, *As lacunas no direito*, 3. ed., 1995, p. 117).

[51] A respeito das lacunas voluntárias e/ou involuntárias, por parte do legislador, *vide* Justo, *Introdução ao estudo do direito*, 7. ed., 2015, p. 350-351.

[52] "(...) as lacunas podem ser intencionais ou involuntárias conforme resultem de deliberação do legislador em não regular certas situações por não reputá-las amadurecidas, deixando-as entregues à decisão judicial..." (Diniz, *As lacunas no direito*, 3. ed., 1995, p. 88).

criar soluções para os casos concretos, tornando a aplicação do Direito atividade segura perante os atores sociais.

6.1. Conceito de lacuna normativa

Está-se diante de uma *lacuna normativa* sempre que inexistir *previsão legal*, dada por norma jurídica válida e preexistente, para um *caso concreto*. Assim, diante do caso concreto (C1), inexiste norma jurídica válida e preexistente (N1), que lhe seja correspondente por subsunção e adequação. Por isso, trata-se de situação que revela *ausência, falta, carência, inexistência* de regra jurídica com base no qual julgar e proferir uma decisão dentro do sistema jurídico.[53] O jurista italiano Riccardo Guastini apresenta a seguinte definição:

> "... pode-se definir "lacuna" em um ou outro dos modos seguintes: a) num sistema jurídico há uma lacuna quando um dado comportamento não é deonticamente qualificado de algum modo por alguma norma jurídica desse sistema; ou b) num sistema jurídico há uma lacuna quando para um dado caso particular não é previsto alguma consequência jurídica por alguma norma pertencente ao sistema".[54]

6.2. Integração da lacuna normativa

Apesar de inexistir previsão de regra jurídica, o(a) juiz(a) não pode deixar de resolver o caso concreto e tomar uma decisão jurídica. E isso porque, pelo princípio processual do *non liquet*, o(a) juiz(a) tem de prover o caso concreto com uma solução jurisdicional. Nesse particular, o art. 140 do novo CPC (Lei n. 13.105/2015) é explícito ("O juiz não se exime de decidir sob a alegação de lacuna ou obscuridade do ordenamento jurídico"). Então, se o(a) juiz(a) é obrigado(a) a encontrar uma solução, ao fazê-lo o(a) juiz(a) irá *integrar* a lacuna de regra jurídica com outros instrumentos e recursos existentes no Direito. Ademais, é o art. 4º da Lei de Introdução às Normas do Direito Brasileiro que confere suporte e autorização para que o(a) juiz(a) o faça, nos seguintes termos: "Quando a lei for omissa, o juiz decidirá o caso de acordo com a analogia, os costumes e os princípios gerais do direito". Porém, percebe-se que ao *integrar a lacuna*, aparecerá uma solução *in casu*, que mantém para outros casos futuros o sistema incompleto (em tese).[55] Fica claro, então, que a solução definitiva à lacuna legal viria por *edição de norma* que abarque o caso, por *iniciativa do legislador*.[56]

---

[53] "A lacuna decorre da inexistência de uma regra para regular um caso jurídico, pelo que, numa fórmula concisa, pode dizer-se que existe uma lacuna quando há caso, mas não há regra" (Souza, *Introdução ao direito*, 2012, p. 385).

[54] Guastini, *Das fontes às normas*, 2005, p. 174.

[55] "A integração não altera a situação normativa existente; após a integração, continua a haver a lacuna" (Ascensão, *Introdução à ciência do direito*, 3. ed., 2005, p. 449).

[56] "A integração do direito lacunar se realiza, tipicamente, por meio da elaboração de normas implícitas, as quais, ainda que privadas de validade formal, são, no entanto, consideradas válidas do ponto de vista material. Esta operação se resolve, portanto, com a colisão de normas ao sistema jurídico" (Guastini, *Das fontes às normas*, 2005, p. 285).

Isto posto, pode-se considerar que a integração da lacuna de regra jurídica poderá se dar, apoiando-se a autoridade aplicadora na analogia (aproximação de uma solução a caso parecido a outro por raciocínio analógico), nos costumes (práticas sociais reiteradas), nos princípios gerais do direito (máximas jurídicas). É isto que está explicitado na LINDB. Por isso, cabem as seguintes observações:

1) a ordem analogia/costumes/princípios gerais *não é rígida* e estanque, podendo a autoridade decisora escolher a forma de "ajuste fino" requerido pelo caso concreto, desde que atue fundamentando e argumentando as razões da escolha;

2) a relação de formas de integração analogia/costumes/princípios gerais *não é exaustiva*, de modo que a doutrina costuma considerar o papel complementar importante de outras fontes do direito, tais como: jurisprudência e precedentes judiciais; equidade. Estas duas últimas modalidades de integração não somente são consideradas *fontes do direito*, como estão persistentemente presentes nos debates da doutrina, sendo consideradas fontes de integração do Direito;[57]

3) a LINDB não pode ser um obstáculo à boa aplicação do Direito, e não pode significar uma forma de constranger a realização de justiça, considerando-se que não explicita tantas outras *fontes do direito*, tais como desenvolvidas atualmente, considerando-se, por exemplo, as diferenciações entre *princípios gerais do Direito*, *princípios especiais do Direito*, e *princípios constitucionais*;

4) deve-se, no entanto, ressaltar o disposto no parágrafo único do art. 140 do novo CPC ("O juiz só decidirá por equidade nos casos previstos em lei"), sobre o tema da equidade, quando se encontra em discussão o que se chama de equidade, cabendo afirmar que não adianta o legislador coarctar a liberdade decisória do(a) juiz(a), pois equidade não é *julgamento arbitrário*,[58] mas campo de *atividade prudencial e argumentada*, ante a faticidade e a singularidade dos casos concretos, devendo-se distinguir as espécies de equidade em: a) *equidade expressa:* prevista em vários artigos do Código Civil (arts. 413, 479, 944, 953 e 954), e é a esta que se refere o parágrafo único do art. 140 CPC; b) *equidade implícita*: é a modalidade de equidade conectada ao seu sentido etimológico,[59] sabendo-se que sempre é possível de ser utilizada, na avaliação, interpretação, balanceamento, no exercício da prudência judicial, pelo(a) juiz(a) e que, em tese, deveria estar ativa o tempo todo, enquanto prática diuturna de julgar;

5) o sistema jurídico prevê, de forma setorial, outros dispositivos autorizadores da aplicação do Direito, a exemplo do art. 8º da CLT, onde o legislador foi muito mais generoso com o aplicador no âmbito do Direito do Trabalho ("... na falta de dispo-

---

[57] "A equidade, no nosso entender, é elemento de integração, pois consiste, uma vez esgotados os mecanismos previstos no art. 4º da Lei de Introdução ao Código Civil, em restituir à norma, a que acaso falte, por imprecisão de seu texto ou por imprevisão de certa circunstância fática, a exata avaliação da situação a que corresponde (...)" (Diniz, *As lacunas no Direito*, 3. ed., 1995, p. 264).

[58] "A equidade confere, pode-se assim dizer, um poder discricionário ao magistrado, mas não uma arbitrariedade" (Diniz, *As lacunas no direito*, 3. ed., 1995, p. 265).

[59] "A equidade (em grego, *epieikeia*, e, em latim, *aequitas*) é a justiça do caso concreto" (Souza, Introdução ao direito, Almedina, Coimbra, 2012, p. 414).

sições legais ou contratuais, decidirão, conforme o caso, pela jurisprudência, por analogia, por equidade e outros princípios e normas gerais de direito..."), e do art. 108 do Código Tributário Nacional (Lei n. 5.172/66), que dispõe sobre a aplicação do direito de forma detalhada para o ramo ("Na ausência de disposição expressa, a autoridade competente para aplicar a legislação tributária utilizará sucessivamente, na ordem indicada: I. A analogia; II. Os princípios gerais de direito tributário; III. Os princípios gerais de direito público; IV. A equidade. § 1º O emprego da analogia não poderá resultar na exigência de tributo não previsto em lei. § 2º O emprego da equidade não poderá resultar na dispensa do pagamento de tributo devido").

6.3. Limites à integração normativa

Existem claros e necessários *limites* ao *poder de integração* de lacunas de regras jurídicas. Esses limites se justificam, pois a abertura de espaço para a subjetividade, o poder do intérprete, é previamente controlado pelo sistema jurídico. Pode-se exemplificar estes limites, apontando-se para situações ramificadas, onde o legislador proíbe a integração da lacuna de regra jurídica, como ocorre no Direito Penal com a *analogia in malam partem*, considerando-se que o Direito Penal é regido pela lógica da tipicidade estrita.[60] Se a LINDB serve como parâmetro de fundo para todo o sistema jurídico brasileiro, deve-se, no entanto, considerar que cada ramo do Direito guardará suas especificidades, e que, as regras gerais serão excepcionadas por *princípios e orientações locais*, próprios dos *micro-sistemas-de-discurso* específicos de cada ramo do Direito.

7. O PAPEL DO INTÉRPRETE DIANTE DO SISTEMA JURÍDICO

Pela análise anteriormente desenvolvida, se pôde perceber a que a "máquina semiótica" do sistema jurídico não é perfeita de *per se*, requerendo ser completada, reparada, recondicionada, funcionando, portanto, como uma estrutura perfectível, demandando intensa atividade criadora por parte do *sujeito-da-interpretação*. Mas, com os elementos dados por uma noção de Direito mais ampla, pela doutrina, legislação, jurisprudência, técnica jurídica, por regras e princípios constitucionais, pela Lei de Introdução às Normas do Direito Brasileiro, pela *técnica tradicional* de solução de antinomias, pela *técnica do diálogo das fontes*, pela *técnica da ponderação*, pela *técnica de integração* de lacunas, o sistema jurídico pode operar ininterruptamente. Isso permite constatar que: a) o sistema por ser *incompleto em tese*, é passível de ser *completado na prática*; b) o sistema por ser *inconsistente (ilógico) em tese*, não requer, no entanto, perfeição lógico-matemática ou precisão *a priori*, podendo ser completado/corrigido na prática; e c) o sistema jurídico sempre permite alcançar *saídas justas* pelos *recursos gerais* de que o intérprete pode se valer. Isso faz ver que as aproximações com as *metáforas teóricas* muito frias, racionais e mecânicas, provenientes dos campos da lógica formal e da matemática, falseiam o fato

---

[60] "A proibição da aplicação analógica das regras penais baseia-se no princípio *nullum crimem sine lege*..." (Souza, *Introdução ao direito*, 2012, p. 399). "A analogia é proibida como instrumento de incriminação no Direito Penal em consequência do princípio de legalidade" (Busato, *Direito Penal: parte geral*, 2013, p. 196).

Capítulo XVII | Sistema jurídico, antinomias e lacunas

do sistema jurídico ser também um *sistema de valores, instituições, órgãos, competências práticas e procedimentos, subjetividades e circunstâncias decisórias, entendimentos mutáveis e forças políticas.*

Para operar com um sistema aberto e dinâmico, é necessário reconhecer que uma boa explicação na metáfora de Mauro Barberis de que a "ilha do Direito está sempre exposta às tempestades da ética",[61] de modo que se requer reconhecer a incompletude e as contradições do sistema jurídico, ou seja, que as soluções são provisórias e relativas, de modo a explicitar que, diante deste cenário, são peças fundamentais do processo de *definição* e *re-definição cotidianas* do sistema jurídico: a) o papel ativo do intérprete; b) o uso prudencial *a posteriori* das regras jurídicas; c) o diálogo de fontes jurídicas; d) a invocação e corrigibilidade a partir do recurso à *justiça argumentativa*; e) a superação da visão *monológica* de *legislador* para a visão *dialógico-participativa* na qual a sociedade, através dos diversos atores sociais, atua *re-alimentando* e corrigindo dinamicamente o *sistema jurídico.* Não por outro motivo, o sistema jurídico deve ser considerado, nesta perspectiva de abordagem, uma forma de estrutura e maquinismo técnico sistêmico que serve ao homem, e que deve ser utilizado para fins sociais e justos, *impondo-se* aos atores jurídicos *humanizar, corrigir, completar, solver antinomias e integrar lacunas* para equacionar problemas reais com *justiça e responsabilidade, cuidado e equidade.*

8. AS QUALIDADES DO SISTEMA JURÍDICO

As *qualidades* do sistema jurídico vão além de suas *qualidades formais.* Normalmente, na *Teoria do Direito*, a análise do sistema jurídico se encerra na descrição dos aspectos formais, lógicos e analíticos. Assim, estes costumam bastar para descrever o sistema jurídico. E, normalmente, a descrição do sistema jurídico se basta com os termos *segurança* e *certeza.* Mas, na perspectiva da *Teoria do Humanismo Realista*, à *Teoria do Direito* é dado avançar, no sentido de apontar que certas *qualidades* precisam ser apontadas como presentes na dimensão do funcionamento, do cumprimento dos objetivos gerais e da capacidade de execução de tarefas em conexão com uma *pretensão de correção*,[62] em busca de realizar certos valores que devem pautá-lo na persecução de seus fins, podendo-se destacar entre eles as seguintes *qualidades* do sistema jurídico: a) humano; b) socialmente acessível; c) público; d) participativo e democrático; e) inclusivo e diverso; f) estável; g) eficiente;[63] h) preciso; i) confiável; j) produtivo; k) transparente; l) flexível; m) moderno; n) justo. Ora, estas *qualidades* do sistema jurídico, uma vez considerada a

---

[61] "Insomma, anche l'ordine introdotto dal sistema giuridico nelle relazioni umane, risolvendo le antinomie e colmando le lacune, è sempre parziale, locale e provvisorio: l'isola del diritto è sempre esposta alle tempeste dell'etica" (Barberis, *Introduzione allo studio del diritto*, 2014, p. 182).

[62] "O argumento da correção constitui a base dos outros dois argumentos, ou seja, o da injustiça e o dos princípios. Ele afirma que tanto as normas e decisões jurídicas individuais quanto os sistemas jurídicos como um todo formulem necessariamente a pretensão à correção. Sistemas normativos que não formulem explícita ou implicitamente essa pretensão não são sistemas jurídicos" (Alexy, *Conceito e validade do direito*, 2011, p. 43).

[63] "L'efficacité est donc bien plus qu'une question instrumentale" (Garapon, Perdriolle, Bernabé, *La prudence et l'autorité: juges et procureurs du XXIe siècle*, 2014, p. 82).

existência de cada um dos sistemas jurídico-positivos, permitem *avaliar* sistemas jurídicos para além dos critérios lógico-formais. Neste sentido, podem ter enorme serventia, no sentido de permitir apontar e analisar as condições de *efetividade dos direitos*, enquanto *questões concretas*, e, portanto, pertencentes à dinâmica da vida histórica e socialmente enraizada em contextos de disputa por *justiça* em sociedade.

CASO PRÁTICO
O CASO DO RITUAL RELIGIOSO

Tamires é uma trabalhadora, casada há vários anos com Orestes, mãe de Ema, 8 anos, e Josias, 6 anos. O casal é frequentador fervoroso de uma seita, que envolve rituais semissacrificiais, com o uso de sangue humano. Os rituais não pedem nunca que a "entrega" dos fiéis se dê com base em quaisquer tipos de doações financeiras, mas exige que os rituais estejam espiritualmente completos, com a doação de sangue humano jovem. Essas doações são constantes, pois os rituais são semanais.

Ema e Josias frequentam a mesma escola pública municipal e são acompanhados em seu desenvolvimento educacional por professores e professoras. A enfermeira da escola, notando picadas e pequenos hematomas nos braços das crianças, e percebendo uma constante frequência, principalmente de Ema, ao ambulatório, com quadros de "fraqueza", de "sonolência" e de "anemia", conversa com a Direção da escola, e apresenta uma desconfiança de que algo está errado. A Direção conversa com os pais, que dizem estar tudo sob controle e que nada há de irregular, e que a Escola não deveria se "meter em assuntos familiares". A Direção, então, resolve fazer uma denúncia ao Conselho da Criança e do Adolescente.

Com base no at. 136, IV, do Estatuto da Criança e do Adolescente, havendo vestígios de lesões corporais, o Ministério Público é acionado e a questão vai a juízo.

Em sua defesa, os pais dizem ser praticantes de uma religião, alegando que o Brasil é um país de matriz religiosa sincrética e diversa, e, ainda, que a Constituição Federal (art. 5º, inciso VI) lhes concede total liberdade religiosa, sabendo-se que "*é inviolável a liberdade de consciência e de crença, sendo assegurado o livre exercício dos cultos religiosos e garantida, na forma da lei, proteção aos locais de culto e a suas liturgias*".

Respaldando-se nos arts. 16 e 17 do Estatuto da Criança e do Adolescente, o Ministério Público apresenta argumentação em favor da defesa da criança, alegando terem os pais se excedido no exercício do poder familiar, estando a invadir a seara da liberdade das crianças, que sequer tem juízo religioso devidamente formado.

Diante do caso:

1. Enquanto membro do Ministério Público, apresente uma leitura consistente do sistema jurídico, considerando a relação entre "dignidade humana", "integridade física" e "liberdade religiosa", com base em argumentos legais e constitucionais;

2. Enquanto advogado(a) de defesa, elabore a defesa dos réus, considerando que estão no exercício de sua liberdade religiosa e no âmbito do poder familiar;

3. Ao proferir a decisão judicial, discuta a consistência lógica do sistema jurídico e verifique se existe lacuna, antinomia jurídica, e, ainda, se existe colisão de direitos fundamentais, e se é necessário o recurso à técnica do diálogo das fontes ou à técnica da ponderação.

CAPÍTULO XVIII
RACIOCÍNIO JURÍDICO, LINGUAGEM E APLICAÇÃO DO DIREITO

Sumário: 1. Raciocínio jurídico e aplicação do direito; **2.** Raciocínio jurídico e linguagens; **3.** Raciocínio jurídico e o uso da linguagem jurídica; **4.** Raciocínio jurídico e o poder-de-dizer-o-Direito; **5.** Raciocínio jurídico, ritual de justiça e decisão jurídica; **6.** Raciocínio jurídico, decisão político-administrativa, decisão político-legislativa e decisão judicial; Caso prático.

1. RACIOCÍNIO JURÍDICO E APLICAÇÃO DO DIREITO

Até o presente momento, se pôde ver como a noção de *sistema* remete à *noção metafórica de máquina*, ou ainda, de *engrenagem*, forma discursiva de designação muito atrelada à forma de vida moderna e às demandas por justiça operadas por meio de procedimentos. Este caráter de *máquina*, tomado aqui como *máquina semiótica*, no entanto, não lhe confere independência para um funcionamento *automático*. Isso significa que a ingerência dos atores jurídicos para aplicar o *direito às situações* concretas é *reclamada a todo tempo*, em diversas atitudes, tais quais para humanizar relações, para realizar justiça, para concretizar operações. Neste momento da análise, superada a dimensão mais analítica, concernente ao funcionamento do sistema jurídico, a tentação (e o erro) aqui seria considerar que este automatismo, ou dispensaria as operações individualizantes dos atores jurídicos subjetivando o sistema, ou ainda, seguiria o modo operatório das leis matemáticas, da lógica dedutiva pura. Aliás, quando se começa a esboçar o campo da aplicação do Direito e do raciocínio jurídico, começa a ficar clara, a partir da leitura do filósofo inglês Stephen E. Toulmin (*The uses of argument*, 1958), que a dimensão do argumento coloca dois modelos teóricos em confronto, o *modelo matemático* e o *modelo jurisprudencial*,[1] sabendo-se que àquele se costuma reputar a infalibilidade e a elegância não encontráveis neste.[2]

Todavia, os *atores jurídicos* são especialmente ativados a se depararem com um *sistema jurídico* que é lacunoso, aberto, inconsistente e incompleto. Isso requer dos

---

[1] "Temos diante de nós dois modelos rivais – um modelo matemático e um modelo jurisprudencial" (Toulmin, *Os usos do argumento*, 2006, p. 137).

[2] "Desde o tempo de Aristóteles, os lógicos consideram muito atraente o modelo matemático, e uma lógica que tomasse por modelo a jurisprudência em vez da geometria não poderia aspirar à elegância matemática daquele modelo ideal" (Toulmin, *Os usos do argumento*, 2006, p. 211).

atores jurídicos o exercício de *juízos complexos* através da *razão prática*, ou da *razão aplicada*, para serem exitosos na capacidade de *solver* conflitos sociais. Do ponto de vista teórico, desde a tradição aristotélica, à razão prática se costuma atribuir as virtudes da prudência e da arte.³ Do ponto de vista prático e atual, quando se adentra ao universo da *aplicação* do sistema jurídico, requer-se mais do que o conhecimento do repertório de regras jurídicas, e isso, pois *juízos complexos* para o exercício da razão prática no Direito envolvem diversas atitudes ligadas a diversos verbos, tais quais: a) *subsumir* (lei existente ao caso concreto); b) *colmatar*, ou *preencher* (lacuna na falta de lei preexistente); c) *solver* (antinomias, no caso de conflito entre regras jurídicas); d) *solver* (antinomias de segundo grau, quando o conflito entre critérios leva a metacritérios); e) *escolher* (exercendo a difícil tarefa de escuta e tomada de posição); f) *decidir* (assumindo os riscos da decisão vinculante, o que significa avaliar, sopesar); g) *operar diálogos* (aproximando textos de regras jurídicas pela *técnica do diálogo das fontes*); h) *ponderar* (equilibrando campos de incidência conflitantes e exercendo juízo sobre o *peso de incidência* a cada caso concreto).

Aqui já fica ainda mais clara a percepção de que o *sistema jurídico* tem pouco de estrutura *fechada* e *objetiva*, e é desafiado pela dinâmica *fluída* e *transitiva* dos atritos com a *realidade* histórica mutável, quando se está no campo da *práxis aplicadora*. Aqui, fica evidente o quanto o exercício da *razão prática* no Direito pressupõe a aproximação da *validade* à *faticidade*.⁴ E isso porque são necessárias operações do raciocínio jurídico, visando à realização da interpretação, da aplicação e da resolução de problemas práticos, que expõem as diferenças entre o *ser* e o *dever ser*.⁵

Neste sentido, numa visão mais didática, a figura a seguir procura ilustrar esta tensão, deixando-a explícita:

[CAMPO ABSTRATO] *VALIDADE* [norma, geral, universal, lógica]

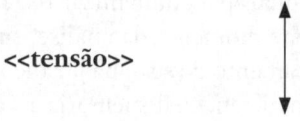

        ↕

<<tensão>>

[CAMPO CONCRETO] *FATICIDADE* [particular, singular, realidade, caso]

Neste ponto, não obstante a concepção de *faticidade* e *validade* ter sido concebida por Jürgen Habermas, é Robert Alexy quem afirma a precisão desta visão, para afirmar a importância deste debate no campo da teoria da decisão jurídica, na medida em que, a partir do momento em que se busca a aplicação do direito, é que se percebe de mais perto a atividade tensional entre a pretensão de validade (norma, geral, univer-

---

3 "Aristóteles estabelece as disposições pelas quais a alma conhece a verdade são cinco. À razão teórica, convertida para o universal e necessário, correspondem três virtudes: a ciência (*epistéme*), a sabedoria filosófica ou especulativa (*sophía*) e a intelecção (*noûs*). À razão prática, orientada para o particular e contingente, competem duas virtudes: a arte (*tekné*) e a prudência ou discernimento (*phrónesis*) (1139615-23)" (Lacerda, *O raciocínio jurídico*: uma visão aristotélica, 2005, p. 92).
4 Cf. Habermas, *Direito e democracia*: entre facticidade e validade, 2003.
5 "Il ragionamento giuridicho giustifica l'interpretazione, applicazione e integrazione di norme giuridiche..." (Barberis, *Introduzione allo studio del diritto*, 2014, p. 204).

Capítulo XVIII | Raciocínio jurídico, linguagem e aplicação do Direito

sal, lógica)[6] e a pretensão de correção (decisão, particular, singular, casos, situações).[7] E esta aproximação, diga-se desta forma, entre a *linguagem-das-regras* e a *linguagem--dos-fatos*, é mediada pela comunicação e pela argumentação. Por isso, a *construção* e a *re-construção* do sistema jurídico depende, de modo central, de *textos jurídicos*. Então, o que se chama de raciocínio jurídico nada mais é do que este padrão de transposição do *complexo universo* da *validade* (certeza jurídica) ao *complexo universo* da *facticidade*, visando a proporcionar a aplicação do sistema jurídico (correção jurídica).

O *raciocínio jurídico* é um *raciocínio aplicado*[8] à resolução de conflitos sociais, articulando regras e princípios (gerais, abstratos e impessoais) a casos e situações (singulares, particulares, históricos e únicos), a partir de regras procedimentais (ônus da prova, oportunidade de fala, juízos de fato, prazos). O *raciocínio jurídico* é *individualizador* do Direito e, nesse exercício, se faz com base na razão, na lógica, na emoção, na realidade factual, no contexto social, nas regras procedimentais, nas regras do jogo discursivo.[9]

Se o raciocínio jurídico é *aplicado* e *individualizador*,[10] seu modo de funcionamento operará de forma muito diferente dos raciocínios matemáticos (ou puramente lógico-dedutivos), obedecendo às características de cada ramo ou campo do Direito, na base de argumentos *campo-dependentes* e não na base de argumentos *campo-invariáveis*, seguindo aqui as lições do filósofo britânico Stephen E. Toulmin, em *Os usos do argumento* (*The uses of argument*, 1958).[11] Assim, bem claramente delimitado, o uso do argumento na área do Direito não obedece ao caráter abstrato, universal e invariável que é típico da descrição de leis e eventos científicos no âmbito das *Ciências Naturais*. Nesse sentido, o *tribunal da razão* não tem o alcance universal que a ele se pretendeu conferir no passado,[12] conhecendo-se os limites e as circunstancialidades do processo de produção de decisões, voltadas para situações e casos concretos, bem como para atender a necessidades rodeadas de fatores singulares.[13]

---

[6] "Tradizionalmente questo nesso fondamentrale (che ancora una volta ripropone il nesso normatività-fattualità) viene rappresentato solo attraverso il rapporto tra la legge e l'attività del giudice che produce poi, in base ala legge interpretata, la sentenza" (Catania, *Manuale di teoria generale del diritto*, 2010, p. 184).

[7] "O tema diretivo da teoria do direito de Habermas é a tensão entre facticidade e validez. No discurso jurídico, manifesta-se essa relação 'como tensão entre o princípio da certeza e a pretensão de pronunciar decisões corretas; concisamente: como tensão entre 'certeza jurídica e correção'" (Alexy, *Direito, razão, discurso*: estudos para a Filosofia do Direito, 2015, p. 128).

[8] "O termo 'raciocínio jurídico', tal como é normalmente usado e como o emprego aqui, refere-se àquele padrão de raciocínio adotado pelos advogados quando defendem uma causa e pelos juízes quando decidem uma causa" (Weinreb, *A razão jurídica*, 2008, p. 54).

[9] A respeito, *vide* França, *Formas e aplicação do direito positivo*, 1969.

[10] Segue-se, de perto, a visão de Manuel Atienza, para quem: "O raciocínio jurídico tem que se considerado, em termos gerais, como um tipo de raciocínio prático" (Atienza, *O direito como argumentação*, 2014, p. 254).

[11] "Podemos, agora, nos aproximar um pouco mais da solução de nosso primeiro problema principal: as características, em diferentes campos, dos argumentos campo-invariáveis, de um lado, e, de outro lado, dos argumentos campo-dependentes" (Toulmin, *Os usos do argumento*, 2006, p. 31).

[12] "O tribunal da razão, foi sugerido, tem apenas uma jurisdição limitada e não é competente para julgar questões de todos os tipos" (Toulmin, *Os usos do argumento*, 2006, p. 57).

[13] "Porque no Direito, também, há casos de muitas espécies diferentes e se pode perguntar até que ponto as formalidades do processo judicial ou os cânones do argumento legal são os mesmos, em todos os tipos de casos" (Toulmin, *Os usos do argumento*, 2006, p. 22).

2. RACIOCÍNIO JURÍDICO E LINGUAGENS

Para que se possa avançar na compreensão do *raciocínio jurídico*, deve-se partir para a análise do *mundo simbólico das linguagens*, sabendo-se que as linguagens tem papel de fundamental importância na constituição de nossa condição de seres simbólicos. O *mundo simbólico das linguagens* provê a humanidade de condições para promover o *entendimento* e atender às complexas atividades de *compreensão: a)* do mundo objetivo (designamos e batizamos as coisas e as relações por elas estabelecidas); b) do mundo subjetivo (autocompreensão); c) do mundo social (condições intersubjetivas de socialização e criação dos meios de convívio comum).[14] Ora, através das linguagens nos *humanizamos* como *seres simbólicos*, e *humanizamos* o nosso entorno, nesse encontro entre o biológico e o simbólico.[15] Assim, constrói-se o comum, compartilhando ações comunicativas entre os atores sociais que constroem sentido social enquanto patrimônio cultural e simbólico comum. Por isso, a linguagem ajuda a designar o mundo, mas não é só, pois a linguagem forma, sobretudo, um *ritual de aproximação e entendimento* entre *ego* e *alter*. A linguagem forma processos de *socialização* e de *interação*, numa *negociação simbólico-semiótica*, que preenche o vazio entre o eu e o outro. Por isso, compreender o *trânsito-dos-direitos* na linguagem, pela linguagem e com linguagem é compreender muito do que se chama de *experiência jurídica* enquanto *experiência sociossemiótica*.[16]

Para isso, pode-se valer da reflexão fornecida pela *Semiótica jurídica*,[17] que aborda a compreensão da multiplicidade das linguagens e dos sistemas de significação, compreendendo o Direito como sendo um sistema de significação codificado segundo regras relativamente autônomas, que opera atitudes discursivas através da *máquina semiótica*, que tem nos *textos jurídicos* as unidades de significação, disputa e construção do sentido jurídico,[18] atividade esta que é compartilhada pragmaticamente entre legisladores e intérpretes, cumprindo *papéis sistêmicos*, de acordo com as modalidades da gramática narrativa (saber; poder; fazer; dever; querer), onde se destacam: a) discurso normativo (*poder-fazer-dever-fazer*); b) discurso burocrático (*poder-fazer-fazer-fazer*); c) discurso decisório (*poder-fazer-dever-fazer*); d) discurso científico (*poder-fazer-fazer-saber*).[19]

---

[14] "Em um sentido filosófico muito abrangente, o termo 'simbólico' é utilizado para indicar todos os mecanismos de intermediação entre sujeito e realidade" (Neves, *A constitucionalização simbólica*, 2007, p. 06).

[15] "Fazer de cada um de nós um *homo iuridicus* é a maneira ocidental de vincular as dimensões biológica e simbólica constitutivas do ser humano" (Supiot, *Homo juridicus*: ensaio sobre a função antropológica do Direito, 2007, X).

[16] A respeito, consulte-se Bittar, *Linguagem jurídica*: semiótica, discurso e direito, 6. ed., 2015.

[17] "A *Semiótica jurídica*, pelo contrário, da forma como é compreendida, é uma teoria que deve se preocupar com acentuar o funcionamento interdiscursivo do sistema jurídico, que possui uma relação de viva dinâmica com os demais sistemas de significação, onde de detecta a *interação* de informações, assim como onde se vivenciam a um só tempo a *formação*, a reconstrução, a *destruição* e a *continuidade* dos discursos, em sua *heterogênea* miscigenação; não é por outro motivo que seu designativo é o de estudo *pancrônico*" (Bittar, *Linguagem jurídica*: semiótica, discurso e direito, 6. ed., 2015, p. 61).

[18] "(...) resultado da coexistência de vários códigos..." (Eco, *Tratado geral de semiótica*, 1991, p. 48).

[19] A respeito, consulte-se Bittar, *Linguagem jurídica*: semiótica, discurso e direito, 6. ed., 2015, p. 175-403.

3. RACIOCÍNIO JURÍDICO E O USO DA LINGUAGEM JURÍDICA

Assim, pelo que já se percebe até o momento, a *linguagem jurídica* não é apenas a *palavra* oral ou escrita; a *linguagem jurídica* não é apenas o *veículo de comunicação da norma*, mas sim a *complexa trama estrutural* pela qual se dão *relações jurídicas* como *relações inter-semióticas*.[20] Aliás, neste ponto vale ressaltar que o principal meio de trabalho dos profissionais do Direito é o operar com *textos jurídicos* (sentenças; acórdãos; súmulas; regras; princípios; provas; decretos; políticas; atos burocráticos; pareceres técnicos). Assim, vale reconhecer a importância das palavras, do discurso, da linguagem enquanto algo que é diferente da atitude de *fetichizar* a linguagem jurídica. E isso porque é na linguagem que nos *fazemos* e *somos*, nos *expressamos*, mas temos de considerar não a *linguagem* como *entidade*, mas a *linguagem e a sociedade*, *a linguagem e as verdades*, *a linguagem e os interesses*, *a linguagem e o poder*, *a linguagem e as coisas*, *a linguagem e as pessoas*, *a linguagem e as visões de mundo*, *a linguagem e as intenções*, *a linguagem e o mundo*, *a linguagem e as relações sociais*, *a linguagem e os compromissos morais*, *a linguagem e as experiências*, *a linguagem e a ética*, *a linguagem e os estados psíquicos*. Isso serve para apontar que o estudo *isolado* da linguagem, inclusive da linguagem jurídica, pode colaborar para *isolar* o estudo da linguagem e o estudo da linguagem jurídica, quando o que se pretende é exatamente demonstrar o quanto existe um enredamento sociossemiótico das linguagens com outros fatores sociais.

E, quando se mobilizam as estruturas da *linguagem jurídica*, diante de cada *uso* de palavras e textos, ressalta-se tratar-se de uso apropriado da *linguagem natural* em conjunto com a *linguagem técnica*, de uso que envolve *juízo ético* e *juízo técnico*, o que passa pelo crivo de *quem* as movimenta em favor do *que* e, também, de *uso público da palavra* e dos *textos jurídicos* em favor de *valores jurídicos* consagrados (liberdade; democracia; cidadania; acesso aos direitos; igualdade; diversidade; solidariedade) e, também, em desfavor de *des-valores jurídicos* (injustiças; opressão; arbítrio; violência; abusos; desigualdades injustificáveis; discriminação). Se o jurista atua entre *valores jurídicos* e *desvalores jurídicos* terá de ser capaz de fazê-lo mesmo em tempos em que ascende o debate sobre a *pós-verdade*.[21] Diante da maré de transformações do mundo contemporâneo, igualmente a *liquefação de tudo* é seguida, também, pela *liquefação do*

---

[20] "(...) o discurso jurídico é uma modalidade específica do Discurso Legitimador. É, portanto, um discurso hermenêutico, não um discurso teorético-científico. Se nos perguntarmos o que é que o especifica perante o Discurso Legitimador universal, logo pensamos, designadamente, no seguinte: a) O Discurso Jurídico procura justificar decisões a partir de *fontes* de Direito positivas que representem já concretizações ou positivações vinculantes de um Discurso Legitimador antecedente; b) O Discurso Jurídico adota uma linguagem específica, mais rigorosamente articulada e controlável, uma linguagem técnica e formalista que, representando, por um lado, exigências particulares decorrentes da própria função social do Direito e da expedita e controlada aplicação do mesmo (postulados funcionais), por outro lado, parece representar um corte ou ruptura entre o Discurso Jurídico e o Discurso Legitimador Universal" (Machado, *Introdução ao direito e ao discurso legitimador*, 2014, p. 285).

[21] "Assim como a pós-modernidade trouxe o debate relevante sobre, afinal, como deveríamos entender a modernidade e principalmente o *sujeito moderno*, penso que a pós-verdade inaugura uma reflexão prática e política sobre o que devemos entender por verdade e sobre a autoridade que lhe

discurso jurídico e de suas *práticas textuais* e *discursivas*, à carreira da velocidade, insignificância e desambientação que o ambiente virtual tem promovido na forma com a qual nos relacionamos com a dimensão da palavra.[22] O *excesso da informação* também poderá conduzir ao *uso desarrazoado* da palavra.[23]

Esse uso de *textos jurídicos*, que podem ser vistos, em verdade, como palimpsestos, utilizando-se da feliz metáfora construída por François Ost,[24] se adéqua aos *papéis institucionais*, autorizados por normas jurídicas, que conferem delimitado *poder-de-dizer-o-direito*, em *cada posição profissional*. Desse modo, a prática do *raciocínio jurídico* envolve *actantes-de-discurso*, investidos de *papéis actanciais*, que mobilizam *atos-de-fala*, dentro de *narrativas* específicas, de forma a exercerem um *múnus publico*, enquanto autorizado pela cadeia de normas do sistema jurídico, a partir dos arts. 127 a 135 da CF/88, em torno dos interesses de justiça. Nestes termos, o(a) juiz(a) julga as injustiças com base na lei, mas a partir da mediação de textos, o(a) promotor(a) acusa o(a) réu(ré), em júri, sustentando posição pela articulação de raciocínios e palavras, provas e fatos, evidências e legislação,[25] a advocacia pública age no sentido de representar o Estado,[26] o(a) advogado(a) tem o dever de não se calar, diante das injustiças,[27] e os(as) defensores(as) públicos agem em favor da cidadania.[28]

é suposta" (Dunker, Subjetividade em tempos de pós-verdade, *in Ética e pós-verdade* (Dunker, Christian (et al.)), 2017, p. 13).

[22] "Menos para contribuir com o grande mural epistemológico do significante 'pós' com que comecei a minha meditação do que para provocar uma reflexão muito livre sobre hábitos mentais, vou sugerir que chamemos esse tempo-espaço em que compramos e vendemos ideias e conceitos de mercado da pós-epistéme. Nesse mercado já não importa a verdade ou qualquer coisa que tenha a ver com a ideia de uma busca pelo impossível, pelo intangível e pelo mais além. Importam ideias e conceitos a funcionar como próteses cognitivas. Ideias úteis, boas, bonitas e baratas como qualquer mercadoria. Cada vez mais afundados na literalidade, as pessoas assumem imaginários impessoais produzidos industrialmente" (Tiburi, Pós-verdade, pós-ética: uma reflexão sobre delírios, atos digitais e inveja, in *Ética e pós-verdade* (Dunker, Christian (et al.)), 2017, p. 100-101).

[23] "Um dos traços da cultura atual é a proliferação de textos. Nunca se escreveu e se leu tanto, ainda que o analfabetismo funcional e político continue crescendo e aparecendo. Ideias e opiniões configuram-se como narrativas em um universo de textualidades diversas. A pós-verdade transita entre textos verbais e imagéticos como uma produção publicitária, a verdade para ver, sem necessariamente ser verdade" (Tiburi, Pós-verdade, pós-ética: uma reflexão sobre delírios, atos digitais e inveja, in *Ética e pós-verdade* (Dunker, Christian (et al.)), 2017, p. 114).

[24] "Objeto de uma ruminação argumentativa permanente, o texto jurídico é incessantemente trabalhado, apropriado, reapropriado, afastado, redescoberto, reduzido, alargado, transposto por gerações de autores. Sempre diferente, e contudo sempre parecido, poderíamos compará-lo a um 'palimpsesto'" (Ost, *O tempo do direito*, 2001, p. 102).

[25] Art. 127 da CF/88: "O Ministério Público é instituição permanente, essencial à função jurisdicional do Estado, incumbindo-lhe a defesa da ordem jurídica, do regime democrático e dos interesses sociais e individuais indisponíveis".

[26] Art. 131 da CF/88: "A Advocacia-Geral da União é a instituição que, diretamente ou através de órgão vinculado, representa a União, judicial e extrajudicialmente, cabendo-lhe, nos termos da lei complementar que dispuser sobre sua organização e funcionamento, as atividades de consultoria e assessoramento jurídico do Poder Executivo".

[27] Art. 133 da CF/88: "O advogado é indispensável à administração da justiça, sendo inviolável por seus atos e manifestações no exercício da profissão, nos limites da lei".

[28] Art. 134 da CF/88: "A Defensoria Pública é instituição permanente, essencial à função jurisdicional do Estado, incumbindo-lhe, como expressão e instrumento do regime democrático, fundamentalmente, a orientação jurídica, a promoção dos direitos humanos e a defesa, em todos os

Capítulo XVIII | Raciocínio jurídico, linguagem e aplicação do Direito

Por isso, quando se fala em *uso da linguagem jurídica* não se está apenas diante da *linguagem em abstrato*, enquanto *atos de pura razão* e *valor simbólico*, mas como *vetores de ação social juridicamente relevantes* em face do *raciocínio jurídico e seus contextos reais de uso* (disputas; interesses; conflitos; grupos; ideologias; valores/desvalores; lutas; circunstâncias; conjunturas; processos sociais; necessidades; exigências de justiça; direitos/deveres). O que há de particular na linguagem jurídica é que ela *promove direitos* por meio de seus *textos jurídicos*. Estes funcionam como *atos de fala* imersos na realidade contextual, atualizando o *discurso normativo* (genérico e abstrato) para *contextos* e usos *concretos, únicos e específicos* (ambientados em circunstâncias, ligados a pessoas, relacionados a problemas concretos). E, a propósito, dizer que são *atos de fala* é, exatamente, recuperar a distinção dos linguistas da teoria dos atos de fala, John Austin e John Searle,[29] para distinguir: a) *atos de fala locucionários* (*locution*, a mensagem que se comunica, ou, aquilo que se diz); b) *atos de fala ilocucionários* (*illocution*, a intenção que se passa); c) *atos de fala perlocucionários* (*perlocution*, a repercussão realizativa que se concretiza por meio da linguagem).[30]

Esta distinção é central, neste ponto da reflexão, na medida em que se percebem nos atos cotidianos da vida, o uso das palavras e os seus efeitos, tais como no casamento ("Eu os declaro marido e mulher"), na promessa ("Eu prometo pagar-lhe a dívida"), na demissão ("Você está demitido"), na renúncia ("Renuncio ao cargo"), quando se percebe, como constata Riccardo Guastini, que falar é agir.[31] Em particular, quando esta discussão é atraída para o campo do Direito, percebe-se que a *linguagem jurídica*, especialmente no campo da aplicação do Direito, tem este *condão perlocucionário*, pois é capaz de: a) punir com palavras; b) apenar com palavras; c) criar relações com decisões judiciais; d) impor tributos com textos legais; e) desfazer contratos com decisões judiciais; f) declarar efeitos com decisões administrativas; g) impor deveres com textos legais. Assim, a palavra no Direito assume um caráter de *ritual público*, que se exercido, é capaz de criar uma série de efeitos perlocucionários, tal como constata Antoine Garapon.[32]

Por isso, o uso de *expressões realizativas* é tão corrente na área do Direito, seja da parte do(a) legislador(a) ("promulgo"; "decreto"; "institui-se"; "revoga-se"), quanto da parte do(a) juiz(a) ("decido"; "condeno"; "absolvo"; "declaro"), quanto da parte do(a) servidor(a) público(a) ("decido"; "instauro"; "instituo"; "contrato"; "exonero"), como aponta o jurista francês Gérard Cornu, em sua *Linguistique juridique*.[33] Não por ou-

---

graus, judicial e extrajudicial, dos direitos individuais e coletivos, de forma integral e gratuita, aos necessitados, na forma do inciso LXXIV do art. 5º desta Constituição Federal".

[29] Austin, *Quand dire c'est faire*, 1970. Ademais, para a aplicação da teoria no campo do Direito, *vide* Amselek (org.), *Théorie des actes de langage, éthique et droit*, 1996.

[30] "Em outras palavras, podemos dizer que 'atos locucionários' têm um significado, 'atos ilocucionários' desempenham um papel (o papel de ameaçar ao descrever uma sanção), 'atos perlocutivos' *visam a certos efeitos*, não são instrumentos para agir, mas realizam imediatamente uma ação" (Ferraz Junior, *Teoria da norma jurídica*, 3. ed., 1997, p. 70).

[31] "Falar, de fato, é agir: proferir um enunciado é consumar um ato (não um ato qualquer, evidentemente, mas um ato linguístico, um ato de linguagem)" (Guastini, *Das fontes às normas*, 2005, p. 54).

[32] "O direito confere a certas palavras uma verdadeira eficácia mágica" (Garapon, *Bem julgar*: ensaio sobre o ritual judiciário, 1999, p. 140).

[33] "Il comprend les termes: devoir, obliger, falloir, ne pouvoir, défendre, interdire, prohiber, ordonner, commander, gouverner, enjoindre, prescrire, tenir, exiger, poursuivre, forcer, contraindre" (Cornu, *Linguuistque juridique*, 1990, p. 267).

tro, fica mais claro que o *raciocínio jurídico* conduz a questões práticas, permite um processo de *individualização* de regras jurídicas e *responsabilidades jurídicas*,[34] sendo que a decisão jurídica, por isso, *faz-coisas-com-palavras* ("Condeno o réu, na ação indenizatória, ao *quantum* estipulado no inicial"; "Declaro findos os efeitos da cláusula 3ª do contrato de compra e venda"; "Absolvo o réu por falta de provas").

4. RACIOCÍNIO JURÍDICO E O *PODER-DE-DIZER-O-DIREITO*

Se os atos de fala têm estas dimensões, é importante perceber que se movimentar no mundo das *relações simbólicas* não é simples, pois envolve a *codificação* de mensagens e a *decodificação* de mensagens (mensagens explícitas; mensagens encriptadas).

Afinal, as mensagens estão enredadas em campos de relações humanas (em campos de significação). Então, as mensagens cientificam, ensinam, demonstram, informam, ofendem, geram guerras e intolerâncias, criam vínculos, promovem relações. E, em particular, o uso da *linguagem jurídica* implica que os *atores jurídicos* estão operando atos de *linguagem-verbal* (leitura de uma sentença em sala de audiência), atos de *linguagem-não-verbal* (o olhar do(a) juiz(a) na sala de audiência), atos de *linguagem-sincrética* (a pronúncia da sentença, após uma martelada na mesa, na sala do júri, com a presença da escolta policial) se movimentando em meio a *textos* e a *contextos*, exercendo papéis de *poder* e *contrapoder*, circulando dentro de instituições que possuem missões e tarefas socialmente relevantes.

Por isso, mobilizar os *símbolos das linguagens* é também imergir em *relações de poder*, de um *poder* que está nos discursos, enquanto, poder das ideologias, poder das convicções e crenças sociais, poder dos entendimentos, poder hermenêutico, poder de mobilização da ação, poder de influir sobre comportamentos, poder de regular a ação social.

Não se pode de forma alguma desprezar o *poder* que está imerso no *simbólico* (linguagens; textos; discursos; palavras; rituais). E, não por outro motivo, isso é respeitado pelas Ciências (que filtram metodicamente seu vocabulário), pelas Filosofias (que criam seus próprios dicionários de termos filosóficos, apontando que faltam palavras para falar das coisas do mundo real/ideal), pelas Religiões (que usam seletivamente palavras para seus rituais), pelas Artes Poéticas (que recriam o mundo da cultura no *jogo-das-palavras*). E isso não seria diferente *no* Direito. Pois, os *atos-de-fala* no Direito são *atos-de-poder*, de uma forma de poder que gera efeitos, seja para dentro do sistema jurídico, seja para fora do sistema jurídico. Assim, os *atos-de-fala* têm elevado poder de impacto intrassistêmico, na cadeia de codependência entre discursos/textos, e extra-sistêmico, interferindo em comportamentos, relações, modos de socialização. Sabendo disso, o sistema jurídico prevê *lugares-de-fala*, *papéis-de-fala*, *oportunidades-de-fala* e *condições-de-fala*.

Aqui, se chega mais próximo da realidade ritual do Direito. Estas podem ser tomadas como *autorizações normativas* do exercício do *poder-discursivo* dos atores jurí-

---

[34] No capítulo sobre o papel de jurisprudência: "É um processo de individualização ou concretização sempre crescente" (Kelsen, *Teoria pura do direito*, 4. ed., 1976, p. 328).

dicos em situações em que o *raciocínio jurídico* é demandado a entrar em uso e em ação. As *autorizações normativas* dadas pelo sistema jurídico aos atores do Direito fornecem o *poder-de-dizer-o-direito*, tal qual para o(a) juiz(a), por investidura de cargo e competência legal, para proferir *sentenças*, para o(a) legislador(a), por representação política, para editar a *lei*, para o gestor(a) público(a), na esfera de sua atribuição, para *executar a lei*, para a população, pelos canais participativos, para integrar processos democráticos de promoção de justiça e *construção de cidadania*. E esse *poder-de-dizer--o-direito* haverá de se exprimir por atos administrativos (atos normativos; atos executivos; atos de gestão), atos processuais e judiciais (sentenças; acórdãos; petições; laudos), atos políticos (votos assembleares), atos de cidadania (manifestações de *amicus curiae*; votação pública) que acabam formando uma trama de significações complexas, e em movimento dinâmico, entre pessoas, coisas, símbolos e estados sociais que enredam o subsistema jurídico e o sistema social.

5. RACIOCÍNIO JURÍDICO, RITUAL DE JUSTIÇA E DECISÃO JURÍDICA

Esse *poder-de-dizer-o-direito* que se manifesta em papéis actanciais de discurso, a *cada caso*, a cada contexto, a cada situação é uma forma de transposição do universo da *validade* ao universo da *facticidade* para lidar com textos, signos, palavras, mas não somente, e sim, sobretudo, para lidar com conflitos sociais, fontes do Direito, lacunas de normas jurídicas, antinomias jurídicas, situações de ponderação, execução de políticas públicas, aplicação da lei por meio de instituições democráticas. Este é o caminho necessário para a autorização a que atores jurídicos atuem de modo a promover a resolução (administrativa; arbitral; mediada; judicial; política) de conflitos sociais, por meio de todos os poderes e instrumentos legais e institucionais do *Estado Democrático e Social de Direito* (Executivo; Legislativo; Judiciário). E, esse *caminho individualizador* visa à decisão jurídica (administrativa; política; judicial) no quadro das transformações da sociedade brasileira, da legislação brasileira e da cultura jurídica nacional.

E é importante verificar que este caminho institucional para alcançar a decisão jurídica opera uma *transferência simbólica* que carrega consigo tanta *aposta social* no valor e no papel das *instituições de justiça* que opera por meio de procedimentos. E isso porque a obtenção resolutiva da *decisão de justiça* só se alcança após o *ritual de justiça*. O ritual de justiça, em si, restabelece ao *nível simbólico a ruptura* de interação social ocorrida no *mundo dos fatos*. Na leitura do sociólogo francês Antoine Garapon, *o processo* nada mais é do que uma combinação de tempo, espaço e símbolos sociais,[35] e funciona como uma *domesticação da violência*, que paira em torno de toda situação de conflito social. Por isso, afirma:

> "O processo é uma domesticação da violência pelo rito e pelo procedimento. Na audiência, o crime não é repelido, mas repetido num universo simbólico que desarma toda a

---

[35] "Le procès resulte en effet d'une combinaison subtile du temps, de l'espace et des symboles sociaux" (Garapon, Perdriolle, Bernabé, *La prudence et l'autorité: juges et procureurs du XXIe siècle*, 2014, p. 83).

violência. É simbolicamente reconstituído pela palavra: todos os protagonistas: testemunhas, peritos, polícias – são convocados e convidados a dizer o que passou".[36]

O processo significa, na *Teoria Geral do Processo*, e, considerada a técnica jurídica, o procedimento em contraditório,[37] e, por isso, o lugar institucionalizado, administrado e racionalizado para a realização do *ritual de justiça*, funcionando como *arena de disputa jurídica*, e, por isso, como lugar de movimento da jurisdição estatal com o fito da pacificação de situações conflitivas.[38] O rito, o procedimento, o processo, as etapas do processo, as oportunidades de fala, os recursos, e todo o seu aparato, procuram retomar as circunstâncias, fazendo com que no nível simbólico se estabeleça uma luta, contraditória e legítima,[39] considerado o papel do devido processo legal,[40] entre justiça e injustiça, valores e desvalores, impunidade e punição. Daí, a importância do Direito e das instituições de justiça para a sociedade. Daí, a especificidade de sua contribuição no jogo dos poderes sociais.

6. RACIOCÍNIO JURÍDICO, DECISÃO POLÍTICO-ADMINISTRATIVA, DECISÃO POLÍTICO-LEGISLATIVA E DECISÃO JUDICIAL

Diante das últimas e mais profundas transformações do cenário recente do Direito contemporâneo, mudanças vieram alterando a forma de decidir, os fundamentos da decisão, e as exigências em torno da decisão e do ritual de obtenção de decisão jurídica. Por isso, a *Teoria do Direito* tem de ser capaz de lidar com a *complexidade social* aliada à *complexidade do ato de decidir*, num quadro de profundas transformações da *cultura decisória* e, simultaneamente, de grave crise das instituições jurídico-políticas. Sabendo-se que toda decisão implica *um dizer público*,[41] a mudança e a transformação

---

[36] Garapon, *O guardador de promessas*: justiça e democracia, 1998, p. 207.

[37] "O processo é uma técnica para a solução imperativa de conflitos, criada a partir da experiência dos que operam nos juízos e tribunais" (Dinamarco, Lopes, *Teoria geral do Novo Processo Civil*, 2016, p. 15).

[38] "Os escopos do processo são de natureza social, política e jurídica. O primeiro escopo social, que é o principal de todos eles, é a pacificação de pessoas mediante a eliminação de conflitos com justiça" (Dinamarco, Lopes, *Teoria geral do Novo Processo Civil*, 2016, p. 20).

[39] "O processo não arbitra o confronto directo entre as partes, mas sim um debate entre os respectivos representantes. O rito – para o caso, a investidura ritual dos advogados – reparte de forma igual a legitimidade entre as partes. O ritual permite que os dois discursos sejam, ao mesmo tempo, contraditórios e legítimos. Autoriza uma diferenciação interna no direito e introduz a tensão sem ameaçar a sua unidade. Assim sendo, a violência do conflito, expressa por discursos opostos, mas controladas pelo conjunto do ritual, deixa de constituir uma ameaça, pelo que a presença do ritual judiciário permite ao direito realizar operações que a razão, por si só, não conseguiria concretizar" (Garapon, *Bem julgar*: ensaio sobre o ritual judiciário, 1999, p. 93).

[40] "O devido processo legal, assegurado constitucionalmente (Constituição, art. 5º, inc. LIV), é um sistema de limitações ao poder, imposto pelo próprio Estado de direito para a preservação de seus valores democráticos" (Dinamarco, Lopes, *Teoria geral do Novo Processo Civil*, 2016, p. 74).

[41] "O julgamento, tornando visíveis a transgressão e o seu autor, é já uma reinscrição no simbólico. O julgamento é antes de mais um acto oficial de nomeação, um *dizer público*" (Garapon, *O guar-*

do *dizer público* de cada uma das esferas de tomada de decisão implica em alterações significativas nas práticas institucionais, nos procedimentos e na cultura jurídica de forma geral.

No âmbito de cada uma das esferas de decisão e atribuições institucionais dos Poderes, há profundas mudanças a serem registradas:

1) no âmbito da decisão político-administrativa: aplicam-se os princípios constitucionais da legalidade, impessoalidade, moralidade, publicidade e eficiência, de acordo com o disposto no art. 37 da CF/88 ("A administração pública direta e indireta de qualquer dos Poderes da União, dos Estados, do Distrito Federal e dos Municípios obedecerá aos princípios de legalidade, impessoalidade, moralidade, publicidade e eficiência (...)"); na Administração Pública caminha-se da cultura do ato administrativo para a cultura da política pública; a tomada de decisão está marcada pela imperativa incidência da legalidade estrita, devendo-se fazer somente o que está determinado em lei;

2) no âmbito da decisão político-legislativa: atualmente, o Legislativo não somente legisla, exercendo sua atividade típica, mas outras importantes atividades são ali exercidas, de forma que atua legislando, julgando, gerindo e administrando; a mais importante transformação da forma de conduzir o processo de produção da legislação implica na percepção da cultura da democracia, da participação e do diálogo, tendo-se presente a necessidade de inclusão no procedimento, especialmente, dos principais afetados pela política e pela legislação, considerando-se inclusive das tarefas de transparência que implicam no exercício do poder a abertura à transparência, à democracia digital e ao controle social, por meio de consultas públicas e novas metodologias de escuta cidadã ativa, são de fundamental importância para a qualificação dos *fazeres legislativos*;

3) no âmbito da decisão judicial: atualmente, deve-se considerar a transição do *judiciário formalista-individualista*, centrado no privatismo do Código Civil, na cultura dos conflitos individuais (S^1 *versus* S^2) e no papel lógico-dedutivo do julgador,[42] em direção ao *judiciário com papel político-democrático*,[43] considerando-se a crise de ineficiência e credibilidade do legislador, a emergência de sujeitos coletivos, a proeminência da constitucionalização do Direito, a tendência ao surgimento de *casos difíceis*, a crescente necessidade de interferência do Judiciário em matérias variadas (consumo; saúde; política; economia; direitos humanos; orçamento); a utilização da jurisdição estatal como sendo o último recurso

---

dador de promessas: justiça e democracia, 1998, p. 225).

[42] "Em suma, o Poder Judiciário não é um poder normativo. É este o fundamento conceitual da teoria de Montesquieu, segundo a qual o Poder Judiciário é um 'poder de algum modo nulo' e o juiz não passa da 'boca da lei'" (Guastini, *Das fontes às normas*, 2005, p. 267).

[43] "O juiz, de mero árbitro autorizado pelo Estado para solução de conflitos sociais, passa a ser a principal figura de estabilidade e confiança do universo democrático, seja no campo privado ou público" (Miranda, Sobre as relações entre a Judicialização da política, o controle concentrado de constitucionalidade e o tribunal constitucional, *Revista da AJURIS*, dez. 2011, n. 124, p. 288).

da cidadania,[44] procurando-se evitar a necessidade de mobilizar a jurisdição estatal, considerando-se o acesso a novos instrumentos decisórios, dando-se preferência à arbitragem, à mediação e à conciliação (arts. 165 a 175, Novo CPC);[45] a crescente pressão por eficiência judiciária e por resultados, considerando-se a tendência um processo civil de resultados;[46] na estrutura do novo CPC, a decisão judicial deixa de seguir a ideia do *livre convencimento do juiz*, para caminhar em direção à cultura do *direito cidadão das partes à decisão judicial*, considerada a decisão judicial como ato racional, argumentado e fundamentado, algo próprio à democracia, vencendo-se a cultura do *solipsismo decisionista*[47] para caminhar em direção à cultura da *dialogia entre direitos* em disputa no espaço das *trocas comunicativas circulares do processo*;[48] ademais, a decisão judicial deve atender mais do que à *forma lógico-dedutiva* irrepreensível, procurando atender ao *provimento efetivo e adequado* para a mudança social no plano do exercício e da efetividade dos direitos, especialmente dos direitos fundamentais, ao considerar-se o disposto no art. 5º da Lei de Introdução às Normas do Direito Brasileiro ("Na aplicação da lei, o juiz atenderá aos fins sociais a que ela se dirige e às exigências do *bem comum*") e o disposto no art. 8º do novo CPC;[49] além destes fatores, deve-

---

[44] "A jurisdição estatal é a atividade pública com a qual o órgão jurisdicional substitui a atividade das pessoas interessadas por uma atividade sua, buscando a pacificação de pessoas e grupos em conflito, mediante a atuação da vontade do direito em casos concretos" (Dinamarco, Lopes, *Teoria geral do Novo Processo Civil*, 2016, p. 49).

[45] "On ne saurait pourtant en déduire que la réalisation du droit implique nécessairement le recours aux tribunaux. Immense est et reste heureusement le domaine de l'application non contentieuse du droit" (Terré, *Introduction générale au droit*, 10. ed., 2015, p. 556).

[46] "Assume particular relevância nesse contexto a ideia de processo civil de resultados, de íntima aderência à missão social do processo e à teoria geral do processo civil" (Dinamarco, Lopes, *Teoria geral do Novo Processo Civil*, 2016, p. 21-22).

[47] "Essa aposta solipsista está lastreada no paradigma racionalista-subjetivista, que atravessa dois séculos, podendo ser facilmente percebido, na sequência, em Chiovenda, para quem a vontade concreta da lei é aquilo que o juiz afirma ser a vontade concreta da lei; em Carnellutti, de cuja obra se depreende que a jurisdição é 'prover', 'fazer o que seja necessário', também em Couture, para o qual, a partir de sua visão intuitiva e subjetivista, o problema de escolha do juiz é, em última análise, o problema da justiça; em Liebman, para quem o juiz, no exercício da jurisdição, é livre de vínculos enquanto intérprete qualificado da lei" (Streck, O novo Código de Processo Civil (CPC) e as inovações hermenêuticas, *Revista de Informação Legislativa*, ano 52, n. 206, p. 36-37, abr./jun. 2015).

[48] "Um dos pontos a favor do novo CPC é o abandono do livre convencimento e da livre apreciação da prova. Simbolicamente isso representa o desejo de mudar. E saltar paradigmaticamente. Com efeito, seja do ponto de vista normativo, seja do ponto de vista performativo, 'livre convencimento' (ou livre apreciação da prova) não é o mesmo que 'decisão fundamentada'. Isso porque da perspectiva normativa do princípio que exige a fundamentação das decisões, o juiz não tem a opção de se convencer por qualquer motivo, uma espécie de discricionariedade em sentido franco que seja, mas deve explicitar com base em que *razões*, que deve ser intersubjetivamente sustentáveis, ele decidiu desta e não daquela maneira..." (Streck, O novo Código de Processo Civil (CPC) e as inovações hermenêuticas, *Revista de Informação Legislativa*, ano 52, n. 206, p. 48-49, abr./jun. 2015).

[49] Art. 8º do novo CPC: "Ao aplicar o ordenamento jurídico, o juiz atenderá aos fins sociais e às exigências do bem comum, resguardando e promovendo a *dignidade* da pessoa humana e obser-

-se considerar que toda decisão judicial será pública e fundamentada, sob pena de nulidade, conforme dispõe o art. 11 do novo CPC;[50] sobre a fundamentação das sentenças, são outras as exigências que pairam em torno da construção do *texto decisório judicial*, devendo-se para isso ater-se ao disposto no art. 489 do novo CPC.[51]

CASO PRÁTICO
O CASO DO ELEVADOR

O elevador de um condomínio de escritórios desaba de uma altura de 18 metros, em pleno horário de trabalho, em função da ruptura de um cabo de segurança. Quatro pessoas ficam presas num elevador, um físico (Andrei), um jovem ajudante de serviços (José), uma assistente técnica (Daniele) e um advogado (Renildo). São avisados de que o socorro virá em 6 horas. Não somente a porta travou, mas também o elevador se desnivelou, ficando emparedado num subnível da garagem do edifício. Com a pane do sistema elétrico, o ventilador se desligou, a luz apagou e as comunicações com o exterior se dão por ruídos e pancadas, considerando-se o nível mais próximo de abertura para a garagem do subsolo. As baterias dos celulares ajudam a iluminar por algum tempo o interno do elevador, enquanto as atividades de conserto e reparos têm início.

Sem sistema de ventilação em funcionamento, após três horas dentro da cápsula, com a sensação de sufocação, o físico elabora um cálculo de duração do ar, e conclui que, no prazo de 6 horas, só haveria ar suficiente para três pessoas com capacidade pulmonar normal, ou os quatro morreriam. Sem o assentimento do advogado, que prefere morrer a decidir, mas com a posição mais tímida dos demais, que se encontram atordoados e enfraque-

---

vando a *proporcionalidade*, razoabilidade, a legalidade, a publicidade e a eficiência".

[50] Art. 11 do novo CPC: "Todos os julgamentos dos órgãos do Poder Judiciário serão públicos, e fundamentadas todas as decisões, sob pena de nulidade".

[51] Art. 489. do CPC: "São elementos essenciais da sentença: I – o relatório, que conterá os nomes das partes, a identificação do caso, com a suma do pedido e da contestação, e o registro das principais ocorrências havidas no andamento do processo; II – os fundamentos, em que o juiz analisará as questões de fato e de direito; III – o dispositivo, em que o juiz resolverá as questões principais que as partes lhe submeterem. § 1º Não se considera fundamentada qualquer decisão judicial, seja ela interlocutória, sentença ou acórdão, que: I – se limitar à indicação, à reprodução ou à paráfrase de ato normativo, sem explicar sua relação com a causa ou a questão decidida; II – empregar conceitos jurídicos indeterminados, sem explicar o motivo concreto de sua incidência no caso; III – invocar motivos que se prestariam a justificar qualquer outra decisão; IV – não enfrentar todos os argumentos deduzidos no processo capazes de, em tese, infirmar a conclusão adotada pelo julgador; V – se limitar a invocar precedente ou enunciado de súmula, sem identificar seus fundamentos determinantes nem demonstrar que o caso sob julgamento se ajusta àqueles fundamentos; VI – deixar de seguir enunciado de súmula, jurisprudência ou precedente invocado pela parte, sem demonstrar a existência de distinção no caso em julgamento ou a superação do entendimento. § 2º No caso de colisão entre normas, o juiz deve justificar o objeto e os critérios gerais da ponderação efetuada, enunciando as razões que autorizam a interferência na norma afastada e as premissas fáticas que fundamentam a conclusão. § 3º A decisão judicial deve ser interpretada a partir da conjugação de todos os seus elementos e em conformidade com o princípio da boa-fé").

cidos, o físico coloca em discussão sua proposta de que um fosse sacrificado. Mas quem? Como? Enfim, não havendo consenso sobre critérios, o físico afirma: "Se continuarmos a discutir, o ar vai reduzir ainda mais, temos que votar!". Todos se recusam a votar, então o físico, sem a autorização dos demais, assume a responsabilidade e diz, no meio da escuridão: "Eu farei o que vocês não têm hombridade para fazer, e morrerá o auxiliar de serviços".

Apesar de liberados com 5 horas e 10 minutos de trabalhos de resgate, não se tendo alcançado o tempo de 6 horas, comprovou-se posteriormente um cálculo de duração do ar de 7 horas na cápsula, pois havia uma fresta quase invisível na fuselagem do elevador, o que invalidaria o cálculo do físico.

O ritual de justiça prevê o julgamento pelo Tribunal do Júri, tendo em vista tratar-se de homicídio doloso, o que veio a ocorrer efetivamente, apenas 8 meses após o incidente.

Após as apresentações das provas e oportunidades de acusação e defesa, são formulados os quesitos a seguir que serão votados pelos jurados do Tribunal do Júri:

1) No dia 05 de setembro de 2007, no fosso do edifício do condomínio de escritórios, o físico Andrei agiu em estado de necessidade, próprio e de terceiros?;

2) A ação de Andrei foi a causa suficiente da morte por asfixia de José?;

3) Daniele e Renildo podem ser considerados coautores do homicídio doloso, por omissão?

1. Atue como Promotor(a) de Justiça;
2. Atue como Advogado(a) de Defesa do Físico Andrei;
3. Atue como Advogado(a) de Defesa de Daniele e Renildo;
4. Elabore a sentença judicial, com base na decisão do Júri Popular.

CAPÍTULO XIX
RACIOCÍNIO JURÍDICO, INTERPRETAÇÃO E TEXTOS JURÍDICOS

Sumário: 1. Interpretação, textos jurídicos e signos legais; **2.** Interpretação e teorias de interpretação; **3.** Interpretação, textualização e produção de sentidos; **4.** Interpretação e segurança jurídica; **5.** Interpretação, paradigma napoleônico e segurança jurídica; Caso prático.

1. INTERPRETAÇÃO, TEXTOS JURÍDICOS E SIGNOS LEGAIS

Quando o jurista esbarra nos *textos jurídicos*, aí se percebe que se abre o *abismo do sentido*, no campo da *interpretação*. Não por outro motivo, a *Teoria do Direito* vem reconhecendo esta como sendo uma de suas mais importantes e centrais questões.[1] O *uso prescritivo da linguagem* não sofre menos questionamentos,[2] no plano da interpretação, do que qualquer campo de aplicação da linguagem. Porém, é aí que se percebe que o sistema jurídico não repousa sobre estruturas claras, evidentes, puramente lógico-racionais, objetivas e estáveis, seguras, certas e verdadeiras. A indeterminação é, pois, uma característica do Direito. O Direito é feito *palavra-pública*, e, não por outro motivo, o Direito está sujeito à *interpretação*.[3] E isso porque o Direito é expressão da

---

[1] "Oggi molti pensano che l'interpretazione sia il problema fondamentale della teoria del diritto: se s'intende il termine nel suo senso specifico di attribuzione di significato, però, forse si tratta solo di problema centrale: una questiona dalla quale si può astrarre solo a rischiodi frainttendere tute le altre" (Barberis, *Introduzione allo studio del diritto*, 2014, p. 187).

[2] "Tentou-se fazer uma classificação rudimentar dos usos da linguagem, que, com mais ou menos variações e segundo quase todos os escritores, segue este esquema: 1) *Uso informativo*. Ocorre quando a linguagem é utilizada para descrever determinados estados de coisas. As orações que têm essa função expressam uma proposição; somente a elas tem sentido atribuir verdade ou falsidade; 2) *Uso expressivo*. Consiste em empregar a linguagem para expressar emoções ou para provocá-las no interlocutor; 3) *Uso interrogativo*. Nesse caso, a oração tem como função solicitar informação ao cutor (de certo modo, pode-se incluí-lo no uso diretivo); 4) *Uso operativo*. Caracteriza-se pelo fato de que a pronúncia de certas palavras em determinadas condições implica a realização da ação a que essas palavras se referem. Assim, afirmar 'juro dizer a verdade', 'prometo pagar' ou 'batizo esta criança com o nome de João', em dadas condições, consiste precisamente em realizar as ações de jurar, promoter e batizar; 5) *Uso prescritivo ou diretivo*. Se dá em ocasiões em que, por meio da linguagem, aquele que fala pretende direcionar o comportamento de outro, ou seja, tenta induzi-lo a adotar determinado rumo de ação" (Nino, *Introdução à análise do direito*, 2015, p. 73-74).

[3] "Aplicar o direito envolve sempre interpretá-lo" (MacCormick, *Retórica e Estado de Direito*, 2008, p. 161).

razão pública (do que é comum), o que leva à conclusão de que não é expressão da *vontade-do-legislador*, e, nesse sentido forte, o Direito exprime a *palavra-do-comum*.

Partindo-se deste pressuposto, o intérprete poderá tropeçar em regras jurídicas que contenham maior ou menor objetividade, a exemplo de: a) uma norma jurídica de maior objetividade, como o art. 40 do Código Civil ("As pessoas jurídicas são de direito público, interno ou externo, e de direito privado"); b) uma norma jurídica de menor objetividade, como o art. 18 do ECA ("É dever de todos velar pela dignidade da criança e do adolescente, pondo-os a salvo de qualquer tratamento desumano, violento, aterrorizante, vexatório ou constrangedor"); c) uma norma jurídica de maior complexidade conceitual, como a contida no art. 37 do CDC ("É proibido toda publicidade enganosa ou abusiva"), que requer da parte do legislador uma complementação normativa, dada não somente pelos §§ 1º, 2º e 3º do art. 37 CDC, mas por inúmeras disposições posteriores; d) uma norma jurídica de menor objetividade, como o art. 244 do Código de Processo Penal ("A busca pessoal independerá de mandado, no caso de prisão ou quando houver fundada suspeita de que a pessoa esteja na posse de arma proibida ou de objetos ou papéis que constituam corpo de delito, ou quando a medida for determinada no curso de busca domiciliar"), devendo-se questionar o sentido de "fundada suspeita", uma porta aberta para a arbitrariedade policial, ou um mecanismo fundamental para a eficiência no combate ao crime, ao depender das circunstâncias e do uso do aparato legal. Mas, estes são apenas alguns casos, citados a título de exemplo, que demonstram o fato de que o jurista poderá esbarrar em *textos legais* unívocos (único significado), equívocos (diversos significados), plurívocos (vários significados) e vagos (indeterminação), seguindo-se a classificação de Umberto Eco.[4]

Esta discussão é mais do que acidental, na "descoberta" da dimensão da *linguagem jurídica*, sendo um dos capítulos mais discutidos e desenvolvidos da *Teoria do Direito*, nas últimas décadas.[5] Aliás, na tradição da *Teoria do Direito*, foi o *Critical Legal Movement* que constatou e esteve à frente dessa discussão sobre o caráter *textual* e

---

[4] "As discussões correntes distinguem entre: signos unívocos, os quais deveriam ter um único significado, sem possibilidade de equívoco, como é o caso dos signos aritméticos(...); signos equívocos, os quais podem ter diversos significados, igualmente registrados como fundamentais (...); signos plurívocos, que o podem ser devido à conotação (um segundo significado originou-se no primeiro) ou a outros artifícios retóricos, como no caso das metáforas, dos duplos sentidos, e outros; signos vagos, também chamados símbolos, que têm uma parentela vaga e alusiva com uma série de significados" (Eco, *O signo*, 4. ed., 1990, p. 46).

[5] A exemplo destas duas contribuições, aqui citadas: "Além de ambíguos e vagos, os textos jurídicos são frequentemente compostos de conceitos abertos e valorativos, cuja definição exige uma escolha fundamentada entre diversas alternativas para atribuir-lhes significados" (Adeodato, *Uma teoria retórica da norma jurídica e do direito subjetivo*, 2011, p. 255-256); "A disposição legal apresenta-se ao jurista como um enunciado linguístico, como um conjunto de palavras que constituem um texto. Interpretar consiste evidentemente em retirar desse texto um determinado sentido ou conteúdo de pensamento"; "O texto comporta múltiplos sentidos (polissemia do texto) e contém com frequência expressões ambíguas ou obscuras" (Machado, *Introdução ao direito e ao discurso legitimador*, 22ª reimp., 2014, p. 175).

interpretativo do Direito.⁶ Em certas áreas de conhecimento do Direito, tal qual a *Teoria Constitucional*, isto se verificou com grande evidência, em função do próprio caráter das normas constitucionais. Aliás, a *interpretação constitucional* tornou-se um *capítulo central* para o debate *neoconstitucionalista*, que irá influenciar a *Teoria do Direito* em função da *força irradiante* das normas constitucionais sobre todo o Direito, o que irá implicar na superação do formalismo lógico-subsuntivo, no avanço do pós-positivismo, na centralização do *constitucionalismo* em face do *privatismo*.⁷ A *nova interpretação constitucional* tem sido, portanto, uma reação a um contexto onde a legislação se encontra *re-configurada*, convivendo-se com novos desafios daí decorrentes, tais quais, a abertura do texto constitucional, a complexidade social, o reconhecimento e o pluralismo, a ampliação da judicialização, a abertura democrática e social para debater temas de interesse geral. Por isso, para enfrentar os desafios abertos pelo texto da Constituição, a *Teoria Constitucional* teve de superar o *formalismo hermenêutico* e caminhar em direção à *nova interpretação constitucional*, que irá trabalhar com: conceitos jurídicos indeterminados; força dos princípios; colisões entre normas constitucionais; ponderação; argumentação.⁸

Ora, *esbarrar* nas palavras e nos textos legais demonstra o longo caminho a ser percorrido no campo da hermenêutica, para que o Direito encontre sua definição mais precisa, inclusive quando se engata à realidade dos fatos. Um enorme processo de transformação da legislação nas últimas décadas, implicou em aumento da complexidade do processo de interpretação do Direito.⁹ Não por outro motivo, a legislação, através do esforço de técnica legislativa,¹⁰ procura oferecer a máxima "segurança linguística" (fortalecendo a hipótese da "segurança jurídica") por várias estratégias, usualmente adotadas pelo legislador, diante de sua tarefa, tais como: 1) O uso predominante de linguagem técnica específica a cada ramo regulado; 2) Técnicas de redação legal para a obtenção de textos claros, precisos e lógicos, à carreira das exigências do art. 10 da Lei Complementar n. 95/98; 3) O uso da *definição terminológica* em sede legal, visando a determinar o sentido dos termos empregados na legislação, como ocorre nos seguintes exemplos: a) definição de violência doméstica (arts. 5º e 7º da

---

6 "Assim, o pensamento jurídico é assumido como interpretação de textos, e o discurso jurídico como representação, tal como a linguagem; um significante a exprimir múltiplos significados, consoante o *contexto*, que é ele próprio uma construção social, e, por isso, condicionante daqueles significados" (Gaudêncio, *Entre o centro e a periferia*: a perspectivação ideológico-política da dogmática jurídica e da decisão judicial no *critical legal studies movement*, 2013, p. 51).
7 Cf. Barroso, *Curso de direito constitucional contemporâneo*, 4. ed., 2013, p. 332.
8 Cf. Barroso, *Curso de direito constitucional contemporâneo*, 4. ed., 2013, p. 339 a 365.
9 "Regras precisas com "padrões", "princípios gerais", "princípios diretores", ou "corretivos", "noções de conteúdo variável", "noções indeterminadas", toda uma terminologia recente se empenha em traduzir, numa certa desordem e não sem redundância, um outro método legislativo. Método que consiste em estabelecer as normas admitindo uma margem em sua aplicação (...)" (Delmas-Marty, *Por um direito comum*, 2004, p. 117).
10 "Claro, tantas são as imperfeições da linguagem que o legislador nunca consegue eliminar toda imprecisão, ao passo que o número crescente das normas cria riscos de incoerência, mas a arte do legislador está em assegurar da melhor forma possível o respeito das condições de método" (Delmas-Marty, *Por um direito comum*, 2004, p. 145).

Lei n. 11.340/2006, Lei Maria da Penha); b) definição de concurso, como modalidade de licitação (inciso IV do art. 22 da Lei n. 8.666/93, Lei de Licitações); c) definição de crimes hediondos, para certos tipos de crimes (art. 1º da Lei n. 8.072/90, Lei de crimes hediondos); d) definição de discriminação racial ou étnico-racial (inciso I do art. 1º Lei n. 12.288/2010, Estatuto de Igualdade Racial); e) definição de população tradicional (inciso II do art. 3º Lei n. 11.428/2006, Lei da Mata Atlântica); f) definição de manejo sustentável (inciso VII do art. 3º Lei n. 12.651/2012, Código Florestal); g) definição de publicidade abusiva (§ 2º do art. 36 Lei n. 8.078/90, Código de Defesa do Consumidor); h) definição de direito ao respeito da criança ou adolescente (art. 17 da Lei n. 8.069/90, Estatuto da Criança e do Adolescente); i) definição de audiovisual, para obras de autoria (letra i do inciso VIII do art. 5º da Lei n. 9.610/98, Lei de Direitos Autorais).

A princípio, estas técnicas são redutoras do espaço semântico em aberto. Ademais, estas definições devem ser tomadas como *definições legais*, e quase sempre são seguidas de *"Para efeitos desta Lei, considera-se"*. Mas, dizer que são *definições legais* significa, também, dizer que não são definições científicas (podendo estar baseadas em definições científicas) e que não são definições técnicas (podendo estar baseadas em definições técnicas). Assim, podem ser complementadas, corrigidas ou assessoradas por outras definições, mas são úteis pelo fato de aumentarem a margem de segurança jurídica, mas, nem por isso, podem ser tomadas como *definições definitivas.*

O que se percebe é que todos os esforços de *técnica legislativa* empregada pelo legislador ajudam a reduzir erronias, má técnica, equívocos, má redação, distorções, campos semânticos abertos.[11] Se isto é um enorme avanço, em termos de *técnica legislativa*, ainda assim, há que se dizer, que não controlam por completo a ambiguidade, a vagueza e a abertura dos termos da língua, considerada a complexidade dos processos de produção de sentido em relações semióticas, que sempre envolvem mais do que a *vontade* ou a *intenção* do *sujeito-emissor* de uma mensagem. Então, o *texto legal* apesar de redigido, posto, validado e publicado, agora se abre à interpretação como ato de decisão sobre o *sentido jurídico*,[12] porque ainda é *incompleto*, a depender do papel do *sujeito-intérprete*, ou seja, ainda tem de ser compreendido, lido e refletido, sob outra ótica e perspectiva actancial.[13]

2. INTERPRETAÇÃO E TEORIAS DE INTERPRETAÇÃO

Mas, afinal, o que é *interpretação*? Uma pergunta formulada assim, de modo simples e direto, coloca-nos diante de um importante aspecto da *vida cultural*, pois: a)

---

[11] "Noutros termos, o legislador deve reduzir, mediante o rigor de suas definições, a polissemia da linguagem comum" (Delmas-Marty, *Por um direito comum*, 2004, p. 121).

[12] "Sendo assim, a interpretação não se caracteriza como um ato de descrição de um significado previamente dado, mas como um ato de decisão que *constitui* a significação e os sentidos de um texto" (Ávila, *Teoria dos princípios*, 16. ed., 2015, p. 51).

[13] "Normas não são textos nem o conjunto deles, mas os sentidos construídos a partir da interpretação sistemática de textos normativos" (Ávila, *Teoria dos princípios*, 16. ed., 2015, p. 50).

a interpretação é cara às religiões que lidam com *palavras sagradas*; b) a interpretação é cara às filosofias que procuram *atribuir sentido* ao mundo; c) a interpretação é cara às ciências que desvendam o *mundo objetivo*; d) a interpretação é cara às artes, pois constrói/desconstrói realidades estéticas.[14] E, para responder a esta indagação, se pode avançar na compreensão do termo interpretação, considerando-a, a atividade da compreensão, do entendimento e do sentido seguindo-se aqui as opiniões de François Terré e Enrico Pattaro.[15]

Do ponto de vista da *Teoria do Direito*, é possível abordar algumas vertentes teóricas que projetam soluções neste campo:

1) A Teoria Hermenêutica Tradicional: A Hermenêutica tradicional predominou como teoria na primeira metade do século XX, e representou uma vertente arrojada diante do positivismo da *Escola da Exegese*, que provinha do século XIX. Uma importante concepção que serve de referência a esse campo de estudos é a de Carlos Maximiliano.[16] Nesta abordagem, a interpretação aponta para a atividade de explicação e esclarecimento do que está semanticamente contido na *verdade profunda* da norma jurídica.[17] Mas, a interpretação é necessária porque o *sentido único* não existe,[18] ou seja, toda norma possui mais de um sentido, e a atividade de interpretação é capaz de elucidar e decidir sobre conteúdos semânticos variáveis.[19] Então, a atividade de interpretação se dedica a: a) explicar, o que pressupõe o reconhecimento da existência de um fundo semântico dado pelo Autor do texto; b) esclarecer, o que pressupõe que se está diante de um *achado semântico*; c) descobrir, o que pressupõe a existência de uma *verdade* oculta atrás das palavras. Assim, o que se percebe é que esta teoria concebe o sentido como algo *dado* pela intenção do autor do texto,

---

[14] "A expressão 'interpretação no sentido mais amplo (larguíssimo sensu)' designa o entendimento de todos os objetos, que foram produzidos por sujeitos no quadro de suas capacidades, para unir com esses objetos um sentido. O espectro dos objetos possíveis estende-se de *obras de arte*, sobre *textos religiosos e científicos*, até ferramentas e atuações cotidianas" (Alexy, *Direito, razão, discurso*: estudos para a filosofia do direito, 2. ed., 2015, p. 61).

[15] "C'est l'art de comprendre et d'interpréter: exprimer, expliquer, comprendre. L'etymologie est éclairante, quant à la découverte du sens" (Terré, *Introduction générale ou droit*, 10. ed., 2015, p. 455); "L'interpretazione del diritto, tuttavia, consiste inoltre in una ben più ampia e varia elaborazione e manipulazione delle disposizioni giuridiche di parte dell'interprete" (Pattaro, *Opinio Juris*, 2011, p. 185).

[16] "A visão de uma hermenêutica mais tradicional, como a de Carlos Maximiliano, conforme mencionado (...), define a interpretação como a adequação entre fatos e normas" (Adeodato, *Uma teoria retórica da norma jurídica e do direito subjetivo*, 2011, p. 267).

[17] "Interpretar é explicar, esclarecer..." (Maximiliano, *Hermenêutica e aplicação do direito*, 18. ed., 1999, p. 09).

[18] "A interpretação jurídico-científica tem de evitar, com o máximo cuidado, a *ficção* de que uma norma jurídica apenas permite, sempre, e em todos os casos, *uma só interpretação* a *interpretação correta*. Isto é uma ficção de que se serve a jurisprudência tradicional para consolidar o ideal da *segurança jurídica*" (Kelsen, *Teoria pura do direito*, 1976, p. 472-473).

[19] "A *palavra* é um *mau veículo* do pensamento; por isso, embora de aparência translúcida e forma, não revela todo o conteúdo da lei, resta sempre margem para conceitos e dúvidas..." (Maximiliano, *Hermenêutica jurídica*, 1999, p. 36).

e o intérprete tem de se encontrar com ele pela apuração hermenêutica. Assim, o *sentido já existe* como um dado lógico, metafísico, essencial, semântico, de forma que não há poder discursivo de *construção* ou *re-construção* das palavras pelo intérprete;

2.) As Teorias Contemporâneas da Interpretação: a partir da segunda metade do século XX, surge grande ênfase no trabalho com a linguagem. As concepções da teoria da interpretação jurídica passam a ser influenciadas por várias matrizes filosóficas, a saber: 2.1.) Hermenêutica filosófica: sob a influência de Heidegger, desenvolvida por Hans-Georg Gadamer, de *Verdade e método* (1960);[20] 2.2.) Nova retórica: desenvolvida pela Escola de Bruxelas, à carreira de Chaïm Perelman, com a retomada da prudência da tradição aristotélica e o jurisprudencialismo contemporâneo, bem afigurado em *Ética e Direito* (1990); 2.3.) Teoria da argumentação: protagonizada por Robert Alexy, na Alemanha, a exemplo de *Teoria da argumentação jurídica* (1976); 2.4.) Teoria do discurso: protagonizada por Jürgen Habermas, especialmente em *Teoria da ação comunicativa* (1973), com derivações em Peter Häberle, a exemplo de *Hermenêutica constitucional* (1975); 2.5.) Teoria do direito como integridade: protagonizada por Ronald Dworkin, de *O império do Direito* (1988) e *Levando os direitos a sério* (1977); 2.6. Semiótica jurídica: derivada dos estudos de Ferdinand de Saussure, Charles Sanders Peirce e de Algirdas Julien Greimas, vem sendo protagonizadas por inúmeros autores contemporâneos, considerando-se a presença das linguagens no Direito, para se conceber, na vertente da *École de Paris*, que o Direito é um sistema de significação.

Esta relação de Escolas e Tradições Teóricas não é exaustiva, mas já aponta os enormes avanços que a *viragem linguístico-filosófica* provocou nos caminhos da *Teoria do Direito*.[21] E é a partir destas influências que se pode considerar, matizadas as diferenças entre autores e concepções, que a *interpretação* consiste em *construir significações* e *atribuir sentidos*,[22] algo que, no Direito, é basilar das práticas jurídicas, na medida do caráter prático, institucional, decisório e operacional de sua função social.[23] O

---

[20] A respeito, consulte-se Streck, *Verdade e consenso*, 3. ed., 2009.

[21] "Gostaria de salientar todas essas filosofias como estimulantes das mudanças que se podem observar na teoria do Direito e na revalorização da decisão e da aplicação do Direito, ressaltando o que têm de potencialmente em comum: uma renovada abordagem do problema da ação humana. Todas elas levam a sério a questão da ação humana" (Lopes, Filosofia analítica e hermenêutica: preliminares a uma teoria do Direito como prática. *Revista de Informação Legislativa*, Brasília, ano 53, n. 22, out./dez. 2016, p. 203-226, p. 214).

[22] "Interpretar é, sobretudo, atribuir sentido a textos normativos, conectando-os com fatos específicos e com a realidade subjacente" (Barroso, *Curso de direito constitucional contemporâneo*, 4. ed., 2013, p. 315).

[23] "A interpretação jurídica distingue-se de outros tipos de interpretação por seu caráter prático e institucional. A interpretação jurídica tem um caráter prático, porque nela sempre se trata imediata ou mediatamente disto, o que, em um sistema jurídico, é ordenado, proibido e permitido e para o que ele autoriza. Em vez de um caráter 'prático' poder, também, ser falado de

ato de interpretar implica uma *decisão prática* sobre conteúdos,[1] como aponta Riccardo Guastini.[2]

3. INTERPRETAÇÃO, TEXTUALIZAÇÃO E PRODUÇÃO DE SENTIDOS

A partir da retomada das teorias e correntes, e dos avanços trazidos pelas mesmas, se pôde alcançar a mais direta significação do termo interpretação, enquanto processo de construção de significações e de atribuição de sentidos. Adotando-se uma visão da teoria semiótica,[3] pode-se verificar que isso aponta para o fato de que as relações de significação são triádicas. Assim, para os juristas, quando se está diante de uma *norma jurídica*, em verdade, apenas se está diante do *significante legal*,[4] porque a *norma jurídica* ainda não existe e só existirá após a triádica operação de interpretação mobilizada pelo aplicador no contexto de seu uso.[5] A interpretação será o fruto da atividade de apropriação dos *significantes legais* (projeto-de-sentido), de onde se parte,[6] e sua *concretização* diante de uma *realidade circunstancial*, que é sempre tópica, local, pontual, específica e única.[7]

Uma vez expressa em palavras, aqui, a *norma-não-existe-ainda*, o que existe são seus *significantes legais*. Norma editada e publicada é ainda *projeto-de-sentido* e, portanto, para efeitos da aplicação do Direito, *esboço-de-solução*.[8] O sentido de norma só

---

um 'normativo'" (Alexy, *Direito, razão, discurso*: estudos para a filosofia do direito, 2. ed., 2015, p. 63).

[1] "A interpretação jurídica é um meio para o cumprimento de tarefa prática da ciência do direito. Esse consiste, em último lugar, nisto, dizer o que em casos concretos é ordenado, proibido e permitido juridicamente" (Alexy, *Direito, razão, discurso*: estudos para a Filosofia do Direito, 2. ed., 2015, p. 67).

[2] "Qualquer decisão em torno do significado de um texto, não importa se 'claro' ou 'obscuro', constitui interpretação. Atribuir a um texto um significado óbvio ou não controverso, ou resolver uma controvérsia 'fácil' pode não requerer argumentação" (Guastini, *Das fontes às normas*, 2005, p. 133).

[3] "Le signe se caractérise par une intention de communication et par la distinction du signifiant et du signifié. Son rôle dans la vie du droit est aisément observable, ce qui explique l'apparition de la *sémiologie juridique*" (Terré, *Introduction générale au droit*, 10. ed., 2015, p. 39).

[4] "O ordenamento jurídico compõe-se de significantes normativos que buscam exprimir significados ideais, os quais somente serão definidos diante do caso concreto" (Adeodato, *Uma teoria retórica da norma jurídica e do direito subjetivo*, 2011, p. 274).

[5] "Per analizzare il sistema giuridico in questa chiave, bisogna partire da un dato cruciale: *la dipendenza del significato delle norme giuridiche dai diversi soggetti che intervengono a interpretarli per trasmettere e ritrasmetterne i significati*" (Ferrari, *Diritto e società*: elementi di Sociologia del Diritto, 11. ed., 2012, p. 58).

[6] "A interpretação começa com o texto" (Delmas-Marty, *Por um direito comum*, 2004, p. 73).

[7] "Nessa visão, não existe norma em abstrato, mas somente uma norma concretizada" (Luís Roberto Barroso, *Curso de direito constitucional contemporâneo*, 4. ed., 2013, p. 332).

[8] "A norma, muitas vezes, traz apenas um início de solução, inscrito em um conceito indeterminado ou em um princípio" (Barroso, *Curso de direito constitucional contemporâneo*, 4. ed., 2013, p. 335).

surgirá apenas após o *atrito triádico e dialético* implicado no processo semiótico de construção do sentido,⁹ que é coletivo,¹⁰ observando-se o disposto na figura a seguir:

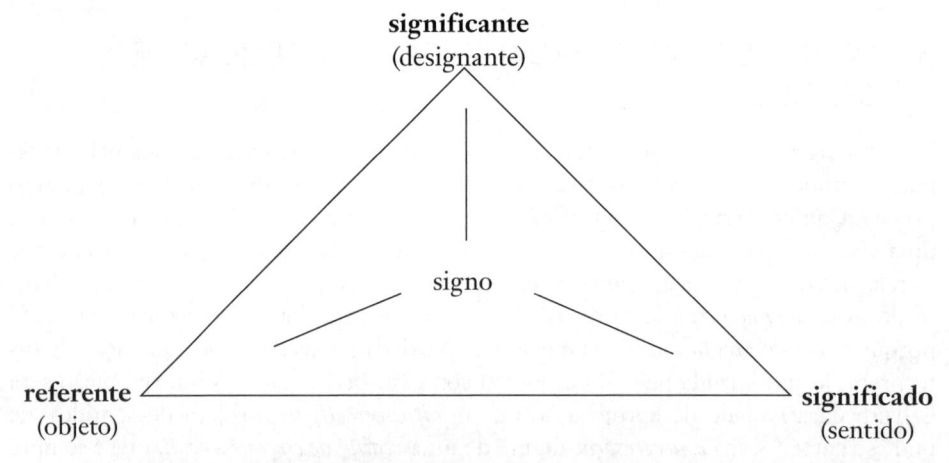

```
                    significante
                    (designante)
                         /|\
                        / | \
                       /  |  \
                      /   |   \
                     /   signo  \
                    /   /     \  \
                   /  /         \ \
                  / /             \\
    referente  ─────────────────── significado
    (objeto)                        (sentido)
```

Nesta figura, considerando-se que o *signo* é o resultado em movimento destas três polaridades, deve-se ter presente, para efeitos do Direito, que o significante é o *texto de lei*, o significado é o *sentido das palavras da lei*, ...¹¹ e o referente é a *realidade designada*, ou seja, a relação jurídica, o objeto do mundo, a coisa no mundo, os fatos ocorridos, o crime em estado de apuração, a situação delitiva. Esta figura também deixa evidente que a interpretação é resultante do encontro entre a *emissão do discurso*, por parte do legislador, a *recepção do discurso*, por parte do intérprete, e a realidade referente dos fatos. Assim, o *texto jurídico* pode ser tomado com o *ponto-de-início* do processo semiótico de construção do sentido jurídico, e, por isso, um lugar de disputa do sentido, um lugar de procura da decisão sobre o sentido jurídico.¹² Assim, deve-se considerar o *texto jurídico*, e os vários elementos que estarão no seu entorno, definindo a busca do sentido jurídico, tais como: o *contexto*; outros textos jurídicos e não jurídicos; fatos ocorridos; circunstâncias do caso; objetivos a serem alcançados; finalidade buscada; atores do discurso envolvidos; provas processuais; valores sociais à época da decisão judicial, entre outros.

---

9   "De princípio, há que se dizer que a interpretação tem lugar onde existem signos. A relação entre estudo semiótico e estudo da interpretação é de implicação: se se pensar em uma discussão sobre os signos, o discurso, os sistemas de significação, dever-se-á imediatamente abrir caminho para uma discussão hermenêutica" (Bittar, *Linguagem jurídica*: semiótica, discurso e direito, 6. ed., 2015, p. 110).

10 "O significado normativo definitivo, que é resultado da interpretação e da argumentação, vai ser constituído pelo que os circunstantes vierem a acordar e, nesse acordo, os textos legais e judiciais fornecem apenas um dos componentes, de importância extremamente variável, a depender do caso. Mais ainda, quanto mais complexo o caso menos decisivos serão os significantes normativos, a norma jurídica na acepção de fonte do direito" (Adeodato, *Uma teoria retórica de norma jurídica e do direito subjetivo*, 2011, p. 265).

11 "A *norma* é o produto da interpretação do texto" (Silva, *Direito Constitucional Brasileiro*, 2021, p. 54).

12 "A interpretação jurídica pertence ao gênero de interpretação textual" (Guastini, *Das fontes às normas*, 2005, p. 130).

Capítulo XIX | Raciocínio jurídico, interpretação e textos jurídicos

Observa-se, assim, um movimento complexo de produção do sentido, dentro do Direito, que obedece à seguinte lógica, exposta a seguir:

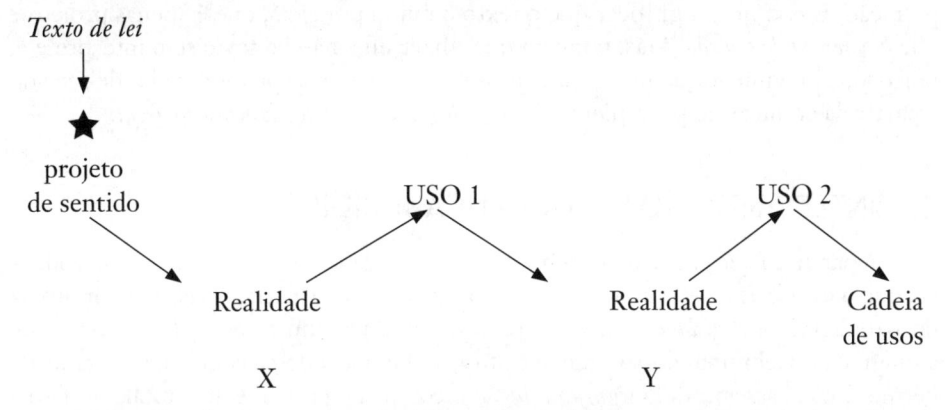

Texto de lei

↓

★ projeto de sentido → Realidade → USO 1 → Realidade → USO 2 → Cadeia de usos

X   Y

Assim, fica claro que o *texto jurídico não é um objeto estanque, acabado, intencionado, pronto e definitivo*, sabendo-se que o seu sentido se altera. A figura a seguir, também procura identificar esta relação complexa do texto como *retículo semiótico*,[13] dentro de uma malha semiótica de enredamentos, de onde provém o sentido jurídico:

◆ Texto Jurídico

---

[13] "Um texto é, a par de tudo o que já se disse, um *retículo cultural*, uma vez que está imerso num conjunto de práticas de sentido que o constroem, e que lhe conferem vitalidade intersubjetiva, numa perspectiva não só pragmática como também filosófica" (Bittar, *Linguagem jurídica*: semiótica, discurso e direito, 6. ed., 2015, p. 119).

Aliás, neste ponto, vale a afirmação de Paulo Ricoeur: "Ler é encadear um discurso novo no discurso do texto".[14] Esta afirmação traduz um tanto a noção de interpretação. E isso quer significar que o texto é mudo por si só, que é apenas projeto e que é *potência de sentido*. Mas, também quer dizer que, não há texto sem intérprete e, por isso, a movimentação dos argumentos é que defende as possibilidades de sentido a partir da enunciação proveniente do *texto legal*, enquanto *significante legal*.

4. INTERPRETAÇÃO E SEGURANÇA JURÍDICA

A partir do que já se viu, percebe-se a complexidade do Direito quando se evidencia que o *sentido da lei* escapa ao controle do legislador que a cria. Aliás, a maior utopia do paradigma do *legislador racional* seria a de produzir um *texto legal* desprovido de ambiguidades, eliminando-se a indeterminação, bloqueando-se com isso a pluralidade hermenêutica, assegurando *segurança jurídica* completa, permanente e total, em fase *a priori* com relação aos casos práticos. Mas, em verdade, os *textos de lei* não estão isentos de entrarem: a) na rotatividade das leis positivas (substitutividade); b) na intertextualidade do sistema (contexto); c) em atrito com dinâmicas sociais renovadas.

No entanto, é curioso notar que há inúmeras hipóteses em que o legislador se antecipa e prevê uma *orientação legal* sobre a interpretação, no âmbito de todo um ramo do Direito, no campo de trabalho de uma lei específica, ou ainda, no âmbito de um Código de valor central para um ramo do Direito. São inúmeras estas situações, a exemplo das seguintes: a) interpretação tributária, pautada pelos arts. 111 e 112 do CTN (art. 111: "Interpreta-se literalmente a legislação tributária que disponha sobre: I. Suspensão ou exclusão do crédito tributário; II. Outorga de isenção; III. Dispensa do cumprimento de obrigações tributárias acessórias"; Art. 112: "A lei tributária que define infrações, ou lhe comina penalidades, interpreta-se de maneira mais favorável ao acusado..."); b) interpretação do Estatuto da Criança e do Adolescente (ECA), pauta pelo art. 6º da Lei n. 8.069/90 "Na interpretação desta lei, levar-se-ão em consideração os fins sociais a que ela se dirige, as exigências do bem comum, os direitos e deveres coletivos, e a condição peculiar da criança e do adolescente como pessoas em desenvolvimento"); c) a interpretação geral do ordenamento jurídico, pautada pelo novo CPC (Lei n. 13.105, de 16 de março de 2015), que dispõe em seu art. 8º ("Ao aplicar o ordenamento jurídico, o juiz atenderá aos fins sociais e às exigências do bem comum, resguardando e promovendo a dignidade da pessoa humana e observando a proporcionalidade, a razoabilidade, a legalidade, a publicidade e a eficiência"); d) interpretação penal, pautada pelo princípio da legalidade estrita, conforme disposto no art. 1º do Código Penal ("Não há crime sem lei anterior que o defina. Não há pena sem prévia cominação legal"); e) interpretação dos negócios jurídicos, na área do Direito de Autor, pautada pelo art. 4º da Lei n. 9.610/98 ("Interpretam-se restritivamente os negócios jurídicos sobre os direitos autorais").

---

[14] Ricoeur, *Do texto à ação*, p. 155.

Capítulo XIX | Raciocínio jurídico, interpretação e textos jurídicos

Verifica-se, assim, que o legislador adentra no campo da hermenêutica, exercendo um *poder-de-dizer-o-direito*, antecipando a *postura hermenêutica* do intérprete, tentando com isto evitar a *livre disposição hermenêutica*, e assumindo a postura do *sujeito-da-interpretação*, tentando, desta forma, *controlar o sentido jurídico*. É certo que, desta forma, o legislador previne, antecipa, reduz e delimita campos hermenêuticos e territórios de aplicação do Direito, conforme certas regras, princípios e parâmetros, próprios de cada *micro-universo-de-discurso-jurídico*. Mas também é certo que o legislador não pode controlar completamente o sentido da legislação e nem se imiscui a ponto de reduzir a zero o papel do *sujeito-da-interpretação*. O que o legislador acaba fazendo é dirigir a aplicação e orientar a forma da interpretação. E isso porque a cadeia de sentido instaurada pelo *texto-de-lei* só tem fim quando se toma uma decisão hermenêutica, que está implicada dentro de uma decisão jurídica. É certo que a decisão jurídica também pode ser alvo de questionamento sobre o seu sentido, mas para isso o sistema jurídico dispõe de um sistema recursal, e dispõe de dispositivos de exaustão do questionamento do sentido de uma decisão, até que se torne uma decisão irrecorrível. Assim, percebe-se que a racionalização do Direito se abre a um processo contínuo, como constata Loyd Weinheb,[15] considerando a abertura da experiência sociojurídica.

A interpretação, no entanto, apesar do *continuum* a que se oferece, após a edição da *norma jurídica*, encontra, no entanto, limites, pois a interpretação não é algo arbitrário, ou ainda, *sem-limites*, pois obedece a certos cânones,[16] e não se produz à revelia de outras codeterminações do *sentido jurídico*, podendo-se apontar as que seguem:[17] a) os princípios que governam o *micro-universo-de-discurso* ao qual pertence a *norma jurídica*, além dos princípios gerais que ordenamento jurídico; b) a vigência dos paradigmas teórico-cognitivos, que definem os limites da Ciência do Direito; c) o respeito ao ambiente contextual, que acaba determinando a ambiência hermenêutica; d) o papel actancial de discurso do ator jurídico, que acaba definindo sua função hermenêutica no discurso, em posição de decisor, em posição de quem aceita a decisão ou de quem contesta a decisão; e) a técnica

---

[15] "A racionalização do direito é um processo contínuo, que não atinge jamais a clareza e a estabilidade de um sistema dedutivo. As motivações e as experiências do homem são mutáveis demais para isso" (Weinheb, *A razão jurídica*, 2008, p. 82).

[16] "A interpretação jurídica é, além disso, dogmática, ou seja, é presa a regras relativamente rígidas, como pontos de partida, e a procedimentos formais específicos, os quais não admitem que qualquer um significado venha a ser escolhido" (Adeodato, *Uma teoria retórica da norma jurídica e do direito subjetivo*, 2011, p. 256).

[17] "Se for refletida, a decisão estará constrangida por diversos fatores de caráter racional e lógico: deverá fazer sentido dentro de um certo campo (prático) e, portanto, ser integrada num corpo normativo daquela prática; deverá seguir as regras da língua em que se expressa; deverá manter os princípios mínimos do falar consequente, ou seja, deverá seguir um mínimo da lógica formal (princípios como o da identidade, não contradição, terceiro excluído). Tratando-se de decisão jurídica, deverá fazer uso daquilo que nas circunstâncias se considera o Direito válido e aplicável. Se o Direito for controverso, deverá mostrar as bases de sua pretensão valendo-se dos meios aceitáveis de argumentação jurídica" (Lopes, *Filosofia analítica e hermenêutica: preliminares a uma teoria do Direito como prática*. *Revista de Informação Legislativa*, Brasília, ano 53, n. 22, out./dez. 2016, p. 203-226, p. 222).

de redação utilizada pelo legislador, que, intencional ou não, acaba oferecendo maior ou menor discricionariedade ao intérprete; f) as correntes de entendimento sobre a matéria, considerando a interpretação prevalecente, e a hegemonia dos discursos jurídicos a respeito da matéria; g) os limites do processo, os limites dados pelas provas apresentadas e produzidas, além dos limites do que foi pedido e alegado pelas partes de um processo, diante dos fatos de um caso concreto em específico.[18]

5. INTERPRETAÇÃO, PARADIGMA NAPOLEÔNICO E SEGURANÇA JURÍDICA

Isto posto, agora, pode-se perguntar: a *variabilidade* da interpretação jurídica gera insegurança e incerteza para o sistema jurídico? E a resposta não pode ser observada, senão considerando que, sob o paradigma do direito codificado, legalista e formalista, ostenta-se viva fé de que a simples existência da lei é *suficiente* para gerar *segurança jurídica*. De outra parte, atualmente, e superando-se o paradigma de há 200 anos, considera-se que a existência da lei é *importante*, mas, *não é suficiente*. Aliás, nesta perspectiva, Robert Alexy afirma algo de extrema pertinência, ao dizer:

> "Quem sustenta um modelo de regras puro transfere ao sistema jurídico, como tal, a realização somente de um postulado de racionalidade, ou seja, somente a do postulado da certeza jurídica. Certeza jurídica é, sem dúvida, uma exigência central, mas não a única, da razão prática ao sistema jurídico".[19]

Aqui, não se trata de abandonar a *qualidade do sistema jurídico*, de procurar a *segurança jurídica*, mas se está, mais propriamente, a *diferenciar* a *segurança jurídica* da *exatidão matemática*,[20] algo que é impraticável, incoerente e irrazoável no plano das Ciências Sociais, e, em específico, na Ciência do Direito.

Este tipo de busca do sistema jurídico não será encontrada no fato de se legalizar, documentalizar, cartorializar, burocratizar as relações sociais, pois uma sociedade assim definida *não é mais segura* do que uma sociedade para a qual o *valor das coisas* está antes na qualidade moral das relações sociais, na confiabilidade de suas instituições, na disseminada cultura de respeito ao outro e na igualdade cívica entre todos os parceiros do Direito, na esteira da percepção de Alain Supiot.[21] O importante do or-

---

[18] "Claro que existem, também aqui, limites à interpretação: os fatos não podem ser arbitrariamente manipulados" (Hespanha, *O caleidoscópio do direito*, 2. ed., 2009, p. 667).

[19] Alexy, *Direito, razão, discurso:* estudos para a Filosofia do direito, 2015, p. 168.

[20] "Isso não significa abandonar a racionalidade e o controle crítico-racional das decisões. Significa apenas afastar a ideia de que a previsibilidade e a segurança jurídica podem equivaler à certeza das matemáticas ou das ciências naturais" (Lopes, Filosofia analítica e hermenêutica: preliminares a uma teoria do Direito como prática. *Revista de Informação Legislativa*, Brasília, ano 53, n. 22, out./dez. 2016, p. 203-226, p. 221).

[21] "A força e a duração dos vínculos entre os homens não dependem das palavras trocadas, mas da manutenção da harmonia que lhes presidiu a formação" (Supiot, *Homo juridicus:* ensaio sobre a função antropológica do Direito, 2007, p. 101).

denamento jurídico não é o conjunto de prévias garantias à verdade jurídica, à segurança jurídica, à certeza e consistência, mas sim a própria efetividade desse sistema para com a sociedade, compreendida como *práxis* social enraizada histórica e culturalmente no Direito, em sua perspectiva prática.

CASO PRÁTICO
O CASO DO DANO AMBIENTAL

Uma grande porção de terra na Amazônia Legal, contendo "mata nativa" e "espécies raras", foi alvo de um incêndio provocado por interesses imobiliários e especulativos. O proprietário do latifúndio agora se defende em juízo da acusação de crime ambiental, mas se defende alegando atender a "função social da propriedade", conceito extraído da Constituição Federal de 1988, para poder torná-la produtiva e, inclusive, para evitar invasões, dada a instabilidade social da região.

A promotoria ambiental alega a necessidade de proteção de mananciais, flora e fauna, e danos ambientais causados pelo método agrícola da queimada, com poluição ambiental e degradação do solo, utilizando-se da mesma Constituição Federal de 1988, que procura promover a "proteção ao meio ambiente".

A região é fundamentalmente agrícola, de população pobre e/ou indígena, os meios de sobrevivência são difíceis e as oportunidades de trabalho sempre muito rústicas. Os proprietários têm grande influência política nas Câmaras Municipais, e os vereadores atuam diretamente em favor dos interesses ruralistas, havendo ameaças à vida contra magistrados e promotores na região. Não por outro motivo, em geral, as decisões tendem a ter inclinação em favor dos grandes proprietários de terra.

No processo judicial, a discussão jurídica fundada na legislação gira em torno da definição de "manejo sustentável", com base no inciso VII do art. 3º da Lei n. 12.651/2012 (Código Florestal), onde se pode ler: "Art. 3º Para os efeitos desta Lei, entende-se por: (...) VII – manejo sustentável: administração da vegetação natural para a obtenção de benefícios econômicos, sociais e ambientais, respeitando-se os mecanismos de sustentação do ecossistema objeto do manejo e considerando-se, cumulativa ou alternativamente, a utilização de múltiplas espécies madeireiras ou não, de múltiplos produtos e subprodutos da flora, bem como a utilização de outros bens e serviços".

A controvérsia de posições se instaura no âmbito da interpretação do conceito de "manejo ambiental", tendo-se presente os interesses divergentes entre os polos da ação, de um lado, o Ministério Público do Meio Ambiente e a fiscalização ambiental pela proteção do meio ambiente, e, de outro lado, o fazendeiro e os interesses de exploração da terra. Assim:

1. Elabore a interpretação da Constituição e da legislação, tendo como centro o conceito de "manejo sustentável", considerando os interesses do proprietário;

2. Elabore a interpretação da Constituição e da legislação, tendo como centro o conceito de "manejo sustentável", considerando os interesses de proteção ao meio ambiente.

CAPÍTULO XX
RACIOCÍNIO JURÍDICO E APLICAÇÃO DO SISTEMA JURÍDICO: A DECISÃO JURÍDICA

Sumário: 1. Raciocínio jurídico e lógica da decisão; **2.** Raciocínio jurídico, ritual de justiça e decisão; **3.** Raciocínio jurídico e decisão; **4.** Decisão jurídica: traços e características; **5.** Decisão jurídica: intertextualidade e nó semiótico; **6.** Decisão jurídica, irracionalidade decisória e prova; **7.** Decisão jurídica e democracia; **8.** Decisão jurídica, mídia, comunicação e democracia; **8.1.** Decisão jurídica, mídia, poder e justiça; **8.2.** Decisão jurídica, mídia, raciocínio jurídico e poder midiático; Caso prático.

1. RACIOCÍNIO JURÍDICO E LÓGICA DA DECISÃO

Na *Teoria do Direito* é comum, usual e recorrente a ideia de que o *raciocínio jurídico* corresponde a um *silogismo lógico perfeito*, exercendo-se por meio da *subsunção racional* do *caso concreto à hipótese legal*. Durante muito tempo a *Teoria do Direito* se acostumou com a lógica da decisão enquanto silogismo lógico-formal.[1] Historicamente, desde o positivismo jurídico,[2] a *subsunção racional* passou a se resumir na tarefa dada pelo caso concreto de procura de um "encaixe" no sistema jurídico. Na era da tecnologia, essa concepção retorna sob a veste de "inteligência artificial". Como este "encaixe" sempre seria perfeito, passou-se a considerar que a *subsunção racional* se realiza pelos caminhos lógicos do silogismo dedutivo. Segundo este procedimento, a norma jurídica é considerada a premissa maior do raciocínio (geral; abstrato), o caso concreto é tomado como a premissa menor, e a decisão jurídica é a síntese deste processo lógico-dedutivo, na releitura da questão feita pelo jurista italiano Mauro Barberis.[3]

---

[1] "Os sistemas de lógica deôntica que se construíram a partir dos anos cinquenta do século XX traduzem uma tentativa de utilizar no Direito as ferramentas da lógica contemporânea, a lógica 'matemática'; mas, não se trata de aplicar, sem mais, essa lógica geral ao caso do Direito, mas sim de estender o método lógico a um novo campo – o dos enunciados normativos – acrescentando um novo vocabulário lógico: 'obrigatório', 'proibido', 'permitido', etc." (Atienza, *O direito como argumentação*, 2014, p. 161).

[2] "(...) esta posição foi dominante no século XIX, em que se apelava somente à *subsunção*" (Ascensão, *Introdução à ciência do direito*, 3. ed., 2005, p. 591).

[3] "Il ragionamento giuridico giustifica l'interpretazione, applicazione e integrazione di norme giuridiche; anche per questo lo si chiama interpretazione, nel senso generico del termine. I codificatori sete-ottocenteschi tentarono di imporre ai giudici il rispetto del silogismo giudizile: la deduzione, a partire da una norma astratta (premessa maggiore), e dalla proposizione circa il

Atualmente, a *Teoria do Direito* vem remodelando sua compreensão para aceitar que o raciocínio jurídico – para dar conta de decisões jurídicas – opera com: a) a dedução, do geral ao particular; b) o preenchimento de lacuna; c) a indução, dos particulares ao geral; d) o exemplo, pela comparação analógica; e) o sopesamento, pela via da ponderação. Seguindo-se a percepção de Robert Alexy,[4] o que se percebe é que o sistema jurídico demanda operações mais complexas do que o silogismo lógico-formal para solver as graves questões que a prática jurídica e, também, a sociedade atual impõem ao processo de busca de soluções concretas, na relação de tensão entre *facticidade* e *validade*.

O *raciocínio jurídico* tem de ser capaz de construir saídas, considerando os desafios da *linguagem jurídica*, do *sistema jurídico* e da *realidade complexa* que procura regular, uma vez que se pode estar diante de uma das seguintes hipóteses: a) não ter a premissa maior (lacuna jurídica); b) ter mais de uma premissa maior (antinomia jurídica); c) ter a premissa maior, mas esta pode perder sua validade (inconstitucionalidade; ilegalidade); d) ter a premissa maior, mas ter de ser matizada por um princípio jurídico (princípio jurídico); e) ter a premissa maior, mas sua interpretação gerar divergências por conter: conceitos indeterminados; conceitos vagos ("comoção grave"; "perigo iminente"; "segurança nacional"); conceitos ambíguos ("ofensa à dignidade"; "lesão ao decoro"; "costumes sociais").

Assim, mesmo que a premissa maior do raciocínio jurídico esteja presente, válida e vigente, ainda se podem encontrar divergências na interpretação de fatos, eventos e provas. Com isso, percebe-se que à decisão jurídica não se chega por *ato mecânico*, mas por um processo de *co-construção* do sentido jurídico,[5] que envolve o *sujeito-da-enunciação* e o *sujeito-da-interpretação* da norma jurídica, e isso se dá através do ritual de justiça.

Assim, percebe-se que a dedução não resolve todas as questões jurídicas, como bem constata Éric Millard.[6] Por isso, raciocínio jurídico deve ser entendido de modo mais abrangente, menos inspirado pelas Ciências da Natureza e suas premissas, e considerando mais o juízo dialético que é necessário, no âmbito das Ciências Sociais. Aliás, neste ponto, é importante reconhecer que a argumentação enfatiza o papel discursivo do Direito, e que a argumentação visa a gerar persuasão ou convencimento, ao atender aos interesses, às situações, aos casos, aos problemas, às necessidades de justiça, perante os diversificados auditórios-destinatários das demandas de justiça, a

---

verificarsi di un fato concreto (premessa minore), di quella norma concreta che è il dispositivo della sentenza (conclusione)" (Barberis, *Introduzione allo studio del diritto*, 2014, p. 204).

[4] "A isso deve ser objetado que racionalidade prática é um assunto complexo. O resultado da análise de um objeto complexo pode somente ser um modelo complexo" (Alexy, *Direito, razão, discurso:* estudos para a Filosofia do Direito, 2015, p. 89).

[5] "Julgar é um processo. Mais do que uma aplicação de um sentido previsto numa norma, trata-se de uma coconstrução do sentido" (Garapon, *Bem julgar:* ensaio sobre o ritual judiciário, 1999, p. 318).

[6] "Surtout, il est clair qu'une telle théorie ne soutient pas la possibilité d'un syllogisme juridique comme modalité de détermination de la décision juridique correcte" (Millard, *Théorie Générale du Droit*, 2006, p. 91).

saber, perante o auditório-juiz, o auditório-júri, o auditório-tribunal, o auditório-colegiado, o auditório-assembleia.[7]

A argumentação enfatiza o caráter aberto, perfectível, dialógico do Direito, que pode ser visto como *fórum aberto de discussões*, em torno da legislação e da justiça, onde *argumentos* e *contra-argumentos* são mobilizados, em torno da solução para casos concretos. E isso porque se está no âmbito dos *discursos de aplicação* do Direito.[8] Por isso, vê-se que em seus portos atracam os conflitos, e devem zarpar contendo soluções.

Assim, atualmente, apesar da importância e prevalência da argumentação para a justificação das decisões jurídicas, e como o caminho a ser percorrido pelo raciocínio jurídico, isso não exclui o papel que o *silogismo* desempenha. Este é o ponto de vista de Neil MacCormick.[9]

2. RACIOCÍNIO JURÍDICO, RITUAL DE JUSTIÇA E DECISÃO

Para se chegar a uma decisão jurídica, não basta ter presentes, apenas, as normas jurídicas e os fatos. É importante ressaltar que a *Teoria Tradicional* depositou excessiva confiança apenas nas duas polaridades desta relação, como constata o jurista italiano Alfonso Catania,[10] onde no cume da abstração se encontram as normas jurídicas e no mais concreto dos níveis se encontram os fatos. O que se percebe é que não se pode, lógica e racionalmente, partir de uns para os outros, simplesmente *transpondo* etapas. Por isso, atualmente, deve-se matizar esta concepção, herdeira do pensamento positivista, para sutilizar sua percepção e enxergar fatores outros que estão presentes, considerando-se o *processo* de construção de decisões jurídicas. Nisto, há plena convergência entre a *Teoria do Direito* e a *Teoria do Processo*, onde estão em questão o conflito, as instituições, a violência[11] e a justiça.[12]

---

[7] "A argumentação não visa à adesão a uma tese exclusivamente pelo fato de ser verdadeira. Pode-se preferir uma tese a outra por parecer mais equitativa, mais oportuna, mais útil, mais razoável, mais bem adaptada à situação. Em certos casos, é verdade que excepcionais, conceder-se-á preferência a outros valores que não a verdade (...). Em nítida oposição aos métodos da lógica formal, que não deixa espaço algum às reações do auditório, vimos que toda argumentação deve partir de teses que têm a adesão daqueles a que se quer persuadir ou convencer" (Perelman, *Lógica jurídica*, 1999, p. 156).

[8] "Nos discursos de aplicação, as normas supostas como válidas, referem-se sempre aos interesses de todos os possíveis atingidos; no entanto, quando se trata de saber qual norma é adequada a um caso determinado, essas relações se retraem atrás dos interesses das partes imediatamente envolvidas" (Habermas, *Direito e democracia*, I, 2003, p. 284).

[9] "Em qualquer hipótese, a relevância e a aplicabilidade do silogismo me parecem ser bastante claras e, de fato, dificilmente questionáveis" (MacCormick, *Retórica e o Estado de Direito*, 2008, p. 51).

[10] "Tradizionalmente questo nesso fondamentale (che ancora una volta ripropone il nesso normatività-fattualità) viene rappresentato solo attraverso il rapporto tra le legge e l'attività del giudice che produce poi, in base ala legge interpretata, la sentenza" (Catania, *Manuale di teoria generale del diritto*, 2010, p. 184).

[11] "Esses dois discursos são, portanto, simetricamente opostos e, frequentemente, igualmente excessivos. Longe de fazer a economia dessa violência, o ritual, pelo contrário, ativa-a. Não é possível ludibriar a violência sem a privar de qualquer exutário ou se se lhe der qualquer coisa para o alimentar" (Garapon, *Bem julgar*: ensaio sobre o ritual judiciário, 1999, p. 150).

[12] A respeito, consulte-se Dinamarco, Lopes, *Teoria Geral do Novo Processo Civil*, 2016.

Quando se menciona o termo *processo*, deve-se considerar que todo *processo* implica e pressupõe etapas e fases (postulatória, ordinatória, instrutória e decisória),[13] rituais, direitos, deveres,[14] representantes, oportunidades de fala, instrumentos de expressão, onde o *pedir*, o *alegar* e o *provar* participam como elementos centrais do contraditório.[15] Assim é que, quando se aguça esta percepção, tem-se presente a *distância* existente entre o momento de edição das normas jurídicas, o momento de ocorrência dos fatos e o momento de proferimento da decisão jurídica.

Aqui já se percebe que existe um *ritual de justiça*, e que sua existência é decisiva para as etapas de apuração de responsabilidades, por meio de argumentos e provas, sendo que o termo genérico *processo*, agora pode receber maiores qualificações, distinguindo-se o que se chama, numa primeira hipótese, *processo judicial*, ou, numa segunda hipótese, *procedimento administrativo*. Não por outro motivo, a noção de processo/procedimento envolve a de *temporalização* do conflito, de *encenação* do conflito,[16] de *mediação* do conflito, *institucionalização* do conflito, de *controle simbólico* da violência, conhecendo as partes e seus representantes legais as *regras do jogo*.[17]

O ritual instaurado pelo processo/procedimento acaba por criar uma *nova ordem* sobre a *ordem dos fatos*, sendo que esta *nova ordem* busca o estado imemorial de resgate da tradição de apuração, de purificação e de responsabilização.[18] Por isso, na concepção do sociólogo francês Antoine Garapon, o processo/procedimento figura como uma forma de domesticação da *violência* pelo *rito*.[19] Nesta mesma linha de análise de Antoine Garapon, segue o filósofo francês Paul Ricoeur, que entende que a *mediação institucional* do conflito é o ponto ótimo de separação entre as partes envolvidas numa disputa

---

[13] "A identificação e a delimitação dessas quatro subfases (postulatória, ordinatória, instrutória e decisória) são corriqueiramente construídas sobre a estrutura do procedimento comum, mas em alguma medida aplicam-se a muitos dos especiais (...)" (Dinamarco, Lopes, *Teoria Geral do Novo Processo Civil*, 2016, p. 131).

[14] "O poder estatal exerce-se sempre mediante um *procedimento* preestabelecido, sob pena de ilegitimidade desse exercício – e o procedimento caracteriza-se como *processo* quando for realizado em *contraditório* e com a outorga de poderes, deveres, faculdades e ônus aos seus sujeitos, ou seja, com a presença de uma *relação jurídica processual*" (Dinamarco, Lopes, *Teoria Geral do Novo Processo Civil*, 2016, p. 123).

[15] "Para cumprir a exigência constitucional do contraditório, todo modelo procedimental descrito em lei contém e todos os procedimentos que concretamente se instauram devem conter momentos para que cada uma das partes peça, alegue e prove" (Dinamarco, Lopes, *Teoria Geral do Novo Processo Civil*, 2016, p. 62).

[16] "O ritual estabelece relações exteriores, quase impessoais, relações entre máscaras. Nesse sentido, o personagem judiciário é uma figuração do sujeito de direito" (Garapon, *Bem julgar*: ensaio sobre o ritual judiciário, 1999, p. 92).

[17] "O processo é um acordo prévio sobre a regra do jogo, isto é, sobre a maneira exata de se obter um sentido" (Garapon, *Bem julgar*: ensaio sobre o ritual judiciário, 1999, p. 287).

[18] "O ritual judiciário guarda a memória do primeiro estado da transgressão que se deve procurar no sistema de mácula e do sagrado, inteiramente dominado por uma dialética do puro e do impuro" (Garapon, *Bem julgar*: ensaio sobre o ritual judiciário, 1999, p. 188).

[19] "O processo é uma domesticação da violência através do rito. Anula a violência selvagem por meio de um espetáculo catártico tornando possível pelo efeito de dissimulação do ritual" (Garapon, *O bem julgar*: ensaio sobre o ritual judiciário, 1999, p. 283).

ou litígio, e a tarefa do ritual de justiça é construir caminhos para desfechar a incerteza, separar as partes, buscar a solução e alcançar a decisão jurídica.[20]

Ao construir um *novo universo*, se instaura na dimensão simbólica da *palavra* a arena de apuração e busca de *justiça*, onde *discursos* trarão *versões*, onde *posições actanciais* enredarão personagens em *posições discursivas* diversas em torno de um objeto polêmico, problemático ou questionado. Estes *discursos* possuem as mesmas oportunidades, devem ser tratados de forma *isonômica*, e se valem das *regras do jogo*, para serem proferidos, o que equilibra a *balança*, ao menos no nível do procedimento/processo, entre as partes *discursivamente* ambientadas no ambiente do *ritual de justiça*.[21] Será, pois, desta *dialética da palavra*, que envolve *pedidos, alegações* e *provas* que exsurgirá a decisão jurídica, e não da mera relação *direta* entre normas jurídicas e fatos, onde se evidencia o caráter de *drama* do processo, de suas etapas, de seus dilemas morais, que envolvem as emoções, os valores, os sentimentos, as situações, os desafios, de todos os atores envolvidos.[22]

3. RACIOCÍNIO JURÍDICO E DECISÃO

Mencionou-se a ideia de decisão, anteriormente, como uma ideia que move finalisticamente o raciocínio jurídico. E isso porque a decisão jurídica é uma ideia central para a *aplicação* do Direito, e, por isso, um ponto que não pode ser evitado em nossa compreensão que se faz do raciocínio jurídico. Todos são instados a *decidir* a todo o tempo na vida, e *autoridades públicas* (defensores, advogados, gestores públicos, promotores, tribunais, juízes, legisladores), exercentes de *cargos públicos* ou cumpridores de *funções essenciais à justiça*, cumprindo uma função social, e investidos de *papéis actanciais* de discurso, não se furtariam a esta tarefa. Por isso, o tema é central para decisões arbitrais, decisões judiciais, decisões em mediação de conflitos,[23] decisões político-legislativas, decisões de políticas públicas.

A decisão é um *ato de escolha*, e a *escolha* é sempre uma seleção entre variáveis, considerando: valores; interpretações; experiência; conhecimento técnico; intuição sensível; papel institucional; número de informações qualificadas; normas jurídicas;

---

[20] No capítulo "O ato de julgar", Paul Ricoeur afirma: "É essa justa distância entre os parceiros defrontados, próximos demais no conflito e distantes demais na ignorância, no ódio e no desprezo, que resume bem, a meu ver, os dois aspectos do ato de julgar: por um lado, deslindar, pôr fim à incerteza, separar as partes; por outro, fazer que cada um reconheça a parte que o outro toma na mesma sociedade, em virtude do qual o ganhador e o perdedor do processo seriam considerados como pessoas que tiveram sua justa parte nesse esquema de cooperação que é a sociedade" (Ricoeur, *O justo 1*: a justiça como regra moral e como instituição, 2008, p. 181).

[21] "O processo não arbitra o confronto direto entre as partes, mas sim um debate entre os respectivos representantes. O rito – para o caso, a investidura dos advogados – reparte de forma igual a legitimidade entre as partes. O ritual permite que os dois, discursos sejam, ao mesmo tempo, contraditórios e legítimos" (Garapon, *Bem julgar*: ensaio sobre o ritual judiciário, 1999, p. 93).

[22] "Nos limites estreitos do processo o ato de julgar aparece como fase terminal de um drama com vários personagens: as partes ou seus representantes, o ministério público, juiz, o júri popular, etc." (Ricoeur, *O justo 1*: a justiça como regra moral e como instituição, 2008, p. 177).

[23] "Mais próximos dos processos quotidianos de composição de conflitos estão a conciliação e a mediação" (Hespanha, *O caleidoscópio do direito*, 2. ed., 2009, p. 393).

percepção sensível; pressão social ou midiática; circunstâncias históricas; estratégias de ação; busca de resultados; contexto decisório. E, mais que tudo, além do *conteúdo da decisão*, a decisão também é parâmetro de ação, e, por isso, uma *referência* num mundo de vertiginosos desafios, de débeis comportamentos, e de desnortes individuais.[24]

A decisão cumpre importante papel, pois representa uma *parada* diante da história. Pode-se comparar o *movimento* da ação social (impulso ativo; criador; iniciador; formador de um ciclo) com o *movimento* da decisão social (impulso conclusivo; definidor de rumo; apurador de consequências; definidor de critérios; encerra um ciclo; confere solução; exerce juízo; promove aprendizagem; promove escolhas), para a partir daí se extrair uma conclusão mais clara sobre o seu papel, e, quando se faz este movimento, percebe-se que a *decisão socialmente relevante* responde a um impulso *resolutor*, a um impulso *conclusivo*. As decisões sociais fazem olhar para trás e para frente; ao olhar para trás, apuram o passado; ao olhar para frente, lançam consequências para o futuro.

Tomar *decisões humanas* (decisões existenciais; decisões afetivas; decisões profissionais; decisões familiares; decisões econômicas; decisões políticas; decisões jurídicas) é, por isso, sempre algo *complexo* e que envolve certa *sabedoria de vida*, *conhecimento de causa*, *habilidades profissionais*, em quadros de técnicas e saberes, investiduras e atribuições, papéis sociais e responsabilidades pessoais. Por isso, não há refúgio para a dúvida, o questionamento, a revisão e a reconsideração, considerando-se a reflexão de Lloyd L. Weinreb,[25] pois problemas humanos, dilemas sociais e questões polêmicas sempre atravessam o cotidiano da vida social, especialmente nos tempos atuais,[26] e é neste *novelo histórico* que decisões são proferidas.

Por isso, a primeira coisa a constatar é que a tomada de decisão é tarefa complexa. Aliás, em torno desta complexidade, algumas teorias evidenciam respostas e perspectivas de análise da *tomada de decisão*, as quais podem ser enunciadas a seguir:

1) *teoria ética da decisão*: na concepção de Aristóteles, em breve síntese, a ação humana se vê diante de muitas opções, sendo que levam de um extremo (injustiça por excesso) ao outro extremo (injustiça por falta), sendo a *deliberação racional* (*proaíresis*) a atividade da *razão prática* capaz de exercer de forma *prudente* (*phrónesis*), a orientação da ação em direção a fins eticamente justificáveis;

---

[24] "O juiz torna-se igualmente o referente para o *indivíduo* perdido, isolado, desenraizado que as nossas sociedades geram e que procura no confronto com a lei a última referência" (Garapon, *O guardador de promessas*: justiça e democracia, 1998, p. 21).

[25] "A confiança na capacidade humana de refletir e deliberar sobre os fins humanos e sobre como alcançá-los não produz as verdades da razão abstrata ou da ciência empírica. Não oferece nenhum refúgio contra a dúvida e exige de nós a contínua reavaliação e reconsideração de nossas conclusões, bem como a perpétua atenção à possibilidade de erro. Justamente por tais razões, é essa confiança o caminho mais seguro e menos traiçoeiro para uma ordem social justa" (Weinneb, *A razão jurídica*, 2008, p. 135).

[26] "O direito tornou-se a nova linguagem através da qual é possível formular os pedidos políticos que, desapontados, se voltam, agora, em grande número, para a justiça" (Garapon, *O guardador de promessas*: justiça e democracia, 1998, p. 36).

2) *teoria funcional da decisão*: na concepção de Niklas Luhmann, em breve síntese, diante de infinitas hipóteses, a decisão implica um recorte, uma seleção informacional entre variáveis, significando o fim das múltiplas opções, sendo capaz de colocar fim na sobrecarga informacional e encerrar procedimentos, no caso, permitindo que o sistema jurídico ofereça segurança jurídica por meio de soluções e decisões;

3) *teoria democrática da decisão*: na concepção de Jürgen Habermas, em breve síntese, o debate público é capaz de triar o que é relevante e o que é irrelevante, considerando o papel da *esfera pública*, na determinação de conteúdos de interesse comum, de forma que a participação, o diálogo e a argumentação fazem parte ativa do processo de tomadas de decisão socialmente relevantes. As deliberações democráticas tornam estáveis conteúdos através de normas jurídicas, para que decisões se baseiem nas mesmas, criando legitimidade social e ativação da cidadania;

4) *teoria hermenêutica da decisão:* na concepção de Hans-Georg Gadamer, em breve síntese, não há decisão que se funde no *nihil*, pois sempre se parte da *pré-compreensão* da realidade, estando o sujeito imerso numa cultura e numa tradição que lhe são anteriores, de forma que toda decisão tomada acaba por considerar o *horizonte hermenêutico* no qual se inscrevem dando continuidade ao passado, ainda que inconscientemente, no presente;

5) *teoria voluntarista da decisão*: na concepção de Hans Kelsen, em breve síntese, se toda norma jurídica possui vários sentidos possíveis, a tarefa do *intérprete autêntico* é a de escolher entre as várias possibilidades, não em função de um critério racional, mas em função do fato de deter o *poder de decisão* que se aufere pelo fato de estar *investido de cargo público* que lhe confere a autoridade normativa para proferir decisões;

6) *teoria do dedutivismo da decisão*: na concepção da Escola da Exegese, em breve síntese, ao se partir de uma norma jurídica, como ponto de ancoragem do *sentido a ela atribuído pelo legislador*, o órgão aplicador do Direito está adstrito à tarefa não de criar direito, e muito menos de interpretar o Direito, mas de *tornar factível* o disposto em norma geral, no caso concreto, de forma a que se chega à decisão jurídica por meio do silogismo lógico;

7) *teoria da razoabilidade da decisão*: na concepção de Chaïm Perelman, em breve síntese, não se pode alcançar uma decisão, senão considerando os múltiplos fatores que a cercam, de forma que uma *boa decisão* não é simples resultado da *dedução de conteúdos legais*, mas da consideração de resultados jurídicos que revelem *razoabilidade, equidade e prudência*, enquanto qualidades do *logos* humanizado do Direito aplicado à prática.

4. DECISÃO JURÍDICA: TRAÇOS E CARACTERÍSTICAS

É através das *decisões jurídicas* que o sistema jurídico se concretiza e realiza a aplicação do Direito. Daí sua importância para o Direito. Afinal, questões sociais encontram no sistema do Direito a possibilidade de encontrarem *soluções* fundadas em *critérios racionais e comuns*. Assim, para que as *decisões jurídicas* não impliquem um *salto no escuro*, no sentido do existencialismo de Sören Kierkegaard,[27] ou ainda, um puro ato de *subjetividade monológico* do detentor do *poder-de-dizer-o-direito*, é necessário avançar e perguntar. Por que *decisões jurídicas* são relevantes? Ora, decisões jurídicas encerram questões controversas, lidam com direitos e deveres, concluem a aplicação do Direito, promovem justiça concreta, encerram papéis institucionais estabilizadores, sendo, acima de tudo, decisões vinculantes, racionais e públicas, na medida em que devem ser motivadas e justificadas, afetando atores sociais (vida; patrimônio; contratos; empresas; saúde; liberdade; trabalho; filiação; tributos; vigência de leis; punição por crime; etc.). Mas, esta primeira pergunta motiva a que outras sejam formuladas. Por quais critérios se chegam às decisões jurídicas? Por quais fundamentos se justificam decisões jurídicas? Existe racionalidade única às decisões jurídicas? O que distingue a "boa" da "má" decisão? Ora, essa sequência de questionamentos apenas reforça o papel *reflexivo* sobre as decisões jurídicas e os julgamentos, considerados na perspectiva de Paul Ricoeur, como *tomadas de posição*.[28]

Isso é particularmente importante para a cultura contemporânea do Direito, na medida em que está *tendencialmente* voltada ao maquinismo, à repetitividade, à "windowsização" da decisão jurídica, caminhando-se a largos passos em direção à concepção de *justiça quantitométrica*, e, juntamente com ela, à concepção de *juiz-máquina*. Ao contrário desta *tendência atual*, própria da *mecânica social moderna*,

---

[27] "Sören Kierkegaard, escritor religioso e filósofo que continua inspirando até hoje nosso pensamento muito mais do que a filosofia da existência, foi contemporâneo dos movimentos nacionais. Entretanto, não discute identidades coletivas, apenas a identidade da pessoa singular. No texto intitulado *A alternativa*, ele se concentra na decisão solitária, mediante a qual o indivíduo singular assume a responsabilidade por sua história de vida, tornando-se "aquilo que ele é". E esse ato prático da transformação possui um lado cognitivo; através dele o indivíduo se converte a uma "compreensão ética da vida": "Ele descobre agora que o si mesmo por ele escolhido conserva em si uma infinita variedade, à medida que ele possui uma história na qual assume a identidade consigo mesmo". Quem se lembra das *Confissões* de Agostinho reconhece, nesse autêntico projeto de vida, um velho motivo cristão, a saber, a experiência da conversão; a "escolha absoluta" transforma o indivíduo, da mesma maneira que a conversão transformava os cristãos: "Ele se torna ele mesmo, inteiramente si mesmo, aquele que ele era antes, em toda e qualquer característica, por mais insignificante que seja; mesmo assim, ele se torna outro, porquanto a escolha perpassa e transforma tudo". No início, cada indivíduo se detecta a si mesmo como produto de circunstâncias fortuitas da vida; entretanto, à medida que se "escolhe" a si mesmo nesse produto, constitui-se um "si mesmo" que atribui a si a rica concreção de sua história de vida, já encontrada pronta, como algo do qual ele pretende ser responsável retrospectivamente. Nessa perspectiva, a vida assumida responsavelmente se revela, simultaneamente, como uma cadeia irreversível de falhas. O protestante dinamarquês insiste no cruzamento entre autenticidade existencial e consciência do pecado: "Nós só podemos nos escolher eticamente à medida que nos arrependemos; e somente à medida que nos arrependemos, tornamo-nos concretos" " (Habermas, *Diagnósticos do tempo*: seis ensaios, 2005, p. 117-118). Ainda, na releitura elaborada por Agnes Heller: "An Ethics of personality is the third volume of my theory of morals" (Heller, *An ethics of personality*, 1996, p. 02).

[28] "Assim, atingimos o sentido forte da palavra julgar: não só opinar, avaliar, considerar verdadeiro, mas em última instância, tomar posição" (Ricoeur, *O justo 1*: a justiça como regra moral e como instituição, 2008, p. 176).

frenética e repetitiva, o que se quer é aproximar a *teoria da decisão* a uma *reflexão criteriosa* sobre decisões jurídicas como *decisões racionais, públicas, vinculantes, corretas e justas*. E, para isso, é importante aproximar desta reflexão a concepção do jurista francês Antoine Garapon, para quem o julgamento é, acima de tudo, um *dizer público*.[29] Toda a terminologia judiciária se constitui em torno da ideia do *dizer público*, do *ius dicere (iudex; iudicare; iudicium; iurisdictio)*.[30] Aqui, algo já se define, na medida em que se deve considerar que o *dizer público* implica numa *responsabilidade com o Outro*. Assim, uma decisão jurídica não é um ato mecânico de repetir fórmulas burocráticas, de *re-enunciar* as palavras da lei, ou de mimetizar o dito do legislador, mas o ato de atualizar no caso a melhor possibilidade de promover o equilíbrio entre as partes, a conciliação dos interesses em jogo, e a promoção social de valores universais de proteção da pessoa humana.

Implica, da parte de *quem decide*, uma postura de *imparcialidade* – sabendo-se que uma coisa é a imparcialidade, outra coisa é a frieza e a distância que obstruem o diálogo que pode conduzir as partes a um bom deslinde de uma situação conflitiva, conforme a *Teoria do Processo* vem procurando demonstrar –[31] na medida em que as partes estão em pé de igualdade, perante a lei e o juízo, e envolve a necessidade de *fazer-se um terceiro*, enquanto se julga.[32] Daí, a *distância interior* que o *juiz*, o *árbitro*, a *autoridade decisória* tem de desenvolver, para bem exercer o seu encargo, o que cria a diferença entre a *opinião da pessoa* e a *conclusão do profissional*. Veja-se aqui, o quanto a postura é exigente e o quanto a condição de *autoridade decisória* confere mais do que *poder-de-dizer-o-direito*, confere também a *responsabilidade-de-bem-julgar*.[33]

5. DECISÃO JURÍDICA: INTERTEXTUALIDADE E NÓ SEMIÓTICO

Já se viu que *decisões são atos de escolha que promovem soluções*. Isso faz perceber que toda *parada decisória* impõe *reflexão e experiência*. Não por outro motivo, quando se menciona a *decisão jurídica*, esta deve evocar o momento de reflexão prática e aplica-

---

[29] "O julgamento, tornando 'visíveis' a transgressão e o seu autor, é já uma reinscrição no simbólico. O julgamento é antes de mais um ato oficial de nomeação, um *dizer público*" (Garapon, *O guardador de promessas:* justiça e democracia, 1998, p. 225).

[30] "A decisão, por si só, não basta para que se faça justiça; é preciso que ela seja proferida de acordo com as regras. Se a lei é escrita, a justiça é, tal como evocado pela etimologia, um dizer público. As palavras "juiz", "justiça" e "jurisdição" remetem todas para esse sentido. Juntamente com IUS, o verbo *dicere* impera nas fórmulas judiciárias... É por intermédio desse ato do discurso (*ius dicere*) que se desenvolve toda a terminologia da vida judiciária: *Iudex, iudicare, iudicium, iurusdictio*, etc." (Garapon, *Bem julgar*: ensaio sobre o ritual judiciário, 1999, p. 135).

[31] "O juiz participa em contraditório também pelo *diálogo*. A moderna ciência do processo afastou o irracional preconceito segundo o qual o juiz que durante o processo expressa seus pensamentos e sentimentos sobre a causa estaria prejulgando..." (Dinamarco, Lopes, *Teoria Geral do Novo Processo Civil*, 2016, p. 65).

[32] "O ato de julgar e o ritual têm em comum a procura da distância através da encenação, da representação, da simbolização. Julgar é reproduzir infinitamente esse trabalho de distanciamento iniciado pelo ritual, é desprender-se de um julgamento espontâneo para se tornar a si mesmo um terceiro" (Garapon, *Bem julgar:* ensaio sobre o ritual judiciário, 1999, p. 310).

[33] Garapon, *Bem julgar*: ensaio sobre o ritual judiciário, 1999, p. 310.

tiva do Direito, seja para promover conservação, seja para promover transformação. Neste sentido, tomada como momento de *culminância e de reflexão*, a decisão jurídica implica diversos tipos de compressão:

1. A *decisão jurídica* é pressionada, em primeiro lugar, pela necessidade de averiguação de sua real necessidade. Assim, há um juízo acerca da oportunidade, conveniência e formato de produção da decisão. A decisão jurídica, enquanto *decisão estatal, imposta, vertical*, pode ser um mecanismo inoportuno, ineficaz ou impositivo. Assim, é sempre conveniente avaliar se não existem alternativas, se podem ser utilizados os instrumentos da *conciliação* e da *mediação*, se é cabível a prática de *justiça restaurativa*. Assim, é possível e necessário, pensar os *métodos*, a *forma* de tradução de resoluções jurídicas em conteúdos decisórios.

2. A *decisão jurídica* se projeta para dentro e para fora do sistema jurídico. Para dentro do sistema jurídico,[34] a decisão jurídica pode influenciar outras decisões jurídicas, além de ter que ser capaz de se sustentar, perante a hipótese de recurso, revisão ou contestação dos resultados, enfrentando o entendimento e o olhar de outros atores do sistema jurídico. Para fora do sistema jurídico, a decisão toca de perto a dimensão dos afetados pelo conteúdo da decisão, tendo de ser capaz de solucionar o problema das partes, gerando justiça, resolubilidade, eficiência e segurança jurídica;

3. A *decisão jurídica* se comprime entre a generalidade e a particularidade. Na dimensão da generalidade, quando afeta à esfera da *validade*, a decisão jurídica se relaciona à legislação, ao poder de *pré-visão* do legislador, aos precedentes, às tradições e costumes prévios ao caso concreto. Na dimensão da particularidade, a decisão jurídica se relaciona à historicidade do contexto, às condições sociais da aplicação, ao interesse dos envolvidos, à justiça possível no caso singular, à dimensão daquilo que é único e irredutível de cada situação concreta.

Fato é que a decisão jurídica representa um *ponto de confluência* de múltiplos fatores, para se *corporificar* na forma de um texto decisório, aqui tomado o termo *texto* em seu sentido semiótico, que também pode ser dito, um *nó semiótico*. Esta terminologia evoca, e procura exprimir, a ideia de que a *decisão jurídica* não é mero ato racional, não é mero condensado de palavras, não é mera exposição lógica do que se encontra na lei e no caso concreto. Nesta concepção, quer-se muito mais valorizar a ideia de que a *decisão jurídica* está cercada por uma *constelação multi-semiótica* de influências e condicionamentos, de forma que ela significa o *ponto de convergência* desses múltiplos fatores, em seu sentido resolutivo. Para a *Teoria do Humanismo Realista*, a partir das contribuições da *Semiótica Jurídica*, percebe-se que o *ato decisório* não é um *ato isolado*, mas a condensação de múltiplos atos anteriores, de modo que o *juiz solitário*

---

[34] A esse propósito, o *Critical Legal Movement* identificava que o juiz é parte de uma comunidade de intérpretes do Direito: "O juiz, como membro de uma *comunidade interpretativa* – compreendida como horizonte-contexto legitimante da orientação do sentido da decisão judicial –, projeta na sua decisão as concepções nela pressupostas e releva as eventuais projeções da sua decisão nessa comunidade" (Gaudêncio, *Entre o centro e a periferia*: a perspectivação ideológico-política da dogmática jurídica e da decisão judicial no *critical legal studies movement*, 2013, p. 158).

não controla a *decisão jurídica* por si mesmo, estando cercado por uma constelação de outros atores jurídicos, que fazem da *decisão o resultado dessas múltiplas pressões*, e não uma *criação psicológica e condutivista*, como o *realismo escandinavo* de Alf Ross pretendeu compreender este ponto.[35]

Essa *constelação multi-semiótica* de influências e condicionamentos obedece a fatores: 1) Fatores extrajurídicos (econômicos; políticos; sociais; culturais; técnicos; históricos; conjunturais);[36] 2) Fatores intrajurídicos (exigências do CNJ; autonomia do juiz; jurisprudência predominante no tribunal; existência ou não de súmula vinculante; estado da arte da ciência do direito; necessidades/interesses das partes; previsibilidade da resposta dentro do sistema; interesses e argumentos dos profissionais do direito; provas apresentadas e etapas do processo); 3) Fatores intertextuais (perfil da linguagem jurídica da norma jurídica; decisões anteriores semelhantes; textos normativos que apoiam a decisão jurídica; fundamentos de aplicação em argumentos variados; múltiplas fontes de abastecimento do raciocínio jurídico; carga informacional, fontes de subsídios para apoiar a decisão e processos dialógicos utilizados). Tudo está a indicar que a decisão jurídica é fruto de complexos fatores, e isto é afirmar uma visão realista acerca do momento decisório.[37]

Assim compreendidos estes múltiplos fatores, a *decisão jurídica* é vista como um *ponto de confluência* de várias decisões,[38] formando uma *supratextualidade* que opera com outros *textos* (atos do procedimento; narrativas; indícios; provas; relatórios; depoimentos; degravações; laudos; documentos). É assim que, no quadro do ritual de justiça, visto como um espetáculo semiótico, obedecendo-se ao devido processo legal, a *decisão jurídica* é o resultado da dialogia procedimental, conforme se pode verificar, no encontro entre o *Programa Narrativo da Acusação* (PN1), e no *Programa Narrativo da Defesa* (PN2), representado na figura a seguir:

---

[35] "Na medida do possível, o juiz compreende e interpreta a lei à luz de sua consciência jurídica material, a fim de que sua decisão possa ser aceita não só como *correta* mas também como *justa* ou socialmente desejável" (...) "Pode-se assim dizer que a administração da justiça é o resultante de um paralelogramo de forças no qual os vetores dominantes são a consciência jurídica formal e a consciência jurídica material" (Ross, *Direito e justiça*, 2000, p. 168).

[36] "A decisão não pode abstrair do ambiente extra-jurídico em que o caso concreto é decidido. Aspectos éticos, culturais e sociais são alguns dos que conformam o ambiente que pode influenciar a construção da decisão. A consideração destes fatores externos permite assegurar à decisão um importante valor: o da aceitabilidade racional" (Souza, *Introdução ao direito*, 2012, p. 463).

[37] O *Critical Legal Movement* chega a conclusões mais radicais, afirmando até mesmo o caráter político da decisão judicial: "A intencionalidade *política* da decisão judicial não implica necessariamente, para Kennedy, que o juiz esteja politicamente comprometido – embora conclua neste sentido –, mas sim que a ideologia influencia a decisão judicial. O juiz não poderá, então, ser neutro, e isto não porque os conceitos mobilizados, tais como os de liberdade, equidade e justiça, que o devem influenciar, sejam totalmente desprovidos de sentido ou de capacidade de influenciar o seu comportamento" (Gaudêncio, *Entre o centro e a periferia*: a perspectivação ideológico-política da dogmática jurídica e da decisão judicial no *critical legal studies movement*, 2013, p. 151).

[38] "É então essencial pensar a decisão final como o produto de uma multitude de pequenas decisões tomadas por vários atores que não são, aliás, todos juízes nem mesmo juristas" (Garapon, *O guardador de promessas*: justiça e democracia, 1998, p. 171).

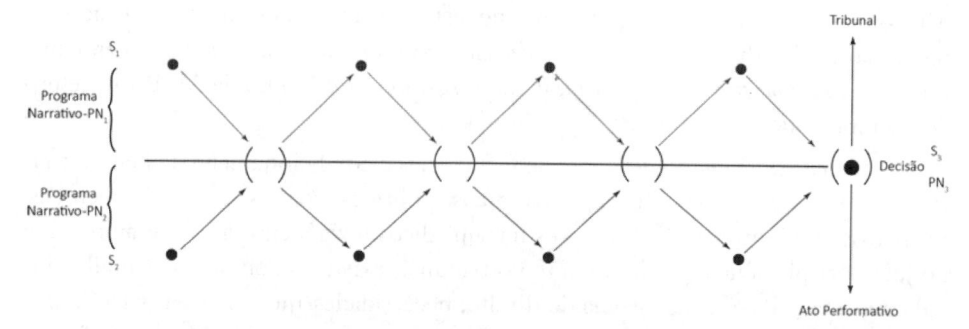

Assim, ao final de uma *cadeia narrativa*,³⁹ para alcançar uma *boa decisão*, ou seja, a *decisão correta, pública, racional* e *justa*, é necessário produzir um *texto decisório*, capaz de ecoar, de um lado, na perspectiva do *sujeito-decisor*, reflexão, razão, ponderação, e, de outro lado, na perspectiva da *intersubjetividade-decisória*, capaz de representar um *locus* de participação, escuta e diálogo. Por isso, a *boa decisão* não é *puro ato lógico*, não é *puro produto da razão*, não é *um resultado da relação norma/fatos*, pois se observada nesta perspectiva da *Teoria Tradicional*, se perceberá que esta compreensão nega uma diversidade de *fatores multi-semióticos* que incidem sobre o momento da decisão jurídica. A *boa decisão*, então, será o resultado da atuação conjunta, de *razão, experiência* (de julgar, lidar com provas, sopesar, avaliar argumentos), *sensibilidade*⁴⁰ e *sensatez* (esta que é a qualidade de bem decidir, um traço de razão prática). Unindo estas várias dimensões, a razão prática se enriquece e se pluraliza, muito diferentemente da forma como tradicionalmente se enxerga o silogismo judiciário. Assim, o exercício de *bem julgar* e de tomar *boas decisões* implica o esforço de fazer-se um *terceiro para si mesmo*, como afirma Antoine Garapon.⁴¹

Não por outro motivo, *boas decisões* são feitas de observação interna (introspecção), fruto de uma subjetividade elaborada, e de observação externa (heterospecção), fruto de processos dialógicos de escuta, troca e compartilhamento de informações, dados, provas e argumentos. Esses elementos, em atividade, alteram qualquer *resultado decisório*. Daí ficar mais claro que a *interpretação* não é a mera *interpretação cognitiva*, podendo-se afirmar que a interpretação é o *ato interpretativo*, sendo que este envolve juízos, vontades, experiências, práticas culturais, níveis de entendimento, discursos de classe, contexto histórico, postura moral, estado-da-arte das ciências e saberes, condições das instituições, e demais condicionantes legais. É considerando esta multiplicidade de fatores que o *ato interpretativo* faz emergir o *sentido jurídico*.

---

[39] No capítulo *O ato de julgar*, Paul Ricoeur afirma: "(...) é realmente no fim da deliberação que se situa o ato de julgar" (Ricouer, *O justo 1:* a justiça como regra moral e como instituição, 2008, p. 175).

[40] "A restrição do Direito à norma – de caráter abstrato e geral – não consegue conviver com a nova ideia de justiça, que implica uma grande confiança no poder criativo do julgador, de quem se espera uma *sensibilidade* muito refinada para lidar com o sempre mutante contexto social" (Prado, *O juiz e a emoção*: aspectos de lógica da decisão judicial, 2003, p. 93).

[41] "O esforço de bem julgar exige que o juiz se *faça terceiro em relação a si mesmo*" (Garapon, *Bem julgar:* ensaio sobre o ritual judiciário, 1999, p. 319).

A figura a seguir procura explicitar o que se vem dizendo:

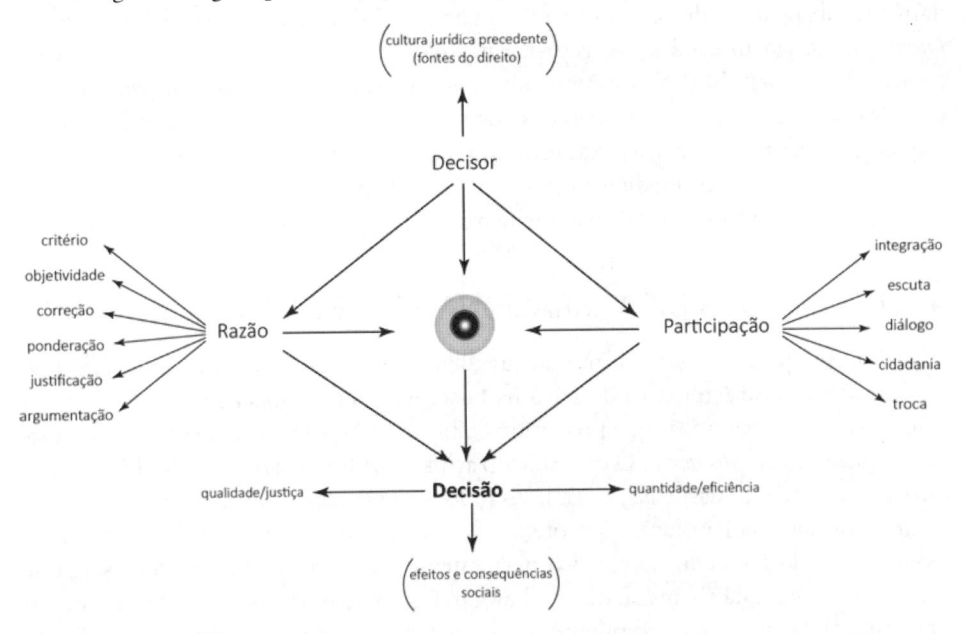

```
                    ( cultura jurídica precedente )
                    (    (fontes do direito)     )
                                ↑
                             Decisor
                        ↗      ↑      ↖
    critério          ↗        │        ↖        integração
    objetividade    ↗          │          ↖      escuta
    correção      →   Razão → ●  ← Participação → diálogo
    ponderação    ↗            │            ↖    cidadania
    justificação ↗             │             ↖   troca
    argumentação             ↓ ↓ ↓
        qualidade/justiça ← Decisão → quantidade/eficiência
                             ↓
                    ( efeitos e consequências )
                    (         sociais         )
```

Enfim, a decisão terá de ser explicitada, no quadro do Direito vigente e da cultura jurídica estabelecida, e, por isso, somente se sustenta enquanto uma *decisão jurídica argumentada*. Este é um fator importante de distinção do *Estado Democrático de Direito*, e que aparece como uma exigência forte das práticas decisórias contemporâneas. Aqui, impõe-se a chamada correção (*Richtigkeit*) da decisão jurídica, na acepção dada por Jürgen Habermas, ou seja, a correção como *aceitabilidade racional apoiada em argumentos*.[42] E é a partir do quadro de *textos* e *contextos* que os argumentos jurídicos e não jurídicos possuem maior ou menor capacidade de gerar convencimento e aceitabilidade racional. Assim, quando se fala em argumentos e busca da boa decisão, não se está em busca da *resposta única*, mas sim da *resposta aceitável, adequada* e *correta* no quadro do Direito vigente.[43]

A partir do momento em que a *decisão jurídica* é proferida, deve-se pensar nas consequências da decisão. Aliás, desde quando a *decisão* está sendo formulada, pensada, buscada, articulada, tentada, o quadro de consequências da *decisão* já se afigura no horizonte da razão prática, por isso, considerando-se a teleologia da decisão, todo ato decisório deve, antes de tudo, ter presente o conjunto dos efeitos jurídicos e extrajurídicos (humanos; sociais; políticos; econômicos; culturais) previsíveis de uma tomada de decisão.[44] Se essa preocupação parecia espelhar uma exigência lógica e teórica,

---

[42] "Correção significa *aceitabilidade racional*, apoiada em argumentos" (Habermas, *Direito e democracia*, 2003, p. 277).

[43] "Este inconveniente pode ser evitado se, em vez de insistir no critério da única resposta correta, se utilizar um mais abrangente e mais facilmente controlável critério de 'aceitabilidade racional' ou de 'razoabilidade de decisão'" (Souza, *Introdução ao direito*, 2012, p. 467-468).

[44] "O magistrado tem em conta as consequências da sua decisão no plano coletivo" (Garapon, *O guardador de promessas*: justiça e democracia, 1998, p. 65).

acerca do poder de decisão jurídica, a legislação atual passou a tornar isso um mandamento obrigatório de ser observado, a partir da alteração da *Lei de Introdução às Normas do Direito Brasileiro* (Decreto-Lei n. 4.657/42), por força da Lei n. 13.655/2018, através de seu art. 20 ("Nas esferas administrativa, controladora e judicial, não se decidirá com base em valores jurídicos abstratos sem que sejam consideradas as consequências práticas da decisão. Parágrafo único. A motivação demonstrará a necessidade e a adequação da medida imposta ou da invalidação de ato, contrato, ajuste, processo ou norma administrativa, inclusive em face das possíveis alternativas").

6. DECISÃO JURÍDICA, IRRACIONALIDADE DECISÓRIA E PROVA

A busca pela *verdade* no mundo jurídico é tarefa de elevada exigência, sendo qualificada pela característica de ser uma busca acerca da *verdade provada*.[45] Existem exigências intrassistêmicas que procuram coibir o *arbítrio decisório* e, com isso, evitar-se a *irracionalidade decisória*. O controle do arbítrio na tomada de decisão deve ser um esforço permanente da *razão jurídica*, visando-se à proteção social, à preservação de valores contidos na legislação, à proteção do Estado Democrático de Direito e à racionalização do convívio. O esforço permanente da *Teoria do Direito* deve ser o de reduzir a margem da *vontade* e de ampliar a margem de *motivações* justificáveis racionalmente.[46] Assim, fica claro que impor de forma *unilateral* e *injustificada decisões jurídicas* é uma forma contemporânea de *irracionalidade*, pois a decisão estará estritamente associada ao campo da *vontade* do detentor do *poder-de-dizer-o-direito*. Portanto, a *irracionalidade* deve ser evitada e o erro humano deve ser controlado.[47] Assim, o trabalho mais criterioso de busca da *medida*, das *razões*, da *dosagem* é sempre algo que não está entre A e Z, mas entre A e A", aparecendo, portanto, como algo da dimensão da *pequena diferença*, da *sutil diferença*, da *percepção refinada da diferença*, algo que é sempre mais complexo, mais difícil e mais trabalhoso do que a mera imposição autoritária da vontade.

Assim é que toda a estrutura discursiva e argumentativa de um procedimento/processo pressupõe *enunciação* e *contestação*, *argumentação* e *contra-argumentação*, *tese* e *antítese*, dentro do *jogo-de-posições-discursivas*, diante das posições ocupadas pelos actantes discursivos dentro de programas narrativos situados diante do caso concreto. A argumentação escorrerá, portanto, pelas vias do procedimento, permitindo o exercício

---

[45] Cf. Landowski, Les metamorfoses de la vérité, entre sens et interaction, *in Acta Semiotica*, v. II, n. 3, 2022, p. 263-264.

[46] "Assim, nos quadros do chamado *pós-positivismo*, o conceito de direito é determinado a partir do inexorável elemento hermenêutico que acompanha a experiência jurídica. O que unifica as diversas posturas que podem ser chamadas de pós-positivistas é que o direito é analisado na perspectiva da sua interpretação ou da sua concretização" (Abboud, Carnio, Oliveira, *Introdução à Teoria e à Filosofia do Direito*, 3. ed., 2015, p. 81).

[47] "Não há nenhuma garantia de que uma norma jurídica será aplicada corretamente. A intervenção do juízo humano permite que uma decisão se dê de maneira equivocada, insensata, tendenciosa ou perversa. O espaço para o juízo humano abre caminho para todos os erros que os seres humanos são capazes de cometer" (Weinreb, *A razão jurídica*, 2008, p. 124).

da *postulação* de razões que influenciam a tomada de decisão, neste ou naquele sentido. É assim que a *decisão jurídica* vai surgindo ao longo das várias tomadas de posição que vão se estabelecendo ao longo do conjunto de elementos que figuram e aparecem no ritual de justiça. Porém, há que se dizer, que *fatos, atos* e *direitos* não se demonstram apenas com *falas* e *alegações*, com *argumentos* e *palavras*. O jurista francês François Terré afirma que *dizer é fazer,* mas *dizer não é provar,*[48] o que traduz algo da centralidade da noção de *prova* para o interior das práticas do Direito. Deve-se esvanecer a ideia de que o procedimento está apenas constituído de *falas, palavras* e *argumentos*. Aqui, joga decisiva importância a análise e avaliação do peso que as *provas*[49] possuem para demonstrar, confirmar, verificar e conferir eficácia[50] a *atos, fatos, eventos* e até *direitos*.[51]

Neste ponto, portanto, em conexão com a *Teoria Geral do Processo*, vale afirmar que as provas são os meios pelos quais se averigua a *existência de fatos, atos, eventos* – ou até *mesmo de direitos* – apoiando e conferindo maior *certeza e segurança* para a tomada de decisão.[52] Por isso, as provas são tão importantes em processos judiciais. Por isso, a cultura da *decisão jurídica*, se tomada *in concreto*, se apoia de tal forma central sobre os *métodos* e *meios de produção, apresentação* e *avaliação das provas*. Não por outro motivo, são *vários* os diplomas legais que tratam do tema das provas, destacando-se, no entanto, a forte presença nos campos do *Direito Civil* (Código Civil) e do *Direito Processual Civil* (Novo Código de Processo Civil), do *Direito Penal* (Código Penal) e do *Direito Processual Penal* (Código de Processo Penal), do *Direito do Trabalho* e do *Direito Processual do Trabalho* (Consolidação das Leis do Trabalho).

Assim, mais objetivamente, se pode afirmar:

a) *objeto das provas*: fundamentalmente, prova-se a *existência ou veracidade de fatos, atos negócios jurídicos*, conferindo-lhes teor factual inarredável, levando-se a juízos sobre ocorrências, culpa, responsabilidades, implicações e demais consequências. É rara a necessidade de prova de direitos, sabendo-se que *iura novit curia*, levando-se em conta o que a respeito dispõe o art. 376 do novo CPC.[53] É certo,

---

[48] "L'importance du système probatoire est centrale en droit. Dire, c'est peut-être faire, mais ce n'est pas prouver" (Terré, *Introduction générale au droit*, 10. ed., 2015, p. 471).

[49] "No processo, o choque dialético das afirmações contrárias reclama a produção de provas" (Lima, *Teoria geral do processo judicial*, 2013, p. 603).

[50] "E, como se sabe, a forma do negócio está no plano de sua validade, nos termos do art. 104, inciso III, do Código Civil em vigor; enquanto a prova, no plano da eficácia" (Tartuce, *Direito Civil: lei de introdução e parte geral*, 12. ed., 2016, p. 520).

[51] "Com relação à prova – tema sobre a qual convergem normas de direito material e de direito processual –, tem-se com a noção básica a de que é um meio técnico para demonstração de fato ou de negócio jurídico" (Bittar, *Teoria geral do direito civil*, 2. ed., atual. por Carlos Alberto Bittar Filho e Márcia Sguizzardi Bittar, 2007, p. 207).

[52] "Em uma primeira acepção, *prova* é um conjunto de atividades de unificação e demonstração realizadas com o objetivo de apurar a verdade quanto às questões de fato relevantes ao julgamento" (Dinamarco, Lopes, *Teoria Geral do Novo Processo Civil*, 2016, p. 181).

[53] Art. 376 do novo CPC: "A parte que alegar direito municipal, estrangeiro ou consuetudinário provar-lhe-á o teor e a vigência, se assim o juiz o determinar".

também, que nem todos os fatos (apenas os controversos)[54] precisam ser provados, conforme dispõe o art. 374 do novo CPC.[55]

b) *meios de provas*: são vários os meios de provas admitidos em Direito e eles podem ser classificados como: meios típicos de provas, ou seja, previstos expressamente em lei; meios atípicos de provas, ou seja, não previstos expressamente em lei.[56] A respeito, o art. 369 do novo CPC afirma que as partes tem o direito de empregar todos os meios legais como meios de provas.[57] Ademais, a este respeito, é interessante ressaltar o disposto no art. 32 da Lei n. 9.099/95.[58] São considerados típicos de prova: a confissão (arts. 389 a 395 do novo CPC; art. 212, inciso I, do CC; arts. 197 a 200 do CPP);[59] o depoimento pessoal das partes; a prova testemunhal (arts. 442 e 463 do novo CPC; art. 212, inciso III, do CC); a acareação (arts. 229 e 230 do CPP); a prova documental (arts. 405 a 441 do novo CPC; art. 212, inciso II, do CC; arts. 231 a 238 do CPP); a exibição de documento ou coisa (arts. 396 e 404 do novo CPC); a prova pericial (arts. 464 a 480 do novo CPC; art. 212, inciso V, do CC); a inspeção judicial (arts. 481 a 484 do novo CPC); o reconhecimento de coisas ou pessoa (arts. 226 e 228 do CPP).[60] Atualmente, os avanços da tecnologia vêm permitindo a ampliação deste rol, considerando-se o exame de DNA, e, também, o enorme rol de novos instrumentos de prova que se valem dos *documentos eletrônicos* e *digitais*, considerando-se a respeito o disposto no art. 439 do novo CPC[61] e no disposto no art. 225 do Código Civil.[62]

---

[54] "Devem ser provados os fatos controversos, que se revelem relevantes para a resolução da causa. Não carecem de provas os fatos notórios, os fatos afirmados por uma parte e não negados pela outra e os fatos a que, excepcionalmente, a própria lei conferiu presunção de existência ou de veracidade" (Lima, *Teoria geral do processo judicial*, 2013, p. 642).

[55] Art. 374 do novo CPC: "*Não dependem* de prova os *fatos:* I. Notórios; II. Afirmados por uma parte e confessados pela parte contrária; III. Admitidos no processo como incontroversos; IV. Em cujo favor milita presunção legal de existência ou veracidade".

[56] "Entendem-se *típicas* aquelas provas que a lei prevê expressamente, definindo-lhes a forma, o modo de produção, as ressalvas à sua admissão. No processo brasileiro assim contam-se a confissão, as provas testemunhal e documental, a perícia, a inspeção judicial, entre outras. Mas, a par desses meios de prova especificados em lei, e sem prejuízo de seu emprego, existe a possibilidade de as partes valerem-se de meios probatórios não disciplinados pelo legislador: meios atípicos de prova" (Lima, *Teoria geral do processo judicial*, 2013, p. 615).

[57] Art. 369 do novo CPC: "As partes têm o direito de empregar todos os meios legais, bem como os moralmente legítimos, ainda que não especificados neste Código, para provar a verdade dos fatos em que se funda o pedido ou a defesa e influir eficazmente na convicção do juiz".

[58] "Todos os meios de prova moralmente legítimos, ainda que não especificados, em lei, são hábeis para provar a veracidade dos fatos alegados pelas partes".

[59] "Pelo que já constava do art. 332 do CPC/1973, deve-se entender que o rol do art. 212 do Código Civil é meramente exemplificativo (*numerus apertus*)..." (Tartuce, *Direito Civil:* lei de introdução e parte geral, 12. ed., 2016, p. 514).

[60] Cf. Lima, *Teoria geral do processo judicial*, 2013, p. 649 a 678.

[61] Art. 439 do novo CPC: "A utilização de *documentos eletrônicos* no processo convencional dependerá de sua conversão à forma impressa e da verificação de sua autenticidade, na forma da lei".

[62] Art. 225 do C.Civil: "As reproduções fotográficas, cinematográficas, os registros fonográficos e, em geral, quaisquer outras reproduções mecânicas ou *eletrônicas* de fatos ou de coisas fazem prova plena deste, se a parte, contra quem forem exibidos, não lhes impugnar a exatidão". A este

Capítulo XX | Raciocínio jurídico e aplicação do sistema jurídico: a decisão jurídica

c) *iniciativa das provas*: a iniciativa das provas é *tarefa comum* às partes, à Defensoria Pública, ao Ministério Público, e ao(à) Juiz(a),[63] visando à busca da verdade. A este respeito, o disposto no art. 370 do novo CPC[64] afirma a ideia de que a decisão jurídica deverá estar suficientemente revestida dos elementos necessários para a *tomada de posição*.

d) *ônus da prova*: o ônus é o encargo de produzir a prova por determinação legal, judicial ou contratual,[65] conforme disposto no art. 373 do novo CPC.[66]

e) *avaliação e interpretação do valor da prova*: a avaliação, o peso a interpretação das provas dentro do quadro probatório dos autos é tarefa exercida pelo(a) juiz(a) na forma da persuasão racional,[67] devendo demonstrar os motivos de seu convencimento, conforme disposto no art. 371 do novo CPC,[68] também considerada a importância do disposto no art. 11 do novo CPC ("Todos os julgamentos dos órgãos do Poder Judiciário serão públicos, e fundamentadas todas as decisões sob pena de nulidade").[69]

f) *prova ilícita*: por força do disposto no art. 5º, inciso LVI da CF/88, as provas ilícitas são inadmissíveis no processo. O CPP também é expresso nesse sentido, em seu art. 157 ("São inadmissíveis, devendo ser desentranhadas do processo, as *provas ilícitas*, assim entendidas as obtidas em violação e normas constitucionais ou legais"). Trata-se de chegar a demonstrar fatos, atos e negócios, e de tentar induzir decisões favoráveis, desde que respeitados limites mínimos de um *fair play*;[70]

---

respeito, a doutrina vem afirmando: "Ouros mecanismos que a tecnologia tem acrescido vêm sendo admitidos na prática judiciária, principalmente os registros eletrônicos, as gravações, os exames de caracteres genéticos e outros" (Bittar, *Teoria geral do direito civil*, 2. ed., rev. por Carlos Alberto Bittar Filho e Márcia Sguizzardi Bittar, 2007, p. 208-209); "O exame de DNA vem sendo apontado pela doutrina e pela Jurisprudência como meio de prova dos mais eficazes, justamente porque dá certeza quase absoluta da ausência ou da presença do vínculo biológico" (Tartuce, *Direito civil*: lei de introdução e parte geral, 12. ed., 2016, p. 544).

[63] "A iniciativa de requerer a produção de prova é distribuída entre as partes, os terceiros intervenientes, o Ministério Público e o Juiz" (Lima, *Teoria geral do processo judicial*, 2013, p. 639).

[64] Art. 370 do novo CPC: "Caberá ao juiz, de ofício ou a requerimento da parte, determinar as provas necessárias ao julgamento do mérito".

[65] "O ônus da prova *(onus probandi)* é o encargo, atribuído às partes por lei, ou, excepcionalmente, pelo juiz, de comprovar os fatos alegados" (Lima, *Teoria geral do processo judicial*, 2013, p. 634).

[66] Art. 373 do novo CPC: "O ônus da prova incumbe: I. Ao autor, quanto ao fato constitutivo do seu direito; II. Ao réu, quanto à existência de fato impeditivo, modificativo ou extintivo do direito do autor".

[67] "Contemporaneamente, aplica-se o sistema que se designa como da persuasão racional do juiz, ou do livre convencimento motivado" (Lima, *Teoria geral do processo judicial*, 2013, p. 630).

[68] Art. 371 do novo CPC: "O juiz apreciará a prova constante dos autos, independentemente do sujeito que a tiver promovido, e indicará na decisão as razões da formação de seu convencimento".

[69] "Como é notório, vige o sistema da persuasão racional ou do livre convencimento motivado, de sorte que não há mais tal vinculação por parte do juiz, a quem compete sopesar os elementos probatórios conforme o seu entendimento fundamentado" (Tartuce, *Direito civil*: lei de introdução e parte geral, 12. ed., 2016, p. 520).

[70] "A prova ilícita é aquela obtida com afronta às leis materiais, sendo ilegítima a prova que viole as normas processuais" (Lima, *Teoria geral do processo judicial*, 2013, p. 610).

g) *verdade em juízo*: o esclarecimento de fatos é de imprescindível importância para quaisquer julgamentos. Isso faz com que os processos sejam o *lugar* de *versões* da verdade factual, e, também, das *alegações, ilações, meias-verdades, acusações, falsas demonstrações* que vêm a *dizer* e a *contra-dizer* coisas. O olhar da prática do Direito altera o significado das coisas, como se pode perceber em toda análise antropológica.[71] Por isso, a *versão dos fatos* a que chega o(a) juiz(a) deve ser a mais robusta, bem escorada, clara e sistematicamente demonstrada nos autos, pois carrega consigo o *poder decisório* de *re-narrar* os acontecimentos.[72] A *versão dos fatos* do(a) juiz(a) é aquela a que chegou após a *avaliação* do *conjunto probatório* tendo sido persuadido(a) em determinado sentido. Assim, chega-se a uma *versão verossímil*, a uma *versão demonstrável*, a uma *versão sustentada* por provas, sendo isto importante para evitar-se o erro judiciário, o julgamento falho, a possibilidade de ser induzido(a) por versão equivocada/enganosa de uma das partes do processo/procedimento. Ainda que seja muito complexo falar de *verdade*, aproximar-se da *verdade* aqui é aproximar-se o mais possível da: verossimilhança; do julgamento preciso; do julgamento certeiro; do julgamento adequado; do julgamento correto; do julgamento justo. Não importa se no processo civil, processo penal ou do trabalho, o esforço pela *verdade real* deve sempre estar acima de esforço pela *verdade processual*, dentro dos limites e possibilidades do caso, do processo, das partes e das condições reais.[73]

Analisados estes pontos, de caráter mais técnico e preciso, com relação à importância da prova no processo, agora fica mais claro perceber o peso das *provas* para o exercício concreto dos direitos, o que delimita muito do que a *razão prática* pode fazer com as narrativas das partes envolvidas. Mas, além das provas para escudarem decisões, é importante destacar que o sistema jurídico ainda prevê: a obrigatoriedade da decisão, mesmo em caso de lacuna; a obrigatoriedade da fundamentação das decisões; a publicidade das decisões como atos oficiais de Estado; a recorribilidade e a corrigibilidade das decisões. Assim, a *razão prática* está aqui também cercada por uma série de outros imperativos sistêmicos, que estão a *pressionar*, a *definir* e a *delimitar* os esquadros e perspectivas de trabalho no campo da *decisão jurídica*.

7. DECISÃO JURÍDICA E DEMOCRACIA

A *existência* de *normas jurídicas democráticas* – fruto do papel representativo do legislador – não assegura a *boa qualidade de decisões jurídicas* e nem a *atemporalidade*

---

[71] "Trata-se, basicamente, não do que aconteceu, e sim do que acontece aos olhos do direito; se o direito difere, de um lugar ao outro, de uma época a outra, então o que seus olhos veem também se modifica" (Geertz, *O saber local*: fatos e leis em uma perspectiva comparativa, *in O saber local*: novos ensaios de antropologia interpretativa, 2014, p. 175).

[72] "(...) a certeza de ter chegado à verdade dos fatos – que determina a convicção do juiz e que o habilita a bem decidir – é o escopo da atividade probatória desenvolvida pelas partes no curso do processo" (Lima, *Teoria geral do processo judicial*, 2013, p. 604).

[73] A advertência vem sendo dada pela própria doutrina: "Não se deve, entretanto, acatar a lição antiga, segundo a qual na jurisdição penal busca-se a verdade real, ao passo que o juiz se contenta, na jurisdição civil, com a verdade formal estampada nos autos" (Lima, *Teoria geral do processo judicial*, 2013, p. 605).

das leis democráticas.⁷⁴ Ademais, *boas normas jurídicas*, ou boas regras jurídicas, não garantem *boas decisões jurídicas*. Eis um dilema a mais a ser enfrentado pela *Teoria do Direito*. E isso se deve ao fato da diferença entre estas dimensões, a da *validade*, marcada pelo processo de formação do *discurso normativo*, mais racional e mais objetivo e genérico, enquanto a dimensão da *facticidade* vem marcada pelo processo de *formação do discurso de aplicação*, mais relativo e mais individualizador. Neste ponto, Jürgen Habermas afirma: "A tensão entre facticidade e validade, imanente ao direito, manifesta-se na jurisdição como tensão entre o princípio da segurança jurídica e a pretensão de tomar decisões corretas".⁷⁵ Mas, de toda forma, é importante avançar para compreender que as boas condições pragmáticas de interação comunicativa podem assegurar um aumento da qualidade decisória, para o que os procedimentos democráticos institucionalizados e dialógicos podem vir a colaborar enormemente.

Aliás, em democracia, toda *decisão pública* (juiz; gestor público; legislador) vem melhor garantida, quando seguida de transparência e controle social, de forma que o aumento da qualidade, da correção e da democracia das decisões podem estar na razão direta deste processo de busca por juízos de concretização dialógicos, inclusivos e proceduralizados. Aliás, é neste sentido que a justiça da democracia é desafiada ao seu limite, sabendo-se que a *jurisdição hodierna* se encontra em efetivo estado de *re-construção* de seu sentido e de suas práticas, como aponta Antoine Garapon.⁷⁶ Aliás, em tempos em que o espírito público se esvai, e o *desnorte* invade as concepções de vida e de mundo, a *justiça democrática* só pode seguir a tarefa de manter-se fiel aos seus fundamentos, à sua missão social, e, também, aos valores que a distinguem em sua específica contribuição institucional.⁷⁷ A justiça democrática avança em setores cada vez mais amplos, polêmicos, complexos e vastos,⁷⁸ albergando-se questões anteriormente não levadas a juízo, e que não poupam o papel da jurisdição estatal de repensar suas práticas, o sentido de suas ações, o seu papel institucional e seus modelos de atuação.

Neste sentido, é importante, sem abandonar o papel da autorreflexão, deslocar o eixo da atenção da *personalidade do decisor*⁷⁹ para a *força das instituições*, ou ainda, para

---

[74] O trasfundo das democracias traz este tipo de preocupação, que evidencia a necessidade de se pensar que: "O consenso que este livro defende é o consenso temporário, autorreferente, circunstancial" (Adeodato, *Uma teoria dogmática de norma jurídica e do direito subjetivo*, 2011, p. 341).

[75] Habermas, *Direito e democracia*, I, 2003, p. 245.

[76] "Nunca foi tão idealizada, nunca apareceu tão frágil, e os seus instrumentos tão pouco úteis. E, no entanto, é necessário julgar apesar de tudo" (Garapon, *O guardador de promessas*: justiça e democracia, 1998, p. 163).

[77] "O sucesso da justiça é inversamente proporcional ao descrédito que afeta as instituições políticas clássicas, devido ao desinteresse e à perda do espírito público" (Garapon, *O guardador de promessas*: justiça e democracia, 1998, p. 45).

[78] "O juiz manifesta-se num número de setores da vida social cada vez mais vasto" (Garapon, *O guardador de promessas*: justiça e democracia, 1998, p. 20).

[79] "Evitemos venerar o juiz com a mesma ingenuidade com que o positivismo celebrava ontem a regra" (Garapon, *O guardador de promessas*: justiça e democracia, 1998, p. 259).

a *riqueza do procedimento*, enquanto *lugar* de conversação pública, de troca de argumentos, de oportunidades de fala, de dialogia procedimental, onde se busca a qualidade racional dos argumentos em torno de fatos e interpretações das fontes do Direito. Aliás, é neste sentido que reavivar a crítica de Jürgen Habermas a Ronald Dworkin é interessante, pois o *juiz-Hércules* deve ser liberado da exigência de proceder *monologicamente*,[80] para afrontar toda a sobrecarga de tarefas que hoje recaem sobre a *justiça democrática*, para que se possa então qualificar a *justiça democrática* a partir de instrumentos institucionais, democráticos e procedimentais para lidar com a complexidade social.

Assim, aponta-se para a transformação da cultura da decisão em torno da noção de *arbítrio judicial*, da noção de *subsunção legal-racional*, da noção de *solilóquio*, em direção à noção de *controle democrático, inclusivo, participativo e procedimental da decisão jurídica*, afinal o processo é a arena que contém um "...empreendimento comum, sustentado pela comunicação pública dos cidadãos".[81] Por isso, são postulados da razão comunicativa, neste ponto: a) a igualdade comunicativa, ou a simetria de condições de interação no processo; b) a igualdade de fala, ou a simetria de condições de problematizar condições de validade e de produzir interpretações; c) a veracidade e a sinceridade, ou as mesmas chances de expressar verdades e intenções; d) a correção das normas, ou a mesma chance de produzir normas, prometer, acordar, vincular-se. A partir daí, isso implica em preocupações prático-procedimentais: a) paridade de participação no procedimento; b) igualdade comunicativa dialógica; c) simetria nas condições de interação.[82]

Isso também obriga a pensar na dimensão da qualidade das informações sobre os fatos, as provas e a situação histórica dos acontecimentos, devendo-se a motivação racional do *decisum* ser pautada em argumentos válidos e racionais, imunizados ante à repressão e à desigualdade. No entanto, é tão verdade afirmar que as decisões jurídicas são tomadas com mais dificuldades diante da escassez/falta de informações quanto afirmar que decisões jurídicas são tomadas com mais dificuldades em face do excesso de informações, especialmente hoje, diante dos excessos produzidos pela sociedade da informação.

Daí se extrai esta conclusão, qual seja, a de que a *verdade jurídica*, ainda que *relativa*, como a identifica o jurista francês François Terré,[83] não está na semântica da

---

[80] "(...) liberar Hércules da solidão de uma construção teórica empreendida monologicamente" (Habermas, *Direito e democracia*, I, 2003, p. 277).

[81] Habermas, *Direito e democracia*, I, p. 278.

[82] "As pressuposições mais importantes são as seguintes: (a) inclusão e caráter público: não pode ser excluído ninguém desde que tenha uma contribuição relevante a dar no contexto de uma pretensão de validade controversa; (b) igualdade comunicativa de direitos: todos têm a mesma chance de se manifestar sobre um tema; (c) exclusão da ilusão e do engano: os participantes têm de acreditar no que dizem; (d) ausência de coações: a comunicação deve estar livre de restrições que impedem a formulação do melhor argumento capaz de levar a bom termo a discussão" (Habermas, *Entre naturalismo e religião*: estudos filosóficos, 2007, p. 61-62).

[83] "En droit comme ailleurs, et plus qu'ailleurs, la vérité est relative" (Terré, *Introduction générale en droit*, 10. ed., 2015, p. 474).

norma jurídica, no fundo da norma jurídica, ou ainda, no texto da norma jurídica. Junte-se a esta conclusão, esta outra, segundo a qual a *verdade jurídica* não está na mente do juiz, não está contida no universo subjetivo do juiz, e nem será inferida pela monologia do solilóquio do juiz. Mas, será a troca argumentativa que haverá de ocorrer ao longo de todo o procedimento,[84] considerando os vários elementos em jogo (fatos; provas; fontes do direito; interpretações; argumentos) que levarão a um *desfecho jurídico adequado*, no processo de transferência dos elementos do processo para a efetiva situação no mundo das relações humanas, uma discussão que toca bem de perto no plano da efetividade do processo.[85]

8. DECISÃO JURÍDICA, MÍDIA, COMUNICAÇÃO E DEMOCRACIA

A mídia pode interferir no raciocínio jurídico, e por isso, vale pensar o papel da mídia nas sociedades contemporâneas, especialmente considerada a era da informação. A mídia exerce tarefa de *comunicação social* de fundamental importância, qual seja, o *direito-dever* de informar. A *liberdade de expressão* é questão da mais alta importância, decisiva para a formação de opinião dos cidadãos, para a qualidade da democracia e o desenvolvimento da esfera pública.[86] O art. 220 da CF/88 ("A manifestação do pensamento, a criação, a expressão e a informação, sob qualquer forma, processo ou veículo não sofrerão qualquer restrição, observado o disposto nesta Constituição. § 1º Nenhuma lei conterá dispositivo que possa constituir embaraço à plena liberdade de informação jornalística em qualquer veículo de comunicação social, observado o disposto no art. 5º, IV, V, X, XIII e XIV. § 2º É vedada toda e qualquer censura de natureza política, ideológica e artística. (...)") está interligado ao art. 5º da Constituição Federal, incisos IV ("é livre a manifestação do pensamento, sendo vedado o anonimato") e IX ("é livre a expressão da atividade intelectual, artística, científica e de comunicação, independentemente de censura ou licença"), mas estes direitos não são *absolutos*,[87] quando confrontados ou em colisão com outros direitos fundamentais, e é

---

[84] "As regras do processo não regulam, pois, os argumentos permitidos, nem o prosseguimento da argumentação; porém eles garantem espaços para discursos jurídicos que se transformam no objeto do processo, porém somente no resultado" (Habermas, *Direito e democracia*, I, p. 294).

[85] "A efetividade diz respeito à real satisfação do direito judicialmente reconhecido, ao seu implemento no mundo da vida" (Dinamarco, Lopes, *Teoria Geral do Novo Processo Civil*, 2016, p. 55).

[86] "A esfera pública pode ser descrita como uma rede adequada para a comunicação de conteúdos, tomadas de posição e opiniões; nela os fluxos comunicacionais são filtrados e sintetizados a ponto de se condensarem em opiniões públicas enfeixadas em temas específicos" (Habermas, *Direito e democracia*, v. II, 2003, p. 92).

[87] "Independentemente da tese que se acaba de registrar, é evidente que tanto a liberdade de informação, como a de expressão, e bem assim a liberdade de imprensa, não são direitos absolutos, encontrando limites na própria Constituição. É possível lembrar dos próprios direitos da personalidade já referidos, como a honra, a intimidade, a vida privada e a imagem (arts. 5º, X e 220 § 1º), a segurança da sociedade e do Estado (art. 5º, XIII), a proteção da infância e da adolescência (art. 21, XVI); no caso específico de rádio, televisão e outros meios eletrônicos de comunicação social, o art. 221 traz uma lista de princípios que devem orientar sua programação" (Barroso, Liberdade de expressão *versus* direitos da personalidade. Colisão de direitos fundamentais e

do equilíbrio e do arranjo relacional destes direitos que exsurgem práticas midiáticas democráticas e pluralistas.

Do ponto de vista infraconstitucional, com a revogação da Lei de Imprensa (Lei n. 5.260/67), do período da ditadura, por força de decisão do STF (ADPF n. 130/DF, 2009), o sistema jurídico brasileiro acabou ficando despido de um Marco Normativo democrático, pluralista e moderno,[88] que garanta a liberdade, mas que fixe limites e responsabilidades para o exercício da liberdade de imprensa. Assim, a partir de então, em plena era da informação e das novas mídias, de profundos avanços nas tecnologias da informação,[89] de um lado, vive-se uma *anarquia informacional*, seguida de *anomia jurídica*, de outro lado, vive-se toda tentativa de regulamentação da mídia recai no tabu da relação regulação *versus* censura. Assim, atualmente, é essencial a regulamentação democrática da mídia brasileira, em direção à: a) definição de direitos e deveres; b) previsão de consequências éticas e jurídicas; c) estabelecimento de limites mais explícitos; d) fomento à pluralização e à desmonopolização. E isso porque, se exercida com responsabilidade é algo de fundamental importância para a saúde da democracia, mas se exercida de forma ilimitada, pode também significar um grave prejuízo à própria democracia que pretende proteger e realizar.[90]

8.1. Decisão jurídica, mídia, poder e justiça

Temas caros ao Direito, tais como, judiciário, violência, crimes sangrentos, corrupção, deficiências de serviços públicos, justiça, segurança pública, costumam mobilizar a mídia. Ainda que estes temas sejam recorrentes nas mídias de massa, não necessariamente esta alquimia é suficientemente construtiva, como alerta Antoine Garapon.[91] A partir daí, costuma incendiar a opinião pública, e, muitas vezes, alarmizam pela curiosidade sadomasoquista que as informações geram, além de fomentar o acirramento de opiniões e leituras de realidade. Esse tipo de questão é especialmente relevante em temas do campo do Direito Penal,[92] no qual os profissionais se deparam

---

critérios de ponderação, *in Direitos fundamentais, informática e comunicação: algumas aproximações* (SARLET, Ingo Wolfgang, org.), 2009, p. 84 e 85).

[88] "Um marco regulatório eficiente e pluralista, capaz de preservar o lugar essencial de radiodifusão pública, fortalece a democracia, favorece a concorrência e gera as condições para que os talentos floresçam, as notícias fluam, a invenção estética seja mais frequente e pujante" (Bucci, *O Estado de Narciso*: a comunicação pública a serviço da vaidade particular, 2015, p. 95 e 96).

[89] "Na época da Internet e do ciberespaço, o sonho da transparência absoluta, isto é, de uma sociedade autorregulada sem necessidade de recorrer a instituições, resulta de um embuste. É falso – e perigoso – acreditar na ausência de mediações" (Garapon, *O bem julgar*: ensaio sobre o ritual judiciário, 1999, p. 286).

[90] Este exemplo, citado por Antoine Garapon, é uma clara demonstração de que a postura pode definir muito da forma como se evidencia a relação entre mídia, democracia e instituições públicas: "O jornalismo deve a todo custo encontrar a falha, denunciar o escândalo. Tudo isto conduz a uma 'cultura de desconfiança relativamente às figuras públicas e às instituições democráticas'" (Garapon, *O guardador de promessas*: justiça e democracia, 1998, p. 86).

[91] "Esta alquimia duvidosa entre justiça e *media* mostra um desregramento profundo da democracia" (Garapon, Antoine, *O guardador de promessas*: Justiça e democracia, 1998, p. 77).

[92] A este respeito, consulte-se Sarlet, *Constituição, proporcionalidade e direitos fundamentais:* o Direito Penal entre proibição de excesso e de insuficiência, *Boletim da Faculdade de Direito da Universidade de Coimbra*, Coimbra, vol 81, 2005, p. 325-386, p. 340-341.

com casos de repercussão midiática, gerando novos tipos de preocupação para a reflexão, inclusive, no campo da *Teoria do Direito*, em especial no campo da teoria da decisão jurídica.

O poder das mídias de massa (TV; rádio; jornal; revista; blog; redes sociais; etc.) tem a ver com a irradiação, o alcance e capilaridade, a autoridade informacional, a facilidade de acesso, a imediatidade e a prontidão da informação. O poder dissuasório das mídias de massa se realiza pela multiplicidade das linguagens, pois se utilizam da *imagem*, do *som*, da *palavra oral*, da *palavra escrita*, assumindo a capacidade de, em larga escala, veicular com facilidade, sem prerrequisitos, com alcance consciente e inconsciente. Isto tem provocado uma *curiosidade* crescente, uma difusão *sem precedentes*, mas também uma *anestesia* de consciência e qualidade da informação.[93]

Desta forma, o poder das mídias de massa serve como um *contra-poder* em face de outros *poderes sociais* (poder político; poder econômico; poder burocrático), de forma a colaborar para informar, visibilizar, fazer-saber, conscientizar, pulverizar, irradiar, garantir transparência, denunciar, controlar, tornar transparente. Não por outro motivo, uma *esfera pública midiática* íntegra e forte é de fundamental importância para a *vitalidade democrática*. No entanto, há fronteiras entre o bom e o mau exercício do direito de informar, podendo-se, no exercício destas atividades, conhecer-se de perto, o abuso, a distorção, o deslimite, a manipulação, a sede de lucro, a ganância pelo furo profissional, o incentivo ao rebaixamento qualitativo da informação, a aparência de neutralidade e o uso ideológico real, o controle ideológico de mentalidades, a assunção de uma posição política em face da luta de classes, a alienação e a anestesia na seletividade de disseminação da informação. E isso porque a velocidade, a urgência e a imediatidade da construção de mensagens midiáticas levam à falta de pesquisa, à escuta de um dos lados envolvidos, à falta de busca de subsídios técnicos, ao risco do erro ou da superficialidade.[94]

Fato é que existe uma desproporção na forma como a *cultura midiática* e a *cultura do direito* lidam com o cuidado com os temas de justiça. E, as mídias de massa vem ganhando um espaço enorme no campo da relação Mídia/ Decisão Judicial, passando-se a vivenciar um momento em que a *midiatização do poder decisório* externaliza a decibilidade à *opinião pública*, levando-se a efeitos que devem ser melhor pensados, como por exemplo, o empoderamento dos meios de comunicação como *meios de pressão sobre a decisão jurídica*, o acovardamento dos *mecanismos institucionais* e o enfraquecimento da *autonomia judicial*.

Há, certamente, iniciativas valiosas de democratização da informação relativas à cidadania e aos direitos, com experiências consolidadas neste setor (TV Senado;

---

[93] "Atualmente, os *media* e a justiça disputam entre si o local de visibilidade da democracia. O desenvolvimento tecnológico dos novos meios de comunicação estimulou o impulso do querer ver e, ao mesmo tempo, anestesiou o desejo de compreender para além do visível" (Garapon, *O bem julgar*: ensaio sobre o ritual judiciário, 1999, p. 274).

[94] "(...) o tempo contemporâneo é vivido com um sentimento permanente de urgência – não por acaso, as pessoas se dizem 'bombardeadas' pelo excesso de trabalho ou por uma multiplicidade de solicitações simultâneas" (Kehl, *O tempo e o cão*, 2009, p. 167).

TV Justiça; TV Cidadania; TVs Universitárias; TV STF), que ampliam o universo de compreensão do Direito para fora do grupo dos profissionais e especialistas da área. Mas, deve-se lamentar o maior número de vezes em que a mídia se pronuncia sobre temas de justiça, pois tende a querer exercer o seu *poder comunicativo* na base de um *poder de acesso à realidade, às provas e, portanto, à única verdade*. Aqui, mais do que *contra-poder* a outros poderes sociais, a mídia acaba exercendo um papel em que confere a ilusão aos cidadãos de que alcançaram toda a verdade, diretamente, e como retrato da mais pura realidade.[95]

Neste ponto, a distorção está em dar a entender que é possível uma *justiça* feita e interpretada *diretamente* pela mídia, plenamente transparente. E isso porque o *poder midiático* tende a se colocar no lugar dos agentes públicos para *fazer justiça* por seus próprios meios e métodos,[96] inclusive, investigativos da informação. Diante de certos casos, a precipitação da divulgação de uma informação, a pretexto de torná-la pública, não somente gera falsa ilação, como gera uma antecipação e usurpação do poder de julgamento, como assinala Mireille Delmas-Marty,[97] ou ainda, recai no simples prejuízo das tarefas judiciárias, policiais e investigativas atinentes a um caso concreto.[98]

8.2. Decisão jurídica, mídia, raciocínio jurídico e poder midiático

No que tange ao exercício do raciocínio jurídico, da decisão jurídica e o poder midiático é necessário destacar o *poder de influência sobre as tomadas de decisão* que a mídia é capaz de exercer, até o limite do *trial by media*. Este é um fator que, cada vez mais, deve estar presente no cálculo do raciocínio que deve ser levado em conta pelo profissional do direito, na era da informação. Se já se constatou, anteriormente, que o processo de tomada de decisão é um processo complexo, aqui se está diante de mais um fato de complexificação.[99] Esse *poder de influência* é capaz de redirecionar a relação decisória, considerando-se o *poder de pressão* sobre o julgador, sobre a opinião pública, e, também, sobre as partes. A mediação da mídia, em casos de *justiça*, portanto, acaba tendo presença dos *media* e intersecciona o caminho em direção à decisão. Por isso, se um caso recebe tratamento midiático, deverá exigir o *redobrado cuidado* do profissional do Direito, em face de alguns riscos adicionais que passam a se somar ao *ritual*

---

[95] "Os *media* são mais do que um contra poder e mais do que um poder. O seu tom é o da autoridade entendida como o poder de mostrar a realidade" (Garapon, *O guardador de promessas:* justiça e democracia, 1998, p. 95).

[96] "Quando a imprensa se debruça sobre um processo, não se limita a explicar o trabalho da justiça ou denunciar o seu mau funcionamento: alimenta o desejo de se substituir ao juiz e julgar no seu lugar" (Garapon, *O bem julgar:* ensaio sobre o ritual judiciário, 1999, p. 276).

[97] "Se é verdade que a mídia pode participar do processo judiciário recriando, pela narrativa ou pela imagem, a distância necessária entre o sujeito e seu ato, é com a condição de nem por isso desqualificarem as encenações judiciárias e não usurparem o poder de julgar, ou seja, de declarar culpado e de condenar" (Delmas-Marty, *Por um direito comum*, 2004, p. 22-23).

[98] "Divulgar uma informação demasiado cedo pode não só prejudicar o trabalho da justiça, mas sobretudo, falseá-la" (Garapon, *O guardador de promessas:* justiça e democracia, 1998, p. 89).

[99] "A opinião pública é um fator extrajurídico relevante no processo de tomada de decisões por juízes e tribunais" (Barroso, *Curso de direito constitucional contemporâneo*, 4. ed., 2013, p. 444).

de produção de justiça, a saber, a espetacularização do caso, a divulgação e o vazamento de informações sigilosas do processo, a redução ao senso comum de questões técnicas complexas, o uso da linguagem apelativa e a escandalização do caso, a "glamourização", a reverberação negativa, o prejulgamento a favor de uma das partes, a quebra da oportunidade de defesa, a demonização do(a) réu(ré).

As mídias de massa, então, expõem *casos jurídicos* a riscos de contaminação, precipitação, distorção, equívocos e perda de autonomia decisória, podendo, inclusive, vir a violar a privacidade, violar o sigilo, provocar julgamentos precipitados, antecipar a derrota da defesa, induzir alarmismo social, violar direitos e garantias processuais, atropelar a presunção de inocência, impedir a defesa técnica para construir o paralelo da defesa midiática, coarctar a liberdade de exercício profissional dos profissionais do caso. Estas situações revelam distorções, exceções e situações excepcionais, mas, o movimento provocado pelas mídias de massa é o de deslocar o auditório dos contendentes do processo ao auditório de espectadores midiáticos, e este movimento, que parece simples, implica em consequências severas, pois o *espaço processual* é um *locus* apropriado para o *ritual de justiça*. Este deslocamento implica em perda de informação, em perda de conhecimento e em perda de racionalidade, ganhando-se em sensacionalismo, superficialidade e emoção.[100]

A maior cautela, neste sentido, aponta para a tarefa do profissional do Direito evitar a *patologia* da situação em que a *mídia* determina o que o Judiciário tem de concluir em determinada decisão, clareando-se a perda de autonomia do Poder Judiciário. Não se trata de fechar os olhos ao fenômeno, não se trata de encerrar o Poder Judiciário,[101] mas se trata de acautelar a *modos* e a *métodos*, e considerando-se a autonomia judiciária e as peculiaridades do *ritual de justiça*,[102] pois este envolve direitos e deveres que não podem ser simplesmente guilhotinados diante do *poder midiático*. Há inúmeros casos em temas de *política*, em temas de *justiça* e em temas de *cidadania*, que envolvem direitos e deveres, em que se tropeça nas *irracionalidades midiáticas*, sendo o caso da Escola de Base o mais notório equívoco da história contemporânea da mídia, que levou a um linchamento midiático dos envolvidos.

É importante, à teoria da decisão jurídica ter presente que o surgimento de alguns fenômenos recentes, que são listados a seguir, neste campo, têm provocado inúmeras consequências, a saber: 1) o populismo judiciário;[103] 2) a demonização da defesa

---

[100] "Ora, os *media* oferecem diretamente acesso ao auditório universal, o que permite às partes contornarem as objeções colocadas pelo direito. Esta confusão entre auditórios é perigosa, visto dar uma primazia excessiva à emoção e à ignorância. O sensacional desnatura o contraditório. A imagem deve estar ao serviço da democracia, e não o inverso" (Garapon, *O bem julgar*: ensaio sobre o ritual judiciário, 1999, p. 280).

[101] "A deliberação pública é uma singularidade brasileira. A transmissão ao vivo dos julgamentos, por uma televisão oficial, constitui traço distintivo ainda mais original, talvez sem outro precedente mundo afora" (Barroso, *Curso de Direito Constitucional Contemporâneo*, 4.d., 2013, p. 441).

[102] "Os *media* ufanam-se de serem os primeiros a revelar os elementos de prova" (Garapon, *Bem julgar*: ensaio sobre o ritual judiciário, 1999, p. 276).

[103] "O populismo judicial é tão pernicioso à democracia como o populismo em geral" (Barroso, *Curso de Direito Constitucional Contemporâneo*, 4. ed., 2013, p. 444).

criminal; 3) a revogação prática do princípio da presunção da inocência;[104] 4) a apresentação pública de "provas" perante a audiência pública, podendo-se estar diante de: divulgação de "provas" prematuras; "provas" isoladas e descontextualizadas (inclusive, obtidas por meios ilícitos), sendo apresentadas como uma demonstração cabal da verdade unilateral; "provas" descobertas que não são suficientes para os juízos da decisão, atropelando-se as cautelas do processo, se subsumindo ao papel do julgador; "provas" que se pretendem estar acima de tudo, inclusive como uma forma de eliminação do argumento e do contraditório processual; 5) a falta de espaço para o exercício da livre persuasão racional, e da independência do papel do Judiciário, em face da pressão midiática, da pressão da opinião pública, podendo-se, com isso, conduzir a justiça a situações de *irracionalidades midiáticas* que se tornam *irracionalidades judiciárias*. Ao analisar, por exemplo, a *midiatização do STF*, esses efeitos podem ser analisados inclusive do ponto de vista semiótico, reconhecendo-se atualmente os seguintes fenômenos: (i) a *starização* da justiça; (ii) *desritualização* da justiça; (iii) a *justicialização* da justiça; (iv) a *hiperexposição* da justiça; e (v) a *fragilização* da justiça.[105]

As consequências se projetam sobre as partes, sobre os profissionais do Direito, mas também sobre a qualidade da justiça que se oferece aos jurisdicionados.[106] A independência da Justiça deve significar que a decisão jurídica não pode perder de vista e nem abandonar preocupações com institucionalidade, legalidade, proporcionalidade, ponderação, correção, independência, autonomia e livre persuasão racional. Assim, o tema da correlação entre o processo de produção de decisões jurídicas, o exercício do raciocínio jurídico, a democracia, a esfera pública midiática e o poder de pressão dos *media* trazem, para o profissional do Direito, um novo redimensionamento da forma como a decisão jurídica é produzida na era da informação e do predomínio dos novos meios de comunicação.[107]

CASO PRÁTICO
O CASO DA OPERAÇÃO DA POLÍCIA FEDERAL

Em tempos de profunda crise econômico-financeira, política, social e moral, Ígor inicia suas atividades virtuais, de forma ainda receosa, e em caráter "fechado", postando mensagens no *Facebook*. Suas mensagens são escritas expressando o ódio contra mulheres, mi-

---

[104] "A imprensa propõe ao bom senso dos expectadores uma verdade imediata, que já não é mediada, nem mesmo pela linguagem. Apresenta-a como sendo superior à verdade judiciária, excessivamente tributária das ficções jurídicas e dos artifícios processuais. Denuncia o artifício da lei, a ficção da presunção da inocência" (Antoine Garapon, *O bem julgar*: ensaio sobre o ritual judiciário, Trad. Pedro Filipe Henriques, Lisboa, Inst. Peaget, 1999, p. 279).

[105] Cf. Bittar, La médiatisation de la Cour Suprême, *in E/C Rivista dell'Associazione Italiana di Studi Semiotici*, anno XVI, n. 35, 2022, p. 188-207.

[106] "Uma verdade prematura modifica o comportamento das pessoas evolvidas no processo, mesmo até o dos juízes" (Garapon, *O bem julgar*: ensaio sobre o ritual judiciário, 1999, p. 278).

[107] "Todavia, existe nesse domínio uma fina sutileza. Embora deva ser transparente e prestar contas à sociedade, o judiciário não pode ser escravo da opinião pública. Muitas vezes, a decisão correta e justa não é a mais popular" (Barroso, *Curso de Direito Constitucional*, 4. ed., 2013, p. 443).

norias, negros, homossexuais, judeus e intelectuais. O acolhimento de suas ideias entre familiares e amigos(as) o encorajam a "abrir" sua página no *Facebook*, para a visualização de novos seguidores. Seu sucesso repentino, da invisibilidade social em ambientes reais à relativa expansão de seguidores em ambiente virtual, o faz acreditar que suas razões são as de muitos(as).

Assim, suas mensagens esporádicas se tornam rotineiras, e sua atividade de um mero *hobby* se torna uma atividade sistemática. É assim que Ígor inicia a tarefa de ampliação do alcance de suas ações: a) do *Facebook* ao *Twitter*, e destes à *Deep Internet*; b) da página individual aos grupos de discussão; c) da divulgação de ideias pessoais ao ataque a páginas de outras pessoas e instituições; d) da ação individual ao incentivo a outros comportamentos similares por mais pessoas, até à formação de uma liderança em processos coletivos de ataques organizados a pessoas, a instituições e ao incentivo a massacres. Assim, seguiram-se anos de ação, com vítimas entre jovens, adolescentes, crianças, adultos, idosos e, em seguida, grupos políticos, lideranças políticas, instituições sociais, escolas e universidades.

A Polícia Federal toma conhecimento do caso, após denúncias anônimas, e, desde pronto, constata graves dificuldades na apuração desses delitos, tendo-se em vista duas ordens de dificuldades relativas: 1) ao mundo virtual: 1.1) a invisibilidade e o anonimato virtual de quem os pratica; 1.2) a pluralidade interconectada de seus(uas) coautores(as); 1.3) a capacidade de investigação de rastros digitais em ambientes virtuais de disseminação de ideias racistas, homofóbicas, sexistas, antissemitas e extremistas, pois se formam e se dissolvem com rapidez, exatamente para evitar que sejam detectados(as) e culpabilizados(as); 2) ao conjunto de normas que potencialmente incidem no caso: 2.1) a Constituição Federal de 1988 trata seja da liberdade de expressão, seja do combate ao racismo; 2.2) a Lei n. 7.716/89 trata dos crimes resultantes de preconceito de raça ou cor; 2.3) o Código Penal, em seu art. 286, trata da incitação à prática de crime; 2.4) o Marco Civil da Internet (Lei n. 12.965/2014) estabelece princípios, garantias, direitos e deveres para o uso da Internet.

A atuação da Polícia Federal, antes de a Operação ser deflagrada, obedece a protocolos de cautela e atenção máxima, para que as equipes possam chegar às cidades de forma organizada, tendo-se traçado a estratégia de atuação de forma a equilibrar quatro desafios, previamente conhecidos; a) a legalidade e a forma da atuação por protocolos oficiais de atuação; b) a efetividade da ação e o "efeito surpresa" da ação no campo; c) os limites legais das apreensões e prisões em flagrante delito; d) a pressão da mídia para obter informações relevantes para divulgação.

A partir do momento em que a Operação é deflagrada, as equipes vão a campo, de modo a se disparar simultaneamente apreensões de materiais e detenções nos Estados de Alagoas, Rio Grande do Sul, Minas Gerais, Sergipe, Mato Grosso e Santa Catarina, com as devidas autorizações judiciais previamente obtidas.

Diante do caso, discuta a noção de concretização do Direito, em face dos desafios trazidos pela situação fática, sabendo-se, sobretudo, que envolve um ramo do Direito de recente existência – o Direito Digital –, considerando, em especial, o papel que as provas produzidas na fase do inquérito policial e as provas produzidas em juízo têm a oferecer.

Para isso, atue considerando as seguintes etapas do caso concreto:

1. Na fase de formação da Operação por parte da Polícia Federal, a equipe se pergunta se há fundamentos legais e constitucionais para se trabalhar com situações-limite de intolerância, para a sua posterior realização no campo. Enquanto Delegada Federal, líder da equipe, dirija-se ao grupo de trabalho formado em torno do caso, apontando os fatos que estão ocorrendo e tratando dos fundamentos constitucionais e legais da Operação, antes da ida a campo e da deflagração da Operação perante a população, na medida em que vem sendo desenvolvida sob sigilo;

2. Na fase de julgamento do caso pelo Judiciário, entram em discussão, pela via da defesa dos réus, argumentos relativos à extensão da noção constitucional de "liberdade de expressão". Por parte da acusação, refute os argumentos apresentados, com base em: a) leis vigentes; b) precedentes judiciais do Tribunal de Justiça, do Superior Tribunal de Justiça ou do Supremo Tribunal Federal; c) argumentos relativos à história dos direitos humanos; d) argumentos morais sobre os abusos em ambiente digital;

3. Na posição de juiz(a), como chegar a uma decisão justa neste caso concreto? Elabore a sentença judicial e seus fundamentos jurídicos, avaliando e apoiando-se nas mais sólidas provas – inclusive obtidas em meios digitais – trazidas ao processo judicial.

CAPÍTULO XXI
RACIOCÍNIO JURÍDICO, DECISÃO JURÍDICA E ARBÍTRIO

Sumário: 1. Decisão jurídica, arbítrio e ato de vontade; **2.** Decisão jurídica, interpretação autêntica e interpretação científica; **3.** Decisão jurídica, raciocínio jurídico e verdade jurídica; **4.** Decisão jurídica e verdade jurídica nas teorias contemporâneas; **5.** Decisão jurídica, democracia e argumentação; **6.** Decisão jurídica, algoritmo e verdade jurídica: a justiça digital; Caso prático.

1. DECISÃO JURÍDICA, ARBÍTRIO E ATO DE VONTADE

Anteriormente, já se pôde perceber e verificar que as *múltiplas linguagens*, que operam complexamente no interior do sistema jurídico, significam *desafios para a aplicação do direito*. A partir daí, se pôde extrair a ideia de que são diversas, também, as pressões que *condicionam* e *formatam*, *moldam* e *marchetam*, as *decisões jurídicas*, tendo-se nestes *atos de linguagem* que formam *nós semióticos*. Isso já permitiu enxergar que o *intérprete* não é passivo no processo de aplicação do Direito, se tornando *co-autor* do legislador. Ora, esta *co-autoria* faz com que a regra jurídica seja plena apenas na *aplicação-do-direito*. Mas, deve-se perguntar se esta *co-autoria* implica uma concessão do legislador a que o intérprete aja com *plena liberdade*. Assim, é a partir desta pergunta preliminar, que se abrem outras tantas perguntas, tais quais: o ato do intérprete de atribuição de sentido à regra jurídica é inteiramente livre?; o ato do intérprete, enquanto fruto do raciocínio jurídico, é pura vontade, ou, puro arbítrio, ou pura razão, ou fruto da livre convicção? Este conjunto de questões devem ser os elementos que orientarão e guiarão o percurso de busca de respostas, neste campo.

Assim, pode-se partir da noção de *ato*, para o fim de perseguir o objetivo de satisfazer este campo de questões em aberto, atribuindo-se inicialmente à noção de *ato* o sentido a ele conferido por Hans Kelsen, entendendo-se que o *ato do intérprete* é um *ato de vontade*,[1] de modo que o *ato de escolha* que funda uma *decisão jurídica* é puro fruto do *poder* que as normas jurídicas atribuem à investidura para o exercício de um cargo em função decisória para dentro do sistema jurídico.

---

[1] "Através deste acto de vontade se distingue a interpretação jurídica feita pelo órgão aplicador do Direito de toda e qualquer outra interpretação, especialmente da interpretação levada a cabo pela ciência jurídica" (Kelsen, *Teoria Pura do Direito*, 1976, p. 470).

Mas, aqui se encontra um problema, que é mais do que teórico, pois tem efeitos prático-aplicativos, na medida em que associar *arbítrio, ato de escolha* e *ato de vontade* vem sendo uma questão preocupante há séculos, dentro da história da *Filosofia*, dentro da história da *Filosofia Política*, em especial, e não poderia ser diferente dentro da *Teoria do Direito*. Ao menos do ponto de vista da razão moderna, é um esforço do Iluminismo (*Aufklärung*, al.; *Lumières*, fr.) a busca de racionalização do mundo da vida, a busca de esclarecimento e justificação, o que acaba significando o combate a toda forma de arbítrio e de falta de justificação dos atos de poder. Não por outro motivo, do ponto de vista das teorias contemporâneas e democráticas, o esforço tem sido maior de apresentar *razões* para as tomadas de decisão no campo do Direito. Não por outro motivo, o dualismo *arbítrio x razão* se constitui num dos mais presentes do debate moderno sobre o Direito.[2]

Mas, o desafio de tratar desta questão não é pequeno, na medida em que toda a tendência das teorias contemporâneas tem sido a de combater a *irracionalidade* ou a *cegueira dogmática* da crença incondicional na lei derivada do *positivismo*. Porém, ao gerar-se a crítica do *positivismo*, deve-se ter presente o cuidado de não se recair noutro erro, qual seja, o de sair do campo do *arbítrio do legislador* e cair no campo do *arbítrio do intérprete*. Então, o ponto ótimo de congruência dos problemas gerados pelas *teorias positivistas* e pelas *teorias da interpretação*, ou ainda, pelas posturas teóricas do *formalismo* e do *realismo*, como aponta Riccardo Guastini,[3] deve ser encontrado no campo de uma outra tradição, capaz de assegurar o equilíbrio entre estas posições divergentes, que acabam abrindo campo para que o *arbítrio* se instale, ou nas mãos do legislador, ou nas mãos do intérprete. Essa busca terá continuidade nos itens a seguir, mas é importante já constatar, com Mireille Delmas-Marty, que a lógica é necessária, mas não suficiente, para equacionar os problemas do Direito,[4] e, com Carlos Santiago Nino, que a decisão jurídica deve encontrar um ponto ótimo entre o respeito à representatividade democrática e a responsabilidade moral decisória.[5]

---

[2] A constatação é do jurista espanhol Josep Agiló Regla, neste trecho: "Não há dúvida de que um dos grandes dualismos a que recorre a história do pensamento jurídico é a oposição entre vontade e razão" (Regla, *Teoria geral das fontes do Direito*, 2014, p. 143).

[3] "É falso que as decisões dos juízes são sempre controladas por normas pré-constituídas, sem margem de discricionariedade (como quereria o formalismo); mas é igualmente falso que os juízes decidem discricionariamente sempre e de uma maneira ou outra (como quereria o realismo)" (Guastini, *Das fontes às normas*, 2005, p. 148).

[4] "É que nenhum modelo lógico consegue suprimir o risco de arbitrariedade, inerente à predeterminação da norma segundo o modelo silogístico, ou à codeterminação segundo as lógicas de graduação. Necessária, a lógica não basta para garantir a juridicidade das normas" (Delmas-Marty, *Por um direito comum*, 2004, p. 176).

[5] "Os juízes não podem ignorar os objetivos sociais coletivos, mas devem se ater aos que estão legitimados pelos órgãos que gozam de representatividade democrática. Em contrapartida, não podem renunciar, com base em argumentos de autoridade, a sua responsabilidade moral de decidir em virtude de princípios que consideram válidos. Essa é a única forma de cumprir com seu papel de intermediários entre a coação e a justiça" (Nino, *Introdução à análise do direito*, 2015, p. 513).

Capítulo XXI | Raciocínio jurídico, decisão jurídica e arbítrio

2. DECISÃO JURÍDICA, INTERPRETAÇÃO AUTÊNTICA E INTERPRETAÇÃO CIENTÍFICA

A *Teoria Pura do Direito* de Hans Kelsen desenvolve uma concepção de um *positivismo normativista*, e que irá representar um largo avanço teórico à sua época, no início do século XX. Quando se avança em sua compreensão, se percebe que se tratou de uma teoria moderna para a autonomia científica do Direito, de uma teoria crítica à teoria tradicional, ou seja, crítica do positivismo do século XIX e que, no campo da linguagem, concebe que não existe a verdade jurídica, no campo da decisão jurídica, enquanto a *solução única* para o caso concreto.[6]

A postura teórica de Hans Kelsen é avançada à sua época, e, em parte, isto se deve ao fato de, apesar de Hans Kelsen, enquanto jurista austríaco, não ter pertencido diretamente ao Círculo de Viena (Áustria, 1907-1929), ao menos, ter sido contemporâneo e desenvolvido estudos paralelos aos do Círculo de Viena e de seus autores (Hans Hahn, Phillip Frank, Otto Neurath, Moritz Schlick, Rudolf Carnap),[7] no campo da lógica e da lógica jurídica, dentro de uma mesma atmosfera de descobertas científicas, sabendo-se o quanto o *positivismo lógico* e o *positivismo jurídico* são contemporâneos. Os estudos lógicos do *Círculo de Viena* ganharam grande repercussão, influenciando de forma direta ou indireta, diversos autores à época contemporâneos.

Assim é que a *Teoria Pura do Direito* não irá ignorar os enormes avanços no campo da lógica e da linguagem, que irão modificar a compreensão que se tem das *palavras-da-lei*. Neste sentido, Hans Kelsen compreendia que para cada norma N não haveria de corresponder apenas o sentido N, como queria a Escola da Exegese, na França,[8] no século XIX, mas, ao invés disso, sempre haveria de corresponder, enquanto possibilidades de interpretação de seu sentido, N1, N2, N3, N4 e Ni.[9]

Hans Kelsen irá dedicar, dentro de toda a estrutura da obra *Teoria Pura do Direito* (Capítulo 1: Direito e Natureza; Capítulo 2: Direito e Moral; Capítulo 3:

---

[6] "A teoria usual da interpretação quer fazer crer que a lei, aplicada ao caso concreto, poderia fornecer, em todas as hipóteses, apenas *uma única* solução correcta (ajustada) e que a *justeza* (correcção) jurídico-positiva desta decisão é fundada na própria lei" (Kelsen, *Teoria Pura do Direito*, 1976, p. 467).

[7] A respeito desta simultaneidade, leia-se: "O Círculo de Viena, de Schlick, e a Escola de Viena, de Kelsen, foram contemporâneos e conviveram na mesma cidade dos sonhos, entretanto, os membros de cada movimento não costumavam frequentar as mesmas reuniões, apesar de pertencer à Universidade, mantendo um contato quase superficial, sem criar um intercâmbio efetivo de pensamentos" (Baptista, *O Tractatus e a Teoria Pura do Direito*: uma análise comparativa entre o Círculo de Viena e a Escola de Viena, 2004, p. 33).

[8] "Essa foi a base sobre a qual se apoiou a Escola da Exegese por muitas décadas, até fins do século XIX. Para os partidários dessa escola, o direito subsumia-se à lei escrita, devendo a decisão ser a conclusão do silogismo que simplesmente extraía da lei o que nela já estava contido" (Lacerda, *O raciocínio jurídico*: uma visão aristotélica, 2005, p. 171-172).

[9] "A teoria usual de interpretação quer fazer crer que a lei, aplicada ao caso concreto, poderia fornecer, em todas as hipóteses, apenas uma única solução correta e que a justeza jurídica-positiva desta decisão é fundada na própria lei" (Kelsen, *Teoria pura do direito*, 4. ed., 1976, p. 467).

Direito e Ciência; Capítulo 4: Estática Jurídica; Capítulo 5: Dinâmica Jurídica; Capítulo 6: Direito e Estado; Capítulo 7: O Estado e o Direito Internacional; Capítulo 8: A interpretação) apenas um Capítulo, e, por sinal, o último Capítulo da obra, ao tema da aplicação-interpretação do Direito, sendo este o Capítulo VIII, intitulado *A interpretação*.[10] E isso porque a arquitetura interna da *Teoria Pura* enfatiza o legislador, e não o aplicador, a norma jurídica, e não a interpretação, a validade, e não a efetividade, a forma, e não o conteúdo. Portanto, a desproporção entre a *investigação analítica* e a *investigação hermenêutica* é notória. O positivismo normativista da *Teoria Pura do Direito* busca realizar o *racionalismo cientificista* e *universalista* no campo do Direito.[11] Assim, irá se apoiar nas noções de norma fundamental, para a fundamentação lógica incondicional do sistema jurídico, irá fazer da teoria uma ciência pura e neutra sobre o Direito, irá tratar do sistema jurídico como um sistema fechado de normas jurídicas, e, no campo da aplicação e interpretação, irá esbarrar na questão do *ato de vontade*, e aí concluir a exposição sobre o funcionamento do Direito.

Para bem compreender esta posição teórica, é necessário perceber que no Capítulo 8, Hans Kelsen irá fazer a distinção entre a *interpretação científica* e a *interpretação autêntica*. A *interpretação científica*, enquanto interpretação cognoscitiva, é um ato de *conhecimento*, portanto, um ato cognoscitivo, que entende os múltiplos sentidos da norma jurídica, que identifica a plurivocidade, e não *descobre* a univocidade, e que enuncia os sentidos possíveis da norma jurídica (N¹; N²; N³; Nn).[12] A *interpretação autêntica*, enquanto expressão da vinculatividade do Direito, é um ato de ato de vontade que cria o Direito, e que é realizada por meio dos *órgãos competentes*, correspondendo a um *ato de poder* que exerce a escolha de um *sentido possível*.[13]

Tendo por base esta diferenciação elementar, elaborada no interno da *Teoria Pura do Direito*, percebe-se que a concepção kelseniana de aplicação do Direito passa pela ideia de que a *interpretação científica* identifica os sentidos, e, caso seja estudada pela autoridade competente pela decisão jurídica, serve de base para o exercício do *ato de escolha*, ou seja, do *ato de vontade*,[14] que seleciona uma das possíveis interpretações (N3) como o fundamento da tomada de decisão que haverá de afetar o caso concreto. Assim, a decisão envolve, em parte, *compreensão do Direito*, e, em outra parte, *poder decisório*, fundado em normas jurídicas de competência,

---

[10] Kelsen, *Teoria Pura do Direito*, 1976, p. 463 a 475.
[11] "A autoconsciência do jovem Kelsen encontrou nesta interpretação subjetiva de Kant, que colocava o eu como centro do mundo, sua expressão filosófica mais adequada" (Bastos, *Hans Kelsen: resumo biográfico*, 2003, p. 15).
[12] "A interpretação científica é pura determinação cognoscitiva do sentido das normas jurídicas" (Kelsen, *Teoria Pura do Direito*, 4. ed., 1976, p. 472).
[13] "A interpretação feita pelo órgão aplicador do Direito é sempre autêntica. Ela cria Direito" (Kelsen, *Teoria Pura do Direito*, 4. ed., 1976, p. 470).
[14] "Na aplicação do Direito por um órgão jurídico, a interpretação cognoscitiva do Direito a aplicar combina-se com um *ato de vontade* em que o órgão aplicador do direito efetua uma '*escolha*' entre as possibilidades reveladas através daquela mesma interpretação cognoscitiva" (Kelsen, *Teoria pura do direito*, 4ed., 1976, p. 470).

para exercer seleções de sentido e impô-las aos casos concretos, como fruto de ato de poder.[15]

O que se percebe é que a teoria kelseniana reconhece que a cadeia de sentido para quando encontra o poder de decisão e a necessidade de decidir, e, por isso, frustra a busca por racionalidade que possa transcender o voluntarismo decisório, deixando, no Capítulo sobre a interpretação, em aberto o tema do *arbítrio hermenêutico*. Por isso, a questão haverá de se tornar problemática a partir de então. Assim, ficará a pergunta a ser respondida, pelas próximas gerações e teorias do Direito, sobre o critério, as racionalidades e as condicionantes, as balizas para que se chegue à justiça dos casos concretos, por meio da aplicação e interpretação do Direito.[16] Não por outro motivo, este tem sido o esforço de inúmeras correntes de pensamento, desde então. Não por outro motivo, o pós-positivismo vem procurando promover avanços e conquistas, considerando a especificidade de uma lógica própria para o *raciocínio jurídico*.

3. DECISÃO JURÍDICA, RACIOCÍNIO JURÍDICO E VERDADE JURÍDICA

Do ponto de vista da *Teoria do Direito*, após Hans Kelsen, sobra a tarefa de lidar com os problemas derivados do positivismo, tais quais o ato de escolha, a ausência de critério, a vontade do intérprete, a irracionalidade do ato de interpretação. Por isso, os estudos nos campos complementares à *Teoria do Direito*, tais como, a *Filosofia da Linguagem*, a *Semiologia* e a *Semiótica*, a *Lógica jurídica* vieram agregando contribuições que vêm sendo incorporadas pela *Filosofia do Direito*, pela *Teoria do Direito*, pela *Teoria da Democracia*, pelo *Neoconstitucionalismo*, enquanto vertente da *Teoria do Direito Constitucional*. E toda essa discussão converge para um debate construtivo e interteórico sobre a noção de *verdade*, e, em especial, de *verdade jurídica*.

Já se disse, anteriormente, o quanto, na perspectiva do legislador, a Hermenêutica Tradicional procurou *escavar* o texto do legislador para chegar à *verdade jurídica*, e o quanto, na perspectiva do intérprete, se quis perceber na consagração do *ato de vontade* um *ato de verdade*.

O que se percebe, mais hodiernamente, na *Teoria do Direito*, é que ela veio acompanhando o profundo *giro teórico* que se deu através do chamado *giro linguístico* (*linguistic turn*) ocorrido no âmbito da *filosofia ocidental*, no meio do século XX.[17] Desde então,

---

[15] "O que importa é que o sentido objetivo da norma (validade) vem sempre no sentido objetivo de outra norma de grau superior, mediante um ato de vontade" (Baptista, *O Tractatus e a Teoria Pura do Direito*, 2004, p. 119).

[16] "Com isso, porém, Kelsen frustra um dos objetivos fundamentais do saber dogmático, desde que ele foi configurado como um conhecimento racional do direito. Ainda que lhe atribuamos um caráter de tecnologia, de saber tecnológico, sua produção teórica fica sem fundamento, aparecendo como mero arbítrio" (Ferraz Junior, *Introdução ao estudo do direito*, 6. ed., 2010, p. 230).

[17] "Isso se deu porque toda filosofia contemporânea se assenta numa revolução que concentra na linguagem todos os seus esforços reflexivos. Esse movimento é conhecido como *linguistic turn* (giro linguístico). A partir de então, a filosofia apercebeu-se de que é impossível chegar aos objetivos diretamente" (Aboud, Carnio, Oliveira, *Introdução à Teoria e à Filosofia do Direito*, 3. ed., p. 429-430).

a questão da linguagem passou a ocupar não somente um *lugar central* nas concepções da *Teoria do Direito*, mas, sobretudo, o *lugar vazio* deixado por Hans Kelsen, no âmbito da *teoria da aplicação e da interpretação* do Direito. E essa passagem se dá, especialmente, como resultado de uma profunda influência deixada por Ludwig Wittgenstein, em duas de suas obras, o *Tractatus Logico-Philosophicus* (1922) e as *Investigações filosóficas* (1953), entremeadas pela *virada linguística*, considerando-se o peso e a influência que passam a ter, desde então, os pensamentos de John Austin, John R. Searle, Martin Heidegger, Hans Georg Gadamer, Karl-Otto Apel e Jürgen Habermas.[18]

De modo mais detido, nas *Investigações filosóficas*, lê-se, parágrafo 23, que "A expressão *"jogo de linguagem"* deve aqui realçar o fato de que falar uma língua é uma parte de uma atividade ou de uma forma de vida",[19] e, em seguida, no parágrafo 116, que "Nós reconduzimos as palavras de seu *emprego metafísico* ao seu emprego *quotidiano*".[20] Ora, a viragem operada no interior do pensamento de Ludwig Wittgestein procede de forma a deslocar a pesquisa sobre a *linguagem-essência* para o campo da *linguagem-ação*. Por isso, irá, dessa forma, mediar a passagem de compreensão *lógico--denotativa-matematizante* à compreensão *jogos-de-linguagem-no-uso*[21] da linguagem como *interação linguística*.[22] Ora, será este movimento, que ocorre no campo da *Filosofia da Linguagem*, que haverá de abrir campos para duas grandes transformações, quais sejam: (1) no campo da *Lógica*, do positivismo lógico da formalização, da matematização, da simbolização (Friedrich L. Gottlob Frege; Bertrand Russel; Ernest Cassirer) dos sistemas lógico-formais, à noção de *uso da linguagem;* (2) no campo da *Lógica Jurídica*, da lógica jurídica deôntica (Alf Ross; Georg Henrik Von Wright; Georges Kalinowski) à lógica da argumentação (Theodor Viehweg; Chaïm Perelman).

Para que se perceba, a partir desta viragem, os avanços mais sensíveis que se vieram produzindo no campo da *teoria da decisão* e no campo da *teoria da interpretação*, tomando-se como referencial o ponto em que a questão havia se estacionado na *Teoria Pura do Direito*, de Hans Kelsen, irá se verificar que, analisando apenas a *Tópica Jurídica*, de Theodor Viehweg (*Topik und Jurisprudenz*, 1953), e a *Lógica da argumentação*, de Chaïm Perelman (*Traité de l'argumentation*, 1958), poderão ser verificados resultados concretos. E isso porque ambas as concepções operaram a viragem linguística, além de se preocuparem com as decisões jurídicas do ponto de vista do raciocínio aplicado, da argumentação, do contraditório e do estudo das decisões judiciais e seu modo de se apoiar em argumentos.[23]

---

[18] Cf. Oliveira, *Reviravolta linguístico-pragmática na filosofia contemporânea*, 1996, p. 17-338.
[19] Wittgenstein, *Investigações filosóficas*, 1995, p. 189.
[20] Wittgenstein, *Investigações filosóficas*, 1995, p. 259.
[21] "L'indeterminatezza dei termini dipende dal fatto che il significato di tutte le parole è fissato, in ultima istanza, solo dal loro uso: ossia dagli atti individuali e dell'attività collettiva dei parlanti" (Barberis, *Introduzione allo studio del diritto*, 2014, p. 64).
[22] "O conceito de jogo da linguagem pretende acentuar que, os diferentes contextos seguem-se diferentes regras, podendo-se, a partir daí, determinar o sentido das expressões linguísticas" (Oliveira, *Reviravolta linguístico-pragmática na filosofia contemporânea*, 1996, p. 139).
[23] "Entre estas três últimas concepções da argumentação existe sem dúvida certa semelhança, certo parentesco, mas também diferenças: Viehweg põe ênfase na descoberta das premissas, Perelman na persuasão do auditório e Toulmin na interacção que tem lugar entre o proponente e o oponente de um processo argumentativo" (Atienza, *O direito como argumentação*, 2014, p. 100).

Capítulo XXI | Raciocínio jurídico, decisão jurídica e arbítrio

Para ambas as teorias, a retomada dos estudos de Aristóteles é o ponto de encontro comum.[24] Theodor Viehweg, através da *Tópica Jurídica*, estará preocupado em analisar os argumentos e as máximas como *lugares-comuns* do discurso jurídico[25] (exs.: *in dubio pro reo*; *nemo plus ius transfere potest quam ipse haberet*; as exceções têm interpretação estrita; ninguém é obrigado ao impossível; etc.), apontando para o fato de que os *tópicos* (*tópoi*) ajudam no processo de decisão a raciocinar praticamente além dos limites da lei (1), permitindo a sustentação de posições controversas e retoricamente fundamentadas (2), conferem liberdade, mas não arbitrariedade no raciocínio fundamentador (3), fornecem metodologia extraída da prática, com empenho por aproximar direito e justiça (4), conciliam objetividade racional e subjetividade axiológica (5).[26] Chaïm Perelman, através da *Nova Retórica*,[27] estará preocupado com o raciocínio judiciário, identificando nele que não se tem premissas invariáveis a partir das quais iniciar o raciocínio, devendo-se a decisão se constituir por raciocínio dialético e retórico (1), sabendo-se que a retórica apoia a busca de persuasão por argumentos racionais (2), devendo-se destacar que os valores são um componente fundamental do discurso jurídico (3), tendo-se em vista que os auditórios são afetados por persuasão ou convencimento (4), não sendo a verdade a única busca da retórica, que pode buscar o útil, o oportuno, o razoável, o equitativo (5).[28]

4. DECISÃO JURÍDICA E VERDADE JURÍDICA NAS TEORIAS CONTEMPORÂNEAS

Desde a decisiva contribuição teórica trazida por Chaïm Perelman e por Theodor Viehweg, até os dias atuais, desenvolveram-se inúmeras correntes e tradições de pensamento, que vieram se pronunciando sobre as questões da decisão jurídica e da

---

[24] "Aristóteles é, deste modo, o ponto de confluência das teorias tópico-retóricas de Viehweg e Perelman e da concepção analógica do processo de realização jurídica de Kaufman" (Lacerda, *O raciocínio jurídico*: uma visão aristotélica, 2005, p. 208).

[25] "Argumentar significa, em sentido lato, fornecer motivos e razões dentro de uma forma específica. Captando o pensamento jurídico em sua operacionalidade, Viehweg assinala, pois, que a decisão jurídica aparece, nesse sentido, como uma discussão racional, isto é, como um operar racional do discurso, cujo terreno imediato é um problema ou um conjunto deles" (Ferraz Junior, *Introdução ao estudo do direito*, 6. ed., 2010, p. 300).

[26] "Os Tópicos se iniciam com uma distinção fundamental, entre *apodíctico* e *dialético*. O primeiro é, para Aristóteles (sempre segundo Viehweg), o campo da verdade, de competência exclusiva dos filósofos. O segundo é o campo do meramente oponível (*endóxo*), da disputa, dos argumentos plausíveis enfim, do que os gregos chamavam *dialéguestai*, domínio dos retóricos e sofistas. Os *Tópicos* irão tratar basicamente desse último" (Lacerda, *O raciocínio jurídico*: uma visão aristotélica, 2005, p. 25).

[27] "A argumentação jurídica é, para Perelman, alheia à lógica formal moderna, profundamente marcada pelo cálculo e rigor matemático" (Lacerda, *O raciocínio jurídico*: uma visão aristotélica, 2005, p. 49).

[28] "A lógica jurídica, especialmente a judiciária... apresenta-se, em conclusão, não como uma lógica formal, mas como uma *argumentação* que depende do modo como os legisladores e os juízes concebem sua missão e da ideia que têm do direito e de seu funcionamento na sociedade" (Perelman, *Lógica Jurídica*: nova retórica, 1999, p. 243).

busca pela verdade jurídica.[29] Apesar das tradições e correntes serem muito diferentes entre si, possuem algo em comum, a saber, um fundamento racional ao modo de agir do Direito pela razão prática. Por isso, é possível, no lugar de tentar descrevê-las, listá-las a seguir, considerando-se grandes linhas de tradições:

1) a tradição anglo-americana: Ronald Dworkin, com a obra *Levando os direitos a sério* (*Taking rights seriously*, 1977); Neil MacCormick, com a obra *Retórica e o Estado de Direito* (*Rhetoric and the Rule of Law*, 2005);[30]

2) a tradição francesa: Georges Kalinowski, com a obra *Introdução à lógica jurídica* (*Introduction à la logique juridique*, 1965); Paul Dubouchet, com a obra Semiótica jurídica (*Sémiotique Juridique*, 1990);

3) a tradição alemã: Hans-Georg Gadamer, com a obra *Verdade e método* (*Warheit und Methode*, 1960); Jürgen Habermas, com a obra *Direito e democracia* (*Faktizität und Geltung*, 1992); Peter Häberle, com a obra *Hermenêutica constitucional* (*Die offene Gesellschaft der Verfassungsinterpreten*, 1975); Niklas Luhmann, com a obra *Sociologia do Direito I* (*Rechtssoziologie*, 1972); Robert Alexy, com a obra *Teoria da argumentação jurídica* (*Theorie der juristischen Argumentation*, 1983).

Essa diversidade de concepções que veio se desenvolvendo no período de 1950 até os dias de hoje, aponta para o fato de que a argumentação constrói *direitos* na *prática aplicativa*. Por isso, a *razão prática* é hoje muito mais *razão comunicativa* ou *razão argumentativa*. Opera-se, neste sentido, a virada do *solipsismo* do sujeito, que deduz verdades e exerce o poder de decidir a partir da *voluntas*, em direção ao diálogo, que envolve o reconhecimento da incompletude dos sujeitos em troca comunicativa, e a presença do argumento racional a mediar as formas de alcance de decisões práticas.[31] E isso porque, vem ficando cada vez mais evidente no conjunto das diversas teorias contemporâneas que a *razão prática* opera complexamente, e não por mecanismo meramente dedutivo, e não por mecanismo simples, livre e arbitrário, sendo pressionada por fatores condicionantes os mais variados (o dever de fundamentar a decisão; responder aos pedidos das partes; acolher o quadro de provas que apoiam as teses processuais; a necessidade de contra-argumentar o que foi afirmado e/ou sustentado pelas partes; gerar convencimento a seus revisores (recursividade das decisões); ser sustentável no quadro do direito atual; servir de exemplo a casos futuros semelhantes; equilibrar o "ser" (*facticidade*) e o "dever ser" (*validade*); interagir com pressões da mídia e de controle público).[32] Assim, a *razão prática* não se expressa e nem se afirma

---

[29] Este é o momento histórico de aparição do pós-positivismo: "A partir da segunda metade do século passado, tem início um movimento de *superação* do positivismo jurídico, movimento este que busca incorporar ao ordenamento jurídico os valores morais da sociedade, aproximando o direito da moral e da justiça. Este novo modelo 'não positivista' é concebido como *pós-positivismo jurídico*" (Santos, *O pós-positivismo e a normatividade dos princípios*, 2014, p. 49).

[30] "A ideia do caráter argumentativo do Direito parece jogar água fria nas ideias de certeza e segurança jurídicas" (MacCormick, *Retórica e o Estado de Direito*, 2008, p. 19).

[31] A respeito, *vide* Habermas, *Direito e democracia*: entre facticidade e validade, 2. ed., 2003.

[32] "No Estado de direito, em que o poder se autolimita e seu exercício só se considera legítimo quando fiel aos valores da nação e a certas regras procedimentais adequadas, é natural que à

Capítulo XXI | Raciocínio jurídico, decisão jurídica e arbítrio

como mero arbítrio subjetivo do decisor (subjetividade)³³ e nem é mera e mecânica decodificação da lei (objetividade). Assim, o que a *razão comunicativa* vem afirmando, neste terreno, permite identificar que as teses subjetivistas e voluntaristas, bem como as teses objetivistas e legalistas, ao mesmo tempo em que possuem pontos de acertos,³⁴ estão por si mesmas aquém da capacidade de responderem à complexidade dos juízos aplicativos.

5. DECISÃO JURÍDICA, DEMOCRACIA E ARGUMENTAÇÃO

Tendo como ponto de apoio o texto de *Direito e democracia*, de Jürgen Habermas, considerando as diversas teorias anteriormente apresentadas, pode-se dizer que, considerando-se o *princípio D*, as sociedades democráticas devem ser capazes do *exercício do discurso* como forma linguageira de trânsito entre *ego* e *alter*.³⁵ O exercício do discurso implica na busca de argumentação, na persuasão, no convencimento, as formas de produção do sentido em *estado-de-diálogo*. Assim, sociedades democráticas desenvolvem formas de interação que qualificam as relações humanas pelo *nível moral do uso dos argumentos*. Nas *Tanner Lectures*, Jürgen Habermas irá afirmar algo de singular importância neste sentido: "O direito situa-se entre a política e a moral: Dworkin demonstra que o discurso jurídico trabalha, não somente com argumentos políticos que visam ao estabelecimento de objetivos, mas também com argumentos de fundamentação moral".³⁶

Mas, cabe aqui retroceder um pouco e perguntar o porquê deste ponto ser tão importante para o Estado Democrático de Direito. E a resposta se encaminha para considerar que a *argumentação* tem muito a ver com a *liberdade*. Ora, *livres e morais* são os atores sociais que deliberam e agem de acordo com o *argumento racional*. O Direito de uma sociedade livre e moralmente desenvolvida é um tipo de manifestação, que atualmente se pode ver configurada na forma de um *direito argumentativo*.

---

liberdade de formar livremente seu convencimento no processo correspondente para o juiz o dever de motivar suas decisões" (Dinamarco, Lopes, *Teoria Geral do Novo Processo Civil*, 2016, p. 72).

³³ Conforme aponta Riccardo Guastini: "A primeira garantia é a obrigação de motivar toda medida judicial. Evidentemente isso impede que os juízes decidam arbitrariamente. (...)" "A segunda garantia é a sujeição do juiz à lei, ou seja, ao princípio de legalidade na jurisdição" (Guastini, *Das fontes às normas*, 2005, p. 264 e 265).

³⁴ "Vejo a pertinência da perspectiva axiológica fundamentando a aplicação do direito, a partir das seguintes constatações: a) O juiz é portador de valores, de que sempre impregna suas sentenças; b) Os critérios axiológicos acompanham o ofício do juiz (...); c) A sentença do juiz, em qualquer situação, tem conteúdo axiológico, subjetivo, político; d) (...) esta fixação na norma também é um posicionamento ideológico, político, nitidamente conservador; e) O juiz, aprisionado à lei, serve às forças da conservação, tanto quanto serve às forças do progresso e de renovação o juiz que assume, com honestidade, uma pauta axiológica e uma visão sócio-política de compromisso do Direito com o povo, não com os privilégios" (Herkenhoff, *Como aplicar o direito*, 6. ed., 1999, p. 82-83).

³⁵ A respeito, *vide* Habermas, *Direito e democracia*: entre facticidade e validade, 2. ed., 2003.

³⁶ Habermas, *Direito e democracia*: entre facticidade e validade, 2. ed., v. II, 2003, p. 218.

Mas, por que o *argumento* é tão decisivo para o exercício da *liberdade*? Na medida em que a ausência do argumento e do processo de racionalização pode significar a expressão de mero poder ou autoridade, ou o uso da violência e da força, ou a imposição baseada em ideologias que encobrem a verdade. No argumento racional residem as "aproximações" intersubjetivas fundadas no *diálogo* e, também, as "des-aproximações" intersubjetivas fundadas no *diálogo*. Ora, o *diálogo* é uma forma de *integração social de alto nível*, porque racional, capaz de elevar o nível do convívio moral e capaz de empoderar ambos os sujeitos em *inter-ação* comunicativa como sujeitos morais, livres e racionais.

Não por outro motivo, o Direito possui caráter polêmico, aberto, dinâmico, dilemático, tornando necessária a sua tarefa social de permitir com que os argumentos morais, jurídicos, políticos, técnicos escorram através das canaletas dos procedimentos administrativos e judiciais. E, o Direito contemporâneo, procura cada vez mais cercar os níveis de: subjetivismo imotivado; repetitividade impensada; maquinismo decisório. Isso para que o Estado Democrático de Direito atue de forma a que a *atitude decisória* seja capaz de respeitar argumentos racionais, provas processuais lícitas, pontos polêmicos em disputa. Aliás, defendendo-se da disseminação da cultura do *juiz-máquina* em direção à cultura do *juiz-democrático*, a inclusão discursiva de atores relevantes, a melhoria da qualidade das informações que aderem ao processo, a avaliação da qualidade dos argumentos e o apoio das decisões fundadas em provas processuais é o que configura a maior exatidão das tomadas de decisão no âmbito do *raciocínio jurídico*.[37]

Essa tendência acompanha a dinâmica do processo, na atualidade, de tal forma que se consolidam nas exigências dadas pelo art. 489, § 1º, do novo CPC.[38] Sob pena de nulidade do ato decisório, o convencimento da autoridade decisória deve ser motivado e argumentado, sendo o *arbítrio decisório* aqui considerado *irracionalidade comunicativa*, algo incompatível com o caráter da razão argumentativa, no contexto do Estado Democrático de Direito.

---

[37] "...convertendo o postulado da universalidade numa 'regra de argumentação', conferem a tais princípios e critérios e à sua tradução *deontológica* uma identidade *procedimental* específica, preocupada com uma construção-formação imparcial do juízo (inconfundível com as soluções de *outras* éticas *não materiais*). (...) Que outro *modus operandi* senão o do *discurso*? *Um* discurso (*o* discurso) que, orientado pelas condições contrafácticas da 'situação ideal de diálogo'(*ideale Sprechsituation*), nos confronta com os desafios da 'igualdade de oportunidades' e da 'ausência de constrangimentos' (...)" (Linhares, O *Homo humanus* do Direito e o projecto *inacabado* da modernidade, *Boletim da Faculdade de Direito*, v. LXXXVI, 2010, p. 529).

[38] "Não se considera fundamentada qualquer decisão judicial, seja ela interlocutória, sentença ou acórdão, que: I. Se limitar à indicação, à reprodução ou à paráfrase de ato normativo, sem explicar sua relação com a causa ou a questão decidida; II. Empregar conceitos jurídicos indeterminados, sem explicar o motivo concreto de sua incidência no caso; III. Inovar motivos que se prestariam a justificar qualquer outra decisão; IV. Não enfrentar todos os argumentos deduzidos no processo capazes de em tese, infirmar a conclusão adotada pelo julgador; V. Se limitar a invocar precedente ou enunciado de súmula, sem identificar seus fundamentos determinantes nem demonstrar que o caso sob julgamento se ajuste àqueles fundamentados; VI. Deixar de seguir enunciado de súmula, jurisprudência ou precedente invocado pela parte, sem demonstrar a existência de distinção no caso em julgamento ou a superação do entendimento".

6. DECISÃO JURÍDICA, ALGORITMO E VERDADE JURÍDICA: A JUSTIÇA DIGITAL

Tendo em vista as novas mitologias dos tempos contemporâneos, o universo do Direito, e, por consequência, da *Teoria do Direito*, começa a ser cercado por questões concernentes aos avanços da tecnologia. Thomas Vesting se coloca essa questão ao problematizar a incisão crescente que as novas tecnologias passam a ter no universo do Direito.[39] Para isso, muito colabora o conjunto dos avanços tecnológicos da era digital. Mas, ainda mais, para isso colaboram as iniciativas mais recentes ao nível de *legal tech*, no sentido das promessas de uma *justiça digital* e *preditiva*, como revela o estudo de Antoine Garapon,[40] fundada em algoritmos, e na capacidade de estabelecimento de maior previsibilidade nas decisões jurídicas, considerando-se a capacidade de comparação de dados, de identificação de decisões passadas e de seleção de excertos de jurisprudência, a partir do uso aplicado da inteligência artificial como aparato de apoio à atividade jurídica.

Mas o conjunto de fatores que estão presentes no momento da decisão jurídica não é propriamente alvo fácil do tipo de *manipulação de dados* operado pela inteligência artificial. Essa, certamente, auxilia em muito a tarefa de arquivamento e busca de jurisprudência, mas isso não permite avançar no sentido de um passo a mais, e apontar para os rumos de uma *justiça sem juízes*. Com esse passo, o propósito do processo de constituição do raciocínio jurídico como um empreendimento coletivo, que ocorre dentro do ritual de justiça, estaria fraturado. Aqui, as máquinas fariam todo o trabalho de *antecipar resultados prováveis*. Mas o raciocínio jurídico e o ritual de justiça requerem muito mais do que a mera atividade de *cruzamento de dados*, ou ainda, de *cálculo de riscos* e de *probabilidades decisórias*, e a abolição do futuro decisório acaba representando apenas uma presentificação infinita no cálculo da justiça.[41] Em outras palavras, deve-se deixar *liberdade* aos novos caminhos decisórios, caso se queira que ainda sobreviva alguma forma de *aplicação de justiça entre os homens*.

Assim, a tarefa executada pelo *algoritmo*, em seu *poder de cálculo*, inova enquanto se soma às tarefas jurídicas tradicionais, não tendo, no entanto, a varinha mágica de abolir a *justiça judiciária* por novas formas de *justiça digital*.[42] O que há de humano na justiça é aquilo que propriamente ainda não se pode procurar nem na matemática, nem na estatística, e nem na estocagem de dados digitais. É isso que faz com que as decisões jurí-

---

[39] "Quais serão as consequências da invenção do computador para a evolução futura do Direito?" (Vesting, *Teoria do direito*: uma introdução, 2015, p. 314).

[40] "La justice prédictive désigne *stricto sensu* la capacite prêtée aux machines de mobiliser rapidement em langage naturel le droit pertinente pour traiter une affaire, de le mettre em contexte em fonction de ses caractéristiques propres (lieu, personnalité des juges, des cabinets d´avocats, etc.) et d´anticiper la probabilité des décisions qui pourraient intervenir" (Garapon, Lassègue, *Justice digitale*: revolution graphique et rupture anthropologique, 2018, p. 219).

[41] "La justice prédictive *augment le present*" (Garapon, Lassègue, *Justice digitale*: revolution graphique et rupture anthropologique, 2018, p. 240).

[42] "La justice digitale obture l´avenir sous pretexte de l´ouvrir em installant des automaticités qui finissent par enfermer" (Garapon, Lassègue, *Justice digitale*: revolution graphique et rupture anthropologique, 2018, p. 340).

dicas reclamem tanto da interpretação, quanto da prudência, atividades caracteristicamente humanas, situadas e pontuadas na história.[43] Por isso, as novas mitologias contemporâneas nada mais fazem do que a tentativa de *reinventar* um *mito já desmistificado* – com a derrisão das promessas do *positivismo jurídico*, especialmente centrado nas certezas e objetividades do Direito Codificado –, qual seja, a da *decisão única, certa e verdadeira*, que, agora, somente as máquinas poderiam decifrar. O ruim dos novos tempos, nesse sentido, acaba sendo sua capacidade pueril de nos fazer "avançar recuando", ou seja, colocando-nos de novo diante dos mesmos fantasmas dos séculos passados.

CASO PRÁTICO
O CASO DO NATURISTA ARISTEU

Já cansado do ritmo de vida e trabalho num grande centro urbano, o naturista Aristeu resolve "abandonar a civilização" e retomar uma "forma de vida" em contato direto com a natureza. Nos arredores de uma área muito distante e isolada do território nacional, área de preservação ambiental, se estabelece ocupando copas de árvores, cultivando e coletando vegetais e frutos, além de exercer a caça. Após 30 anos morando na região, Aristeu havia se convertido num homem envelhecido e rústico, simples e isolado, privado de contato com outras pessoas, apresentando traços comportamentais pouco sociáveis.

Numa manhã de outono, dois engenheiros, que estavam pesquisando os potenciais minerais da região a serviço de uma grande indústria mineradora, armados de pistolas e facões de mato, entram no raio de aproximação da choupana de Aristeu, inclusive, maravilhados com o fato de que havia gente habitando aquela região. Caminham cautelosos, mas com a missão de estabelecer um contato amigável com quem quer que fosse, mas acabam sendo mortos de longe pelos tiros certeiros de Aristeu.

Após dias sem notícias dos dois engenheiros, a empresa aciona a polícia, que inicia a procura e as investigações. Após vários dias de buscas, os investigadores chegam à sepultura dos engenheiros, aos pés da choupana de Aristeu. Ele é preso, sem grande resistência, a matéria é amplamente coberta pelos jornais, e o caso se torna um dilema, por falta de testemunhas oculares do ocorrido. Como já não fala mais o idioma, a apuração se torna ainda mais difícil de ser conduzida, com pouca colaboração de Aristeu.

A partir da narrativa do caso concreto, atue no processo judicial:

1. Prepare a defesa de Aristeu, considerando que a "distância da civilização" joga a favor da tese de "legítima defesa" e da "inconsciência do delito", e reconstrua a "verdade dos fatos";

2. Prepare a acusação de Aristeu, e reconstrua a "verdade dos fatos", considerando o "porte ilegal de arma" e a "preservação da noção de propriedade na mente do réu" como elementos suficientes para a condenação;

3. Ao interpretar as versões sobre a "verdade dos fatos" e, também, o "direito vigente", construa a fundamentação da sentença judicial prolatada para o caso concreto, nos termos das exigências do novo CPC.

---

[43] "A interpretação do Direito não conduz à decisão racional no sentido da calculabilidade e da previsibilidade completas do resultado" (Vesting, *Teoria do direito*: uma introdução, 2015, p. 248).

CAPÍTULO XXII
RACIOCÍNIO JURÍDICO, RAZOABILIDADE E PONDERAÇÃO

Sumário: 1. Racional e razoável: o raciocínio jurídico em altas cortes; **2.** Racional e razoável: teorias contemporâneas: **2.1.** Ronald Dworkin: regras, princípios e o juiz-Hércules: **2.1.1.** Ronald Dworkin e o positivismo jurídico; **2.1.2.** A atividade interpretativa: razões e desrazões da justiça; **2.1.3.** Hermenêutica, razoabilidade e a coerência do Direito; **2.1.4.** Argumentos de princípio e argumentos de política: *hard cases* e o desafio à aplicação do Direito; **2.1.5.** O juiz-Hércules; **2.2.** Jürgen Habermas: argumentação, diálogo e procedimento democrático: **2.2.1.** Justiça, argumentação e moralidade; **2.2.2.** Justiça, aplicação e fundamentação; **2.3.** Robert Alexy: princípios, colisões e sopesamento: **2.3.1.** Direito, regras e princípios; **2.3.2.** Direito, razão prática e interpretação; **2.3.3.** Direito, ponderação e direitos fundamentais; **2.3.4.** Direito, certeza e racionalidade; Caso prático.

1. RACIONAL E RAZOÁVEL: O RACIOCÍNIO JURÍDICO EM ALTAS CORTES

A *tomada de decisão* que se projeta sobre terceiros e produz consequências jurídicas e extrajurídicas já é *complexa em si*, especialmente consideradas as condições da decisão jurídicas nas sociedades hodiernas,[1] e isto independente do grau de jurisdição. No entanto, ela se torna ainda *mais complexa* em altas Cortes de Justiça (STF; STJ; STE; TST; STM; TJ's; TRF's; TRT´s),[2] pois se projeta sobre campos temáticos para os quais as fronteiras são mais tênues, considerando-se a maior indeterminação das palavras e dos conceitos contidos em regras jurídicas, a maior insegurança jurídica pela ausência de paradigmas decisórios, a maior incidência de *penumbral cases*,[3] o maior

---

[1] "O processo de concretização jurídica exige, por vezes, uma tarefa intelectual árdua do magistrado, especialmente hoje, em sociedades complexas e marcadas pela proliferação de leis e atos normativos de toda espécie" (Lacerda, *O raciocínio jurídico*: uma visão aristotélica, 2005, p. 186).

[2] "A competência de jurisdição, consiste na distribuição de causas entre as diversas Justiças que integram o poder Judiciário do país, a saber: a Justiça dos Estados, Justiça do Distrito Federal e dos Territórios, Justiça Federal, Justiça do Trabalho, Justiça Eleitoral e Justiça Militar" (Dinamarco, Lopes, *Teoria Geral do novo Processo Civil*, 2016, p. 108).

[3] A este respeito, *vide* Linhares, Juízo ou decisão?: uma interrogação condutora no(s) mapa(s) do discurso jurídico contemporâneo, *in Juízo ou decisão? O problema da realização jurisdicional do*

número de antinomias e casos sem precedentes históricos. Em altas Cortes de Justiça, encontram-se com maior incidência casos que esbarram na interpretação de conceitos normativos indeterminados,[4] que tocam na amplitude genérica e aberta de dispositivos constitucionais e que provocam a colisão entre direitos fundamentais.[5]

Assim, torna-se desafiador decidir sobre temas controversos, considerando o baixo nível de referências normativas, lidando com desafios axiológicos (justiça/liberdade/segurança/igualdade), em dimensões em que o Direito faz fronteira direta com a Economia, a Cultura, a Política, a Moral, a Religião, e a Ciência. Isso, sem dúvida, abre campo para juízos técnicos que estão aliados a certo grau de avaliação política. Fica claro, portanto, que quanto mais elevado o grau de decisão, mais complexos se tornam os casos, no que tange à matéria de Direito em discussão, ao elevado impacto de repercussão geral, ao tipo de resposta a ser dada, que não encontrou solução adequada/definitiva no Direito nas instâncias inferiores. Também, quanto mais elevado o grau de jurisdição, mais tênues são as fronteiras entre Religião, Moral, Política, Economia, Ciência e Direito. Isso exige da *razão prática* uma mais profunda análise de sutis diferenças na avaliação e interpretação do Direito, especialmente sabendo-se, como afirma Paul Ricoeur, que muitas vezes se decide *no limiar*, ou ainda, no campo de *zonas cinzentas*.[6]

Nas altas Cortes de Justiça, ou nas instâncias mais elevadas de jurisdição, a incidência de *casos difíceis (hard cases)* é usual.[7] Aí é que fica ainda mais evidente a ideia de que a mera *subsunção lógico-racional*[8] torna-se recurso insuficiente para lidar com *casos difíceis*. Na tradição do pensamento positivista, estes conceitos estariam aprisionados nas *determinações legais*, não deixando espaço para o aplicador atravessar a fronteira entre *Direito e Política*. Para outra série de teorias, todo o Direito é Político por expressar uma forma de dominação, onde *tudo é político*. No entanto, aqui, não se quer trabalhar nem com *uma hipótese* (toda a política está controlada pelo Direito), nem com a *outra hipótese* (tudo é político), como o fazem as teorias realistas, mas com a ideia de que existe abertura nas altas Cortes para *juízos razoáveis*, pois o *Direito-lei* não contém todas as respostas para os *casos concretos*. Para lidar com estes desafios, no campo da aplicação

---

Direito (Bronze, Fernando José; Linhares, José Manuel Aroso; Marques, Mário Alberto Reis; Gaudêncio, Ana Margarida Simões, Coords.), 2016, p. 242.

[4] "Os elementos mencionados – ambiguidade da linguagem, desacordo moral e colisões de normas – recaem em uma categoria geral que tem sido referida como *casos difíceis* (hard cases)" (Barroso, *Curso de direito constitucional contemporâneo*, 4. ed., 2013, p. 427).

[5] Cf. Barroso, *Curso de direito constitucional contemporâneo*, 4. ed., 2013, p. 221 e 356.

[6] "A sabedoria do julgamento consiste em elaborar composições frágeis sempre que é preciso decidir não tanto entre o bem e o mal, e entre o branco e o preto, porém mais entre o cinzento e o cinzento, ou caso eminentemente trágico – entre o mal e o pior" (Ricoeur, *O justo 1: a justiça como regra moral e como instituição*, 2008, p. 209-210).

[7] "Os elementos mencionados – ambiguidade da linguagem, desacordo moral e colisões de normas – recaem em uma categoria geral que tem sido referida como *casos difíceis* (hard cases)" (Barroso, *Curso de direito constitucional contemporâneo*, 4. ed., 2013, p. 427).

[8] "A lógica governa o discurso, não o mundo. Os princípios lógicos valem para as proposições, não para os fatos. Os fatos não podem ser verdadeiros nem falsos – podem apenas acontecer ou não acontecer" (Guastini, *Das fontes às normas*, 2005, p. 79).

Capítulo XXII | Raciocínio jurídico, razoabilidade e ponderação

do Direito e da razão prática, passou-se a introduzir – ao lado da ideia de *razão/racional* (*Vernunft*, al.; *Raison*, fr.; *Razón*, esp.; *Ragione*, it.; *Reason*, ingl.) – a ideia de *razoável* (*ragionevole*, it.; *razonable*, esp.; *reasonable*, ingl.; *raisonable*, fr.), concepção esta que já está presente, há algumas décadas, em autores como Chaïm Perelman,[9] da Escola de Bruxelas, e Luiz Recaséns Siches,[10] da Escola Hispânica, e que se aprofundará acerbamente nos debates e teorias contemporâneas, nos últimos vinte anos, que se lançam de forma direta ou indireta sobre temas tais como: razão prática;[11] aplicação e concretização do Direito; interpretação no Direito Constitucional; colisões de direitos fundamentais; liberdade decisória e hermenêutica judiciária; fundamentação e justificação; proporcionalidade e ponderação.[12] A exemplo, também, do que os estudos de Neil MacCormick acabam por constatar, a noção de *razoável* entrou definitivamente para a arquitetura do Direito contemporâneo, e apela para certas qualidades da *razão prática*.[13] Se o razoável é de esfera da avaliação dos fenômenos, o *irrazoável* também é de se notar como sendo um conceito importante, à medida em que aponta para a ignorância do que é relevante e determinante para um determinado caso concreto.[14] Na mesma medida, é de se notar que o Direito não se oferece a certezas absolutas.[15]

Assim, sabendo-se que decidir/julgar é ato mais complexo do que a mera dedução, aos poucos, os termos *razoabilidade* e *proporcionalidade* vieram sendo absorvidos pela *Filosofia do Direito*, pela *Ciência do Direito*, e, por fim, pela *jurisprudência* das altas Cortes de Justiça. Atualmente, estes termos vêm sendo utilizados como termos próximos, ou ainda como termos similares, equivalendo-se a partir daí o juízo de razoabilidade, o

---

9 "Assimilar o raciocínio jurídico a um silogismo, cuja conclusão seria verdadeira, porque pode ser demonstrado formalmente a partir de premissas verdadeiras, é mascarar a natureza do raciocínio prático, é transformá-lo num raciocínio impessoal, do qual se terá eliminado todo fator de decisão, que é, contudo, essencial" (Perelman, *Ética e direito*, 1996, p. 481).

10 "(...) la interpretación y la individualización deban ir experimentando, dicho eso, debe caer bajo el domínio del *logos de lo humano*, del lagos de la acción humana. No es algo fortuito, ni tampoco algo que pueda ser decidido arbitrariamente. Es algo que debe ser resuelto *razonablemente*" (Siches, *Nueva filosofia de la interpretación jurídica*, 2. ed., s.d., p. 143).

11 "À luz dos valores, interesses e propósitos humanos, é necessário considerar tudo o que é relevante, e assumir uma atitude imparcial na atribuição de peso relativo a valores ou interesses que são diferentes e relevantes no contexto" (MacCormick, *Retórica e Estado de Direito*, 2008, p. 221).

12 "O princípio de razoabilidade faz parte do processo intelectual lógico de aplicação de outras normas, ou seja, de outros princípios e regras" (Barroso, *Curso de Direito Constitucional Contemporâneo*, 4. ed., 2013, p. 353).

13 "O primeiro ponto a ressaltar é que a 'razoabilidade' que o Direito tem em vista precisa ser razoabilidade prática, não uma capacidade abstrata para argumentar sobre questões teóricas. A pessoa razoável possui a virtude da *prudentia* e a utiliza em suas ações. É uma virtude incompatível com o fanatismo ou com a apatia, pois ocupa um lugar intermediário entre esses extremos, assim como o faz em relação à excessiva cautela e à excessiva indiferença ao risco" (MacCormick, *Retórica e o Estado de Direito*, 2008, p. 218-219).

14 "Irrazoabilidade consiste em ignorar fatores relevantes, em tratar como relevante o que deveria ser ignorado" (MacCormick, *Retórica e o Estado de Direito*, 2008, p. 226).

15 "Por essa razão, o simples cinismo ou o ceticismo absoluto sobre a possibilidade de procedimentos razoáveis para encontrar conclusões bem fundadas sobre eventos passados devem ser rejeitados. Não é que não possamos chegar à verdade sobre o passado; o problema é que raramente podemos, se é que alguma vez podemos, estar absolutamente certos sobre qual é a verdade sobre uma dada questão" (MacCormick, *Retórica e o Estado de Direito*, 2008, p. 296).

juízo de proporcionalidade[16] e o juízo de ponderação.[17] Em quaisquer circunstâncias, estes termos apontam para esforços no sentido de: a) relação meio/fim; b) balanceamento; c) equidade; d) sopesamento; e) bom senso; f) equilíbrio; g) adequação; e h) critério.

Na concepção contemporânea, portanto, tendo presentes estes fatores, o *raciocínio jurídico* tornou-se; 1) incapaz de oferecer uma *correção definitiva*, mas podendo afiançar uma *correção relativa*, no dizer de Robert Alexy;[18] 2) um *juízo avaliativo*, e não puramente um *juízo descritivo*, no dizer de Neil MacCormick;[19] 3) um *juízo humanizado*, e *socialmente decisivo, publicamente justificável*, e *racionalmente argumentado*.

Mas, para compreender adequadamente as concepções que vieram permitindo este tipo de conclusão acerca do raciocínio jurídico, é importante a compreensão das correntes mais atuais, inscritas no âmbito do pensamento pós-positivista,[20] tais quais as de Ronald Dworkin, na tradição anglo-americana, a de Jürgen Habermas, na tradição germânica, a de Robert Alexy, na tradição germânica.

2. RACIONAL E RAZOÁVEL: TEORIAS CONTEMPORÂNEAS

2.1. Ronald Dworkin: regras, princípios e o juiz-Hércules

2.1.1. Ronald Dworkin e o positivismo jurídico

Na tradição anglo-americana, o pensamento de Ronald M. Dworkin[21] se destaca na tarefa de perseguir o objetivo de trabalhar de perto, a partir da análise de casos

---

[16] "O teste de proporcionalidade é estruturado em três passos: adequação, necessidade e proporcionalidade em sentido estrito. Esses passos são simplesmente perguntas a serem respondidas no processo de controle da constitucionalidade das restrições aos direitos fundamentais" (Silva, *Direito Constitucional Brasileiro*, 2021, p. 120).

[17] A exemplo do Direito Constitucional: "Por essa razão, *razoabilidade* e *proporcionalidade* são conceitos próximos o suficiente para serem intercambiáveis, não havendo maior proveito metodológico ou prático na distinção" (Barroso, *Curso de Direito Constitucional Contemporâneo*, 4. ed., 2013, p. 361). "Com efeito, a ponderação não é método privativo de aplicação dos princípios. A ponderação ou balanceamento (*weighting and balancing*, *Abwägung*), enquanto sopesamento de razões e contrarrazões que culmina com a decisão de interpretação, também pode estar presente no caso de dispositivos hipoteticamente formulados (...)" (Ávila, *Teoria dos princípios*, 16. ed., 2015, p. 74).

[18] "(...) se racionalidade devesse ser equiparada com certeza. Isso, contudo, não é o caso. A razão prática não faz parte daquelas coisas que podem ser realizadas ou só perfeitamente ou, no fundo, não. Ela é realizável *aproximativamente* e sua realização suficiente não afiança, sem dúvida uma correção definitiva, porém, certamente, uma relativa" (Alexy, *Direito, razão, discurso*: estudos para a Filosofia do Direito, 2015, p. 174- 175).

[19] "O conceito de 'razoável' é usado frequentemente e em diversos contextos por advogados e legisladores dessas tradições. No espectro que envolve, de um lado, o puramente descritivo e, de outro, o puramente avaliativo, 'razoável parece aproximar-se mais do polo avaliativo, o que não significa que não haja nele um elemento descritivo'" (MacCormick, *Retórica e Estado de Direito*, 2008, p. 213).

[20] "O pós-positivismo jurídico busca ampliar o campo cognitivo do direito a fim de lhe possibilitar maior eficiência e de lhe aproximar ao máximo da justiça. Busca potencializar o caráter emancipatório do Direito, sobretudo, através do Direito Constitucional, com o escopo de otimizar a eficácia dos direitos e garantias dos cidadãos (...). O pós-positivismo jurídico acredita na razão humana e no direito como ferramentas de transformação social" (Santos, *O pós-positivismo e a normatividade dos princípios*, 2014, p. 59).

[21] Em forma de artigo, consulte-se esta reflexão em Bittar, Dworkin e a razoabilidade da justiça, *Revista da Faculdade de Direito da Universidade de São Paulo*, São Paulo, v. 100, 2005, p. 317-334.

Capítulo XXII | Raciocínio jurídico, razoabilidade e ponderação

e situações decididas pela jurisprudência, a lógica da racionalidade e a lógica da razoabilidade.[22] Perante o Direito, a abordagem de Ronald Dworkin será indagativa, pois afirma: "É minha visão, de fato, que o Direito é em grande parte filosofia".[23] E é esta visão problematizante que fará dele um autor que, ao pensar a questão da interpretação, se torna referência fundamental para a cultura hermenêutica contemporânea, especialmente por representar um contraponto de inigualável valor para a crítica e a contraposição ao modelo do positivismo jurídico e à analítica do discurso jurídico, de *civil law* (Hans Kelsen e Norberto Bobbio) ou de *common law* (John Austin e Herbert L. A. Hart).[24]

Quando Ronald Dworkin está se postando em face do positivismo, não está somente negando uma matriz de pensamento e suas principais estruturas de raciocínio, mas está, acima de qualquer coisa, se antepondo à lógica dos dois maiores representantes desta vertente de pensamento jusfilosófico, Kelsen e Hart, que ocuparam o espaço da jusreflexão do século XX. Além disso, ao reacender o debate sobre pontos frágeis do positivismo, automaticamente, Ronald Dworkin reacende a labareda que o faz colocar-se também em face do jusnaturalismo e do pragmatismo.[25] Muito menos, se pode deixar de considerar que Ronald Dworkin, ao propor uma reflexão sobre o Direito (*Taking rights seriously; Law's empire*), está em verdade acenando não somente com uma proposta de contramarcha com relação ao positivismo, mas, sobretudo abrindo um espaço de interlocução que haverá de encontrar fértil manancial de trocas intelectuais com Neil MacCormick, Jürgen Habermas e John Rawls.[26]

Ronald Dworkin irá caminhar na contramão do pragmatismo utilitarista que raciocina pelas soluções sociais imediatistas, assim como envidará fortes esforços para escapar a uma argumentação tipicamente positivista que acaba por justificar o sistema jurídico a partir de si mesmo, ou a partir de uma hipótese metamodelar. Apesar da crítica se voltar contra sua teoria do juiz-Hércules, como se verá adiante, sua reflexão

---

A versão original do texto foi adaptada e modificada.

[22] A teoria clássica pensa o problema do procedimento decisório em duas etapas, considerando aquela em que investiga o direito positivo, à busca da solução regrada, e, em não havendo, abre-se à admissão do puro arbítrio: "Como já afirmei, a teoria do direito clássica pressupõe que os juízes decidam os casos em duas etapas: encontrem o limite daquilo que o direito explícito exige e, em seguida, exerça um poder discricionário independente para legislar sobre problemas que o direito não alcance" (Dworkin, *Levando os direitos a sério*, 2002. p. 195).

[23] Dworkin, Direito, filosofia e interpretação, in *Cadernos da escola do legislativo*, Belo Horizonte, 3(5), p. 44-71, jan./jun., 1997, p. 71.

[24] Se posicionando desta forma em exposição oral numa palestra em Tóquio, é que Dworkin (Direito, filosofia e interpretação, *in Cadernos da escola do legislativo*, Belo Horizonte, 3(5), p. 44-71, jan./jun., 1997, p. 48) se identifica do ponto de vista teórico.

[25] A sintética mensagem a seguir dá conta da postura de Dworkin ante as divergentes teorias: "Recordemos brevemente aqui que o filósofo tenta traçar para a teoria do direito uma terceira via que superasse por um lado as teses positivistas (o convencionalismo), por outro as teses do pragmatismo e também do jusnaturalismo" (Billier, Maryioli, *História da filosofia do direito*, 2005, p. 428).

[26] Cf. Pilon; Dutra, Filosofia jurídica contemporânea, justiça e dignidade do ser humano: John Rawls e Ronald Dworkin, *in Fundamentos do humanismo jurídico no Ocidente* (Wolkmer, Antonio Carlos, org.), p. 182.

não necessita, para justificar o funcionamento do ordenamento jurídico desta figura, como a teoria de Kelsen, da norma fundamental para dela derivar toda a fundamentação de validade do sistema ("A norma fundamental de uma ordem jurídica não é de forma alguma uma norma de justiça. Por isso, o direito positivo, isto é, uma ordem coativa criada pela via legislativa ou consuetudinária e globalmente eficaz, nunca pode estar em contradição com a sua norma fundamental, ao passo que esta mesma ordem pode muito bem estar em contradição com o direito natural, que se apresenta com a pretensão de ser o direito justo"),[27] ou, como a teoria de Herbert L. A. Hart, que necessita da ideia de regra de reconhecimento para fundamentar a aceitação da legislação como parâmetro de condução de todo o ordenamento ("Na maioria esmagadora dos casos, a fórmula "seja o que for que a Rainha no Parlamento promulga é lei" é uma expressão adequada da regra respeitante à competência jurídica do Parlamento e é aceite como critério último de identificação do Direito, por mais abertas que possam ser as regras assim identificadas na respectiva periferia").[28]

Ronald Dworkin está longe de trabalhar com uma ideia de *razão total* (ou totalizante, que acaba, geralmente, no próprio totalitarismo político), que segue o esquematismo da lógica moderna, para a qual tudo se deduz de matrizes decisionais antepostas pela *razão legal*. Ao mesmo tempo em que o pensamento de Ronald Dworkin é crítico da racionalidade sistemática que torna obtuso o processo de decisão judicial, e, portanto, o modo de exercício da lógica judicial, nem por isso descamba numa reflexão que acaba por abrir campo à política judicial, o que, por consequência, abriria lugar para uma aventura discricionária no esteio do processo de condução das práticas jurídicas. No debate entre *juridicização da política* e *politização da justiça*, Dworkin estaria entre aqueles que não advogam nem uma coisa nem outra, mas muito menos apela para a típica atitude positivista negadora dos laços recíprocos entre direito e política, assim como entre direito e moral.

Ronald Dworkin haverá sim de desenvolver a tese fundamental contrária à mentalidade positivista, a saber, a de que o *juízo jurídico* não se faz sem o *juízo moral*.[29] Se o positivismo fazia crer, especialmente influenciado pelo pensamento kantiano que principia a construção que culmina com a separação entre o ser (*Sein*) e o dever-ser (*Sollen*) em Hans Kelsen, que Direito e Moral eram esferas que poderiam ser metodologicamente separadas para a cognição e fundamentação das práticas jurídicas ("A exigência de uma separação entre Direito e Moral, Direito e Justiça, significa que a validade de uma ordem jurídica positiva é independente desta Moral Absoluta, única válida, da Moral por excelência, de *a* Moral"),[30] Ronald Dworkin irá exatamente abrir uma frente de trabalho onde nega ostensivamente dar continuidade a este raciocínio. Dworkin não vai de encontro ao sistema jurídico vigente para afirmar a inexistência de parâmetros judiciais ou conceder uma carta em branco aos juízes para

---

[27] Kelsen, *O problema da justiça*, 1998, p. 117.
[28] Hart, *O conceito de direito*, 1986, p. 162.
[29] Saldaña, Derechos Morales o derechos naturales, *Boletin Mexicano de Derecho Comparado*, n. 90, sept.-nov., 1997, p. 1217.
[30] Kelsen, *Teoria pura do direito*, 1976, p. 104.

Capítulo XXII | Raciocínio jurídico, razoabilidade e ponderação

julgar. Muito menos, Ronald Dworkin fará com que o juiz esteja desatrelado do Direito Positivo e da necessidade de garantir direitos individuais.[31]

2.1.2. A atividade interpretativa: razões e desrazões da justiça

O direito pode ser entendido como atitude interpretativa, na medida em que corresponde a uma certa aparição do sentido enquanto fruto da comunidade que realiza justiça. Em *Law's empire*, Dworkin afirma com clareza: "Ao contrário de muitos outros fenômenos sociais, a prática do direito é *argumentativa*".[32]

Assim, fica claro que uma determinada comunidade jurídica de intérpretes do direito persegue um ideal político, e esse ideal político é a integridade, ou seja, um uso *macro* da compreensão do sistema jurídico, enquanto passado, presente e futuro. Não se abandona o passado (das decisões dadas por precedentes), em nome da inovação decisória (futuro escrito por novas decisões), e nem se faz o presente uma mera repetição do passado. Assim, o uso aplicado e constante do raciocínio jurídico, no movimento promovido pela capacidade que os intérpretes têm de atualizarem o direito contido nos precedentes e na legislação, através da jurisdição, torna possível a permanente tarefa de renovação dos ideais regulatórios contidos no direito, onde o passado se faz presente, e onde o futuro está sendo construído. Por isso, em *Law's empire* (1996), Ronald Dworkin pode afirmar:

> "O direito como integridade, portanto, não apenas permite como também promove formas de conflito ou tensão substantivos dentro da melhor interpretação geral do direito. Agora estamos em posição de explicar o porquê. Aceitamos a integridade como um ideal político distinto, e aceitamos o princípio de integridade na prestação jurisdicional como soberano em todo o direito, pois queremos tratar a nós mesmos como uma associação de princípios, como uma comunidade governada por uma visão simples e coerente de justiça, equidade e devido processo legal adjetivo na proporção adequada. Já notamos que essas três virtudes componentes – equidade, justiça e devido processo – às vezes entram em conflito. Hércules evita obter a integridade do ponto de vista da justiça apenas (...)".[33]

Isso faz com que a prática do direito seja tão importante quanto a teoria do direito, na medida em que a elaboração prática do direito está em constante construção e reconstrução, o que faz dos juristas verdadeiros filósofos que pensam sua atividade prática. Sem abdicar do legado deixado por outros juízes é que novos juízes fazem prosseguir, no sentido do melhor possível, a resolução de novos casos concretos. E a interpretação é o meio de fazer o Direito funcionar,[34] especialmente considerando as aparas de princípios e de regras, diante de casos convencionais ou de casos difíceis, na fronteira entre política e moral.

---

[31] Cf. Romero, Ronald Dworkin: sobre la teoría de la función judicial, *Revista de Derecho, Universidad de Concepción*, n. 193, p. 101-105, Chile, enero-junio 1993, p. 104.
[32] Dworkin, *O império do direito*, 3. ed., 2014, p. 17.
[33] Dworkin, *O império do direito*, 3. ed., 2014, p. 483.
[34] "O direito é um conceito interpretativo. Os juízes devem decidir o que é o direito interpretando o modo usual como os outros juízes decidiram o que é direito" (Dworkin, *O império do direito*, 3. ed., 2014, p. 488).

A justiça não pode ser construída fora da linguagem. Este é um dado inegável para a reflexão jusfilosófica que assume problematizar a interpretação na esfera das práticas jurídicas. Aliás, é nesse ponto que Ronald Dworkin se encontra com a ambiguidade da palavra *razoável*. Isso porque irá afirmar: "Palavras como "razoável", "negligente", "injusto" e "significativo" desempenham frequentemente essa função. Quando uma regra inclui um desses termos, isso faz com que sua aplicação dependa, até certo ponto, de *princípios* e *políticas* que extrapolam a regra".[35] Estas palavras estão constantemente presentes no discurso jurídico e sua abertura é frequentemente um campo fértil à indeterminação e à incerteza no Direito.

O Direito é, assim, considerado, em sua teoria, atividade que é fruto da *interpretação*, e que, por isso, depende visceralmente das necessidades da prática social comunitária e institucional dos agentes de justiça.[36] Entenda-se, no entanto, que interpretação, no sentido assumido por Ronald Dworkin, não é nem *criação ex nihilo* e nem mesmo *ato de vontade da autoridade decisória*, como havia Hans Kelsen identificado a questão. Assim, a interpretação parece significar a retomada do sentido social, sob as circunstâncias de uma nova situação.[37] De fato, o juiz está vinculado não somente pelo *case*, mas pelo conjunto de determinações que *pressionam a decisão jurídica* acolhendo argumentos de princípio, mas não os de política.

Então, o Direito não pode simplesmente ser visto como fruto da *legalidade estrita*, mas sim como instrumento que realiza valores e expectativas de justiça que lhe são anteriores. Mais que isto, em Ronald Dworkin, se trata de um *récit* que se pratica e se constrói fazendo com que algo se some à estrutura da concepção de justiça do ontem, para que se torne melhor. A noção de história demonstrada nesta leitura de Ronald Dworkin sobre o processo de construção da justiça é fundamentalmente cíclico-evolutiva, na medida em que o ontem é remanejado a cada *case* para ser tornado o *"melhor possível"* como objeto de uma demanda judicial. Neste sentido, afirma Ronald Dworkin: "Eu disse que nós temos por objetivo fazer do objeto da interpretação o melhor que ele puder ser".[38] O *ontem* está sempre recebendo ajustes, adequações e acomodações para caber no *hoje*. Nesta perspectiva é que o Direito será, enquanto conceito, considerado fruto da concepção histórica de justiça de um conjunto de participantes (envolvidos numa história, numa situação concreta) e não poderá se descolar daquilo que são as próprias práticas sociais.

---

[35] Dworkin, *Levando os direitos a sério*, 2002, p. 45.

[36] "O Direito, antes de ser um exemplo de regras que se aplicam ora de maneira mecânica (*easy cases*), ora de maneira 'refletida' nos casos difíceis, é mais a atitude interpretativa de uma comunidade que realiza a justiça. Antes do direito como sistema de regras existe a ideia de direito, o direito como justiça" (Billier, Maryioli, *História da filosofia do direito*, 2005, p. 421).

[37] A respeito: "É certamente daí que resulta a definição do direito como coerência narrativa, isto é, a retomada ininterrupta da história jurídica passada e sua reconstrução interpretativa que, nesse sentido, não trai nem o conteúdo dessa história, nem sua estrutura institucional" (Billier, Maryioli, *História da filosofia do direito*, 2005, p. 423).

[38] Dworkin, Direito, filosofia e interpretação, *in Cadernos da escola do legislativo*, 3(5), p. 44-71, jan./jun., 1997, p. 67.

Capítulo XXII | Raciocínio jurídico, razoabilidade e ponderação

Assim é que há duas regras que presidem a ideia da interpretação: a primeira corresponde à "conveniência": esta é a fase do levantamento dos casos relativos à situação a ser decidida, bem como à empírica constatação dos argumentos cabíveis; a segunda corresponde ao "valor": trata-se da escolha do valor de justiça que se resolve acolher para orientar o processo de seleção dos argumentos a serem acolhidos, de acordo com a "*moral política*", ou seja, de acordo com a ideia de que a justiça não prescinde da igualdade para se realizar. Isto quer dizer que a posição teórica de Ronald Dworkin não se afasta completamente da ideia de que os direitos individuais devam ser protegidos, nem tampouco que a ideia de igualdade deva ser abolida da reflexão sobre o justo e o injusto.

Afinal, a pergunta aqui passa a ser: o que é a "moral política"? E esta pergunta é importante exatamente porque permite vislumbrar a posição teórica de Ronald Dworkin, como liberal. A pergunta sobre qual seja a "moral política" nos leva à ideia da *solução correta* para o caso difícil (*hard case*), qual seja: igual respeito e igual atenção.[39] Esta fórmula registra um importante passo evolutivo dentro do pensamento de Dworkin, isto porque, em sua primeira fase, revela-se simplesmente como um liberal, que se dedica a enfatizar a importância do valor kantiano da autonomia individual. Nesta fase, desenvolve suas concepções na base da defesa do Estado liberal não intervencionista, ou intervencionista na medida da necessidade de proteção das liberdades individuais. Nesta medida, o bem privado de cada um é simplesmente algo de interesse dos particulares, sendo a justiça uma tarefa alheia a isto, pois o mercado define o espaço da satisfação da noção de felicidade (escolha dos melhores bens para si) individual de cada um. Dworkin, em sua segunda fase, passa a entender que a satisfação do bem particular de cada um (privado) não pode ser conquistada sem que alguns elementos de justiça (público) intervenham para o consentimento da realização deste bem particular. Ambos, bem público e bem particular, se misturam, porque se complementam. A justiça passa a ser entendida como *condição de bem-estar* para a realização dos indivíduos. Aqui, portanto, Ronald Dworkin revela-se nem um liberal, nem um comunitarista, mas um teórico da terceira via ou da conciliação. Nesta segunda fase, *sem igual respeito e sem igual atenção*,[40] não há a possibilidade de bem privado e bem público se somarem.[41]

2.1.3. Hermenêutica, razoabilidade e a coerência do Direito

A concepção de Direito de Ronald Dworkin é de notável importância, no debate jurídico contemporâneo, pois estabelece a diferenciação entre *normas jurídicas* e *princípios jurídicos*, ambos considerados *regras jurídicas* do sistema jurídico. Assim, normas e princípios compõem o sistema jurídico, na medida em que normas jurídicas válidas se aplicam, e normas jurídicas inválidas não se aplicam, enquanto que princípios sempre se aplicam, com maior ou menor intensidade aqui e ali, mas sempre serão

---

[39] "Igual respeito e igual atenção, esta é a norma fundamental da moral política dworkiniana" (Billier, Maryioli, História da filosofia do direito, 2005, p. 426).
[40] "A justiça, sem ser uma componente de nosso bem-estar, é contudo a condição de sua possibilidade" (Billier, Maryioli, *História da filosofia do direito*, 2005, p. 426).
[41] "Em outras palavras, o segundo Dworkin reconhece que a ideia do bem não é exclusivamente de ordem privada, mas também de ordem pública, aderindo assim às teses do filósofo canadense Will Kymlicka" (Billier, Maryioli, *História da filosofia do direito*, 2005, p. 425).

considerados subsídios para que a interpretação de cada caso esteja escorada em valores morais de grande força e peso socioinstitucional.[42]

É certo, no entanto, que a invocabilidade de regras jurídicas é mais usual que a de princípios; isto decorre não somente da própria consolidação de certas matérias em leis e praxes judiciais, por possuírem fácil acesso à argumentação dos pleiteantes, mas sobretudo porque a maior necessidade do uso de princípios se dá com o aumento da insegurança jurídica do terreno decisório no qual esteja o juiz pisando. A partir daí, pode-se perguntar: há norma para o caso concreto? (lacuna); havendo norma para o caso, ela é direta e objetivamente precisa para o caso? (ambiguidade); havendo norma para o caso, ela é a única a ser aplicada, e, em não sendo, com quais normas conflita e quais as opções para a decidibilidade? (antinomia). A partir destas indagações é que se percebe que o juiz estará agindo por princípios, sobretudo – mas não exclusivamente –, quando se deparar com os chamados *casos difíceis (hard cases)*,[43] muito comuns em matéria de alta complexidade que chegam para exame das altas Cortes de Justiça. Os *hard cases* são exatamente aqueles casos para os quais a *decisão política* e a *decisão jurídica* parecem ser invocadas como mecanismo de solução da controvérsia. Daí a ideia de que as *funções legislativa* e *judicial*, nestas hipóteses, se aproximam.[44]

Os princípios (isonomia processual das partes, amplo contraditório como garantia legal, pactos devem ser observados...) funcionam, para o juiz, como instrumentos de auxílio à decisão judicial, e, para o Direito, como dados fundamentais para a construção da validade do sistema, dado este que leva Ronald Dworkin a racionar elevando o valor dos mesmos ao nível das normas jurídicas, incluindo-os como parte relevante do sistema jurídico.[45] Quando se passa a pensar a coerência do Direito como uma grande mecânica que reúne regras jurídicas, ou seja, normas jurídicas e princípios jurídico, a *razoabilidade (fairness)* do Direito deixa de depender simplesmente da *lógica intra-sistêmica* das normas jurídicas entre si (o que foi decretado pelo legislador) e passa a depender da lógica interssistêmica (o que as instituições reconhecem como práticas legítimas socialmente), em face da recorribilidade à história e à

---

[42] Cf. Saldaña, Derechos Morales o derechos naturales, *Boletin Mexicano de Derecho Comparado*, n. 90, sept.-nov., 1997, p. 1216.
[43] "Un caso es difícil si existe incerteza, sea porque existen varias normas aplicables que determinan sentencias distintas – porque las normas son contradictorias – sea porque no existe norma exatamente aplicable" (Romero, Ronald Dworkin: sobre la teoría de la función judicial, *Revista de Derecho*, Universidad de Concepción, n. 193, p. 101-105, Chile, enero-junio, 1993, p. 104). Também: "Em seu aspecto descritivo, a teses dos direitos sustenta que, nos casos difíceis, as decisões judiciais são caracteristicamente geradas por princípios, não por políticas" (Dworkin, *Levando os direitos a sério*, 2002, p. 151).
[44] "Contudo, se o caso em questão for um caso difícil, em que nenhuma regra estabelecida dita uma decisão em qualquer direção, pode parecer que uma decisão apropriada possa ser gerada seja por princípios, seja por políticos" (Dworkin, *Levando os direitos a sério*, 2002, p. 131).
[45] Cf. Silva Filho, Dworkin e os princípios: os avanços da hermenêutica crítica do direito, *in Estudos jurídicos*, v. 31, n. 81, p. 73-94, jan./ abr., 1998, p. 86.

práxis em torno da justiça. Assim, a *coerência* do Direito não é decorrência de uma preocupação com a *verdade*, enquanto correspondência (*adequatio mens ad rerum*).[46]

Os *princípios jurídicos* enquanto *regras jurídicas* são vinculativos para a atividade do juiz, além de se considerar que se constroem no embate histórico dos valores morais. Some-se a estes dois fatores a ideia de que são, por essência, *abertos e vagos* pela indefinição de seus conteúdos semânticos, porosos para experiências em constante processo de construção. Ronald Dworkin, portanto, não somente reconhece a *vagueza da linguagem*, como também reconhece a subjetividade da interpretação, incluindo-as na lógica do processo decisório e na avaliação do funcionamento da ideia de Direito. O problema da *vagueza da linguagem*[47] pode ser superado pela adoção de princípios jurídicos como escoras da decisão, e o problema da subjetividade pelo compartilhamento de valores contidos nos princípios e pela sobredeterminação da *vontade do juiz* pelos limites do caso concreto. Assim, o juiz "...na sua interpretação, é acompanhado por uma teoria política de fundamento histórico, baseada em estruturas, práticas, consensos".[48]

Não se trata de pensar como o positivismo, ou tudo (ordenamento normativo completo) ou nada (discricionariedade absoluta do juiz), mas sim de um modo em que se pode vincular o juiz a dados constantes do sistema jurídico, mas não contidos em normas positivas para o caso concreto: os princípios jurídicos. Não que estes ofereçam pura segurança ao juiz no momento da decisão, pois princípios podem ser lidos por vieses diferentes por dois juízes diferentes. Por exemplo, como afirma Dworkin, diante de uma mesma querela, um juiz de vanguarda e um juiz simpatizante do positivismo, podem decidir de modos díspares; o juiz de índole positivista, vinculado à ideia de previsibilidade, pensaria que, se a lei concede tal possibilidade, o próprio assassino herda na sucessão os bens daquele que matou (!), apesar de entender que o legislador deveria mudar a legislação no futuro.[49] O outro juiz poderia pensar que existem princípios (ainda que a lei diga o contrário) no ordenamento contrários ao favorecimento do praticante de um assassinato, especialmente se se trata de receber a herança da vítima do ato criminoso.

A subjetividade, portanto, não está eliminada do processo hermenêutico, pelo contrário. A interpretação sempre será algo de natureza subjetiva, afirma Dworkin. "Para cada pessoa, há uma interpretação diferente".[50] Este pensamento é extremamente democrático porque abre exatamente a vivência do Direito à vivência da dife-

---

[46] "A teoria da verdade-correspondência dos fatos com o real é assim substituída por aquela da verdade-coerência" (Billier, Maryioli, *História da filosofia do direito*, 2005, p. 421).

[47] Este problema da vagueza está não somente nos princípios, mas sobretudo na linguagem do próprio Direito, especialmente que se está diante do sistema de *common law*: "As leis e as regras do direito costumeiro (*common law*) são quase sempre vagas e devem ser interpretadas antes de se poder aplicá-las aos novos casos" (Dworkin, *Levando os direitos a sério*, 2002, p. 128).

[48] Silva Filho, Dworkin e os princípios: os avanços da hermenêutica crítica do direito, *in Estudos jurídicos*, v. 31, n. 81, p. 73-94, jan./abr., 1998, p. 91.

[49] Cf. Dworkin, Direito, filosofia e interpretação, *in Cadernos da escola do legislativo*, Belo Horizonte, 3(5), p. 44-71, jan./jun., 1997, p. 60-61.

[50] Dworkin, Direito, filosofia e interpretação, *in Cadernos da escola do legislativo*, Belo Horizonte, 3(5), p. 44-71, jan./jun., 1997, p. 54.

rença e da complexidade, fugindo portanto à base de inspiração do raciocínio de toda a fundamentação filosófica da modernidade positivista: a busca pela homogeneidade. Mais que isto, a concepção hermenêutica de Dworkin permite que o juiz se libere através de suas decisões suas convicções, suas ideias pessoais,[51] e as miscigene ao conjunto dos valores institucionais aplicáveis.[52] Isto não quer dizer que o juiz simplesmente poderá tomar decisões arbitrárias, ou simplesmente pensará conforme suas inclinações puramente pessoais, mas sim que estes argumentos deverão se mesclar, como efetivamente se mesclam, a valores institucionalizados e consagrados na prática jurídica. Aliás, na prática: "Um juiz, porém, só muito raramente irá mostrar este tipo de independência. Tentará, sempre, associar a justificação que ele fornece para uma decisão original às decisões que outros juízes ou funcionários tomaram no passado".[53]

Sendo a interpretação a espinha dorsal *razão prática*, é de se concluir que o próprio Direito não poderá se pleitear jamais uma condição *puramente objetiva*.[54] É isto que alimenta o turbilhão de visões e aplicações do Direito, é isto que aquece a fornalha das discussões judiciais, é isto que caracteriza o processo de dialética construção social da justiça, o que faz com que as incertezas jurídicas sejam simplesmente "...derivação da incerteza moral ou política".[55] Ao contrário de afastar a ideia do bem do Direito, ou mesmo de afastar a compaixão e outros sentimentos da esfera da prática da justiça, Ronald Dworkin acentua a presença destas no seio da atividade construtora de valores práticos afirmadores da justiça, como se vê neste trecho da transcrição de uma de suas Conferências (Atenas, 1994): "Então, haveremos de conduzir a justiça dentro da bondade, não apenas racionalmente, mas emocionalmente; e, assim, haveremos de conduzir melhor, com mais dignidade e com menos incoerência a responsabilidade pessoal de nossas vidas".[56]

2.1.4. Argumentos de princípio e argumentos de política: *hard cases* e o desafio à aplicação do Direito

A aplicação de um princípio a um caso concreto, especialmente em *hard cases*, demanda do julgador o uso não de critérios fixos (estes que são inexistentes), mas um balanceamento, em que se ressalta a ideia de "peso" de um princípio. Não somente inexistem estes *critérios fixos* que consintam a formulação de uma racionalidade abstrata sobre os princípios, como também não há nada no pensamento de Ronald

---

[51] "Em uma multiplicidade de hipóteses, é o juiz que faz a escolha do resultado, à luz de suas intuições, personalidade, preferências e preconceitos" (Barroso, *Curso de Direito Constitucional Contemporâneo*, 4. ed., 2013, p. 431).

[52] "O conceito de direito, afirmará Dworkin, nunca é independente de uma concepção do direito e da justiça" (Billier, Maryioli, *História da filosofia do direito*, 2005, p. 422).

[53] Dworkin, *Levando os direitos a sério*, 2002, p. 175.

[54] Cf. Dworkin, Direito, filosofia e interpretação, *in Cadernos da escola do legislativo*, 3(5), p. 44-71, jan./jun., 1997, p. 54.

[55] Dworkin, Direito, filosofia e interpretação, *in Cadernos da escola do legislativo*, 3(5), p. 44-71, jan./jun., 1997, p. 69.

[56] Dworkin, A bondade da justiça, *in Justiça do direito*, v. 13, n. 13, p. 125-134, 1999, p. 134.

Dworkin que autorize a identificar qualquer tipo de hierarquia entre os próprios princípios;[57] então, *in abstracto*, nenhum princípio vale mais ou menos que outro, a não ser diante de uma situação em que se evidencie que seu uso concreto *deva ser* preponderante com relação ao de um outro princípio. Um princípio jurídico (igualdade) poderá pesar mais num caso do que noutro, ou pesar mais do que um outro princípio jurídico (liberdade de mercado).[58]

Todavia, os princípios não querem dizer livre opção de julgar pelo juiz, o que faria de cada decisor, nos casos concretos, alguém livre para iniciar uma nova proposta normativa, em atitude semelhante à liberdade criadora do legislador. "O juiz continua tendo o dever, mesmo nos casos difíceis, de descobrir quais são os direitos das partes, e não de inventar novos direitos retroativamente".[59] Ora, para Ronald Dworkin isto é claro: a equidade do juiz nada tem a ver com a *auctoritas* do legislador, pois a atividade do juiz se assemelha à atividade do legislador. O papel do legislador é o de agir por meio de políticas, seguindo diretrizes atinentes a demandas da coletividade, seguindo imperativos sociais, econômicos e políticos de decisão e escolha. A distinção não pode ser mais clara, quando Dworkin afirma:

> "Os argumentos de princípio são argumentos destinados a estabelecer um direito individual; os argumentos de política são argumentos destinados a estabelecer um objetivo coletivo. Os princípios são proposições que descrevem direitos; as políticas são proposições que descrevem objetivos".[60]

O juiz, por sua vez, age (e deve agir), não por *escolhas políticas* (ou por preferências político-pessoais), e sim de acordo com princípios, ou seja, "imperativos de justiça ou equidade",[61] que possuem valor por si só determinados no quadro do Direito.

Ronald Dworkin, a partir de uma analogia com a ideia de escritura de um romance compartilhada entre vários autores ("Gostaria agora de comparar o desenvolvimento do Direito à elaboração desse, digamos, romance em cadeia"),[62] não acredita que os juízes, mesmo em *casos difíceis (hard cases)*, estejam autorizados a criar, e simplesmente criar, *direito novo*, na medida em que ao agirem, o fazem de acordo com uma *tradição*, pois tomam o *romance já pré-escrito*, em parte, com a tarefa de dar-lhe continuidade ou dar acabamento definitivo. Isto significa que o juiz não está a autorizado a criar uma estória desvinculada de sua escrita anterior, muito menos que o juiz possa se desvencilhar do dever de considerar a coerência narrativa da ordem

---

[57] Assiste razão a Romero, quando interpreta o pensamento de Dworkin para afirmar que não pode haver hierarquia predefinida entre os princípios. A este respeito, vide Romero, Ronald Dworkin: sobre la teoria de la función judicial, *Revista de Derecho*, n. 193, p. 101-105, p. 105, enero-junio 1993.

[58] Cf. Silva Filho, Dworkin e os princípios: os avanços da hermenêutica crítica do direito, *in Estudos jurídicos*, v. 31, n. 81, p. 73-94, jan./abr., 1998, p. 86.

[59] Dworkin, *Levando os direitos a sério*, 2002, p. 127.

[60] Dworkin, *Levando os direitos a sério*, 2002, p. 141.

[61] Silva Filho, Dworkin e os princípios: os avanços da hermenêutica crítica do direito, *in Estudos jurídicos*, v. 31, n. 81, p. 73-94, jan./abr., 1998, p. 87.

[62] Dworkin, Direito, filosofia e interpretação, *in Cadernos da escola do legislativo*, Belo Horizonte, 3(5), p. 44-71, jan./jun., 1997, p. 51.

discursiva com a qual processa a estória ou lhe põe um término.⁶³ Desta forma, não há somente a imposição dos valores subjetivos do juiz ao caso concreto, mas uma atividade que leva em consideração o resto da "estória" escrita pelos demais atores sociais (agentes econômicos, morais, religiosos...) e jurídicos (legisladores, políticos, juízes, advogados...), além das próprias partes envolvidas.

O papel da sua teoria dos princípios, portanto, é não somente fundamental para discutir coerência e narratividade, na construção da razoabilidade (*fairness*), como também determinante para circunscrever os limites entre a *esfera da política* e a *esfera do Direito*.⁶⁴ De fato, quando Ronald Dworkin prefere optar pela discussão que predispõe o juiz a levar a sério os direitos, nem denegando-os às partes, por se deparar com um caso difícil, nem agindo como político, mas sim criando *decisão razoável*, pelo balanço entre princípios com pesos relativos às situações, conferindo-se à prática jurídica uma espécie de ajuste de razoabilidade conforme a necessidade de equidade demandada pelas exigências casuísticas. É neste sentido que se expressa, dizendo: "Não obstante, defendo a tese de que as decisões judiciais nos casos civis, mesmo em casos difíceis como o da *Spartan Steel*, são e devem ser, de maneira característica, gerados por princípios, e não por políticas".⁶⁵

A distinção, portanto, entre *argumentos de princípios* e *argumentos de política* (*policy*), é fundamental. Os segundos justificam uma decisão política, conferindo algum toque de racionalidade à decisão acerca de algum objetivo coletivo da comunidade, considerada em sua totalidade. Os primeiros também podem ser ditos argumentos que justificam uma decisão política, mas agora mostrando que a decisão (política) está respeitando e garantindo um direito específico, pertinente a um ou a vários membros do corpo social.⁶⁶ Portanto, não é tarefa do julgador agir como alguém que simplesmente cria *ex nihilo* direito, na medida em que nem recebeu mandato social para isto, e muito menos pode surpreender as partes em meio ao processo com direitos novos, ao que correspondem deveres (*post factum*) da parte perdedora, antes por elas desconhecidos.⁶⁷

---

⁶³ Há um apelo forte à ideia de coerência na obra de Dworkin. A este respeito, consulte-se Chueiri, Considerações em torno da teoria da coerência narrativa de Ronald Dworkin, *in Seqüência*, n. 23, p. 73-77, dez., 1991, p. 74.

⁶⁴ De fato: "As decisões jurisdicionais nos casos difíceis não devem se basear em argumentos de política (*politics*) que surgem de uma problemática de objetivos a realizar em uma comunidade – o crescimento econômico, por exemplo –, mas em argumentos de princípio pelos quais as autoridades de aplicação do direito fixam os direitos subjetivos das partes no momento dos fatos" (Billier, Maryioli, *História da filosofia do direito*, 2005, p. 426).

⁶⁵ Dworkin, *Levando os direitos a sério*, 2002, p. 132.

⁶⁶ Cf. Dworkin, *Levando os direitos a sério*, 2002, p. 129.

⁶⁷ "A conhecida história de que a decisão judicial deve ser subordinada à legislação é sustentada por duas objeções à originalidade judicial. De acordo com a primeira, uma comunidade deve ser governada por homens e mulheres eleitos pela maioria e responsáveis perante ela. Tendo em vista que, em sua maior parte, os juízes não são eleitos, e como na prática eles não são responsáveis perante o eleitorado, como ocorre com os legisladores, o pressuposto acima parece comprometer essa proposição quando os juízes criam leis. A segunda objeção argumenta que, se um juiz criar uma nova lei e aplicá-la retroativamente ao caso que tem diante de si, a parte perdedora será punida, não por ter violado algum dever que tivesse, mas sim por ter violado um novo dever, criado pelo juiz após o fato" (Dworkin, *Levando os direitos a sério*, 2002, p. 132).

Capítulo XXII | Raciocínio jurídico, razoabilidade e ponderação

O Direito não se confundirá, nesta medida, com uma ação de poder (imposição de escolha fundada na força e baseada na ideia de uma política a atender metas sociais), mas, de fato, exercerá uma atividade censória do poder, na medida em que o uso da força acaba por ganhar guarida somente quando e onde a força for justificável pela imperatividade de princípios sociais e pela vinculatividade de valores morais fundantes do pensamento jurídico predominante. Mas isto não autoriza a dizer que direito nada tem a ver com política, ou como moral,[68] como queriam os positivistas, na medida em que os argumentos utilizados pelos juristas não se encontram alheios aos processos históricos de construção dos valores. Com Habermas: "O direito situa-se entre a política e a moral: Dworkin demonstra que o discurso jurídico trabalha, não somente com argumentos políticos que visam ao estabelecimento de objetivos, mas também com argumentos de fundamentação moral".[69]

2.1.5. O juiz-Hércules

É célebre a concepção de juiz-Hércules, figura criada por Ronald Dworkin para representar a ideia de um *juiz-modelo*. Hércules é aquele herói que consagra toda a força da própria reflexão sobre a *equidade* levada adiante por Ronald Dworkin ("Hércules concluirá que sua doutrina da equidade oferece a única explicação adequada da prática do precedente em sua totalidade"),[70] e, exatamente por isso, não segue teorias clássicas da decisão judicial, mas sim a ideia de que, ao aplicar o Direito, age como a lei ou o precedente exigem, embora tomando suas decisões com convicção pessoal, sem que estas tenham força independente dos argumentos racionais utilizados para justificar o raciocínio judicial utilizado em cada caso concreto.[71] Hércules é o símbolo da união entre teoria e prática jurídicas.[72]

Por isso, a criação da figura que ocupa um *locus* explicativo em sua teoria, ainda que seja acusada de provocar um apelo a ideal inocente de racionalidade perfectibilizável.[73] Com Ronald Dworkin:

> "Podemos, portanto, examinar de que modo um juiz filósofo poderia desenvolver, nos casos apropriados, teorias sobre aquilo que a intenção legislativa e os princípios jurídicos requerem. Descobriremos que ele formula essas teorias da mesma maneira que um árbitro filosófico construiria as características de um jogo. *Para esse fim, eu inventei um jurista de capacidade, sabedoria, paciência e sagacidade sobre-humanas, a quem chamarei de Hércules*" (grifos nossos).[74]

---

[68] Cf. Burton, Ronald Dworkin and legal positivism, in *Iowa Law Review*, oct. 1987, n. 01, v. 73, p. 109-129.
[69] Habermas, *Direito e democracia*: entre facticidade e validade, v. II, 2003, p. 218.
[70] Dworkin, Levando os direitos a sério, 2002, p. 177.
[71] Dworkin, Levando os direitos a sério, 2002, p. 184.
[72] Cf. Lenoble, La théorie de la cohérence narrative en droit: le débat Dworkin-McCormick, in Archives de Philosophie du Droit, 1988, p. 129.
[73] Haba, Rehabilitación del no-saber en la actual teoria Del derecho: el bluff Dworkin, in Doxa, 165-200, n. 24, 2001, p. 174.
[74] Dworkin, *Levando os direitos a sério*, 2002, p. 165.

Hércules serve também como uma espécie de *guardião-observador* da coerência de todo o sistema jurídico, exatamente por postar-se com um olhar totalizante do sistema na condição de quem o avalia em sua inteireza. Ele é assim chamado porque deve construir um esquema para a justificação dos precedentes do direito costumeiro, a partir de princípios, e para a justificação das regras de direito constitucional e direito positivo em geral.[75] Assim, o juiz-Hércules: não é guiado pela mera legalidade; argumenta extensamente os casos que analisa; leva em consideração o igual respeito e a igual consideração; decide com base em regras e princípios; supre falhas da legislação; considera a "tradição" institucional e "vanguardismo" na aplicação. Por isso, "a técnica de Hércules *encoraja* o juiz a emitir seus próprios juízos sobre os direitos institucionais".[76] Isso, no entanto, não faz do juiz uma figura da *infalibilidade judicial*, pois Ronald Dworkin está muito consciente da necessidade de assegurar que a humildade seja uma das características fundamentais da atitude julgadora dos juízes no exercício da razão prática. Assim, isso serve "... a qualquer juiz, como um poderoso lembrete de que ele pode muito bem errar nos juízos políticos que emite, e que deve, portanto, decidir os *casos difíceis com humildade*".[77]

2.2. Jürgen Habermas: argumentação, diálogo e procedimento democrático

2.2.1. Justiça, argumentação e moralidade

Na tradição alemã, mais propriamente vinculada à Escola de Frankfurt, se destaca a reflexão de Jürgen Habermas,[78] para a qual a *razão prática* estará determinada em duas perspectivas, de um lado, pelo direito positivo, de outro lado, pela prática da argumentação.[79] Isso porque a ética do discurso, quando pensa a questão do Direito, não o faz de qualquer forma, mas a partir de uma *dinâmica argumentativa*.[80] Todo Direito só pode se basear nestas ideias reguladoras. De um lado, a formação do Direito positivo vem definida, em sua legitimidade, pela capacidade de reflexão democrática dos procedimentos colocados à disposição para a formação das normas jurídicas.[81] De outro lado, a ideia de que o Direito se concretiza cotidianamente nos tribunais é a de que o Direito se realiza na medida em que a justiça escoa por meio das argumenta-

---

[75] Dworkin, *Levando os direitos a sério*, 2002. p. 182.
[76] Dworkin, *Levando os direitos a sério*, 2002, p. 203.
[77] Dworkin, *Levando os direitos a sério*, 2002, p. 203.
[78] Este texto foi previamente publicado enquanto itens 7.3.3. e 7.3.4. em Bittar, *Democracia, justiça e emancipação* social: reflexões jusfilosóficas a partir do pensamento de Jürgen Habermas, 2013, p. 530-444.
[79] Cf. Siebeneichler, Sobre a filosofia do direito de Habermas, *Revista da Faculdade de Direito Cândido Mendes*, ano 8, n. 8, p. 150, 2003.
[80] "A ética do discurso pode ser caracterizada como uma ética da argumentação. Por meio do princípio U, procura-se definir um procedimento capaz de guiar as discussões no âmbito das controvérsias acerca das normas de ação" (Maia, *Jürgen Habermas*: filósofo do direito, 2008, p. 54).
[81] "Quando nos apoiamos em uma teoria procedimental, a legitimidade de normas jurídicas mede-se pela racionalidade do processo democrático da legislação política" (Habermas, *Direito e democracia*, I, 2003, p. 290).

ções que se exercem no processo decisório. Por isso, a teoria do dircurso valoriza a perspectiva da interação humana, racional e argumentativa, e se funda em práticas procedimentais, posição esta da qual não dista o pensamento de Robert Alexy.[82]

O tema da decisão jurídica evoca, portanto, o tema da *argumentação*, favorecida pelo *modo procedimental* de se exercer institucionalmente o *discurso jurídico*. O processo decisório envolve uma forma de convencimento que pressupõe o uso permanente de *argumentos morais* e de *argumentos de outras espécies*. Esses argumentos de outras espécies envolvem outros universos de significação *social, política, cultural e econômica* também presentes dentro da própria formação do direito enquanto legislação.[83] O processo de formação da legislação

> "...é mais complexo que o da argumentação moral, porque a legitimidade das leis não se mede apenas pela correção dos juízos morais, mas também pela disponibilidade, relevância, pertinência e escolha de informações, pela fecundidade da elaboração das informações, pela adequação das interpretações da situação e pelas colocações de problemas, pela racionalidade de decisões eleitorais, pela autenticidade de valorações fortes, principalmente pela equidade dos compromissos obtidos, etc.".[84]

Nesta medida, também a *decisão jurídica* haverá de pressupor mais do que argumentos morais, haverá de pressupor até mesmo a possibilidade de seguir "...o modelo de discursos morais, pois, em ambos os casos, se trata da lógica de aplicação de normas", no entanto, a *correção* (*Richtigkeit*) das *decisões judiciais* não poderá ser avaliada a partir da "...validade de juízos morais...", o que também impede que o *discurso jurídico* aplicativo possa ser considerado somente um "...caso especial de discursos morais".[85] O *discurso jurídico* não prescinde do discurso moral, mas o discurso jurídico é mais complexo que o discurso da moral, o que faz com que a atividade de *interpretação* e *aplicação do direito* envolva fatores que escapam à correção moral.[86]

A modernidade produziu a *desdiferenciação* sistêmica, e dela se extrai, com clareza, a desvinculação de ambas as esferas, a do Direito, e a da Moral, quando "...o princípio do discurso tem que assumir uma feição suficientemente abstrata, ao passo que o princípio da moral e da democracia resultam, entre outras coisas, da especificação

---

[82] Sobre a relação existente entre as teorias de Habermas e Alexy, leia-se: "Tanto Alexy utiliza elementos do trabalho de Habermas, quanto este também emprega alguns dos desenvolvimentos teóricos daquele" (Maia, *Jürgen Habermas*: filósofo do direito, 2008, p. 91). "O procedimento do discurso é um procedimento de argumentação"; e, ainda: "A teoria do discurso é uma teoria procedimental da correção prática" (Alexy, A institucionalização da razão, *in Constitucionalismo discursivo*, 2007, p. 25).

[83] "Porém a legislação política não se apoia somente, e nem em primeira linha, em argumentos morais, mas também em argumentos de outras proveniências" (Habermas, *Direito e democracia*, I, 2003, p. 290).

[84] Habermas, *Direito e democracia*, I, 2003, p. 290.

[85] Idem, ibidem.

[86] "Hence, we must renounce the premises of the philosophy of the subject on wich rational natural law is based. From the perspective of a theory of discourse, the problem of agreement among parties whose wills and interests clash is shifted to the plane of institutionalized procedures of argumentation and negotiation that must be actually carried out" (Habermas, *Justification and application*: remarks on discourse ethics, 1993, p. 16).

do princípio do discurso em relação a diferentes tipos de normas de ação".[87] Nesta medida, o princípio do discurso (D) carrega de sentido a própria exigência de que o Direito esteja sendo avaliado, judicialmente, sob condições exigentes de interação comunicativa. A argumentação, neste sentido, cobra do procedimento uma sempre constante retomada dos fatores que informam o princípio do discurso. Numa leitura pragmática, Habermas afirma que: "Argumentos são razões que resgatam, sob condições do discurso, uma pretensão de validade levantada através de atos de fala constatativos ou regulativos, movendo racionalmente os participantes da argumentação a aceitar como válidas proposições normativas ou descritivas".[88]

A *correção de uma decisão jurídica*, portanto, não virá da exigência de uma *phrónesis* extraordinária do juiz singular, a exemplo do juiz-Hércules, e não virá também de um processo de decodificação hermenêutica da(s) norma(s) de direito aplicável(eis) ao caso, mas virá da própria capacidade que o *discurso decisório* tem de, ao produzir justiça, fazê-lo com correção (*Richtigkeit*). ""Correção" significa aceitabilidade racional, apoiada em argumentos".[89] A proteção das *condições procedimentais de exercício e produção da argumentação* é que consente, neste sentido, a construção de uma *decisão jurídica* que seja o mais próximo possível da possibilidade de exercer um boa resolução do caso concreto, ou seja, de produzir uma *decisão jurídica correta*. A justiça, neste sentido, tem a ver, pois, com *correção*.

O Direito, em sua complexidade, não tem a oferecer garantias pelo simples fato de as normas do sistema terem bons conteúdos ou boa conformação. O Direito ainda deve ser aplicado, em caso de necessidade de sua intervenção, pelas vias decisórias e procedimentais. Por isso, ainda que a teoria do discurso deposite forte importância na ideia da argumentação, menciona a argumentação como um ponto de apoio do qual não se pode exigir o rigor isolado da lógica formal:

> "Ora, argumentos substanciais jamais são "cogentes" no sentido de um raciocínio lógico (que não é suficiente, porque apenas explicita o conteúdo de premissas), ou de uma evidência imediata (a qual se encontra em juízos de percepção singulares e, mesmo que fosse, não deixaria de ser questionável)".[90]

Aqui se ressalta a importância da reflexão judiciária baseada na linha de uma *lógica do discurso argumentativo*, ou seja, de uma lógica que exige condições formais de produção do discurso, mas se baseia sobretudo em questões pragmáticas da interação argumentativa.[91] Esta lógica faz reconhecer nos argumentos aquilo que permite

---

[87] Habermas, *Direito e democracia*, I, 2003, p. 291.
[88] Idem, p. 281. Ademais, a respeito, *vide* Dutra, *Kant e Habermas*: a reformulação discursiva da moral kantiana, 2002, p. 187.
[89] Idem, ibidem. No original: " 'Richtigkeit' bedeut rationale, durch gute Gründe gestützte Akzeptabilität" (Habermas, *Faktizität und Geltung*, 1992, p. 277).
[90] Habermas, *Direito e democracia*, I, 2003, p. 282.
[91] "A lógica do discurso argumentativo é simultaneamente formal e pragmática, ou seja, ela constitui uma pesquisa das propriedades formais de atos de fala, que constituem as unidades pragmáticas do discurso" (Siebeneichler, *Jürgen Habermas*: razão comunicativa e emancipação, 1994, p. 101).

Capítulo XXII | Raciocínio jurídico, razoabilidade e ponderação

reconhecer as pretensões de validade de um discurso, o que se pode medir pelas qualidades racionais do mesmo, segundo a teoria do agir comunicativo.[92]

A premissa do Direito, uma norma jurídica válida, é sempre passível de uma série de outras avaliações, que impedem a sua tomada como sendo a incontestável bitola do funcionamento do sistema aplicativo do direito. Por isso, a qualidade das premissas não define a qualidade dos resultados de sua aplicação. A justiça que é resultante de um processo não é fruto simples e puro da subsunção de fatos e normas positivas do sistema jurídico. A qualidade do *procedimento de interação racional* é que define as boas condições de aplicação e alcance da *justiça do caso concreto*. A própria instabilidade do sistema jurídico impede que, sob condições pós-metafísicas, seja possível pensar-se na forma de justificação e fundamentação teórica da *única decisão correta* enquanto procura da *verdade jurídica ontológica*.[93]

A teoria do discurso assume esse caráter instável da própria *práxis* do direito, e o assimila na forma de uma tensão que se expressa pela relação entre "...a legitimidade e a positividade do direito...", que "...é controlada na jurisdição como um problema da decisão correta e, ao mesmo tempo, consistente".[94] Normas legítimas, do ponto de vista de sua social e democrática formação, são a base de formação de um juízo judicial correto, mas não a condição suficiente para tanto; o princípio democrático aqui serve apenas como um antecedente que dá segurança ao juiz para a invocação de uma norma cuja exigibilidade social se torna mais fácil e simples, fazendo com que a eficácia da decisão esteja também escudada na própria legitimidade do sistema jurídico como um todo. No entanto, a legitimidade carece de ser acompanhada de outros critérios para a formação do juízo correto direcionado ao caso concreto. Quais são estas outras exigências senão aquelas que se fazem necessárias como "...condições procedimentais e pragmáticas...", dispostas a garantir que "...todos os argumentos e informações relevantes sobre um tema, disponíveis numa determinada época, possam vir completamente à tona, isto é, possam desenvolver a força da motivação racional inerente a eles". O processo deve ser capaz de dar guarida ao "bom argumento" ("*guter Grund*"), ou seja, dar guarida ao argumento que, pragmaticamente, dentro do jogo da argumentação, desempenha um papel suficiente para "...contribuir para a solução do problema da aceitabilidade ou não aceitabilidade de uma pretensão de validade controversa".[95]

---

[92] "Na lógica formal pragmática nós trabalhamos com argumentos, isto é, com uma fundamentação que deve nos motivar racionalmente a reconhecer as pretensões de validade de uma afirmação, de um mandamento ou de uma avaliação. Os argumentos passam a ser avaliados ou pesados quanto à sua força consensual, isto é, com relação à sua capacidade de obter o consenso fundamental racionalmente" (Siebeneichler, *Jürgen Habermas:* razão comunicativa e emancipação, 1994, p. 101).

[93] Nem o próprio teórico é capaz de 'fechar' uma teoria, e é neste sentido que uma certa abertura sempre resta desafiadora até para a própria teoria sobre o discurso aplicativo: "Uma vez que o ideal absolutista da teoria fechada não é mais plausível sob condições do pensamento pós-metafísico, a ideia reguladora da única decisão correta não pode ser explicitada com o auxílio de uma teoria, por mais forte que ela seja" (Habermas, *Direito e democracia*, I, 2003, p. 282).

[94] Idem, p. 292.

[95] Habermas, *Direito e democracia*, I, 2003, p. 283.

A ideia do bom argumento, dentro de um jogo pragmático e interativo, pressupõe alguns postulados que devolvem a reflexão à situação ideal de fala, quais sejam: o *postulado da igualdade comunicativa*, segundo o qual todos os participantes devem ter simetria de condições de interação no processo; o *postulado da igualdade de fala*, segundo o qual todos os integrantes devem ter condições de problematizar pretensões de validade e produzir interpretações, recomendações, explicações; o *postulado da veracidade e da sinceridade*, de acordo com o qual os falantes devem ter as mesmas chances de expressar aspectos subjetivos, como intenções e ideias, no processo interativo; o *postulado da correção de normas*, segundo o qual os integrantes do discurso devem ter a mesma chance de produzir normas, opor-se, prometer, acordar, vincular-se.[96]

As exigentes condições de *produção da argumentação* como forma de discussão das condições de interação e que colocam em tematização pretensões de validade dos discursos são, pois, um ponto de apoio fundamental para a teoria do discurso.[97] Nesse sentido, Habermas pensa a partir da situação de interação "...imunizada contra a repressão e a desigualdade...", ou seja, numa situação de interação e fala em que os falantes estão "...aliviados da pressão da experiência e da ação...", e podem, acima de tudo, tematizar "...uma pretensão de validade que se tornou problemática...", com base na viabilidade das afirmações e das trocas comunicativas infirmadas através do jogo de fala.[98] Nesta medida, o importante para o alcance de resultados corretos na formação de juízos (morais, jurídicos, políticos...) está exatamente no tratamento que se dá às próprias condições pragmáticas de interação. É sob este foco que Habermas pretende conduzir sua teoria do discurso jurídico, como forma de compreender como se produz *a justiça do caso concreto*.

---

[96] Cf. Siebeneichler, *Jürgen Habermas*: razão comunicativa e emancipação, 1994, p. 105.

[97] A noção de argumento é de natureza pragmática: "Der Begriff des Arguments ist von Haus aus pragmatischer Natur..." (Habermas, *Faktizität und Geltung*, 1992, p. 279). No entanto, antes de aparecer em *Direito e democracia*, esta definição, com os exatos mesmos contornos, já aparece em *Teoria da ação comunicativa*: "Llamo argumentación al tipo de habla en que los participantes tematizan las pretensiones de validez que se han vuelto dudosas y tratan de desempeñarlas o de recusarlas por medio de argumentos. Una argumentación contiene razones que están conectadas de forma sistemática con la pretensión de validez de la manifestación o emisión problematizadas. La fuerza de una argumentación se mide en un contexto dado por la pertinencia de las razones. Esta se pone de manifiesto, entre otras cosas, en si la argumentación es capaz de convencer a los participantes en un discurso, esto es, en si es capaz de motivarlos a la aceptación de la pretensión de validez en litigio" (Habermas, *Teoría de la acción comunicativa*: racionalidad de la acción y racionalización social, I, 1988, p. 37).

[98] Habermas, *Direito e democracia*, I, 2003, p. 283. Antes de *Direito e democracia*, em *Teoria da ação comunicativa* esta ideia já se encontrava expressa nos seguintes termos: "Cuando se considera la argumentación como procedimiento se trata de una forma de interacción sometida a una regulación especial. Efectivamente, el proceso discursivo de entendimiento está regulado de tal modo en forma de una división cooperativa del trabajo entre proponentes y oponentes, que los implicados:
- tematizan una pretensión de valide que se ha vuelto problemática y,
- exonerados de la presión de la acción y la experiencia, adoptando una actitud hipotética,
- examinan con razones, y sólo con razones, si procede reconocer o no la pretensión defendida por el proponente" (Habermas, *Teoría de la acción comunicativa*: racionalidad de la acción y racionalización social, I, 1988, p. 46-47).

Capítulo XXII | Raciocínio jurídico, razoabilidade e ponderação

É sob a força do princípio do D que se produz, portanto, uma reflexão cuja *consistência pragmática* cobra do procedimento todas as condições para que a interação se dê, ao mais possível, em condições em que a comunicação poderá ser vista como resultante de uma interação genuína.[99] Em seguida, sob a força do princípio U, consideradas as circunstâncias nas quais se vê produzido um discurso,[100] aquilo que foi deliberado passa a se tornar passível de universalização, e reclama o assentimento de "...um auditório universal..." (*universalem Auditoriums*).[101] Assim, a cobrança da teoria do discurso, no que tange à produção de justiça para os casos concretos, não está na apresentação de *uma substância ontológica* que deverá orientar o juiz em cada julgamento, nem em uma complexa rede de características que definem as condições de exercício da exegese dos textos normativos, mas nas próprias condições de fixação dos modos de interação, através dos quais podem escorrer livremente os argumentos das partes e seus interesses, para que a decisão judicial possa se dar com base nos "...melhores argumentos, na base das melhores informações".[102]

2.2.2. Justiça, aplicação e fundamentação

Aqui já está dada a ideia de que a aplicação do direito, nos discursos de aplicação do Direito, é uma tarefa complexa, e não meramente dedutiva. O *raciocínio jurídico* envolve questões do âmbito da argumentação que não podem ser simplificadas pelos traços da *lógica formal*. A aplicação se dá em muitos momentos no sistema jurídico e cobra constante olhar em direção à relação abstrato-concreto, norma-caso.[103] A aplicação se dá nas mãos dos juízes e tribunais, mas também se processa em outras instâncias do sistema. "A função da aplicação de leis não é assumida apenas por instâncias da jurisdição no horizonte da dogmática jurídica e da esfera pública jurídica, mas também, implicitamente, por administrações".[104] De toda forma, a aplicação do direito

---

[99] "É fácil descobrir por que o princípio do discurso promove esse tipo de prática para a fundamentação de normas e decisões valorativas" (Habermas, *Direito e democracia*, I, 2003, p. 284).

[100] Em *Comentários à ética do discurso*, Habermas faz esta ressalva: "Enquanto regra de argumentação, o princípio de universalização tem, porém, de conservar um sentido racional, e portanto operacional, para sujeitos finitos dotados da faculdade de juízo, que é dependente dos variados contextos. Assim, ele apenas pode exigir que, no momento da fundamentação de normas, sejam contempladas as consequências e os efeitos secundários que *presumivelmente* podem resultar do cumprimento geral de normas no interesse de cada indivíduo, tendo como base a informação disponível e as razões existentes na altura" (Habermas, *Comentários à ética do discurso*, 1991, p. 137).

[101] Habermas, *Direito e democracia*, I, 2003, p. 284, e, Habermas, *Faktizität und Geltung*, 1992, p. 280.

[102] Idem, ibidem.

[103] A aplicação não é somente a aplicação judicial: "Aqui parece não ter sido bem compreendida a tese (central) gadameriana da *applicatio*, pela qual interpretar é aplicar, que sempre aplicamos, que não interpretamos por parte ou etapas e que, enfim, "em toda leitura tem lugar uma aplicação" (Gadamer). Quando Gadamer diz isso, ele não está se referindo à aplicação da lei ou na aplicação judicial. Para ser mais claro: a aplicação (*applicatio*) não se dá apenas nos casos de "aplicação judicial" (no dizer de Habermas, o discurso de aplicação – jurisdição – afasta-se do discurso de fundamentação – legislação – em função das "formas de comunicação e dos potenciais de argumentos correspondentes")" (Streck, *Verdade e consenso:* constituição, hermenêutica e teorias discursivas, 2006, p. 52).

[104] Habermas, *Direito e democracia*, I, 2003, p. 243.

pressupõe uma tarefa permanente de convívio no limiar da tensão entre facticidade e validade, algo que não pode ser desprezado pela reflexão que considere dinamicamente o fenômeno do direito e enfatize o caráter pragmático do direito formado a partir da atuação de seus intérpretes.

A ênfase da persecução da noção de justiça (*Justiz*), enquanto *aplicação correta do Direito*, neste ponto, obedece ainda mais acentuadamente à ideia de que se está na dependência do *uso contextual* da linguagem, do que não escapa a linguagem anteposta em normas pelo legislador, antes de sua efetiva aplicação e concretização. A aplicação envolve não somente a autocompreensão das normas em si mesmas (mundo social regulado), ou a autocompreensão de fenômenos estudados (mundo objetivo), mas sobretudo a compreensão do mundo dos participantes (mundo subjetivo).[105]

Os discursos de aplicação estão implicados em *situações de aplicação*, sendo que as interpretações subjetivas dos envolvidos relativamente aos fatos do caso concreto importam e possuem significação: "Em discursos de aplicação, as perspectivas particulares dos participantes têm que manter, simultaneamente, o contato com a estrutura geral de perspectivas que, durante os discursos de fundamentação, estão atrás das normas supostas como válidas".[106] Porém, as interpretações subjetivas dos envolvidos haverão de manter sua ancoragem com relação às normas aplicáveis e seus fundamentos. Isto porque toda aplicação coerente reclama um sistema coerente de regras ao qual se reporta, sem que isso signifique um apelo ao conteúdo das normas postas dentro do sistema jurídico: "Essa circunstância explica também porque o conceito de coerência, utilizado para interpretações construtivas, é alheio a caracterizações semânticas, apontando para pressupostos pragmáticos da argumentação".[107]

Assim, o Direito é suficientemente complexo e rico de tal forma que aquilo que se processa na dimensão de atuação do direito deve significar, acima de tudo, um processo de permanente apelo entre a ordem das regras jurídicas, considerando as normas jurídicas e os princípios jurídicos, por influência de Ronald Dworkin, e a ordem das situações concretas. "Uma decisão jurídica de um caso particular só é correta, quando se encaixa num sistema jurídico coerente".[108] Não se pode perder de vista a *totalidade do sistema* que envolve aquele caso singular, de modo que o tribunal nunca pode prescindir completamente da consideração de que cada caso concreto está envolvido por uma totalidade de regras que constituem o universo circundante das normas de Direito.[109] O

---

[105] Com Habermas: "Questões de aplicação de normas afetam a autocompreensão e a compreensão do mundo dos participantes, porém não do mesmo modo que discursos de fundamentação. Nos discursos de aplicação, as normas, supostas como válidas, referem-se sempre aos interesses de todos os possíveis atingidos; no entanto, quando se trata de saber qual norma é adequada a um caso determinado, essas relações se retraem atrás dos interesses das partes imediatamente envolvidas" (Habermas, *Direito e democracia*, I, 2003, p. 284).
[106] Habermas, *Direito e democracia*, I, 2003, p. 284-285.
[107] Habermas, *Direito e democracia*, I, 2003, p. 285.
[108] Habermas, *Direito e democracia*, I, 2003, p. 289.
[109] "O interesse público na uniformização do direito destaca uma característica pregnante na lógica da jurisprudência: o tribunal tem que decidir cada caso particular, mantendo a coerência da ordem jurídica em seu todo" (Idem, p. 295).

Capítulo XXII | Raciocínio jurídico, razoabilidade e ponderação

que a jurisprudência faz é, nesse sentido, um permanente processo de troca entre a dimensão das normas e a dimensão dos casos que reclama justiça, permitindo uma "... autorreflexão institucionalizada do direito", que serve "...à proteção individual do direito sob o duplo ponto de vista da justiça no caso singular, bem como da uniformidade da aplicação do direito e do aperfeiçoamento do direito...".[110]

Assim, Jürgen Habermas faz exigentes afirmações no que tange ao desempenho e às tarefas da judicatura. No lugar de pressupor na figura do juiz-Hércules *virtudes extra-humanas*, trabalha com a mais realista concepção de que o *procedimento institucionalidade* pode estar ricamente *permeado* de pressupostos que apoiam o agir comunicativo, em direção a uma *decisão correta*. O Direito não deixa de ser instável, na prática, mas a adequada forma de compreender a dinâmica da aplicação do direito não deixa de exigir que haja um certo grau de estabilidade e de segurança ligado a um certo grau de correção. "A tensão entre facticidade e validade, imanente ao direito, manifesta-se na jurisdição como tensão entre o princípio da segurança jurídica e a pretensão de tomar decisões corretas", afirma Habermas.[111]

Assim, as decisões judiciais que concretizam o Direito, devendo ser *justificadas* de forma argumentativa, ficando na dependência da *qualidade dos procedimentos de participação* (inclusão dos atores relevantes; igualdade de oportunidades de fala; veracidade e sinceridade dos atos de fala) na produção da decisão, assim como na dependência da *qualidade das informações* (argumentos; provas; demonstrações; regras jurídicas incidentes no caso concreto) trazidas ao conhecimento judiciário. Não sendo universalizável o conteúdo de justiça das decisões singulares da jurisdição, na medida em que a tensão entre a *decisão correta* e a *segurança jurídica* é ineliminável do circuito do movimento dialético de interação do direito com o entorno das demais pressões contingenciais da história, não é possível falar em um critério formador de um conceito de justiça estável e uniforme para a lógica da decisão. Por isso, o proceduralismo da teoria do discurso desponta no sentido de afirma que são universalizáveis as condições de exercício ideais da interação comunicativa qualitativamente desenvolvidas no ambiente judiciário. Por isso, na comparação com a situação ideal de fala, o aprimoramento das instituições de prestação judiciária se dá na base de uma permanente mensuração do distanciamento deste metamodelo comunicativo da teoria do discurso.

Assim, as *decisões jurídicas* deverão ser "...tomadas consistentemente, no quadro da ordem jurídica estabelecida. E aí o direito vigente aparece como um emaranhado intransparente de decisões pretéritas do legislador e da justiça ou de tradições do direito consuetudinário".[112] Aí está o atendimento ao critério de segurança e certeza jurídicas. Mas, uma *decisão jurídica* pode confirmar o quadro das interpretações anteriores e costumes anteriores e ser irracional para o caso ou para o contexto refletido numa situação *sub judice*. Neste momento, torna-se de fundamental importância analisar as decisões jurídicas também segundo um outro critério, que é aquele que reclama correção, ou seja, que a decisão reflita uma racionalidade que seria o retrato de

---

[110] Habermas, *Direito e democracia*, I, 2003, p. 294.
[111] Idem, p. 245.
[112] Idem, p. 246.

sua aceitabilidade, de sua sustentabilidade nestas condições, "...pois devem ser aceitas como decisões racionais pelos membros do direito",[113] o que mais uma vez confirma o caráter argumentativo da aplicação do direito e o caráter de singularidade histórica que possui cada decisão judicial que se extrai com base no sistema. Isso também reafirma a impossibilidade de afirmar um sentido unívoco do justo extraído da esfera do exercício da jurisdição, uma vez que noção de justiça aqui ainda uma vez escapa à possibilidade de ajustar-se a um quadrante essencialista, mormente pelo fato de as condições contextuais e o trânsito permanente dos estados sociais impedir a formação de um *a priori* rígido ao qual possa se recorrer independente da tarefa dos usuários, intérpretes-aplicadores, terem de *construir* a justiça de conformidade com as exigências situacionais.

2.3. Robert Alexy: princípios, colisões e sopesamento

2.3.1. Direito, regras e princípios

Na tradição alemã, destaca-se a contribuição de Robert Alexy,[114] dentro de uma linha teórica liberal e analítica, onde a questão da *razão prática* tem especial tratamento.[115] Na construção de sua teoria, Robert Alexy não abre mão de considerar o Direito enquanto instância de institucionalização da organização social,[116] e, na *Teoria do Direito*, os debates derivados de sua obra se voltarão fortemente para o campo da discussão sobre a *racionalidade do Direito*, especialmente no âmbito das altas Cortes de Justiça. Aliás, a própria compreensão basilar do que seja o Direito leva, desde pronto, Robert Alexy a concordar com Ronald Dworkin. E isso porque o Direito não será aqui interpretado como "conjunto de leis dadas pelo legislador", da forma como Hans Kelsen consagrou o conceito de Direito, mas como um sistema que compreende regras e princípios jurídicos, cuja aplicação envolve operações complexas. Assim, as *normas jurídicas* se caracterizam pelo fato de se organizarem pela dimensão da *validade*, pela forma de agir do tipo *tudo-ou-nada*,[117] sendo *mandamentos definitivos* que contêm disposições diretas, completas e objetivas para os casos regulados.[118] Os *princípios jurí-*

---

[113] Habermas, *Direito e democracia*, I, 2003, p. 246.

[114] Este texto corresponde ao trecho modificado e adaptado, previamente publicado em Bittar, Almeida, *Curso de Filosofia do Direito*, 12. ed., 2016, p. 581-587.

[115] Alexy, *Teoria da argumentação jurídica*, tradução de Zilda Hutchinson Schild Silva, Landy, 2001; Alexy, *Teoria dos direitos fundamentais*, tradução de Virgílio Afonso da Silva, Malheiros, 2008; Alexy, *Conceito e validade do direito*, Tradução de Gercélia Batista de Oliveira Mendes, Martins Fontes, 2011; Alexy, *Direito, razão, discurso*: estudos para a filosofia do direito, Luís Afonso Heck, 2. ed., Livraria do Advogado, 2015.

[116] "A organização necessária pressupõe direito. A renúncia à instalação, fundamentada pelo argumento do conhecimento, da imposição e da organização, da sociedade a forma do direito seria a anarquia" (Alexy, *Direito, razão, discurso*: estudos para a filosofia do direito, 2015, p. 114).

[117] "A distinção entre princípios e regras não pode ser baseada no suposto método *tudo* ou *nada* de aplicação das regras, pois também elas precisam, para que sejam implementadas suas consequências, de um processo prévio (...) de interpretação que demonstre quais as consequências que serão implementadas" (Ávila, *Teoria dos princípios*, 16. ed., 2015, p. 69).

[118] "O ponto decisivo para a distinção de regras e princípios é que princípios são mandamentos de otimização, enquanto regras têm o caráter de mandamentos definitivos" (Alexy, *Direito, razão, discurso*: estudos para a filosofia do direito, 2015, p. 164).

dicos se caracterizam por serem *mandamentos de otimização*, por agirem maximizando o sentido jurídico e por atuarem de forma a colocarem em ação a dimensão do "peso" na avaliação das questões de justiça.[119] Em *Teoria dos direitos fundamentais*, Alexy chega a afirmar: "Princípios são normas que ordena que algo seja realizado na maior medida possível dentro das possibilidades jurídicas e fáticas existentes".[120]

2.3.2. Direito, razão prática e interpretação

No campo da aplicação do Direito, Robert Alexy irá enxergar o Direito, considerando que: a aplicação do direito depende do exercício da *razão prática*; a *razão prática* não se exerce sem a importante tarefa exercida pela interpretação; a interpretação depende para o seu exercício concreto de *argumentos*, sendo que os *argumentos jurídicos* constituem caso especial da *argumentação prática geral*. Em *Teoria da argumentação jurídica* isso irá ficar bem claro, a partir da retomada de Alexy faz de Chaïm Perelman e de Jürgen Habermas, com suas decisivas contribuições para a teoria da argumentação, para a teoria retórica contemporânea e para a teoria do discurso.[121] Em *Direito, razão, discurso* é importante a passagem que afirma: "Eu parto disto, que a argumentação jurídica é um caso especial da argumentação prática geral. A discussão da estrutura e dos problemas de uma teoria procedimental da argumentação jurídica, que está orientada pelo conceito de razão prática, deve, por conseguinte, iniciar com a teoria da argumentação prática geral".[122]

Assim, a interpretação ocupa boa parte do exercício prático do *raciocínio jurídico*, sendo que o termo interpretação pode ser compreendido em sentido largo para significar "...entendimento de todos os objetos, que foram produzidos no quadro de suas capacidades, para unir com esses objetos um sentido"[123]; em sentido estrito, para significar "...um meio para o cumprimento da tarefa prática da ciência do direito... dizer o que em casos concretos é ordenado, proibido e permitido juridicamente".[124] De acordo com esta visão, a interpretação jurídica cabe para análise a avaliação de todos os objetos correntemente discutidos pelo direito, tais como cláusulas, contratos, leis, disposições, atos administrativos, costumes, princípios, entre outros. E, a interpretação jurídica, assim compreendida, se diferencia da interpretação histórica, da interpretação estética, da interpretação jornalística, da interpretação política,

---

[119] "Segundo isso, princípios tem uma dimensão, que regras não têm, uma dimensão o peso (dimension of weight), que se mostra em sua conduta de colisão. Quando dois princípios colidem, o princípio com o peso relativamente maior decide, sem que o princípio com o peso relativamente menor, com isso, fique inválido. Em outra conjuntura de casos, os pesos poderiam ser distribuídos às avessas" (Alexy, *Direito, razão, discurso*: estudos para a filosofia do direito, 2015, p. 141).

[120] Alexy, *Teoria dos direitos fundamentais*, 2008, p. 588.

[121] "Somando-se tudo, pode-se dizer que a despeito de um número de pontos críticos, a teoria de Habermas contém muitas descobertas importantes para a teoria da argumentação racional" (Alexy, *Teoria da argumentação jurídica*, 2001, p. 117).

[122] Alexy, *Direito, razão, discurso*, 2015, p. 78.

[123] Alexy, *Direito, razão, discurso*, 2015, p. 61.

[124] Alexy, *Direito, razão, discurso*, 2015, p. 67.

pelo seu caráter prático, institucional e normativo,[125] notas que são próprias da sua importância para a realização dos direitos. E é desta forma que a interpretação tem grande valor para o direito, pois age no processo de construção e reconstrução contínuas do direito. Não de outra forma é que Robert Alexy irá afirmar que: "Cada interpretação modifica o direito e é, com isso, um aperfeiçoamento do direito em sentido amplo".[126]

Mas, em sua teoria da interpretação, Alexy não irá se manter filiado à tradição derivada de Friedrich Carl von Savigny, que fundou a mais clássica classificação das modalidades de interpretação, da seguinte forma: gramatical; lógica; histórica; sistemática.[127] Robert Alexy irá dar um passo fundamental para a cultura da argumentação contemporânea, ao avançar para uma compreensão muito mais complexa, afirmando que os métodos de interpretação são: (a) linguísticos, subdivididos em (a.1.) semânticos e (a.2.) sintáticos; (b) genéticos, subdivididos em (b.1.) semântico-subjetivos e (b.2.) teleológico-subjetivos; (c) sistemáticos, subdivididos em (c.1.) asseguradores, (c.2.) contextuais, (c.3.) sistemático-conceituais, (c.4.) de princípio, (c.5.) jurídico-especiais, (c.6.) prejudiciais, (c.7.) históricos, (c.8.) comparativos; (d) práticos gerais, subdivididos em (d.1.) teleológicos e (d.2.) deontológicos.[128]

Além dessa decisiva contribuição à teoria da interpretação e da argumentação, juntamente com o consenso dos debates contemporâneos, considera que não é possível hierarquizar os argumentos entre si, para definir previamente escolhas hermenêuticas. Afirma sim que é possível, apenas, afirmar que alguns argumentos têm primazia em abstrato, em face de outros. É por isso que, em *Direito, razão e discurso*, irá afirmar o seguinte: "Sob esses pressupostos, deixam formular-se duas regras de primazia mais gerais: (1) argumentos linguísticos prevalecem *prima facie* sobre todos os outros argumentos; (2) argumentos linguísticos, genéticos e sistemáticos prevalecem *prima facie* sobre argumentos práticos gerais".[129]

2.3.3. Direito, ponderação e direitos fundamentais

No campo da aplicação do Direito, especialmente considerando a colisão constitucional de direitos fundamentais, registra-se enorme avanço teórico trazido pelo pensamento de Robert Alexy para o debate sobre a racionalidade do Direito, e isso em função de uma série de premissas internas de suas reflexões, e isso porque irá: 1) estreitar a correlação e a codependência entre direitos fundamentais e democracia;[130] 2) sustentar o conceito de direitos fundamentais como direitos huma-

---

[125] "A interpretação jurídica distingue-se de outros tipos de interpretação por seu caráter prático e institucional" (Alexy, *Direito, razão, discurso:* estudos para a filosofia do direito, 2015, p. 63).
[126] Alexy, *Direito, razão, discurso:* estudos para a filosofia do direito, 2015, p. 75.
[127] Alexy, *Direito, razão, discurso:* estudos para a filosofia do direito, 2015, p. 70.
[128] Alexy, *Direito, razão, discurso:* estudos para a filosofia do direito, 2015, p. 70.
[129] Alexy, *Direito, razão, discurso:* estudos para a filosofia do direito, 2015, p. 74.
[130] "Como os direitos do homem dizem respeito não só à autonomia privada, mas também à pública, a sua fundamentação abarca, necessariamente, a fundamentação da democracia" (Alexy, *Direito, razão, discurso:* estudos para a filosofia do direito, 2015, p. 114).

nos positivados;[131] 3) reconhecer que os direitos fundamentais dentro de um mesmo texto constitucional positivo colidem entre si;[132] 4) compreender que as colisões de direitos fundamentais são colisões de princípios, relativizando o valor de "regra jurídica" das normas de direitos fundamentais, ponto polêmico em face da posição de Jürgen Habermas, para poder invocar a ponderação como procedimento de solução de colisões de direitos fundamentais;[133] 5) conceituar ponderação e colocá-la em disputa no quadro da tradição da subsunção racional clássica, que organizou a forma pela qual o raciocínio jurídico foi descrito pela tradição positivista;[134] 6) afirmar que a ponderação é apenas parte do princípio da proporcionalidade, que se subdivide em princípio da adequação, princípio da necessidade e princípio da proporcionalidade em sentido estrito;[135] 7) descrever a lei da ponderação no exercício da razão prática do direito;[136] 8) e, a partir de todos esses passos, e considerando arcabouço teórico-conceitual e lógico-analítico aí pressuposto, irá buscar a manutenção do Estado Democrático de Direito, por meio da razão-de-decidir, que ofereça a maior clareza possível aos cidadãos do exercício fundamentado e racional do direito em seu processo de aplicação concreta, evitando-se com isso o arbítrio, a irracionalidade e o voluntarismo, substituindo-os pelo cultivo do *sopesamento*.

2.3.4. Direito, certeza e racionalidade

É assim que a teoria de Robert Alexy terá forte incidência no Direito contemporâneo, sendo muito evocada nos debates de aplicação, pois a partir de sua analítica, tornar-se-á possível falar de: a) razão prática; b) sopesamento; c) proporcionalidade;

---

[131] "Direitos fundamentais são essencialmente direitos do homem transformados em direito positivo" (Alexy, *Direito, razão, discurso*: estudos para a filosofia do direito, 2015, p. 63).

[132] "Não existe catálogo de direitos fundamentais sem colisão de direitos fundamentais e também um tal não pode existir" (Alexy, *Direito, razão, discurso*: estudos para a filosofia do direito, 2015, p. 57).

[133] "As colisões de direitos fundamentais supra descritas devem, segundo a teoria dos princípios, ser designadas como colisões de princípios. O procedimento para a solução de colisões de princípios é a ponderação" (Alexy, *Direito, razão, discurso*: estudos para a filosofia do direito, 2015, p. 64).

[134] "A ponderação é a forma de aplicação do direito característica para princípios. Ao contrário, regras são normas que sempre somente ou podem ser cumpridas ou não cumpridas. Se uma regra vale e é aplicável, então é ordenado fazer rigorosamente aquilo que ela pede. (...) Sua aplicação é um assunto-tudo-ou-nada" (Alexy, *Direito, razão, discurso*: estudos para a filosofia do direito, 2015, p. 164-165).

[135] "No direito constitucional alemão, a ponderação é parte daquilo que é exigido por um princípio mais amplo. Esse princípio mais amplo é o princípio da proporcionalidade. O princípio da proporcionalidade compõe-se de três princípios parciais: dos princípios de idoneidade, da necessidade e da proporcionalidade em sentido restrito" (Alexy, *Constitucionalismo discursivo*, 2007, p. 110).

[136] "A lei da ponderação mostra que a ponderação deixa decompor-se em três passos. Em um primeiro passo, deve ser comprovado o grau de não cumprimento ou prejuízo de um princípio. A isso deve seguir, em um segundo passo, a comprovação da importância do cumprimento do princípio em sentido contrário. Em um terceiro passo deve, finalmente, ser comprovado, se a importância do cumprimento do princípio em sentido contrário justifica o prejuízo ou não cumprimento do outro" (Alexy, *Direito, razão, discurso*: estudos para a filosofia do direito, 2015, p. 111).

d) ponderação.[137] Esses conceitos alargam as dimensões de atuação e compreensão a *razão jurídica*. Isso permite afirmar que a *certeza jurídica* não é o único postulado da *razão prática*, que a *razão prática* se exerce de forma relativa e aproximada, e nunca de forma a obter-se correção definitiva, e que o *sopesamento* e a *proporcionalidade* são novas manifestações da forma de se exerce a *razão jurídica* contemporânea. Mais precisamente, neste âmbito de discussão, é em *Direito, razão e discurso*, que se poderá encontrar uma citação cujo trecho é bastante significativo:

> "(...) se racionalidade devesse ser equiparada com certeza. Isso, contudo, não é o caso. A razão prática não faz parte daquelas coisas que podem ser realizadas ou só perfeitamente ou, no fundo, não. Ela é realizável aproximativamente e sua realização suficiente não afiança, sem dúvida, uma correção definitiva, porém, certamente, uma relativa".[138]

CASO PRÁTICO
O CASO DA COMUNIDADE ALTERNATIVA

Uma comunidade alternativa se assentou em terras altas de Minas Gerais, em número de 120 pessoas, seguindo um líder espiritual, que se apossou de cinco alqueires de terra de mata nativa, a princípio sem dono e nem reclamações, nos arredores de uma colina com cachoeiras. Os anos se passaram, com a comunidade crescendo e formando duas gerações após as famílias fundadoras que conviveram em torno de práticas comunitárias, uso do solo e cultivo de práticas espirituais.

No entanto, uma grave dissidência religiosa levou a que seis dessas famílias declarassem ruptura com os demais membros da comunidade. Após a ruptura, sem ter renda, trabalho ou adaptação para a vida em centros urbanos, a única hipótese para este grupo seria continuar no local, mas em parte separada do terreno.

O grupo maior, ainda seguindo a liderança espiritual mais antiga, se reúne para deliberar a respeito, e considera o fato da "posse tradicional da terra por todos". Ainda, considera de destaque a "história comum de todos", mas chega à conclusão de que a única forma de resolver a situação da dissidência que evitasse "a eternização do conflito" e a sua "transformação em algo violento", já que os "valores centrais da comunidade" haviam sido ques-

---

[137] "No caso dos princípios, propugna-se por um modelo criterioso de aplicação, no qual os princípios têm funções específicas que não afastam pura e simplesmente as regras eventualmente aplicáveis. O essencial é que, mesmo havendo ponderação, ela deverá indicar os princípios objeto de ponderação (pré-ponderação), efetuar a ponderação (ponderação) e fundamentar a ponderação feita. E, nessa fundamentação, deverão ser justificados, dentre outros, os seguintes elementos: (i) a razão da utilização de determinados princípios em detrimento de outros; (ii) os critérios empregados para definir o peso e a prevalência de um princípio sobre outro e a relação existente entre esses critérios; (iii) o procedimento e o método que serviram de avaliação e comprovação do grau de promoção de um princípio e o grau de restrição de outro; (iv) a comensurabilidade dos princípios cotejados e o método utilizado para fundamentar essa comparabilidade; (v) quais os fatos do caso que foram considerados relevantes para a ponderação e com base em que critérios eles foram juridicamente avaliados" (Ávila, *Teoria dos princípios*, 16. ed., 2015, p. 148-149).

[138] Alexy, *Direito, razão, discurso*: estudos para a filosofia do direito, 2015, p. 174-175.

tionados, e que isso "irritava muitos membros da comunidade", que a "sentença comunitária" seria a de "expulsão" dos dissidentes.

O grupo minoritário, no entanto, se desloca para uma parte do terreno não cultivada e de difícil acesso, mas volta a se alojar na propriedade, agora apenas evitando o convívio e a dependência das práticas do grupo maior. Enquanto isso, com apoio em advogados que prestam serviços *pro bono,* o grupo consegue se organizar para ajuizar uma ação judicial, reivindicando o "direito tradicional" de propriedade proporcional da terra, alegando que: a) contribuíram com os serviços comunitários por aproximadamente 50 anos; b) seus pais se encontram enterrados naquele solo, no cemitério comunitário; c) não possuem outras alternativas de vida, pois se dedicaram ao líder espiritual por duas gerações; d) que a noção de propriedade não pode ser atribuída ao líder espiritual, senão rateada em parcelas iguais entre todos os membros da comunidade.

Diante do caso concreto, atue no processo judicial.

1. Na posição de defesa do grupo dissidente, levante elementos favoráveis à defesa do direito de propriedade tradicional;

2. Atue em defesa da liderança espiritual da comunidade, levantando argumentos em favor da defesa dos "valores comunitários", da posse geradora da propriedade comunitária e da autonomia da "sentença comunitária";

3. Atue como juiz(a) no processo decisório, aplicando a razoabilidade e a ponderação para a fundamentação da decisão.

CAPÍTULO XXIII
RACIOCÍNIO JURÍDICO, ARGUMENTAÇÃO JURÍDICA E MODALIDADES DE INTERPRETAÇÃO

Sumário: 1. Raciocínio jurídico e paradigmas para a função decisória; **2.** Raciocínio jurídico, regras da argumentação e argumentação jurídica; **3.** Raciocínio jurídico, argumentação, interpretação e modalidades de interpretação; **4.** Raciocínio jurídico e decisão jurídica: a tensão entre objetividade e subjetividade; Caso prático.

1. RACIOCÍNIO JURÍDICO E PARADIGMAS PARA A FUNÇÃO DECISÓRIA

A atividade do *raciocínio jurídico* que conduz a *decisões jurídicas* é tamanhamente complexa e polêmica que, aos poucos, foi-se formando, no âmbito da *Filosofia do Direito* e da *Teoria do Direito*, toda uma tradição de discussão dos *modelos-ideais de juiz(a)*. Ora, estes *modelos-ideais* vêm cumprindo a função de oferecer *paradigmas* para a atuação judicial. Assim, podem-se indicar inúmeros paradigmas para a *função decisória*. Cada um destes paradigmas está fundado num *modelo teórico* e/ou predomina (ou) numa *determinada época histórica*, sendo mais ou menos influentes. Eles podem ser indicados a seguir:

1) Modelo do juiz-positivista: o modelo do juiz-positivista segue a tradição de ser um servo fiel da legislação positiva, atuando como *la bouche de la loi*. A sua atividade é exercida na base de um *solilóquio subsuntivo*, e a lógica dedutiva é seu único recurso a apoiar o raciocínio jurídico. O juiz-positivista atua de forma a exercer a *função decisória* com base no formalismo e forte apego à letra da lei, sendo seu recurso a *interpretação literal*. Por assim entender a tarefa de julgar, entende que não há espaço para a criatividade judicial, não podendo o Poder Judiciário inovar e nem criar, se sub-rogando ao papel do Poder Legislativo. Esta tradição se formou a partir do positivismo derivado da Escola da Exegese, no século XIX.

2) Modelo do juiz-voluntarista: o modelo do juiz-voluntarista segue a tradição para a qual a *investidura no cargo* é condição suficiente para a emissão de *juízos judiciais* que exprimem a vontade unilateral do detentor do *poder-de-decidir*. Há várias modalidades de voluntarismo, mas o que se pode encontrar na teoria da interpretação de Hans Kelsen, a partir do conceito de *interpretação autêntica*, exprime esta visão, segundo a qual entre vários sentidos possíveis cabíveis ao

texto de lei, o *intérprete autêntico* tem o poder de livre escolha sobre qual dos sentidos devem ser aplicados, sem que a teoria seja capaz de fornecer critérios que contornem a chegada à decisão correta.

3) Modelo do juiz-prudente: o modelo do juiz-prudente segue a linha segundo a qual a atuação judicial demanda virtudes da razão prática para se realizar. A atuação guiada pela equidade é a melhor forma de conduzir a atividade do juiz, de forma a que a especificidade dos casos seja avaliada criteriosamente ante a generalidade dos textos legais. Esta linha de pensamento implica na retomada valorativa greco-romana, seja na perspectiva filosófica do neoaristotelismo, seja na perspectiva jurisprudencialista da cultura dos precedentes. Em Chaïm Perelman se encontra uma postura teórica que destaca as qualidades do raciocínio jurídico na atividade judicante, em sua proximidade com a ética e com a retórica.

4) Modelo do juiz-Hércules: o modelo do juiz-Hércules evoca a ideia de um juiz-modelo, dotado de uma capacidade sobre-humana. Sua atuação vem inspirada nas virtudes da sabedoria, da sagacidade e da paciência, sendo capaz de equilibrar interesses e valores divergentes, com igual respeito. Sua atividade não é invasiva a ponto de simplesmente *criar* Direito novo, e nem meramente repetitiva a ponto de reproduzir a lei, devendo concluir uma narrativa da qual participa, mas que não iniciou, sendo capaz de produzir o melhor desfecho possível. Esta concepção remonta ao pensamento de Ronald Dworkin.

5) Modelo do juiz-máquina: o modelo do juiz-máquina é muito próprio da atuação prática no contexto do fordismo judiciário, atrelado à cena contemporânea de massificação da justiça. Segundo este modelo que se impõe pelo volume de demandas e pela necessidade de diminuir processos em aberto no sistema de justiça, a qualidade é entendida como eficiência, e o produtivismo se torna a nova regra mecânica de produzir resultados decisórios. O caráter serial e maquinal da atuação da justiça, o que coincide com a informatização da justiça, torna-se um grave empecilho à efetiva capacidade da jurisdição estatal atuar oferecendo justiça, solução social e respeito à dignidade humana, sendo o caráter *decisório* do sistema mais importante do que o caráter *qualitativo* da justiça que se aplica.

6) Modelo do juiz-democrata: o modelo do juiz-democrata favorece a procedimentalização dos argumentos de justiça, exigindo-se a reforma das instituições para que sejam capazes de absorver na *qualidade dos argumentos,* na *inclusão dos atores afetados* e na *igualdade das oportunidades de fala* as formas de atuação mais democrática e aberta da justiça. Assim, o raciocínio jurídico não oferece ao juiz nenhum acesso privilegiado à solução do caso concreto, e o solilóquio do juiz não lhe oferece condições de oferecer uma boa decisão. Para que se produza uma decisão correta, na base do Direito Positivo, requer-se que os atores sejam capazes de atuar de forma a trazer ao processo o máximo do que o processo pode oferecer ao caso, antes de ser tomada qualquer decisão jurídica. A incompletude do sistema jurídico e do conhecimento do juiz é completada pela riqueza de argumentos e de oportunidades de fala no rito ou procedimento. Isso não faz do juiz-democrata um político, que atua no lugar do Poder Legislativo. Sua função é própria, e o diálogo o modo de exercer a jurisdição, considerando-se

que o diálogo favorece oportunidades de solução que estão para além dos termos da legislação. O juiz-democrata fundamenta e argumenta decisões jurídicas, por ser esta a forma de atuação do Estado Democrático de Direito, racionalizando o discurso jurídico e qualificando a atuação jurídica para o caso concreto e para eventuais outras situações similares e futuras. Este modelo remonta ao pensamento de Jürgen Habermas.

Estes são os *modelos-ideais* de juiz apontados de acordo com os principais debates teórico-filosóficos atuais. Mas, independente de qual seja o modelo de juiz ao qual se possa atrelar, fato é que *todo aplicador* do Direito hoje é chamado a atuar exercendo (no mínimo) seis papéis fundamentais, que, também, se procuram apontar a seguir:

1) Papel de cidadania: a atuação judicial está marcada por ser o último socorro da cidadania. Sendo assim, é um meio necessário para a realização e efetivação de direitos. Diante da privação ou da violação de direitos, a judicialização tem sido a última escora diante de abusos e/ou negligências do mercado ou do Estado, de forma que a atuação da justiça não pode desamparar o provimento de direitos dos cidadãos.

2) Papel de salvaguarda da lei: a atuação judicial exerce um papel fundamental de assegurar a efetividade do Direito Positivo, dando-lhe efetividade e realizabilidade no plano prático. As normas jurídicas que ganham ampla aplicação tendem a ter seu compromisso social mais direta e visivelmente realizado, pois a invocação da regra jurídica garante sua *eficácia* de longo prazo. Assim, não somente a validade e a vigência se consolidam na eficácia, mas também a segurança jurídica se estabelece de modo mais concreto no plano da prática judiciária.

3) Papel corretivo: a atuação judicial ainda se exerce pela correção de erros, pelo suprimento de falhas, ao se invalidarem desvios dos outros Poderes. Assim, a jurisdição significa também um Poder que anula a atividade lesiva de outros Poderes, de forma a agir em defesa de interesses da sociedade e da cidadania;

4) Papel supletivo: a atuação judicial também exerce um papel supletivo, com relação às demais regras do sistema jurídico, ao preencher lacunas, vazios e ausências deixadas pela Administração ou pelo Legislador. Assim, a *integração* é a forma de atuação mais corriqueira para o preenchimento de lacunas normativas. Mas, a resolução de *vazios* de atuação do Poder Executivo também é alvo de outras medidas judiciais.

5) Papel comunicativo: a atuação judicial vem suprindo a tarefa de manter a interação informativa com a esfera pública, também colaborando para abalizar a "opinião pública". É certo que o *princípio da publicidade* preside todo o procedimento judiciário, e é certo que a atuação do juiz é, sobretudo, fundada na responsabilidade pública. A fundamentação do discurso judiciário é uma forma de fortalecimento do Estado Democrático de Direito, e, por isso, uma forma de fortalecimento da cultura democrática da esfera pública.

6) Papel de equilíbrio intrassistêmico: a atuação judicial tem papel de equilíbrio intrassistêmico, na medida em que *decisões jurídicas* não são apenas decisões que afetam os interesses das partes envolvidas, mas atuam de forma a dirimir con-

flitos intrassistêmicos, como conflitos entre normas, entre princípios e entre princípios e normas, de forma a considerar a *ponderação* como método para resolução de colisões inclusive de direitos fundamentais, quando cabível, de forma a promover o diálogo entre fontes do direito, quando cabível, de forma a aplicar os critérios de solução de antinomias jurídicas, quando cabíveis.

Ante à crise que se apresenta ao Poder Judiciário, consideradas as mais profundas pressões da sociedade de massas, e de outros inúmeros fatores (a inafastabilidade da jurisdição; a incipiente cultura de mediação/conciliação; a recuperação democrática recente do país; a ineficiência dos demais poderes; as tremendas injustiças e clivagens sociais; o crescimento exponencial da violência, nas cidades e no campo; a legislação processual de outrora; os *déficits* em atendimento a direitos básicos da população; a judicialização da política; o decisionismo judiciário; a herança histórica colonial e periférica diante das demais economias do mundo), percebe-se que são inúmeros e tormentosos os desafios se forem observados ainda os fatores da escalada da violência, do crescente número de violações de direitos humanos, o aumento da sensação de insegurança social, o que apenas colabora para potencializar o número de demandas que acabam sendo recebidas pelas portas do Judiciário. Não por outro motivo, o Poder Judiciário – não importa se por seus servidores, técnicos judiciários ou juízes – tem um papel fundamental a cumprir, no sentido de colaborar para que se opere a consolidação da democracia e da cultura dos direitos humanos.

Por isso, o desafio aos juízes(as) está dado, no sentido de empurrá-los(as) para desempenhar o papel do *juiz-máquina*, o que contorce e retorce todo o valor à funcionalidade-fechamento do sistema jurídico. Diante deste desafio, emerge a figura de um juiz que age de acordo com uma *racionalidade estatística*, ou seja, nos moldes de uma visão de *justiça quantitométrica*. Da *ars* à *manus*, há uma transferência, e o Direito se converte cada vez mais em *trabalho manual*, em *operar*, em *técnica* e *processo*, em *esteira de produção*. Diante deste quadro, deve-se apostar na alternativa em direção à *autonomia judiciária* com vistas à *humanização do próprio processo*. A lógica da atividade julgadora é uma *lógica humanista* e *do razoável*, com apelo para a prudência e para a *capacidade de adequação* de *plúrimos fatores*. Por isso, o *humanismo judiciário* se distancia do mero *tecnicismo judiciário*, representando uma espécie de movimento ético de resistência, um movimento ético-político de recusa aos excessos de modernidade.

Enfim, o juiz *do humanismo judiciário*, que se diferencia do juiz *do tecnicismo judiciário*.[1] Afinal, considerado o fino equilíbrio para a produção da justiça

---

[1] O juiz, na concepção do humanismo judiciário: estimula a mediação/ conciliação; atua de modo a tentar superar o fosso entre os direitos humanos e a vida dos cidadãos; enxerga pessoas, e não partes; não se deixa soterrar pelo número de processos/ audiências, não se tornando prisioneiro da rotina judiciária; não enxerga processos, mas problemas humanos e sociais, nas prateleiras; atua como um educador em direitos humanos através das decisões, e não apenas decide; dialoga, não apenas decidindo monologicamente, promovendo o encontro de atores que podem levar às raízes de problemas sociais, e não à mera extinção de processos; mobiliza a energia da eficiência resolutiva e não a da burocracia impeditiva e obstacularizadora; aposta na efetividade da jurisdição, e não no barroco das formas processuais; enxerga os demais servidores públicos do Judiciário

concreta,² se pode repetir com Angel Latorre: "Conciliar a vinculação à lei com a equidade ao julgar o caso concreto, encontrar o equilíbrio entre a segurança e a justiça, respeitar o Direito estabelecido, mas aplicá-lo com sentido humano e com a consciência do que tem de único e irrepetível qualquer problema individual, constitui a servidão e a grandeza dos juízes".³

2. RACIOCÍNIO JURÍDICO, REGRAS DA ARGUMENTAÇÃO E ARGUMENTAÇÃO JURÍDICA

Considerando, então, os múltiplos modelos-ideais de juiz e os vários papéis do *decisor* no exercício do *raciocínio jurídico*, a argumentação se torna um tema de central importância, especialmente se considerada a relação do *raciocínio jurídico* com a noção de *razão pública*, com o princípio da *publicidade* e com os fundamentos do Estado Democrático de Direito. Se o *raciocínio jurídico* não se confunde com o silogismo, é sabido que foi o padrão hegemônico de decodificação de soluções jurídicas, havendo autores que sustentam a ideia de que ainda importa no campo do Direito,⁴ sabendo-se que certamente já não sinaliza mais uma solução teórica completa e suficiente para os seus desafios no contexto atual. E, ademais, o *raciocínio jurídico* se desloca em direção ao plano da *argumentação*, é importante dizer que a *interpretação*,⁵ quando permite a

---

como membros de uma escola de justiça comum; decide prudentemente, sopesando múltiplos fatores em jogo no momento da decisão, e não apenas deduz leis ou impõe visão pessoal de mundo; veste a pele do outro, para entender o dilema que o levou como parte ao Judiciário; atua considerando a igualdade o norte no tratamento das partes e de seus direitos; atua ou estimula as frentes de projetos de escola/ comunitários/ preventivos, sobrepassando o papel de juiz de gabinete; enxerga nas alternativas legítimas à justiça a melhor forma recredenciar o sentido da atuação da justiça; atualiza a justiça na forma de seu proceder, garantindo a legitimidade de seu fazer; respeita a literalidade da lei, mas busca a efetividade da justiça de todos e de cada um; coloca-se na condição de aprendiz permanente das mutações do direito em sociedade; humaniza o espaço judiciário como espaço de cidadania; colabora como protagonista para a reforma da justiça, enquanto procedimento inclusivo e igualitário; colabora para a modernização da justiça, de seus fluxos, procedimentos e formas de atuação.

2 Esta complexidade é bem situada neste trecho de Paul Ricoeur: "Cabe lembrar de início que a limitação mais fundamental encontrada pela argumentação jurídica decorre do fato de que o juiz não é o legislador, de que ele aplica a lei, ou seja, incorpora a seus argumentos o direito em vigor. É aí que se encontram o caráter vago da linguagem jurídica, os possíveis conflitos entre normas, o silêncio provisório da lei sobre "casos difíceis" (os *hard cases* de Dworkin), a oportunidade, frequentemente, a necessidade de escolher entre a letra e o espírito da lei" (Ricoeur, *O justo 1*: a justiça como regra moral e como instituição, 2008, p. 169).

3 Latorre, *Introdução ao direito*, 2002, p. 119.

4 "O que precisa ser entendido é que o silogismo desempenha um papel estruturante fundamental no pensamento jurídico, ainda que este não seja exaurido por essa estrutura apenas. A lógica formal e a dedução importam no Direito" (MacCormick, *Retórica e Estado de Direito*, 2008, p. 44).

5 "Tal como entendido aqui, a argumentação constitui uma das fases do procedimento de concretização do direito positivo, didaticamente posterior à fase hermenêutica, ainda que, no trabalho do jurista, o procedimento seja simultâneo e dialético" (Adeodato, *Uma teoria retórica da norma jurídica e do direito subjetivo*, 2011, p. 286).

construção do sentido jurídico,⁶ o faz visando à produção de argumentos que haverão de afetar os resultados de uma decisão jurídica.

A *argumentação* se destaca para o *raciocínio jurídico* na medida em que permite o exercício *controlado* e *transparente* dos signos verbais e não verbais, no processo de aplicação do Direito, favorecendo-se desta forma: a) a aparição das etapas do *raciocínio jurídico* que conduziram à *decisão jurídica*; b) o aumento da racionalidade justificada, fundamentada e argumentada, sujeita à correção;⁷ c) o aumento da transparência e da democracia; d) a indução do comportamento fundamentado em razões de agir; e) a interação com *alter* mediada pelo convencimento/persuasão, e não pela autoridade/poder/investidura.⁸ Assim, o *raciocínio jurídico*, fundado na argumentação, se constitui como um importante mecanismo de realização das exigentes condições de interação que se dão em espaços institucionalizados voltados para a realização e concretização da justiça.⁹ Isso torna claro que a argumentação jurídica é predominantemente uma argumentação institucionalizada e pautada por regras e procedimentos, e não uma argumentação livre. É dessa forma que a *argumentação* se define como a atividade que fornece *razões*¹⁰, ou seja, que fornece argumentos que são retoricamente convincentes mas não necessariamente logicamente vinculantes,¹¹ permitindo-se, desta forma, equipar a *ação discursiva* no contexto da troca simbólica dos espaços de justiça com os elementos que haverão de influenciar e alterar os resultados de uma *decisão jurídica*.

Se a *argumentação* visa a influenciar a *decisão jurídica*, não são somente os *argumentos jurídicos* que haverão de conduzir à decisão jurídica, cabendo descrever as várias possibilidades de argumentos cabíveis na discussão de casos concretos, tais quais: a) argumentos factuais; b) argumentos legais, fundados em normas jurídicas;

---

[6] "A interpretação é atividade intelectual que procura retirar de uma 'fonte' do direito o sentido normativo (a regra ou norma jurídica) que permita resolver um caso prático que reclama uma solução jurídica" (Justo, *Introdução ao estudo do direito*, 7. ed., 2015, p. 325).

[7] "Esse não é um processo arbitrário, mas sim um processo que pode ser justificado por meio de um apelo à razão. Quando ele for conduzido de forma arbitrária, e sem razões justificadoras adequadas, ele estará sujeito à correção por meio de recurso ou revisão" (McCormick, *Retórica e Estado de Direito*, 2008, p. 98).

[8] "As diferentes teorias da argumentação jurídica têm por objetivo estruturar o raciocínio jurídico, de modo a que ele seja lógico e transparente, aumentando a racionalidade do processo de aplicação do Direito e permitindo um maior controle de justificação das decisões judiciais" (Barroso, *Curso de Direito Constitucional Contemporâneo*, 4. ed., 2013, p. 367).

[9] "Um discurso prático é racional, na medida em que nele, são cumpridas as condições do argumento prático racional. (...) Delas fazem parte a liberdade de contradição, a universalidade no sentido de um uso consistente dos predicados empregados, a clareza conceitual – idiomática, a verdade empírica, a consideração das consequências e o ponderar" (Alexy, *Direito, razão, discurso*: estudos para a Filosofia do Direito, 2015, p. 103).

[10] "Argumentação é a atividade de fornecer razões para a defesa de um ponto de vista, o exercício de justificação de determinada tese ou conclusão" (Barroso, *Curso de Direito Constitucional*, 4. ed., 2013, p. 366).

[11] Segue-se, aqui, de perto, a visão de Mauro Barberis: "L'argomentazione fornisce ragioni o argomenti, non logicamente vincolanti ma solo retoricamente più o meno persuasivi, per giustificare una certa interpretazione" (Barberis, *Introduzione allo studio del diritto*, 2014, p. 210).

Capítulo XXIII | Raciocínio jurídico, argumentação jurídica e modalidades...

c) argumentos morais; d) argumentos de tópicos jurídicos; e) argumentos de princípios gerais do Direito; f) argumentos de princípios especiais dos ramos do Direito; g) argumentos de princípios constitucionais; h) argumentos sociológicos; i) argumentos econômicos; j) argumentos técnicos; k) argumentos políticos; l) argumentos históricos; m) argumentos culturais; n) argumentos fundados em provas judiciais; o) argumentos procedimentais.[12] Muitas vezes, o cabimento de argumentos legais e paralegais dependerá do ramo, do contexto e dos fatores que se encontram em julgamento.[13]

Há autores que apontam que sob a tradição do silogismo lógico-dedutivo a segurança jurídica era maior, e, por consequência, que sob a tradição da argumentação jurídica, a segurança jurídica seria menor.[14] Porém, dizer que o Direito funciona argumentativamente não leva a um desfiladeiro de descontrole, irracionalidade, inverdades travestidas retoricamente, abrindo campo para argumentos absurdos, falsos, inverdades, contradições insustentáveis, palavras sem sentido. E isso em função de dois postulados fundamentais do *raciocínio jurídico*, quais sejam: 1) Tudo que é dito, pode ser contradito; 2) Tudo que é dito, tem de ser provado.

Além de perceber o quanto estes dois postulados constrangem as *versões* sobre a *verdade jurídica* e o *resultado da causa*, dentro do quadro do ritual de justiça, deve-se avançar para, juntamente com Robert Alexy, compreender que a argumentação jurídica é apenas uma dimensão da argumentação geral,[15] e esta é constrangida por *regras da argumentação geral*, que não podem ser desprezadas, pois determinam e pressionam a conformação do que se *diz* e do que se *faz-com-palavras* através dos atos discursivos da argumentação jurídica. Assim, deve-se grifar que na argumentação (em geral) há *regras do jogo* a observar, que se procuram enunciar a seguir na forma de sete princípios fundamentais. Estes princípios fundamentais são escritos sob a influência dos bem desenvolvidos pressupostos da *argumentação geral*, da forma como são expostos na teoria do discurso de Jürgen Habermas,[16] e na teoria da argumentação de Robert Alexy:[17]

---

[12] "Acusações criminais, processos civis, pedidos de declarações ou injunções; é claro que os modos como argumentamos até chegar a conclusões legais, nesses ou em outros contextos, podem variar" (Toulmin, *Os usos do argumento*, 2006, p. 22-23).

[13] "A argumentação jurídica pode ser aberta – quando o interessado pode argumentar sobre qualquer tema – ou fechada – quando a lei limita os temas sobre os quais pode recair a argumentação" (Souza, *Introdução ao direito*, 2012, p. 421).

[14] "A ideia do caráter argumentativo do Direito parece jogar água fria nas ideias de certeza e segurança jurídicas" (MacCormick, *Retórica e Estado de Direito*, 2008, p. 19).

[15] "Eu parto disto, que a argumentação jurídica é um caso especial da argumentação prática geral. A discussão da estrutura e dos problemas de uma teoria procedimental da argumentação jurídica, que está orientada pelo conceito de razão prática, deve, por conseguinte, iniciar com a teoria da argumentação prática geral" (Alexy, *Direito, razão, discurso:* estudos para a Filosofia do Direito, 2015, p. 78).

[16] "As quatro pressuposições mais importantes são:
a. Publicidade e inclusão: ninguém que, à vista de uma exigência de validez controversa, possa trazer uma contribuição relevante, deve ser excluído;
b. Direitos comunicativos iguais: a todos são dadas as mesmas chances de se expressar sobre as coisas;
c. Exclusão de enganos e ilusões: os participantes devem pretender o que dizem; e

1. *Princípio da bilateralidade discursiva*: se *ego* argumenta, *alter* também pode argumentar;
2. *Princípio da não violência discursiva*: ausência de coação, para que prevaleça a razão comunicativa;
3. *Princípio da inclusão discursiva*: os afetados devem ser incluídos no cenário decisório;
4. *Princípio da sinceridade e coerência discursivas*: os envolvidos devem expressar de forma coerente, lógica e sincera suas pretensões;
5. *Princípio da legitimidade discursiva*: os resultados da argumentação devem convencer/persuadir e ser legítimos no quadro de uma cultura/tradição/instituição;
6. *Princípio da historicidade discursiva*: os argumentos são fruto do desenvolvimento histórico de um processo, de uma experiência de mundo da vida, ou das circunstâncias únicas dos fatos;
7. *Princípio da universalidade discursiva*: os resultados de uma deliberação argumentativa devem ser universalizáveis.

Esses princípios limitam, contornam, restringem e determinam o uso dos argumentos, evitando-se com isso a *desrazão discursiva*. Assim, argumentos não são mero deslocamento de "palavras no ar" e não são mero movimento "solipsista da razão". E isso porque os argumentos são *inter-ação* com o Outro, representação de forças sociais com base com posições sustentáveis logicamente, *lugares-de-discurso* situados em papéis actanciais em narrativas específicas, *posições-de-mundo* fundadas em razões históricas; *intervenções discursivas* na *realidade* com a intenção de alterar/influenciar decisões/opiniões/teses, esforços técnicos de profissionais em papéis específicos e socialmente relevantes.

Ademais, deve-se dizer, argumentos não se lançam ao mundo sem estarem inseridos em campos de relações, situações de fala e contextos intersubjetivos. Por isso, argumentos se dão, pode-se dizer, em *territórios-narrativos-de-fala*, concepção esta muito semelhante à noção de *campos de argumentação*, tal como desenvolvida pelo filósofo inglês Stephen E. Toulmin.[18] Se isto é verdade, deve-se ter presente que para

---

d. Não coação: a comunicação deve estar livre de restrições, que impedem que o melhor argumento venha à tona e determine a saída da discussão" (Habermas, *Agir comunicativo e razão destranscendentalizada*, 2002, p. 67).

[17] Na *Teoria da argumentação jurídica*, Robert Alexy afirma que as regras básicas do discurso prático geral são: "(1.1.) Nenhum orador pode se contradizer. (1.2.) Todo orador só pode afirmar aquilo em que de fato acredita. (1.3.) Todo orador que aplicar um predicado F a um objetivo tem de estar preparado para aplicar F a todo outro objeto que seja igual em todos os aspectos relevantes. (1.3.') Todo orador só pode afirmar aqueles julgamentos de valor ou de obrigação em dado caso os quais está disposto a afirmar nos mesmos termos para cada caso que se assemelhe ao caso dado em todos os aspetos relevantes. (1.4.) Oradores diferentes não podem usar a mesma expressão com diferentes significados" (Alexy, *Teoria da argumentação jurídica*: a teoria do discurso racional como teoria da justificação jurídica, 2001, p. 293).

[18] "Para simplificar, convém introduzir aqui um termo técnico: falemos de um campo de argumentos" (Toulmin, *Os usos do argumento*, 2006, p. 20). "Sem dúvida a linguagem, tal como a conhecemos, consiste não de proposições intemporais, mas sim, de expressões dependentes, de todas as

Capítulo XXIII | Raciocínio jurídico, argumentação jurídica e modalidades... 561

argumentar é necessário o pré-conhecimento do *território-de-fala* em que o *ator discursivo* irá se inserir, para que o uso dos argumentos seja apropriado, considerando-se: a) a força elocutiva; b) a estratégia discursiva; c) os interesses representados no discurso; d) o auditório; e) os pontos-de-apoio à sustentação de posição; f) a conjuntura macrodiscursiva; g) o lugar-de-fala; h) a metodologia discursiva; i) a postura-de-mundo; j) a leitura-de-mundo; k) os objetivos a serem alcançados.

Isso, no que se refere à *argumentação em geral*. Mas, em específico, na *argumentação jurídica* também há *regras do jogo* a observar,[19] e que se podem elencar a seguir, na forma de cinco princípios do discurso jurídico:

1. *Princípio da correção jurídico-discursiva*: respeitar as regras jurídicas, normas jurídicas e princípios jurídicos, além das demais fontes do Direito, dando preferência à sua aplicação; assim, se há regra específica, não há porque se furtar à sua aplicação;
2. *Princípio da inovação jurídico-discursiva*: inovar o Direito, em caso de limitação da legislação; assim, se é possível inovar, é necessário sustentar racionalmente a inovação;
3. *Princípio da limitação processual jurídico-discursiva*: respeitar os limites do caso concreto, e das provas dos autos;
4. *Princípio da consequência jurídico-discursiva*: refletir acerca dos efeitos da decisão jurídica sobre as partes, afetados e/ou envolvidos no caso concreto, levando-se em consideração as consequências da atuação judicial e o alcance da decisão jurídica;
5. *Princípio da ética jurídico-discursiva*: seguir a ética profissional que define os limites de atuação de um *ator discursivo*, quando investido de determinado papel actancial;

Assim, fica claro que, no campo da *argumentação jurídica*, ainda que caiba a invocação de vários tipos de argumentos, a *arte de argumentar* possui suas *regras e limites*, que se dão no quadro do contraditório e do dissenso judicial,[20] em função do:

---

espécies de dependência, do contexto ou da ocasião em que foram externadas. Afirmações são feitas em situações particulares, e a interpretação delas a ser feito tem estreita ligação com a relação que mantêm com aquelas situações; elas são, nesse aspecto, como fogos de artifícios, sinais ou sinais luminosos" (Toulmin, *Os usos do argumento*, 2006, p. 257).

[19] "(J.2.1.) Ao menos uma norma universal tem de ser aduzida na justificação de um julgamento jurídico.
(J.2.2.) Um julgamento jurídico tem de seguir logicamente de ao menos uma norma universal juntamente com outras afirmações.
(J.2.3.) Sempre que houver dúvida se "a" é um "T" ou um "M", deve ser apresentada uma regra que resolva essa questão.
(J.2.4.) O numero de passos de decomposição requeridos, é aquele número que torna possível o uso de expressões cuja aplicação em dado caso não admita mais disputas.
(J.2.5.) Devem ser articulados tantos passos de decomposição quantos forem possíveis" (Alexy, *Teoria da Argumentação jurídica*: a Teoria do Discurso como Teoria da Justificação Jurídica, 2001, p. 296 e 297).

[20] "Para que um dissenso possa ser considerado irracional, têm de ser observadas certas regras na discussão. São elas as seguintes:
A regra da universalidade: tudo o que for possível de discussão pode ser discutido;
A regra da exaustão: todos os argumentos admissíveis para a discussão devem poder ser invocados e discutidos;

1. perfil do processo: Judiciário (Trabalhista; Cível; Criminal); Administrativo; Assemblear (Participativo/ Deliberativo);
2. auditório ao qual se reporta: juiz monocrático; parlamentares; turma do Tribunal; órgão colegiado; servidor público;
3. campo de argumentação: área do direito (penal, tributário, trabalhista) e a especificidade de regras que governam o microuniverso-de-discurso;[21]
4. valores envolvidos na decisão: liberdade; igualdade; honra; vida; saúde; trabalho;
5. técnica legislativa adotada na textualização da norma jurídica: em caso de norma contendo palavras abertas e ambíguas, a margem de manobra do intérprete é maior do que aquela encontrada numa norma técnica e rigorosamente fechada no uso da linguagem jurídica;
6. estado de desenvolvimento da legislação da área: se mais recente e inacabada, se mais consolidada e desenvolvida;
7. estado da arte (história, tradição, cultura, instituição) da aplicação do Direito: das linhas de jurisprudência; da opinião majoritária dos tribunais; dos precedentes judiciários existentes;
8. força irradiada pelos princípios constitucionais sobre o ramo: se há princípios constitucionais explicitados e elevados à hierarquia maior do sistema jurídico para sobredeterminarem o sentido da aplicação das regras jurídicas do ramo do Direito;
9. especificidade do caso e injunções sociais do momento de decidir: as condições irrepetíveis do caso concreto determinam a forma com a qual a solução jurídica se expressa, sendo relevante considerar as condições históricas da decisão jurídica;
10. papel actancial de discurso assumido pelo ator jurídico: é relevante considerar em que posição de discurso se encontra aquele que exerce a argumentação, pois os argumentos variarão de acordo com o papel institucional a ser exercido dentro do sistema jurídico e considerando a investidura específica de sua atuação;
11. conjunto das provas trazidas ao processo: é determinante a consistência do quadro probatório e das informações recolhidas no processo, para que o resultado seja capaz de retratar e espelhar a melhor solução possível ao caso concreto.[22]

   A regra da igualdade: todos os argumentos que um interessado pode invocar podem ser invocados por qualquer contra interessado;
   A regra do contraditório: tudo o que for argumentado por um interessado pode ser contrariado por qualquer contra interessado;
   A regra do ônus da prova: tudo o que for afirmado por um dos interessados e contraditado por um contra interessado deve ser provado;
   A regra da indiscutibilidade: tudo o que for provado ou não provado é indiscutível" (Souza, *Introdução ao direito*, 2013, p. 432).

[21] "Sem dúvida a linguagem, tal como a conhecemos, consiste não de proposições intemporais, mas sim, de expressões dependentes, de todas as espécies de dependência, do contexto ou da ocasião em que foram externadas. Afirmações são feitas em situações particulares, e a interpretação delas a ser feito tem estreita ligação com a relação que mantêm com aquelas situações; elas são, nesse aspecto, como fogos de artifícios, sinais ou sinais luminosos" (Toulmin, *Os usos do argumento*, 2006, p. 257).

[22] "As provas visam demonstrar a realidade dos fatos. A prova recai sobre um determinado fato – o objeto da prova –, utiliza certos meios – os meios de prova – e destina-se, depois da sua produção,

Capítulo XXIII | Raciocínio jurídico, argumentação jurídica e modalidades... 563

Por isso, ao se considerar a *argumentação* no campo do Direito, deve-se considerá-la nos termos de como é compreendida pelo filósofo inglês Stephen Toulmin, ou seja, sem pretensões de alcance de uma lógica geral,[23] com limites, constrições e condicionantes inúmeras, tais quais as descritas acima.

3. RACIOCÍNIO JURÍDICO, ARGUMENTAÇÃO, INTERPRETAÇÃO E MODALIDADES DE INTERPRETAÇÃO

Já se percebeu que o *raciocínio jurídico* implica, ao mesmo tempo, o racional e o razoável. No item anterior, também já se percebeu que o *racional* e o *razoável* passam pelo *uso dos argumentos racionais*. Por isso, tem sido cada vez mais rara a proposta teórica de que o discurso jurídico poderá levar ao mesmo grau de *certeza* que as ciências naturais, a *resultados objetivos* sem interferência subjetiva, à *verdade jurídica absoluta*. O que já se vem percebendo, quando se está no campo da *argumentação racional*, é que os argumentos oferecem as *razões jurídicas* da decisão, a *legitimação discursivo-racional* da decisão e fornecem, também, os elementos centrais para a tomada de decisão. Porém, isso não autoriza a dizer que os argumentos racionais levem à *única solução do caso*, e nem à *verdade jurídica* da decisão. Isso se deve ao fato de que o Direito não é um *objeto puramente lógico-racional*, mas um *objeto sócio-histórico*, para o qual as *soluções* são boas pelas suas características únicas e pontuais. Aliás, este tipo de entendimento vem se consolidando, na *Teoria do Direito* e na *Filosofia do Direito*, desde os anos 50 do século XX, quando despontaram a tópica jurídica e a nova retórica,[24] se aprofundando nas teorias da argumentação contemporâneas.

E é dessa forma que os textos que circulam no ambiente sistêmico do Direito são alvo de argumentos como manifestações de interpretações de fatos, de valores, princípios, leis e fontes, decisões, provas.[25] Ora, interpretar é atribuir sentido, considerado um contexto,[26] de forma que se plenifica texto a cada vez que o intérprete

---

a ser valorada pelo tribunal" (Souza, *Introdução ao direito*, 2012, p. 452)."O CC de 2002 optou pelas seguintes provas, que não excluem as demais, tendo em vista sua natureza exemplificativa: confissão, documento, testemunha, presunção, perícia. Ao mesmo tempo, admitiu, com força relativa, condicionada a não impugnação, as reproduções fotográficas, cinematográficas, fonográficas, mecânicas e eletrônicas em geral, dada a probabilidade de montagens, manipulações e falsificações, amplificadas com o avanço da tecnologia dos aparelhos utilizados (...)" (Lôbo, *Direito civil* – Parte geral, 3. ed., 2012, p. 339).

[23] "Tudo que podemos fazer neste estágio, portanto, é exprimir a questão geral que é levantada para a lógica pela adoção de seu programa, que é a pergunta: até que ponto é possível uma lógica geral?" (Toulmin, *Os usos do argumento*, 2006, p. 57).

[24] Isto é claramente reconhecido por Robert Alexy: "Visões importantes na estrutura argumentativa da interpretação jurídica, a teoria da interpretação agradece à tópica jurídica e à nova retórica" (Alexy, *Direito, razão, discurso*: estudos para a Filosofia do Direito, 2. ed., 2015, p. 66).

[25] "Ao lado da lei, precedentes, contratos do tipo jurídico – privado, jurídico – administrativo, jurídico – estatal e de direito internacional público, assim como direito costumeiro são outros objetos de interpretação" (Alexy, *Direito, razão, discurso*: estudos para a filosofia do direito, 2. ed., 2015, p. 63).

[26] "A interpretação de um texto jurídico jamais será aleatória" (Streck, *Verdade e Consenso*, 3. ed., 2009, p. 303).

argumenta se apropriando de uma possível visão de como os fatos se deram, de quais os direitos e deveres envolvidos, de que forma incidem os valores e princípios, qual o valor a ser atribuído às provas processuais. Desta forma, os argumentos serão, os meios de explicitação de interpretações.[27] O Direito não está *pronto-e-acabado*, mas está em movimento constante, e se modifica a cada vez que é *interpretado* e *re-interpretado* a partir de *inputs* e *outputs* comunicativos no sistema jurídico.[28]

É nesta medida que o sistema se *re-inventa*, constantemente, mas sobretudo se exerce a partir de *atos de interpretação*, que encontram seus limites em dimensões muito objetivas e dimensões menos objetivas. Aliás, é para isto que Paul Ricoeur chama a atenção, ao afirmar que a aplicação do Direito se encontra na encruzilhada da interpretação dos fatos e das regras jurídicas.[29] Os fatos podem formar *verdades factuais*, quando não controversos, e devem ser constatados para apoiarem *versões* que são apreendidas por parte da *decisão jurídica*, se tornando assim pontos incontroversos da questão ("o inquilino não pagou o aluguel"; "há um vazamento de gás na fábrica que justifica a interdição do estabelecimento"; "há um dano material no automóvel"). A constatação destas verdades factuais é de importância central na busca de *decisões jurídicas*. Mas, *verdades factuais* são apenas parte do *raciocínio decisório*, que ainda carecerá de apoio em regras jurídicas, precedentes, princípios, valores, tópicos, fontes do Direito.

Daí, a questão da *verdade jurídica absoluta*, se enfraquecer como busca da teoria da argumentação, sendo substituída pela busca das razões de justificação da decisão, ou ainda, pelas garantias discursivas e procedimentais para a construção partilhada e narrativa do conteúdo decisório. Isso enfraquece a presença do binômio falso/verdadeiro no campo do debate sobre o *raciocínio jurídico*.[30] O que se percebe é que outros binômios são solicitados a agir, quando a questão é a da *decisão jurídica*, entre os quais se alistam, justo/injusto, adequado/inadequado, válido/inválido, correto/incorreto, proporcional/desproporcional, conveniente/inconveniente, devido/indevido, opor-

---

[27] "Por isso não há sentido em saber de cor as fontes do direito positivo, querendo com essa expressão significar os milhares de leis e os milhões de portarias e regulamentos e regimentos que infestam qualquer ordem jurídica positiva contemporânea" (Adeodato, *Uma teoria retórica de norma jurídica e do direito subjetivo*, 2011, p. 262).

[28] "Cada interpretação modifica o direito e é, com isso um aperfeiçoamento do direito em sentido amplo" (Alexy, *Direito, razão, discurso*: estudos para a filosofia do direito, 2015, p. 75).

[29] "A aplicação, assim, está na encruzilhada de uma dupla cadeia interpretativa, do lado dos fatos e do lado da regra; o juízo em situação surge assim no ponto de intersecção dessas duas linhas de interpretação" (Ricoeur, *O justo 1*: a justiça como regra moral e como instituição, 2008, p. 207).

[30] "Ainda assim, com todas essas advertências, a argumentação nesse nível não pode ser propriamente concebida em termos simplesmente bivalentes de falso ou verdadeiro. Entramos aqui nos domínios do melhor ou pior, daquilo que está aberto ao desacordo, do preferível do mais ou menos persuasivo. O caráter profundamente controverso da argumentação interpretativa nos confronta aqui. O fato de alguém poder sempre citar fundamentos para a preferência de uma boa interpretação sobre outra não significa que esses fundamentos sejam normalmente (ainda que às vezes possam ser) conclusivos. Esse tipo de argumentação exercita e demanda virtudes como sabedoria, humanidade e bom senso. Trata-se de argumentação prática, não de argumentação dedutiva" (MacCormick, *Retórica e Estado de Direito*, 2008, p. 102).

tuno/inoportuno, equitativo/não equitativo, ético/antiético, estratégico/não estratégico, entre outros.

Daí o recurso, bastante usual, à interpretação e aos argumentos variáveis, que nos fornecem *modalidades de interpretação*, ou seja, que nos fornecem *óticas, visões, perspectivas* para enxergar regras jurídicas e fatos jurídicos, dando acento a este/aquele aspecto que fornece as bases para o desenvolvimento de um argumento racional que forneça *razões jurídicas* a uma tomada de decisão. Fica claro, portanto, que as *modalidades de interpretação*, também chamadas de *critérios de interpretação*, ou ainda, de *métodos de interpretação*[31] servem de *guias* no momento da *aplicação* do Direito porque são formas de orientação do olhar do intérprete, com foco num aspecto específico da realidade a ser interpretada. Foi a *Teoria Tradicional* que primeiro desenvolveu estas *modalidades de interpretação*, através de Friedrich Carl Von Savigny, fornecendo-se inicialmente as noções de *interpretação gramatical, lógica, histórica* e *sistemática*.[32] Posteriormente, a dogmática jurídica incorporou isto a suas técnicas, e isto acabou se tornando discurso corrente, até seus aprimoramentos mais contemporâneos, sabendo-se que esta lista de modalidades veio se expandindo.

Assim, as *modalidades de interpretação* formam racionalizações de argumentos que dão sentido às leis na base de certo *enfoque* que ajuda a produzir um resultado, são úteis para embasar uma posição, são aplicáveis e induzem certa visão, direcionam a decisão num certo sentido, tornam racional a posição do *actante-discursivo* no exercício de seu papel. Assim, as *modalidades de interpretação*, ao servirem como guias no momento da aplicação do Direito, considerando-se a *turba* de *textos jurídicos*, de estímulos semióticos e/ou documentais, de elementos processuais, de narrativas sobre fatos, de coletâneas de normas jurídicas, favorecem a indução do *olhar* do intérprete em direção a um ponto de força formador de *argumentos racionais*. O próprio legislador *induz* a este tipo de exigência, ao determinar sob qual enfoque as leis deverão ser interpretadas.[33]

Tendo isto claro é que se pode partir para a análise específica de cada uma das dez *modalidades de interpretação*, o que se verá a seguir:

1. *Interpretação linguística*: a ênfase do *olhar* do intérprete repousa sobre o texto do legislador, ressaltando-se a dimensão linguística (literal; lógica; gramatical), seja semântica, seja sintática do enunciado normativo.[34] Assim, o intérprete irá se deter no uso literal das palavras, nos conceitos abrigados no texto, no racio-

---

[31] "Os meios de interpretação são argumentos. Eles deixam classificar-se de modos muito diferentes. A classificação leva a formas, tipos ou espécies de argumentos. Eles também são denominados 'elementos', 'critérios', 'métodos', ou 'cânones da explicação'" (Alexy, *Direito, razão, discurso*: estudos para a Filosofia do Direito, 2. ed., 2015, p. 70).

[32] "Historicamente, rica em consequências foi a divisão de Friedrich Carl v. Savigny dos elementos da explicação nos da interpretação gramatical, da lógica, da história e da sistemática" (Alexy, *Direito, razão, discurso:* estudos para a Filosofia do Direito, 2. ed., 2015, p. 70).

[33] Tal como disposto no art. 5º da LINDB: "Na aplicação da lei, o juiz atenderá aos fins sociais a que ele se dirige e às exigências do bem comum".

[34] "A interpretação gramatical funda-se nos conceitos contidos na norma e nas possibilidades semântica das palavras que integram o seu relato" (Barroso, *Curso de Direito Constitucional*, 4. ed., 2013, p. 314-315).

cínio lógico do legislador, na estrutura frástica adotada, na valorização da textualidade semiótica, na coerência lógica.[35]

2. *Interpretação histórica*: a ênfase do *olhar* do intérprete repousa sobre o *momento de produção* da legislação[36] e em sua *gênese histórica*.[37] Assim, o intérprete irá construir argumentos fundadas na análise do momento histórico de edição da norma jurídica, na intenção do legislador contido na ementa ou nos considerandos da norma jurídica, na recuperação dos fatos que levaram o legislador a editar a norma jurídica em sua dimensão de conjuntura histórico-política, a situação da pressão midiática ou da opinião pública em torno da norma jurídica, os debates legislativos e as discussões com a sociedade civil à época dos trabalhos preparatórios, a valorização do contexto sociossemiótico.[38]

3. *Interpretação sistêmica*: a ênfase do *olhar* do intérprete repousa sobre as demais regras jurídicas, tomadas em seu conjunto de entorno sistêmico, e que cercam o *dispositivo de lei*. A interpretação será fruto de uma abordagem macroscópica e interconectada de *textos jurídicos*, tendo-se presente, como adverte Robert Alexy a questão da unidade do sistema jurídico.[39] A leitura unitária do sistema jurídico, como totalidade de elementos, impede a fragmentação e o entrincheiramento de regras jurídicas setoriais como se fossem partes desconectadas de outras relações intrassistêmicas. Assim, a interpretação irá valorizar a relação entre o Título, o Capítulo, o Item, dentro de um mesmo Código, ou ainda, a leitura de uma regra jurídica inserida dentro da lógica de todo um ramo do Direito, podendo-se, também, considerar a relação de nível hierárquico, contexto normativo,[40] relação parte/todo, e a valorização da intertextualidade semiótica na codependência entre regas jurídicas.

---

[35] "Os argumentos *linguísticos* dividem-se em argumentos semânticos e sintáticos. Argumentos *semânticos* apoiam-se no significado das expressões contidas em uma norma. Em argumentos *sintáticos* trata-se da estrutura gramatical de uma norma, por exemplo, da compreensão de uma conjunção ou de uma vírgula" (Alexy, *Direito, razão, discurso*: estudos para a Filosofia do Direito, 2. ed., 2015, p. 71).

[36] "A análise histórica desempenha um papel secundário, suplementar na revelação de sentido da norma" (Barroso, *Curso de Direito Constitucional*, 4. ed., 2013, p. 316).

[37] "Nos argumentos de segunda categoria, nos argumentos *genéticos*, trata-se da vontade real do dador de leis histórico (...). Argumentos *semântico-subjetivos* fazem valer que o dador de leis histórico uniu com uma determinada expressão um determinado significado. Argumentos *teleológico-subjetivos* tem como objeto que o dador de leis histórico perseguiu uma determinada finalidade com a norma a ser explicada e que uma determinada interpretação é o melhor meio para obter essa finalidade" (Alexy, *Direito, razão discurso*: estudos para a Filosofia do Direito, 2. ed., 2015, p. 72).

[38] "Os argumentos a partir da história levam em conta que uma lei ou grupo de leis podem, ao longo do tempo, vir a ser interpretados de acordo com uma compreensão historicamente desenvolvida sobre o conteúdo ou propósito da lei, ou do grupo de leis tomadas em conjunto como um todo" (MacCormick, *Retórica e Estado de Direito*, 2008, p. 174).

[39] "Os argumentos de terceira categoria, os *argumentos sistemáticos*, apoiam-se na ideia da unidade ou coerência do sistema jurídico. Eles deixam dividir-se em oito subgrupos" (Alexy, *Direito, razão, discurso*: estudos para a filosofia do direito, 2. ed., 2015, p. 72).

[40] "Na nossa tipologia, os 'argumentos sistêmicos' são aqueles que funcionam no sentido de prover uma compreensão aceitável do texto legal visto particularmente em seu contexto como parte de um sistema jurídico" (MacCormick, *Retórica e Estado de Direito*, 2008, p. 170).

4. *Interpretação teleológica*: a ênfase do *olhar* do intérprete repousa nas finalidades do texto jurídico, nos objetivos últimos da lei, na intenção geral do sistema jurídico, no papel-orientador da instituição de justiça, ou até mesmo na área do Direito e do público protegido (crianças; idosos; consumidores; trabalhadores; cidadãos; etc.).[41] Assim, a interpretação irá valorizar os objetivos, os fins sociais, os resultados concretos, o alcance prático, a eficácia.

5. *Interpretação sociológica*: a ênfase do *olhar* do intérprete está voltada para as condições reais da aplicação do texto jurídico à época da tomada de *decisão jurídica*. Assim, importa considerar, no processo hermenêutico, a eficácia social dos direitos e o acesso aos direitos fundamentais, o contexto decisório, a oportunidade de decidir, as condições sociais das partes, as desigualdades sociais reinantes, se o delito foi cometido como fruto de prévias injustiças sociais, se a função social do Direito está sendo cumprida, se a capacidade do Estado de prover direitos e corrigir distorções do mercado está sendo efetividade, se existe sonegação de direitos às partes.

6. *Interpretação axiológica*: a ênfase do *olhar* recai sobre valores sociais e morais subjacentes ao texto normativo, no traçado e na definição de direitos. Aqui, os valores estão sendo considerados como presentes ou subjacentes aos textos legais e nos princípios do Direito, e estão encriptados e preservados no interior dos direitos (dignidade, liberdade, igualdade, diversidade, respeito), pois uma das tarefas do Direito é a de preserva a mínimo ético na sociedade moderna. Assim, importa considerar na interpretação axiológica o debate sobre a relevância dos valores envolvidos no debate jurídico, as referências axiológicas fundamentais contidas nas regras jurídicas, a necessidade de calibração de um direito otimizado por um princípio que contém um determinado valor fundamental.

7. *Interpretação econômica*: a ênfase do olhar recai sobre a relação Direito e Economia, enfatizando-se as consequências econômicas da decisão fundada na lei. Aqui, a interpretação recai geralmente sobre dados técnicos e estatísticas, avaliações de risco econômico, análise de impacto socioeconômico, impacto de regras de regulação do mercado, os efeitos microeconômicos e macroeconômicos da decisão jurídica, a inexequilibilidade econômica da decisão jurídica, impactos na relação economia, trabalho e moeda.

8. *Interpretação antropológica*: a ênfase do *olhar* é voltada para questões culturais, interculturais ou multiculturais, no tocante ao "atravessamento" de *fronteiras culturais*, a partir do exercício do *olhar antropológico*, na relação entre Direito e

---

[41] "Os argumentos da quarta categoria, os argumentos *práticos gerais*, tiram a sua força, pelo contrário, somente da sua correção quanto ao conteúdo. Eles podem, por conseguinte, também ser designados como argumentos *substanciais*. Os argumentos práticos gerais ou substanciais dividem-se em dois grupos: em argumentos *teleológicos* e *deontológicos*. Os argumentos *teleológicos* orientam-se pelas consequências de uma interpretação e apoiam-se, em último lugar, em uma ideia do bem. Os argumentos *deontológicos* fazem valer o que é jurídico e antijurídico independente das consequências. Eles apoiam-se em uma ideia do dever que, em geral, tem a sua base na ideia da generalizabilidade" (Alexy, *Direito, razão, discurso*: estudos para a filosofia do direito, 2. ed., 2015, p. 73-74).

Cultura. Aqui, destacam-se a compreensão do universo cultural alheio, a análise de saberes locais e das diferenças, a pesquisa sobre as diferenças de etnia, identidade, cultura, e a preservação das tradições dos povos afetados pela decisão jurídica, a lógica que ultrapassa a visão estatalista e modernizante para lidar com as diferenças de forma a respeitá-las, a problematização da própria *língua-direito*, a partir de onde se fala na decisão jurídica, considerada o instrumento hegemônico de regulação social, a valorização do *laudo antropológico* e das categorias da antropologia na abordagem do que está envolvido num processo de tomada de decisão jurídica que afetam comunidades, povos, tradições e culturas diferentes.

9. *Interpretação política*: a ênfase do *olhar* é voltada para a dimensão política da decisão jurídica, na fronteira entre Direito e Política.[42] Aqui, destacam-se, na avaliação interpretativa, a conjuntura política e o estado da cidadania, as regras eleitorais e as disputas entre legendas partidárias, o exercício concreto dos direitos políticos e a violação dos mesmos, as ideologias em jogo em discursos políticos, as regras do jogo político ali onde o Direito as regula, os interesses partidários, sindicais, institucionais e sociais em jogo, o confronto de "forças políticas" em determinado momento histórico, a transformação política em determinada situação histórica, o debate público, o interesse público e a esfera pública mobilizada, bem como os direitos em jogo em cada contexto.

10. *Interpretação técnica*: nesta categoria, a ênfase do *olhar* está voltada para aspectos técnicos externos ao universo do Direito, na relação entre Direito e Técnica, ou ainda, na relação entre Direito e Ciência, como os de engenharia civil, engenharia ambiental, tecnologia da informação, informática, científico-biológicos, médico-legais, de medicina do trabalho etc., para os quais geralmente se demanda laudo técnico-pericial, na apreciação de questões que possuem linguagem própria, universo próprio de regulação, e para as quais as soluções especializadas são decisivas. Assim, costuma-se levar em consideração, no exercício desta modalidade de interpretação, os resultados dos laudos periciais (perito do juízo e peritos das partes), a opinião técnica que resulta da consulta a entidades especializadas, a participação e a opinião da comunidade científica.

Enfim, considerando-se que não há uma lista finita e fechada de *argumentos* ou *modalidades de interpretação*,[43] todas estas *modalidades de interpretação* abrem caminhos para o uso de argumentos que embasam saídas e soluções, garantindo-se final a responsabilização dos atores sociais por suas condutas, a racionalidade do processo de-

---

[42] Essa modalidade de interpretação é fortemente dominada pelo Direito Eleitoral, como parte do Direito Político, onde a fronteira entre Direito e Política é notória: "Nesse amplo quadro, Direito Político é o ramo do Direito Público cujo objeto são os princípios e as normas que regulam a organização e o funcionamento do Estado e do governo, disciplinando o exercício e acesso ao poder estatal" (Gomes, *Direito eleitoral*, 13. ed., 2017, p. 4).

[43] "Gli argomenti dell'interpretazione – come i criteri di soluzione delle antinomie, i modi d'integrazione delle lacune e i principi costituzionali – sono multipli, generici e sempre virtualmente confliggenti: proprio come sostiene il pluralismo dei valori" (Barberis, *Introduzione allo studio del diritto*, 2014, p. 217).

Capítulo XXIII | Raciocínio jurídico, argumentação jurídica e modalidades... 569

cisório, a discussão fundada no embate argumentativo e contra-argumentativo. As *modalidades de interpretação* permitem que o *olhar do intérprete* esteja enfocado, no momento de produção de um entendimento, a partir do qual se formam argumentos que embasam posições, teses e concepções em torno de direitos e deveres em jogo em situações concretas.

4. RACIOCÍNIO JURÍDICO E DECISÃO JURÍDICA: A TENSÃO ENTRE OBJETIVIDADE E SUBJETIVIDADE

O que se procurou esclarecer, com a análise anterior, é que a multiplicidade de argumentos cabíveis, a partir da invocação de *modalidades de interpretação*, para a defesa de posições, teses e concepções em torno de direitos e deveres, faz do Direito um exercício polêmico. Assim, as regras jurídicas não comportam *sentido único e verdadeiro*. Isso torna a busca da *verdade jurídica*, no campo do *raciocínio jurídico*, uma busca fadada ao fracasso. Ademais, avançando, percebe-se que todas estas *modalidades de interpretação* coexistem entre si, não se podendo defender a existência de *uma modalidade* que esteja acima das demais, podendo-se sim considerar como sendo mais ou menos oportuno de invocar uma ou outra das modalidades.[44] Há esforços atuais da *Teoria do Direito* no sentido de apontar *regras de primazia* entre as *modalidades de interpretação*.[45] Porém, isto dependerá muito da avaliação *estratégica* a ser feita, considerando-se o papel atancial do ator jurídico, os fins visados, o cabimento e a oportunidade, a avaliação da conveniência e da adequação da invocação de uma *modalidade de interpretação* em face da outra. Por isso, deve-se dizer que aqui entra em atuação a *subjetividade* dos atores jurídicos. Isto implica em que, do ponto de vista da produção de decisões jurídicas, inclusive, a *subjetividade* do decisor está aí implicada. Por isso, em meio a *argumentos* de diversas naturezas, também estará presente na construção da decisão jurídica a subjetividade de quem decide, não se devendo nem ocultar este fator, e nem exaltar excessivamente este fator. Por isso, como analisa Neil MacCormick,[46]

---

[44] Assim, afirmava Hans Kelsen: "(...) não há qualquer critério com base no qual uma das possibilidades inscritas na moldura do direito a aplicar, possa ser preferida à outra" (Kelsen, *Teoria Pura do Direito*, 4. ed., 1976, p. 468). Também: "(...) não há critérios precisos que indiquem quando se deve usar uma ou outra interpretação ou se o intérprete deve valer-se de métodos sistemáticos, sociológicos ou teleológicos" (Ferraz Jr., *Introdução ao Estudo do Direito*, 2010, p. 274).
[45] "A ordem hierárquica dos argumentos possíveis na argumentação jurídica é, até hoje, debatida. Concórdia ampla domina sobre isto, que não se deixam formular regras rigorosas, mas, no máximo, regras que determinam primazias – prima facie (...) Sob esses pressupostos, deixam formular-se duas regras de primazia mais gerais: (1) argumentos linguísticos prevalecem *prima facie* sobre todos os outros argumentos. (2) argumentos linguísticos, genéticos e sistemáticos prevalecem prima facie sobre argumentos práticos gerais" (Alexy, *Direito, razão, discurso*: estudos para a filosofia do direito, 2. ed., 2015, p. 74).
[46] "Nessa medida, resta um elemento aparentemente irredutível de subjetividade na inevitável margem de liberdade que a decisão jurídica confere" (MacCormick, *Retórica e Estado de Direito*, 2008, p. 215).

a margem de liberdade abre espaço para certo grau de subjetividade, na medida em que o Direito pressupõe argumentação, e se vale de uma certeza excepcionável (*defeasible*).[47] Aliás, o debate entre Herbert L. A. Hart e Ronald Dworkin bem expõe essa tensão entre a objetividade e a subjetividade, sendo que Hart opta pela discricionariedade e Dworkin, pelos princípios e valores.[48] Porém, quando se afirma isto, deve-se ter presente, criticamente, que, quando se fala em "certa margem", isto não significa que o decisor possa decidir com *arbítrio*. A *subjetividade* da decisão *não é sinônimo* de *arbitrariedade* e é compatível com o Estado Democrático de Direito. E isso se deve ao fato de que é importante *humanizar* as decisões, considerando os traços de personalidade dos juízes, sem que isto resvale nem no *maquinismo judiciário*, e nem *no personalismo judiciário*. O campo de diferenças é sutil, e deve ser lido de forma cuidadosa.

Ao se afirmar que a *subjetividade* é compatível com o Estado Democrático de Direito é porque, enquanto exercício de *sensibilidade jurídica*, a *humanização da justiça* é um contraesforço à situação da *frieza legalista*.[49] Desta forma, a pequena margem de subjetividade que cabe ser dosada com os demais elementos do sistema jurídico acaba sendo importante para compensar a excessiva objetividade da lei e da burocracia, servir de fator de humanização do Direito, para exercer uma contribuição humana ao funcionamento da ordem jurídica, para ser coordenada com o duplo grau de jurisdição e o direito de irresignação, para ser exercida como capacidade jurisprudencial de inovação, renovação e refrigeramento do direito histórico produzido pelo legislador. Porém, ainda assim, quando se fala de *subjetividade* todo cuidado é pouco, e, por isso, a margem de subjetividade cabível no caso concreto deve ser passível de ser apresentada na forma de *interpretação judicial*, por meio do uso da *argumentação racional*, com o hábil uso das fontes do Direito disponível, incluindo-se aí o da *equidade*, formas estas compatíveis com o Estado Democrático de Direito. Se o decisor não é o legislador,[50] ainda assim, o seu papel é complementar ao do legislador, e, por isso, muitas vezes se coloca na função de corrigir, atualizar, preencher ou inovar em face do direito positivo.

---

[47] "A certeza do Direito é, portanto, uma certeza excepcionável (*defeasible*), sujeita a mudanças. Essa natureza provisória e excepcionável da certeza acaba não sendo, afinal de contas, algo que contrasta com o Caráter Argumentativo do Direito, mas algo que comunga de um fundamento comum com esse caráter" (MacCormick, *Retórica e o Estado de Direito*, 2008, p. 38).

[48] "Adentrando especificamente ao tema da discricionariedade, Dworkin é mais cauteloso que Hart e adota posição discordante, propondo que ao invés da criação de uma regra pelo juiz, dever-se-ia buscar a aplicação de princípios morais geralmente aceitos para a solução de *hard cases*" (Junior, Os limites da discricionariedade e da conjugação de princípios em face das decisões judiciais: uma visão a partir do debate de Hart e Dworkin, in *Teoria jurídica no século XXI*: reflexões críticas (Kozicki, Katya (coord.)), Curitiba: Juruá, 2007, p. 154).

[49] "(...) o sistema legal vigente pode ser menos desumano, menos distante do povo, através da arte e da consciência do juiz" (Herkenhoff, *Como aplicar o Direito*, 6. ed., 1999, p. 135).

[50] "Na verdade, o 'drama' da discricionariedade aqui criticado é que este transforma os juízes em legislador" (Streck, *Verdade e Consenso*, 3. ed., 2009, p. 457).

Capítulo XXIII | Raciocínio jurídico, argumentação jurídica e modalidades... 571

Em verdade, é do *equilíbrio* entre *subjetividade* e *objetividade* que deve exsurgir a *decisão jurídica*. A dose de objetividade é aquela que está ligada ao sistema jurídico, à jurisprudência estabelecida, às provas do processo, ao estado da cultura jurídica. A dose de subjetividade está ligada ao que concerne à criatividade judicial, à idiossincrasia, à psicologia da decisão, à sensibilidade judicial, à especificidade do processo, à biografia do decisor, à ideologia da área do Direito. Em graus variáveis a cada caso concreto, a cada área do Direito e a cada instância de julgamento se poderão encontrar maior ou menor espaço para doses diferentes de *subjetividade* e *objetividade*. Negar a existência de ambas é falsear a prática do Direito. Por isso, ao menos, ao ter presente o que a realidade concreta demonstra na prática efetiva do Direito,[51] pode-se assim ao menos exercer sobre ela maior controle e, desta forma, conduzir o campo teórico da decisão a um bom termo entre estes dois extremos ineliminávels na tensão entre *segurança* e *correção*.

Na tradição da dogmática jurídica, costuma-se afirmar que a doutrina jurídica deve se valer das *modalidades de interpretação* da forma mais clara, completa e extensiva possível. Já no campo da *decisão jurídica*, há teóricos que, como Recaséns Siches, irão indicar que os argumentos, relativos a cada caso concreto, deverão ser invocados na medida em que, considerado o que há de *único* e *irrepetível* nos casos concretos, conduzam à solução mais *justa*,[52] ou ainda, como afirma Miguel Teixeira de Souza, conduzam à *aceitabilidade racional*.[53] De qualquer forma, na prática jurídica da aplicação do Direito, recomenda-se que o *intérprete*, ao varrer o sistema jurídico, compreendendo-o como parte do sistema social, em busca de uma solução para o caso concreto, observe as seguintes etapas do *processo de produção da decisão jurídica*, quais sejam:[54]

1) *1ª etapa*: etapa de análise de incidência: nesta etapa, principia-se por verificar se existem uma ou mais regras jurídicas (normas ou princípios), ou demais fontes do Direito invocáveis, aplicáveis ao caso concreto;

---

[51] O reconhecimento da impossibilidade de verdades, não apenas em tudo o que é humano, mas, principalmente, nos aspectos mais importantes da existência humana, tais como o direito, a moral e a política, e em geral no mundo normativo em que ocorrem promessas sobre o futuro, é o solo fértil para o crescimento da retórica" (Adeodato, *Uma teoria retórica da norma jurídica e do direito subjetivo*, 2011, p. 289).

[52] No capítulo intitulado *Os chamados métodos de interpretação*, *Siches* afirma: "En cada caso el juez debe interpretar la ley de aquel modo y *según el método* que lleve a la solución *más justa* entre todas las posibles, incluso cuando el legislador impertinentemente hubiese ordenado um determinado método de interpretación" (Siches, *Nueva filosofía de la interpretación*, 1973, p. 181).

[53] "(...) em vez de se insistir no critério da única resposta correta, se utiliza um mais abrangente e mais facilmente controlável critério de 'aceitabilidade racional' ou de 'razoabilidade de decisão'" (Souza, *Introdução ao direito*, 2012, p. 467 e 468).

[54] "(...) o controle da racionalidade, correção e justiça do discurso jurídico suscita questões diversas e complexas, que envolvem a compreensão do Direito, a seleção dos fatos e o exame das diversas soluções possíveis" (Barroso, *Curso de Direito Constitucional*, 4. ed., 2013, p. 373).

2) *2ª etapa*: etapa de análise de completude e consistência: nesta etapa, vale verificar se existe lacuna ou antinomia de primeiro/segundo graus;

3) *3ª etapa*: etapa de realidade decisória: nesta etapa, vale analisar a realidade decisória, e, por isso, analisar a situação real e suas condicionantes, incluindo os valores em jogo, as consequências simuladas da decisão;

4) *4ª etapa*: etapa de análise de justiça: nesta etapa, vale analisar os conceitos e as dimensões de justiça aplicáveis, e promover a produção ativa da solução justa, proporcionando-a e atraindo-a para o caso concreto.

Mas, como toda situação de tomada de decisão, aqui se abre campo para o mergulho existencial no exercício da reflexão decisória em face da *ética de responsabilidade*,[55] da *arte de produzir decisões justas*,[56] da *prudência deliberativa*[57] e do *melhor cálculo racional* otimizado possível no exercício do *raciocínio jurídico*.

CASO PRÁTICO
O CASO DOS ECOLOGISTAS

Um grupo de exploradores e aventureiros se reúne para visitar o Pico do Papagaio, considerando a travessia de dois rios e sete dias de caminhada com pernoite em acampamento. Os exploradores e aventureiros, em número de 8 pessoas, provêm de todas as partes, e não se conheciam anteriormente. Em meio a eles, encontra-se um casal, José e Maria, e também um jovem de uma cultura aborígene. Ao longo do percurso, o grupo se divide em tarefas, mas se desgarra perdido por trilhas diversas em mata cerrada. O jovem de cultura aborígene acaba permanecendo na mata três dias com Maria, em estado de sobrevivência, reencontrando-se com o resto do grupo mais ao final do percurso. Ao reencontrar o grupo, Maria relata violência sexual e estupro por parte do jovem de cultura aborígene.

Ao ter ciência dos fatos, diante da possibilidade de matar o jovem africano, José é isolado pelo grupo. O grupo decide continuar, em parte, a visita exploratória, sabendo-se que uma parcela da equipe se dirigiria à cidade mais próxima, a dois dias de caminhada,

---

[55] A respeito, *vide* Heller, *An ethics of personality*, 1996. "Apropriei-me do conceito de escolha existencial do filósofo dinamarquês Sören Kierkgaard. Em termos gerais, significa o seguinte: uma pessoa escolha a si mesma e, desde então, torna-se o que ela é. O que é escolher a si mesmo? É escolher tudo o que somos: escolher nossa constituição corporal, nossas predisposições emocionais, nosso objetivo moral, nossas predisposições emocionais, nossos pais, o mundo em que nascemos, nosso país e assim por diante. Nos escolhemos por completo (...). A escolha existencial é uma espécie de salto. Salto absoluto porque não se pode voltar atrás" (Heller, *Agnes Heller entrevistada por Francisco Ortega*, 2002, p. 42 e 43).

[56] "Mas, por outro lado, há que entender o Direito como *prudência*. O Direito é também a arte ou virtude de chegar à solução justa no caso concreto. E de fato, dirige-se em última análise à solução de casos concretos" (Ascensão, *Introdução à ciência do direito*, 3. ed., 2005, p. 04).

[57] "A pessoa razoável possui a virtude de *prudentia* e a utiliza em suas ações. É uma virtude incompatível com o fanatismo ou com a apatia, pois ocupa um lugar intermediário entre esses extremos, assim como o faz em relação à excessiva cautela e à excessiva indiferença ao risco" (MacCormick, *Retórica e Estado de Direito*, 2008, p. 219).

Capítulo XXIII | Raciocínio jurídico, argumentação jurídica e modalidades... 573

para que o jovem, já algemado, seja conduzido às autoridades. Ao chegarem, o jovem é imediatamente preso, e processado, por crime de estupro.

Ao se defender da acusação, o jovem não nega ter praticado ato sexual com a vítima, mas sim se encontrar em "estado de necessidade" e de "ter agido por impulso de proteção à mulher", na medida em que, em sua cultura tradicional, a mulher "pertence" ao "homem que a protege", e como estavam perdidos na mata e não sabiam se reencontrariam os demais membros da equipe tão longe, com a possibilidade inclusive de morrerem a qualquer instante, afirma que Maria se encontrava sob sua proteção, desconhecendo crime em sua ação.

A partir deste relato do caso concreto, trabalhe com argumentos jurídicos e não jurídicos, no contexto do processo criminal em curso na justiça.

1. Na posição de defesa do réu, utilize argumentos provenientes da área da antropologia, e discuta os conceitos de "estado de necessidade" e "inconsciência do delito", para formular a defesa do jovem de cultura aborígene;

2. Na posição de acusação, utilize argumentos de Direito Penal, e formule a acusação do jovem de cultura aborígene, com base na lei criminal brasileira;

3. Na posição de juiz(a), atue dando ganho de causa à melhor atuação profissional, fundamentando sua decisão.

CAPÍTULO XXIV
DIREITO, INJUSTIÇA E JUSTIÇA

Sumário: 1. As interfaces do Direito; **2.** Teoria Tradicional, Teoria do Humanismo Realista e o campo teórico da justiça; **3.** Os sentidos do termo justiça; **4.** As várias faces da justiça; **5.** A justiça em face das injustiças e das violências; **6.** O conceito de justiça: os verbos da justiça; **7.** O esforço no Direito por justiça; Caso prático.

1. AS INTERFACES DO DIREITO

Ao longo do curso, se pôde perceber o quanto a compreensão das *interfaces* do "Direito" são plurais, levando a uma análise teórica complexa. Mas, abordando as várias *interfaces*, percebe-se que sempre se esbarra no *campo moral*, seja quando se abordou o conceito de Direito, a história do Direito, as fontes do Direito, a relação entre Direito e Norma Jurídica, a relação entre Direito e Sistema Jurídico, a aplicação do Direito, a interpretação e a argumentação no Direito. Da mesma forma, isto irá ocorrer quando a relação é aquela entre Direito e Justiça. O Direito, por lidar com a dinâmica da vida social, passa por valores, tais quais, liberdade, segurança, igualdade, ordem, diversidade, reconhecimento, solidariedade, redistribuição, equidade, e, sobretudo, justiça. Estes valores convivem entre si, e ora são recortados parcialmente pelas normas jurídicas, ora são colocados a funcionar lado a lado por uma mesma norma jurídica, ora entram em conflito entre si.[58] Isso exige do jurista mais do que a capacidade para operar *tecnicamente* o Direito. Isso exige *responsabilidade moral* na atividade de operar com o Direito, considerando a importância dos efeitos das decisões jurídicas na vida social. Por isso, na formação jurídica, não basta uma preocupação técnico-operatória, algo que a *Teoria do Humanismo Realista* considera aspecto insuficiente para dar conta da complexidade do Direito, devendo-se estar acompanhada da preocupação com reflexão e responsabilidade, no sentido da *ação jurídica socialmente consequente*.[59]

---

[58] "A segurança é, pois, uma das exigências feitas ao Direito – pelo que, em última análise, representa também uma tarefa ou missão contida na própria ideia de Direito. A exigência de segurança pode, porém, conflitar com a exigência de justiça. Justiça e segurança acham-se numa relação de tensão dialética" (Machado, *Introdução ao direito e ao discurso legitimador*, 22. reimp., 2014, p. 55).

[59] Neste ponto, é exato cabimento da afirmação de Alain Supiot: "O erro profundo – e o irrealismo fundamental – dos juristas que acham realista expulsar as considerações de justiça da análise do

A *língua-Direito* que se aprende a falar nas Faculdades de Direito parece, no entanto, indicar que o Direito está completamente neutralizado no mundo moderno, pois suas características são fundamentalmente as de uma *língua especializada, tecnificada, cientificada, objetificada*. No entanto, quando se interrompe a marcha e observam-se as características de todos os ramos do Direito, perceber-se-á que elas contemplam *exigências morais explícitas ou implícitas* nas noções de culpa, pena, sanção, cobrança, dever, pacto, responsabilidade, distribuição, figurando como juízos morais encriptados nas palavras do Direito. Mas a Ciência do Direito não remete a este tipo de questão isoladamente. A Ciência do Direito, através de sua técnica, o faz considerando que o mundo moderno parece *inconscientizar* o tempo todo a dimensão *das virtudes* e dos *valores*, ou seja, aquilo que aponta para o *progresso moral da humanidade*, em favor da otimização da dimensão do *técnico* e do *econômico*, ou seja, aquilo que aponta para o *progresso material da humanidade*. Numa sociedade governada por esta segunda dimensão, o imediatismo, o pragmatismo, o materialismo, o hedonismo, a presentificação, o individualismo acabam por *desertificar outras dimensões* do ser social, alijando-as, retirando-lhes força, ou ainda, marginalizando-as.[60]

Ainda assim, e em meio a estas dificuldades, o *código-Direito* pode representar um dos poucos instrumentos de preservação do mínimo ético comum, da defesa das instituições comuns, do laço de sociabilidade, do senso de justiça compartilhada, do procedimento que oportuniza a preservação da moral comum. O Direito é, para sociedades modernas, um elemento fundamental para o equilíbrio social, quando se tem em vista a necessidade de evitar a violência, de mediar relações conflituosas, de administrar racionalmente questões sociais, de remediar graves injustiças, de promover valores socialmente relevantes, de institucionalizar demandas, de cristalizar conquistas históricas. Por isso, o Direito figura como um dos *caminhos centrais* para a realização de *justiça*. Assim, não há que se colocar em questão o papel do Direito, pois o risco de sua supressão é o de retrocesso social e barbárie. Mas, o risco de seu uso em confusão com a defesa do *status quo* é o da manutenção e o da justificação de injustiças e desigualdades sociais. Por isso, o exato ponto ótimo de configuração no debate aceso e tenso sobre o Direito é o da restauração de seu sentido emancipatório.

Por isso, a iluminar os rumos do Direito, está o *valor da justiça*. O jurista português João Baptista Machado irá afirmar que "...a justiça é um valor ético e que às normas de Direito inere a pretensão de realizar esse valor".[61] Este é um valor que está no horizonte, com função claramente normativa, orientadora e utópica. É enquanto guia de orientação da ação, que a justiça funciona como o *horizonte do Direito*. Não por outro motivo, o sentido do Direito, divorciado da justiça é o de rotina e o de

---

Direito é esquecer que o homem é um ser bidimensional, cuja vida social se desenvolve a um só tempo no terreno do *ser* e no do *dever-ser*" (Supiot, *Homo juridicus*: ensaio sobre a função antropológica do Direito, 2007, p. XXIII-XXIV).

[60] A este respeito, *vide* Bauman, *Tempos líquidos*, 2007; Bauman, *O mal-estar da pós-modernidade*, 1998.

[61] Machado, *Introdução ao direito e ao discurso legitimador*, 22. reimpr., 2014, p. 62.

burocracia, e caminhando em busca da justiça, é luta procedimental pela realização da justiça dos casos e situações, necessidades e contextos. Nesse sentido, para o Direito, a *justiça* é o valor dos valores, o que não significa que o Direito não esteja perseguindo outros valores, como a segurança, a ordem, a liberdade, a diversidade, por exemplo.[62] E, ainda que o *conceito de justiça* seja fugidio, ambíguo e indeterminado,[63] e deixe uma impressão *esfumaçada* do valor a perseguir, por hora, a mais importante tarefa de *re-construção* do sentido do Direito, passa pela necessidade de *restabelecer* o lugar devido deste questionamento, assim iluminado pela dimensão do que é justo e do que é injusto.

2. TEORIA TRADICIONAL, TEORIA DO HUMANISMO REALISTA E O CAMPO TEÓRICO DA JUSTIÇA

Pode parecer estranho que o *termo* "justiça" seja, ao mesmo tempo, tão caro à cultura do Direito, e, ao mesmo tempo, tão ausente de suas discussões mais técnicas, tão estranho a um grande número de atores jurídicos, tão difícil de ser apreendido, definido e conceituado. Justamente por isso, a *Teoria Tradicional do Direito*, inspirada pelo legalismo-cientificista-positivista, costuma abordar o tema da justiça, considerando: a) não ser um tema próprio da *Teoria do Direito*, e impróprio para ser desenvolvido na *Introdução ao Estudo do Direito*, sendo sacralizado no campo da *Filosofia do Direito* e da *Teoria da Justiça*; b) ser um tema mitificado em seu tratamento, dada a *obscuridade* do termo justiça; c) ser um tema *especializado*, enquanto objeto de reflexão de exclusivo conhecimento do jurista e, portanto, alvo de perquirição por juristas e não por outros profissionais; d) ser um tema de importância *lateral* no Direito, tendo em vista as "certezas da lei" em face das "incertezas do justo". Em sua perspectiva autêntica, a *Teoria do Humanismo Realista* se propõe a enxergar o tema por outra ótica, invertendo estas questões e suas abordagens, para afirmar sobre o tema da justiça: a) ser tema fundamental, formativo e basilar na abordagem de *Introdução ao Estudo do Direito*; b) ser tema corrente da vida social, conectado à *ação social*, às *relações humanas* e às *lutas sociais*; c) ser tema compartilhado com outras ciências e saberes, qual a Economia, para a qual a questão da *justiça econômica* é central, qual a Filosofia, para a qual os *modelos de justiça* são debate central, qual a Sociologia, para a qual as desigualdades sociais/formas de violência e injustiças sociais são debate central, qual a Ciência Política, para a qual o poder e os usos (legítimos e abusivos) do poder são debate central, qual a Antropologia, para a qual as culturas e as formas de expressão da(s) humanidade(s) são debate central; d) ser um tema de central importância para qualquer reflexão no Direito.

---

[62] "Mas o valor da justiça não é o único valor prosseguido pelo Direito. Há outros: a paz social, a segurança e a certeza jurídica" (Consciência, *Breve Introdução ao Estudo do Direito*, 5. ed., 2012, p. 18).

[63] "Na realidade, as dificuldades derivam de a justiça ser na sua essência um valor. Ora os valores são mais suscetíveis de serem intuídos e ilustrados com o seu modo de aplicar-se do que de serem racionalmente descritos" (Ascensão, *Introdução à Ciência do Direito*, 3. ed., 2005, p. 181).

Assim, uma das formas de abordar o tema de justiça é através da pergunta: "O que é a justiça?". Outra forma de abordá-lo, seria fazer uma outra pergunta: "Quem promove a justiça?". A primeira pergunta, para ser respondida, demanda uma investigação um pouco mais detida, que será feita mais adiante. Mas, para abordar de imediato a segunda pergunta, e poder respondê-la, deve-se afirmar que quem promove a justiça em sociedade são: 1) num sentido mais amplo, os esforços cotidianos de todos os membros da sociedade, a saber, educadores, conciliadores, formuladores de políticas públicas, servidores públicos, membros de "ONG"s, administradores, economistas, filósofos, religiosos, ativistas sociais, além de cidadãos, e isso porque o equilíbrio social depende de muitas mãos que são fornecidas pelos diversos *atores sociais* em seus diversos papéis sociais; 2) num sentido mais técnico, os esforços especializados dos profissionais do Direito, a saber, juízes, legisladores, advogados, peritos, juristas, promotores, procuradores, defensores, delegados, policiais, investigadores, diplomatas, e isso porque o equilíbrio social depende da ação especializada de certos *atores jurídicos* na investidura de seus papéis actanciais específicos. Isso nos leva a perceber que a questão da *justiça* não é de interesse apenas dos juristas, mas de toda a sociedade, e, também, não é de tratamento exclusivo pelo jurista, sendo certo que é seu foco de atuação enquanto atuação especializada da sociedade. Isto aponta para a ideia de que *a justiça implica o equilíbrio geral do convívio social*, sabendo-se que o esforço por sua realização é um *esforço de todos e de cada um(a)*, na esfera de sua *ação social*, enquanto pessoa do Direito, enquanto pessoa moral, enquanto pessoa ética e cidadão.[64]

3. OS SENTIDOS DO TERMO JUSTIÇA

O termo *justiça* (*justice*, ingl.; *justicia*, esp.; *justice*, fr.; *gerechtigkeit*, al.; *giustizia*, it.), não somente na língua portuguesa, mas em todas as línguas, é um *termo equívoco*,[65] por isso, oferece tantas dificuldades para ser conceituado. Ao mesmo tempo, é um *termo* que encontra paralelo em quase todas as culturas, revelando com isso, sua onipresença como *valor* na vida dos povos, das culturas e das tradições.[66] Assim, desde logo, percebe-se que a *equivocidade* e a *onipresença* são características deste termo.

---

[64] "A cidadania, frente a esse pano de fundo, é um conceito complexo, pois tem de abranger igualmente diferenças ético-culturais, igualdade jurídica e características comuns. Os cidadãos devem reconhecer suas diferenças bem como sua igualdade como pessoas éticas, como pessoas de direito e como concidadãos" (Forst, *Contextos da justiça*, 2010, p. 171).

[65] "A palavra justiça é equívoca. Significará por vezes a atividade dos tribunais ('a justiça é lenta...'); também abrange mesmo outros órgãos que com aqueles cooperam ('o agressor foi entregue à justiça'). A justiça foi tida também como atributo divino, num sentido que perpassa nomeadamente o Antigo e o Novo Testamento. É frequentemente encarada, ainda hoje, como virtude total, soma de todas as outras virtudes" (Ascensão, *Introdução à ciência do direito*, 3. ed., 2005, p. 180-181).

[66] "Curiosamente, a diferencia de la palavra derecho, la palabra justicia sí tiene paralelos en todas las culturas de las cuales tenemos noticia" (Perelló, *Teoría y fuentes del Derecho*, 2016, p. 27).

Capítulo XXIV | Direito, injustiça e justiça

Partindo-se destas características do termo, e retomando-se a primeira pergunta elaborada no item anterior, constata-se que a pergunta "O que é a justiça?" é basilar para o estudioso do Direito, surge espontânea e intuitivamente para o jurista, e que, neste momento, servirá como ponto-de-partida. No entanto, essa mesma pergunta não encontra simples e objetivas respostas, sendo por isso alvo de fartas inquirições filosóficas. Não é à toa que o teórico positivista Hans Kelsen toma essa pergunta como título de uma de suas obras (*What is justice?*, publicada em 1957 nos EUA), e é ao final do ensaio que serve de introdução ao livro que se pode ler:

> "Iniciei este ensaio com a questão: o que é justiça? Agora, ao final, estou absolutamente ciente de não tê-la respondido. (...). De fato, não sei e não posso dizer o que seja justiça, a justiça absoluta, esse belo sonho da humanidade. Devo satisfazer-me com uma justiça relativa, e só posso declarar o que significa justiça para mim...".[67]

Isso, logo no início desta busca, serve para nos dar conta de identificar as dificuldades que o termo "justiça" oferece à *Teoria do Direito*. Mas, tentando enfrentar as resistências à decifração do termo, pode-se iniciar uma pesquisa sobre o sentido de justiça *tateando* e *ensaiando* alguns passos: 1) a partir do estudo da legislação; 2) a partir do símbolo e da icônica da justiça; 3) a partir do sentido dos dicionários jurídicos; 4) a partir dos sentidos filosóficos do termo. Este exercício de aproximação do tema se fará a seguir:

1) *a partir do estudo da legislação*: a legislação objetivamente *posta* e *dada (ius positum)* é algo mais seguro que a *indeterminação* do termo justiça. Mas, nem mesmo todas as páginas do *Vade Mecum* contêm toda a justiça. E isso porque, basicamente, há muito do que ainda *não virou lei* e *que já é justiça*. Assim sendo, há muitas práticas sociais que promovem justiça, e não passam pela legislação, e há várias formas de atuação dos atores jurídicos que também realizam justiça e/ou corrigem injustiças oriundas da própria legislação. Assim, a legislação não contém todo o sentido da justiça. Assim, parar a pesquisa sobre a justiça na legislação seria um equívoco;

2) *a partir do símbolo e da icônica da justiça*: o símbolo da justiça é uma expressão clássica que identifica na cegueira,[68] na espada, na balança os três elementos

---

[67] Kelsen, *O que é justiça?*, 1998, p. 25.

[68] "Uma justiça vendada, em que a venda é um sinal positivo da sua independência, incorruptibilidade, distância crítica, proporcionalidade, moderação e imparcialidade diante das partes, aparece pela primeira vez por volta de 1531, em uma reedição da *Wromer Reformation*, uma popular consolidação de direitos municipais imperiais germânicos, originalmente redigida na cidade livre imperial de Worms, em 1498" (Franca Filho, *A cegueira da justiça*: diálogo iconográfico entre Arte e Direito, 2011, p. 40). Em outro trecho: "Essa tensão entre o positivo e o negativo nos sentidos do olhar vai refletir na imagem da justiça, sobretudo no contraste verificado entre o mundo protestante anglo-germânico e o mundo católico neo-latino. Exatamente para não se deixar enganar pela aparência sensível das coisas é que algumas representações da justiça vão aparecer, a partir do século XVI, vendadas, na Europa central anglo-germânica, urbana e protestante, em firme confronto com ideia de 'olho da justiça' até então predominante" (Franca Filho, *A cegueira da justiça*: diálogo iconográfico entre Arte e Direito, 2011, p. 40).

constitutivos da justiça, e, por isso, a *justiça seria sinônimo de imparcialidade, equilíbrio e força*. Ora, esta abordagem nos fornece ricos elementos visuais, mas está geralmente associada ao campo de atividade da justiça dos Tribunais;

3) *a partir do sentido dos dicionários jurídicos*: por sua vez, quando se procura no dicionário jurídico o *significado* do termo *justiça* se encontra a seguinte lição relativa ao termo justiça: "A virtude de atribuir a cada um o seu".[69] Ora, esta definição de dicionário apenas repete a *tradição romana* advinda do *Digesto* (*Justitia est constans et perpetua voluntas ius suum cuique tribuendi*);

4) *a partir dos sentidos filosóficos do termo*: se ficar de lado a pesquisa dos dicionários jurídicos, pode-se partir para os dicionários de filosofia, sendo possível encontrar num *Dicionário de ética e filosofia moral*,[70] longas páginas de dedicação ao tema, a identificação da *complexidade* do conceito, a exposição das várias concepções sobre justiça existentes na *história da filosofia*, e a constatação, em dicionários de filosofia do direito, a exemplo do *Dicionário de Filosofia do Direito*,[71] de que o termo escapa a uma definição simples e uníssona.[72]

É a partir deste último tipo de abordagem, valorizando-se a pesquisa filosófica sobre o termo *justiça*, que se pode, a partir da tradição filosófica ocidental, afirmar que o termo *justiça* não encontra um tratamento uniforme, e as várias concepções teóricas e metodológicas irão divergir a respeito de seu significado, podendo-se alistar algumas destas concepções, a saber: a) em Sócrates, a justiça é o respeito às leis da cidade; b) em Platão, a justiça absoluta é ideia, se antepõe à justiça relativa (humana), e exprime a máxima virtude do homem e a ordem na cidade; c) em Aristóteles: a justiça é meio-termo entre extremos, e, por isso virtude (*areté*), guardando várias acepções cujo núcleo é a igualdade, a saber: justo particular corretivo (juiz), justo particular distributivo (legislador), justo político (cidade), justo doméstico (família), justo legal (leis), justo natural (natureza), equidade (corrige a generalidade da lei); d) em Cícero, a justiça é virtude que decorre da natureza; e) no cristianismo, a justiça da lei divina, como lei irrevogável e transcendente, tem a ver com a dimensão do absoluto, do imutável, do eterno e do metafísico, sendo a regra de ouro sua melhor expressão; f) em São Tomás de Aquino, a justiça é dar a cada um o seu; g) no jusnaturalismo moderno, a justiça tem a ver com a conformidade às leis da natureza, ou às leis da razão, que são universais, estáveis, anteriores e absolutas; h) em Immanuel Kant, o imperativo categórico governa a forma de condução do agir racional, sendo a pessoa sempre o fim em si mesmo, e nunca um meio para algo; i) no positivismo jurídico, a justiça tem a ver com o que foi posto pelo direito positivo, enquanto expressão do poder do legislador, e, portanto, é vista como sinônimo de legalidade; j) em John

---

[69] Sidou, *Dicionário Jurídico*, 4. ed., 1997, p. 448.
[70] Canto-Sperber, *Dicionário de ética e filosofia moral*, 2003, verbete justiça, p. 877 até 885.
[71] Barreto (org.), *Dicionário de Filosofia do Direito*, 2006.
[72] Barreto (org.), *Dicionário de Filosofia do Direito*, 2006, verbete justiça, p. 493 a 495, onde se pode ler: "O termo justiça apresenta uma grande diversidade de significados" (Rabenhorst, Eduardo Ramalho, *verbete justiça*, p. 493).

Rawls, a justiça é vista como equidade (*fairness*), praticada pelas instituições sociais, baseada nos princípios da igualdade e diferença; k) na concepção semiótica, a justiça é vista como prática de discurso situada sociossemioticamente; l) em Jürgen Habermas, a justiça tem a ver com deliberação democrática por resultados, através de procedimentos inclusivos e participativos, para atingir conteúdos universalizáveis; m) em Axel Honneth, a justiça é entendida como prática de reconhecimento social.[73]

Esse extenso leque de conceitos filosóficos de justiça apenas motiva a pesquisa a manter abertos os horizontes, e a enxergar a justiça além dos limites da legislação. Isso indica, desde logo, para fins desta análise que *lei* e *justiça* não são necessariamente termos sinônimos. Isso já é, para fins desta análise, um breve e pequeno avanço na compreensão de uma questão de tão central importância para a cultura do Direito.

4. AS VÁRIAS FACES DA JUSTIÇA

Agora, para que se possa avançar, um pouco mais, colocando mais um *tijolo* neste muro, e seguir avançando na pesquisa sobre o sentido do termo *justiça*, vale recorrer a *Ética e Direito*, de Chaïm Perelman, como ponto de apoio.[74] Neste texto, o leitor é levado a *afunilar* a pesquisa sobre o termo da *justiça*, considerando que a justiça normalmente está associada ao "dar a cada um o seu", restando a pergunta sobre o que seja o *seu* de cada um. Por isso, Chaïm Perelman irá encontrar várias acepções do *termo* justiça, indicadas a seguir: 1) *a cada qual a mesma coisa*: sem atender a particularidades, a justiça deveria atribuir o mesmo a todos, de forma que se posiciona *a igualdade absoluta* como critério rigoroso de tratamento de todos, a exemplo dos regimes socialistas; 2) *a cada qual segundo seus méritos*: cada um é tratado de acordo com méritos pessoais (força de trabalho; inteligência; dedicação; produtividade), valorizando-se a diferenciação entre as pessoas, considerando a desproporção de habilidades existentes, fortalecendo-se a ascensão social baseada no mérito, a exemplo dos regimes liberais; 3) *a cada qual segundo suas obras:* cada um é considerado a partir do registro das ações realizadas, de forma que o agir no mundo e a escrita de si no mundo são parâmetros de avaliação, priorizam-se, portanto, os *resultados* das ações individuais, como base para o cálculo de responsabilidades/ consequências; 4) *a cada qual segundo suas necessidades*: considera-se a particularidade das necessidades básicas de cada um, dando-se destaque às necessidades vitais, por classe, por idade, por deficiência, por gênero, por etnia, por raça, por condição econômica, para tratamentos desiguais, reconhecendo-se que as necessidades individuais são diferentes; 5) *a cada qual segundo sua posição*: a posição em sociedade, por classe ou *status*, divide a distribuição de modo socialmente desigual e intencionalmente diferente, a exemplo dos regimes políticos aristocráticos; 6) *a cada qual segundo o que a lei lhe atribui*: é necessário, por decorrência de lei, seguir do modo fixo o que o legislador já atribuiu a cada

---

[73] A respeito, para um estudo mais detido de cada corrente, consulte-se Bittar, Almeida, *Curso de Filosofia do Direito*, 12. ed., 2016.
[74] Perelman, *Ética e Direito*, 1996, p. 09 e 14.

um, de forma que o critério é dado pela *lei positiva*, e nela está *toda justiça* a ser respeitada, de forma que a igualdade jurídica é sinônimo de igualdade entre as pessoas.

Esta investigação, empreendida por Chaïm Perelman é muito fértil, na medida em que proporciona condições de verificar que o *termo* justiça se oferece a definições de conteúdos problemáticos, e que se abre para critérios internos muito díspares entre si.[75] É ao final desta reflexão, que Perelman irá afirmar, no entanto, o que segue: "A justiça é uma noção prestigiosa e confusa. Uma definição clara e precisa desse termo não pode analisar a fundo o conteúdo conceitual, variável e diverso, que seu uso cotidiano poderia fazer aparecer".[76] Ora, isso irá confirmar e ratificar a variabilidade dos possíveis sentidos e, com isso, de empregos possíveis a serem dados ao *termo* justiça.

Mas esta reflexão de Perelman, tem ainda um outro mérito, qual seja, o de ter permitido identificar que, na prática do Direito, um *mesmo sistema legal contemporâneo* pode abrigar *várias acepções simultâneas de justiça*. O que se quer dizer é que, a legislação educacional pode adotar a *acepção 2* de justiça, enquanto a legislação social e previdenciária adota a *acepção 4* de justiça, enquanto a atuação do magistrado está atrelada à *acepção 6* de justiça. Sabe-se bem que a justiça de transição, ou que, a justiça dos contratos, ou que a justiça social distributiva, todas funcionam segundo critérios muito diferentes entre si, o que justifica sejam universos tão especializados. Isso, também, Axel Honneth parece apontar em suas investigações.[77] Por isso, uma conclusão já é possível neste terreno, a saber, a de que não se pode querer apoiar numa única acepção do *termo* justiça, e sobre ela fazer-se *força demais*, como pede o adágio clássico: *"pereat mundus, fiat iustitia!"*.

Assim, a *Teoria do Humanismo Realista* entende que, inspirada no pluralismo contemporâneo, *a justiça tem de ser avaliada num quadro amplo de valores e fatores*. E isso porque a justiça assume *muitos rostos*, pois ora aparece como igualdade (por exemplo, num caso que exija igual tratamento), ora aparece como liberdade (por exemplo, num caso que a exija em face do poder), ora aparece como solidariedade (por exemplo, num caso de direitos sociais), ora aparece como diversidade (por exemplo, num caso que exija diferenciação para que haja reconhecimento), ora aparece como verdade (por exemplo, num caso em que a prova de fatos e a apuração de situações verídicas sejam determinantes), ora aparece como distribuição (por exemplo, num caso em que o tratamento desigual entre desiguais se mostrar adequado).

Já que possui *vários rostos*, saber qual *aplicar* a cada caso, eis o *grande desafio*. Se trata, assim, de um desafio que: a) instiga e torna tão complexo *definir justiça*, sem

---

[75] "Il concetto di giustizia, in sé, è generico, per non dire vuoto; tutti i casi potrebbero dirsi uguali o diversi, a seconda del criterio distintivo che si adotta; per poter trattare ugualmente casi simili, e diversamente casi differenti, dunque, bisogna prima specificare il concetto o principio generico in regole o concezioni, chiamate *formule di giustizia*: a ognuno secondo il merito, a ognuno secondo il bisogno, a ognuno secondo la sorte..." (Barberis, *Introduzione allo studio del diritto*, 2014, p. 226).

[76] Perelman, *Ética e direito*, 1996, p. 66.

[77] "Não existe a exigência de justiça, mas haverá ao todo, tantas exigências quantos os empregos setoriais de um valor abrangente de verdade" (Honneth, *O direito da liberdade*, 2015, p. 123).

Capítulo XXIV | Direito, injustiça e justiça

esbarrar em seus *subconceitos* e *nuances internas*; b) faz as escolas filosóficas alternarem entre si as acepções do justo; c) chama o julgador ao bom senso; d) convoca o aplicador ao exercício do ato de escolha, atributo interior do binômio liberdade-responsabilidade; e) impede que a história do Direito se encerre na legislação positiva do hoje; f) faz se desenvolver a sabedoria multissecular que vem sendo acumulada pela Ciência do Direito, como uma tarefa de prossecução do justo e do injusto situados em solos muito específicos e especializados.

5. A JUSTIÇA EM FACE DAS INJUSTIÇAS E DAS VIOLÊNCIAS

Assim é que a *noção de justiça* vai se clareando aos nossos olhos – atentos e observadores –, especialmente quando se destaca aquilo, por contraste, ao que ela se opõe: à vingança; às injustiças; às violências.[78] E isso porque a primeira reação *à injustiça* é a *indignação*, como bem aponta o filósofo francês Paul Ricoeur, em *Le juste*: "Nosso primeiro ingresso na região do Direito não terá sido marcado pelo grito: É injusto! É esse o grito da indignação (...)".[79] E, de fato, o *ato-de-injustiça* – em sua unidade repressora – tem o *peso de um golpe*, que atarraxa ao chão, que traumatiza pela presença do *Outro-opressor* sobre *ego*, que traz consigo o *horror memorial* da repetição traumática do mesmo, que desmancha o *ego-vítima* na busca de respostas, reação e providências. E isso porque toda vez que um *ato-de-injustiça* é praticado, ele deixa sequelas, tais quais, a *descrença em nossa humanidade* e a *desumanização de vínculos* e *relações sociais*. Assim, uma vez não reparado, gera *ressentimentos* psicossociais que se acumulam e que, se forem compartilhados, levam à luta por reconhecimento.[80]

Então, o *ato-de-injustiça* convoca o *ato-de-justiça* a funcionar de *forma reparadora* e é dessa forma que se pode perceber que a justiça responde a uma necessidade humana, profundamente humana e que é inerente à condição humana, porque tem a ver com o *senso moral nas relações de interação social*, fator que institucionaliza o *poder-de--dizer* e *re-dizer* a justiça de cada caso concreto.[81] Assim, o *senso de justiça* parece cobrar *reação à injustiça*. Aliás, esse *senso de justiça* age no indivíduo (adulto ou criança), no grupo, na sociedade. Neste ponto, os estudos do psicanalista suíço Jean Piaget comprovam esta percepção, pois foi após a publicação do estudo *O juízo moral na criança*

---

[78] "No fundo, a justiça se opõe não só à violência pura e simples, à violência dissimulada e a todas as violências sutis às quais acabamos de aludir, mas também a essa simulação de justiça chamada vingança, pelo ato de fazer justiça com as próprias mãos" (Ricoeur, *O justo 1:* a justiça como regra moral e como instituição, 2008, p. 179). Da mesma forma, François Terré: "(...) le droit s'emploie à les vaincre: à apprivoiser la violence, à dompter l'arbitraire, même si ses relations avec l'une et avec l'autre ne laissent pas d'être ambigües" (Terré, *Introduction génerale au droit*, 10. ed., 2015, p. 08).

[79] Ricoeur, *O justo 1:* a justiça como regra moral e como instituição, 2008, p. 05.

[80] "Para Hegel, a categoria do 'reconhecimento recíproco', desde o início, tem sido uma chave para sua ideia de liberdade" (Honneth, *O direito da liberdade*, 2015, p. 85).

[81] A reflexão vem baseada nos ecos dos crimes contra a humanidade, na lição de Antoine Garapon, para quem: "O crime contra a humanidade recorda à justiça o seu dever primeiro que é *dizer o justo*" (Garapon, *O guardador de promessas:* justiça e democracia, 1998, p. 173).

(*Le jugement moral chez l'enfant*, 1932), especialmente no Capítulo 3, intitulado *A cooperação e o desenvolvimento da noção de justiça*, que esta dimensão ficou ainda mais clara, pois, conclui-se que: 1) há fases e etapas evolutivas do *senso de justiça*, no interior do desenvolvimento moral do indivíduo, da heteronomia adulta à autonomia juvenil; 2) no juízo da criança, o *injusto* é claramente diferenciado do *justo*, e se confunde com: tudo o que é proibido; o que é contrário às regras do jogo; o que é contrário à igualdade; as injustiças sociais; tudo o que rompe o pactuado; 3) o juízo sobre o *justo na criança* não é puro fruto da cultura adulta e de suas influências externas e educativas, pois a intuição sobre a necessidade do perdão, sobre a necessidade do tratamento igual, da sanção não merecida, da punição desproporcional, da distribuição igualitária, da conquista pelo respeito, do cumprimento dos deveres, da ira contra a violência, da sensação de impotência para vencer a regra injusta adulta, de respeitar quem dá exemplo do cumprimento das regras, estão constantemente presentes no universo infantil. A conclusão do estudo é muito interessante e clara, pois aponta que: "...a autoridade adulta, se bem que constituindo, talvez, um momento necessário na evolução moral da criança, não basta para constituir o senso de justiça".[82]

Mas, se a autoridade dos pais é o caminho para o estabelecimento das regras, a cobrança ao respeito das regras, a redefinição da medida das regras, a responsabilização em caso de violação das regras, da mesma forma para a realização da reparação do *ato-de-injustiça* pelo *ato-de-justiça*, são necessárias, em sociedade, *instituições mediadoras* que funcionem como um terceiro entre o *ofensor* e o *ofendido*, para estabelecer uma *medida* a cada caso. Por isso, só há *justiça* como resposta ao *ato-de-injustiça* quando passam a funcionar as instituições construídas em sociedade, partilhando um *éthos* comum de repúdio às violências, às injustiças e às reações vindicativas, que irão reagir à *ação social danosa e injusta*.[83]

Assim, uma distância entre o *ofensor* e o *ofendido* é necessária como afirma o filósofo francês Paul Ricoeur,[84] sendo preenchida pelas instituições que exercem o papel socialmente diferenciado de representarem o *éthos* comum da necessidade de impor e traduzir soluções para os *atos-de-injustiça*. Assim, será a *ação social complementar*[85] do *Outro-juiz*, do *Outro-mediador*, que ao *reagir institucionalmente* à ação injusta/ violenta do *Outro-ofensor*, que fará *ego* se sentir *reconhecido* na *reciprocidade* da proteção

---

[82] Piaget, *O juízo moral na criança*, 3. ed., 1994, p. 239.
[83] "O sistema vindicatório parte do princípio que a ofensa envolve um dever de reparação: é preciso imperativamente, entre iguais ou grupos iguais, reparar a ofensa; o equilíbrio exige restituição ou compensação em matéria de ofensa como em matéria matrimonial (...)" (Ost, *O tempo do direito*, 2001, p. 133-134).
[84] "Ora, é em benefício de tal distância que se faz necessário um terceiro, uma terceira parte, entre o ofensor e sua vítima, entre crime e castigo. (...) É o estabelecimento dessa distância que requer a transição entre a justiça como virtude e a justiça como instituição" (Ricoeur, *O Justo 2:* Justiça e verdade e outros estudos, 2009, p. 252).
[85] "Se os indivíduos crescem em instituições onde suas práticas normativas de reciprocidade são posicionadas de forma duradoura, então, para Hegel, durante sua 'formação' eles aprenderão a perseguir, em seu comportamento, desejos e intenções primárias, cuja satisfação só se faz possível mediante ações complementares dos outros" (Honneth, *O direito da liberdade*, 2015, p. 93).

institucional, como analisa o filósofo alemão Axel Honneth,[86] uma vez que vê no seu valor/bem ofendido *algo defensável* e merecedor de atenção/reparação, e, por isso, do justiça. Aqui está algo que volta a confirmar o elo de sociabilidade nos indivíduos igualmente, volta a afirmar o elo de individualidade em sociedade, criando os vínlos internos entre *justiça social* e *autonomia individual*.[87]

6. O CONCEITO DE JUSTIÇA: OS VERBOS DA JUSTIÇA

Em face das injustiças, das violências, e da possibilidade do uso da vingança, espera-se qualquer tipo de reação da vítima (ou de seus familiares, de seus concidadãos, de seus companheiros), de um *ato-de-injustiça*. E isso, pois, retribuir o *mal com o mal*, pela vingança (privada ou pública), é o caminho mais instintual (imediato), mas retribuir o *mal com civilização*, é o caminho mais complexo (árduo), porém, imperioso para a quebra do ciclo da barbárie e da violência. Daí, a importância das *instituições sociais* serem capazes de: a) prevenir as injustiças; b) compensar as desigualdades, antecipando situações previsíveis; c) remediar as injustiças; d) prever as responsabilidades por atos injustos; e) superar as injustiças; f) distribuir benefícios sociais, gerando equilíbrio socioeconômico; g) apurar as situações conflitivas; h) promover as formas de justiça conhecidas e aceitas historicamente à época do caso; e) procedimentalizar as oportunidades de fala e discurso que vocalizem desequilíbrios sociais e situações de opressão social. Nesse sentido, o *ato-de-justiça* (preventivo ou reparador) funciona como *terapêutica social das interações humanas*,[88] atuando como *cura possível* do *ato-de-injustiça*, cobrindo o espaço vazio deixado pela desordem, dor, sofrimento, grito ou assombro.

Para a vítima de um *ato-de-injustiça*, a *justiça* ajuda a vencer o *vazio horrorizante* da presença do *Outro-danoso* na vida de *ego*-vítima (violação de direitos humanos; lesão corporal; dano estético; estelionato; estupro; não pagamento de dívida; sonegação de direito trabalhista; condenação injusta e errônea etc.), ajuda a preencher o *nada*

---

[86] "(...) uma vez que a aspiração à liberdade do indivíduo só é satisfeita no seio das instituições ou com a ajuda delas, para Hegel um conceito 'intersubjetivo' de liberdade amplia-se ainda uma vez para o conceito 'social' de liberdade: em última instância, o sujeito só é 'livre' quando, no contexto de práticas institucionais, ele encontra uma contrapartida com a qual se conecta por uma relação de reconhecimento recíproco, porque nos fins dessa contrapartida ele pode vislumbrar uma condição para realizar seus próprios fins" (Honneth, *O direito da liberdade*, 2015, p. 86-87).

[87] "Então, o princípio da autonomia individual já não se separa da ideia de justiça social e das reflexões sobre como deve ser instituída na sociedade para tornar justos os interesses e necessidades de seus membros" (Honneth, *O direito da liberdade*, 2015, p. 36). "Como ponto de referência normativo de todas as concepções de justiça na modernidade, podemos considerar a ideia de autodeterminação individual: deve valer como justo o que garante a proteção, o incentivo ou a realização da autonomia de todos os membros da sociedade" (Honneth, *O direito da liberdade*, 2015, p. 39-40).

[88] "A noção de justiça é terapêutica ao mesmo tempo da ordem social e da ordem das consciências perturbadas. Ela permite dizer, nomear, acusar ou louvar, onde não havia senão o grito ou o assombro" (Audard, Cathérine, *in Dicionário de ética e filosofia moral* (Canto-Sperber, Monique, coord.), 2003, p. 878, *verbete* justiça).

hostil do mundo do *sem resposta* a partir do *Outro-mediador* (Ministério Público; Justiça; Polícia; Mediadores; Advogados; Defensores) e ajuda a *sublimar as cicatrizes* deixadas pelo assombro da presença real do *ato-de-injustiça*. Neste sentido, o justo é *biófilo e restaurador*, enquanto o injusto é *necrófilo* e *destrutivo*.[89]

Por isso, a justiça – no quotidiano das práticas do Direito – é *sinônimo* de equilíbrio entre as partes de um contrato, reparação devida por conta da prática de um ato culposo/doloso, aplicação de pena em função de um crime, redistribuição de bens e oportunidades pela atuação do Estado, proteção de bens de interesse de todos, entre outros sentidos. Assim, mais uma vez, quando se visita a legislação, se percebe que vários *verbos* são empregados para fazer funcionar o *ato-de-justiça*:

reparar	prestar	compensar
prevenir	assegurar	promover
condenar	participar	conduzir
multar	distribuir	diligenciar
indenizar	corrigir	preservar
apenar	restituir	instituir
conceder	extinguir	representar
atribuir	cassar	assegurar
retificar		constituir

Ora, estes são alguns exemplos extraídos da legislação vigente. E o que estes *verbos* querem indicar? Todos esses *verbos*, em seus ambientes discursivos, temáticos e legislativos, servem a *frentes de justiça*, que revelam as várias formas de operar da *justiça*, considerando-se os seus *vários rostos*.

Será, portanto, considerando toda essa bagagem acumulada na pesquisa sobre o tema da justiça que se poderá afirmar, afinal, o *conceito de justiça*. É a partir daí que se pode dizer que a *justiça é uma forma de mediação de relações sociais que qualifica a interação humana, oferecendo contrapeso à aparição de poder nas interações humanas, compensando-a por critérios racionais e históricos* (medida, proporção, simetria, valor), *de forma a gerar a responsabilização da ação social por meio de instituições, baseada em parâmetros normativos*.

---

[89] Se, por exemplo, a vingança é necrófila, a justiça é, por oposição, biófila: "(...) a vingança analisa-se como uma paixão funesta, um apetite furioso, um desejo de violência contagioso que se alimenta, como uma chama, de tudo o que pensamos opor-se-lhe. Sustentada por uma pulsão de morte, essa vingança reveste talvez uma aparência de justiça, tirada da reciprocidade a que recorre: na realidade, ela continua a ser uma via de facto e aumenta a violência em vez de a apaziguar" (Ost, *O tempo do direito*, 2001, p. 131).

Capítulo XXIV | Direito, injustiça e justiça

Se na vida social temos *ações* e *inter-ações*, formando trocas sociais de todo tipo,[90] a *justiça* corresponderá a um dos ingredientes centrais da noção de *civilização*, por participar da *qualidade moral das interações sociais*. Nesse sentido, a justiça *ou está, ou não está* nas interações sociais, e onde *não está* é sentida por sua ausência a partir da experiência da *injustiça*, que gera o dano, o vazio, o abismal, a cicatriz, o inconformismo, levando a *reações* tais como a revolta e a vingança, e até mesmo, ao perdão. Se toda *ação social* leva a uma *reação, a justiça é a medida*[91] *e o critério de julgamento das ações e interações humanas, segundo um princípio universal de responsabilidade* [Pr]; todas as sociedades conhecem o termo justiça,[92] e todas as sociedades praticam algum tipo (alguma forma histórica) de *responsabilização*, mesmo as ditas "primitivas", o que os estudos da Antropologia demonstram. Para se concretizar, no entanto, a justiça se *procedimentaliza* por meio de *instituições sociais* que garantem, por meio de um sistema de discursos, argumentos, contra-argumentos, prova e avaliação/julgamento, o preenchimento equidistante do vazio, dando condições práticas à *implementação da responsabilidade*, por meio de um *princípio procedimental-institucional de discurso* [Pd].

Por isso, a noção de justiça também pode ser expressa e sintetizada ao modo de uma fórmula: *a justiça é dar a cada um o seu, segundo a sua ação, de acordo com um princípio universal de responsabilidade, na forma dos procedimentos vigentes*. Conclui-se, desta forma, que a justiça é construção histórico-social, que depende de instituições e de procedimentos discursivos para se concretizar, que age universalmente, que define o modo de reparação da ação social e que funciona como terapêutica social.

7. O ESFORÇO NO DIREITO POR JUSTIÇA

Por toda essa análise, fica clara a importância da justiça como conceito basilar para a sociedade, e, também, a centralidade da justiça para o Direito. Numa perspec-

---

[90] "A aplicação da regra de justiça às interações humanas supõe a possibilidade de considerar a sociedade como um vasto sistema de distribuição, ou seja, de partilha de papéis, encargos e tarefas, muito além da simples distribuição de valores mercantis no plano econômico" (Ricoeur, *O Justo 1*: a justiça como regra moral e como instituição, 2008, p. 30).

[91] "O direito é medida, pelo menos em quatro sentidos que vão da norma ao tempo. Em direito, tomam-se 'medidas': decisões, regras de conduta; fala-se de medidas de ordem pública, de medidas de segurança, de medidas conservatórias... Num segundo sentido, mais fundamental, o direito é instrumento de medida, como o é a régua que mede e a balança que pesa os interesses em conflito. Do direito, espera-se que avalie a justa proporção das relações, a importância das prestações e dos prejuízos, a igualdade dos direitos e dos deveres, como já o sublinhava Aristóteles. Expressão do meio justo, o direito é medida ainda num terceiro sentido, que é o do equilíbrio, da moderação, da prudência (*jurisprudência*). Expressão do limite, ele exprime a 'justa proporção' das coisas; ao fazê-lo, opõe-se à desmesura da *ubris*, à qual prefere o comedimento da paciência, as afinações de um ajuste permanente. Finalmente, o direito é medida num quarto sentido que a ideia de 'comedimento' anunciava: no seu trabalho de ajuste permanente, a medida jurídica é ritmo – o ritmo que convém, a harmonia de durações diversificadas, a escolha do momento oportuno, o tempo concedido ao andamento do social. Demasiado lento, provoca frustrações e alimenta as violências do amanhã; demasiado rápido, gera a insegurança e desencoraja a acção. É essa, então, a medida do direito: norma, proporção, limite e ritmo" (Ost, *O tempo do direito*, 2001, p. 426).

[92] "Curiosamente, a diferencia de la palavra derecho, la palavra justicia sí tiene paralelos en todas las culturas de las cuales tenemos noticia" (Perelló, *Teoría y fuentes del Derecho*, 2016, p. 27).

tiva de análise semiótica, o termo *justiça* está atrelado ao *sentido social* e tem o papel de impulsionar o *sentido do Direito*.[93] É nesta medida que a noção de justiça – expulsa pelo positivismo e reabilitada pelo pós-positivismo – pode ser invocada pelos juristas como: a) valor teleológico das conquistas da Ciência do Direito, em sua mutabilidade e em suas vanguardas; b) abrigo institucional dos demais valores socialmente relevantes (liberdade; segurança; diversidade; solidariedade; igualdade);[94] c) valor de todos os valores;[95] d) forma de equivalência social;[96] e) fonte de equilíbrio social;[97] f) virtude individual e ordem social;[98] g) campo para o equacionamento racional de conflitos e ajustes nas interações sociais; h) valor supremo para a definição da qualidade do "viver-comum" e para a sobrevivência da civilização; i) a mais importante busca permanente das sociedades, visando à autocorreção de suas escolhas, práticas, valores e formas de ação; j) "termo-bússola" do fluxo da legislação positiva e das práticas cotidianas do sistema jurídico.

Por isso, a *relação do Direito com a justiça* é de tal forma que o Direito é uma etapa positiva de consolidação/petrificação/estabilização da justiça conquistada,[99] é uma rota, um meio, um caminho, um instrumento, para consolidar a luta por justiça (e atualização plural de seus sentidos e práticas),[100] e, por fim, é uma *fase histórica* da civilização no movimento histórico em direção à justiça.

Por isso, todas as vezes em que for possível o esforço no Direito e através do Direito pela justiça,[101] terá valido a pena se: a) a justiça preencher o vazio deixado pelo

---

[93] Cf. BITTAR, Eduardo C. B. Semiótica, fotografia e justiça social: um estudo na fronteira entre Semiótica da Fotografia e Semiótica do Direito, *in Revista Estudos Semióticos*, v. 19, n. 1, abr. 2023, p. 32.

[94] "Num certo sentido, pode dizer-se que a justiça é o valor primário do ordenamento jurídico, pois é em contraposição a ela que se demarcam e justificam outros valores" (Souza, *Introdução ao direito*, 2012, p. 81).

[95] "A nosso ver, a justiça não se identifica com qualquer desses valores, nem mesmo com aqueles que mais significam o homem. Ela é antes a *condição primária de todos eles, a condição transcendental de sua possibilidade como atualização histórica*" (Reale, *Lições preliminares de direito*, 27. ed., 2004, p. 375).

[96] "Justiça, pois, consiste na retribuição a alguém de algo de valor igual (ou proporcional) ao valor do que alguém deu ou fez. Consiste numa efetivação da equivalência" (Telles Junior, *Iniciação na ciência do direito*, 2001, p. 357).

[97] "Como princípio da justiça, a igualdade aparece, pois, como um código identificador do equilíbrio na distribuição de bens nas relações sociais" (Ferraz Junior, *Introdução ao estudo do direito*, 6. ed., 2010, p. 329).

[98] "Justiça, no sentido subjetivo, consiste na virtude de dar ao indivíduo seu direito e, no objetivo, designa a ordem social que garante a cada um o que lhe é devido" (Diniz, *Compêndio de introdução à Ciência do Direito*, 17. ed., 2005, p. 405).

[99] "La puissance du droit et son respect par les sujets de droit, ou encore son pretige, dependent assez largement des relations suffisamment étroites qu'il entretien avec la justice" (Terré, *Introduction générale au Droit*, 10. ed., 2015, p. 13).

[100] "A análise da ideia de justiça numa sociedade determinada deve ter em conta esse caráter complexo e dinâmico que tem em cada momento" (Latorre, *Introdução ao direito*, 2002, p. 64).

[101] "O Direito é, pois, uma ordem de convivência humana com um sentido – e esse sentido é o da Justiça" (Machado, *Introdução ao direito e ao discurso legitimador*, 22ª reimp., 2014, p. 33).

machado do golpe injusto; b) a igualdade de oportunidades substituir a desigualdade e a assimetria socioeconômicas; c) a razão e as soluções institucionais consensuadas se sobrepuserem à irracionalidade da violência; d) se a liberdade se sobrepuser à opressão e ao ódio social; e) se o respeito às diferenças se sobrepuser às intolerâncias; f) se a reparação do dano sobrevier à impunidade; g) se as forças da democracia vencerem as forças do autoritarismo político.

CASO PRÁTICO
O CASO DA CASA DE REPOUSO

Enquanto pessoa com deficiência, Emanuel foi internado em função de doença mental e transtornos psiquiátricos, numa Casa de Repouso, vinculada ao sistema de saúde público municipal, no Estado do Ceará. A Casa de Repouso funcionava como uma instituição manicomial. Diante da carência de outros procedimentos, e operando com capacidade de funcionários muito abaixo da demanda, era comum que os pacientes fossem sedados, sofressem maus-tratos, torturas e privação de convívio social. Emanuel, após alguns dias de internação, vem a falecer nas dependências da Casa de Repouso, tendo marcas de eletrochoques e marcas de violência física. Soube-se, depois da morte de Emanuel, que este não foi o único caso de óbito, mas que várias outras vítimas padeceram por maus-tratos na Casa de Repouso.

A família inconformada inicia uma luta por justiça, e leva o caso à mídia, à delegacia local, à justiça, e à Comissão de Direitos Humanos da Assembleia do Estado. Algumas providências administrativas são tomadas, mas com grande lentidão, baixa devolutiva de respostas e resoluções satisfatórias à família. A omissão, a desinformação e a inverdade, em várias fases dos procedimentos administrativos, levam a família a procurar o apoio de uma ONG, que resolve peticionar em favor da família de Emanuel, junto à Comissão Interamericana de Direitos Humanos – CIDH, sabendo-se que o Brasil é parte signatária da Convenção Americana sobre Direitos Humanos, visando à responsabilização do Estado Brasileiro junto à Corte Interamericana de Direitos Humanos da Organização dos Estados Americanos – OEA.

Em se tratando de uma questão de relação entre o Direito Nacional e o Direito Internacional, envolvendo grave injustiça e negação sistemática de providências do Estado, há risco de impunidade e irresponsabilidade por parte do Estado.

1. Enquanto advogado(a) da família de Emanuel, identifique as fontes do Direito aplicáveis como fundamento do pedido de indenização judicial a tramitar junto ao Poder Judiciário brasileiro;

2. Enquanto membro ativista da ONG, prepare o pedido a ser levado ao conhecimento da Comissão Interamericana, demonstrando na argumentação a *grave injustiça* cometida, os danos sofridos pelos familiares, e argumentando e invocando o uso das fontes do Direito Internacional dos Direitos Humanos, ao caso concreto.

AVALIAÇÃO FINAL

CASO PRÁTICO

O CASO DO MIGRANTE JANUÁRIO

Um migrante proveniente do Maranhão, em busca de trabalhos na roça e na carvoaria, se desloca em direção ao Amazonas. Deixando casa e família para trás, leva apenas um documento, algum dinheiro e uma enxada. As caronas em caminhões, as estradas poeirentas e as longas caminhadas são apenas parte da história de Januário. Depois de 3 meses realizando pequenos "bicos", Januário está num bar, tomando uma pinga, quando 2 homens altos e aparentando serem fazendeiros lhe abordam, oferecendo-lhe um trabalho remunerado "até o inverno". Januário aceita a proposta e os homens o levam a uma fazenda 12 horas distante da mais próxima cidade. No dia seguinte, Januário é levado a minas de carvão, onde passa a trabalhar em jornadas extenuantes de 12 horas. Com o pouco dinheiro que tinha, endivida-se na loja da fazenda, comprando víveres e mantimentos para sobrevivência, pois até a gasolina para a cidade tinha de ser paga, caso o trabalhador quisesse ir na venda. Passa a viver para trabalhar, somente vendo sua dívida crescer e seu horizonte de saída reduzir.

Na mesma situação se encontram outros oito homens. No desespero, Januário combina uma fuga com outros dois trabalhadores, conhecidos como "irmãos baianos", que acaba frustrada por uma rápida atuação dos capangas da fazenda vizinha, que viram movimentação estranha no mato "tarde da noite". Com o ocorrido, a situação deteriora-se. Os fazendeiros dão ordens de que os endividados sejam mantidos trancados à noite e trabalhem de dia sob a observação de homens armados, deixando claro que "o patrão havido dito que enquanto não pagassem, não sairiam dali".

Após 14 meses em péssimas condições de alojamento, com a saúde debilitada, tendo sofrido intimidações, e já tendo perdido a conta da relação entre sua remuneração e suas dívidas, numa manhã de sábado, ainda trabalhando, Januário verifica que os capangas sumiram, ouvindo o ruído de motores de carro e um tiro ao longe. Januário retorna ao alojamento, junto com os demais trabalhadores, quando encontra fiscais do Ministério do Trabalho. Após o seu resgate, Januário é levado para sua casa, onde reencontra sua família. O caso de Januário é um caso entre vários que vem ocorrendo no Brasil contemporâneo.

Ciente da situação, o Ministério do Trabalho e do Emprego resolve mobilizar esforços políticos e reunir 1/3 dos membros da Câmara dos Deputados para propor um Projeto de Emenda Constitucional (PEC), visando a punições mais severas que desestimulem esse tipo de prática. Iniciada a tramitação do pedido junto ao Congresso Nacional, inicia-se um procedimento legislativo que haverá de durar 6 meses. No entanto, logo em sua primeira etapa, abre-se um debate por ocasião de uma audiência pública, na Comissão de Constituição, Justiça e Cidadania, e 5 Deputados(as) e 5 Participantes resolvem se pronunciar na bancada sobre o tema. Atue como integrante da Audiência Pública:

DEPUTADOS e DEPUTADAS:

1. Defenda a opinião da Deputada Delmira, considerando em sua sustentação, dados concretos e estatísticas sobre o trabalho escravo no Brasil, e correlacionando ao argumento da função social do Direito em sociedade, tendo em vista que a Deputada tem uma opinião de esquerda;

2. Defenda a opinião do Deputado Sanchez, considerando em sua sustentação a defesa do direito de propriedade e a inoportunidade da PEC, tendo em vista que o Deputado tem uma opinião de direita;

3. Defenda a opinião do Deputado Anátocles, considerando em sua sustentação a defesa da produtividade agrícola e pecuária, tendo em vista que o Deputado foi eleito como representante de ruralistas;

4. Defenda a opinião do Deputado Antônio, considerando em sua sustentação o argumento político de que a mudança da Constituição não irá alterar as condições reais de vida dos trabalhadores do campo;

5. Defenda a opinião da Deputada Lucila, considerando que a reforma poderia ser melhor tratada em sede infraconstitucional, discutindo a questão técnica da hierarquia entre as leis e da função que cada uma desempenha no sistema jurídico.

PARTICIPANTES:

1. Defenda a opinião de Cleber, do Sindicato dos Trabalhadores Rurais, com uma visão sobre a situação política do conflito de terras no país e da exploração do trabalho humano no campo, com posição de radical confronto com os interesses dos fazendeiros, e em favor da dignidade humana do trabalhador;

2. Defenda a opinião de Jairzinho, representante do Movimento dos Sem-Terra, mostrando os números de deslocados do campo, apresentando as origens do movimento, discutindo a história das exclusões sociais do país, defendendo a reforma agrária mais ampla como solução e o assentamento do homem no campo;

3. Defenda a opinião do jurista Alves, especialista renomado no campo acadêmico, discutindo por argumentos técnico-jurídicos, a importância da reforma Constitucional, enquanto procedimento de mudança constitucional para a aquisição de mais direitos fundamentais, e recomendando expressamente a redação final do texto da PEC;

4. Defenda a opinião do sociólogo do trabalho Almiro, com base em pesquisas estatísticas criteriosas sobre a situação do trabalho no mundo, a precarização, com críticas ao modelo de economia, e uma discussão sociológico-conceitual, embasada em autores da área, sobre as condições sub-humanas do trabalho, em especial no campo;

5. Defenda a opinião Afonso, membro do Ministério Público do Trabalho, presente à audiência, representando o Procurador-Geral do Trabalho, manifestando a opinião interna do MPT, a favor da PEC, construída a partir dos dados a que tem acesso, e considerando o histórico das grandes operações que vem realizando, a situação da impunidade que medra no setor, demonstrando o número de situações como a do trabalhador rural Januário, deflagradas a partir de denúncias anônimas e atuação da fiscalização dos técnicos do trabalho, na defesa dos interesses coletivos dos trabalhadores.

REFERÊNCIAS

AARNIO, Aulis, Esbozo de una interpretación hermenéutica del realismo escandinavo. Reinterpretando a A. Ross, *DOXA: Cuadernos de Filosofía del Derecho*. España: Universidad de Alicante, Marcial Pons, n. 33, 2010, p. 453-469.

_____. Esbozo de una interpretación hermenéutica del realismo escandinavo. Reinterpretando a A. Ross, *in DOXA: Cuadernos de Filosofía del Derecho*, España: Universidad de Alicante, Marcial Pons, n. 33, 2010, p. 453-469.

_____. *Lo racional como razonable*: un tratado sobre la justificación jurídica. Traducción de Ernesto Garzón Valdés. Lima: Palestra Editores, 2016.

ABBOUD, Georges; CARNIO, Henrique Garbellini; OLIVEIRA, Rafael Tomaz de. *Introdução à Teoria e à Filosofia do Direito*. 3. ed. São Paulo: Revista dos Tribunais, 2015.

ADEODATO, João Maurício. *Ética e retórica:* para uma teoria da dogmática jurídica. 3. ed. São Paulo: Saraiva, 2007.

_____. *Uma teoria retórica da norma jurídica e do direito subjetivo*. São Paulo: Noeses, 2011.

_____. *Introdução ao Estudo do Direito*: retórica realista, argumentação e erística. São Paulo: GEN, 2023.

_____; BITTAR, Eduardo C. B. (orgs.). *Filosofia e Teoria Geral do Direito*. São Paulo: Quartier Latin, 2011.

ALCÂNTARA, Alfredo d´. A *Umbanda em julgamento*. Rio de Janeiro: 1949.

ALEXY, Robert. *La institucionalización de la justicia*. Traducción de José A. Seoane; Eduardo R. Sodero; Pablo Rodríguez; Alfonso Ballesteros. 3. ed. Granada: Editorial Camares, 2016.

_____. *Conceito e validade do direito*. Trad. Gercília Batista de Oliveira Mendes. São Paulo: Martins Fontes, 2011.

_____. *Constitucionalismo Discursivo*. Trad. Luís Afonso Heck. Porto Alegre: Livraria do Advogado, 2007.

_____. *Direito, razão, discurso*: estudos para a Filosofia do Direito. 2. ed. Trad. Luís Afonso Heck. Porto Alegre: Livraria do Advogado, 2015.

_____. *Teoria da argumentação jurídica*. Trad. Zilda Hutchinson Schild Silva. São Paulo: Landy, 2001.

_____. *Teoria dos direitos fundamentais.* Trad. Virgílio Afonso da Silva. São Paulo: Malheiros, 2008.

_____; BULYGIN, Eugênio. *La pretension de corección del derecho.* Traducción de Paulo Gaido. Colómbia: Universidad Externado de Colómbia, 2001.

ALMEIDA, Marcelo Pereira de. *Precedentes judiciais*: análise dos métodos empregados no Brasil para a solução de demandas de massa. Curitiba: Juruá, 2014.

ALMEIDA, Fernando Dias Menezes de. *Formação da teoria do direito administrativo no Brasil.* São Paulo: Quartier Latin, 2015.

ALMEIDA FILHO, Agassiz. *Introdução ao direito constitucional.* Rio de Janeiro: Editora Forense, 2008.

AMARAL JÚNIOR, Alberto do. Em busca de uma nova perspectiva das fontes de direito internacional. In: ADEODATO, João Maurício; BITTAR, Eduardo C. B., (orgs.). *Filosofia e Teoria Geral do Direito* São Paulo: Quartier Latin, 2011. p. 108-137.

AMSELEK, Paul (org.). *Théorie des actes de langage, éthique et droit.* Paris: Presses Universitaires de France, 1986.

ANISTIA INTERNACIONAL. Relatório Anistia Internacional, Informe 2014/2015, O estado dos Direitos Humanos no mundo. Disponível em: <http://anistia.org.br>. Acesso em: 12 nov. 2016.

ARENDT, Hannah. *Origens do totalitarismo.* Trad. Roberto Raposo. São Paulo: Companhia das Letras, 1989.

_____. *Sobre a violência.* 3. ed. Trad. André Duarte. Rio de Janeiro: Relume Dumará, 2001.

ARNAOUTOGLOU, Ilias. *Leis da Grécia antiga.* Trad. Ordep Trindade Serra; Rosiléa Pizarro Carnelós. São Paulo: Odysseus, 2003.

ASCENSÃO, José de Oliveira. *Introdução à ciência do direito.* 3. ed. Rio de Janeiro: Renovar, 2005.

ATIENZA, Manuel. O direito como argumentação. Tradução de Manuel Poirier Braz. Lisboa: Escolar Editora, 2014.

AUSTIN, John L. *Quand dire c'est faire.* Trad. Gilles Lane. Paris: Éditions du Seuil, 1970.

AVRITZER, Leonardo. Sociedad civil, espacio público y poder local: um análisis del presupuesto participativo em Belo Horizonte y Porto Alegre. In: DAGNINO, Evelina (coord.). *Sociedad civil, esfera pública y democratización em América Latina: Brasil.* UNICAMP, Fondo de Cultura Económica: México, 2002. p. 120-153.

_____. *A moralidade da democracia*: ensaios em teoria habermasiana e teoria democrática. São Paulo: Perspectiva; Minas Gerais: UFMG, 1996.

_____. Conferências nacionais: ampliando e redefinindo os padrões de participação social no Brasil. IPEA, Rio de Janeiro, maio 2012. Disponível em: <http://repositorio.ipea.gov.br/bitstream/11058/1137/1/TD_1739.pdf>. Acesso em: 4 jan. 2014.

BAPTISTA, Fernando Pavan. *O Tractatus e a Teoria Pura do Direito.* Rio de Janeiro: Letra legal, 2004.

REFERÊNCIAS

BARZOTTO, Luis Fernando. Teoria do direito. Porto Alegre: Livraria do Advogado, 2017.

BARRETO, Vicente de Paula (coord.). *Dicionário de Filosofia do Direito*. Rio Grande do Sul: Unisinos; Rio de Janeiro: Renovar, 2006.

BARBERIS, Mauro. *Introduzione allo studio del diritto*. Torino: Giappichelli Editore, 2014.

BARROSO, Luís Roberto. *Curso de direito Constitucional contemporâneo*. 4. ed. São Paulo: Saraiva, 2013.

_____. Liberdade de expressão *versus* direitos da personalidade. Colisão de direitos fundamentais e critérios de ponderação. In: SARLET, Ingo Wolfgang (org.). *Direitos fundamentais, informática e comunicação: algumas aproximações*. Porto Alegre, Livraria do Advogado, 2009. p. 63-100.

_____; OSORIO, Aline. As Constituições latino-americanas entre a vida e a morte: possibilidades e limites do poder de emenda, in *Revista Brasileira de Políticas Públicas*, Brasília, UniCEUB, v. 9, n. 2, ago. 2019, p. 20-52.

BASTOS, Aurélio Wander. *Hans Kelsen:* resumo biográfico. Rio de Janeiro: Instituto Brasileiro de Pesquisas Jurídicas, 2003.

BASTIDE, Roger. *As religiões africanas no Brasil:* contribuição a uma sociologia das interpenetrações de civilizações. Trad. Maria Eloisa Capellato e Olivia Krähenbühl. São Paulo: Pioneira, 1989.

BATALHA, Wilson de Souza Campos. *Nova introdução do direito*. Rio de Janeiro: Forense, 2000.

BAYNES, Kenneth. Deliberative democracy and public reason. *Veritas*, PUCRS, Porto Alegre, v. 55, jan./abr., p. 135-163, 2010.

_____. *Discourse and democracy*. Essays in Habermas's Between Facts and Norms. New York: Suny Press, 2002.

BAUMAN, Zygmunt. *Modernidade e holocausto*. Trad. Marcus Penchel. Rio de Janeiro: Jorge Zahar, 1998.

_____. *Comunidade*: a busca por segurança no mundo atual. Trad. Plínio Dentzein. Rio de Janeiro: Jorge Zahar, 2003.

_____. *Modernidade líquida*. Trad. Plínio Dentzien. Rio de Janeiro: Jorge Zahar, 2001.

_____. *Modernidade e ambivalência*. Rio de Janeiro: Jorge Zahar, 1999.

_____. *O mal-estar da pós-modernidade*. Trad. Mauro Gama; Cláudia Martinelli Gama. Rio de Janeiro: Jorge Zahar, 1998.

_____. *Tempos líquidos*. Trad. Carlos Alberto Medeiros. Rio de Janeiro: Jorge Zahar, 2007.

_____. *Vida líquida*. Trad. Carlos Alberto Medeiros. Rio de Janeiro: Jorge Zahar, 2007.

BAZÍLIO, Luiz Cavalieri; KRAMER, Sonia. *Infância, educação e direitos humanos*. 4. ed. São Paulo: Cortez, 2011.

BECK, Ulrich (org.). *Hijos de la libertad*. Traducción de Mariana Rojas Bermúdez. México: Fondo de Cultura Económica, 2006.

BENHABIB, Seyla, O outro generalizado e o outro concreto, In: BENHABIB, Seyla; CORNELL, Drucilla (coords.). *Feminismo e crítica da modernidade*, Trad. Nathanael da Costa Caixeiro. Rio de Janeiro: Editora Rosa dos Tempos, 1987. p. 87-107.

BENJAMIN, Walter. A obra de arte na era de sua reprodutibilidade técnica, in magia e técnica, arte e política, *In Obras Escolhidas*, v. 1, Trad. Sergio Paulo Rouanet, 7. ed. São Paulo: Brasiliense, 1994.

_____. Experiência e pobreza, *in Magia e técnica, arte e política*, Obras Escolhidas, v. 1, Trad. Sergio Paulo Rouanet, São Paulo, Brasiliense, 1994.

BERCOVICI, Gilberto, A constituição dirigente de 1988, *in Jornal UNESP*, out. 2008, Ano XXII, n. 238. Disponível em: <http://www.unesp.br>. Acesso em: 27 maio 2015.

BERGEL, Jean-Louis. *Teoria geral do direito*. Trad. Maria Ermantina de Almeida Prado Galvão. São Paulo: Martins Fontes, 2006.

BESTER, Gisela Maria. *Direito constitucional: fundamentos teóricos*. São Paulo: Manole, 2005.

BETIOLI, Antonio Bento. *Introdução ao direito*. 12. ed. São Paulo: Saraiva, 2013.

BILLIER, Jean-Cassien; MARYIOLI, Aglaé. *História da filosofia do direito*. Tradução Maurício de Andrade. São Paulo: Manole, 2005.

BITTAR, Carlos Alberto. *Os direitos da personalidade*. 8. ed. revista, atualizada e ampliada por Eduardo C. B. Bittar. São Paulo: Saraiva, 2015.

_____. *Teoria geral do direito civil*. 2. ed. atualizada por Carlos Alberto Bittar Filho e Márcia Sguizardi Bittar. Rio de Janeiro: Forense Universitária, 2007.

BITTAR, Eduardo C. B. A discussão do conceito de direito: uma reavaliação a partir do pensamento habermasiano, *Boletim da Faculdade de Direito da Universidade de Coimbra*, Coimbra, n. 81, 2005, p. 797-826.

_____. O jusnaturalismo e a filosofia moderna dos direitos: reflexão sobre o cenário filosófico da formação dos direitos humanos, *Boletim da Faculdade de Direito*, Universidade de Coimbra, Coimbra, Portugal, volume 80, 2004, p. 641-664.

_____. Constituição e direitos humanos: reflexões jusfilosóficas a partir de Habermas e Häberle. *Revista do Instituto dos Advogados de São Paulo*, São Paulo, ano 10, n. 19, jan./jun., p. 40-55, 2007.

_____. A educação em direitos humanos e o humanismo social, republicano e democrático, *Revista Jurídico Luso-Brasileira* (RJLB), Faculdade de Direito da Universidade de Lisboa, Lisboa, Portugal, ano 2 (2016), n. 01, p. 865-880. Disponível em: <http://www.cidp.pt/revistas/rjlb/2016>. Acesso em: 25 nov. 2016.

_____. Verbete: Dignidade, In: LAGRASTA NETO, Caetano e SIMÃO, José Fernando (coords. gerais); BENETI, Sidnei Agostinho (consultor). *Dicionário de Família*. São Paulo: GEN/Atlas, 2015. v. I, p. 276-280.

REFERÊNCIAS

_____. A ética dos direitos humanos. In: BENEVIDES, Maria Victoria; BERCOVICI, Gilberto; MELO, Claudineu de (orgs.). *Direitos humanos, democracia e república:* homenagem a Fábio Konder Comparato. São Paulo: Quartier Latin, 2009. p. 347-380.

_____. *Linguagem jurídica:* semiótica, discurso e direito. 6. ed. São Paulo: Saraiva, 2015.

_____. Ética, técnica e direitos humanos. *Revista de Estudos Políticos,* Belo Horizonte, Faculdade de Direito da Universidade Federal de Minas Gerais, n. 103, jul./dez. 2011, p. 139-182.

_____ (org.). *Educação e metodologia para os direitos humanos.* São Paulo: Quartier Latin, 2008.

_____. *Democracia, justiça e emancipação social:* reflexões jusfilosóficas a partir do pensamento de Jürgen Habermas. São Paulo: Quartier Latin, 2013.

_____. *A justiça em Aristóteles.* São Paulo: Almedina, 2016.

_____ (org.). *História do direito brasileiro:* leituras da ordem jurídicas nacional. 2. ed. São Paulo: Atlas, 2010.

_____. O direito à tradição, as religiões de matrizes africanas e os direitos humanos. *Revista Seqüência: Estudos Jurídicos e Políticos,* Revista do Programa de Pós-Graduação da UFSC, ano XXXI, dez. 2010, Florianópolis, n. 61, p. 309-330.

_____. O Decreto n. 8.243/2014 e os desafios da consolidação democrática brasileira. *Revista de Informação Legislativa,* ano 51, n. 203, Brasília, Senado Federal, Secretaria de Editoração e Publicações, jul./set. 2014, p. 07-38.

_____. Crise política e Teoria da Democracia: contribuições para a consolidação democrática no Brasil contemporâneo. *Revista de Informação Legislativa,* ano 53, n. 211, Brasília, Senado Federal, Secretaria de Editoração e Publicações, jul./set. 2016, p. 11 a 33.

_____. *O direito na pós-modernidade e reflexões frankfurtianas.* 2. ed. Rio de Janeiro: Forense Universitária, 2009.

_____. Dworkin e a razoabilidade da justiça. *Revista da Faculdade de Direito da Universidade de São Paulo,* São Paulo, v. 100, 2005, p. 317-334.

_____. *O direito na pós-modernidade.* 3. ed. São Paulo: Atlas, 2014.

_____. Clonagem: fenômeno e disciplina jurídica, *in Repertório IOB de Jurisprudência,* 2ª quinzena de junho de 1998, n. 12/98, texto 3/14482.

_____. O conceito de direito e o conceito de sistema jurídico. *Boletim da Faculdade de Direito da Universidade de Coimbra,* v. XCIV, Coimbra, 2018, p. 423-455.

_____; PIERET, Julien. L'*humanistic turn* dans la théorie critique du droit: naissance d'une nouvelle conception dans la théorie du droit au Brésil. *Revue Interdisciplinaire d'Études Juridiques,* Université Saint-Louis, Belgique, Bruxelles, n. 85, 2020, p. 3-23.

_____. La médiatisation de la Cour Suprême: le cas de la Cour Suprême du Brésil: une analyse entre Sémiotique du Droit et Sémiotique de la Télévision, *Rivista dell'Associazione Italiana di Studi Semiotici E/C* [En ligne], Palermo (Italia), Mímesis, Direttore Responsabile [Gianfranco Marrone], Anno XVI, n. 35, 2022, p. 188-207.

_____. Les sirènes de police dans la ville: un essai à la croisée des Sémiotiques du Droit, des Objets et de la Ville, *Actes Sémiotiques* [En ligne], Faculté de Lettres et Sciences Humaines, Université de Limoges, França, n. 127, 2022, p. 1-18.

_____. Semiotics of Law, Science of Law and Legal Meaning: analysis of the status of legal dogmatics. Translated by Kavita Lamba, *in Signata: Annales des Sémiotiques*, Varia, Presses Universitaires de Lièges, Belgium, 2022, n. 13, p. 93-116.

_____. Semiotics of Law, Juridicity and legal System: some observations and clarifications of a theoretical concept, *in International Journal for the Semiotics of Law – Revue Internationale de Sémiotique Juridique*, 2022, 35, Springer, p. 93-116.

_____. Consonances and Dissonances between Legal realisms: a comparative study of the Theory of Law, *in Undecidabilities and Law: the Coimbra Journal for Legal Studies*, n. 1 (2021): Law and the Janus-faced Morality of Poltical Correctness, n. 1, 2021, p. 161-189.

_____. Sémiotique du Code Civil français: entre sémiotique de l'objet et sémiotique du droit, *in Actes Sémiotiques* [En ligne], Faculté de Lettres et Sciences Humaines, Université de Limoges, França, 2021, p. 1-18.

_____. Semiótica, fotografia e justiça social: um estudo na fronteira entre Semiótica da Fotografia e Semiótica do Direito, *in Revista Estudos Semióticos*, v. 19, n. 1, abril 2023, p. 32.

_____. *Semiótica, Direito & Arte*: entre Teoria da Justiça e Teoria do Direito. São Paulo: Almedina, 2020.

_____; ALMEIDA, Guilherme Assis de Almeida. *Curso de filosofia do direito*. 12. ed. São Paulo: Atlas/GEN, 2016.

BOAS FILHO, Orlando Villas. Democracia: a polissemia de um conceito político fundamental. *Revista da Faculdade de Direito da Universidade de São Paulo*, v. 108, jan./dez.2013, p. 651-696.

_____. *Teoria dos sistemas e o direito brasileiro*. São Paulo: Saraiva, 2009.

BOBBIO, Norberto. *Teoria do ordenamento jurídico*. 10. ed. Trad. Maria Celeste Cordeiro Leite dos Santos. Brasília: Editora UnB, 1999.

_____. Democracia. In: BOBBIO, Norberto; NICOLA, Matteucci; GIANFRANCO, Pasquino (orgs.). *Dicionário de política*. Trad. Carmen C. Varriale, Gaetano Lo Mônaco, João Ferreira, Luis Guerreiro Pinto Cacais. 5. ed., Brasília: UnB; Imprensa Oficial, 2000. v. 1, verbete.

_____. Legitimidade. In: BOBBIO, Norberto; NICOLA, Matteucci; GIANFRANCO, Pasquino (orgs.). *Dicionário de política*. Trad. Carmen C. Varriale, Gaetano Lo Mônaco, João Ferreira, Luis Guerreiro Pinto Cacais. 5. ed., Brasília: UnB; Imprensa Oficial, 2000, v. 2, verbete.

_____. *Três ensaios sobre a democracia*. Trad. Sérgio Bath. São Paulo: Cardim e Alario, 1991.

REFERÊNCIAS

_____. *O futuro da democracia*: uma defesa das regras do jogo. 5. ed. Trad. Marco Aurélio Nogueira. Rio de Janeiro: Paz e Terra, 1992.

_____. *Teoria da norma jurídica*. Trad. Fernando Pavan Baptista; Ariani Bueno Sudatti. São Paulo: EDIPRO, 2001.

BOHMAN, James. The coming of age of deliberative democracy. *The Journal of Political Philosophy*, volume 6, Number 4, Blackwell Publishers, Oxford/Malden, 1998, p. 400-425.

BOLZAN, José. *Habermas*: razão e racionalização. Ijuí: Unijuí, 2005.

BRETONE, Mário. *História do direito romano*. Trad. Isabel Teresa Santos e Hossein Seddighzadeh Shooja. Lisboa: Estampa, 1998.

BRESSER-PEREIRA, Luiz Carlos. *A construção política do Brasil*: sociedade, economia e Estado desde a Independência. 2. ed. São Paulo: Editora 34, 2015.

_____. Do Estado patrimonial ao gerencial. In: PINHEIRO, Paulo Sérgio; WILHEIM, Jorge; SACHS, Ignacy (orgs.). *Brasil*: um século de transformações. São Paulo: Companhia das Letras, 2001. p. 222-259. Disponível em: <http: www.bresserpereira.org.br>. Acesso em: 12 out. 2015.

BRONNER, Stephen Eric. *Reclaiming the Enlightenment*: toward a politics of radical engagement. New York: Columbia, 2004.

BRONZE, Fernando José. *Lições de introdução ao direito*. 2. ed. Coimbra: Coimbra Editora, 2006.

BONIFÁCIO, Robert, SCHLEGEL, Rogerio. Serviços públicos: o papel do contato direto e do cidadão crítico nas avaliações das instituições. In: MOISÉS, José Álvaro; MENEGUELLO, Rachel. *A desconfiança política e os seus impactos na qualidade da democracia*. São Paulo: Editora da Universidade de São Paulo – EDUSP, 2013. p. 341-357.

BUCCI, Maria Paula Dallari. *Direito Administrativo e Políticas Públicas*. São Paulo: Saraiva, 2002.

BUCCI, Eugênio. *O Estado de Narciso*: a comunicação pública a serviço da vaidade particular. São Paulo: Companhia das Letras, 2015.

BUENO, Roberto. Dos critérios de justiça em Dworkin e Rawls. *Revista de Direito Constitucional e Internacional*, Instituto Brasileiro e Direito Constitucional, São Paulo, Revista dos Tribunais, jul.-set. 2002, p. 171-182.

BURTON, Steven J. Ronald Dworkin and legal positivism. *Iowa Law Review*, University of Iowa, oct. 1987, n. 01, v. 73, p. 109-129.

BUSATO, Paulo César. *Direito Penal*. São Paulo: Atlas, 2013.

BULYGIN, Eugenio. *Lógica deóntica, normas y proposiciones normativas*. Pablo Navarro; Jorge L. Rodríguez; Giovanni Ratti (eds.). Madrid: Marcial Pons, 2018.

CAENEGEM, R. C. van. *Juízes, legisladores e professores*: capítulos de história jurídica europeia. Tradução de Luís Carlos Borges. Rio de Janeiro: Elsevier, 2010.

CAMARGO, Wagner Xavier; VAZ, Alexandre Fernandez. De humanos e pós-humanos: ponderações sobre o corpo *queer* na arena esportiva. In: COUTO, Edvaldo Souza; GOELLNER, Silvana Vilodre (orgs.). *O triunfo do corpo*: polêmicas contemporâneas. Rio de Janeiro: Vozes, 2012, p. 119-144.

CAMPILONGO, Celso Fernandes. *O direito na sociedade complexa*. São Paulo: Max Limonad, 2000.

CAMPOS, Diogo Leite de. *Nós:* estudos sobre o direito das pessoas. Coimbra: Almedina, 2004.

CAMPOS, Diogo Leite de. *A felicidade somos nós*: pessoa, contrato e matrimónio. Lisboa: Fundação Lusíada, 2019.

CANARIS, Claus-Wilhelm. *Pensamento sistemático e conceito de sistema na ciência do direito*. 3. ed. Trad. António Menezes Cordeiro. Lisboa: Fundação Calouste Gulbenkian, 2002.

CÂNDIDO, António. Dialética da malandragem. *Revista do Instituto de Estudos Brasileiros*, n. 08, São Paulo, Universidade de São Paulo, 1970.

CARVALHO, José Murilo de. *Cidadania no Brasil*. 21. ed. Rio de Janeiro: Civilização Brasileira, 2016.

CARVALHO, Kildare Gonçalves. *Técnica legislativa*: legística formal. 6. ed. Belo Horizonte: Editora Del Rey, 2014.

CASALINO, Vinicius. *O direito e a mercadoria*: para uma crítica marxista da teoria de Pachukanis. São Paulo: Dobra Editorial, 2011.

CATANIA, Alfonso. *Manuale di teoria generale del diritto*. Roma: Laterza, 2010.

CAZERRÉ, Marieta. Com 600 mortes em seis anos, Brasil é o que mais mata travestis e transexuais. Disponível em: <http://agenciabrasil.ebc.com.br>. Acesso em: 12 set. 2016.

CHADE, Jamil. Para ONU, País vive "cultura autoritária", *in O Estado de São Paulo*, quinta-feira, 11 de setembro de 2014, A 25.

CHAUI, Marilena. *Brasil*: Mito fundador e sociedade autoritária. São Paulo: Fundação Perseu Abramo, 2000.

CHAMON JUNIOR, Lúcio Antônio. *Teoria da argumentação jurídica*. Rio de Janeiro: Lumen Juris, 2008.

CANTO-SPERBER, Monique (org.). *Dicionário de ética e filosofia moral*. Trad. Ana Maria Ribeiro-Althoff; Magda França Lopes; Maria Vitória Kessler de Sá Brito; Paulo Neves. Rio Grande do Sul: Editora Unisinos, 2003.

CHARLE, Chistophe; VERGE, Jacques. *História da Universidade*. Trad. Elcio Fernandes. São Paulo: UNESP, 1996.

CHINELLATO, Silmara Juny de Abreu. *Tutela civil do nascituro*. São Paulo: Tese de Doutorado, Faculdade de Direito, USP, 1983.

_____. *Reprodução humana assistida*: aspectos civis e bioéticos. São Paulo: Tese de Livre-Docência, Faculdade de Direito, USP, 2000.

CHUEIRI, Vera Karam. Considerações em torno da teoria da coerência narrativa de Ronald Dworkin. *Seqüência*, n. 23, p. 73-77, dez., Universidade Federal de Santa Catarina, Florianópolis, 1991.

REFERÊNCIAS

CLAYTON, Matthew; WILLIAMS, Andrew. *Social Justice*. New York: Blackwell, 2004.

COELHO, Luiz Fernando. *Teoria Crítica do Direito*. Rio Grande do Sul: Sergio Fabris Editor, 1991.

COGGIOLA, Osvaldo. Autodeterminação nacional. In: PINSKY, Jaime; PINSKY, Carla Bassanezi (orgs.). *História da cidadania*. São Paulo: Contexto, 2003. p. 311-341.

COHEN, Joshua. Democracy and liberty. In: ELSTER, John (org.). *Deliberative democracy*. New York: Cambridge University Press, 1998. p. 185-231.

COLAÇO, Thais Luzia. Os novos direitos indígenas. In: WOLKMER, Antonio Carlos; LEITE, José Rubens Morato (orgs.). *Os novos direitos no Brasil*: natureza e perspectivas – uma visão básica das novas conflituosidades jurídicas. 3. ed., 2016, p. 101-126.

COMPARATO, Fábio Konder. *A afirmação histórica dos direitos humanos*. São Paulo: Saraiva, 1999.

_____. *A civilização capitalista*. São Paulo: Saraiva, 2013.

_____. *Rumo à justiça*. São Paulo: Saraiva, 2010.

CONSCIÊNCIA, Eurico Heitor. *Breve introdução ao estudo do direito*. 5. ed. Coimbra: Almedina, 2012.

CORNU, Gérard. *Linguistique juridique*. Paris: Montchrestien, 1990.

CORRÊA, Alexandre; SCIASCIA, Gaetano. *Manual de direito romano*. 6. ed. São Paulo: Revista dos Tribunais, 1988.

COSTA, Mário Júlio de Almeida. *História do direito português*. 3. ed. Coimbra: Almedina, 2003.

COSTA, Manuel Fernandes. Da lei. In: CUNHA, Paulo Ferreira da (org.). *Instituições de Direito*. Coimbra, Almedina, 1998. p. 383-394.

_____. A norma jurídica. In: CUNHA, Paulo Ferreira da (org.). *Instituições de Direito*. Coimbra, Almedina, 1998. p.. 363-379.

COURTÉS, J. *Introdução à semiótica narrativa e discursiva*. Prefácio de A. J. Greimas. Coimbra: Livraria Almedina, 1979.

COUTINHO, Jacinto N. M.; CARVALHO, Edward Rocha, Verbete Pena. In: BARRETO, Vicente de Paulo (coord.). *Dicionário de Filosofia do Direito*. Rio Grande do Sul: Unisinos; Rio de Janeiro: Renovar, 2006. p. 625-629.

CRETTIEZ, Xavier. *As formas da violência*. Trad. Lara Christina de Malimpensa; Mariana Paolozzi Sérvulo da Cunha. São Paulo: Loyola, 2011.

CUNHA, Paulo Ferreira da. *Para uma ética republicana*. Lisboa: Coisas de Ler, 2010.

_____. Princípio republicano e virtudes republicanas, *in Educação e metodologia para os direitos humanos* (Bittar, Eduardo C. B., org.), Editora Quartier Latin, p. 27-56, 2008.

CUNHA, Paulo Ferreira da. *Filosofia do Direito*. 2. ed. Coimbra: Almedina, 2013.

_____. *Pensar o Estado*. Lisboa: Quid Juris, 2009.

_____. A utopia das fontes. In: CUNHA, Paulo Ferreira da (org.). *Instituições de Direito*. Coimbra, Almedina, 1998. p. 333 a 346.

D'AGOSTINO, Francesco. *Direito e justiça*: para uma introdução ao estudo do Direito. Trad. Maria do Rosário Pernas. Cascais: Principia, 2014.

DAHL, Robert A. *A democracia e seus críticos*. Trad. Patrícia de Freitas Ribeiro. São Paulo: Martins Fontes, 2012.

DALLARI, Dalmo de Abreu. *O futuro do Estado*. São Paulo: Saraiva, 2010.

_____. *Direitos humanos e cidadania*. 2. ed. São Paulo: Moderna, 2004.

DAMATTA, Roberto. *Carnavais, malandros e heróis*: para uma sociologia do dilema brasileiro. 6. ed. Rio de Janeiro: Rocco, 1997.

_____. *O que faz o brasil, Brasil?* Rio de Janeiro: Rocco, 1986.

_____; JUNQUEIRA, Alberto. *Fila e democracia*. Rio de Janeiro: Rocco, 2017.

_____; VASCONCELOS, João Gualberto Moreira; PANDOLFI, Ricardo. *Fé em Deus e pé na tábua*. Rio de Janeiro: Rocco, 2010.

DAHRENDORF, Ralf. *Después de la democracia*. Traducción de Luciano Padilla López. Buenos Aires: Fondo de Cultura Económica, 2003.

DE MASI, Domenico. *O futuro chegou*: modelos para uma sociedade desorientada. Trad. Marcelo Costa Sievers. Rio de Janeiro: Casa da Palavra, 2014.

DELMAS-MARTY, Mireille. *Por um direito comum*. Trad. Maria Ermantina de Almeida Prado Galvão. São Paulo: Martins Fontes, 2004.

DI PIETRO, Maria Sylvia Zanella. *Direito administrativo*. 27. ed. São Paulo: Atlas, 2014.

DIAS, Maria Berenice. *Manual de direito das famílias*. 11. ed. São Paulo: Revista dos Tribunais, 2016.

DIMOULIS, Dimitri. *Manual de introdução ao estudo do direito*. 6. ed. São Paulo: Revista dos Tribunais, 2014.

_____. *O caso dos denunciantes invejosos:* introdução prática às relações entre direito, moral e justiça. Com a tradução do texto Lon L. Fuller. São Paulo: Revista dos Tribunais, 2003.

DINAMARCO, Cândido Rangel; LOPES, Bruno Vasconcelos Carrilho Lopes. *Teoria geral do Novo Processo Civil*. São Paulo: Malheiros, 2016.

DINIZ, Maria Helena. *Compêndio de introdução à ciência do direito*. Introdução à Teoria Geral do Direito, à Filosofia do Direito, à Sociologia Jurídica e à Lógica Jurídica. Norma Jurídica e Aplicação do Direito. 22. ed. São Paulo: Saraiva, 2011.

_____. *Lei de introdução ao Código Civil Brasileiro Interpretada*. 16. ed. São Paulo: Saraiva, 2011.

_____. *Conflito de normas*. 3. ed. São Paulo: Saraiva, 1998.

_____. *As lacunas no direito*. 3. ed. São Paulo: Saraiva, 1995.

DUBOUCHET, Paul. *Sémiotique juridique*: introduction à une Science du Droit. Paris: Presses Universitaire de France, 1990.

DUNKER, Christina. Subjetividade em tempos de pós-verdade. In: DUNKER, Christian et al. *Ética e pós-verdade*, 2017, p. 9-41.

REFERÊNCIAS

_____. DUNKER, Christian et al. *Ética e pós-verdade.* Porto Alegre: Dublinense, 2017.

DUTRA, Delamar José Volpato. *Kant e Habermas*: a reformulação discursiva da moral kantiana. Porto Alegre: EDIPUCRS, 2002.

_____. *Razão e consenso em Habermas*: a teoria discursiva da verdade, da moral, do direito e da biotecnologia. 2ª ed. Florianópolis: UFSC, 2005.

DWORKIN, Ronald. *Levando o direito a sério.* Tradução. São Paulo: Martins Fontes, 2002.

_____. *O império do direito.* Tradução de Jefferson Luiz Camargo. 3. ed. São Paulo: Martins Fontes, 2014.

_____. Direito, filosofia e interpretação. *Cadernos da escola do legislativo*, Trad. Raíssa R. Mendes, Belo Horizonte, 3(5), p. 44-71, jan./jun., 1997.

_____. A bondade da justiça. *Justiça do direito*, Passo Fundo, Universidade de Passo Fundo, Faculdade de Direito, EDIUPF, v. 13, n. 13, p. 125-134, 1999.

_____.What is equality? The place of libert. *Iowa Law Review*, University of Iowa, v. 73, n. 01, p. 01-55, oct. 1987.

EAGLETON, Terry. *A ideia de cultura.* Trad. Sandra Castello Branco. São Paulo: UNESP, 2005.

ECO, Umberto. *Tratado geral de semiótica.* Trad. Antônio de Pádua Donesi e Gilson Cesar Cardoso de Souza. 2. ed. São Paulo: Perspectiva, 1991.

_____. *O signo.* Trad. Maria de Fátima Marinho. 4. ed. Lisboa: Editorial Presença, 1990.

_____. *Intepretação e superinterpretação.* Tradução MF. São Paulo: Martins Fontes, 1993.

_____. *Os limites da interpretação.* Trad. Pérola de Carvalho. São Paulo: Perspectiva, 1995.

ELEY, Geoff. *Forjando a democracia.* Trad. Paulo Cézar Castanheira. São Paulo: Fundação Perseu Abramo, 2005.

ELSTER, Jon. Deliberation and constitution making. *Deliberative democracy* (Elster, John, org.), New York, Cambridge University Press, p. 97-122, 1998.

_____. *Deliberative democracy.* New York: Cambridge University Press, 1998.

ESTEVES, João Pissarra. *Espaço público e democracia*: comunicação, processo de sentido e identidade social. Porto Alegre: Editora UniSINOS, 2003.

FACHIN, Luiz Edson. *Teoria crítica do direito civil.* 2. ed. Rio de Janeiro: Renovar, 2003.

FALCÓN Y TELLA, María José. *Lições de Teoria Geral do Direito.* 4. ed. Trad. Cláudia de Miranda Avena. São Paulo: Revista dos Tribunais, 2011.

FAORO, Raymundo. *A república inacabada.* Organização e prefácio de Fábio Konder Comparato. São Paulo: Globo, 2007.

FARALLI, Carla. *A filosofia contemporânea do direito.* Tradução Candice Premaor Gullo. São Paulo: Martins Fontes, 2006.

_____. *Le grandi correnti della filosofia del diritto. Dai Greci ad Hart.* Torino: G. Giappichelli Editore, 2000.

FAUSTO, Boris. *História do Brasil.* 9. ed. São Paulo: EDUSP, 2001.

_____. Imigração: cortes e continuidades. In: NOVAIS, Fernando A. (coord.); SCHWARCZ, Lilia Mortitz (org.). *História da vida privada no Brasil*: contrastes da intimidade contemporânea, São Paulo: Companhia das Letras, 1998. p. 14-61.

FEBBRAJO, Alberto. *Sociologia del diritto.* 2. ed. Bologna: Mulino, 2013.

FERNANDES, Tarsila Ribeiro Marques. Democracia defensiva: origens, conceito e aplicação prática, *in Revista de Informação Legislativa*, ano 58, n. 230, abr./jun. 2021, p. 133-147.

FERNANDES JUNIOR, Edson. Os limites da discricionariedade e da conjugação de princípios em face das decisões judiciais: uma visão a partir do debate de Hart e Dworkin, In: KOZICKI, Katya (coord.). *Teoria jurídica no século XXI*: reflexões críticas. Curitiba: Juruá, 2007, p. 147-163.

FERRARA, Alessandro. *Reflective authenticity.* Rethinking the project of modernity. New York: Routledge, 1998.

FERRARI, Vincenzo. *Diritto e società*: elementi di Sociologia del Diritto. 11. ed. Roma: Laterza, 2012.

FERRAZ JUNIOR, Tercio Sampaio. *Introdução ao estudo do direito*: técnica, decisão, dominação. 6. ed. São Paulo: Atlas, 2010.

_____. *Estudos de filosofia do direito*: reflexões sobre o poder, a liberdade, a justiça e o direito. São Paulo: Atlas, 2002.

_____. *Teoria da norma jurídica.* 3. ed. Rio de Janeiro: Editora Forense, 1997.

FERREIRA DA CUNHA, Paulo (org.). *Instituições de direito.* Coimbra: Almedina, 1998.

FIORIN, José Luiz. *Introdução ao pensamento de Bakhtin.* 2. ed. São Paulo: Contexto, 2020.

FISCHL, Richard Michael. Some realism about Critical Legal Studies, *University of Miami Law Review*, Miami, 41, 1987, p. 505-532.

FISHKIN, James S.; LASLETT, Peter. *Debating Deliberative Democracy.* Oxford: Blackwell Publishing Limited, 2003.

FIUZA, César A. C. Teoria filosófico-dogmática dos sujeitos de direito sem personalidade. *XX CONPEDI*, p. 13.347-13.366, Vitória, 2011, p. 13.359. Disponível em: <www.conpedi.org.br>. Acesso em: 13 abr. 2016.

FOLHA DE SÃO PAULO. *Democracia é melhor regime para 66%*, aponta DataFolha, São Paulo, 2014. Disponível em: <http://www1.folha.uol.com.br>. Acesso em: 9 dez. 2014.

FORST, Rainer. *Contextos da justiça*: filosofia política para além de liberalismo e comunitarismo. Trad. Denilson Luís Werle. São Paulo: Boitempo, 2010.

_____. *Normativität und Macht*: Zur Analyse sozialer Rechtfertigungsordnungen. Berlin: Suhrkamp, 2015.

REFERÊNCIAS

FONSECA, Ricardo Marcelo; SEELAENDER, Airton Cerqueira Leite (orgs.). *História do direito em perspectiva*: do Antigo Regime à Modernidade. Curitiba: Juruá, 2008.

FRANCA FILHO, Marcílio Toscano. *A cegueira da justiça*: diálogo iconográfico entre Arte e Direito. Porto Alegre: Sergio Antonio Fabris, 2011.

FRANÇA, Rubens Limongi. *Formas e aplicação do direito positivo*. São Paulo: Revista dos Tribunais, 1969.

FRASER, Nancy. *Scales of justice*: reimagining political space in a globalizing world. New York: Columbia University Press, 2009.

_____. Reconhecimento sem ética?. In: SOUZA, Jessé; MATTOS, Patrícia (orgs.). *Teoria crítica no século XXI*. São Paulo: AnnaBlume, 2007. p. 113-140.

FREITAG, Bárbara. A questão da moralidade: da razão prática de Kant à ética discursiva de Habermas. *Tempo Social*, Revista de Sociologia da USP, São Paulo, v. 1, n. 2, 1989, p. 7-44.

FREITAS, Juarez, TEIXEIRA, Anderson V. (orgs.), Direito constitucional à democracia. *Direito à democracia: ensaios transdisciplinares*. São Paulo: Conceito Editorial, 2011.

FREIRE, Paulo. *Pedagogia da autonomia*: saberes necessários à prática educativa, 25. ed. Rio de Janeiro: Paz e Terra, 2002.

FREITAS, Vitor Souza. Os novos direitos da natureza: horizontes a conquistar. In: WOLKMER, Antonio Carlos; LEITE, José Rubens Morato (orgs.). *Os novos direitos no Brasil*: natureza e perspectivas – uma visão básica das novas conflituosidades jurídicas. 3. ed., 2016, p. 287-320.

FREUD, Sigmund. *O mal-estar na civilização*. Trad. José Octavio de Aguiar Abreu. Rio de Janeiro, 2002.

_____. Por que a guerra? In: FREUD, Sigmund. *Novas conferências introdutórias sobre psicanálise e outros trabalhos*, v. XXII, Trad. José Luiz Meurer, 1996. p. 191-208

FULLER, Lon F. *O caso dos exploradores de cavernas*. Trad. Plauto Faraco de Azevedo. Porto Alegre: Sergio Antonio Fabris, 1999.

_____. *O caso dos exploradores de cavernas*. Tradução de Lúcia Helena de Seixas Brito. Introdução de Eduardo C. B. Bittar. Barueri: Manole, 2019.

GARAPON, Antoine. *Bem julgar*: ensaio sobre o ritual judiciário. Trad. Pedro Filipe Henriques. Lisboa: Instituto Piaget, 1999.

_____. *O guardador de promessas*: justiça e democracia. Trad. Francisco Aragão. Lisboa: Instituto Piaget, 1998.

_____; PERDRIOLLE, Sylvie; BERNABÉ, Boris. *La prudence et l'autorité*: juges et procureurs du XXIe siècle. Paris: Odile Jacob, 2014.

_____; LASSÈGUE, Jean. *Justice digitale*: revolution graphique et rupture anthropologique. Paris: Presses Universitaires de France, 2018.

GARGARELLA, Roberto. Full representation, deliberation, and impartiality. In: ELSTER, John (org.). *Deliberative democracy*. New York: Cambridge University Press, 1998. p. 260-280.

_____. *As teorias da justiça depois de Rawls*: um breve manual de filosofia política. Trad. Alonso Reis Freire. São Paulo: Martins Fontes, 2008.

GAMA, André Couto. *Direito civil*: sistema dos direitos da personalidade. Belo Horizonte: D"Plácido, 2014.

GARATTONI, Bruno; D'ÂNGELO, Helô. Quase metade dos presidentes do Brasil não foi eleita pelo povo. Disponível em: <http://super-abril.com.br/historia>. Acesso em: 1º set. 2016.

GAUDÊNCIO, Ana Margarida Simões. Fraternity and tolerance as *juridical boundaries*, in Boletim da Faculdade de Direito, Universidade de Coimbra, v. XCII, t. II, Coimbra: Coimbra Editora, 2016, p. 849-865.

_____. Do *historicismo* materialista à *historicidade* da *sociedade* aberta: poderá o direito ser *reflexo* ou *instrumento* da história?, *in Boletim da Faculdade de Direito, Studia Juridica*, v. 90, Universidade de Coimbra, Coimbra: Coimbra Editora, s.d., p. 515-550.

_____. Entre o centro e a periferia: a perspectivação ideológico-política da dogmática jurídica e da decisão judicial no *critical legal studies movement*. Rio de Janeiro: Lumen Juris, 2013.

GEERTZ, Clifford. *O saber local*. Trad. Vera Jascelyne. Rio de Janeiro: Petrópolis, Vozes, 2014.

GILISSEN, John. *Introdução histórica do Direito*. Trad. António Manuel Hespanha e I. M. Macaísta Malheiros. Lisboa: Fundação Calouste Gulbenkian, 1988.

GIRGLIOLI, Pier Paolo. Burocracia, Verbete. In: BOBBIO, Norberto; NICOLA, Matteucci; GIANFRANCO, Pasquino (orgs.). *Dicionário de política*. Trad. Carmen C. Varriale, Gaetano Lo Mônaco, João Ferreira, Luis Guerreiro Pinto Cacais. 5. ed., Brasília: UnB; Imprensa Oficial. v. 1.

GODOY, Arnaldo Sampaio de Moraes. O *Critical Legal Studies Movement* de Roberto Mangabeira Unger. *Revista Jurídica da Presidência*, Brasília, v. 8, n. 82, dez./jan. 2007, p. 49-63.

GOELLNER, Silvana Vilodre; SILVA, André Luiz dos Santos. Biotecnologia e neoeugenia: olhares a partir do esporte da cultura *fitness*. In: COUTO, Edvaldo Souza; GOELLNER, Silvana Vilodre (orgs.). *O triunfo do corpo*: polêmicas contemporâneas. Rio de Janeiro: Vozes, 2012, p. 187-210.

GOMES, José Jairo. *Direito eleitoral*. 13. ed. São Paulo: Atlas/GEN, 2017.

GOMES, Renata Raupp, Os novos direitos na perspectiva feminina: a constitucionalização dos direitos das mulheres. In: WOLKMER, Antonio Carlos; LEITE, José Rubens Morato (orgs.). *Os novos direitos no Brasil*: natureza e perspectivas – uma visão básica das novas conflituosidades jurídicas. 3. ed., 2016, p. 73-99.

GORDILHO, Heron José de Santana. *Direito ambiental pós-moderno*. Curitiba: Juruá, 2009.

REFERÊNCIAS

_____; SANTANA, Luciano Rocha; SILVA, Tagore Trajano de Almeida (coords.). *Revista Brasileira de Direito animal*, ano 4, n. 5, jan./dez. 2009, Salvador, Evolução, p. 361-362.

GOYARD-FABRE, Simone. *O que é democracia?* Trad. Claudia Berliner. São Paulo:

GUASTINI, Riccardo. *Das fontes às normas*. Trad. Edson Bini. São Paulo: Quartier Latin, 2005.

GUASTINI, Riccardo. Le réalisme juridique redéfini, *in Revus*, Traducción par Éric Millard, 19, 2013, p. 113-129.

GUEDES DE LIMA, Francisco Jozivan. *A teoria da justiça de Immanuel Kant*: esfera pública e reconstrução social da normatividade. Porto Alegre: Editora FI, FAPE-PI, 2017.

GUIBOURG, Ricardo A. *Derecho, sistema y realidade*. 3. reimp. Buenos Aires: Astrea, 2015.

GEUSS, Raymond. *Teoria Crítica*: Habermas e a Escola de Frankfurt. Trad. Bento Itamar Borges. São Paulo: Papirus, 1988.

GODOY, Arnaldo Sampaio de Moraes. Eduardo Bittar e o tema dos 'enunciados doutrinários', in *Conjur*, 1º de maio de 2022, p. 01-03. Disponível em: <https://www.conjur.com.br/2022-mai-01/eduardo-bittar-tema-enunciados-doutrinarios.> Acesso em: 30 jun. 2022.

GUSMÃO, Paulo Dourado de. *Introdução ao estudo do direito*. 30. ed. Rio de Janeiro: Forense, 2001.

GREIMAS, Algirdas Julien; COURTÉS, J. *Sémiotique*: dictionnaire raisonné de la théorie du langage. Paris: Hachette, 1993.

_____. *Semiótica e Ciências Sociais*. Trad. Álvaro Lorencini e Sandra Nitrini. São Paulo: Cultrix, 1981.

GRZEGORCZYK, Christophe; MICHAUT, Françoise; TROPER, Michel (sous a direction de). *Le positivisme juridique*. Paris; Bruxelles: CNRS; Université Paris X; LGDJ; Story scientia, 1992.

GROENINGA, Giselle Câmara. Direitos Humanos e o Direito a ser humano. In: Bittar, Eduardo C. B. (coord.), *Educação e Metodologia para os direitos humanos*. São Paulo: Quartier Latin, 2008.

HABA, Enrique P. Rehabilitación del no-saber en la actual teoría del derecho: el bluff Dworkin. *Doxa, Cuadernos de Filosofía del Derecho* n. 24, 2001, p. 165-200.

HABERMAS, Jürgen. *Direito e democracia*: entre facticidade e validade. Trad. Flávio Beno Schneichler. Volumes I e II. 2. ed. Rio de Janeiro: Tempo Brasileiro, 2003.

_____. *Faktiztät und Geltung*. Frankfurt am Main: Suhrkamp, 1998.

_____. A filosofia hoje: as aventuras de um conceito ambíguo. Entrevista. In: IÑIGO, Emilio Lledó *A filosofia hoje*. Trad. Sonia Ramos. Rio de Janeiro: Salvat, 1979, p. 09-23.

_____. *Theorie des kommunikativen Handelns*: Handlungsrationalität und gesellschftliche Rationalisierung. Band 1. Frankfurt am Main: Suhrkamp, 1981.

_____. A família burguesa e a institucionalização de uma esfera privada referida à esfera pública. In: CANEVACCI, Massimo. *Dialética da família*. 2. ed. Trad. Carlos Nelson Coutinho. São Paulo, Brasiliense, 1982, p. 226-234.

_____. *Mudança estrutural da esfera pública:* investigações quanto a uma categoria da sociedade burguesa. Trad. Flávio R. Kothe. Rio de Janeiro: Tempo Brasileiro, 1984.

_____. Um perfil filosófico-político: entrevista com Jürgen Habermas. *Novos Estudos*. Trad. Wolfgang Leo Maar. São Paulo: CEBRAP, n. 18, set. 1987, p. 77-102.

_____. A nova intransparência: a crise do Estado de bem-estar social e o esgotamento das energias utópicas. *Revista Novos Estudos*. Trad. Carlos Alberto Marques Novaes. São Paulo: CEBRAP, n. 18, set. 1987, p. 77-102.

_____. *Teoria de la acción comunicativa*: racionalidad de la acción y racionalización social. Tomo I. Traducción de Manuel Jiménez Redondo. Madrid: Taurus, 1988.

_____. *Teoria de la acción comunicativa*: crítica de la razón funcionalista. Tomo II. Traducción de Manuel Jiménez Redondo. Madrid: Taurus, 1988.

_____. Questions et contre-questions. *Critique: Revue Générale des Publications Françaises et Étrangères*, v. 44, n. 493/494, juin/juil. 1988, p. 473-86.

_____. *Para o uso pragmático, ético e moral da razão prática*. Trad. Márcio Suzuki. *Revista do Instituto de Estudos Avançados – IEA*. São Paulo: Universidade de São Paulo, v. 03, n. 07, set./dez. 1989, p. 04-19.

_____. *Consciência moral e agir comunicativo*. Trad. Guido A. de Almeida. Rio de Janeiro: Tempo Brasileiro, 1989.

_____. Jürgen Habermas fala a Tempo Brasileiro: entrevista por Bárbara Freitag. *Revista Tempo Brasileiro (in Jürgen Habermas: 60 anos)*, Rio de Janeiro, 2. ed. 98, 5/21, jul./set. 1989.

_____. Justice and solidarity: on the discussion concerning Stage 6. *The moral domain*: essays in the ongoing discussion between philosophy and the social sciences. Cambridge. London: MIT Press, 1990, p. 224-251.

_____. *O discurso filosófico da modernidade*. Trad. Ana Maria Bernardo; José Rui Meirelles Pereira; Manuel José Simões Loureiro; Maria Antónia Espadinha Soares; Maria Helena Rodrigues de Carvalho; Maria Leopoldina de Almeida; Sara Cabral Seruya. Lisboa: Dom Quixote, 1990.

_____. *Pensamento pós-metafísico:* estudos filosóficos. Trad. Flávio Bueno Siebeneichler. Rio de Janeiro: Tempo Brasileiro, 1990.

_____. *Écrits politiques*: culture, droit, histoire. Traduction Christian Bouchindhomme; Rainer Rochlitz. Paris: CERF, 1990.

_____. Soberania popular como procedimento: um conceito normativo de espaço público. *Revista Novos Estudos*, Trad. Márcio Suzuki, São Paulo, CEBRAP, n. 26, p. 100-113, mar. 1990.

_____. Que significa socialismo hoje? Revolução recuperadora e necessidade de revisão de esquerda. *Revista Novos Estudos*, Trad. Márcio Suzuki. São Paulo: CEBRAP, n. 30, julho 1991, p. 43-61.

REFERÊNCIAS

_____. *Justification and application*: remarks on discourse ethics. Translated by Ciaran Cromin. Cambridge. London: MIT Press, 1993.

_____. *Passado como futuro*. Trad. Flávio Beno Siebeneichler. Rio de Janeiro: Tempo Brasileiro, 1993.

_____. Três modelos normativos de democracia. *Lua Nova*. São Paulo: Revista de Cultura Política, n. 36, 1995, p. 39-53.

_____. Modernity and postmodernity. *Culture and society*: contemporary debates Cambridge: Cambridge University Press, s.d., p. 342-354.

_____. O Estado-nação europeu frente aos desafios da globalização: o passado e o futuro da soberania e da cidadania. *Revista Novos Estudos*. Trad. Antonio Sérgio Rocha São Paulo: CEBRAP, n. 43, nov. 1995, p. 87-101.

_____. *Coneixement i Interès*. Traducciò de Judith Vilar. València: Universitat de València, 1996.

_____. Uma conversa sobre questões de teoria política: entrevista de Jürgen Habermas a Mikael Carlehedem e René Gabriels. Trad. Marcos Nobre e Sérgio Costa. *Revista Novos Estudos*. São Paulo: CEBRAP, n. 47, mar. 1997, p. 85-102.

_____. *Más allá del Estado nacional*. Trad. Manuel Jiménez Redondo. México: Fondo de Cultura Económica, 1998.

_____. Inclusão: integrar ou incorporar? Sobre a relação entre nação, Estado de Direito e democracia. In: *Revista Novos Estudos*. São Paulo: CEBRAP, Trad. Luciano Codato, 1998, n. 52, p. 99-120.

_____. *A crise de legitimação do capitalismo tardio*. 3. ed. Trad. Vamireh Chacon. Rio de Janeiro: Tempo Brasileiro, 1999.

_____. *Bestialidade e humanidade*: uma guerra no limite entre direito e moral. *Cadernos de filosofia alemã*. Trad. Luiz Repa. Departamento de Filosofia, São Paulo, Universidade de São Paulo, v. 5, ago. 1999, p. 77-87.

_____. *Fragmentos filosófico-teológicos*: de la impresión sensible a la expresión simbólica. Traducción de Juan Carlos Velasco Arroyo. Madrid: Trotta, 1999.

_____. *Comentários à ética do discurso*. Trad. Gilda Lopes Encarnação. Lisboa: Instituto Piaget, 1999.

_____. *Profils philosophiques et politiques*. Traduction de Françoise Dastur, Jean-René Ladmiral et Marc B. De Launay. Paris: Gallimard, 2000.

_____. Por que necesita Europa una constitución? *Dialogo Científico, Revista semestral de investigaciones alemanas sobre sociedad, derecho y economia*, Centro de Comunicación Científica con Ibero-América, Buenos Aires, v. 10, n. 1/2, 2001, p. 35-44.

_____. *Técnica e ciência como ideologia*. Trad. Artur Morão. Lisboa: Edições 70, 2001.

_____. *Israel o Atenas*: ensayos sobre religión, teología y racionalidad. Traducción de Eduardo Mendieta. Madrid: Trotta, 2001.

_____. *A constelação pós-nacional*: ensaios políticos. Trad. Márcio Seligmann-Silva. São Paulo: Littera Mundi, 2001.

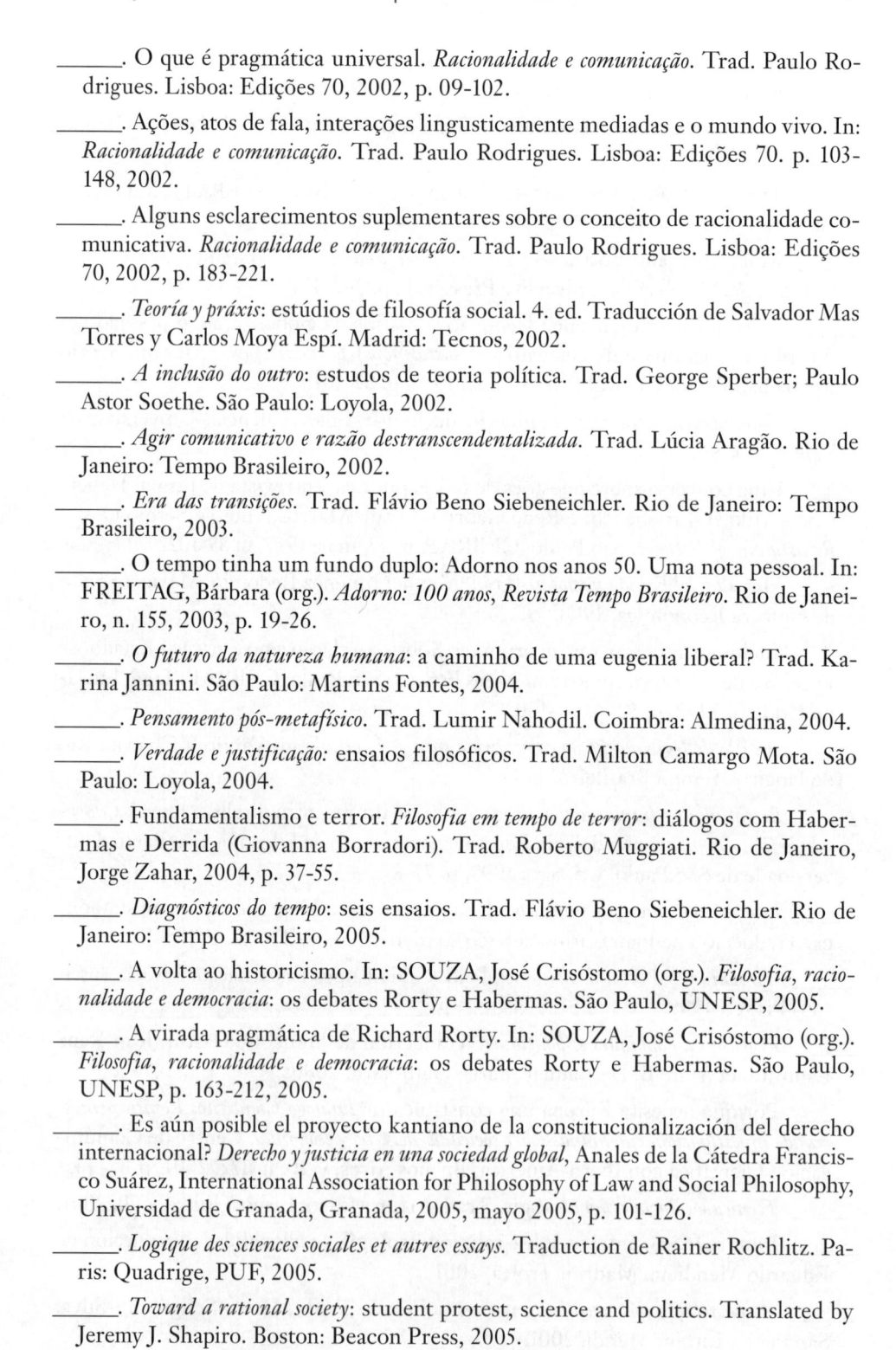

_____. O que é pragmática universal. *Racionalidade e comunicação*. Trad. Paulo Rodrigues. Lisboa: Edições 70, 2002, p. 09-102.

_____. Ações, atos de fala, interações lingusticamente mediadas e o mundo vivo. In: *Racionalidade e comunicação*. Trad. Paulo Rodrigues. Lisboa: Edições 70. p. 103-148, 2002.

_____. Alguns esclarecimentos suplementares sobre o conceito de racionalidade comunicativa. *Racionalidade e comunicação*. Trad. Paulo Rodrigues. Lisboa: Edições 70, 2002, p. 183-221.

_____. *Teoría y práxis*: estúdios de filosofía social. 4. ed. Traducción de Salvador Mas Torres y Carlos Moya Espí. Madrid: Tecnos, 2002.

_____. *A inclusão do outro*: estudos de teoria política. Trad. George Sperber; Paulo Astor Soethe. São Paulo: Loyola, 2002.

_____. *Agir comunicativo e razão destranscendentalizada*. Trad. Lúcia Aragão. Rio de Janeiro: Tempo Brasileiro, 2002.

_____. *Era das transições*. Trad. Flávio Beno Siebeneichler. Rio de Janeiro: Tempo Brasileiro, 2003.

_____. O tempo tinha um fundo duplo: Adorno nos anos 50. Uma nota pessoal. In: FREITAG, Bárbara (org.). *Adorno: 100 anos, Revista Tempo Brasileiro*. Rio de Janeiro, n. 155, 2003, p. 19-26.

_____. *O futuro da natureza humana*: a caminho de uma eugenia liberal? Trad. Karina Jannini. São Paulo: Martins Fontes, 2004.

_____. *Pensamento pós-metafísico*. Trad. Lumir Nahodil. Coimbra: Almedina, 2004.

_____. *Verdade e justificação:* ensaios filosóficos. Trad. Milton Camargo Mota. São Paulo: Loyola, 2004.

_____. Fundamentalismo e terror. *Filosofia em tempo de terror*: diálogos com Habermas e Derrida (Giovanna Borradori). Trad. Roberto Muggiati. Rio de Janeiro, Jorge Zahar, 2004, p. 37-55.

_____. *Diagnósticos do tempo*: seis ensaios. Trad. Flávio Beno Siebeneichler. Rio de Janeiro: Tempo Brasileiro, 2005.

_____. A volta ao historicismo. In: SOUZA, José Crisóstomo (org.). *Filosofia, racionalidade e democracia*: os debates Rorty e Habermas. São Paulo, UNESP, 2005.

_____. A virada pragmática de Richard Rorty. In: SOUZA, José Crisóstomo (org.). *Filosofia, racionalidade e democracia*: os debates Rorty e Habermas. São Paulo, UNESP, p. 163-212, 2005.

_____. Es aún posible el proyecto kantiano de la constitucionalización del derecho internacional? *Derecho y justicia en una sociedad global*, Anales de la Cátedra Francisco Suárez, International Association for Philosophy of Law and Social Philosophy, Universidad de Granada, Granada, 2005, mayo 2005, p. 101-126.

_____. *Logique des sciences sociales et autres essays*. Traduction de Rainer Rochlitz. Paris: Quadrige, PUF, 2005.

_____. *Toward a rational society*: student protest, science and politics. Translated by Jeremy J. Shapiro. Boston: Beacon Press, 2005.

REFERÊNCIAS

_____. *O ocidente dividido.* Trad. Luciana Villas-Bôas. Rio de Janeiro: Tempo Brasileiro, 2006.

_____. O caos da esfera pública. *Caderno Mais!, Folha de São Paulo.* Trad. Peter Naumann, São Paulo, 13 de agosto de 2006, p. 04 e 05.

_____. La modernidad, un proyecto incompleto. In: FOSTER, Hal, (org.). *La postmodernidad.* Traducción de Jordi Fibla, Barcelona, Kairós, 2006, p. 19-36.

_____. *La lógica de las ciencias sociales.* 4. ed. Traducción de Manuel Jiménez Redondo. Madrid: Tecnos, 2007.

_____. O valor da notícia. *Caderno Mais!, Folha de São Paulo.* Trad. Samuel Titan Junior, São Paulo, 27 de maio de 2007, p. 04 e 05.

_____. Filósofo, poeta e amigo. *Caderno Mais!, Folha de São Paulo.* Trad. Samuel Titan Junior, São Paulo, 17 de junho de 2007, p. 02.

_____. *Entre naturalismo e religião*: estudos filosóficos. Trad. Flávio Beno Siebneichler. Rio de Janeiro: Tempo Brasileiro, 2007.

_____. Europa com medo do povo. *Caderno Mais!, Folha de São Paulo,* Trad. Samuel Titan Jr., São Paulo, p. 10, 29 de junho de 2008.

_____. Ainda potência. *Caderno Mais!, Folha de São Paulo,* Trad. Érika Werner, São Paulo, 09 de novembro de 2008, p. 09.

_____. *Ay, Europa! Pequeños escritos políticos.* XI. Traducción de José Luiz López de Lizaga. Madrid: Trotta, 2009.

_____. Modernidade: um projeto inacabado. In: ARANTES, Otília Beatriz Fiori; ARANTES, Paulo Eduardo. *Um ponto cego no projeto moderno de Jürgen Habermas,* Trad. Márcio Suzuki. Rio de Janeiro, Brasiliense, s.d., p. 99-123.

_____. *Sobre a constituição da Europa*: um ensaio. Trad. Denilson Luiz Werle; Luiz Repa; Rúrion Melo. São Paulo: UNESP, 2012.

_____; FRIEDEBURG, L. V.; OEHLER, Ch.; WEITZ, F. O comportamento político dos estudantes comparado ao da população em geral. Trad. Breno Schuman. In: BRITTO, Sulamita (org.). *Sociologia da juventude*: por uma sociologia diferencial, v. II, Rio de Janeiro, Zahar, 1968, p. 115-132.

_____; RATZINGER, Joseph. *Dialektik der Säkularisierung*: Über Vernunft und Religion. Freiburg: Herder, 2006.

_____; RAWLS, John. *Debate sobre el liberalismo político.* Traducción de Gerar Vilar Roca. Barcelona: Paidós, 2000.

HÄBERLE, Peter. A dignidade humana como fundamento da comunidade estatal. Trad. Ingo Wolfgang Sarlet e Pedro Scherer de Mello Aleixo. In: SARLET, Ingo Wolfgang (org.). *Dimensões da dignidade:* ensaios de Filosofia do Direito e Direito Constitucional. 2. ed. Porto Alegre: Livraria do Advogado, 2005. p. 45-103.

_____. *Hermenêutica constitucional: a sociedade aberta dos intérpretes da Constituição*: contribuição para a interpretação pluralista e procedimental da Constituição. Trad. Gilmar Ferreira Mendes. Porto Alegre: Sergio Antonio Fabris, 2002.

HARAWAY, Donna J. Manifesto ciborgue: ciência, tecnologia e feminismo socialista no final do século XX. In: HARAWAY, Donna; KUNZRU, Hari; TADEU,

Tomaz, (org.). *Antropologia do ciborgue: as vertigens do pós-humano*. 2. ed., Trad. Tomaz Tadeu, Belo Horizonte, Autêntica, 2009.

HART, Herbert L. A. *O conceito de Direito*. Trad. A. Ribeiro Mendes. Lisboa: Fundação Calouste Gulbenkian, 1986.

HAWKING, Stephen. *O universo numa casca de noz*. Trad. Ivo Konytowski. 5. ed. São Paulo: Arx, 2002.

HERKENHOFF, João Baptista. *Como aplicar o direito*. 6. ed. Rio de Janeiro: Editora Forense, 1999.

HESPANHA, António Manuel. *O caleidoscópio do direito*. O direito e a Justiça nos dias e no mundo de hoje. 2. ed. Coimbra: Almedina, 2009.

_____. Cultura jurídica europeia: *síntese de um milénio*. 3. ed. Portugal: Publicações Europa-América, 2003.

HELLER, Agnes. *Além da justiça*. Trad. Savannah Hartmann. Rio de Janeiro: Civilização Brasileira, 1998.

_____. *O cotidiano e a história*. 7. ed. Tradução Carlos Nelson Coutinho; Leandro Konder. São Paulo: Paz e Terra, 2004.

_____. *An ethics of personality*. Oxford, Cambridge: Blackwell, 1996.

_____. *Agnes Heller entrevistada por Francisco Ortega*. Tradução Bethânia Assy. Rio de Janeiro: EdUERJ, 2002.

_____; FÉHER, Ferenc. O pêndulo da modernidade, *Tempo Social*, Rev. Sociologia da USP, São Paulo, 6 (1-2), p. 47-82, 1994.

HELLER, Herman. *Teoría del Estado*. Traducción de Luis Tobio. Mexico: Fondo de Cultura Económica, 1998.

HOBSBAWN, Eric. *Sobre história*: ensaios. Trad. Cid Kripel Moreira. São Paulo: Companhia das Letras, 2005.

_____. *A era das revoluções: 1789-1848*. Trad. Maria T. L. Teixeira e Marcos Penchl.21. ed. Rio de Janeiro: Paz e Terra, 2007.

_____. *Era dos extremos*: o breve século XX, 1914-1991. 2. ed. Trad. Marcos Santarrita. São Paulo: Companhia das Letras, 1995.

HOLANDA, Sérgio Buarque de. *Raízes do Brasil*. 26. ed. São Paulo: Companhia das Letras, 2004.

HOLMES, O. W. Le droit comme prediction des decisions des tribunaux. In: GRZEGORCZYK, Christophe; MICHAUT, Françoise; TROPER, Michel (org.). *Le positivisme juridique*. Paris: LGDJ, 1992, p. 123-127.

HONNETH, Axel. *Das Recht der Freiheit*. Berlin: Suhrkamp, 2011.

_____. *O direito da liberdade*. Trad. Saulo Krieger. São Paulo: Martins Fontes, 2015.

_____. *Luta por reconhecimento*: a gramática moral dos conflitos sociais. Trad. Luiz Repa. São Paulo: Editora 34, 2003.

REFERÊNCIAS

_____. Reconhecimento ou redistribuição? A mudança de perspectivas na ordem moral da sociedade. In: SOUZA, Jessé, MATTOS, Patrícia (orgs.). *Teoria crítica no século XXI*. São Paulo. AnnaBlume, 2007, p. 79-94.

_____. *Sofrimento de indeterminação*: uma reatualização da Filosofia do Direito de Hegel. Trad. Rúrion Soares Melo. São Paulo: Editora Singular; Esfera Pública, 2007.

_____. Reconhecimento ou redistribuição? A mudança de perspectivas na ordem moral da sociedade. In: SOUZA, Jessé; MATTOS, Patrícia (orgs). *Teoria crítica no século XXI*. São Paulo: Annablume, 2007. p. 79-111.

_____. Democracy as a reflexive cooperation: John Dewey and the Theory of Democracy Today. *Disrispect: the normative foundations of critical theory*, Polity Press, Cambridge, p. 218-239, 2008.

_____. *Crítica del agravio moral*: patologias de la sociedad contemporánea. Traducción de Peter Storandt Diller. Revisón de la traducción, edición e introducción Gustavo Leyva. Buenos Aires: Fondo de Cultura Económica, 2009.

_____. *Recognition between States: on the moral substrate of international relations*, IV Simpósio Internacional Justice and Recognition: in honor of Axel Honneth, Pontifícia Universidade Católica do Rio Grande do Sul, 2009.

_____. *Disrispect*: the normative foundations of critical theory. Cambridge: Polity Press, 2008.

_____. Justiça e liberdade comunicativa: reflexões em conexão com Hegel. *Revista Brasileira de Estudos Políticos*, Belo Horizonte, Universidade Federal de Minas Gerais, n. 89, jan./jun. 2004, p. 101-120.

HUMAN RIGHTS WATCH. *Relatório Mundial 2016*. Disponível em: <http://www.hrw.org>. Acesso em: 12 set. 2016.

INSTITUTO BRASILEIRO DE GEOGRAFIA E ESTATÍSTICA. Agência IBGE, *Dia Nacional da Habitação*: Brasil tem 11,4 milhões de pessoas vivendo em favelas. Agência IBGE, 21 ago. 2017. Disponível em: <https://agenciadenoticias.ibge.gov.br>. Acesso em: 16 jan. 2018.

INSTITUTO DE PESQUISA ECONÔMICA APLICADA – IPEA, *Atlas da Violência* 2016, Brasília, março 2016, n. 17, p. 6, Governo Federal. Disponível em: <http://www.forumseguranca.org.br>. Acesso em: 12 set. 2016.

JESUS, Carlos Frederico Ramos de. *Entre pessoas e coisas*: o *status* moral-jurídico dos animais. Tese de Doutorado. São Paulo: Universidade de São Paulo: Faculdade de Direito: Departamento de Filosofia e Teoria Geral do Direito, 2017.

JUSTO, A. Santos. *Introdução ao estudo do direito*. 7. ed. Coimbra: Coimbra Editora, 2015.

KATO, Rafael. A nova arma de guerra, *in Exame*, 7 mar. 2018, ano 52, n. 4, 2018, p. 58-60.

KEHL, Maria Rita. *O tempo e o cão*. São Paulo: Boitempo, 2009.

KELLY, John M. *Uma breve história da Teoria do Direito Ocidental*. Trad. Marylene Pinto Michael. São Paulo: Martins Fontes, 2010.

KASHIURA JUNIOR, Celso Naoto. *Sujeito de direito e capitalismo*. São Paulo: Dobra Editorial, 2014.

KELSEN, Hans. *Teoria Geral do Direito e do Estado*. 3. ed. Trad. Luís Carlos Borges. São Paulo: Martins Fontes, 1998.

_____. *A ilusão da justiça*. Trad. Sérgio Tellaroli. São Paulo: Martins Fontes, 1995.

_____. *O problema da justiça*. Trad. João Baptista Machado. 3. edição. São Paulo: Martins Fontes, 1998.

_____. *O que é justiça? A justiça, o direito e a política no espelho da ciência*. Trad. de Luís Carlos Borges. São Paulo: Martins Fontes, 1998.

_____. *Teoria Geral das Normas*. Trad. de José Florentino Duarte. Porto Alegre: Sergio Antonio Fabris Editor, 1986.

_____. *Teoria pura do direito*. 4. edição. Trad. de João Baptista Machado. Coimbra: Armênio Amado Editor, 1976.

_____. *A democracia*. Trad. Ivone Castilho Benedetti; Jefferson Luiz Camargo; Marcelo Brandão Cipolla; Vera Varkow. São Paulo: Martins Fontes, 2000.

KIRSTE, Stephan. *Introdução à filosofia do direito*. Tradução Paula Nasser. Belo Horizonte: Editora Fórum, 2013.

KOZICKI, Katya (coord.). *Teoria jurídica no século XXI*: reflexões críticas. Curitiba, Juruá, 2007.

_____; POLLI, Cristiane Maria Bertolin. Democracia radical em Chantal Mouffe: o pluralismo agonístico e a reconstrução do papel do cidadão. In: KOZICKI, Katya (coord.). *Teoria jurídica no século XXI*: reflexões críticas. Curitiba: Juruá, 2007, p. 15-42.

KUHN, Thomas S. *A estrutura das revoluções científicas*. 7. ed. Trad. Beatriz Vianna Boeira; Nelson Boeira. São Paulo: Perspectiva, 2003.

LACERDA, Bruno Amaro. *O raciocínio jurídico*: uma visão aristotélica. Belo Horizonte: Movimento Editorial da FD da UFMG, 2005.

LAFER, Celso. *A reconstrução dos direitos humanos*: um diálogo com o pensamento de Hannah Arendt. 4ª reimpressão. São Paulo: Companhia das Letras, 1988.

LANDOWSKI, Eric, Les metamorfoses de la vérité, entre sens et interaction, *in Acta Semiotica*, v. II, n. 3, 2022, p. 256-275. Disponível em: < https://revistas.pucsp.br/index.php.> Acesso em 25. jul. 2022.

LARA, Silvia Rumold. Para além do cativeiro: legislação e tradições jurídicas sobre a liberdade no Brasil escravista. In: FONSECA, Ricardo Marcelo, SEELANDER, Airton Cerqueira Leite (orgs.). *História do direito em perspectiva*: do Antigo Regime à Modernidade. Curitiba: Juruá, 2008. p. 315-329.

LARENZ, Karl. *Metodologia da ciência do direito*. 2. ed. Trad. José Lamego. Lisboa: Fundação Calouste Gulbenkian, 1989.

REFERÊNCIAS

LATORRE, Angel. *Introdução ao direito.* Trad. Manuel de Alarcão. 5ª reimpressão. Coimbra: Almedina, 2002.

LE GOFF, Jacques. *As raízes medievais da Europa.* Trad. Jaime A. Clasen. Petrópolis: Vozes, 2007.

LE BRETON, David. Individualização do corpo e tecnologias contemporâneas. In: COUTO, Edvaldo Souza; GOELLNER, Silvana Vilodre (orgs.). *O triunfo do corpo*: polêmicas contemporâneas. Rio de Janeiro: Vozes, 2012, p. 15-32.

_____. Adeus ao corpo. In: NOVAES, Adauto (org.). *O homem-máquina:* a ciência manipula o corpo. São Paulo: Companhia das Letras, 2003, p. 123-138.

LEDUR, José Felipe. *Direitos fundamentais sociais*: efetivação no âmbito da democracia participativa. Porto Alegre: Livraria do Advogado, 2009.

LEMOS, Carolina Barreto. Quem são os direitos humanos? Desconsideração e personificação em cadeias do Distrito Federal. *Revista Antropolítica*, Niterói, n. 47, 2º sem. 2019, p. 31-61.

LENOBLE, Jacques. La théorie de la cohérence narrative en droit: le débat Dworkin-McCormick. *Archives de Philosophie du Droit*, Paris, Sirey, n. 33, 1988, p. 121-139.

LEVAI, Laerte Fernando. Os animais sob a visão da ética. Disponível em: <http://www.mp.gov.br>. Acesso em: 12 mar. 2016.

LIMA, Fernando Antônio Negreiros. *Teoria Geral do Processo Judicial.* São Paulo: Atlas, 2013.

LIMA, Roberto Kant de. *Ensaios de Antropologia e de Direito.* 2ª tiragem. Rio de Janeiro: Lumen Juris, 2009.

LINHARES, José Manuel Aroso, Entre a escrita pós-moderna da modernidade e o tratamento narrativo da diferença ou a prova como um exercício de passagem nos limites da juridicidade. *Boletim da Faculdade de Direito de Coimbra*, Coimbra, n. 59, 2001.

_____. O *Homo humanus* do Direito e o projecto *inacabado* da modernidade. *Boletim da Faculdade de Direito*, v. LXXXVI, Coimbra, Universidade de Coimbra, 2010, p. 515-561.

_____. A ética do *continuum* das espécies e a resposta civilizacional do Direito. *Boletim da Faculdade de Direito*, v. LXXIX, Coimbra, Universidade de Coimbra, 2003, p. 197-216.

_____. Jurisdição, diferença e área aberta: a caminho de uma Teoria do Direito como moldura? *Boletim da Faculdade de Direito*, Studia Juridica, 101, Coimbra, Universidade de Coimbra, 2010, p. 443-477.

_____. Juízo ou decisão? uma interrogação condutora no(s) mapa(s) do discurso jurídico contemporâneo. In: BRONZE, Fernando José; LINHARES, José Manuel Aroso; MARQUES, Mário Alberto Reis; GAUDÊNCIO, Ana Margarida Simões (coords.). *Juízo ou decisão?* O problema da realização jurisdicional do Direito. Coimbra: Instituto Jurídico, Faculdade de Direito, Universidade de Coimbra, 2016. p. 227-249.

LINTON, Ralph, *O homem:* uma introdução à antropologia. Trad. Lavínia Vilela. São Paulo: Martins Fontes, 2000.

LIPOVETSKY, Gilles. *Da leveza*: rumo a uma civilização sem peso. Trad. Idalina Lopes. Barueri: Manole, 2016.

LLEWELLYN, Karl. Règles réelles – régles sur le papier. In: GRZEGORCZYK, Christophe; MICHAUT, Françoise; TROPER, Michel (org.). *Le positivisme juridique*. Paris: LGDJ, 1992, p. 130-134.

LÔBO, Paulo Luiz Neto. *Direito civil* – Parte geral. 3. ed. São Paulo: Saraiva, 2012.

LOPES, José Reinaldo Lima. *O direito na história*. 3. ed. São Paulo: Atlas, 2008.

_____. Filosofia analítica e hermenêutica: preliminares a uma teoria do Direito como prática. *Revista de Informação Legislativa*, Brasília, ano 53, n. 22, out./dez. 2016, p. 203-226.

LOSANO, Mario G. *Sistema e estrutura no direito*. v. 1. Trad. Carlo Alberto Dastoli. São Paulo: Martins Fontes, 2008.

_____. *Os grandes sistemas jurídicos*. Trad. Marcela Varejão. São Paulo: Martins Fontes, 2007.

LOPES, Antonio Carlos; LIMA, Carolina Alves de Souza; SANTORO, Luciano de Freitas. *Eutanásia, ortotanásia e distanásia*: aspectos médicos e jurídicos. São Paulo: Atheneu, 2011.

LÖWY, Michel (org.). *Revoluções*. Trad. Yuri Martins Fontes. São Paulo: Boitempo, 2009.

LUHMANN, Niklas. *Sociologia do direito*. Volume I. Trad. Gustavo Bayer. Rio de Janeiro: Tempo Brasileiro, 1983.

_____. *Sociologia do direito*. Volume II. Trad. Gustavo Bayer. Rio de Janeiro: Tempo Brasileiro, 1985.

MACCORMICK, Neil. *Retórica e Estado de Direito*. Trad. Conrado Hübner Mendes e Carlos Veríssimo. Rio de Janeiro: Elsevier, 2008.

MACEDO JUNIOR, Ronaldo Porto. Teoria, filosofia e dogmática jurídica: rigor e método. In: MACEDO JUNIOR, Ronaldo Porto (org.). *Teoria do direito contemporânea*: autores e temas. Curitiba: Juruá, 2017, p. 17-35.

MACHADO, João Baptista. *Introdução ao direito e ao discurso legitimador*. 22. Reimpressão. Coimbra: Almedina, 2014.

MACHADO, Paulo Affonso Leme. *Direito ambiental brasileiro*. 24. ed. São Paulo: Malheiros, 2016.

MACIEL, José Fábio Rodrigues. *Teoria Geral do Direito*: segurança, valor, hermenêutica, princípios, sistema. São Paulo: Saraiva, 2004.

MAIA, Antônio Cavalcanti Maia. Biopoder, biopolítica e o tempo presente. In: NOVAES, Adauto (org.). *O homem-máquina*: a ciência manipula o corpo. São Paulo: Companhia das Letras, 2003. p. 77-108.

MANUS, Pedro Paulo Teixeira. *Direito do Trabalho*. 15. ed. São Paulo: Atlas, 2014.

MARTINEZ, Pedro Romano. *Introdução ao Estudo do Direito*. Lisboa: Editora FDL, 2021.

REFERÊNCIAS

MARQUES, Cláudia Lima (coord.). *Diálogo das fontes*: do conflito à coordenação de normas do direito brasileiro. São Paulo: Revista dos Tribunais, 2012.

_____. O novo direito privado brasileiro após a decisão da ADIN dos Bancos. *Revista de Direito do Consumidor*, 61/40, jan./mai. 2007, p. 51-93.

MARQUES, Clarissa. Meio Ambiente, Solidariedade e Futuras Gerações. *Revista do Programa de Pós-Graduação da UFC*, v. 32, 2, jul./dez., 2012. p. 37-56. Disponível em: <http://www.repositorio.ufc.br/bitstream/riufc/12199/1/2012_art_cmarques.pdf>. Acesso em: 30 nov. 2016.

MARQUES, Oswaldo Henrique Duek. *Fundamentos da pena*. São Paulo: Martins Fontes, 2008.

MARICATO, Ermínia (*et al.*). *Cidades rebeldes*: passe livre e as manifestações que tomaram as ruas do Brasil. São Paulo: Boitempo; Carta Maior, 2013.

MAUS, Ingeborg. *O direito e a política*: teoria da democracia. Apresentação Manfredo Araújo de Oliveira. Trad. Elisete Antoniuk. Revisão de Martonio Mont'Alverne Barreto Lima. Belo Horizonte: Del Rey, 2009.

MARQUES, Oswaldo Henrique Duek. *Fundamentos da pena*. São Paulo: Martins Fontes, 2008.

MARX, Karl. Prefácio, Para a crítica da economia política. Trad. Edgard Malagodi. Colaboração de José Arthur Giannotti. São Paulo: Abril Culural, 1982.

_____. *O capital:* crítica da economia política. Livro I. Trad. Rubens Enderle. São Paulo: Boitempo, 2013.

MANUS, Pedro Paulo Teixeira. *Direito do Trabalho*. 15. ed. São Paulo: Atlas, 2014.

MASCARO, Alysson Leandro. *Introdução ao estudo do direito*. 2. ed. São Paulo: Atlas, 2011.

MATOS, Andityas Soares de Mauro Costa. *O estoicismo imperial como momento de ideia de justiça*. Rio de Janeiro: Lumen Juris, 2009.

MAUÉS, António Moreira. Supralegalidade dos tratados internacionais de Direitos Humanos e interpretação constitucional. *SUR*, v. 10, n. 18, jun. 2013, p. 215-235.

MAXIMIANO, Antonio Cesar Amaru; NOHARA, Irene Patrícia. *Gestão pública*: abordagem integrada da administração e do direito administrativo. São Paulo: Gen/Atlas, 2017.

MAXIMILIANO, Carlos. *Hermenêutica e aplicação do direito*. 18. ed. Rio de Janeiro: Forense, 1999.

MELO, Tarso de. *Direito e ideologia*: um estudo a partir da função social da propriedade rural. 2. ed. São Paulo: Dobra Editorial, 2013.

MELLO E SOUZA, Laura de. *O diabo e a terra de Santa Cruz*. Feitiçaria e religiosidade popular no Brasil colonial. São Paulo: Companhia das Letras, 2000.

MENDONÇA, Samuel. Ensino jurídico e educação em direitos humanos: como o estudo de casos pode alavancar uma visão realista e humanista para o direito, *Revista Interdisciplinar de Direitos Humanos*, Observatório de Educação em Direitos Humanos da UNESP, Bauru, v. 6, n. 1, jan.-jul. 2018 (10), p. 251-255.

MEZZAROBA, Orides. O humanismo latino, a soberania popular e a democracia representativa brasileira contemporânea. *Humanismo latino e Estado no Brasil*, Florianópolis, Fundação Boiteux, 2003, p. 59-101.

MIAILLE, Michel. *Introdução crítica ao direito*. Trad. Ana Prata. 2. ed. Lisboa: Editorial Estampa, 1994.

MILLARD, Éric. *Théorie Générale du Droit*. Paris: Dalloz, 2006.

MINISTÉRIO DOS DIREITOS HUMANOS. *3º Relatório Nacional do Estado Brasileiro ao Mecanismo de Revisão Periódica Universal do Conselho de Direitos Humanos das Nações Unidas – 2017*. Brasília: SEDH, 2017. Disponível em: <http://www.mdh.gov.br/assuntos/atuacao-internacional/programas/pdf/3o-relatorio-rpu-cdh/>. Acesso em: 20 mar. 2018.

MIRAGEM, Bruno. Eppur si muove: diálogo das fontes como método de interpretação sistemática no direito brasileiro. In: MARQUES, Claudia Lima (coord.). *Diálogo das fontes*. São Paulo: Revista dos Tribunais, 2012. p. 67-110.

MIRANDA, Ana Paula Mendes de; PITA, María Victoria. O que as cifras cifram? In: LIMA, Roberto Kant de; EILBAUM, Lucia; PIRES, Lenin (orgs.). *Burocracias, direitos e conflitos*. Rio de Janeiro: Garamond, 2011. p. 175-202.

MIRANDA, Jorge. *Manual de Direito Constitucional*. 5. ed. Coimbra: Coimbra Editora, 2003.

MIRANDA, Roberta Drehner de. Sobre as relações entre a judicialização da política, o controle concentrado de constitucionalidade e o tribunal constitucional. *Revista da AJURIS*, dez. 2011, n. 124.

MIRANDA, Roberto Campos da Rocha; CINNANTI, Cristina Jacobson Jácomo; TOSTES, Luiz Eduardo da Silva. Processo legislativo comparado: fonte de inteligência e aprendizagem organizacional. *Revista de Informação Legislativa*, ano 52, n. 207, jul./ set., 2015, p. 159-186.

MONTEIRO, Geraldo Tadeu. Democracia Deliberativa. Verbete. In: BARRETTO, Vicente de Paulo (org.). *Dicionário de Filosofia do Direito*. Rio Grande do Sul: Unisinos; Rio de Janeiro: Renovar, 2006.

MOOR, Pierre. *Dynamique du système juridique*: une théorie générale du droit. Genève; Bruxelles; Paris: Schulthess; Bruylant; LGDJ, 2010.

MOOR, Pierre. *Le travail du droit*. Québec: Presses de l'Université Laval, 2021.

MORAIS, José Luis Bolzan de. Reflexões acerca das condições e possibilidades para uma ordem jurídica democrática no século XXI. O direito e o futuro do direito, Almedina, Coimbra, 2008.

_____. *O Estado e seus limites*. Reflexões iniciais sobre a profanação do Estado Social e a dessacralização da modernidade. *Boletim da Faculdade de Direito da Universidade de Coimbra*, v. LXXXIII, p. 569-590, Coimbra, 2007.

MOTA, Fábio Reis. Qual é a regra da igualdade? In: LIMA, Roberto Kant de; EILBAUM, Lucia; PIRES, Lenin (orgs.). *Burocracias, direitos e conflitos*. Rio de Janeiro: Garamond, 2011. p. 43-70.

REFERÊNCIAS

MOUNIN, Georges. *Introduction à la sémiologie*. Paris: Minuit, 1986.

MURICY, Marília. Racionalidade do direito, justiça e interpretação, In: BOUCAULT, Rodriguez (orgs.). *Hermenêutica plural*. São Paulo: Martins Fontes, 2002.

MURTA, Ludmila Nogueira. *O tempo da vítima da violência e o tempo do Direito*. Tese de Doutorado. São Paulo: Faculdade de Direito da Universidade de São Paulo, 2020.

NADER, Paulo. *Introdução ao estudo do direito*. 19. ed. Rio de Janeiro: Forense, 2000.

NETTO, J. Teixeira Coelho. *Semiótica, informação e comunicação*. São Paulo: Perspectiva, 1980.

NEVES, Marcelo. Constitucionalização simbólica e desconstitucionalização fática: mudança simbólica da Constituição e permanência das estruturas reais de poder. *Revista de Informação Legislativa*, Brasília, ano 33, n. 132, out.-dez. 1996, p. 321-330.

_____. *A Constitucionalização simbólica*. São Paulo: Martins Fontes, 2007.

_____. *Transconstitucionalismo*. Tese apresentada à Universidade de São Paulo. São Paulo: Faculdade de Direito da USP, 2009. _____. *Entre Têmis e Leviatã*: uma relação difícil. São Paulo: Martins Fontes, 2006.

NINO, Carlos Santiago. *Introdução à análise do direito*. Tradução Elza Maria Gasparotto. São Paulo: Martins Fontes, 2015.

NOHARA, Irene Patrícia. *Direito Administrativo*. 4. ed. São Paulo: Atlas, 2014.

NOVAIS, Jorge Reis. *Contributo para uma Teoria do Estado de Direito*. Coimbra: Almedina, 2013.

NOVINSKY, Anita. *A Inquisição: tendências da historiografia contemporânea*, *in* Inquisição: I Congresso Luso-Brasileiro, FFLCH/USP, Departamento de História, 1987.

_____. *Cristãos-novos na Bahia: a inquisição*. 2. ed. São Paulo: Perspectiva, 1992.

_____. *Inquisição:* rol dos culpados. Fontes para a história do Brasil. Século XVIII. Rio de Janeiro: Expressão e cultura, 1992.

NÚCLEO DE ESTUDOS DA VIOLÊNCIA. *4º Relatório Nacional sobre os Direitos Humanos no Brasil*, Núcleo de Estudos da Violência, NEV- Universidade de São Paulo, São Paulo, 2010.

NUSSBAUM, Martha C. *Frontiers of justice*. Cambridge: Harvard University Press, 2007.

OLIVEIRA, Manfredo Araújo de. *Reviravolta linguístico-pragmática na filosofia contemporânea*. São Paulo: Loyola, 1996.

OLIVEIRA, Pedro A. Ribeiro de. *Religião e dominação de classe*: gênese, estrutura e função do catolicismo romanizado no Brasil. Petrópolis: Vozes, 1985.

OLIVEIRA, Luís Roberto Cardoso de. *Direito legal e insulto moral*. Rio de Janeiro: Relume Dumará, 2002.

_____. Equality, dignity and fairness: Brazilian citizenship in comparative perspective, *in Critique of Anthropology*, 33 (2), p. 131-145, 2013.

_____. Direito republicano, identidades coletivas e esfera pública no Brasil e no Quebec, *in Direito legal e insulto moral*, Rio de Janeiro, Relume Dumará, 2002.

_____. Concepções de igualdade e cidadania, *in Contemporânea*, n. 1, jan-jun., 2011, p. 35-48.

_____. A dimensão simbólica dos direitos e a análise de conflitos. In: BITTAR, Eduardo C. B. (org.). *História do direito brasileiro*. 4. ed. São Paulo: Atlas, p. 493-506.

_____. *Desvendando evidências simbólicas*: compreensão e conteúdo emancipatório da Antropologia. Rio de Janeiro: Editora da UFRJ, 2018.

_____. *Administração de conflitos* e justiça: as pequenas causas em um juizado nos EUA. Rio de Janeiro: Autografia, 2023.

OLIVEIRA, Marcelo Andrade Cattoni de. *Direito, política e filosofia*: contribuições para uma teoria discursiva de constituição democrática no marco do patriotismo constitucional. Rio de Janeiro: Lumen Juris, 2007.

OLIVEIRA, Saulo Barbará (org.). *Instrumentos de gestão pública*. São Paulo: Saraiva, 2015.

ORDENAÇÕES FILIPINAS (Silvia Hunold Lara, org.). São Paulo: Companhia das Letras, 1999.

ORTIZ, Renato. *A morte branca do feiticeiro negro:* umbanda e sociedade brasileira. Brasília: Brasiliense, 1988.

OST, François. *O tempo do direito*. Trad. Maria Fernanda Oliveira. Lisboa: Instituto Piaget, 2001.

PARADISI, Graziano. *Storia del Diritto Medievale e Moderno*. Napoli: Edizione Giuridiche Simone, 2010.

PASTORE, Baldassare. Coerenza e integrità nella teoria Del ragionamento giuridico di Ronald Dworkin. *Rivista di Diritto Civile*, Padova, Casa Editrice Dott. Antonio Milani, ano XXXVIII, n. 4, luglio-agosto, 1992.

PATTARO, Enrico. *Opinio Juris*: il diritto è un'opinione chi ne ha i mezzi ce la impone. Lezioni di Filosofia del Diritto. Torino: G. Giappichelli, 2011.

PEIRCE, Charles Sanders. *Semiótica*. Trad. José Teixeira Coelho Neto. São Paulo: Perspectiva, 1995.

REDE PENSSAM. *II VIGISAN: Inquérito Nacional sobre Vigilância Alimentar no contexto da Pandemia Covid-19 no Brasil*. São Paulo: Fundação Friedrich Ebert; Rede Penssam, 2022. Disponível em: <https://olheparaafome.com.br>. Acesso em: 1º dez. 2022.

PERINE, Marcelo. *Quatro lições sobre a ética de Aristóteles*. São Paulo: Loyde, 2006.

PERELLÓ, Carlos Amunátegui. *Teoría y fuentes del Derecho*. Chile: Universidad Católica de Chile, 2016.

PERELMAN, Chaïm. *Lógica jurídica*: nova retórica. Trad. Vergínia K. Pupi. São Paulo: Martins Fontes, 1999.

PÉREZ LUÑO, Antonio-Enrique. *La universalidad de los derechos humanos y el Estado constitucional*. Madrid: Tecnos, 2002.

PILETTI, Nelson; PILETTI, Claudino. *História da educação*. São Paulo: Ática, 1997.

REFERÊNCIAS

PILON, Almir José; DUTRA, Delamar José Volpato. Filosofia jurídica contemporânea, justiça e dignidade do ser humano: John Rawls e Ronald Dworkin. In: WOLKMER, Antonio Carlos (org.). *Fundamentos do humanismo jurídico no Ocidente*. São Paulo: Manole; Florianópolis: Fundação Boiteux, [s.d.]. p. 181-213.

PINHEIRO, Patrícia Peck. O direito digital como paradigma de uma nova era. In: WOLKMER, Antonio Carlos; LEITE, José Rubens Morato (orgs.). *Os novos direitos no Brasil*: natureza e perspectivas – uma visão básica das novas conflituosidades jurídicas. 3. ed., 2016, p. 401-433.

PINTO, Victor Carvalho. *Direito Urbanístico*: plano diretor e direito de propriedade. 4. ed. São Paulo: Revista dos Tribunais, 2014.

PIZZI, Jovino. *O mundo da vida*: Husserl e Habermas. Ijuí: Unijuí, 2006.

POLETTI, Ronaldo. *Introdução ao direito*. 4. ed. São Paulo: Saraiva, 2012.

POPPER, Karl R. *A lógica da pesquisa científica*. Trad. Leonidas Hegenberg e Octanny Silveira da Mota. São Paulo: Cultrix, 1993.

PRADO, Lídia Reis de Almeida. *O juiz e a emoção*: aspectos de lógica da decisão judicial. São Paulo: Millenium, 2003.

PRODI, Paolo. *Uma história da justiça*: do pluralismo dos foros ao dualismo moderno entre consciência e direito. Trad. Karina Jannini. São Paulo: Martins Fontes, 2005.

PUGLIESI, Marcio. *Por uma Teoria do Direito*: aspectos micro-sistêmicos. São Paulo: RCS, 2005.

PUTNAM, Robert D. *Comunidade e democracia*: a experiência da Itália moderna. Trad. Luiz Alberto Monjardim. 5. ed. São Paulo: Editora FGV, 2006.

QUEIROZ, Tereza Aline Pereira de. *As heresias medievais*. São Paulo: Atual, 1988.

RADBRUCH, Gustav. *Introducción a la Filosofia del Derecho*. Traducción de Wenceslao Roas. México: Fondo de Cultura Económica, 1993.

RASTIER, François. *Sens et textualité*. Paris: Hachette, 1989.

RAWKING, Stephen. *O universo numa casca de noz*. Trad. Ivo Korytowski. 5. ed. São Paulo: Arx, 2002.

RAZ, Joseph. *O conceito de sistema jurídico*: uma introdução à teoria dos sistemas jurídicos. Trad. Maria Cecilia Almeida. São Paulo: Martins Fontes, 2012.

_____. *Between authority and interpretation*. London: Oxford, 2009.

REALE, Miguel. *Lições preliminares de direito*. 27. ed. São Paulo: Saraiva, 2004.

REGLA, Josep Agiló. *Teoria geral das fontes do Direito*. Trad. Manuel Poirier Braz. Lisboa: Escolar Editora, 2014.

REZEK, Francisco. *Direito Internacional Público*. 15. ed. São Paulo: Saraiva, 2014.

RIBEIRO, Fernando José Armando; BRAGA, Bárbara Gonçalves de Araújo. A teoria das fontes do direito revisitada: uma reflexão a partir do paradigma do Estado Democrático de Direito. *Anais do CONPEDI*, Santa Catarina, UFSC, 2008, p. 3862-3878.

RIBEIRO, Fernando José Armando. *Constitucionalismo e Teoria do Direito*. Belo Horizonte: Del Rey, 2013.

RIBEIRO, Darcy. *O povo brasileiro*. 2. ed. São Paulo: Companhia das Letras, 1995.

RICOEUR, Paul. *Do texto à ação:* ensaios de hermenêutica II. Trad. Alcino Cartaxo e Maria José Sarabando. Porto: Rés, [s.d.].

_____. *O justo 1:* a justiça como regra moral e como instituição. Trad. Ivone C. Benedeti. São Paulo: Martins Fontes, 2008.

RIOS, Izabel Cristina; SCHRAIBER, Lilia Blame. *Humanização e humanidades em medicina*. São Paulo: Editora da UNESP, 2012.

RODRÍGUEZ, Víctor Gabriel. *O caso do matemático homicida*: julgamento simulado para Introdução ao Direito. Coimbra: Almedina, 2014.

ROIG, Francisco Javier Ansuátegui. *De los derechos y el Estado de Derecho*. Bogotá: Universidad Externado de Colombia, 2007.

ROMANO, Santi. *O ordenamento jurídico*. Trad. Arno Dal Ri Júnior. Florianópolis: Fundação Boiteux, 2008.

ROMERO, Marcelo Troncoso, Ronald Dworkin: sobre la teorái de la función judicial. *Revista de Derecho*, Universidad de Concepción, n. 193, p. 101-105, enero-junio, Chile, 1993.

ROQUE, Sebastião José. *Introdução ao estudo do direito*. São Paulo: Ícone Editora, 1996.

ROSA, Hartmut. *Social acceleration*: a new theory of modernity. Translated by Jonathan Trejo-Mathys. New York: Columbia University Press, 2013.

ROSS, Alf. *Direito e justiça*. Tradução Edson Bini. São Paulo: Edipro, 2000.

_____. *Tû-tû*. Prefácio de Alaôr Caffé Alves. Trad. Edson L. M. Bini. São Paulo: Quartier Latin, 2004.

SAAVEDRA, Giovani Agostini. A teoria crítica de Axel Honneth. In: SOUZA, Jessé; MATTOS, Patrícia (orgs.). *Teoria crítica no século XXI*. São Paulo: Annablume, 2007. p. 95-111.

SAID, Edward. *Humanismo e crítica democrática*. Trad. Rosaura Eichenberg. São Paulo: Companhia das Letras, 2007.

_____. *Humanismo e crítica democrática*. Trad. Rosaura Eichenberg. São Paulo: Companhia das Letras, 2007.

SALDANHA, Nelson. Ordem e hermenêutica na Constituição. *Arquivos do Ministério da Justiça*, ano 44, n. 178, p. 81-88, jul.-dez. 1991.

_____. História, revolução e utopia. *Revista Brasileira de Filosofia*, São Paulo, v. XXIX, fasc. 157, p. 35-56, jan.-mar. 1990.

SALDAÑA, Javier. Derechos Morales o derechos naturales. *Boletin Mexicano de Derecho Comparado*, Universidad Autónoma de México, n. 90, sept.-nov., México, 1997.

SALGADO, João Carlos. *A ideia de justiça em Hegel*. São Paulo: Loyola, 1996.

SANTI ROMANO. *O ordenamento jurídico*. Trad. Arno Dal Ri Junior. Florianópolis: Fundação Boiteux, 2008.

SANTOS, Eduardo Rodrigues dos. *O pós-positivismo e a normatividade dos princípios*. Belo Horizonte: D'Plácido, 2014.

REFERÊNCIAS

SANTOS, Boaventura de Souza. *A crítica da razão indolente*: contra o desperdício da experiência. 3. ed. São Paulo: Cortez, 2001.

SANTOS, Laymert Garcia dos. Demasiadamente pós-humano: entrevista com Laymert Garcia dos Santos. In Novos Estudos, São Paulo, CEBRAP, n. 72, p. 161-175, jul. 2005.

_____. *Politizar as novas tecnologias*: o impacto sociotécnico da informação digital e genética. 2. ed. São Paulo: Editora 34, 2011.

SARLET, Ingo Wolfgang. As dimensões da dignidade humana: construindo uma compreensão jurídico-constitucional necessária e possível. *Dimensões da dignidade*: ensaios de Filosofia do Direito e Direito Constitucional. 2. ed., Porto Alegre, Livraria do Advogado, 2009, p. 15-44, 2005.

_____.Constituição, proporcionalidade e direitos fundamentais: o Direito Penal entre proibição de excesso e de insuficiência. *Boletim da Faculdade de Direito da Universidade de Coimbra*, Coimbra, v. 81, 2005, p. 325-386.

_____. *A eficácia dos direitos fundamentais*. 9. ed. Porto Alegre: Livraria do Advogado, 2008.

_____. *Dignidade da pessoa humana e direitos fundamentais na Constituição de 1988*. 9. ed. Porto Alegre: Livraria do Advogado, 2011.

_____; FENSTERSEIFER, Tiago. Algumas notas sobre a dimensão ecológica da dignidade da pessoa humana e sobre a dignidade da vida em geral. *Revista Brasileira de Direito Animal*, n. 03, jul./dez., 2007, p. 69-94.

SAUSSURE, Ferdinand de. *Cours de linguistique générale*. Paris: Payot, 1994.

SEBEOK, Thomas A.; UMIKER-SEBEOK, Jean. Voi conoscte il mio método: un confronto fra Charles Sanders Peirce e Sherlock Holmes. In: ECO, Umberto; SEBEOK, Thomas A. (orgs.). *Il segno dei tre*. Milano: Bompiani, 1983. p. 27-64.

SECRETARIA DE DIREITOS HUMANOS DA PRESIDÊNCIA DA REPÚBLICA. Governo Federal. Brasília. *Relatório de Violência Homofóbica no Brasil: ano 2013*, Disponível em: <http:///www.sdh.gov.br/Relatorio2013.pdf>. Acesso em: 12 set. 2016.

SECRETARIA NACIONAL DE JUVENTUDE, MINISTÉRIO DA JUSTIÇA, *Índice de vulnerabilidade juvenil à violência e desigualdade racial 2014*, Brasília, 2015. Disponível em: <http://nacoesunidas.org>. Acesso em: 12 set. 2016.

SERBENA, Cesar Antonio. Normas jurídicas, inferência e derrotabilidade. In: SERBENA, Cesar Antonio (org.). *Teoria da derrotabilidade*: pressupostos teóricos e aplicações. Curitiba: Juruá, 2012, p. 13-41.

SCANTIMBURGO, João de. *O Brasil e a revolução francesa*. São Paulo: Pioneira, 1989.

SCHWARCZ, Lilia Moritz. *Sobre o autoritarismo brasileiro*. São Paulo: Companhia das Letras, 2019.

_____; STARLING, Heloisa Murgel. *Brasil*: uma biografia. Companhia das Letras: São Paulo, 2015.

SHECAIRA, Sérgio Salomão. *Criminologia*. 6. Ed. São Paulo: Revista dos Tribunais, 2014.

SHECAIRA, Fábio P.; STRUCHINER, Noel. *Teoria da argumentação jurídica*. Rio de Janeiro: PUC; Contraponto, 2016.

SICHES, Recaséns. *Nueva filosofia de la interpretación jurídica*. 2. ed. México: Porrúa, s.d..

SIDOU, J. M. Othon. *Dicionário jurídico*. 4. ed. Rio de Janeiro: Forense Universitária, 1997.

SILVA, José Afonso da. *Curso de Direito Constitucional Positivo*. 34. ed. São Paulo: Malheiros, 2011.

SILVA, Virgílio Afonso da (org.). *Interpretação constitucional*. São Paulo: Malheiros, 2007.

SILVA, Virgílio Afonso da. *Direito Constitucional Brasileiro*. São Paulo: Edusp, 2021.

SILVA FILHO, José Carlos Moreira da, Dworkin e os princípios: os avanços da hermenêutica crítica do direito. *Estudos jurídicos*, v. 31, n. 81, jan./abr. 1998, p. 73-94.

SILVEIRA, Carlos Frederico Gurgel Calvet da; BENTES, Hilda helena Soares. *A arte de ensinar a estudar o direito*: mediar, sensibilizar, humanizar. Rio de Janeiro: Universidade Católica de Petrópolis/FAPERJ, 2012.

SINGER, Peter. *Libertação animal*. Trad. Marly Winckler e Marcelo Brandão Cipolla. São Paulo: Martins Fontes, 2013.

SINGER, Peter. *Vida Ética*. Trad. Alice Xavier. Rio de Janeiro: Ediouro, 2002.

SINHORETTO, Jacqueline. Campo estatal de administração de conflitos: reflexões sobre a prática de pesquisa para a construção de um objeto In: LIMA, Roberto Kant de; EILBAUM, Lucia; PIRES, Lenin (orgs.). *Burocracias, direitos e conflitos*. Rio de Janeiro: Garamond, 2011. p. 25-41.

SOARES, Fabiana de Menezes. *Teoria da legislação*. Porto Alegre: Sergio António Fabris, 2004.

SOBOTTKA, Emil. Participação e democracia: uma análise do capital social em Putnam. In: OLIVEIRA, Nythamar de; SOUZA, Draiton Gonzaga de (orgs.). *Justiça global e democracia*: homenagem a John Rawls. Porto Alegre: EDIPUCRS, 2009. p. 147-160.

SOUSA, Jessé. *A ralé brasileira*. 3. ed. São Paulo: Contracorrente, 2018.

SOUSA, Miguel Teixeira de. *Introdução ao direito*. Coimbra: Almedina, 2012.

SOUZA NETO, Cláudio Pereira de. *Teoria constitucional e democracia deliberativa*: um estudo sobre o papel do direito na garantia das condições para a cooperação na deliberação democrática. Rio de Janeiro: Renovar, 2006.

SOUZA, Jessé. *A construção social da subcidadania*: para uma sociologia política da modernidade periférica. Rio de Janeiro: IUPERJ; UFMG, 2006.

STRECK, Lenio Luiz. *Verdade e consenso*. 3. ed. Rio de Janeiro: Lumen Juris, 2009.

_____. O novo Código de Processo Civil (CPC) e as inovações hermenêuticas. *Revista de Informação Legislativa*, Brasília, ano 52, n. 206, p. 33-51, abr./jun. 2015.

REFERÊNCIAS

SUBTIL, José Manuel Louzada Lopes. *Actores, territórios e redes de poder, entre o Antigo Regime e o liberalismo.* Curitiba: Juruá, 2011.

SUPIOT, Alain. *Homo iuridicus*: ensaio sobre a junção antropológica do Direito. Trad. Maria Ermantina de Almeida Prado Galvão. São Paulo: Martins Fontes, 2007.

_____. *La gouvernance par les nombres.* Paris: Fayard, 2015.

SUPIOT, Alain. *Critique du droit du travail.* 2. ed. Presses Universitaires de France, 2007.

TARTUCE, Flávio *Direito Civil.* Lei de Introdução e Parte Geral. 12. ed. Rio de Janeiro: GEN/ Editora Forense, 2016.

TAYLOR, Charles. *As fontes do self*: a construção da identidade moderna. Trad. Adail Ubirajara Sobral; Dinah de Abreu Azevedo. 4. Ed. São Paulo: Loyola, 2013.

TELES, Edson; SAFATLE, Vladimir. *O que resta da ditadura*: a exceção brasileira. São Paulo: Boitempo, 2010.

TELLES JUNIOR, Goffredo da Silva. Duas palavras. In: BITTAR, Eduardo C. B., (coord.); ALVES, Alaôr Caffé; LAFER, Celso; GRAU, Eros Roberto; COMPARATO, Fábio Konder; TELLES JUNIOR, Goffredo da Silva; FERRAZ JUNIOR, Tercio Sampaio. *O que é a Filosofia do Direito.* São Paulo, Manole, 2004. p. 13-32.

_____. *Iniciação na ciência do direito.* São Paulo: Saraiva, 2001.

TENDRICH, Patrícia, *O conceito de espaço público na concepção de J. Habermas. Direito, Estado e sociedade,* PUC-Rio, 11, 151-177, ago.-dez., 1997.

TERRÉ, François. *Introduction générale au droit.* 1º ed. Paris: Dalloz, 2015.

TESTAS, Guy; TESTAS, Jean. *A inquisição.* Trad. Alfredo Nascimento; Maria Antônia Nascimento. São Paulo: Difusão Europeia do Livro, 1968.

TIBURI, Marcia. *Pós-verdade, pós-ética*: uma reflexão sobre delírios, atos digitais e inveja. In: DUNKER, Christian et al. *Ética e pós-verdade.* 2017, p. 95-123.

TOLEDO, Claudia (Org.). *O pensamento de Robert Alexy como sistema.* Rio de Janeiro: Forense, 2017.

TOULMIN, Stephen E. *Os usos do argumento.* Trad. Reinaldo Guarany. São Paulo: Martins Fontes, 2006.

TROPER, Michel. Entre science et dogmatique, la voie étroite de la neutralité. In: *Théorie du droit et Science.* Amselek, Paul, dirigé par. Paris: PUF, 1994, p. 310-325.

TUSHNET, Mark. Some current controversies in Critical Legal Studies, *German Law Review,* 12, 01, 2011, p. 290-299.

TUSSEAU, Guillaume. La théorie del normes de compétence d'Alf Ross, *Revus [On Line],* 24, On line since December 2014, connection on 30-5-2018. Disponível em: <http://journals.openedition.org/revus/3070>.

_____. La théorie del normes de compétence d'Alf Ross. *Revus [On Line],* 24, On line since December 2014, connection on 30/05/2018. Disponível em: <http://journals.openedition.org/revus/3070>.

UGARTE, Pedro Salazar. *La democracia constitucional*: uma radiografia teórica. México: Fondo de Cultura Económica, 2008.

UNGER, Roberto Mangabeira. *The Critical Legal Studies Movement*: another time, a greater task. New York: Verso, 2015.

_____. The Critical Legal Studies Movement, *Harvard Law Review*, v. 96, n. 3, 1983, p. 561-675.

_____. *The critical legal studies movement*: another time, a greater task. New York: Verso, 2015.

_____. *Depois do colonialismo mental*: repensar e reorganizar o Brasil. São Paulo: Autonomia Literária, 2018.

VAQUERO, Álvaro Núñez. Ciencia jurídica realista: modelos y justificación. *DOXA*: Cuadernos de Filosofía del Derecho. España, Universidad de Alicante, Marcial Pons, n. 35, 2012, p. 717-747.

VESTING, Thomas. *Teoria do direito*: uma introdução. Tradução de Gercélia B. de O. Mendes; Geraldo de Carvalho Neto. Coordenação de Ricardo Campos. São Paulo: Saraiva, 2015.

VEYNE, Paul. O Império Romano. In: ARIÈS, Philippe; DUBY, Georges. *História da vida privada*. Trad. Hildegard Feist. São Paulo: Companhia das Letras, 1990. v. I.

VELHO, Gilberto. *Individualismo e cultura*: nota para uma antropologia da sociedade contemporânea. 7. ed. Rio de Janeiro: Jorge Zahar, 2004.

VIEIRA, Tereza Rodrigues. Entrevista. *Revista IBDFAM*, Instituto Brasileiro de Direito de Família, ed. 53, out./nov. 2020, p. 4-6.

VIOLA, Sólon Eduardo Annes. *Direitos humanos e democracia no Brasil*. Rio Grande do Sul: Unisinos, 2008.

WACHOWICZ, Marcos. O Novo Direito Autoral na Sociedade Informacional. In: WOLKMER, Antonio Carlos; LEITE, José Rubens Morato (orgs.). *Os novos direitos no Brasil*: natureza e perspectivas – uma visão básica das novas conflituosidades jurídicas. 3. ed., 2016, p. 375-399.

WEBER, Max. *Sociología del Derecho*. Granada: Editorial Comares, S. L., 2001.

WEFFORT, Francisco. *Espada, cobiça e fé*: as origens do Brasil. Rio de janeiro: Civilização Brasileira, 2012.

WEINREB, Lloyd L. *A razão jurídica*. Trad. Bruno Costa Simões. São Paulo: Martins Fontes, 2008.

WIEACKER, Franz. *História do direito privado moderno*. 2. ed. Trad. A. M. Botelho Hespanha. Lisboa: Fundação Calouste Gulbenkian, 1993.

WITTGENSTEIN, Ludwig. *Investigações filosóficas*. Trad. M. S. Loureiro. Lisboa: Fundação Calouste Gulbenkian, 1995.

WILKINSON, Helen. Hijos de la libertad. ¿Surge una nueva ética de la responsabilidad individual y social?. In: BECK, Ulrich (org.). *Hijos de la libertad*: contra las lamentaciones por el derrumbre de los valores, 2006.

WOLKMER, Antonio Carlos. *Humanismo e cultura jurídica no Brasil*. Florianópolis: Fundação Boiteux, 2003.

_____. *História do direito no Brasil*. 4. ed. Rio de Janeiro: Forense, 2007.

REFERÊNCIAS

_____. Cenários da cultura jurídica moderna na América Latina. In: FONSECA, Ricardo Marcelo; SULSENDER, Airton Cerqueira Leite (orgs.). *História do Direito em perspectiva*. Curitiba: Juruá, 2008. p. 203 e 213.

_____. *Fundamentos de uma nova cultura no Direito*. 3. ed. São Paulo: Alfa-Ômega, 2001.

_____. *Pluralismo jurídico*. 3. ed. São Paulo: Alfa-Ômega, 2001.

_____. Introdução aos fundamentos de uma Teoria Geral dos Novos Direitos. In: WOLKMER, Antonio Carlos; LEITE, José Rubens Morato (orgs.). *Os novos direitos no Brasil*: natureza e perspectivas – uma visão básica das novas conflituosidades jurídicas. 3. ed. 2016, p. 17-50.

_____; LEITE, José Rubens Morato (orgs.). *Os novos direitos no Brasil*: natureza e perspectivas – uma visão básica das novas conflituosidades jurídicas. 3. ed. São Paulo: Saraiva, 2016.

ZALUAR, Alba. Para não dizer que não falei de samba: os enigmas da violência no Brasil. In: NOVAIS, Fernando A. (coord.); SCHWARCZ, Lilia Moritz (org.). *História da vida privada no Brasil*: contrastes da intimidade contemporânea. São Paulo: Companhia das Letras, 1998. p. 246-318.

ZANETI JUNIOR, Hermes. *O valor vinculante dos precedentes*: teoria dos precedentes normativos formalmente vinculantes. 2. ed. Salvador: Juspodium, 2016.

ZEZZA, Michele. Resenha: Introdução ao Estudo do Direito: humanismo, democracia e justiça. *Revista Derechos y Libertades*, Madrid, Universidad Carlos III, n. 44, Época II, enero 2021, p. 379-387.

ZIPPELLIUS, Reinhold. *Teoria Geral do Estado*. 3. ed. Trad. Karin Praefke-Aires Coutinho. Lisboa: Fundação Calouste Gulbenkian, 1997.